Friederico Tertio

Ivliani Imp. Opera

Friederico Tertio

Ivliani Imp. Opera

ISBN/EAN: 9783741156755

Manufactured in Europe, USA, Canada, Australia, Japa

Cover: Foto ©Thomas Meinert / pixelio.de

Manufactured and distributed by brebook publishing software
(www.brebook.com)

Friederico Tertio

Ivliani Imp. Opera

IVLIANI IMP.
OPERA,
ET
S. CYRILLI
CONTRA EUNDEM
LIBRI DECEM.
GR. LAT.

OPERA

ΙΟΥΛΙΑΝΟΥ
ΑΥΤΟΚΡΑΤΟΡΟΣ
ΤΑ ΣΩΖΟΜΕΝΑ,

ΚΑΙ ΤΟΥ ΕΝ ΑΓΙΟΙΣ

ΚΥΡΙΛΛΟΥ
ΑΡΧΙΕΠΙΣΚΟΠΟΥ ΑΛΕΞΑΝΔΡΕΙΑΣ
ΠΡΟΣ ΤΑ ΤΟΥ ΕΝ ΑΘΕΟΙΣ ΙΟΥΛΙΑΝΟΥ

ΛΟΓΟΙ ΔΕΚΑ.

IVLIANI IMP.
OPERA QVAE SVPERSVNT OMNIA,
ET

S. CYRILLI
ALEXANDRIAE ARCHIEPISCOPI
CONTRA IMPIVM IVLIANVM

LIBRI DECEM.

Accedunt DIONYSII PETAVII in IVLIANVM Notae,

& aliorum in aliquot ejusdem Imperatoris libros Praefationes ac Notae.

EZECHIEL SPANHEMIVS

Graecum IVLIANI contextum recensuit, cum Manuscriptis codicibus contulit, plures inde lacunas supplevit & OBSERVATIONES tam ad IVLIANVM, quam ad CYRILLVM, addidit.

CVM INDICIBVS NECESSARIIS.

LIPSIAE,

Sumptibus Haeredum M. G. WEIDMANNI & IOH. LVDOVICI GLEDITSCHII.

SERENISSIMO ATQVE POTENTISSIMO PRINCIPI

FRIDERICO TERTIO

MARCHIONI BRANDENBVRGICO, SACRI ROMANI IMPERII ARCHICAMERARIO ET PRINCIPI ELECTORI, PRVSSIAE, MAGDEBVRGI, CLIVIAE, IVLIAE, MONTIVM, STETINI, POMERANIAE, CASSVBIORVM VANDALORVMQVE, NEC NON IN SILESIA CROSNAE DVCI, BVRGGRAVIO NORIBERGENSI, PRINCIPI HALBERSTADII, MINDAE ET CAMINI, COMITI HOHENZOLLERAE, MARCAE ET RAVENSBERGAE, DOMINO IN RAVENSTEIN, LAVENBVRG ET BVTOW,

DOMINO CLEMENTISSIMO

EZECHIEL SPANHEMIVS.

fortiter, mota, ac feliciter gesta: consertas acies, victricesque in iis Tuas Aquilas: captas arces validissimas: expugnata iisdem ferme in locis oppida, non situ magis & operibus, quam numero & virtute præsidiariorum munitissima, Bonnam, Cæsaris Insulam, Rhenobergam: indeque vere recuperatam itidem, non excisam quidem, vti ad principis huius eas in oras aduentum, apud Ammianum Marcellinum legitur, sed obsessam velut Agrippinam. Ita primo ac altero principatus Tui anno, sicut ab illo factum similiter fuerat, erecta a Te ad Rhenum tropæa: verum eadem non de subitariis, aut semiermibus, *vt de iis IVLIANI gestis aiebat apud eundem Historicum Constantius, vel inconditis hostibus; sed de veteranis, de exercitatis accurata disciplina militibus, de fortissimis ordinum ductoribus, relata. Sed quam potiora sunt ac illustriora, præ militaribus huius Cæsaris actis, bellica illa Tua decora? dum non ad Rhenum solum legiones Tuæ summa virtute & gloria dimicarunt, sed eædem hinc ad Mosam, illinc in inferiori ac superiori Pannonia, ad Istrum, ad Sauum, ad Tibiscum; modo in Taurinis ac in Cisalpina, vti a Romanis olim dicebatur, ad Padum Gallia, in oppugnandis denuo validissimis vrbibus, inexpugnabilibus propemodum arcibus, committendis prœliis, consociatæ Tuæ cum fœderatis copiæ, idem vbique virtutis gloriæque certamen subiere, illibatamque fortitudinis laudem, non amplissimo solum sociorum, sed ipsius etiam ferocissimi hostis iudicio, sunt consequutæ. Ita Vandalicæ Tuæ acies, non iam ad Italiæ, aut vero ad aliarum gentium terrorem ac excidium, laribus suis egressæ, trans Alpium iuga, (vt illarum haud insolitas tutandis ad Orientem, ac ad montes Carpathios, Christianorum finibus expeditiones hic mittam) ductore fortissimo Augustæ Tuæ Gentis, eodemque Tecum inuicto Genitore prognato, crudeli vero fatorum lege, nuper rebus humanis exempto Principe, formidata sua intulerunt signa: sed ad Italiæ tutelam; ad excelsi fastigii & animi, alterius*

Prin-

Principis, qui in ope etiam Tua aliquod sibi præsidium fore intellexit, defensionem; ad propellendum non imminentem solum hostem, sed iis in oris Tarpeiæ velut arci denuo ac dudum insidentem. Ita partam sub Diuo Parente Tuo, tot laureis, tot victoriis, tot triumphis, Brandenburgici militis gloriam, latius adhuc Tuis sub auspiciis, ad communem quasi gentium salutem ac libertatem, diffusam, idque intra aliquot demum annorum decursum, primumque velut Tuæ laudis ac potentiæ auctoramentum, altius adhuc extulisti. Quod vero præclarius est & memorabilius; nullo, vt eadem bella susciperes, ad priuatam vtilitatem respectu inductus; non ad prolatandos ditionum Tuarum fines; non cupiditate inanis gloriæ, vel quæsito specioso quopiam cruentæ vanissimæque ambitioni colore: sed vna in patriam fide, in adflictos caritate, in fœderatos religione, in publicam libertatem studio ac voluntate. Adeo, vt quum principatus Tui primordia in illud grauissimum rerum discrimen incidissent, vbi ad nouas rursus inclinationes temporum vergere non Germaniæ solum, sed Europæ totius fata videbantur: Tu vni illi, quæ ad salutem publicam ac securitatem adserendam adfulgere videbatur, occasioni diuinitus oblatæ intentus, in hanc faustam consiliorum societatem es continuo adscitus, quæ Tuis quoque viribus, Tua fide ac auctoritate, erat omnino confirmanda. Qua vero animi magnitudine, vel tum ea spreuisti, quæ inde Tuis ad Rhenum ditionibus a vicino & formidando hoste imminebant, vix, non Tuis dicam, sed humanis viribus depellenda, in prima nempe belli alea, pericula; vel Te amplissimis conditionibus inescari non es passus, quibus a generoso fortique, illatas in Germaniam infestas acies, direptasque aliquot eius prouincias, repellendi recuperandique proposito, quoque pacto recederes. Quam alti vero illud fuit prouidique consilii, præclaras spes non ad præsentem vtilitatem, non ad quietis illecebras, non ad alicuius periculi, aut

damni

damni etiam levioris respectum; sed ad futuram tam sui, quam sociorum, maxime quorum conditioni aut fortunis quis est magis illigatus, salutem, securitatem, gloriam; ad mutandas tandem, haud vana vel male fundata opinione, rerum vices, convertere ac metiri! A quo autem consilio quantum recessit novissimum illud, cuiusque in his eius operibus facta est ab eodem mentio, susceptum a IVLIANO, vno æstu inanis gloriæ, contra Persas bellum! inde vltro iis quiescentibus illatum; improuide extra præscriptos & constitutos velut a natura Romano orbi fines, sine idoneo commeatu, perque inuia velut loca, gestum; idemque etiam eo infelici exitu, ipsius scilicet Imperatoris cæde, imperii autem nobilissimarum aliquot prouinciarum iactura, nec extra leue Romani nominis dedecus, terminatum. Sed quam abeunt itidem ab illius principis, tot alioquin belli & pacis laureis, quas paullo ante adtigimus, cumulati exemplo ac institutis, alia Tua, quæ vel populis Tuis impertis, vel quæ ad alios etiam pertingunt, & quorum fructus ac memoria ad posteros, cum æterna Tui nominis laude, transibit, decora ac ornamenta. Quum enim non iisdem sacris, seu de religione sententiis, sint addicti, qui in amplissimis illis lateque diffusis prouinciis Tuis habitant, ciues vel oppidani; pari tamen eos humanitatis, beneuolentiæ, patrocinii nexu foues, complecteris, tueris: qui nec vim solum ac iniurias a singulorum arces capitibus, sed eorum saluti, concordiæ, & commodis, quaquauersum consulis. Hinc tantum abest, vt, fœdo rursus huius Imperatoris exemplo, interdicta sint iis, qui a Te in nonnullis religionis capitibus dissentiunt, liberalium artium studia, quique illos in iis erudiant, doctores & magistri; vt a Te nuper sint erecta noua adhuc & lauta literarum ac doctrinarum prytanea, in quibus, præter aliarum disciplinarum cultum, iis etiam imbuantur dogmatibus, etsi illa a Tuis in nonnullis discrepent, quicunque iis vel nascendi conditione, vel proprio iudicio ac instituto, sunt dediti. Immo qui illud satagis vnice, vt, si non sen-

ten-

tentiarum vbique, at animorum saltem fiat maneatque inter cos consociatio: vt ciuile non bellum solum, sed nec odium, non rixæ, contentiones, contumeliæ, clandestinæ artes, inter ciues populosque Tuæ fidei ac tutelæ creditos, serpant occulto, vel paullatim adolescant; iique dein inter se, malo fato & exemplo, aduersis frontibus concurrant aut collidantur. Sed quam alia adhuc sunt, & insignia, ac testata Tua, in omne litterarum ac optimarum artium & doctrinarum genus, merita! Bibliotheca, quam Diuus Parens Tuus, non huius adeo IVLIANI, *cui & hanc laudem tribuit familiaris eidem Sophista, aut aliorum veteris vel recentis memoriæ laudatissimorum principum exemplo; quam excelsa illa, & omnibus, pacis haud minus quam belli artibus, fœta, mente inductus, exquisito studio sumptuque fundauerat: eadem, inquam, Tuo prouisu iussuque non in dies solum locupletatur, sed ad vsum insuper singulorum, qui illam omnium doctrinarum penum consulere gestiunt, patens quotidie est & exposita. Accedit insignis prisci auri, argenti, æris, signorumque veterum aut gemmarum supellex; cuius præclaram ac multiplicem vtilitatem, ad omnem veteris eruditionis elegantiam, quiuis hodie non plane illitteratus intelligit: eademque non in nummariis solum arculis ac thecis, ad splendorem Tuæ penus antiquariæ, recondita; sed iam Tuis auspiciis, Tuaque munificentia, hoc ipso tempore, in omnium oculos & vsus incurrens: immo præmiis insuper adlecti, qui latentes alibi aut sparsos, variis in Gazis aut Museis, locupletissimos veterum nummorum thesauros in publicam lucem, intento studio ac labore, breui quoque exprome-rent. Quæ dum hic tango, vel delibo, summa laudum Tuarum capita, ad ea me demum hic respicere quiuis facile intelligit, ad quæ* studiosi omnium cognitionum, *vt de eo grauis eique coætaneus Auctor loquitur,* principis, *multisque præterea, qua pace qua bello, communibus Tecum virtutibus aut gestis, celebrati, opera me continuo re-*

reuocarunt. In quam proinde classem referri, nec inter postrema vtique, meretur illa singularis in egenos quosuis ac peregrinos beneficentia; quam a Christianis suo æuo passim ac effuse præstari solitam, non commemorat solum, sed extollit, commendat, sibique ac aliis Gentilibus imitandam proponit, qui a Christianorum cæteroquin sacris ac fide non defecerat solum, verum eadem in iisdem illis conditis a se libris insectatur, IVLIANVS. Quam vero præclaram ac sinceram huius beneficentiæ laudem, ab illo Heroe, Parente Tuo, diuina quadam mente susceptam, omnis ætas, vt de hac taceam, sed nunquam satis prædicabit: qua is impulsus, patria, laribus, fortunis eiectos, aut profugos; alios tetro etiam carcere, omnis generis contumeliis, verberibus, remigii pœna, aliaue calamitate mulctatos, vel adflictos; nullius cæteroquin in principem vel in patriam culpæ reos vel adfines, nisi quod potiorem habuissent eo, quo auita eiurare sacra iubebantur, imperio, suam in Deum fidem; hospitiis, opibus, priuilegiis, honoribus etiam prosequi, fouere, immo adlicere, promulgatis quoque ea de re humanissimis indulgentissimisque Edictis, est adgressus. Quam virtutem ad Te, cum reliqua paternæ hæreditatis gloriæque, qua splendidior vtique ac integrior obtingere Tibi non potuit, amplitudine transmissam, ita ab ipso principatus Tui exordio excoluisti; vt in media etiam, ad quæ continuo Te Europæ fata ac salus adegerunt, bellorum mole, non ademptum sit, aut vero conseruatum duntaxat, sed duplicatum mox illud tot miseris ac adflictis impertitum a Diuo Parente Tuo beneficium: quibus vndique in ditiones Tuas confluentibus, in iisdem perfugium, asylum, hospitium, alimentum est a Te diuinitus concessum itidem vel adsertum. Ita fundatæ paullo ante in hac Tua vrbe vere regia, aliisque prouinciarum Tuarum oppidis aut locis, e veteranis non solum Christi militibus, sed e promiscuo exulum omnis ordinis ac ætatis, iisdem purioribus Tecum sacris addictorum, grege, coloniæ, nouis adhuc

huc maioribusque incrementis cœperunt efflorescere: non Romani quidem aut Italici iuris vel ritus legibus, ceremoniis, aut priuilegiis ornatæ; sed eo, cui omnia nec immerito posthabuerunt, sacrorum cultu; patriis etiam, verum innoxiis probatisque, cum statutis, tum rectoribus; scholis præterea, gymnasiis, opificiis, alioque haud vno benignitatis genere, singulari Tua indulgentia ac liberalitate, recreatæ & locupletatæ. Cuius equidem solatii, quo inde tot miseri alleuantur ac eriguntur, sensu, non possum non eo intimius adfici: quod, qui illius calamitatis, qua iidem ante annos haud ita multos sunt primum in florentissimo Regno, pacatis eius rebus, a ciuibus suis ac popularibus, regiisque Edictis, vexati ac adtriti, testis fueram; idem Tuæ illius singularis ac inexhaustæ hactenus in eos beneficentiæ, idque Tuo iussu ac nutu, subinde iis interpres esse soleam. E quam dissimili vero fonte, ab eo IVLIANI consilio, profluxit illa diuina Tua virtus: quæ non adeo ad communia humanitatis iura, nec ad varias, quibus mortalium conditio subiacet, rerum vices, respicit; quam ad Deum, auctorem illius, quam in Te prouide, & largiter quidem, contulit, ad subleuandos egenos, facultatis; quam ad communia illa Tecum sacra, quæ omnibus rebus Tuis, omnibus Tuæ potentiæ fastigiique ornamentis, ducis longe antiquiora: ob quæ autem iidem in eas miserias sunt coniecti. Ita dignam reputas illorum in eiusdem Tecum fidei ac veritatis professione constantiam, quam in Christianis suæ aut superioris ætatis agnoscit ac enarrat similiter in hisce operibus, sed quam inuitus! idem IVLIANVS, quam ipse vltro & assidue Tua liberalitate remuneres & complectaris. Ne illud iam attingam, sed tamen quo colore hic prorsus reticeam? quam propioribus adhuc rationibus non possit non me adficere vel commouere, Tua in Palatinos exules haud minus effusa ac singularis benignitas. Quomodo enim mihi vnquam excidet, nisi vbi me mei capiet obliuio? aut quod e cumulata illa diuinitus omnibus cœli solique bonis regione, ceu e maiori-

iori patria, originem ducam; & in qua ipse, restitutis ac florentibus eius rebus, florentem ætatis partem, neque in vnius præclari honoratique muneris procuratione, olim egerim: aut vero, quod lætam eandem pulcherrimamque prouinciam, non iam adflictam solum, aut sæuis bellorum procellis conquassatam; sed inaudita insuper immanitate prostratam, iacentem, ac, vbi Troia fuit, vbi gloria tot veterum Heroum, ac Sionis quondam in Germania Domus, ne segetem quidem propemodum relictam intelligam. Hic vero ille, tot nempe miseros & egenos, tot, aut diritate bellorum vel hostium, aut vna communium Tecum sacrorum caussa, profugos & extorres sublevare ac erigere, non beneficentiæ solum Tuæ ac humanitatis, PRINCEPS OPTIME, sed pietatis, flagrantis quippe ac sinceræ, fructus vberrimus; quæ vt virtutum non solum regina, sed summa velut & compendium, ita in Te elucet, vt ad eius normam, actiones Tuas omnes & consilia referas, vitam instituas, publicam rem ac priuatam cures, sacrorum vel in primis procurationem, in amplissimis illis Tuis prouinciis, adtente riteque respicias ac tuearis. Ter equidem de die, sin minus mane ac vesperi, Diis esse supplicandum; alibi, vtroque illo tempore, sacra a se, nempe Pontifice Maximo haud minus quam Imperatore, studiosi fieri iisdem Diis, testatur in Epistolis a se scriptis, quæ hic itidem leguntur, IVLIANVS. Sed quam aliena ab eadem mente! quam ab impio & superstitioso eius cultu, diuerso vtique consilio, ritu, fine, vota quotidie summo imperiorum arbitro nuncupas & exsoluis! vt Tuam, eorumque, qui Tibi sunt subiecti, populorum salutem fortunet, illumque, quem Tibi diuinitus indidit, animum, supra caducam imperioru. ac fortunarum quarumcunque sortem euectum, adserat Tibi & confirmet stabilem ac perpetuum. Hinc illa intemerata ac sollicita in iudiciis, consiliis, decernendis præmiis ac pœnis, nouis constituendis legibus, cura Tua & adten-

tio

tio. Hinc (vt in eo, regiæ huius Tuæ virtutis, sed quam insigni saluberrimoque documento! nunc acquiescam) sub ipso principatus Tui exordio, seueris edictis coercita illa plus quam gladiatoria ruentium, leuissima ferme de causa vel futili obtentu, in mutuam corporis animique perniciem, feritas: immo eadem recentibus etiam, quæ inter tristia, sed iustissima ac necessaria, reputabas, exemplis, in superstites illius sæuitiæ reos animaduersa. Alia Tua decora iam omitto, quæ Te potentia, viribus, prouinciarum amplitudine, Regibus parem; dignitate proximum; animo, virtute, fide, multis superiorem, certatim ambiunt; Europa vero, conuersis quaqua versum in Te oculis studiisue, vel colit vel agnoscit. Neque enim aliud suscepti huius de Te sermonis vel consilium vel argumentum mihi nunc proposui: quam vt hosce cum fortissimi eruditissimique Imperatoris, tum grauissimi sanctissimique Antistitis, illustratos, aut illustrandos adhuc, mea qualicunque opera, libros, Tibi submisse nuncupandi rationes, haud a me vtique, vel ab iis alienas, omnibus hic adprobarem. Quas dum subinde, immo frequenter, mecum reputo; ita inclinata mea iam ætate, post eam in publico munere, multos annos, neque in vno terrarum tractu, exactam, eo me tandem bono mactum ab annis aliquot video; vt eorum, quæ modo de Te adtigi, non laudatori quidem, neque enim talibus vel modestia Tua, vel fastigium Tuum indiget, sed quotidiano velut testi, singulari Tuo beneficio, mihi esse liceat. Qui enim Diuo Parenti Tuo, vna obsequiorum fide (quo enim alio magis iure id potuissem, aut iam ante, sub alio eiusdem ordinis laudatissimo Principe, plures annos, promereri?) probatus in eundem, in quem me ab illo prouectum itidem videram, honoris locique gradum sum a Te, vbi in excelso Maiorum Tuorum solio consedisti, clementer adsumptus; haud vna insuper Tuæ in me benignæ voluntatis propensique iudicii significatione recreatus. Vnde hoc vnum, iisque

quam

quam poſſum feruidiſſimis iugibusque precibus, a Deo liceat hic mihi contendere; vt eam mentem ac felicitatem, quibus ille Te hactenus, & propitio quidem ac ſingulari fato, decorauit, ad Populorum Tuorum ſalutem ac tutelam; ad Germaniæ decus & præſidium; ad Europæ quietem ac libertatem; ad ſereniſſimæ Gentis Tuæ gloriam, nouaque illius incrementa, conferre, læto ſemper & quam longiſſimo vitæ curſu, valeas.

Berolini Prid. Idus Aprilis M DC XCVI.

PRAEFATIO.

Quæ hic demum in lucem exeunt, eaque nunc primum coniunctim edita, Augusti Scriptoris, grauissimique Antistitis aduersus eundem, opera, haud dubito quin eruditis hominibus grata futura sint & accepta. Adeo vt neutiquam hic mihi in limine laborandum putem, quo speciosas illius instituti rationes exquisite aut etiam ambitiose exponam, ac vnde litterati cœtus studium & adtentionem excitare nunc intendam. Etsi enim eorum, & quidem quæ IVLIANVM auctorem præferunt, operum vulgandorum consilium, non meo primum nutu, vti ea de re paullo post dicetur opportunius, fuerit susceptum: haud eo minus, vbi ea de re sum conuentus, illud continuo comprobaui, vt eam quoque, quæ a me ad illud accurandum ornandumue flagitabatur, operam haud cunctanter adduxerim. Neque enim latere me quodammodo poterat, quanta doctrinæ & elegantiæ copia abundarent illæ eiusdem Imperatoris lucubrationes, quarum pulcherrimam haud indiligenter a me excussam olim ac illustratam dederam. Vnde sepositis vel abiectis, quæ me aliis scriptis quibusdam meis diuulgandis tum intentum ab eo proposito dimouere cæteroquin poterant, curis, in eas, quæ ad operis illius rationes facerent, mihi pro re nata incumbendum credidi. Quod dum semel sum adgressus, de IVLIANO ipso, seu de iis, quæ vel is olim, sed pridem abolita vel adhuc abdita, condidit; vel quæ ad nostram vsque ætatem propagata sunt, & hoc opere continentur, illius ingenii, doctrinæ, & facundiæ monumentis: tum de prioribus eorundem hoc & superiori seculo editoribus: deque noua hac, & quæ CYRILLI quoque aduersus illum libros exhibet, editione, nonnulla erunt pro more, nec inutili vtique aut Lectori ingrata, vt opinor, disquisitione delibanda.

Et IVLIANVM quidem quod adtinet, nemo iam id a me hic exigit vel exspectat, vt de eius genere, natalibus, patria, parentibus referam: aut quibus studiis fuerit a teneris deditus: quando Christianæ religionis ac pietatis desertor exstiterit: quibus eluxerit virtutibus, aut vitiis fuerit deformatus; quid ab illo, in vtroque vel Cæsaris vel Augusti fastigio, sit bello aut pace gestum: quis denique fuerit vitæ exitus, commemorare nunc instituam. Præterquam enim, quod hæc partim sint ab hoc loco aliena ac superuacanea, partim iam in vulgus nota, ac in reliquis illius æui monumentis obuia; exstant ad calcem huius operis, nonnullis eiusdem IVLIANI opusculis præmissæ olim a viris eruditis ac disertis Præfationes, quæ harum rerum narratione defunguntur. Quamquam quoad ea, quæ ad ingenii vim aut cultum, vel ad doctrinæ aut facundiæ in IVLIANO lumen spectant, quædam in commemoratione operum ab eo editorum paucis adtingenda nobis venient.

Illud equidem non magis aliorum, & qui IVLIANO coævi fuerunt, Auctorum fide, quam ex iisdem monumentis constat: eum a teneris animum ad capessendas præclaras artes ac doctrinas haud mediocriter incensum, studiumque praterea haud vulgare, sed peruicax ac intentum contulisse. Inciderat autem in ea tempora, quibus duo maxime florebant doctorum genera: vnum eorum, qui oratoriam seu declamandi artem professi, Sophistæ pridem dici consueuerant; alterum illorum, qui Philosophicas disciplinas, easque ferme a vulgi notitia retrusas, excolentes, inde nomen sibi & sectatores, ambitiose vt plurimum, aucupabantur. Et quamquam Christiana pietas ac Religio, e latebris velut educta, iam caput cœpisset efferre; eaque regali etiam seu Imperatoriæ, vt eo æuo loquebantur, purpuræ nouum siue diuinius adtulisset lumen; Gentiles tamen numero longe adhuc prævalebant, maxime qui liberalium illarum artium ac scientiarum ludos in celeberrimis Romani orbis ciuitatibus aperuerant, aut in iis cæteroquin disciplinis, cæteris earum magistris præstare illa ætate credebantur. Adeo vt his doctoribus vel ducibus, Nicocle nempe, Ecebolio, Libanio, Iamblicho, Maximo Ephesio, & si Suidæ fides habeatur, altero Maximo Epirota seu Byzantio, Chrysanthio præterea, Prisco, summis illa ætate Grammaticis, Oratoribus, vel Philosophis, vsus in primo pueritiæ ac adolescentiæ decursu IVLIANVS, mirificam inde sibi cum in dicendi arte, tum in Philosophiæ cognitione facultatem comparaverit, cui dein consummatum velut fastigium adtulit eiusdem Athenas iter. Ibi enim tanquam in florenti adhuc vtriusque illius disciplinæ, quas vrbs illa quondam extulerat, emporio, eo intentiore studio summaque alacritate in easdem incubuit; veterisque ibi vel Lycei, vel Academiæ, vel Porticus duces ac heroas; vel, qui pro concione quondam aut in iudiciis regnabant, Oratores versandos sibi diligenter ac imitandos proposuit. Accesserat insuper a primis pueritiæ annis, data Grammaticis, viri memorato paullo ante, & de quo postea adhuc dicetur, Nicocli ab eodem opera; ac inde in antiquis Historicorum ac Poëtarum, Græcorum maxime, monumentis, nocturna diurnaque manu tractandis, contentio quædam & assiduitas incredibilis, & vt de eo tradit alicubi Eunapius, præcox eruditio, quidquid librorum proferebatur, memoria complectens.

Ita excitatum illud ac discendi auidum, quod a natura nactus fuerat, ingenium, omnibus, quibus animus erudiri potest & excoli, disciplinis egregie perpolitum & subactum, ad imperium adtulit IVLIANVS: & quod adhuc maius est ac præstantius, mentem insuper cupiditatibus illis, quibus adolescentum animi, maxime illius ordinis ac loci, emolliuntur, aut a vero laudis cursu abducuntur, nullatenus infractam, sed iisdem liberam plane ac inuictam. Quibus vtique excelsis, ac in iuuentutis Principe, & imperatoriæ stirpis propagine, insuetis animi, ingenii, ac virtutis, admirabilis puta temperantiæ, continentiæ, vigilantiæ, diuitiarum cultusque corporis iusto mundioris contemptus, dotibus; vt de fortitudine iam eius, quam in rebus a se contra Germanos & Persas gestis, in oppugnandis vrbibus, in ordinanda acie, & manu cum bellicosissimis hostibus dimicando, luculenter postea comprobauit, nihil dicam; quibus, inquam, viam is sibi ad summum non humanæ næ solum potentiæ, sed laudis gloriæque fastigium strauerat. Verum a quo felici auspicatoque laudum curriculo, alia eum longe abduxerunt: præceps nempe ingenium; inquies animus; testata in incessu, sermone, obtutu leuitas; cupido laudis immodicæ; vanissima insuper abdita quæque, etsi nefaria, perscrutandi libido; ac nata inde paullatim a pietate, a religione, cui innutritus fuerat, abalienatio primum, tum clandestina, mox aperta desertio; & quæ subsequi vulgo eadem solent, acerrimum illinc odium, ac immanis tandem insectatio. Hinc dæmonum illorum seu idolorum, quæ ex orco demuo ac erebo, in quem deturbari felicibus auspiciis cœperant, excitare induxit, superstitiosius, vt ea de re ipsi Gentiles, summique ejus laudatores, loquuntur, ad insaniam cultus. Ita non tam decessorum suorum, qui haud multis ante annis regnauerant, exemplo, districta ab eo in Christianos sica; quam nefariis artibus, ignotisque antea & exitiosis bonæ menti Edictis, eorum disciplinæ, institutioni, pietati insidiari voluit: adde, vt ipsemet manu insuper ac stylo, eorum Religionem tentaret confodere, sanctissimis præceptis illuderet, veritati, cui litauerat, cui sacramentum dixerat, cuius seu sacrorum, quibus eadem est consignata, librorum fuerat haud ita dudum publicus in stat is piorum conuentibus anagnostes, (opportune enim hanc vocem iam Latio donauerat Tullius) inexpiabile bellum indiceret. Adeo, vt in quem illius ordinis ac fortunæ Principem, vel a natura, vel ab institutione, vel ab ingenio, vel a doctrina, vel a facundia & ab exercitatione, plura animi, virtutis, fortunæque bona: aut, a præpostero vesanoque eorundem vsu, singulari quodam superni Numinis iudicio, mala confluxerint, reperias vtique neminem.

Si enim ad elucubrata a IVLIANO opera nos conuertamus, eorum subinde occurrit præclara apud Auctores illius & sequentis æui, ac inferioris etiam ætatis, mentio. *Orationes* quidem ante & post imperium ab eo scriptas, & quo nomine *πατέρα πολλῶν λόγων*, *multarum Orationum patrem*, eundem vocat, tradit alicubi Libanius: alibi, Orationes ab eo conditas, antequam solus imperium obtineret; quarum in genere alio rursus loco, tanquam quæ singulari arte forent elaboratæ; vti & *Epistolarum*, quæ Orationes adhuc illas vincerent, singulari cum laude idem Sophista, eiusque in arte dicendi magister, meminit. Ipse vero in eadem funebri huius Augusti laudatione, nominatim duas tangit eius orationes, quasque ille vna nocte singulas conscripserit: vnam nempe contra adulterinum Cynici Antisthenis seu Diogenis, vt de eadem paullo ante, imitatorem, cuique Orationi contexendæ horas bidui subcisiuas se impendisse testatur sub eius finem IVLIANVS; alteram, in laudem Matris Deûm: quæque duæ etiamnum huic operi leguntur insertæ, & quas inter Imperatoris huius scripta retulit itidem Suidas. Meminit vero ipse IVLIANVS Orationum, quas a se iussu Imperatoris, nempe Constantii, in nobilem freti coniunctionem elaboratas, ad Iamblichum mittit; quæ hodie inter eius opera non comparent: vti nec illa *Oratio acris & inuectiua*, quam probra in Constantium, vbi nempe ab eo defecerat, explanantem & vitia, ad Senatum Constantinopolitanum misisse eundem tradit Ammianus Marcellinus. Conscriptum vero ab eodem IVLIANO earum rerum, quas contra Germanos per annos aliquot, summa virtute ac felicitate gessit, & in ipso quidem earundem actu, sed qui iniuria temporum periit, commentari-

 um

Vid. Ammian. Marcell. Lib. XVII. cap. X & Lib. XXV. cap. IV. Aur. Vict. Epitom.

Superstitiosus magis quam sacrorum legitimus observator. Ammian. Marcell. Lib. XXV. cap. IV.

de Vita sua pag. 44. Tom. II. Paneg. Jul. p. 146. Orat. Parent. Jul. p. 287. Ibid. pag. 300.

Epist. XLI. p. 444.

Lib. XXI. cap. XI.

um, ex eodem praeterea Libanio discimus. Nempe vbi haud opus esse ait, vt res eas contra Barbaros a se gestas coram enarret IVLIANVS, *ἀλλ' ἀποχρῶσαν εἶναι τὴν συγγραφὴν, ἣν, αὐτὸς ὁ πράξας, συνέθηκας· ὁ αὐτὸς γενόμενος καὶ στρατηγὸς καὶ συγγραφεύς, sed satis superque fuerit commentarium earum rerum, quas ipse gessisti, a te conditum exhibuisse: ipse, inquam, qui & dux exercitus & scriptor extitisti.* In ineditis etiam eiusdem Sophistae, quae vltra mille & viginti exstant in eodem Codice, in quo ipsa IVLIANI opera continentur, & de quo dicendi infra erit locus, eius rei mentionem fieri aliquoties video: vt Lib. I. Epist. XXI. ad illum nempe Caesarem adhuc in eo terrarum tractu contra Barbaros militantem, *κάλλιστον δὲ, ὡς ἤκουον, τὸ ἐλαύνειν τε τοὺς βαρβάρους, καὶ* ΤΑΣ ΝΙΚΑΣ ΕΙΣ ΣΥΓΓΡΑΦΗΝ *ἄγειν καὶ τὸν αὐτὸν ὄντως ῥήτορά τε εἶναι καὶ στρατηγόν. Ἀχιλλεῦ μὲν γὰρ Ὁμήρου ἔδει, καὶ Ἀλεξάνδρῳ πολλῶν συγγραφέντων· τρόπαια δὲ τὰ σὰ μνήμης τεύξεται τῇ τοῦ στήσαντος φωνῇ, pulcherrimum illud, vt audiui, insequi Barbaros, & VICTORIAS SCRIPTIS consignare; eundemque esse, reuera Oratorem, & belli Ducem. Achilles quidem Homero indiguit, Alexander autem multis Scriptoribus: tua vero tropaea, illius, qui ea erexit, voce posterorum memoriae mandabuntur.* Sic ille rursus ad eundem Caesarem Lib. IV. Epist. LX. *Διπλῆν ἀνῄρησαι νίκην· τὴν μὲν ἐν ὅπλοις,* ΤΗΝ *δὲ* ΕΝ ΛΟΓΟΙΣ *καί σοι τρόπαιον ἕστηκας τὸ μὲν ἀπὸ βαρβάρων, τὸ δὲ ἀπὸ ἐμοῦ τοῦ φίλου· τουτὶ δὲ τρόπαιον ἥδιον τῷ κεκτημένῳ, duplicem consequutus es victoriam: hanc quidem armis, ILLAM vero LIBRIS a te scriptis: & tropaeum tibi erexisti; illud quidem e Barbaris; istud vero a me, tuo amico: hoc autem tropaeum ei, qui illud possidet, iucundius.* Ad *Misopogonem* vero seu *Antiochicum*, quo dicacis populi contumeliosos ac scurriles in se iocos, Satyrico vicissim sermone potius, quam alio vindictae genere, vlcisci voluit, qui iam vnus summae rerum praeerat IVLIANVS, respexit, quod non obseruarunt priores illius opusculi editores, idem Antiochensis Sophista, vbi agens de illis suorum ciuium in Principem maledictis ait, *καὶ παρὸν στρεβλῶσαι καὶ ἀποκτεῖναι,* ΛΟΓΩ *τὴν πόλιν ἀμύνεται, & quum liberum licitumque esset torquere atque interimere, scripto libro vrbem vlciscitur.* Cujus lepidi alioquin libelli plures ex antiquis Scriptoribus, Gregorius Nazianzenus, Ammianus Marcellinus, Zosimus, Socrates, quod viderant alii, addo & Suidas, occasionem & argumentum memorant. Eiusdem pariter *Caesares*, quo rursus Satyrico scripto nihil venustius vel eruditius ad posteros transmisit IVLIANVS, haud praeteriit, vt aliorum de eodem, praeter Socratem & Zonaram, silentium mirari ferme subeat, Suidas. Nonnulla vero, quae elucubrauit IVLIANVS scripta, adducit idem Grammaticus, quae hactenus ex iis, quas ibidem recenset, huius Principis commentationibus, desiderantur: vnum, *περὶ τῶν τριῶν σχημάτων, De tribus figuris:* alterum *περὶ τοῦ πόθεν τὰ κακὰ, κατὰ τοὺς ἀπαιδεύτους, Vnde secundum indoctos mala oriantur.* Quae enim exstat IVLIANI Oratio *εἰς τοὺς ἀπαιδεύτους κύνας, Aduersus Indoctos* seu *Imperitos Canes*, de eo, quod memorat Suidas, argumento non agit; sed tota in verae Philosophiae natura explicanda, & consentaneis eidem Cynicae sectae, eiusque auctoris Diogenis, institutis versatur.

Aliud

Aliud insuper Iuliani scriptum tangit Suidas, *Saturnalia* nempe*, quæ cum ibidem ab eius *Cæsaribus*, quod ad eosdem dudum monui, & viderat iam Petauius, aperte distinguit; tum nonnulla inde adducit, quæ in dictis Cæsaribus non leguntur, & quorum etiam Saturnalium meminit sub finem Orationis in Solem IVLIANVS. Adde, quod ad ejus de Nesibena obsidione commentarium, seu ad Orationes, quæ inter opera ejus, & principe quidem loco leguntur, primam ac secundam, lectorem, vti mox dicetur, ablegat Zosimus. Neque vero elucubrata ab eodem IVLIANO, quibus Christianam Religionem impie simul ac acerbe impugnauit, scripta, vti de CYRILLI, quod hoc opus itidem exhibet, aduersus eum Apologetico mox agetur, reticuit Libanius. De quibus autem singulis liquidius constare cuiuis poterit, ex ipsorummet Auctorum, quæ ad calcem huius Præfationis adponentur, verbis; qui illas nempe Augusti huius Scriptoris, vel obiter commemorauerunt, vel etiam laude sunt prosequuti, lucubrationes. Neque enim alias adnotarunt, qui supersunt hodie veteres Auctores & Grammatici; nisi forte quod Epistolas omnis generis ab eo scriptas tradit Libanius, vt ex iis plures hodie desiderari, facile liceat statuere: aliquas alibi nominatim tangit, vti etiam Zosimus, de quibus paullo post dicetur, quæ inter reliquas huius Principis Epistolas hodie non leguntur. Mitto quod summæ venustatis & elegantiæ *Poëmata* ab illo condita, & adeo quidem, vt Oratores ac Philosophos arte Poëtica, immo admirabili quoque, eodem Sophista iudice, vocis concentu, superarit IVLIANVS. Vnde alibi de eodem refert, Philosophum Atheniensem, qui ad eum accesserat, in discessu munus ab illo accepisse, quod solus ex Imperatoribus dederit, nempe versus: etsi simile quid de Augusto fuerat iam antea memoriæ traditum. Exstant vero etiamnum, & quæ in hoc opere itidem leguntur, duo huius Imperatoris Epigrammata: vnum in vinum hordeaceum; alterum, quo organum describit: vtrumque, quod illius eo in genere facultatem satis prodit.

Orat. IV. p. 157.

Lib. III. c. 12.

In Iuliani Nece p. 291.

In Iuliani Nece p. 268.

Lib. III. c. X.

Libanius Paneg. Iul. p. 248. Ibid. p. 290.

In Præfat. P. Martini

E quibus autem, & ex iis quidem, quæ ad hanc ætatem sunt prodita, & hoc volumine continentur, IVLIANI operibus liquet, ad quatuor classes eadem reuocari, *Orationes*, *Epistolas*, duos satyricos libellos, *Cæsares*, ac *Misopogonem*, & tandem quos *aduersus Religionem Christianam* conscriptos ab eodem libros, & a se grauissima disputatione confutatos, vnus ad posteros transmisit Antistes Alexandrinus. De *Commentario Belli Germanici*, qui iniuria temporum, vti de eo paullo ante, periit, iam non est agendi locus: aut de iis eius Orationibus, vel scriptis, quæ idem fatum subiere. Ex iis autem, quas adhuc hodie versamus, ORATIONIBVS, aliæ sunt, quæ CONSTANTII patruelis ac Imperatoris, a quo in Cæsarem fuerat adscitus, tum EVSEBIAE Augustæ, cuius beneficio seruatus, eamque dignitatem adeptus potissimum fuerat IVLIANVS, amplissima laude defunguntur. Quæ autem illas excipiunt, duæ IN SOLEM, ac IN DEORVM MATREM Orationes, seu, vt de priori sub eius finem loquitur, *Hymni*, ea occasione, quam eædem produnt, aut de qua aliunde constat, conditæ: prior nempe, vt ipse haud obscure in eadem innuit, tempore Ludorum INVICTO SOLI apud Romanos, exeunte Decembri, solemnium; & ab eo quidem, qui non vbique solum se in peculiari Regis magnique Dei Solis

Orat. IV. p. 158. Ibid. p. 136.

 clien-

clientela confirmatum tradit; sed cui Aedem etiam in media Regia ab illo erectam docet Libanius. Alteram vero, occasione susceptae a IVLIANO ad Deam Phrygiam expeditionis elucubratam, liquet ex eodem Sophista; de cuius autem vtriusque Orationis argumento, abstruso illo simul ac vanissimo, nonnulla differendi erit adhuc locus. Quae vero eosdem Hymnos seu Orationes subsequuntur, ambae CONTRA IMPERITOS, seu verius adulterinos, CYNICOS, qui a veris sectae illius placitis, & eiusdem auctorum moribus ac institutis longe recederent, sunt comparatae. Prioris autem occasionem & argumentum suppeditat itidem, non eo solum loco, quem ad eundem addurit Petauius, sed alio adhuc, quemque iam antea obiter adtigimus, haud minus notabili, Libanius: vbi nominatim ad Bosporum ea Oratione, eademque incredibilis venustatis plena, perstrictum quendam ait, qui prae inscitia se Diogenis imitatorem ferebat. Et ipso autem sequentis Orationis lemmate, eiusque exordio, eadem redargui liquet alterius, Cynicum falso ementiti, impios de Diis ac Religione sermones, vitamque pariter & mores, a genuinis & salubribus Cynicorum instituti ac moribus longe abhorrentes. De qua insuper Oratione illud hic non est praetereundum, quod eandem non a IVLIANO conscriptam solum post Constantii obitum, sed habitam insuper, ipsemet testatum ab eius ferme initio & alibi in eadem reliquerit. AD SALVSTIVM, Galliarum nempe Praefectum, non alterum vero (vt bene iam ex Ammiano Marcellino notarunt, & qua de re silet Petauius, eruditi) Praefectum Praetorio Orientis, scriptus est Sermo, qui dictis modo Orationibus adnectitur, CONSOLATORIVS, ob eundem nempe Salustium, Constantii iussu, a IVLIANI iam Caesaris & in Galliis tum agentis latere auulsum, vt istud tangunt Libanius ac Zosimus: & prior quidem, dum sub *Phoenicis* nomine eundem indicat Salustium, quod vt Achillem Phoenix, prout id erudite ad Ammianum iam vidit doctissimus Valesius, sic ipse IVLIANVM praeceptis imbuerat. Praeclara certe eiusdem Salustii in se beneficia, ac in omnibus laboribus, periculis, studiis, rebus gerendis, omni denique publicae priuataeque vitae actu, secum communionem praedicat, ac inde incredibilem quendam ob eius discessum, quo intime adfectus esset, dolorem ibidem enarrat. Adeo, vt excellentis cuiusdam in eo fastigio, ad quod iam euectus fuerat IVLIANVS, naturae, quae a carissimo vtilissimoque vitae duce ac socio aegerrime diuelli vellet, imaginem, eadem Oratio nobis exhibeat. His adnectuntur duae longiores EPISTOLAE; prima Ad THEMISTIVM, clarum ea aetate Philosophum ac Oratorem; qua arduum maiusque humanis viribus imperandi onus, quibus subiaceat incommodis, aut officiis, vel praeceptis; quam procul a tranquillitate, vmbra, otio, in praesens rerum discrimen, ad actionem, ad vim fortunae prudentia temperandam, traducat principem; quid sibi priuatim, vt se illi fastigio haud imparem praebeat, incumbat; apud amicum, a quo iis de rebus fuerat prudenter admonitus, praeclare ac opportune disseritur. Altera vero, AD ATHENIENSES EPISTOLA, seu de suscepto imperio, ac inde contra Constantium expeditione, liber apologeticus, vti a Libanio, qui & alibi rursus illius meminit, dicitur: & qualem ad Lacedaemonios quoque & Corinthios scripsisse IVLIANVM, testantur Zosimus, & qui inde, ex ea nempe ad Corinthios scripta, quaedam addu-

adduxit verba, Libanius: innuitque ipsemet sub finem huius ad Athenienses Epistolæ, dum eadem *ad Communes omnium Græcorum cives se perscripsisse* ibidem perhibet. In FRAGMENTIS sequentis ad Pontificem quendam Gentilem EPISTOLAE, quæ male in scriptis IVLIANI codicibus, ac in Vossiano itidem, quo vsi sumus, *Epistolæ ad Themistium* fuerat inserta, de hominum inter se communione, præstandâ in egenos beneficentiâ, simulacris Deorum colendis, qualesque esse deceat sacerdotes, agitur: cuiusque postremi argumenti exstat itidem, quæ haud paullo integrior, & primum a nobis conuersa hic prodit, inter Iuliani Epistolas postrema. Duos vero omni summæ venustatis ac eruditæ elegantiæ laude conspicuos libellos, CAESARES ac MISOPOGONEM, qui hæc proxime excipiunt, non iam tango: qui & alibi pridem ad eosdem Cæsares, in linguam Gallicam a me conuersos ac illustratos, de illius scripti Satyrici natura, instituto, dotibus, prolixe disserui. De MISOPOGONE, altero Satyrico itidem libello, seu de eius argumento, quaque occasione sit ille a IVLIANO conscriptus, egerunt iam aliis & præter veteres, quos eam in rem adduxit Petauius, Auctores, addi possunt, qui elegantissimæ illius lucubrationis meminêre, quem paullo ante iam innui Libanius, ac Theodoritus. Subduntur vero iisdem libellis, a IVLIANO scriptæ ad varios EPISTOLAE, quarum nonnullæ ab antiquis etiam Scriptoribus memorantur. Agmen vero eædem claudunt in antiquis, qui hactenus reperiuntur IVLIANI codicibus: vt nuspiam in iis conditi ab eodem aduersus Christianorum Religionem, & pro tuenda Gentilium impietate, libri, de quibus postea dicetur, compareant. Quam autem singularem cum eloquentiæ, tum doctrinæ laudem, IVLIANO Gentiles iuxta, ac, de quorum iudiciis minus licebit dubitare, Christiani illa & proxima ætate scriptores, certatim tribuunt; vtramque luculenter eadem, de quibus modo egimus, quæque hoc opere continentur, eius scripta nobis etiamnum produnt.

Ac eloquentiam quidem quod adtinet, quæ insita IVLIANO a natura ad eam capessendam vis ac indoles fuerit, & quantum in ea, sub præstantissimis illa ætate dicendi magistris, studii operæque posuerit, liquidum ex iis, quæ de eius institutione, Constantinopoli primum, dein Nicomediæ, ac Athenis tandem, est memoriæ proditum, ac obiter supra adtigimus. Quum vero eam artem tum profiterentur, qui vulgo Sophistæ, qua de re iam ante, appellari consueuerant; & a quibus natiuus ille ac antiquus Atticæ venustatis lepos, quibusdam verborum argutiis, ac minus rotundo & æquabili dictionis genere, haud parum imminuebatur: hinc ad veterum illorum, quibus ipsæ quondam Athenæ inclaruerant, Oratorum normam, prouide ac diligenter suam dicendi scribendique rationem exegit IVLIANVS. Accessit assidua, quemque totum, vt hæc ipsa eius scripta passim arguunt, in succum verterat, Platonis lectio: e qua orationis copiam, suauitatem, ac splendorem sibi affatim comparauit. Vnde etsi clarum esset ea ætate, quem adolescens potissimum sectabatur IVLIANVS, æque inter familiares, quod vel Epistolæ huic operi insertæ luculenter ostendunt, dein carissimum habuit, Libanii inter artis oratoriæ magistros nomen; haud parum tamen, si vtriusque scripta inter se conferas, infra discipuli castigatum, æquabile, ac elegans dicendi genus, reperietur declamatorium, & nimiam diligentiam ac curam, vel Photio iudice, redolens

P. Martial. in ep. Profession.

Hist. Eccl. Lib. III cap. XXII.

lens Sophistæ Antiochensis sermo. Vt non immerito πρὸς θεὶς eidem IVLIANO, & quidem post eius etiam fata, palmam in illa sua arte tribuat haud vno loco Libanius; dum & ῥητορικώτατος seu *eloquentissimus* ab eo dicitur, illiusque *Sermones* seu *Orationes* in summa esse admiratione; dum alibi ab Oratoribus legendum dicit eum, qui *& dicendi, & dicentem examinandi, esset adprime peritus:* & alio rursus loco, de eius in Senatu facundia ait, eum modo pauca & suauia, modo imbribus similia effudisse. Quibus consentanea, & quo etiam nomine in arte sua a IVLIANO, non in vmbra, non in forensi, sed in militari acie, in ipso rerum discrimine, præuentum se non solum, sed victum agnoscit Libanius, in iis ineditis ad eundem Principem Epistolis, quarum iam ante facta est a nobis mentio, & quibus hæc continuo subdit, τοσοῦτον ΕΦΘΗΣ ΤΟΥΣ ΣΟΦΙΣΤΑΣ, ὀυ τὰ ἔργα μόνον ἀυτοῖς προσθεὶς, ἀλλὰ καὶ ΤΗΝ ΠΡΟΣ ΤΟΥΣ ΛΟΓΟΥΣ, ὡς ἐπὶ τοῖς ἔργοις ἐποίησας, ΑΜΙΛΛΑΝ, *in tantum SOPHISTAS* (seu *dicendi magistros*) *ANTEVERTISTI; non res solum a te gestas iis proponens, sed IPSVM etiam CIRCA LIBROS, quos de rebus tuis condidisti, CERTAMEN;* ac de se in altera Epistola nominatim, καὶ σοὶ τρόπαιον ἔστηκας, τὸ μὲν ἀπὸ βαρβάρων· τὸ δὲ ΑΠ' ΕΜΟΥ ΤΟΥ ΦΙΛΟΥ, *ac tropæum quidem tibi erexisti, illud quidem de Barbaris, istud vero DE ME.* Cuius etiam in IVLIANO vis eloquentiæ ac suada, non in eius solum Orationibus elucet; sed in aliis etiam eius scriptis, duobus maxime summæ venustatis ac elegantiæ Satyricis libellis, ac in Epistolis præterea, se passim exserit; in quibus omnibus nulla in verbis nouitas, in dictione argutia, in oratione mollities aut redundantia, in sententia obscuritas; sed cum maiestate, lepore, decenti verborum structura ac delectu, culta omnia, clara, & perpolita. Adeo vt quamquam iisdem ferme orationis virtutibus eadem ætate celebratus fuerit, cuius Orationes ad nos peruenerunt, idemque IVLIANO iisdem familiaris, Themistius; nemo tamen, vt opinor, qui vtrumque, harum rerum haud imperitus censor, & qui quid Atticum sonet nouerit, conferre paullo attentius instituet, non IVLIANO Atticæ venustatis ac elegantiæ potiorem continuo laudem adiudicabit.

Doctrinam vero diffusam ac reconditam, eadem hæc IVLIANI scripta passim produnt: siue illius, quæ in accurata interiorum litterarum, antiquitatis, ac historiæ veteris notitia versatur: siue alterius, quæ Philosophiam, eamque a vulgi etiam studiosorum cognitione submotam, complectitur, &, qua arcana seu mystica Gentilium Theologia continebatur, rationem tradit. Adeo vt haud immerito de IVLIANO, vt *erudito & studioso cognitionum omnium principe*, iudicium tulerit, qui næuos cæteroquin eius haud dissimulat, grauis eique familiaris Auctor: aut e priscis Oratoribus, Historicis, Philosophis, nullum illius diligentiam effugisse tradiderit Libanius. Adde nec Poëtas, prout alibi hoc de eo memoratum supra elogium idem perhibet; quod Oratores, vnius sapientiæ studio; Philosophos, oratoria facultate; Poëtica autem, ne & hac laude, vti iam de ea paullo ante, eum putemus caruisse, vtrosque superarit. Vnde etiam hæc Mamertini Consulis de eodem Principe verba: *tu exstincta iam LITTERARVM studia inflammasti: tu PHILOSOPHIAM paullo ante suspectam, ac nedum spoliatam honoribus &c.*

auro

auro gemmisque redimitam, in regali solio collocasti. Quae autem magnifica nimis & adsentatorie, de Principe solo rerum potiente, in ipso iuventutis flore, eoque praeterea summae laudis cupido, dicta ab eius amicis & clientibus, videri forte nec immerito nobis possent; ni & ab aliis, qui ob derelictum ab eo & adflictum, utrumque impie ac nefarie, Christianae Religionis cultum, non ornandum eum sibi, sed omni potius probrorum genere insectandum credidere, testata ferme eadem forent; immo ni eius rei luculentam & certissimam fidem haec ipsa eius opera nobis etiamnum facerent.

Ac priorem quidem illam doctrinae supellectilem, qua quicunque haud tenuiter sed laute sunt instructi, vulgo eruditi censentur, quaeque sub liberalium disciplinarum nomine, per omnes interiorum litterarum ac abditae vel remotae antiquitatis recessus, per veterum Auctorum ac Bibliothecarum forulos pervagata, lumen inde ac opes, seu thesauros verius, mutuatur; eam, inquam, in IVLIANO nemo usque, qui non in eadem literis plane hospes, iure desiderabit. Ita ea facultas passim in omnibus eius scriptis, in singulis etiam paginis elucet, ita opportune simul ac perite inde orationi suae vim ac splendorem arcessit, aut, quod ei prae manibus est, argumentum suum explanat ac illustrat; ut eo quidem in genere nullum, non illius solum aetatis, sed vel anterioris, aut quae est eam proxime subsecuta, Auctorem eidem merito anteponas. Neque vero eam in rem huc adducam, quae vel ad unum eius libellum, *Caesares* nempe, olim disserui vel adnotavi: ut ex omni ac recussa subinde veterum Auctorum, Oratorum, Historicorum, Poetarum, Philosophorum penu, singula ferme aurei diceres, si ab eo omnis exulasset impietas, illius scripti verba desumpserit, aut ad quae erudite, ac citra paedagogicum fastum, adluserit IVLIANVS. Neque [illegible] infra eam laudem, eiusdem ferme generis vel indolis *Misopogona*; ut vel ex adtenta eius lectione, cuivis hisce litteris vel mediocriter tincto, aut praeter Petavianas ad eum curas, ex adnotatis etiam ad eundem nostris, uberius liquere cuivis poterit. Verum neque illis liberalis ac elegantioris doctrinae ornamentis, vel praesidiis, aliae huius Principis lucubrationes, *Orationes* nempe & *Epistolae*, destituuntur. In iis utique singula ferme, veteris alicuius & melioris quidem notae Auctoris vel Sapientis, Homeri, Socratis, Pythagorae, Platonis, Aristotelis, Plutarchi, aliorumve illius ponderis ac famae testimoniis comprobantur; aut prisci laudatique Legislatoris, Solonis, Lycurgi, Zamolxidis, iurisque Romani conditorum, scitis & auctoritate firmantur; aut petitis e veteri Persarum, Graecorum, Macedonum, Carthaginiensium, Romanorum historia, aut ex eorum subinde ritibus, exemplis; vel delibatis ac sparsis, sed manu provida, e Tragicorum, Lyricorum, aliorumve id genus Poetarum lectione flosculis, elucidantur passim ac illustrantur. Quorum omnium ratio, vel e nostris, quae ad primam Augusti huius Scriptoris Orationem hic demum, qua de re infra, prodeunt, Observationibus elucet; ex iis vero, quae ad reliqua eiusdem opera cum Deo proxime subsequentur, adnotatis, plenius longe ac liquidius constabit: illudque a se vere adimpletum, quod alicubi obtestatur, *animi nempe alimento copioso ac sincero, quod ex veterum monumentis percipitur, opus esse.* Adeo, ut quam largiter fuerit disciplinis illis liberalibus, & a Philosopho quidem, ut ipsemet id alicubi testatur, imbutus; seu quantum sub insigni illo eundem optimarum artium doctore se extulerit, haud immerito testatum reliquerit Antiochensis Sophista, iis verbis, quae ad aeternitatem Iuliani locum indicta reliquit Petauius, quae autem e modo dicta haud parum fidei ac lucis mutuantur. Extant nempe ea in Libanii ad hunc Principem Legatione: ἀλλ' ὥσπερ Λακεδαιμόνιον, ἱερέα δικαιοσύνης, ἡγεμόνα παιδείας, εἰδότα, εἴ τις, τῆς Ὁμήρου ποιήσεως τὰ ἀπόρρητα, καὶ σύμπαντός γε περὶ τὸν Ὅμηρον χοροῦ. ὃ σὺ δέξω μὲν νέος ὤν, ὡς εἰκός, τοῦ τηλικούτου. ἐπίστασαι δὲ νῦν, ὡς εἰκός, τὸν φιλοσοφοῦντα. καὶ μὴν καὶ ΡΗΤΟΡΑΣ ΑΠΑΝΤΑΣ, καὶ ΣΥΓΓΡΑΦΕΑΣ, πολλῶν πραγμάτων ΔΙΔΑΣΚΑΛΟΥΣ ὧν ὁ πόνος οὐδὲν τῶν ἀρχαίων ἀφῆκεν ἀγνοηθῆναι προσπεριείληφας ταῖς ΑΠΟ ΤΩΝ ΜΕΤΡΩΝ χρείαις, *sed virum Lacedaemonium* (Nicoclem nempe, vt aliunde constat) *iustitiae sacerdotem*, *ERVDITIONIS DVCEM, qui, si alius vnquam, Homericae mentis arcana, & vniuersi addicti Homero chori, nouerat; tu iuuenis adhuc accepisti, vt par fuit, tanto vsu & doctrina praeditum: audis vero nunc, vt te decet, philosophantem. Quia ORATORES etiam omnes, & HISTORIARVM scriptores, multarum rerum doctores, quorum labor nihil de antiquis rebus finit ignorare: quae singula percepta a te e POETARVM lectione vtilitatibus adiunxisti.*

Iis autem ea subdit continuo Libanius, quae singularem IVLIANI, in altero illo doctrinae ac sublimioris quidem genere, praestantiam abunde praedicant. Ait enim, exquisitae eius in liberalibus disciplinis, omnique generis Auctoribus, qui eas excoluerant, peruoluendis industriae ac diligentiae, *apicem a diuinis illis viris, Socrate, Pythagora, Platone impositum, & ab omnibus, quotquot ab illo fonte emanarent, riuulis: horum enim nullum effugisse eius intelligentiam, sed illos, cum ingressos, pulcram eandem & generosam effecisse.* Haud vana vero esse, aut a Sophista adsentatore demum dicta, haec de Imperatore philosopho elogia, cum e grauissimis aliorum eiusdem aeui, & qui IVLIANO caeteroquin minime fauebant, iudiciis, tum ex ipsis eius operibus, vt id paullo ante iam innui, liquidum fit ac manifestum. Philosophiae certe, haud minus quam eloquentiae, aliarumue bonarum artium studiis, eum a pueritia vacasse, tradunt praeter Gentiles, eique coaeuos Scriptores, Libaniumque, Ammianum Marcellinum, Eunapium, Victorem in Epitome, Gregorius Nazianzenus, Socrates, Sozomenus, aliique. Ac *Maximo* quidem Ephesio, eique Cynico, vt liquet e IVLIANI ad eundem Epistola, summo autem ea aetate Philosopho, Nicomediae primum dedisse illum operam, referunt iidem Socrates & Sozomenus: quod tamen in Ionia, in quam ille adolescens se contulerat, ac vbi agebat Maximus, ab eo factum memorant Libanius & Eunapius. Alium vero *Maximum* Philosophum, nempe e Epirota seu Byzantius fuerit, refert, quod supra obiter adegi, Suidas, quo doctore vsus sit Iulianus, quique ei commentarios aliquot philosophicos nuncupauerit: quum tamen eundem, non ab illo Maximo Byzantio, sed ab Ephesio, Philosophiae rudimenta percepisse, aperte tradat Socrates: neque in huius IVLIANI rebus alterius Philosophi *Maximi*, praeterquam huius *Ephesii*, non vero *Tyrii*, prout perperam in notis ad Libanium, vt cum Plinio loquar, marginatis dicitur, seu quem ille in Philosophia ducem ac magistrum sit nactus, facta occurrat mentio. Vnde praeter Scripta ab ipso, quae etiamnum extant, & in

hoc

hoc opere leguntur, ad eum Epistolas; in quibus, quanti is eundem *Maximum* fecerit, vt *quamdiu ille abest, vita frui non possit, nisi quatenus litteras eius legit*, abunde ostendit; alibi eundem, a quo nempe Philosophicis disciplinis fuerit primum imbutus, insigni ornatum elogio designat, *μεθ' ὃν ἐπὶ τὰ πρόθυρα τῆς φιλοσοφίας ἦλθον, ὑπ' ἀνδρὶ τελεσθησόμενος, ὃν ἐνόμιζα τὸν κατ' ἐμαυτὸν πάντων διαφέρειν*, *a quo* (nempe Nicocle Grammatico, de quo paullo ante) *ad Philosophiae vestibulum me contuli, vt ab eo viro sacris initiarer, quem omnium aetate mea praestantissimum esse iudicarem*, quemque mox φιλοσοφώτατον nuncupat. Hinc de eodem *Maximo*, a Valente post Iuliani fata capitis damnato, tradit Ammianus Marcellinus, *neque ita multo post MAXIMVS ille Philosophus, vir ingenti nomine doctrinarum, cuius ex vberrimis sermonibus ad scientiam copiosus IVLIANVS exstitit Imperator.* Ne ea iam adducam, quae de eodem, vt praestantissimo illa aetate Philosopho, ac Iuliani doctore, ex ineditis Libanii Epistolis iam adduxit ad Socratem, vbi is de eo agit, doctissimus Valesius; & quibus plura e codice, qui adhuc nobis est prae manibus, Vossiano, & de quo facta iam ante mentio, in quo plures inter alias leguntur Antiochensis illius Sophistae ad hunc *Maximum* Epistolae, liceret huc adferre. Vt de alio adhuc eadem aetate *Maximo* Philosopho, sed Christiano, nihil dicam, ad quem exstat Athanasii Epistola: seu alius, seu idem, quod vero propius videtur, cum illo fuerit *Maximo* Alexandrino, qui e Cynico Christianus, Basilii & Gregorii Nazianzeni Epistolis ac Orationibus primum celebratus; dein inimicitiis cum eodem Gregorio susceptis, ambitione ac schismate, cui occasionem dedit, priorem famam haud parum decoxit. Addendi ceteroquin *Maximo* illi *Ephesio*, alii celebres eodem aeuo eiusdemque generis Philosophi, *Aedesius*, *Chrysanthius*, quos itidem adolescens sectatus est, eorumque consuetudine in Ionia vsus IVLIANVS: ac praeter hosce vel maxime *Priscus* Epirota, cuius aduentum a se cupide expectari, testatur ipse in Epistola ad Libanium; & ad quem alia exstat eiusdem Principis Epistola, quae non ad Libanium, sed ad *Priscum* scripta in aliis antiquis codicibus legitur. Eundem vero *Priscum*, iuxta *Maximum*, ad se iam Imperator accersiuit; quosque ambos inter familiares, & expeditionis etiam Persicae comites, ad fatalem vsque vitae exitum ab eo retentos, ab Eunapio & Ammiano Marcellino liquet: immo quem *Maximi*, qui cum eo assidue versaretur, diuinationibus fuisse adductum, vt Persarum supplicationes reiiceret, tradit Socrates. Neque vero hic praetereundus is, cui in hisce operibus prae aliis adsurgit, immo quem supra humanae sortis fastigium extollit, cuiusque clarissimum tum erat nomen, *Iamblichus* nempe: quem ait *Solis instar, sapientiae suae radios in omnes effundere*, ac inde *commune orbis terrarum lumen* vocat; modo, *animarum medicum*; modo, *ad cuius tunicam vellet adhaerescere, nec ab eo vllo vnquam tempore diuelli.* Adde, de quo alibi dicit, eum tempore quidem, non vero indole, Platone posteriorem exstitisse; quemque non *magni* solum *herois* ornat ibi elogio, sed alio loco *Mercurium suum* vocat, cuius *adyta salutare, & simulacra complecti gestiat.* Accedit, quod non viuis solum, qui prae ceteris eminere illo aeuo credebantur; sed mutis etiam priscae memoriae, quique famae in his disciplinis seu sapientiae arcem ante tot retro secula occupauerant, doctoribus se erudiendum, quod ipsemet alicubi obiter innouit, tradiderat; eoque iugi & attenta lectione penitus imbiberat IVLIANVS. Hinc modo *Platonis scripta perscrutatus* a Libanio dicitur: modo *genus omne Philosophorum in se collectum habuisse*: modo *eum artem persuadendi populos oratoriam, & sapientiæ studium ita conciliasse, vt mentem sublimiorem efficeret, rerum sublimium cognitione*: modo, vt de eo Ammianus, *per omnia Philosophiæ membra prudenter disputando cucurrisse*.

Cuius autem rei certiorem adhuc fidem hæc eius opera perhibent. Ita enim passim Philosophiæ laudem ac vim in iis prædicat, naturam explicat, diuinam originem tangit, primos eius auctores vel duces, aut insigniores quondam doctores celebrat, ita eius studio non solum se incensum, sed amore omnes inflammatos cupit; vt ea quidem in re singularem sublimis animi, erectæque supra ætatem indolis præstantiam, omnino prodiderit. Hinc memorati ab eo, nec infrequenter, in his eius scriptis, Pythagoras, Socrates, Plato, Aristoteles, Theophrastus, Zeno, Democritus, Heraclitus, Epicurus, Diogenes, Antisthenes, totidem sectarum principes: & quorum de primis rerum principiis; de Deo, vno omnium opifice, eoque summo Bono; de diuina & æterna eius essentia; de humanæ felicitatis summa, in Dei cognitione; de nominibus diuinis; de animæ natura, vel partibus; de ratione duce; de vnico Philosophiæ capite ac fine, se ipsum nosse; aliisque id genus doctrinis, scita tangit, dicta explanat, sententiam laudat, aut quandoque etiam refellit. Præ reliquis autem Plato, quem vt Philosophorum Deum venerabatur, & quem non diuinum duntaxat, sed a Diis ortum dicit, vtramque, quod aiunt, in his eius operibus paginam facit; vt se totum illum, quod de eo iam ante a nobis dictum, vere in succum conuertisse luculenter ostendat. Hinc etiam ea, quæ sint ab Aristotele tradita, non omni ex parte perfecta ait alicubi, nisi cum Platonicis, quod ætatis illius philosophandi genus, vt aliunde notum, exstitit, coniungantur. Immo non Græcorum solum, sed Phœnicum etiam & Chaldæorum, Philosophiæ seu Theologiæ verius adyta se penetrasse, in iisdem prodit. Adeo vt omni laude prædicari meruisset incredibilis illa tam excelsi fastigii Principis, in præclara sapientiæ studia incumbendi, cupiditas; si modum eadem habuisset, nec vltra præscriptos tam præclaro instituto fines esset longius euagata.

Inciderat nempe illa ætas, in qua Christianæ Religionis lumen, discussa tandem inueteratæ quamquam impietatis caligine, se late iam ac aperte diffundebat, in viros, qui Gentilium sacris mordicus propugnandis intenti, trita philosophandi via, vt vulgari, nec eam in rem satis valida, relicta, sublimiorem longe & magis arcanam, tanquam instituto illi suo longe opportuniorem, sectari & profiteri inceperant. Quam in rem præuiis θεουργικοῖς, vt eadem vocarunt, ac ea tangit alicubi his quoque initiatus IVLIANVS, quibusdam sacris & mysticis purgationibus, accedente nonnulla silentii religione, abditam illam rerum diuinarum ac humanarum scientiam, profanis vulgo incognitam, discipulis demum suis ac alumnis interioribus recludebant. Hinc θεοφορικοὺς, seu *diuinos afflatus* præ se ferentes, seque in Deorum consilium & contubernium, vt de illis ea ætate sapientiæ huius sublimioris consultis loquitur Gentilis ipse Eunapius, receptos, fidem iidem sibi ac venerationem apud incautos, vel imperitos, vel superstitiosos, & a fide Christiana auersos.

facile

facile aucupabantur. Cuius scientiæ, seu diuinioris cuiusdam & occultioris Philosophiæ, princeps eo tum æuo inclaruerat, de quo paullo ante, Chalcidensis Iamblichus; cuius *θειασμοὺς* seu *afflatus* ei peculiares tradit in eius vita idem Sardianus Sophista. Extat autem & versatur hodie in eruditorum manibus, viri inter Anglos eximii labore ac industria vulgatus ante annos haud ita multos Græce scriptus ab eodem Iamblicho de Mysteriis liber: quo mystica illa, non Græcorum adeo, quam Chaldæorum partim, partim Aegyptiorum veterum, ac inde ad Phœnices & Syros propagata, de Diis, de eorum natura & ordine, de vero & arcano eorum cultu, sacrificiorum ratione & efficacitate, diuinationum caussis & generibus, & de Geniis insuper seu Dæmonibus, occultior scilicet doctrina traditur & explanatur. Quibus etsi consentanea quædam, maxime de Deorum natura, de primo rerum principio, de Dæmonibus, aliisque id genus, e doctore suo hausta, exstarent in Platonicorum, qui tum extabant, Plotini maxime, eiusque discipuli Porphyrii, libris; totum illud tamen *Theurgiæ*, vt eam vocabant, horumque *θειασμῶν*, & quæ eorum beneficio operarentur noui illi sapientiæ diuinioris mystæ, vis & ratio erat ferme Græcis ignota, aut nec dum fidem & sectatores idoneos nacta. Quod vtique vel e Porphyrii, cui librum illum de Mysteriis opposuit Iamblichus, Epistola, ac præterea ex Eusebii, Gentilis Philosophi, ad hunc IVLIANVM ea de re apud Eunapium verbis, quibus eum nempe, ne id genus Maximi Philosophi *deliramentis*, vt eadem vocabat, ac *præstigiis* continuo fidem daret, sed frustra, voluit dimouere, abunde licet colligere. Haud eo minus, etsi non absque negotio, & post elapsum demum aliquod temporis, vt id alibi tradit idem Eunapius, spatium, discipulos & sectatores reperit Iamblichus; interque eos ipsum, a quo IVLIANVS philosophicis, vt ea de re paullo ante, disciplinis est imbutus, Maximum Ephesium. Liquet id ex eodem Eunapio, præter indicata iam Eusebii Myndii apud eundem verba, in vita huius Philosophi, *ἦν δὲ ὁ Χρυσάνθιος ὁμόψυχος Μαξίμῳ τὰ περὶ θειασμὸν συνενθουσιῶν*, *erat autem vnanimis cum Maximo Chrysanthius, quoad diuinos afflatus, & edendas illo cælestis mentis instinctu operationes*; & e sequentibus ibidem plenius de eodem Maximo, iisque, quæ *θειασμῶν* illorum beneficio patraret, factis, seu præstigiis. Quibus etiam captum adeo ac deditum tradit Philosophicis tum studiis in Ionia intentum, eumque adhuc adolescentem IVLIANVM idem, Gentilis alioquin & summus eius admirator, Christianæ vero Religionis irrisor Sophista; vt valere iusso, qui eum ab illis Maximi huius præstigiis auocare, vt paullo ante diximus, voluit, etsi Ethnicus itidem foret ac Philosophus, memorato Eusebio, sibi detectum, quem quærebat, eidem continuo regesserit; moxque Ephesum ad Maximum profectus, *ab eo totus pependit, & vniuersam viri doctrinam mordicus retinuit*. Cuius etiam rei fidem insuper facit, quod eiusdem Maximi, dum in Ionia apud eum versaretur, de his, qui vniuersum hoc condiderunt & conseruant, doctrina permotum, *effractis leonis more vinculis, errore excusso & caligine liberatum, veritatem loco ignorantiæ percepisse*, hoc est, eiurata clanculum fide Christiana, Gentilium impietatem amplexum IVLIANVM tradat Libanius: quodque eundem Maximum, vbi aliquot post annis solus imperio præfuit hic Princeps, Constantinopolim, vt ea de re iam ante,

ante, continuo ad se accitum, inter intimos familiares, ad vltimum vitæ exitum penes se habuerit. Qua ratione insuper factum, vt memoratus supra doctrinæ illius de Diis, eorumque natura, cultu, sacris, apparitionibus, seu Gentilium Theologiæ occultioris ac sublimioris princeps Iamblichus, eo in pretio & loco sit ab eodem IVLIANO habitus; e cuius etiam libris se mysteriis illis initiatum, eaque, quæ de hisce differit, edoctum tradit ipsemet in Oratione de Sole, τὸν Χαλκιδέα φημὶ τὸν Ἰάμβλιχον ὃς ἡμᾶς τά τε ἄλλα περὶ τὴν φιλοσοφίαν, καὶ δὴ καὶ ταῦτα διὰ τῶν λόγων ἐμύησεν, *Chalcidensem Iamblichum dico, qui cum alia in Philosophia, tum hæc ipsa nos arcana libris suis edocuit*, seu *iis nos initiauit*. Quibus gemina alibi adhuc in eadem Oratione leguntur, vbi se mystica illa, eaque deprompta e Phœnicum Theologia, a Iamblicho dicit, *pauca* nempe *de multis accepisse*. Accessit hisce duobus occultæ illius sapientiæ, seu vanissimæ potius superstitionis ac impietatis, quibus mordicus adhæsit, vt de eo dicentem vidimus Sardianum Sophistam, IVLIANVS, doctoribus, Atheniensis illo æuo hierophanta, seu Eleusiniorum ibi sacrorum antistes. Qua de re audiendus est idoneus rursus nec suspectus vtique Auctor, idem nempe Gentilis, Eunapius; qui vbi IVLIANVM Maximo, illique, vt antea vidimus, quoad id genus doctrinas diuinosque adflatus ὁμοψήφῳ Chrysanthio, in Ionia vacasse aliquamdiu tradidisset, addit, ὡς δὲ καὶ ταῦτα εἶχε καλῶς, ἀκούσας τι πλέον εἶναι κατὰ τὴν Ἑλλάδα. παρὰ τῷ τῶν θεαῖν ἱεροφάντῃ, καὶ πρὸς ἐκεῖνον ὀξὺς ἔδραμε. paullo post, τότε δὲ ὁ μὲν ΙΟΥΛΙΑΝΟΣ τῷ θειοτάτῳ ΙΕΡΟΦΑΝΤΗ συγγενόμενος, καὶ ΤΗΣ ἐκεῖθεν ΣΟΦΙΑΣ ἀρυσάμενος χανδόν, *vt vero pulcre istic fuit instructus IVLIANVS, vbi intellexit PLVS ALIQVANTVM latere in Græcia apud HIEROPHANTAM, Eleusiniorum sacrorum antistitem, velociter illuc accurrit*: dein, *tum temporis IVLIANVS diuinissimi Antistitis familiari vsus colloquio, & EXPLETVS SAPIENTIA, quam affatim INDE hauserat*. Quibus paullo post addit, IVLIANO in Galliis, ad quas pacandas fuerat cum Cæsaris potestate missus, hærente, e Græcia accitum ab illo eundem Atheniensem sacrorum Antistitem, *cum quo remotis arbitris nonnulla solis ipsis cognita peregerit; quum ceteroquin omnes lateret, quod Deorum cultui foret ipse addictus*.

Vt minus vtique mirum videri debeat, hisce doctrinis, ac a talibus earundem mystagogis, imbutum ab adolescentia IVLIANVM, a salutari veri Dei cognitione, ad exitiosum Deorum, seu Idolorum verius, cultum desciuisse, illiusque vel impietatis, vel superstitionis, vel vanissimæ, qua se supra vulgus efferre voluit, ipse, vti eundem a Gentili Scriptore appellatum diximus, *laudis immodicæ cupidus*, expressa reliquisse vestigia, non in iis solum libris, quos aduersus Christianam Religionem scriptos, a Cyrillo autem editos maiori ex parte, & confutatos, hic reperiet Lector, sed subinde in iis etiam operibus, quæ sub eius nomine vulgata hic itidem prodeunt. Mitto nefandas artes, νεκυομαντείας, impuri sanguinis lauacro initiatum eundem Gentilium sacris; puerorum & virginum ad animarum euocationem, dissecta in abditis palatii recessibus corpora; quæ de eo vel vera vel incerta fama prodita, a sanctissimis viris, meritissimo Desertoris illius odio, post eius mortem sunt in litteras relata. Ad ea enim hic demum respicimus, quæ ab ipsis inter Gentiles, quique eius ceteroquin laudes ac virtutes mirifice extollunt, Scriptoribus

sunt

sunt de illo testata, aut quorum hæc ipsa, quæ ille posteris consignauit, ingenii doctrinæque suæ monumenta, fidem etiamnum præstant. Adeo vt quamquam Platonis lectione, de Diis, de Dæmonibus, de animarum statu, ad Deorum cultum traductum eundem IVLIANVM, tradat alicubi Libanius; eidem Platoni autem, quod iam antea diximus, adsurgat is passim in his operibus, multa inde loca in eadem transferat, aut a semet prodita, eius dein auctoritate tueatur; aut vero petita inde dogmata, præterito eorum auctore, adducat; haud semel tamen ab eius placitis recedendum sibi, aut sublimius quid & occultius, quodque diuinum illum Platonem fugerit, e mystica illa ac diuiniore, quam aliunde, vt paullo ante vidimus, hauserat, Philosophia seu Theologia, adde, & pro concessa etiam sibi, singulari scilicet, Deorum munere, gratia, ac repentino quodam adflatu, quanquam dubitanter & caute, propalanda censuit. Vnde alibi quoque, se insanientem velut ac Bacchico furore correptum, nescio quæ arcana effudisse: *bonam* proinde *linguæ*, quod votum frequentius & adhuc opportunius factum ab eo foret, *sibi deinceps imponendam* tradit. Hinc vanissima illa, ne quid asperius dicam, de Sole Oratio: in qua de eo, vt qui ab vno quidem ac æterno Deo, sed ab æterno processerit & consistat, eique simillimus, aliorum præterea Deorum νοερῶν seu *intelligentium* dominus ac princeps; a quo etiam vt δημιουργῷ mundus sit ab æterno, citra vllam productionem, procreatus; ac deinceps futurus itidem æternus; & a quo idem perpetua eius prouidentia, totumque humanum genus regatur. Adde, qui non manifestis solum visibus, seu apparentis eius disci, (prout alibi in libris eius aduersus Religionem Christianam ὁ φαινόμενος τοῖς ὀφθαλμοῖς ἥλιος τοῦ νοητοῦ καὶ οὐ φαινομένου, *apparens oculis Sol intelligibilis & non apparentis* imago dicitur) totam naturam mouet, agitat, fecundat, sed Rex nempe & Deus magnus, seu Φῶς νοερόν, cuius ingenita sit substantia, in animos, quos ipse procreauit, illabitur, iudicium iis largiens, iustitia regens, & splendore suo eosdem collustrans: immo, qui arcana & diuina quadam virtute, in septem illius radiis insidente, felices animas corpore solutas in sublime prouehit, sibique comites in æternum adiungit. Quomodo nempe aut Sol iam olim in Orphicis, seu Onomacriti desumptis inde τελεταῖς, ὄμμα δικαιοσύνης, *oculus iustitiæ* dicitur; aut eundem similiter ἑπτάκτινα, *cum septem radiis*, a Theologis dictum, notat, eiusdem Theologiæ in Timæum Platonis mysta, Proclus, τὸ παιδευτικὸν καὶ ΔΙΚΑΣΤΙΚΟΝ ΤΩ ΗΛΙΩ, παρ᾽ ᾧ καὶ ἐγκόσμιος ΔΙΚΗ, καὶ ὁ ἀναγωγὸς, καὶ Ο ΕΠΤΑΚΤΙΣ (non, vt illi male, sicut in aliquot Iuliani codicibus, sed nullo sensu, ἑξάκτις) κατὰ τοὺς θεολόγους, *quod vero ad instituendum facit, ac IVDICIALE, SOLI tribuitur, apud quem mundana IVSTITIA, & qui vim euehendi habet, quique iuxta Theologos SEPTEM HABET RADIOS.* Quomodo ἡ πρὸς τὸ νοητὸν πῦρ ἄνοδος, *ad ignem intelligibilem*, Φῶς nempe illud νοερὸν *solem intelligentem* aut *intelligibilem*, de quo Iulianus, *adscensus* in hac etiam vita, perfecta nempe virtute, a Iamblicho traditur; ab eodem IVLIANO alibi in Sole, dum vitam agit, quærendum sibi portum & perfugium, quando vero vita excedit, eum *cum bona spe* sibi propitium ducem constituendum, Mercurio scilicet monitore, obseruat. De qua tamen, quod hic non erat prætereundum, IVLIANI post hanc vitam, seu ad Deos migratione, quam & alibi adhuc tangit,

bona

bona spe vel *fiducia*, ac proinde de tota hac sublimiori Theologia, quæ fuerit eius in vitæ exitu sensus, docebit Gentilis, eiusque alioquin laudator immodicus, Ammianus Marcellinus, *IVLIANVS moriturus, cum Maximo & Prisco Philosophis, super animorum immortalitate PERPLEXIVS disputans.* Ad quem cæteroquin Solem, reliquos etiam illos Gentilium Deos revocat, Iovem, Apollinem, Martem, Bacchum, Aesculapium, Minervam, Pronœam, Mercurium: quod ab aliis iidem factum, non e Macrobio solum, Porphyrio apud Eusebium, aliisque antiquis mythologis, sed e variis insuper ac priscis, iisque symbolicis apud varias gentes Solis, aliorumque id genus Numinum, quæ protulerunt subinde ac illustrarunt viri docti, simulacris, constat; quo autem nomine absurdam ac ineptam eandem, ac de Sole normam, physiologiam merito redarguit Eusebius. Mitto quod prioribus consentanea in eadem huius *παραβάτου* de Sole Oratione leguntur: cœlum nempe innumerabili Deorum multitudine ab eodem Sole esse completum; aut de eodem in tribus, quos obit in cœlo, orbibus, tres Gratias gignente; de triplici Gratiarum e cœlo influxu, e circulis nempe quadrifariam in cœlo divisis; ac unde is quadripartitam immittat annuarum tempestatum gratiam; quæ quidem, ut ipsemet id sibi tribuit, subtilius scilicet tangit. Hæc omnia partim e Platonica Philosophia, quod vel docebunt e Christianis Clemens, Origenes, Eusebius, Dionysius ille Pseudareopagita, aliique; partim e veteri Chaldæorum ac Aegyptiorum Theologia, ut id suis ostenderem locis, ac e Iamblichi, a quo is eadem se accepisse fatetur, deperditis de Diis, vel de illa Chaldaica Theologia, quorum fit apud veteres Auctores mentio, aut vero qui etiamnum extant de Mysteriis, libris hausta: quam vana sint, ac vere, ut cum Comico loquar, *ἀνδρὸς μετεωροφένακος*, quod vel facta eorum mentio satis superque evincit, iam non dicam: sed quam minime illum decerent, cui verus & *ἄδυτος* Sol Iustitiæ ab ortu illuxerat; cui *φῶς* illud *νοερὸν* vel *νοητὸν* (de quo videri potest memoratus paullo ante Dionysius) non in Sole, sed in uno ac vero eius & rerum omnium *δημιουργῷ*, quærendum, e sacris Oraculis fuerat abunde edoctus. In quæ vero insanientis illius sapientiæ, vel eodem, ut paullo ante vidimus, fatente, deliramenta, referri iidem debent, non abstrusas dicam, ut easdem ipse iactat, aut subtiles, sed stultissimæ verius, quibus Oratio eius in Deum Matrem est repleta, seu unde tota eadem est contexta, disquisitiones: quibus aniles poetarum fabulas de illius Deæ natura & viribus, de toto eius choragio, Attide, eiusque cum Nympha congressu, castratione, comploratu, fuga in spelunca, latebris; de gallo præterea, Corybantibus, leone, sacra arbore; de peculiari in eius sacris castimonia, cibisque in iisdem vetitis; de tempore, quo eadem sacra Romæ celebrabantur, e mystica, sibique primum comperta, vere autem insulsa haud minus quam impia, reconditæ cuiusdam doctrinæ facultate, explanare adgreditur. Vide etiam quæ ea de re philosophatus sit paullo ante Porphyrius, ut nec se vidisse hactenus aut legisse, ut nesciat omnino, an in eadem cum illo incurrat eius sermo, ab eius limine professus fuerat IVLIANVS. De Attide quidem, quomodo eum symbolice sit interpretatus Porphyrius, nonnulla apud Eusebium leguntur, quæ cum IVLIANI ea de re, quod iam vidit Petavius, sententia nullatenus conveniant. Cui autem magis accedit, seu qui ea inde mutuatus vide-

videtur, Sallustius Philosophus in libello de Diis & de Mundo; vbi etiam inter alia allegorica de Attide vtrique communia, Gallus in illius Deæ sacris lacteum scilicet circulum, vnde patibile corpus descendat, indicare, vt hic itidem factum, dicitur. Neque aliena rursus ab illa huius τοῦ Παραβάτου, de iis Deæ Phrygiæ sacris, Theologia tradidisse alterum eadem, iuxta Sallustium, hoc est, proxima post IVLIANVM ætate Philosophum, Proclum nempe, facile liceret opinari; dum apud Suidam dicitur, eum Μητρῳακὸν, seu de *Magna* hac *Deorum Matre librum* edidisse, quem, qui in manus sumpserit, videat continuo, quomodo non sine diuino itidem afflatu, totam illam Theologiam in lucem protulerit atque patefecerit. Quibus consentanea de eodem Proclo refert in eius vita, qui eo magistro vsus est, Marinus, ΤΑΣ ΜΗΤΡΩΑΚΑΣ παρὰ Ῥωμαίοις, ἢ καὶ πρότερόν ποτε παρὰ Φρυξὶ σπουδασθείσας ΑΓΙΣΤΕΙΑΣ, ἑκάστου μηνὸς ἥγνευσε, *sacris autem in honorem MATRIS DEVM, a Romanis vel etiam prius a Phrygibus celebratis, semel singulis mensibus expiauit.* Immo, quod ferme exciderat, qui reuera Proclus hisce IVLIANI de illa Deorum Matre effatis, tanquam de *Dea genitali, animarum procreatrice, Deorumque intelligentium, quosque omnibus bonorum generibus cumulet, fonte*, seu ζῳογόνῳ θεᾷ, ψυχῶν δημιουργῷ, νοερῶν θεῶν πηγῇ, &c. plane consimilia iisdemque ferme verbis, ad Platonis Theologiam tradidit. Ne antiquiorem iis Heraclitum iam aduocem, quem abstrusa quædam de Saturno & Rhea olim dixisse, tradit Plato in Cratylo. Accedit communis IVLIANO cum duobus hisce Philosophis, quem putidissimis istis de Deorum Matre fabulis prætexit, obtentus: antiquos scilicet, præeuntibus quidem vel ducibus Diis, rerum caussas indagantes, fabulis inde easdem incredibilibus de industria inuoluisse: quo ex illa incredibili & absurda earundem natura, comperta commenti falsitas, ad inuestigationem veritatis homines continuo acueret. Quod vtrique a duobus illis occultæ eiusdem Theologiæ inter Gentiles doctoribus, de mysticarum id genus fabularum caussa traditum quoque videas: Sallustio quidem dicto paullo ante libello; a Proclo autem, ad Platonis Rempublicam. Quomodo etiam fabulas ei Theologiæ parti, quæ circa initiationes ac mysteria versatur, τοῦ τελεστικοῦ καὶ μυστικοῦ, vti a Proclo dicto loco itidem factum, ait conuenire IVLIANVS; quæque fabulæ mysticæ ab Orpheo, sanctissimorum rituum conditore, sint primum posteris proditæ. A quibus etiam non abludunt, quæ e deperdito Plutarchi opere adducit Eusebius; latentis nempe & occultæ Theologiæ mysteria ideo illis fabulis inuoluta, vt de iis, quæ in illis silentur, maius aliquid, quam ex iis quæ dicuntur, liceret cuiuis conicere. Quibus autem, vt hoc addam, aliquis forte color, e Christiani Scriptoris, Dionysii nempe, de quo paullo ante, & quæ alibi apud eum leguntur, verbis posset ab iis, si in ea incidissent, obtendi, καὶ γὰρ ἀτεχνῶς ἡ Θεολογία ταῖς ποιητικαῖς ἱεροπλαστίαις, ἐπὶ τῶν ἀσχηματίστων νόων ἐχρήσατο, *enimuero palam Theologia Poetarum sacris fictionibus, ad carentes figura mentes effingendas, vsa est*: & quidem, si Maximi ad eundem locum glossam adeas, qua ad Gentilium Poetarum, Homeri, Hesiodi, ac similium commenta, (quæ proinde, iuxta eundem, ibi dicuntur ποιητικαὶ ἱεροπλαστίαι) quibus symbola cœlestia sint quodammodo similia, respexisse idem Dionysius dicitur. Verum vt incautius, sicut alia nonnulla, ab

eodem

eodem Dionysio dicta, aut minus vere ab antiquis eius interpretibus explanata, nunc mittam; cui fabulosæ vel mysticæ, de qua hic agitur, Græcorum Theologiæ, Plutarchi aut aliorum adductis ea de re verbis, opponit Eusebius cum Platonis ipsius, tum grauissimum inprimis alterius Dionysii, illiusque Gentilis, quod etiamnum apud eum legitur, de eadem iudicium; ab illaque Theologia, eodem teste, valde abhorrens Romanorum institutum, & quidem in his ipsis Matris Deorum apud illos sacris; vtpote quæ e Romanis indigenis nemo, nullaque Populi lege, nullo Senatus consulto, Phrygio ritu celebranda suscipiat; & quod ibidem sequitur, *adeo fabulam omnem, dignitate & honestate vacuam, criminis instar auersatur.* Vnde apposite omnino iisdem subdit, quod, quum pauci admodum sint, quibus ad eam, latentem scilicet in illis Græcorum fabulis Philosophiam, pateat aditus; ex iis rudis & imperita multitudo, vel in Deorum contemptum delabatur, vel nullum flagitii scelerisque genus, eorum exemplo, sibi deinceps cauendum putet. Immo, a quo instituto, fabulis id genus ac symbolis, vti factum ab aliis ante eum fuerat, doctrinam suam vel præcepta, ceu velis quibusdam sacrorum mysteria, occultandi, Aristotelem recessisse, obseruat ad eundem Simplicius. Adeo vt etsi Platoni quandoque, aliisue priscis Gentilium Mythologis, illas peruulgatas Poetarum de Diis fabulas, ad prima rerum principia ac vniuersi naturam referre, easque inde explanare, haud inconsulto forte instituto, quanquam varissimo conatu, licuerit: ita eruditum liberalibus non solum, sed Christianorum etiam, vt paullo ante diximus, doctrinis principem; immo, cui in illius Religionis gremio & cultu nasci ac adolescere datum diuinitus fuerat, qui veri inde vniusque Dei cognitione fuerat a prima ætate imbutus, sanctissimisque eius mysteriis initiatus; eundem tamen id adgressum, eo ingenii aciem, tantaque animi contentione, intendisse, immo longius iisdem illis suis impiæ & præstigiatricis, vt cum Plauto loquar, doctrinæ magistris progressum, vt aniles quasque & absurdissimas de Gentilium Diis, de illa maxime insana & furibunda Deorum Matre nænias, noua quadam & subtili scilicet, sed vere futili ineptissimaque interpretatione explanaret; quis, inquam, tacitus, ac citra iustissimam indignationem ferat, aut tolerandum vel excusandum vllatenus statuat? An inde forte veniam vel laudem merebitur, quod eadem deliramenta sint totidem, vti ab eo dicuntur, τελεστικὰς ὑποθέσεις, *mystica hypotheses*, seu, vt de iisdem alibi, ἀῤῥήτου μυσταγωγίας dogmata, quæ ab Chaldæis hauserit, quæque in vulgus quidem ignota, beatis autem illis θεουργοῖς sint demum cognita; quorum etiam nomine ab illa ipsa Deum Matre, non in omnibus solum de Diis dogmatibus, veritatem, sed præterea ἐν θεουργίᾳ τελειότητα, seu in arcanis illis & effectricibus ceremoniis perfectionem, submisse flagitat? Immo prout (id enim alibi, inepte haud minus ac impie iactat) eam cum vniuersis Diis, tum maxime eidem magnæ Matri, gratiam se debere agnoscit; quod se in tenebris vagante, abscissis a se omnibus prauis animi motibus & cupiditatibus, eam in mentem eius lucem immiserit eadem Dea, quæ a vera non solum, sed arcana & religiosa de Diis scientia penitus non abhorreat. Vnde haud mirum, si alibi, quod antea obiter adtigi, se longius diuino illo suo Platone, in sapientia ac rerum sublimium cognitione, progressum haud dissimulet, sed aperte profiteatur: si & alio rursus loco, Aristotelica & Platonica etiam decreta,

decreta, etsi simul iuncta, nisi editis diuinitus Oraculis accedant, absoluta esse non posse statuat: vnde denique, quæ Græcis sunt obscuriora, tradita se adserat: quibus tamen, ne ea nempe in profanum vulgus temere efferantur, sed vt grande aliquid Deorum arcanum, in penitiori illustratæ diuinitus mentis suæ recessu reconditum maneat, sibi non immorandum credit. Quo loco illud hic mihi satis opportune, vti opinor, occurrit, quod de quodam mysticæ illius ac diuinioris scilicet Theologiæ, ac eadem illa ætate, candidato, Antonino Sosipatræ filio, refert Eunapius: *quotquot nempe*, vt Græca eius ea de re verba nunc omittam, *ad eius colloquium admissi, problema aliquod ratione fultum proponebant, Platonica doctrina copiose & sincere ab eo fuisse expletos; quum vero altiora quædam de rebus diuinis sciscitarentur, eos tum in mutam velut statuam incurrisse: vsque adeo ille nullo eos verbo dignabatur, sed immotis sublatisque in cælum oculis, quasi orbatus sensibus iacuerit: neque quenquam vidisse illum in eiusmodi disceptationes descendentem.* Ne ea iam adiungam, quæ in duabus hisce Orationibus leguntur, non e recentibus adeo *θεουργοῖς*, seu sublimioris scilicet Theologiæ mystis, quam ex antiquis Philosophorum placitis, sed perperam itidem, vel petita, vel detorta. Cuiusmodi illud de materia ab æterno a Diis existente: quod a Platone quidem traditum, sed ita vt eandem materiam summo Deo neutiquam putaret coæternam, agnoscunt posteriores Platonici: aut explosum illud a toto recentiorum, etsi haud in vnam ij scindantur sectam, Philosophorum grege, Peripateticorum de *formis*, quod aiunt, *substantialibus* triuiale dogma: quæque sint non materiæ solum seu corporis expertes, sed etiam, de quo silent iidem Peripatetici, intelligentes, ac penes Solem resideant, eiusque opera existant & conseruentur. Adde, quod is in alia quadam tangit Epistola, de pluribus hominibus, simul a primo mundi ortu, non vero de vno solum, a Deo procreatis, & quod alibi sit pluribus ostensurus. De mundi quidem hominisq, ad imaginem Dei geniti opificio, a Mose diuinitus tradita, quibus autem nonnulla tantum opponit Platonis de hoc argumento dicta, alibi mulierem ex Adamo creatam, refert ac sugillat in libris de quibus iam non agimus, aduersus Religionem Christianam scriptis, seu in iis Excerptis, quæ inde adducit ac refellit in opere, quod hic itidem prostat, Cyrillus. Sed quid aliud ab eiusdem Religionis Desertore exspectes? aut quis esset huius impietatem ac ineptias redarguendi finis, vbi illum a veræ & germanæ sapientiæ cultu abducit insana Christianorum doctrinam sacrosque eorum libros insectandi libido?

Neque tamen eædem illæ duæ in Solem ac in Deorum Matrem Orationes, in quibus exstat illa vanissima, quam modo adegi, reconditæ cuiusdam & mysticæ Gentilis Theologiæ ostentatio, omnibus sanioris alicuius doctrinæ notis penitus destituuntur. In iis enim legas: non aliud esse Dei substantiam, aliud vim, aut tertiam insuper actionem: quippe omnia quæcunque vult, ea esse, & posse, & efficere: Deum omnibus excellere, circa quem, & cuius gratia sint vniuersa: animæ ad salutem obtinendam longe conducibilius, si maiorem suimet ipsius, quam salubritatis corporis curam gerat: eadem anima, quum se totam Diis (Deo dixisset) dederit, suaque omnia iis regenda permiserit, succedente castimonia, ac præcedentibus diuinis legibus, diuinam ei lucem adfulgere: qualia forte, tanquam gemmæ in luto illo ac in tenebris micantes sub-

 inde

inde, in lectoris animos inducere. Quo referas etiam alia in reliquis eius operibus obuia: sicuti leges animis nostris esse inscriptas, per quas omnibus sine magistro sit persuasum, numen aliquod esse diuinum, ad quod sit respiciendum & contendendum: immo eos omnes, qui interrogant, aut vtcunque disputant, vtrum sint Dei, (abesset hic impia plurium enumeratio!) non respondendos vt homines, sed vt bestias pœna prosequendos: veras autem de Deo opiniones suscipere, non perfectæ solum virtutis, sed eiusmodi esse, vt dubitari possit, vir ille, an Deus (nempe Deo proximus) sit appellandus. Adde, quæ eidem IVLIANO, e Religionis illius, quam deserebat & insectabatur, doctrinis, diuinisque, quæ [illegible], & quibus [illegible], oraculis, adhuc videntur insedisse: Deum nempe tantum gaudere piorum hominum mente, quantum purissimo cœlo: cogitationes nostras a Deo excitari, quando mens ad ipsum conuersa, secum ipsa primum, & per se solam, cum Deo consuetudinem habet, ac a [illegible]: & quæ aurea omnino, Christianum adhuc agnoscunt, non Gentilem desertorem, sapiunt: *vt honorum omnium reuera maximum pietas & religio, sic contra maximum malorum impietas*: alibi, *breue tempus bene & innocenter actum, præstanti immortalitati anteponendum*: alio autem loco, *hecatomben* (quibus tamen ille, vt aliunde constat, ad insaniam vsque erat deditus) *cum sanctitate nunquam esse conferendas: quæcunque enim cum sanctitate* (quamuis non *Diis* demo, sed *Deo* dixisset) *offerantur, seu parua seu magna* [illegible] *apud illos haberi: remota vero sanctitate, non solum hecatomben, sed chiliomben etiam Olympiacam, nihil præter inanes sumptus esse*. Quibus consentanea alibi rursus dicit, *fieri non posse, vt, qui se diuino numini permiserit, negligatur prorsus habeatur, penitusque deseratur*: ac illa denique non tam Chaldaica, aut Hermetica, aut vere Platonica, quam Christiana habenda, *magnas post obitum spes hominibus a Deo offerendi, quibus omnino fides sit habenda.*

Quam præclara iidem, in hisce eiusdem Principis operibus, passim velut pulcherrimis sententiarum luminibus collustrata, quæ ad morum doctrinam, vitamque ad rectæ rationis ac virtutis normam rite instituendam, excitent ac impellant! Hinc illa, ab initio ferme totius operis, antiquæ legis mentio, a primis Philosophiæ auctoribus latæ: debere omnes & in omnibus magnis & paruis, dictis factisque, ad virtutem ac honestatem, quæ, vt alibi id tangit, omnium rerum extremum sit ideo a priscis Sapientibus dicta, respicere: virtutem esse rerum omnium honestissimam, eamque perpetuo retinendam: omnes proinde actiones ad eam esse referendas: rectam vsque doctrinam, non verborum esse & linguæ magnificum quendam sonum, sed mentis bene constitutæ affectionem, verasque ac certas de bonis & malis, honestis ac turpibus sententias. Hinc, vt pauca adhuc e multis tangam, nullatenus in rebus externis, diuitiis, genere, amicis, quærendam esse felicitatem: Philosophiæ principium ac finem volunt esse, de quo obiter paullo ante, & scriptus fuerat haud ita pridem a Porphyrio liber, illud ΓΝΩΘΙ ΣΕΑΥΤΟΝ, *se ipsum nosse* sit quod nihil aliud ab antiquis & grauibus Cynicis æque ac Stoicis sit habitum, quam accurate perdiscere, quid animæ, quid corpori tribuendum: incumbere in studium virtutis, temperantiæ, modestiæ, libertatis, ab omni inuidia ac superstitione liberæ: summa autem, Deo similem fieri. Ideo præclare ait alicubi, quod

puilmultarum rerum scientia mentem non conferat; nec infiniti libri eam in rem sint peruoluendi: item, non adeo, quod plerique bona vel mala videantur, eadem agenda esse vel omittenda. sed quatenus sunt rationi ac menti a Deo nobis inditæ consentanea vel aduersa: omnes omnino ex animo perturbationes eiiciendas, ac e recto rationis præscripto omnia peragenda: nihil turpius, nihil ab homine, cuius anima sit pars diuinior, magis alienum, immo præstare illum in Charybdim, Cocytum, ac decem sub terra vlnarum millia præcipitari, quam in illud vitæ genus delabi, quod ventri, quod libidini seruiat. Quam eximia vero sunt, quæ de beneficentia, de qua paullo post dicendi erit locus, in quosuis egenos aut peregrinos præstanda; aut vero alibi de temperantia, & quibus in rebus sit sita, disserit! Deo nempe & legibus seruire; æquo iure cum æqualibus viuere; si qua in re excellas, moderate id ferre; curare ac prouidere, ne pauperes a diuitibus opprimantur; iniurias, inimicitias, contumelias leuiter ferre; abstinere ab omni voluptate, & quidem, (vt præclare adhuc, immo quod Christianum rursus, & ex integrioribus quidem, non vero Apostatam redolet) quæ neque admodum turpis, neque inhonesta etiam videatur; non posse esse domi temperantem, si foris sit dissolutus, & theatris ac Circensibus delectetur. Adde, quod maius est ac omni laude dignum, quas temperantiæ leges, tanquam non priuatis solum, sed sibi, etsi vni tum rerum in orbe Romano potenti, præscriptas, seu ad quas ipse se adstringeret, ibidem tangit: qui & alibi haud semel de principum, ipse secundi tum in orbe, aut etiam primi iam fastigii compos, officiis accurate disserit: qui Decessorem suum, sed tum adhuc superstitem, Constantium nempe, laudat, cui quum in leges ipsas potestas sit data, quasi ciuium quispiam se legibus tamen subiectum gerat: qui actiones omnes ad virtutem referre: qui de iis inde, seu ex adfectionibus, quibus sit princeps ad res gerendas impulsus, non ex euentu, etsi prospero, iudicandum docet: qui admirabilis temperantiæ, & continentiæ, ac ad aliorum exemplum, laude excellit. Adde, dum ipse earundem virtutum non præco solum, sed imitator summus exstitit: qui sibimet, vbi terrarum imperio præesse inceperat, tria illa velut a Numine præscripta memorat, pietatem erga Deos, (vtinam rursus erga vnum ac verum Deum) aduersus amicos fidem, erga sibi subiectos humanitatem. Immo quam vere fortis illius suæ, ad quam fuerat euectus, intelligentem, in Epistola ad Themistium, vt obiter id supra iam attigi, se prodit! dum maius quiddam, quam pro humano captu, onus imperandi, post Aristotelem, ac inde diuiniore natura Imperatori opus esse, agnoscit: dum, quale certamen sibi sit obeundum, docet: quanto apparatu, qua prudentia opus, vt inclinationes vicissitudinesque fortunæ, quæ in vtramque partem accedunt, vti ventorum gubernator, honeste ac decore sustineat. Quam præclara sunt insuper in eius Cæsaribus harum rerum præcepta, vel exempla! Quam in singulis ferme verbis, in iis maxime, quas magnis illis Heroibus, Alexandro, Cæsari, Augusto, Traiano, Marco Aurelio, Constantino tribuit, concionibus, sed quæ non indiligenter dudum expendimus, cum illius, quæ vitam ad virtutis ac honesti tramitem deducit; tum alterius, qua ciuilis ac militaris imperiorum administratio continetur, scientiæ expressa sunt, & ad viuum quidem, simulacra!

Insignem vero, quæ vel ad historiæ illius æui, vel ad antiquiorum rirum, quæ ex hisce IVLIANI lucubrationibus percipitur, notitiam respicit, seu vtilitatem, seu laudem in Præfatione iisdem præmissa, quæ hac etiam legendis operis commemorauit doctissimus Petauius: vt vel inde, quod ille forsquoque intendit, commendatio haud vulgaris iisdem illis operibus accederet. Constat equidem, historiam illius ætatis, qua Constantinus, ac dein Constantius, orbi Romano præfuerunt, multa adhuc caligine, maxime quoad res pace aut bello, domi aut foris gestas, esse inuolutam; eamque nobis demum cognitam, aut e Christianis Scriptoribus, qui florescentis tum primum Ecclesiæ annales, vel fastos temporum, ad posteros transmisêre: aut e Gentilibus, qui summa tantum capita compendiariis quibusdam libellis sunt complexi; vel Orationibus ad pompam editis, pauca iisdem, ac declamatorum potius quam historicorum fide ac ritu, adspergere; si duos ex eorundem Gentilium numero excipias, Ammianum Marcellinum ac Zosimum. Verum ea illius, seu Ammiani, quæ hodie superest, historia, cuius nempe maior pars grauissimo litterarum damno periit, a fine Magnentiani belli, ac proinde ab anno, quo solus imperauit Constantius, decimo septimo, initium demum ducit: Zosimus autem, acerrimo in Religionem Christianam odio, duobus illis principibus, Constantino & Constantio, vti postea magno etiam Theodosio, infestus, ac præterea proprio quodam suo instituto, multa vel præterit, vel dissimulat, vel confundit: quod cum aliunde, tum ex hoc ipso, vt mox dicetur, IVLIANO, tum ex historia earundem rerum, seu illius temporis, cuius vterque historiam perscripsit, cum Ammiano collatione, deinde quiuis intelliget. Adeo vt haud aliunde certius percipi, vel suppleri opportunius ea, in quibus iidem Auctores deficiunt, vel inter se non prorsus consentiunt, nunc possint, quam ex aliis sinceris, maxime autem quæ eadem ætate, ab iisque, qui illa videre vel ipsi gesserunt, sunt literis prodita, monumentis. Vnde IVLIANI huius primordia, ad tempus illud, quo Cæsar est a Constantio nuncupatus; vel quæ ab ipso Constantio, ab eius, vt iisdem dicam, ortu, ad Magnentiani belli finem, aut sub eius auspiciis sunt gesta, nemo vtique nos ipso IVLIANO certius hodie ac vberius edocet. Ex iis enim duabus Orationibus, quibus Principis illius, a quo recens ad imperii consortium fuerat adscitus, laudes & facta, prout vtriusque lemma præfert, celebrare instituit, & quæ in hisce IVLIANI operibus agmen ducunt, multa, de quibus silent alii Auctores, discimus: eundem nempe Constantium in Illyrico natum; prouidis parentis curis, in optimis quibusque cum corporis tum animi exercitationibus institutum; in campestribus maxime, iisque cum equestribus tum pedestribus meditationibus, singulari cum industria versatum; in ciuili disciplina, sub optimis ea ætate magistris, eruditum; summa eundem fuisse in parentem, cum superstitem tum fato functum, pietate; eo autem mortuo, castrensem tumultum ab ipso compositum; mox tandem in Orientem contra Persas, qua expeditione vbi Tigrim [illegible] fuerunt, profectum. Accedit hisce accurata Magnentiani belli historia, quæ, vt in Obseruationibus ad eandem nostris vidimus & expendimus, quam confusa, manca, & contrariis etiam narrationibus, ab illius aut proximi æui Scriptoribus sit tradita, ex hisce demum Orationibus, quæ biennio circiter a confecto eodem bello sunt conditæ, nitidior haud parum ac plenior eruitur: ac inter alia, de classe, quæ ex Italia ad Magnentij [illegible] profugos veheret, a Constantio excepta; de eodem Magnen-

tio.

tio, post cladem ad Mursam, in praeruptis Italiae ad Aquileiam, non, iuxta Aurelium Victorem, circa Ticinum, haerente; aliaque eiusdem, dum in ea vrbe ludis vacaret equestribus, seu exercitus eius clade. Adde classem, nauibus ad eam instruendam ex Aegypto & Italia comparatis, Carthaginem ab eodem Constantio missam; ac eius auspiciis debellatos Pyrenaei, misso illic nauibus exercitus, saltus. In rebus autem ab eodem Constantio contra Persas gestis, singularis occurrit cum illius ad Singaram praelii, etsi Romanis minus prosperi, ac inde non sincera adeo fide, quod nec dissimulauimus, ab hoc Oratore traditi narratio; tum memoranda maxime feliciore exitu terminatae Nisibenae obsidionis historia. Quam equidem, Constantio quippe Romanoque nomini gloriosam, ea haud vulgaris elegantiae & accurationis laude, in vtroque illo eiusdem Augusti suique patruelis Panegyrico, persequutus est IVLIANVS; vt haud immerito Zosimum, quod iam viderunt alii, ab eadem diligentius enarranda, deterruerit. Mitto hic, quae de portu Seleuciensi, ad Pieriae nempe in Syria Seleuciam, & quidem ad ipsius Antiochiae commoda & vtilitatem, exstructo; porticibus praeterea, fontibus, in illa Orientis Metropoli erectis; aut vero absolutis Regiae Constantinopoleos muris, stabilitisque plurimis eiusdem vrbis aedificiis, in eadem priori Oratione, traduntur; de quibus, praeter vnum vel alterum, qui conditi illius Seleuciensis portus meminere, silent ferme, qui res Constantii aut origines earundem vrbium attigerunt, Scriptores. Ne iam ea tangam, quae veris in probra laudibus, de singulari eiusdem Constantii in se, quamquam patruelem, totamque propinquitatem saeuitia, seu consobrinorum, patris praeterea patruique, caede, alibi, quorum singulorum ratio haud satis erat aliunde nota vel explicata, ac aperte in Epistola ad Athenienses, & quidem superstite adhuc Constantio, memorat: aut eodem mortuo, obiter in Caesaribus tangit.

Si vero ad IVLIANVM ipsum oculos conuertimus, haud aliunde vtique plura vel certiora de eius ortu, patria, prima institutione, paedagogo, praeceptoribus, studiis, varioque eorum cursu, haud vno, in quo priuatus adhuc egit aut delituit, loco, toto denique vitae cultu & instituto, quam ex his ipsis eius ingenii monumentis, petere dabitur ac haurire. Inde vtique, vt ea tantum ac obiter, quae de eo vix aliunde constant, referam; natum illum in Thracia, seu, vt apertius alibi testatur, Constantinopoli, *in qua natus sit, altus, & educatus*, ac primo quidem, quae paucis post mensibus interiit, matris partu: septennem eum, Eunuchi postea, vt aliunde constat, Mardonii dicti, qui sub auo eius fuerat educatus, vt eidem matri Homeri atque Hesiodi poemata exponeret, curae commissum: ab eo se ad praeceptores in scholas deductum: quem autem Mardonium, gente quidem barbarum seu Scytham, vt vitae principem morumque auctorem habuerit: quique eum puerum etiamnum, ab omni theatrorum aut scenae spectaculo abductum, ad verum sapientiae, temperantiae, aliarumque virtutum cultum traduxerit; intelligimus. Factum dein vt cum Gallo fratre, qui erat ab exilio reuocatus, ipse autem e scholis abstractus, in quendam Cappadociae agrum fuerit ablegatus; vbi nemini aequalium, familiarium, aut hospiti cuipiam vel peregrino, patebat ad eos aditus; vbi honestis artibus ac studiis etiam interclusi, per sex annos, & quidem in alieno fundo, fuerunt educati. Inde fratre Gallo in Regiam delato, ac dein Caesaris dignita-

grita-

Ibid. p. 272. gnitate aucto, & post quadriennium, vt aliunde constat, iussu Constantii caeso, (de qua caede, vt praeter omnem iuris ordinem patrata, grauiter ipse conqueritur) vbi per septem menses huc illuc fuisset raptatus, atque in custodiam datus, aegre inde euadens, periculis iis tandem praeter spem ereptus, maternam se in domum receperit, quum paternorum quidem bonorum nihil ad se, cuius quippe haereditatem omnem adierat Constantius, retulisset. Cui postremo equidem facto parum consentanea alibi protulerat; vbi domum suam ac familiam, quasi in solitudine, a parentum nempe obitu relictam e potentium manibus a Constantio liberatam, inque pristinas opes restitutam, tradit. Id quod alio rursus loco, ac mortuo iam Constantio, asserit; integram nempe auiae haereditatem, quae ab aliis per vim fuerat occupata, saluam a se recuperatam. Inde autem, seu e materna domo, ob sparsos nouarum rerum vicinis in locis rumores, seu, vt ipsemet alibi ea de re ait, commoto in illum, nescio quas ob suspiciones, Constantio, aegre tandem ab Eusebia Augusta perductum ad Principis conspectum, impetrata dicendi facultate, sese illic ab omni crimine purgasse. Vnde concessa eidem domum redeundi licentia, eaque mox daemonis alicuius maleuolentia, aut insolito casu, illi adempta, cum in Graeciam proficiscendi & quidem Athenas, ad capiendum ibi maiorem ingenii & doctrinarum cultum, eiusdem Augustae precibus, facultatem obtinuisse. Ibi vero quum Constantio, eum e Graecia, post semestris in eadem moram, reuocanti, paruisset, atque in Mediolani suburbio haesisset aliquamdiu; inde se, rursus Eusebiae Augustae potissimum suasu, nocturnisque praeterea Deorum monitis, inductum, ne oblatam sibi ab Imperatore Caesaris dignitatem recusaret: eaque ratione factum, vt vestem, comitatum, (quem e quatuor seruulis, vnoque ex iis suscepto a se erga Deos pietatis, vt ille ait, immo foedissimae in vnum verum Deum impietatis, conscio, constitisse idem tradit) victum, & habitationem commutaret, ac paullo post Imperatoris sororem in vxorem duceret. Quae singula cum in Oratione, qua illius Eusebiae laudes est complexus, tum in Epistola ad Athenienses, ac praeterea in Misopogone, ab eodem IVLIANO enarrata reperies Lector. Vnde etiam intelliges, quam exiguo cum comitatu, trecentorum nempe & sexaginta militum, ad quae discrimina obeunda sit mox a Constantio in Galliam missus; quae pericula ei primum fuerint subeunda; quas res dein ibi feliciter simul ac fortiter contra Barbaros gesserit; quoties Rhenum traiecerit; quot Germanorum oppida ceperit; quot captiuorum millia abduxerit; quot praeliis decertarit; quam inuitus ad Augustum culmen fuerit ab exercitu, & qua occasione, euectus; qua ratione se postea erga Constantium gesserit; quomodo se in Epistolis dein ad eum scriptis, ab *Augusti* appellatione, solo *Caesaris* nomine contentus, abstinuerit; supplexque adulum, totius exercitus nomine, pro mutua inter eos concordia, literas dederit. Quibus omnibus a Constantio reiectis, concitatisque aduersus IVLIANVM Barbaris, & misso ad eum quodam Galliae Episcopo Epicteto, qui ei de salute tantum, non vero de dignitate, fidem daret; adactum se tandem, vt delatum sibi, & qui ad amicorum salutem pertineret, honorem tueretur; non adeo pro sua salute, sed pro vtilitate Reipublicae, & communi omnium, ac praesertim Gallicanae gentis, libertate. Adde, eundem sustulisse ex Helena vxore liberos, neque eosdem omnes immaturo partu, aut vix natos,

Orat. III p. 118. (margin)
Fragm. Epist. p. 290. (margin)
Epist. ad Athen. p. 274. (margin)
Orat. III p. 118. (margin)
Epist. ad Athen. p. 277. (margin)

Euse-

Eusebiæ Constantii vxoris fraude, periisse, (quod tamen ex Ammiani Marcelli- [Lib. XV. cap. X.] ni verbis, & ex aliorum Auctorum de iis post partum superstitibus silentio liceret colligere) clarissime liquere ex ipsius IVLIANI, in Epistola, quæ hic legitur, ad Iamblichum, verbis; in quibus *τοῦ τροφέως τῶν ἐμαυτοῦ παίδων*, [Ep. XL. p. 421.] *educatoris meorum liberorum*, fit ab eo mentio.

Quot autem & qualia, e liberalium disciplinarum ac eruditæ antiquitatis penu, vel adiumenta doctrinæ, vel orationis lumina, accedant in hisce IVLIANI operibus, haud difficulter ex iis, quæ de summo illius Principis ingenio, & singulari in optimis artibus a teneris institutione, & incredibili discendi contentione diximus, licet statuere. Etsi enim ipse alicubi illarum [Ep. LV. p. 44.] optimarum artium studia, non contemnenda quidem dicat, sed ita vt demum occasionis sint loco, omnis autem labor in Platonicis ac Aristotelicis dogmatibus enucleandis collocetur: alibi etiam, satius suæque, Pontificis nempe Maximi, dignitati magis consentaneum doceat, vni studere Philosophiæ, ma- [Fragm. Ep. p. 300.] xime quæ Deos disciplinæ suæ auctores ferret, Pythagoram, Platonem, Aristotelis sectam aut Zenonis: quam flagranti tamen ardore, & assidua consuetudine in tractandos priscæ memoriæ, quique alis in artibus ac doctrinis versantur, Auctores incubuerit, satis superque in his ipsis insignibus ingenii industriæque suæ monumentis comprobauit. Hinc vix frequentius in iisdem occurrent illi ipsi, modo memorati, Plato, Aristoteles; quam vel is, e quo omnes scientiarum fontes veteres hauriebant, Homerus, ac subinde Hippocrates, Herodotus, Thucydides, Plutarchus, Hipparchus quoque & Ptolemæus, vel fabularum conditor Aesopus, aut rursus e veterum poetarum classe, Hesiodus, Anacreon, Sappho, Simonides, Archilochus, Sophocles, Euripides, Oenomaus, Aristophanes, Callimachus: quorum nempe testimoniis, quasi totidem flosculis, conspersa sunt & ornata hæc eius opera, ac vnde etiam illis haud leuis gratia ac lepos continuo accedit. Adeo, vt quamquam Sacerdoti, & qua lege se ipsemet, tanquam, vt modo dicebam, Pontifex Maximus, illigat, ne- [Fragm. Ep. p. 300.] que Archilochum, neque Hipponactem, neque antiquioris Comœdiæ scriptorem quempiam, ob illiberales nempe eorum aut contumeliosos iocos, vel mordax carmen, aut vero, qui amatoriam poesin excoluerant, legendos decernat: quam parum tamen se eidem decreto adstrinxerit, cum aliunde ex his eius lucubrationibus, vbi cum Archilochi, cum Comicorum id genus ac Poetarum, quos modo adtigi, dictis haud semel nititur; tum e Cæsaribus maxime, vti ad eosdem iam olim vidimus, & e Misopogone, qui non salibus solum & iocis sunt conditi, sed aculeatis etiam & quibusuis Hipponactis vel Archilochi Iambis mordacioribus dicteriis abundant, fiet cuiuis manifestum. Vt haud immerito dicatur a Cyrillo in Libris aduersus eum scriptis, quod *magna variaque eruditionis famam studiose venetur*. Vnde præter insignia inde [illegible] orationis lumina vel ornamenta, quibus hæc ipsa IVLIANI opera passim collustrantur; plurima ex illa ipsa locuplete Veterum Auctorum penu, quæ ad antiquos variarum gentium, qua sacros qua profanos, ritus adtinent, eruuntur demum, aut vberius elucidantur. Ita de tempore SOLI INVICTO dicati apud Romanos festi, ludorumque solemnium, qui nempe ante Kalendas Ianuarias, Sole Capricornum iam ingresso, & statim a finitis Saturnalibus, [Or. IV. p. 155.] editoque postremo gladiatorum vel bestiariorum munere celebrarentur, quæque eorum ratio fuerit, luculenter demum ex eius in eundem Solem Oratione nobis constat; deque iis proinde omnino intelligendum, vt bene monuit Petavius, ac nouissime eruditissimus Pagi [Critic. Baron. A. C. CCCLVI. p. 9 ?], id quod in veteri vrbis Kalendario ea de re in Decembri signatur, & quidem ad VIII. Kalend. Ianuar. *IV. Invicti CM XXXX* ac prout SOLI INVICTO, aut SOLI INVICTO COMITI, in Romanis Constantini etiam nummis legitur: non vero, vt visum est Lambecio [Bibl. Vindob. Append. Lib. IV. p. 300 ?] ad ea Kalendarii verba, aliisue nonnullis eruditis [Baluz. Not. ad Lactant. de Mort. persec. ?], qui eadem ad ipsum Constantinum, vel Constantium, quorum hic vel ille INVICTUS sit tum dictus, sibi referenda existimarunt. N. proinde seu *Natalis* inuicti Solis ibidem signatur; sicut in aliis eiusdem annui Kalendarii diebus, *Natali Mineruæ*, aut similiter *N. Martis*, aut *N. Mercurii*, aut *N. Musarum* &c. legitur. In quibus autem IVLIANI, vt obiter hoc addam, ea de re verbis, glossema in voce *μῆνα*, librariorum culpa, ibi intrusum, vere quoque, si quid video, coniecit Petauius: e Vossiano etiam Codice, in quo postrema hæc Oratio in Solem & prior sequentis in Matrem Deum pars deficit, nullum inde eluendo huic mendo subsidium nobis adfuit. Quæ vero paucis ideo præmonenda hic duximus, dum prodeant nostra in eandem Orationem, aliasque huius Imperatoris commentationes, adnotata; & quod in eruditissimis [p. 194.] ad Lactantium de Mortibus persecutorum Notis, se ad ea, quæ de illo IVLIANI loco ad eundem simus quandoque dicturi, pro solita eius in nos humanitate, referat illustri eruditione, candore autem singulari, Cuperus. Idem vero IVLIANVS [Orat. V. p. 168.] in sacrato Matri Deum Hymno, de statis eiusdem apud Romanos sacris, totoque illorum instituto, vel apparatu disserit; de sacra arbore, primo die excisa; altera die, de tubarum clangore; tertia, de mystica & arcana Dei Galli messe; ac sequutis deinde, vti Romani eadem vocarunt, HILARIBVS. Quæ singula iisdem, iisque, quibus eadem Romæ peragebantur, diebus notantur in eodem veteri vrbis Kalendario; nempe ad XI. Kalend. April. *Arbor Intrat.* X autem ad dictas Kalend. *Tubilustrium*; IX. *Sanguen*; & VIII. *Hilaria*. Vnde facta insuper in illa Oratione mentio, quo tempore, & cur verno potius, (vti itidem a Sallustio Philosopho in libello de Diis & Mundo [Ibid. p. 173. cap. V.], qui id inde hausit, factum videas) quam in autumnali æquinoctio illa Matris Deum sacra fuerint celebrata: quibus cibis, & qua de caussa, vetitum in iisdem vesci, nempe leguminibus, punicis, malis, palmæ dactylis, piscibus, porco [Orat. V. p. 176.]: ac vnde obiter etiam tangit, quod in sacris Romanorum aut Græcorum mysticis, nempe non honorariis, vt eadem vocat, pisces subinde, aut vero equum vel canem, seu parum vsitata alioquin animantia, mactare fuerit concessum. Adde, eandem castimoniam in Mineruæ [Ibid. p. 177.], quæ in illis Magnæ Matris, & quæ eius rei fuerit ratio, sacris seruatam: aut quod alibi obseruat [Epist. XXI. p. 150.], quandam Callixenam, duplici sacerdotio, eiusdem nempe Deæ Phrygiæ in Pesinunte, & Cereris, ornatam. Qua occasione quoque, bina Atheniensium [Or. V. p. 175.] mysteria, Parua & Magna, diuersumque, quo eadem peragebantur anni tempus, in illa Oratione commemorat. Accedit hisce, id quod de igne Vestali [Orat. IV. p. 155.], vbi fuerat extinctus, e Sole iterum excitari apud Romanos solito, (qua de re agimus in nostra de Vesta Græcorum Diatriba, nouissime denuo vulgata) alibi traditur. Quo referre etiam licet, quod Antiochenses [Misopog. p. 362.] in conuiuia Maiumæ pecuniam effundere solitos, alio loco obseruat; ac vnde consueta luxuria agitatum adhuc procax illud a Christianis eiusdem vrbis incolis

colis festum liquet: cuius, tanquam primo ab Imperatore Arcadio; sed ita vt verecundia ac honestas in eodem seruaretur, retenti, dein alia lege aboliti, fit in Codice Theodosiano, ac prioris quidem legis in Iustinianeo etiam, mentio. Ita celebratas meminit apud eosdem Antiochenses cum proprias eorum, seu Syrorum, nempe ineuntis anni Kalendas; quæ, vt aliunde constat, non a Dio quidem seu Nouembri, sicut ad Ammianum de eo IVLIANI loco agens notauit doctissimus Valesius, sed ab Hyperberetæo seu ab Octobri, quod ex Euagrio monuerant iam alii, auspicabantur; tum eas tangit neomenias, quæ prima Ianuarii die, *communis* in orbe Romano *festi*, vnde eiusdem ritus seu celebritas elicet, nomine ab eo appellantur; solemnem denique, quæ III Nonas eius mensis peragebatur, pro salute Imperatoris, *Votorum Nuncupationem*, de qua in nostris ad primam huius Imperatoris Orationem adnotatis, hic in calce additis, a nobis agitur. Adde memorabilem alibi, nempe in Oratione de Sole, locum; vbi præter Romanos & Aegyptios, qui ad Solis cursum annos & dies metirentur, reliquas omnes, vt ita dicat, nationes, lunares menses suo æuo vsurpare obseruat: quod tamen (vt vnum hoc & obiter ea de re hic tangam) de plerisque Græcorum, non vero de plurimis aliarum gentium ciuitatibus, quæ ad Solem menses suo tempore numerarent, notat Galenus. Quomodo insuper tangit ibidem IVLIANVS, quod anni initium alii ab æquinoctio verno; nempe, prout id aliunde constat, Arabes & Damasceni; quidam ab æstate media, sicut Athenienses; plerique autem ab inclinante iam autumno, Macedones scilicet, Syri, Asiatici; Romani vero, a bruma; reddita etiam ab eo singulorum ratione, quæ iam hic non expedimus, nec id huius loci, repetant. Quid iam dicam, vt alicubi id notat, præstitutos apud Romanos, quibus intra templi septa eorum sacerdotes sacra sibi obeunda peragerent, triginta dies? aut quæ in genere Gentilium sacerdotibus præstanda iisdem docet? quæ denique prouinciæ alicuius Pontificibus, in reliquos illius Regionis sacerdotes, iura incumberent? quod ex lacera prius & mutila, a nobis autem e priscis codicibus emendata, ad Theodorum quendam Pontificem Epistola, nunc liquet. Neque alibi forte obuia, quæ de Templorum apud eosdem Gentiles fabrica; quorum, sicut mactatæ in iisdem hecatombæ, ita alia fuerint *ἑκατόμπεδα*, seu *centum pedes magna*; quale nempe Mineruæ templum Athenis in arce extitisse, e Plutarcho liquet, & priscis Grammaticis; & Aræ etiam *ἑκατογκρηπίδες*, *cum centena basi*: aut vero quod e Deorum hymnis, plerique ab ipsis Diis, qui accuratis prius eam in rem precibus fuerant exorati; pauci vero ab hominibus diuino spiritu adflatis sint profecti. Adde simulacrorum præscriptum quidem a maioribus cultum, sed ita, prout a superstitioso alioquin ac impio Deorum cultore dicitur, *οὐχ ἵνα ἐκεῖνα θεοὺς νομίζωμεν, ἀλλ᾽ ἵνα δι᾽ αὐτῶν τοὺς θεοὺς θεραπεύωμεν*, *non vt ista Deos esse credamus, sed vt ipsos per illa veneremur*. Mitto alios vel ciuiles, vel militares, superioris memoriæ, aut illius ætatis ritus, qui in iisdem IVLIANI operibus consignantur. Quo referas Atheniensium eo adhuc æuo *Στρατηγὸν*, imagine etiam ab iis cum eo titulo donatum, Constantium; ius patriarum legum seu *αὐτονομίας*, eadem ætate illis iam ereptum; Argiuos tamen, vt de iis alibi dicitur, libertatis, aliorumque iurium, quibus reliquæ Græcorum ciuitates concessu Imperatorum vtuntur, participes etiamnum extitis-

L. XV. Tit. XV. leg. I. & II. — Ep. LXIII. p. 451. — Orat. I. p. 8. — Ep. XXXV. p. 406.

stiti-

ſtitiſſe: Macedonas Argiuorum, quod præter Liuium ab aliis quoque eſt traditum, colonos fuiſſe. Adde eandem Argos Corinthiis, a ſeptennio, quo hæc ſcriberet IVLIANVS, tributariam redditam: duplicia apud Argiuos, qua de re in noſtris ad eximium Morellium Epiſtolis nuper egimus, Iſthmia, & apud Corinthios Nemea, intra vnam Olympiadem aut Pythiadem, quorum nempe quinquennales erant agones, celebrata: theatrales in Corinthiorum Iſthmicis, præter gymnicos ac muſicos ludos, venationes editas: ad quas præter illius vrbis opulentiam, multæ ciuitates, vt par eſt, pecunias conferrent. Docebit idem Princeps, modo reliqua tributorum a ſe remiſſa, ſed ita vt pars illius indulgentiæ in vſum, ederet militum; modo Antiochenſibus nominatim multa, præter alias ciuitates, condonata vectigalia; Senatorum ibidem numerum ad ducentos ab illo auctum; illum vero anniuerſarium canonem, quem Iudæorum Patriarchæ a Synagogis exegere per *Apoſtolos* eorum adſeſſores, ac inde ἀποστολῆς ſeu *apoſtolatus* nomine dictum, Iudæis non tam remiſit, aut ne ii illud in poſterum penderent, eo Edicto, vt exiſtimarunt viri docti, prohibet; quam ſe eorum *Patriarcham hortatum*, vt ab illo exigendo deinceps vellent abſtinere, memorat in Epiſtola, tempore expeditionis Perſicæ, vt ex eadem liquet, ad Commune Iudæorum ſcripta. Verum cui admonitioni, ob ſequutam nempe IVLIANI cædem, non paruiſſe continuo Patriarcham; eundemque canonem ei, ſeu eius ſucceſſoribus, ſub Honorio a Iudæis penderi adhuc ſolitum, patet e legibus ab illo Principe latis, quæ exſtant in Codice Theodoſiano. Edicit vero alibi IVLIANVS Aegypti Præfecto, vt delectis Alexandrinorum adoleſcentibus, qui in Muſica erudirentur, menſtruæ in ſingulos artabæ, (notum Aegyptiæ menſuræ genus) præter frumentum, oleum, & vinum, ac veſtem præterea, iis ab ærario præfectis diſtribuendum, erogarentur. Accedit, quod de Nilo, qui ad diem XII. Kalend. Octobris, quindecim cubitis elatus, Aegyptum vniuerſam exundaſſet, Aegypti Præfectum, quo eum inde ingenti mactaret gaudio, certiorem facit, Epiſtola ea tantum de re ad illum ſcripta. Vnde tria ſimul in Lectoris oculos incurrunt: nempe antiquus ille ritus, qui ibidem adhuc viget, quo ſtatum Nili incrementum, ob fœcundatam inde Aegyptum, cum adnunciari palam, tum publica feſtiuitate celebrari conſueuerat; tempus præterea, quo id contingere ſolitum, non ſolummodo proinde, vt aliquibus viſum, Sole leonem ingreſſo, illud autem mox in Virgine ſubſidere, iiſdem, quibus Nilus accreuit, modis; menſura denique illius incrementi, & quidem media fere parte maior ea, quæ vbi ad ſedecim pedes eſt elata, ſolemni ritu iis in oris, & ad columnam quidem prope vrbem Cairum quotannis, adnotari ab Itinerariorum, quod aiunt, conditoribus traditur. Quum iam olim Alexandriæ, in Serapidis templo, cubitus ſeruaretur, quo illud Nili incrementum metiri conſueuerant; quemque Conſtantini iuſſu in Chriſtianorum Eccleſiam deportatum, a IVLIANO autem Imp. denuo inde in Serapidis reductum, tradit Sozomenus. Mitto quæ de *ſacra & ampliſſima Damaſco*, aliiſque illius, vt eam vocat, *Iouis vrbis*, & *Orientis oculi* decoribus, templorum frequentia &c. alibi memorat; ac vnde, vt alia nunc mittam, veteres & inſignes huius vrbis nummi haud parum illuſtrantur, quibus ΙΕΡΑ ΚΑΙ ΑΣΥΛΟΣ, item ΜΗΤΡΟΠΟΛΙΣ, *Sacra, Inuiolabilis, & Metropolis* eadem inſcribitur. Vt hoc addam, quod ab

eodem

eodem IVLIANO discimus, suggestum seu tribunal, e quo Romani Duces aut Imperatores adloqui milites fuerunt soliti, a militari praetorio olim separatum, ad illud a Constantio reductum: qualis praeterea veterum cataphractorum militum, seu *equitum ferratorum* vel *clibanariorum*, vt iidem leguntur quoque appellati, armatura, vel olim apud Persas & Parthos, vel inde in Romanorum acie sub eodem Constantio fuerit: quae (vt alia id genus mittam, quod haec ipsa praeter institutum iam fusius adtigerim) enarrabit, seu verius lectori ante oculos ponet, primus, qui eidem Principi dictus est, Panegyricus.

Sed quam potiora adhuc longe, circa illius aeui Christianorum conditionem ac ritus, memorant eadem huius, qui ad vicesimum vsque aetatis annum, vt id de se alicubi in iis tradit, ad eorum sacra adhaeserat, Augusti Scriptoris opera! Non aliunde, qui iam ea aetate circa Martyrum tumulos consueuerant fieri, Christianorum conuentus, ad celebrandam eorum, qui pro religione, cui sacramentum dixerant, nouissimum illud certamen fortiter haud minus ac pie decertauerant, memoriam. Quod vti anniuersario (sicut e variis qui IVLIANO fuerunt coaetanei, & quondam etiam familiares, Basilii & Gregorii Nazianzeni Epistolis, ac aliunde liquet) ad tumulos illos, seu, vt illo aeuo dici coepta, *martyria*, omnis ordinis aut aetatis Christianorum confluxu, indictisque eam in rem diebus, peragebatur; ita erant etiam e fidelium, & e sequioris inprimis sexus numero, quibus frequentare crebrius eadem loca, ac in sacris ibi aedibus seu monumentis, in memoriam eorundem Martyrum erectis, diuino cultui vacare, erat in more positum. Quod ab Antiochensibus itidem factum, docet simul & suggillat, in eo, quo illos non multo solum sale, vt cum Satyrico loquar, sed acriori etiam strigili defricare voluit, libello: vbi eos, ob dimissos a se ex eorum vrbe histriones ac saltatores, perculsos & quasi deperditos dicit, *vota & preces, quo tantis malis eriperentur, ad vetulas demisisse, quae circum sepulcra mortuorum assidue versantur.* Hinc alibi docet in eodem libro, ciuitates Antiochiae finitimas, *sepulcra atheorum omnia*, exstructas nempe in Martyrum memoriam aedes, signo a se nuper dato euertisse: in libris autem aduersus Christianorum religionem conscriptis, quasi illi *infelices homines pro Diis colerent*, iisdem obiicit: alibi, quod ad cultum prioris mortui, Christi nempe Seruatoris, nouos mortuos addidissent: ac, vt continuo subdit, sepulcris ac monumentis omnia a Christianis repleta, etsi nusquam id iis esset praescriptum, vt circa sepulcra versarentur, eademque colerent; quae etiam *plena omni immunditia* ab ipso Iesu fuerint dicta. Has autem cauillationes quomodo diluat Alexandrinus Antistes, & ab hoc loco alienum, ac praeterea in eodem hoc opere obuium, iam non tango. Sed quam luculenta in primis ac illustria, de singulari Christianorum illo aeuo, & quidem prae Gentilibus, in peregrinos humanitate, in egenos beneficentia, in sepeliendis mortuis cura, in moribus sanctimonia, hic ipse Galilaeorum, vti non alio eos nomine sibi appellandos credidit, osor quamquam ac irrisor, testimonia, in hisce operibus, vt in Epistola ad Gentilem Galatiae Pontificem, consignauit. Sic alibi impios Galilaeos, ideo scilicet, quod Gentilium sacerdotibus neglectui forent pauperes, in id humanitatis genus ait incubuisse: deque instituta inde eorum decantata illa *agape*, hospitiis (non, vt ibi Petauius, *conuiuiis*) *mensarumque ministerio*, mentionem facit; vnde, quod iam a Tertulliano aliisque traditum videas, constare potest, pauperum ergo instructas potissimum illas a diuitibus *communes mensas*, *commune epulum*, *κοινὰς τραπέζας*, *κοινὰς εὐωχίας*, vt eas vocant subinde antiqui Christianorum doctores. Immo vnde, quod monuit quoque Theophanes, *Xenodochia*, seu constituta ad recipiendos egenos quosuis peregrinos, Gentiles aut Christianos, domicilia exstruenda, certamque frumenti in Galatiæ prouincia quantitatem, quæ peregrinis & egenis subleuandis distribueretur, eodem in loco præcipit. Immo vnde inductus, hanc ipsam, & vniuersalem quidem, in egenos beneficentiam, quæ Christianorum, eo id agnoscente, propria quædam laus erat, pluribus etiam, ac intento quidem studio, commendat alibi IVLIANVS: quæ autem non e Gentilium libris, non e Platone suo, Aristotele, aut e Iamblichi etiam vel Maximi Philosophi præceptis, sed ex illis ipsis sacris, quorum Lector olim in templis Christianorum fuerat, libris, demum hauserat: nempe quum quærit ibidem (Græca compendii caussa, & in hoc opere obuia, omittimus) *num quis ex eo, quod in alios homines largitus sit, pauper est factus? Equidem quum in egentes sæpius erogassem, CVM INGENTI FOENORE a Diis immortalibus recepi: tametsi minus sim ad augendam pecuniam attentus: neque me liberalitatis vnquam meæ pœnituit. Ac præsentia quidem omitto; (neque enim rationi consentaneum est, priuatorum largitatem cum Imperatoria munificentia conferre) sed quum priuatus adhuc essem,* (ac proinde quum Christianorum adhuc sacra frequentaret) *memini id sæpenumero mihi contigisse.* Quæ vtique ab alio, sed Principum sapientissimo, diuinitus pridem dicta: *FOENERATVR DOMINO, qui miseretur pauperis* (seu, quod idem, *qui largitur pauperi*) *& restitutionem suam reddet ei*; & alibi, *Anima quæ benedicit* (*largiendo* nempe *eleemosynas*, vt ibi Hebræorum verborum interpretes) *impinguabitur; & qui satiat, etiam ipse satiabitur.* Alterum, dum prioribus illis mox subdit IVLIANVS, *dicam amplius, etsi præter communem hominum opinionem id esse videatur etiam hostibus ipsis vestes; & alimenta largiri fas sanctumque est: non enim moribus, sed hominibus id tribuimus.* Quod demum e diuinis supremi Gentium haud minus ac Iudæorum doctoris apud Matthæum, ad cuius interpretationem ipse alibi Galilæorum magistros ablegat, præceptis, *diligite inimicos vestros, & benefacite iis, qui vos oderunt*, ab eorum præcone olim, postea desertore, haustum, nemo vtique non agnoscit. Vnde quo iure idem alibi, seu qua fronte iisdem, vel potius erga egenos quosuis, quam ipse alibi tantopere in illis extollit, suis autem, seu Gentilibus, modis omnibus imitandam & amplectendam suadet, beneficentiæ, aperte haud minus ac impie illudat: dum ideo a se iussum ait, vt Galilæorum pecuniæ omnes & facultates, ab Edessenorum Ecclesia sublatæ, militi diuiderentur, aut in priuatos suos vsus cederent, vt, *quo nempe facilius in regnum cœlorum veniant, hanc adferret iis opem; quo illi*, vt adhuc addit, *pauperes facti, sapiant, neque regno cœlesti, quod nunc etiam sperant, priuentur; non capio.* Idem etiam alibi ipsam ἐλεημοσύνης vocem, de illa in egenos liberalitate dici a Christianis solitam, qua tamen eo sensu vsus itidem Gentilis scriptor Laertius, tradit; ac suggillat; eosque cum Cynicis ibidem componit, qui bonis exiguis se abdicantes, non Ἀποτακτι-

σταὶ,

Marginal notes: Apol. cap. XXXIX. — Ep. XLIX. p. 430. — Fragm. Epist. p. 289. — Fragm. Epist. p. 290. — Prouerb. XIX. 17. — Ibid. XI. 25. — Fragm. Epist. p. 290. & 291. — Epist. XLI. p. 424. — Matth. V. 44. — Ep. XLIII. p. 424. — Orat. VII. p. 224. — Lib. V. c. XVII.

ςαὶ, vt ibi emendauit Petauius, sed Ἀποτακτικοὶ, siue ab iisdem Christianis dicti: & quo caeteroquin Ἀπολακτικῶν *Apotacticorum* nomine appellatos illo aeuo haereticos, qui ob illam ἀκτημοσύνην, seu bonorum omnium renunciationem, gloriabantur, liquet, praeter omnes IVLIANI codices, ex Epiphanio, *βούλονται δὲ καὶ Ἀπολακτικοὺς ἑαυτοὺς λέγειν, qui & Apotacticos seu Renunciantes seipsos nominant.* Quos alioquin non Ἀπολακτιςὰς quidem, iuxta Petauium, sed Ἀπολακτίτας itidem nuncupatos, & cum Encratitis coniunctos legimus, cum apud Basilium in Epistola ad Amphilochium, tum in Codice Theodosiano. Adde quod idem IVLIANVS in Misopogone, inde inter alia Antiochensibus succenset, quod eorum vxoribus, vt pauperes maritorum facultatibus alant, permitterent: adeo nullam sinceram omnique ex parte illibatam, in re etiam praeclarissima, & ad cuius imitationem Gentiles suos alibi conatur, vt modo vidimus, inflammare, laudem voluit Christianis relinquere, ipse verus puri Dei cultus Ἀπολακτικός. Quid iam inuictam illam eorundem Galilaeorum, seu martyrum, (quod nomen solet auersari) in subeundis quibusuis pro tuenda Christianae Religionis fide ac veritate periculis, morte etiam appetenda, constantiam memorem? quam ille in iisdem agnoscit, sed quam impie malis Daemonibus adscribit; *a quibus* scilicet *atheorum* (Christianorum illud solitum apud hunc Παραβάτην elogium) *plerique perciti, mortem appetendam esse persuadent sibi, tanquam in caelum euolaturi, vbi per vim animam ex iis vinculis extorserint.* Quibus gemina hodie leguntur in postrema huius Principis Epistola, a nobis e scriptis codicibus emaculata: vbi, post deploratam suorum temporum foedam circa Deorum cultum negligentiam, vitamque Gentilium deliciis profligatam; iis continuo opponit eorum inter impios, consueta illi rursus Christianorum appellatione, seruorem, *qui pro ea religione mortem eligant obire, omnemque inopiam & famem ferre, ne suillis, aut suffocato, aut morticinis vescantur, ὑείων ὅπως μὴ γεύσαιντο, μηδὲ πνικτοῦ, μήτ' ἄρα τοῦ ἀποθλιβέντος.* Quibus equidem verbis adstrui receptum adhuc Iuliani aeuo inter Christianos, ac in Oriente quidem, quod aliunde constat, (e Canone puta Apostol. LXIII. & Concil. Gangr. Can. II. vt iam de Tertulliano ac Origene sileam) a suffocato & morticinis abstinendi morem, luculenter videtur comprobari; nisi, quod ibidem additur, de simili a *suillis* abstinentia, vt mors potius obeunda iis videretur, quam iisdem vesci, ad Iudaeos, non ad Christianos, omnino respiceret; vti sequentia quoque, de iis, vt caeteroquin *piis ex parte veri Dei cultoribus*, vnoque eorum errore, quod spreto aliorum Deorum cultu, ei soli, quem Gentilibus occultatum putent, seruiant: & a quorum dein mentione, transit ad *impios Galileos*, ἐκ τῆς Γαλιλαίας δυσσεβεῖς. Immo prout ipse, in libris aduersus eosdem Galilaeos seu Christianam Religionem scriptis, eos inter alia redarguit, quod ii ab Hebraeorum cibis id genus in lege veteris abstinendi more recesserint: inde autem eos, ac nominatim quod suilla carne vel piscibus vescantur, neutiquam reprehendendos esse contendit Cyrillus. Adde vero, quae ad priorem locum, de iisdem Galilaeis subdit, *qui deserta loca vrbibus anteponebant*, seu solitariis illis inter Christianos *ascetis*, quorum vberrimus tum erat in Aegypto, Palaestina & Mesopotamia, vt ex aliis illius aeui monumentis sat notum, prouentus; quosque inde obiter ibidem carpit, *quod sit homo natura ciuile ac mansuetum animal.* Sed vt mittam, quod eundem IVLIANVM ἐν μοναστηρίοις τεθραμμένον, *in mona-*

naste-

nasteriis Christianorum *educatum* tradit Cyrillus; nempe eum; Constantii metu, monasticum vitæ genus simulasse, vt de eo ait Sozomenus. eidem, inquam, illud vnum, quod de prima horum *asectarum* origine est pridem memoriæ proditum, licebit obiter reponere: eam nempe a diris illis Christianorum inter Iuliani decessores persecutoribus profectam; dum, qui se in montium culmina ac solitudines, fugiendæ sævienti persecutioni, abdiderant, huic viuendi rationi paullatim adsuefacti, institutum dein illud ad mortem vsque sibi retinendum credidere. Ne iam de iis loquar inter Christianos Episcopis, qui paullo ante, insigni Arianorum sævitia, in deserta Aegypti aliaque, quo in iis perirent, loca erant relegati; vti de iis, & quorum nomina ibidem recenset, testatum reliquit in Epistola ad Solitarios Athanasius. Immo cuius etiam rei fidem haud vno loco facit in hisce suis operibus IVLIANVS: dum Galilæis a Constantio, Arianorum nempe factione eiectis, in patriam cuique suam reditum a se concessum tradit: alibi apertius, imperante Constantio, plerosque e Galilæorum Antistitibus relegatos, fugatos, vinctos: eorum, quos hæreticos vocant, turbas quamplurimas, Samosatis, Cyzici, in Paphlagonia, & in Bithynia, aliisque gentibus, iugulatas; integros pagos vastatos, ac funditus euersos; a se autem permissum relegatis reditum, eosque, quorum bona publicata fuerant, edicto a se ea de re promulgato, omnia sua recuperasse. Mitto iam, vel quæ de Galilæis seu Christianis in genere a se humaniter statuta memorat: vt nempe eorum nemini vis inferatur, nec in templum trahatur quispiam, aut alia de re vlla, præter voluntatem suam, adficiatur contumelia; & quod alibi denuo ac vberius tangit, nempe *se tantum ab eo abesse, vt privatim sacrilegorum* (hoc est, Christianorum) *quempiam velit, aut leuissime etiam cogitet, in sacrorum apud Gentiles communionem recipere, priusquam & animam supplicationibus ad Deos, & corpus legitimis purgationibus expiatum habeat.* Quibus insuper hæc memoratu, a tali maxime & infesto cæteroquin iisdem Christianis principe, digna subdit, *oratione persuaderi docerique satius est homines, quam verberibus & contumeliis corporumque suppliciis*; mox, *ergo iterum ac sæpius eos admoneo, qui in veram religionem voluntate sua feruntur, ne qua iniuria Galilæos adficiant, aut contumeliis vexent: etenim misericordia potius quam odio illi digni.* Quibus vero parum consentanea (ne atrociora iam, quorum in priscis Ecclesiæ Annalibus, aut in sanctissimorum virorum non editis solum aduersus illum Philippicis, sed aliis sedatioribus scriptis, consignata occurrit memoria, hic adtingam) ea, quorum in suis Epistolis meminit, & quo nomine a laudatore cæteroquin eius summo ac Gentili scriptore redargui haud leniter meruit, Edicta, nempe, vt idem ille grauissimus Auctor ea de re ait, *inter quæ erat illud inclemens, quod docere vetuit Magistros Rhetoricos & Grammaticos Christianos, ni transissent ad numinum cultum*: idque illo, vt ipsemet ea de re loquitur, vanissimo obtentu, quod absurdum scilicet sibi videretur, eos, qui Homeri, Hesiodi, Demosthenis, Herodoti, aliorumque id genus auctorum libros exponunt, Deos vituperare, quos illi coluerunt: optionem proinde se illis dare, vt non doceant, quæ non bona esse censent; sin docere malint, eosdem, quos interpretantur, impietatis & amentiæ non accusent: denique ineptum se credere, vt homines ea doceant, quæ non bona esse arbitrentur. Quomodo deni-

Lib. V. cap. 16.

pag. [illegible] Tom. I.

Ep. XXVI. p. [illegible]

Epist. LII. p. [illegible]

Ep. XLIII. p. [illegible]

Ep. LII. p. [illegible]

p. [illegible]

Ammian. [illegible] Lib. XXV. cap. IV.

Epist. XLII. p. [illegible]

denique eosdem illos Christianos humaniorum litterarum magistros, si putant aliquid a priscis illis auctoribus de Diis perperam traditum, ad Galilaeorum Ecclesias continuo ablegat, vbi Marcum & Lucam interpretentur, *quibus vos obtemperantes, a victimis* (rectius quam ibi Petauius, *sacris*) *abstinere iubetis.* A quibus haud valde recedunt, quae IVLIANO eadem de re verba tribuit, & quorum vanitatem pluribus ibidem redarguit, Antistes Nazianzenus. Verum quibus *inclementibus*, vt eadem vocantem vidimus Gentilem grauissimumque Auctorem, IVLIANI in Christianos seu humaniorum literarum professores edictis, adscribi forte a multis possent alia ab eodem in Clericos lata, & de quibus ipse in Epistola ad Bostrenos refert; quod ii nempe Clerici ποθοῦντες δὲ τὴν προτέραν δυναστείαν, ὅτι μὴ δικάζειν ἔξεστιν αὐτοῖς, καὶ γράφειν διαθήκας, καὶ ἀλλοτρίους σφετερίζεσθαι κλήρους, καὶ τὰ πάντα ἑαυτοῖς προσνέμειν, *prioris dominationis cupidi, quoniam neque ius dicere amplius illis permittitur, neque testamenta scribere, aut alienas hereditates interuertere, & ad sese omnia transferre.* Qui locus eo vtique maiori quadam attentione dignus videri potest, quod inde sub hoc Principe ademptam Clericis testamenti factionem, iusque captandarum haereditatum, liqueat: de quo tamen IVLIANI facto aliunde non constat, & quibus repugnare potius videntur aliae quorundam Imperatorum Constitutiones, aut Christianorum illa aetate Scriptorum testimonia. Ac, vt id paucis hic & obiter tangam, ius quidem condendi testamenti quod adtinet, eo gauisos adhuc sub Theodosio Iun. Clericos, arguit etiamnum illius Constitutio, quae exstat in Codice Theodosiano; nulla etiam facta a diligentissimo alioquin eius Enarratore, iis antea adempti, & quidem sub IVLIANO, huius iuris mentione. Haereditatem vero mulierum quarumcunque, vel donatione, vel testamento, percipiendi facultatem, Valentiniani primum edicto Clericis vetitam constat, ex alia lege in eodem Codice, & luculentis praeterea coaetanei eidem Principi Ambrosii, illique supparis Hieronymi, & quae de eadem lege iam adduxit in Annalibus Baronius, testimoniis. Et Hieronymi quidem: *pudet dicere, sacerdotes idolorum, mimi, & aurigae, & scorta, haereditates capiunt: SOLIS CLERICIS ac monachis hac lege prohibetur, non a persecutoribus, SED A PRINCIPIBVS CHRISTIANIS.* Nisi quis illis *non a persecutoribus* verbis, ad similem quampiam legem, paullo ante a IVLIANO, aduersus Clericos haereditatum aucupes, latam, sed breui abolitam, respexisse credat Hieronymum: aut vero, non adeo promulgata ab illo Principe ea de re lege, quam alia quapiam ratione, coercitos ab eo, ne vel testamenta conderent, vel haereditates captarent, idque certis demum in locis aut regionibus, Clericos, liceat forte statuere. Qua de re opportunior ad ipsa Iuliani ea de re verba agendi locus dabitur.

Neque vero valde mihi nunc laborandum putem, vt de ordine, vel aetate, aut honoris gradu, quo ea, quae hic prodeunt, opera, elucubrauit IVLIANVS, studiose anquiram: priuatusue etiamnum; an iam Caesar a Constantio, ac paucis post annis a Gallicano exercitu Imperator nuncupatus; an vero, vbi post eiusdem Constantii obitum, solus Romano orbi sub Augusti nomine praefuit. Id tamen paucis hic indicare haud omnino superuacaneum vel alienum putem; quodque ea parte, nec vere subinde,

[Side notes: [illegible] — Orat. I. p. 97. — Ep. LII. p. 435. — Leg. I. de Episc. & Cler. — Leg. XX. de Episc. & Cler. — Ad A.C. 370. Tom. IV.]

de,

de, aut vero vbique, fuit adegerit locis Petauius. Vnde id primo hic tenendum, quod præter paucas ad amicos, Serapionem, Iamblichum, Libanium, vnumue forte vel alterum, *Epistolas*, nulla a IVLIANO adhuc priuato, ac ideo infra vicesimum quartum ætatis annum, elaborata hic legantur eius opera. Ab eodem vero, vbi a Constantio, mense Nouembri anno æræ Christianæ CCCLV, est in Cæsarem adscitus, & mox in Galliam ablegatus, ac sequenti anno, conditæ sunt ab eo duæ in eiusdem *Constantii*, ac tertia in *Eusebia*, illius coniugis, laudem *Orationes*: quæ in hisce eius operibus primum locum obtinent. Quo insuper temporis, ab anno nempe CCCLVI, ad annum CCCLX, interuallo, quo in Galliis & contra Germanos militauit Cæsar IVLIANVS, scriptæ aliquot eius *Epistolæ*; sicut ad Alypium, vbi inter [Epist. XXIV.] alia legitur, *tecum Musa Gallica & barbara iocatur*; aut altera ad Eumenium & Pharianum, in qua mirum esse ait, si vel Græce loqui possit, *tantum ex his regionibus*, Gallia nempe & Germania, *barbariem contraximus*; [p. 444. Epist. LV. p. 443.] tum, & postremo quidem illo anno CCCLX, vt ex eius ad Athenienses Epistola, quod vidit iam Petauius, ac præterea ex Ammiano Marcellino, licet [Lib. XX. cap. IV.] statuere, condita ab illo *Oratio VIII*, seu ad Sallustium, ob eum Constantii iussu a se e Galliis auulsum, *Consolatoria*. Ab illo vero tempore, seu ab anno CCCLX, & quidem circa mensem Maium, vt erudite ex Ammonis Epi- [ad A. C. CCCLX. num. 10.] stola in Critica ad Baronium haud pridem monuit doctissimus Pagi, quo est in Galliis Imperator ab exercitu nuncupatus, conscripta est *Ad Athenienses Epistola*; qua suscepti a se inuito & reluctante imperii, ac inde aduersus Constantium belli, culpam conatur diluere; tum *Epistola XXXVIII, ad Maximum*, qua se iam a Gallis ad Illyricos profectum docet. A sequenti anno CCCLXI, & quidem in Nouembri, quo fato functus est Constantius, solusque rerum dominus remansit IVLIANVS, anno proinde eius ætatis tricesimo, ad Christi annum CCCLXIII, V. Kalendas Iulias, quo cæsus est in Persica expeditione, seu intra illius vnius anni octoue circiter mensium spatium, elucubrata sunt reliqua, quæ maiorem ac potiorem ferme eorundem partem constituunt, eius opera. Cuiusmodi sunt, vt eadem illo potius, quo videntur prodiisse, ordine, quam eo, quo in iisdem hodie comparent, obiter notem: *Epistola ad Themistium*; *Oratio in Solem*; duæ, vna, *in Cynicum* quendam, seu *in Imperitos Canes*; altera, *in Matrem Deum*, *Orationes*: quarum primam, dum Imperator ad Bosporum ageret; alteram mox, vbi ad Matrem Deûm in Phrygiam esset profectus, & quidem antequam Antiochiam eodem anno tenderet, anno proinde Christi, quod aliunde constat, CCCLXII, elaborauit; vt id e clarissimis Libanii eam in rem verbis liquet: non vero, vt de tempore scri- [In Iulian. Necem p. 150. & Orat. Funebr. p. 300. Not. p. 32. Orat. VII.] ptæ prioris illius in Cynicum Orationis loquitur Petauius, in ipsa contra Persas expeditione, ac proinde sequenti demum anno. Altera vero contra alium ibidem *Pseudocynicum*, seu *de Cynica Philosophia*, Oratio, vel eodem circiter tempore, vel haud valde dissito, cum priori illa in falsum Diogenis imitatorem, scripta; certe post Constantii itidem, vt ex eadem liquet, vbi [p. 223.] *τῦ μακαρίτυ* Κωνςαντίυ fit mentio, obitum. *Cæsares* vero eius, a morte itidem Constantii, & quidem Saturnalibus scriptos, ex initio & fine eorundem constat: ac proinde illud eruditissimum elegantissimumque Satyricon, exeunte anno CCCLXI, dum Constantinopoli adhuc ageret, occasione ludicri illius

illius festi, ab eo exaratum; vel quod Antiochiæ in Decembri sequentis demum anni, eadem occasione iocosi huius sacri, eo se ingenii lusu, ac in vrbe quidem mirifice dicacibus id genus deliciis dedita, oblectare; simulque in Constantini & Constantii (quorum gloriæ fauebant impense illius vrbis ciues, ob multa collata in se beneficia, ac religionis inprimis Christianæ adsertum propagatumque diuinitus apud eos cultum) memoriam, eorumque sacra, insultare voluerit IVLIANVS. *Misopogon* vero breui dein, adsecto nempe Ianuario sequentis anni CCCLXIII, non vero iuxta Petauium, ad hoc ab Ammiano Marcellino perperam inductum, CCCLXII, scriptus: prout id vere iam e variis & clarissimis illius libelli locis, ad eundem Ammianum occupauit doctissimus Valesius, ac inde nuper ad Criticam Baronianam reposuit eruditissimus Pagi. [*ad lib. XXII. cap. XIV.*] [*ad A. C. CCCLXIII. n. 5.*] Maiorem vero *Epistolarum* partem, a IVLIANO ab eo tempore, quo solus summæ rerum in orbe Romano præfuit, scriptam demum, atque ita intra illud viginti circiter mensium interuallum, ex iisdem licet continuo percipere. Constat id vtique e variis ad Ecdicium Aegypti Præfectum, & ad Alexandrinos; vel ad Byzantios, & ad Bostrenos; vel ad Iudæorum Commune; vel in Argiuorum gratiam, Edictis; vel ad Arsacium Galatiæ, aut ad Theodorum quendem alterius prouinciæ Pontificem; vel ad Porphyrium Alexandriæ agentem, Rescriptis; aliisue, quibus de sitis, vel vt mansuetudinis ac humanitatis plenis, aut vero durioribus in Christianos decretis agit; [*Vid. Epist. VI. XLII. & XLIII.*] aut pro Medicorum immunitate, vel Zenonis Archiatri Alexandriam reditu decernit; [*Vid. Epist. XLVI.*] aut vbi reliqua fisco debita remittit; siue, vti ad Iulianum, auunculum, aut ad Hermogenem Aegypti Ex-Præfectum, quibus se morte Constantii, imminentibus malis liberatum, agnoscit; [*Epist. XIII. & Ep. XXIII.*] aut illa ad Libanium, quæ Hierapoli in ipsa expeditione Persica, primas eius, vbi Antiochia soluisset, mansiones notat. [*Epist. XXVII.*] Quæ omnia vtique seu Edicta, seu, in quarum classem hic referuntur, Epistolæ, easdem ab eo, solo iam Imperatore & Augusto, conscriptas luculenter arguunt. Neque vero dubitare iisdem licet, ab eo tempore, quo solus orbi Romano imperauit, immo, vti paullo post dicetur, adfirmante id Hieronymo, in ipsa expeditione Persica, elucubratos ab eo [*Epist. LXXXIII.*] aduersus Religionem Christianam libros, quos a CYRILLO illi, qua eos confutauit, disputationi insertos, seu verius, & qua de re mox, partem eorum haud contemnendam, hic reperiet Lector.

E qua autem IVLIANI, qui nec dum completo tricesimo secundo anno obiit, ætate, qua condita sint priora illa, quæ sub eius nomine iam ante vulgata, hic denuo & aliquantum emendatiora vel integriora prodeunt, opera; aut ab eo, quo eadem illa insigniuntur, supremo inter homines fastigio; haud iam opus, vt nouum inde iis decus vel pretium operose hic arcessam. Etsi inter Augustos eius Decessores, vel ex iis, qui illum sunt in eodem excelso honoris gradu subsequuti, haud videam, qui vel doctrinæ varietate, vel eruditionis copia, vel ingenii luminibus, vel vi facundiæ, palmam, iis quidem in artibus ac inscribendi facultate, possit ei dubiam relinquere. De Latinis Iulii Cæsaris, quos de bellis vel Gallicis, vel ciuilibus a se gestis, versamus Commentariis, iam non loquar: qui vt perfecti quidem eo in genere, ita intra vnam eam laudem consistunt, quam eiusmodi argumenti tractatio exigere potuit, quamque admirabilem sunt consequuti.

Marci

Ammian. Lib. XVI. cap. I. & Eutropius Lib. X. cap. XVI.

Marci autem Antonini, ad cuius exemplum vitam ac mores, vt ipsemet id de se præter alios testatum reliquit, IVLIANVS composuit, aureus exstat etiamnum liber; quo, si ad vitæ & actionum humanarum instituta, normam, officia, leges, conditionem, vsum, rerumque, quibus vulgo adfici homines solent, ipsiusque mortis contemptum respicias, nihil a Gentili Scriptore, maxime autem, qui ad illud euectus esset rerum humanarum culmen, grauius, sapientius, opportunius proficisci vnquam potuisse, aut profectum alias fuisse, haud liceat vtique diffiteri. Verum præterquam quod hoc vno, etsi amplissimæ laudis curriculo, comprehendatur omnis illa eiusdem principis, decerpta ex eius aduersariis, commentatio; neque in alio argumenti genere elaborata legantur ab illo opera: ita se ea, quæ ex humanioribus litteris ac disciplinis petitur, cognitione destitutum, minus certe imbutum, ipsemet eodem in libro agnoscit: nempe *se non ampliores in arte oratoria, poesi, studiisque aliis eiusmodi*, nempe quæ humanitatis dici solent, *progressus fecisse*. In quibus tamen optimis artibus, quantum vel in se laudis, vel adiumenti, ad alias subliniores disciplinas esset situm, abunde, vt alia nunc mittam, grauissimi & sanctissimi inter Christianos doctores, eadem IVLIANI ætate, sunt professi; qui ob interdictas ab illo principe Christianis, & qua de re paullo ante, easdem artes, ita acerbe, nec immerito, in eum sunt inuecti. Quam insignis vero fuerit eiusdem IVLIANI, cum in iisdem illis artibus, tum in grauioribus disciplinis excolendis tractandisue, contentio ac industria; quam vtraque illa laude excelluerit, & ea quidem, quæ ad vitam a teneris, optimis moribus, institutis, virtutibus, temperantia maxime, continentia, in egenos beneficentia, rerum humanarum ac mortis etiam despicientia, imbuendam, ducit, impellit, incendit; satis superque iam antea est ostensum. Eos vero multis hic non tangam, qui eiusdem cum IVLIANO fastigii sequutis eum ætatibus, compotes, vel de re sui æui militari, vel de administrando imperio, quasdam commentationes, haud spernendas vtique, sed luculentas, litteris consignarunt; vel de congerendis ex omni retro memoria veterum Auctorum Excerptis laborarunt: quibus autem eos singularem (quam & illi Imperatori, cuius opera Romani iuris scientia est compilata, haud immerito tribuas) pulcherrimi instituti, & præclaræ industriæ, ac diligentiæ verius, quam exquisitæ cuiusdam doctrinæ, vel facundiæ, vel sublimioris ingenii, laudum promeritos dicas aut consequutos. Quis vero laudem cumulus hisce IVLIANI monumentis non inde accedat? si illud insuper attendamus, eadem non elucubrata, aut in pacis otio ac tranquillis temporibus, & post exhausta pericula, post abiectas denique armorum curas, ac bellorum meditationes; non ipso multorum annorum decursu, aut vergente ad senium, & inde ad quietem ac interiorem animi cultum, ætate; sed in primo ætatis flore: in ipso bellorum, quæ fortiter haud minus, quam feliciter, cum ferocissimis gentibus gerabat, discrimine: in mediis, quæ eum vndique circumstabant, periculis: aut vero in primis terrarum imperii auspiciis: in ipso grauissimi contra Persas belli apparatu, aut suscepta iam expeditione: eaque præterea non meditata diu, aut limata, sed, vi quadam ingenii ac doctrinæ incredibili, effusa ferme; quod vel de iis superius iam dicta satis ostendunt, & extemplo prolata.

Sed iis forte laudibus, quibus hæc IVLIANI opera diximus abundare, omni-

omnique, quæ ex iis percipi potest, vtilitati ac oblectamento, haud parum continuo detraheret, immo abolenda potius eadem penitus, ac vltricibus etiam flammis, suadebit ea, non qua is solum, vel ipsa appellatione, ad æternam nominis sui infamiam est insignitus, impietas; sed illius impressa etiam in iisdem eius operibus vestigia. Verum cui scrupulo vel opinioni occurrendum sibi continuo ab initio Præfationis eius operibus præmissæ existimauit, idque alterius viri docti, qui id iam, dum Misopogonem ederet, fuerat adgressus, exemplo, Petauius; iisque haud leuibus rationum ac auctoritatum momentis, quæ ibidem reperiet Lector. Cuius etiam defensionis eo minor in me necessitas vel occasio nunc incumbit: quod nec primus, vt hi Desertoris illius ac Gentilis Imperatoris fœtus ederentur, operam tuli; sed iidem membratim primo, ac dein toto velut corpore, id agentibus hoc & superiori seculo viris grauibus, ac præterea religiosis, in dias luminis auras pridem exierint. Adeo, vt, si quæ ea in re subesset præposteri cuiusdam iudicii, nimiæque aut vero noxiæ diligentiæ culpa; si quod inde periculum foret vllatenus metuendum; in alios potius, quam in me, tota illius mali vel offensionis inde ortæ caussa recideret. Accedit, quod ea de re nonnulla ad eiusdem Imperatoris Cæsares præfati olim simus: in quo libello circa finem virus illud suum in sanctissima Christianæ Religionis mysteria, ac dentatos aculeos in eorundem cultores, ac propagatores, Constantium & Constantinum, emisit IVLIANVS. Tantum quoque abest, vt piissimis haud minus ac facundissimis illius ac proximi æui Oratoribus, qui hunc Christianæ fidei desertorem non solum, sed insectatorem acerrimum, eo iam sublato, omnibus artis coloribus sibi depingendum crediderere, dicam, quod a viro nostrarum partium, docto illo inprimis ac diserto, nollem factum, scripserim; vt grauissimas potius, quibus iidem fuerunt inducti, rationes, idque ad futuræ ætatis memoriam, ac ad successorum exemplum, non dissimulauerim. Verum non ideo minus illos ipsos, quos idem Princeps, ad subruendam Christianam Religionem, conscripserat libros; quibus eorum dogmata, mysteria, cultum oppugnare, & sacra eorum oracula traducere ac labefactare, impio non minus quam intento studio conatuque, instituit; proxima post eum ætate grauissimus Antistes Cyrillus, iisdem, quibus illos grauissima disputatione retudit, (quo que eorum inde vanitas, sua autem in iis referendis ac redarguendis fides & accuratio magis elucerent) scriptis inserere haud refugit; & eo quidem tempore, quo nec dum plane Gentilicia superstitio erat in orbe Romano, viciniisque eidem regionibus, abolita. Vt minus vtique mirari quempiam subeat, si alia, & in secularibus quidem, vt eo æuo loquebantur, disciplinis elaborata huius Imperatoris, iisdem quippe artibus ac doctrinis mirifice exculti, opera, ab ipsis superiorum temporum Christianis, sine posteris, & ad nostram vsque ætatem, prodita; ac inde post renatas litteras a viris doctis & cordatis studiose conquisita, & in lucem subinde emissa. Præterquam enim, quod eadem insignibus doctrinæ, ingenii, & facundiæ luminibus abundarent; haud leuis inde, vt paullo ante vidimus, & monuerunt iam alii, ad interiorem rerum rituumque illius æui notitiam vsus percipi continuo poterat. Neque vero erat metuendum, vt in iis subinde testata aduersus Christianos, aut iniquiora de eorum cultoribus iudicia, transuersum quemquam raperent; ac non potius eadem, illigatam IVLIANI vanissimis superstitionibus seu præstigiis mentem, aperte denudarent. Quomodo comprobata vel inde eorum fides, quæ de illo vesano IVLIANI, Christianos non insectandi solum, sed omnem quoque iis cum religionis tum ingenii cultum abolendi proposito, sunt vel fastis ac annalibus illorum temporum consignata; vel in memoratis paullo ante grauissimorum virorum Philippicis, ad quas iustissima inde offensio illos induxit, non sine acerbo doloris sensu, vti paullo ante diximus, tradita. Immo vnde eo magis luculenta se produnt ac illustria, tanquam non a militante in iisdem castris, immo non a desertore solum, sed a transfuga, edita in iisdem illis operibus, quæ supra iam adtigimus, testimonia: de singulari nempe & promiscua Christianorum in peregrinos quosuis & egenos humanitate & beneficentia; excelsa & inusitata, in subeundis quibusuis pro fide ac religione periculis, animi firmitudine; de contrariis autem Gentilium sui æui, & sacerdotum vel maxime, studiis, omnique vitæ ratione, ab illa Galilæorum mente, moribus, institutis, valde aliena. Adeo vt vel vnde illa IVLIANI opera inducendi, aut ea saltem loca, quæ eorundem Galilæorum doctrinam aut cultum tangunt vel lacessunt, resecandi, iniici poterat cogitatio; inde etiam illa, ne ea quidem parte lacera vel mutila, in lucem educendi, ratio & consilium proficiscatur.

De præcipuis IVLIANI editoribus, eorumque hoc ordine.

Quo proinde, eoque laudabili, illustria veterum ingeniorum monumenta diuulgandi instinctu, factum, vt hæc IVLIANI Imperatoris opera sint iidem a tenebris, in quibus per tot secula delituerant, in lucem, & membratim quidem aliquamdiu, emissa. Ita EPISTOLAE eius nonnullæ Græce, vna cum aliis veterum aliquot Græcorum Epistolis, ab Aldo primum editæ anno MCCCCXCIX, eæque dein cum MISOPOGONE Græce & Latine, in forma, vt vulgo aiunt, octaua, a VVechelo vulgatæ, anno superioris seculi LXV, MISOPOGON vero postea Basileæ, a Bonauentura Vulcanio Latine versus. Quod demum e Conrado Gesnero, eiusque Bibliothecæ amplificatoribus, didici. Quas vero editiones nec dum inspicere aut nancisci mihi licuit, neque earum nominatim vllam a P. Martinio, qui eadem, vt mox dicetur, IVLIANI opera diuulgauit, aut vero a Petauio, immo nec in Athenis Meursii Batauis, inter editos a Vulcanio libros; vllam Misopogonis ab eo vulgati ac Latine versi mentionem factam video. Eos vero, qui publicandorum huius Augusti scriptorum fecerunt initium, excepit Carolus Cantoclarus, vir cum maiorum Senatoria, tum propria supplicum libellorum in Gallia magistri dignitate conspicuus, Græcis præterea Latinisque litteris egregie excultus, vt ex aliis eius lucubrationibus constat: sicut e Græco sermone ab eo in Latinum versis ac editis Dexippi, Eunapii, & aliorum auctorum Excerptis de Legationibus; e Casauboni insuper amplissimo de eodem ad Suetonium, quod alibi iam protulimus, elogio. Is autem huius Imperatoris CAESARES, seu, vt veteres libri præferunt, ΣΥΜΠΟΣΙΟΝ (quod in aliqua Italiæ ac in Augustana Bibliotheca exstare tradiderant superiori itidem seculo, dicti modo Gesnerus & qui in eodem argumento laborarunt) e tribus, vt in Præfatione Notis præuia ait, scriptis libris, vna cum Latina interpretatione a se adornata ac Notis, primum edidit in lucem Parisiis, anno seculi superioris LXXVII. * Sequuta dein paucis

in Præfat. Gall. ad Cæsares Iul.

annis

annis poſt, ſeu anno MDLXXXIII, eadem in vrbe; noua; & quidem quæ exhiberet, iuxta eius lemma, ΙΟΥΛΙΑΝΟΥ ΑΥΤΟΚΡΑΤΟΡΟΣ ΤΑ ΣΩΖΟΜΕΝΑ, ſeu, *omnia quæ exſtant IVLIANI opera*, editio: tribus autem eius auſpicibus, Petro Martino Nauarro, qui MISOPOGONEM & EPISTOLAS, aliarum acceſſione locupletatas, cum addita verſione Latina ibidem protulit; cum Carolo Cantoclaro, qui præter CAESARES denuo ab eo editos, & e quarto inſuper codice, e Reginæ Catharinæ Mediceæ Bibliotheca deprompto, caſtigatos, eiuſdem IVLIANI PANEGYRICVM CONSTANTIO Imp. dictum, qui ſecundo loco in Petauiana & in hac etiam editione legitur, ſed Græce tantum, quod vno demum codice vſus foret, iisdem addidit. Quibus duobus eruditis acceſſit Theodorus Marſilius, a quo Cæſaris huius IN SOLEM HYMNVS, ſeu, quæ quarta hic comparet, Oratio, cum Notis ad nonnulla eius loca, eſt iisdem diuulgata: idque ex vno, vt is in Præfatione innuit, Toletano in Hiſpania, quod inde acceperat, exemplari, eoque mutilo & valde deprauato. Cuiusmodi etiam, ſeu idem forte cum illo Toletano libro ſtatui debeat, Venetiis ſuo tempore apud D. Diegum Hurtadum, Cæſaris Caroli V Oratorem, exſtitiſſe tradit Geſnerus; & e cuius cæteroquin Hurtadi Menduzæ Bibliotheca prodiit, quod aliunde notum, Græca Ioſephi, eaque inde merito eidem inſcripta, editio. Eiuſdem vero IVLIANI de Sole Orationis, quod obiter monuerat quoque Geſnerus, facta pridem mentio fuerat ab illo ingeniorum phœnice Pico, adducto etiam quodam inde, vt lectam eandem ab illo conſtet loco, in ſuis ad Geneſin, vbi de mundi creatione agitur, Heptaplis, *quando in Phœnicum Theologia eſt, vt ſcribit IVLIANVS in Oratione de SOLE, emanare lucem corpoream ab incorporea natura.* Alias dein quaſdam, eaſque antea ineditas, IVLIANI Epiſtolas Græce, Lugduni Batauorum, anno ſuperioris ſeculi XVII, prodiiſſe, ex editis Bibliothecarum collectionibus accepi: vnamque poſtea Græce & Latine cum Rigaltii Notis, nempe ad Alexandrinos, ſimul cum Funere eius Paraſitico, primum Pariſiis, anno huius ſeculi primo, vulgatam conſtat: quæ dein in Petauiana editione ab eodem Rigaltio, e Bibliotheca Regia emendata, ac in duas Epiſtolas, quæ ibi & in hoc itidem opere comparent, diſtincta legitur. Eos vero IVLIANI editores excepit dein feliciori fato, vir aliis multiplicis doctrinæ ſcriptis ab eo libris hac ætate merito celebratus, Dionyſius Petauius; qui Flexiæ, anno huius ſeculi XIV, tres IVLIANI ORATIONES PANEGYRICAS: vnam nempe in Conſtantium Imperatorem; alteram in Euſebiam eius coniugem, tum primum e Manuſcriptis Bibliothecæ Regiæ erutas; poſtremam vero, quæ de eiuſdem Conſtantii geſtis, a Cantoclaro, ſed Græce tantum, vt paullo ante diximus, fuerat edita, tertia tamen parte auctiorem ac emendatiorem, eaſdemque ſingulas Latina verſione ac Notis a ſe illuſtratas, dedit. Vnde poſtea etiam idem eſt inductus, vt, quam in Syneſio ac Themiſtii Orationibus diuulgandis præſtiterat operam, eandem ad omnia IVLIANI huius monumenta, partim adhuc in forulis Bibliothecarum deliteſcentia, publicanda, ſtudioſe & laudabiliter conferret. Id teſtatus vtique fuerat in Notis ad Themiſtium, quem primum anno huius ſeculi XIX edidit, ſed cuius ea de re verba in poſtrema illius Auctoris editione ſunt omiſſa. Vbi enim locum ex inedita hactenus

Lib. II. c. I. pag. Tom. I.

Ep. LVIII. & LIX.

in Addend. IVLIANI ad S. P. Q. Atheniensium Oratione seu Epistola adtulisset, addit:
ad Not. in *cam nos Orationem cum aliquot aliis accepimus ab humanissimo eruditissimo-*
Themist. p. 315. edit. *que viro Patritio Iunio Londinensi Regiæ Bibliothecæ præposito, quas propediem,*
in 4. *fauente Deo, cum reliquis Iuliani operibus publicare decreuimus.* Quod tamen ab eo duodecim post annis, seu anno M DC XXX est demum præstitum; quo Parisiis iisdem omnia huius Imperatoris opera, partim antehac edita, partim tunc primum e manuscriptis eruta, & ad horum fidem (hæc omnia enim præfert libri titulus) accuratissime castigata, Græce Latineque cum Notis prodierunt. E quibus autem liquet, non præcipiti quodam consilio, aut subitaria opera, ad hanc IVLIANI editionem accurandam, impulsum fuisse eundem Petauium; sed qui multis ante annis id partim iam egerat, partim se in id intentum publice declarauerat; immo qui, vt ex antedictis liquet, ad hoc opus suscipiendum obstrictus dudum tenebatur. In hanc vero operam vt quis idoneus ad eam cum laude præstandam incumberet, optauerat alicubi in Aduersariis, diligentissimus optimusque talium censor, Barthi-
Lib. L. cap. XII. p. 13. us: *Qui IVLIANI Imperatoris opera denuo edat, & Latinitate noua (siquidem talibus hodie lenociniis opus est, vt emtorem libri nanciscantur, aut typographum quoque) induat, non ille operam ludat: sed sagaci etiam sit ingenio.* Quibus autem subsidiis instructus id adgressus sit Petauius, indicat ipse sub finem Præfationis, quæ ante eius Notas hic in appendice legitur: vbi partim e Christianissimi Regis Bibliotheca, partim e Londinensi, cum ea, quæ iam prodierant, multis emendatiora locis, quædam etiam auctiora, cuiusmodi sit Oratio IV in Solem, aut nonnullæ Epistolæ, se proferre adserit: tum reliqua, quæ nondum ante erant edita; cuiusmodi sunt in Matrem Deum, duæ in Cynicos, ad Athenienses præterea, ad Sallustium, ad Themistium, Orationes vel Epistolæ. Cui accesserunt e codice, qui Oxonii seruatur, Baroccïano, cum duæ Epistolæ LX & LXI, ad eum a Patritio Iunio iisdem missæ; tum variæ ad reliquas Epistolas lectiones, quarum in suis ad easdem Notis meminit passim Petauius.

Quo nomine autem quin de IVLIANO non solum, sed de litteris præclare meritus sit Petauius, haud licet vtique diffiteri. Præter hanc enim in colligendis vndique aut emendandis huius Imperatoris monumentis, collatam ab eodem, vti e modo dictis intelligimus, industriam; accessit eorum, quæ nec dum ante illum prodierant, aut Græce tantum, Orationum nempe & vnius alteriusue Epistolæ, Latina, quam adornauit, interpretatio; ac præterea additæ in illa opera, quibus eadem illustraret, Notæ. Vt enim elaboratis pluribus, in aliis etiam artibus ac disciplinis, commentationibus, magnam exquisitæ diffusæque doctrinæ laudem promeruit; ita singulari eum fuisse in vertendis e Græco in Latinum sermonem veterum scriptis, facultate; idem non IVLIANO solum, sed Synesio quoque ac Themistio, ab illo impensus labor luculenter vtique comprobauit. Vnde etiam idem, cum Casaubono, tanquam duo hac ætate præstantissimi in ea re artifices, quique omnium optime de his possent iudicium ferre, a viro summo primoque hodie litteraræ Galliæ ornamento, Petro Daniele Huetio, inducitur Petauius: quibus nempe omne, de optimo interpretandi genere disserendi statuendique, in erudito ac eleganti ea de re Dialogo a se edito, is arbitrium defert. Equidem

dem cum vere Romanus eſt & caſtigatus eiusdem Petauii ſermo; tum idem nec Græcis nimium Auctoris verbis, ſeu ſeruiliter adſtrictus, nec vero ab iis longius, quam par eſt, recedens, aut alioquin redundans: vt inde fidi ſimul ac diſerti interpretis laudem, quam pauci vtique, qui eam eruditionis partem excoluerunt, ſunt hactenus conſequuti, haud eidem denegare liceat. Neque ideo tamen perpetuo, aut vbique, eandem ab eo in hac IVLIANI, quæ adtigi, operum interpretatione retentam, licet ſtatuere; aut eum, ſeu humanæ conditionis, ſeu illius, quæ accuratiſſimis etiam ſcriptoribus quandoque ſolet obrepere, incuriæ vitio, nuſpiam impegiſſe. Cuius vtique rei, ſeu haud vnius lapſus veſtigia, vel ex iis, quæ hic infra ad primam Orationem prodeunt, obſeruationibus, erunt cuiuis, vt opinor, manifeſta; e ſequentibus autem meis ad reliqua huius Imperatoris opera adnotatis, citra vllam tamen, qua is inde ſit onerandus, contumeliam, luculentius adhuc conſtabunt. Vnde ea, & quidem, quæ non a proprietate ſolum Græcarum ibidem vocum diſcedunt, ſed ſubinde totum loci ſenſum inuertunt, ad faciendam clariſſimam eius rei fidem; aut vero ad quampiam inſcitiæ vel incuriæ notam ei inde, præter alia viri in litteras merita, inurendam, non hic ambitioſe congeram; quæ ſuis demum locis, vbi id res omnino exegit, a me nec faſtidioſe animaduerſa, reperiet Lector. Notas vero eius ad eadem IVLIANI opera quod adtinet, haud immerito, quod vtique diſſimulare hic non licet, maior in iisdem concinnandis diligentia & accuratio præſtari ab eo, aut exſpectari debuit: qui in colligenda, verſanda, ac dein publicanda Auguſti illius Scriptoris monumenta, diu ac ſtudioſe incubuerat; ac præter eximiam Græcarum litterarum cognitionem, pluribus erat doctrinis, vnde eadem opera opportune ac præclare illuſtrarentur, exaggeratus; otio inſuper eam in rem fruebatur ampliſſimo. Id enim omnino & auctoris dignitas, & adfluens paſſim aut latens ſubinde in iiſdem eius ſcriptis doctrina & eruditio, ac inde ſenſus quandoque reconditi; aut ipſa, de quibus agebatur, rerum, quæ propius penitiusue elucidari merebantur, tractatio, ab eo flagitabant. Adeo vt quamquam haud pauca, & erudite, commode ſint in iiſdem Notis ab eo animaduerſa, ſeu ad conſtituendam genuinam loci lectionem, ſeu ad verborum ſenſum, aut quandoque ad ritum quempiam minus obuium in iis eruendum; at longe plura eidem indicta, quæ haud minus perplexa aut reconditā, aut alioquin adtentione digna, luce omnino ac notatione aliqua indigebant; neque ab eo, qui interpretandi non ſolum, ſed enarrandi etiam hunc Auctorem prouinciam pridem ſuſceperat, omitti, ſine piaculo ferme dixerim, debuerant. Ne ea iam hic adtingam, quæ ſecus etiam, ſeu minus vere vel adtente, in illa tenui ceteroquin & parca Notarum congerie, ſunt ab eodem prodita. Quarum autem rerum, quum ad IVLIANI Cæſares olim commentarer, facta eſt a me haud ſemel commemoratio; idque obuiis tum certiſſimisque documentis abunde etiam, vt opinor, comprobatum. Quod vel meæ iiſdem ad primam Orationem obſeruationes, etſi adhuc paullo diligentius in eum & ſequentem eiusdem Conſtantii Panegyricum, e quibus fit totius operis auſpicium, elucidandum incubuerit Petauius, paſſim indicabunt; liquidius vero euincent reliquæ illius Imperatoris lucubrationes, noſtraque ad eaſdem adnotata. Quam iidem commentandi rationem arbitrariam, quæ nempe Lectorem, & quidem hiantem, frequenter destituit, nec auctoris sequitur, vbi maxime iis insistendum fuit, vestigia, in enarrandis aliis Auctoribus, Themistio, vt de Epiphanio iam nihil dicam, & Syneſio, tenuiſſe ferme eundem Petauium videas: (vnde poſtremo ac erudito ex eadem ſocietate ac domo Themiſtii editori, ſuas adnotationes & gloſſas Petauianis adnectendi data eſt occaſio) niſi quod is ad illuſtrandum explanandumve IVLIANVM adhuc longe parcius, ac vbi id minime fieri decuit, ſuam contulerit induſtriam vir doctiſſimus.

Quum autem eadem, quæ prodiit ante annos ſexaginta & quod excurrit, Petauiana horum IVLIANI operum editio, haud amplius venalis proſtaret in librorum officinis; inde de eadem typis renouanda Lipſiæ, in nobili illo doctrinarum haud minus ac aliarum pretioſarum mercium emporio, ſuſcepta eſt demum cogitatio. Cuius equidem rei, cum ab ipſo, qui id iam agebat, librario; tum a viro, in quem litterarum illic ſalus, dignitas, & incrementa potiſſimum incumbunt, & de quo plura mox dicenda venient, Friderico Benedicto Carpzouio, datis tum primum ad me literis, certior ſum factus; quibusque vt ſymbolam, ad ornandam eandem editionem, conferre non refugerem, humaniſſime inuitabar. Nec vero eorum eram omnino immemor, quibus, dum ad IVLIANI Cæſares a me in Gallicam linguam conuerſos & explanatos præfarer, me olim obſtrinxeram: quod nempe vniuerſa Auguſti illius Scriptoris opera, cum antiquis libris a me haud indiligenter collata, & mea qualicunque induſtria, ſi Deus aliquando otium ac longiorem vitæ vſuram concederet, illuſtranda, forem in lucem emiſſurus. Quamquam dum aliis dein curis, vel negotiis, vel alioquin migrationibus, aut literariis etiam laboribus, quos prius exantlare conſtitueram, me diſtentum vidi; inde etiam factum ſit, vt intra vnam deſtinationem ſediſſet mihi hactenus omne illud hunc Auctorem a me emaculatum, ac, vt itidem conſtitueram, explanatum, quandoque diuulgandi propoſitum. Accedebat, quod illo maxime tempore, quo ea de re, vt modo dixi, ac de ſuſcepto nouæ IVLIANI editionis conſilio, interpellabar, in alia quædam ſcripta mea elucubranda vel perpolienda eram horis ſubciſiuis intentus, quæ Amſtelodamenſi præſtantis VVetſtenii prælo, cui erant iam addicta, breui ſubdere conſtitueram. Haud eo minus tamen amicæ viri, maxime cuius dudum mihi nota erant inſignia in litteras ac litteratos merita, etſi inopinatæ petitionis, quam honeſte eludere aut prolatare neutiquam deberem, rationem mihi continuo habendam duxi. Ita ſepoſitis vel abiectis, quæ me tum ab eo inſtituto dimouere cæteroquin, neque immerito, poterant, cogitationibus; maxime, vt maiori aliquando ad eam rem, ac pro Auctoris dignitate, meaque qualicunque exiſtimatione, obeundam, apparatu inſtructus accederem; vt eam tamen ſubirem operam, quæ IVLIANVM mea qualicunque cura plurimis mendis repurgatum, neque paucis locis integriorem daret, me promtum paratumque ſum adlenſus.

Quum enim in Anglia, ante annos ſatmultos, legationem obirem, eadem illius Imperatoris opera, cum antiquo codice annorum circiter quingentorum, e diuitiæ viri excellenti doctrina & ingenio, quoque vtebar familiari-

ter,

ter, Isaaci Vossii Bibliotheca deprompto, conferre mihi eius beneficio licuit; cuius libri vsum, quod idem plures, de quibus facta in superioribus mentio, ἀνεκδότους Libanii Epistolas contineret, mihi e Britannia in Galliam ablegato, vir singulari humanitate haud minus ac eruditione officiose concessit. Complectebatur autem ille codex omnia, etsi haud eodem ordine, quæ Petauiana vel hæc editio exhibet, IVLIANI opera; nisi quod paucæ abessent paginæ, quibus vltima pars Orationis in Solem, vti id obiter iam antea innui, & prior sequentis in Deûm Matrem, fuerat descripta. E quo cæteroquin codice, quæque illum consulendi mihi primum occasio exstitit, excerptæ probæ aliquot lectiones, quas opportune ad Cæsares a me in Gallia, lingua ibi vernacula, editos & illustratos, (vt tum ad eosdem facta est a me mentio) adnotare, indeque veriores quorundam locorum sensus eruere mihi licuit. Quod beneficium quoque idem codex, in aliis eiusdem Imperatoris operibus recensendis, mihi subinde impertiuit; vt haud vnas ex eodem lacunas, quas in iis reliquerat Petauius, supplerem. Quod ne vbique tamen fieret, obstitit subinde euanida omnino aliis in locis, in quibus deficiebant itidem Petauiani codices, huius quoque libri scriptura. Neque minus tamen eundem reliquis omnibus, seu Gallorum Regiæ, seu Londinensis, aut Oxoniensis etiam Bibliothecæ scriptis, qui IVLIANI opera exhibent, libris, quibus vsus est Petauius, aut quos aliunde nactus est, omnino præstare liquet. Erat præterea, quum Romæ ante complures annos agerem, collatus a me ibi Misopogon, cum codice chartaceo Reginæ Christinæ, etsi non adeo bonæ frugis, cui insertæ erant in contextu, & ad oram, aliæ subinde lectiones, quæ ad editas ferme accedebant. Vltima vero IVLIANI Epistola ad Theodorum quendam Ἀρχιερέα scripta, eaque Græce tantum, ob frequentes in eadem lacunas, non solum in priori P. Martinii, sed in Petauiana etiam editione vulgata, e codice quodam Leonis Allatii, quem is ibidem mihi Romæ suppeditauit, (quo, præter variam Græcorum opusculorum συλλογὴν, eadem cum nonnullis aliis huius Imperatoris Epistolis continebatur) integrior a me, repletis nempe hiatibus, edita; vt ei quoque Latinam interpretationem, qua hactenus caruit, addere continuo licuerit. Exstabat quidem illa etiam in alio codice chartaceo, præter plures IVLIANI editas, vti & Basilii, Chionis, Aeschinis, Apollonii Tyanei, Epistolas, quem in Bibliotheca Isaaci Vossii τοῦ μακαρίτου versare mihi itidem contigit; sed cum iisdem lacunis, quæ in Petauiana editione comparent. Dum vero nuper Parisiis agerem, nactus ibi sum forte apud Bibliopolam IVLIANI Cæsares (quos ibi paullo ante iam vulgaueram) a Cantoclaro primum, anno, vt supra diximus, MD LXXVII editos; quibus adscriptæ erant literata manu plures emendationes aut variæ lectiones, eædemque ferme, quas memoratus supra codex Vossianus exhibet, & quarum inde a me facta fuerat ad illum elegantissimum libellum mentio.

Et hæc quidem mihi erant ad manum subsidia, vnde noua hæc, quæ Lipsiæ, etsi haud meo quidem nutu, neque in alia tum intento, foret suscepta, IVLIANI operum editio illustraretur. Quod a me etiam haud illiberter, ac pro temporum meorum ratione, præstitum, & ea quidem, quam mihi præscripseram, quæque a sanioris in litteris, nec nimium confidentis iudicii, viris religiose seruari solet, lege; vt nihil scilicet in ipsis Auctoris verbis

immutarem aut supplerem, nisi quod certissima veterum, quos dixi, librorum fide niteretur. Quam viam tenuisse quoque in diuulgandis huius Imperatoris monumentis Petauium, docent Notæ eius ad calcem operis, aut subinde ad oram variorum locorum adscriptæ; tum expressa eius ea de re verba, in Notis ad priorem Panegyricæ Orationis, quam publicauerat iam ante Cantoclarus, ipse autem cum duabus aliis tunc in lucem protulit, editionem, quæ anno, vt antea vidimus, huius seculi XIV prodiit. Vbi enim egisset de manuscriptis, quibus ad repurgandam illam Orationem visus tum esset, codicibus, qui ipsi tamen non vbique essent sani, sed quorum inde loca ex coniectura possent fere restitui, addit: *ac nihil tamen idcirco, præterquam quod in MS illis esset, rescribere aut immutare decreuimus. Id quod ex veteri ac solemni nostro instituto facturos nos pridem recepimus. Quare, quicquid aliter, atque in priori editione est, in hac nostra deprehenderis, scito id veterum, vti dixi, consensione & auctoritate factum.* Quæ ideo hic a nobis adducuntur, quod idem de hac noua omnium huius Auctoris operum editione dictum similiter volumus: adeo, vt quamquam coniecturis haud infrequenter, & iis quandoque indubitatis ferme, esset locus; non easdem continuo, amotis, quæ veterum librorum auctoritate & consensione confirmatæ sunt, lectionibus, IVLIANO adserendas, sed ad Obseruationes reiiciendas putauerimus, vbi de iis moneri posset a nobis Lector; is autem de singulis pro captu suo, aut pro eorum pretio, statuere. Quod itidem in Latina Augusti illius Scriptoris operum interpretatione, quam maiori ex parte Petauius, ac aliunde P. Martinius & C. Cantoclarus adornarunt, est a nobis obseruatum: ne in eadem nempe interpolanda, quod apud viros cordatos haud vnquam laudi cessit, laboraremus; sed, qui in ea forte essent nec infrequentes næui, iidem in nostris Obseruationibus, ne incauto vel minus exercitato in hisce litteris Lectori imponerent, debita, neque tamen acerba, animaduersione notarentur. Id solum nobis omnino non concessum solum, sed velut præscriptum existimauimus; vt, quæ lacunæ, maxime in Petauii interpretatione, subinde occurrebant, quod is loci sensum, etsi interdum ob vnam modo vel alteram vocem male constitutam aut omissam satis obuium, non esset adsequutus, aut vero manca essent ibi Græca ipsius Auctoris verba; vt eæ, inquam, lacunæ, vbi plana nobis visa est eorundem verborum ratio, aut illas e scriptis libris in ipso IVLIANO suppleuimus, in Latina etiam versione, etsi alio a Petauianis, seu Italico, vt aiunt, typorum genere, complerentur. Quod similiter a nobis factum est in Latina memoratæ paullo ante postremæ ad Theodorum quendam *ἀρχιερέα* Epistolæ, quam ibi dedimus, interpretatione. Quamquam, quod hic obiter monendum est, exstet vnus adhuc vel alter in Græcis Iuliani verbis id genus hiatus seu asteriscus: cui equidem nullum e scriptis veteribus, quos vel excusserat Petauius, vel ego consulueram, libris, remedium adfulserat; sed qui aliunde, e nonnullis puta apud Suidam, qui ad ea suppresso IVLIANI nomine respexerat, locis suppleri etiamnum
Orat. VII. pag. [illegible] potest: prout de quibusdam Heracliti apud hunc Auctorem verbis, opportune iam ab eruditissimo Kuhnio in Animaduersionum ad Pollucem, sed a quo ipsum Pollucem emaculatum hiantes exspectamus, Specimine est obseruatum. De quibus autem in nostris ad IVLIANVM adnotatis agitur..

Hanc

Hanc enim postremam a nobis operam haud minus flagitare videbatur noua huius Augusti Scriptoris editio: nempe, vt non eadem solum prioribus haud paullo emendatior vel integrior prodiret, sed insuper Obseruationibus accuratis illustrata. Adeo, vt qui labor mihi in explanandis eius Caesaribus haud infeliciter olim cesserat; idem nunc a me, ad explicanda ornandaue reliqua eius opera, impigre haud minus & alacriter conferretur. Quo etiam studio eo magis accendi poteram, quo perspecta mihi erat intimius, ex iis ipsis in illos Caesares curis, aut vero ex adtenta aliarum eiusdem Imperatoris lucubrationum lectione, quae in iis esset, vt haec earundem decora supra iam adtigi, vel singularis elegantia, vel profluens, aut etiam recondita saepius, diffusae eruditionis & doctrinae copia & varietas: adde, quod hic nobis, non spicilegium dicam, sed laetissimam messem, reliquisset Petauius. Quae singula vt erant verissima, ac me haud leuiter poterant pertentare; ita haud prouide minus & opportune illud occurrebat, amplum esse, quod decurrendum mihi probe intelligerem, vbi id semel forem ingressus, stadium: ad quod proinde exigeretur sedula & peruicax contentio; magna virium, nec minor metam feliciter contingendi fiducia; illinc vero ingrauescens aetas, minus perferendis laboribus, aut spei in longum ducendae, idonea; intercisa aliis longe curis immo iis debita, dum officium sequor, mea tempora; inde frequens otii penuria; addo, hoc ipsum aliis etiam litterariis laboribus, quod obiter supra innuebam, tum a me iam addictum. Quibus & illud insuper accessit, vt eo ipso tempore, quo a Lipsiensi librario suscepta fuerat haec IVLIANI operum editio, aut ego ad eam ornandam inuitabar; alterius adhuc, de qua nec somniando vnquam cogitaueram, operae, commentandi nempe Callimachi Hymnos, quibus, vt alia iam mittam, varii Theologiae seu superstitionis Gentilium ritus enarrantur, data sit mihi aliunde, cui sim quoque obsequutus, occasio. Sed illud me vel maxime, nec immerito quidem, suspensum detinebat, quod praeter mea ad dictos IVLIANI Caesares adnotata, aut emendata ad veteres libros singula eius opera, nulla plane foret a me congesta hactenus, ad illa explananda vel illustranda, rerum vel notationum, vt fieri alioquin solet, seges: essemque proinde ab omni, de quo alia tamen futura esset hominum opinio, (eorum maxime, qui me olim de noua illius Auctoris editione fidem quodammodo dedisse nouerant) requisito ad eam rem pro dignitate obeundam prouisu plane imparatus. Vicit autem haec omnia insita mihi a puero, neque cum aetate adhuc deferuescens, bene de litteris merendi cupiditas; vt eam, cum IVLIANVM, tum, quem ei comitem simul ac aduersarium addendum hic curaui, CYRILLVM, commentandi illustrandique prouinciam haud grauatim susciperem.

Quo consilio autem hic iidem prodeant, neque eius rei auctore, decem CYRILLI contra IVLIANVM libri, haud multis, vt opinor, nunc erit mihi dispiciendum. Illud forte mirari potius subeat, cur a prioribus IVLIANI editoribus, & a Petauio maxime, qui in id potissimum, & diu quidem ac sollicite, incubuit, vt omnia eius opera conquireret ac diuulgaret, nulla habita sit eius rei ratio. Quum tamen haud ignota eidem foret eorum, quos aduersus Religionem Christianam ὁ παραβάτης Imperator scripserat, librorum, apud Gentiles iuxta & Christianos prisci illius aeui Scriptores, comme-

mora-

moratio. Equidem id obiter tantum, & quo virum præstantem redargueret, qui paullo liberius veteres Ecclesiæ doctores, a quibus proscissus fuerat IVLIANVS, perstrinxerat, tangit in Præfatione, quæ hic in Appendice Notis eius præmissa legitur, Petauius: nempe quod duo sint omnino Græci Patres, quorum exstent contra eundem IVLIANVM Orationes, Gregorius Nazianzenus & Cyrillus; quorum alter, CYRILLVS scilicet, haud paucis post IVLIANVM annis vixit ac scripsit. Quum tamen aliæ adhuc exstent, quod eundem non fugit, qui earum etiam obiter alibi meminit, illorum Græcorum Patrum, sicut Chrysostomi duæ in S. Babylam, & vna in duos sub IVLIANO martyres, Iubentium & Maximinum, Orationes seu Sermones; quibus multis, & acerbe quidem, nec immerito tamen, in eum Principem, eius impietatem, superstitionem, nefandas artes, in Christianos seuitiam, inuehitur ὁ χρυσοῤῥήμων. Adde, quod dispar esset haud parum Nazianzeni Theologi & Alexandrini Antistitis scriptorum contra IVLIANVM ratio: quum a postremo, seu CYRILLO, non Orationes adeo siue in eum Στηλιτευτικαὶ, sicut ab altero, quæ etiamnum leguntur, sint conscriptæ; quam hi decem libri, & quidem *ὑπὲρ τῆς τῶν Χριστιανῶν εὐαγοῦς θρησκείας, πρὸς τὰ τοῦ ἐν ἀθέοις Ἰουλιανοῦ, Pro sancta Christianorum Religione, aduersus impii IVLIANI libros*, quibus eos velut, vt vulgo aiunt, *κατὰ πόδα*, grauissima disputatione sibi confutandos proposuit. Ad quos autem IVLIANI libros respexerat in Laudatione huius Imperatoris Funebri Gentilis eidemque familiaris Libanius, *πολλῶν δὲ θέσεις νόμων, βιβλίων τε συγγραφαὶ βοηθοῦντων θεοῖς legum autem multarum sanctiones, nec non librorum conscriptiones, Diis succurrentes:* e Christianis vero Scriptoribus idem, de quo modo, Nazianzenus, qui sub initium ferme primæ in hunc Παραβάτην Philippicæ, perstringit *τοὺς ἐναγεῖς ἐκείνου λόγους καὶ λήρους, impios & nefarios eius libros ac sermones nugatorios*, quales nempe postremi generis exstant, & de quibus supra egimus, in Solem, ac in Deorum Matrem Orationes. Ne aperta iam de iisdem IVLIANI aduersus Christianos libris, vel Hieronymi, de quo paullo post, vel Socratis, Theophanis, aut aliorum congeram hic loca, quæ in calce huius Præfationis, vna cum aliis veterum testimoniis, de illius Imperatoris lucubrationibus, reperientur. Verum cuius rei maiorem continuo fidem præstabunt iidem libri adhuc superstites; seu quod supra iam innui, pars eorum luculenta, in hoc ipso, quo iidem confutantur, CYRILLI opere. Ad quos proinde libros viri eruditi, qui omnia IVLIANI opera se diuulgare profitebantur, ac ipse vel inprimis Petauius, peruolutandis veterum Ecclesiæ doctorum monumentis exercitatus, aduertere debuerant: aut, cur omnis a se prætcrita foret eorum ratio, haud prorsus reticere. Id enim opus, & Latine pridem, vna cum aliis CYRILLI monumentis, superiori seculo, ab Oecolampadio versum prodierat; & eodem anno, quo IVLIANVM Parisiis edidit Petauius, in eadem vrbe Græce primum, & cum noua interpretatione Latina, est a Nicolao Borbonio vulgatum. Id quidem in prima trium IVLIANI Orationum Panegyricarum, cuius paullo ante facta est a me mentio, editione, ac in ipso quidem libri lemmate, maximis litteris præfixerat Petauius, *AB EO QVVM ADHVC CHRISTIANVS esset, scripta:* ac in Epistola seu Præfatione iisdem præmissa, nullam excusationem

Post testimonia de Iuliano.

Tom. V. ed. Savil. fol. 532 seqq. & fol. 111 seqq.

pag. 755. Tom. II.

Epist. LXXXIV. Lib. III Hist. Eccl. c. XXIII. Chronogr. pag. 49.

nem desideraret, quod daret illius Imperatoris monumenta, contendit; qui a scilicet *eo tempore scripta ab eodem constet, quo sanus adhuc atque incorruptus esset, nihil iis ex consequuta morum peruersitate contagionis ac labis adflatum est.* Mitto enim, quod tres illas Orationes, vt ex iisdem constat, & paullo ante vidimus, scripsit IVLIANVS quum iam in Caesarem esset a Constantio adscitus: ante quod tempus, dum priuatus adhuc litterarum ac Philosophiae studiis operam daret Nicomediae, occulte a Christianorum fide ad Gentilium superstitionem defecerat, in eadem mox in Ionia, ac dein Athenis, dum ibi adhuc Rhetoribus aut Philosophis Gentilium dat operam, confirmatus. Quod cum e Gentilibus iisdem, eique coaetaneis, Ammiano Marcellino, Libanio, Eunapio; aut e Christianis scriptoribus, Socrate, Sozomeno, aliisque; tum ex ipsomet IVLIANO, liquidum est omnino ac manifestum: vti cum ex ea, quam de semet alicubi refert, fabula, quomodo puerulus adhuc a Diis, & nominatim a Sole ac Mercurio, sit educatus, & salutari Deorum cognitione imbutus; aut ex Epistola ad Athenienses, vbi dum in Regiam ad Constantium, a quo tum fuerat Caesar nuncupatus, tendit, e quatuor quos habebat famulis, *vnum suscepta ab eo erga Deos pietatis conscium, & occultum, quoad licebat, adiutorem exstitisse* memorat. Vnde quomodo tum *sanus adhuc atque incorruptus esset*, quod ibi ait Petauius, aut reuera *Christianus*, quum aliquot post annis, seu ab eo tempore, tres illas Orationes conscripsit IVLIANVS, licet cuiuis statuere. Verum neque id postea deterruit Petauium, quin reliqua eiusdem Imperatoris opera, & sic ea quoque diuulgaret, quae vt in Epistolis, Caesaribus, Misopogone, atrocibus quandoque in Galilaeos seu Christianos, eorumue fidem ac mysteria, conuiciis & cauillationibus sunt referta. Quo minor inde labes hic erat nobis metuenda, aut aliqua excusatione praemunienda huius, quod a CYRILLO insertos ex parte & confutatos simul IVLIANI libros exhibet, operis publicatio; cuius aliquot iam exstabant, sine vllius offensione, a viris doctis & piis procuratae, hoc & superiori seculo, Graecae aut Latinae editiones.

Quorum autem IVLIANI librorum, quod obiter hic monendum, non eundem tradi a duobus, maxime tamen fide hic dignis, auctoribus numerum video. A CYRILLO enim, cui vtique id non potuit esse ignotum, in hoc ipso, quo illos oppugnat, opere, seu eius prooemio, tres dicuntur exstare, καὶ δὴ ΤΡΙΑ συγγέγραφε ΒΙΒΛΙΑ, κατὰ τῶν ἁγίων Εὐαγγελίων, καὶ κατὰ τῆς εὐαγοῦς τῶν χριστιανῶν θρησκείας, *TRESque LIBROS contra sancta Euangelia, & venerandum Christianorum cultum, composuit.* Quum tamen plures, seu septem libri dicantur ab Hieronymo, qui aetate IVLIANO propior, & quo puero iidem, vt ex alio eiusdem loco licet colligere, sunt conscripti. Id enim de iis tradit in Epistola ad Magnum Romanum Oratorem: *IVLIANVS Augustus SEPTEM LIBROS in expeditione Parthica aduersus Christum euomuit, & iuxta fabulas Poetarum suo se ense lacerauit; si contra hunc scribere tentauero &c.* Vt equidem haud facile liceat nunc statuere, cui potior fides hic haberi debeat; aut quomodo, qui exstabant Hieronymi aeuo septem huius Apostatae contra Christianorum fidem libri, iidem paullo post, sub CYRILLO, qui Hieronymo fuit suppar, & aliquot annis ante eius obitum iam ad Alexandrinam sedem euectus, ad tres sint redacti. A

Socra-

Lib. XXII. cap. II. [illegible] p. 177. 277. [illegible] & [illegible] Lib. III. c. I. Lib. V. c. II. Orat. VII. p. [illegible] pag. [illegible]

[illegible] In Habac. cap. III. Epist. LXXXIV.

Socrate quidem & Theophane, vti & a Gentili Libanio, eorundem librorum, quod supra innui, sed in genere, nullo adscripto, quot iidem fuerint, eorum Lib. III. numero, fit mentio; nisi quod a Socrate alicubi e tertio illius operis libro quae-cap. XXIII. dam verba adducantur. An vero ab eodem Nic. Borbonio, qui primus illud opus Graece Latineque, vt paullo ante dixi, in lucem emisit, quidquam ea de re sit monitum, aut aliqua huius inter duos illos grauissimos testes diversitatis ratio reddita, me fugit, qui illam editionem non possideo, nec inspexi hactenus; certe in Notis, quae ad primum CYRILLI librum ex eodem Nic. Borbonio adducuntur in Parisiensi Graeco Latina, quae aliquot post annis prodiit, omnium huius Antistitis operum editione, nihil ea de re adnotatum video. In quo caeteroquin, quod hic exhibetur, scripto, non commemorari solum IVLIANI aduersus Christianos libri; sed iidem, quos ibi adducit, in varias partes dissectis, praemissum continuo, vnde eorum auctor proditur, illius nomen, quibus suam dein opponit confutationem CYRILLVS. Neque enim refugit ille aperto velut marte cum eo in arenam descendere; virium palam & lacertorum aleam subire; non vero eundem ex occulto velut adgredi induxit, aut, quem debellaret, sibi aduersarium fingere, vel armis a femet suppeditatis instruere, aut vim eorum ac robur eludere vel dissimulare. Quo equidem instituto eo minus dubiam, ac illustriorem, de illo acerrimo Religionis Christianae hoste, a se inuictis veritatis Euangelicae telis confosso & prostrato, victoriam consequuturum, haud immerito censuit. Adeo vt CYRILLVM inde ab illo consilio, ipsos nempe IVLIANI libros suis contra eum disputationibus inserendi, neutiquam reuocare potuerit ea, quae paucis demum ab eius morte annis, nempe CCCCXLIX, a Theodo-Leg. III Cod. de Summa Trin. sio iuniore prodiit, quaeque ab initio fere Iustinianei Codicis legitur, constitutio, qua sancitur, *vt omnia, quaecunque Porphyrius sua pulsus insania, aut QVIVIS ALIVS, contra religiosum Christianorum cultum conscripsit, apud quemcunque inuenta fuerint, igni mancipentur*; ac similiter a Iustiniano Nouell. XLII. cap. I. qua, sicut Nestorii, ita Seueri scripta, ne penes aliquem Christianorum maneant, prohibentur; & quidem addita eius rei ratione, *quia praedecessoribus nostris Imperatoribus, in suis Constitutionibus visum est statuere similia his, quae dicta sunt & scripta a Porphyrio in Christianos.* Vt proinde haud mirari subeat, si eadem vel Porphyrii, vel aliorum e priscis Gentilibus contra Christianos, vti Celsi, aut Hieroclis, aliorumue scripta dudum perierint, vt etiam a Photio praeterita sit omnis eorum mentio; quodque idem fatum IVLIANI in eodem argumento libris contingerit, nisi quatenus iidem in hoc CYRILLI opere etiamnum compareant. Qua de re, & ante latam illam a Theodosio iuniore sanctionem, praeclarus exstat locus apud Chrysostomum Oratione II. in S. Babylam, vbi ipsis etiam Gentilibus abolitorum eorundem contra Christianos librorum caussa tribuitur. Postquam enim dixisset os illud aureum, Philosophos & Rhetoras inter Gentiles, alias magni nominis, vbi contra Christianos scripserint, ludibrium omnibus debuisse, neminem Tom. V ed. Savil. pag. 111. ne infantem quidem ad se pertraxisse; addit, *ἀλλὰ τοσοῦτός ἐστι τῶν ὑπ' αὐτῶν γεγραμμένων ὁ γέλως, ὥστε* ΑΦΑΝΙΣΘΗΝΑΙ ΚΑΙ ΤΑ ΒΙΒΛΙΑ *πάλαι, καὶ ἅμα τῷ δειχθῆναι καὶ ἀπολέσθαι τὰ πολλά. εἰ δέ πού τι καὶ εὑρεθείη διασωθὲν, παρὰ χριστιανοῖς τοῦτο σωζόμενον εὕροι τις ἄν, ἂν, verum tale est eorum ab iis* (illo nempe in genere) *scriptorum ludibrium, vt & IPSI LIBRI pridem EVANVERINT; & multi ex iis simul absumti sint & perierint: ac, si qui forte seruati deprehendantur, apud Christianos eosdem seruatos quis reperiet.*

Quod proinde horum etiam, quos aduersus Christianorum Religionem IVLIANVS elucubrauit, librorum, vt modo innuebam, fatum exstitit, vtii nuspiam cum reliquis eius operibus, quæ ad nostram vsque ætatem sunt transmissa, in antiquis codicibus reperiantur: nec alibi proinde, quam in hisce, qui eos refutant, CYRILLI libris supersint. Quomodo etiam de Celsi contra Christianos commentatione, duobus libris distincta, eaque inscripta Ο ΑΛΗΘΗΣ ΛΟΓΟΣ, *Verus Sermo*; aut duobus Hieroclis aduersus Christianam fidem, qui ΦΙΛΑΛΗΘΕΙΣ similiter erant signati, libris; e præclaro demum vel Origenis, etsi non eadem omnino via, (seu præmissis inque dissectis illius Philosophi, cui suas dein defensiones sigillatim subnecteret, verbis seu cauillationibus) contra eundem Celsum opere; aut Eusebii contra Hieroclem, qui itidem adhuc exstat, libello, liquet: in quo is statim ab initio Lectorem ad illud Origenis scriptum ablegat, quo abunde ac plane veritas & fides Christiana ab iis Gentilium accusationibus & fallaciis sit vindicata. A quo tamen Eusebio, qui subinde in aliis suis, quæ adhuc versamus, operibus, librorum a Porphyrio contra Christianorum Religionem scriptorum meminit, alibi nonnulla etiam ac insignia inde adducit loca: a quo, inquam, iidem sunt refutati peculiari opere, & quidem libris triginta; sed e quorum numero viginti tantum ad se peruenisse tradit Hieronymus, nunc autem omnes interierunt. Quod similiter contigit elaboratis a Methodio & Apollinari *fortissimis*, vt Apollinaris scripta nominatim vocat Hieronymus, aduersus eundem Porphyrium, libris: de quibus, ac Origenis insuper contra Celsum commentario, alibi adhuc ait, *scripserunt contra nos Celsus atque Porphyrius: priori Origenes, alteri Methodius, Eusebius, & Apollinaris fortissime responderunt. Quorum Origenes octo scripsit libros: Methodius vsque ad decem millia procedit versuum: Eusebius & Apollinaris viginti quinque & triginta volumina condiderunt.* Ita tamen, vt ab Apollinari scriptos contra Porphyrium libros, Eusebianis eodem in argumento longe superiores exstitisse tradat Philostorgius. E quibus cæteroquin Porphyrii contra Christianos libris nonnulla loca, ab ætate haud paullo inferior, & CYRILLO coætaneus, adducit Theodoritus in opere Ἑλληνικῶν θεραπευτικῆς, & quidem eadem, vt obseruo, quæ iam adduxerat, indicatis modo locis, Eusebius. In hoc autem CYRILLI opere, vbi maxime ei rei erat locus, plura quidem ex aliis Porphyrii commentationibus, vt de Historia Philosophorum, de vita Pythagoræ, ad Nemertium, de Abstinentia ab esu animalium, nuspiam vero ex illius contra Christianos libris, referri loca; eorundem tantum iniectam obiter mentionem video: Πορφύριος μὲν, ὁ πικροὺς ἡμῶν καταχέας λόγους, καὶ τῆς χριστιανῶν θρησκείας μονονουχὶ κατορχησάμενος, *Porphyrius ille, qui amarulentis sermonibus nos insectatus, Christianæ Religioni tantum non saltando illusit*; alibi ab eodem, iuxta IVLIANVM, is dicitur τῆς καθ᾽ ἡμῶν ἀθυροστομίας πατὴρ, *petulantis in nos maleuolentiæ pater.* Ea proinde exstitit Christianorum aduersus illos maledicentissimos Porphyrii libros iustissima indigna-

tio,

tio, & quidem postquam multum temporis in perlegendis Prophetarum, vt de eo tradit Theodoritus, scriptis contriuisset, dum is ea condit in Christianos volumina, quæque indignatio peculiaribus, vt vidimus, Imperatorum sanctionibus est etiam confirmata. Adeo vt ea quoque, quæ illos fortissime impugnabant libros, veterum Ecclesiæ doctorum scripta omittenda, seu de manibus fidelium tollenda, potius censuerint; quam vt Porphyrianorum, iisue similium, operum memoria, vna cum iisdem, præclaris quamquam, Methodii, Eusebii, Apollinaris, quibus ea redarguebantur, lucubrationibus, ad posteros transmitterentur. Immo cuius elucubrati ab Apollinari operis, non adeo contra Porphyrium, quam contra hunc IVLIANVM, cuius is etiam ætate vixit, & Gentilium Philosophos in genere, illiusque *de Veritate* inscripti, meminit Sozomenus, *οὐκ ἀγεννὴς δὲ καὶ* ΠΡΟΣ *αὐτὸν* ΤΟΝ ΒΑΣΙΛΕΑ, *ἤτοι τοὺς παρ' Ἕλλησι φιλοσόφους, ἐστὶν αὐτοῦ ὁ λόγος, ὃν ὑπὲρ ἀληθείας ἐπέγραψεν, nec ignobilis est eiusdem liber, quem ADVERSVS IMPERATOREM & Gentilium Philosophos composuit, quem* de Veritate *inscripsit*; quique, vt continuo addit, absque vllo sacrorum librorum testimonio, ostendit eos vario errore deceptos secus, quam decet, de Deo sentire. Quod similiter, & quidem vt contra IVLIANVM conditum ab eodem Apollinari scriptum, memorat Theophanes; cuius ea de re verba, quia non in omnium manibus versatur ille Auctor, & prima fronte ab illis Sozomeni abire aliquantum ea videntur, hic adscribam: *Ἀπολινάριος δὲ μὲν θείᾳ γραφῇ χρησάμενος ὕλῃ, χαρακτῆρας δὲ τῶν ἀρχαίων μιμησάμενος, καὶ* ΚΑΤΑ ΤΟΥ ΙΟΥΛΙΑΝΟΥ *λόγον συγγράψας, ὃν περὶ ἀληθείας ὑπέγραψε, πολλὰ τὴν Ἐκκλησίαν ὠφέλησε. Apollinaris ex diuina quidem Scripturæ materiam* (nempe non verba quidem, seu, quod ait Sozomenus, expressa eius testimonia, sed ipsa tamen argumenta) *desumens, eodemque vetustiorum, quos imitatus est, charactere; libro, quem ADVERSVS IVLIANVM condidit, inscripto De Veritate, Ecclesiam magnopere iuuit.* Quale insuper testimonium de his ipsis CYRILLI contra IVLIANVM libris perhibet paullo post idem Theophanes, *ἀνατροπὴν δὲ* Ο ΙΟΥΛΙΑΝΟΣ *ὁ δυσσεβὴς ἔγραψε τῶν θείων εὐαγγελίων, ἣν ὁ μέγας* ΚΥΡΙΛΛΟΣ *Ἀλεξανδρείας ἐν ἐξαιρέτῳ πραγματείᾳ λαμπρᾷ ἀνέτρεψεν, impius IVLIANVS sacrorum Euangeliorum confutationem scripsit, quam CYRILLVS, magnus Alexandriæ Antistes, selectis & luculentis editis commentariis refutauit.*

Neque certe leues erant rationes, quas ipsemet in Præfatione ad Theodosium Imperatorem tangit, quibus inductus grauissimus Antistes, vt defensionem veritatis Euangelicæ aduersus pestilentissimum IVLIANI scriptum susciperet. Ita enim, quod ille ibidem innuit, istud erat comparatum, vt ob petita crebra e sacra Scriptura, quæ ibidem conuelleret ὁ Παραβάτης, testimonia, tanquam eximie easdem sacras litteras nosset, incautis ac rudioribus imponeret: Gentiles autem eam hisce libris eloquentiæ vim inesse existimarent, vt a nemine e Christianis doctoribus euerti eadem posse arbitrarentur. Accedebat magna & velut adhuc recens IVLIANI apud eosdem Gentiles auctoritas & opinio: quam ei non primi solum in orbe fastigii dignitas ac amplitudo conciliauerat; sed eximia ac insolita in eodem fastigio cum laudatissimarum virtutum, vti temperantiæ, continentiæ, &, iuxta Donatistas, sed

qui

qui haud semel eo nomine sunt ab Augustino perstricti, iustitiæ, aliarumue id genus commendatio; tum singularis exquisitæ ac multiplicis doctrinæ excitatique ingenii præstantia. Vnde quum haud adeo multis ante annis, intento studio, & summo, quo flagrabat in eam a qua desciuerat fidem, odio, & quo etiam priorum ante se persecutorum sæuitiam vinceret, elaboratum fuisset ab eo illud aduersus Christianorum Religionem scriptum; non poterat non istud a Sophistis, aliisue Gentilium ea ætate doctoribus, ad auitam impietatem ac nefarium idolorum cultum adserendum, labefactanda autem Christianorum dogmata, obtrudi passim & iactari. Idque eo maiori in speciem colore & obtentu, quod idem omnibus illius Religionis, quam is impugnabat, mysteriis fuerat initiatus; quod in ordines etiam sacros fuerat aliquamdiu adsumptus; quod ita ab ortu, ad suscepti vsque ab eo imperii tempus, eandem, externo ad minimum cultu, fuerat professus; nec proinde, eiusdem scilicet impietatis cultorum iudicio, nisi de illius Religionis falsitate, ex interiori & accurata omnium illius fidei dogmatum Christianique ritus notitia, idonee & scienter conuictus, ad ea, & quidem quæ iacere tum cœperant aut destitui, Gentilium sacra, defecisset. Immo vnde iisdem IVLIANI libris plurimos, e Christianorum nempe numero, concussos, neque mediocre fidei detrimentum adlatum, tradit CYRILLVS. Adde, quod eadem CYRILLI ætate, necdum forent plane sacra ista, vti ea de re paullo ante, in Romano orbe abolita; quod magnus adhuc esset passim Gentilium, & quidem in Oriente, aut in ipsa Aegypto numerus; (prout Saturni adhuc apud Alexandrinos templi, vbi fœda ab æditui eius commissa essent scelera, mentio fit in his libris) Immo frequens etiamnum ex eodem grege Sophistarum, Philosophorum, aliisue doctrinis aut disciplinis eruditorum copia; quales, & quorum supersunt etiamnum lucubrationes, Zosimus, iunior Victor, Rutilius Gallus, suppar iis Syrianus, ipse, aut qui proxime tantum obierat, Alexandrinus itidem Claudianus, aliique. Immo vnde CYRILLO æqualis, & quondam aduersarii, Theodoriti exstant scripti eodem in argumento, seu aduersus Gentiles sui æui, pro adserenda veritate Euangelica *Therapeutici*; & quidem, vt id in eruditissimi illius operis proœmio testatum facit, ad eosdem retundendos, qui familiaribus cum eo colloquiis, Græcorum fabulas admirantes, Christianorum fidem, & eorum, qui illam tradiderant, Apostolorum inscitiam ac barbariem habebant ludibrio. Vnde etiam a nefariis id genus vel Porphyrii, vel IVLIANI, aliisue Gentilium, qui Christianorum fidem impugnabant, scriptis & cauillationibus confutandis abstinendum sibi ea & superiori ætate neutiquam existimarunt viri grauissimi: quod nempe omnia illorum, vt de hisce nominatim IVLIANI & Porphyrii libris ait Socrates, sophismata abunde & luculenter in edito ab Origene ea de re opere, essent iam repressa ac diluta; aut quod, iuxta eundem Socratem, ad rudes tantum ac imperitos, neutiquam vero apud eos, quibus e sacris literis perspecta erat veritas, verba in iisdem libris fecisse censendus esset IVLIANVS.

Adeo vt maximo quidem iure, & quidem multorum, vt ipsemet ait, rogatu inductus sit Alexandrinus Antistes, vt IVLIANVM Christianis, editis ea de re tribus, vt id ab eo dicitur, aut septem iuxta Hieronymum, vt vidimus, libris, proterue insultantem, non immanis solum erroris, ac fœdissimæ super-

stitio-

stitionis argueret; sed singularem insuper sacrarum litterarum, quas ille in iisdem adducebat passim & suggillabat, aut vero falsis & ineptis interpretationibus eludebat, imperitiam aut cavillationem omnibus palam faceret. Neque enim hic absurdas illas & aniles de Christianis fabulas iisdem obiiciebat ὁ Παραβάτης, nocturnos nempe & illicitos conuentus; Thyesteas coenas; nefandos & Oedipodeos concubitus; clandestinas in principem ac in salutem imperii publicam coniurationes; quae toties in veterum Christianorum Apologeticis pridem reiecta & confutata, nunc in ea luce veritatis Euangelicae, & is quidem, qui eandem fuerat tot annos professus, inter Christianos natus, altus, omnium inter eos sacrorum consors, reponere numquam ausus foret vel adserere. Aliis vtique artibus lacessendi ab eo erant Christiani, aliis machinis subruenda eorum fides: eamque in rem, receptos eorum mores, leges, mysteria, quocunque pacto vel obtentu, decebat criminari; nullum bonum factum, aut in sacris litteris recte & sapienter dictum, quod, vti de hoc eius in iisdem libris instituto loquitur alicubi CYRILLVS, non in malam partem detorqueret ac interpretaretur. Hoc institutum, hic scopus, haec merces maledicentissimi operis, quo impios illos Christianae Religionis cavillatores, Porphyrium & Celsum, non aemulari solum, sed superare contendit ὁ Παραβάτης. Vnde etiam ita hos triumvirorum illorum furores tangit alicubi & coniungit Hieronymus: *discant ergo Celsus, Porphyrius, IVLIANVS, rabidi aduersus Christianos canes, discant eorum sectatores &c.* Hinc & Celsi legens hac in parte, vt ex Origenis contra eundem libris liquet, vestigia IVLIANVS, Christianos redarguit, tanquam qui non a Gentilibus tantum, sed a Iudaeis quoque, e quibus orti sint, abhorrentes, diversos ab iis ritus colant; immo neque a Iudaeis solum, quod ii prae se ferrent, sui temporis, sed a Mosaicis, vti & a Prophetarum, praeceptis ac institutis recedant: id quod e sublato apud Christianos sacrificiorum, circumcisionis, sabbatorum, panis azymi vsu; aut a prohibitorum in lege ciborum esu; & quod non vnum amplius Deum, sed plures colant; Diis gentium, contra expressum in lege mandatum, maledicant; probare haud vno in loco adgreditur: natam denique, e Iudaica audacia & Gentilium confusione ac negligentia, Christianorum impietatem. Hinc antiqua illa in Mosaicis libris, vt Iacobi Gen. XLIX. 10. (vbi etiam inductam lectionem ἕως ἂν ἔλθῃ ᾧ ἀπόκειται, pro ἕως ἂν ἔλθῃ τὰ ἀποκείμενα αὐτῷ, tangit & culpat) aut Balaami Num. XXIV. 17. aut Esaiae VII. 14. de venturo Iesu oracula eludit; aut a solo Ioanne, non vero a Matthaeo, Luca, Marco, aut etiam a Paulo, eundem Iesum DEI nomine dictum; omne eius rei initium, ab eodem scilicet Ioanne, immo qui nec clare & explicate id docuerit, profectum, impie haud minus ac falso contendit, indito ei a Latinis Patribus vero nomine, Imperator Apostata. Neque vero inde minus in Iudaeos, (etsi eum iis haud adeo infensum exstitisse, aliunde & ex ipsis eius operibus constet) in Mosen ac Prophetas invehitur: illius de mundi opificio, prima hominis creatione, serpentis cum muliere sermone, linguarum confusione, historiam suggillat: legis praecepta nihil habere eximium aut singulare, quae, duobus exceptis, secundo & quarto, aliis quoque gentibus non fuerint, vt ipse statuit, communia: tradita vero in Mosaicis libris de Dei aemulatione, ira, vindicta, de vnius autem gentis, prae aliis omnibus terrae populis, delectu, redarguit; immo

gentis

generis illius præ aliis, Aegyptiis puta, Chaldæis, Græcis, inscitiam ac imperitiam notat. Quibus autem, Platonis & aliorum Gentilium de mundi, vt obiter supra iam adtigi, *κοσμοποιΐᾳ*, rerum principiis, diuersis Deorum *νοητῶν* & *αἰσθητῶν* ordinibus, de geniorum inter se discrimine, de præposito vnicuique Deo, de subiecto eidem Angelo & Dæmone, aliisque id genus, Platonicæ aut mysticæ subinde Gentilium Philosophiæ seu Theologiæ, cui impense eundem deditum supra vidimus, dogmata ambitiose aut futiliter opponit. Idem tamen viros exstitisse, apud Iudæos, diuino spiritu adflatos; ac præterea ignem sub Mose ac Elia cælitus ad sacrificia delapsum, agnoscit: quæ inde etiam inter præclara Gentilium de Iudaica religione, seu de iis, quæ a Mose aut ab aliis sanctissimis viris diuinitus sunt tradita, testimonia retulit in aureo scripto ὁ πάνυ Grotius. In quo proinde opere ita se gessit IVLIANVS, vt, quo erat ingenio, sicut vel duo Satyrici eius libelli abunde arguunt, ad scommata & dicteria prompto & propenso, ac præterea in sacrorum vtriusque fœderis librorum lectione exercitato; in detorquendis aut vexandis subinde eorum locis (ne dicam iaciendis in sanctissimum Christianæ religionis auctorem, vel primos eiusdem duces & doctores, ipsum etiam Mosen & Prophetas, contumeliis ac probris) vt impie semper, sic non sine acumine subinde & argutiis, sit versatus: at non continuo eam vim ingenii, aut eundem colorem, in adserendis vel propugnandis Gentilium dogmatis exserat. Accedit, prout id in illo haud immerito redarguit alicubi Alexandrinus Antistes, quod is non ordine procedat, sed eadem sæpenumero repetat & inculcet; ac vnde, ne in idem incidat vitium, decentiori ordine, collatisque generatim sententiis, cum illo adversario sibi congrediendum tradit.

Quamquam non omnes, seu tres illos, quorum in Præfatione meminit CYRILLVS, IVLIANI libros, aut singula, quæ in iis continebantur, ab eo referri continuo vel confutari, vel ex iis (vt ea nunc mittam, de quibus alibi agimus) quæ inde adducit Socrates, liquet. Neque enim ibi, seu in hoc eiusdem Antistitis opere, ea nunc leguntur, de quibus libro tertio egisse IVLIANVM tradit ille Historicus: nempe, plura ex eo libro a se excerpta, ac in vnum congesta, quæ humano more, necessitatis caussa, iuxta eundem IVLIANVM, de Deo dicantur; *& quorum singula*, (quæ sint illius Imperatoris ea de re verba) *nisi sermo ipse arcanam quandam intelligentiam habeat, multa in Deum impietate sint referta:* quibus autem, vt hoc addam, consentanea, de mysticis Theologiæ Gentilium fabulis, & occulto earum sensu, ab eodem, Oratione in Matrem Deûm, & altera in Imperitos Canes, dicta iam antea vidimus. Quæcunque tandem ratio fuerit, cur ea, aliaque id genus, in iisdem τοῦ Παραβάτου libris contenta, omiserit CYRILLVS: seu, tanquam leuia, nullaque animaduersione digna; aut vero, vt ab aliis iam sæpe, ac nominatim a memoratis Origene, Methodio, Eusebio, Apollinari, in apologeticis contra Celsum & Porphyrium scriptis, discussa abunde & confutata censuerit. Neque ideo minus, aut a Theophane, adductis iam ante illius ea de re verbis, aut a Cedreno, de illo CYRILLI opere, tanquam quo plene sint confutati iidem IVLIANI libri, præclara fit mentio; aut vero ab ipso Alexandrino Antistite, eidem operi, tanquam is eo penso, quod ibi susceperat, penitus fuisset defunctus, colophon impositus legitur.

 Ne-

Neque cæteroquin eundem CYRILLVM, a confutando eodem huius Imperatoris scripto, deterrere debuit ille Philosophicarum aliarumue doctrinarum in iisdem IVLIANI libris respectus; quo nec se prohibitum iri, vt hoc onus in se forte suscipiat, testatur in Epistola iam antea memorata ad Magnum Romanum Oratorem, sed qui nimium secularium litterarum in eius scriptis vsum redarguebat, Hieronymus; cuius, quæ numerum præterea ac tempus horum IVLIANI librorum indicant, verba supra iam adtulimus, & quibus continuo addit: *si contra hunc* (IVLIANVM nempe) *scribere tentauero, puto interdices mihi, ne rabidum canem Philosophorum & Stoicorum doctrinis, id est, Herculis claua, repercutiam.* Id vero feliciter adgressus est, non Nazianzenus: nec enim id agunt duæ huius in illum Imperatorem Philippicæ; (etsi continuo id innuere videatur, qui ibi eius meminit, Hieronymus) sed Alexandrinus Antistes decem hisce libris: qui ab operis prooemio seu toto libro primo ostendit, frustra Græcos, aut IVLIANVM, suis gloriari antiquis doctoribus & magistris: quum iis omnibus, & antequam vlla litterarum scientia, immo ipsæ in Græciam litteræ sint a Cadmo ac Phœnicibus adlatæ, longe sit Moses antiquior, omnisque ab eo tradita de mundi creatione, rerum primordiis, vna & suprema Dei essentia, vno eius cultu, aliisque diuinitus & sapientissime ab eo proditis & constitutis: cum quibus veterum illorum, inter Græcos aut Aegyptios etiam, Philosophorum vel Legislatorum scita conferri nunquam possent. Qua occasione etiam multa erudite ab eo, ex antiquis eorundem Gentilium Poëtis, Historicis, Philosophis relata; vti ex Abydeno, Alexandro Polyhistore, sicut iam ante ab Eusebio factum, de primo diluuio, arca in Armeniæ montibus, turri Babylonica, inducta linguarum multitudine: alibi vero ex Eupolemo, quod apud Eusebium itidem legitur, de Mose, vt primo sapiente, & qui litteras scilicet Iudæis primum tradiderit, ii vero Phœnicibus, Phœnices autem Græcis. Vt alia nunc mittam, quæ propria eius notatione ibidem nituntur, & quibus iam non licet immorari; neque iis, vel a nato Mose, capto Ilio, aliisque id genus, quas ibidem tangit, Epochis; aut vero illis Olympiadum numeris, ad quas præcipuos viros sapientiæ, doctrinæ, aut ingenii laude inclytos, apud Hebræos maxime & Græcos, refert: in quibus omnibus eum ab Eusebianis in Chronico numeris vix recedere liquet, immo omnia ferme inde esse desumpta. Ita alibi inter varias Gentilium, quas tangit, fabulas, Dinarchi poëtæ, vti ibidem ait, haud ignobilis meminit, qui, vbi Bacchi apud Indos res gestas enarrasset, & quo pacto is Actæonem & Lycurgum interemerit; addit, ipsum a Perseo interfectum, & Delphis sepultum apud Apollinem cognomento aureum. Id quod ante ab Eusebio in Chronico itidem traditum, a magno autem Animaduersore, quasi nullus eo *Dinarchi* nomine Poëta exstitisset, paullo confidentius explosum videas: ac vnde factum licet opinari, vt a doctissimo diligentissimoque Vossio præterita sit omnis illius Poëtæ mentio. Non iam tango plura, quæ ex Orpheo, Hesiodo, Empedocle, Pindaro, Sophocle, Euripide; aut e Platone, Xenophonte, Xenophane, Plutarcho, Amelio Platonico, Plotino, Porphyrio; aut ex Hermete Aegyptio, aliisque antiquis Poëtis vel Philosophis, adducit loca: quorum tamen pars maior apud Clementem ac Eusebi-

Epist. LXXXIV. [illegible] Praep. IX. Lib. IX. Lib. VII. [illegible] Lib. II. ad annum DCCCX.

sebium, vti apud coætaneum eidem Theodoritum, pro consueto in Græcis veterum Christianorum Apologeticis more, leguntur: quibus vel traditas de Diis fabulas, insanasque opiniones, quo Gentilibus os obstruant, congerunt; aut vero vnde saniora subinde dogmata, quæque ad Christiana propius accedunt, adducunt vel stabiliunt: vt de vno ac summo Deo; de Mente æterna, hoc est, Dei filio; de Verbo Dei & Patre Deo; de Triadis notitia apud Gentes, Bono nempe, Mente, & Mundi anima; de Dei essentia in tribus hypostasibus; de Mundi, & quidem a diuino Verbo, creatione; de Dei prouidentia, ac libera administratione; de mundanæ sapientiæ artibus, vt superuacaneis; de reiiciendis animantium sacrificiis: quæ singula in hoc CYRILLI opere, adductis ipsis Scriptorum inter Gentiles verbis, relata reperiet Lector. Qua equidem in re non semper modum illum tenuisse, vti nec a decessoribus quoque eius, Clemente, Eusebio, iisue antiquioribus, Iustino, Athenagora, aliisue, aut ab accurati alioquin iudicii viro, eadem CYRILLI ætate, Theodorito factum, norunt eruditi; neque id iam hic dispiciendum venit. Haud minus id in genere de hisce magni illius Antistitis libris licet statuere, multa erudite, sapienter, ac opportune in iis animaduersa; quibus importunas, seu futiles verius, impii huius IVLIANI, aduersus sacros Christianorum libros, eorumve dogmata, cauillationes diluit ac retundit: vt, si non acuminis forte, ingenii, aut eloquentiæ laude aduersario superior continuo sit habendus; at grauitate, rationum & argumentorum pondere, fide, (vt de ipsa rei, de qua inter eos agitur, omnium grauissimæ tractatione nihil dicam) longe vtique antecellat, mereaturque omnino illud CYRILLI opus, vt inter primas maximeque vtiles eius lucubrationes collocetur.

Haud leuibus proinde vel alienis rationibus adductus mihi videor, vt præter Petauianam IVLIANI editionem, eamque a me e scriptis libris emendatam atque suppletam, accederet hoc eiusdem IVLIANI simul & CYRILLI, quo prior ille refellitur, opus; & ad quod illustrandum industriam quoque meam, si quæ esset, studiumque impigre haud minus & alacriter conferrem. Quod dum agito, ac in meis ad ipsa IVLIANI opera Obseruationibus, e quibus alterum & seiunctum ab eodem IVLIANO ac CYRILLO volumen constitueretur, edendis sudant præla; en ad me inopinatæ a Lipsiensi librario (qui post VVeidmanni obitum, a quo illa IVLIANI editio fuerat suscepta & inchoata, eius absoluendæ partes, cum illius vidua, in se receperat) & repetitæ quidem litteræ, quibus is maiorem in modum flagitabat, vt, quod primum iam aliquamdiu e prælo exierat volumen, IVLIANI opera, ac dein memoratos CYRILLI libros, Petauianas insuper ac aliorum ad IVLIANVM notas complexum, cui speciminis loco meæ in primam huius Imperatoris Orationem obseruationes subderentur, diuulgandi libertatem ei concederem. Ita enim se moram, quam in edendo primo illo volumine VVeidmanni obitus, ac aliæ dein cunctationes, subinde adtulissent, redimendi locum & facultatem nacturum: quoque interea paratius, in Obseruationibus meis edendis, e quibus constaret alterum, neque minoris molis futurum, vt ex editis licebat augurari, volumen, opere typographicæ deinceps pergerent. Neque vero id insolitum obtendebat, haud vno etiam prolato eius rei exemplo; vt, quæ in plura volumina diuidi consueuerunt, opera, non vno velut ictu,

sed

ſed diuerſis temporibus in lucem proferrentur. Cui tamen petitioni non continuo ſum adſenſus, ſed aliquamdiu, & fortiter quidem, repugnaui: vtpote quæ haud parum ab omni, vbi me ad opus hoc accinxi, inſtituto rationibusque meis recederet; neque publicæ, quæ de illo excitata fuerat, hominum exſpectationi vllatenus reſpondere, aut cum mea qualicunque exiſtimatione coniuncta, mihi videretur. Ad quam me cogitationem potiſſimum deducebat, quod vel in Græcis IVLIANI verbis, vel in Latina Petauii aut aliorum interpretatione, haud pauci eſſent næui de induſtria a me relicti, & quidem ob rationes paullo ante a me indicatas; ne quidquam ſcilicet e Græcis Auguſti illius Scriptoris verbis loco mouerem aut immutarem, quod non ſcriptorum librorum fide ac auctoritate niteretur; a verſionibus autem aliorum interpolandis, quod a viris cordatis ſemper improbatum noueram, prorſus abſtinerem: eorum autem omnium ratio, ne id prorſus ex inſcitia aut ſaltem ex incuria factum videretur, in Obſeruationibus accurate, certe pro illa eruditionis vel ingenii, quæ in me eſt, tenuitate, & a me redderetur. Quum tamen inſtaret haud minus Lipſienſis Bibliopola; & acceſſiſſent eius rogatu in eandem ſententiam litteræ viri, qui in eadem vrbe huius operis *ἐργοδιώκτης* non ſolum & promotor fuerat, ſed inſigniter præterea de eodem in toto illius editionis curſu promeritus, quo aliquem ei nitorem conciliaret, eandemque a typographorum mendis, quantum fieri poſſet, repurgaret: parui tandem, etſi, vt libere adhuc dicam, non meo ad id iudicio adductus. Neque enim æquum erat, vt non hoc tribuerem, ſi non Bibliopolæ precibus aut commodis, at ſaltem eidem viro, quo ciue ac ſenatore, præter hæreditarium nominis ac gentis decus, (de Friderico Benedicto Carpzouio me denuo hic loqui facile quiuis intelligit) non gloriatur magis Lipſia, quam litteræ ibi ac doctrinæ præclaris incrementis quotidie efflorescunt, cuiusque ſingularis eſſet in me haud minus, quam in hoc opus, teſtata voluntas.

Hæc itaque eſt ratio illius conſilii, quo factum eſt, vt primum hoc volumen, non me quidem eius rei auctore, ſed qui honeſte illud declinare non potuerim, in lucem publicam proferatur, dum alterum cum meis Obſeruationibus ſub prælo adhuc feruet; aut vero cur, ita rurſus deprecante librario, & nouo forte exemplo, mea in primam IVLIANI Orationem ſeiuncta a reliquis adnotata hic itidem prodeant. Quod equidem non ambitioſe a me factum, aut quaſi inde potiſſimum meam vellem Lectori operam aut induſtriam venditare, facile, vt opinor, quiuis reputabit, qui Orationem eſſe Panegyricam cogitet, quæque tota in enarrandis Conſtantii laudibus decurrat: vnde non ſingulari adeo aut eruditæ notationi locus eſſet, quem aliæ quædam eiusdem IVLIANI, in argumentis quippe minus obuiis elaboratæ, Orationes, aut vero Cæſares eius, Miſopogon, & variæ quoque Epiſtolæ, ſuppeditarent. Illud equidem in commemorandis Conſtantii, quas eadem Laudatio tangit vel percurrit, rebus geſtis, contigit; vt chronologicarum ſubinde aut hiſtoricarum diſquiſitionum, quæ Scriptorum illius ætatis, aut antiquioris etiam, ad quam hæc Oratio ſubinde reſpicit, vel penuria vel incuria, aliquantum obſcuræ forent aut implicatæ, habenda fuerit a me ratio; quo Auguſti huius Oratoris de ſingulis mens plana ac dilucida redderetur. Quod in aliis quoque eius operibus, non adeo ob ſummam illam Auctoris amplitudinem, quam

ob

ob doctrinam in iis & facundiam plane singularem, mihi accurandum intellexi: ut nempe paullo penitius ac diligentius, non dicam, quam factum a Petavio fuerat, (de Notis enim eius, quamquam subinde eruditis, iam vidimus) in IVLIANI verba & mentem inquirerem; eaque, quae vel indicio tacito alicuius, aut facti dictive minus obvii, retrusi aliquatenus, vel caeteroquin elegantia & varietate doctrinae notabilia videbantur, ac luce aliqua indigere, pro virili parte traderem & explanarem. Quod dum exsequor, longius forte me abduxit subinde argumenti, de quo ibi agebatur, proposita elucidatio: quo de illo plenius quid ac certius constaret; undeque alia etiam, quae apud veteres omnis memoriae Scriptores ad ea respiciunt, & quorum non explicata semper foret ratio, lumen aliquod a me adferrent. Idque eo maiori forte fiducia a me factum, quod illud magnis hac aetate ac eruditissimis viris haud semel in laudem cesserat; qui longius etiam, & extra omnes, in quod tamen me ut putem incurrisse, eius rei, de qua apud Auctorem agebatur, cuius suscepta erat ab iis enarratio, fines euagabantur. In quo opere dum versor, ac uberior inde, quam constitueram, & improuisa sensim adnotationum seges adiecit, cum pro perpetua, quae mihi a prima aetate insedit, voluntate, quamque hactenus in aliis meis scriptis religiose obseruaui, viam tenui: ut citra ullum contumeliosum vel proteruum verbum dictumue in quemquam eruditum, a cuius forte sententia dissiderem, omniue manifestum errorem tangerem, ad quod me ipsa ferebat tractatio, immo cum debita potius, quam aliunde iidem promeruerant, laude, id a me semper ac adeunte fieret.

MONITVM AD LECTOREM.

Haec fere commissa, in Epistola dedicatoria ac in Praefatione, a festinantibus, ob [illegible] Lipsienses nundinas, typographicis operis [illegible], admonere libuit.

In Epistola Dedicatoria

Fol. 3. fac. a. lin. [illegible] ... [illegible]
Fol. 3. fac. b. lin. 15. [illegible]

Fol. 6. fac. b. lin. 2. [illegible]

In Praefatione

[illegible]

 DE

DE

IVLIANI OPERIBVS

Quædam veterum Auctorum

TESTIMONIA:

ET PRIMO GENTILIVM.

Ammianus Marcellinus Lib. XVI. cap. V.

Ad procudendum ingenium (Iulianus) *vertebatur & incredibile, quo quantoque ardore rerum principalium notitiam celsam indagans, & quasi pabula quædam animo ad sublimiora scandenti conquirens per omnia Philosophiæ membra prudenter disputando currebat. Sed tamen cum hæc effecte pleneque colligeret, nec humiliora despexit, poëticam mediocriter & rhetoricam, (ut ostendit* ORATIONVM EPISTOLARVMQVE *eius cum gravitate comitas incorrupta) & nostrarum externarumque rerum historiam multiformem.*

Idem Lib. XXII. cap. XIV.

Quocirca in eos (Antiochenses) *deinceps sæviens, ut obtrectatores & contumaces, volumen composuit invectivum, quod* ANTIOCHENSE *vel* MISOPOGONEM *appellavit, probra civitatis infensa mente dinumerans, addensque veritati complura.*

Libanius de vita sua p. 44. Tom. II.

Τί γὰρ δὴ βασιλικώτερον, ἢ βασιλέως ψυχὴν πρὸς κάλλη λόγων ἐγείρεσθαι; τῷ δὲ οὐκ ἄλλως οἷόν τ' ἦν μὴ τὰ τοιαῦτα πάσχειν, ΠΑΤΡΙ ΠΟΛΛΩΝ ΛΟΓΩΝ, πρό τε δὴ τῆς ἀρχῆς καὶ ἐν ἀρχῇ γεγενημένῳ. αἱ γὰρ ἀγρυπνίαι τοῦ βασιλέως ἡμῖν ΛΟΓΟΥΣ ἐποίουν.

Quid enim augustius, quam Principis animum ad sermonum pulchritudinem excitare? Huic autem Principi aliter usu venire non poterat, quin talia perciperet, cum MVLTARVM ORATIONVM PATER *extitisset, tam ante Imperium, quam post ipsum adeptum. Etenim Imperatoris vigiliæ nobis iam* ORATIONES *compararunt: at nihil est, quod non præstiterit in iis amplius quam alii, pro ea, quæ in ipsius scriptis inest, pulchritudine.*

Idem in IVLIANI Panegyrico p. 178. Tom. II.

Ἐγὼ δέ σε ἐδεήθην ἂν εἰπεῖν, ὅπως ἕκαστα πέπρακται. δεῖ δὲ οὐδὲν σοι πρὸς ταῦτα ῥήματος· ἀλλ' ἀποχρήσει δοῦναι ΤΗΝ ΣΥΓΓΡΑΦΗΝ, ἣν αὐτὸς ὁ πράξας συνέθηκας ὁ αὐτὸς γενόμενος καὶ στρατηγὸς καὶ συγγραφεύς.

Equidem obsecrarem te ut referres, quomodo singula peracta sint. Verum ad hæc tibi ore (seu sermone) *nihil opus est; sed satis superque erit* COMMENTARIVM, *qui a te ipso, qui egisti, est conscriptus, exhibuisse: ipse, inquam, qui & dux exercitus & scriptor extitisti.*

Idem pro Aristophane ad Iulianum Imp. p. 217. Tom. II.

Ἀνέμνησας γὰρ σαυτόν, ὦ βασιλεῦ, ΤΗΣ ΕΠΙΣΤΟΛΗΣ, ἣν ΚΟΡΙΝΘΙΟΙΣ ἐπέμψας, ἄρτι μὲν εἰς τὸν πόλεμον ἐμβάς, ἤδη δὲ τὸ πλέον λαβών, ὥσπερ δὲ ἐς τέλος ἥκων· ἐν ᾗ σεαυτῷ ἀνέγραψας πατρῷα τὰ Κορινθίων καλά. ἀλλὰ γὰρ αὐτοῦ μοι δεῖ τοῦ μέρους ΤΗΣ ΕΠΙΣΤΟΛΗΣ· καὶ γὰρ ἂν ἴδοις τὰς ἀληθείας ποιούμενον· πατρῷά μοι πρὸς ὑμᾶς ὑπάρχει φιλία. καὶ γάρ, ᾤκησε παρ' ὑμῖν ὁ ἐμὸς πατήρ, καὶ ἀνα-

χθεὶς

χθὶς ἔνθεν, ὥσπερ ἐκ Φαιάκων Ὀδυσσεὺς, τῆς πολυχρονίου πλάνης ἀπηλλάγη. εἶτα μικρὰ διελθὼν περὶ πανήγυριν μητρυιᾶς, ἐνταῦθα φησὶ, ὁ πατὴρ ἀνεπαύσατο.

Enimuero in mentem reuoca Imperatoris EPISTOLAM, *quam* AD CORINTHIOS *miseras:* tum iniuius quidem bellum adgressus, & iam potiori parte auctus, sed nondum ad exitum accedens. *In quibus litteris perspicue Corinthios bene de te meritos praedicas. Verum opus est mihi* EPISTOLAE *particula; sic enim hilariores reddemus auscultantes:* paterna mihi vobiscum intercedit amicitia; etenim apud vos pater meus habitauit, indeque reuersus, vt Vlysses a Phaeacibus, diuturno errore liberatus est.

Idem Paneg. IVLIANI p. 242.

Οὕτω δὲ πλείω λόγον τοῦ μὴ δοκεῖν ἀδικεῖν, ἢ τῆς νίκης αὐτῆς ἐποιεῖτο, ἕως τ' ἐν μέσοις τοῖς δεινοῖς ἐμβεβηκὼς, δι' Ἑλλήνων ἅπασιν ἀνθρώποις ἀπελογεῖτο, πέμπων ΕΠΙΣΤΟΛΑΣ ἐκεῖσε κατὰ τοὺς ἑκάστων τρόπους; μείζους, ἐλάττους, τὸ μέσον ἐχούσας ὡς ἔμελλον τοῖς δεξαμένοις ἁρμόσειν.

Sic maior habebatur ratio, ne illata videretur iniuria, quam victoriae ipsius, quousque in media pericula progressus, per Graecos ab omnibus hominibus defenderetur; dum LITTERAS *inde mitteret, ad singulorum mores congruas, maiores, minores, mediocritatem styli seruantes, vt iis, qui eas acciperent, accommodari eadem possent.*

Idem Orat. Funeb. in IVLIANVM p. 288.

Εἰδὼς δὲ ὡς καὶ θεοὶ παρ' Ἀθηναίοις ἐκρίθησαν, εὐθύνας ἠξίωσε δοῦναι τῶν πεπραγμένων καὶ τοὺς Ἐρεχθείδας ὁ βασιλεὺς ἐποίει δικαστὰς, πέμπων ΑΠΟΛΟΓΙΑΝ ἐν γράμμασι.

Praeterea quum probe sciret, Deos apud Athenienses iudicatos esse, rationes actorum dare voluit: ac ita Erechteidas (seu Athenienses) *Imperator iudices constituit,* DEFENSIONEM EPISTOLIS *ad eos consignans.*

Ibidem p. 307.

Τὰς τῶν δυναστευόντων τιμωρίας ὑπερβὰς, ἐπὶ τὴν ΤΟΥ ΡΗΤΟΡΟΣ ἦκε καὶ παρὸν στρεβλῶσαι καὶ ἀποκτεῖναι, ΛΟΓΩ τὴν πόλιν ἀμύνεται.

Potiorum poenas moderatus (IVLIANVS) ORATORIS *partes suscipit; & quum libertas ei esset quaestionibus & caedibus in eos* (Antiochenses) *saeuire,* ORATIONE *vrbem vlciscitur.*

Zosimus Histor. Lib. III. cap. VIII.

Τὰ δὲ ὅπως, περιττὸν ἡγησάμην διεξελθεῖν, αὐτοῦ ΤΟΥ ΚΑΙΣΑΡΟΣ ΕΝ ΙΔΙΑ ΣΥΓΓΡΑΦΗ πάντα ἀφηγησαμένου τὰ τότε πραχθέντα. ἅπερ ἔστιν εἰς χεῖρας λαβόντα, τὴν ἐν λόγοις ἄκραν τοῦ ἀνδρὸς συνιδεῖν ἀρετήν.

Id autem quomodo factum sit, a me commemorari superuacaneum duxi: quum ipse CAESAR *omnia tunc temporis gesta peculiari* SCRIPTO *quodam exposuerit. Ea vero si quis in manus sumserit, huius viri summam in dicendo vim perspiciet.*

Idem Lib. III. cap. X.

Πάσας δὲ τὰς πόλεις, ὅσας ἔτυχεν ἤδη διαδραμὼν, ἐφιλοφρονεῖτο, χρηστὰς ἐναποτιθέμενος πᾶσιν ἐλπίδας. ΕΓΡΑΦΕ δὲ καὶ ΑΘΗΝΑΙΟΙΣ, καὶ Λακεδαιμονίοις, καὶ Κορινθίοις, τὰς αἰτίας τῆς σφετέρας ἐμφαίνων ἀφίξεως.

Omnes autem urbes, quas cursum iam transierat, blande demulcebat, universis spem de se bonam praebens. SCRIPSIT & ATHENIENSIBVS, & Lacedaemoniis, & Corinthiis, itineris sui caussas ostendens.

TESTIMONIA VETERVM
CHRISTIANORVM.

Socrates Hist. Eccl. Lib III. cap. I.

Ἔχων δὲ ὁ βασιλεὺς πλεονάζον ἐν ἑαυτῷ τὸ κενόδοξον, πάντας τοὺς πρὸ αὐτοῦ βασιλεῖς ἐκωμῴδησεν ἐν ΤΩ ΛΟΓΩ ὃν ἐπέγραψε ΚΑΙΣΑΡΑΣ.

Caeterum quum Imperator vana gloria supra modum deditus esset, cunctos ante se Imperatores perstrinxit eo LIBRO, quem inscripsit CAESARES.

Idem Lib. III. cap. XVII.

Ὁ βασιλεὺς δὲ ἀφέμενος ἔργοις τοὺς ὑβριστὰς ἀμύνασθαι, καὶ ἀντισκώψας τὴν ὀργὴν διελύσατο. τὸν γὰρ πεπονημένον αὐτῷ ΑΝΤΙΟΧΙΚΟΝ, ἢ τὸν ΜΙΣΟΠΩΓΩΝΑ ΛΟΓΟΝ διεξελθών, στίγματα διηνεκῆ τῇ Ἀντιοχέων πόλει κατέλιπεν.

Imperator vero, abiecto priore consilio, quo iniuriam sibi a conuiciatoribus illatam factis ulcisci decreuerat, reciprocis conuiciis ac dicteriis iram suam explevit. LIBRO enim aduersus eos edito, quem ANTIOCHICVM siue MISOPOGONEM inscripsit, Antiochensium ciuitati notam inussit sempiternam.

Idem Lib. III. cap. XXIII.

ΙΟΤΛΙΑΝΟΣ δὲ τὸν πατέρα ζηλῶν, τὸ ἴδιον πάθος ἐν ΤΟΥΣ ΚΑΙΣΑΡΑΣ ἤλεγξε, πάντας μωμησάμενος τοὺς πρὸ αὐτοῦ βασιλεῖς, καὶ οὐδὲ τοῦ φιλοσόφου Μάρκου φεισάμενος.

IVLIANVS vero patris (Porphyrii, de quo ibi sermo) *exemplum imitatus, animi sui morbum prodidit in libro, qui CASARES inscribitur: in quo cunctos ante se Imperatores perstrinxit, ac ne ipsi quidem Marco Philosopho pepercit.*

Idem ibidem.

Καὶ ἐν ΤΩ ΛΟΓΩ δὲ αὐτοῦ ὃν ΠΕΡΙ ΚΤΝΙΣΜΟΤ ἐπέγραψε, διδάσκων ὅπως δεῖ τοὺς ἱεροὺς πλάττειν μύθους, φησὶ δεῖν κρύπτειν τὴν περὶ τῶν τοιούτων πραγμάτων ἀλήθειαν, λέγων αὐτοῖς ῥήμασι ταδί· Φιλεῖ γὰρ ἡ φύσις κρύπτεσθαι, καὶ τὸ κεκρυμμένον τῆς τῶν θεῶν οὐσίας οὐκ ἀνέχεται γυμνοῖς εἰς ἀκαθάρτους ἀκοὰς ῥίπτεσθαι ῥήμασι.

In eo autem LIBRO, quem de CTNICA philosophia inscripsit, docens qua ratione sacras fabulas fingere deceat, huiusmodi in rebus occultandam ait esse veritatem. Sic enim loquitur: amat enim latere natura, & abdita Deorum substantia nudis & apertis verbis in impuras aures proiici se non sustinet.

Sozomenus Hist. Eccles. Lib. V. cap. XIX.

Ὑπερφυῶς δὲ τοῦ θυμοῦ μεταβαλλόμενος, ΛΟΓΟΙΣ μόνοις τὴν ὕβριν ἠμύνατο· κάλλιστον καὶ μάλα ἀστεῖον ΛΟΓΟΝ, ὃν ΜΙΣΟΠΩΓΩΝΑ ἐπέγραψε, κατὰ Ἀντιοχέων διεξελθών.

Sed animi astu repente mutato, VERBIS duntaxat contumeliam suam ultus est, elegantissimo & admodum faceto aduersus Antiochenses LIBRO composito, quem MISOPOGONA inscripsit.

Ibidem Lib. VI. cap. I.

Ἀρσάκην δὲ, τὸν Ἀρμενίων ἡγούμενον συμμαχοῦντι Ῥωμαίοις, ΕΓΡΑΨΕ ψε συμμῖξαι περὶ τὴν πολεμίαν. ἀπαυθαδιασάμενός τε πέραν τοῦ μετρίου ΕΝ ΤΗ ΕΠΙΣΤΟΛΗ, καὶ αὑτὸν μὲν ἐξάρας ὡς ἐπιτήδειον αὐτῆς ἡγεμονίας, καὶ φίλον οἷς ἐνόμιζε θεοῖς, Κωνςαντίῳ τι, ὃν διεδέξατο, ὡς ἄνανδρον καὶ ἀσεβῆ λοιδορησάμενος, ὑβριστικῶς μάλα ἠπείλησεν αὐτῷ.

SCRIPSIT praterea Arsaci, Armeniorum Regi & socio Romanorum, vt iuxta fines Persarum ipsi occurreret. Qua in EPISTOLA *postquam vltra modum gloriatus esset, ac se quidem ipse extulisset, tanquam imperio idoneum, & Diis, quos colebat, acceptum: Constantium vero, decessorem suum, vt ignauum & impium vituperasset; contumeliosis admodum verbis ei minatus est.*

Theodoritus Hist. Eccles. Lib. III. cap. XXVIII.

Καὶ θερμῶς τὸν τῶν ὅλων δεσπότην καὶ σωτῆρα ποθοῦντες, βδελυττόμενοι ἀεὶ τὸν ἄξιον λήθης ΙΟΥΛΙΑΝΟΝ διετέλεσαν· καὶ αὐτὸς ἐκεῖνος ἔφη σαφῶς· διὰ τοι τοῦτο καὶ ΛΟΓΟΝ συνέγραψε κατ' αὐτῶν, καὶ ΜΙΣΟΠΩΓΩΝΑ τοῦτον ὠνόμασε.

Et vniuersorum dominum ac seruatorem feruide amantes (Antiochenses) *scelestissimum* IVLIANVM *semper detestati sunt.* IVLIANVS *ipse optime nouerat: atque idcirco* LIBRVM *contra eos scripsit, quem* MISOPOGONEM *appellauit.*

Suidas in voce ΙΟΥΛΙΑΝΟΣ.

ΙΟΥΛΙΑΝΟΣ. ὁ παραβάτης, καὶ ἀποστάτης, Ῥωμαίων βασιλεύς, Κωνσταντίνου τοῦ μεγάλου βασιλέως ἀνεψιός, ἀπὸ Δαλματίου ἀδελφοῦ αὐτοῦ, καὶ μητρὸς Γάλλας τοὔνομα. ἔγραψε τοὺς καλουμένους Καίσαρας, περιέχει δὲ τοὺς ἀπὸ Αὐγούστου Ῥωμαίων βασιλεῖς. ἑτέραν βίβλον περὶ τῶν τριῶν σχημάτων, καὶ τὰ καλούμενα Κρόνια, καὶ τὸν Μισοπώγωνα, ἢ Ἀντιοχικόν. περὶ τοῦ πόθεν τὰ κακὰ κατὰ τοὺς ἀπαιδεύτους, πρὸς τὸν κύνα Ἡράκλειτον, πῶς κυνιστέον, ἐπιστολὰς παντοδαπάς, καὶ ἄλλα. περὶ τοῦ Ἐμπεδοτίμου λέγει ὁ παραβάτης οὕτως ἐν τοῖς ἐπιγραφομένοις Κρονίοις· ἡμεῖς δὲ Ἐμπεδοτίμῳ καὶ Πυθαγόρᾳ πιστεύοντες, οἷς τε ἐκεῖθεν λαβὼν Ἡρακλείδης ὁ Ποντικὸς ἔφη, καὶ μικρῷ πρότερον καὶ ὁ κλεινὸς ἡμῖν ἔδοξε καὶ ἱεροφάντης Ἰάμβλιχος. ἐπὶ τοῦ Ἰουλιανοῦ πολλαὶ δίκαι ἐχώρουν, χανδὸν ἐμφορουμένων τῶν ἀνθρώπων τῆς δικαιοσύνης τοῦ κρατοῦντος. ἀναβολαί τε οὐκ ἦσαν ἐπ' αὐταῖς, ὅσαι νόμιμοι ἐκ τῶν συνήθων γραμμάτων τὸ ἄδικον ἰσχυούσης, εἰς βοήθειαν τῶν ἀδικούντων καὶ συνειληφυῖαι. ἀλλ' ἢ παραχρῆμα ἔδει τὸ ἴσον ἐλέγχεσθαι κατὰ φύσιν, ἢ τὸ μέλλον, καὶ ἀναβαλλόμενον εἰς τὸν χρόνον, ὕποπτον ἦν. βαρὺς μὲν οὖν καὶ λυπηρὸς ἐτύγχανε, καὶ ἐπὶ τοῖς δὲ καὶ τὰ τῶν πονηρῶν ἔθνος καὶ ἀδικούντων διηγεῖτο. οὐ γὰρ ἀδικεῖν ἐξῆν, οὐδὲ λανθάνειν ἀδικοῦσι. βαρύτερον δὲ αὐτὸν ἀπεδείκνυε τοῖς μοχθηροῖς καὶ τὸ εὐπρόσοδον. οἷα γὰρ προϊὼν μὲν πολλάκις διὰ τὰς ἱερομηνίας καὶ θυσίας, ἥμερος δὲ φύσει πρὸς πᾶσαν ἔντευξιν τυγχάνων, ἀκαίλυτον τοὺς ἀδικουμένους λόγου τυχεῖν. ὁ μὲν οὖν ἐλάχιστον τῆς ὕλης τῶν πονηρῶν ταύτης βλασφημίας τε καὶ ὀργῆς ᾐσθάνετο, καὶ ἐφρόντιζε.

IVLIANVS Transfuga (seu desertor) *& apostata, Romanorum Imperator, Constantini Magni Imperatoris nepos, fratre eius Dalmatio genitus, & matre Galla nomine. Scripsit librum, qui vocatur* Cæsares; *continet autem omnes ab Augusto Romanorum Imperatores. Alium quoque librum scripsit* de tribus figuris; *& qua vocantur* Saturnalia, *&* Misopogonem *seu* Antiochicum, *&* Vnde mala proficiscantur contra ineruditos: *item* Aduersus canem Heraclitum, Quomodo Cynice viuendum sit, Epistolas *omnis generis, & alia.*

alia De Empedotimo in Saturnalibus sic scribit Parabata: Nos Empedotimo, & Pythagoræ, & iis quæ inde accepta Ponticus Heraclides tradidit, fidem adhibentes; *& paullo ante:* inclytus nobis visus est & Hierophantes Iamblichus. *Ad Iulianum multa caussæ deferebantur, quum homines affatim fruerentur æquitate iudicis. Neque enim dilationes erant earum, quæ lege sancitam e receptis scriptis haberent iniquitatem, & hominibus iniustis alienaque detinentibus auxiliarentur. Sed aut statim æquitas naturæ consentanea demonstranda erat; aut mora & procrastinatio suspecta habebatur. Gravis igitur & molestus erat: atque ob hac natio improborum & iniustorum excitabatur. Nam neque iniuriam facere licebat, nec ea facta latere. Molestiorem etiam illum improbis reddebat & adeundi facilitas. Quum enim & sæpe propter festa sacrificiaque procederet, & adeuntibus omnibus commodum ac mitem se præberet, quilibet eum adloqui poterat. Ille vero talis improborum maledicta, & indignationem minime sentiebat aut curabat.*

Zonaras Lib. XIII. p. 10. Tom. II. ed. Reg.

Ὅθεν ὁ βέβηλος ΙΟΥΛΙΑΝΟΣ, ἐν ΤΩ ΠΕΡΙ ΤΩΝ ΚΑΙΣΑΡΩΝ ΛΟΓΩ αὐτοῦ, ἀποσκώπτων ὥσπερ εἰς τὸν εὐσεβέστατον, πλάττεται τὸν Ἑρμῆν διαλεγόμενον, καί τι ἂν εἴη γνώρισμα βασιλέως ἀγαθοῦ; πυνθανόμενον, κἀκεῖνον πρὸς τὸ ἐρώτημα λέγοντα· πολλὰ κεκτῆσθαι χρῆναι τὸν Αὐτοκράτορα, καὶ ἀναλίσκειν πολλά.

Enimvero profanus ille IULIANUS in LIBRO de CAESARIBUS Imperatorem piissimum deridens, quia profusus esset in sumptibus faciendis, fingit Mercurium cum eo colloquentem quærere, quænam sit boni Regis nota? *cui ille respondeat,* Imperatori & habenda & insumenda esse multa.

Idem p. 26.

Οἱ Ἀντιοχεῖς ἀποσκώπτοντες εἰς αὐτὸν, θύτην ἔλεγον καὶ οὐ βασιλέα σφίσιν ἐπιδημῆσαι. καὶ διὰ τὸ καθειμένον ἔχειν ἐκεῖνον τὸν πώγωνα, τράγον αὐτὸν ὠνόμαζον οἱ αὐτοὶ, καὶ πρὸς σχοίνων πλοκὴν ἔλεγον αὐτὸν ἐπιτήδειον. Ὁ δὲ ἀνταποσκώπτων αὐτοὺς εἰς βλακείαν, καὶ θρύψιν, καὶ τρυφερότητα, ἔλεγε μὴ παρέχειν τοῖς Ἀντιοχεῦσι τὸν πώγωνα εἰς σχοίνων πλοκὴν, ἵνα μὴ τῇ τούτου τραχύτητι θλιβῶσιν αἱ χεῖρες αὐτῶν· πρὸς οὓς καὶ ΛΟΓΟΝ ἔγραψεν, ὃς ἐπιγέγραπται ΑΝΤΙΟΧΙΚΟΣ, ἢ ΜΙΣΟΠΩΓΩΝ.

Antiochenses victimarium non Imperatorem ad se venisse per iocum dicebant: &, quia promissam alebat barbam, Hircum *nominabant, & ad nectendos funes aptum esse dicebant. Ille vicissim eorum stultitiam, mollitiem & delitias perstringens:* Nolim, *inquit,* Antiochensibus barbam meam ad funes nectendos præbere, ne manus illorum eius asperitate atterantur; *edito contra illos LIBRO, qui ANTIOCHICUS seu MISOPOGON dicitur.*

Nicephorus Callistus Hist. Eccles. Lib. X. cap. XXVII. Tom. II. p. 61.

Εἰς ἔργον δὲ τὴν ἀπειλὴν ἀγαγεῖν μὴ θελήσας, λόγοις ἀντισκῶψαι τὴν Ἀντιόχου ἠθέλησε. καὶ ΛΟΓΟΝ κατ' Ἀντιοχέων γενναῖον καὶ μάλα ἀστεῖον διεξελθὼν, ὃν ΑΝΤΙΟΧΙΚΟΝ ἢ ΜΙΣΟΠΩΓΩΝΑ ἐπιγράφει. καὶ οὕτως ἀμύνασθαι δόξας, τὴν πρὸς Πέρσας ἠπείγετο. στίγματα διηνεκῆ τῇ Ἀντιοχέων πόλει καταλιπών.

Cæterum minas factis exsecutus non est; sed verbis tantum in Antiochenos convitia retorsit, LIBRUMque præclarum & facetum ira remissa in eos conscripsit, quem ANTIOCHICUM vel MISOPOGONA inscripsit. Atque eo pacto se iniuriam vindicasse existimans, Persicam expeditionem, perpetua nota urbi Antiochenæ inusta, est persequutus.

TESTI.

TESTIMONIA VETERVM

De IVLIANI scriptis adversus Christianos, & CYRILLI contra eosdem opere.

Gregorius Nazianzenus Invectiva I. in IVLIANVM.

[illegible] ΤΟΥΣ ΚΑΚΟΥΣ [illegible] ΛΟΓΟΥΣ [illegible]

Sermones [illegible] in gratiam [illegible] dabo [illegible] experta [illegible] & [illegible]; [illegible] iuxta SCELERATOS suos SERMONES & [illegible].

Libanius Orat. Funeb. in IVLIANVM.

[illegible] ΒΙΒΛΙΟΝ [illegible]

Legum [illegible], nec non LIBRORVM conscriptionem [illegible].

Hieronymus Epist. LXXXIV. Magno Oratori Romano.

IVLIANVS Augustus septem libros in expeditione Parthica adversum Christianos vomuit, & iuxta fabulas Poetarum suo se ense laceravit. Si contra hunc scribere tentavero, puto interdices mihi, ne rabidum canem Philosophorum & Stoicorum doctrinis, id est, Herculis clava, repercutiam: quamquam Nazaraeum nostrum, ut ipse solebat dicere, Galilaeum statim in praelio senserit.

Idem Praefat. de Script. Ecclesiasticis.

Discant ergo Celsus, Porphyrius, IVLIANVS, rabidi adversus Christum canes, discant eorum sectatores, qui putant Ecclesiam nullos Philosophos & eloquentes, nullos habuisse doctores; quanti & quales viri eam fundaverint, extruxerint & adornaverint; & desinant fidem nostram rusticae tantum simplicitatis arguere, suamque potius imperitiam agnoscant.

Idem de optimo genere interpretandi cap. III.

Haec replico, non ut Evangelistas arguam falsitatis, hoc quippe impiorum est Celsi, Porphyrii, IVLIANI.

Socrates Hist. Eccl. Lib. III. cap. I.

[illegible] ΤΟΥΣ ΚΑΤΑ ΧΡΙΣΤΙΑΝΩΝ [illegible]

Dudum autem morbo impulsus (IVLIANVS) LIBROS CONTRA CHRISTIANOS conscripsit.

Idem Lib. eod. cap. XXIII.

[illegible] ΙΟΥΛΙΑΝΟΣ [illegible] ΑΥΤΟΥΣ [illegible] ΤΟΥΣ ΑΥΤΟΥΣ [illegible] ΕΝ ΤΩ ΤΡΙΤΩ [illegible] ΚΑΤΑ ΧΡΙΣΤΙΑΝΩΝ ΒΙΒΛΙΩ [illegible]

Quas si diligenter perlegissent IVLIANVS & Porphyrius, & si placido animo suscepissent, [illegible] ad aliud argumentum convertissent, nec ad [illegible] constituendas animum suum unquam adiecissent. Quod vero Imperator [illegible], quod video & imperatio verba fecerunt, non apud eos, qui ex sacris literis expositione veritatis [illegible]. Nam quum multa, quae propter dispensationem, [illegible] causa, humano more de Deo dicuntur, [illegible] ad verbum. Horum singula, tali sermo ipse [illegible], quod quidem [illegible], multa in Deum impietate referta [illegible]. *Haec [illegible] IN TERTIO CONTRA CHRISTIANOS LIBRO [illegible] scripsit.*

Theophanes Chronographus p. 44. edit. Regiae Paris.

[illegible] ΙΟΥΛΙΑΝΟΣ [illegible] ΚΥΡΙΛΛΟΣ [illegible]

Scripsit IVLIANVS sacrorum Evangeliorum confutationem [illegible], quam CYRILLVS, magnus Alexandriae antistes, [illegible] & [illegible] editis commentariis refutavit.

Cedrenus Histor. p. 407. ed. Reg.

[illegible] ΙΟΥΛΙΑΝΟΣ [illegible] ΚΥΡΙΛΛΟΣ [illegible]

Scripsit IVLIANVS scripta etiam Evangeliorum depravationem, quae magnus CYRILLVS Alexandriae Episcopus, aliique Christiani everterunt: [illegible] IVLIANVS [illegible], quamvis adulterina scripta [illegible].

INDEX

INDEX

eorum, quæ in hoc opere continentur.

APPENDIX

ΙΟΥΛΙΑΝΟΥ ΑΥΤΟΚΡΑΤΟΡΟΣ ΤΑ ΠΑΝΤΑ.

Τμῆμα πρῶτον τοὺς λόγους περιέχον.

JULIANI IMP. OPERA.

Pars prima Orationes illius complectens.

Interprete DIONYSIO PETAVIO *Aurelianensi, e Societate JESU.*

IN CONSTANTII IMPERAtoris laudem.

ORATIO I.

CUm ego jamdudum (maxime Imperator) virtutem tuam ac gesta prædicare cuperem: utque & bella a te confecta, & sublatas tyrannides commemorare vellem; quemadmodum, inquam, ab altera, oratione ac persuasione satellites abstraxeris, alteram armis expugnaris: sola me gestarum rerum magnitudo deterruit. Non enim id mihi metuendum arbitrabar, ne oratio mea ab facinorum tuorum dignitate brevi aliquo intervallo recederet; sed illud potius, ne a proposito penitus aberrasse judicaretur. Nam qui in forensi certamine ac Poëtica sæpius occupantur, nihil mirum est, si rerum a te gestarum præconium nullo negotio suscipiant. Hoc enim ex assidua dicendi ex-

ΕΓΚΩΜΙΟΝ ΠΡΟΣ ΤΟΝ Αὐτοκράτορα Κωνστάντιον.

ΛΟΓΟΣ Α.

ΠΑΛΑΙ μὲν προὐθυμούμην, ὦ μέγιστε βασιλεῦ, τὴν σὴν ἀρετὴν καὶ πράξεις ὑμνῆσαι, καὶ τοὺς πολέμους ἀπομνημονεῦσαι, καὶ τὰς τυραννίδας ὅπως ἀνεῖλες, τῆς μὲν λόγῳ καὶ πειθοῖ τοὺς δορυφόρους ἀποστήσας, τῆς δὲ τοῖς ὅπλοις κρατήσας· τὸ μέγεθος δ' εἶρξε τῶν πράξεων. Οὐ τὸ βραχὺ λειφθῆναι τοῦ λόγου τῶν ἔργων δεινὸν κρίνοντα· ἀλλὰ τὸ παντελῶς τῆς ὑποθέσεως διαμαρτεῖν δόξαι. Τοῖς μὲν γὰρ πρὸς τοὺς πολιτικοὺς ἀγῶνας, καὶ τὴν ποίησιν διατρίβουσιν οὐδὲν θαυμαστὸν εἰ ῥᾳδίως ἐγχειρεῖν ἔξεστι τοῖς ἐπαίνοις τῶν σοὶ πραχθέντων. Περίεστι γὰρ αὐτοῖς ἐν τῇ τοῦ λέγειν μελέτης, καὶ τῆς πρὸς τὰς ἐπιδείξεις συνηθείας τὸ θαρρεῖν ἐνδύη. Ὅσοι δὲ τοῦ μὲν τούτου μέρους καταλιγωρήσαντες, ὁρμήσαντες δ' ἐφ' ἕτερον παιδείας εἶδος, καὶ λόγων ξυγγραφὴν οὐ δήμῳ κεχαρισμένην οὐδ' εἰς θέατρα παντοδαπὰ τολμῶσαν ἀποδύεσθαι, πρὸς τὰς ἐπιδείξεις ἔχοιεν ἂν εἰκότως εὐλαβέστερον. Ἔστι γὰρ οὐκ ἄδηλον τοῦθ' ὅτι τοῖς μὲν ποιηταῖς Μοῦσαι, καὶ τὸ δοκεῖν ἐκεῖθεν ἐπιπνεομένους τὴν ποίησιν γράφειν, A B ἄφθονον "παρέχει τὴν ἐξουσίαν τοῦ πλάσματος· τοῖς ῥήτορσι δὲ ἡ τέχνη τὴν ἴσην παρέχει ἄδειαν. Τὸ μὲν πλάττειν ἀφελομένη, τὸ κολακεύειν δὲ οὐδαμῶς ἀπαγορεύουσα· οὐδὲ αἰσχύνην ὁμολογουμένην τῷ λέγοντι τὸ ψευδῶς ἐπαινεῖν τοὺς οὐκ ἀξίους ἐπαίνου κρίνασα. Ἀλλ' οἱ μὲν ἐπειδὰν καινόν τινα μῦθον, καὶ μηδέπω τοῖς πρόσθεν ἐπινοηθέντα φέρωσιν αὐτοὶ συνθέντες, τῷ ξένῳ τοὺς ἀκούοντας ψυχαγωγήσαντες πλέον θαυμάζονται. C Οἱ δὲ τῆς τέχνης ἀπολαύειν φασὶν ἐν τῷ δύνασθαι περὶ τῶν μικρῶν μειζόνως διελθεῖν, καὶ τὸ μέγεθος ἀφελεῖν τῶν ἔργων τῷ λόγῳ, καὶ ὅλως ἀντιτάττειν τῇ τῶν πραγμάτων φύσει δύναμιν τὴν τῶν λόγων. Ἐγὼ δὲ εἰ μὲν ἑώρων ταύτης ἐμαυτὸν ἐπὶ τοῦ παρόντος ἐν χρείᾳ τῆς τέχνης, ἦγον ἂν τὴν πρεπουσαν ἡσυχίαν τοῖς ἀμελετήτως ἔχουσι τῶν τοιούτων λόγων D παραχωρῶν τῶν σῶν ἐγκωμίων ἐκείνοις, ὧν μικρῷ πρόσθεν ἐμνήσθην. Ἐπεὶ δὲ ἅπαν τοὐναντίον ὁ παρὼν ἀπαιτεῖ λόγος, τῶν πραγμάτων ἁπλῆν διήγησιν, οὐδενὸς ἐπεισάκτου κόσμου δεομένην, ἔδοξε κἀμοὶ προσήκειν ἀξίως "διηγήσασθαι" τῶν ἔργων ἀνεφικτον καὶ" τότε ταῖς προλαβοῦσιν ἤδη φανέντος. Ἅπαντες γὰρ σχεδὸν οἱ περὶ παιδείαν διατρίβοντες ἐν μέτρῳ, καὶ καταλογάδην ὑμνοῦσιν· οἱ μὲν ἀ-

χ. παρέχη.

fort. ἐπεὶ. χ. διηγήσασθαι τῶν ἔργων. χ. τοῖς προλαβ.

exercitatione, & ostentandæ facultatis consuetudine sunt consecuti, ut in eo genere merito cum fiducia versentur. Qui vero neglectui illud ipsum habuerunt, & ad aliud doctrinæ genus sese transtulerunt; quique istiusmodi orationes scribere aggressi sunt, quæ minus probarentur in vulgus, neque in theatra omnis generis ac consessus ad certamen prodire consuevérunt: jure illi timidius in istas se facultatis suæ periclitationes ostentationesque committunt. Neque enim obscurum illud est: Poetis Musas ipsas, & quod illinc afflatu quodam perciti ad scribenda carmina se conferre videantur, luculentam fingendi licentiam præbere; Oratoribus vero ex arte sua parem atque eandem facultatem suppetere. Quæ quidem ars cum fingendi potestatem adimat, adulari tamen nequaquam prohibet; neque certam illam ac confessam in oratore ignominiam esse statuit, si qui laudibus indigni sunt falso prædicentur. Sed illi cum novam aliquam fabulam a nemine priorum excogitatam atque a se ipsis repertam attulerint, & auditores suos ipsa novitate detinuerint, majori in admiratione versantur. Oratores vero tum sui se artificii fructum capere dicunt, cum aut exiguas res ampliores dicendo facere; aut de rerum gestarum magnitudine detrahere; atque, ut uno verbo dicam, naturæ rerum orationis naturam opponere potuerunt. Ego vero si eam artem desiderari in præsentia viderem, illud mihi silentium indicerem, quod iis consentaneum est, qui in ejusmodi orationis facultate rudes sunt, ac minus exercitati; easq; illis laudes commemorandas relinquerem, quorum paulo ante mentionem feci. Sed quoniam contrarium potius, hoc est, nudam rerum narrationem, sine ullo adscititio fuco atque ornamento, præsens oratio postulat; mihi quoque convenire earum expositionem putavi: cum quidem rerum a te gestarum dignitatem æquari dicendo non posse visum iis fuerit, qui ante me illud ipsum aggressi sunt. Omnes enim ferme, qui in literis versantur, aut carmine, aut soluta oratione præconia celebrant; quorum alii pau-

cis

cis comprehendere ac complecti audent omnia; alii ad aliquam rerum gestarum partem adhærescentes, satis sibi esse existimant, si vel ab hujus dignitate non aberraverint. In quo istorum omnium voluntatem ac studium amplecti ac probare convenit, qui tuas laudes prosecuti sunt. Nonnulli enim, ne quid ex rebus a te gestis temporis longinquitas obscuraret, maximum quendam sibi laborem imposuerunt; alii, quod omnino se aberraturos putarent, animum ac voluntatem suam aliqua in illarum parte declararunt: multo esse satius existimantes privatæ aliquid operæ tibi consecrare, quam securum tutumque silentii præmium obtinere. Quamobrem si unus essem eorum, qui ejusmodi scriptas ad pompam orationes adamarunt, inde mihi argumenti tractandi initium capiendum foret, ut ei, quam erga te jam habeo, parem atque æqualem benevolentiam a te postularem; illudque peterem, ut ad orationem meam facilis atque humanus auditor, non severus atque inexorabilis judex accederes. Sed cum aliis disciplinis educati atque imbuti, velut institutis ac legibus, non recte in aliena opera videamur incurrere, pauca de iis attingi a me oportere censui: ut magis idoneum principium meæ orationi præfigerem.

Vetus lex est, ab eo profecta qui Philosophiam primus in humanum genus invexit, quæ hunc in modum sese habet: debere omnes ad virtutem & honestatem respicientes studia sua ita comparare, ut in dictis factisque, in societatibus rebusque omnibus, tam parvis quam majoribus, honestatis rationem teneant. Jam vero virtutem omnium rerum honestissimam esse, quis eorum, qui prudentiæ aliquid habeat, dubitare possit? Hanc igitur retinere perpetuo jubet eos, qui non temere nomen illud circumferant, ac nihil ad sese pertinens & alienum usurpent. Hæc cum lex illa præcipiat, nullum orationis genus præscribit, neque, tanquam

A πάντα περιλαβεῖν ἐν βραχεῖ τολμῶντες· οἱ δὲ ἐν μέρει αὐτοῖς ἐπιβάντες τῶν πράξεων, ἀρκεῖν ᾠήθησαν εἰ τούτου τῆς ἀξίας μὴ διαμάρτοιεν. γρ. αὐτῆς

Ἄξιον δὲ ἀγασθαι τὴν προθυμίαν τῶν ἀνδρῶν ἁπάντων, ὅσοι τῶν σῶν ἐπαίνων ἥψαντο. Οἱ μὲν γὰρ ὅπως μηδὲν ὑπὸ τοῦ χρόνου τῶν σοι πραχθέντων ἀμαυρωθείη, τὸν μέγιστον ὑποδῦναι πόνον ἐτόλμησαν· οἱ δὲ ὅτι τοῦ παντὸς διαμαρτήσειν ἤλπιζον, τὴν B αὐτῶν γνώμην ἐν μέρει περιφήναντες ἄμεινον ἢ τῆς σιωπῆς ἀκίνδυνον γέρας κομίσαντες κατὰ δύναμίν σοι τὸν οἰκεῖον πόνον ἀπάρξασθαι. γρ. ἀμαυρωθῇ

Εἰ μὲν οὖν καὶ αὐτὸς εἷς ὢν ἐτύγχανον τῶν τοὺς ἐπιδεικτικοὺς ἀγαπώντων λόγους, εἶχον ἂν ἐντεῦθεν ἀρχὰς τῆς ὑποθέσεως, τὴν ἴσην εὔνοιαν ἀπαιτήσαντα τῆς ὑπαρχούσης ἤδη σοι παρ' ἡμῶν καὶ δεηθέντα τῶν λόγων ἀκροατὴν εὐμενῆ γενέσθαι, οὐχὶ δὲ ἀκριβῆ καὶ ἀπαραίτητον C κριτὴν καταστῆναι. Ἐπεὶ δὲ ἐν ἄλλοις μαθήμασι τραφέντες, καὶ παιδευθέντες, καθάπερ ἐπιτηδεύμασι καὶ νόμοις, ἀλλοτρίων κατατολμᾶν ἔργων δοκοῦμεν οὐκ ὀρθῶς, μικρά μοι δοκεῖ χρῆναι καὶ περὶ τούτων δηλῶσαι, οἰκειοτέραν ἀρχὴν προθέντα τοῦ λόγου.

Νόμος ἐστὶ παλαιὸς παρὰ τοῦ πρώτου φιλοσοφίαν ἀνθρώποις φήναντος ἐνταυθοῖ κείμενος ἅπαντας πρὸς τὴν ἀρετὴν, καὶ πρὸς τὸ καλὸν βλέ- γρ. ἐνταῦ

D ποντας ἐπιτηδεύειν ἐν λόγοις, ἐν ἔργοις, ἐν ξυνουσίαις, ἐπὶ πᾶσιν ἁπλῶς τοῖς κατὰ τὸν βίον μικροῖς καὶ μείζοσι τοῦ καλοῦ πάντας ἐφίεσθαι. Πάντων δὲ ὅτι κάλλιστον ἀρετὴ, τίς ἂν ἡμῶν τῶν νοῦν ἐχόντων ἀμφισβητήσειεν; ταύτης τοίνυν ἀντέχεσθαι διακελεύεται τοὺς μὴ μάτην τουτὶ περιθεμένους τοὔνομα, προσῆκον οὐδὲν αὐτοῖς σφετερισαμένους. Ταῦτα δὴ διαγορεύων ὁ νόμος οὐδεμίαν ἰδέαν ἐξελαύνει λόγων, οὐδ' ὥσπερ γρ. ἀ- [illegible] γρ. οὐδὲ ἐκ τοῦ τῆς τραγικῆς μηχανῆς φησὶ χρῆναι προσαγορεύειν τοῖς ἐντυγχάνουσι, σπεύδειν μὲν πρὸς τὴν ἀρετήν, ἀποφεύγειν δὲ τὴν πονηρίαν· ἀλλὰ πολλὰς ὁδοὺς ἐπὶ τοῦτο δίδωσι χρῆσθαι τῷ βουληθέντι μιμεῖσθαι τὴν ἐκείνου φύσιν. καὶ γὰρ παραινέσει ἀγαθῇ, καὶ λόγων προτρεπτικῶν χρήσει, καὶ τὸ μετ' εὐνοίας ἐπιπλήττειν τοῖς ἁμαρτήμασιν, ἐπαινεῖν τε αὖ τὰ καλῶς πραχθέντα, καὶ ψέγειν ὅταν ᾖ καιρὸς τὰ μὴ τοιαῦτα τῶν ἔργων. Ἐφίησι δὲ ταῖς ἄλλαις ἰδέαις εἴ τις ἐθέλοι πρὸς τὸ βέλτιστον τῷ λόγῳ χρῆσθαι· ἐπὶ παντὶ δὲ οἶμαι καὶ λόγῳ καὶ πράξει μεμνῆσθαι προστάττει ὅπῃ τούτων ὑφέξουσιν εὐθύνας, ἂν τύχωσιν εἰπόντες λόγον οὐδένα, ὅτι μὴ πρὸς ἀρετὴν καὶ φιλοσοφίαν ἀνοίσουσι. Τὰ μὲν οὖν ἐκ τοῦ νόμου ταῦτα, καὶ τοιαῦτα ἕτερα. Ἡμεῖς δὲ ἄρα τί ποτε δράσομεν, εἰργόμενοι μὲν τῷ δοκεῖν ποιεῖσθαι πρὸς χάριν τὴν εὐφημίαν τοῦ γένους δὲ ἤδη τῶν ἐπαίνων διὰ τοὺς οὐκ ὀρθῶς μετιόντας ὑπόπτου δεινῶς καθεστῶτος, καὶ κολακείας ἀγεννοῦς, ἀλλ' οὐ μαρτυρίας ἀληθοῦς τῶν ἀρίστων ἔργων εἶναι νομισθέντος; ἢ δηλονότι τῇ περὶ τὸν ἐπαινούμενον ἀρετῇ πεπιστευκότες ἐπιδώσομεν ἑαυτοὺς θαρροῦντες τοῖς ἐγκωμίοις; Τίς οὖν ἂν ἡμῖν ἀρχὴ καὶ τάξις τοῦ λόγου γένοιτο καλλίστη; ἢ δῆλον ὡς ἡ τῶν προγόνων ἀρετή, δι' ἣν ὑπῆρξέ σοι καὶ τὸ τοιούτῳ γενέσθαι· τροφῆς δὲ οἶμαι, καὶ παιδείας ἑξῆς προσήκει μνησθῆναι, ἥπερ σοι τὸ πλεῖστον εἰς τὴν ὑπάρχουσαν ἀρετὴν συνεισηνέγκατο. Ἐφ' ἅπασι δὲ τούτοις ὥσπερ γνωρίσματα τῶν τῆς ψυχῆς ἀρετῶν τὰς πράξεις διελθεῖν καὶ τέλος ἐπιθεῖναι τῷ λόγῳ τὰς ἕξεις δηλῶσαι, ὅθεν ὁρμώμενος τὰ κάλλιστα τῶν ἔργων ἔδρασας καὶ ἐβουλεύσω. Τοῦτον γὰρ οἶμαι, καὶ τῶν ἄλλων πάντων διοίσειν τὸν λόγον.

γρ. προαγορεύειν. γρ. ἐθέλοι. γρ. ἐὰν. γρ. [illegible]. γρ. δῆλον ὅτι.

A ex Tragica quapiam machina, iis, apud quos aget, proponendum esse dicit, ut ad virtutem festinent, atque improbitatem fugiant, sed quamplurimas ad id vias ac rationes inire permittit ei, qui illius naturam imitari velit: sive egregiam aliquam cohortationem, & ad suadendum accommodatam orationem adhibeat: sive peccata amice ac benevole castiget: sive quæ præclare gesta sunt prædicet, aut quæ secus se habent opportuno tempore vituperet. Sed & aliis B generibus, si cui libuerit, uti ad id quod orationi optimum est concedit: ita tamen ut in omni sermone & actione meminisse jubeat, quemadmodum sint eorum rationem quæ dixerint reddituri, & ut nihil omnino dicant, quod non ad virtutem ac Philosophiam referant. Hæc igitur lex ista continet, & id genus alia. Nos vero quid tandem faciemus, cum & idcirco dicere prohibeamur, quod laudem illam ac prædicationem ad gratiam & favorem accommodare videamur: genus autem il- C lud laudationis, propter eos, qui minus recte pertractant, mirum in modum sit suspectum, atque ad turpem & illiberalem adulationem, non ad verum egregiorum facinorum testimonium, pertinere credatur? Num scilicet hujus, quem prædicandum suscepimus, virtute freti nos in ea præconia cum fiducia committemus? Quod igitur orationis nostræ principium, aut quis ordo accommodatissimus esse poterit? Nonne majorum tuorum inprimis commemoranda virtus, per quam ejus- D modi ut esses obtinueris? Secundum hanc vero educationis atque institutionis meminisse consentaneum erit, quæ ad eam virtutem, quæ in te est, quamplurimum contulit. Ad hæc omnia, præclara tua facinora, tanquam virtutum animi signa atque indicia, persequi. Ac denique, ut orationi finem imponam, affectiones ipsas explicare, quibus impulsus facinorum præstantissima quæque gessisti, ac gerendorum consilium cepisti. Ego enim arbitror hanc ipsam orationẽ reliquis omnibus præstantiorem futuram.

Nam

Nam aliæ solis in actionibus consistunt; propterea quod tantum mentionem atq; tractationem putant ad absolutam sibi prædicationem sufficere. Ego vero maximam orationis partem virtutibus ipsis tribuendam censeo; ab quibus excitatus ad tantam rerum præclare gestarum magnitudinem pervenerit. Etenim facinorum pleraque, sive omnia potius, a fortuna, a satellitibus, a militum copiis, ab equitum aut peditum ordinibus communiter geruntur; quæ a virtute profecta sunt, ejus solius sunt, qui fecerit: eaque laus, quæ ex iis sequitur, cum vera ac sincera sit, ejus, qui compos fuerit, propria est ac præcipua. Quamobrem cum hæc sint a nobis aperte constituta, deinceps initium dicendi faciam.

Ac laudandi quidem leges ac regulæ patriæ non minus quam majorum fieri mentionem præcipiunt. Ego vero nescio quamnam præ cæteris appellari patriam tuam oporteat. Etenim innumeræ nationes jampridem id sibi nomen ac decus adscribunt. Nam quæ cæterarum principatum atque imperium tenet civitas, cum mater tua sit ac nutrix, tibique felicibus auspiciis imperium detulerit, eum sibi honorem, tanquam jure suo debitum ac præcipuum, defendit. Nec ea tantum affert ad causam suam, quæ in cæteris Imperatoribus usurpare solet: puta etsi aliunde orti sint, tamen quod omnes ejusmodi ad civitatem ac rempublicam adscripti sunt, quodque editis illinc moribus ac legibus utuntur, pro civibus suis habendos. Non illud, inquam, solum commemorat; sed hoc præterea, quemadmodum matrem tuam in lucem ediderit, ac regaliter, & ut futuræ prolis dignitas postulabat, aluerit. Jam quæ ad Bosporum sita est civitas, & a Constantiorum genere nomen obtinuit, non illa quidem patriam se tuam esse dicit: sed a patre tuo ortum accepisse prædicat: & sibi gravem injuriam fieri existimabit, si ea saltem cognatione cujusquam oratione defraudetur. At Illyrici, quod in eorum solo natus sis, tam felici sorte ac conditione privatos se esse non patiuntur, si quis aliam tibi patriam attribuerit.

A οἱ μὲν γὰρ ἐπὶ τῶν πράξεων ἱστορίᾳ ἀποχρῆν οἰόμενοι πρὸς τὴν τελείαν εὐφημίαν, τὸ τούτων μνησθῆναι. ἐγὼ δὲ οἶμαι δεῖν περὶ τῶν ἀρετῶν τὸν πλεῖστον λόγον ποιεῖσθαι, ἀφ' ὧν ὁρμώμενος ἐπὶ τοσοῦτον τῶν κατορθωμάτων ἦλθες. τὰ μὲν γὰρ πλεῖστα τῶν ἔργων, σχεδὸν δὲ ἅπαντα, τύχη, καὶ δορυφόροι, καὶ στρατιωτῶν φάλαγγες, καὶ τάξεις ἱππέων, καὶ πεζῶν συγκατορθοῦσι. τὰ δὲ τῆς ἀρετῆς ἔργα μόνου τέ ἐστι τοῦ δρῶντος, B καὶ ὁ ἐκ τούτων ἔπαινος ἀληθὴς καθεστώς, ἴδιός ἐστι τοῦ κεκτημένου. οὐκοῦν ἐπειδὴ ταῦθ' ἡμῖν σαφῶς διώρισται, τοῦ λόγου ἄρξομαι.

Ὁ μὲν οὖν τῶν ἐπαίνων νόμος οὐδὲν ἔλαττον τῆς πατρίδος ἢ τῶν προγόνων ἀξιοῖ μεμνῆσθαι. ἐγὼ δὲ οὐκ οἶδα τίνα χρὴ πρῶτον ὑπολαβεῖν πατρίδα σήν. ἔθνη γὰρ μυρία περὶ ταύτης ἀμφισβητεῖ πολλοῦ ἤδη χρόνου. καὶ ἡ μὲν βασιλεύουσα τῶν ἁπάντων πόλις μήτηρ οὖ- C σα σοί, καὶ τροφός, καὶ τὴν βασιλείαν σοι μετὰ τῆς ἀγαθῆς τύχης παρασχοῦσα, ἐξαίρετον αὐτῆς φησιν εἶναι τοῦτο τὸ γέρας, οὐ τοῖς κοινοῖς ἐφ' ἁπάντων τῶν αὐτοκρατόρων δικαίοις χρωμένη· λέγω δὲ ὅτι κἂν ἀλλαχόθεν τινὲς γένωνται, τοῦ μετέχειν ἁπάντων ἤδη τοῦ πολιτεύματος, καὶ τοῖς ἐκεῖθεν ἡμῖν καταδειχθεῖσιν ἔθεσι, καὶ νόμοις χρῆσθαι, πολῖται γεγόνασιν. ἀλλ' ὅτι τεκοῦσα σὴν μητέρα, καὶ θρεψαμένη βασιλι- D κῶς, καὶ τῶν ἐσομένων ἐγγόνων ἀξίως. ἡ δὲ ἐπὶ τῷ Βοσπόρῳ πόλις ἀπὸ τοῦ γένους τῶν Κωνσταντίων ἐπώνυμος, πατρίδα μὲν οὐκ εἶναί φησι, γεγονέναι δὲ ὑπὸ τοῦ σοῦ πατρὸς ὁμολογεῖ· καὶ δεινὰ πάσχειν οἴεται, εἰ ταύτης γε αὐτὴν τοῦ λόγου τῆς συγγενείας ἀφαιροῖτο. Ἰλλυριοὶ δέ, ὅτι παρ' αὐτοῖς γέγονας, οὐκ ἀξιοῦσι τοῦ καλλίστου τῶν διηγημάτων στέρεσθαι, εἴ τις ἄλλην σοι πατρίδα προσνέμοι.

A Ἀκούω δὲ ἔγωγε καὶ τῶν ἑῴων ἤδη τινὰς λέγειν, ὅτι μὴ δίκαια δρῶμεν ἀφαιρούμενοι σφᾶς τὸν ἐπὶ σοὶ λόγον. αὐτοὶ γάρ φασι τὴν τήθην ἐπὶ τὸν τοῦ μητροπάτορος τοῦ σοῦ προπέμψαι γάμον. καὶ σχεδὸν ἅπαντες οἱ λοιποὶ προφάσεις εὑρόντες μικρὰς ἢ μείζονας, αὐτοῖς εἰσποιεῖν ἐκ παντὸς ἐγχειροῦσιν. Ἐχέτω μὲν οὖν τὸ γέρας ἣν ἐθέλεις, καὶ ἣν ἀρετῶν μητέρα, καὶ διδάσκαλον πολλάκις ἐπαινῶν εἴρηκας, τυγχανόντων δὲ ἑκάστη κατὰ τὴν ἀξίαν αἱ λοιπαὶ τοῦ προσήκοντος. Ἐγὼ δὲ ἐπαινεῖν μὲν ἁπάσας εὔχομαι ἀξίας οὔσας ἀξίας καὶ τιμῆς. ὀκνῶ δὲ, μὴ διὰ τὸ μῆκος, εἰ καὶ δοκεῖ λίαν οἰκεῖα τοῦ παρόντος λόγου, διὰ τὸν καιρὸν ἀλλότρια φανῇ. Τῶν μὲν οὖν ἄλλων τοὺς ἐπαίνους διὰ ταῦτ' ἀφετέον μοι δοκεῖ. Τῆς Ῥώμης δὲ τὸ κεφάλαιον τῶν ἐπαίνων αὐτὸς, ὦ βασιλεῦ, συλλαβὼν ἐν βραχεῖ, καὶ διδάσκαλον ἀρετῆς προσειπὼν, τῷ δοῦναί τε κάλλιστον τῶν ἐγκωμίων, τοὺς παρὰ τῶν ἄλλων λόγους ἀφείλου. Τί γὰρ λέξομεν ἡμεῖς περὶ αὐτῆς τοιοῦτον; τί δὲ ἄλλος τις εἰπεῖν ἔχει; ἀλλά μοι δοκῶ σεβόμενος εἰκότως τὴν πόλιν ταύτῃ τιμᾶν αὐτὴν πλέον, τῷ παραχωρεῖν σοι τῶν εἰς αὐτὴν λόγων.

[illegible]

[illegible]

Ἀλλ' ὑπὲρ τῆς εὐγενείας τῆς σῆς ἴσως ἄξιον εἰπεῖν τοῦ παρόντος ἐν βραχεῖ διελθεῖν. ἀπορῶ δὲ ἔοικα κἀνταῦθα πόθεν ἄρξασθαι χρή. πρόγονοί τε γάρ εἰσί σοι, καὶ πάπποι, καὶ γονεῖς, ἀδελφοί τε, καὶ ἀνεψιοὶ, καὶ ξυγγενεῖς βασιλεῖς, ἅπαντες αὐτοὶ κτησάμενοι τὴν ἀρχὴν ἐννόμως, ἢ παρὰ τῶν κρατούντων εἰσποιηθέντες. Καὶ τὰ μὲν παλαιὰ τί δεῖ λέγειν, Κλαυδίου μνησθέντα, καὶ τῆς ἀρετῆς τῆς ἐκείνου ἐναργῆ παρέχειν, καὶ γνώριμα πᾶσι τεκμήρια· τῶν ἀγώνων πρὸς τοὺς ὑπὲρ τὸν Ἴστρον οἰκοῦντας βαρβάρους ἀναμιμνήσκοντα· καὶ ὅπως τὴν ἀρχὴν ὁσίως ἅμα καὶ δι-

γρ. βασιλεῖς ἅπαντες.

γρ. τεκμήρια τῶν ἀγ.

A Sed Orientalium quoque populorum dicere nonnullos audio, iniquos esse nos, qui suam sibi de te gloriationem auferamus; se enim aviam tuam materno avo conjugem obtulisse. Itaque cæteri propemodum omnes, sive leviori, sive majori aliqua occasione freti, arrogare te sibi omni ope contendunt. Verum habeat hoc illa sibi decus, quam habere ipse mavis, quamque virtutum parentem ac magistram sæpe prædicando dixisti; reliquæ pro merito quæque B suo quod debitum est assequantur. Ego vero ornare quidem omnes ac prædicare velim, dignas honore ac præconio; sed vereor ne ista propter longitudinem, etsi præsenti orationi accommodatissima sint, ab hoc tempore aliena esse videantur. Quare cæterarum commendationem ob eas causas prætermittam. Quod vero ad Romam ipsam attinet, cum illius laudum caput ac summam paucis, Imperator, complexus sis, ac virtutis magistram appellaveris; hoc ipso, quod præconium ei C omnium præstantissimum tribuisti, cæteris orationem omnem ademisti. Nam quid nos tandem aliud ejusmodi de ea dicere, aut quid alter de ea commemorare poterit? Itaque mihi videor, cum eam civitatem merito veneratione prosequar, majorem ei hoc ipso honorem tribuere, quod illius prædicationem tibi uni potissimum deferam.

Sed de nobilitate generis tui pauca forsitan in præsentia disputare conveniet. Verum hic etiam hærere videor, undenam D dicendi mihi faciendum sit initium. Nam & majores tui, & avi, & parentes, & fratres, & patrueles, & cognati, Imperatores omnes fuerunt; cum imperium aut legitime sibi peperissent ipsi, aut ab iis, qui jam illud tenerent, adoptati fuissent. Ac vetera quidem quid attinet dicere; aut Imperatoris Claudii meminisse, atque egregiæ illius virtutis, quam in imperio præstitit, clara & comperta omnibus argumenta proferre, commemoratis in præliis, quæ cum Barbaris supra Danubium habitantibus gessit: utque ad imperium sancte ac juste pervenerit; ac denique

nique summam in ea amplitudine facilitatem, atque in vestitu modestiam retinuerit, quæ in illius imaginibus in hodiernum usque diem cernitur? Jam quæ de avis tuis dici possunt, quanquam illis recentiora, non minus tamen illis ad splendorem insignia sunt. Nam ambo pariter imperium obtinuerunt, cum eo digni propter virtutem habiti essent; cumque ad rerum administrationem pervenissent, tanta cum erga se invicem benevolentia, tum erga eum, a quo facti erant imperii participes, pietate præditi fuerunt, ut & ille nihil unquam se consultius fecisse diceret, tametsi multa alia Reipublicæ utilia ac salutaria reperisset; & hi mutuam inter se societatem pluris, quam universum imperium ad singulos, si fieri posset, translatum, facerent. Ac cum animo ita comparati essent, pulcherrima facinora designarunt: secundum Deum præcipue illum observantes, a quo imperium acceperant, sibique subditos sancte atque humaniter tractantes; Barbaros vero, qui in agro nostro, perinde ut in proprio, jampridem consederant, & habitabant, inde profligantes, & adversus eorum impetum castella munientes, tantam suis omnibus pacem pepererunt, quantam ne voto quidem assequi posse quispiam videretur. Sed de his adeo leviter, & quasi prætereuntem dicere minime convenit. Quod vero maximum est mutuæ illorum concordiæ signum, & orationi huic alias consentaneum, nullo modo prætermittendum est. Cum enim pulcherrima conjunctione liberos suos consociare vellent, parentes tuos matrimonio copularunt. Qua de re nonnulla mihi breviter attingenda censeo: ut ne imperii solum, sed etiam virtutis hæres esse videaris. Igitur quemadmodum pater tuus post parentis sui obitum non modo ipsius judicio, verum etiam exercituum omnium suffragio imperium sit adeptus, quid est quod diligentius prosequamur? Egregia vero illius bellicis in rebus virtus ex rebus gestis melius, quam ex cujusquam orati-

A κοσμίως ἐκτήσατο, καὶ τὴν ἐν [βασι]λείᾳ τῆς διαίτης λιτότητα, καὶ τὴν ἀφέλειαν τῆς ἐσθῆτος ἐπὶ τῶν εἰκόνων ὁρωμένην ἔτι; Τὰ δὲ ὑπὲρ τῶν πάππων τῶν σῶν ἔστι μὲν τούτων νεώτερα, λαμπρὰ δὲ οὐ μεῖον ἐκείνων. Ἔτυχον μὲν γὰρ ἄμφω τῆς ἀρχῆς δι' ἀρετὴν ἀξίω κριθέντε· γενομένω δὲ ἐπὶ τῶν πραγμάτων οὕτω πρός τε ἀλλήλους εὐνοϊκῶς ἐσχέτην, καὶ πρὸς τὸν μεταδόντα τῆς βασιλείας εὐσεβῶς, ὥσθ' ὁ μὲν ὡμολόγει μηδὲν πώποτε (γρ. πάνυ πώποτε) B τούτου κρεῖττον βεβουλεῦσθαι, πολλὰ καὶ ἄλλα σωτήρια τοῖς κοινοῖς ἐξευρών· οἱ δὲ τὴν μετ' ἀλλήλων κοινωνίαν μᾶλλον, ἢ τὴν τῶν ὅλων ἀρχὴν, εἴπερ οἷόν τε ἦν, ἑκατέρῳ περιγενομένην ἠγάπων. Οὕτω δὲ διακείμενοι τὰς ψυχὰς τῶν ἔργων ἦρξαν τὰ κάλλιστα, σεβόμενοι μὲν μάλιστα τὴν κρείττονα φύσιν τὴν ἀρχὴν αὐτοῖς παρασχοῦσαν, τοῖς ὑπηκόοις δὲ ὁσίως, καὶ φιλανθρώπως χρώμενοι· καὶ τοὺς βαρβάρους ἐξελαύνοντες C μόνον πάλαι κατοικοῦντας, καὶ νεμομένους καθάπερ τὴν οἰκείαν ἀδεῶς τὰ ἡμέτερα. Φρούρια δὲ ἐπιτειχίζοντες, (τὴν) πρὸς αὐτοὺς τοσαύτην εἰρήνην τοῖς ὑπηκόοις κατέστησαν, ὅσην οὐδὲ εὔξασθαι τότε ῥᾴδιον ἐδόκει. Ἀλλ' ὑπὲρ μὲν τούτων οὐκ ἄξιον ἐν παρέργῳ λέγειν. Τῆς δὲ ὁμονοίας αὐτῶν τῆς πρὸς ἀλλήλους τὸ μέγιστον σημεῖον παραλιπεῖν οὐδαμῶς εὔλογον, καὶ ἄλλως προσῆκον τῷ λόγῳ. (γρ. τὴν καλ.) Κοινωνίαν γὰρ καλλίστην τοῖς αὑτῶν παισὶν D ἐπινοήσαντες, τῶν σῶν πατέρων τοὺς γάμους ἥρμοσαν. Προσήκει δὲ οἶμαι καὶ περὶ τούτων ἐν βραχεῖ διελθεῖν· ὅπως μὴ τῆς ἀρχῆς μόνον, ἀλλὰ καὶ τῆς ἀρετῆς φανῇς κληρονόμος. (γρ. φανῇς μόνον γρ. ἀρετῆς κληρον.) Τὴν μὲν οὖν βασιλείαν ὅπως μετὰ τὴν τοῦ πατρὸς κατέσχε τελευτὴν, αὐτοῦ τε ἐκείνου τῇ κρίσει, καὶ τῶν στρατοπέδων ἁπάντων τῇ ψήφῳ πατὴρ ὁ σὸς, τί χρὴ νῦν περιεργάζεσθαι; τὴν δὲ ἐς τοὺς πολέμους ῥώμην ἐκ τῶν ἔργων μᾶλλον, ἢ διὰ τῶν

τῶν λόγων ἄν τις γνωρίσειε. Τυραννίδας γὰρ, ἀλλ' οὐ βασιλείας ἐννόμους καθαιρῶν, τὴν οἰκουμένην ἐπῆλθεν ἅπασαν. τοσαύτην δὲ εὔνοιαν αὐτῷ τῶν ὑπηκόων κατέστησεν, ὥσθ' οἱ μὲν στρατευόμενοι τῆς περὶ τὰς δωρεὰς καὶ χάριτας μεγαλοψυχίας ἔτι μεμνημένοι, καθάπερ θεὸν διατελοῦσι σεβόμενοι. τὸ δὲ ἐν ταῖς πόλεσι, καὶ ἐπὶ τῶν ἀγρῶν πλῆθος οὐχ οὕτω τῆς τῶν τυράννων ἀπαλλαγῆναι βαρύτητος εὐχόμενοι, ὡς παρὰ τοῦ σοῦ πατρὸς ἀρχθῆναι, ἢ καὶ αὐτῶν ἐκείνων νίκην ἐπηύχοντο. Ἐπεὶ δὲ πάντων κύριος κατέστη, ὥσπερ ἐξ αὐχμοῦ τῆς ἀπληστίας τοῦ δυναστεύσαντος, πολλῆς ἀπορίας χρημάτων οὔσης, καὶ τοῦ πλούτου τῶν βασιλείων ἐν μυχοῖς συνειλημμένου, τὰ κλεῖθρα ἀφελὼν, ἐπέκλυσεν ἀθρόως τῷ πλούτῳ πάντα· πόλιν τε ἐπώνυμον αὐτοῦ κατέστησεν ἐν οὐδὲ ὅλοις ἔτεσι δέκα, τοσούτῳ τῶν ἄλλων ἁπασῶν μείζονα, ὅσῳ τῆς Ῥώμης ἐλαττοῦσθαι δοκεῖ· ἧς τὸ δευτέραν τετάχθαι μακρῷ βέλτιον ἔμοιγε φαίνεται, ἢ τὸ τῶν ἄλλων ἁπασῶν μείζονα καὶ πρώτην νομίζεσθαι. Καλὸν ἴσως ἐνταῦθα, καὶ τῆς εὐδαίμονος Ἀθηναίων μνησθῆναι· ἃς ἐκεῖνος ἔργοις καὶ λόγοις τιμῶν τὸν πάντα χρόνον διετέλει. βασιλεὺς γὰρ ὢν, καὶ κύριος πάντων, στρατηγὸς ἐκείνων ἠξίου καλεῖσθαι, καὶ τοιαύτης εἰκόνος τυγχάνων μετ' ἐπιγράμματος, ἠγάπα πλέον, ἢ τῶν μεγίστων τιμῶν ἀξιωθείς. ἀμειβόμενος δὲ ἐπ' αὐτῷ τὴν πόλιν, πυρῶν μεδίμνους δίδωσι πολλάκις μυρίους καθ' ἕκαστον ἔτος δωρεὰν καρποῦσθαι. ἐξ ὧν ὑπῆρχε τῇ πόλει μὲν ἐν ἀφθόνοις εἶναι, ἐκείνῳ δὲ ἔπαινοι καὶ τιμαὶ παρὰ τῶν βελτίστων.

Πολλῶν δὲ καὶ καλῶν ἔργων τῷ πατρὶ τῷ σῷ πραχθέντων, ὧν τε ἐπεμνήσθην, καὶ ὅσα παρὰ τὸ μῆκος παραλιπεῖν δοκῶ, πάντων ἄριστον φαίν-

γρ. ἀπηύχοντο. γρ. αὐτοῦ. γρ. ἁπασῶν πρώτην νομ. γρ. εἰκόνος. γρ. [illegible]

A one cognoscitur. Etenim tyrannicos ille dominatus, non legitima imperia, funditus tollens, universum orbem peragravit; tantumque sui amorem in subditorum sibi animis excitavit, ut vel hodie milites ejus in donativis & largitionibus magnificentiæ memores, tanquam divinum aliquod numen venerentur: urbana vero ac rustica multitudo, non tam ut gravi tyrannorum jugo solveretur, quam ut parentis tui imperio subesset, huic de B illis victoriam precaretur. Posteaquam vero dominus omnium est constitutus, cum ex immoderata ejus cupiditate, qui ante dominabatur, velut siccitate quadam, summa esset pecuniarum inopia, ac cum omnes in Palatii penetralibus congestæ ac reconditæ forent; ille, claustris submotis, ubique repente omnes effudit: tum sui nominis urbem infra decem annos extruxit, quæ tanto cæteris major est omnibus, quanto Roma ipsa C inferior videtur. A qua quidem secundo loco numerari multo mea sententia præstantius est, quam reliquis omnibus majorem primamque judicari. Hic ego forsitan Athenarum celeberrimæ urbis mentionem opportune fecero, quibus ille perpetuo summum cum factis, tum verbis honorem habuit: cumque princeps omnium esset ac dominus, Ducem se nihilominus illorum appellari voluit: atque ejusmodi imagine & inscriptione donatus, im- D pensius lætabatur, quam si amplissimis esset honoribus affectus. Cæterum ut ob eam rem civitati gratiam referret, tritici medimnorum millia multa quotannis assignavit. Qua ex re cum urbi ipsi summa rerum omnium ubertas atque affluentia; tum illi laudes & honores ab optimis viris contigerunt.

Sed etsi multa a parente tuo præclare gesta sint, quæ partim commemoravi, partim ne longior sim prætermisisse videor; unum tamen omnium esse præstantissimum auda-

audacter dixerim, cæteris, ut opinor, suf- A
fragantibus, procreationem scilicet, educationem, atque institutionem tuam. Ex
quibus reliquis omnibus accidit, ut optimo imperio non ad breve aliquod tempus, sed quam fieri potest longiore per-
fruantur. Itaque etiamnum imperare is
videtur. Quod quidem Cyrus minime consequi potuit. Nam post ejus obitum filium multo deteriorem habuit: adeo ut ille
populi pater, dominus alter appellatus sit.
Te vero parente quidem humaniorem
multo, ac plerisque aliis in rebus superio- B
rem esse scimus; idque adeo, ubi opportunum erit, oratione mea demonstrabo.
Verum istud ipsum ad eum quoque pertinere arbitror, qui te optimæ illius institutionis participem fecerit: de qua deinceps dicere aggredior, ubi de matre ac fratribus tuis pauca dixero. Etenim tantum
in illa nobilitatis, ac pulchritudinis, & morum probitatis inerat, quantum in nulla a-
lia fœmina facile quispiam reperire possit.
Nam etsi de Parysatide celebrari illud a
Persis audiam, unam illam, sororem, ma- C
trem, uxorem, ac filiam regis extitisse; tamen eadem conjugis sui natura soror e-
rat: propterea quod Persis lege licitum e-
rat sororem suam in matrimonio habere.
Tuæ vero matri ex nostrarum legum præscripto, inviolata ac sincera illa jura necessitudinis conservanti, hoc nihilominus
est tributum, ut unius esset filia, alterius
uxor, soror itidem alterius; mater porro
non unius solum, sed multorum esset Imperatorum. Quorum alius susceptum contra tyrannos bellum una cum patre con- D
fecit; alius debellatis Getis pacem nobis
cum illis tutam ac securam præstitit; alius
fines nostros immunes ab hostium incursione atque impetu servavit, cum ipse in
eos sæpius exercitum duceret: donec id
per eos licuit, qui paulo post suorum in
eum scelerum atque injuriarum pœnas
dederunt. Jam cum multa ab iis edita
sint egregia facinora, ob quæ collaudari merito atque exornari queant; exter-

[illegible]

χῆς ἀγαθῶν περιουσίας· οὐδέν ἐστι A τοιοῦτο τῶν ἄλλων, ἐφ᾽ ᾧ μακαρίζοιντ᾽ ἄν τις αὐτοὺς εἰκότως σεμνύνοιτο, ὡς ὅτι τῶν μὲν ἀπόγονος, τῶν δὲ ἔκγονος. Ἀλλ᾽ ἵνα μὴ μακρότερα περὶ αὐτῶν λέγων τὸν ὀφειλόμενον τοῖς ἐπαίνοις τοῖς σοῖς καιρὸν ἀναλώσω τοῦ λόγου, πειράσομαι λοιπὸν, ὡς ἡμῖν ἄξιον, μᾶλλον δὲ, εἰ δεῖ μηδὲν ὑποστειλάμενον εἰπεῖν, μακρῷ τῶν προγόνων ἐπιδεῖξαι σεμνότερον. Φήμας μὲν δὴ, καὶ μαντείας, καὶ ὄψεις τὰς B ἐν τοῖς ὕπνοις, καὶ ὅσα ἄλλα θρυλλεῖν εἰώθασιν ἐπὶ τῶν οὕτω λαμπρὰ καὶ περιφανῆ πραξάντων, Κύρου, καὶ τοῦ τῆς ἡμετέρας οἰκιστοῦ πόλεως, καὶ Ἀλεξάνδρου τοῦ Φιλίππου, καὶ εἴ τις ἄλλος τοιοῦτος γέγονεν, ἑκὼν ἀφίημι· δοκεῖ γάρ μοι πόρρω ταῦτα τῆς ποιητικῆς ἐξουσίας εἶναι. Καὶ τὰ παρὰ τὴν πρώτην ὑπάρξαντά σοι γένεσιν, ὡς λαμπρὰ καὶ βασιλικὰ τὸ λέγειν εὔηθες. Ἀλλ᾽ ἐπειδή τῆς ἐν τοῖς παισὶν ἀγωγῆς ὁ καιρὸς ὑπομέμνηκε, C ἔδει σοι τῆς βασιλικῆς τροφῆς δή που, ἣ τὸ μὲν σῶμα πρὸς ἰσχὺν, καὶ ῥώμην καὶ εὐεξίαν, καὶ κάλλος ἀσκήσει· τὴν ψυχὴν δὲ πρὸς ἀνδρείαν, καὶ δικαιοσύνην, καὶ σωφροσύνην, καὶ φρόνησιν ἐμμελῶς παρασκευάσει. Ταῦτα δὲ οὐ ῥᾴδιον ἐκ τῆς ἀνειμένης ὑπάρχειν διαίτης· θρυπτούσης μὲν ὡς εἰκὸς τὰς ψυχὰς, ἀσθενεστέρας δὲ ἀπεργαζομένης πρός τε τοὺς κινδύνους τὰς γνώμας, καὶ πρὸς τοὺς πόνους τὰ σώματα. D Οὐκοῦν τῷ μὲν ἔδει γυμναστικῆς, τῷ σώματι· τῇ ψυχῇ δὲ τῇ τῶν λόγων [illegible] μελέτης. ἐπὶ πλέον δὲ ὑπὲρ ἀμφοῖν [illegible] ἄξιον διελθεῖν. Ἀρχὴ γάρ τις αὕτη τῶν μετὰ ταῦτα πράξεων γέγονε. τῆς μὲν οὖν ἐπιμελείας τῆς περὶ τὴν ἰσχὺν οὐ τὸ πρὸς τὰς ἐπιδείξεις ἁρμόζον ἤσκησας· ἥκιστα βασιλεῖ πρέπειν ὑπολαβὼν τὴν τοῖς παλαίστρας κατειληφότων τὴν θρυλλουμένην εὐεξίαν

γρ. τοιοῦτον

γρ. ἀναλώσω τὸ πολὺ λ. π.

γρ. ἐπιδεῖξαι σεμν.

norum quoque bonorum copia possit adjungi; nihil est tamen caeterarum rerum, ex quo tantum ad illorum praedicationem splendoris atque ornamenti quisquam colligat, quantum ex eo, quod ejusmodi virorum partim nepotes fuerint, partim filii. Verum ne si in illis commemorandis longior fuero, laudibus tuis debitum tempus eximam orationis meae: deinceps, uti a me fieri aequum est, conabor; vel, ut audacter id quod res est ac sine tergiversatione dicam, ostendam te ipsa, multo te majoribus tuis dignitate ac gloria praecellere. Atque omina quidem illa, Deorum responsa, nec non visa, & id genus alia, quae de iis vulgari solent, qui praeclaras res atque insignes adeo gesserunt; quemadmodum de Cyro, atque urbis nostrae conditore, & Alexandro Philippi filio, & aliis ejusmodi ferunt: haec, inquam, omnia consulto praetereo. Videntur enim haec a poetica licentia non multum recedere. Quae vero a primo statim ortu tibi contigerunt, ea quam magnifica & regalia fuerint persequi dicendo putidum fuerit. Sed quoniam de puerili institutione tua mihi ex ea occasione venit in mentem: nimirum tibi regia educatione opus erat, quae partim corpus ipsum ad firmitatem, ac robur, optimumque habitum & pulchritudinem conformaret: partim animum ad fortitudinem, justitiam, temperantiam, ac prudentiam scite atque idonee compararet. Porro haec ipsa difficile est e victu suppetere, qui animos perinde atque corpora enervat ac frangit; quique imbecilliores voluntates ad subeunda pericula facit, & ad capessendos labores corpora ipsa debilitat. Itaque alteri quidem parti, nimirum corpori, Gymnastica opus erat; alteram, hoc est animum, meditatione doctrinarum atque artium excolebas. Sed de utrisque nobis copiosius hoc loco dicendum est. Ab hoc enim initio praeclarae illae res gestae atque eximiae sunt excitatae. Igitur quod ad virium exercitationem attinet, non ea usus es, quae ad ostentationem solam refertur. Neque enim decantatam illam corporis constitutionem, quae Palaestricorum propria est, Imperatori consentaneam esse

esse judicasti; qui scilicet veterum esse certaminum particeps debeat, cum ille somnum brevissimum, cibum parcissimum desideret, neque ipsum vel copia, vel qualitate, vel usurpandi tempore semper eodem modo definitum, sed parabilem ac vulgarem, cum ejus capiendi per negotia facultas data fuerit. Quamobrem ad illud quoque comparandas exercitationes putasti; easdemque & varias, & militares esse: saltare in armis, decurrere, equitare. quae tu omnia ab initio tractasti; tantumque in singulis honum consecutus es, quantum ceterorum militum nullus. Ex iis enim alius pedes quidem bonus est; sed equitandi tamen imperitus: alius equestri scientia praeditus, pedestre ad certamen descendere veretur. Tibi hoc uni praecipuum est, ut & inter equites optimus valeas, cum te ad illorum cultum atque habitum transtulisti: & inter pedites adscriptus, robore omnes, ac celeritate, & agilitate pedum antecellas. Ac ne forte otiosae tibi relaxationes animi, & sine armorum meditatione transeant, sagittas dirigere ad scopum didicisti. atque una & corpus ipsum voluntariis laboribus ad non voluntarios perferendos idoneum reddidisti; & animum doctrinarum studio, ac consentaneis aetati huic artibus imbuisti. Qui ne omnino inexercitatus esses, aut quae de virtutibus traduntur, sic tanquam cantiones quasdam, & fabulas audires; ac tanto interim tempore praeclarorum facinorum, & gestorum rudis, atque expers fores: quod egregius ille Plato faciendum censebat, ut adjectis ad pueros quibusdam velut pennis, impositis equis illi ducerentur ad praelia, quo earum rerum spectaculo interessent, quarum paulo post actores esse eosdem oporteret: hoc ipsum parentem tuum jure dixerim praeclare cum animadvertit.

A μέτρου τὸ πλῆθος ἀγαπῶν μετέχειν, ὕπνου τε ἐλαχίστου δεόμενον, καὶ τροφῆς οὐ πολλῆς, καὶ ταύτης οὔτε κατὰ πλῆθος, οὔτε κατὰ ποιότητα πάντως ὡρισμένης· οὔτε κατὰ τὸν καιρὸν, ὃν χρὴ προσφέρεσθαι· τῆς ἐπιτυχούσης δὲ, ἐπειδὰν αἱ πράξεις τὸν καιρὸν ἐνδῶσι. Ὅθεν ἂν ἤδη καὶ τὰ γυμνάσια πρὸς ταύτην παιδευθῆναι, εἶναι δὲ ποικίλα καὶ στρατιωτικά· χορείαν τὴν ἐν τοῖς ὅπλοις, δρόμον τὸν ἐν τούτοις, τὴν ἱππικὴν τέχνην· B οἷς ἅπασι διατετέλεκας ἐξ ἀρχῆς ἐν καιρῷ χρώμενος, καὶ κατορθοῦντες παρὰ σοὶ τούτων ἕκαστον, ὡς πας οὐδεὶς τῶν ἄλλων ὁπλιτῶν. Οἱ μὲν γάρ τις ἐκείνων πεζὸς ὢν ἀγαθὸς, τὴν ἱππικὴν τέχνην ἠγνόησεν· ὁ δὲ ἐπιστήμων χρῆσθαι τοῖς ἵπποις, οὐκ ἐθέλει πεζὸς εἰς μάχην ἰέναι. Μόνῳ δὲ ὑπάρχει σοι τῶν μὲν ἱππέων ἀρίστῳ φαίνεσθαι παρελθόντι εἰς ἐκείνους ἀναλαβόντι τὴν στολήν· μεταχειριζομένῳ δὲ εἰς τοὺς C ὁπλίτας, κρατεῖν ἁπάντων ῥώμῃ, καὶ τάχει, καὶ τῇ τῶν ποδῶν κουφότητι. Ὅπως δὲ μὴ τὰς ἀνέσεις ῥαθύμους εἶναι, μηδὲ ἄνευ τῶν ὅπλων παιδιᾶς συμβαίνειν, ἐπιτυχῶς τοξεύειν ἤσκησας. Καὶ τὸ μὲν σῶμα διὰ τῶν ἑκουσίων πόνων πρὸς τοὺς ἀκουσίους εὖ ἔχειν παρεσκεύασας, τῇ ψυχῇ δὲ ἐγύμνασε μὲν ἡ τῶν λόγων μελέτη, καὶ τὰ προσήκοντα τῆς ἡλικίας μαθήματα. Ὅπως δὲ μὴ παντάπασιν ἀγύμναστος D ᾖς, μηδὲ καθάπερ ᾄσματα καὶ μύθους, ὑπὲρ τῆς ἀρετῆς ὑπάρχῃ λόγους, ἔργων δὲ ἀγαθῶν καὶ πράξεων ἄπειρος ὢν τοσοῦτον διαμείνῃς χρόνον, καθάπερ ὁ γενναῖος ἀξιοῖ Πλάτων, οἷον πτερὰ τοῖς παισὶ χαριζόμενον, καὶ ἐπὶ τοὺς ἵππους ἀναγαγόντα ἄγειν εἰς τὰς μάχας, θεατὰς ἐσομένους ὧν δὴ εἰς μακρὰν ἀγωνιστὰς ἐχρῆν καταστῆναι· πατέρα τὸν σὸν μαθόν-

[illegible] τοῖς Κελτοῖς ἔθνεσιν ἐπιστῆσαι σε φύλακα καὶ βασιλέα, μειράκιον ὄντα, μᾶλλον δὲ παῖδα κομιδῇ τὴν ἡλικίαν· ἐπεὶ τό γε συνιέναι καὶ ῥώμῃ τοῖς καλοῖς κἀγαθοῖς ἀνδράσιν ἐνάμιλλον ἦδη. Τοῦ μὲν ἀκινδύνως γενέσθαι σοι τὴν πολεμικὴν ἐμπειρίαν ἐν παιδὶ προὐνόησε καλῶς, εἰρήνην ἐπιτάξας πρὸς τοὺς ὑπηκόους ἄγειν τοῖς βαρβάροις· μάχεσθαι δὲ ἀναπείθων, καὶ στασιάζειν πρὸς ἀλλήλους· ἐν ταῖς ἐκείνων συμφοραῖς, καὶ τοῖς σώμασι στρατηγικὴν ἐδίδασκε τέχνην· ἀσφαλέστερον βουλευόμενος τοῦ σοφοῦ Πλάτωνος. Τῷ μὲν γὰρ, εἰ πεζοὶ ἐπέλθοι πολεμίων στρατός, οἱ παῖδες θεαταὶ, καὶ κοινωνοὶ τῶν ἔργων, ἤν που δεηθῶσι, τοῖς πατράσι γένοιντ' ἄν. κρατήσαντος δὲ ἱππεῦσι τῶν πολεμίων, ἅττα μηχανᾶσθαι τοῖς μειρακίοις σωτηρίας τρόπον δυσεπινόητον. Τὸ δὲ ἐν ἀλλοτρίοις κινδύνοις τοὺς παῖδας ἐθίζειν πολεμίων ἀπέχεσθαι, καὶ πρὸς τὴν χρείαν ἀρκούντως, καὶ πρὸς τὴν ἀσφάλειαν δοκεῖ βεβουλεῦσθαι. ἐν μὲν δὴ τούτοις σοι πρὸς ἀνδρείαν ὑπῆρχε μελέτη. Φρονήσεως δὲ ἡ μὲν φύσις, ἣν εἴληχας, αὐτάρκης ἡγεμών. παρῆσαν δὲ, οἶμαι, καὶ τῶν πολιτῶν οἱ κράτιστοι τὰ πολιτικὰ διδάσκοντες. καὶ παρεῖχον ἠθῶν, καὶ νόμων, καὶ ξένων ἐπιτηδευμάτων ἐμπειρίαν αἱ πρὸς τοὺς ἡγεμόνας τῶν τῇδε βαρβάρων ἐντεύξεις. Καίτοι τὸν Ὀδυσσέα σεμνὸν Ὅμηρος ἐκ παντὸς ἀποφῆναι προαιρούμενος πολύτροπον εἶναί φησι, καὶ πολλῶν ἀνθρώπων τὸν νοῦν καταγνῶναι, καὶ ἐπεξελθεῖν ταῖς πόλεσιν, ὡς ἐξ ἁπάντων ἐπιλεξάμενος ἔχοι τὰ κράτιστα, καὶ πρὸς παντοδαποὺς ἀνθρώπους ὁμιλεῖν δύναιτο. Ἀλλὰ τῷ μὲν οὐκ ἐβασίλευσε ποικίλων ἠθῶν ἐμπειρίας χρεία· τῷ δὲ πρὸς

set, Gallorum gentibus custodem te atque Imperatorem praefecisse adhuc juvenem, vel aetate potius admodum puerum: quandoquidem, quod ad prudentiam ac robur attinet, cum praestantissimis viris comparandum merito te esse cognorat. Quam vero egregie hoc a patre tuo provisum est, ut prima illa tibi belli experientia sine ullo tuo periculo constaret. Nam cum Barbaros ille ordinasset, ut cum subditis sibi pacem colerent; eosdem vero mutuas in caedes atque intestina bella conjecisset; in alienis te calamitatibus atque corporibus imperatoriam artem edocuit; multo id quam sapiens ille Plato consultius providens. Apud illum enim, si pedestri acie hostilis exercitus instaret, spectatores forsitan pueri, aut etiam, si opus fuerit, operum participes atque adjutores patribus esse possunt; sin equestri praelio superior hostis fuerit, tum demum de adolescentulorum salute cogitandum: quod quemadmodum perficiatur excogitari vix potest. At vero alienis in periculis, sustinendis hostibus pueros assvefacere, est id non ad usum solum, verum etiam ad securitatem abunde provisum. Hoc igitur rudimentum fortitudinis, atque ea prima exercitatio fuit. Quod vero ad prudentiam attinet, etsi dux ad eam idonea tibi egregia illa, quam sortitus es, naturae esset indoles, aderant nihilominus ex Romanis praestantissimi quique, qui te civili disciplina ac solertia formarent: tum rituum, atque legum, & peregrinorum institutorum scientiam, assidua, quae cum illius loci Barbaris inibas, colloquia comparabant. Atqui Ulyssem nobis Homerus, cum omni ratione prudentem comprobare vellet, versutum fuisse narrat, & plurimorum mentes hominum perspectas habuisse, ac civitates eo consilio perlustrasse, ut ex omnibus optima quaeque colligeret, possetque cum omni hominum genere versari. Sed huic quidem nihil ad paucos illos; quibus imperabat, tanta variorum morum experientia opus erat. Eum vero, qui ad tantam

tam educaretur imperii amplitudinem, non in tugurio aliquo institui decebat: neque regnum, ut Cyrus ille quondam, per ludicrum imitari, aut aequalibus suis jus dicere, quod ab eodem factum accepimus; sed cum nationibus, ac populis, & militum legionibus versari; imperare omnino quae in rem essent; nihil denique non earum rerum attingere, quas, ubi ad virilem aetatem pervenisset, tractare pro voluntate atque arbitrio deberet. Quocirca ubi egregie quae apud illos essent omnia percepisti, tandem alteram in orbis partem translatus, Parthorum ac Medorum gentibus ad resistendum solus objectus es. Cumque jam bellum inflammari coepisset, ac propediem exarsurum atque erupturum foret, rationem ejus omnem celeriter perdidisti, atque armorum vim ac robur imitatus es, & ad tolerandos aestatis ardores corpus tuum consuetudine firmasti. Alcibiadem unum e Graecis omnibus audio tam aptum ad mutationem omnem, ac versatili ingenio fuisse, ut cum se Spartanis dedidisset, Lacedaemoniorum in se frugalitatem exprimeret: inde Thebanos, & Thracas, ac Persarum denique luxum imitaretur. Verum ille mores una cum locis identidem mutans maximis implicabatur molestiis, ac de patriis institutis & rebus avertendis funditus periclitabatur. Tu vero frugali ac moderato victu utendum tibi perpetuo decreveras, corpusque ipsum tum ad mutationes ferendas labore comparasses, facilius illum ad Parthos a Gallis transitum sustinuisti, quam divites soleant, qui pro temporum varietate sedem ac domicilium mutant, si qua forte tempestatum injuria cogantur. Ac mihi sane Deus satis tibi ac benignus videtur, cum jam tum animo hominum ad imperium ac rerum omnium potestatem venturum etiam comparare vellet, circumduxisse te, atque imperii totius limites ac terminos monstrasse; nec non locorum situm, regionum amplitudinem, nationum potentiam, civitatum frequentiam, populorum indolem, &

A τοιαύτην ἡγεμονίαν τραφήσεσθαι, οὐκ ἐν οἰκίσκῳ τινὶ ἐχρῆν διδάσκεσθαι, οὐδὲ τὴν βασιλείαν, καθάπερ ὁ Κῦρος, παίζοντα μιμεῖσθαι· οὐδὲ χρηματίζειν τοῖς ἥλιξι, καθάπερ ἐκεῖνον λέγουσιν. ἀλλ' ἔθνεσιν ὁμιλεῖν, καὶ δήμοις, καὶ στρατιωτικοῖς τάγμασιν ἐπιτάττειν ἁπλῶς τὸ πρακτέον· ὅλως δὲ οὐδενὸς ἀπολείπεσθαι τούτων, ὧν ἐχρῆν ἄνδρα γενόμενον ἐπ' ἀδείας πράττειν. Οὐκοῦν ἐπειδὴ τὰ παρὰ B τούτοις ἐξεδιδάχθης καλῶς, ἐπὶ τὸ ἕτερον ἐτρέπου μέρος, τοῖς Παρθυαίοις, καὶ Μήδων ἔθνεσιν ἀντετάχθης μόνος. Ὑποτυφόμενα δὲ ἤδη τὰ πολέμια, καὶ οὐκ εἰς μακρὰν μέλλοντος ἀναῤῥιπίζεσθαι, ταχέως καὶ τινα καὶ ἡμῖν τὸν τρόπον, ὡς τὴν τῶν ὅπλων ἐργασίαν διαρρήσσειν πρὸς τὴν ὥραν τὰ θέρους ὑ-θίστας καρτερεῖν τὸ σῶμα. Πυνθάνομαι δὲ Ἀλκιβιάδην μόνον ἐξ ἁπάντων Ἑλλήνων οὕτως εὐφυῶς μεταβολὰς C ἐνεγκεῖν, ὡς καὶ μιμήσασθαι μὲν τὴν Λακεδαιμονίων ἐγκράτειαν, ἐπειδὴ Σπαρτιάταις αὑτὸν ἐκδοὺς ἐπα-Θηβαίων καὶ Θρᾳκῶν ὕστερον, ἔτι τελευτῶν τὴν τῶν Περσῶν τρυφήν. Ἀλλ' ἐκεῖνος μὲν τοῖς χωρίοις ὁμοῦ συμμετέβαλλεν καὶ τὸν τρόπον, συνεπιπλάττων καὶ τὰς δυσχερείας, καὶ τὸ πάτριον ἐκπαιδευθεὶς παιδείας ἀπέβαλλεν. Σὺ δὲ τῇ μὲν ἐγκρατεῖ διαίτῃ ὡς ἀεὶ ἐχρῶ, τῷ πανταχοῦ εἴκων δὲ τὸ σῶμα τοῖς πόνοις πρὸς D τὰς μεταβολὰς, ῥᾷον διήνεγκας τὴν ἐκ Γαλατῶν εἰς Πάρθους ἀποδημίαν, ἢ τὴν οἰκησίαν, οἱ ταῖς ὥραις τὴν οἴκησιν μεταβάλλουσι παρὰ τὸν καιρὸν βιαζόμενοι. Καί μοι δοκεῖ θεὸς εὐμενὴς ἤδη τότε τὸν ὅλον ἐξ ἀρχῆς ἡγεμόνα τῆς οἰκουμένης παρασκευάζειν ἐθέλων, πανταχοῦ σε περιαγαγὼν, καὶ ἐπιδεῖξαι τῆς ἀρχῆς ἁπάσης ὅρους καὶ πέρατα, καὶ φύσιν χωρῶν, καὶ μέγεθος χωρῶν, καὶ δύναμιν ἐθνῶν, καὶ πλῆθος πόλεων, καὶ φύσιν

γρ. ἐπε-τέτρα.

γρ. ... βιαζόμενοι

δήμων, καὶ τὸ κράτιστον, αἰσθὴν ἐκείνων τὴν A γερουσίαν· ὧν οὐδενὸς ἀπολελεῖφθαι χρὴ τὸν πρὸς τοσαύτην ἀρχὴν τρεφόμενον. Τὸ μέγιστον δὲ μικροῦ με διέφυγεν εἰπεῖν, ὅτι τούτων ἁπάντων ἄρχειν ἐκ παίδων διδασκόμενος, ἄρχεσθαι κρεῖττον ἔμαθες, ἀρχῇ τῇ πασῶν ἀρίστῃ καὶ δικαιοτάτῃ φύσει τε καὶ νόμῳ σαυτὸν ὑποθείς. Πατρὶ γὰρ ὑπήκουες ἅμα καὶ βασιλεῖ· ὧν εἰ καὶ θάτερον ὑπῆρχεν ἐκείνῳ μόνον, ἄρχειν αὐτῷ πάντως προσῆκον ἦν. Καίτοι τίνα ποτ' ἄν τις B ἐξεύροι βασιλικὴν τροφὴν καὶ παιδείαν ἀμείνω ταύτης πάλαι γενομένην; Οὔτε γὰρ Λακεδαιμόνιοι τῶν Ἑλλήνων, οἵπερ δὴ δοκοῦσιν ἀρίστης ἀρχῆς τῆς τῶν βασιλέων μεταλαβεῖν, οὕτω τοὺς Ἡρακλείδας ἐπαίδευον. Οὔτε τῶν βαρβάρων οἱ Καρχηδόνιοι βασιλευόμενοι διαφέροντος, τῆς ἀρίστης ἐπιμελείας τὸν ἄρχοντα σφῶν ἠξίουν. Ἀλλὰ πᾶσιν ἦν κοινὰ τὰ παρὰ τῶν νόμων τῆς ἀρετῆς γυμνάσια, καὶ τὰ παιδεύματα, καθάπερ ἀδελφοῖς τοῖς πολίταις ἄρξειν τε C καὶ ἀρχθήσεσθαι μέλλουσι· καὶ οὐδὲν διάφορον ὑπῆρχεν εἰς παιδείας λόγον τοῖς ἡγεμόσι τῶν ἄλλων. Καίτοι πῶς οὐκ εὔηθες ἀπαιτεῖν μὲν ἀρετῆς μέγεθος ἀνυπέρβλητον παρὰ τῶν ἀρχόντων, προνοεῖν δὲ μηδὲν ὅπως ἔσονται τῶν πολλῶν διαφέροντες; καὶ τοῖς μὲν βαρβάροις ἅπασιν ἐν κοινῷ τῆς ἀρχῆς ταύτης προκειμένης, τὸ τὴν ἐπιμέλειαν τῶν ἠθῶν ὁμοίαν γίγνεσθαι παράσχοι συγγνώμην. τὸν δὲ Λυκοῦργον τοῖς ἀφ' Ἡρακλέους ἀστυ- D φέλικτον τὴν βασιλείαν διαφυλάττοντα, καὶ μηδεμίαν ὑπεροχὴν ἐν ταῖς ἐπιμελείαις τῶν νέων εὑρόντα, σφόδρα ἄν τις εἰκότως μέμψαιτο. Οὐδὲ γὰρ εἰ πάντας Λακεδαιμονίους ἀθλητὰς ἀρετῆς, καὶ τροφίμους ᾤετο δεῖν εἶναι, τῆς ἴσης ἀξιοῦν ἐχρῆν τροφῆς καὶ παιδείας

quod caput est, illorum ipsorum opes ac præsidia. Quarum rerum neutram quidem ignorare oportet eum, qui ad tantam imperii amplitudinem educatur. Verum propemodum id quod erat maximum dicere prætermiseram, quemadmodum præesse omnibus his a puero cum esses edoctus, subjici tamen melius didiceris, æque præstantissimo & justissimo omnium imperio, naturæ ac legi subdideris. Etenim parenti una & Imperatori te subjiciebas. Quorum si vel alterum duntaxat illi conveniret, imperii ad eum jus omnino pertinebat. Ecquam porro regalem educationem, & institutionem præstantiorem illa quisquam potest in omni vetustatis memoria reperire? Neque enim inter Græcos Lacedæmonii, qui optima civitatis administrandæ ratione, hoc est, regia potestate usi videntur, ita suos Heraclidas instituebant. Neque ex barbaris Carthaginienses, qui præcipuam regni formam asciverunt, ei, qui ad imperium esset evehendus, optimam institutionem ac disciplinam adhibuerunt. Sed communiter proposita omnibus erant, quæ legibus præscribebantur exercitationes, ac rudimenta virtutis: sic tanquam fratribus universis inter se confusis civibus, tam qui imperare aliis, quam qui subjici aliorum imperio deberent: nec insigne quicquam ad institutionem ac disciplinam præterea Principes habebant. Quanquam nonne stultum est ab iis qui imperent eam flagitare virtutis magnitudinem, qua major esse nulla possit, nec illud interim providere, qua ratione vulgo hominum antecellant? Sed Barbaris quidem ignosci ob hoc ipsum potest, quod cum in medio cuique propositum esset imperium, parem atque eandem formandis omnium moribus curam adhibuerunt: Lycurgum vero, qui Herculis posteris stabile regnum atque inconcussum servare vellet, merito aliquis propterea reprehensione dignum putet, quod nihil in juventutis educatione Regibus eximium ac præcipuum tribuerit. Non enim, etsi Lacedæmonios omnes athletas quodammodo virtutis esse oportere, & alumnos crederet, æqualem tamen privatis, ac magistratibus educationem,

nem & institutionem accommodare debuerat. Siquidem ejusmodi consvetudo paulatim se insinuans affert nescio quem animis principum contemptum. Ac ne omnino quidem principes habendi illi sunt, qui non primum illum inter suos locum sua virtute compararunt. Eamque fuisse causam arbitror, cur Spartani difficiliores se ad obsequendum sæpenumero regibus suis ostenderent. Cujus rei manifestum atque evidens argumentum esse potest Lysandri illa adversus Agesilaum æmulationis plena contentio: atque id genus alia, quæ facile occurrunt, si quis illorum hominum gesta considerare velit. Sed his Reipubl. ratio ipsa, utpote quæ ad virtutem idonee præpararet, etsi nihil vulgaribus hominibus præstantius assequi atque usurpare permitteret, hoc tamen ipsum, ut præclari atque egregii forent, præstabat. Carthaginiensium vero ne publica quidem illa instituta probamus. Quippe parentes liberos suos ædibus ejicientes, quæ ad vitam necessaria erant proprio labore sibi quærere jubebant, hoc unum præcipientes, nihil ut eorum, quæ turpia viderentur, admitterent. Hoc autem erat non ex animis juvenum cupiditatem evellere, sed illud unum monere, ut clam scelus suum perpetrare studerent. Non enim teneros hominum deliciæ duntaxat, & luxus, verum etiam quæ necessariis rebus indiget vita depravat; in quibus ratio ipsa nondum sui compos, atque expers judicii, impulsa cupiditate necessitati obtemperet. Præsertim cum, nisi cum animi affectum coerceat, sed ad rem quærendam, ac mercatorum permutationes, & nundinationes a puero consuefactus fuerit; quas partim commentus ipse sit, partim a peritis didicerit; de quibus non modo loqui, sed ne audire quidem ingenuum deceat; quamplurimas in animo sordes labesque contrahat; quibus vacare vel honestum civem oporteat, multoque regem amplius ac ducem. Mihi vero nihil istos arguere in præsentia necesse est. De institutionis duntaxat

A τοὺς ἰδιώτας τοῖς ἄρχουσιν. Ἡ γὰρ τοιαύτη κατὰ μικρὸν ὑποδυομένη συνήθεια ταῖς ψυχαῖς ἐντεῦθεν ὑπεροψίαν τῶν προεστώτων. Ὅλως γὰρ οὐδὲ κρείττονας νομιστέον τοὺς οὐ δι' ἀρετὴν πρωτείων λαχόντας. Τοῦτο δὲ οἶμαι καὶ Σπαρτιάτας χαλεπωτέρους ἀρχθῆναι τοῖς βασιλεῦσι παρεῖχε πολλάκις. Χρήσαιτο δ' ἄν τις σαφεῖ τεκμηρίῳ τῶν ῥηθέντων τῇ Λυσάνδρου πρὸς Ἀγησίλαον φιλοτιμίᾳ, καὶ ἄλλοις πλείοσιν,
B ἐπιὼν τὰ πεπραγμένα τοῖς ἀνδράσι. Ἀλλὰ τοῖς μὲν ἡ πολιτεία πρὸς ἀρετὴν ἁρμοσιῶτας παρασκευάζουσα, εἰ καὶ μηδὲν διαφέρον ἐπιτηδεύειν ἐδίδου τῶν πολλῶν, ἀλλὰ τὸ καλοὺς κἀγαθοὺς ὑπάρχειν παρεῖχεν ἀνδράσι. Καρχηδονίων δὲ οὐδὲ τὰ κοινὰ τῶν ἐπιτηδευμάτων ἐπαινεῖν ἄξιον. Ἐξελαύνοντες γὰρ τῶν οἰκιῶν οἱ γονεῖς τοὺς παῖδας, ἐπέταττον εὐπορεῖν διὰ τοῦ πόνου τῶν πρὸς τὴν χρείαν ἀναγκαίων,
C τὸ δρᾶν τι τῶν δοκούντων αἰσχρῶν ἀπαγορεύοντες. Τὸ δὲ ἦν, οὐ τὴν ἐπιθυμίαν ἐξελεῖν τῶν νέων, ἀλλὰ τὸ λαθεῖν κελευσθῆναι ἁμαρτάνοντα προστάττειν. Πέφυκε γὰρ οὐ τρυφὴ μόνον τὸ ἦθος διαφθείρειν, ἀλλὰ καὶ ἡ τῶν ἀναγκαίων ἔνδεια, ἐφ' ὧν ἔτι τὸ κρῖνον ὁ λόγος προσλαβὼν ἕπεται ταῖς χρείαις ὑπὸ τῆς ἐπιθυμίας ἀναπειθόμενος. Ἄλλως τε εἰ καὶ τοῦτο μὴ κρατοίη τῇ ψυχῇ, πρὸς χρη-
D ματισμὸν ἐκ παίδων συνεθιζόμενος, καὶ τινας ἀμοιβὰς ἐμπορικὰς, καὶ καπηλείας, τὰς μὲν αὐτὸς εὑρὼν, τὰς δὲ παρὰ τῶν εἰδότων μαθὼν· ὑπὲρ ὧν οὐ λέγειν μόνον, ἀλλ' οὐδὲ ἀκούειν ἄξιον ἐλευθέρῳ παιδὶ· πλείστας ἂν κηλῖδας ἐναποθοῖτο τῇ ψυχῇ, ὧν ἀμιγῆ καθαρὸν εἶναι χρὴ καὶ τὸν ἐπιεικῆ πολίτην, ἀλλ' οὐ τὸν βασιλέα καὶ στρατηγὸν μόνον. Ἐμοὶ δὲ οὐκ ἐπιτιμᾶν ἐπὶ τοῦ παρόντος ἐκείνοις προσῆκον. Δεῖξαι δὲ

δὲ μόνην τὴν τροφῆς τὸ διάφορον, ἢ χρησάμενος κάλλει, καὶ ῥώμῃ, καὶ δικαιοσύνῃ, καὶ σωφροσύνῃ διαπρέψας· διὰ μὲν τῶν πόνων τὴν εὐεξίαν περιβαλλόμενος· διὰ δὲ τῶν νόμων τὴν σωφροσύνην κτησάμενος, καὶ τῷ μὲν σώματι ῥωμαλεωτέρῳ διὰ τὴν ἐγκράτειαν τῆς ψυχῆς, τῇ ψυχῇ δ' αὖ διὰ τὴν τοῦ σώματος καρτερίαν δικαιοτέρᾳ χρώμενος· τὰ μὲν ἐκ τῆς φύσεως ἀγαθὰ συναύξων ἐκ παντός· τὰ δὲ ταῖς ἐπιμελείαις ἔξωθεν ἀεὶ προσλαμβάνων· καὶ δεόμενος μὲν οὐδενός, ἐπαρκῶν δ' ἄλλοις, καὶ χαριζόμενος μεγάλας δωρεάς, καὶ ἔσεσθαι τοὺς λαβόντας ἤρκει ἀποφῆναι τῷ Λυδῶν δυνάστῃ παραπλησίους· ἐνδεέστερον μὲν ἀπολαύων αὐτὸς τῶν ὑπαρχόντων ἀγαθῶν ἢ Σπαρτιατῶν ὁ σωφρονέστατος· τῶν τρυφῶν δὲ παρέχων ἄλλοις χορηγίαν· καὶ τοῖς βουλομένοις σωφρονεῖν παρέχων σαυτὸν μιμεῖσθαι· ἄρχων μὲν πρᾴως καὶ φιλανθρώπως τῶν ἄλλων, ἀρχόμενος δὲ ὑπὸ τοῦ πατρὸς σωφρόνως, καὶ ὡς εἷς τῶν πολλῶν τὸν ἅπαντα διετέλεις χρόνον. Παιδὶ μὲν ὄντι σοι καὶ μειρακίῳ ταῦτά τε ὑπῆρχε, καὶ ἄλλα πλείονα, περὶ ὧν νῦν λέγειν μακρότερον ἂν εἴη τοῦ καιροῦ.

Γενόμενος δὲ κατ' ἡλικίας, καὶ τῷ πατρὶ τὴν εἱμαρμένην τελευτὴν τοῦ δαίμονος μάλα ὀλβίαν παρασχόντος, οὐ μόνον τῷ πλήθει καὶ κάλλει τῶν ἐπενεχθέντων τὸν τάφον ἐκόσμεις, γενέσεως καὶ τροφῆς ἀποτίνων τὰ χαριστήρια· πολὺ δὲ πλέον τῷ μόνος ἐκ πάντων τῶν ἐκείνου παίδων, ζῶντος μὲν ἔτι καὶ πιεζομένου τῇ νόσῳ, πρὸς αὐτὸν ὁρμῆσαι· τελευτήσαντος δὲ τὰς μεγίστας τιμὰς καταστῆσαι· ὑπὲρ ὧν ἐξ ἀρχῆς καὶ τὸ μνησθῆναι. Καλοῦσι γὰρ ἡμᾶς ἐφ' αὑτὰς αἱ πράξεις, ὑπομιμνήσκουσαι τῆς ῥώμης, τῆς εὐψυχίας, εὐβουλίας τε ἅμα, καὶ δικαιότητος, οἷς ἄμαχος ὤφθη καὶ ἀνυπέρβλητος· τὰ μὲν πρὸς τοὺς ἀδελφούς, καὶ τοὺς πολίτας, καὶ τοὺς πατρῴους συν

A tui diversitate dicam, qua tu usus, pulchritudine, robore, justitia, & temperantia præstitisti: cum & laboribus firmitatem corporis, & legum beneficio temperantiam esses adeptus, & non modo corpus animi continentia firmius, ac robustius, sed & animum justiorem corporis patientia reddidisses: tum quæ a natura insita erant bona omni ratione perficeres, aliaque studio ac labore in dies adjiceres, & nullius indigens ipse aliis abunde suppeditares, ac donis amplissimis ditares, quæ B eos, qui donati essent, Lydorum principi pares efficerent. Cum tu interim iis rebus, quas possideres, parcius uteteris ipse, quam Spartanorum moderatissimus quilibet: adeo ut luxus ac voluptatum materiam sufficeres aliis; iis vero, qui temperati esse vellent, teipsum imitandum proponeres. Quippe toto illo tempore una & subditis tibi benigne atque humaniter imperabas, & te parentis imperio modeste, ac tanquam unus e multis subjiciebas. Igitur ea tibi & puero & adolescenti C contigerunt, aliaque plurima, de quibus si in præsentia dicerem, multo essem quam pro præscripto mihi ad dicendum tempore prolixior.

Sed cum jam maturiorem ætatem attigisses, ac fatalem exitum vitæ Deus parenti tuo felicem admodum præstitisset; tum vero non solum collatarum rerum copia & pulchritudine sepulcrum illius ornasti, eamque procreationis atque educationis mox gratiam ei rependisti: sed multo ma- D gis hoc officii genere, quod unus ex illius liberis, cum adhuc superstes foret, & morbo conflictaretur, ad eum accurristi: eidem vero mortuo amplissimos honores habuisti. De quibus satis est obiter mentionem fecisse. Vocant enim me ad sese res a te præclare gestæ, mihique egregium illud robur animi, magnitudinem, prudentiam ac justitiam in memoriam revocant. Quibus omnibus inexpugnabilem te esse, atque a nullo superari posse monstrasti. Nam partim quæ ad fratres tuos, & cives, & amicos paretpatrimonii, & exercitus pertinent, iuste ac moderate constituisti: nisi quod fortasse turbine temporum ac tempestate coactos alios, ne peccarent, invitus prohibueris; partim bellicam rem fortiter ac magnifice, atque ut pristinum generis tui decus ac gloriam decebat, ordinasti. Ita cum illis toto tempore concorditer vixisti, pacatum ac tranquillum Reipublicae statum conservans; & fratres tuos, eosdemque collegas imperii, cultu atque observantia prosequens: ad haec amicis tuis una cum caeteris bonis mutuum salutandi officium ac libertatem impertiens. Ac cum omnes faceres commodorum tuorum participes: tum quae cuique opus forent large atque abunde communicasti. Quorum omnium testes iidem illi, qui experti sunt, esse merito possunt: iisque, qui nullum cum iis usum ac consuetudinem habent, ipsemet res vitae totius institutum satis superque demonstrant.

Sed iam de rebus gestis agendum nobis est: de ipsis vero animi habitibus alium in locum reiicienda disputatio. Cum Persae, redacta in potestatem Asia quondam universa, atque Europae maxima parte vastata, pene totum orbem circumquaque spe sua comprehendissent, postea quam sunt Macedonum armis imperio spoliati, & Alexandri ducis opera, vel lusione quadam potius, debellati fuerunt; quod iniquo animo servitutem illam ferrent; simulatque mortuum illum viderunt, contra eius successores rebellantes, non solum adversus Macedones aequis deinceps viribus insurrexerunt: sed nobis etiam, qui, quod Macedonum imperio deerat, adquisivimus, pares ad bellum gerendum perpetuo sunt hostes habiti. Quid hic ego priscos illos percenseam, Antonium & Crassum, summa ac plena potestate praeditos imperatores; ab quibus impositas imperio labes, ac dedecora damnis admodum nostris periculis abstersimus, cum plerique boni ac moderati imperatores acceptas eiusmodi calamitates ac damna resarcissent? Quid porro secundo consecutas illas clades, ac quae fu-

A φίλοις, καὶ τὰ στρατεύματα δικαίως καὶ σωφρόνως κατεστησάμενος· πλὴν εἴ τινα βιασθεὶς ὑπὸ τῶν καιρῶν ἄκων ἐπέσχες ἐξαμαρτεῖν ὀλιγωρήσαντας· τὰ δὲ πρὸς τοὺς πολεμίους ἀνδρείως, καὶ μεγαλοπρεπῶς, καὶ πρεπόντως τῆς ἀξίας τοῦ γένους δόξης καταπραξάμενος· τοῖς μὲν δι᾽ ὁμονοίας τὸν ἅπαντα χρόνον συγγεγονὼς, ἀστασίαστον μὲν τὴν πόλιν διαφυλάττων, καὶ τοὺς ἀδελφοὺς ὡς

B συνάρχοντας θεραπεύων ἀεί, τοῖς φίλοις δὲ τῆς ἴσης παρρησίας μεταδιδοὺς, καὶ τῆς τιμῆς μετὰ τῶν ἄλλων ἀφθόνως· κοινωνῶν μὲν ἅπασι τῶν ὑπαρχόντων, μεταδιδοὺς δὲ ὧν ἕκαστος ἐνδεὴς εἴη. Καὶ τούτων μάρτυσι μὲν αὐτοῖς ἐκείνοις εἰκότως ἄν τις χρήσαιτο, καὶ τὰ πράγματα δὲ τοῖς ἀπολαύσασι τῆς πρὸς ἐκείνους συνουσίας ἱκανῶς δηλοῖ σου τὴν προαίρεσιν τοῦ βίου παντός.

Ῥητέον δὲ ὑπὲρ αὐτῶν ἤδη τῶν πράξεων

C ἀναβαλλομένους τὸν ὑπὲρ τῶν ἕξεων λόγον. Πέρσαι τῆς Ἀσίας ἁπάσης πάλαι κρατήσαντες, καὶ τῆς Εὐρώπης τὰ πολλὰ καταστρεψάμενοι, μικροῦ δεῖν φάναι τὴν οἰκουμένην ἅπασαν περιλαβόμενοι ταῖς ἐλπίσιν, ἐπειδὴ τὴν ἀρχὴν ὑπὸ Μακεδόνων ἀφῃρέθησαν, τῆς Ἀλεξάνδρου στρατηγίας ἔργον γενόμενοι, μᾶλλον δὲ παιδιᾶς, χαλεπῶς φέροντες πρὸς τὸ δουλεύειν, ἅμα ἐκεῖνον ἑώρων τετελευτηκότα, τῶν διαδόχων ἀποστάντες, Μακεδόσι τε

D εἰς τὴν ἀντίπαλον δύναμιν αὖθις κατέστησαν, καὶ ἡμῖν τὰ λειπόμενα τῆς Μακεδόνων ἀρχῆς κατακτησαμένοις, ἀξιόμαχοι διὰ τέλους ἔδοξαν εἶναι πολέμιοι. Καὶ τὰ μὲν παλαιὰ τί χρὴ νῦν ὑπομιμνήσκειν, Ἀντωνίῳ καὶ Κράσσῳ, στρατηγοῖς αὐτοκράτορσι, καὶ οὐκ ἐκεῖνα διὰ μακροῦ ἀπαλειψαμένους τὰ αἴσχη, ἐπιδόντα καὶ σωφρόνων αὐτοκρατόρων ἀναμαχεσαμένων τὰ πταίσματα; Τί δὲ χρὴ τῶν δευτέρων ἀτυχημάτων μεμνῆσθαι, καὶ τῶν ἐπ᾽ αὐτοῖς ἐπανορθώσεων,

γρ. τὰ

γρ. τὸν ἐκείνου παιδιᾶς μᾶλλον

γρ. ἐπιδόντων

 (ὥσπερ

(ὥσπερ μετὰ τὰς συμφορὰς ᾑρέθη στρατηγός;) ἀλλ' αὐτὴν θαυμαστὴν καὶ παρὰ πᾶσιν ἀγαπωμένην εἰρήνην ἐπιτάξαντες ἑκοῦσιν ἄγειν οἱ πρὸ τοῦ σοῦ πατρὸς τὴν βασιλείαν κατασχόντες, οὐχ ὁ μὲν Καῖσαρ καθ' αὑτὸν συμβαλὼν αἰσχρῶς ἀπήλλαξεν; ἐπιστραφέντος δὲ τοῦ τῆς οἰκουμένης πάσης ἄρχοντος, καὶ τὰς δυνάμεις τῆς ἡγεμονίας ἁπάσης ἐκεῖσε τρέψαντος, καὶ προκαταλαβόντος τὰς εἰσβολὰς στρατεύμασι, καὶ καταλόγοις ὁπλιτῶν παλαιῶν καὶ νεολέκτων, καὶ παντοδαπαῖς παρασκευαῖς, ἃ ἰδόντες μόλις τὴν εἰρήνην ἠγάπησαν. Ἣν οὐκ οἶδ' ὅπως περιόντος τοῦ πατρὸς τοῦ σοῦ συγχέαντες καὶ συνταράξαντες, τὸ μὲν παραυτίκα τιμωρίας διήμαρτον, ἐν ταῖς πρὸς τὸν πόλεμον παρασκευαῖς τὸν βίον μεταλλάξαντος, σοὶ δὲ ὑπέσχον τὴν δίκην ὕστερον τῶν τετολμημένων. Μέλλων δὲ ἔτι δὴ τῶν πρὸς αὐτοὺς ἀγώνων γενομένων σοι πολλάκις ἅπτεσθαι, τοσοῦτον ἀξιῶ σκοπεῖν τοὺς ἀκροωμένους, ὅτι τοῦ τρίτου μορίου τῆς ἀρχῆς κύριος καθεστὼς, οὐδαμῶς πρὸς τὸν πόλεμον ἐρρῶσθαι δοκοῦντος, οὐχ ὅπλοις, οὐκ ἀνδράσι τοῖς στρατευομένοις, οὐδενὶ τῶν ἄλλων, ὅσα πρὸς τηλικοῦτον πόλεμον ἐχρῆν ὑπάρχειν ἄφθονα· πρὸς τούτοις δὲ οὐδὲ τῶν ἀδελφῶν σοι δι' ἃς δήποτε δὴ αἰτίας τὸν πόλεμον ἐλαφρυνόντων· Καὶ οὐκ ἔστιν οὐδεὶς οὕτως ἀναίσχυντος οὐδὲ βάσκανος συκοφάντης, ὃς οὐκ αἰτιώτατον γενέσθαι σε τῆς πρὸς ἐκείνους ὁμονοίας φησί. Ὄντος δὲ ἤδη τοῦ πολέμου καθ' αὑτὸν δυσχεροῦς, τῶν στρατοπέδων πρὸς τὴν μεταβολὴν δυσαρεστούντων, τὸν μὲν παλαιὸν σφῶν ἡγεμόνα ποθεῖν ἐκβοώντων, ὑμῶν δὲ ἄρχειν ἐθελόντων, καὶ ἄλλα μυρία ἄτοπα καὶ δυσχερῆ πανταχόθεν ἀναφυόμενα χαλεπωτέρας τὰς ὑπὲρ τοῦ πολέμου παρεῖχεν ἐλπίδας. Ἀρμένιοι παλαιοὶ σύμμαχοι στασιάσαντες, καὶ μοῖρα σφῶν

γρ. αἰσχρῶς
γρ. οἰκουμένας
γρ. παρασκευαῖς ἰδόντες
γρ. καθεστὼς τοῦ ...

A gulis temporibus adversus eos sunt gesta, commemorem? Ex iis vero, qui ad egregiam illam adeoque jucundam omnibus pacem illos adduxerunt; quique ante patrem tuum imperio præfuerunt, nonne Cæsar ille per sese prælium committens turpissime superatus est? cumque totius orbis rector ac princeps eo se contulisset, atque illuc vires omnes imperii convertisset, aditusque omnes copiis suis, ac cum veterum tum juniorum militum legionibus, omnique apparatus genere occupasset; hæc cum B hostes omnia viderent, ægre tamen ad pacis conditiones adducti sunt. Quam cum superstite adhuc patre tuo nescio quomodo violassent ac perturbassent, ejus quidem ultionem effugerunt; propterea quod in ipso belli apparatu mortuus est; tibi vero postmodum perfidiæ suæ pœnas dederunt. Sed cum mihi sit de susceptis a te contra illos præliis sæpenumero dicendum, hoc unum animadvertere auditores cupio: tibi cum tertia illa imperii pars obtigisset, C quæ minime ad bellum gerendum valida satis esset ac munita; non armis instructa; non militaribus copiis; nec ulla rerum aliarum, quæ ad tantum bellum largissime suppetere oportebat: præterea, cum ne fratres quidem tui, quibuscunque tandem de causis, ullis te ad hoc bellum præsidiis sublevarent. Nec unus inveniri tam impudens aut invidus calumniator potest, qui non pacis cum illis & concordiæ causam te fuisse præcipue fateatur. D Cum vero bellum ipsum per se arduum esset ac difficile; tum milites in illa rerum mutatione tumultuabantur; qui se veterem ducem desiderare clamabant, vobis porro imperare volebant. Sed & innumeræ aliæ turbæ ac molestiæ, quæ emergebant undique, conficiendi belli spem difficiliorem reddebant; præsertimque Armenii veteres socii; qui & a se invicem dissidebant, & non minima sui parte ad Persas defecerant,

rant, ac finitimos imperii nostri limites latrociniis vexabant. Jam quæ præsenti in rerum statu unica salutis ratio esse videbatur, ut earum administrationem capesseres ipse, ac consilio provideres; hoc tibi hactenus non licebat, quod in Pannonia transigendis cum fratribus pactionibus esses impeditus. Quas ita præsens ipse composuisti, nullam ut eis conquerendi occasionem relinqueres. Verum pene ipsum gestarum rerum initium prætermisi; quod vel cæteris omnibus præstantius est, vel cum præstantissimis merito comparandum. Etenim qui de tanti momenti negotiis consultaret, eundem nihilo inferiores tulisse partes videri sibi, ex eo quod plus habere fratribus suis concederet, maximum illud moderati atque excelsi animi indicium esse potest. At nunc si quis centum talentorum patrimonium cum fratribus dividens, aut, si libet, ducentorum, unica mina cæteris minus acceperit, idque patienti animo ferat, & exiguam hanc pecuniam cum pace ac concordia commutatam velit; honore ac commendatione dignus habeatur, perinde ut homo minime cupidus, ac consultus, &, ut uno verbo dicam, vir probus atque honestus. Quæ cum ita sint, age qui de orbis terrarum imperio tam generosum ac moderatione plenum consilium ceperit, ut concordiæ ac communis Romanorum inter se pacis atque otii studio, cum majorem sibi ex cura ac sollicitudine laborem imponeret, tum fructibus imperii ac vectigalibus sponte cederet, quantis eum laudibus dignum esse judicabimus? Neque vero hoc loco dici potest, honestum quidem hoc consilium, sed nequaquam utile fuisse. Primum quia nihil mea quidem sententia utile esse potest, quod non idem honestum quoque sit. Deinde si quis ipsum per sese utile velit expendere, ita de eo judicet, ut non ad pecunias respiciat, aut prædiorum reditus enumeret; ut avari senes a Comicis in theatrum producti faciunt: sed imperii potius amplitudinem ac dignitatem animadvertat. Etenim si de limitibus ac ter-

A οὐ φαύλως Πέρσαις προσθέμενοι, τὴν ὅμορον σφίσι λῃσταῖς κατατρέχοντες· καὶ ὅπερ ἐν τοῖς παροῦσιν ἐφαίνετο μόνον σωτήριον, τό σε τῶν πραγμάτων ἔχεσθαι καὶ βουλεύεσθαι, τέως οὐχ ὑπῆρχε διὰ τὰς πρὸς τοὺς ἀδελφοὺς ἐν Παιονίᾳ συνθήκας. ἃς αὐτὸς παρὼν οὕτω διῴκησας, ὡς μηδεμίαν ἀφορμὴν ἐκείνοις παρασχεῖν μέμψεως. Μικροῦ με ἔλαθε τῶν πράξεων ἀρχὴ διαφυγοῦσα καλλίων ἁπασῶν, ἢ ταῖς καλλίσταις ἐξ ἴσης

B θαυμαστή. Τὸ γὰρ ὑπὲρ τοσούτων πραγμάτων βουλευόμενον μηδὲν ἐλαττοῦσθαι δοκεῖν, εἰ τοῖς ἀδελφοῖς ἐκείνοις ἔχειν τὸ πλέον συγχωροίης, σωφροσύνης καὶ μεγαλοψυχίας μέγιστον ἂν εἴη σημεῖον. Νυνὶ δὲ εἰ μέν τις τὴν πατρῴαν οὐσίαν πρὸς τοὺς ἀδελφοὺς νεμόμενος ἑκατὸν ταλάντων, κείσθω δὲ εἰ βούλει τοσούτων ἄλλων· εἶτα ἔχων μνᾶς ἔλαττον ἠγάπησε δὴ καὶ μικροῦ παντελῶς ἀργυρίου τὴν πρὸς ἐκείνους ὁμόνοιαν ἀνταλλαξά-

C μενος, ἐπαίνου ἂν ἐδόκει καὶ τιμῆς ἄξιος, ὡς χρημάτων κρείττων, ὡς εὔβουλος φύσει· ξυνελόντι δὲ εἰπεῖν, ὡς καλὸς κἀγαθός. Ὁ δὴ ὑπὲρ τῆς τῶν ὅλων ἀρχῆς οὕτω μεγαλοψύχως καὶ σωφρόνως δοκῶν βεβουλεῦσθαι, ὡς τῆς μὲν ἐκ τῆς ἐπιμελείας αὐτῷ μείζονα προσθεῖναι πόνον, τῆς δὲ ἐκ τῆς ἀρχῆς προσόδου ἑκὼν ὑφεῖσθαι ὑπὲρ ὁμονοίας καὶ τῆς πρὸς ἀλλήλους Ῥωμαίων ἁπάντων εἰρήνης, πόσων ἐπαίνων ἄξιον κρίνει τις; Οὐ μὴν οὐδὲ ἐκεῖνο λέγειν ἔνε-

D στιν ἐνταῦθα, ὡς καλῶς μὲν, ἀλυσιτελῶς δέ. ἀλυσιτελὲς μὲν γὰρ οὐδὲν, ὅτι μὴ τὸ αὐτὸ καὶ καλὸν ἔμοιγε φαίνεται. Ὅλως δὲ εἴ τις καθ' αὑτὸ τὸ συμφέρον ἐξετάζειν δοκεῖ, κρινέτω, μὴ πρὸς ἀργύριον σκοπῶν, μηδὲ προσόδους χωρίων ἀπαριθμούμενος· καθάπερ οἱ φιλάργυροι γέροντες ὑπὸ τῶν κωμῳδῶν ἐπὶ τὴν σκηνὴν ἑλκόμενοι· ἀλλὰ πρὸς τὸ μέγεθος τῆς ἀρχῆς, καὶ τὴν ἀξίωσιν. Φιλονεικῶν μὲν ὑπὲρ τῶν ὁρίων, καὶ δυσμενῶς ἔχων ἐκείνων ἂν ἦρξε μόνων ὧν ἔλαχεν, εἰ καὶ πλέον ἔχων αὐτῆς ὑπερεώρα. Τῷ δὲ καὶ τὸ μικρὸν καταφρονήσας, ἦρχε μὲν ἁπάσης μετὰ τῶν ἀδελφῶν τῆς οἰκουμένης, ἐπεμελεῖτο δὲ τοῦ λαχόντος μέρους, ἀπολαύων μὲν τελείας τῆς τιμῆς, μετέχων δὲ ἔλαττον τῶν ἐπ' αὐτῇ πόνων. Ἀλλ' ὑπὲρ μὲν τούτων, καὶ αὖθις ἐξέσται διὰ μακροτέρων δηλῶσαι. Ὅπως δὲ τῶν πραγμάτων ἐπεμελήθης, τοσούτων πάλιν περιστάντων μετὰ τὴν τοῦ πατρὸς τελευτὴν κινδύνων, καὶ παντοδαπῶν θορύβων πραγμάτων, πολέμων γενναίων, πολλῆς καταδρομῆς, συμμάχων ἀποστάσεως, στρατοπέδων ἀταξίας, ὅσα ἄλλα τότε δυσχερῆ κατελάμβανεν ἡμᾶς, ἤδη διελθεῖν ἄξιον. Ἐπειδὴ γάρ σοι τὰ τῶν συνθηκῶν μετὰ τῆς ἀρίστης ὁμονοίας διῴκητο, παρῆν δὲ ὁ καιρὸς τοῖς πράγμασιν ἐπιτάττων βοηθεῖν κινδυνεύουσι, πορείας μὲν τάχει χρησάμενος, ἀθρόως ἐκ Παιόνων ἐν Σύροις ὤφθης, οὐδὲ τῷ λόγῳ δεῖξαι ῥᾴδιον. ἀρκεῖ δὲ τοῖς ἐγνωκόσιν ἡ πεῖρα. Ὅπως δὲ πρὸς τὴν παρουσίαν τὴν σὴν ἀθρόως ἅπαντα μεταβαλόντα, καὶ μεταστάντα πρὸς τὸ βέλτιον οὐ μόνον τῶν ἐπικρεμασθέντων ἡμᾶς ἀπήλλαξε φόβων, ἀμείνους δὲ τὰς ὑπὲρ τῶν μελλόντων παρέσχεν ἐλπίδας, τίς ἂν ἀρκέσειε τῶν ἁπάντων εἰπεῖν; Τὰ μὲν τῶν στρατοπέδων πλησίον γενομένου σου, ἐπαύσατο τῆς ἀταξίας, καὶ μεθ' ἡσυχίας πρὸς κόσμον. Ἀρμενίων δὲ οἱ προσθέμενοι τοῖς πολεμίοις αὐτίκα μετέστησαν, σὺ μὲν τὰς αἰτίας τῆς φυγῆς τῷ τῆς χώρας ἐκείνης ἄρχοντι τότε ἡμᾶς ἐξαγαγόντος· τοῖς φυγοῦσι δὲ τὴν εἰς τὴν οἰκείαν κάθοδον ἀδεᾶ παρασκευασάμενος. Οὕτω δὲ φιλανθρώπως τοῖς τε πρὸς ἡμᾶς ἀφικομένοις χρησάμενος, καὶ τοῖς ἐκ τῆς φυγῆς μετὰ τὰ

minis contentiose pugnasset, & inimicus esset, tametsi plus aliquid possideret, nihilominus in eos solum, quos sortitus esset, imperium haberet. Cum autem ea contempsisset, ac nihili exigua illa fecisset, ita totius orbis terrarum imperium cum fratribus adeptus est, ut ejus duntaxat partis, quam sibi sors attribuerat, curam capesseret. Quare id consecutus est, ut una & integro honore perfrueretur, & de iis laboribus minus caperet, qui cum eo honore conjuncti sunt. Verum de his alias iterum copiosius disputandi locus erit. Nunc illud oratione persequendum est, quomodo te in hac rerum administratione gesseris, cum post patris tui obitum tanta tamque varia undique te pericula circumstarent; negotiorum tumultus ac molestiæ: bellum grave ac difficile; hostium incursiones; sociorum defectio; seditio castrensis; ceteraque, quæ per illud tempus molesta ac difficilia congererunt. Igitur rebus a te omnibus cum fratribus tuis concordissime transactis, cum jam adesset tempus illud, quod periclitanti rerum statui præsens a te subsidium flagitaret, tum illam vero tuam in itinere conficiendo celeritatem, qua ex Pæonia profectus repente in Syria conspectus es, verbis explicare difficile est; & iis, qui compertum hoc habent, experientia ipsa sufficiet. Quemadmodum vero statim ad tuam præsentiam conversa ac mutata in melius omnia, non modo ab imminenti nos terrore liberarunt, sed commodiorem quoque spem nobis futuri temporis attulerunt, quisnam ex omnibus dicendo satis assequetur? Nam castrenses illi tumultus, cum jam in propinquo solum esses, compressi penitus fuerant, & ad ordinem suum universi redierant. Ex Armeniis vero qui se ad hostes adjunxerant, ad te illico reversi sunt: eum & eos, ab quibus is, qui provinciæ imperabat, fugere erat compulsus, ad nos adduxisti: & iis, qui fugerant, reditum impartiam ac sine fraude reditum comparasses. Itaque cum adeo humaniter eos tractasses, qui ad nos se imperante contulerant, & benigne cum

iis

iis egisses, qui cum duce suo redierant; illi, quod antehac defecerant, magnopere deplorabant; alii præsentem conditionem priori potentiæ præferebant. Ac qui prius profugerant, ut moderate se gererent, reipsa factisque edoctos se esse dicebant; alii quod non defecissent, dignis se præmiis affectos profitebantur. Tanta porro in eos, qui reversi erant, beneficia atque honores contulisti, nihil ut inimicissimus sibi, qui & fortunati erant & merito in honore habebantur, inviderent. His cum in modum brevi tempore constitutis, ac latronibus, qui ex Arabia grassabantur, in hostes ipsos per legatos conversis, quæ ad bellum opus erant comparare cœpisti. De quo pauca antea breviter dicenda sunt. Nam cum hactenus pax militum labores minueret, & eos, qui publica obirent munera, sublevaret; bellum autem pecunias, & annonam, & impensas admodum ingentes exigeret; præque iis omnibus robur ac fortitudinem militum, & armorum usum atque experientiam; nec eorum tamen fere quicquam suppeteret, hæc tu excogitasti per temet ac constituisti. Imprimis ætatem illam, quæ ad militiam forte conscripta fuerat, laborum exercitatione confirmasti: tum equestres copias hostilium similes conflasti: peditum laboris assiduitatem imposuisti. Atque hæc non verbis tantum atque imperio præstans, sed meditans atque exercens ipse; & quod agendum foret, factis ipsis & exemplo demonstrans, bellorum illos subinde artifices reddidisti. Pecuniarum vero comparandarum eam rationem iniisti, non ut augeres tributa, vel descriptas pensitationes (quod olim ab Atheniensibus factum est) duplo, vel eo etiam amplius, majores indiceres; sed antiquis contentus, ac jam receptis (nisi forte ad breve aliquod tempus gravioris aliquanto sumptus obeundæ functiones erant) in ea rerum omnium copia milites habuisti,

A σφῶν ἄρχοντος κατεληλυθόσι πρᾴως ὡμιληκότος. Οἱ μὲν ὅτι καὶ πρότερον ἀπέστησαν αὐτοὺς ἀπωλοφύροντο· οἱ δὲ τὴν παροῦσαν τύχην τῆς πρόσθεν ἡγοῦντο μᾶλλον δυναστείας. καὶ οἱ μὲν φεύγοντες ἔμπροσθεν ἔργῳ σωφρονεῖν ἔφασαν ἐκμαθεῖν· οἱ δὲ τῷ μὴ μεταστῆναι τῆς ἀμοιβῆς ἀξίας τυγχάνειν. Τοσαύτῃ δὲ ἐχρήσω περὶ τοὺς κατελθόντας ὑπερβολῇ δωρεῶν καὶ τιμῶν, ὥστε μηδὲ τοῖς ἐχθίστοις σφῶν εὐπραττοῦσι, καὶ

B τὰ εἰκότα τιμωμένοις ἄχθεσθαι, μηδὲ βασκαίνειν. Ταῦτα δὲ ἐν βραχεῖ καταστησάμενος, καὶ τοὺς ἐξ Ἀραβίας λῃστὰς ἐπὶ τοὺς πολεμίους ταῖς πρεσβείαις τρέψας ἐπὶ τὰς τοῦ πολέμου παρασκευὰς ἦλθες. Ὑπὲρ ὧν ὀλίγα χρὴ ἐν βραχεῖ προειπεῖν. Τῆς γὰρ εἰρήνης τῆς πρόσθεν τοῖς μὲν στρατευομένοις ἀνείσης τοὺς πόνους, τοῖς λειτουργοῦσι δὲ κουφοτέρας παρασχούσης, τοῦ πολέμου δὲ χρημάτων, καὶ σιτηρεσίων, καὶ χορηγίας

C λαμπρᾶς δεομένου· πολὺ δὲ πλέον ἰσχύος καὶ ῥώμης, καὶ τῆς ἐν τοῖς ὅπλοις ἐμπειρίας τῶν στρατευομένων, ὑπάρχοντος δὲ οὐδενὸς σχεδὸν τῶν τοιούτων, αὐτὸς ἐξευρὼν καὶ κατέστησας· τοὺς μὲν ἡλικίᾳ στρατευσίμους [illegible] τῶν πόνων μελέτην· παραπλησίαν δὲ τοῖς πολεμίοις ἱππικὴν κατασκευασάμενος δύναμιν, τῷ πεζῷ δὲ ἐπιτάξας τῶν πόνων ἔχεσθαι, καὶ ταῦτα οὐ ῥήμασι μόνον, ἀλλὰ ἐξ ἀποδείγματος, μελετῶν δὲ

D αὐτὸς, καὶ συνασκούμενος, καὶ δεικνύων ἔργῳ τὸ πρακτέον, πολέμων ἐργάτας ἄφνω κατέστησας. Χρημάτων δὲ ἐπινοεῖς πόρους, οὐκ αὔξων τοὺς φόρους, οὐδὲ τὰς συντάξεις· καθάπερ Ἀθηναῖοι πρόσθεν, εἰς τὸ διπλάσιον, ἢ καὶ ἐπὶ πλέον κατέστησαν· ἀρκεῖν δὲ οἰόμενος τοῖς ἀρχαίοις, πλὴν εἴ τι πρὸς βραχὺ, καὶ πρὸς [illegible] δαπανηροτέρων τῶν λειτουργιῶν ἐν τοσαύτῃ τοὺς στρατευομένους ἦγες

ἀφθονίᾳ, ὡς μήτε ὑβρίζειν τῷ κόρῳ, μήτε ὑπὸ τῆς ἐνδείας πλημμελεῖν ἀναγκασθῆναι. Ὅπλων δὲ καὶ ἵππων παρασκευὴν, καὶ νεῶν τῶν ποταμίων, καὶ μηχανημάτων, καὶ τῶν ἄλλων ἁπάντων τὸ πλῆθος σιωπῇ κατέχω. Ἐπεὶ δὲ τὰ τῆς παρασκευῆς τέλος εἶχε, καὶ ἔδει χρῆσθαι τοῖς προπαρεσκευασμένοις εἰς δέον, ἐζεύγνυτο μὲν ὁ Τίγρης σχεδίᾳ πολλάκις, ᾔρθη δὲ ἐπ' αὐτῷ φρούρια· καὶ τῶν πολεμίων οὐδεὶς ἐτόλμησεν ἀμῦναι τῇ χώρᾳ πορθουμένῃ· πάντα δὲ παρ' ἡμᾶς ἤγετο τὰ κείνων ἀγαθά· τῶν μὲν οὐδὲ εἰς χεῖρας ἰέναι τολμώντων· τῶν θρασυνομένων δὲ παραυτὰ τὴν τιμωρίαν ὑποσχόντων. Τὸ μὲν δὴ κεφάλαιον τῆς εἰς τὴν πολεμίαν εἰσβολῆς τοιοῦτον. Καθέκαστον γὰρ ἐπεξιέναι τίς ἂν ἀξίως ἐν βραχεῖ λόγῳ δυνηθείη, τῶν μὲν τὰς συμφορὰς, τῶν δὲ τὰς ἀριστείας ἀπαριθμούμενος; Τοσοῦτον δὲ ἴσως εἰπεῖν οὐ χαλεπὸν, ὅτι πολλάκις τὸν ποταμὸν ἐκεῖνον περαιωθεὶς ξὺν τῷ στρατεύματι, καὶ πολὺν ἐν τῇ πολεμίᾳ τρίψας χρόνον, λαμπρὸς ἐπανῄεις τοῖς τροπαίοις· τὰς διὰ σὲ πόλεις ἐλευθέρας ἐπιδὼν, καὶ χαριζόμενος εἰρήνην καὶ πλοῦτον, πάντα ἀθρόως τὰ ἀγαθά· καὶ τῶν πάλαι ποθουμένων διδοὺς ἀπολαύειν, νίκης κατὰ τῶν βαρβάρων, τροπαίων ἐγηγερμένων κατὰ τῆς Παρθυαίων ἀπιστίας, καὶ ἀνανδρίας, καὶ δειλίας· ὧν τὸ μὲν ἐπεδείξαντο τὰς σπονδὰς λύσαντες, καὶ τὴν εἰρήνην συγχέαντες, τὸ δὲ μὴ τολμῶντες ὑπὲρ τῆς χώρας καὶ τῶν φιλτάτων ἀμύνεσθαι.

Ἀλλ' ὅπως μή τις ὑπολάβῃ με τούτων μὲν ἡδέως μεμνῆσθαι τῶν ἔργων, ὀκνεῖν δὲ ἐκεῖνα, περὶ ἃ καὶ τοῖς πολεμίοις πλεονεκτῆσαι παρέσχεν ἡ τύχη, μᾶλλον δὲ ἡ χώρα τὴν ἐκ τοῦ καιροῦ προσλαβοῦσα ῥοπὴν, ὡς αἰσχύνην ἡμῖν, ἀλλ' οὐκ ἔπαινον καὶ τιμὴν φέροντα, καὶ ὑπὲρ τούτων πειράσομαι δηλῶσαι διὰ βραχέων, ὁ πρὸς τὸ λυσιτελὲς [illegible]

γ. ἱππί-ων — γ. Τί-γρις — γ. ὤφθη — γ. καθέκαστα — γ. ἴσως

A ut neque satietate insolentes essent, neque inopia quidpiam peccare cogerentur. Nam illum armorum atque equorum apparatum, illam fluviatilium scapharum atque machinarum, aliorumque hujus generis copiam silentio praetermitto. Omnibus itaque comparatis, cum ea, quae ante dixi, ad opus jam adhibenda essent, tum quidem Tigris ponte ex ratibus facto consterni saepius, excitari ad eum castella, hostium nemo vastatis agris, ac popularis succurrere, omnia illorum ad nos agi ferrique commoda; B aliis ne congressum quidem sustinentibus; qui vero audaciores essent caeteris suae temeritatis poenas illico reportantibus. Haec tua summatim fuit in hostilem agrum irruptio. Quis enim singula brevi oratione comprehendat, ut illorum calamitates, horum decora ac praeclare gesta percenseat? Verum illud dicere fortassis non difficile possumus, cum tu flumen illud saepe cum exercitu trajecisses, ac diu in hostili regione permansisses, illinc perpetuo tropaeis insignitum decoratumque C rediisse, civitates tuo beneficio liberas obeuntem, atque illis pacem & opes ac bonorum genera omnia conciliantem, nec non earum rerum, quae jamdudum optatae erant, fructum largientem, victoriae nimirum adversus barbaros, & tropaeorum, quae de Parthorum perfidia simul ac timiditate sunt erecta. Quarum alteram in dissolvendo foedere, ac violanda pace prae se tulerunt; alteram in eo, quod agrum D suum, quaeque sibi charissima erant, propugnare non sunt ausi.

Verum ne quis istiusmodi me facinorum recordari libenter existimet, reformidare autem illa, ac praetermittere, in quibus superiores partes hostibus fortuna concessit, vel locus ipse potius cum opportunitate temporis conjunctus; quasi haec ad ignominiam nostram, non praedicationem ac gloriam pertineant; age paucis ea quoque cujusmodi fuerint, declarare con-

tenrendum; non ut ad id, quod commodissimum sit, orationem meam accommodem; sed ut veritatem in omnibus amplectar. A qua si quis aberret sponte, turpissimae adulationis notam effugere non potest; & hoc insuper iis, quos collaudat, tribuit, ut ne in caeteris quidem pro merito commendari videantur. Id quod ne nobis eveniat, operam adhibebimus: atque ipsa per se declarabit oratio, num veritati usquam mendacium anteponat. Igitur Barbarorum successum maximum fuisse habituros omnes illud praelium, quod ad Singaram gestum. Ego vero pugnam illam communes utrisque castris attulisse calamitates; virtutem porro nostrorum fortuna praestantiorem ostendisse, non immerito fuerit dixerim; praesertim cum exercitui nostro illa insolens ac [illegible], nec tempestatis incommodis, ac vehementia caloris, atque ut illi, confectus. Sed quemadmodum singula se habuerint, exponam. Fervebat tum adhuc summa vis aestatis, & legiones in unum multo ante meridiem cogebantur. Stupebat hostis dispositionem nostrorum, ac tranquillitatem, & ordinem, cum ipse turbandi esse multitudine videretur. Nemo interim pugnam ac certamen inchoabat: quod hi cum tam parati atque instructi cupiis manum conserere formidarent, illi, donec ab aliis initium pugnandi fieret, expectarent: ut in omnibus propugnare ac tueri se potius, quam post initam pacem priores bellum aggredi monstrarent. Postremo qui Barbarorum illis copiis praeerat imperator, suorum militum clypeis sublatis, ac nostrorum instructam aciem conspicatus, quam subito commutatus fuit! atque ejusmodi in voces erupit! Proditum enim se esse vociferans, ac belli suasores atque auctores accusans, fugiendum quam celerrime judicabat: idque unum satis sibi ac praesidio futurum, si mature transire fluvium posset; qui terminus jam olim regionem nostram ab illorum finibus separabat. Haec ille secum cogitans, primus receptui signum dedit, paulatimque

A τοὺς λόγους πλάττειν· τὴν ἀλήθειαν δὲ ἀγαπῶν ἐν πᾶσιν. ἧς εἴ τις ἑκὼν ἁμαρτάνοι, τὴν ἐκ τῆς κολακείας αἰσχύνην οὐ δύναιτ' ἂν ἐκφυγεῖν· προσθήσει δὲ τοῖς ἐπαινουμένοις τὸ δοκεῖν μηδ' ὑπὲρ τῶν ἄλλων εὖ ἀκούειν κατὰ τὴν ἀξίαν. ὃ χρὴ [illegible]. δηλώσει δὲ ὁ λόγος αὐτὸς, εἰ μηδαμοῦ τὸ ψεῦδος πρὸ τῆς ἀληθείας τετίμηκεν. Οὐκοῦν [illegible] ἅπαντες ἂν μέγιστον φήσαιεν πλεονέκτημα τῶν βαρβάρων τὸν περὶ τὴν Σιγγά-

B ραν πόλεμον. Ἐγὼ δὲ κοινὴν τὴν μάχην ἴσα μὲν ἐνεγκεῖν τοῖς στρατοπέδοις τὰ δυσχερῆ φημί· δεῖξαι δὲ τὴν τῶν ἡμετέρων [illegible] τῆς τύχης φαίην ἂν δικαίως· [illegible] χρησαμένην θερμῷ, καὶ τόλμῃ, καὶ προσέτι ἀμάχῳ τὴν τῶν [illegible] ὅπως δὲ ἕκαστα ἐπράχθη διηγήσομαι. Θέρος μὲν ἦν ἀκμάζον ἔτι· συνῄει δὲ εἰς ταυτὸ τὰ στρατόπεδα πολὺ πρὸ τῆς με-

C σημβρίας. ἐξεπλάγησαν δὲ οἱ πολέμιοι τὴν εὐταξίαν, τὴν ἡσυχίαν, καὶ τὸν κόσμον, αὐτοὶ δὲ ἐν πλήθει θαυμαστῷ φανέντες· ἦρχε δὲ μὲν οὐδεὶς τῆς μάχης· τῶν μὲν εἰς χεῖρας ἰέναι [illegible] παρεσκευασμένων [illegible], τῶν δὲ περιμενόντων ἐκείνους ἄρχειν, ὅπως ἀμυνόμενοι μᾶλλον ἐν πᾶσιν, οὐχὶ δὲ αὐτοὶ πολέμου μετὰ τὴν εἰρήνην ἄρξαντες φανῶσι. Τέλος δὲ ὁ τῶν βαρβάρων ἡγεμὼν [illegible]

D [illegible] τὸ πλῆθος ἐν τάξει [illegible] γέγονε, καὶ οἵας ἀφῆκε φωνάς, προδεδόσθαι βοῶν, καὶ τοὺς ὑπὲρ τοῦ πολέμου πείσαντας αἰτιώμενος. Φεύγειν δὲ ᾤετο χρῆναι διὰ ταχέων, καὶ τοῦτο μόνον αὐτῷ πρὸς σωτηρίαν ἀρκέσειν, εἰ φθάσειε τὸν ποταμὸν διαβῆναι, ὅσπερ [illegible] τῆς χώρας [illegible] ἀρχαῖος. Ταῦτα διανοηθεὶς [illegible] πρῶτος [illegible] σημαίνει τὴν ἀναχώρησιν· καὶ κατ' ὀλίγον [illegible] θεὶς

θεὶς τῷ τάχει. τέλος ἤδη καρτερῶς ἔφευγεν, ἔχων ὀλίγους ἱππέας ἀμφ' αὑτὸν, τὴν δύναμιν ἅπασαν τῷ παιδὶ, καὶ τῷ πιστοτάτῳ τῶν φίλων ἐπιτρέψας ἄγειν. Ταῦτα ὁρῶντες τὸ στράτευμα, καὶ χαλεπαίνοντες, ὅτι μηδεμίαν ὑπέσχον τῶν τετολμημένων τὴν δίκην, ἐβόων ἄγειν ἐπ' αὐτοὺς, καὶ κελεύοντος μένειν, ἀχθόμενοι μετὰ τῶν ὅπλων ἔθεον ὡς ἕκαστος εἶχε ῥώμης τε καὶ τάχους· ἄπειροι μὲν ὄντες αὐτοὶ τέως τῆς σῆς στρατηγίας, εἰς δὲ τὴν ἡλικίαν ὁρῶντες, ἄμεινον αὐτῶν τὸ συμφέρον κρίνειν ἧττον ἐπίστευον· καὶ τὸ πολλὰς συγκατεργάσασθαι τῷ πατρὶ τῷ σῷ μάχας καὶ κρατῆσαι πανταχοῦ τῶν δεινῶν ἀήττητοι εἶναι συνηγωνίζετο. Τούτων δὲ οὐδενὸς ἔλαττον τὸ Παρθυαίων δέος παρεστὼς ἐπῆρεν ἀεὶ ὡς ἀγωνισομένους πρὸς τοὺς ἄνδρας μόνον, ἀλλὰ καὶ πρὸς τὴν χώραν αὐτήν. κἂν ὅτι μεῖζον ἔξωθεν προσπέσοι, καὶ τούτου πάντως κρατήσοντος. Ταχέως οὖν ἑκατὸν μάλιστα ξ' στάδια δραμόντες ἐφεστήκεσαν ἤδη Παρθυαίοις εἰς τὸ τεῖχος καταφυγοῦσιν, ὃ πρότερον ἤδη κατεσκεύαστο σφίσιν ὥσπερ στρατόπεδον. Ἑσπέρα δὲ ἦν λοιπὸν, καὶ ὁ πόλεμος αὐτόθεν ξυνερρήγνυτο· καὶ τὸ μὲν τεῖχος αἱροῦσιν εὐθέως τοὺς ὑπὲρ αὐτοῦ κτείναντες· γενόμενοι δὲ εἴσω τῶν ἐρυμάτων πολλὰ μὲν ἠρίστευσαν χρόνον, ἐπεὶ δὲ ἐπέλιπεν ὑδρευομένους ἤδη καὶ λάκκους ὕδατος ἔνδον εὐτυχοῦντες, τὴν καλλίστην νίκην διέφθειραν, καὶ τοῖς πολεμίοις παρέσχον ἀναμαχέσασθαι τὸ πταῖσμα. Τοῦτο τέλος ἔσχε τῆς μάχης γενομένης, τρεῖς μὲν ἢ τέτταρας ἀφελομένης τῶν παρ' ἡμῖν. Παρθυαίων δὲ τὸν ἐπὶ τῇ βασιλείᾳ τρεφόμενον ἁλόντα πρότερον, καὶ τῶν ἀμφ' αὐτὸν παμπόλλους διαφθειράσης. Τούτοις δὲ ἅπασι δρωμένοις ὁ μὲν τῶν βαρβάρων ἡγεμὼν οὐδὲ ὄναρ παρῆν· οὐδὲ γὰρ ἀνέσχε τὴν φυγὴν πρὶν ἢ τὸν ποταμὸν

A celeritate contenta, demum effusæ fugam arripuit, paucorum equitum stipatus præsidio, cum universas copias filio, & cuidam ex amicis fidelissimo, tradidisset. Quæ cum exercitus noster videret, & indigne ferret nullas ab iis facinorum pœnas persolutas, duci se adversus illos cum clamore postulabat. Sed cum imperator manere loco præciperet, quantum quisque viribus ac celeritate valebat, cum armis currere. Etenim quo tu id consilio faceres, nondum intelligebant; sed ætate tua duntaxat perB specta, quid utile esset, melius a te dijudicari, quam a seipsis, persuadere sibi non poterat. Tum quod multa cum parente tuo prælia feliciter confecerant, magnum ad hoc illis momentum afferebat, ut invicti esse crederentur. Ad hæc non minori quam illa omnia incitamento erat Parthorum præsens ille metus; neque id animo reputabant, non modo sibi cum viris ipsis, verum etiam cum regione ac situ locorum, depugnandum fore; ac si quid extrinsecus gravius immineret, ab eo se sine dubio superandos. Itaque cum ad sextum circiter C milliare celerrime persecuti essent, jam Parthos ipsos assecuti erant, qui intra castellum se receperant, quod illi ante castrorum instar extruxerant: jamque advesperascente die, ingens extemplo prælium commissum est. Quo cum nostri castello subito potiti essent, cæsis qui in eo erant omnibus, ubi intra munitiones fuerunt, diu quidem fortissime sese gesserunt: verum cum se deficerent, & cisternarum intus copiam non haberent, pulcherrimam victoriam pessumdederunt, ac resarciendæ cladis facultatem hostibus præbuerunt. Hic pugnæ D illius exitus fuit, quæ tres e nostris quatuorve abstulit, e Parthis vero eum, qui ad capessenda regni spem alebatur, & captus antea fuerat, atque ex ejus comitatu quamplurimos profligavit. Dum hæc omnia hunc in modum geruntur, interim Barbarorum imperator prœlio ne per somnium quidem aderat (neque enim fugam inhibuit ante, quam fluvium a tergo relinqueret) tu vero in acie medio atque periculis persistis; tum vel una cum victoribus victoriae auctor esses, vel laborantibus praesens subsidium afferres. Itaque virtute tua ac fortitudine, secus omnium praelium gessisti, ut illi sequenti luce in patriam laeti ac praeter spem incolumes redierint, atque etiam hostes ipsi sequente te e praelio recederent; adeo tu omnibus pugnam praebuisti. Quaedam igitur captum est castellum, quaedam civitas obiecta; quibusdam vero impedimentis potiti sunt hostes, ut post bellum efferre se ac gloriari possent. At enim, dicat aliquis, numquam hostibus inferiorem discedere felix esse, ac fortunatum videri; verum obsistere fortunae multo est fortius: id quod maioris virtutis indicium est. Ecquis enim gubernator bonus est, qui pacato ac quieto mari navem dirigit, cum summa in alto tranquillitas est? aut quis currus moderator idoneus, qui in plano atque aequali spatio faciles equos ac tractabiles & celerrimos iungit, & interim etiam in his artem atque industriam ostentat? Quanto vero ille praestantior est sive navis gubernator, qui ingruentem tempestatem praesagit ac praesentiat, atque ut cavere deceret, operam adhibeat; quod si illa fortasse de caelo in illum inciderit, integram navem atque incolumem cum onere ipso conservet? sive currus moderator, qui & contra locorum asperitatem pugnet, & equos una transferat, ac si qua in re peccent, violenter adigat? Atque, ut uno verbo dicam, ex eventu fortunaque bellicam artem examinare convenit, sed unamquamque in se ipsa spectare. Neque Cleon imperator Nicia praestantior est, tametsi ad Pylum felicior comparuerit: neque alius quisquam eorum, qui fortuna potius quam certo animi consilio victoriam reportarunt. Ego vero nulli certaminum tuorum hostium fortunam meliorem ac potiorem, imo omnium mortalium praestantissimam dixerim, licere huic

A ἠγωνίσατο αὐτὸς ἢ ἀθρόως ἐν τοῖς ἄλλοις δὲ ἄλλως ἐκείνοις καὶ αὐτὸς ἀπαντῶν, συμμετέχων μὲν τοῖς κρατοῦσι τῆς νίκης, τοῖς πονοῦσι δὲ ἐπαμύνων διὰ ταχέων. ὑπὸ δὲ τῆς ἀνδρείας καὶ τῆς καρτερίας ὡς τοιοῦτον ἀγῶνα κατέστησας, ὥστε τοὺς μὲν εἰς τὴν αὐτῶν τῆς ὑστεραίας ἐπανελθεῖν ἀσμένους, ὑποχωρῆσαι [illegible] καὶ τὰς τριηράρχας [illegible] τὸ ἄστυ ἀφεὶς τὸ φρούριον. B ... τὰς δὲ ἐπολιόρκησεν πόλεις· τινῶν δὲ αἱ ἀποσκευαὶ οἱ πολέμιοι κρατήσαντες ἔσχον ἂν ἐπαγγέλλεσθαι μετὰ τὸν πόλεμον. Ἀλλ' ἴσως φήσει τις τὸ μηδαμοῦ τῶν πολεμίων ἐλαττωθῆναι εὐτυχὲς καὶ εὔδαιμον· ἐγὼ δὲ τὸ ἀντιστῆναι τῇ τύχῃ μακρῷ κάλλιον, ὅσῳ καὶ ἀρετῆς μεῖζον σημεῖον. Τίς μὲν γὰρ ἀγαθὸς κυβερνήτης ἐν εὐδίᾳ τε καὶ γαλήνῃ κομίζων τὴν ναῦν; ἢ τίς ἡνίοχος ἐν ὁμαλῷ C καὶ λείῳ χωρίῳ ἵππους εὐηνίους καὶ ταχεῖς ὑποζευξάμενος, εἶτα ἐν τούτοις ἐπιδεικνύμενος τὴν τέχνην; Πόσῳ δὲ ἀμείνων ὁ μὲν κυβερνήτης, ὃς καὶ τὸν μέλλοντα χειμῶνα προμαθὼν καὶ προαισθόμενος καὶ φυλαξάμενος, εἰ τοῦτο ἐκπέσοι ἄνωθεν, σώζει τὴν ναῦν αὐτοῖς φορτίοις· ἡνίοχος δὲ ἱκανὸς ὁ καὶ πρὸς χωρίων δυσχέρειαν ἀγωνιζόμενος, καὶ τοὺς D ἵππους μεταβιβάζων, καὶ εἴ που πλημμελοῖεν, ἐλαύνων βιαίως; ἀλλὰ δὲ ἀξιοῦν τέχνην μετὰ τῆς τύχης ἐξετάζειν, ἀλλ' αὐτὴν ἐφ' αὐτῆς σκοπεῖν. οὐδὲ στρατηγὸς ἀμείνων ὁ Κλέων Νικίου ἐπειδὴ τὰ περὶ τὴν Πύλον εὐτύχησεν· οὐδὲ ἄλλος οὐδεὶς τῶν τύχῃ μᾶλλον ἢ γνώμῃ κρατησάντων. Ἐγὼ δὲ εἰ μὴ καὶ τῶν τύχην τῶν σῶν ἀγώνων, καὶ δικαιότερον τὴν τῶν ἀντιπάλων, καὶ πάντων δὲ τῶν ἀνθρώπων κρείττω φαίην,

[illegible]

A imperium meruisse videor, quæ omnem quæ[illegible] sensum, in quo superiores esse, & hostibus ademere. Cæterum qui sincere de iis, quæ hactenus dicta sunt, judicare volet, [illegible] est ea, quæ nostra parum feliciter cesserunt, inexpugnabili cuidam calori vehementiæ tribuere; quod vero in æquali[illegible] iniquitatem hostes conjecerit, id virtute [illegible] factum arbitrari; quod denique [illegible] ut suis animadverterunt, secundis [illegible] taverint, id vero felici quadam [illegible] concessum putare.

B Verum ne si longius in illis hæserim, de majoribus rebus dicendi mihi tempus [illegible] mam; deinceps subsecutam negotiorum molem ac periculorum multitudinem aggrediar, ac quemadmodum tote omnibus [illegible] ponens, tyrannorum multitudinem & barbarorum copias in fugam conjecerit. Exeunte jam hyeme, sexto circiter anno post bellum illud, de quo paulo ante dictum est, Galliam non cum tyranno [illegible] fecisse, ac fratri tuo insidias struxisse, [illegible] C denique perpetrasse: Italiam ac Siciliam occupasse: legiones, quæ in Illyrico erant, seditionibus commotas, ducemque suum imperatorem creasse; qui quidem adversus invitam, in qua idem volebatur, tyrannorum vim ac potentiam volebat resistere: ideoque pecunias ad se misso cum subsidiaria copias petebat, quasi [illegible] suo metuens, ne in tyrannorum potestatem veniret. Interim mansuetam se in [illegible] stro præstitit, minime sibi imperium D arrogans, sed contentum se, optavit, illum fidelem ac custodem fore demonstrans. Sed non multo post perfidiam suam prodiorumque erat, ac pœnas dederit. Quibus omnibus cognitis, non in otio sed [illegible] sumendum tibi esse tempus existimasti. Verum, cum Syriæ urbes machinis, præsidiis, frumento, reliquoque omni apparatu complevisses, etiamsi abitione [illegible] [illegible] suis ac ea parte Reipublicæ [illegible] disses, disse ipse expeditionem adversus tyrannos compararas. At Persæ ex illo tempore occasionem præstolantes, tanquam primo impetu Syria potituri, delectu omnis ætatis habito, & sexus, ac conditionis, in nos irruperunt: cum nimirum viri, adolescentes, senes, ac mulierum & servilis generis multitudo, non modo bellicorum ministeriorum gratia, verum etiam ad pompam luxumque sequerentur. Sic enim parati animo veniebant, quasi occupatis oppidis, ac regione omni longe lateque in potestatem redacta, eo colonias immissuri essent. Verum inanes eas spes atque irritas fecit apparatus ea magnitudo. Postea quam enim obsidere cœpit hostis, tum aggeres undique circum urbem excitari. Ac tum forte Mygdonius fluvius, inundans adjacentem mœnibus campum repleverat; quemadmodum Nilus, ut ajunt, in Ægyptum universum infunditur. Itaque machinæ ad propugnacula navibus admovebantur. Ibi alii navigio ad muros conscendere: alii in resistentes oppidanos tela ex aggeribus adjicere: alii contra pro mœnibus strenue fortiter propugnare. Plena erant omnia strata cadaveribus, & fractarum navium tabulis, nec non armorum ac telorum genere omni: aliis jam tum depressis ac sidentibus, aliis ubi demersa impetu ipso fuerant, vi fluctuum enatantibus. Igitur Barbarorum clypei innumeri fluitabant, & armamenta navium, communes una cum illis machinis. Jam telorum ingens copia aquis supernatans pene totum inter muros & aggeres spatium compleverat; lacus ipse in cruorem conversus: circum mœnia Barbarorum voces ac gemitus exaudiebantur, non cadentium utiquam, sed varie pereuntium, ac multiplici vulnere sauciatorum. Quis pro dignitate quæ tum gesta sunt oratione possit exponere? Faces igitur undique in clypeos ipsos conjiciebant: quo correpti militum plerique semiustulati concidebant: alii cum flammam evaderent, telorum periculum non

A κόσμον ταῖς τῇδε πραγματείαις, αὐτὸς δὲ ἐπὶ τὰς τυράννους ὁρμᾶν ἐβούλου. Πέρσαι δὲ ἐξ ἐκείνου τὸν καιρὸν τοῦτον παραφυλάξαντες, ὡς ἐξ ἑτοίμου τὴν Συρίαν ληψόμενοι, πᾶσαν ἐξαναστήσαντες ἡλικίαν, καὶ φύσιν, καὶ τύχην, ἐπῄεσαν ἡμῖν· ἀνδρας, νεανίσκους, πρεσβύτας, καὶ γυναικῶν πλῆθος, καὶ θεραπόντων, οὐ μόνον τῆς πρὸς τὸν πόλεμον ὑπηρεσίας χάριν, ἀλλὰ τῆς περιττῆς τρυφῆς ἑπόμενον. Διανοοῦντο γὰρ ὡς καὶ τὰς πόλεις B καθέξοντες, καὶ τῆς χώρας ἤδη κρατήσαντες κληρούχους ἐποίσοντες. ἀλλ' ἐκείνας γε ἀνέφηνεν αὐτοῖς τὰς μεγαλαυχίας τῆς παρασκευῆς τὸ μέγεθος. Ἐπειδὴ γὰρ τὴν πολιορκίαν κατέστησαν, ἀπετείχιζον μὲν τὴν πόλιν κύκλῳ τοῖς χώμασιν· ἐπέρρει δὲ Μυγδόνιος πελαγίζων τὸ περὶ τὸ τεῖχος χωρίον, καθάπερ ὁ Νεῖλος, φασί, τὸ Αἰγύπτιον. Προσῆγον δὲ ἐπὶ νεῶν ταῖς ἐπάλξεσι τὰ μηχανήματα· καὶ οἱ μὲν ἐπέπλεον ἐπιβαίνοντες C τοῖς τείχεσιν· ἄλλοι δὲ ἐβάλλοντο ἀπὸ τῶν χωμάτων τοὺς ἀμυνομένους ὑπὲρ τῆς πόλεως, οἱ δὲ ἐκ τῶν τειχῶν ἠμύνοντο καρτερῶς τῇ πόλει. Μεστὰ δὲ ἦν ἅπαντα σωμάτων, καὶ ναυαγίων, καὶ ὅπλων, καὶ βελῶν· τὰ μὲν ἄρτι καταδυόμενα, τὰ δὲ ὅσα τὸ πρῶτον ὑπὸ τῆς βίας κατηνέχθη, καταδυόμενα ὑπὸ τοῦ κύματος. ἀσπίδες μὲν ἐπεπλέοντο βαρβάρων παμπληθεῖς, καὶ νεῶν ἐρείπια συγκαταδυόμενα ἅμα ταῖς μηχαναῖς· D βελῶν δὲ πλῆθος ἐναποκείμενον μικροῦ δεῖν ἐπεῖχεν ἅπαν τὸ μεταξὺ τοῦ τείχους καὶ τοῦ χώματος. Τέτραπτο δὲ ἡ λίμνη πρὸς λύθρον· καὶ κύκλῳ τὸ τεῖχος ἐπήχει οἰμωγὴ τῶν βαρβάρων, οὐκ ὀλλυμένων μὲν οὐδαμῶς, ἀπολλυμένων δὲ πολυτρόπως, καὶ τιτρωσκομένων ποικίλοις τραύμασι. Τίς ἂν ἀξίως τῶν δρωμένων ἀφηγοῖτο; πῦρ μὲν ἐπὶ τὰς ἀσπίδας ἐξηκόντιζον δὲ τῶν ἐναντίων· πολλοὶ δὲ ἀλλ... τὴν φλόγα, τῶν βετῶν βελῶν οὐκ ἀπέφευγον κίνδυνον· ἀλλ' οἱ μὲν ἔτι [illegible] τὰ νῶτα τρέψαντες εἰς φυγὴν κατέστησαν· οἱ δὲ ἐξαλλόμενοι [illegible] τ@ ἀφανῶς [illegible], ὁ σωτηρίαν κομίζεσθαι δὲ [illegible] θάνατον [illegible] ἀκλεῖς ἐκ τῶν πρόσθεν ἀπολλύμενοι. Τίς ἂν [illegible] ἀριθμῷ καὶ μνήμῃ περιλαβεῖν, καθ' ἕκαστον εἰ πάντα ἐπελθεῖν βουλοίμην, ὁ χρόνος· τὸ κεφάλαιον δὲ ἀκούειν ἀπόχρη. Ταύτης [illegible] τῆς μάχης [illegible] ἀνθρώπους τὸν ἔμπροσθεν χρόνον. Ταῦτα τὴν παλαιὰν ἀλαζονείαν ἤλεγξε τῶν Μήδων τῦφον ὄντα κενόν. Ταῦτα τῆς Ξέρξου παρασκευῆς ἀπιστουμένης τέως τὸ μέγεθος, εἰ τοσαύτη γενομένη τέλος ἔσχεν αἴσχιστον, [illegible] Ὁ μὲν ἐκράτει πλοίων καὶ πεζῶν ἐξ ἐναντίας [illegible] Ἕλληνος [illegible] στρατιώτου [illegible] ἐλευθέρως ἄρχεσθαι καὶ πονεῖν εἰδότων. Ὁ δὲ ταῖς παρασκευαῖς ἐκείνου καταδεέστερος, [illegible] μᾶλλον, καὶ τῇ μανίᾳ τοὺς Ἀλωάδας ὑπερβαλλόμενος, [illegible] ταφρεύματα, καὶ τὸν [illegible] τῆς πόλεως [illegible] ὁ Ξέρξης τὰς Ἀθήνας [illegible] τὴν φλόγα. Ἐπανῄει δὲ τεττάρων μηνῶν ἀναλώσας χρόνον, μυριάσι πολλαῖς [illegible] τὸ στράτευμα, καὶ τὴν ἡσυχίαν ἠγάπησεν ὁ πρόσθεν [illegible] ἀσχολίαν, καὶ τὴν [illegible] πραγμάτων [illegible] προβαλόμενος [illegible]. Ταῦτα [illegible]

A effugiebant. Quidam enim inter tranandum humeros sibi deprehendebantur: alii e machinis exilientes, priusquam aquam attigissent, confecti, non salutem, sed leviorem mortem assequebantur. At qui omnium genere ignobiliori ceteris morte perfuncti sunt, quis eos enumerando, aut recordando, possit comprehendere? Tempus me profectu deficeret, si complecti singula dicendo vellem: sed caput tantum et ac summam audire sufficiet. Hanc igitur pugnam, cujusmodi nulla ante hoc tem-

B pus cognita fuerat, sed conspicatus est. Haec omnia veterem Medorum arrogantiam nihil praeter inanem fastum esse comprobarunt. Haec expeditionis illius a Xerxe susceptae, cujus incredibilis magnitudo videbatur: quod, nec aliud persuaderetur, tantas vires, tantamque copias tam turpi atque ignominiosa exitu profligatas fuisse: fidem nobis fecerunt haud minorem, quam cujusvis alterius rei omnibus notissimae. Atque is quidem navale ac pedestre certamen adversum instituere contentus erat,

C uti sibi persuaserat, terrae ac maris naturam superasset. Verum Graeci hominis sapientia, & militari virtute, debellatus est: qui non sibi ac servituti consueverant, sed liberali imperio contineri, ac labores sustinere didicerant. At noster longe illo apparatu inferior, sed vecors magis, & Aloidas ipsos furore superans, cum victoriam montem pene in urbem ipsam ingereret, atque eam obruere decrevisset, ac fluvium in eam curis disjectis aggeribus immisis-

D set; tamen ne maris quidem destructa penitus urbe, nihil habuit de quo gloriari posset; velut Xerxes ille, cum Athenas incendio concremasset. Quatuor enim continuis mensibus reversus est cum exercitu, quem multis millibus minorem secum reduxit: ita ut, qui prius sustineri non posse videretur, quiete sese contineret, ac negotiis suis, & perturbatione rerum nostrarum, tanquam munimento suae salutis ac propugnaculo uteretur. Haec cum in Meso-

pta,

pia, ac victorias constituisses, integras in Europam copias vertisti, cum orbem universum tropaeis ac monimentis tuis replere in animo habuisses. Mihi vero quae de te huc usque dicta sunt, satis esse poterant; tametsi nihil de te magnificentius possem dicere, quo te omnibus, qui ante te eadem in imperii dignitate fuerunt, prudentia ac virtute praestitisse monstrarem. Etenim Persarum vires ac copias oppido nullo, vel castello, ac ne legionario quidem milite amisso, repellere, & obsidioni gloriosissimum exitum atque inauditum hactenus adferre, B quo cum tandem eorum, qui huc usque vixerunt, facinore potest comparari? Celebris quondam fuit Carthaginiensium in adversis audacia: sed eam summa miseria ac calamitas excepit. Illustria quoque ea sunt, quae in Plataeensium obsidione gesta sunt: sed haec ipsa illorum virtus fecit, ut miseri sint in calamitatibus clariores & illustriores essent. Quid enim Messenae, ac Pyli mentionem facere attinet, in qua qui victi sunt, neque fortiter pugnarunt, neque vi in potestatem redacti sunt? C At Syracusii, cum sapientem illum civitatis nostrae machinis atque apparatibus, & praestantissimo illi imperatori opposuissent, quid tandem utilitatis sunt adepti? nonne & aliis turpius atque ignominiosius capti sunt, & servati clementiae victoris egregium monimentum fuerunt? Quod si eas omnes civitates enumerare vellem, quae adversus multo inferiores vires atque copias resistere non potuerunt, quantis mihi ad id libris opus fore existimas? Romae vero fortassis mentio aliqua facienda est, quae ejusmodi in fortunam o- D lim incidit; cum Galli, opinor, & Germani conspirantes, torrentis instar repentina incursione eam oppressissent. Tum enim in eum se collem receperunt, in quo Jovis simulacrum erectum est: ibi cratibus, caeterisque id genus, tanquam muris vallati, incursionis hostes, ac ne violenter quidem ingredi tentantes, facile vicerunt. Cum hac obsidione nostra illa, quae nuperrime accidit, quantum ad exitum ipsum atque

A ἐπὶ τῆς Ἀσίας τρόπαια, καὶ νίκας, ἐπὶ τὴν Εὐρώπην ἀκμῆτας ἦγες τὸ στράτευμα, τὴν οἰκουμένην ἅπασαν ἐμπλῆσαι τροπαίων ἐγνωκώς. Ἐμοὶ δὲ ἤρκει τὰ πρόσθεν ῥηθέντα, εἰ καὶ μηδὲν ἔτι περὶ σοῦ λέγειν εἶχον σεμνότερον, πρὸς τὸ πάντων ἀποφῆναί σε τῶν ἔμπροσθεν τῆς αὐτῆς σοι μετασχόντων τύχης συνέσει καὶ ῥώμῃ κρατοῦντα. Τὸ γὰρ ἀπαθῶς ὤσασθαι μὲν τὴν Περσῶν δύναμιν, οὐ πόλιν οὐδὲ φρούριον, ἀλλ' οὐδὲ στρατιώτην τῶν B ἐν καταλόγῳ προέμενον· πολιορκίᾳ δὲ τέλος ἐπιθεῖναι λαμπρὸν καὶ οἷον οὔπω πρόσθεν ἠκούσαμεν, τίνι χρὴ τῶν ἔμπροσθεν παραβαλεῖν ἔργων; Περιβόητος γέγονεν ἡ Καρχηδονίων ἐν τοῖς δεινοῖς τόλμα· ἀλλ' ἐτελεύτησεν εἰς συμφοράς. λαμπρὰ δὲ τὰ περὶ τὴν Πλαταιέων πολιορκίαν γενόμενα· ἐχρήσαντο δὲ οἱ δείλαιοι γνωριμώτεροι τοῖς δυστυχήμασι. Τί χρὴ Μεσσήνης καὶ Πύλου μεμνῆσθαι, οὔτε ἀγωνισαμένων καρτερῶς, C οὔτε ἁλόντων ἔξω βίας; Συρακούσιοι δὲ τὸν σοφὸν ἐκεῖνον ἀντιτάξαντες ταῖς παρασκευαῖς τῆς ἡμετέρας πόλεως, καὶ τῷ καλῷ κἀγαθῷ στρατηγῷ τί πλέον ὤναντο; οὐχ ἑάλωσαν μὲν τῶν ἄλλων αἴσχιον, ἐσώζοντο δὲ καλὸν ὑπόμνημα τῆς τοῦ ἑλόντος πρᾳότητος; Ἀλλ' εἰ πάσας ἐξαριθμεῖσθαι τὰς πόλεις βουλοίμην, αἳ πρὸς τὰς ὑποδεεστέρας οὐκ ἀντήρκεσαν παρασκευάς, πόσας οἴει μοι βίβλους ἀρκέσειν; τῆς Ῥώμης δὲ ἴσως ἄξιον μνησθῆ- D ναι, πάλαι ποτὲ χρησαμένης τύχῃ τοιαύτῃ· Γαλατῶν οἶμαι καὶ Κελτῶν εἰς ταυτὸ πνευσάντων, καὶ φερομένων ἐπ' αὐτὴν καθάπερ χειμάρρων ἐξαίφνης. Κατέλαβον μὲν γὰρ τὸν λόφον ἐκεῖνοι, ἐφ' οὗ τὸ τοῦ Διὸς ἀφίδρυται βρέτας, γέῤῥοις δὲ καὶ τοῖς τοιούτοις οἷον τείχει φραξάμενοι πολυχρονίῳ μὲν οὐδὲν, ἀλλὰ προσέδραν τῶν πολεμίων βίᾳ τολμώντων ἐκράτησαν. Ταύτῃ παραβαλεῖν ἄξιον τὴν πολιορκίαν τὴν ἔναγχος καὶ τέλος τῆς

γρ. γνωριμώτερον

γρ. καρτερῶν

[illegible]

τύχης· ἐπεὶ τοῖς γε ἔργοις, οὐδεμία τῶν ὅσαι πάλαι γεγόνασι. Τίς γὰρ ἔγνωκε κυκλουμένην μὲν ὕδασι τὴν πόλιν, λόφοις δὲ ἔξωθεν καθάπερ δικτύοις περιειληθεῖσαν; καὶ ποταμὸν ἐπαφιέμενον, οἷονεὶ μηχάνημα, συνεχῶς ῥέοντα, καὶ προσαρασσόμενον τοῖς τείχεσι; τάς τε ὑπὲρ τῶν ὑδάτων μάχας, καὶ ὅσαι παρὰ τῷ τείχει καταπεσόντι γεγόνασιν; ἐμοὶ μὲν οὖν, ὅπερ ἔφην, ἀπόχρη καὶ ταῦτα. τὰ λειπόμενα δὲ ἔτι μακρῷ σεμνότερα. Καὶ τυχὸν οὐδαμῶς εὔλογον ἅπαξ ἑλόμενον ἁπάντων εἰς δύναμιν μνησθῆναι τῶν σοι πραχθέντων, ἀκμαζουσῶν ἔτι τῶν πράξεων ἀφεῖναι τὴν διήγησιν. Ὅσα μὲν οὖν ἔτι τοῖς ἔργοις προσκαθήμενος, ὧν μικρῷ πρόσθεν ἐμνήσθην, περὶ τὴν Εὐρώπην διῴκησας, πρεσβείας πέμπων, καὶ ἀναλίσκων χρήματα, καὶ στρατόπεδα τὰ προκαθήμενα τοῖς Σκύθαις ἐν Παιονίᾳ ἐκπέμπων τοῦ μὴ κρατηθῆναι τὸν πρεσβύτην ὑπὸ τοῦ τυράννου προσιόντος· πῶς ἄν τις ἐν βραχεῖ λόγῳ παραστῆσαι δύναιτο, καὶ πάνυ σπουδάζων; Ἐπειδὴ δὲ ἤδη σου πρὸς τὸν πόλεμον ὡρμημένου, οὐκ οἶδα παρ᾽ ὅτου δαιμόνων ἐξαιρεθεὶς τὸν νοῦν καὶ τὰς φρένας ὁ τέως πιστὸς μένειν φύλαξ ἐπαγγελλόμενος, καὶ χρήμασι καὶ στρατοπέδοις, καὶ τοῖς ἄλλοις ἅπασιν ὑπὸ σοῦ περιοπιζόμενος, εἰρήνην ὡμολόγησε τῷ πάντων ἀνθρώπων ἀνοσιωτάτῳ, καὶ πολεμίῳ κοινῇ μὲν ἁπάντων, ὁπόσοις εἰρήνης μέλει καὶ τὴν ὁμόνοιαν ἐκ παντὸς προὔργου ... ἰδίᾳ δὲ σοὶ καὶ πλέον τῶν ἄλλων· οὔτε ἔδεισας τῆς παρασκευῆς τὸ μέγεθος· οὔτε ἀπίστων ἀνθρώπων ξυμμαχίαν πλέον ὑπέλαβες τῆς ἔμφρονος γνώμης. ἐγκαλῶν δὲ, ὡς εἰκός, τῷ μὲν ἀπιστίαν· τῷ δὲ, πρὸς ταύτῃ πράξεων ἐναγῶν καὶ παρανόμων τολμήματα· τὸν μὲν εἰς δίκην καὶ κρίσιν ἐπὶ τὸ στρατόπεδον προεκάλεις· τοῦ δὲ ξυμβήσεσθαι ... ἐλάμβανες ... τὸν πόλεμον. Ἀλλ᾽ ἐπειδὴ πρῶτον ὁ καλὸς καὶ συνετὸς ἀφίκετο πρεσβύτης, εὐχερέστερον

A eventum, comparanda est. Nam si res gestas inspicias, conferri cum illa præteritorum omnium nulla poterit. Quis enim aut aquis circumdatam urbem meminit, aut collibus tanquam retibus extrinsecus involutam, aut flumen machinæ in morem immissum, quod assidue flueret, atque in muros incurreret? Quis illa in aquis prælia, aut alibi ad muros qui corruerant commissa? Mihi igitur, quemadmodum dixi, vel illa sufficere possunt: sed quæ deinceps sequuntur, multo etiam illis splendidiora B sunt. Neque enim rationi forsitan consentaneum est, me, qui de omnibus a te gestis pro viribus dicere statuerim, institutam narrationem in medio rerum tuarum cursu ac vigore relinquere. Quamobrem quæcunque illis adhuc occupatus, quæ paulo ante commemoravi, in Europa administrasti, legationibus decernendis, faciendis sumptibus, ac legionibus, quæ in Pannonia præsidio adversus Scythas erant, mittendis, ne a tyranno senex vinceretur, quis hæc omnia, ut maxime velit, brevi oratio- C ne comprehendat? Posteaquam vero, te jam ad bellum profecto, nescio cujus afflatu dæmonis animo ac mente captus ille, qui fidum se interim custodem mansurum receperat: quem tu pecuniis, exercitibus, ac ceteris omnibus adjutum servaveras: pacem nihilominus cum homine sceleratissimo fecit, atque cum omnium communi hoste, qui pacis studio tenentur, & concordiam rebus omnibus anteponunt, tum privatim tibi præ ceteris inviso: ne- D que tu ingentes illorum apparatus ac copias reformidasti, nec perfidorum hominum societatem plus habere virium, quam prudentiam ac consilium, existimasti. Itaque alterum perfidiæ, alterum præterea execrandorum atque immanium scelerum accusans; illum ad judicium ac militum disceptationem provocabas, cum hoc vero bello transigendum putabas. Sed cum primo egregius & callidus ille senex ad te venisset, quovis puero mutabilior, ac ipsum

ipsum beneficium rogantis accessisse, post necessitatem obitam, cumque armatam phalangem atque equitum turmas secum adduxisset, quibus, nisi persuaderet, redire te ac referre pedem invitum te cogeret: nihil tamen everteras, quod qui socium se manifestum ac ducem profiteretur, cum in modo hostem videres aequali sibi secum jure imperium arrogantem: quanquam multum abesse videbatur effici utrinque, eo quod non omnes essent secum, ita apud te statuisti, cum eo, qui copiarum magnitudine superaret, in certamen venire, quidem non modo incertum futurum, sed ne ipsam quidem victoriam maximo periculo carituram, propter importunissimum illum tyrannum, qui temporis ipsius ac rerum opportunitatem captabat. Quare sapienter hoc decrevisti, abs te uno confici hoc negotium oportere. Proinde tribunal cum eo conscendens, qui antehac collega tuus erat: Aderat autem armatorum ingens turba, armis undique collucens, destrictis gladiis ac [illegible], quod hominum animis horrendum ac formidolosum erat spectaculum; [illegible] gravissimusque [illegible] compendium. Sed cum hunc in modum sermonem habere instituisses, tum quidem ingens per universum exercitum silentium factum est, arrectis ad audiendum omnibus, plerique vero lacrymas solvere ac manus in caelum tendebant: qui clam omnia ac caute faciebant, ne a quopiam animadverti possent. Verum favorem ac benevolentiam nonnulli vultu ipso & aspectu, universi summo audiendi desiderio atque ardore, praeferebant. Jam vero in ipso concionis fervore divino quodam impetu, audita oratione tua, correpti, plausum, clamorem [illegible] repente [illegible] studio conquiescere, ac denique oratione tua persuasi, solum Imperatorem appellare, solum ut praesses omnibus optare, seque ut duceres rogare, polliceri libenter se ad bellum secuturos, atque ut imperii insignia reciperet hortari. Tu vero manum ei [illegible] dam, aut violenter extorquenda [illegible] potestatis. Atque ergo quidem & invitus sed ab[illegible]

A παιδιᾶς ... παιδὸς μεταδιδόμεν[illegible] τὰ [illegible] δέξασθαι, καὶ ὃν τῷ παιδευόμενος [illegible] τὴν χρείαν ἐπιλέγομαι [illegible] συλλαβεῖν [illegible], καὶ τὰ [illegible] [illegible] πείθειν διανοούμενος [illegible] λον ἄτοπος τὴν αὐτὴν ἀπραξίαν, [illegible] ἐκπλαγείς, ὅτι [illegible] συμμαχῶν καὶ στρατηγὸν μόνον ἐπαγγελλόμενον πολεμ[illegible] ἄρχειν ἐθέλοιτο [illegible] τὸ πλῆθος [illegible] στρατευμάτων ἐλαττ[illegible]

B [illegible] [illegible] παιδὸς [illegible] πρὸς πλῆθος κρατοῦντα διαγωνίζεσθαι, τὸ λογισμὸν [illegible] σφαλερὸν [illegible] ἄλλως [illegible], καὶ κρατήσαντι τὴν μάχην διὰ τὸν ἀφορητότατον τοῦ καιροῦ [illegible] καὶ τοῖς πράγματα ἄγειν τύραννον [illegible] καλῶς, μόνον [illegible] ἐθέλειν τὰ [illegible] [illegible] καὶ [illegible] ἐπὶ τὸ βῆμα [illegible] τέως συμβασιλεύ[illegible] [illegible] ὅπλων [illegible] πλήθει [illegible] ὅπλοις, τὰ ξίφη γυμνὰ καὶ τὰ δόρατα [illegible]

C τες [illegible] [illegible] καὶ [illegible] [illegible] γεγονὸς [illegible] Οὐκ [illegible] ἐπειδὴ πρῶτον ἤρξω τοῦ λέγειν, [illegible] [illegible] πρὸς τὴν [illegible] [illegible] τὸ στράτευμα. δάκρυα δὲ προ[illegible] τοῖς πολλοῖς καὶ [illegible] [illegible] πάντα δρῶντες, [illegible] μηδεὶς αἴσθοιτο. [illegible] [illegible] διὰ τῆς [illegible] [illegible] σφόδρα [illegible] τοῦ λόγου [illegible]

D [illegible] δὲ τῆς δημηγορίας, [illegible] τῷ λόγῳ πάντες [illegible], [illegible] [illegible] [illegible] τῶν λόγων [illegible] [illegible] μόνον ἄρχειν [illegible] ἀπαιτεῖν [illegible] ἐπὶ τὸν πόλεμον, ἀπολουθήσειν [illegible], ἀπολαβεῖν [illegible] τῆς ἀρχῆς τὰ γνωρίσματα. σὺ δὲ [illegible] χεῖρα [illegible] [illegible] [illegible] [illegible] ὀψὲ πολὲ, φασι, τῇ Θετταλικῇ, προσῆγέ σοι περιελόμενος τὴν ἁλουργίδα. Ὅστις ἐνταῦθα γέγονας τοσούτων μὲν ἐθνῶν, καὶ στρατοπέδων, καὶ χρημάτων ἐν ἡμέρᾳ μιᾷ γεγονὼς κύριος, τὸν πολέμιον δὲ σὲ καὶ μὴ τοῖς ἔργοις, ἀλλὰ τῇ γνώμῃ φανέντα, τὴν ἀρχὴν ἀφελόμενος, καὶ τοῦ σώματος κρατήσας. ἆρ' οὖν τούτῳ μὲν ἄμεινον καὶ δικαιότερον προσηνέχθης, ἢ Κῦρος τῷ πάππῳ· τοῖς περὶ αὐτὸν δὲ τὰς τιμὰς διαφυλάξας, οὐδὲν οὐδενὸς ἀφελόμενος, προσθεὶς δὲ οἶμαι δωρεὰς πολλάς. Τίς δὲ εἶδεν ἢ πρὸ τοῦ κρατῆσαι σκυθρωπὸν λίαν, ἢ μετὰ τοῦθ' ὑπερηδόμενον; Καίτοι πῶς ἄξιον ἐπαινεῖν ἐστί σε δημηγόρον ἅμα καὶ στρατηγὸν, ἢ βασιλέα χρηστὸν, καὶ γενναῖον ὁπλίτην προσαγορεύοντας; ὃς πάλαι μὲν ἀπορραγὲν τὸ στρατήγιον ἀπὸ τοῦ βήματος, εἰς ταὐτὸ πάλιν ἐπανάγειν ἠξίωσας σχῆμα, μιμούμενος οἶμαι Ὀδυσσέα, καὶ Νέστορα, καὶ τοὺς ἐξελόντας Καρχηδόνα Ῥωμαίων στρατηγοὺς οἳ φοβερωτέρους αὐτοὺς ἀπὸ τοῦ βήματος τοῖς ἀδικοῦσιν, ἢ τοῖς πολεμίοις ἐπὶ τῆς παρατάξεως, ἀεὶ καθίστασαν. Δημοσθένους δὲ, καὶ ὅστις τοῦτον ἐζήλωκε, τὴν ἐν τοῖς λόγοις ἰσχὺν αἰδούμενος, τῷ τρόπῳ τῆς δημηγορίας οὔποτ' ἂν ἀξιώσαιμι τὰ σὰ παραβάλλειν τὰ ἐκείνων θέατρα. Οὐδὲ γὰρ ἐν τοῖς ὁπλίταις ἐδημηγόρουν, οὐδὲ ὑπὲρ τοσούτων κινδυνεύοντες· ἀλλ' ὑπὲρ χρημάτων, ἢ τιμῆς, ἢ δόξης, ἢ φίλοις συνεργεῖν ἐπαγγειλάμενοι, ἀπῄεσαν, οἶμαι, πολλάκις ἀπὸ τοῦ βήματος τοῦ δήμου θορυβήσαντος, ὠχροὶ καὶ τρέμοντες, ὥσπερ οἱ δειλοὶ τῶν πολεμίων ἐν ὄψει στρατηγοὶ παραταττόμενοι. Καὶ οὐδεὶς ἂν εἰπεῖν ἔχοι τοσοῦτον ἔργον ἑτέρῳ πραχθὲν πώποτε, καὶ τοσούτων ἐθνῶν [illegible] [illegible] πρὸς ἄνδρα τῆς [illegible]

A quando tamen sero, Thessalicae, quod ajunt, necessitati cum persuasione cedens, detractam sibi purpuram ad te detulit. Jam vero qualem te ac quanta virtute praeditum demonstrasti, cum tot gentibus, legionibus, atque opibus eadem die potitus esses, & eum hominem, qui se non factis, sed animo ac voluntate hostem praebuerat, exuisses imperio, atque ejus corpus in tuam potestatem redegisses! Quamobrem melius te cum illo, atque aequius gessisti, quam olim cum avo suo Cyrus: omnibusque, qui cum eo erant, B integram dignitatem servasti; nec ulla re cuiquam detracta, plerosque etiam muneribus affecisti. Quis porro te vel ante victoriam maestiorem, aut post eam nimia laetitia dissolutum aspexit? Tametsi quae illa laus est, quae cum virtute tua possit adaequari, etiamsi oratorem te simul atque imperatorem, vel optimum principem, & fortissimum militem nuncupemus? qui militare Praetorium, a suggestu ac tribunali separatum olim, in eandem rursus figuram ac speciem redigere voluisti. Qua in re Ulyssem, opinor, ac Nestorem imitatus es; atque eos impera- C tores, qui Carthaginem expugnarunt: qui quidem formidolosiores se iis, qui injuriam fecerant, e tribunali, quam hostibus in acie ipsa ac conspectu perpetuo praestiterunt. Ego vero Demosthem, ac si quis alius est, qui ejus in dicendo vim imitatus fuerit, debitum honorem ita tribuo, ut ad illius tuae concionis admirabilem rationem, illorum consessus ac theatra cum tuis non conferam. Non enim illi apud armatos dicebant, nec de rebus tantis in periculum ac discrimen veniebant; sed de pecuniis duntaxat, aut dignitate, ac gloria contendebant, D aut amicis patrocinantes, saepenumero e suggestu descendebant, tumultuante ac fremente populo pallidi ac trementes; quemadmodum ex hostium aspectu timidi duces nonnunquam in acie consternantur. Non igitur ullum puto commemorari posse facinus ab aliquo simili unquam cum laude gestum, ut verborum ac judicii contentione solum tot nationes ditioni ac potestati cujusquam dedere fuerint: praesertim cum adversus eum hominem

nem

nem initum certamen esset, qui non, ut plerique asserunt, contemnendus erat; sed qui & multis antea bellis administratis clarus atque illustris extiterat, & erat jam ætate senex, atque ex temporis diuturnitate usum atque experientiam comparasse videbatur, qui denique illis copiis longo jam tempore præfuerat. Quænam igitur fuit illa vis orationis ac facultas, aut quæ suada illa labiis tuis insidens, quæ in multiplicium hominum coactorum in unum animis aculeum quendam defigere potuerit, & victoriam dare, magnitudine quidem ipsa cum illis comparandam, quas armorum vi ac robore consequuntur, sed castam ac sinceram: perinde ac si sacerdotis cujusdam a Deo missi, non ad bellum profecti principis, opus illud fuisset? ** Atque hujus quidem imaginem facti, sed multo inferiorem, Persæ celebrant, in Darii filiis; qui post parentis obitum ortam inter se de imperii successione contentionem judicii disceptationi potius, quam armis permittendam putarunt. Sed tibi cum fratribus tuis nullum neque verbis neque factis certamen unquam extitit. Quin id tibi jucundius erat, communem illis esse rerum imperii procurationem, quam si solus in omnes dominatum ac potestatem haberes. Adversus eum vero, qui impium nihil ac sceleratum perpetraverat, sed parum fidelem erga te animum præ se tulerat, iis ad convincendum rebus uti maluisti, quibus perfidiam illius argueres. Post illam concionem secuta est nobilis & celebris expeditio, ac sacrum revera bellum, non pro agro sacrato; cujusmodi olim Phocicum susceptum a majoribus accepimus; sed pro legibus, ac Republica, & infinitorum civium cæde, quos partim interfecit, partim interficere voluit, partim comprehendere conatus est: quasi illud metueret, ne quis se improbum civem potius, quam natura Barbarum existimaret. Nam quæ adversus domum tuam scelera commiserat, tametsi nihilo essent iis leviora, quæ ad publicum pertinerent, minus tibi curanda esse duxisti: adeo communia privatis & visa tibi sunt, & videntur esse cariora.

A Φασὶν, εὐκαταφρόνητον, ἀλλὰ πολλὰς μὲν στρατείας [illegible] δὲ (γρ. [illegible]) ἤδη, καὶ τὴν ἐμπειρίαν ἐκ τοῦ χρόνου δοκοῦντα προσειληφέναι, καὶ στρατοπέδων ἐκείνων ἄρχοντα πολὺν ἤδη χρόνον. Τίς οὖν ἐκείνη γέγονε τῶν λόγων ἰσχύς; τίς δὲ ἡ πειθὼ τοῖς χείλεσιν ἐπικαθημένη, πολλῶν ἀνθρώπων συνειλεγμένων, τὸ κέντρον ἐγκαταλιπεῖν ἰσχύσασα ταῖς ψυχαῖς, καὶ νίκην παρασχεῖν τῷ μεγέθει μὲν ἐφάμιλλον B ταῖς ἐκ τῶν ὅπλων καὶ τῆς ῥώμης γινομέναις, καθαρὰν δὲ καὶ ἀμίαντον, ὥσπερ ἱερέως ἐκ (γρ. ἐς) θεοῦ φοιτῶντος, ἀλλ' οὐ βασιλέως ἐς πόλεμον ἀγωνιζομένου, καὶ στρατηγοῦ. (for. καὶ μὲν) ταύτης εἰκόνα τῆς πράξεως μακρῷ λειπομένην καὶ Πέρσαι θρυλλοῦσι, τοὺς Δαρείου παῖδας τοῦ πατρὸς τελευτήσαντος ὑπὲρ τῆς ἀρχῆς διαφερομένους δίκῃ τὰ καθ' αὑτοὺς, καὶ οὐ τῇ τῶν ὅπλων ἐπιτρέψαι κρίσει. Σοὶ δὲ πρὸς μὲν τοὺς ἀδελφοὺς οὔτε ἐν τοῖς λόγοις, οὔτε ἐν τοῖς C ἔργοις ἀγὼν γέγονεν οὐδὲ εἷς. ἔχαιρες δὲ, οἶμαι, τῷ κοινῇ πρὸς ἐκείνους εἶναί σοι τὴν ἐπιμέλειαν μᾶλλον, ἢ εἰ μόνος ἁπάντων γενέσθαι κύριος. Πρὸς δὲ τὸν ἀσεβὲς μὲν, ἢ παράνομον οὐδὲν εἰργασμένον, ἄπιστον δὲ τῇ γνώμῃ φανέντα ἐλέγχους, οἳ τὴν ἀπιστίαν ἐκείνου δείξουσι. (γρ. σοὶ) Ταύτην ἐκδέχεται στρατεία λαμπρὰ (γρ. στρατιὰ) τὴν δημηγορίαν, καὶ πόλεμος ἱερὸς, οὐχ ὑπὲρ ἱεροῦ χωρίου· ὁποῖον τὸν Φωκικὸν ἀκούομεν στῆναι κατὰ τοὺς ἔμπροσθεν· (for. συστῆναι) D ἀλλ' ὑπὲρ τῶν νόμων καὶ τῆς πολιτείας, καὶ φόνου πολλῶν μυρίων· ὧν τοὺς μὲν ἀνῄρηκεν· τοὺς δὲ ἐμέλλησε· τοὺς δὲ ἐπεχείρησε συλλαβεῖν. ὥσπερ, οἶμαι, (γρ. ἐπεχείρησεν) δεδιὼς, μή τις αὐτὸν πολίτην μοχθηρὸν, ἀλλ' οὐ βάρβαρον ὑπολάβοι φύσει. Τὰ γὰρ εἰς τὴν σὴν οἰκίαν ἀδικήματα οὐδενὸς ὄντα τῶν κοινῇ τολμηθέντων αὐτῷ φαυλότερα, καὶ ἐλάττονος ἀξιοῦν ᾤου δεῖν φροντίδος· οὕτω σοι τὰ κοινὰ περὶ τῶν ἰδίων ἔδοξεν καὶ δοκεῖ τίμια.

E

Πότερον

[illegible] τὸ πλήθει, καὶ πολα- [illegible] B [illegible] δὲ [illegible] ὅπως ἠνάγκαζε [illegible], τὰ βασιλικὰ κτήματα [illegible] Ἐπιλείψει με ταῦτα διηγούμενον ὁ χρόνος ἀδικήματα, καὶ τῆς τυραννίδος τὸ καταλαβόντος τὸ μέγεθος. Ἀλλὰ τὸ παρασκευῆς τὸ εἰς τὸν πόλεμον, ἣν κατέλαβε μὲν ἐπὶ τοὺς βαρβάρους, [illegible] δὲ ἐφ᾽ ἡμᾶς, τὴν [illegible] Κελτοὶ C καὶ Γαλάται [illegible] D [illegible]

A Nam igitur omnia mihi commemoranda sunt illius scelera, quæ cum adversus Rempublicam, tum privatim contra te molitus est? qui cum & domino suo sceleratissime manus inferre non dubitasset, (erat enim majorum illius vile mancipium, & de Germanorum præda servatæ infelices reliquiæ) & imperare nobis cuperet, cum ne liber quidem habendus esset, nisi ai a nobis impetrasset: quinetiam complures e contrario vinculis, aut morte afficeret; ac plebi interim turpiter serviens, & adulans, ordinem autem funditus everteret: tum vero B præclaras illas leges nobis ediderit, ut decimam quisque bonorum partem penderet, proposito mortis supplicio, si quis facere detrectaret; servis porro adversus dominos judicium permiserit, atque ut regias possessiones emere, invitos coaru, ac nihil opis habentes, cogeret. Dies me tempusque deficiet, si illius scelera percensere, aut tyrannidis ejus, quæ tum grassata est, magnitudinem persequi cupiam. Sed belli illius apparatus, quem cum adversus Barbaros comparasset, in nos effudit, unu ac potentiam, quis pro rei dignitate possit expli- C care? Celtæ, atque Galli, quæ gentes a majoribus [illegible] invictæ olim habitæ fuerant, quæque velut torrens aliquis, cujus impetus sustineri nequeat, in Italiam atque Illyricum inundaverant, atque etiam in Asiam penetrarant, quod armis ac præliis ubique victores essent; tandemque in potestatem redactæ, imperio parueram, ac luculenta tributa ex aerarium nostrum ac parentes descriptione persolvebant, cum diuturna pace, ac maximis ejus commodis positæ, tum & D opibus, & hominum multitudine regio plurimum aucta esset, fratribus tuis supplementum militaris ac delectus non parvam dam copiam præbebant: ac tandem publice tyranni signa vi atque invitæ sequebantur. Aderant una & affinitate nomine proximi populi socii tum Franci, & Saxones, qui ultra Rhenum, atque occidentis mare habitant, nationes omnium bellicosissimæ.

ubi,

Urbs porro omnis, & vicina Rheno castella, præsidiis destituta omnia, Barbaris exposita relinquebantur. Interim adversus nos omnibus rebus paratus atque instructus exercitus mittebatur. Galliæ vero oppidum omne ad bellum sese præparans, castrorum simile esse videbatur. Armis igitur, & equitum, peditum, sagittariorum & jaculatorum apparatu plena erant omnia. Jam cum socii illius in Italiam undique confluerent, ejusque se copiis adjungerent, quæ dudum conscriptæ ibi fuerant, nemo ita audax fuit, qui non metueret, atque ingruentem tempestatem perhorresceret. Etenim fulmen id esse quoddam omnibus videbatur ex Alpibus immissum; fulmen, inquam, quod neque re ipsa tolerari, neque oratione explicari posset. Hoc & Illyrii omnes, & Pannonii, & Thraces, & Scythæ pertimuerunt. Hoc & qui Asiam incolebant adversus sese erupturum tandem esse sibi persuaserant. Adversus hunc ipsi etiam Persæ pro finibus suis ad certandum sese comparabant. At ille præsentia parvi faciebat; nec magno labore prudentiam se tuam ac vires oppressurum arbitrabatur; sed Indorum opibus, ac Persarum magnificentiæ totus inhiabat. Et usque eo amentiæ atque audaciæ processerat, quod adversus exploratores paululum feliciter rem gesserat: quos quidem cum universo exercitu insidiis exceptos oppresserat. Adeo plerumque secundæ res, cum præter meritum accidunt, stolidis hominibus majorum calamitatum initium præbent. Etenim præsente hoc successu rerum elatus infelix, quæ ante Italiam erant munita loca deseruit, & ad Noricos ac Pannonios negligenter & incaute profectus est: celeritate sibi opus esse, non armis ac bellica virtute, ratus. Quod ubi comperisses, exercitum ex locis angustiis & difficultatibus eduxisti; persequente illo, atque urgere se fugientem, non autem induci per fraudem existimante; donec ambo in aperto constitistis.

A καὶ πόλις πᾶσα, καὶ φρούρια πρόσοικα Ῥήνῳ, τῶν οἰκούντων φυλάκων ἐξερημωθέντα, προὐδίδοτο μὲν ἀφύλακτα πάντα τοῖς βαρβάροις. ἐφ' ἡμᾶς δὲ ἐξεπέμπετο παρεσκευασμένον λαμπρῶς τὸ στράτευμα· πᾶσα δὲ ἐῴκει πόλις Γαλατικὴ στρατοπέδῳ παρασκευαζομένῳ πρὸς πόλεμον· καὶ πάντα ἦν ὅπλων, καὶ παρασκευῆς ἱππέων καὶ πεζῶν, καὶ τοξοτῶν, καὶ ἀκοντιστῶν πλήρη. Συρρεόντων δὲ εἰς τὴν Ἰταλίαν ἁπανταχόθεν τῶν ἐκείνου συμμάχων καὶ τοῖς B ἐνταῦθα πάλαι καταλεγμένοις στρατιώταις ἐς ταυτὸν ἐλθόντων, οὐδεὶς οὕτως ἔφαη τολμηρὸς, ὃς οὐκ ἔδεισεν, οὐδὲ ἐξεπλάγη τὸν ἐπιόντα χειμῶνα. Σκηπτὸς ἐδόκει πᾶσιν ὁ φερόμενος ἀπὸ τῶν Ἄλπεων, σκηπτὸς ἀφόρητος ἔργῳ, καὶ ἄρρητος λόγῳ. Τοῦτον ἔδεισαν Ἰλλυριοὶ καὶ Παίονες, καὶ Θρᾷκες, καὶ Σκύθαι. τοῦτον οἱ τὴν Ἀσίαν οἰκοῦντες ἄνθρωποι ἐπ' αὐτοὺς ὁρμῆσθαι πάντως ὑπέλαβον. τούτῳ πο- C λεμήσειν ἤδη περὶ τῆς αὐτῶν καὶ Πέρσαι παρεσκευάζοντο. ὁ δὲ μικρὰ μὲν ἐνόμιζεν εἶναι τὰ παρόντα, καὶ πάνυ ὀλίγου τῆς σῆς συνέσεως καὶ ῥώμης κρατῆσαι, τοὺς Ἰνδῶν δὲ ἐσκόπει πλούτους, καὶ Περσῶν τὴν πολυτέλειαν· καὶ τοσοῦτον αὐτῷ περιῆν ἀνοίας καὶ θράσους, ἐκ μικρῶν παντελῶς περὶ τοὺς κατασκόπους πλεονεκτήματος, οὓς ἀφυλάκτους ὅλῃ τῇ στρατιᾷ λοχήσας ἔκτεινεν. Οὕτω τὸ πράττειν εὖ παρὰ τὴν ἀξίαν ἀρχὴ πολλάκις D γέγονε τοῖς ἀνοήτοις μειζόνων συμφορῶν. ἀρθεὶς γὰρ ὁ δείλαιος ὑπὸ τῆς εὐτυχίας ταύτης μετέωρος, καταλείπει μὲν τὰ προκείμενα τῆς Ἰταλίας ἐρύματα χωρία, ἐς Νωρικοὺς δὲ καὶ Παίονας ἀφυλάκτως ᾔει· δεῖν αὐτῷ τάχους, ἀλλ' οὐχ ὅπλων, οὐδὲ ἀνδρείας οἰόμενος. Ὃ δὴ καταμαθὼν ἐπανῆγες ἀπὸ τῶν δυσχωριῶν τὸ στράτευμα. εἵπετο δὲ ἐκεῖνος διώκειν, οὐχὶ δὲ καταστρατηγεῖσθαι νομίζων, ἕως ἐς τὴν εὐρυχωρίαν ἄμφω κατέστητε.

γρ. φρουρ. γρ. ἐρημωθέντα

L. γῆς

γρ. Νωρικοὺς

τῶν πεδίων δὲ τῶν πρὸ τῆς Μύρσης ἁψάμενος, ἐπέταττε μὲν τοῖς ἱππεῦσιν ἐπὶ τὸ κέρας ἑκατέρωθεν, πεζοῖς τε ἐν μέσῳ· ἔχων δὲ αὐτὸς ὁ βασιλεὺς τὸ κέρας ἐν δεξιᾷ, καὶ λαμπρῶς τοὺς πολεμίους ὑπερβαλλόμενος, ἔτρεψε μὲν εὐθέως, καὶ διέλυσε τὴν φάλαγγα, ἥτις τὴν ἀρχὴν συντεταγμένη οὐκ ὀρθῶς, ἅτε ἀνδρὸς ἀπείρου πολέμων καὶ στρατηγίας αὐτῷ κοσμηθεῖσα. Ὁ δὲ τέως διώκειν ὑπολαμβάνων οὐδὲ ἐς χεῖρας ἀφικόμενος, ἔφευγε καρτερῶς, ἐκπλαγεὶς τὸν κτύπον τῶν ὅπλων, οὐδὲ τὸν ἐπινίκιον παιᾶνα τῶν στρατοπέδων ἐπαλαλαξάντων ἀθρόως ἀκούων. Διαλυθέντες δὲ οἱ στρατιῶται τῆς τάξεως συνιστάμενοι κατὰ λόχους, πάλιν τὸν ἀγῶνα κατέλαβον. αἰσχυνόμενοι μὲν ὀφθῆναι φεύγοντες, καὶ τὸ τέως ἄπιστον ἅπασιν ἀνθρώποις ἐφ' αὑτῶν δεῖξαι συμβαῖνον, στρατιώτην Κελτὸν, στρατιώτην ἐκ Γαλατίας τὰ νῶτα τοῖς πολεμίοις δείξαντα. οἱ βάρβαροι δὲ τὴν ἐπάνοδον ἀπεγνωκότες, εἰ πλείστοιν, ἢ κρατεῖν, ἢ θνήσκειν δράσαντές τι δεινὸν τοὺς πολεμίους ἠξίουν. Τοῖς μὲν δὴ ξὺν τῷ τυράννῳ τοσοῦτον περιῆν θράσος, καὶ πρὸς τὰ δεινὰ τῶν χωρεῖν ὁμόσε πολλὴ προθυμία. Οἱ δὲ τῶν ἄλλων κρατήσαντες, αἰδούμενοι μὲν ἀλλήλους, καὶ τὸν βασιλέα, τὸ συνειδὸς ὑπὸ τῶν πάλαι κατειργασμένων καὶ τῶν ἐν χερσὶ λαμπρῶν, καὶ τέως ἀπίστων ἔργων, τέλος ἄξιον τοῖς προειργασμένοις ἐπιθεῖναι φιλοτιμούμενοι, πάντα ὑπέμενον ἡδέως πόνον καὶ κίνδυνον. Ὥσπερ δὴ ἄρτι τῆς παρατάξεως ἀρχομένης, συνιόντες πάλιν, ἔργα τόλμης ἐπεδείκνυντο καὶ θυμοῦ γενναῖα. Οἱ μὲν ἀθρόοι περὶ τοῖς ξίφεσι λαμβανόμενοι δὲ ἄλλοι τῶν ἀσπίδων καὶ τῶν ἱππέων, ὅσοις ἵπποι τρωθέντες ἀπεσφάλησαν, πρὸς τοὺς ὁπλίτας μετεκοσμήθησαν. Ταῦτα δρώντων οἱ ξὺν τῷ τυράννῳ πεζοὶ [illegible]

A Cumque jam ad eos campos perventum foret, qui ante Myrsam sunt; equites utrimque opportunis locis collocat; pedites in mediam aciem conjecit. Ipse vero, Imperator, dextrum ad dexterum habens, ambitoque cornu hostium aciem superans, statim illorum phalangem in fugam egit, ac dissipavit, quae perperam instructa fuerat: utpote quam imperitus bellorum, atque imperatoriae artis, ordinaverat. At is, qui se persequi hactenus credebat, B cum ne manum quidem conseruisset, ipse in fugam se dedit, armorum strepitu perterritus; neque bellico clamore perstrepentium exercituum vociferationem sustinens. Cumque interrupti ordines ac permixti forent, centuriatim collecti milites rursus praelium redintegrarunt. Quippe pudebat ipsos fugientes videri; ut, quod mortalibus omnibus incredibile videretur, id in ipsis contigisse monstrarent; militem scilicet Germanum, Gallumque militem, hostibus terga vertisse. At barbari si vincerentur, C de reditu desperantes, aut victoriam reportare, aut damno saltem aliquo affectis hostibus emori cupiebant. Igitur tantum iis, qui cum tyranno erant, audaciae suppetebat; tantaque ad subeunda excipiendaque pericula alacritas ac fiducia. At qui caetera omnia vicerant, mutuo invicem pudore, & imperatoris ipsius ducti, ac rerum olim gestarum conscientia excitati, egregiamque atque omni fide majorum recordatione facinorum, cum rebus ante gestis consentaneum finem imponere cuperent, D libenter laborem omnem ac periculum sustinebant. Quare velut cum primum initum esset certamen, redintegrata pugna, animi & audaciae memorabilia utrinque exempla praebuerunt. Nam alii se in medios enses conjicere; alii hostium clypeos arripere; equites vero, quotquot vulneratis equis excussi erant, in legionarios pedites mutari. Haec dum ab illis geruntur, qui cum tyranno pedites urgebant; anceps aliquamdiu praelium fuit; donec cataphracti, ac reliqui

A telique generis equites, alii sagittando, alii immissis equis, plurimos occiderunt, universos vero magno impetu disjecerunt. Quorum alii ad campos fuga contendebant; & ex iis pauci aegre noctis beneficio servati sunt: caeteri in flumen sese praecipites dabant: qui omnes cunquam boum vel pecorum greges compulsi in unum agebantur. Hunc de tyranni ignavia fructum externus ille reportavit, qui sua illi virtute ac fortitudine nihil [illegible] amicis. Tu vero tropaeum post victoriam erexisti paterno longe celebrius. Hic enim militibus his fretus, qui invicti hactenus habiti fuerant, infelicem senem debellavit; tu vero florentem ac vigentem adhuc non malis duntaxat, quae perpetrabat, sed & juventute ipsa tyrannidem cum militibus a te ac compositis exercitibus bello superasti. Quem enim veterum imperatorum referre potest quisquam, qui robur equitum, atque armorum genus ejusmodi excogitarit unquam, ita expresserit imitando? quod tu primus omnium studiose excolens, caeteros exemplo tuo inexpugnabilem armorum usum docuisti. De quo cum plerique dicere instituerint, ab rei merito & dignitate plurimum abfuerunt; adeo ut, qui quod oratione perceperant, postmodum oculis usurpare possent, minus auribus quam oculis credendum esse perspicue cognoscerent. Habebas enim infinitorum propemodum equitum multitudinem, qui velut statuae in equis insidebant: quibus ad humani corporis imitationem accommodata membra erant, & ab ipsis manuum carpis ad cubitos, inde ad humeros usque, compacta; tum & segmentis & squamis coagmentatus thorax pectori applicatus & tergo: galea item, cum facie ipsa, ferrea, & imposita capiti, splendentis & coruscantis statuae imaginem praebebat: cum neque crura ipsa, vel femora, neque summi pedes in eo armorum habitu nudi atque intecti relinquerentur. Quae enim tectis velut quibusdam ex tenuibus hamulis cum lorica commissis

A κὸν τῶν ἱππέων πλῆθος, οἱ μὲν ἐν τόξοις βάλλοντες, ἄλλοι δὲ ἐπελαύνοντες τοὺς ἵππους, πολλοὺς μὲν ἔκτεινον, ἀθρόους δὲ ἀπήλαυνον καρτερῶς· τινὲς μὲν πρὸς τὸ στρατόπεδον ἀφικόμενοι φεύγειν, ὧν ἡ νὺξ ὀλίγους ἀπέσωσε μόλις· τὸ λοιπὸν δὲ ἐς τὸν ποταμὸν κατηνέχθη, καθάπερ [illegible] τῶν βοσκημάτων ἀγέλη συνελαυνόμενον. Τοσαῦτα ἐκεῖνο τὸ νεώτερισμα τοῦ τυράννου δειλίας, ἀλλ' ἐκεῖνον εἴασαν ἐκ τῆς ἀνδρείας τῆς αὐτοῦ μάτην ἀπέλαυσε. γρ. [illegible]λαυσε

B Τρόπαιον δὲ ἀνέστησας ἐπὶ τῇ νίκῃ τοῦ πατρῴου λαμπρότερον. ὁ μὲν γὰρ τοῖς τέως ἀμάχοις δοκοῦσιν εἶναι, κρατεῖ γέροντος δυστυχοῦς· σὺ δὲ ἡβῶσαν καὶ ἀκμάζουσαν οὐ τοῖς κακοῖς μόνον, ἀλλὰ καὶ τῇ νεότητι τῶν ὅπλων, τὴν τυραννίδα παρεστήσω, ταῖς ὑπὸ σοῦ παρασκευασθεῖσι στρατοπέδοις παραταξάμενος. (γρ. μόνον) Τίς γὰρ τῶν ἀρχαίων τοσαύτην ἀντικατέστησεν ἱππικὴν δύναμιν καὶ σκευὴν τῶν ὅπλων τοιαύτην ἐπενόησε καὶ μιμησάμενος; σὺ πρῶτος αὐτὸς [illegible]

C μιμήσεως, διδάσκαλος ἐγένου τοῖς ἄλλοις καὶ ὅπλων χρήσεως ἀμάχου. Ὑπὲρ ἧς εἰπεῖν τολμήσαντες πολλοὶ τῆς ἀξίας διήμαρτον. ἴσασι δ' ὅσοι τῶν λόγων ἀκούσαντες ὕστερον αὐτῷ ἐπέτυχον τῷ θεάματι, ὡς ἀκοῆς σαφῶς ἐπίστευσαν, ἔγνωσαν [illegible] τῶν ὁραμάτων. Ἄπειρον γὰρ ἀγείρας ἱππέων πλῆθος, (γρ. ἦγεν) καθάπερ ἀνδριάντας ἐπὶ τῶν ἵππων ὀχουμένους, οἷς ἐπήρμοστο τὰ μέλη κατὰ μίμησιν τῆς ἀνθρωπίνης φύσεως·

D ἀπὸ μὲν ἄκρων τῶν καρπῶν, εἰς τοὺς ἀγκῶνας· ἐκεῖθεν δὲ ἐπὶ τοὺς ὤμους· καὶ ὁ θώραξ τμημάτων ἐκ τε στέρνον καὶ νῶτα συναρμοζόμενος· τὸ κράνος δὲ αὐτῷ προσώπῳ σιδηροῦν ἐπικείμενον ἀνδριάντος λαμπροῦ καὶ στίλβοντος παρέχει τὴν δόξαν· ἐπεὶ μηδὲ κνῆμαι καὶ μηροὶ, μηδὲ ἄκροι πόδες ἀμοιροῦσι ταύτης ἔρημοι λείπονται. συναρμοζόμενα δὲ αὐτῷ τῷ θώρακι διά τινος ἐκ κρίκων λεπτῶν πεποιημένων εἰσὶν ὑφασμάτον, οὐδὲν ἂν ὀφθείη τοῦ σώματος γυμνὸν μέρος· ἅτε καὶ τῶν χειρῶν τοῖς ὑφάσμασι τούτοις σκεπομένων, πρὸς τὸ καὶ καμπτομένοις ἐπακολουθεῖν τοῖς δακτύλοις. Ταῦτα ὁ λόγος παραστῆσαι μὲν σαφῶς ἐπιθυμεῖ, ἀπολειπόμενος δὲ θεατὰς τῶν ὅπλων τοὺς μαθεῖν τι πλέον ἐθέλοντας, οὐχὶ δὲ ἀκροατὰς τῆς ὑπὲρ αὐτῶν διηγήσεως ἀξιοῖ γενέσθαι. Ἡμεῖς δὲ ἐπειδὴ τὸν πρῶτον πόλεμον διεληλύθαμεν, ληγούσης ἤδη τῆς ὀπώρας, ἆρ' ἐνταῦθα πάλιν ἀφήσομεν τὴν διήγησιν, ἢ πάντως τὸ τέλος ἀποδοῦναι τῶν ἔργων ποθοῦσιν ἄξιον; ἐπέλαβε μὲν ὁ χειμὼν, καὶ παρέσχε διαφυγεῖν τὴν τιμωρίαν τὸν τύραννον. Κηρύγματα δὲ ἦν λαμπρὰ, καὶ βασιλικῆς ἄξια μεγαλοψυχίας· ἄδεια δὲ πᾶσιν ἐδίδοτο τοῖς ταξαμένοις μετὰ τοῦ τυράννου· πλὴν εἴ τις ἀνοσίων ἐκείνου φόνων ἐκοινώνει· ἀπελάμβανον τὰς οἰκίας ἅπαντες, καὶ τὰ χρήματα, καὶ πατρίδας, οἱ μηδὲ ὄψεσθαί τι τῶν φιλτάτων αὐτοῖς ἐλπίζοντες· ὑπεδέχου τὸ ναυτικὸν ἐκ τῆς Ἰταλίας ἐπανερχόμενον, πολλοὺς ἐκεῖθεν πολίτας κατάγον φεύγοντας διὰ τὴν τοῦ τυράννου ὠμότητα. Ἐπεὶ δὲ ὁ καιρὸς ἐκάλει στρατεύεσθαι, πάλιν ἐφίστασαι δεινὸς τῷ τυράννῳ. ὁ δὲ προβαλόμενος τὰς Ἰταλῶν δυσχωρίας [illegible] [illegible]

γρ. τὴν διήγησιν [illegible]

[illegible]

A sunt, nullam corporis partem nudam videri sinunt: nam & manus ipsæ textis eiusmodi operiuntur, ut ad inflexiones digitorum accommodentur. Hæc tametsi perspicue explicare nostra conetur oratio, quia tamen assequi minus potest, qui amplius aliquid scire velint, hos armorum spectatores, non eorum, quæ de iis narrantur, auditores esse cupit. Nos autem, quoniam primum illud bellum exposuimus, quod autumno exeunte gestum est, utrumnam institutam hic narrationem omittemus? an B potius rebus ipsis gestis finem suum & exitum, vobis præsertim id optantibus, imponere debemus? Igitur post hæc hiems consecuta evadendæ pœnæ tyranno facultatem concessit. Deinde per præconem denunciationes factæ magnificæ, & imperatoria magnanimitate dignæ: quibus omnibus, qui cum tyranno fuerant, impunitas est proposita, præterquam iis, qui cum eo nefandarum cædium participes fuissent. Quamobrem domos suas, opes, ac patriam universi recuperarunt, qui quidem nullam eaC rum rerum, quas haberent carissimas, visuros se amplius existimarent. Tum ea classis ex Italia venientem excepisti, quæ quamplurimos illinc cives propter tyranni [illegible], ut opinor, [illegible] fugitivos ac profugos advehebat. Posteaquam vero belli atque expeditionis faciendæ tempus invitare cœpit, [illegible] [illegible] atque imminere cœpisti. Ille vero Italiæ prærupta & [illegible] loca per se habebat; ac velut fera quædam in [illegible]bus, qui illic sunt, copias suas occultans, D ipse in apertum exercitum suum educere non audebat. Cumque se propinquum in oppidum luxu ac deliciis refertum recepisset, ludis ac voluptatibus tempus consumebat. Nam ad salutem sibi [illegible] sufficere arbitrabatur. Natura vero in libidines propensus cum esset, [illegible] voluptatibus [illegible]. Apparebat autem ipsum [illegible] confidere, [illegible] quod montibus universis [illegible] cum Italia, quasi muro cingitur, [illegible] dimidia sui parte, quam palustre atque uliginosum mare complectitur, Ægyptiorum paludibus simile; quod eam navalibus hostium copiis inaccessam reddit. Verum nullum contra viri virtutem ac temperantiam natura ipsa posse videtur libidinosis ac timidis hominibus munimentum opponere: quæ quidem prudentiæ, cum fortitudine pari consensu imminenti, cedere atque subjici cogit omnia: ac jam olim artes excogitavit, quibus eorum, quæ hactenus fieri non posse videbantur, planam viam atque expeditam habuimus; cum singulis in rebus gerendis, quod plerisque non posse perfici videtur, ab continente viro optatum ad finem perducitur. Quod cum re ipsa tum, Imperator, ostenderis, merito institutas de eo orationes admiseris. Igitur & sub dio stationem tuam fueras; tametsi vicinum esset non contemnendum oppidum: & militibus tuis non vocis imperio, sed factis & exemplis ad labores capessendos & pericula præeundo, ignotam hactenus viam omnibus reperisti. Ac cum delectam ex omni exercitu armatorum manum misisses, posteaquam ad hostem eam pervenisse sensisti, tum cum omnibus copiis progressus es; iisque in orbem circumdatis, de omnibus victoriam reportasti. Hæc cum ante auroram gesta essent, ad tyrannum ante meridiem perferuntur: qui equestribus certaminibus ac ludis erat occupatus, nec præsentem rei eventum expectabat. Porro quis ex eo tum detrimentum fuerit; ac cujusmodi de præsente rerum statu animum habuerit; & quemadmodum urbe illa, & Italia omni derelicta profugerit; & antecactas cædes, ac priora illa facinora repurgaverit; ea, inquam, omnia complecti dicendo nihil in præsens attinet. Sed enim brevi aliqua relaxatione confirmatus, nihil minus iis, quæ ante gesserat, perpetraturus erat. *Adeo nihil homo, quo animi pravitatem elueret, sed Deus corporis opera, expiationem reperit.* Nam cum ad Gallos se egregius ille princeps ac legitimus recepisset, ita seipso molestior ac difficilior extitit; ut si

A ἡμισείας ἡ θάλασσα τεναγώδης οὖσα, καὶ τοῖς Αἰγυπτίων ἕλεσιν ἐμφερής, ἄβατον καὶ νηΐτῃ στρατῷ πολεμίων ἀνδρῶν καθίστησιν. Ἀλλ' ἔοικεν οὐδὲ ἂν ἡ φύσις πρὸς ἀνδρὸς ἀρετὴν καὶ σωφροσύνην, τοῖς ἀκολάστοις καὶ δειλοῖς ἔρυμα μηχανήσασθαι, πάντα ὑποχωρεῖν φρονήσει μετ' ἀνδρείας ἐποίησε παρασκευάζουσα· πάλαι τε ἡμῖν ἐξεῦρε τὰς τέχνας, δι' ὧν εἰς εὐπορίαν τῶν τέως ἀπόρων δοξάντων καθίστησι, καὶ ἐπὶ γρ. πάντα δὲ

B τῶν καθ' ἕκαστον ἔργων τὸ τοῖς πολλοῖς ἀδύνατον εἶναι φαινόμενον, ἐπιτελούμενον πρὸς ἀνδρὸς σώφρονος. Ὃ δὴ καὶ τότε τοῖς ἔργοις, ὦ βασιλεῦ, δείξας, εἰκότως ἂν ἀποδέχοιο τοὺς ἐπ' αὐτῷ λόγους. Ἐστράτευες μὲν γὰρ αὐτὸς ὑπαίθριος· καὶ ταῦτα πλησίον παρούσης πόλεως οὐ φαύλης· τοῖς στρατευομένοις δὲ οὐκ ἐξ ἐπιτάγματος τὸ πονεῖν καὶ κινδυνεύειν, ἐξ ὧν δὲ αὐτὸς ἔδρας παρεγγυῶν, ἀτραπὸν μὲν ἐξεῦρες ἄγνωστον τοῖς πᾶσι· γρ. δοξάντων ἀπόρων

C Πέμψας δὲ ἀξιόμαχον τῆς δυνάμεως ἁπάσης ἐκλεκτὴν μοῖραν· εἶτα ἐπειδὴ σαφῶς ἔγνως αὐτοὺς τοῖς πολεμίοις ἐφεστῶτας, αὐτὸς ἀναλαβὼν, ἦγες τὸ στράτευμα, καὶ κύκλῳ περιέχων πάντων ἐκράτησας. Ταῦτα ἐπράττετο πρὸ τῆς ἕω, ἠγγέλλετο δὲ πρὸ μεσημβρίας τῷ τυράννῳ ἁμίλλαις ἱππικαῖς, καὶ πανηγύρει προσκαθημένῳ, καὶ τὸ παρὸν τέως οὐδὲν ἐλπίζοντι. Τίς μὲν οὖν γέγονεν ἐκ τούτου, καὶ ποταπὴν γνώμην εἶχεν ὑπὲρ τῶν παρόντων γρ. ὑπὲρ τῶν

D καὶ ὅπως ἐκλιπὼν ἔφευγε τὴν πόλιν, καὶ τὴν Ἰταλίαν ἅπασαν, τοὺς φόνους καὶ τὰς πρόσθεν ἀδικίας ἐκκαθαιρόμενος, οὐ τοῦ παρόντος ἂν εἴη λόγου διηγεῖσθαι. Ἔμελλε δὲ βραχείας ἀνακωχῆς τυχὼν, οὐδέν τι μεῖον τῶν ἔμπροσθεν δράσειν. Οὕτως οὐδὲν πρὸς πονηρίαν ψυχῆς ἄνθρωπος, ἀλλ' ὁ θεὸς ἐξεῦρε καθάρσιον διὰ τοῦ σώματος. Ἀφικόμενος γὰρ εἰς Γαλάτας ὁ χρηστὸς οὗτος καὶ νόμιμος ἄρχων, τοσοῦτον αὐτοῦ γέγονε χαλεπώτερος, γρ. ἅπασαν γρ. ὁ θεὸς γρ. Γαλλίαν γρ. αὐτὸς

τερος, ὡς εἴ τις πρότερον αὐτὸν διαφυγὼν ἐλελήθει τιμωρίας τρόπος ὠμότατος, τοῦτον ἐξευρὼν, θέαμα κεχαρισμένον αὐτῷ τὰς τῶν ἀθλίων πολιτῶν παρεῖχε συμφοράς· ἅρματι ζῶντας ἐκδήσας καὶ μεθεὶς φέρεσθαι, τοὺς ἡνιόχους ἐλαύνειν ἐκέλευεν, αὐτὸς ἐφεστηκὼς, καὶ θεώμενος τὰ δρώμενα· καὶ τισιν ἑτέροις τοιούτοις αὐτὸν ψυχαγωγῶν τὸν πάντα διετέλει χρόνον· ἕως αὐτὸν καθάπερ Ὀλυμπιονίκης περὶ τῷ τρίτῳ παλαίσματι καταβαλὼν, δίκην ἐκτεῖναι τῶν τετολμημένων ἀξίαν κατηνάγκασας, ὥσπερ διὰ τῶν στέρνων τὸ αὐτοῦ ξίφος, ὃ πολλῷ πολιτῶν ἐμίανε φόνῳ.

γρ. αὐτοὺς — γρ. τισι τοιούτοις ἑτέροις — γρ. αὐτὸ

Ταύτης ἐγὼ τῆς νίκης ἀμείνω καὶ δικαιοτέραν οὔποτε γενέσθαι φημὶ, οὐδ᾽ ἐφ᾽ ἧ μᾶλλον τὸ κοινὸν ἀνθρώπων ηὐφράνθη γένος, τοσαύτης ὠμότητος καὶ πικρίας ἀφεθὲν ὄντως ἐλεύθερον, εὐνομίᾳ δὲ ἤδη γανύμενον, ἧς τέως ἀπολαύομεν, καὶ ἀπολαύσαιμεν γε ἐπὶ πλεῖστον ὦ πάντα ἀγαθὴ πρόνοια. Ἐμοὶ δὲ ποθοῦντι μὲν ἐπελθεῖν ἅπασι τοῖς πραχθεῖσι, ἀπολειπομένῳ δὲ συγγνώμην εἰκότως, ὦ μέγιστε βασιλεῦ, παρέξεις, εἰ μήτε τὸν ἀπόστολον τὸν ἐπὶ Καρχηδόνα μνημονεύσαιμι, ἀπό τε Αἰγύπτου παρασκευασθέντα, καὶ τὸν ἐξ Ἰταλίας ἐπ᾽ αὐτὴν πλευσάντα· μήτε ὡς τῶν Πυρηναίων ὀρῶν ἐκράτησας, ναυσὶν ἐκπέμψας ἐπ᾽ αὐτὰ στράτευμα· μήτε τῶν ἐναγχός σοι πολλάκις πρὸς τοὺς βαρβάρους πραχθέντων· μηδ᾽ εἴ τι τούτων ἕτερον τῶν πάλαι γεγονὸς λέληθε τοὺς πολλούς. ἐπεὶ καὶ τὴν Ἀντιόχου πόλιν ἐπώνυμον ἐπονομάζουσαν ἀκούω πολλάκις. ἔστι μὲν γὰρ διὰ τὸν κτίσαντα· πλουτεῖ δὲ ἤδη, καὶ πρὸς ἅπασαν εὐπορίαν ἐπιδίδωσι διὰ σε, λιμένας εὐόρμους τοῖς καταίρουσι παρασχόντα. τέως δὲ οὐδὲ παραπλεῖν ἀσφαλὲς, οὐδὲ ἀκίνδυνον ἐδόκει. οὕτως ἦν

γρ. δίκαιον — γρ. τῶν σοὶ πεπραχθέντων, — γρ. αὐτῆ

A qua enim pœnæ species atrox ac crudelis effugisset, hanc excogitans, jucundissimum sibi spectaculum ex civium calamitatibus præberet. Siquidem vivos homines curribus alligans, rapique permittens, aurigis ut traherent imperabat: cum adesset ipse, ac quæ gererentur aspiceret, atque id genus aliis perpetuo se spectaculis oblectaret: donec tanquam Olympionices quidam tertio illum congressu dejiciens ac prosternens, meritas sibi ipsi pœnas cum infligere coegisti, ut se suo gladio transverberaret, B quem multorum antea civium cruore tinxerat. Hac ego victoria præstantiorem nullam unquam ac justiorem fuisse censeo, nec quæ majorem communi hominum generi voluptatem attulerit: quod tanta crudelitate ac sævitia vere tum liberatum ac solutum fuerat: deinceps vero ea legum æquitate recreatum sit, qua nos hactenus fruimur, & utinam, o præclara in omnibus numinis providentia! quam longissimo tempore perfruamur! Mihi vero, qui res o- C mnes gestas persequi cupiam, sed minime tamen assequi possim, merito veniam concesseris, Imperator præstantissime, si neque classes illas Carthaginem missas commemorem, quæ & ex Ægypto comparatæ, & ex Italia eodem missæ navigarunt: neque debellata a te Pyrenæi juga prædicem, quo tu navibus exercitum misisti: nec ea porro, quæ nuper adversus Barbaros, & quidem sæpe, gessisti: neque si quid aliud jamdudum a te perfectum plerisque est in- D cognitum. Nam & illam urbem audio sæpius, quæ ab Antiocho rege nomen accepit, sibi de tuo nomen assumere. Etenim a conditore suo, ut esset, accepit: per te vero opibus, ac divitiis, & omni genere commoditatum affluit; propterea quod portus in ea ad navium appulsum opportunissimos extruxisti. Hactenus enim ne oram quidem ipsam legere tutum ac sine periculo videbatur: adeo totum maris

maris illius situs scopulis quibusdam & saxis mari depressis scatebat. Jam porticus, ac fontes, caeteraque omnia, quibus a Praefecto aucta illa tuo beneficio & amplificata est, ne nominare quidem convenit. Quae vero ad urbem patriam adjecisti, quis numerando percensere possit; cum ei murum undique circumdederis, qui tum inchoatus fuerat, ac ruinosa quaeque ad aeternam stabilitatem instauraris? Tempus meipsum deficiet, si attingere singula & complecti velim.

Nunc illud in omnibus a me antea dictis considerandum venit, utrumnam cum virtute atque optima animi affectione confecta sint omnia: hoc enim orationis initio potissimum spectandum esse constitueram. Igitur quemadmodum te & erga parentem pie atque humane gesseris; & cum fratribus perpetuo pacem ac concordiam servaveris; ut & alterius libenter imperio te subjiceres; & cum illis moderate ac temperanter imperium gereres; dudum a me praedicatum est, & nunc rursum memoria repetendum. Hoc vero si quis ab exigua virtute profectum putet; is postquam de Alexandro Philippi, & Cyro Cambysis filio cogitaverit, tum demum istud ipsum collaudet. Nam ille quidem pene adhuc puer non obscure prae se tulit, patris se imperium ultra ferre non posse; iste avum suum etiam regno spoliavit. Atqui nemo ita stolidus est, qui non illud sibi persuadeat, te, cum nihil animi magnitudine, & honestatis ac gloriae contentione illis esset inferior, ita nihilominus se erga parentem ac fratres temperatum moderatumque praebuisse. Postea enim, cum illud se tempus obtulisset, quo totum in suam potestatem imperium vindicandum erat; primus tu, reclamantibus multis, ac contraria omnia persuadentibus, obtinere illud aggressus es. Itaque ubi praesentem pugnam nullo negotio, atque ad securitatem aptissime confecisses, occupatas imperii partes liberare in animum induxisti. Cui quidem bello causa titulusque praefixus est longe

A [illegible] τῆς θαλάσσης [illegible] πρὸς ταῖς [illegible] σκοπέλοις τισὶ καὶ πέτραις ὑφάλοις ἄπλουν. Στοὰς δὲ καὶ κρήνας, καὶ ὅσα τοιαῦτα παρὰ τοῦ ὑπάρχου διὰ σὲ γέγονεν, οὐδὲ ὀνομάζειν ἄξιον. Ὅσα δὲ τῇ πατρίδι πόλει προσέθηκας, τεῖχος μὲν αὐτῇ κύκλῳ περιβαλὼν ἀρξάμενον τότε, τὰ δὲ κινδυνεύοντα [illegible] τῶν οἰκοδομημάτων εἰς ἀσφάλειαν [illegible], τίς ἂν ἀπαριθμήσαιτο; ἐπιλείψει με τούτων ἕκαστον [illegible]

B διηγούμενον.

Σκοπεῖν δὲ ὑπὲρ ἁπάντων ἄξιον ἤδη τὸ λειφθέντων, εἰ μετ' ἀρετῆς, καὶ τῆς βελτίστης ἕξεως ἅπαντα γέγονε· τούτῳ γὰρ ἤδη καὶ τὸν λόγον ἀρχόμενος μάλιστα προσέχειν τὸν νοῦν ἠξίουν. Οὐκοῦν πατρὶ μὲν εὐσεβῶς καὶ φιλανθρώπως ὅπως προσηνέχθης· ὁμονοῶν δὲ πρὸς τοὺς ἀδελφοὺς διετέλεσας τὸν ἅπαντα χρόνον, ἀρχόμενος μὲν προθύμως, συνάρχων δὲ ἐκείνοις σωφρόνως· πάλαι τε εἴρηται καὶ νῦν

C ἀξιοῦσθαι μνήμης. Τοῦτο δὲ ὅσης μετέχει ἀρετῆς ἔργον ὑπέλαβεν, Ἀλέξανδρον τὸν Φιλίππου, καὶ Κῦρον τὸν Καμβύσου σκοπῶν, ἐπαινείτω. Ὁ μὲν γὰρ μειράκιον ἔτι κομιδῇ νέον δῆλος ἦν τοῦ πατρὸς οὐκ ἀνεξόμενος ἄρχοντος. ὁ δὲ ἀφείλετο τὴν ἀρχὴν τὸν πάππον. Καὶ ταῦτα οὐδείς ἐστιν ἠλίθιος, ὃς οὐκ οἴεται μηδὲν ἐκείνων μεγαλοψυχίᾳ, καὶ τῇ πρὸς τὰ καλὰ φιλοτιμίᾳ λειπόμενον, οὕτως ἐγκρατῶς, καὶ σωφρόνως τῷ πατρὶ καὶ τοῖς

D ἀδελφοῖς προσενηνέχθαι. Παρασχούσης γὰρ τῆς τύχης τὸν καιρὸν, ἐν ᾧ τῆς ἁπάντων ἡγεμονίας ἐχρῆν μεταποιηθῆναι, πρῶτος ὡρμήθης, πολλῶν ἀπαγορευόντων, καὶ πρὸς τἀναντία ξυμπείθειν ἐπιχειρούντων. ῥᾷστα δὲ καὶ πρὸς ἀσφάλειαν τὸν ἐν χερσὶ πόλεμον διαπραξάμενος, ἐλευθεροῦν ἔγνως τῆς ἀρχῆς τὰ κατειλημμένα. Δικαιοτάτῃ μὲν καὶ οἵαν ἔστιν πρόφασιν ἐλα-

F G

βε πεπρᾶχθαι τὸν πόλεμον, τῆς πρὸς ἐκείνους ἔχθρας τιθέμενος. Οὐδὲ γὰρ ἐμφύλιον ἄξιον προσαγορεύειν τὸν πόλεμον, οὗ βάρβαρος ἦν ἡγεμὼν, ἑαυτὸν ἀναγορεύσας βασιλέα, καὶ χειροτονήσας στρατηγόν. Τῶν ἀδικημάτων δὲ τῶν ἐκείνου καὶ ὧν ἐδόξασεν εἰς οἰκίαν τὴν σὴν, οὐχ ἡδύ μοι πολλάκις μεμνῆσθαι· ἀνδρειοτέρας δὲ τῆσδε τῆς πράξεως τίς ἂν εἰπεῖν ἔχοι; ἐφ' ᾗ δῆλος μὲν ἦν ἀποτυχόντι τῶν ἔργων κίνδυνος· ὑπέμεινας δὲ οὐδὲν κέρδους χάριν, οὐδὲ κλέος ἀείμνηστον ἀνταλλαττόμενος, ὑπὲρ οὗ καὶ ἀποθνήσκειν ἄνδρες ἀγαθοὶ πολλάκις τολμῶσιν, οἷον πρὸς ἀργύριον, τὴν δόξαν, τὰς ψυχὰς ἀποδόμενοι· οὔτε μὴν δι' ἐπιθυμίαν ἀρχῆς μείζονος καὶ λαμπροτέρας, ὅτι μηδὲ νέῳ σοι τοῦτον ἐπιθυμῆσαι συνέβη· ἀλλ' αὐτὸ τὸ καλὸν στέργων τῆς πράξεως, πάντα ὑπομένειν ᾤου δεῖν, πρὶν ἰδεῖν Ῥωμαίων βάρβαρον βασιλεύοντα, καὶ νόμων κύριον, καὶ πολιτείαν καθιστάντα, καὶ τὰς ὑπὲρ τοῦ κοινοῦ εὐχὰς ποιούμενον, τὸν τοσούτοις ἀσεβήμασιν ἔνοχον, καὶ φόνοις. Τῆς παρασκευῆς δὲ αὐτῆς ἡ λαμπρότης, καὶ τῶν ἀναλωμάτων τὸ μέγεθος, τίνα οὐχ ἱκανὸν ἐκπλῆξαι; καίτοι Ξέρξην μὲν ἀκούω τὴν Ἀσίαν ἐπὶ τοὺς Ἕλληνας ἐξαναστήσαντα χρόνῳ ἐτῶν οὐκ ἐλάττονι δέκα πρὸς τὸν πόλεμον ἐκεῖνον παρασκευάζεσθαι· εἶτα ἐπαγαγεῖν διακοσίαις πρὸς ταῖς χιλίαις τριήρεσιν ἐκ τούτων αὐτῶν, οἶμαι, τῶν χωρίων, ἐξ ὧν αὐτὸς ἐνταῦθα ὅλοις μησὶ δέκα ναυπηγησάμενος, ἤγειρας τὸν στόλον, πλήθει νεῶν ἐκεῖνον ὑπερβαλλόμενος· τῇ τύχῃ δὲ οὐδὲ ἄξιον συμβαλεῖν, οὐδὲ τοῖς ἔργοις. Τὴν δὲ εἰς τὰ λοιπὰ δαπανήματα μεγαλοπρέπειαν μὴ πολὺ λίαν ἔργον ᾖ φράζειν. οὐδὲ ὁπόσα ταῖς πόλεσι πάλαι στερομέναις ἀπεδίδου ἀπαριθμούμενος ἐνοχλήσω τὰ νῦν.

γρ. στρα-τηγόν. — γρ. ἀποδιδόμενοι. — γρ. μηδὲ ἐπιστάν. — γρ. καθιστάντα. — γρ. τριακοσίαις χιλίαις τριήρεσιν ἀναγαγεῖν.

A justissimus, ac cujusmodi antea nullus fuerat; odium scilicet contra hostes imperii susceptum. Neque enim civile bellum illud appellari par est, cujus dux erat barbarus, qui se & imperatorem appellarat, & ducem crearat. Nam de illius flagitiis, atque in tuos injuriis ac sceleribus recordari sæpius, mihi quidem ingratum minimeque jucundum est. Tuo vero illo facto quid constantius ac fortius est? quod, cum intelligeres, quantum in eo periculum esset, si minus istud ex animi sententia successisset, aggredi tamen minime dubitasti. B Neque id lucri aut commodi gratia: non ut immortalem tibi gloriam ex eo quæreres, cujus causa clarissimi plerumque homines mortem oppetere non verentur, qui animas suas cum gloria perinde ac pecunia commutant: neque porro amplioris imperii ac splendidioris cupiditate ductus: cum ne juvenis quidem unquam id admodum concupieris; sed sola rei ipsius honestate impulsus, omnia tibi sustinenda prius existimasti, quam Barbarum cerneres Romanis imperantem, ac præsidentem legibus, & rempu- C blicam constituentem, proque communi salute vota concipientem; cum, inquam, qui se tot sceleratis facinoribus, ac cædibus obstrinxisset. Sed apparatus ac copiarum magnificentia & sumtuum magnitudo, cui non admirationem ac stuporem adferat? Atqui de Xerxe illo sic accepimus, qui adversus Græcos universam Asiam commovit, non minus quam decem annorum spatium ad apparatum belli hujus insumsisse: atque ita cum mille ducentarum navium classe pro- D fectum, iisdem, opinor, ex locis, ex quibus ipse non integris decem mensibus extructis navibus classem tuam adornasti, in qua navium illum multitudine longe superasti. Nam fortunam illius, aut facta, ne conferre quidem cum tuis ac contendere oportet. Sumtuum vero, qui in reliqua facti sunt, magnificentiam vereor ne enarrare sit difficillimum; neve, si quæ spoliatis pridem civitatibus per te reddita sunt, enumerem, in præsentia sim molestus. Universæ enim

enim tuo beneficio divitiis abundant, quæ antea necessariis etiam rebus erant destitutæ. Singulæ porro domus, ac familiæ propter communem civitatum abundantiam ac copiam privatim augentur, ac sese efferunt. Verum non omittenda tua illa in privatos beneficia, ut te liberalem propterea, ac magnificum imperatorem appellemus. Nam cum plerosque nactus esses, qui dudum suis facultatibus spoliati essent, quod eorum patrimonium partim jure, partim injuria summa cum calamitate dilapsum esset, simulatque summæ rerum præfectus es, alios quidem tanquam bonus quispiam judex, prioribus delictis emendatis, in pristinorum bonorum possessionem restituisti; aliis vero perinde atque æquus arbiter quæ pridem ademptæ iis fuerant rerum reddidisti: temporis diuturnitatem existimans ad pœnam iis sufficere, qui ea calamitate essent affecti. Quæ vero de tuo iisdem illis conferens, ditiores eos omnibus illis fecisti, qui se pridem divitiarum copia jactabant, quid attinet modo oratione complectentem huc fusè parvis in rebus, ac contemnendis videri? Atque hoc sane perspicue omnes intelligunt, neminem antiquum imperatorem, præter Alexandrum illum Philippi filium, extitisse, qui tot, tantaque in amicos distribueret. Etenim aliis ipsæ amicorum divitiæ hostium viribus dubiæ magis ac formidolosæ fuerunt: alii, qui subditorum sibi nobilitatem suspectam haberent, clarissima familia ortos omnibus contumeliis afficientes, aut familias ipsas penitus e medio tollentes, cum publice civitatibus ipsis maximarum cladium, tum sibi nefandorum scelerum causam attulerunt. Ac ne eorum quidem aliqui se continuerunt, quo minus corporis bonis, sanitati nimirum, aut pulchritudini, aut firmitati corporis inviderent. ut virtutem animi in quocunque sibi subditorum fuam ne audire quidem sustinerent. Verum crimen erat illud ipsum, virtutis studium præ se ferre, perinde atque unum ex cæteris, parricidii dico, furti, ac perduellionis. Sed hæc non regis, aut imperatoris, sed pes-

A πλουτοῦσι μὲν γὰρ ἅπασαι διὰ σέ, τὸν ἔμπροσθεν ἐνδεεῖς οὖσαι καὶ τῶν ἀναγκαίων· ἐπιδίδωσι δὲ τῶν ἰδιωτῶν ἕκαστος οἰκονομία τὰς κοινὰς τῶν πόλεων εὐπορίας. Ἀλλὰ τῆς εἰς τοὺς ἰδιώτας ἄξιον δωρεᾶς μεμνῆσθαι, ἐλευθέριόν σε καὶ μεγαλόδωρον βασιλέα προσαγορεύοντα· ὃς πολλοὺς μὲν ἐστερημένους πάλαι τῶν αὐτῶν χρημάτων, τοῦ πατρῴου κλήρου συμφορᾷ περιπεπτωκότος ἐν δίκῃ καὶ παρὰ δίκην, ἐπειδὴ πρῶτον ἐγένου κύ- *(deest in al. MSS.)*

B ριος, τοῖς μὲν καθάπερ δικαστὴς ἀγαθὸς τὰ τῶν ἔμπροσθεν ἁμαρτήματα διορθωσάμενος κυρίους εἶναι τῆς αὐτῶν οὐσίας παρέσχες· τοῖς δὲ ἐπιεικὴς κριτὴς γενόμενος, ταῦτα μὲν ὧν ἀφῄρηντο, πάλιν ἐχαρίσω· ἀρκεῖν οἰόμενος τὸ μῆκος τοῦ χρόνου πρὸς τιμωρίαν τοῖς παθοῦσιν. ὅσα δὲ αὐτοῖς οἴκοθεν χαριζόμενος, πλουσιωτέρους ἀπέφηνας τῶν πάλαι *(χ. πολλοὺς, τῶν)* δοξάντων ἐπὶ τῇ τῶν χρημάτων εὐπορίᾳ σεμνύνεσθαι, τί χρὴ νῦν ὑπομιμνήσκοντα

C περὶ μικρὰ διατρίβειν δοκεῖν; ἀλλ' ὅμως τι καὶ πᾶσιν ὂν καταφανές, ὅτι μηδεὶς πώποτε, πλὴν Ἀλεξάνδρου τοῦ Φιλίππου, τοσαῦτα βασιλεὺς τοῖς αὐτοῦ φίλοις δωρούμενος ὤφθη. ἀλλὰ τοῖς μὲν ὁ τῶν φίλων πλοῦτος τῆς τῶν πολεμίων ῥώμης ἕκαστος ἔδοξε μᾶλλον καὶ φοβερώτερος. ἄλλοι δὲ τὴν τῶν ἀρχομένων εὐγένειαν ὑπιδόμενοι, πάντα τρόπον τοὺς εὖ γεγονότας περιυβρίζοντες, ἢ καὶ ἀναιροῦντες ἄρδην τὰς οἰκίας,

D κοινὴν μὲν ταῖς πόλεσι συμφοράν, ἰδίᾳ δὲ αὐτοῖς ἀνοσίων ἔργων αἰτίαν κατέστησαν. οὐκ ἀπέσχοντο δὲ ἤδη τινὲς οὐδὲ τῶν τοῦ σώματος ἀγαθῶν, ὑγιείᾳ φημὶ καὶ κάλλει καὶ εὐεξίᾳ βασκαίνοντες. ψυχῆς τε ἀρετὴν ἔν τινι τῶν πολλῶν γενομένην οὐδὲ ἀκούειν ὑπέμενον. ἀλλ' ἦν ἀδίκημα τοῦτο καθάπερ ἀνδραποδία καὶ κλοπὴ καὶ προδοσία, τὸ δοκεῖν ἀρετῆς μεταποιεῖσθαι. Καὶ ταῦτα τυχὸν ἀληθῆ οὐ βασιλέας φησί τις, τυράννους δὲ καὶ

Marginal notes: χ. ὧν — deest in al. MSS. — χ. πολλοὺς, τῶν — χ. ὅλως τε ἐξ πᾶσιν — χ. ὑγιείᾳ — χ. ψυχῆς — χ. φιλεῖ

 ἀνελευ-

γρ. [illegible] ἀνελευθέρων τυράννων ἔργα καὶ πράξεις. ἐκεῖνο δὲ ἤδη τὸ πάθος οὐ τῶν ἀνοήτων μόνον, ἀλλὰ τῶν ἐπιεικῶν, καὶ πράων ἀνδρῶν ἁψάμενον, τὸ τοῖς φίλοις ἄχθεσθαι πλέον, καὶ πολλάκις ἐλαττοῦν ἐθέλειν, καὶ τῶν προσηκόντων αὐτοὺς ἀφαιρεῖσθαι, τίς ἐπὶ σοῦ λέγειν ἐτόλμησε. τοῦτο καὶ Ὧρόν φασι τὸν Πέρσην (γρ. Πέρσην φασὶ) γαμβρὸν ὄντα βασιλέως παρὰ τοῦ κηδεστοῦ παθεῖν, ἀχθομένου τῇ παρὰ τοῦ πλήθους εἰς τὸν ἄνδρα τιμῇ. καὶ Ἀγησίλαος δὲ δῆλος ἦν ἀχθόμενος τιμωμένῳ παρὰ τοῖς Ἴωσι Λυσάνδρῳ. τούτους οὖν ὅτι πάντας ὑπερβαλλόμενος ἀρετῇ, τοῖς πλουτοῦσι μὲν τὸ πλουτεῖν ἀσφαλέστερον, ἢ πατὴρ τοῖς αὐτοῦ παισὶ κατέστησας· εὐγενείας δὲ τῆς τῶν ὑπηκόων προνοεῖς, καθάπερ ἁπάσης πόλεως οἰκιστὴς, καὶ νομοθέτης· (γρ. [illegible]) καὶ τοῖς ἐκ τῆς τύχης ἀγαθοῖς πολλὰ μὲν προσθεὶς, πολλὰ δὲ καὶ αὐτὸς ἐξ ἀρχῆς χαριζόμενος δῆλος εἶ τῷ μεγέθει μὲν, τὰς παρὰ τῶν βασιλέων δωρεὰς ὑπερβαλλόμενος· τῇ βεβαιότητι δὲ τῶν ἅπαξ δοθέντων, τὰς παρὰ τῶν δήμων χάριτας ἀποκρυπτόμενος. Τοῦτο δὲ οἶμαι καὶ μάλα εἰκότως συμβαίνει. οἱ μὲν γὰρ ἐφ' οἷς συνίσασιν αὑτοῖς (γρ. αὐτοὺς) ἀπολειφθεῖσιν ἀγαθοῖς, τοῖς κεκτημένοις βασκαίνουσι. ὅτῳ δὲ τὰ μὲν ἐκ τῆς τύχης (γρ. τῆς τύχης) ἐστὶ λαμπρὰ, καὶ οἷα οὐδενὶ τῶν ἄλλων, τὰ δὲ ἐκ τῆς προαιρέσεως τῶν ἐκ τῆς τύχης μακρῷ σεμνότερα· οὐκ ἔστιν ὅτου δεόμενος τῷ κεκτημένῳ φθονήσειεν. ὃ δὴ καὶ σαυτῷ μάλιστα πάντων ὑπάρχειν ἐγνωκὼς, χαίρεις μὲν ἐπὶ τοῖς τῶν ἄλλων ἀγαθοῖς· εὐφραίνει δέ σε τὰ τῶν ὑπηκόων κατορθώματα· καὶ τιμὰς ἐπ' αὐτοῖς τὰς μὲν ἐχαρίσω, τὰς δὲ ἤδη μέλλεις· ὑπὲρ δὲ ἐνίων βουλεύῃ, καὶ οὐκ ἀπόχρη σοι πόλεως μιᾶς, οὐδὲ ἔθνους ἑνὸς, οὐδὲ τῶν πολλῶν (γρ. πολλάκις) ὁμοῦ τοῖς φίλοις ἀρχὰς, καὶ τὰς ἐπ' αὐτοῖς τιμὰς διανέμειν· ἀλλ' εἰ μὴ καὶ βασιλείας ἕλοιο κοινωνὸν· ὑπὲρ ἧς τοσούτους ὑπομείνας πόνους, τὸ τῶν τυράννων γέ-

A simi ac sordidi tyranni esse facta non temere forsan aliquis dixerit. illam vero affectionem animi, qua non vecordes duntaxat illos, sed nonnullos etiam bonos, ac clementes principes fuisse præditos constat, ut & in amicos commoverentur, & eorum potentiam imminuere cuperent, & quæ digna eorum meritis erant, detraherent; quis hoc, inquam, de te affirmare ausus unquam fuit? Hoc enim Horum illum ferunt regis generum ab socero esse passum, cum is apud populum in honore ac pretio illum B esse non æquo animo pateretur. Nec obscure id Agesilao molestum fuit, quod Lysandro summus ab Asiaticis honor haberetur. Tu vero omnes illos virtute superans, cum divitibus ipsis opes, ac divitias multo stabiliore loco constituisti, quam parentes liberis; tum subditorum tibi nobilitatis curam geris, perinde atque totius civitatis conditor, & legislator; & fortunæ bonis multa vel adjecisti, vel primus ipse contulisti: adeo ut donorum magnitudine regum munera vinceres; & eorum, quæ concessa semel erant, C firmitate, data a populis beneficia obscurares. Quod quidem merito accidere mihi videtur. Illi enim propter eorum bonorum, quæ sibi deesse sentirent, conscientiam, illis, penes quos ea essent, invidebant. Quicumque vero fortunæ commodis egregie instructus est, ut nullus eo possit pertingere; animi vero ornamenta fortunæ bonis multo illustriora possidet; nihil esse potest ejusmodi, quo indigens ipse alteri possit invidere. Quod cum tibi præ cæteris inesse sentias, gaudes nimirum aliorum D bonis, & quæcumque a tuis recte, ac cum gloria geruntur, voluptatem tibi maximam afferunt; ob eaque honores illis, ac præmia partim largitus es; partim postea largieris; partim de quibusdam horum in præsentia deliberas. Neque istud tibi esse satis arbitraris, si unius civitatis, aut provinciæ unius, aut multarum simul amicis præfecturas, & eorum amplitudinem, ac dignitatem impertias: sed nisi præterea in imperii communionem adsciscas, cujus gratia tantis susceptis laboribus tyrannorum genus extirpiextruxisti, nihil a rebus tuis gestis dignum esse factum putasti. Quam te ad voluntatem, & sententiam non adductum necessitate, sed sola ipsa voluptate impulsum esse, quam in largiendo omnia incredibilem capis, neminem ignorare arbitror. Nam eorum bellorum ac certaminum, quæ contra tyrannos obiisti, socium tibi nullum adjunxisti: honorem vero ipsum cum eo solo communicare voluisti, qui nullius tecum laboris particeps fuisset; tum demum cum nihil amplius metuendum restaret. At cum de honoris amplitudine ne minimum quidem detrahas; laborum tamen vel exiguam partem concedere non sustines: nisi forte brevi interdum tempore tecum in expeditione esse necesse sit. Utrumnam igitur testibus orationi nostræ, aut indiciis opus est? an potius vel statim ex ipso dicente compertum est, nihil ab eo falsum, aut commentum adferri? Verum de iis nihil est quod diutius verba faciamus. De temperantia vero, prudentiaque tua: ac quantam in subditorum tibi animis benevolentiam excitaris, paucis interim dicere minime erit absurdum. Quis enim ignorare omnium potest, tantum ab ineunte ætate, quantum in nullo unquam hactenus fuit, virtutis hujus in te studium extitisse? Et quidem de ea, quam a pueris habuisti, temperantia testem habes idoneum parentem tuum; qui uni tibi imperii totius, ac communium cum fratribus rerum, ac negotiorum administrationem detulit: qui neque solus esses, neque filiorum ejus omnium natu maximus. Illam vero, quam in virili ætate modo præbes, universi percipimus: cum te sic erga populum, ac magistratus omnes gerere soleas, quasi civium quispiam sis legibus subjectus, non princeps, cui in leges ipsas potestas conceditur. Ecquis vero secundis unquam te rebus insolentiorem animadvertit? aut clarum rerum gestarum gloria, quæ tam multæ, tam amplæ, tam brevi tempore sunt perfectæ? Atqui de Alexandro Philippi filio narrant, postea quam is Persarum vires, ac potentiam evertit, non modo reliquam vitæ rationem majorem ad fastum, atque omnibus in-

A νος ἀνήρηκας· οὐδὲν ἄξιον τῶν σαυτοῦ κατορθωμάτων ἔργον ὑπέλαβες. Καὶ ὅτι μὴ χρείᾳ μᾶλλον, ἢ τῷ χαίρειν πάντα δωρούμενος, ἐπὶ ταύτην ὥρμησας τὴν γνώμην, ἅπασιν οἶμαι γνώριμον γέγονε. Τῶν μὲν γὰρ πρὸς τοὺς τυράννους ἀγώνων κοινωνὸν οὐχ εἵλου· τῆς τιμῆς δὲ τὸν οὐ μετασχόντα τῶν πόνων ἠξίωσας μεταλαβεῖν μόνον, ὅτε μηδὲν ἔτι φοβερὸν ἐδόκει. (γρ. μόνῳ) καὶ τὸ μὲν οὐδὲ ἐπ' ὀλίγον ἀφελὼν δῆλος εἶ· τῶν πόνων δὲ οὐδὲ ἐπὶ
B σμικρὸν κοινωνεῖν ἀξιοῖς· πλὴν εἴπου δέοι πρὸς ὀλίγον ἑπόμενόν σοι στρατεύεσθαι. (γρ. ἀλόγον) πότερον οὖν καὶ περὶ τούτων μαρτύρων τινῶν καὶ τεκμηρίων τῷ λόγῳ προσδεῖ; ἢ δῆλον ἐκ τοῦ λεγομένου ὅτι μὴ ψευδεῖς ἐπεισάγει λόγους. ἀλλ' ὑπὲρ μὲν τούτων, οὐδὲν ἔτι πλείω ἄξιον ἐνδιατρίβειν. Σωφροσύνης δὲ ὑπὲρ τῆς σῆς, καὶ φρονήσεως, καὶ ὅσην εὔνοιαν τοῖς ὑπηκόοις ἐνειργάσω, βραχέα διελθεῖν ἴσως οὐκ ἄτοπον. Τίς γὰρ ἀγνοεῖ τῶν ἁ-
C πάντων τοσαύτην ἐκ παίδων τῆς ἀρετῆς ταύτης ἐπιμέλειαν ἐσχηκότα, ὅσην οὐδεὶς ἄλλος τῶν ἔμπροσθεν; Καὶ τῆς μὲν ἐν παισὶ σωφροσύνης μάρτυς ὁ πατὴρ γέγονεν ἀξιόχρεως, σοὶ τὰ περὶ τὴν ἀρχὴν καὶ τὰ πρὸς τοὺς ἀδελφοὺς διοικεῖν ἐπιτρέψας, μόνῳ ὄντι γε οὐδὲ πρεσβυτάτῳ τῶν ἐκείνου παίδων. (for. ad. ὑμῶν) τῆς δὲ ἐν ἀνδράσιν ἅπαντες αἰσθανόμεθα, καθάπερ πολίτου τοῖς νόμοις ὑπακούοντος· ἀλλ' οὐ βασιλέως τῶν νό-
D μων ἄρχοντος, ἀεί σου προσφερομένου τῷ πλήθει καὶ τοῖς ἐν τέλει. Τίς γὰρ ἔγνω μεῖζον ὑπὸ τῆς εὐτυχίας φρονήσαντα; τίς δὲ ἐπαρθέντα τοῖς κατορθώμασι τοσούτοις τὸ πλῆθος, καὶ τηλικούτοις ἐν βραχεῖ χρόνῳ γενομένοις; (γρ. τῷ πλήθει) ἀλλὰ τὸν Φιλίππου, φασίν, Ἀλέξανδρον, ἐπειδὴ τὴν Περσῶν καθεῖλε δύναμιν, οὐ μόνον τὴν ἄλλην δίαιταν πρὸς ὄγκον μείζονα, καὶ λίαν ἐπαχθῆ τοῖς πᾶ-

πᾶσαν ὑπεροψίαν μεταβαλεῖν· ἀλλ' A
ἤδη καὶ τὸν φύσαντα ὑπερορᾶν καὶ τῆς
ἀνθρωπείας ἁπάσης φύσεως. ἠξίου γὰρ
γρ. λογίζεσθαι υἱὸς Ἄμμωνος, ἀλλ' οὐ Φιλίππου νομίζε-
σθαι· καὶ τῶν συστρατευομένων ὅσοι μὴ
κολακεύειν, μηδὲ δουλεύειν ἠπίσταντο,
γρ. τῶν ἑαλωκότων περιττόν πικρότερον ἐκολάζοντο τῶν ἑαλωκότων. Ἀλλὰ σοῦ γε τῆς εἰς τὸν πατέρα τιμῆς
ἆρα ἄξιον ἐνταῦθα μεμνῆσθαι; ὃν οὐκ
ἰδίᾳ μόνον σεβόμενος, ἀεὶ δὲ ἐν τοῖς κοινοῖς συλλόγοις διετέλεις ἀνακηρύττων,
καθάπερ ἀγαθὸν ἥρωα. Τῶν φίλων B
δὲ ἀξίοις γὰρ αὐτοῖς οὐκ ἄχρις ὀνόματος
μόνον τῆς τιμῆς· πολὺ δὲ πλέον διὰ τῶν
πραγμάτων βεβαιοῖς ἐπ' αὐτῶν τοὔ-
γρ. ὁ μεμφ. νομα· ἔστιν οὖν ἄρα τις μεμφόμενος ἀ-
τιμίαν, ἢ ζημίαν, ἢ βλάβην, ἤ τινα μικρὰν ὑπεροψίαν, ἢ μείζονα; ἀλλ' οὐκ ἂν
οὐδαμῶς εἰπεῖν ἔχοι τοιοῦτον οὐδέν. Τούτων γὰρ οἱ μὲν γηραιοὶ σφόδρα, ταῖς ἀρχαῖς εἰς τὴν εἱμαρμένην τελευτὴν τοῦ βίου
παραμείναντες, τὰς ἐπιμελείας τῶν κοινῶν συναπέθεντο τοῖς σώμασι· παισὶν
ἢ φίλοις, ἢ τισι πρὸς γένους τοὺς κλήρους C
παραπέμψαντες· ἄλλοι δὲ πρὸς τοὺς
γρ. στρατείας πόνους καὶ τὰς στρατείας ἀπαγορεύσαν-
τες, ἀφέσεως ἐντίμου τυχόντες ζῶσιν
ὄλβιοι· τινὲς δὲ καὶ μετήλλαξαν, εὐδαίμονες παρὰ τῷ πλήθει εἶναι κρινόμε-
νοι. Ὅλως δὲ οὐκ ἔστιν οὐδὲ εἷς, ὅς ἐπειδὴ
ταύτης ἠξιώθη τῆς τιμῆς, εἰ καὶ μοχθηρὸς ὕστερον ἐφάνη, τιμωρίας ἔτυχε μι-
γρ. ἀπελέγχεσθαι κρᾶς, ἢ μείζονος· ἤρκεσε δὲ αὐτὸν ἀπελέγχεσθαι μόνον, καὶ μηδὲν ἐνοχλεῖν ἔτι.

Ἐν δὲ τούτοις ἅπασιν ὤν, καὶ γεγονὼς
τοιοῦτος ἐξ ἀρχῆς, ἡδονῆς ἁπάσης, ἣ D
πρόσεστιν ὄνειδος καὶ μικρόν, καθαρὰν
τὴν ψυχὴν διεφύλαξας, μόνος δὴ σχεδὸν
τῶν πρόσθεν αὐτοκρατόρων· σχεδὸν
δὲ, πλὴν ὀλίγων, ἁπάντων ἀνθρώπων, οὐκ ἀνδράσι μόνον παράδειγμα πρὸς σωφροσύνην παρασχὼν
κάλλιστον, καὶ γυναιξὶ δὲ τῆς πρὸς τοὺς
ἄνδρας κοινωνίας. Ὅσα γὰρ ἐκείνας α-

tolerabilem arrogantiam composuisse: verum etiam genitorem suum, ac communem hominum contempsisse naturam. Hammonis enim se filium, non Philippi existimari volebat: & ex sociis quotquot adulari, ac servire non possent, acriores pœnas subire, quam captivi ipsi, cogebantur. At honorem illum, quo parentem prosecutus es, quid attinet dicere? quem tu non privatim solum venerari soles; sed & publice tanquam bonum aliquem heroem præconio tuo celebrare. Ex amicis autem tuis: (hos enim non appellatione sola hoc honore afficis; sed multo magis re ipsa, atque factis eam in illis appellationem comprobas) estne igitur horum aliquis, qui vel de ignominia ulla, vel mulcta, vel damno aliquo abs te illato, vel contemptu denique leviore aliquo, majoreve conqueratur? Sed nemo est plane, qui ejusmodi aliquid possit adferre. Horum enim alii extrema jam ætate confecti, cum ad fatalem usque vitæ exitum in magistratibus perstitissent, una & Reipublicæ cura, & corporibus suis defuncti sunt; bonorum suorum ad filios, aut amicos, aut cognatos hæreditate transmissa. Alii laboribus, ac militiæ diuturnitate defessi, honesta missione impetrata, felices degunt ac beati. Alii porro jam excesserunt e vita, quos populus omnis fortunatos putabat. Omnino vero nemo est, qui posteaquam eum honorem consecutus est; tametsi improbus postea deprehensus est; ulla vel parva, vel graviore pœna sit coercitus: cum id sufficeret, convictum esse maleficii, neque amplius negotium ullum facessere.

Inter hæc vero omnia cum talis esses, & initio fuisses, ab omni te voluptate, cui vel minimum probrum subest, purum te atque integrum servasti. Ac solum te arbitror omnium post hominum memoriam Imperatorum; ac probe dixerim omnium etiam, paucissimis duntaxat exceptis, mortalium; non viris solum temperantia, sed & mulieribus exemplum dedisse, quemadmodum consuetudine cum viris utendum foret. Quæ enim

enim leges illis prohibent, quibus curæ est, ut legitimi filii suscipiantur; eadem illa apud se tanto ipsa turpitudinibus interdicit. Verum cum de his plura adhuc memorare possim, missa facio. Prudentiam autem etiam pro merito collaudare etsi mihi difficile est, pauca tamen de hac etiam exponenda sunt. Quanquam verbis omnibus facta ipsa sunt, ut opinor, ad persuadendum efficaciora. Neque enim verisimile est, tantam imperii amplitudinem ac potentiam, nisi pari prudentia administraretur, & contineretur, *ad tantam magnitudinem & rerum gestarum gloriam pervenire. Non spernendum quidem, si etiam fortuna solum citra prudentiam concedatur.* Nam fortunam sequentem brevi aliquo tempore florere facile est; quæ vero comparata bona fuerint, sine prudentia conservare, non adeo facile est, vel potius fieri fortasse penitus non potest. Cujus rei si evidens aliquod argumentum quæritur, & multa nobis & non obscura suppetunt. Nam consilii dandi sagacitatem in eo situm esse credimus, ut eorum omnium, quæ in agendo bona atque utilia sint, optima quæque reperiantur. Quocirca considerandum illud est in omnibus, utrum inter ea, quæ a te gesta sunt, idipsum numerari debeat. Igitur ubi concordia opus fuit, ultro etiam de jure tuo remisisti; ubi vero Reipublicæ succurrendum fuit, bellum promptissimo animo suscepisti. Ac Persarum vires ita consilio ac prudentia circumvenisti, ut eas tuorum desiderato nemine profligaris. Contra tyrannos vero bellum dividens, alterum concione sola & oratione superasti; cujus copias omnes intactas & illæsas accipiens, prudentia magis quam viribus debellasti. **** qui quidem tantam Reipublicæ calamitatem audisset. Verum manifestius ea de re disputando demonstrare illud omnibus cupio, qua te potissimum frenis, cum te tantis negotiis committeres, nullum non penitus ex animi sententia confeceris. Etenim ita persuasum habet; civium in principem

A ἀγορεύουσιν οἱ νόμοι, ᾧ γνησίως φύεσθαι τοὺς παῖδας ἐπιμελὲς εἶναι, ταῦτα ὁ λόγος ἀπαγορεύει τοῖς ἐνθυμίοις παρ᾽ αὐτοῖς. Ἀλλ᾽ ὑπὲρ μὲν τούτων ἔχων ἔτι πλείονα λέγειν, ἀφίημι. Τῆς φρονήσεως δὲ ἄξιον μὲν ἐπαινεῖν διελθεῖν οὐδαμῶς εὐχερές· μικρὰ δὲ ὅμως καὶ ὑπὲρ ταύτης ῥητέον. Ἔστι δὲ τὰ μὲν ἔργα τῶν λόγων οἶμαι πιστότερα. Οὐ γάρ ἐστιν εἰκός, τοσαύτην ἀρχὴν καὶ δύναμιν μὴ παρὰ τῆς ἴσης διοικουμένην καὶ κρατου-

B μένην φρονήσεως, πρὸς τοῦτο μέγεθος ἀφικέσθαι καὶ κάλλος πράξεων. Ἀγαπητὸν δὲ εἰ καὶ τύχῃ μόνῃ δίχα φρονήσεως ἐπιτρεπομένη. Ἀνθῆσαι μὲν γὰρ τῇ τύχῃ προσχόντα πρὸς βραχὺ ῥᾴδιον· διαφυλάξαι δὲ τὰ δοθέντα ἀγαθὰ δίχα φρονήσεως, οὐ λίαν εὔκολον· μᾶλλον δὲ ἀδύνατον ἴσως. Ὅλως δὲ εἰ χρὴ καὶ περὶ τούτων τῶν ἐναργὲς φράζειν τεκμήρια, πολλῶν καὶ γενναίων ἂν ἀπορήσαιμεν. Τὴν

C δὲ εὐβουλίαν ὑπολαμβάνομεν τὴν περὶ τὰς πράξεις ἀγαθὴν, καὶ συμφερόντων ἐξευρίσκειν τὰ κράτιστα. Σκοπεῖν δὴ ἄξιον ἐφ᾽ ἁπάντων ἁπλῶς, εἰ μὴ τοῦδε ἔνεστι τῶν σοι πεπραγμένων. Οὐκοῦν ὅπου μὲν ἦν ὁμονοίας χρεία, ἑκὼν ἐλαττούμενος· ὅπου δὲ τοῖς κοινοῖς ἐχρῆν βοηθεῖν, τὸν πόλεμον ἀόκνως ἀνείλου. Καὶ Περσῶν μὲν τὴν δύναμιν καλῶς στρατηγήσας, οὐδένα τῶν ἐπιλέκτων ἀποβαλὼν διέφθειρας. Τὸν πρὸς τοὺς τυράννους δὲ πόλε-

D μον διελὼν, τὸν μὲν ἐκράτησας ταῖς δημηγορίαις, καὶ τὴν μὲν ἐκείνου δύναμιν ἀκέραιον, καὶ κακῶν ἀπαθῆ προσλαβὼν κατεπολέμησας διὰ τῆς συνέσεως μᾶλλον, ἢ διὰ τῆς ῥώμης, τὸν τοσούτων τοῖς κοινοῖς αἴτιον συμφορῶν. Βούλομαι δὲ σαφέστερον περὶ τούτων εἰπὼν ἅπασι δεῖξαι, τίσι μάλιστα πιστεύσας, καὶ τοσούτοις σαυτὸν ἐπιδοὺς πράγμασιν, οὐδὲν ὅλως διήμαρτες. Εἶναι οἴει δεῖν παρὰ

Vide Notas & Observ.

γε. τά- [illegible]

γε. [illegible]

γε. [illegible]

γε. [illegible]

ἐ ἀ

ρᾳ τῷ ὑπηκόων ὑπάρχειν τῷ βασιλεῖ-
ων ἐρυμάτων ἀσφαλέστερον. Ταύτην
δὲ ἐπιτάττοντα μὲν καὶ κελεύοντα, καθάπερ εἰσφορὰς καὶ φόρους, κτήσασθαι,
γρ. δεῖ παντελῶς ἄλογον. Λείπεται δὲ λοι-
γρ. τὸ πὸν, καθάπερ αὐτὸς εἴργασαι, τὸ πάντας εὖ ποιεῖν, καὶ μιμεῖσθαι τὴν θείαν ἐν
ἀνθρώποις φύσιν· πρᾴως μὲν ἔχειν
πρὸς ὀργὴν τῶν τιμωριῶν δὲ ἀφαιρεῖ-
γρ. χαλεπωτάτας σθαι τὰς χαλεπωτάτας· πταίσασι
δὲ εἶναι τοῖς ἐχθροῖς ἐπιεικῶς, καὶ εὐ-
γνωμόνως προσφέρεσθαι. Ταῦτα
πράττων, ταῦτα θαυμάζων, ταῦτα
τοῖς ἄλλοις προστάττων μιμεῖσθαι, τὴν
Ῥώμην μὲν ἔτι τοῦ τυράννου κρατοῦντος
τῆς Ἰταλίας, διὰ τῆς γερουσίας εἰς Παιονίαν μετέστησας· προθύμους δὲ εἶχες
τὰς πόλεις πρὸς τὰς λειτουργίας. Τῶν
στρατευμάτων δὲ τὴν εὔνοιαν τίς ἂν ἀ-
ξίως διηγήσαιτο; τάξεις μὲν ἱππέων
γρ. ἐν τῇ πρὸ τῆς Μυρ. πρὸ τῆς ἐν Μύρσῃ παρατάξεως μεθει-
στήκεσαν· ἐπειδὴ δὲ Ἰταλίας ἐκράτησας,
πεζῶν κατάλογοι, καὶ τέλη λαμπρά.
ἀλλὰ τὸ μικρὸν μετὰ τὴν τοῦ τυράννου δυστυ-
χῆ τελευτὴν ἐν Γαλατίᾳ γενόμενον, κοινὴν ἁπάντων ἔδειξε στρατοπέδων τὴν εὔνοιαν. τὸν θρασυνόμενον καθάπερ ἐν
ἐρημίᾳ, καὶ τὴν γυναικείαν ἁλουργίδα
γρ. περιθέμενον. περιθέμενον, ὥσπερ τινὰ λύκον ἐξαίφνης διεσπάσαντο. ὅπως δὲ ἐπὶ
ταύτῃ γέγονας τῇ πράξει, καὶ ὅπως πρᾳ-
ως ἅπασι καὶ φιλανθρώπως τοῖς ἐκείνου γνωρίμοις προσηνέχθης, ὅσοι μηδὲν
ἠλέγχοντο ἐκείνῳ συμπράξαντες, πολλῶν ἐφεστηκότων τῇ κατηγορίᾳ συκο-
φαντῶν, καὶ τὴν πρὸς ἐκεῖνον φιλίαν ὑ-
ποπτεύειν μόνον κελευόντων· ἐγὼ μὲν ἁ-
πάσης ἀρετῆς τίθεμαι τὸ κεφάλαιον.
καὶ γὰρ ἐπιεικῶς, καὶ δικαίως φημὶ, καὶ πολὺ πλέον ἐμφρόνως πεπρᾶχθαι. ὅσ-
τις δ' ἄλλως ἡγεῖται, καὶ τῆς περὶ τοῦ πράγματος ἀληθοῦς ὑπολήψεως, καὶ τῆς
σῆς γνώμης ἀπήλλακται. τοὺς μὲν γὰρ ἐν ἐ-

A benevolentiam tutissimum ei esse propugnaculum oportere. Hanc autem jubendo & imperando, quasi pensitationes ac tributa, comparare sibi, a ratione penitus alienum est. Superest igitur, quemadmodum instituisti, bene de omnibus mereri, ac divinam inter homines imitari naturam: ut & in ira sis moderatus ac clemens, & pœnarum difficillimas quasque & acerbissimas detrahas: afflictis porro & calamitate affectis inimicis tuis æquabilem te ac benignum B praebeas. Hæc cum ageres, cum in pretio haberes, cum aliis imitanda proponeres; Romam ipsam quidem, tyranno adhuc in Italia dominante, per Senatum in Pannoniam transtulisti: ac civitates ipsas ad tributa pensitanda promtas ac faciles habuisti. Nam exercituum amorem ac benevolentiam quis pro merito possit explicare? Etenim equitum copiæ ante prælium illud, quod ad Myrsam gestum est, jam ad te defecerant. Sed postquam Italiam in potestatem tuam redegisti, idem ordines pe- C ditum ac nobilissimæ legiones fecerunt. Verum illud, quod paulo post infelicem tyranni exitum in Gallia contigit, communem in te omnium exercituum benevolentiam indicavit; qui eum instar lupi repente dilaniarunt, qui perinde, atque in solitudine aliqua, muliebrem purpuram indutus, audacior esse cœperat. Qualem vero te post tam præclarum facinus exhibueris; atque ut clementer ac benigne omnes illius amicos ac familiares tractaveris, qui qui- D dem nullius cum eo sceleris participes fuisse convinci poterant; tametsi multi ad accusandum calumniatores consurgerent, qui id duntaxat monebant, ut suspectam horum cum illo amicitiam haberes; illud ego virtutis omnis caput ac summam esse statuo. Nam & summa cum æquitate & justitia, & multo prudentius a te factum arbitror. Quisquis vero aliud sentit, is cum ab vera de re existimatione, tum ab animo tuo & sententia abhorret. Siquidem eos servari justissimum erat, qui nullius criminis

nis essent convicti. Amicitias vero illorum suspectas, ac devitandas ideo, facere non oportere persuasum habebas: cum populorum benevolentia ad tantam dignitatis ac rerum gestarum amplitudinem esses evectus. Quinetiam filium ipsum scelerati ac facinorosi hominis infantem adhuc de paterna pœna ac supplicio sentire aliquid passus non es. Ita totum illud a te susceptum negotium, cum in clementiam ac mansuetudinem dejicerit, absolutæ ac perfectæ virtutis indicium præbet.

A λεγχθείσας δίκαιον ἦν, ὡς οἶμαι, σώζεσθαι· ὑπόπτους δὲ τὰς φιλίας, καὶ διὰ τοῦτο φευκτὰς οὐδαμῶς ᾤου δεῖν κατασκευάζειν, ὑπὸ τῆς τῶν ὑπηκόων εὐνοίας εἰς τοῦτο μεγέθους ἀρθεὶς καὶ πράξεων. ἀλλὰ καὶ τὸν παῖδα τοῦ τετολμηκότος νήπιον κομιδῆ τῆς πατρῴας οὐδὲν εἴασας μεταλαχεῖν ζημίας. οὕτω σοι πρὸς ἐπιείκειαν ἡ πρᾶξις ῥέψασα, τελείας ἀρετῆς ὑπάρχει γνώρισμα.

ΙΟΥΛΙΑΝΟΥ

ΠΕΡΙ ΤΩΝ ΤΟΥ ΑΥΤΟΚΡΑΤΟΡΟΣ ΠΡΑΞΕΩΝ.

χ. ῆ περὶ βασιλείας

JULIANI IMP.

DE CONSTANTII IMPERATORIS REBUS GESTIS

ORATIO II.

ACHILLEM illum Homeri versibus proditum est, cum regi esset iratus, & ab eo dissideret, hastam & clypeum e manibus abjecisse; ac psalterio & cithara temperata, Heroum res gestas ac facinora cecinisse; illudque suum otium & quietem ejusmodi exercitatione tolerasse. Sapienter id ille quidem. Nam adversus regem inimice se gerere, ac lacessere, contumax nimium videbatur & petulans. Sed fortasse minime ab illa reprehensione Thetidis filium immunem esse Poeta voluit: quod agendi tempore ad canendum & pulsandam citharam abuteretur; cum & arma tractare tum liceret, nec adeo otiose languescere: & regem celebrare postea, atque egregia facinora decantare. Tametsi ne Agamemnonem quidem ipsum

ΛΟΓΟΣ Β.

ΤΟΝ Ἀχιλλέα φησὶν ἡ ποίησις, ἀπὸ τῆς μήνιδος, ἣν διηνέχθη πρὸς τὸν βασιλέα, μεθεῖναι μὲν ταῖν χεροῖν τὴν αἰχμὴν καὶ τὴν ἀσπίδα φαλ- [illegible] Iliad. 1. v. 189. [illegible] D καὶ παροξύνειν τὸν βασιλέα, λίαν αὐθάδες καὶ ἄγριον. Τυχὸν δὲ [illegible] ἀπολύεσθαι τῆς μέμψεως ὁ τῆς Θέτιδος, ὅτι τὸν καιρὸν τῶν ἔργων εἰς ᾠδὰς καταχρῆται καὶ κρούματα· ἐξὸν τότε μὲν ἔχεσθαι τῶν ὅπλων, καὶ μὴ μεθιέναι· αὖθις δὲ ἐφ' ἡσυχίας ὑμνεῖν τὸν βασιλέα, καὶ ᾄδειν τὰ κατορθώματα. ὁ μὲν οὐδὲ τὸν Ἀγαμέμνονα

χ. τὸν θ

[illegible] ὅμως ὁ ποιητὴς ἐκείνων τῶν λόγων μετρίως καὶ πολιτικῶς στρατηγεῖν φησὶ
στρατηγόν· ἀλλ' ἀπειλῇ τε χρῆσθαι καὶ
ἄγροις ὑβρίζειν τὸ γέρας ἀφαιρούμενον·
συναγαγὼν δὲ αὐτοὺς εἰς ταὐτὸ ἀλλήλοις ἐπὶ τῷ ἐκκλησίας μεταμελομέ-
νους, τὸν μὲν τῆς Θέτιδος ἐκβοῶντα·

Iliad. τ. v. 56.

> Ἀτρείδη, ἦ ἄρ τι τόδ' ἀμφοτέροισιν ἄρειον
> Ἔπλετο σοὶ καὶ ἐμοί.

εἶτα ἐπαιρόμενον τῇ προφάσει τῆς ἀπεχθείας· καὶ ἀπαριθμούμενον τὰς ἐκ τοῦ μήνιδος συμφοράς· τὸν βασιλέα δὲ αἰτιώμενον Δία, καὶ Μοίρας, καὶ Ἐριννὺν δοκεῖ μοι διδάσκειν, ὥσπερ ἐν δράματι τοῖς προκειμένοις ἀνθρώποις οἷον εἰκόσι χρώμενος· ὅτι χρὴ τοὺς μὲν βασιλέας μηδὲν ὕβρει πράττειν· μηδὲ τῇ δυνάμει χρῆσθαι πρὸς ἅπαν· μηδὲ ἐφιέναι τῷ θυμῷ, καθάπερ ἵππῳ θρασεῖ χωρὶς χαλινοῦ, καὶ ἡνιόχου φερομένῳ. παραινεῖ δὲ αὐτοῖς στρατηγοῖς, ὑπεροψίαν βασιλικὴν μὴ δυσχεραίνειν· φέρειν δὲ ἐγκρατῶς, καὶ πράως τὰς ἐπιτιμήσεις· ἵνα μὴ μεταμελείας αὐτοῖς ὁ βίος μεστὸς ᾖ. Ταῦτα κατ' ἐμαυτὸν ἐννοοῦντι, ὦ φίλε βασιλεῦ, καὶ σὲ μὲν ὁρῶν ἐπὶ τῷ ἔργῳ τὴν Ὁμηρικὴν παιδείαν ἐπιδεικνύμενον, καὶ ἐθέλοντα πάντας κοινῇ τε ἅπαντας ἀγαθόν τι δρᾶν, ἡμῖν δὲ ἴδια τιμὰς, καὶ γέρα ἄλλα ἐπ' ἄλλοις παρασκευάζοντα· τοσούτῳ δὲ, οἶμαι, κρείττονα τοῦ τῶν Ἑλλήνων βασιλέως εἶναι ἐθέλοντα· ὥστε ὁ μὲν ἠτίμαζε τοὺς ἀρίστους· σὺ δὲ οἶμαι, καὶ τοὺς φαύλους πολλοὺς τὴν συγγνώμην νέμεις· τοῦ Πιττακοῦ ἐπαινῶν τὸν λόγον, ὃς τὴν συγγνώμην τῆς τιμωρίας προὐτίθει· αἰσχυνοίμην δὲ εἰ μὴ τοῦ Πηλέως φανείην ἀγνωμονέστερος, καὶ ἐπαινοίην εἰς δύναμιν τὰ προσόντα σοι. ὅτι οὐ χρυσοῦν, καὶ ἁλουργῆ χλαῖναν, οὐδὲ μὴν διὰ ποικίλας παμποικίλους, γυναικῶν ἔργα Σιδονίων, οὐδὲ τῶν ἵππων Νισαίων κάλλη, καὶ χρυσοκολλήτων

γρ. πρὸς ἅπαν χρῆσθαι
γρ. ἀφιέναι
γρ. αὐτοῖς
γρ. [illegible]

A illorum versuum scriptor moderate cum duce ac civiliter se gessisse memorat; verum & comminatione usum esse, & spoliorum præmio suo factis ipsis contumeliose tractasse. Quos cum ambos in unum facti pœnitentia ductos in concione producit, ac Thetidis quidem filium sic exclamantem:

> *Atride, certe hoc melius, potiusque fuisset*
> *Ambobus, mihique, atque tibi:*

tum occasioni contentionis hujus imprecantem, atque iracundiæ calamitates enu-
B merantem, Jovem vero regem, & Parcas, & Erinnyn accusantem. Cum hæc, inquam, omnia commemorat; perinde ut in dramate aliquo, mihi docere videtur, propositis hominibus quasi imaginibus utens: nihil bonos principes facere per contumeliam oportere; nec ubique summa uti potestate; nec habenas iræ permittere debere; quasi contumaci cuidam equo, qui sine freno atque auriga præcipiti cum impetu feratur. Cæterum ducibus quoque ipsis præcipere videtur, ne adversus regiam arrogantiam nimium excandescant; sed illius
C increpationes modeste atque æquo animo sustineant; ut ne totam illorum vitam pœnitentia deinceps occupet. Hæc cum apud me cogito, Imperator mihi longe charissime, ac te Homericum illud præceptum re ipsa comprobare video; ideoque cum publice bene mereri velle de omnibus, tum privatim honores nobis alios ex aliis ac præmia præparare; tantoque Græcorum rege præstantiorem esse cupere, ut cum ille dedecore afficeret optimos, tu contra plerisque obscuris ac vilibus hominibus indul-
D geas; & Pittaci sententiam collaudes, qui ultioni veniam præferendam ajebat: puderet me si non Pelei filio gratior viderer, ac quæ in te ornamenta sunt, pro virili parte prædicarem: non aurum quidem, aut purpuream lanam, nec variegatas vestes, Sidoniarum mulierum opera, nec equorum Nisæorum pulchritudinem, neque vel auro con-

coruscationum corrum micantem, vel Indicorum lapillorum venustum ac jucundissimum splendorem. Quanquam etsi aliquis observare ista cupiens, unumquodque illorum oratione prosequi vellet, integra, opinor, Homeri poesi derivata & inimensa, nequaquam adhuc verborum satis habeat; nec quae in Heroas simul omnes praeconia conferuntur, in se unum collata sufficiant. Verum ab ipso primum, si lubet, sceptro atque imperio dicendi capiamus initium. Quid enim a Poeta dictum est, cum Pelopidarum generis antiquitatem laudare vellet, atque imperii amplitudinem ostendere?

— Stas inter Atrides
Vulcani fabricata manu stans sceptra tenebat.

quae hic Jovi dederat: Jupiter **vero suo ac** Majae filio: Mercurius Pelopi: **Pelops**

— regi transmiserat Atrei.
At moriens Atreus dites dat ***habenda*** *Thyestae.*
Hinc eadem Atrides Agamemnon sceptra Thyeste
Munus habet, late ut pelago dominetur, ***& Argis.***

Haec est **Pelopidarum gentis ac familiae** descriptio, quae **vix ad tertiam usque progeniem** pervenire potuit. **Nostri vero** generis initium a Claudio deductum est, a quo deinceps, brevi aeque tempore interrupto principatu, avi tui imperium obtinuerunt. Quorum maternus Romam atque Italiam, & Libyam, nec non Sardiniam, ac Siciliam, nihilo Argivis & Mycenis deteriorem ditionem, obtinebat; paternus vero Gallorum bellicosissimas nationes, & occidentales Iberos, & insulas omnes in Oceano sitas; quae tanto majores illis sunt, quas **in** mari nostro videmus, quanto interiori **ac** nostro mari majus illud est quod ultra columnas Herculis extenditur. Hae vero provincias omnes ab hostium vi & incursione liberarunt: contra quas vel ambo simul si quan-

A ἁρμόττειν ἀκριβολογεῖσθαι οὐχ ἥκιστα, ἀλλὰ τὴν Ἰνδῶν λίθων εὐανθῆ καὶ χαρίεσσαν. Καίτοι γε εἴ τις ἐθέλοι τούτων τι τῶν καθ' ἕκαστον ἀξίῳ λόγῳ μιμεῖσθαι, πᾶσαν, οἶμαι, τὴν Ὁμήρου ποίησιν ἐπεκχέας, ἔτι δεηθείη λόγων· καὶ οὐκ ἀποχρήσει οἱ μόνῳ τὰ εἰρημένα πᾶσι τοῖς ἡμιθέοις ἐγκώμια. Ἀρξώμεθα δὲ ἀπὸ τοῦ σκήπτρου πρότερον, εἰ βούλει, καὶ τῆς βασιλικῆς ἀρχῆς. Τί γὰρ δή φησιν ὁ ποιητής, ἐπαινεῖν ἐθέλων τῆς τῶν Πελο-

B πιδῶν οἰκίας τὴν ἀρχαιότητα, καὶ τὸ μέγεθος τῆς ἡγεμονίας ἐνδείξασθαι;

Ἂν δὲ κρείων **Ἀγαμέμνων**
Ἔστη σκῆπτρον ἔχων, **τὸ μὲν Ἥφαι-**
στος κάμε τεύχων,
καὶ ἔδωκε Διΐ· ὁ δὲ **τῷ** τῆς Μαίας καὶ ἑαυτοῦ παιδί· **Ἑρμείας** δὲ ἄναξ δῶκεν Πέλοπι· Πέλοψ δὲ
δῶκ' Ἀτρεῖ ποιμένι **λαῶν.**
Ἀτρεὺς δὲ θνῄσκων ἔλιπε πολύαρνι
Θυέστῃ.

C Αὐτὰρ ὁ αὖτε Θυέστ' Ἀγαμέμνονι λεῖπε φορῆναι,
Πολλῇσιν νήσοισι καὶ **Ἄργεϊ παντὶ**
ἀνάσσειν.

Αὕτη σοι τῆς Πελοπιδῶν οἰκίας ἡ γενεαλογία, εἰς **τρεῖς ἤδη ὅλας μόγις** γενεάς. Τῆς γε μὴν ἡμετέρας συγγενείας ἤρξατο μὲν ἀπὸ Κλαυδίου, μικρὸν δὲ ἐν μέσῳ διαλιπούσης τῆς ἡγεμονίας, πάπποι τε σοὶ διαδέχονται. καὶ ὁ μὲν πρὸς μητρὸς πάππος τὴν Ῥωμαίων ἀρχήν, καὶ τὴν Ἰτα-

D λίαν, καὶ τὴν Λιβύην τε ἐπ' αὐτῇ, καὶ Σαρδὼ καὶ Σικελίαν, οὔτι φαυλοτέρας τῆς Ἀργείας καὶ Μυκηναίας δυναστείας· ὁ γε μὴν πρὸς πατρὸς γενέτης, Γαλατίας ἔθνη τὰ μαχιμώτατα, καὶ τοὺς Ἑσπερίους Ἴβηρας, καὶ τὰς ἐκτὸς Ὠκεανοῦ νήσους, αἳ τοσούτῳ μείζους τῶν ἐν τῇ θαλάττῃ τῇ καθ' ἡμᾶς ὁρωμένων εἰσίν, ὅσῳ καὶ τῆς εἴσω θαλάττης ἡ τῶν Ἡρακλείων στηλῶν ὑπερέχει μείζων, ταύτας ἁπάσας τὰς χώρας καθαρὰς ἀφῆκεν πολεμίων· καὶ μὴν ἀμφότεροι ἄρξαντες,

γρ. λίθων
γρ. ἀξίων
γρ. τὴν ἀρχαιότητα
Iliad. B. v. 101.
Ibid. v. 105.
γρ. μὴν
γρ. πάππος
γρ. γενέτωρ
γρ. ὑπερέχειν

ὄντες, εἴπερ τι τούτου δεήσειεν ἐπιφοιτῶντες ἢ ἔσω ὅτε καὶ κατ᾽ ἰδίαν ἕκαστος, τῶν ὁμόρων βαρβάρων ὕβριν τε καὶ ἀδικίαν ἐξεκόπτον. ἐκεῖνοι μὲν δὴ τούτοις ἐκοσμοῦντο. ὁ πατὴρ δὲ τὴν μὲν προσήκουσαν αὐτῷ μοῖραν μάλα εὐσεβῶς καὶ ὁσίως ἐκτήσατο, περιμείνας τὴν εἱμαρμένην τελευτὴν τοῦ γεγεννηκότος. τὰ λοιπὰ δὲ ἀπὸ βασιλείας εἰς τυραννίδας ὑπενεχθέντα δουλείας ἔπαυσε χαλεπῆς, καὶ ἦρξε ξυμπάντων, τρεῖς ὑμᾶς τοὺς αὐτοῦ παῖδας προσλαβόμενος ξυνάρχοντας. Ἆρ᾽ οὖν ἄξιον μεγέθους δυνάμεως παραβάλλειν καὶ τὸν ἐν τῇ δυναστείᾳ χρόνον, καὶ πλῆθος τῶν βασιλευσάντων; ἢ τοῦτο μέν ἐστιν ἀληθῶς ἀρχαῖον; μελετέα δὲ ἐπὶ τὸν πλοῦτον, καὶ θαυμαστέον σου τὴν χλαμύδα σὺν τῇ πόρπῃ, ἃ δὴ καὶ Ὁμήρῳ διατριβὴν παρέσχον ἡδεῖαν; λόγου τε ἀξιωτέον πολλοῦ τὰς Τρωὸς ἵππους, αἳ τρισχίλιαι ἦσαν

ἕλος κάτα βουκολέοντο.

καὶ τὰ φόρια τὰ ἐντεῦθεν; ἢ τοὺς Θρᾳκείους ἵππους εὐλαβησόμεθα λευκοτέρους μὲν τῆς χιόνος, θεῖν δὲ ἀνέμοισιν ὁμοίους τῶν χειμερίων πνευμάτων, καὶ τὰ ἐν αὐτοῖς ἅρματα; καὶ ἔχομέν σε ἐν τούτοις ἐπαινεῖν, οἰκίαν τε, οἶμαι, τὴν Ἀλκινόου, καὶ τὰ τοῦ Μενέλεω δώματα καταπληξάμενα καὶ τὸν τοῦ πολύφρονος Ὀδυσσέως παῖδα, καὶ τοιαῦτα λῆρον ἀναπείσαντα, τοῖς σοῖς παραβάλλειν ἀξιώσομεν; μή ποτε ἄρα ἔλαττον ἔχειν ἐν τούτοις δοκῇς, καὶ οὐκ ἀποστησόμεθα τὴν φλυαρίαν; Ἀλλ᾽ ὅρα μή τις ἡμᾶς μικρολογίας, καὶ ἀμαθίας τῶν ἀληθῶς καλῶν γραψάμενος ἕλῃ. Οὐκοῦν ἀφέντας χρὴ τοῖς Ὁμηρίδαις τὰ τοιαῦτα πολυπραγμονεῖν, ἐπὶ τὰ τούτων ἐγγυτέρω πρὸς ἀρετὴν, καὶ ὧν μείζονα ποιεῖ προμήθειαν, σώματος ῥώμης, καὶ τῆς ἐν τοῖς ὅπλοις ἐμπειρίας, θαρρήσαντας ἰέναι. τίνι δὴ ποτε οὖν τῶν ὑπὸ τῆς Ὁμηρικῆς ὑμνημένων σειρῆνος εἴξομεν; ἔστι μὲν

γρ. ἐκό-σμουν

γρ. γεγε-νημένης

γρ. πλῆ-θος βα-σιλ.

γρ. θαυ-

Iliad. Y. v. 221.

γρ. φόρ-βεια.

γρ. ἐπὶ ὁ-μοῦ

γρ. ὑμᾶς γρ. ἡμᾶς

A do necessarium videretur, exercitum ducentes, vel privatim occurrentes singuli, vicinorum Barbarorum petulantiam & injuriam propulsarunt. Hæc igitur ornamenta erant illorum & insignia. Tuus vero parens partem illam imperii, quæ ad se pertinebat, fatali expectato genitoris exitu, pie sancteque est adeptus: cætera, quæ legitimo ex imperio in tyrannicos dominatus inciderant, molestissimæ jugo servitutis exsolvit; omniaque ad imperium suum ac
B potestatem transtulit: cujus sibi vos tres liberos consortes & socios ascivit. Utrumnam igitur vel utriusque potestatis amplitudinem; vel diuturnitatem imperii; vel regum multitudinem inter se conferendam putamus? an hoc jure ineptum videatur ac stolidum, eoque prætermisso, commendandæ potius erunt divitiæ, ac paludamentum tuum cum fibula prædicandum: in quibus describendis Homerus non sine delectatione commoratur? Num etiam equæ illæ Trois commemorandæ sunt, quæ ter
C mille numero in prato pascebantur, aut illinc abacta furta: aut Thracios illos equos formidabimus, cum nive candidiores, tum hibernis flatibus celeriores: aut impositos illis currus, quibus in omnibus laudandi tui materiam habeamus: aut certe Alcinoi domum, ædesve Menelai, quæ vel prudentis Ulyssis filio stuporem incusserint, atque in nescio quas nugas induxerint, cum tuis conferre non dubitabimus; ne forte superari illorum splendore ac magnificentia videare; neque ineptias illas ac deliria vita-
D bimus? Sed nimirum cavendum est, ne quis nimii nos in rebus exiguis studii, ac reipsa pulchrarum rerum imperitiæ condemnet & reos peragat. Quamobrem istiusmodi studiosis Homeri ac curiosa indaganda relinquamus; nosque ad ea conferamus, quæ propius ad virtutem accedunt; quæque apud illum majori in pretio sunt; cujusmodi robur est corporis & armorum peritia. Quid est igitur ea iis omnibus, quæ ab Homerica Sirene decantata sunt, cui cedere nos, in eoque superari, oporteat? Nam sagit-

sagittarius ab illo Pandarus inducitur, homo perfidus, & pecuniarum cupidus; sed & manu imbecillus, ac miles ignavus. Præter hunc Teucer, ac Meriones: quorum ille arcu ad columbam petendam utebatur; hic etsi in prælio fortissime se gereret, munimento ac propugnaculo opus habebat; ideoque clypeo se non proprio, sed fraterno tuetur, ac per otium in hostes collineat, miles sane quam ridiculus; qui majus aliquod præsidium requirebat, nec in armis salutis suæ spem positam habebat. Ego vero te, Imperator, conspexi, cum ursos, & pardos, ac leones innumeros emissis telis prosterneres; & arcum nonnisi ad venationem & exercitationem adhiberes. Verum in acie clypeo, & lorica, necnon galea, pro armis uteris. Neque nos Achillem metueremus Vulcaniis armis insignitum, atque horum suique periculum facientem,

Num sibi conveniant, apteque hæc arma residant.

Nam tuam in omnibus experientiam egregia facta prædicant. Quod ad equitandi vero scientiam, ac currendi celeritatem pertinet, num ex veteribus eos quispiam tecum conferat, qui illustre sibi ex ea re nomen famamque pepererunt? An illud quidem potius nondum repertum fuerat? Curribus enim, non equis singularibus utebantur: pedum vero celeritate quisquis illorum præstitit, hic anceps de victoria judicium facit. Nam aciei instruendæ, ac recte ordinandi exercitus Menestheus præ cæteris hominibus peritus videtur: neque ei propter ætatem Pylius senex in illius rei scientia concessit. At illorum ordines hostes sæpenumero disturbarunt: neque pro muris dispositi resistere potuerunt. Tibi infinitis in præliis, ac cum innumeris hostibus confligenti partim barbaris, partim haud inferioribus numero domesticis hostibus, qui cum eo conspiraverant, qui sibi imperium arrogarat; acies integra mansit, nec illis ordini-

A γὰρ τοξότης παρ' αὐτῷ Πάνδαρος, ἀνὴρ ἄπιστος καὶ χρημάτων ἥττων· ἀλλὰ καὶ ἀσθενὴς τὴν χεῖρα, καὶ ὁπλίτης φαῦλος· Τεῦκρός τε ἐπ' αὐτῷ καὶ Μηριόνης, ὁ μὲν ἐπὶ τῆς πελειάδος τῷ τόξῳ χρώμενος· ὁ δὲ ἠρίστευε μὲν ἐν τῇ μάχῃ· ἐδεῖτο δὲ ὥσπερ ἐρύματος καὶ τειχίσματος. ταῦτά τοι καὶ προβάλλεται τὴν ἀσπίδα, οὔτι τὴν οἰκείαν, τοῦ ἀδελφοῦ δὲ· καὶ τοξάζεται καθ' ἡσυχίαν τῶν πολεμίων, γελοῖος ἀναφανεὶς στρατιώτης, ὅς γε ἐ- B δεῖτο μείζονος φύλακος, καὶ οὐκ ἐν τοῖς ὅπλοις ἔκειτο τῆς σωτηρίας τὰς ἐλπίδας. Σὲ δ' ἦτοι ἐθεασάμην, ὦ φιλοβασιλεῦ, ἄρκτους καὶ παρδάλεις καὶ λέοντας συχνοὺς καταβαλόντα τοῖς ἀφιεμένοις βέλεσι· χρώμενον δὲ πρὸς θήραν καὶ παιδιὰν τόξῳ· ἐπὶ δὲ τῆς παρατάξεως ἀσπίς ἐστί σοι καὶ θώραξ, καὶ κράνος· καὶ οὐκ ἂν κατεδείσαμεν τὸν Ἀχιλλέα τοῖς Ἡφαιστείοις λαμπρυνόμενον, καὶ ἀποπειρώμενον αὐτοῦ, καὶ τῶν ὅπλων,

C Εἰ οἷ ἐφαρμόσσειε, καὶ ἐντρέχοι ἀγλαὰ γυῖα.

Ἀνακηρύττει γὰρ εἰς ἅπαντα τὴν σὴν ἐμπειρίαν τὰ κατορθώματα. τήν γε μὴν ἱππικὴν καὶ τὴν ἐν τοῖς δρόμοις κουφότητα, ἆρά σοι παραβαλεῖν ἄξιον τῶν πρόσθεν τινὰς ἀραμένους ὄνομα καὶ δόξαν μείζονα; ἢ τὸ μὲν οὐδὲ ηὕρητό πω. ἅρμασι γὰρ ἐχρῶντο, καὶ οὔπω κέλησιν ἀζυγέσι. τάχει δὲ ὅστις διήνεγκε, τούτῳ προσγέγονεν ἀμφήριστος ἡ κρίσις. τάξαι δὲ κοσμῆσαι, D καὶ φάλαγγα διατάξαι καλῶς δοκεῖ Μενεσθεὺς κράτιστος, καὶ τούτῳ διὰ τὴν ἡλικίαν ὁ Πύλιος οὐχ ὑφίεται τῆς ἐμπειρίας. ἀλλὰ τῶν μὲν οἱ πολέμιοι πολλάκις τὰς τάξεις συνετάραξαν καὶ οὐδὲ ἐπὶ τοῦ τείχους ἴσχυον ἀντέχειν παρατατόμενοι. Σοὶ δὲ μυρίαις μάχαις ξυμμίξαντι καὶ πολεμίοις πολλοῖς μὲν βαρβάροις, οὐκ ἐλάττοσι δὲ τούτων τοῖς οἴκοθεν ἀφεστῶσι καὶ συνεπιθεμένοις τῷ τὴν ἀρχὴν σφετερίσασθαι προελομένῳ ἀρραγὴς ἔμεινεν ἡ φάλαγξ καὶ ἀδιάλυτος.

γρ. τοξάζεται ὑφ' ἡ.

γρ. παιδιάν

γρ. κατεδείσαμεν

deest αὐτῷ in al. MSS.

Iliad. T. v. 385.

γρ. ηὕρηται

γρ. τάξει

γρ. οὐδ' ἡλικιώτης

γρ. ἴσχυον

τος μηδ' ἐπὶ σμικρὸν ἐνδοῦσα. καὶ ὅτι μὴ λῆρος ταῦτα, μηδὲ τερατώδεις λόγων, τὸ δ' ἐπὶ τῶν ἔργων ἀληθείας κρείττων, ἐθέλω τοῖς παροῦσι διεξελθεῖν. Γελοῖον γὰρ, οἶμαι, πρὸς σὲ περὶ τῶν σῶν ἔργων διηγεῖσθαι. καὶ ταυτὸν ἂν πάθοιμι φαύλῳ καὶ ἀπειροκάλῳ θεατῇ τῶν Φειδίου δημιουργημάτων, πρὸς αὐτὸν Φειδίαν ἐπιχειροῦντι διεξιέναι περὶ τῆς ἐν ἀκροπόλει Παρθένου, καὶ τοῦ παρὰ τοῖς Πισαίοις Διός. εἰ δὲ εἰς τοὺς ἄλλους ἐκφέροιμι τὰ σεμνότατα τῶν ἔργων, ἴσως ἂν ἀποφύγοιμι τὴν ἁμαρτάδα, καὶ οὐκ ἔσομαι ταῖς διαβολαῖς ἔνοχος. Ὥστε ἤδη θαῤῥοῦντα χρὴ λέγειν· καί μοι μή τις δυσχεραίνη, πειρωμένῳ προσῆκον ἅπτεσθαι μειζόνων, εἰ καὶ τὸ τοῦ λόγου συμμετρηθὲν μῆκος καὶ ταῦτα θέλοντος ἐπισχεῖν καὶ βιαζομένου, ὅπως μὴ τῷ μεγέθει τῶν ἔργων ἡ τῶν λόγων ἀσθένεια περιχεομένη διαλυμήνηται. καθάπερ δὴ καὶ τὸν χρυσόν φασι τῷ Θεσπιᾶσιν Ἔρωτος τοῖς πτεροῖς ἐπαλειφθέντα τὴν ἀκρίβειαν ἀφελεῖν τῆς τέχνης. Δεῖται γὰρ ἀληθῶς τῆς Ὁμηρικῆς σάλπιγγος τὰ κατορθώματα, καὶ πολὺ πλεῖον ἢ τὰ τοῦ Μακεδόνος ἔργα. Δῆλον δὲ ἔσται χρωμένοις ἡμῖν τῷ τρόπῳ τῶν λόγων, ὅπερ ἐξ ἀρχῆς προὐθέμεθα. ἐφαίνετο δὲ τοῦ βασιλέως ἔργων πρὸς τὰ τῶν Ἡρώων πολλὴ ξυγγένεια· καὶ αὐτὸν ἔφαμεν ἁπάντων προφέρειν, ἐν οἷς μάλιστα τῶν ἄλλων ἐκεῖνος διήνεγκε. καὶ ὅπως ἐστὶ τοῦ μὲν δὴ βασιλέως αὐτοῦ βασιλικώτερος, εἴπερ μεμνήμεθα τῶν ἐν προοιμίοις ῥηθέντων, ἐπιδείκνυμεν. ἔσται δὲ καὶ μάλα αὖθις καταφανές. Νῦν δὲ εἰ βούλεσθε, τὰ περὶ τὰς μάχας, καὶ τοὺς πολέμους ἀθρήσωμεν.

γρ. συσταλθὲν — γρ. ἐνιζων — γρ. τῶν — γρ. μάλιστα

Τίνας οὖν Ὅμηρος διαφερόντως ὕμνησεν Ἑλλήνων ὁμοῦ καὶ Βαρβάρων; αὐτὰ ὑμῖν ἀναγνώσομαι τῶν ἐπῶν τὰ καιριώτατα.

A nibus turbata, vel minima etiam ex parte distracta. Quae quidem ne confictas quispiam nugas, aut sermonis esse fucatas putet, ac multo, quam re ipsa sint, ampliores; libet apud eos, qui hic adsunt, gestarum rerum narrationem instituere. Tibi enim quae a te facta sunt exponere ridiculum esset omnino; ac perinde ut Phidiae operum imperitus aliquis & ineptus spectator egerit, qui de Minervae, quae in Arce est, aut Jovis apud Pisaeos simulacro, coram Phidia ipso disputare vellet. Sed si praestantissima quae- B que gestorum tuorum apud alios commemorem, forsan crimen illud effugiam, neque me calumniae huic obnoxium praebebo. Quamobrem audacter haec mihi ingredienda est oratio. Sed illud in primis peto, ne mihi forte quispiam succenseat, si cum rerum narrandarum magnitudine longitudo orationis adaequetur: tametsi cohibere illam ac retinere cupiam, ne gestorum amplitudine circumfusa orationis imbecillitas impediatur. Quemadmodum aurum illud ferunt, quod simulacri cujusdam A- C moris, quod apud Thespienses visitur, pennis illitum est, totum operis artificium obscurasse. Etenim Homericam revera buccinam tua praeclara facinora multo magis, quam Macedonis illius facta, desiderant. Id quod nobis manifestissime constabit, si eandem orationis viam, quam initio nobis proposuimus, insistere velimus. Nam Imperatoris nostri facta cum Heroum rebus gestis mirifice consentire videbamur: cumque ipsum praestare caeteris ea re maxime de- D monstrabamus, qua ille reliquis omnibus antecelluit. Eundem vero regem ipsum regia virtute superare, si modo quae initio dicta sunt recordamini, evidenter ostendimus: quod a nobis deinceps planius intelligetur. Nunc, si lubet, praelia ipsa bellaque consideremus.

Quosnam igitur e Graecis pariter ac Barbaris Homerus prae caeteris omnibus collaudavit? Ego praecipua vobis carmina recitabo:

Quis

Quis melior longe cunctis, mihi Musa A *profare,*
Illorum, aut equitum, Atridas qui ad bella secuti:
Praestitit ergo viris cunctis Telamonius Ajax,
Aeacides donec fureret: quippe optimus ille.

Ac deinde de Telamonis filio dicit;

Ajax & forma & factis praestantior unus
Qui fuit in Danais, magnum si demis Achillem. B

Hos igitur Graecorum praestantissimos venisse dicit; Trojanorum vero, Hectorem & Sarpedonem. Vultis igitur insignia quaeque illorum facinora deligamus, & in singulorum magnitudinem acrius inquiramus? Etenim quaedam ex iis cum Imperatoris rebus gestis consentiunt: cujusmodi est Achillis ad fluvium certamen, & Graecorum ad moenia conflictus; necnon Ajax pro navibus pugnans, ac tabulata conscendens, & in foris stans: ex quibus tuas ad res par aliqua imago & similitudo transferri potest. C Ego igitur pugnam illam vobis exponam, quam ad fluvium nuper Imperator obiit. Porro nemo vestrum illud ignorat, undenam bellum illud emerserit, atque & juste nec illa augendi imperii esse cupiditate susceptum. Quod quemadmodum acciderit, paucis perstringere absurdum non fuerit.

Etenim homo perfidus atque audax imperium minime sibi debitum usurpare cupiens, Imperatoris fratrem atque imperii D socium interficit. Ex quo maximam in spem venit fore, ut Neptunum illum imitaretur, & quod de eodem ab Homero dictum est, non jam fabulam, sed certissimum ac verissimum sermonem esse monstraret; qui de Deo his verbis loquitur:

Ter gressu conatus iit, quarto attigit Aegas.

Atque illic armis indutus, ac subjunctis equis per mare delatus est;

Τίς τ' ἄρ τῶν ὄχ' ἄριστος ἔην, σύ μοι ἔννεπε, μοῦσα, Iliad. B. v. 761.
Αὐτῶν, ἠδ' ἵππων, οἳ ἅμ' Ἀτρείδῃσιν ἕποντο. γρ. ἀν-δρῶν
Ἀνδρῶν μὲν μέγ' ἄριστος ἔην Τελαμώνιος Αἴας· γρ. δ' αὖ Iliad. v. 768.
Ὄφρ' Ἀχιλεὺς μήνιεν· ὁ γὰρ πολὺ φέρτατος ἦεν.

Καὶ αὖθις ὑπὲρ τοῦ Τελαμωνίου φησίν,

Αἴας, ὃς περὶ μὲν εἶδος, περὶ δ' ἔργ' ἐτέτυκτο, Iliad. P. v. 279.
Τῶν ἄλλων Δαναῶν μετ' ἀμύμονα Πηλείωνα.

Ἕλληνας μὲν δὴ τούτους ἀρίστους ἀποφῆναί φησι· τῶν δ' ἀμφὶ τοὺς Τρῶας Ἕκτορα καὶ Σαρπηδόνα. βούλεσθε οὖν αὐτῶν τὰ λαμπρότατα ἐπιλεξάμενοι περιαθρῶμεν τὸ μέγεθος; καὶ γάρ πως ἐς ταυτόν τισι τῶν τοῦ βασιλέως ξυμφέρεται· ἥ τε ἐπὶ τῷ ποταμῷ τοῦ Πηλέως μάχη· καὶ ὁ περὶ τὸ τεῖχος τῶν Ἀχαιῶν πόλεμος· Αἴας τε ὑπεραγωνιζόμενος τῶν νεῶν, καὶ ὑπερβὰς τὰς ἰκρίας, ἴσως ἂν τυγχάνοι τινὸς ἀξίας εἰκόνος. (γρ. ὑπερβεβηκὼς) Ἐθέλω δὲ ὑμῖν διηγήσασθαι τὴν ἐπὶ τῷ ποταμῷ μάχην, ἣν ἠγωνίσατο βασιλεὺς ἔναγχος. Ἴστε δὲ ὅθεν ὁ πόλεμος ἐξερράγη, καὶ ὅτι σὺν δίκῃ, καὶ οὐ τοῦ πλείονος ἐπιθυμίᾳ διεπολεμήθη. (γρ. πλέονος) κωλύει δὲ οὐδὲν ὑπομνησθῆναι δι' ὀλίγων.

Ἀνὴρ ἄπιστος καὶ θρασύς, τῆς οὐ προσηκούσης ὀρεχθεὶς ἡγεμονίας, κτείνει τε ἀδελφὸν βασιλέως, καὶ τῆς ἀρχῆς κοινωνόν· καὶ ἤρετο λαμπραῖς ταῖς ἐλπίσιν, ὡς τὸν Ποσειδῶνα μιμησάμενος, καὶ ἀποφαίνων οὐ μῦθον τὸν Ὁμήρου λόγον, ταῖς δὲ ἀληθῆ μᾶλλον, ὅς ἔφη περὶ τοῦ θεοῦ·

Τρὶς μὲν ὀρέξατ' ἰών, τὸ δὲ τέτρατον ἵκετο τέκμωρ Iliad. N. v. 20.
Αἰγάς·

καὶ ὡς ἐνθένδε τὴν πανοπλίαν ἀναλαβών, καὶ ὑποζεύξας τοὺς ἵππους, διὰ τοῦ πελάγους ἐφέρετο.

Γηθο-

ibid. v. 49. Γηθοσύνῃ δὲ θάλασσα διΐστατο· τοὶ δ᾽ ἐπέτοντο
Ῥίμφα μάλ᾽. οὐδ᾽ ὑπένερθε διαίνετο χάλκεος ἄξων.

ἅτε οὐδενὸς ἐμποδὼν ὄντος· πάντων δὲ ἐξισταμένων, καὶ ὑποχωρούντων ἐν χαρμονῇ. Οὐκοῦν οὐδὲ αὐτῷ πολέμιον, οὐδὲ ἀντίπαλον ᾤετο καταλελεῖφθαι, οὐδὲ αὐτὸν καθείρξειν, οὐδὲ ἐν μέσῳ ἐπὶ τὰς τοῦ Τίγρητος στῆναι ταῖς ἐμβολαῖς. Εἵπετο δὲ αὐτῷ πολὺς μὲν ὁπλίτης πεζὸς, ἱππεῖς δὲ οὐχ ἥττους· ἀλλ᾽ οἵπερ ἄλκιμοι, Κελτοὶ, B καὶ Ἴβηρες, Γερμανῶν τε οἱ προσοικοῦντες τῷ Ῥήνῳ, καὶ τῇ θαλάττῃ τῇ πρὸς ἑσπέραν. ἣν εἴτε Ὠκεανὸν χρὴ καλεῖν, εἴτε Ἀτλαντικὴν θάλατταν, εἴτε ἄλλῃ τινὶ χρῆσθαι προσωνυμίᾳ προσήκει, οὐκ ἰσχυρίζομαι· πλὴν ὅτι γε αὐτῇ προσοικεῖ δύσμαχα καὶ ῥώμῃ διαφέροντα τῶν ἄλλων ἐθνῶν γένη βαρβάρων, οὐκ ἀκοῇ μόνῃ, ἧπερ δὴ τυγχάνει πίστις οὐκ ἀσφαλὴς, ἀλλ᾽ αὐτῇ πείρᾳ τοῦτο ἐκμαθὼν οἶδα. Τούτων δὴ τῶν ἐθνῶν ἐξαναστήσας οὐκ ἔλαττον πλῆθος τῆς οἴκοθεν αὐτῷ ξυνεφεπομένης στρατιᾶς, μᾶλλον δὲ τὸ μὲν, C ὡς οἰκεῖον, εἵπετο πολὺ καὶ αὐτῷ ξύμφυλον. τὸ δὲ ἡμέτερον· οὕτω γὰρ καλεῖν ἄξιον· ὅπως Ῥωμαίων βίᾳ, καὶ ἀνάγκῃ ξυνεκεκλήθησαν, ἐοικὸς ἐπικούροις καὶ μισθοφόροις, ἐν Καρὸς εἴδει τε καὶ σχήματι· δύσνοοι μὲν, ὡς εἰκὸς, βαρβάρῳ καὶ ξένῳ ἀνδρὶ καὶ κραιπάλῃ τὴν δυναστείαν περιβαλόντι καὶ τοιαῦτα ἀρξαμένῳ ἄρχοντι δὲ, ὥσπερ ἦν ἄξιον τῶν D τοιούτων προοιμίων, καὶ προοιμίων ἀρξάμενον. Ἡγεῖτο δὲ αὐτοῖς οὐχ ὥσπερ τὸν Τυφῶνα, ὅν ἡ ποιητικὴ τραγῳδία φησὶ τῷ Διῒ χαλεπαίνουσαν τὴν γῆν ἀνεῖναι· οὐδὲ ὡς γιγάντων ἐξάρχων τις· ἀλλ᾽ οἷον ὁ σοφὸς ἐν μύθοις Πρόδικος τὴν κακίαν δημιουργεῖ πρὸς ἀρετὴν διαμαχομένην καὶ πείθουσαν τὸν τοῦ Διὸς ἀνατεθῆναι παῖδα, ὅτι ἐστὶ αὐτῇ μᾶλλον πάντων τιμητέα ἦν. Προῄει δὲ ἐπὶ τὴν μάχην προ-

Margin notes: γρ. ἐκβολαῖς. — vel deest in al. MSS. — ἐν εἴδει — γρ. ὁ — γρ. δὲ

Laetitia mare diductum est; volitantque quadrigae
Praecipites, nullaque aspergine tingitur axis.

utpote prohibente nullo, sed loco cedentibus ac cum laetitia facessentibus omnibus. Sic ille nihil jam hostile vel adversum sibi relictum putabat; nihil quod obstare posset, quo minus ad Tigridis ostia consideret. Habebat autem ille secum legionarios pedites multos; tum non pauciorem equitum numerum; quidquid roboris ex Gallis, & Hispanis, ac Germanis, qui Rhenum accolunt, & mare ad Occidentem situm; quod sive Oceanum, sive Atlanticum mare, sive alio quopiam nomine appellare conveniat, nihil admodum pugnabo. Verum bellicosissimas ac longe fortissimas Barbarorum nationes ad illum habitare non auditu modo, cujus non adeo certa fides est; sed experientia, quod dici solet, ipsa comperi. Harum igitur gentium non minorem multitudinem, quam quae ex domesticis copiis sequebantur, secum educens; vel, ut verius dicam, illi quidem, utpote generis ejusdem ac cognati, quamplurimi comitabantur: nostri vero (sic enim Romanos appellare libet) vi ac necessitate compulsi trahebantur; perinde atque auxiliarii, & stipendiarii milites, Caris in numero ac specie habiti, ac male in eum affecti, utpote barbarum & peregrinum hominem; qui per ebrietatem & crapulam ad imperium pervenerat; quique, ut talibus principiis atque exordiis dignum erat, imperium gerebat. Ducebat autem ille copias suas, non Typhonis instar, quem ab irata Jovi tellure productum Poetarum commenta praedicant: neque ut Gigantum princeps aliquis: sed ejusmodi, quale Prodicus vitium cum virtute pugnans inducit, ac Jovis filio Herculi persuadens, ut se reliquis rebus omnibus anteponat. Porro ad certamen procedens, Capanei insolentes illos

los spiritus plæ se ferebat, barbare ac stolide se gerens; non, ut ille, animi virtute, aut corporis robore confisus, sed comitantium Barbarorum multitudine: quibus omnia se in prædam daturum comminabatur: tribunum videlicet tribuno, centurionem centurioni, ac militem militi, quibus quisque oppositus esset, daturum, cum impedimentis omnibus ac pecuniis: nec ullum liberum relinquebat. Quod quidem eius consilium Imperator callide præmovit; qui enim ex impeditis & salebrosis locis in campos evolantem, atque imprudentem compulit: qui quod fiebat, vere fieri, non simulate atque ex composito, putabat. Unde accidit, ut rentibus, avium & piscium more, caperetur. Nam posteaquam in planiciem & Pannoniorum campos pervenit, ibique pugnam committere placuit; tunc Imperator equites opportune separatim ac per genera disposuit: quorum alii hastas ferebant, loricis ductilibus & galeis ferreis protecti, necnon ocreis, quæ ad talos aptabantur: erant & genuum tegumenta, & ad femur ipsum munimenta ferrea: ut, quasi simulacra quædam equis imposita, clypeo nihil opus habere viderentur. Hos reliqui equites clypeati sequebantur, ac nonnulli etiam ex equo sagittarii. Iam ex peditibus legionarii media in acie erant, utrinque equitibus circumdati. In subsidiis funditores, ac sagittarii erant, ac ferentarii omnes, qui sine clypeo ac thorica pugnant. Hunc in modum acie disposita, cum paullulum sinistrum cornu procederet, hostilis exercitus omnis perturbatus est atque ordinem deseruit. Instantibus equitibus, nec persequi desistentibus, turpiter in fugam se dedit, qui turpius imperium arripuerat, relicto equitum magistro, ac tribunis, & manipularibus innumeris, qui quidem prælium fortissime sustinebant; atque eo insuper derelicto, qui prodigiosi illius & exe-

A φέρεσθαι τὰ τῆς Κελτικῆς, βαρβαρίζων καὶ ἀνοηταίνων· οὐ γὰρ δὴ κατ' ἐκεῖνον γρ. ἐπ
τῇ ῥώμῃ τῆς ψυχῆς πίσυνος, οὐδὲ ἀλκῇ τοῦ σώματος· τῷ πλήθει δὲ τῶν ἑπομένων βαρβάρων, οἷς δὴ καὶ λείαν ἅπαντα προθήσειν ἠπείλει, ταξιάρχας ταξιάρχων, καὶ λοχαγοὺς λοχαγῶν, καὶ στρατιώτην στρατιώτου τῆς ἐξεναντίας, αὐταῖς ἀποσκευαῖς καὶ χρήμασιν, οὐδὲ τὸ σῶμα ἀφεὶς ἐλεύθερον. λύει δὲ αὐτῷ τὴν διάνοιαν ἡ τοῦ βασιλέως δεινότης, καὶ ἐκ τῶν
B δυσχωριῶν εἰς τὰ πεδία καλεῖ γενόμενον, καὶ οὐ ξυνιέντα, δρασμὸν δὲ ἀτεχνῶς καὶ οὐ στρατηγίαν τὸ πρᾶγμα κρίνοντα. ταὐτὰ τοῖς ἁλισκομένοις καθάπερ ὄρνιθες καὶ ἰχθύες διέθηκεν. ἐπειδὴ γὰρ ἐς τὴν πεδιάδα χώραν καὶ τὰ πεδία τὰ Παιόνων ἦλθε, καὶ ἔδοξεν αὐτῷ ἐνταῦθα ἀγωνίζεσθαι, τότε δὴ βασιλεὺς τούς τε ἱππέας ἐπικαίρως τοῦ λόχου χωρὶς ἀνατάξας, τούτων δὲ οἱ μὲν ἦσαν αἰχμοφόροι, θώραξιν ἐλατοῖς καὶ κράνεσιν ἐκ
C σιδήρου πεποιημένοις σκεπόμενοι, κνημῖδές τε τοῖς σφυροῖς ἦν μάλα περιηρμοσμέναι, καὶ περιγονατίδες, καὶ περὶ τοῖς μηροῖς ἕτερα τοιαῦτα ἐκ σιδήρου καλύμματα, αὐτοὶ δὲ ἀτεχνῶς ὥσπερ ἀνδριάντες ἐπὶ τῶν ἵππων φερόμενοι, οὐδὲν ἀσπίδος δεόμενοι. τούτοις εἵπετο τὸ ἄλλο ἱππικὸν πλῆθος ἀσπίδας φέρον. οἱ δὲ ἀπὸ τῶν ἵππων τοξεύοντες. πεζῶν δὲ ὁ μὲν ὁπλίτης ἦν ἐν τῷ μέσῳ συντεταγμένος ἐφ' ἑκάτερα τοῖς ἱππεῦσιν.
D ἐξόπισθεν δὲ οἱ σφενδονῆται, καὶ τοξόται, καὶ ὅσοι ἐκ χειρὸς βάλλουσι γυμνοὶ ἀσπίδος καὶ θώρακος. Οὕτως κατασκευασθείσης τῆς φάλαγγος, μικρὸν τοῦ λαιοῦ κέρως προελθόντος, ἅπαν τὸ πολέμιον συνεταράχθη, καὶ οὐκ ἐφύλαττε τάξιν, ἐγκειμένων δὲ τῶν ἱππέων καὶ οὐκ ἀνιέντων, φεύγει μὲν αἴσχιστα ὁ τὴν βασιλείαν αἴσχιον ἁρπάσας. λείπει δὲ αὐτοῦ τὸν ἵππαρχον, καὶ χιλιάρχους καὶ ταξιάρχας πάνυ πολλούς, καὶ ἐρρωμένως ἀγωνιζομένους ἐπὶ πᾶσι δὲ τὸ πλῆθος τὸ τερατῶδες;

γρ. ἐλεγχθέντων. γρ. ἐξέλυτο

δας, καὶ ἐξαγγέλου δράματος· ὃς πρῶτος ἐπινοῶν ἔσφαλλε ὁμιλίας τῆς τὴν βασιλείαν, καὶ ἀφελέσθαι τὸ γέρας ἡμᾶς· καὶ τέως ἔχαιρε τῆς πρώτης πείρας οὐκ ἀποσφαλείς, οὐδὲ ἁμαρτήσας· τότε δὲ ἐφεστὼς ἂν σὺν δίκῃ ποινὰς ἀπαιτεῖ τῶν ἔργων, καὶ ἄπιστον τιμωρίαν εἰσπράττεται. Πάντων γὰρ ὁπόσοι τοῦ πολέμου τῷ τυράννῳ συνεψηφίσαντο, ἐμφανὴς μὲν ὁ θάνατος, δήλη δ' ἡ φυγή, καὶ ἄλλων μεταμέλεια. Ἱκέτευον γὰρ πολλοί, καὶ ἔτυχον ἅπαντες συγγνώμης, βασιλέως τὸν τῆς Θέτιδος ὑπερβαλλομένου μεγαλοφροσύνῃ. ὁ μὲν γάρ, ἐπειδὴ Πάτροκλος ἔπεσεν, οὐδὲ πιπράσκειν ἁλόντας ἔτι τοὺς πολεμίους ἠξίου, ἀλλ' ἱκετεύοντας περὶ τοῖς γόνασιν ἔκτεινεν. ὁ δὲ ἐκήρυττεν ἄδειαν τοῖς ἐξαρνουμένοις τὴν συνωμοσίαν, οὐ θανάτου μόνον, ἢ φυγῆς, ἢ τοῦ ἄλλης τινὸς τιμωρίας καὶ τὴν φροντίδα ἀφαιρῶν· ὥσπερ δὲ ἐκ τοῦ ταλαιπωρίας καὶ ἄλλης δυστυχοῦς τῆς σὺν τῷ τυράννῳ βιοτῆς καταγαγὼν σφᾶς ἐπ' ἀκεραίοις τοῖς πρόσθεν ἠξίου. τοῦτο μὲν δὴ καὶ αὖθις τεύξεται λόγου. Ἐκεῖνο δὲ ἤδη ῥητέον, ὡς οὐδὲ ἐν τοῖς κειμένοις ἦν, οὐδὲ ἐν τοῖς φεύγουσιν ὁ παιδοτρίβης τοῦ τυράννου. Τὸ γὰρ μηδὲ ἐλπίσαι συγγνώμην εὔλογον

γρ. ἄλογον

[illegible] ὁμοῦ πραχθέντα, ἀσε[illegible] φόνον τε ἀδίκων ἀνδρῶν, καὶ γυναικῶν πολλῶν [illegible] τὸ βασιλικὸν γένος [illegible] φόνον [illegible] μέν[illegible] ἀλλ' ὥσπερ [illegible] ἐπὶ τοῖς φιλ[illegible] Οὐ

A crandi dramatis auctor atque artifex erat, quique de imperio transferendo, eoque honore nobis abrogando, consilium ceperat: atque quod prior sibi conatus ex animo successisset, hactenus lætus & gestiens, tunc meritas scelerum suorum pœnas expendit, atque incredibili supplicio est affectus. Nam quotquot belli hujus administros tyrannus habuit, horum omnium mors ipsa manifesta, neque obscurum exilium, aut nonnullorum etiam pœnitentia fuit. Plerique enim ad Imperatorem supplices venerunt, B ab eoque omnes veniam consecuti sunt; qui hac in parte Thetidis filium magnanimitate superavit. Hic enim Patroclo extincto, ne vendere quidem, quos in prœlio ceperat, amplius volebat; sed supplices atque ad genua provolutos necabat; Noster vero impunitatem proponebat omnibus, qui conjurationem ejurare vellent: ac non modo extremi supplicii, vel exilii, vel pœnæ cujusvis alterius metum auferebat; sed insuper quasi ex miseriis ærumnis, atque infelici cum tyranno vita, C pristinum in statum atque in integrum restituebat. Verum de hoc deinceps agemus. Nunc illud nobis explicandum, quemadmodum neque inter mortuos, neque inter exiles, tyranni ille pædagogus [illegible] fit. Quod enim nulla honesta ratione veniam sperare posset, qui tam impia consilia susceperat, tamque impia ac scelerata perpetraverat, quique in virorum ac mulierum cædes ruerat, cum ex [illegible] plurimorum, tum omnium fere quotquot imperatori sanguinis erant; quos ille [illegible] D metu horum ille necaverat: nec, ut in [illegible] discordia ac cæde fieri solet, quasi [illegible] sceleris furias ac diras [illegible] referret; sed perinde atque novis quibusdam expiationibus priorum facinorum labem eluere, alios super aliis viros ac mulieres cum charissimis quibusque [illegible] metus de consequenda venia desperabat. Hæc illum animo cogitasse credibile est. Quanquam & aliter se habere potuit. Neque enim [illegible] est, quid ille patiens agensve repente e conspectu sit ablatus. Sed utrum vindex aliquis dæmon abreptum illum, ut de Tyndari filiabus Homerus scribit, in ultimos terræ fines perduxerit, ut ibi perditorum ab eo consiliorum pœnas repeteret; utrum ad piscium pabulum exceptum fluvius absorpserit; nemini hactenus exploratum fuit. Etenim ad pugnam usque, quamdiu ad bellum ordines instruebantur, audaciam præ se ferebat, atque in medio agmine versabatur. Peracto vero prælio statim evanuit; a Deo, an dæmonibus occultatus, nescio: meliorem quidem illum ad fortunam reservatum non esse, perspicue constat. Neque enim, si quando prodiret, pro voluntate ac libidine sua, uti sperabat, libere insultare & bacchari posset; sed profligatus omnino tam infelices sibi, quam utiles aliis, pœnas expendisset. Ac de rei totius architecto ac machinatore hactenus; qua in narratione diutius immorati, cursum ipsum nonnihil orationis abrupimus. Nunc eo unde digressus fueram revertar, & quis pugnæ exitus fuerit, exponam. Neque enim ex illa ducum ignavia militum animi ceciderunt; sed perturbatis ordinibus non culpa sua, sed imperitia ductorum, centuriatim cuncti prælium commiserunt. In quo majus omni expectatione spectaculum oblatum est; cum alii victoribus omnino non cederent; alii victoriam ad extremum persequi studerent. Igitur confusa ac promiscua trepidatio cum clamore atque armorum strepitu coorta; gladiis ad galeas fractis; aut clypeis hasta trajectis; cum vir viro congredi, & abjectis clypeis districtis ensibus inniti; de se nihil curare; in hoc unum animos intendere, ut malo aliquo hostes afficeret; nec mortem detrectare, modo ut sincerum illis atque incruentam victoriam relinqueret. Quod non modo

A γὰρ δὴ ἴσμεν ἔτι, τί ποτε παθὼν ἢ δράσας [illegible] ἄιστος, ἀφανής. Ἀλλ' εἴτε αὐτὸν δαίμων τιμωρὸς ἐξαρπάσας, καθάπερ Ὅμηρός φησι τὰς τοῦ Τυνδάρεω θυγατέρας, ἐπὶ γῆς ἄγει πέρατα, ποινὰς ἀπαιτήσων τῶν διανοημάτων· εἴτε αὐτὸν ὁ ποταμὸς ὑποδεξάμενος ἐσθίειν κελεύει τοὺς ἰχθύας, ἔτι που ἄδηλον. ἄχρι μὲν γὰρ τῆς μάχης αὐτῆς, ὡς εἰώθασιν οἱ λόγοι συμπαρατάττεσθαι φιλοψυχίᾳ, θρασὺς ἦν ἐν μέσοις ἀναστρεφόμενος.

B ἐπεὶ δὲ ἐκρατήθη τὰ τῆς μάχης, ἀπέπτη ἄξιον, ἀφανὴς οἴχεται, εἴθ' ὑπὸ τοῦ θεοῦ ἢ δαιμόνων κρυφθείς· πλὴν ὅτι γε οὐκ ἐπ' ἀμείνοσι ταῖς τύχαις, εὔδηλον. Οὐ γὰρ δὴ αὖθις ἔμελλε φανεὶς ἐπ' ἐξουσίας ὑβρίζων αὐτὸς ἐνδαιμονήσειν, ὡς ᾤετο, ἀλλὰ εἰς τὸ παντελὲς ἀφανισθεὶς τιμωρίαν ὑφέξειν, αὑτῷ μὲν δυστυχής, τοῖς δὲ ὠφέλιμος. Τὰ μὲν δὴ περὶ τὸν μηχανοποιὸν τῆς ὅλης ἐπαναστάσεως πλείονος ἀξιωθέντα λόγου, μόνη τῆς πράξεως

C παραλέλοιπα τὸ ξυνεχὲς τῆς διηγήσεως, ἐπανῆξαι πάλιν ἀφεῖμεν. Ἐπανιτέον δεῦρο περιελθόντι, καὶ ἀποδοτέον τὸ τέλος τῆς μάχης. Οὐ γὰρ δὴ ξὺν τῇ τῶν στρατηγῶν δειλίᾳ καὶ τὰ τῶν στρατιωτῶν πάντη φρονήματα, ἀλλ' ἐπειδὴ τὰ τῆς τάξεως αὐτοῖς διεφθάρη, οὐ κακίᾳ τῇ σφῶν, ἀπειρίᾳ δὲ καὶ ἀμαθίᾳ τοῦ ταξιάρχου, κατὰ λόχους συστάντες ἠγωνίζοντο· καὶ ἦν τὸ ἔργον ἁπάσης ἐλπίδος μεῖζον, τῶν μὲν οὐχ ὑφιεμένων ἐς τὸ παντελὲς τοῖς κρα-

D τοῦσι, τῶν δὲ ἐπεξελθεῖν τελέως τῇ νίκῃ φιλοτιμουμένων. ξυμμιγὴς δὲ ἦν ἥ τε ταραχὴ καὶ βοή, καὶ κτύπος τῶν ὅπλων, ξιφῶν τε ἀγνυμένων ἀμφὶ τοῖς κράνεσι, καὶ τῶν ἀσπίδων περὶ τοῖς δόρασιν· ἀνὴρ δὲ ἀνδρὶ ξυνίστατο, καὶ ἀπορρίψαντες τὰς ἀσπίδας αὐτοῖς τοῖς ξίφεσιν ὠθοῦντο, μικρὰ τοῦ παθεῖν φροντίζοντες, πάντα δὲ εἰς τὸ δρᾶσαί τι δεινὸν τοὺς πολεμίους τὸν θάνατον τρέποντες, τὴν μὲν καθαρὰν αὐτοῖς μηδὲ ἀδήριτον παρασχεῖν τὴν νίκην, καὶ τὸ ἀποθνήσκειν μεταδιωκόμενοι. Καιταῦτα ἔδρων οἱ πεζοὶ μόνοι πρὸς τὴν δίωξιν· ἀλλὰ καὶ ὅσοις ὑπὸ τῶν τραυμάτων ἀχρεῖα παντελῶς ἐγεγόνει τὰ τῶν ἱππέων δόρατα σφῶν. ξυστοὶ δέ εἰσιν εὐμήκεις, οὓς συγκαταγνύντες, καὶ ἀποπηδῶντες, εἰς τοὺς ὁπλίτας μετεσκευάζοντο. Καὶ χρόνον μέν τινα χαλεπῶς καὶ μόλις ἀντεῖχον. ἐπεὶ δὲ οἵ τε ἱππεῖς ἔβαλλον ἐκ τόξων πόρρωθεν ἀφιππαζόμενοι, καὶ οἱ θωρακοφόροι πυκναῖς ἐπ' αὐτοὺς ἐχρῶντο ταῖς ἐπελάσεσιν, ἅτε ἐν πεδίῳ καθαρῷ καὶ λείῳ, νύξ τε ἐπέλαβεν, ἐνταῦθα οἱ μὲν ἀπέφευγον ἄσμενοι, οἱ δὲ ἐδίωκον καρτερῶς ἄχρι τοῦ χάρακος· καὶ αὐτὸν ἀναιροῦσιν αὐταῖς ἀποσκευαῖς, καὶ ἀνδραπόδοις, καὶ κτήνεσιν. Ἀρξαμένης δὲ, ὅπερ ἔφην, ἄρτι τῆς τροπῆς τῶν πολεμίων, καὶ τῶν διωκόντων ἐκ αὐτῶν, ἐπὶ τὸ λαιὸν ὠθοῦνται, ἵνα περ ὁ ποταμὸς ἦν τοῖς κρατοῦσιν ἐν δεξιᾷ. ἐνταῦθα δὲ ὁ πολὺς ἐγένετο φόνος, καὶ ἐπλήσθη νεκρῶν ἀνδρῶν τε καὶ ἵππων ἀναμίξ. Οὐ γὰρ δὴ ὁ Δρᾶος ἐοικὼς Σκαμάνδρῳ, οὐδὲ ἦν εὐμενὴς τοῖς Φρύγεσιν, ὡς τοὺς μὲν νεκροὺς αὐτοῖς ὅπλοις ἐξωθεῖν, καὶ ἀπορρίπτειν τῶν ῥευμάτων, τοὺς ζῶντας δὲ συγκαλύπτειν, καὶ ἀποκρύπτειν ἀσφαλῶς ταῖς δίναις. τοῦτο γὰρ ὁ ποταμὸς ὁ Τρὼς τυχὸν μὲν ὑπὸ εὐνοίας ἔδρα, τυχὸν δὲ οὕτως ἔχων μεγέθους, ὡς ῥᾴδιον παρέχειν βαδίζειν τε ἐθέλοντι καὶ νηχομένῳ τὸν πόρον. ἐπεὶ καὶ γεφυροῦται μιᾶς ἐμβληθείσης εἰς αὐτὸν πτελέας, ἅπας τε ἀναμορμύρων ἀφρῷ καὶ αἵματι πελάζειν ὤμοις Ἀχιλλέως· εἰ χρὴ καὶ τούτοις πιστεῦσαι, βιαιότερον οὐδὲν εἰργάζετο. καὶ ἐπιλαβόντος ὀλίγου καύματος ἀπαγορεύει τὸν πόλεμον, καὶ ἐξόμνυται τὴν ἐπικουρίαν. Ὁμήρου δὲ ἔοικεν εἶναι καὶ τοῦτο παίγνιον καινὸν καὶ ἄτοπον μονομαχίας τρόπον ἐπινοήσαντος. ἐπεὶ καὶ τἄλλα δῆλός ἐστιν Ἀχιλλεῖ χαριζόμενος· καὶ ὥσπερ θεατὰς ἄγων τὸ στράτευμα, μόνον ἄμαχον καὶ ἀνυπόστατον ἐπάγει τοῖς πολε-

A pedites contra insequentes se faciebant, sed & equites, quotquot vulneribus confecti equestribus hastis uti amplius non poterant. Sunt hæ conti quidam vegrandes: quibus confractis ex equo desilientes, sese in legionarios milites mutabant. Hunc in modum etsi ægre, tamen aliquo tempore restiterunt. Sed cum & equites eminus adequitantes sagittas emitterent, & cataphracti crebras in eos irruptiones facerent, (erat enim planus atque æquabilis campus) superveniente insuper nocte; tum B vero hi libenter fugam arripere; illi contento cursu prosequi ad vallum usque: quo cum impedimentis omnibus, & mancipiis, ac pecoribus potiti sunt. Verum cum, ut dixi, hostes vertere terga cœpissent, & victor acrius instaret; cursu lævam in partem concitantur, qua fluvius victoribus ad dexteram erat. Ibi vero cædes ingens perfecta est: ut fluvium ipsum promiscua hominum atque equorum cadavera complerent. Non enim Dravus Scamandri similis erat, nec fugientibus fave- C bat, ut vel mortuos cum armis expueret, atque ejiceret ex alveo, vel vivos adhuc celaret, ac tuto vorticibus suis absconderet. Hoc quippe Trojanus ille fluvius sive quadam ex benevolentia faciebat, sive quod tam exiguus esset, ut alveum suum vado transeunti aut natanti penetrabilem redderet: quandoquidem ulmo sola in eum immissa, velut ponte quodam, injunctus est; & cum totus spuma ac sanguine exundans infremeret, Achillis humeris propinquabat solum; si modo fide dignum D est; nec aliud quicquam violentius agebat. Sed ubi exiguo ardore correptus est, statim a prælio desistit, atque omnem auxiliandi animum deponit. Verum & hic Homeri ludus mihi videtur; qui inusitatam hanc & absurdam singularis certaminis rationem excogitaverit. Hoc enim ubique manifeste studet, ut Achilli gratificetur: cum quo, velut spectatores quosdam, militum copias producens, solum illum invictum, atque ejusmodi ut sustineri a nemine posit,

poësis, in hostes immitos, quorum obvios quosque interficiat, universos porro voce ipsa, gestu, & aspectu conjiciat in fugam; qui via dum acie instructa, ad Scamandri ripam illico in fugam effusi; leni, ac præter spem se ad muros usque recipiunt. Hæc ille multis versibus persequens, ac Deorum pugnas commenîscens, & opus suum fabulis convenustans, judices ipsos corrumpit, nec justum ac sincerum judicium pronunciare permittit. Sed si quis verborum lepore, atque adscititio fuco & lenocinio decipi minime vult, tanquam de unguentis & coloribus quibusdam judicet, cedo Areopagitam aliquem judicem, nunquam illius judicium detrectabimus. Nam egregium sane militem esse Pelei filium facile poësis ista persuadet, qui quidem viginti homines interficit.

Hinc bissex juvenes medio de flumine legit,
Atque metu attonitos spumantibus extulit undis;
Patrocli inferias caris quos mitteret umbris.

Sed ejusmodi tamen ad Græcorum res ea victoria momentum allatum est; ut neque graviorem ullum metum hostibus incuteret; nec ad summam rerum desperationem penitus adduceret. Cujus quidem rei enim tandem alterum quam Homerum testem adhibebimus? aut non eos versus commemorare satis est, quos ille de Priamo scripsit, cum is pro filii sui corpore pretium ferens ad naves profectus est? Etenim cum post induciarum, quarum causa venerat, mentionem, a Thetidis filio interrogatus ita dixisset:

Novem totos dies divino Hectori justa persolvemus;

cum alia multa, tum illud adjecit:

Post duodecimo si ita necesse fuerit, prælium conferemus.

μένοις, κλίνοντα μὲν τοὺς ἐντυγχάνοντας, τρεπόμενον δ' ἁπαξαπλῶς πάντας, φωνῇ, καὶ σχήματι, καὶ ὄψει, τάς τε φάλαγγας ἀρχομένης τι, εἶναι, τῆς παρατάξεως, καὶ ἐπὶ τὸν Σκάμανδρον τραπομένας ἐκ τοῦ τείχους ἀπαντήσεσθαι λέγεσθαι διαφυγόντας. Ταῦτα δὲ ἐπὶ πολλοῖς ἔπεσι διηγούμενος, καὶ θεῶν ἀναπλάττων μάχας, καὶ ἐγκωμιάζων τὴν ποίησιν, ἐξαπατᾷ τοὺς κριτάς, ἐὰν ἐπιτρέψῃ δικαίως φέρειν καὶ ἀψευδεῖν τὴν ψῆφον. Ὅσοι γὰρ βούλονται μηδὲν ὑπὸ τῶν καλλῶν ἐξαπατᾶσθαι τῶν ῥημάτων, μηδὲ τῶν ἔξωθεν ἐπιφερομένων πλασμάτων, ὥσπερ ἐν ἀρχῇ περὶ ἀρωμάτων καὶ χρωμάτων, Ἀρεοπαγίτην ἕνα κριτὴν, καὶ οὐκ εὐλαβοίμεθα τὴν κρίσιν. Εἶναι μὲν γὰρ ἀγαθὸν στρατιώτην ὁμολογῶμεν τὸν Πηλέως, ἐκ τῆς ποιήσεως ἀναπειθόμενοι κτεῖναι μὲν ἄνδρας εἴκοσι.

Ζωοὺς ἐκ ποταμοῖο δυώδεκα λέξατο κούρους, Iliad. φ. v. 27.
Τοὺς ἐξῆγε θύραζε τεθηπότας ἠΰτε νεβρούς.
Ποινὴν Πατρόκλοιο Μενοιτιάδαο θανόντος.

Τοσαύτην μὲν ἤνεγκεν εἰς τὰ πράγματα τῶν Ἀχαιῶν ἡ νίκη τὴν ῥοπήν, ὥστε οὐδὲ μείζονα φόβον τοῖς πολεμίοις ἐμβαλεῖν οὐδ' ἀπογνῶναι εἰς τὸ παντελὲς ὑπὲρ σφῶν ἐποίει. Καὶ ὑπὲρ τούτου ἄρ' ἑτέρους τινὰς μάρτυρας δεησόμεθα τὸν Ὅμηρον παραλιπόντες; ἢ οὐκ ἀπόχρη τὰ ἔπη μόνα ἃ πεποίηκεν ἐκεῖνος, ὅτε φησὶν ὅτι ὡς ἦλθεν ὁ Πρίαμος φέρων ὑπὲρ τοῦ παιδὸς τὰ λύτρα, ἐρομένου γὰρ μετὰ τὰς διαλύσεις τὰς ὑπὲρ αὐτοῦ ἐφ' ὅσον τὸν Θέτιδος υἱόν, ὅταν,

Ἐννῆμαρ μὲν ἄλλως κεν παρέξομεν Ἕκτορα δῖον. Iliad. ω. v. 664.

τά τε ἄλλα διέξεισι, καὶ περὶ τοῦ πολέμου φησί,

Τῇ δὲ δυωδεκάτῃ πολεμίξομεν, εἴπερ ἀνάγκη.

A Οὕτως οὐδὲ ἀπαγγέλλειν ὤκνει μετὰ τὴν ἐκεχειρίαν τὸν πόλεμον. Ὁ δὲ ἀγεννὴς καὶ δειλὸς τύραννος ὄρη τε ὑψηλὰ προὐβάλλετο τῆς αὐτοῦ φυγῆς, καὶ ἓξ οἰκοδομήσας ἐπ᾽ αὐτοῖς φρούρια, οὐδὲ τῇ τῶν τόπων ἐχυρότητι πιστεύσας, ἀλλὰ ἱκετεύων συγγνώμης τυγχάνειν. καὶ ἔτυχεν, ὥσπερ ἦν ἄξιος, καὶ μὴ ἐφωράθη πολλάκις ἄπιστος καὶ θρασὺς, ἄλλα ἐπ᾽ ἄλλοις προστιθεὶς ἀδικήματα. Τὰ μὲν δὴ κατὰ τὴν μάχην, εἰ μὴ δόξῃ τις τῶν διηγημένων προσέχειν ἐθέλειν, μηδὲ B ἔπεσιν εὖ πεποιημένοις, ἐς αὐτὰ δὲ ὁρῶν τὰ ἔργα, κρινέτω. ἑξῆς δὲ, εἰ βούλεσθε, τὴν Αἴαντος ὑπὲρ τῶν νεῶν, καὶ τὴν ἐπὶ τοῦ τείχους τῶν Ἀχαιῶν ἀντιθεῖναι μάχην τοῖς ἐπὶ τῆς πόλεως ἐκείνης ἔργοις, ᾗ δὴ Μυγδόνιος ποταμῶν κάλλιστος τὴν αὐτοῦ προσέθηκε φήμην, ὥσπερ γε καὶ Ἀντιόχου βασιλέως ἐπωνυμίαν. γέγονε δὲ αὐτῇ καὶ ἕτερον ὄνομα βάρβαρον, σύνηθες τοῖς πολλοῖς ὑπὸ τῆς πρὸς τοὺς τῇδε βαρβάρους ἐπιμιξίας. Ταύτην δὲ τὴν πόλιν στρατὸς ἀμήχανος πλῆθος Παρθυαίων ξὺν Ἰνδοῖς περιέσχεν, ὁπηνίκα ἐπὶ τὸν τύ- C ραννον βαδίζειν προείλετο. καὶ ὅπερ Ἡρακλεῖ φασιν ἐπὶ τὸ Λερναῖον ἰόντι θηρίον συμπενεχθῆναι τὸν θαλάττιον καρκίνον, τοῦτο καὶ ὁ Παρθυαίων βασιλεὺς ἐκ τῆς ἠπείρου Τίγρητα διαβὰς, καὶ ἀποτειχίζων τὴν πόλιν χώμασιν· εἶτα ἐς ταῦτα δεχόμενος τὸν Μυγδόνιον, λίμνην ἀπεργάσατο τὸ περὶ τὸ ἄστυ χωρίον, καὶ ὥσπερ νῆσον ἐν αὐτῇ ξυνεῖχε τὴν πόλιν, μικρὸν ὑπερεχουσῶν, καὶ ὑπερφαινομένων τῶν ἐπάλξεων. ἐπολιόρκει δὲ ναῦς τε ἐπάγων, καὶ ἐπὶ νεῶν μηχανάς. καὶ ἦν D οὐχ ἡμέρας ἔργον· μηνῶν δὲ, οἶμαι, σχεδόν τι τεττάρων. οἱ δὲ ἐν τῷ τείχει συνεχῶς ἀπεκρούοντο τοὺς βαρβάρους, καταπιπράντες τὰς μηχανὰς τοῖς πυρφόροις· ναῦς δὲ ἀνεῖλκον, πολλὰς μὲν ἐκ τοῦ τείχους· ἄλλαι δὲ κατεάγνυντο ὑπὸ ῥώμης τῶν ἀφιεμένων ὀργάνων, καὶ βάρους τῶν βελῶν. ἐφέροντο γὰρ εἰς αὐτὰς λίθοι ταλαν-

χ. ἐπαγγέλλειν

χ. προΐσχετο

χ. ἐθέλει

χ. ἀεὶ

χ. ἀπείφηνε

χ. συ-

χ. καταπιμπρῶντες

A Usque adeo ne bellum quidem denunciare post inducias veritus est. Ac ignavus ille & *meticulosus* tyrannus cum sublimitate montium fugam suam munivisset, & in iis sex castella struxisset, tamen ne loci quidem munitione confisus est, sed supplex & abjectus veniam petiit: quam si dignus esset, impetraret, si non & ejus perfidia ac temeritas deprehensa saepius foret, & alia aliis sceleribus adjecisset. Caeterum de iis, quae in praelio contigerunt, nisi quis scriptorum fama, & versuum venustate ducatur, sed B ipsa per se facta considerare velit, judicandum relinquo. Jam vero praeter haec, quae dixi, vulris Ajacis illa pro navibus, aut ad Graecorum vallum, certamina cum iis, quae ad urbem illam gesta sunt, conferte! Cui quidem urbi Mygdonius, longe fluviorum pulcherrimus, nomen suum communicat. Quae cum ab Antiocho rege cognomen accepit; tum barbarum aliud nomen adepta est: cujusmodi ex Barbarorum consuetudine a plerisque solet usurpari. Hanc igitur urbem ingens exercitus ex Parthis & Indis conflatus eo tempore circumsedit, quo con- C tra tyrannum expeditio illa suscipiebatur. Atque ut adversus Herculem contra Lernaeum monstrum properantem marinus cancer pugnavit; ita Parthorum ille rex e continenti Tigrin transmittens, atque urbem aggeribus obvallans, suis conatibus intervenit. Quae in opera cum Mygdonium fluvium admisisset, ex proximis urbi locis lacum effecerat: quo quidem, eminentibus atque extantibus paululum propugnaculis, urbem ipsam, velut insulam quandam, circumdederat. Obsidebat porro na- D vibus admotis, ac supra naves machinis dispositis: nec unius duntaxat diei, sed quatuor, ut opinor, fere mensium opus illud fuerat. Jam qui pro moenibus stabant, assidue Barbaros propulsare; machinas injectis ignibus succendere; naves attrahere; alias machinarum vi, ac telorum pondere perfringere. Etenim in eas septem Atticorum talentûm pondere lapides immit-

mitte-

mittebant. Quæ cum multos jam dies hoc modo gererentur, repente aggeris pars inundantium aquarum impetu concidit; quam murorum partis non minus centenorum pedum ruina subsecuta est. Tum vero hostis Persarum more copias instruit. Hi enim Persarum instituta imitantur, ac servant: quod, ut opinor, Parthi videri nolunt, sed Persas se esse simulant. Propterea & Medorum habitu gaudent, & ad pugnam iisdem armis insigniti, iisdem vestibus, aureis videlicet ac purpureis, procedunt. Quod quidem ideo callide usurpant, ne a Macedonibus defecisse, sed velut postliminio imperium suum recuperasse videantur. Itaque rex illorum ad Xerxis imitationem in manu facto quodam tumulo sedebat; exercitus vero cum belluis accedebat; quæ ex Indiis adductæ, turres sagittariis plenas ferebant. Præibant cataphracti equites, & sagittarii; aliud equitum genus numero propemodum infinitum. Nam pedites, uti ferunt, ad bellum iis supervacui sunt; neque ullo in honore, aut usu eos habent; utpote qui planum & nudum agrum obtinent. Ejusmodi enim pro bellorum usu honorem aut contemtum mereri videntur. Quare, quod hæc natura minime essent utilia, nullum sunt honorem legibus consecuta. Nec absimile aliquid, quod ad bellum attinet, in Creta, & Caria, & infinitis aliis gentibus accidit. Unde & Thessalia, quæ plana ac campestris est, equinum certaminibus atque exercitationibus visa est opportunior. Quod enim ad nostram urbem attinet, quoniam cum omni genere hostium congredi solet, consilio ac fortuna superior, merito se ad omne armorum genus, ac reliqui apparatus composuit. Sed hæc forsitan nihil ad institutum nostrum pertinere dixerint ii, qui laudandi artificio, quasi legibus quibusdam, præsident. Ego vero utrumnam id

A τοῦ ὅλκῆς ἀτλαῦν ἐπλά. καὶ ἐπειδὰν συχνὰς ἡμέρας ταῦτ' ἐδρᾶτο, ῥήγνυται μέρος τοῦ χώματος, καὶ ἡ τῶν ὑδάτων ἐκρεῖ πλημμύρα, καὶ ἐπ' αὐτῇ τοῦ τείχους μέρος, οὐκ ἔλαττον πήχεων ἑκατὸν συγκατηνέχθη. ἐνταῦθα κοσμεῖ τὴν στρατιὰν τὸν Περσικὸν τρόπον. διασώζουσι γὰρ καὶ ἀπομιμοῦνται τὰ Περσικὰ, οὐκ ἀξιοῦντες, ἐμοὶ δοκεῖ, Παρθυαῖοι νομίζεσθαι, Πέρσαι δὲ εἶναι προσποιούμενοι. ταῦτά τοι καὶ στολῇ Μηδικῇ χαίρουσι καὶ ἐς μάχας ἔρχονται B ὁμοίως ἐκείνοις, ὅπλοις τε ἀγαλλόμενοι τοιούτοις, καὶ ἐσθήμασι ἐπιχρύσοις καὶ ἁλουργέσι. σοφίζονται γὰρ ἐντεῦθεν, τὸ μὴ δοκεῖν ἀφεστάναι Μακεδόνων, ἀναλαβεῖν δὲ ἐξ ἀρχῆς τὴν βασιλείαν προσήκουσαν. οὐκοῦν καὶ ὁ βασιλεὺς Ξέρξην μιμούμενος ἐπί τινος χειροποιήτου καθῆστο γηλόφου. προσῆγε δὲ ἡ στρατιὰ σὺν θηρίοις. ταῦτα δὲ ἐξ Ἰνδῶν ἥκοντο, καὶ ἔφερεν ἐκ σιδήρου πύργους τοξοτῶν πλήρεις. ἡγοῦντο δὲ αὐτῶν ἱππεῖς οἱ θωρακοφόροι C καὶ οἱ τοξόται, ἕτερον ἱππέων πλῆθος ἀμήχανον. τὸ πεζὸν γάρ, φασιν, ἀχρεῖον εἰς τὰ πολεμικὰ καθέστηκεν, οὔτε ἐντίμου μετέχον τάξεως, οὔτε ὂν σφίσιν ἐν χρείᾳ, πεδιάδος οὔσης καὶ ψιλῆς τῆς χώρας ὁπόσην νέμονται. ἔοικε γὰρ δὴ τὰ τοιαῦτα πρὸς τὰς τοῦ πολέμου χρείας τιμῆς, καὶ ἀτιμίας ἀξιοῦσθαι. ὡς ἂν ἀχρεῖον τῇ φύσει ὂν, οὐδὲ ἐκ τῶν νόμων πολυωρίας ἀξιοῦται. συνέβη δὲ τοῦτο καὶ περὶ τὴν Κρήτην, καὶ Καρίαν, καὶ ἐν ἄλλοις δὲ μυρίοις D ἔθνεσι τὰ περὶ τὸν πόλεμον κατασκευασθῆναι. οὐκοῦν καὶ ἡ Θετταλῶν οὖσα πεδιὰς, ἱππεύσιν ἐναγωνίζεσθαι, καὶ ἐμμελετᾶν ἐπιτήδειος ἔφάνη. τὰ γὰρ δὴ τῆς ἡμετέρας πόλεως ἅτε ἐς αὐτὴν παλλὺς παντοδαποὺς καταστάντα ἐνδεὴς λίαν καὶ τύχῃ περιγενόμενα, εἰκότως ἐς ἅπαν εἶδος ὅπλων τε καὶ παρασκευῆς ἄλλης ἡρμόσθη. Ἀλλὰ ταῦτα μὲν ἴσως οὐδὲν πρὸς τὸν λόγον φαῖεν ἂν οἱ ταῖς τῶν ἐπαίνων τέχναις, καθάπερ νόμοις, ἐπιστατοῦντες. Ἐγὼ δὲ εἰ μέν τι σοι προσήκει καὶ

γρ. αἰρχαὶν
γρ. γάρ σφι
γρ. ἡρμόσθαι

καὶ τούτων, ἐν καιρῷ παύσομαι. τάγε μὴν ὀνείδη τῶν ἀνθρώπων οὐ χαλεπῶς ἀπολύσομαι. φημὶ γὰρ ὡς οὔτε ἐγὼ τῶν τεχνῶν μεταποιοῦμαι, οὔτε ὅτῳ μή τινων ὡμολόγηται ἐμμένειν, ἀδικεῖ μὴ φυλάττων. τυχὸν δὲ καὶ ἄλλων ἂν εὐπορήσομεν εὐπρεπῶν παραιτήσεων. ἀλλ' οὐ γὰρ ἄξιον μηκύνειν εἰς οὐδὲν δέον, ἀποσπῶντα τοῦ λόγου, καὶ ἀποπλανᾶσθαι τῆς ὑποθέσεως. ἐπαναβῶμεν οὖν αὖθις εἰς ἴχνος, καὶ ὅθεν ἐξέβημεν. Ἐπειδὴ γὰρ οἱ Παρθυαῖοι κοσμηθέντες ὅπλοις, αὐτοί τε καὶ ἵπποι, ξὺν τοῖς Ἰνδικοῖς θηρίοις, προσῆγον τῷ τείχει, λαμπροὶ ταῖς ἐλπίσιν, ὡς αὐτίκα μάλα διαρπασόμενοι· καὶ ἐδέδοτο σφίσι τὸ πρὸς ἔργον χωρεῖν τὸ σημεῖον, ἀθρόοι τε ξυνεπαίεσαν, ἄλλος τις ἐθέλων πρῶτος ἐπιβαλέσθαι τὸ τεῖχος, καὶ οἴχεσθαι φέρων τὸ ἐπ' αὐτῷ κλέος. εἶναι δὲ οὐδὲν ἐνόμιζον δεινόν. οὐδὲ γὰρ ὑπομένειν σφῶν τὴν ὁρμὴν τοὺς ἔνδον ἠξίουν. Παρθυαῖοι μὲν τοιαύτης πλήρεις ἐλπίδος. οἱ δὲ τειχήρεις τε ἔσχον τὴν φάλαγγα κατὰ τὸ διερρηγμένον τοῦ τείχους. καὶ ὑπὲρ τοῦ σεσωσμένου, ἀπόμαχον ἄχρειον πλῆθος ἐν τῇ πόλει κατέστησαν, ἀναμίξαντες τῶν στρατιωτῶν οὐκ ἐλάττω μοῖραν. ἐπειδὴ δὲ οἱ πολέμιοι προσήλαυνον, οὐδὲν ἐκ τοῦ τείχους ἐπ' αὐτοὺς ἀφίετο βέλος, βεβαιοτέραν ἔχοντες τὴν ἐλπίδα τοῦ κατ' ἄκρας αἱρήσειν τὴν πόλιν, καὶ τοὺς ἵππους ἔπαιον μάστιξι, καὶ ᾕμασσον τὰς πλευρὰς τοῖς κέντροις, ἕως ἐποιήσαντο σφᾶς κατὰ νώτου τὰ χώματα. πεποίητο δὲ ὑπ' αὐτῶν ἐκείνων πρότερον, πρὸς τὸ ἐπέχειν τοῦ Μυγδονίου τὰς ἐκχύσεις. ἰλύς τε ἦν περὶ τὸ χωρίον ἐν μάλα βαθεῖα, οὐδὲ αὐτῆς παντελῶς ἀνίκμου ὑπὸ τῆς ὕλης, καὶ διὰ τὸ πίειραν εἶναι τὴν γῆν, καὶ στέγειν δύνασθαι ὥστε τὰς λιβάδας ἐν ἑαυτῇ ... καὶ παλαιὸν ἔρυμα τῇ πόλει τάφρος ... βαθυτέρου ... τέλμα. ... [illegible]

γρ. φυλάττων ταῦτα.
γρ. ἴχνος
γρ. ἐπιβαλέσθαι
γρ. τὸ
γρ. τῶν
γρ. ἐπ' αὐτοὺς ἀπὸ τ. τειχ.
γρ. ἐπὶ
γρ. ἄλλης

A ad te aliqua ratione pertineat, alias videro. Quæ vero ab illis exprobrantur, nullo negotio dissolvo. Nego enim aut ejusmodi me artes vendicare mihi, aut eum injuriam facere, qui ea minime servet, quibus se nunquam obstrinxerit. Quanquam nec alia fortasse desunt ad excusationem nostram idonea & honesta. Verum nihil necesse est orationem longius abducere, atque a proposito revocare. Quamobrem eo nos, unde digressi sumus, atque ad eadem vestigia referamus. B Igitur Parthi omnes armis induti, cum equis, atque Indicis belluis, ad mœnia succedunt, magna spe freti, urbem primo a se impetu diripi posse. Atque ubi primum invadendi signum datum est, una omnes irrumpunt; cum pro se quisque primus in muros insilire vellet, ac privatim sibi ejus rei gloriam referre. Neque vero periculi quicquam inesse putabant, neque eos, qui intra urbem erant, vim suam atque impetum posse sustinere. Parthi ergo cum ea spe atque fiducia ferebantur. C Oppidani vero qua murus patefactus atque interruptus erat, denso agmine constiterant; ad ea vero, quæ integra permanserant, propugnanda, imbellem omnem paganorum multitudinem, non paucis ex militari numero adjunctis, collocaverant. Porro hostibus ingruentibus, cum nullum in eos telum ex mœnibus jaceretur, hoc ipsum majorem in spem illos omnino adducebat, fore, ut urbem penitus obtinerent. D Quocirca equos cum verberibus instigabant, cum latera calcaribus cruentabant, donec aggeres post se relinquerent. Hos enim eo consilio fecerant, ut Mygdonii fluvii inundationes arcerent. Illic porro cœnum erat profundissimum: quod & natura sua locus ille nemorosus, & solum pingue sit, atque humorem retineat. Sed & ibidem lata erat fossa, vetus urbis munimentum, in qua altior uligo ac cœnum hæserat. Quam cum transmittere insuper hostes aggrederentur,

rentur, cives in illos partim ex urbe, partim e mœnibus, saxa jaciebant. Quare fit ingens illorum cædes. Equos porro ipsos oppidani omnes sola propemodum voluntate ac nutu in fugam conjiciunt. Nam cum ad muros se converterent, cadebant protinus, ac vectores suos sternebant; qui pro armorum gravitate in lutum se altius deprimebant. Ex quo tanta illorum strages edita est, quanta hactenus in tam diuturna obsidione non fuerat. Postquam vero equitum certamen hoc modo peractum est, deinceps admotis elephantis novum prælium aggrediuntur; qua inusitata belli ratione majorem se hostibus terrorem injecturos putabant. Neque enim ita erant oculis capti, ut non illud discernerent, quanto equo gravior hæc bellua foret: nec equorum solum duorum, aut plurium; sed vel innumerorum plaustrorum onera gestare, sagittarios, jaculatores, ac turrim ferream. Quæ quidem pro natura loci, qui uliginosus ac palustris fuerat redditus, impedimento erant; ut re ipsa atque experientia manifestum fuit. Ex quo illud conjici potest, non pugnandi gratia, sed injiciendi terroris causa, istud esse comparatum. Ergo ad urbem ordine succedebant, æquali a se intervallo dissiti, planeque muro Parthorum phalanx similis esse videbatur; cum utrimque belluæ turres gererent, armati vero mediam aciem tenerent. Quo ordine instructi, non multum Barbarum juvabant; verum e muris intuentibus plerumque voluptatis spectaculum præbebant. Qui postquam velut insigni aliqua & spectabili pompa satiati sunt, e machinis saxa mittentes, ad murorum obsidionem Barbaros provocabant. At illi natura sua ad iracundiam propensi; neque se ludibrio haberi æquo animo ferentes; aut vero inutilem omnem apparatum atque irritum retro convertere; instigante præsertim rege; ad muros subeunt; indeque lapidibus ac

A λεμένων καὶ ταύτης, καὶ διαβαίνειν πειρωμένων, ἐπεξῄεσαν· πολλοὶ μὲν ἔνδοθεν, πολλοὶ δὲ ἀπὸ τῶν τειχῶν ἔβαλλον τοῖς λίθοις· καὶ αὐτῶν μὲν πολὺς ἐγίνετο φόνος. Φυγῇ δὲ ἔτρεπον τοὺς ἵππους ξύμπαντες, τῷ μόνον ἐθέλειν, καὶ δηλοῦν τὴν γνώμην διὰ τοῦ σχήματος. ἐπιστρεφόντων γὰρ τῶν ἵππων εὐθέως, καὶ κατέφερον τοὺς ἱππέας. βαρεῖς δὲ ὄντες τοῖς ὅπλοις, μᾶλλον ἐνείχοντο τῷ τέλματι. καὶ αὐτῶν ἐνταῦθα γίνεται φόνος, ὅσος οὔπω πρόσθεν B ἐν πολιορκίᾳ τοσαύτῃ γέγονεν. Ἐπεὶ δὲ τὰ τῶν ἱππέων ὧδε ″ ἐξεπράγη, τῶν ἐλεφάντων πειρῶνται, καταπλήξεσθαι μᾶλλον οἰόμενοι τῷ ξένῳ τῆς μάχης. Οὐ γὰρ τοσοῦτον αὐτοῖς τὰ τῶν ὀμμάτων διέφθαρτο, ὡς μὴ καθορᾶν, βαρύτερον μὲν ″ ὂν ἵππου τὸ θηρίον, φέρον δὲ ἄχθος οὐχ ἵππων δυοῖν ἢ πλειόνων· ἁμαξῶν δὲ ἴσως συχνῶν· τοξότας, καὶ ἀκοντιστάς, καὶ σιδηροῦν πύργον. ταῦτα δὲ C ἦν ἄπαντα, πρὸς τὸ χωρίον χειροποίητον γεγονὸς τέλμα, κωλύματα, καὶ ἐν αὐτοῖς ἔργοις φανερά. ὅθεν οὐκ εἰκὸς ἐς μάχην ἐπαρ' ἀλλ' ἐς κατάπληξιν τῶν ἔνδον παρασκευάζεσθαι· προσῆγον δὲ ἐν τάξει, μέτρον διεστῶτες ἀλλήλων ἴσον· καὶ ἐῴκει τείχει τῶν Παρθυαίων ἡ φάλαγξ· τὰ μὲν θηρία τοὺς πύργους φέροντα· τῶν ὁπλιτῶν δὲ ἀναπληρούντων τὰ ἐν μέσῳ. ταχθέντες δὲ ″ οὕτως οὐ μέγα ὄφελος ἦσαν τοῖς βαρβάD ροις· παρεῖχον γὰρ ἡδονήν, καὶ τέρψιν τοῖς ἐκ τοῦ τείχους θεωμένοις. ὡς δὲ ἐγένοντο διακορεῖς οἱονεὶ λαμπρᾶς καὶ πολυτελοῦς πομπῆς πεμπομένης, λίθους ἐκ μηχανῶν ἀφιέντες, ″ εἰς τὴν τειχομαχίαν προεκαλοῦντο τοὺς βαρβάρους. φύσει δὲ ὄντες ″ εἰς ὀργὴν ὀξύρροποι, καὶ δεινὸν ποιούμενοι τὸ γέλωτα ὀφλῆσαι, καὶ ἀπαγαγεῖν ὀπίσω τὴν παρασκευὴν ἄπρακτον, ἐγκελευομένου σφίσι τοῦ βασιλέως, ″ προσῆγον τῷ τείχει, καὶ ἐβάλλοντο πυκνοῖς τοῖς λίθοις καὶ τοῖς τοξεύ-

γρ. ἐξεπράχθη

γρ. ὂν

γρ. οὕτω μέγα

add. in al. MSS. καὶ τέξει ἐβάλλοντο ἐς

desunt in al. MSS.

γρ. προσεπιάχον

τοξεύμασι· καὶ ἐτρώθη τῶν θηρίων τινὰ, καὶ ἀπέθανεν εἰσπνιχθέντα ὑπὸ τῆς ἰλύος. δείσαντες δὲ καὶ ὑπὲρ τῶν ἄλλων, ἀπῆγον ὀπίσω πάλιν εἰς τὸ στρατόπεδον. Ὡς δὲ καὶ ταύτης ὁ Παρθυαῖος ἥμαρτε τῆς πείρας, τοὺς τοξότας διελὼν εἰς μοίρας, διαδέχεσθαί τε ἀλλήλους κελεύει, καὶ συνεχῶς βάλλειν πρὸς τὸ διερρηγμένον τοῦ τείχους· ὡς μὴ δυνηθεῖεν ἀνοικοδομῆσαι, καὶ ἔχειν ἀσφαλῶς τὴν πόλιν. οὕτω γὰρ αἱρήσειν λαθὼν, ἢ βιασάμενος τῷ πλήθει τοὺς ἔνδον ἤλπιζε. Ματαίαν γὰρ ἀπέφηνεν ἡ βασιλέως παρασκευὴ τοῦ βαρβάρου τὸ διανόημα. κατὰ νώτου γὰρ τῶν ὁπλιτῶν ἕτερον τεῖχος εἰργάζετο. ὁ δὲ ᾤετο τοὺς ἀρχαίοις ἴχνεσιν ἐς τὰ θεμέλια χρωμένους μέλλειν ἔτι. ἡμέρᾳ δὲ ὅλῃ καὶ νυκτὶ συνεχῶς ἐργασαμένων, ἐς τὸ ἐπὶ τέτταρας πήχεις ὕψος ἠγείρετο· καὶ ἕωθεν ὤφθη λαμπρὸν καὶ νεουργὲς, ἐκείνων οὐδὲ ἀκαρῆ χρόνον ἐνδιδόντων, διαδεχομένων δὲ ἀλλήλους, καὶ ἀκοντιζόντων ἐς τοὺς ἐφεστῶτας τοῖς ἐρειπίοις τῶν τειχῶν. Τοῦτο ἐξέπληξε δεινῶς τὸν βάρβαρον. οὐ μὴν ἀπῆγεν εὐθὺς τὴν στρατιὰν, ἀλλ' αὖθις τοῖς αὐτοῖς χρῆται παλαίσμασι. δράσας δὲ, οἶμαι, καὶ παθὼν παραπλήσια, ἀπῆγε τὴν στρατιὰν ὀπίσω, πολλοὺς μὲν ὑπὸ τῆς ἐνδείας δήμους ἀπολέσας, πολλὰ δὲ ἀναλώσας περὶ τοῖς χώμασι καὶ τῇ πολιορκίᾳ σώματα· σατράπας δὲ ἀνελὼν συχνοὺς, ἄλλον ἄλλο ἐπικαλούμενος· τὸν μὲν ὅτι μὴ καρτερῶς ἐπεποίητο τὰ χώματα, εἶξε δὲ καὶ ἀπεκλύσθη παρὰ τοῦ ποταμίου ῥεύματος· τὸν δὲ, ὡς φαύλως ἀγωνισάμενον ὑπὸ τοῖς τείχεσιν· καὶ ἄλλον ἄλλως. ἐπάγειν αὐτοὺς εἰώθασιν. Ἔστι γὰρ δὴ τοῦτο μάλιστα τοῖς κατὰ τὴν Ἀσίαν βαρβάροις σύνηθες, ἐς τοὺς ὑπηκόους τὰς αἰτίας τῆς δυστυχίας ἀποσκευάζεσθαι. ὁ δὲ καὶ τοῦτο δράσας, ἀπιὼν ᾤχετο, καὶ ἄχρι πρὸς ἡμᾶς εἰρήνην ἐκ τούτου καὶ ὅτε ἔρημον, οὔτε συνθήκας ἀξιώσας, ἄγων τὰ δὲ οἰκοι μέ-

γρ. μέλλειν?

γρ. ὕψει?

f. ἐπάγειν?

A sagittis petuntur. Itaque belluarum pars sauciata & in caeno provoluta periit. Quo ex casu veriti ne idem reliquis accideret, in castra copias reducunt. Quamobrem Parthorum rex hoc conatu prohibitus, distributis in partes sagittariis, succedere per vices sibi mutuo jubet, ac contra eam muri partem, quae interrupta erat, assidue tela conjicere, ne reficere muros vacarent, aut oppidi securitati possent consulere. Ita enim vel clam, vel vi ac multitudine, speraliat se esse potiturum. Verum omnem Barbari B conatum Principis providentia frustrata est. Nam a tergo militum murus alter excitatur, cum ille cunctari eos adhuc putaret, quod in antiquis vestigiis fundamenta jacere velle crederet. Caeterum cum nocte ac die tota in opere perstitissent, ad quatuor usque cubitos fastigii summa perducta est; ita ut diluculo recens opus atque illustre conspiceretur; tametsi ne momento quidem illi ab obsidendi contentione cessarent; sed sibi invicem succederent, atque in propugnatores subrutorum moenium ja- C cula contorquerentur. Ea rei Barbari animum mirum in modum consternavit. Neque tamen idcirco subinde copias reducit; sed iisdem rursus artibus aggreditur. Verum cum superioribus illis similia quaedam egisset, ac passus esset; se cum exercitu recepit, magna parte prae inopia hominum amissa, nec non pluribus circa aggerum munitionem, atque obsidionem consumtis. Quibus de causis plerosque Satrapas interfecit: hunc, quod parum firmos aggeres extruxisset, adeo ut fluminis vi atque D impetu convulsi disjectique essent: illum vero, quod ad muros ignavius se gessisset; alium denique alia occasione ac criminibus objectis e medio sustulit. Nam Asiaticis illis barbaris familiare admodum & usitatum est, ut calamitatum suarum causas in sibi subditos derivent. Quod tum faciens ille discessit. Atque ex illo tempore sine ullis jurejurandis aut pactis pacem nobiscum conservat, ac domi sese continet; optime secum actum existimans, si non

contra

contra se Imperator expeditionem suscipiat, atque illius audaciæ & temeritatis a se pœnas exigat. Estne igitur, ut hanc pugnam cum illis conferendam putemus, quas pro Græcorum navibus ac vallo administratas legimus? Sed vos utriusque similitudinem considerare hunc in modum, ac discrimen cognoscite. E Græcis duo Ajaces, & Lapithæ, ac Mnestheus muro cesserunt, & portas ab Hectore perfringi, ac Sarpedonem in propugnaculum insilire passi sunt. Illi contra, cum sponte pars muri cecidisset, nequaquam cesserunt; sed viriliter certantes, ingruentes cum Indis Parthorum copias propulsarunt. Deinde qui naves conscenderat, tanquam pedestris miles e foris prælium conseruit. At illi primum e mœnibus navali prælio congressi sunt. Ad hæc Græci suis munitionibus & navibus cesserunt; nostri navibus pedibusque subeuntes hostes vicerunt. Sed percommode omnino accidit, ut ad Hectoris & Sarpedonis commemorationem nescio quo modo nostra se oratio conferret; atque ipsum, ut ajunt, rei caput ac summam, hoc est, murorum eversionem; quos refert Pylii concionatoris ac regis hortatu, velut inexpugnabile navium perinde ac sui munimentum, Græcos esse fabricatos. Quod quidem mihi omnium Hectoris facinorum primarium ac præcipuum videtur. Neque vero ad hoc discernendum, Glauci artificio, vel callidiore aliquo commento opus est; cum id manifeste ab Homero declaratum sit, simul atque Achilles apparuit

medium latuisse per agmen.

Agamemnone vero Trojanis instante, atque ad muros insequente, Hectora subducit Jupiter, ut servari per otium posset. Cæterum ludens ac timiditatem deridens Poeta Iridem, ait, ab Jove missam, cum sub fago atque ad portas ipsas jam considentem, hunc in modum allocutam fuisse:

Donec pastorem populorum Agamemnona cernis

A νων, εἰ μὴ στρατεύοιτο βασιλεὺς ἐπ' αὐτὸν, καὶ δίκην ἀπαιτοίη τῆς θρασύτητος καὶ τῆς ἀπονοίας. Ἆρά γε ἄξιον ταύτην παραβάλλειν τὴν μάχην, ταῖς ὑπὲρ τῶν νεῶν τῶν Ἑλληνικῶν καὶ τοῦ τείχους; ἀθρεῖτε δὲ ὧδε τὴν ὁμοιότητα, καὶ τὸ διάφορον λογίζεσθε. Ἑλλήνων μὲν Αἴαντε, καὶ Λαπίθαι, καὶ Μενεσθεὺς τοῦ τείχους εἶξαν, καὶ περιεῖδον τὰς πύλας συντριβομένας πρὸς Ἕκτορος, καὶ τῆς ἐπάλξεως ἐπιβεβηκότα τὸν Σαρπηδόνα· οἱ δὲ οὐ B διαρραγέντος αὐτομάτως τοῦ τείχους ἐνέδοσαν, ἀλλὰ ἐνίκων μαχόμενοι, καὶ ἀπεκρούσαντο Παρθυαίους ξὺν Ἰνδοῖς ἐπιστρατεύσαντας. εἶτα ὁ μὲν ἐπιβὰς τῶν νεῶν, ἀπὸ τῶν ἰκρίων, ὥσπερ ἐξ ὁμαλοῦ, πεζὸς διαγωνίζεται. οἱ δὲ πρότερον ἀπὸ τῶν τειχῶν ἐναυμάχουν. τέλος δὲ οἱ μὲν τῶν ἐπάλξεων εἶξαν καὶ τῶν νεῶν· οἱ δὲ ἐνίκων, ναυσί τε ἐπιόντας, καὶ πεζῇ τοὺς πολεμίους. Ἀλλὰ γὰρ εὖ πως ὁ λόγος ἐπὶ τὸν Ἕκτορα, καὶ τὸν Σαρπηδόνα οὐκ οἶδα ὅπως ὑπηνέχθη, καὶ ἐπ' αὐτό γε φασὶ C τοῦ ἔργου τὸ κεφάλαιον, τὴν καθαίρεσιν τοῦ τείχους· ὃ μιᾷ πρότερον ἡμέρᾳ τοὺς Ἀχαιούς φησι, τοῦ Πυλίου δημαγωγοῦ καὶ βασιλέως ξυμπεισθέντος, ἄρρηκτον νεῶν τε καὶ αὐτῶν ἕλαρ κατασκευάσασθαι. Iliad. η. v. 14. σχεδὸν γάρ μοι τοῦτο φαίνεται τὸ γενναιότατον τῶν ἔργων Ἕκτορος, καὶ οὐχὶ Γλαύκου τέχνης συνιέναι, οὐδὲ σοφωτέρας ἐπινοίας δεῖται, Ὁμήρου σαφῶς διδάσκοντος, ὡς Ἀχιλλέως μὲν φανέντος

ἐδύσατο οὐλαμὸν ἀνδρῶν. Iliad. υ. v. 379.

Ἀγαμέμνονος δὲ τοῖς Τρωσὶν ἐπικειμένου, D καὶ ἐς τὸ τεῖχος καταδιώξαντος, Ἕκτορα ὑπάγει Ζεὺς, ἵνα ἀποσώζοιτο καθ' ἡσυχίαν. προσπαίζων δὲ αὐτὸν ὁ ποιητὴς καὶ καταγελῶν τῆς δειλίας, ὑπὸ τῇ φηγῷ καὶ ταῖς πύλαις ἤδη καθήμενον, τὴν Ἶριν ἥκειν ἔφη παρὰ τοῦ Διὸς φράζουσαν·

Ὄφρ' ἂν μέν κεν ὁρᾷς Ἀγαμέμνονα ποιμένα λαῶν Iliad. λ. v. 202. &c.

 Θύνοντ'

Θύνοντ᾽ ἐν προμάχοισιν, ἐναίροντα A
στίχας ἀνδρῶν.

Τόφρ᾽ ὑπόεικε μάχης.

γρ. [illegible] Πῶς γὰρ εἰκὸς οὕτως ἀγεννῆ καὶ δειλὴν παραίνεσιν τὸν Δία, ἄλλως τε οὐδὲ μαχομένῳ, ξὺν πολλῇ δὲ ἑστῶτι ῥᾳστώνῃ; καὶ ὁπηνίκα δὲ ὁ τοῦ Τυδέως, τῆς Ἀθηνᾶς πολλὴν ἐκ τοῦ κράνους ἀναπλησάσης φλόγα, πολλοὺς μὲν ἔκτεινε, φεύγειν δὲ ἠνάγκαζε τοὺς ὑπομένοντας· πόρρωθεν ἀφειστήκει τοῦ πολέμου· καὶ πολλὰ ὑπομένων ὀνείδη, ἀπέγνω μὲν κρατοῦσι τοῖς B Ἀχαιοῖς ἀντιστῆναι· εὐπρεπῆ δὲ ποιεῖται τὴν ἐς τὸ ἄστυ πορείαν, ὡς τῇ μητρὶ παραινέσων ἐξιλεοῦσθαι τὴν Ἀθηνᾶν μετὰ τῶν Τρῳάδων. Καί τοι εἰ μὲν αὐτὸς ἱκέτευε πρὸ τοῦ νεὼ ξὺν τῇ γερουσίᾳ, πολὺν εἶχε λόγον. προσήκει γάρ, οἶμαι, τὸν στρατηγόν, ἢ βασιλέα, καθάπερ ἱερέα, καὶ προφήτην, θεραπεύειν ἀεὶ ξὺν κόσμῳ τὸ θεῖον, καὶ μηδὲν ὀλιγωρεῖν, μηδὲ ἑτέροις μᾶλλον προσήκειν ἡγεῖσθαι, μηδὲ ἐπιτρέπειν, ἀνάξιον αὐτοῦ νομίζοντα C τὸ διακόνημα.

Οἶμαι γὰρ τὴν Πλάτωνος μικρὰ παρατρέψας λέξιν οὐχ ἁμαρτήσεσθαι· ὅτῳ ἀνδρί, μᾶλλον δὲ βασιλεῖ, ἐς τὸν Θεὸν ἀνήρτηται πάντα τὰ πρὸς εὐδαιμονίαν φέροντα, καὶ μὴ ἐν ἄλλοις ἀνθρώποις αἰωρεῖται, ἐξ ὧν εὖ ἢ κακῶς πραξάντων πλανᾶσθαι ἀναγκάζεται αὐτός, καὶ τὰ ἐκείνου πράγματα, τούτῳ ἄριστα παρεσκεύασται πρὸς τὸ ζῆν. εἰ D δὲ ἐπιτρέποι μηδεὶς παραγράφειν, μηδὲ ἐκτρέπειν, μηδὲ μεταλαμβάνειν τοὔνομα· ἀλλ᾽ ὥσπερ ἱερὸν ἀρχαῖον γρ. κελεύει ~~πελεύει~~ μένειν ἐᾶν ἀκίνητον· οὐδὲ οὕτως ἄλλο τι διανοεῖσθαι τὸν σοφὸν ἐροῦμεν. τὸ γὰρ ἑαυτοῦ οὐ δήπου τὸ σῶμά φησιν, οὐδὲ τὰ χρήματα, οὐδὲ εὐγένειαν, καὶ δόξαν πατέρων. ταῦτα γὰρ αὐτοῦ μέν γρ. ἐστὶ τινος οἰκεῖα κτήματα, οὐ μὴν ἐστὶ ταῦτα αὐτός. Ἀλλὰ νοῦ καὶ φρονήσεως, φησί, καὶ τὸ ὅλον τοῦ ἐν ἡμῖν θεοῦ· ὃ δὴ καὶ αὐ-

Bacchantem ante alios, cadentemque agmina ferro,

Te pugna subduc.

Qui enim consentaneum est, tam ignavum atque imbelle consilium ab Jove suggeri; præsertim ei, qui non amplius pugnaret, sed ingenti in otio ac quiete consideret? Præterea cum Tydei filius, Minerva ex ejus galea ingentem excitante flammam, plurimos occideret; eos vero, qui sustinere auderent, in fugam conjiceret; Hector interim procul a prælio aberat, &, multis licet in eum probris conjectis, tamen victoribus se Græcis objicere nequaquam ausus est; sed redeundi ad urbem honestam quandam speciem prætexit, ut matrem scilicet hortaretur, uti cum Troadibus Minervam sibi propitiaret. Quanquam si ipsemet ille cum Senatu ad templi vestibulum vota faceret, ratione id minime careret. Oportet enim imperatorem, aut regem, perinde ac sacerdotem, & vatem, Deum assidue rite atque ordine venerari; neque quicquam per negligentiam omittere; aut aliis convenire potius arbitrari, ac differre velle; quasi ab sua dignitate videatur hæc aliena functio.

Ac si Platonis verba nonnihil ad sententiam detorqueam, nequaquam mihi aberraturus videor, cum ita dixero: Cujuscunque hominis, multoque magis principis, omnia sunt, quæ ad felicitatem pertinent, ex Deo consilia suspensa; nec ex aliis hominibus ea pendent; qui ut beati, aut infelices fuerint, ita & ipsum & res ejus fluctuare sit necesse; qui ita se habeat, egregie ad vitam esse comparatum. Sin mutare aliquid ac deflectere mihi quispiam non permittat; sed quasi vetus quoddam templum immotum atque incolume permanere jubeat, nihilominus tamen nihil aliud sapientem in animo habuisse dixerimus. Quod suum est enim, neque corpus esse dicitur, neque divitiæ, neque nobilitas, aut generis splendor. Hæc enim cujuscunque sint, non ipsemet illæ sunt, sed ab eo possidentur. At mente, inquit, & prudentia, & omnino domestico illo, qui in nobis est, Deo.

A Deo: quam idem alio in loco maxime propriam animæ speciem appellat: qui & illud asserit, suum cuique a Deo esse genium attributum; quem nos summa in corporis nostri superficie duntaxat manere dicimus; & nos interim ab humo erectos ad cœlestem illam necessitudinem ac cognationem attollere. Quamobrem illuc nos attrahere & allicere conatur, ut uniuscujusque hominis rationes aptæ inde sint; non ex aliis hominibus suspensæ; qui cæteris in rebus, cum nocere atque impedire vellent, sæpenumero potuerunt: B plerique vero etiam inviti aliquid nostris ex rebus abstulerunt. Unum vero illud neque impediri, neque pati quippiam potest. Neque enim quod præstantius est damni aliquid ab eo quod deterius est accipit. Inde nostra hæc omnis oratio profecta est. Sed videor equidem Platonis sententiis sæpe ac moleste nimis uti: cujus ex verbis paululum, tanquam salem, aut auri ramenta quædam, aspergimus: quorum ille ad ciborum condimentum utilis est; hæc jucundius spectaculum efficiunt. Utrumque porro Platonis in ver- C bis cernitur: nam & sensu atque auditu jucundiora sunt cæteris, & ad alendos etiam cum voluptate animos & repurgandos efficacissima sunt. Quare minime pigrandum est, aut vero metuenda nimium est ea vituperatio, si quis minus hac re moderate uti nos existimet: tum quod nihil non arripere videamur; quemadmodum in conviviis ex omnibus cibis cupediosi faciunt, qui ex iis, quæ apponuntur, non aliquid decerpere non possunt. Quod ipsum evenire D nobis aliquo modo videtur, qui laudes simul ac dogmata decantemus: & priusquam institutum sermonem aliquatenus persequamur, medium illum interrumpentes, Philosophorum sententias explicemus. Adversus reprehensores ejusmodi dictum a nobis est antea, & postea fortasse dicetur.

Nunc postquam orationi nostræ quod consentaneum est subjecerimus, ad id quod initio exorsi sumus revertamur: perinde atque ii, qui in cursu longius provecti sunt. Hoc igitur paulo ante diximus: ipsum me ho-

A τὸς ἑτέρωθι κυριώτατον ἐν ἡμῖν ψυχῆς εἶδος ἔφη· καὶ ὡς ἄρα "αὐτὸν δαίμονα θεὸς ἑκάστῳ δέδωκε, τοῦτο δὴ φαμὲν οἰκεῖν μὲν ἡμῶν ἐπ' ἄκρῳ τῷ σώματι, πρὸς δὲ τὴν ἐν οὐρανῷ ξυγγένειαν ἀπὸ γῆς ἡμᾶς αἴρειν. ἐς τοῦτο γὰρ "ἕλκειν ἐπιτάττει ἀνηρτῆσθαι χρῆναι ἑκάστῳ ἀνδρὶ, καὶ οὐκ εἰς ἄλλους ἀνθρώπους· οἳ τὰ μὲν ἄλλα βλάπτειν καὶ κωλύειν ἐθέλοντες, πολλάκις ἠδυνήθησαν· ἤδη δέ τινες, καὶ μὴ βουλόμενοι τῶν ἡμετέρων B τινὰ παρείλοντο· τοῦτο δὲ ἀκώλυτον μένον, καὶ ἀπαθές ἐστιν. ἐπεὶ μηδὲ θεμιτὸν ὑπὸ τοῦ χείρονος τὸ κρεῖττον βλάπτεσθαι. ἐκεῖ δὲ καὶ ἐντεῦθεν ὁ λόγος. ἀλλ' ἔοικα γὰρ καταφορτίζειν "ἡμᾶς τοῖς τοῦ Πλάτωνος λόγοις, μικρὰ ἐπιπάττων τῶν ῥημάτων, ὥσπερ ἅλας, ἢ χρυσοῦ ψήγματα. τούτων δὲ οἱ μὲν, ὡς ἡδίω τὴν τροφὴν· οἱ δὲ εὐπρεπῆ παρέχει τὴν θέαν. ἀμφότερα δὲ οἱ "τοῦ Πλάτωνος λόγοις. καὶ γὰρ αἰσθέ- C σθαι διὰ τῆς ἀκοῆς ἡδίους τῶν ἄλλων, καὶ θρέψαι ψυχὴν ξὺν ἡδονῇ, καὶ καθᾶραι "δυνατοί. ὥστε οὐκ "ἀποκνητέον, οὐδὲ εὐλαβητέον τὸν ψόγον, εἴ τις ἄρα καταμέμφοιτο τὴν ἀπληστίαν· καὶ ὅτι πάντας ἐπιδραττόμεθα, ὥσπερ ἐν τοῖς συμποσίοις οἱ λίχνοι τῶν ἐδωδίμων ἁπάντων, οὐχ ὑπομένοντες τὸ μὴ τῶν προκειμένων ἅψασθαι. τοῦτο γὰρ δὴ τρόπον τινὰ καὶ ἡμεῖς ἔοικα συμβαίνειν, ἐπαίνους ἅμα καὶ δόγματα ᾄδουσι, καὶ πρὶν ἢ μα- D τέως ἐφικέσθαι τοῦ προτέρου λόγου, μέσον ὑποτεμνομένοις, φιλοσόφων ἐξηγεῖσθαι ῥήσεις. πρὸς δὴ τοὺς τὰ τοιαῦτα καταμεμφομένους, εἴρηται μὲν ἤδη καὶ πρότερον, καὶ αὖθις δὲ ἴσως λεχθήσεται.

Νῦν δὲ τὸ συνεχὲς ἀποδόντες τῷ παρόντι λόγῳ, ἐπὶ τὸ ἐξ ἀρχῆς ἐπανάγωμεν, ὥσπερ οἱ προεκδραμόντες ἐν τοῖς δρόμοις. ἐλέγετο δ' οὖν ἐν τοῖς "ἔμπροσθεν, ὡς αὐτὸν μέν τινα φησὶ Πλάτων τὸν νοῦν

γρ. αὐτοῖς

γρ. ἕλκων

γρ. ἡμᾶς

γρ. τοῖς Πλάτωνος

γρ. δυνατοί

γρ. ἀποκνητέον

γρ. πρόσθεν

καὶ τὴν ψυχήν, αὐτοῦ δὲ τὸ σῶμα καὶ τὴν κτῆσιν. ταῦτα δὲ ἐν τοῖς θαυμασίοις διώρισται νόμοις. Ὥσπερ οὖν εἴ τις ἐξ ἀρχῆς ἀναλαβὼν λέγοι· ὅτῳ ἀνδρὶ εἰς νοῦν καὶ φρόνησιν ἀνήρτηται πάντα ἐς εὐδαιμονίαν φέροντα, καὶ μὴ ἐν τοῖς ἐκτός, ἐξ ὧν εὖ ἢ κακῶς πραξάντων, ἢ καὶ παρατυχόντων, πλανᾶσθαι ἀναγκάζεται· τούτῳ ἄριστα παρεσκευάσθαι πρὸς τὸ ζῆν· οὐ παραιρεῖται τὴν λέξιν, οὐδὲ παραποιεῖ· ἐξηγεῖται δὲ ὀρθῶς, καὶ ἑρμηνεύει. οὕτω δὲ καὶ ὅστις ἀντὶ τῆς, αὐτοῦ, λέξεως, τὸν θεὸν παραλαμβάνει, οὐκ ἀδικεῖ. εἰ γὰρ τὸν ἐν ἡμῖν δαίμονα ὄντα μὲν ἀπαθῆ τῇ φύσει, καὶ θεῷ συγγενῆ, πολλὰ δὲ ἀνατλάντα, καὶ ὑπομείναντα διὰ τὴν πρὸς τὸ σῶμα κοινωνίαν, καὶ τοῦ" πάσχειν τε καὶ φθείρεσθαι φαντασίαν τοῖς πολλοῖς παρασχόντα, τοῦ παντὸς ἐκεῖνος προστάτην βίου, τῷ γε εὐδαιμονήσειν μέλλοντι· τί χρὴ προσδοκᾶν αὐτὸν ὑπὲρ τοῦ καθαροῦ, καὶ ἀμιγοῦς γεγονότος σώματι" νοῦ διανοηθῆναι, ὃν δὴ καὶ θεὸν εἶναί φαμεν, καὶ αὐτῷ τὰς ἡνίας ἐπιτρέψαντας τοῦ βίου χρῆναι παραινοῦμεν πάντα τε ἰδιώτην καὶ βασιλέα, τόν γε ὡς ἀληθῶς ἄξιον τῆς ἐπικλήσεως, καὶ οὐ νόθον, οὐδὲ ψευδώνυμον· συνιέντα μὲν αὐτοῦ, καὶ αἰσθανόμενον διὰ συγγένειαν· ὑφιέμενον δὲ αὐτῷ τῆς ἀρχῆς, καὶ ὑποχωροῦντα τῆς ἐπιμελείας, ὡς ἔμφρονα; ἀνόητος γάρ, καὶ μάλα αὐθάδης, τὸ μὴ καθάπαξ ἐς δύναμιν πείθεσθαι τῷ θεῷ, ἀρετῆς" ἐπιμελουμένους. τούτῳ γὰρ μάλιστα χαίρειν ὑποληπτέον τὸν θεόν. οὐ μὴν οὐδὲ τῆς ἐννόμου θεραπείας ἀποστατέον, οὐδὲ τὴν τοιαύτην τιμὴν ὑπεροπτέον τοῦ κρείττονος· θετέον δὲ ἐν ἀρετῆς μοίρᾳ τὴν εὐσέβειαν τὴν κρατίστην. ἔστι γὰρ ὁσιότης τις δικαιοσύνης ἔκγονος." αὐτὴ δ' ὅτι τῆς θειοτέρας ψυχῆς εἶδός ἐστιν, οὐδένα λέληθε τῶν ὅσοι τὰ τοιαῦτα μεταχειρίζονται. Ταῦτά τοι καὶ ἐπῃνοῦμεν τὸν Ἕκτορα, σπένδειν μὲν οὐκ ἐθέλοντα

γρ. [illegible]

γρ. [illegible]

γρ. ἐπιμελουμ.

γρ. αὐτὴ

A minem a Platone mentem atque animum constitui; corpus vero, & quæ extrinsecus possidentur, ipsius: quæ sunt ab eo in admirabili illo de Legibus opere pronunciata. Jam vero si quis ab initio repetens ita statuat: cuicunque homini felicitatis ratio omnis ad mentem & prudentiam referatur, neque externis in rebus posita est; quarum ex secundo aut contrario successu ipsemet vagus atque inconstans esse cogatur; hunc ad vitam degendam egregie esse comparatum; verba ipsa non corrumpit, aut mutat; sed recte interpretatur, atque explicat. B Sic qui pro *illius* voce *Dei* nomen usurpet, nullam prorsus injuriam fecerit. Etenim si genium illum, qui natura pati nihil potest, ac Dei cognatus est, & multa tamen propter suam cum corpore communionem perfert atque sustinet; ut a plerisque pati atque interire judicetur: si hunc, inquam, nihilominus vitæ totius ducem ac moderatorem ei adhibet, qui vitam cum felicitate velit transigere; quid tandem de sincera & a corporis contagione secreta mente illum arbitrari putabimus; C quem nos & Deum esse dicimus, & ei vitæ omnis habenas cum a privato permittendas ducimus, tum vero ab eo principe, cui vere nomen istud conveniat, non qui adulterinus sit ac falso id sibi nomen assumat: qui quidem Deum illum intelligat, ac propter cognationem sentiat; sed ei potestate atque imperio cedat, & administrationem omnem tanquam prudens ac consultus deferat? Etenim stultum est, & inprimis contumax, non ita penitus pro viribus obtemperare Deo, ut in D studium virtutis incumbamus. Hac enim re delectari potissimum Deum existimare debemus. Sed neque ab legitimo ejus cultu desciscere oportet, neque hic Dei contemnendus honor; sed cum virtutis studio omnis ei pietatis cultus impendendus est. Est enim religio quidam justitiæ fructus. Quam quidem ad diviniorem animi formam ac speciem pertinere, nemo eorum ignorat, qui in ejusmodi rerum tractatione versantur. Propterea nos Hectorem ea re laudabamus, quod libare Diis infectis cruore mani-

A manibus nollet; sed in eodem hoc desiderabamus interim, ut ne ad urbem accederet omnino, neque pugnam ideo relinqueret, ut non ducis, aut regis cujuspiam, sed ministri, & viatoris, Idaei puta alicujus, aut Talthybii, sibi partes imponeret. Sed hoc honestae, ut ante dictum est, fugae species, ac simulatio videtur. Nam & quando cum Ajace Telamonio in certamen descendit, responso vatis inductus, libenter in gratiam cum hoste redit: & quod mortem evitasset, bene secum agi putans, etiam donis illum est prosecutus. B Atque, ut uno verbo dicam, fugientes audacter insequitur: victoriae autem fugandorumque hostium causa nusquam extitit, nisi quando cum Sarpedone

primus muros irrupit Achivum.

Nunc igitur, quasi nullum ejusmodi Imperatoris facinus habentes, contentionem illam ac certamen verebimur, ne nos parva magnis, ac majoribus & praestantioribus contemta quaedam ac vilia conferre videamur? an potius cum ingenti etiam illo facto contendere minime dubitabimus? C Igitur murus ille propter naves, ut dixi, ne integro quidem antemeridiano tempore fuerat excitatus, cujusmodi vallum construere ex more consuevimus. At munimentum illud, quod super Alpes positum erat, vetus castellum fuit, quod sibi post fugam tyrannus elegerat, eamque tanquam novam arcem reddiderat; in qua fortium virorum firmum praesidium collocarat. Nec ille vero longe inde progrediebatur; sed D in vicina urbe permanebat, quod Italiae emporium est opulentum imprimis ac copiosum ad mare positum, unde Moesi, & Paeones, & Itali, qui mediterranea tenent, merces avehunt. Heneti prius, ut opinor, appellabantur: nunc, postquam in Romanorum potestatem venerunt, veteris nominis hactenus cum initialis literae adjectione retinent; cujus nota non est ac simplex figura, quam V vocant; itaque

A ταῦτα δὲ ἐπὶ τῶν χειρῶν λάβοιεν· ηὔχετο μὲν δὴ, μηδὲ ἐς ἄστυ ἰέναι, μηδὲ ἀπολείπειν τὴν μάχην, μέλλοντα (δὲ) οὐ στρατηγοῦ καὶ βασιλέως ἐπιτελεῖν ἔργον, διακόνου δὲ καὶ ὑπηρέτου Ἰδαίου τινὸς, ἢ Ταλθυβίου τάξιν ἀναληψόμενον. ἀλλ' ἔοικέ γε, ὅπερ ἔφημεν ἐξ ἀρχῆς, πρόφασις εὐπρεπὴς εἶναι φυγῆς τοῦτο. Καὶ γὰρ ὅτε τῷ Τελαμωνίῳ ξυνέστη, πεισθεὶς τῇ φήμῃ τοῦ μάντεως, ἀσπασίως διελύθη, καὶ ἔδωκε δῶρα, τὸν θάνατον ἐκφυγὼν, ἀσμένως. B Καθόλου δὲ εἰπεῖν, φεύγουσι ἐπιθέσθαι θρασέως, αἴτιος δὲ ἴσως οὐδαμοῦ νίκης καὶ τροπῆς, πλὴν ὅτε

πρῶτος ἐσήλατο τεῖχος Ἀχαιῶν,

ξὺν τῷ Σαρπηδόνι. πότερον οὖν ὡς οὐκ ἔχοντες τηλικοῦτον ἔργον βασιλέως, εὐλαβησόμεθα τὸν ἀγῶνα, μή ποτε ἄρα μικρὰ μεγάλοις, καὶ φαῦλα σπουδῆς ἀξίοις μείζοσι παραβάλλειν δόξωμεν; C ἢ τολμήσομεν καὶ πρὸς τηλικοῦτον ἔργον ἁμιλλᾶσθαι; κἀκεῖνο μὲν ἦν τὸ τεῖχος ὑπὲρ τοῦ νεὼς, ἐν οὐδὲ ὅλῳ τῷ πρὸ μεσημβρίας χρόνῳ συντελεσθὲν, ὁποίους νῦν τοὺς χάρακας εἰώθαμεν κατασκευάζεσθαι. Τὸ δὲ ὑπὲρ τῶν Ἄλπεων τεῖχος παλαιόν τε ἦν φρούριον, ὃ δὴ μετὰ τὴν φυγὴν ὁ τύραννος, ὥσπερ ἔρυμά τι νεουργὲς αὐτὸ φήνας, ἀξιόλογον φρουρὰν ἐν αὐτῷ καθίστη γενναίων ἀνδρῶν. αὐτὸς δὲ οὐ πόῤῥω διέτριβεν, ἐν τῇ πλησίον πόλει. D Ἔστι δὲ Ἰταλικὸν ἐμπόριον πρὸς θαλάττῃ μάλα εὔδαιμον καὶ πλούτου γέμον, φέρουσι γὰρ ἐντεῦθεν φορτία Μυσοὶ, καὶ Παίονες, καὶ τῶν Ἰταλῶν ὅσοι τὴν μεσόγαιαν κατοικοῦσιν. Ἑνετοὶ δὲ, οἶμαι, τὸ πρόσθεν ὠνομάζοντο, νῦν δὲ ὑπὸ Ῥωμαίων ταῖς πόλεσι ἔχοντες, τὸ μὲν ἐξ ἀρχῆς ὄνομα σώζουσι, βραχείᾳ προσθήκῃ γράμματος ἐν ἀρχῇ τῆς ἐπωνυμίας, [illegible] συμβόλων χαρακτῆρα [illegible] ζεσι

γρ. ὑπέστη

Iliad. M. v. 438. [illegible]

ζουσι δὲ αὐτόν. Οὗτοι καὶ χρῶνται ἀντὶ τοῦ βῆτα πολλάκις, πρεσβυτέρως οἶμαί τινος ἕνεκα, καὶ ἰδιότητος γλώττης. τὸ μὲν δὴ ξύμπαν ἔθνος ὧδε ἐπονομάζεται. τῇ πόλει δὲ αἰετὸς, ὥς φασιν, οἰκιζομένῃ δεξιὸς ἐκ Διὸς ἐπιπτάμενος τὴν αὐτοῦ φήμην χαρίζεται. οἰκεῖται δὲ ὑπὸ τοῖς ποσὶ τῶν Ἄλπεων. ὄρη δέ ἐστι ταῦτα παμμεγέθη, καὶ (deest in al. MSS.) ἀπορρῶγες γῆς ἐν αὐτοῖς πέτραι, μόλις ἁμάξῃ μιᾷ καὶ ὀρικῷ ζεύγει τὴν ὑπέρβασιν βιαζομένοις ξυγχωροῦντα· ἀρχόμενα δὲ ἀπὸ θαλάττης, ἣν δὴ τὸν Ἰόνιον εἶναί φαμεν, ἀποτειχίζοντα δὲ τὴν νῦν Ἰταλίαν ἀπό τε Ἰλλυριῶν, καὶ Γαλατῶν, καὶ ἐς τὸ Τυρρηνὸν (γρ. Τυρρηνικὸν) πέλαγος ἀναπαυόμενα. Ῥωμαῖοι γὰρ ἐπειδὴ τῆς χώρας ἁπάσης ἐκράτουν· ἔστι δὲ ἐν αὐτῇ τό τε τῶν Ἐνετῶν ἔθνος, καὶ Λίγυές τινες, καὶ τῶν ἄλλων Γαλατῶν οὐ φαύλη μοῖρα· τὰ μὲν ἀρχαῖα σφῶν ὀνόματα σώζειν οὐ διεκώλυσαν· τῷ κοινῷ δὲ τῶν Ἰταλῶν ξυγχωρεῖν κατηνάγκασαν. Καὶ νῦν ὅποσα μὲν εἴσω τῶν Ἄλπεων κατοικεῖται, ἔστε ἐπὶ τὸν Ἰόνιον καὶ Τυρρηνὸν καθήκοντα, ταύτῃ κοσμεῖται τῇ προσωνυμίᾳ. τὰ δὲ ὑπὲρ τῶν Ἄλπεων τῶν πρὸς ἑσπέραν Γαλάται νέμονται, καὶ Ῥῆτοι. τὰ δὲ ὑπὸ τὴν ἄρκτον, ὅπου Ῥήνου τέ εἰσιν αἱ πηγαὶ, καὶ αἱ τοῦ Ἴστρου πλησίον, παρὰ τοῖς γείτοσι βαρβάροις. τὸ δὲ ἐκ τῆς ἕω, ταῦτα δὴ τὰς Ἄλπεις ὀχυρὸν ἔφαμεν, ὥσπερ ὁ τύραννος τὴν φρουρὰν κατεσκευάσατο. Οὕτω δὲ τῆς Ἰταλίας ἁπανταχόθεν ὄρεσί τε συνεχομένης λίαν δυσβάτοις, καὶ θαλάσσῃ τεναγώδει, ἅτε εἰσρεόντων ποταμῶν μυρίων, οἳ ποιοῦσιν ἕλος προσεοικὸς τοῖς Αἰγυπτίοις ἕλεσι· τὸ ξύμπαν τῆς ἐκείνης θαλάττης πέρας βασιλεὺς ὑπὸ σφᾶς ἔλαβε, καὶ ἐβιάσατο τὴν ἄνοδον. Καὶ ἵνα μὴ διατρίβειν δοκῶ, αὖθίς τε ὑπὲρ τῆς δυσχωρίας διαλεγόμενος, καὶ ὡς οὔτε στρατόπεδον ἦν, οὐδὲ χάρακα πλησίον καταβαλέσθαι, οὔτε ἐπάγειν μηχανὰς καὶ ἑλεπόλεις· ἄνυδρος δεινῶς ὢν καὶ οὐδὲ μικρὰς λιβάδας ἔχων τοῦ πέριξ χωρίου·

A pro B sæpius, propter spiritum, ut arbitror, quendam, ac linguæ proprietatem utuntur. Porro universa gens ea appellatione censetur. Urbi vero ipsi, cum conderetur, aquila, dextra ex parte cœlitus advolans, de suo nomen imposuit. Sita est autem ad Alpium radices. Montes hi porro sunt vasti, ac sparsi: in quibus abruptæ quædam rupes ægre plaustro uni, ac mularum bigis ad ascensum enitentibus, viam præbent. Iidem ab eo mari, quod Ionium appellamus, B incipiunt: inde Italiam ab Illyrico & Gallia dividentes; in Tyrrhenum mare desinunt. Etenim Romani cum regionem universam sibi subjecissent; in qua & Veneti, & Ligures, & Gallorum non exigua portio continetur; ita omnibus retinendarum veterum appellationum potestatem fecerunt, ut eosdem Italiæ contribui, ac sub ea comprehendi vellent. Ex nunc quicquid citra Alpes est, ad Ionium & Tyrrhenum usque C pelagus, eo nomine continetur. Quæ vero ultra Alpes ad Septentrionem sunt, Galli obtinent ac Rheti. Quæ ad Septentrionem vergunt, ubi Rheni fontes iisque propinqui Danubii sunt, a vicinis Barbaris incoluntur. Ad ortum vero imminere rursum Alpes, necnon muniri ab ea parte diximus, ubi & tyrannus præsidium imposuerat. Sic igitur Italia omni ex parte præruptis montibus, ac paludoso mari cincta, quod infinita flumina in illud erumpentia ultimam maris D illius oram in paludes Ægyptiarum non dissimiles commutent, Imperator nihilominus noster universam ad se transtulit, aditumque perrupit. Ac ne commorari diutius iterum velle videar in loci difficultate narranda; ubi neque vallum, neque castra collocari poterant; multoque minus machinæ aut ballistæ per arentia loca, ac vel tenuissimi humoris expertia, muris admoveri; ad ti; ad ipsam illius expugnationem venio. Ac si breviter orationis meæ summam accipere velitis, cogitate cum animo vestro Macedonis illam adversus Indos expeditionem, qui in ea rupe degebant, ad quam vel levissimæ volucres evolare difficile possent: recordetur, inquam, aliquis, quemadmodum ea capta sit; nec erit quod ultra audire desideretis: nisi id fortasse unum, Alexandrum in hujus rupis oppugnatione Macedonas quamplurimos amisisse; Principem vero & Imperatorem nostrum nullo tribuno aut centurione, ac ne legionario quidem ullo milite desiderato, liquidam & incruentam victoriam esse consecutum. At Hector, & Sarpedon, etsi multos ex aggere cecidissent; tamen cum in Patroclum egregie illo in prælio certantem incidissent, horum alter ad naves interficitur; alter, ne amici quidem corpore sublato, turpissimam se in fugam conjicit. Ita sine consilio, & solo corporis robore confisi, illam in muros irruptionem aggressi sunt. At Imperator, ubicumque viribus atque animis opus est, ibi armis utitur, sed & una quoque consilio victoriam reportat; ubi vero solo consilio ac solertia opus est, hujus adminiculo negotia tanta gerit atque administrat, quanta ferro perfici non possunt.

Sed quandoquidem eo sponte delapsa est oratio, quæ prudentiam ac consilium efferre prædicatione jamdudum cupiebat, de iis ipsis a nobis pauca dicenda sunt ex iis, quæ paulo ante percurrimus. Ac primum illa, quæ nuper Heroum illorum gestis affinia esse videbantur, si cum parvis magna conferenda sunt; vel ob similitudinem ipsam commemoranda sunt. Atque hoc perspicuum erit, si quis magnitudinem apparatus, & virium copiam intueri velit. Tunc enim Græcia omnis, & Thracum ac Peonum pars aliqua commota fuerat; tum quicquid Priami imperio subjectum erat,

Quicquid cælicolum Lesbos regio alma coercet,
Et Phrygia, atque ingens quod continet Hellespontus.

ἐπ' αὐτὴν ἤδη τὴν αἵρεσιν. Καὶ εἰ βούλεσθε τὸ κεφάλαιον ἀθρόως ἰδεῖν τοῦ λόγου, ὑπομνήσθητε τῆς τοῦ Μακεδόνος ἐπὶ τοὺς Ἰνδοὺς στρατείας· οἳ τὴν πέτραν ἐκείνην κατελάμβανον, ἧς οὐδὲ τῶν ὀρνίθων ἦν ταῖς κουφοτάταις ἀναπτῆναι, ὅπως ἑάλω. Καὶ οὐδὲ πλέον ἀκηκοότες ἐπιθυμήσετε, πλὴν τοσοῦτον μόνον, ὅτι Ἀλέξανδρος μὲν ἀπέβαλε πολλοὺς Μακεδόνας ἑλὼν τὴν πέτραν· ὁ δὲ ἡμέτερος ἄρχων, οὐ στρατηγὸν οὐδὲ χιλίαρχον ἀποβαλὼν, ἢ λοχαγόν τινα, ἀλλ' οὐδὲ ὁπλίτην τῶν ἐκ καταλόγου· καθαρὰν καὶ ἀδάκρυν ἀπενεγκάμενος τὴν νίκην. Ἕκτωρ δὲ ἄρα καὶ Σαρπηδὼν πολλοὺς ἐκ τοῦ τειχίσματος ὤσαντες, ἐντυχόντες δὲ ἀριστεύοντι Πατρόκλῳ, ὁ μὲν ἐπὶ ταῖς ναυσὶν ἀπέθανεν, ὁ δὲ ἔφυγεν αἴσχιστα, οὐδὲ ἀνελόμενος τὸ σῶμα τοῦ φίλου. Οὕτως οὐδὲ ξὺν τῷ φρονεῖν, ῥώμῃ δὲ μᾶλλον σωμάτων θρασυνόμενοι τὴν εἰς τὸ τεῖχος πάροδον ἐτόλμων. Βασιλεὺς δὲ οὗ μὲν ἀλκῆς ἔργον δεῖ καὶ θυμοῦ, χρῆται τοῖς ὅπλοις, καὶ κρατεῖ ξυμβαλών· οὗ δὲ μόνον ἐδέησε γνώμης, ταύτῃ κυβερνᾷ, καὶ κατεργάζεται πράγματα τοσαῦτα, ὅσα οὐ σίδηρος ἐξελεῖν ἴσχυσεν.

Ἀλλ' ἐπειδὴ καθ' αὑτὸν ὁ λόγος φερόμενος ἧκε, πάλαι ποθῶν τὴν ξύνεσιν, καὶ τὴν εὐβουλίαν ἐπαινεῖν, ἀποδοτέον. Καὶ ὑπὲρ τούτων ὀλίγα ἅπαντα διεληλύθαμεν, ὁπόσα ἡμῖν ἐφαίνετο πρὸς τὰ τῶν Ἡρώων ἐκείνων ἔργα ξυγγενῆ, μεγάλα μικροῖς εἰκάζοντες, δι' ὁμοιότητα δηλοῦμεν. Δῆλον δὲ ἀποβλέψαντι πρὸς τὸ τῆς παρασκευῆς μέγεθος, καὶ τῆς δυνάμεως τὴν στρατιάν. τότε γὰρ ἥ τε Ἑλλὰς ἐκεκίνητο ξύμπασα, καὶ Θρᾳκῶν μοῖρα, καὶ Παιόνων, τά τε τῷ Πριάμῳ ὑπήκοα ξύμπαντα,

Ὅσσον Λέσβος ἄνω μακάρων ἕδος ἐντὸς ἐέργει,
Καὶ Φρυγίη καθύπερθε, καὶ Ἑλλήσποντος ἀπείρων.

Τὰ δὲ νῦν ἔθνη συνιόντα βασιλεῖ, καὶ συμπολεμοῦντα τὸν πόλεμον, καὶ τοὺς ἀντιταξαμένους καταριθμεῖν μὴ λῆρος ᾖ καὶ φλυαρία περιττὴ, καὶ λίαν ἀρχαῖος. Ὅσῳ δὲ μείζους αἱ συνιοῦσαι δυνάμεις, τοσούτῳ τὰ ἔργα προφέρειν εἰκός· ὥστε ἀνάγκη καὶ ταῦτα ἐκείνων ὑπεραίρειν. πλήθει γε μὴν πῶς ποτε ἄξιον συμβαλεῖν, οἱ μὲν γὰρ περὶ μιᾶς ἐμάχοντο πόλεως ξυνεχῶς· καὶ οὐδὲ ἀπελάσαι τοὺς Ἀχαιοὺς ἐπικρατοῦντας ἠδύναντο· οὐδὲ ἐκεῖνοι νικῶντες ἐξελεῖν καὶ ἀνατρέψαι τὴν Πριαμιδῶν τὴν ἀρχὴν, καὶ τὴν βασιλείαν ἴσχυον. δεκαέτης δὲ αὐτοῖς ἀνηλώθη χρόνος. Βασιλεῖ δὲ πολλοὶ μὲν εἰσιν ἀγῶνες. *** ἀνεγράφη Γερμανοὺς τοὺς ὑπὲρ τοῦ Ῥήνου πολεμῶν, τά τε ἐπὶ τῷ Τίγρητι ζεύγματα, καὶ τῆς Παρθυαίων δυνάμεως, καὶ τοῦ φρονήματος ἔλεγχος ὁ φαῦλος, ὅτε οὐχ ὑπέμειναν ἀμῦναι τῇ χώρᾳ πορθουμένῃ, ἀλλὰ περιεῖδον ἅπασαν τμηθεῖσαν τὴν εἴσω

[γρ. Τίγρητος] *Τίγρητος καὶ Λύκου. τὰ γε μὴν πρὸς τὸν τύραννον πραχθέντα, ὅ, τε ἐπὶ Σικελίαν ἔκπλους, καὶ εἰς Καρχηδόνα, Ἠριδανοῦ τε αἱ προκαταλήψεις τῶν ἐκβολῶν, ἁπάσας αὐτοῦ τὰς ἐν Ἰταλίᾳ δυνάμεις ἀφελόμενος· καὶ τό γε τελευταῖον, καὶ [Κοττίας] τρίτον πάλαισμα, περὶ τὰς "Κοττίας Ἄλπεσιν, ὃ δὴ βασιλεῖ μὲν παρέσχεν ἀσφαλῆ, καὶ τοῦ μάλιστα ἀδεᾶ τὴν ὑ- [γρ. τῆς] πὲρ τῆς νίκης ἡδονήν· τῷ δὲ ἡττηθέντι, δίκην ἐπιθεῖναι δικαίαν αὐτῷ, καὶ τῶν ἐξειργασμένων πάνυ ἀξίαν κατηνάγκασε.

Τοσαῦτα ὑπὲρ τῶν βασιλέως ἔργων ἐν βραχεῖ διεληλύθαμεν· οὔτε κολακείᾳ προστιθέντες, καὶ αὔξειν ἐπιχειροῦντες τυχὸν οὐδενὸς διαφέροντα τῶν ἄλλων· οὔτε πόῤῥωθεν ἕλκοντες, καὶ βιαζόμενοι τῶν ἔργων τὰς ὁμοιότητας· καθάπερ οἱ τοὺς μύθους ἐξηγούμενοι τῶν ποιητῶν, καὶ ἀναλύοντες εἰς λόγους "πιθανοὺς καὶ ἐνδεχομένους τὰ πλάσματα, ἐκ μικρᾶς πάνυ τῆς ὑπονοίας ὁρμώμενοι, καὶ ἀμυδρᾶς

[τῶν ποιητῶν desunt in al. MSS.]

A Jam vero nationes illas omnes, quæ aut in Imperatoris auxiliis fuerunt, ac cum eo bellum gesserunt, aut pro hostibus steterunt, recensere absurdum inprimis & inane ac supervacuum erit. Ac quanto majorum inter se copiarum congressus ille fuit; eo quæ facta sunt, majora esse consentaneum est: ut hæc illis plurimum antecellere necesse sit. Porro quod ad multitudinem attinet, qui tandem comparari inter se possunt? Illi enim de una duntaxat urbe continuo inter se pugnabant: neque aut hi vi- B ctores Græcos propulsare, aut illi, tametsi vincerent, Priamidarum regnum atque imperium funditus evertere poterant, sed decennium totum in eo bello consumtum est. Imperator vero multas partim contra Germanos, qui supra Rhenum habitant, expeditiones suscepit; partim Tigride fluvio ponte juncto, Parthorum vires atque animos imbelles esse monstravit; qui vastato agro suo, opem ferre ac propugnare non ausi sunt, sed quicquid Tigrin inter ac Lycum est populari succendique passi sunt. C Quod vero spectat ad ea, quæ contra tyrannum gesta sunt, memoranda inprimis est illa in Siciliam & Carthaginem trajectio; Eridani ostiorum occupatio; tum omnium, quas in Italia habebat, copiarum subtractio; ac tertium illud, & postremum, quod ad Cottias Alpes callide ab Imperatore gestum est: ex quo Princeps quidem tutum ac securum victoriæ fructum ac voluptatem adeptus est; tyrannum autem victum ac profligatum justas sibimet ipsi pœnas infligere, D atque anteactis sceleribus dignas, coegit.

Hæc de rebus ab Imperatore gestis paucis disseruimus; ita ut neque per adulationem adjicere, aut amplificare studuerimus ea, quæ nihilo forsitan aliis antecellerent; neque rerum gestarum similitudines procul petitas violenter ad propositum ac sententiam traxerimus: quemadmodum qui Poetarum fabulas explicant, & ad plausibiles & probabiles sententias figmenta detorquent; ac levissimi alicujus occasione sensus, atque ex obscuro tenuique principio, nobis probare

bare conantur, nihil aliud illos, quàm quod ipsi dicunt, indicare voluisse. Hic autem si quis ex Homeri versibus Heroum nomina solum expungat, & eorum loco Imperatoris nomen collocet, atque accommodet; non in illos potius, quam in hunc, Iliadis versus scripti esse videbuntur. Verum ne forte cum illius prædicari fortia facta bellicasque laudes duntaxat auditis, in iis, quæ majorem habent dignitatem ac commendationem, inferiorem eundem esse suspicemur: cujusmodi sunt conciones, & consultationes, ac denique quicquid animus mente ac prudentia fretus administrat: vos eadem illa in Ulysse ac Nestore, quos Poesis illa commendat, inspicite: ac si minus aliquid inesse in Imperatore nostro perspexeritis, illud ipsum illius laudatoribus imputate; sin etiam hac in parte superior sit, meritò plus eis nos illum facere debebimus. Igitur illorum alius, cum de captiva puella irasci sibi invicem ac jurgari cœpissent, adeo Regi ac Thetidis filio non persuadet, ut hic statim cœtum ac concionem indecore dissolveret; ille ne tamdiu quidem expectans, dum iram Dei procurasset, sed in iis etiamnum occupatus, atque ad sacram illam navem respiciens, præcones ad Achillis tentorium mitteret: tanquam illud metueret, ne culpam illam mutata sententia devitaret. Alter vero ex Ithaca versutus orator & callidus Achillem ad concordiam flectere atque adducere contendens, multaque offerens eidem, & infinita promittens, sic adolescentem commovit, ut, quod hactenus minime deliberaverat, abire inde ac solvere cogitaret. Cæterum prudentiæ illorum admirabilia hæc indicia sunt, cohortationes ad bellum, ac privatim Nestoris consilio suscepta murorum extructio, senile admodum opus & absurdum. Quamobrem neque Græcis admodum fabricatio ista profuit; sed absoluto muro a Trojanis sunt bello superati: quod quidem

ἄλλα παραλλάξαντες τὰς ἀρχάς, τὸ μεγαλεῖον ξυμπέπλασθαι, ὡς δὴ ταῦτα γε αὐτὰ ἐκεῖνον ἐθελήσαντα λέγειν. Ἐνταῦθα δὲ εἴ τις ἐξέλοι τοῦ Ὁμήρου μόνον τὰ τῶν Ἡρώων ὀνόματα, ἐνθείη δὲ τὸ βασιλέως, καὶ ἐναρμόσειεν οὐ μᾶλλον εἰς ἐκείνους ἢ τοῦτον, πεποιῆσθαι δόξει τὰ ἔπη τῆς Ἰλιάδος ἔπη. Ἀλλ' ὅπως μὴ τὰ ὑπὲρ τῶν ἔργων μόνον ἀκούοντες, καὶ τῶν κατορθωμάτων ἐς τὸν πόλεμον ἐλάττω εἶναι χεῖρον ὑπολαμβάνητε βασιλέα περὶ τὰ σεμνότερα, καὶ ἃ ἀξίων μᾶλλον ἀπαιτεῖν λόγοι, δημηγορίας φημὶ καὶ ξυμβουλίας, καὶ ὅσα γνώμης μετὰ καὶ φρονήσεως καὶ συνέσεως ἔργα, ταῦτα ἐν Ὀδυσσεῖ καὶ Νέστορι τοῖς ἐπαινουμένοις ὑπὸ τοῦ ποιητοῦ. καὶ εἴ τι μεῖον ἐν βασιλεῖ καταμανθάνητε, τοῖς ἐπαινοῦσι τοῦτο λογίζεσθε. πλέον δὲ ἔχοντα δικαίως αὐτὸν μᾶλλον αὐτῶν χρήματα. Οἷον ὁ μὲν ἕτερος χαλεπαίνων καὶ στασιάζων ἐκεῖνος τὸ περὶ τῆς αἰχμαλώτου κόρης. λέγει ἐπιχειρῶν, οὕτω δή τι πείθει τὸν βασιλέα καὶ τὸν Θέτιδος, ὥστε ὁ μὲν ἀκόσμως διέλυσε τὸν ξύλλογον· ὁ δὲ οὐδὲ περιμείνας ἀφανισθῆναι τὰ πρὸς τὸν θεὸν, ἔτι δ' αὐτοῦ ἤδη καὶ ἀποβλέπων εἰς τὴν θεωρίδα, εἷλε τοὺς κήρυκας ἐπὶ τὴν Ἀχιλλέως σκηνὴν ὥσπερ δεδιὼς μὴ τῆς ὀργῆς ἐπιλαθόμενος, καὶ ἀπαλλαγεὶς τοῦ πάθους μεταγνοὺς ἀποφύγοι τὴν ἁμαρτίαν. Ὁ δ' ἐκ τῆς Ἰθάκης ῥήτωρ πολύτροπος πείθων ἐπιχειρεῖν πρὸς διαλλαγὰς Ἀχιλλέα, καὶ δῶρα πολλὰ διδούς, μυρία δ' ἐπαγγελλόμενος, οὕτω τὸν νεανίσκον παρώξυνεν, ὥστε ὃ πρότερον βουλευσάμενος τὸν ἀπόπλουν παρασκευάζεσθαι. Ἔτι δ' αὐτοῦ τὰ θαυμαστὰ τῆς συνέσεως δείγματα, αἵ τε ἐπὶ τὸν πόλεμον παρακλήσεις, καὶ ἡ τοῦ χαρακώματος Νέστορος εἰσηγήσαντος ἀτοπώτατον τοῦ ποιήματος, οὐδὲ ὠφέλησε τοῖς Ἀχαιοῖς μηχάνημα, ἀλλ' ἡττήθησαν τῶν Τρώων, τὸ τεῖχος ἐπιτε-

γρ. τὰ βασιλ.

γρ. τῆς ὀργῆς ἐπιλαθόμενος καὶ ἀπαλλαγείς

γρ. παρασκευάζεσθαι

γρ. ἀτοπώτατον

λείποντες, καὶ μάλα εἰκότως. τότε μὲν γὰρ αὐτοὶ τῶν νεῶν ὥσπερ προβεβλῆσθαι, καθάπερ ἔρυμα γενναῖον. ἐπεὶ δὲ ᾔσθοντο τὸ σφῶν προκείμενον, καὶ ἀποικοδομούμενον τεῖχος τάφρῳ βαθείᾳ, καὶ πασσάλοις ὀξέσι διειλημμένον· κατερραθύμουν, καὶ ὑφίεντο τῆς ἀλκῆς, τῷ τειχίσματι πεποιθότες. Ἀλλ' οὐ γὰρ εἴ τις ἐκείνους μέμφοιτο, καὶ ἐπιδεικνύοι διαμαρτάνοντας, οὗτός ἐστι βασιλέως ἀξιόχρεως ἐπαινέτης· ἔστι δὲ, οἶμαι, τῶν ἔργων ἀξίας μνησθεὶς, μὴ μάτην, οὐδὲ αὐτομάτως, οὐδὲ ἀλόγῳ φορᾷ γενομένων, προβουλευθέντων δὲ ὀρθῶς καὶ διοικηθέντων, οὗτος ἁρμόττων ἐπαινεῖν τὴν βασιλέως ἀγχίνοιαν. τὸ δὲ ἐφ' ἑκάστῃ συνόδῳ τὰς δημηγορίας ἐκλέγειν ἐς τὰ στρατόπεδα, καὶ δήμους καὶ βουλευτήρια, μακροτέρας δεῖται τῆς ξυγγραφῆς. ἕνα δὲ ἴσως ἐπακούειν οὐ χαλεπόν. Καί μοι πάλιν ἐννοήσατε τὸν Λαέρτου, ὁπότε ὡρμημένους ἐκπλεῖν τοὺς Ἕλληνας ἐπέσχε τῆς ὁρμῆς, καὶ ἐς τὸν πόλεμον μετατίθησι τὴν προθυμίαν· καὶ τὸν βασιλέως τὸν ἐν Ἰλλυριοῖς ξύλλογον. ἵνα δὴ πρεσβύτης ἀνὴρ ὑπὸ μειρακίων παιδικὰ φρονεῖν ἀναπειθόμενος ὁμολογιῶν ἐπελανθάνετο, καὶ πίστεων· καὶ τῷ μὲν σωτῆρι καὶ εὐεργέτῃ δυσμενὴς ἦν, σπονδὰς δὲ ἐποιεῖτο πρὸς ὃν ἦν ἄσπονδος, καὶ ἀκήρυκτος βασιλεῖ πόλεμος. στρατὸν δὲ ἤγειρε, καὶ ἐπὶ τοὺς ὁρίους ἀπήντα, τὰς χώρας κωλῦσαι τοῦ πρόσω χωρεῖν ἐπιθυμῶν. ἐπεὶ δὲ ἐς ταυτὸν ἦλθον ἀμφότεροι τοῖς στρατεύμασι, καὶ ἐχρῆν ἐπὶ τῶν ὁπλιτῶν ποιεῖσθαι τὴν ἐκκλησίαν· βῆμά τε ὑψηλὸν ἤγειρε, καὶ αὐτὸ περιέσχεν ὁπλιτῶν δῆμος, καὶ ἀκοντιστῶν, καὶ τοξοτῶν, ἱππεῖς τε ἐνσκευασάμενοι τοὺς ἵππους, καὶ τὰ σημεῖα τῶν τάξεων· αὐτός τε ἐπ' αὐτὸ βασιλεὺς μετὰ τοῦ τέως συνάρχοντος, οὔτε αἰχμὴν φέρων, οὔτε ἀσπίδα, καὶ κράνος, ἀλλὰ ἐσθῆτα τὴν συνήθη. καὶ

A merito illis contigit. Hactenus enim ad naves tuendas, quasi propugnaculi alicujus egregii instar, oppositos se esse crediderant; sed postquam vallum illud excitatum ante se, ac profunda fossa circumdatum, & palis acutissimis prætextum animadverterunt, munitioni confisi, segnius gerere se, ac de virium contentione remittere cœperunt. Veruntamen non quisquis illos reprehendit, ac peccasse convincit, is statim Imperatoris laudator idoneus est; sed qui ejusdem facta pro dignitate commemorat, non te- B mere aut fortuito perfecta, aut præcipiti quodam impetu suscepta, sed recte ac consulto gesta & administrata, hic demum Imperatoris solertiam ac prudentiam abunde collaudat. Quæ porro singulis in concionibus ad exercitus, populos, & Senatus orationes habitæ sunt, enumerare, prolixioris alicujus operæ ac lucubrationis fuerit. Sed unum audire forsan haud molestum erit. Ac mihi quæso rursum Laertæ filium illum cogitate, cum ad profectionem & reditum concitatos Græcos ab impetu revocat, C & ad bellum rursus illorum alacritatem convertit. Contra vero conventum illum ab Imperatore habitum animis vestris repetite: in quo senex ille fuit, qui ab adolescentulis puerilem in modum sapere doctus, fidei suæ ac pactorum immemorem se gessit: adeo ut contra servatorem ac benefactorem suum hostili esset animo, & fœderis cum eo societatem iniret, qui cum Imperatori crudele atque atrocissimum bellum intercesserat. Hic igitur coactis copiis ad provinciæ limites occurrit, ut transi- D tu prohiberet. Sed cum uterque exercitus in unum collectus esset, & coram militibus habenda esset concio; ingens illic tribunal collocatum est, quod legionariis militibus, & jaculatoribus, ac sagittariis circumdatum est, necnon equitibus: quorum equi jam frænati & parati erant: atque insuper manipulorum atque ordinum signis. Deinde suggestum Imperator cum eo, quem hactenus collegam habuerat, conscendit, neque hastam, neque clypeum, neque galeam ferens; sed simplici atque usitato cultu. Nullus enim

enim ex prætoria cohorte cingebat, sed solus in tribunali stabat, gravi ac majestatis plena oratione fretus. Est enim & dicendi peritus artifex; non ita tamen, ut verba sua minute veluti scalpro concidat, & ad unguem exigat: non ut periodos tornare, politulorum oratorum more, consuescat: sed gravi pariter & pura oratione utitur; cum nomina ac voces opportune disponit, ut in animos mentesque penetrent, non eruditorum tantum ac prudentium, sed & rudium atque imperitorum, qui magna ex parte quæ dicuntur intelligant animoque percipiant. Quamobrem infinitas peditum copias, ac viginti equitum millia, gentes bellicosissimas, & uberrimos agros cepit, non vi atque violentia, nec tanquam captivos illos trahens; sed sponte ad obsequium paratos, & ad parendum ipsius imperio sua voluntate concitatos. Hanc ego victoriam Laconica illa multo gloriosiorem existimo: hæc enim solis victoribus illacrymabilis fuit; illa ne victis quidem lacrymas ullas conscivit. Sed ille dignitatis regiæ simulator, ac velut histrio, tanquam causa perorata, e tribunali descendit; ac, quemadmodum paternum aliquod debitum, purpuram Imperatori restituit. At ille cætera ei longe copiosiora detulit, quam Cyrus olim avo suo contulisse dicitur: vitamque ei concessit, ac victum, cujusmodi Homerus natu jam grandioribus attribuit. Id enim consentaneum illis est,

> vesti atque lavari,
> Molliter & dormire, hæc cura senibus
> aancit.

Ac quod ad me quidem attinet, libenter ego vobis habitam tunc ab Imperatore orationem exposuissem; nec tam præclarum sermonem repetere hoc loco gravarer; sed pudore quodam perpedior, qui me illius vestis mutare, atque interpretari apud vos non sinit. Injuriam enim facerem, & ejus facti convictus erubescerem, si quis, qui aut Imperatoris commentarios legisset, aut tunc audisset, memoria modo teneret, ac non sententias ipsas duntaxat exigeret, sed orna-

A οὐδὲ αὐτοὺς τοὺς τῶν δορυφόρων ὅπλα μόνος δὲ ἐπὶ τοῦ βήματος εἱστήκει, πεποιθὼς τῷ λόγῳ σεμνῶς ἡρμοσμένῳ. Ἐργάτης γάρ ἐστι καὶ τούτου ἀγαθὸς, οὐκ ἀποσμιλεύων, οὐδὲ ἀπονυχίζων τὰ ῥήματα, οὐδὲ ἀποτορνεύων τὰς περιόδους, καθάπερ οἱ κομψοὶ ῥήτορες· σεμνὸς δὲ ἅμα, καὶ καθαρὸς, καὶ τοῖς ὀνόμασι ξὺν καιρῷ χρώμενος, ὥστε ἐνδύεσθαι ταῖς ψυχαῖς οὐ τῶν παιδείας, καὶ ξυνέσεως B μεταποιουμένων μόνον· ἀλλ' ἤδη καὶ ἰδιωτῶν ξυνιέναι πολλοὺς, καὶ ἐπαΐειν τῶν ῥημάτων. Οὐκοῦν ἔχει μυριάδας ὁπλιτῶν συχνὰς, καὶ χιλιάδας ἱππέων εἴκοσι, καὶ ἔθνη τὰ μαχιμώτατα, καὶ χώραν παμφορον, οὐ βίᾳ ἑλὼν, οὐδὲ αἰχμαλώτους ἄγων, ἑκόντας δὲ αὐτῷ πειθομένους, καὶ τὸ ἐπιταττόμενον ποιεῖν ἐθέλοντας. Ταύτην ἐγὼ τὴν νίκην κρίνω τῆς Λακωνικῆς μακρῷ σεμνοτέραν. ἡ μέν γε ἦν ἄδακρυς μόνον τοῖς κρατοῦ-C σιν. ἡ δὲ οὐδὲ τοῖς κρατηθεῖσιν ἤνεγκε δάκρυα. ἀλλ' ἀπὸ τοῦ βήματος κατῆλθεν ὁ τῆς βασιλείας ὑποκριτὴς δικασάμενος, καὶ ὥσπερ ὄφλημα πατρῷον [illegible] ἀποδοὺς τὴν ἁλουργίδα. τὰ λοιπὰ δὲ αὐτῷ δίδωσι βασιλικὰ ἀφθονα μᾶλλον, ἢ Κῦρόν φασι παρασχεῖν τῷ πάππῳ· ζῆν τε ἐπόρισε, καὶ διαιτᾶσθαι, καθάπερ Ὅμηρος ἀξιοῖ τῶν ἀνδρῶν τοὺς ἀφηλικεστέρους. τοῦτο γὰρ ἔοικε, τὸ

> ἐπεὶ λούσαιτο φάγοι τε, Odyss.
> D Εὑδέμεναι μαλακῶς. ἡ γὰρ δίκη ἐστὶ
> γερόντων.

Τὸ μὲν οὖν ἐμὸν ἤδη ἂν τοὺς ῥηθέντας λόγους διεξῆλθεν· καὶ εἰκὸς ἄν με ὀκνεῖν παραλλάττειν οὕτω καλῶν ἀπαγγέλλειν λόγων· αἰδὼς δὲ, οἶμαι, κατεῖργε, καὶ οὐκ ἐπιτρέπει μεταθεῖναι, καὶ ἑξερμηνεύειν εἰς ὑμᾶς τοὺς λόγους. Ἀδικοίην γὰρ ἂν διαφθείρων, καὶ ἐλεγχόμενος αἰσχυνοίμην, εἴ τις ἄρα τὸ βασιλέως ἀναγνοὺς ξύγγραμμα, ἢ τότε ἀκούσας, ἀπομνημονεύοι, καὶ ἀπαιτοίη οὐ τὰ νοήματα

 μόνον.

A μένων, ὅσαις δὲ ἀρεταῖς ἐκεῖνα κοσμεῖται κατὰ τὴν πάτριον φωνὴν ξυγκείμενα. Τούτου δὲ οὐκ ἦν Ὁμήρῳ τὸ δέος, πολλαῖς μὲν ὕστερον γενεαῖς τοὺς λόγους διηγουμένῳ· λαχόντι δὲ ἐκείνων οὐδὲν ὑπόμνημα τῶν ἐς τοὺς ξυλλόγους ῥηθέντων· καὶ σαφῶς οἶμαι πεπεισμένῳ, ὅτι ἄρα τὰ κείνων αὐτὸς ἐξαγγελεῖ καὶ διηγήσεται. τὸ δὲ ἐπὶ τὸ χεῖρον μιμεῖσθαι καταγέλαστον, καὶ οὐκ ἄξιον ἐλευθέρας ψυχῆς καὶ γενναίας. Τὰ μὲν δὴ θαυμαστὰ τῶν ἔργων, καὶ ὧν αὐτῶν ὁ πολὺς

B ὅμιλος θεατής τε ἐγένετο, καὶ διασώζει τὴν μνήμην ξὺν εὐφημίᾳ, ἅτε ἐς τέλος ἀφορῶν, καὶ τῶν εὖ ἢ κακῶς ἀποβάντων κριτὴς καθεστὼς, καὶ ἐπαινέτης οὐ μάλα ἀττικὸς, ἀκηκόατε πολλάκις τῶν μακαρίων σοφιστῶν, καὶ τοῦ ποιητικοῦ γένους πρὸς αὐτῶν τῶν Μουσῶν ἐπιπνεομένου. Ὥστε ὑμᾶς τούτου ἕνεκα καὶ διοχλήσαμεν, μακροτέρους ἢ ὑπὲρ αὐτῶν ποιούμενοι λόγους. καὶ γάρ ἐστε λίαν αὐτῶν ἤδη δια-

C κορεῖς, καὶ ὑμῶν ἐστι τὰ ὦτα πλήρη, καὶ οὐ μή ποτε ἐπιλείπωσιν οἱ τούτων ποιηταὶ, πολέμους ὑμνοῦντες, καὶ νίκας ἀνακηρύττοντες λαμπρᾷ τῇ φωνῇ, κατὰ τοὺς Ὀλυμπιάσι κήρυκας. παρέσχεσθε γὰρ ὑμεῖς τῶν ἀνδρῶν τούτων ἀφθονίαν, ἀσμένως ἐπαινοῦντες. καὶ οὐδὲν θαυμαστόν· εἰσὶ γὰρ αἱ τούτων ὑπολήψεις ἀγαθῶν περὶ κεφαλαίων ταῖς ὑμετέραις ξυγγενεῖς, καὶ ἀπαγγέλλουσι πρὸς ὑ-

D μᾶς τὰ ὑμῶν αὐτῶν διανοήματα, ὥσπερ ἐσθῆτι ποικίλῃ, τοῖς ὀνόμασι σκιαγραφήσαντες, καὶ διαπλάσαντες ἡδίστοις ῥυθμοῖς, καὶ σχήμασιν, ὡς δή τι καινὸν εὑρόντες εἰς ὑμᾶς φέρουσιν. ὑμεῖς δὲ ἄσμενοι παραδέχεσθε, καὶ ἐπαινεῖν οἴεσθε ὀρθῶς ἐπαινοῦντας, τούτοις τε ἀποδίδοσθαι τὸ πρέπειν φατέ. Τὰ δὲ ἴσως μὲν ἔχει ἀληθῶς· τυχὸν δὲ καὶ ἄλλως ἔχει, ἀγνοούμενον ἡμῖν ὅπως ποτὲ ὀρθῶς γίγνεται. Τοῦ δὲ καὶ τῶν Ἀθηναίων ἀνδρὸς Σωκράτους, (ὃν ὑμεῖς ἄγασθε τὸν ἄνδρα, καὶ τὸ ...

Margin notes: al. πεπεισμένῳ τι — Deest l. vox ἄμεινον — al. γρ. — deest ⁊ in al. MSS. — al. ποιησάμενοι — l. περὶ καὶ φαύλων — al. ἐπαινεῖς τε

A menta quoque, quibus illæ nativo ac patrio in sermone commendantur. At Homero nihil ejusmodi pertimescendum fuit; qui aliquot postmodum ætatibus, quæ gesta erant conscriberet: cum nullum eorum, quæ in concionibus dicta fuerant, monumentum extaret: ac denique cum certo sciret, longe se iis, qui olim dixissent, elegantius ac melius esse traditurum. Imitari vero perperam, ridiculum, neque liberali ac generoso animo dignum est. Cæte-

B rum eximia illa ac præclara facinora, quorum & spectatrix multitudo fuit, & memoriam adhuc cum prædicatione ac laude retinet: utpote quæ finem illorum intueatur, & eorum, quæ recte aut secus successerint, judex sit, neque admodum scita laudatrix: hæc, inquam, ab egregiis Sophistis, vel Poetis, audistis sæpius, Musarum instinctu afflatuque correptis. Unde non sine vestra molestia ac tædio longior ea de re instituta est

C a nobis oratio: nam & satietatem illa vobis afferunt; & iis vestræ aures oppletæ sunt; nec desunt unquam Poetæ, qui bella id genus ac victorias clara voce, tanquam præcones Olympici, personent. Nam vos talium hominum magnam vobis copiam & annonam promisistis; quod iis aures vestras libentissime præbeatis. Neque id a vobis fieri mirum est: quoniam eadem vobiscum de bonis malisque sentiunt; ac vestras vobis sententias exponunt; quas, vel-

D ut variegata quadam veste, ita nominibus adumbrantes, ac numerorum & figurarum suavitate conformantes, tanquam novum aliquod inventum suum apud vos proferunt. Vos autem cum libenter ista suscipitis; tum recte prædicari ab iis illa censetes, quod æquum est præstare ipsos dicitis. Atque hoc fortasse quidem verum est: sed fortassis etiam aliter habet, estque nobis, quemadmodum recte sese habeat, ignotum. Etenim Atheniensem illum Socratem (vos autem hominem illum, ac quanta sata sapientiæ fama fuerit, quæ quidem Pythiæ voce decantata est, auditione aliquando didicistis) illum igitur intelligo neque beatum in ipsis fuisse rebus, nec beatos ac felices eos pronunciasse, qui agri multum possiderent; quique plurimis nationibus imperarent, partim Græcis, partim, & iis quidem pluribus majoribusque, Barbaris; neque qui Atho montem perfodere possent; qui cum maria **trajicere** vellent, ratibus inter se continentes **committerent**; qui nationes debellarent; **insulas** caperent ac **reti**bus comprehenderent; qui thuris talenta mille in sacrificiis adolerent. Neque Xerxem igitur ille tunc laudabat; neque Persarum, aut Lydorum ullum, aut Macedonum regem; sed neque Græcorum duces: paucis duntaxat exceptis, quos virtute delectari, & fortitudinem cum temperantia colere, **ac** prudentiam cum justitia, cognosceret. Quoscunque porro solertes, & callidos, ac ducendi exercitus peritos, aut elegantes, ac multitudini gratos animadverteret, qui virtutis exiguas partes obtinerent; ne illos quidem penitus commendabat. Quod illius judicium sapientum virorum multitudo comprobat; qui sic virtutis studiosi sunt, ut hæc terrena, & in hominum admiratione **posita, partim** exigui momenti **ac pretii, partim nullius esse** profiteantur. **Quod si vos eadem & ipsi** judicatis, non **parum** mihi propter **ea,** quæ dixi hactenus, metuendum est, ne vos præclaros illos fuisse, me vero ridiculum atque imperitum Sophistam esse, censeatis qui mihi eam artem vendicem, cujus ignarum me omnino esse præ me feram. Quamobrem id ingenue apud vos mihi fatendum est, quæ veras laudes persequar, quasque dignas judicetis quæ a vobis ipsis audiantur; tametsi subrusticæ, ac minores multo, quam quæ a plerisque dictæ sunt, **esse videantur.** Sin, ut antea dixi, illarum autores Poetas approbatis; ego vero soluto ac securo sum animo. Neque enim plane absurdus a vobis existimabor: sed etsi plerisque fortasse deterior; tamen, si mecum ipse comparer, non omnino rejiciendus

A αὐτῷ κλέος τῆς σοφίας παρὰ τοῦ Πυθίου ἐκδοθέν) οὐ ταύτῃ εὐδαιμονοῦντα, οὐδὲ εὐδαίμονας, καὶ μακαρίους ὁμολογοῦντα τοὺς πολλὴν κεκτημένους χώραν, πλεῖστα δὲ ἔθνη, καὶ ἐν αὐτοῖς πολλοὺς μὲν Ἑλλήνων, πλείους δὲ ἔτι καὶ μείζους βαρβάρων· καὶ τὸν Ἄθω διορύττειν δυναμένους· καὶ σχεδίαις τὰς ἠπείρους ὁπότε θάλατταν διαβαίνειν ἐθέλοιεν, συνάπτοντας· καὶ ἔθνη καταστρεφομένους· καὶ αἱροῦντας νήσους, καὶ σαγηνεύοντας· καὶ λιβα-

B νωτοῦ χίλια τάλαντα καθαγίζοντας. οὔτε οὖν Ξέρξην τότε ἐπῄνει ἐκεῖνος, οὔτε ἄλλον τινὰ Περσῶν ἢ Λυδῶν ἢ Μακεδόνων **βασιλέα**· ἀλλ' **οὐδὲ Ἑλλήνων στρατηγόν, πλὴν** σφόδρα ὀλίγων, οὕστινας ᾔσθετο χαίροντας ἀρετῇ, ἀνδρείαν μετὰ σωφροσύνης, καὶ φρόνησιν μετὰ δικαιοσύνης στέργοντας. ὅσους δὲ ἀγχίνους ἢ δεινοὺς, ἢ στρατηγικοὺς, ἢ κομψοὺς, καὶ τῷ πλήθει πιθανοὺς ἑώρα, σμικρὰ ἄττα μόρια κεκτημένους

C ἀρετῆς, οὐδὲ τούτους [illegible] Ἐπειδὴ δὲ αὐτοῦ τῇ κρίσει τῶν σοφῶν ἀνδρῶν ὁ δῆμος, ἀρετὴν θεραπεύοντες τὰ μὲν ἄλλα [illegible] ὀλίγου τινὸς, οὐδενὸς ἄξια λέγοντες. Εἰ μὲν δὴ καὶ ὑμῖν ταύτῃ συνδοκεῖ, δέδοικα φαῦλόν με ἔχειν περὶ τῶν εἰρημένων λόγων, καὶ ἐμαυτὸν μὴ τοὺς ἄνδρας μὲν παῖδας ἀποφήνῃ σοφιστὴν δὲ ἐμὲ γελοῖον, καὶ ἀμαθῆ, μεταποιούμενον τέχνης, ἧς σφόδρα ἀπείρως ἔχειν

D ὁμολογῶ. Ὥστε μοι πρὸς ὑμᾶς ὁμολογητέον ἐστὶν ὡς ἀληθεῖς ἐπαίνους διεξιόντι, καὶ οὓς ἂν ἀκούειν ὑμᾶς ἀξίους οἴοισθε, εἰ καὶ ἀγροικότεροι, καὶ ἐλάττους πολὺ φαίνονται τῶν τοῖς πολλοῖς εἰρημένων. εἰ δὲ, ὥσπερ ἔμπροσθεν ἔφην, ἀποδέχεσθε τοὺς ἐκείνων ποιητὰς· ἐμοὶ μὲν ἀνεῖται τὸ δέος εὖ μάλα. Οὐ γὰρ πάντῃ ὑμῖν ἄτοπος φανοῦμαι, ἀλλὰ τῶν πολλῶν μὲν, οἶμαι, φαυλότερος· κατ' ἐμαυτὸν δὲ ἐξεταζόμενος, οὐ παντάπασιν ἀπόβλητος.

δῆλος, οὐδὲ ἀτόποις ἐπιχειρῶν. Ὑμῖν A δὲ ἴσως οὐ ῥᾴδιον σοφοῖς, καὶ θείοις ἀπιστεῖν ἀνδράσιν· οἳ δὴ λέγουσι, πολλὰ μὲν ἕκαστος ἴδια, τὸ κεφάλαιον δέ ἐστι τῶν λόγων, ἀρετῆς ἔπαινος. ταύτην δὲ τῇ ψυχῇ φασὶν ἐμφύεσθαι· καὶ αὐτὴν ἀποφαίνειν εὐδαίμονα καὶ βασιλικὴν καὶ νὴ μὰ Δία πολιτικὴν, καὶ στρατηγικὴν καὶ μεγαλόφρονα, καὶ πλουσίαν γε ἀληθῶς· οὐ τὸ Κολοφώνιον ἔχουσαν χρυσίον,

deest καὶ in ed. MSS.

Iliad. I. v. 404. χαιρετ

> Οὐδ' ὅσα λάϊνος οὐδὸς ἀφήτορος B
> ἐντὸς ἐέργει.

τὸ πρὶν ἐπ' εἰρήνης, ὅτε ἦν ὀρθὰ τὰ τῶν Ἑλλήνων πράγματα· οὐδὲ λίθοις τὰ πολυτελῆ, καὶ ψήφους Ἰνδικὰς, καὶ γῆς πλέθρων μυριάδας πάνυ πολλάς. ἀλλ' ὃ πάντων ἅμα τούτων κρεῖττον καὶ θεοφιλέστερον, ὃ καὶ ἐν ναυαγίοις ἔπεστι διασώσασθαι, καὶ ἐν ἀγορᾷ, καὶ ἐν δήμῳ, καὶ ἐν οἰκίᾳ, καὶ ἐπ' ἐρημίας, ἐν λῃσταῖς μέσοις, καὶ ἀπὸ τυράννων βιαίων. ὅλως γὰρ οὐδέν ἐστιν ἐκείνου κρεῖττον, C ὃ βιασάμενον καθέξει, καὶ καταφαιρήσεται τὸ ἔχοντα ἅπαξ. Ἔστι γὰρ ἀτεχνῶς ψυχῇ τὸ κτῆμα τοῦτο τοιοῦτον, ὁποῖόν οἶμαι τὸ φῶς ἡλίου. καὶ γὰρ δὴ τοῦδε νεὼς μὲν καὶ ἀναθήματα πολλοὶ πολλάκις ὑφελόμενοι καὶ διαφθείραντες ᾤχοντο· δόντες μὲν καὶ ἄλλοι τὴν δίκην· ἄλλοι δὲ ὀλιγωρηθέντες, ὡς οὐκ ἄξιοι κολάσεως εἰς ἐπανόρθωσιν φερούσης· τὸ φῶς δὲ οὐδεὶς αὐτὸν ἀφαιρεῖται· οὐδὲ ἐν ταῖς συνόδοις ἡ σελήνη τὸν κύκλον ὑποτρέχουσα· οὐδὲ D εἰς αὐτὴν δεχομένη τὴν ἀκτῖνα· καὶ ἡμῖν πολλάκις, τοῦτο δὴ τὸ λεγόμενον, ἐκ μεσημβρίας νύκτα δεικνῦσα. ἀλλ' οὐδὲ αὐτὸς αὐτὸν ἀφαιρεῖται φωτὸς, τὴν σελήνην ἐξ ἐναντίας ἱσταμένην περιλάμπων, καὶ μεταδιδοὺς αὐτῇ τῆς αὐτοῦ φύσεως· οὐδὲ τὸν μέγαν καὶ θαυμαστὸν τοῦτον κόσμον ἐμπλήσας αὐτῆς καὶ ἡμέρας. οὐκοῦν οὐδὲ ἀνὴρ ἀγαθὸς ἀρετῆς μεταδιδοὺς ἄλλοις, τῷ μεταδοθέντι μεῖον ἔχων ἐφάνη

γρ. μὲν ἄλλοι

γρ. οὐδεὶς

γρ. φωτὶ

γρ. αὐτοῦ l. αὐγῆς

esse, aut absurda quædam suscepisse, videbor. Verum difficile, opinor, vobis erit, sapientibus ac divinis hominibus fidem abrogare: qui cum multa privatim singuli dicunt, tum ad virtutis commendationem, tanquam ad summam, quæ dicunt omnia referuntur. Eandem porro inhærere animo sentiunt, eumque felicem, ac regalem, & utique reipublicæ administrandæ atque imperandi peritum efficere prædicant, magnificum item ac vere divitem; non quod Colophonium aurum possideat,

> *nec quæ marmorea clauduntur Apollinis ade,*

illo scilicet tempore, quo Græcorum res florebant. Neque magnificentissimas nationes, aut lapillos Indicos, aut agri infinita jugera; sed, quod omnibus his præstantius ac divinius est, quod & e naufragio servatur, & in foro, atque in populo, domi, in solitudine, inter medios latrones, ab immanissimis tyrannis tutum atque securum est. Nulla res enim omnino fortior est, quæ violenter illam detineat, aut ei, qui possidet, eripiat. Quippe bona hæc in animo prorsus ejusmodi sunt, qualis in sole lux atque splendor est. Nam cum templum illius, ac consecrata donaria, multi sæpenumero prædati sint, ac profligarint; cujus sacrilegii pœnas alii dederunt; alii propterea neglecti sunt, quod indigni essent, quos ad sanitatem pœna ulla revocaret; illius tamen lucem auferre nulla vis potest: non hæc, quæ in coitu sub orbem illius subit, atque ejus radios excipit, Luna: unde nobis repente nox, quod ajunt, ex meridie nascitur. Sed nec ipsemet sua se luce spoliat, cum Lunam objectam ex adverso collustrat, ac naturam quodammodo suam cum ea communicat: neque porro cum ingenti illi & admirabili mundo lucem ac diem impertit. Ita & vir bonus, cum alterum virtutis suæ participem facit, nihilo quam antea minus possidet. Adeo divi-

num

nitio quoddam & eximium bonum illud est; neque falsa hæc est hospitis illius Atheniensis sententia: quicunque tandem præclarus ille vir fuit. Neque enim aurum omne, quod sub terris, aut in terris est, cum ima est virtute comparandum. Quamobrem qui ea præditus est, hunc nos sine ulla cunctatione divitem appellemus. Addam etiam; si cui idem videtur, & nobilem, & præ omnibus regem. Est enim & nobilitas ignobilitate præstantior; & virtus ea animi affectione melior, quæ non omni ex parte cum virtute ac probitate conjuncta est. Nec est quod quisquam, usum vocum consuetudinemque respiciens, orationem hanc meam contentiosam esse, aut violenter quod velit exprimere putet. Etenim vulgus illos esse nobiles censet, quorum jam tum olim majores divites fuerunt. Quam est vero absurdum illud, coquum nescio quem, aut furorem, aut sane figulum aliquem, si ab arte sua, aut aliunde, magnum pecuniarum quæstum fecerit, neque nobilem, neque apud vulgus illustrem videri; sin ejus forte filius hæres atque successor hæreditate ad posteros transmiserit, hos vero mirum in modum insolescere, ac de nobilitate cum Pelopidis atque Heraclidis contendere! **At ne ille quidem, qui, cum optimis majoribus editus sit, contrarium nihilominus ad vitæ statum ac momentum deflexit, de illorum propinquitate** jure gloriari possit. Neque **enim Pelopidarum** in familiam adscribi licebat iis, qui non in humeris expressa generis indicia ferrent. Quinetiam in Bœotia, ferunt, lanceam eorum, quos Spartos vocabant, generi a parente simulque glebæ tanquam signum quoddam humeris inscriptum fuisse: atque ipsum in illa gente diu perpetua successione resedisse. In animis vero nihil ejusmodi impressum atque inscriptum esse oportere putabimus, quod parentes nobis ipsos perspicue demonstret, ac formam legitimam esse convincat? Nam apud Germanos fluvium esse memorant, incorruptum prolis ac generis arbitrum: cui neque matres gementes persuadent, ut flagitium occultet;

A ποτέ. Οὕτω δὲ εἶπεν ἔστι τίμιον καὶ παγκάλον· καὶ οὐ ψευδὴς ὁ λόγος τοῦ Ἀθηναίου ξένου· ὅστις ποτὲ ἦν ἄρα ὁ θεῖος ἐκεῖνος ἀνήρ· πᾶς γὰρ ὅ,τε ὑπὸ γῆς, καὶ ἐπὶ γῆς χρυσὸς ἀρετῆς οὐκ ἀντάξιος. Θαυμάζοντες οὖν τὸν πλούσιον καλοῦμεν τὸν ταύτην ἔχοντα. εἴποιμι δ' ἂν ἔγωγε καὶ εὐγενῆ, καὶ βασιλέα μόνον τῶν ἁπάντων, εἴ τῳ ξυνδοκεῖ. Κρεῖττον μὲν εὐγένεια φαυλότητος γένους, κρεῖττον δὲ ἀρετὴ διαθέσεως οὐ πάντῃ συνῳδούσης. καὶ μή τις

B οἰέσθω τὸν λόγον ἐριστικὸν, καὶ βιαίαν εἰς τὴν συνήθειαν ἀναφορὰν τῶν ὀνομάτων. φασὶ γὰρ οἱ πολλοὶ τοὺς ἐκ παλαιοπλούτων εὐγενεῖς. καίτοι πῶς οὐκ ἄτοπον μάγειρον μὲν, ἢ αὐλητὴν, καὶ νὴ Δία κεραμέα τινὰ χρήματα ἐκ τῆς τέχνης καὶ ἄλλοθεν πολλὰ ἀθροίσαντα μὴ δοκεῖν εὐγενῆ, μηδὲ ὑπὸ τῶν πολλῶν ὀνομάζεσθαι τοῦτο τὸ ὄνομα· εἰ δὲ ὁ τούτου παῖς διαδεξάμενος τὸν κλῆρον ἐς τοὺς ἐγγόνους διαπορθμεύσειε, τούτους δὲ ἤδη

C μέγα φρονεῖν, καὶ τοῖς Πελοπίδαις ἢ τοῖς Ἡρακλείδαις ὑπὲρ τῆς εὐγενείας ἁμιλλᾶσθαι; Ἀλλ' οὐδὲ ὅς τις προγόνων ἀγαθῶν ἐκφὺς ἐπὶ τὴν ἐναντίαν τοῦ βίου ῥοπὴν κατηνέχθη, δικαίως ἂν μεταποιοῖτο τῆς πρὸς ἐκείνους ξυγγενείας. μηδέ τις τοὺς Πελοπίδας ἐξῆν ἐγγράφεσθαι τοὺς μὴ φέροντας ἐπὶ τοῦ ὤμου τοῦ γένους τὰ γνωρίσματα. λόγχην δὲ λέγεται περὶ τὴν Βοιωτίαν τοῖς Σπαρτοῖς ἐντυπωθῆναι παρὰ τῆς τεκούσης, ἅμα βώλου

D μητρὸς αὐτῆς βαλλούσης· καὶ τὸ ἐντεῦθεν ἐπὶ πολὺ διασωθῆναι τοῦτο τῷ γένει σύμβολον. ἐπὶ δὲ τῆς ψυχῆς οὐδὲν οἰησόμεθα δεῖν ἐγκεχαράχθαι τοιοῦτον, ὃ τοὺς πατέρας ἡμῖν ἀκριβῶς καλέσει, καὶ ἐξελέγξει γνησίους τοὺς τόκους; Ὑπάρχειν δέ φασι καὶ Κελτοῖς ποταμὸν ἀδέκαστον κριτὴν τῶν ἐγγόνων, ὃν οὔτε πείθουσιν αὐτὸν αἱ μητέρες ὀδυρόμεναι συγκαλύπτειν αὐτὰς, καὶ ἀποκρύπτειν τὴν ἁμαρτάδα· οὔτε οἱ

πατέ-

πατέρες ὑπὲρ τῶν γαμετῶν, καὶ τῶν ἐκγόνων ἐπὶ τῇ κρίσει δειμαίνοντες. ἀτρεκὴς δέ ἐστι, καὶ ἀψευδὴς κριτής. Ἡμᾶς δὲ δικάζει μὲν πλοῦτος· δικάζει δὲ ἰσχὺς, καὶ ὥρα σώματος, καὶ δυναστεία προγόνων ἔξωθεν ἐπισκιάζουσα· καὶ οὐκ ἐπιτρέπει διορᾶν, οὐδὲ ἀποβλέπειν ἐς τὴν ψυχήν· ἧπερ δὴ τῶν ἄλλων ζώων διαφέροντες, εἰκότως ἂν κατ' αὐτὸ τὴν ὑπὲρ τῆς εὐγενείας ποιοίμεθα κρίσιν. καί μοι δοκοῦσιν εὐστοχίᾳ φύσεως οἱ πάλαι θαυμαστῶς χρώμενοι, καὶ οὐκ ἐπίκλητον, ὥσπερ ἡμεῖς, ἔχοντες τὸ φρονεῖν, οὔτε πλαστῶς, ἀλλ' αὐτοφυῶς φιλοσοφοῦντες, τοῦτο καταvοῆσαι, καὶ τὸν Ἡρακλέα τοῦ Διὸς ἀνειπεῖν ἔκγονον, καὶ τοὺς τῆς Λήδας υἱεῖς, Μίνω τε, οἶμαι, τὸν νομοθέτην, καὶ Ῥαδάμανθυν τὸν Κνώσιον τῆς αὐτῆς ἀξιῶσαι φήμης, καὶ ἄλλους δὲ τῶν ἄλλων ἐκγόνους ἀνεκήρυττον πολλοὺς, διαφέροντας τῆς φύσει πατέρων. ἔβλεπον γὰρ ἐς τὴν ψυχὴν αὐτῶν, καὶ τὰς πράξεις, ἀλλ' οὐκ ἐς πλοῦτον βαθὺν καὶ χρόνῳ πολιόν· οὐδὲ δυναστείαν ἐκ πάππων τεθῶν, καὶ ἐπιπάππων ἐς αὐτοὺς ἥκουσαν. καίτοι γε ὑπῆρχέ τισιν οὐ παντάπασιν ἀδόξων γενέσθαι πατέρων. ἀλλὰ διὰ τὴν ὑπερβολὴν ἧς ἔτιμόν τι, καὶ ἐθισμένον ἀρετῆς αὐτῶν ἐνομίζοντο τῶν θεῶν παῖδες. δῆλον δὲ ἐνθένδε. Ἄλλων γὰρ οὐδὲ εἰδότες τοὺς φύσει γονέας, ἐς τὸ δαιμόνιον ἀνῆπτον τὴν φήμην, τῇ περὶ αὐτοὺς ἀρετῇ χαριζόμενοι. καὶ οὐ πιστέον τοῖς λέγουσιν, ὡς ἄρα ἐκεῖνοι ὑπὸ ἀμαθίας ἐξαπατώμενοι, ταῦτα τῶν θεῶν κατεψεύδοντο. Εἰ γὰρ δὴ ἐπὶ τῶν ἄλλων εἰκὸς ἦν ἐξαπατηθῆναι θεῶν ἢ δαιμόνων, σχήματα περιτιθέντας ἀνθρώπινα, καὶ μορφὰς τοιαύτας· ἀφανῆ μὲν αἰσθήσει, καὶ ἀνέφικτον κεκτημένων αὐτῶν φύσιν, νῷ δὲ ἀκριβεῖ διὰ ξυγγένειαν μόλις προσαπτομένων· οὔτι γε καὶ ἐπὶ τῶν ἐμφανῶν θεῶν τοῦτο παθεῖν εὔλογον ἐκείνους· ἡλίου μὲν ἐπιφημίζοντας Αἰήτην υἱέα, ἑωσφόρου δὲ ἕτερον, καὶ ἄλλους ἄλ-

χ. δικάσει

χ. ἰσχύς

χ. θαυμαστῶς

χ. φήμης

χ. ἄλλων

A neque patres, dum pro conjugibus ac liberis judicii exitum perhorrescunt; sed ille verus ac sincerus est. Nos autem & opes corrumpunt, & robur, ac corporis species, & majorum potestas, quæ extrinsecus obumbrat, nec pervidere aut animum intueri sinit. Quo cum præstemus cæteris animantibus, merito secundum illum de nobilitate judicabimus. Quod mihi naturæ atque ingenii solertia quadam usi veteres illi, non arcessitam ac studio quæsitam prudentiam adepti, neque composite B ac simulate, sed naturæ sponte philosophantes, intellexisse videntur; cum Herculem Iovis filium esse prodiderunt, nec non Ledæ liberos, atque etiam Minoem illum legislatorem, & Rhadamanthum Gnossium, eadem fama & gloria celebrarunt, atque alios item ex aliis procreatos dixerunt, qui naturalibus patribus antecellerent. Etenim animum ipsum, & facta contuebantur; non opes immensas, ac vetustate canescentes; neque potentiam ad ipsos ab avis proavisque transmissam. C Quanquam erant illorum nonnulli non obscuris parentibus editi; verum propter singularem virtutis præstantiam, honore illos cultuque prosequebantur, ac Deorum esse filios existimabant. Quod quidem ex eo manifestum est. Nam aliorum veros parentes cum ignorarent, eorum virtuti gratificantes, ad Deum originem referebant. Nec fides iis habenda, qui dicunt illos per inscitiam deceptos, hæc de Diis mendacia finxisse. Nam si aliis in Diis, vel Dæmonibus, falli consentaneum D erat, hominum formis & ejusmodi imaginibus iis affingendis, quorum natura sensu percipi & attingi non potest; sed præter cognationem ac propinquitatem ægre in perspicacem mentis aciem incurrit; non tamen idem in manifestis Numinibus fieri ab illis oportuit: cum & Æetam Solis filium dixerint, & Luciferi nescio quem alium,

& alios

& alios aliis ortos esse voluerint. Sed, A quemadmodum dixi, hos ita de iis persuasos esse, itaque in illorum nobilitatem inquirere oportet, ut quicunque praeclaros parentes sortitus fuerit, & horum ipse similis fuerit, hunc audacter nobilem esse pronunciemus. Quisquis vero parentes habuit virtute minime praeditos, cujus ipse sibi possessionem vindicaverit; ejus parentem & autorem generis esse Iovem existimandum est: nec ei minus, quam iis deferendum, qui cum parentibus bonis nati essent, illorum virtutem imitati sunt. Sed qui malus ac depravatus a bonis ortum accepit, B hic inter illegitimos ac spurios habendus est. Nec qui ex pravis orti illorum similes sunt, eos unquam nobiles appellare debemus; tametsi decem millia talenti in bonis habeant: aut majorum suorum quamplurimos principes percenseant, aut etiam tyrannos viginti: aut Olympiacas victorias, vel Pythicas, sive etiam bellicas (quae multo illis splendidiores sunt) a majoribus suis reportatas numero plures ostendere possint, quam primus ille Caesar retulerit: vel etiam Assyrias illas fossas, & muros C Babylonios, nec non Aegyptiacas pyramidas, & si quae alia opum ac pecuniarum & luxus indicia fuerint, & animi ambitione aestuantis, ac quaerentis quosnam in sumtus opes expendat, quarum copiam in eos usus conjiciat. Non enim ignoratis, neque divitias antiquas, aut nuperrime affluentes, Imperatorem facere posse; non purpureas vestes, non tiaram, non sceptrum aut diadema, nec antiquum throni decus: D sed neque legionarios milites, aut equites innumeros: nec si universi simul homines in unum convenientes regem illum esse suum pronuncient: quoniam neque virtutem largiri illi possunt, sed potentiam duntaxat, eamque non multum ipsi qui acceperit, sed illis potius qui eam contulerint, felicitatis afferentes. Hanc enim qui ejusmodi est cum admiserit, jactatam ac fluctuatem urplurimum admittet, nihil a Phaethontis ipse fabula casuque admodum abhorrens. Neque vero aliis ad orationis fidem

A λων, ὅπερ οἶμαι φασὶ περὶ αὐτῶν πειθομένους ἡμᾶς ταύτῃ πως δεῖ καὶ τὴν ὑπὲρ τῆς εὐγενείας ἐξέτασιν ποιεῖσθαι· καὶ ὅτῳ μὲν ἂν ὦσιν ἀγαθοὶ πατέρες, καὶ αὐτὸς ἐκείνοις ἐμφερὴς, τοῦτον ὀνομάζειν θαρροῦντας εὐγενῆ. ὅτῳ δὲ τὰ μὲν τῆς πατέρων ὑπάρξεων ἀρετῆς ἐνδεᾶ, αὐτὸς δὲ μεταποιήθη τοῦ κάλλους· τούτου δὲ νομιστέον πατέρα τὸν Δία φύλιον· καὶ οὐδὲ μεῖον αὐτὸν θατέρων ἐκείνων, οἳ γεγονότες πατέρων ἀγαθῶν, τὰς σφῶν τοκέας ἐξήλασαν· ὅσις δὲ ἐξ ἀγαθῶν γέγονε μο- B χθηρὸς, τοῦτον τοῖς νόθοις ἐγγράφειν ἄξιον. τοὺς δὲ ἐκ μοχθηρῶν φύντας, καὶ προσομοίους τοῖς τοκεῦσιν, οὔποτε εὐγενεῖς φατέον· οὐδ᾽ εἰ πλουτοῖεν ταλάντων μυρίων· οὐδ᾽ εἰ ἀπαριθμοῖντο προγόνους δυνάστας, ἢ καὶ μὰ Δία τυράννους εἴκοσιν· οὐδ᾽ εἰ νίκας Ὀλυμπικὰς, ἢ Πυθικὰς, ἢ τῶν πολεμικῶν ἀγώνων αἳ δή που πολὺ ἐκείνων εἰσὶ λαμπρότεραι, ἀνελομένους ἔχοιεν δεικνύναι C πλείους ἢ Καῖσαρ ὁ πρῶτος ἀφηγήσατο· τὰ Ἀσσύρια, καὶ τὰ Βαβυλώνια τείχη, πυραμίδας τε ἐπ᾽ αὐτοῖς τὰς Αἰγυπτίων· καὶ ὅσα ἄλλα πλούτου, καὶ χρημάτων, καὶ τρυφῆς γέγονε σημεῖα, καὶ διανοίας ὑπὸ φιλοτιμίας ἀναφλεγομένης ἐς ὅ,τι τοῦ πλούτου χρήσεται, ὥστε ἐς τοῦτο τὴν τῶν χρημάτων εὐπορίαν καταβεβλημένης. Οὐ γὰρ δὴ ἴσμεν ὅτι πλοῦτος ἀρχαῖος ἢ καινὸς πόθεν ἐπιρρέων, βασι- D λέα ποιεῖ· οὔτε ἁλουργὲς ἱμάτιον, οὔτε τιάρα, καὶ σκῆπτρον, καὶ διάδημα, καὶ θρόνος ἀρχαῖος· ἀλλ᾽ οὐδὲ ὁπλῖται πολλοὶ, καὶ ἱππεῖς μυρίοι· οὐδ᾽ εἰ πάντες ἄνθρωποι βασιλέα σφῶν τοῦτον ὁμολογοῖεν συνελθόντες· ὅτι μηδὲ ἀρετὴν ἔχουσι χαρίζεσθαι· ἀλλὰ δυναστείαν μὲν οὐ μάλα εὐτυχῆ τῷ λαβόντι, πολὺ δὲ πλέον τοῖς παρασχομένοις. Δεξάμενος γὰρ ὁ τοιοῦτος δὲ χειρὶ μετέωρον ἐπῆραν· οὐδὲν διαφέρει τοῦ περὶ τὸν Φαέθοντα μύθου, καὶ πάθους. καὶ οὐδὲν

γρ. τοῖς αὐτῶν τοκ.

γρ. ἀπαριθμοῖντο.

γρ. δεικνύναι ἔχειν.

γρ. ἀναφλεγομένης.

A ἑτέρων δεῖ παραδειγμάτων πρὸς πίστιν τοῦ λόγου· τοῦ βίου παντὸς ἀναπεπλησμένου τοιούτων παθημάτων καὶ ἐπ' αὐτοῖς λόγων. Ὑμῖν δὲ εἰ θαυμαστὸν δοκεῖ, τὸ μὴ δικαίως μεταποιεῖσθαι τῆς καλῆς ταύτης καὶ θεοφιλοῦς ἐπωνυμίας, τοὺς πολλῆς μὲν γῆς, καὶ ἐθνῶν ἀπείρων ἄρχοντας· γνώμῃ δὲ αὐτεξουσίῳ, δίχα νοῦ καὶ φρονήσεως, καὶ τῶν ταύτῃ συνεπομένων ἀρετῶν τὰ προστυχόντα κρίνοντας· ἴστε οὐδὲ ἐλευθέρους ὄντας· οὐ μόνον εἰ τὰ B παρόντα οὐδενός σφισιν ἐμποδὼν ὄντος ἔχουσι, καὶ ἐμφοροῦνται τῆς ἐξουσίας· ἀλλὰ καὶ εἰ τῶν ἐπικρατευόντων κρατοῖεν, καὶ ἐπιόντες ἀνυπόστατοί τινες σφόδρα καὶ ἄμαχοι φαίνοιντο. Εἰ δὲ ἀπιστεῖ τις ὑμῶν τῷ λόγῳ τῷδε, μάλα ἐμφανῶν μαρτύρων οὐκ ἀπορήσομεν, Ἑλλήνων ὁμοῦ καὶ βαρβάρων· οἳ μάχας πολλὰς καὶ ἰσχυρὰς λίαν μαχεσάμενοι, καὶ νενικηκότες, ἤδη μὲν ἐκτῶντο καὶ αὐτοὺς φόρους ἀπαιτεῖν κατηνάγκαζον· ἐδούλευον C δὲ αἴσχιον ἐκείνων ἡδονῇ καὶ τρυφῇ καὶ ἀκολασίᾳ καὶ ὕβρει καὶ ἀδικίᾳ. Τούτους δὲ οὐδὲ ἰσχυροὺς ἂν φαίη νοῦν ἔχων ἀνήρ· εἰ καὶ ἐπιφαίνοιτο, καὶ ἐπιλάμποι τὸ μέγεθος τοῖς ἔργοις. μόνος γάρ ἐστι τοιοῦτος, ὁ μετ' ἀρετῆς ἀνδρεῖος καὶ μεγαλόφρων. ὅστις δὲ ἡττᾶται ἡδονῆς, ἀκράτωρ δὲ ὀργῆς, καὶ ἐπιθυμιῶν παντοίων, καὶ ὑπὸ σμικρῶν ἀπαγορεύειν ἀναγκαζόμενος· οὗτος δὲ οὐδὲ ἰσχυρὸς, οὐδὲ ἀνδρεῖος ἀνθρωπίνην ἰσχύν. D ἐπιτρεπτέον δὲ ἴσως αὐτῷ μετὰ τοὺς ταύρους, ἢ τοὺς λέοντας, ἢ τὰς παρδάλεις, τῇ ῥώμῃ γάννυσθαι· εἰ μὴ καὶ ταῦτα ἀποβαλὼν, καθάπερ οἱ κηφῆνες, ἀλλοτρίοις ἐφέστηκε πόνοις, αὐτὸς ὢν μαλθακὸς αἰχμητὴς, καὶ δειλὸς, καὶ ἀκόλαστος. Τοιοῦτος δὲ ὢν, οὐ μόνον ἀληθοῦς ἐνδεὴς πλούτου καθέστηκεν· ἀλλὰ καὶ τοῦ πολυκμήτου, καὶ σεμνοῦ, καὶ ἀγαπητοῦ· ἐξ οὗ παντοδαπαὶ κρεμάμεναι ψυχαὶ πράγματα ἔχουσι μυρία, καὶ πόνους· τοῦ καθ' ἡμέραν κέρδους

γρ. αἰτεῖν Lavertinus

γρ. ἥττων ἡδονῶν,

γρ. μαλακὸς

γρ. πολυτιμήτου

A exemplis opus est: cum universa hominum vita istiusmodi sit calamitatibus & narrationibus referta. Quod si mirum illud vobis videtur, egregiam hanc & divinam appellationem non eos sibi vindicare merito, qui amplissimæ regioni & infinitis nationibus præsunt, atque ad arbitrium suum, sine mente, ac prudentia, & hujus comitibus virtutibus, pro eo ac venit in animum, judicant; scitote ne liberos quidem illos esse: non solum si præsenti rerum statu sine ullo impedimento potiantur, ac potestate B sua satientur; sed etsi vel incurrentes in se hostes superent, vel in aggrediendo sustineri ipsi, propulsarique nequeant. Quod si quis vestrum nostræ huic orationi fidem non adhibeat, manifestissimis testibus tam Græcis quam Barbaris nequaquam carebimus: qui cum prælia & multa & fortissima gessissent, ac victoriam consecuti essent; tametsi nationes quamplurimas obtinerent, easque sub tributi formam redigerent; multo tamen illis turpius voluptati, ac deliciis, & libidini, ac lascivia, atque injustitiæ ser-C viebant. Ejusmodi vero homines ne fortes quidem prudens ullus appellaverit, quamlibet in eorum factis magnitudo quædam inesse videatur. Talis enim ille solus est, qui cum virtute fortis est & magnificus; at qui voluptate vincitur, quique iracundiam & omnium cupiditatum genera cohibere non potest, adeo ut etiam a minimis oppugnatus prosternatur ac deficiat; hic neque robustus, neque fortis, humano quidem robore, dicendus est. Quanquam D ei fortassis permittendum est, ut, quemadmodum tauri, aut leones, aut pardi, de robore glorietur: nisi adhuc etiam iis amissis, fucorum instar, alienis laboribus immineat, cum ipse mollis pugnator, ac timidus sit, & libidinibus addictus. Quisquis porro est ejusmodi, non solum veris opibus indiget; sed vel laboriosis, & honoratis, ac jucundis istis: ex quibus infinitorum hominum animi suspensi variis laboribus ac molestiis conflictantur: dum quotidiani lucri

gratia

gratia navigationes suscipiunt, & institoriam exercent, & latrocinantur, & dominatus ac tyrannides invadunt. Etenim vivunt ad rem attenti semper & quæstum, & nihilominus indigent semper; non illis dico necessariis, cibo, potuque, ac vestibus: opes enim istæ optime sunt a natura definitæ, neque iis aves quisquam, aut pisces fraudare, vel belluas potest: sed neque frugi homines ac temperantes. Sed quicunque pecuniarum cupiditate, atque infelici amore jactantur; hos toto vitæ tempore esurire necesse est, multoque iis miseriores esse, qui quotidianis alimentis careant. Etenim isti, cum ventrem impleverint, pacem ac quietem obtinent, & ab eo dolore liberantur; illis contra neque dies ulla jucunda est, quæ sine lucro prætereat; neque nox, quæ membra laxare & curas dissolvere somno solet, continui doloris quietem iis ac cessationem indulget, sed eorum potius animos in pecuniis numerandis torquet ac cruciat. Enimvero homines istos ab illa cupiditate, &, quæ inde contrahitur, infamia, conviciisque liberare non possunt Tantali opes, aut Midæ, neque maxima asperrimaque Dæmonum tyrannis. Num enim de Dario Persarum rege non audisti, homine illo quidem non mercenario, sed qui pecuniarum ingenti quodam desiderio flagraret, & mortuorum loculos per summam cupiditatem perfoderet, & maxima tributa populis imponeret? Unde præclarum illud nomen sibi peperit, quod ad omnium hominum notitiam pervenit. Hunc enim Persarum principes eodem nomine, quo Sarambum Athenienses, vocabant.

At enim oratio nostra quasi declivem aliquam viam nacta, nimium in criminando commorari videtur, ac præter quam necesse sit hominum mores arguere. Quocirca non ultra progredi eam permittere debemus: sed ab ea, quoad assequi licet, viri boni, & regalis, ac magnifici exigenda

A ἕνεκα πλέουσι [illegible], καὶ καπηλεύουσι, καὶ λῃστεύουσι καὶ [illegible] τὰς τυραννίδας. Ζῶσι μὲν γὰρ ἀεὶ κε[illegible]μενοι, ἀεὶ δὲ ἐνδεεῖς, οὔτε τῆς ἀναγκαίας, φημὶ, σιτίων, καὶ ποτῶν, καὶ ἐσθημάτων. δέεται γὰρ ὁ τοιοῦτος πλοῦτος ὡρισμένα παρὰ τῆς φύσεως· καὶ οὐκ ἂν αὐτὰ στερεῖσθαι οὔτε τοὺς ὄρνιθας οὔτε τοὺς ἰχθύας, οὐδὲ τὰ θηρία· ἀλλ' οὐδὲ ἀνθρώπων τοὺς σώφρονας. Ὅσους δὲ ἐνοχλεῖ χρημά-B των ἐπιθυμία, καὶ ἔρως δυστυχής, τούτους δὲ ἀνάγκη πεινῆν διὰ βίου, καὶ ἀθλιωτέρου ἀπαλλάττειν μακρῷ τῶν τῆς ἐφημέρου τροφῆς δεομένων. Τούτοις μὲν γὰρ ἀποπλήσασι τὴν γαστέρα πολλὴ γίγνεται εἰρήνη, καὶ ἀνακωχὴ τῆς ἀλγηδόνος· ἐκείνοις δὲ οὔτε ἡμέρα πέφηνεν ἀκερδὴς ἡδεῖα· οὔτε εὐφρόνη τὸν λυσιμελῆ καὶ λυσιμέριμνον ὕπνον ἐπάγουσα, παῦλαν ἐπιπείσει τῆς ἐμμανοῦς λύπης· στροβεῖ δὲ αὐτῶν καὶ στρέφει τὴν ψυχὴν, ἐκλο-C γιζομένων καὶ ἀπαριθμουμένων τὰ χρήματα. καὶ οὐκ ἐξαιρεῖται τοὺς ἄνδρας τῆς ἐπιθυμίας, καὶ τῆς ἐπ' αὐτῇ λοιδορίας οὐδὲ ὁ Ταντάλου, καὶ Μίδου πλοῦτος περιγενόμενος· οὔτε ἡ μεγίστη καὶ χαλεπωτάτη δαιμόνων τυραννὶς προσγενομένη. Ἦ γὰρ οὐκ ἀκήκοας Δαρεῖον τὸν Περσῶν μονάρχην, [illegible] σιν ἀνθρώπων, [illegible] χρήματα, καὶ νεκρῶν θήκας ὑπὸ τῆς ἐπιθυμίας διορύττειν ἀναπειθόμενον, καὶ τε-D λευτῶντα [illegible] τὸ κλεινὸν ὄνομα γενέσθαι, [illegible] ἀνθρώπους [illegible] ἐκάλουν γὰρ αὐτὸν Περσῶν οἱ γνώριμοι, ὅνπερ Ἀθηναῖοι τὸν Σάραμβον.

Ἀλλ' ἔοικε γάρ ὁ λόγος, ὥσπερ ὁδοῦ τινος κατάντους ἐπιλαβόμενος, ἀφειδῶς ἐμφορεῖσθαι τῆς καταῤῥήσεως, καὶ πέρα τοῦ δέοντος κολάζειν τῶν ἀνθρώπων τοὺς τρόπους· ὥστε οὐκ ἐπιτρεπτέον αὐτῷ περαιτέρω φέρεσθαι. ἀπαιτητέον δὲ εἰς δύναμιν τὸν ἀγαθὸν ἄνδρα, καὶ βασιλι-

πὸν, καὶ μεγαλόφρονα. Ἔστι δὲ πρῶτον μὲν εὐσεβής, καὶ οὐκ ὀλίγωρος θεραπείας θεῶν. ἔπειτα τοὺς τοκέας ζῶντάς τε, οἶμαι, καὶ τελευτήσαντας ὅσιος καὶ ἐπιμελής· ἀδελφοῖς τε εὔνους· καὶ ὁ-
γρ. [illegible] μογνίους θεοὺς αἰδούμενος· ἱκέτας καὶ ξένους πρᾶος καὶ μειλίχιος. τοῖς μὲν ἀγαθοῖς τῶν πολιτῶν ἀρέσκειν ἐθέλων· τῶν πολλῶν δὲ ἐπιμελούμενος ἐν δίκῃ, καὶ ἐπ' ὠφελείᾳ. ἀγαπᾷ δὲ πλοῦτον οὐ τὸν χρυσῷ, καὶ ἀργύρῳ βρίθοντα· φίλων δὲ ἀληθοῦς εὐνοίας, καὶ ἀκολακεύτου θεραπείας μεστόν. ἀνδρεῖος μὲν φύσει καὶ μεγαλοπρεπής· πολέμου δὲ ἥκιστα χαίρων, καὶ στάσιν ἐμφύλιον ἀπεχθαίρων. τούς γε μὴν ἐκ τοῦ τύχης ἐπιφυομένους, ἢ διὰ τὴν σφῶν αὐτῶν μοχθηρίαν, ἀνδρείως ὑφιστάμενος, καὶ ἀμυνόμενος ἐγκρατῶς· τέλος τε ἐπάγων τοῖς ἔργοις, καὶ οὐ πρότερον ἀ-
γρ. [illegible] φιστάμενος, πρὶν πάσας ἐξέλῃ τῶν πολεμίων τὴν δύναμιν, καὶ ὑποχειρίους αὐ-
γρ. [illegible] τῷ ποιήσηται. κρατήσας δὲ μετὰ τῶν ὅπλων ἔπαυσε τὸ ξίφος φόνου· μίασμα κρίνων τὸ κτείνειν τοὺς οὐκ ἀμυνομένους ἔτι, καὶ ἀναιρεῖν. Φιλόπονος δὲ ὢν φύσει καὶ μεγαλόψυχος, κοινωνεῖ μὲν ἅπασι τῶν πόνων, καὶ ἔχειν ἐν αὐτοῖς τὸ πλεῖον ἀξιοῖ· μεταδίδωσι δὲ ἐκείνοις τῶν κινδύνων τὰ ἔπαθλα, χαίρων καὶ γεγηθώς, οὐχ ὅτι πλεῖον ἔχει τῶν ἄλλων χρυσίον καὶ ἀργύριον, καὶ ἐπαύλεις κόσμῳ πολυτελεῖ κατεσκευασμένας· ἀλλὰ τὸ πολλοὺς μὲν εὖ ποιεῖν δύνασθαι, χαρίζεσθαι δὲ ἅπασιν, ὅτου ἂν τύχωσιν ἐνδεεῖς ὄντες. τούτων αὐτὸν ὅ γε ἀληθινὸς ἀξιοῖ βασιλεύς. Φιλόπολις δὲ ὤν, καὶ φιλοστρατιώτης, τῶν μὲν, καθάπερ νομεὺς ποιμνίων, ἐπιμελεῖται, σκοπῶν ὅπως ἂν αὐτῷ θάλλῃ, καὶ εὐθηνῆται τὰ θρέμματα, δαψιλοῦς, καὶ ἀταράχου τῆς νομῆς
γρ. [illegible] ἐμπιπλάμενα. τοὺς δὲ ἐφορᾷ καὶ συνέχει, πρὸς ἀνδρείαν, καὶ ῥώμην, καὶ πρᾳότητα γυμνάζων, καθάπερ σκύλακας

A descriptio est. Est autem is primum omnium pius, neque Deorum cultus atque obsequii contemtor: deinde is, qui parentum suorum, tam vivorum quam mortuorum, observatorem se ac studiosum præbeat: quique in fratres benevolus sit, & consanguinitatis præsides Deos revereatur: atque ut supplices & peregrinos humanus sit ac benignus: qui quidem ita bonis civibus placere studeat, ut vulgi curam cum justitia, atque eorum utilitate suscipiat. Idem porro divitias amat, non quæ auro argento-

B que graves sunt; sed sincera amicorum benevolentia, atque adulationis omnis experte officio refertas. Qui natura fortis ac magnanimus, bello minime delectetur, & civiles dissensiones oderit; sed si quæ vel casu aliquo contigerint, vel propter hominum improbitatem emerserint, viriliter sustineat, ac forti animo propulset: qui ad exitum cœpta sua perducat, neque prius abscedat, quam hostium vires omnes everterit, atque in suam potestatem redegerit: postea quam

C vero victoriam sibi armis pepererit, gladium suum a cæde cohibeat; quod scelus esse credat eum e medio tollere atque interficere, qui non amplius resistat. Idem porro laboris patiens & magnanimus, omnibus quidem socium se laboris adjungit, ac sibi eorum maximam partem imponit, & cum iis periculorum præmia communicat, gaudens & exultans; non quod plus cæteris auri argentique possideat, quod villas habeat magnifice ornatas & instructas,

D sed quod plerosque complecti beneficentia possit, & ea, quæ cuique opus sunt, omnibus indulgeat. Hæc verus in se princeps exprimere atque usurpare studet. Cæterum cum & urbis, ac civium, & militum amans sit; illorum, veluti gregis sui pastor, curam suscipit; diligenter hoc providens, ut pecora ipsa copiosa tutaque pastione saturata gliscant ac vegeta sint. Hos vero inspicit, & ad fortitudinem ac robur & clementiam exercens, fovet ac continet; quos tan-

tanquam bonos aliquos catulos, & gregis custodes egregios, nec non rerum gerendarum socios, ac populi adjutores esse putat; non raptores, aut ad exitium gregis ac perniciem factos: ut lupi, canumque pessimi, naturæ suæ & educationis obliti, pro defensoribus ac propugnatoribus, exitiosos se illis ac pestiferos præbent. Neque vero somniculosos illos esse, aut oscitantes, atque inertes patitur: ne præsidiarii ipsi custodibus aliis indigeant: sed neque erga duces suos contumaces. Hoc enim intelligit, illud unum præ cæteris, ac nonnunquam etiam solum, longe saluberrimum institutum ad bellum administrandum sufficere. Quin etiam milites suos ad tolerandos labores firmabit, & duratos, ac minime molles efficiet: quod præclare noverit nullo usui esse custodem illum, qui laborem detrectet, nec ei sustinendo par esse possit. Hæc autem non hortandis tantum militibus, aut collaudandis bonis, aut præmiis pœnisve severe ac constanter irrogandis, suadet ac cogit; sed multo magis dum seipsum ejusmodi præbet, ut & voluptate omni abstineat, & pecuniis neque parum neque admodum expetat, aut sibi subditis auferat, somno vero haud multum indulgeat, ac desidiam aversetur. Etenim revera nullam ad rem utilis esse potest homo dormiens, aut vigilans dormienti similis. Habebit ille vero suos vel sibi, vel magistratibus suis obsequentes, si quam optimis legibus uti ipsum, ac rectis se decretis accommodare perceperint; & principatum ei omnino animi parti tribuere, quæ ad regendum atque imperandum apta est; non ei, quæ iracundia ac libidine fervet. Jam vero ad certam laborum patientiam ac tolerantiam, qui in expeditione atque armis perferendi sunt; aut etiam omnium exercitationum, quibus ad externa bella comparantur; quis efficacius incitare potest eo duce, qui seipsum in iis subeundis constantem, atque adamantis similem exhibet? Est illud sane laboranti militi jucun-

A εὐφυεῖς, καὶ γενναίους τῆς ποίμνης φύλακας, ἔργων τε αὐτῷ κοινωνοὺς καὶ ἐπικούρους τῷ πλήθει νομίζων· ἀλλ' οὐχὶ δεσπότας τινὰς, οὐδὲ λυμεῶνας τῆς ποίμνης, καθάπερ οἱ λύκοι, καὶ κυνῶν οἱ φαυλότατοι, τῆς αὑτῶν φύσεως, καὶ τροφῆς ἐπιλελησμένοι, ἀντὶ σωτήρων, καὶ προαγωνιστῶν, ἀνεφάνησαν αὐτοὶ δηλήμονες. οὔτε μὴν ὑπνηλοὺς ἀνέξεται εἶναι, καὶ ἀργοὺς, καὶ ἀπολέμους. ὥσπερ ἂν μὴ φυλάκων ἑτέρων οἱ φρουροὶ δέωνται. ἀλλ' B οὐδὲ ἀπειθεῖς ἄρχουσιν· οἶδεν ὅτι τοῦτο μάλιστα παίδευμά ἐστι, δὲ ὅπη καὶ **μόνον ἀπόχρη** σωτήριον ἐπιτήδευμα **πρὸς πόλεμον. Πόνων δὲ** ἁπάντων ἀνέχεσθαι καὶ **ἀτεράμονας, ὅτι** ῥᾳθύμως ἐργάτου δεῖ **ἐπιστάμενος ὅτι** μὴ μέγα ὄφελος τοῦ **φύλακος τοῦ** πόνον φεύγοντος, καὶ οὐ δυναμένου καρτερεῖν, οὐδὲ ἀντέχειν πρὸς κάματον. Ταῦτα δὲ οὐ παραινῶν μόνον, οὐδὲ ἐπαινῶν τοὺς ἀγαθοὺς στρατιώτας, καὶ χαριζόμενος, ἢ κολάζων ἐγκρατῶς, C καὶ ἀπαραιτήτως, ξυμπείθει καὶ βιάζεται, ἀλλὰ πολὺ πρότερον αὐτὸς τοιοῦτον ἐπιδεικνύων· ἀπεχόμενος **μὲν** ἡδονῆς ἁπάσης, χρημάτων δὲ οὐδὲ **ὅτι** σμικρὸν, οὔτε μικρὸν ἐπιθυμῶν, ἢ ἀφαιρούμενος τῶν ὑπηκόων· ὕπνῳ τε πάνυ ὀλίγῳ, καὶ τὴν ἀργίαν ἀποστρεφόμενος. ἀληθῶς γὰρ οὐδεὶς οὐδενὸς εἰς οὐδὲν ἄξιος καθεύδων ἀνὴρ, ἢ ἐγρηγορὼς τοῖς καθεύδουσιν ἐμφερής. Πειθομένους δὲ αὐτοῖς ἕξει καὶ [illegible] τοῖς ἄρ- D χουσι τοῖς ἀρίστοις πειθόμενος νόμοις, καὶ τοῖς ὀρθοῖς ξυνεχόμενος δόγμασι, δηλώσας ὅτι καὶ ὅλως τὴν ἡγεμονίαν ἀποδοὺς τῷ φύσει βασιλικῷ, καὶ ἡγεμονικῷ τῆς ψυχῆς μορίῳ, ἀλλ' οὐ τῷ θυμοειδεῖ καὶ ἀκολάστῳ. καὶ καρτερεῖν δὲ, καὶ ὑπομένειν τούς τε ἐπὶ στρατιᾶς, καὶ ἐν τοῖς ὅπλοις καμάτους, ὁπόσα τε κατὰ τὴν εἰρήνην ἐξευρέθη γυμνάσια, μελέτης ἕνεκα τῆς πρὸς τοὺς ὀθνείους ἀγῶνας, πῶς ἄν τις μᾶλλον προθυμοίη, ἢ δηλώσας αὐτὸς ἄρχων καρτερὸς, καὶ ἀδαμάντινος; Ἔστι γὰρ ἀληθῶς ἥδιον

γρ. αὐτοῦ

γρ. [illegible] ἐγρηγ. [illegible] φερής

ἥδιον

ἥδιστον θέαμα στρατιώτῃ πονουμένῳ σώφρων αὐτοκράτωρ, συνεφαπτόμενος
ἔργων, καὶ προθυμούμενος, καὶ παρα-
καλῶν, καὶ ἐν τοῖς δοκοῦσι φοβεροῖς φαι-
δρὸς καὶ ἀδεὴς, καὶ ὅπου λίαν θαῤῥοῦσι,
σεμνὸς, καὶ ἐμβριθής. πέφυκε γὰρ ἐξο-
μοιοῦσθαι πρὸς τὸν ἄρχοντα τὰ τῶν ὑ-
πηκόων, εὐλαβείας πέρι, καὶ θράσους.
Προνοητέον δὲ αὐτῷ τῶν εἰρημένων οὐ
μεῖον, ὅπως ἄφθονον τὴν τροφὴν ἔχω-
σι, καὶ οὐδενὸς τῶν ἀναγκαίων ἐνδέωνται.
πολλάκις γὰρ αἱ πιστόταται τῶν ποιμνίων
φρουροὶ, καὶ φύλακες ὑπὸ τῆς ἐνδείας
ἀναγκαζόμεναι, ἄγριαί τέ εἰσι τοῖς νο-
μεῦσι, καὶ αὐτοὺς πόῤῥωθεν ἰδόντες πε-
ριϋλακτοῦσι, καὶ οὐδὲ τῶν προβάτων ἀ-
πέχονται. Τοιοῦτος μὲν ἐπὶ στρατοπέ-
γρ. γενν. δων γενναῖος, πολλῷ δὲ σωτὴρ, καὶ κηδε-
γρ. τὸν μὼν, ὅτι τῶν ἔξωθεν μόνον ἀπείργων
κινδύνους, οὐδὲ ἀντιτατόμενος, ἢ καὶ ἐ-
πιστρατεύων βαρβάροις γείτοσι· στάσιν
γρ. τὴν μοχθ. δὲ ἐξαιρῶν, καὶ μοχθηρὰ ἔθη, καὶ τρυφὴν καὶ ἀκολασίαν, τῶν μεγίστων κακῶν
παρέξει ῥᾳστώνην. ὕβριν δὲ ἐξείργων, καὶ
παρανομίαν καὶ ἀδικίαν, καὶ ἐπιθυμίας
ἀμέτρου κτήσεως, καὶ τὰς ἐκ τούτων ἀνα-
φυομένας στάσεις, καὶ ἔριδας εἰς οὐδὲν
χρηστὸν τελευτώσας, οὐδὲ τὴν ἀρχὴν
ἀνέξεται φῦναι. γενόμενα δὲ ὡς ὅτι
τάχιστα ἀφανιεῖ, καὶ ἐξελάσει τῆς αὐτοῦ
πόλεως. Λήσεται δὲ αὐτὸν οὐδεὶς ὑ-
περβὰς τὸν νόμον, καὶ βιασάμενος μᾶλ-
γρ. φα-ράγγια λον, ἢ τῶν πολεμίων τις τὸν χάρακα.
Φύλαξ δὲ ὢν ἀγαθὸς τῶν νόμων, ἀμεί-
νων ἔσται δημιουργὸς, εἰ ποτε καιρὸς καὶ
τύχη καλοίη· καὶ οὐδεμία μηχανὴ πείθει τὸν τοιοῦτον ψευδῆ, καὶ κίβδηλον, καὶ
νόθον τοῖς κειμένοις ἐπεισάγειν νόμον,
γρ. αὐτῷ οὐ μᾶλλον ἢ τοῖς αὐτοῦ παισὶ δοῦλον,
καὶ ἀγεννὲς ἐπεισαγαγεῖν σπέρμα. δίκης
δὲ αὐτῷ μέλει καὶ θέμιδος. καὶ οὔτε γο-
γρ. οἱ ξυγγενεῖς νεῖς, οὔτε ξυγγενεῖς, καὶ φίλοι πείθουσι
καταχαρίσασθαί σφισι καὶ προδοῦναι τὸ
γρ. προλαμβ. ἔνδικον. Προλαμβάνει γὰρ ἁπάντων

A dissimum spectaculum, frugalis imperator ac temperans, qui laboris particeps est & operi una instat & intendit, quique in periculis hilaris est & intrepidus, tum ubi secura penitus omnia videntur, gravis est ac constans. Nam metum, atque audaciam, perinde ut Imperator præ se fert, qui ei subditi sunt, suscipere solent. Neque vero minori, quam quæ hactenus dicta sunt, provisione curandum illud est, ut commeatus illis abunde suppetant, nec ulla re, quæ ad victum necessaria sit, indigeant. Sæpe e- B nim etiam fidelissimi gregis custodes inopia coacti in pastores ipsos sæviunt; & eos cum eminus vident, allatrant, ac ne pecoribus quidem ipsis abstinent. Qui igitur ejusmodi est, ut & in castris fortem se ac generosum, & reipublicæ servatorem ac curatorem præbeat; is non modo externis periculis propulsandis, nec finitimis tantum repellendis, bellove lacessendis Barbaris, verum etiam seditionibus, ac depravatis moribus, & luxu ac libidinibus extinguendis, ingentibus malis remedium adferet. C Contumelias porro atque injurias & scelera, nec non habendi immodicam cupiditatem arcendo, quæ ex iis turbæ ac contentiones pullulant, malosque habent & infelices exitus; eas vel ipso initio nasci prohibebit, vel, si jam exortæ fuerint, e medio collet, atque e republica sua, quam celerrime potest, exterminabit. Nec magis eum latebit, si quis civium leges, quam si hostium aliquis vallum transgressus sit ac perruperit. Ac cum legum ille bonus custos, tum earum melior artifex erit ac conditor, D si quando tempus ac fortuna postulaverit: nec ulla ratione adduci ejusmodi poterit, ut falsam & adulterinam ac spuriam legem positis jam ac receptis inferat; nihilo magis, quam ut inter liberos suos servile genus atque ignobile referat. Quare nihil ei juris & æquitatis cura est antiquius; nec ei parentes, aut propinqui, aut amici persuadere possunt, ut ipsis gratificari velit, ac jura prodere. Etenim hoc informatione quadam animi præsumit; communem quan-

quandam omnium domum esse patriam ac parentem quæ & amicis; ac genitoribus antiquior atque sanctior sit, & fratribus, atque hospitibus, & amicis charior: cui legem eripere ac violare, atrocius esse crimen existimat, quam in sacris pecuniis sacrilegum videri. Est enim lex fœtus quidam justitiæ, summique illius Dei sacrum quoddam ac vere divinum donarium: quam nemo sui compos parvi faciet ac contemnet; sed omnia secundum æquitatem moderans, bonos quidem præmiis libenter afficiet, improbos vero, tanquam peritus aliquis medicus, pro viribus sanare contendet. Sed cum duo sint delictorum genera, & qui peccant alii meliorem de se spem præbeant, neque a remedio penitus abhorreant; alii vero sine ulla sanandi spe in scelus erumpant; contra hos leges mortem, velut malorum exitum, non ad illorum magis quam ad aliorum utilitatem excogitarunt. Verum duplex omnino judiciorum genus institui necesse est. Eorum itaque, quæ sanari possunt, cognitionem ad se pertinere ac medicinam arbitrabitur; reliqua, quoad poterit, constanter defugiet: nec illud unquam sponte judicium attinget, in quo maleficii convictis reis pœna est mortis legibus constituta. Quod si ejusmodi de rebus leges sanciat, contumeliam pœnis & atrocitatem acerbitatemque detraher; quæstioni vero moderatorum hominum, quorum per omne vitæ tempus non mediocriter probata virtus ac spectata fuerit, justissimos quosque præficiet: qui nihil præfracte, nihil præcipiti animi impetu, neque exigua aliqua unius diei parte statuentes, ac forte ne deliberantes quidem, de civis capite tristiorem sententiam ferant. Principem vero ipsum neque in manibus gladium gerere ad cujusquam civium necem oportet, etiamsi extrema quæque perpetraverit, neque aculeum ullum in animis hærere. Siquidem in genere apum regi videmus acu-

εἶναι τὴν πατρίδα κοινὴν ἑστίαν, καὶ μητέρα, πρεσβυτέραν μὲν καὶ σεμνοτέραν τῶν φίλων καὶ πατέρων, φιλτέραν δὲ τῶν ἀδελφῶν καὶ ξένων καὶ φίλων· ἧς ἀποσυλῆσαι τὸν νόμον, καὶ βιάσασθαι, μεῖζον ἀσέβημα κρίνει τῆς περὶ τὰ χρήματα τῶν θεῶν παρανομίας. Ἔστι γὰρ ὁ νόμος ἔκγονος τῆς δίκης, ἱερὸν ἀνάθημα καὶ θεῖον ἀληθῶς τῆς μεγίστης θεοῦ· οὐδαμῶς ὅ γε ἔμφρων ἀνὴρ περὶ σμικροῦ ποιήσεται, οὐδὲ ἀτιμάσει. ἀλλὰ ἐν δίκῃ πάντα δρῶν, τοὺς μὲν ἀγαθοὺς τιμήσει προθύμως· τοὺς μοχθηροὺς δὲ ἐς δύναμιν ἰάσεται, καθάπερ ἰατρὸς ἀγαθὸς, προθυμήσεται. Διττῶν δὲ ὄντων τῶν ἁμαρτημάτων, καὶ τῶν μὲν ὑποφαινόντων ἐλπίδας ἀμείνους, καὶ οὐ πάντη τὴν θεραπείαν ἀπεστραμμένων· τῶν δὲ ἀνιάτως πλημμελούντων· τούτοις δὲ οἱ νόμοι θάνατον λύσιν τῶν κακῶν ἐπενόησαν οὐκ ἐς τὴν ἐκείνων μᾶλλον, ὡς ἐς τὴν τῶν ἄλλων ὠφέλειαν. διττὰς δὲ ἀνάγκη τὰς κρίσεις γίνεσθαι. Οὐκοῦν τὴν μὲν ἐκείνων αὐτῷ προσήκειν ὑπολήψεται τὴν ἐπίγνωσιν, καὶ τὴν θεραπείαν. ἀφέξεται δὲ τῶν ἄλλων μάλα ἐρρωμένως. καὶ οὐκ ἄν ποτε ἑκὼν ἅψεται κρίσεως, ἐφ᾽ ᾗ θάνατος ἡ ζημία παρὰ τῶν νόμων τοῖς ἁλοῦσι τὴν δίκην προαγορεύεται. Νομοθετῶν δὲ περὶ τῶν τοιούτων, ὕβριν μὲν καὶ χαλεπότητα, καὶ πικρίαν τῶν τιμωριῶν ἀφαιρήσει· ἀποκληρώσει δὲ ἀνδρῶν σωφρόνων, καὶ διὰ παντὸς τοῦ βίου βάσανον οὐ φαύλην τῆς αὐτῶν ἀρετῆς παρασχομένων τὸ δικαστήριον· οἳ μηδὲν αὐθαδῶς, μηδὲ ὁρμῇ τινι παντελῶς ἀλόγῳ χρώμενοι, ἐν ἡμέρας μορίῳ ὡς μικροῦ βουλευσάμενοι· τυχὸν ἢ οὐ βουλεύσαντες· ὑπὲρ ἀνδρὸς πολίτου τὴν μέλαιναν οἴσουσι ψῆφον. Αὐτῷ δὲ οὐδὲ ἐν τῇ χειρὶ ξίφος εἰς πολίτας, κἂν ἀδικῇ τὰ ἔσχατα, φόνου, οὐδὲ ἐν τῇ ψυχῇ κέντρον ὑπεῖναι χρή. ὅτι καὶ τῶν μελιττῶν ὁρῶμεν τὸν βασιλεύοντα

deest in al. MSS.

καθαρὰν ὑπὸ τῆς φύσεως πλήκτρου γενομένην. ἀλλ᾽ εἰς ἐκείνας μάλιστα βλέπειν· ἐπ᾽ αὐτὸν δὲ οἶμαι τὸν θεῶν τὸν βασιλέα, ὥσπερ εἶναι χρὴ τὸν ἀληθῶς ἄρχοντα προφήτην καὶ ὑπηρέτην. Οὐκοῦν ὅσα μὲν ἀγαθὰ γέγονε παντελῶς τῆς ἐναντίας ἄμικτα φύσεως, καὶ ἐπ᾽ ὠφελείᾳ κοινῇ τῶν ἀνθρώπων, καὶ τοῦ παντὸς κόσμου· τούτων δὲ αὐτὸς ἦν τε, καὶ ἔστι δημιουργός. τὰ κακὰ δὲ ὅτι ἐγέννησεν, ὅτι ἐπέταξεν εἶναι, ἀλλ᾽ αὐτὸς μὲν ἐφυγάδευσεν ἐξ οὐρανοῦ· περὶ δὲ τὴν γῆν στρεφόμενα, καὶ τὴν ἐκεῖθεν ἀποικίαν σταλεῖσαν τῶν ψυχῶν διαλαβόμενα, κρίνειν ἐπέταξε, καὶ διακαθαίρειν τοῖς αὑτοῦ παισὶ καὶ ἐκγόνοις. Τούτων δὲ οἱ μέν εἰσι σωτῆρες, καὶ ἐπίκουροι τῆς ἀνθρωπίνης φύσεως· ἄλλοι δὲ ἀπαραίτητοι κριταί, τῶν ἀδικημάτων ὀξεῖαν καὶ δεινὴν ἐπάγοντες δίκην ζῶσί τε ἀνθρώποις καὶ ἀπολυθεῖσι τῶν σωμάτων. οἱ δὲ ὥσπερ δήμιοι τιμωροί τινες, καὶ ἀποπληρωταὶ τῶν δικασθέντων· ἕτερον τῶν φαύλων, καὶ ἀνοήτων δαιμόνων τὸ φῦλον. Ἃ δὴ μιμητέον τῷ γενναίῳ καὶ θεοφιλεῖ· καὶ μεταδοτέον πολλοῖς μὲν ἀρετῆς διὰ φιλίας, ἐς ταύτην τὴν κοινωνίαν· ἀρχὰς δὲ ἐπιτρεπτέον οἰκείας ἑκάστῃ τῇ φύσει καὶ προαιρέσει. τῷ μὲν ἀνδρείῳ καὶ τολμηρῷ, καὶ μεγαλοθύμῳ μετὰ ξυνέσεως, στρατιωτικάς· ὅπως εἰς δέον ἔχῃ τῷ θυμῷ χρῆσθαι, καὶ τῇ ῥώμῃ. τῷ δικαίῳ δέ, καὶ πρᾴῳ, καὶ φιλανθρώπῳ, καὶ πρὸς οἶκτον εὐχερῶς ἐπικλωμένῳ, τῶν πολιτικῶν τὰς ἀμφὶ τὰ συναλλάγματα· βοηθείας τοῖς ἀσθενεστέροις, καὶ ἁπλουστέροις μηχανώμενον, καὶ πένησι πρὸς τοὺς ἰσχυρούς, καὶ ἀπατεῶνας, καὶ πανούργους, καὶ ἐπαιρομένους τοῖς χρήμασιν εἰς τὸ βιάζεσθαι, καὶ ὑπερορᾶν τῆς δίκης. τῷ δὲ ἐξ ἀμφοῖν κεκραμένῳ, μείζονά τε ἐν τῇ πόλει τιμήν, καὶ δύναμιν προσθετέον· καὶ αὐτῷ τὰς ὑπὲρ τῶν ἁμαρτημάτων κρίσεις, οἷς ἕπεται τιμωρία, καὶ κόλασις ἔνδοξος

γρ. οὔτ᾽ γρ. οὔτ᾽ — χείρονας [illegible]

A lectum à natura esse denegatum. Quanquam nihil est quod apes ipsas imitearur; sed ipsummet potius Deorum moderatorem ac regem, cujus interpretem ac ministrum verum esse principem convenit. Atqui quæcunque bona sunt, sine ulla contrariæ fortis admixtione procreata, & ad communem humani generis atque universi totius utilitatem pertinent, horum ille & est & fuit hactenus conditor; mala vero neque produxit ipse, neque ut essent constituit, sed procul e cœlo fugavit, eaque circa ter-B ram oberrantia, & animorum missum illinc coloniam occupantia, discernere ac repurgare filiis suis ac posteris jussit. Quorum quidem alii servatores humani generis & adjutores sunt; alii scelerum inexorabiles vindices, a quibus velox & acerbum supplicium vivis æque hominibus ac corpore solutis decernitur; alii præterea sunt tanquam ultores carnifices, qui ea, quæ judicata fuerint, exequuntur: idque aliud est malorum & vecordium Dæmonum genus. Quamobrem hæc egregio & divini numi-C nis amanti principi imitanda sunt; ut plerisque virtutem suam amicitiæ interventu communicet, & magistratus unicuique naturæ ejus atque ingenio consentaneos committat. Veluti si quis virili animo & audaci ac magnanimo fuerit prudentiaque temperato, militaribus eum præficiet, ut opportune vigore illo animi ac robore possit uti. Qui vero justus, & clementia atque humanitate præditus est, quique facile ad misericordiam flectitur, ei civiles magistra-D tus permittet, qui contractibus commerciisque præsunt: quo imbecillioribus, ac simplicioribus, & pauperibus contra potentes, & deceptores, ac veteratores præsidium comparet, eosque qui ad violanda corrumpendaque jura opibus suis ac divitiis nituntur. At qui utraque virtute temperatus est, major huic in republica dignitatis gradus ac potestatis tribuendus est: nec non capitalium caussarum mandanda sunt judicia, quas pœna legitimumque supplicium

cium sequitur, quod ad eorum, qui injuriam passi sunt, emolumentum refertur. Hoc si fecerit, recte omnino prudenterque constituet. Nam qui ejusmodi est, postquam cum consilio suo sincere atque incorrupte judicaverit, quæ decreta fuerint carnifici exequenda permittet: neque vel ob animi commotionem, vel propter mollitiem, ab eo, quod natura rectum ac justum est, recedet. Ac mihi sane talis esse videtur is, qui omnium in republica præstantissimus est: qui nimirum utorumque illorum bona in se habeat expressa: quæ vero in singulis eorundem, quos paulo ante diximus, vitia ac pestes ex redundantia sunt, declinet ac fugiat: atque ipse porro per semet inspiciat ac moderetur omnia. Ex magistratibus igitur illos, qui maximarum rerum administrationi ac provinciæ præsunt, quique una secum de summa re deliberant, hos & bonos esse, & sibi quam maxime similes, optabit: neque eorum simpliciter ac temere delectum habebit: aut gemmariis atque auri purpuræque probatoribus deteriorem se esse judicem volet; quibus non una ad examinandum via sufficit, sed cum callidorum ac fraudulentorum hominum variam ac multiplicem improbitatem & artificia esse non ignorent, omnibus, quoad fieri potest, resistunt, atque iis, depromtis ex arte sua probandi rationibus, occurrunt. Idem igitur de improbitate si sibi persuadeat, variam illam esse nimirum & callidam: idque ipsum eorum, quæ ab illa perpetrantur, molestissimum esse, quod sub ingentis virtutis specie imponat ac decipiat eos, qui aut perspicacius videre nequeant, aut præ temporis diuturnitate in inquirendo deficiant; præclare sibi cavebit, ne in idem incommodum incidat. Cæterum ubi semel elegerit, & circa se optimos quosque adhibuerit, iis inferiorum magistratuum delectum committet. Itaque de legibus ac magistratibus hunc in modum constituet. Quod vero ad vulgus ipsum pertinet, eos, qui in urbibus degunt, ignavos ac contumaces, neque porro necessariarum rerum inopes esse

A ἐπ' ὠφελείᾳ τῶν ἀδικουμένων, ὀρθῶς ἂν καὶ ἐμφρόνως λογίζοιτο. κρίνας γὰρ ἀδεκάστως ὁ τοιοῦτος ἅμα τοῖς συνέδροις, παραδίδωσι τῷ δημίῳ τὰ γνωσθέντα ἐπιτελεῖν· οὔτε διὰ θυμοῦ μέγεθος, οὔτε διὰ μαλακίαν ψυχῆς ἁμαρτάνων τοῦ φύσει δικαίου. Κινδυνεύει δὲ ὁ κράτιστος ἐν πόλει τοιοῦτός τις εἶναι· τὰ μὲν ἐν ἀμφοτέροις ἔχων ἀγαθά· τὰς δὲ οἷον κῆρας ἐκ τοῦ πλεονάζοντος B ἐν ἑκάστῳ τῶν ἔμπροσθεν εἰρημένων ἐκφεύγων· ἐφορῶν δὲ αὐτὸς ἅπαντα καὶ κατευθύνων· καὶ ἀρχόντων, τοὺς μὲν ἐπὶ τῶν μεγίστων ἔργων, καὶ διοικήσεων τεταγμένους, καὶ αὐτῷ τῆς ὑπὲρ ἁπάντων βουλῆς κοινωνοῦντας, ἀγαθούς τε εἶναι, καὶ ὅτι μάλιστα αὐτῷ παραπλησίους εὔξεται γενέσθαι. αἱρήσεται δὲ οὐχ ἁπλῶς, οὐδὲ ὡς ἔτυχεν· οὐδὲ ἐθελήσει φαυλότερος εἶναι κριτὴς τῶν λιθογνωμόνων, καὶ τῶν βασανιζόντων τὸ χρυσίον, C καὶ τὴν πορφύραν. τούτοις γὰρ οὐ μία ὁδὸς ἐπὶ τὴν ἐξέτασιν ἀπόχρη· ἀλλὰ συνιέντες, οἶμαι, τῶν πανουργεῖν ἐθελόντων ποικίλην, καὶ πολύτροπον τὴν μοχθηρίαν, καὶ τὰ ἐπιτεχνήματα εἰς δύναμιν ἅπασιν ἀντετάξαντο, καὶ ἀντέστησαν ἐλέγχους τοὺς ἐκ τῆς τέχνης. Ὁ δὴ καὶ αὐτὸς περὶ τῆς κακίας ὑπολαμβάνων, ὡς ἔστι ποικίλη, καὶ ἀπατηλή, καὶ τοῦτό ἐστι χαλεπώτατον τῶν ἐκείνης ἔργων, ὅτι δὴ ψεύδεται πολλάκις ἀρετὴν ὑποδυομένη, καὶ D ἐξαπατᾷ τοὺς οὐ δυναμένους ὀξύτερον ὁρᾶν, ἢ καὶ ἀποκαμόντας τῷ μήκει τοῦ χρόνου πρὸς τὴν ἐξέτασιν· τὸ πάθος τι τοιοῦτον ὀρθῶς φυλάξεται. ἑλόμενος δὲ ἅπαξ, καὶ περὶ αὑτὸν τοὺς ἀρίστους ἔχων, τούτοις ἐπιτρέψει τὴν τῶν ἐλαττόνων ἀρχόντων αἵρεσιν. Νόμων μὲν δὴ πέρι καὶ ἀρχόντων τοιάδε γινώσκει. Τοῦ πλήθους δὲ τὸ μὲν ἐν τοῖς ἄστεσιν, οὐδὲ αὐθάδες ἀνέξεται εἶναι, οὔτε μὴν ἐνδεὲς τῶν ἀναγ-

χ. ὁ τοιοῦτος ἀδικάστως

χ. πλέοσι

χ. ἀρχων

f. ἀποκάμνοντας

καίων. τὸ δὲ ἐν τοῖς ἀγροῖς τῶν γεωργῶν φῦλον, ἀροῦντες, ἢ φυτεύοντες τροφὴν ἀποίσουσι τοῖς φύλαξι, καὶ ἐπικούροις σφῶν, μισθὸν καὶ ἐσθῆτα τὴν ἀναγκαίαν. οἰκοδομήματα δὲ Ἀσσύρια, καὶ πολυτελεῖς, καὶ δαπανηρὰς λειτουργίας χαίρειν ἐάσαντες, ἐν εἰρήνῃ πολλῇ τῶν τε ἔξωθεν πολεμίων, καὶ τῶν οἴκοθεν καταβιώσονται· ἀγαπῶντες μὲν τὸν αἴτιον τῶν παρόντων σφίσι, καθάπερ ἀγαθὸν δαίμονα· ὑμνοῦντες δὲ ἐπ᾽ αὐτοῖς τὸν θεὸν, καὶ ἐπευχόμενοι, ὅτι πλαστῶς, οὐδὲ ἀπὸ γλώττης· ἔνδοθεν δὲ ἀπ᾽ αὐτῆς τῆς ψυχῆς αἰτοῦσιν αὐτῷ τὰ ἀγαθά. Φθάνουσι δὲ οἱ θεοὶ τὰς εὐχὰς, καὶ αὐτῷ πρότερον τὰ θεῖα δόντες, οὐδὲ τῶν ἀνθρωπίνων ἐστέρησαν. Εἰ δὲ τῷ χρεὼν βιάζοιτο κακῷ τῳ περιπεσεῖν, τούτων δὴ τῶν θρυλλουμένων ἀνηκέστων· χορευτήν τε αὐτὸν τε ἐποιήσαντο, καὶ συνέστιον, καὶ αὐτῷ κλέος καθ᾽ ἅπαντας ἤγειραν ἀνθρώπους. Ταῦτα ἐγὼ τῶν σοφῶν ἀκούω πολλάκις, καί με ὁ λόγος ἰσχυρῶς πείθει. οὐκοῦν καὶ ἐς ὑμᾶς αὐτὸν διεξῆλθον, μακρότερον μὲν ἴσως τοῦ καιροῦ φθεγξάμενος· ἔλαττον δὲ οἶμαι τῆς ὑποθέσεως· καὶ ὅτῳ γέγονε τῶν τοιούτων λόγων ὑπακούειν ἐν φροντίδι, οὗτος ὅτι μὴ ψεύδομαι σαφῶς ἐπίσταται. ἑτέρα δὲ ἐστιν αἰτία τοῦ μήκους, τῆς μὲν εἰρημένης ἧττον ἀναγκαία, προσεχεστέρα δὲ, οἶμαι, τῷ παρόντι λόγῳ. τυχὸν δὲ οὐδὲ ταύτης ἀνηκόους ὑμᾶς εἶναι χρή.

l. ἀνη-κέστων

χ. φθεγξά-μενος

ψ. ἐπα-κούειν

l. εἰρημέ-νης

Πρῶτον μὲν οὖν ὑπομνήσωμεν μικρὰ τῶν ἔμπροσθεν, ὁπότε τῆς ὑπὲρ τούτων διηγήσεως ἀπεπαυόμεθα. ἔφαμέν που χρῆναι τοὺς σπουδαίους τῶν ἀληθινῶν ἐπαίνων ἀκροατὰς οὐκ εἰς ταῦτα ὁρᾶν, ὧν ἡ τύχη, καὶ τοῖς μοχθηροῖς πολλάκις μεταδίδωσιν· εἰς δὲ τὰς ἕξεις, καὶ τὴν ἀρετὴν, ἧς μόνοις μέτεστι τοῖς ἀγαθοῖς ἀνδράσι, καὶ φύσει σπουδαίοις. Εἶτα ἐντεῦθεν ἑλόντες

A sunt. Ac rusticorum & aratorum multitudo, terram subigens & conserens, custodibus suis ac defensoribus alimenta mercedis nomine, quæque ad vestitum necessaria sunt, suppeditabit. Omnes vero, Assyriis illis ædificiis, & magnificis ac sumtuosis impendiis rejectis, summa cum ab externis, tum a domesticis hostibus, pace ac tranquillitate degent: & eum, qui præsentium sibi bonorum autor ac conciliator est, tanquam aliquem bonum genium, amabunt; & divinum numen laudibus illius gratia prose- B quentur; ac pro eodem vota concipientes, non simulate aut lingua tenus, sed ex intimo corde atque ex animo, ei bona postulabunt: quæ quidem vota Dii ipsi præveniunt, & cum divinis eum bonis cumulant, tum humana non detrahunt. Quod si in fatale quoddam mali genus, quodque remedii omnis expers vulgo fertur, inciderit, eum ad sese pertractum, choreæ veluti cujusdam socium sibi ac contubernalem adsciscunt, eique immortalem gloriam in C hominum genus omne conciliant. Hæc ego sæpenumero jactari a sapientibus viris audio, mihique hæc oratio mirum in modum persuadet. Quare eam vobis hactenus exposui, longius quidem fortassis, quam temporis ratio postularit, sed minus tamen, quam pro argumenti dignitate ac præstantia. Ac qui ejusmodi sermones attente ac per otium intellexerit, is nihil a me falso ac menduo dici facile perspiciet. Sed alia prolixitatis ratio est: quæ ut ad ea, quæ huc usque dicta sunt, non adeo necessaria est, D ita præsenti sermoni est accommodatior. Ac fortasse ne ejus quidem auditionem prætermitti a vobis convenit.

Primum itaque quæ antea dicta sunt paululum repetamus, cum scilicet institutam earum rerum narrationem prosequi desiimus. Hoc enim, nisi fallor, diximus: studiosis verarum laudum auditoribus, non ea tantum, quæ fortuna sæpe etiam improbis impertiri solet, sed affectiones ipsas animi, virtutesque considerandas, quarum soli ii, qui boni viri sunt & natura probi, possunt esse participes. Unde cum dicendi initium facerefacceremus, deinceps orationis nostræ reliqua percurrimus, cum hunc velut canonem & amussim constituissemus, ad quam accommodare virorum bonorum & principum laudes oportet. Quorum quisquis huic archetypo vere quadrat, nec ulla ex parte deflectit, cum is felix ac vere beatus est, tum illi vero beati sunt, qui hujusmodi imperio fruuntur; qui vero propius accesserit, iis, qui absunt longius, melior est ac felicior; sed qui recedunt penitus, aut etiam in contrariam partem abeunt, illi & infelices, & vecordes, & improbi sunt, ac cum sibimetipsis, tum reliquis ingentes calamitates consciscunt. Quamobrem si eadem & vestra sententia sit, jam eas res gestas percurrere tempus est, quas initio simus admirati. Verum ne orationem hanc meam aliquis putet velut equum quempiam per se sine ullo adversario decurrentem, primas in cursu ferre, ac victoriam reportare; hoc ipsum explicare conabor, quidnam a se invicem nostra ac peritissimorum dicendi magistrorum oratio discrepet. Igitur illi deductam a principibus ac regibus stirpem atque originem plurimum efferunt: & eorum, qui bene fortunati ac felices extiterint, felices æque esse posteros arbitrantur. Hoc vero deinde neque cogitarunt unquam, neque animadverterunt; quanam ratione iis ornamentis utantur. Atqui istud ipsum illis est felicitatis caput, atque externorum fere bonorum præcipuum. Nisi forte quis vel solo audito nomine refragetur, negetque bonorum istiusmodi possessionem bonam ei, qui prudenter uti velit; malam vero illi, qui contrario modo utatur, accidere. Quare non, ut existimant, magnum illud est, divitis atque opulenti principis esse filium; sed illud vere magnum est, paterna etiam virtute superata, nihil omnino pudendum majoribus suis aut indignum committere. Vultisne igitur, quemadmodum hoc Imperatori conveniat, intelligere? Ego vero certo id vobis testimonio comprobabo: neque me e-

A τὴν ἀρχήν, τοὺς ἑξῆς ἐπεξερχόμεθα λό-
γους, ὥσπερ κανόνα τινὰ καὶ στάθμην ἀ- γρ. κανόνα τινα
πευθύναντες, ᾗ τοὺς τῶν ἀγαθῶν ἀνδρῶν
καὶ βασιλέων ἐπαίνους ἐναρμόττειν ἐ-
χρῆν· καὶ ὅτῳ μὲν ἀληθὴς καὶ ἀπαράλ-
λακτος ἁρμονία πρὸς τοῦτο γέγονε τὸ
ἀρχέτυπον, ὄλβιος μὲν αὐτός, καὶ ὄντως
εὐδαίμων· εὐτυχεῖς δὲ οἱ μεταλαβόντες
τῆς τοιαύτης ἀρχῆς. ὅσῳ δὲ ἐγγὺς ἀφίκετο, τῶν πλέον ἀπολειφθέντων ἀμείνων καὶ
εὐτυχέστερος. οἱ δὲ ἀπολειφθέντες παν-
B τελῶς, ἢ καὶ τὴν ἐναντίαν τραπέμενοι, γρ. τετραμμένοι
δυστυχεῖς, καὶ ἀνόητοι, καὶ μοχθηροί, αὐ-
τοῖς τε καὶ τοῖς λοιποῖς τῶν μεγίστων αἴ- γρ. τοῖς ἄλλοις τῶν
τιοι συμφορῶν. Εἰ δὴ οὖν καὶ ὑμῖν ταύ-
τῃ πῃ ξυνδοκεῖ, ὥρα ἐπεξιέναι τοῖς ἔργοις, ἃ τεθαυμάκαμεν. Καὶ ὅπως μή
τις ὑπολάβῃ τὸν λόγον καθ' αὑτὸν ἰόντα, γρ. ὑπολάβοι
καθάπερ ἵππον ἀνταγωνιστοῦ στερόμενον
ἐν τοῖς δρόμοις κρατεῖν, καὶ ἀποφέρειν
τὰ νικητήρια· πειράσομαι πῃ τοῦτο διαφέροντα ἀλλήλων ὅ, τε ἡμέτερος καὶ ὁ
C τῶν σοφῶν ῥητόρων ἔπαινος, δεῖξαι.
Οὐκοῦν οἱ μὲν τὸ προγόνων γεγονέναι
δυνατῶν καὶ βασιλέων θαυμάζουσι
μάλα, ὀλβίων καὶ εὐδαιμόνων μακαρίους
ὑπολαμβάνοντες τοὺς ἐκγόνους. τὸ δὲ ἐπὶ
τούτοις οὔτε ἐνενόησαν, οὔτε ἐπεσκέψαν- γρ. ἐπισκέψαιντο Cantor. nas.
το, τίνα τρόπον διατελοῦσιν ἀλλήλοις
χρώμενοι. καίτοιγε τοῦτο ἦν τῆς εὐτυχίας ἐκείνοις τὸ κεφάλαιον, καὶ σχεδὸν
ἁπάντων τῶν ἐκτὸς ἀγαθῶν· εἰ μή τις
καὶ πρὸς τοὔνομα δυσχεραίνει, τὴν κτῆ-
D σιν ὑπὸ τῆς ἔμφρονος χρήσεως ἀγα-
θήν, καὶ φαύλην ὑπὸ τῆς ἐναντίας γίνε- γρ. γενέσθαι
σθαι συμβαίνειν. ὥστε οὐ μέγα, καθάπερ
οἴονται, τὸ βασιλέως πλουσίου καὶ πο-
λυχρύσου γενέσθαι· μέγα δὲ ἀληθῶς
τὸ τὴν ἀρετὴν πατρῴαν ὑπερβαλλόμε-
νον, ἀμεμπτον αὐτὸν τοῖς γειναμένοις
παρασχεῖν εἰς ἅπαν. Βούλεσθε οὖν εἰ
τοῦτο ὑπάρχει βασιλεῖ καταμαθεῖν;
παρέξομαι δὲ ἐγὼ ὑμῖν μαρτυρίαν γρ. ἐγώ
ἀστήν. καί με οὐχ αἱρήσετε ψευδομαρ-
τυρίας.

τυρίας, ἣν οἶδα. ὑπομνῆσαι γὰρ ὑμᾶς αὐτὰς ἂν ἴοι. Τυχὸν δὲ καὶ ἤδη τὰ λεγόμενα ξυνίετε· εἴ τε ἔτι ἄδηλα, αὐτίκα μάλα ξυνήσετε, ἐπισκεψάμενοι πρῶτον μὲν ὡς αὐτὸν ὁ πατὴρ ἠγάπα διαφερόντως, ὅτι πρᾶος ὢν λίαν τοῖς ἐγγόνοις, οὐδὲ τῇ φύσει πλέον, ἢ τῷ τρόπῳ διδούς· ἡττώμενος δὲ ὅμως τῆς θεραπείας· καὶ οὐκ ἔχων ὅ, τι μέμφοιτο, δῆλος ἦν εὔνους ὤν. καὶ αὐτοῦ σημεῖον τῆς γνώμης· πρῶτον μὲν ὅτι Κωνσταντίῳ ταύτην ἔνειμε τὴν μοῖραν, ἣν αὐτῷ πρότερον προσήκειν ἔχειν ὑπέλαβεν. εἶθ' ὅτι τελευτῶν τὸν βίον, τὸν πρεσβύτατον, καὶ τὸν νεώτατον ἀφεὶς σχολὴν ἄγοντας, τοῦτον δὴ ἄσχολον ἐκάλει, καὶ ἐπέτρεψε τὰ περὶ τὴν ἀρχὴν ἅπαντα. Γενόμενος δὲ ἐγκρατὴς ἁπάντων, οὕτω τοῖς ἀδελφοῖς δικαίως ἅμα καὶ σωφρόνως προσηνέχθη, ὥστε οἱ μὲν οὐδὲ κληθέντες, οὐδὲ ἀφικόμενοι, πρὸς ἀλλήλους ἐστασίαζον καὶ διεμάχοντο· τούτῳ δὲ ἐχαλέπαινον οὐδέν, οὐδὲ ἐμέμφοντο. ἐπεὶ δὲ αὐτῶν ἡ στάσις τέλος ἔσχεν οὐκ εὐτυχές, ἐξὸν μεταποιεῖσθαι πλειόνων, ἑκὼν ἀφῆκε, τῆς αὐτῆς ἀρετῆς ὑπολαμβάνων πολλά τε ἤδη καὶ ὀλίγα διοικεῖσθαι, περιοῦσθαι δὲ μόνας φροντίδας μείζονας, ὅταν πλειόνων ἀνάγκη ἐπιμελεῖν, καὶ κήδεσθαι. Οὐ γὰρ δὴ τρυφῆς ὑπολαμβάνει τὴν βασιλείαν εἶναι παρασκευήν· οὐδέ, ὥσπερ ἐπὶ τῶν χρημάτων οἱ πότας, καὶ ἡδονὰς οἱ καταχρώμενοι, μειζόνων εὐπορίαν προσόδων ἐπινοοῦσιν· οὕτω χρῆναι τὸν βασιλέα παρασκευάζεσθαι· οὐδὲ ἀναιρεῖσθαι πόλεμον, ὅτι μὴ τῶν ἀρχομένων τῆς ὠφελείας ἕνεκα. οὐκοῦν ἐκείνων μὲν ἔχειν τὸ πλέον ξυγχωρῶν, αὐτὸς δὲ μετ' ἀρετῆς ἔλαττον ἔχων ἐγκρατίστῳ πλεονεκτεῖν ὑπέλαβε. Καὶ ὅτι μὲν οὐ μᾶλλον τὴν ἐκείνου παρασκευὴν τὴν εἰρήνην ἠγάπα, τεκμήριον ἴ-

γρ. ἐν-τόνω. αἱ-ρεῖ

γρ. προσ-ήκειν.

γρ. ξύμ-παντα

γρ. ἐπὶ συνέχειν in marg. com. ἐπιμε-λεῖν.

γρ. ἐκεί-νῳ

γρ. ξυγ-χωρῶν

A menti testimonii convincetis: quippe quæ jam ipsi tenetis, ea vobis in memoriam reducam. Ac fortassis jam quid ego dico animadvertitis: aut si nondum illud vobis manifestum est, paulo post percipietis, si illud ipsum cogitetis; primum quidem eum a patre vehementer dilectum fuisse, & eo patre, qui non admodum in liberos indulgenti esset animo, neque naturæ potius, quam moribus concederet. Verum quod ejus cultu atque obsequio caperetur, nec haberet quod ulla in re posset reprehendere, ideo B suam erga eum propensionem ac benevolentiam multis declarabat indiciis. Cujus quidem animi argumento illud esse potest, primum quod Constantio eam imperii partem excepit, quam prius ipsi convenire judicaverat: deinde quod sub exitum vitæ, liberorum natu maximo ac minimo prætermissis, qui tum a negotiis vacabant, hunc, qui occupatus esset, ad sese revocaverit, eique totius imperii negotia commiserit. Posteaquam vero compos omnium est factus, adeo se erga fratres suos justum ac temperatum C præbuit; ut cum illi neque vocati, neque ad patrem profecti, a se invicem dissiderent ac pugnarent, nullo modo tamen in eum commoti essent, nec ulla in re criminarentur. Sed cum illorum tandem dissensio infelicem exitum habuisset, cum plura sibi, quam quæ obtinebat, vindicare posset, iis sponte cessit: ita sibi persuadens, eadem virtute ad multas & paucas provincias administrandas opus esse; nisi quod major illi sollicitudo proponitur, cui plurium hominum cura suscipienda est. Non enim ad D luxus opportunitatem comparandum esse imperium existimat: nec quemadmodum in pecuniis, qui ad compotationes & voluptates iis abutuntur, ampliorum sibi quærendarum opum rationes excogitant, ita comparari Principem oportere, neque ullum bellum suscipere, nisi quod ad subditorum sibi utilitatem pertineat. Quare & illi superiores partes deferens, & ipse cum virtute inferiores obtinens, ea re se judicabat, quæ præstantissima est, antecellere. Atque ut intelligas, minime copiarum illius metu pacem eum ac quietem optasse; ex eo bello, quod

A quod postmodum erupit, conjecturam de tota re facitote. Etenim contra illius exercitus pro eo deinceps armis usus est. Hic illi, de quibus ante diximus, oratores victoriam ipsam prædicant; ego vero præsertim istud, quod & bellum jure suscepit, & susceptum fortiter ac prudenter administravit, & postremo, cum ex animi sententia bellum omne cessisset, in victoria se temperate &, ut decebat Principem, gessit, omninoque dignum se qui vinceret ostendit. Placet igitur vobis, ut in judiciis fieri solet, horum a

B me modo testes citari? Itaque vel pueros ipsos intelligere arbitror, nullum hactenus bellum extitisse, neque a Græcis contra Trojanos, neque a Macedonibus adversus Persas susceptum; quæ omnium justissima fuisse videntur; quod tam gravibus sit ac necessariis de causis conflatum. Neque enim veterum injuriarum ulciscendarum gratia, aut contra liberos ac posteros ejus, unde ex profectæ fuerant, gestum est; sed in eum ipsum, qui imperium eripuerat, ac per vim ad sese transtulerat. Agamemnon vero profectus erat

C *ulcisci properans Helenæ gemitusque fugamque;*

&, ut mulierem unam vindicaret, adversus Trojanos expeditionem suscepit. At quæ Imperatori nostro illatæ injuriæ fuerant, recentes adhuc erant: imperium autem usurpaverat, non Darii aut Priami instar, nobilis quispiam, qui vel ob virtutem delatum, vel hæreditario jure commissum sibi ac traditum regnum obtineret; sed asper atque impudens barbarus, ex eorum numero, qui paulo ante captivi fuerant. Ac quæ gesse-

D rit ille, & quemadmodum ad imperium pervenerit, exponere, neque jucundum mihi neque opportunum videtur. Quam porro jure illud susceptum sit, auditum a vobis antea est. Quod autem ad experientiam & fortitudinem attinet, satis ea esse indicia possunt, quæ paulo ante protulimus. Quanquam facta ipsa verbis fide digniora sint.

A μὲν ἔσω ὁ μετὰ ταῦτα ξυμπεσὼν πόλεμος. ἐχρήσατο γοῦν πρὸς τὰς ἐκείνου δυνάμεις ὑπὲρ αὐτοῦ τοῖς ὅπλοις ὕστερον. πάλαι δὲ ἐνταῦθα ἐκεῖνο μέν που τὸ νικᾶν τεθαυμάκασιν· ἐγὼ δὲ τὸ ξὺν δίκῃ μὲν ἀνελέσθαι τὸν πόλεμον, διενεγκεῖν δὲ ἀνδρείως, καὶ μάλα ἐμπείρως· ἐπιθείσης δὲ τὸ τέλος τῆς τύχης δεξιὸν, χρήσασθαι τῇ νίκῃ σωφρόνως, καὶ βασιλικῶς, καὶ ὅλως ἄξιον τοῦ κρατεῖν φανῆναι. Βούλεσθε οὖν καὶ τούτων

B ὑμῖν, ὥσπερ ἐν τοῖς δικαστηρίοις, ὀνομαστὶ καλῶμεν τοὺς μάρτυρας; καὶ ὅτι μὲν οὐδείς που πόλεμος συνέστη πρότερον, οὐδὲ ἐπὶ Τροίαν τοῖς Ἕλλησιν· οὐδὲ ἐπὶ τοὺς Πέρσας Μακεδόσιν· οἵπερ δὴ δικαιότερον ἐν δίκῃ γενέσθαι· τοσαύτην ἔχων ὑπόθεσιν, καὶ παιδί που δῆλον. τῆς μέν γε λίαν ἀρχαίων ἀδικημάτων τιμωρίας σφόδρα νεωτέρας, οὔτ' εἰς παῖδας, οὔτε εἰς ἐκγόνους γινομένης· ἀλλὰ εἰς τὸν ἀφελόμενον καὶ ἀποστερήσαντα τὴν ἀρχὴν τοὺς τοῦ ἀδικησαντος ἀπο-

C γόνους. Ἀγαμέμνων δὲ ὥρμητο

Τίσασθαι Ἑλένης ὁρμήματά τε στοναχάς τε· (Iliad. B. v. 356.)

καὶ ἐπὶ τοὺς Τρῶας ἐστράτευε, γυναῖκα μίαν ἐκδικεῖν ἐθέλων· Τῷ δὲ ἔτι μὲν ἦν νεαρὰ τὰ ἐγκλήματα· ἦρχε δὲ οὐ κατὰ Δαρεῖον, οὐδὲ Πρίαμον, ἀνὴρ εὐγενὴς, καὶ τυχὸν δι' ἀρετὴν, ἢ τοῦ γένους προσήκοντος αὐτῷ τῆς βασιλείας ἀξιωθείς· ἀλλὰ ἀναιδὴς καὶ τραχὺς βάρβαρος, τῶν ἑαλωκότων οὐ πρὸ πολλοῦ. καὶ ὅσα μὲν ἔπραξε, καὶ ὅπως ἦρχεν,

D οὔτε ἡδύ μοι λέγειν, οὔτε ἐν καιρῷ. ἐν δίκῃ δὲ ὅτι πρὸς αὐτὸν ἐπολέμησεν, ἀκηκόατε. τῆς δὲ ἐμπειρίας καὶ τῆς ἀνδρείας, ἱκανὰ μὲν τὰ πρόσθεν ῥηθέντα σημεῖα· πιστότερα δὲ, οἶμαι, τὰ ἔργα τῶν λόγων. τὰ δὲ ἐπὶ τῇ νίκῃ γενόμενα, καὶ ὅπως ξίφους μὲν οὐδὲν ἐδέησεν ἔτι· οὐδὲ εἴ τις ἀδικημάτων μειζόνων εἶ-

χεν

Margin notes: γρ. ἐμφανὴς ἔσω — γρ. ἐπιθέσης — γρ. αἰδ-ές — γρ. βέβαιος — γρ. ἀπι-στότερα

Verum quæ post victoriam contigerint; utque gladio deinceps usus non fuerit, tametsi

χρῶν ὑποψίαν ἦλθέ τις ἢ τῷ πρὸς τὸν τύραννον A οἰκειοτέρᾳ γέγονε φιλίᾳ· οὐδὲ μὴν εἴ τις ἐκείνῳ χαριζόμενος, φέρειν τε ἠξίου κηρύκειον, καὶ ἐλοιδορεῖτο τῷ βασιλεῖ, τῆς προπετείας ἀπέτισε δίκην, ὅτι μὴ τἄλλα μοχθηρὸς ἦν, ἀνέσχετο δὲ πρὸς Φιλίου Διός. Ποταπὸν δὲ χρῆμα λοιδορία; ὡς θυμοδακὲς ἀληθῶς, καὶ ἀμυτικὸν ψυχὴν μᾶλλον ἢ σίδηρος χρῶτα. ἐκίνησε καὶ τὸν Ὀδυσσέα παροξύνων εἰς δύναμιν ἀμύνασθαι λόγῳ τε καὶ ἔργῳ. διηνέχθη γοῦν ὑπὲρ τούτων B πρὸς τὸν ξενοδόκον, αὐτὸς ὢν ἀλήτης καὶ ξένος· καὶ ταῦτα εἰδὼς, ὅτι

Ὀδυσσ. θ. v. 209. γρ. προφέρηται ἀέθλων

"Ἄφρων — καὶ οὐτιδανὸς πέλει ἀνὴρ,
Ὅστις ξεινοδόκῳ ἔριδα" προφέρησι
βαρεῖαν.

καὶ Ἀλέξανδρον τὸν Φιλίππου, καὶ Ἀχιλλέα τὸν τῆς Θέτιδος, καὶ ἄλλους δή τινας οὐ φαύλους, ἀλλ' ἀγεννεῖς ἀνθρώπους. C μόνῳ δὲ ὑπῆρχεν, οἶμαι, Σωκράτει, καὶ σπανίοις τισὶν ἐκείνου ζηλωταῖς, εὐδαίμοσιν ἀληθῶς καὶ μακαρίοις γενομένοις, τὸν ἔσχατον ἀποδύσασθαι χιτῶνα τῆς φιλοτιμίας. Φιλότιμον γὰρ δεινῶς τὸ πάθος, καὶ ἔοικεν ἐμφύεσθαι διὰ τοῦτο μᾶλλον ταῖς γενναίαις ψυχαῖς. ἄχθονται γὰρ, ὡς ἐναντιωτάτῳ σφίσι, λοιδορίᾳ, καὶ τοὺς ἀπορρίπτοντας ἐς αὐτοὺς τοιαῦτα ῥήματα μισοῦσι μᾶλλον, ἢ τοὺς ἐπανατεινομένους τὸν σίδηρον, καὶ ἐπιβουλεύοντας D

γρ. φό-νους

"Φόνον· διαφόρους τε αὐτοὺς ὑπολαμ-

γρ. ἐγχ

βάνουσι φύσει, καὶ οὐ νόμῳ." ὅτι οἱ μὲν ἐπαίνων καὶ τιμῆς ἐρῶσιν· οἱ δὲ οὐ τούτων μόνον ἀφαιροῦνται, ἀλλὰ καὶ ἐπ' αὐτοῖς μηχανῶνται βλασφημίας ψευδεῖς. τούτῳ καὶ Ἡρακλέα φασὶ, καὶ ἄλλους δέ τινας ἀκρατεῖς τοῦ πάθους γενέσθαι. Ἐγὼ δὲ οὔτε περὶ ἐκείνων τοῖς λόγοις πείθομαι, καὶ βασιλέα τεθέαμαι σφόδρα ἐγκρατῶς τὴν λοιδορίαν ὑποφέροντα· ὅτι

A in criminum suspicionem venisset aliquis, aut paulo majorem cum tyranno familiaritatem habuisset; vel demum si quis ei gratificans ad pacem conciliandam caduceum ferre voluisset, atque Imperatori conviciatus esset; ut, inquam, temeritatis suæ pœnas nullas dederit, quod aliunde minime improbus esset; hoc vero, per amicitiæ præsidem Jovem, patienter auditore. At cujusmodi demum convicium est! quam revera mordax! quamque eo magis animus, quam corpus ferro, penetratur! Quamob-B rem etiam Ulyssem ipsum adeo concitavit, ut dictis factisque, quoad posset, injuriam persequeretur. Propterea licet profugus ipse atque hospes esset, cum eo, a quo hospitio receptus fuerat, jurgatus est: tametsi non ignoraret, quemadmodum

stolidusque, & futilis ille est,
Ædibus exceptus qui cum hospite jurgia miscet.

sed & Alexandrum Philippi filium, & Achillem Thetidis, & alios nonnullos nec viles nec degeneres homines, commovit. So-C li vero Socrati, aut paucis admodum præterea ejus imitatoribus vere fortunatis ac beatis contigit, ut extremam (ut ita dicam) tunicam ambitionis exuerent. Pertinax enim cumprimis est & ambitiosus ille affectus animi; ac generosis mentibus propterea acrius inesse videtur, quod convicio magis, utpote re sibi maxime contraria, moveantur. Eos igitur, qui illa contra se jaciunt, vehementius oderunt, quam qui fer-D rum intentant, ac vitæ suæ insidias moliuntur. Ac demum ipsos sibi natura, non lege, inimicos atque hostes putant; quoniam cum laudes atque honores diligant, non modo hæc illi detrahunt, sed etiam falsas sibi calumnias imponunt. Hac una in animi affectione & Herculem ipsum, & alios quosdam, impotentes fuisse memorant. Ego vero neque iis, quæ de illis dicuntur, fidem adhibeo; & Imperatorem nostrum vidi, cum is convicio fortiter resisteret. Quod facinus

facinus mea sententia nihilo deterius est, quam Trojam expugnare, vel ingentem exercitum in fugam compellere. Quod si quis mihi non credit, neque magnum illud aut tantopere laudandum existimat; is cum rē ipsum eo in casu ac tempore inspexerit, tum demum de tota re judicet: nec erit, opinor, quod nos hac in parte delirare sibi persuadeat. Quamobrem cum ejusmodi sit & fuerit post bellum Imperator, merito non solum amicis carus atque optabilis est, quibus honores, ac potentiam, atque audaciam concedit, iisdemque & ingentes pecunias largitur, & opibus suis utendi pro arbitrio cujusque potestatem facit; verum etiam talem eum hostes esse judicarunt. Cujus rei evidens illud argumentum esse potest, quod primarii ordinis Senatores, qui dignitate, opibus, ac prudentia cæteris antecellerent, tanquam ad portum quendam, ad illius dexteram confugerunt, cum domum suam, ac familiam, & liberos reliquissent. Qui quidem Pannoniam Romæ, ejus vero consuetudinem convictui cum suis ac societati prætulerant. Sed & delectorum equitum turma, cum vexillis ac duce ipso deficiens, cum eo periculorum, quam cum illo secundarum rerum, particeps esse maluit. Quæ omnia ante prælium ipsum gesta sunt, quod ad Dravi ripas confectum esse supra demonstravimus. Ex illo enim tempore confirmatis animis audaciores esse cœperant: cum hactenus tyrannicæ res superiores esse viderentur, quod secundo aliquantum eventu cum Imperatoris exploratoribus bellatum fuisset. Quæ res & illum præ gaudio vecordem ac stolidum reddidit; & iis, qui prudens Imperatoris consilium assequi non poterant, nonnihil perturbationis attulit. Ipse vero constans atque interritus remansit: velut peritus aliquis navis gubernator, cum post minaces nubium fremitus, erumpente procella, profunda pelagi litoraque Deo impellente quatiuntur. Tum enim imperitos homines ingens ac vehemens terror invadit; at ille, concepta ex eo spe serenitatis

A φαυλότερον ἔργον, ὡς ἐγὼ κρίνω, τοῦ Τροίαν ἑλεῖν, καὶ φάλαγγα γενναίαν τρέψασθαι. Εἰ δὲ ἀπιστεῖ τις, καὶ οὐ μέγα οἴεται οὐδὲ ἄξιον ἐπαίνων τοσούτων, ἐς αὐτὸν ἀφορῶν, ὅταν ἔν τινι τοιαύτῃ ξυμφορᾷ γένηται, κρινέτω, καὶ αὐτῷ οὐ σφόδρα "ληρεῖν δοξομένοις ἐγὼ πείθομαι. (γρ. ληρεῖν) Τοιοῦτος οὖν καὶ γενόμενος βασιλεὺς μετὰ τὸν πόλεμον, εἰκότως οὐ μόνον ἐστὶ ποθεινὸς τοῖς φίλοις καὶ ἀγαπητός· "πολλῆς (γρ. πολλοῖς) μὲν τιμῆς καὶ δυνάμεως, καὶ παρ-
B ῥησίας μεταδιδούς· χρήματα δὲ ἄφθονα χαριζόμενος, καὶ χρῆσθαι ὅπως τις βούλεται τῷ πλούτῳ ξυγχωρῶν· ἀλλὰ καὶ τοῖς πολεμίοις τοιοῦτος ἐδόκει. Τεκμήριον δὲ ὑμῖν ἐμφανὲς καὶ τόδε γεγενήσθω· ἄνδρες τῆς γερουσίας ὅ, τι περ ὄφελος, "ἀξιώμασι (γρ. ἀξιώσει), καὶ πλούτῳ, καὶ ξυνέσει διαφέροντες τῶν ἄλλων, ὥσπερ ἐς λιμένα καταφεύγοντες τὴν τούτου δεξιάν· ἑστίας τε λιπόντες, καὶ οἴκους, καὶ παῖδας· "καὶ (deest καὶ in al. MSS.) Παιονίαν μὲν ἀντὶ
C "Ῥώμης (γρ. τῆς Ῥώμ.)· τὴν μετὰ τούτου δὲ ἀντὶ τῆς φιλτάτων συνοικίας ἠσπάσαντο. Ἴλη τε τῶν ἐπιλέκτων ἱππέων "σὺν (γρ. ξὺν) τοῖς σημείοις, καὶ τὸν στρατηγὸν ἄγουσα τούτῳ τοῦ κινδύνου ξυμμετέχειν μᾶλλον, ἢ ἐκείνῳ τῆς εὐτυχίας ἠξίου. Καὶ ταῦτα ἅπαντα ἐδρᾶτο πρὸ τῆς μάχης, ἣν ἐπὶ τῷ Δράου ταῖς ὄχθαις ὁ πρόσθεν λόγος παρέστησεν. ἐντεῦθεν γὰρ ἤδη βεβαίως ἐθάρρουν· τέως δὲ ἐδόκει τὰ τοῦ τυράννου ἐπικρατεῖν, πλεονεκτήματός τινος περὶ
D τοὺς κατασκόπους τῆς βασιλείας γενομένου. ὃ δὴ ἐκεῖνόν τε ἐποίησεν ὑπὸ τῆς ἡδονῆς ἄφρονα· καὶ ἐξετάραξε τοὺς οὐ δυναμένους ἐφικνεῖσθαι, οὐδὲ ὁρᾶν τὴν στρατηγίαν. ὁ δὲ ἦν ἀκατάπληκτος, καὶ γεννάδας· καθάπερ ἀγαθὸς νεὼς κυβερνήτης, ἐξ ἀπειλῆς νεφῶν ῥαγείσης λαίλαπος, εἶτα ἐπ' αὐτῷ τοῦ θεοῦ σείοντος τὸν βυθὸν καὶ τὰς ἠϊόνας. ἐνταῦθα γὰρ τοὺς μὲν ἀπείρους δέος, καὶ ἄτοπον κατέλαβε δεῖμα. ὁ δὲ ἤδη χαίρει καὶ γάννυ-

 ται,

ται, γαλήνην ἀκριβῆ καὶ ἠρεμίαν ἐλπίζων. λέγεται γὰρ δὴ καὶ ὁ Ποσειδῶν συνταράττων τὴν γῆν, παύειν τὰ κύματα. Καὶ ἡ τύχη δὲ τοὺς ἀνοήτους ἐξαπατᾷ, καὶ σφάλλει περὶ τοῖς μείζοσι, μικρὰ πλεονεκτεῖν ἐπιτρέπουσα. τοῖς ἔμφροσι δὲ βεβαίως τὸ θαρσεῖν ὑπὲρ τῶν μειζόνων, ὅταν ἐν τοῖς ἐλάττοσιν αὐτοὺς διαταράττῃ, παρέχῃ. Τοῦτο Λακεδαιμόνιοι παθόντες ἐν Πύλαις, οὐκ ἀπηγόρευον, οὐδὲ ἔδεισαν τὸν Μῆδον ἐπιφερόμενον, τριακοσίους Σπαρτιατῶν, καὶ τὸν βασιλέα περὶ τὰς εἰσβολὰς τῆς Ἑλλάδος προέμενοι. τοῦτο Ῥωμαῖοι πολλάκις παθόντες, μείζονα κατώρθωσαν ὕστερον. ὃ δὴ καὶ βασιλεὺς ἐννοῶν, καὶ λογιζόμενος, οὐδαμῶς ἐσφάλη τῆς γνώμης. Ἀλλ' ἐπείπερ ἅπαξ ἐκεῖ ὁ λόγος ἐς τοῦτο ἀφῖκται· καὶ τὴν εὔνοιαν τοῦ πλήθους, καὶ τῶν ἐν τέλει, καὶ τῶν φυλάκων· οἵπερ δὴ ξυμφυλάττουσιν αὐτῷ τὴν ἀρχήν, καὶ ἀπείργουσι τοὺς "πολεμίους· ἀφηγεῖσθαι βούλεσθε ὑμῖν ἐναργὲς εἶναι τεκμήριον, χθὲς που, ἢ καὶ πρώην γενόμενον; Ἀνὴρ τῶν ἐπιταχθέντων τοῖς ἐν Γαλατίᾳ στρατοπέδοις· ἴστε ἴσως καὶ τοὔνομα, καὶ τὸν τρόπον· ὅμηρον φιλίας καὶ πίστεως ἀπέλιπεν οὐδὲν δεομένῳ βασιλεῖ τὸν παῖδα. εἶτα ἦν ἀπιστότερος τῶν λεόντων, οἷς οὐκ ἔστι, φησὶ πρὸς ἄνδρας Ὅμηρος "ὅρκια πιστά· ἁρπάζων τι ἐκ τῶν πόλεων τὰ χρήματα, καὶ διανέμων τοῖς ἐπιοῦσι βαρβάροις· καὶ ὥσπερ λύτρα καταβαλλόμενος, ἐξὸν τῷ σιδήρῳ παρασκευάζειν, καὶ οὐ τοῖς χρήμασι ποιεῖσθαι τὴν ἀσφάλειαν. ὁ δὲ ἐκείνους ὑπήγετο διὰ τῶν χρημάτων εἰς εὔνοιαν, καὶ τέλος ἐκ τῆς γυναικωνίτιδος ἀνελόμενος ἁλουργὲς ἱμάτιον, γελοῖος ἀληθῶς τύραννος καὶ τραγικὸς ὄντως ἀνεφάνη. ἐνταῦθα οἱ στρατιῶται, καὶ χαλεπῶς μὲν εἶχον πρὸς τὴν ἀπιστίαν· θῆλυν δὲ οὐχ ὑπομένοντες ὁρᾶν ἐνδεδυ-

γρ. πρώην ἀκούεσθαι. βούλεσθε

γρ. τὰ ὅρμια

A ac tranquillitatis, gaudere atque esse hilarior incipit. Neptunum quippe ferunt, cum terram concutit, commotos fluctus compescere. Enimvero homines imprudentes plerumque fortuna decipit; ac, cum exiguis in rebus fluere ex voto negotia permiserit, in majoribus subita calamitate dejicit. Prudentibus porro, cum in minoribus consternati nonnihil fuerint, majoribus in rebus animum ac fiduciam suppeditat. Hoc cum Lacedæmonii ad Pylas essent experti, minime animo ceciderunt; neque Medo- B rum irruptione perterriti sunt, tametsi trecentos e Spartiatis, cum ipso rege, ad Græciæ aditus atque angustias perdidissent. Hoc rursum Romani cum pertulissent, multo deinceps ampliora feliciter perfecerunt. Quod cum Imperator noster animo suo cogitaret, ac perspiceret, sua eum opinio non fefellit. Verum quandoquidem semel in eum sermonem inducta est oratio, ac de populi, & magistratuum, & custodum imperii benevolentia dicere cœpit, qui cum eo rempublicam conservant, atque hostium impe- C tus propulsant: num tandem hujusce rei manifestissimum signum a me vultis audire, quod paucos ante dies contigit? Præfectus quidam Gallicarum legionum (cujus nomen ac rei gestæ seriem scire vos arbitror) amicitiæ ac fidei obsidem Imperatori nec petenti reliquerat filium suum. Deinde vero minus se leonibus ipsis fidelem præbuit; queis non sunt (ait Homerus) cum hominibus fœdera certa. Nam & in civitatibus pecunias diripiebat, & eas Barbaris irruen- D tibus largiebatur: tanquam his redemtionis quoddam precium persolveret, cum armis securitatem sibi conciliare, non pecuniis comparare posset. Verum ille pecuniis eos ad amorem suum pertrahere studebat: ac demum purpuream vestem ex gynæceo detractam induens, ridiculus tyrannus ac vere scenicus repente visus est. Tum vero milites eam perfidiam detestati sunt. Cumque miseri hominis aspectum ne ferre quidem potuissent, quem muliebri stola in-

dutum

durum cernerent; cum ne integro quidem mense illius imperium sustinuissent; facto in eum impetu discerpunt. Hunc igitur ille ab custodibus imperii amoris in se ac benevolentiæ fructum, & justi ac reprehensione omni carentis imperii mercedem singulari admiratione dignam recepit. Quod si, quemadmodum se postea gesserit, audire cupitis, hoc vos minime, ut opinor, ignoratis; cum neque in illius filium acerbius quidquam statuere, neque amicos ejus ac necessarios suspectos habere, aut asperius tractare voluisse. Quibus omnibus, quoad potuit, benignum se ac clementem præbuit: etsi quamplurimi calumniari cuperent, & adversus innocentes homines aculeos distringerent. Itaque cum multi forsitan vere iis, de quibus erant suspecti, contra se perpetratis essent obnoxii; æque misericors in omnes fuit, qui quidem convicti non essent, nec sceleratorum ac perditorum consiliorum societate polluti esse viderentur. Hoc vero, quod ejus filio pepercit, qui nefarie sese gesserat, ac datam fidem & jusjurandum violaverat; non tandem regium esse ac divinum arbitrabimur? an potius Agamemnonem laudabimus indignantem, & adversus Trojanos acerrime concitatum, non in eos solum, qui cum Paride venerant, & Menelai domum contumelia sua læserant; sed iis insuper, qui adhuc in utero gerebantur, quorum ne matres quidem tum fortassis adhuc in lucem editæ fuerant, cum ille de rapienda Helena consilium iniret? Quod si tam crudele istud, & acerbum, atque inhumanum nequaquam decere principem videtur; sed ei potius clementia ac bonitas humanitasque convenire, minime ut ulciscendis injuriis gaudeat, sed de subditorum sibi calamitatibus doleat, utcunque ex contigerint: sive ex eorum improbitate atque imperitia conflatæ, sive extrinsecus sint a fortuna ipsa comparatæ: hoc si quis, inquam, existimet, superiorem esse imperatorem nostrum manifeste confitetur. Animadvertite enim, obsecro, ut erga obsidem tyranni filium parente ipso melior fuerit ac justior: atque etiam erga ejusdem amicos illo ipso fide-

A κατὰ στολήν· τὸν δὲ λαὸν ἐπιθέμενοι σπαράττουσιν, οὔτε τὸν τῆς σελήνης κύκλον γρ. τὸν τ ἄρξαι σφῶν ἀνασχόμενοι. Τοῦτο μὲν δὴ παρὰ τῆς τῶν φυλάκων εὐνοίας ὑπεστήριξε βασιλεῖ τὸ γέρας, ἀρχῆς ἀμέμπτου, καὶ δικαίας ἀμοιβὴ θαυμαστή. ὅς, τις δ' ἐπ' αὐτῷ γέγονε ποθεῖτε ἀκούειν; ἀλλ' οὐδὲ τοῦτο ὑμᾶς λέληθεν, ὅτι μήτε εἰς τὸν ἐκείνου παῖδα χαλεπός· μήτε εἰς τοὺς φίλους ὕποπτος, καὶ B δεινὸς εἵλετο γενέσθαι. ἀλλά, ὡς ἔνι μάλιστα, πρᾶος οὗτος καὶ εὐμενὴς πᾶσιν ἦν. καίτοι πολλῶν συκοφαντεῖν ἐθελόντων, καὶ θηγομένων ἐπὶ τοὺς οὐκ αἰτίους τὰ κέντρα. Πολλῶν δὲ τυχὸν ἀληθῶς ἐνόχων ὄντων ταῖς περὶ αὐτὸν ὑποψίαις, ὁμοίως ἅπασιν ἦν πρᾶος τοῖς μὴ ἐλεγχθεῖσιν, οὐδὲ ἀποφανθεῖσι κοινωνοῖς τῶν ἀτόπων, καὶ ἐξαγίστων βουλευμάτων. τὴν δὲ εἰς τὸν τοῦ παρανομήσαντος παῖδα, καὶ πατήσαντος C πίστιν καὶ ὅρκια, φειδώ, ἆρα βασιλικὸν ἀληθῶς καὶ θεῖον φήσομεν; ἢ μᾶλλον ἀποδεξόμεθα τὸν Ἀγαμέμνονα χαλεπαίνοντα καὶ πικραινόμενον τοῖς Τρωσὶν οὐ τοῖς ξυνελθοῦσι μόνον τῷ Πάριδι, καὶ καθυβρίκασι τοῦ Μενέλεω τὴν ἑστίαν· ἀλλὰ καὶ τοῖς κυομένοις ἔτι· καὶ τυχὸν ὧν οὐδὲ αἱ μητέρες τότε γεγόνεισαν· ὁπότε ἐκεῖνος τὰ περὶ τὴν ἁρπαγὴν ἐνενόει; Εἰ δὴ τὸ μὲν ὠμόν τις οἴεται, καὶ τραχὺ καὶ ἀπάνθρωπον ἥκιστα βασιλεῖ D πρέπειν· τὸ πρᾶον δὲ οἶμαι καὶ χρηστόν, καὶ φιλάνθρωπον ἁρμόττειν· ἥκιστα μὲν χαίροντι τιμωρίαις, ἀχθομένῳ δὲ ἐπὶ ταῖς τῶν ὑπηκόων συμφοραῖς; ὅπως ἂν γένωνται· εἴτε κακίᾳ σφῶν, γρ. γίνω- καὶ ἀμαθίᾳ· εἴτε ἔξωθεν παρὰ τῆς τύχης ἐπάγοιντο· δῆλος ἐστι τούτῳ διδοὺς τὰ νικητήρια. Ἐννοεῖτε γάρ, ὡς περὶ τὸν παῖδα γέγονε τοῦ φύσαντος ἀμείνων, καὶ δικαιότερος· περὶ δὲ τοὺς ἐκείνου φίλους, πιστότερος τοῦ τὴν φιλίαν

 ὁμο-

ὁμολογήσαντος. ὁ μὲν γὰρ ἅπαντας προὔπτο· ὁ δὲ ἀπέσωσεν ἅπαντας. καὶ εἰ μὲν ἐκεῖνος ταῦτα περὶ τοῦ βασιλέως ἐγνωκὼς· ἅτε ἐν πολλῷ χρόνῳ τὸν τρόπον καταμαθήσας· σφόδρα ἐπίστευεν, ἀσφαλῶς μὲν οἱ τὰ τοῦ παιδὸς, βεβαίως δὲ ὁρμῇ τὰ τῶν φίλων σωμὴ μὲν ὀρθῶς· πολλάκις δὲ ἦν πανοῦργος, καὶ μοχθηρὸς, καὶ δυστυχὴς, πολέμιος ἐθέλων εἶναι τῷ τοιούτῳ, καὶ ὃν σφόδρα ἀγαθὸν, καὶ διαφερόντως πρᾶον ἠπίστατο, μισῶν καὶ ἐπιβουλεύων, καὶ ἀφαιρούμενος, ὧν οὐδαμῶς ἐχρῆν. εἰ δὲ ἀνελπίστου μὲν οἱ τοῦ παιδὸς τῆς σωτηρίας τυγχανούσης· χαλεπῆς δὲ, καὶ ἀδυνάτου τῶν φίλων, καὶ τῶν συγγενῶν, τὴν ἀπιστίαν ὅμως προείλετο· ὁ μὲν ἦν καὶ διὰ ταῦτα μοχθηρὸς, καὶ ἀνόητος, καὶ ἀγριώτερος τῶν θηρίων· ὁ δὲ ἥμερος, καὶ πρᾷος, καὶ μεγαλόφρων· τοῦ μὲν νηπίου καταλεήσας τὴν ἡλικίαν, καὶ τὸν τρόπον· τοῖς δὲ οὐκ ἐλεγχθεῖσι πράως ἔχων· τοῦ δὲ ὑπεριδὼν, καὶ καταφρονήσας τῶν πονηρευσαμένων. ὁ γὰρ ἃ μηδὲ τῶν ἐχθρῶν τις, διὰ μέγεθος ὧν αὑτῷ σύνοιδεν ἀδικημάτων, ἐλπίζει, συγχωρῶν· εἰκότως ἀρετῆς ἐστι νικηφόρος· τὴν δίκην μὲν ἐπὶ τὸ κρεῖττον, καὶ πρᾳότερον μεταθείς· σωφροσύνῃ δὲ ὑπερβαλλόμενος τοὺς τὸ μέτριον ἐπιθέντας ταῖς τιμωρίαις· ἀνδρείᾳ δὲ διαφέρων, τῷ μηδένα πολέμιον ἀξιόχρεων ὑπολαμβάνειν· φρόνησιν δὲ ἐπιδεικνύμενος, τῷ συγκαταλύειν τὰς ἔχθρας, καὶ οὐ παραπέμπειν εἰς τοὺς παῖδας, οὐδὲ εἰς ἐγγόνους, προφάσει τῆς ἀκριβοῦς δίκης, καὶ τοῦ βούλεσθαί περ ἐπιεικῶς μάλα, πίτυος δίκην, τῶν πονηρῶν ἀφανίζειν τὰ σπέρματα. ἐκείνων γὰρ δὴ καὶ τὸ ἔργον τόδε· καὶ ἐπ᾽ αὐτῷ τὴν εἰκόνα παλαιὸς ἀπέφηνε λόγος. Ὁ δὲ ἀγαθὸς βασιλεὺς, μιμούμενος ἀτεχνῶς τὸν θεὸν, οἶδε μὲν καὶ

deest ὁ τρόπος in al. MSS. l. ὁρμῷ χ. σωνιά

χ. ἐξελεγχθεῖσι

χ. πονηρευσαμένων

χ. τῇ

A lior, qui cum iis fœdus atque amicitiam conjunxerat. Ille enim deseruit omnes; iste servavit. Ac si ille hæc de Imperatore suspicatus, utpote cujus mores atque ingenium jamdudum perspexerat, ita persuasum haberet, cum filium suum, tum vero amicos tutos atque extra omne periculum collocatos esse; recte hoc quidem senserat: sed hoc ipso fraudulentissimus, ac pessimus, & infidelissimus erat, qui ejusmodi viri hostis esse vellet, quique eum, quem optimum & longe humanissimum norat, odisset, ei- B que insidias strueret, & ea, quæ minime oporteret, conaretur eripere. Sin de salute filii desperaret, amicos vero ac propinquos ægre servari posse, aut ne posse quidem, putaret, & nihilominus perfidiam hanc animo conciperet; fuit hic sane ob eas res improbus, ac demens, & feris ipsis immanior: ille autem mitis, ac clemens, & egregia animi magnitudine præditus, qui & infantis ætatis ac morum misertus sit, & in eos qui maleficii convicti non essent, fuerit beni- C gnus, ac denique & illum aspernatus sit, & sceleratos homines ac perditos contempserit. Nam qui ea indulget, quæ ne hostium quidem aliquis præ facinorum, quorum sibi conscius est, atrocitate sperat; merito hic virtute omnibus antecellit: cum & juris rationem ad id, quod melius & humanius est, transferat, & eos moderatione animi superet, qui in irrogandis suppliciis modum ac rationem adhibuerunt: & idem fortitudine in eo præstet, quod nullum ho- D stem parem virtuti suæ & idoneum esse duxerit: prudentiam vero suam eo maxime comprobet, quod simultates sustulerit, nec eas, per speciem juris acrius persequendi, & improborum stirpis, pinus in morem, funditus exstinguendæ, ad liberos posterosque propagarit. Illorum enim factum istud proprium est; eaque ad id similitudo veteri est accommodata proverbio. At egregius princeps, qui vere ac sincere Deum imitatur, non ignorat apum examina etiam

e saxis

e saxis evolare, atque ex amarissimo ligno longe suavissimum oriri fructum: ficus, inquam, suaves ac jucundas: atque e spinis punicam malum: ac si quæ alia ex aliis prodeunt, eorum, a quibus propagantur ac gignuntur, dissimilia. Quapropter minime committendum esse putat, ut ea, antequam matura fuerint, profligentur; sed expectandum esse tempus suum, ac permittendum, ut parentum stoliditate ac vecordia excussa, boni atque frugi liberi fiant. Quisi paternorum institutorum imitatores esse maluerint, opportuno tempore pœnas persolvant, non ad alienorum criminum ac calamitatum occasionem extincti.

A ἐκ τῶν πετρῶν ἑσμοὺς μελιττῶν ἐξιπταμένους· καὶ ἐκ τοῦ δριμυτάτου ξύλου τὸν γλυκὺν καρπὸν φυόμενον· σῦκά φημι τὰ χαρίεντα· καὶ ἐξ ἀκανθῶν τὴν σίδην, καὶ ἄλλα ἐξ ἄλλων φυόμενα, ἀνόμοια τοῖς γεννῶσι καὶ ἀποτίκτουσιν. ὅθεν οὐκ οἴεται χρῆναι ταῦτα πρὸ τῆς ἀκμῆς διαφθείρειν· ἀλλὰ περιμένειν τὸν χρόνον, καὶ ἐπιτρέπειν αὐτοῖς, ἀπωσαμένοις τῶν πατέρων τὴν ἄνοιαν καὶ τὴν μωρίαν, ἀγαθοῖς γενέσθαι καὶ B σώφροσι· ζηλωταῖς δὲ γενομένοις τῶν πατρῴων ἐπιτηδευμάτων, ὑφέξειν ἐν καιρῷ τὴν δίκην· οὐκ ἀλλοτρίοις ἔργοις, καὶ συμφοραῖς παραναλωθέντας. γρ. τοῦτα χρῆναι

Satin igitur vobis videmur veræ laudationis numeros explesse? An etiam de fortitudine gravitateque morum audire amplius aliquid vultis? utque non solum ab hoste superari nequeat, sed neque ab turpi unquam cupiditate sit victus, aut egregiæ alicujus ædis, aut villæ magnificæ, aut baccatorum smaragdis monilium amore flagrans, ea vi aut precario iis, quorum erant, abstulerit? Sed nec liberæ cujusquam, aut servæ illicitam atque iniquam consuetudinem adamarit? Addo etiam, non illorum bonorum, quæ annuæ tempestates ferunt, nimiam expetere saturitatem. Non illum æstivo tempore glaciei cupido sollicitat, neque habitationem suam pro temporum varietate commutat. Verum iis maxime, quæ laborant, imperii partibus adest semper, frigoris æque ac caloris immodici patiens. Quorum omnium si certa vobis indicia atque signa proferre velim, non obscura quidem in medium adducam, neque horum inopia laborabo; sed longa ac prolixa nimium mea erit oratio. Neque vero Musis hærere tanto tempore atque operari vacat; sed tempus est deinceps, ut me ad opus ipsum convertam.

Ἆρ' οὖν ὑμῖν ἱκανῶς δοκοῦμεν ἐκπεπληρωκέναι τοῦ ἀληθινοῦ ἐπαίνου; ἢ ποθεῖτε ἀκούειν ὑμεῖς καὶ τὴν καρτερίαν, καὶ τὴν σεμνότητα; καὶ ὡς οὐ μόνον ἐστὶ τῶν πολεμίων ἀήττητος· ἀλλ' οὔτε αἰ- C σχρᾶς ἐπιθυμίας ἑάλω ποτέ· οὔτε οἰκίας καλῆς, οὔτ' ἐπαύλεως πολυτελοῦς· οὔτε ὅρμων σμαραγδίνων ἐπιθυμήσας ἀφείλετο βίᾳ, ἢ καὶ πεῖσαι τοὺς κεκτημένους. ἀλλ' οὐδὲ γυναικὸς ἐλευθέρας, οὐδὲ θεραπαινίδος, οὔτε ὅλως τὴν ἄδικον ἀφροδίτην ἠγάπησε. καὶ ὡς οὐδὲ ἂν ὧραι φύουσιν ἀγαθῶν ἄμετρον ἀπαιτεῖ πλησμονήν. οὐδὲ αὐτῷ θέρους ὥρα τοῦ κρυστάλλου μέλει· οὔτε μεταβάλλει κατὰ τὰς ὥ- D ρας τὴν οἴκησιν. τοῖς πονουμένοις δὲ ἀεὶ πάρεστι τῆς ἀρχῆς μέρεσιν, ἀντέχων καὶ πρὸς τὸ κρύος καὶ πρὸς τὰ θάλπη τὰ γενναῖα. Τούτων δὲ εἴ με κελεύοιτε φέρειν ὑμῖν ἐμφανῆ τὰ τεκμήρια, γνώριμα μὲν ἐρῶ, καὶ οὐκ ἀπορήσω· μακρὸς δὲ ὁ λόγος καὶ διωλύγιος. ἐμοί τε οὐ σχολὴ τὰς μούσας ἐπὶ τοσοῦτον θεραπεύειν· ἀλλ' ὥρα λοιπὸν πρὸς ἔργον τρέπεσθαι. γρ. θεραπαίνης

ΙΟΥΛΙΑΝΟΥ ἘΓΚΩΜΙΟΝ ΠΡΟΣ ΤΗΝ ΒΑΣΙΛΙΣΣΑΝ ΕΥΣΕΒΙΑΝ.

γρ. Καίσαρος, Εὐσεβίας τῆς βασιλίδος ἐγκώμιον

JULIANI IMP. ENCOMIUM IMPERATRICIS EUSEBIÆ.

ΛΟΓΟΣ Γ.

ΤΙ ποτε ἄρα χρὴ διανοεῖσθαι περὶ τῶν ὀφειλόντων μεγάλα, καὶ ὑπὲρ μεγάλων, οὔτι φημὶ χρυσίον, οὐδὲ ἀργύριον, ἀλλὰ ἁπλῶς ὅ,τι ἂν τύχοι τις παρὰ τοῦ πέλας εὖ παθών· εἶτα τοιαῦτα μὲν ἀποδιδόναι οὔτε ἐπιχειρούντων, οὔτε δυναμένων, ῥαθύμως δὲ καὶ ὀλιγώρως ἐχόντων πρὸς τὸ τὰ δυνατὰ ποιεῖν, καὶ διαλύεσθαι τὸ ὄφλημα; ἢ δηλονότι φαύλους καὶ μοχθηροὺς νομιστέον; Οὐδενὸς γὰρ, οἶμαι, τῶν ἄλλων ἀδικημάτων ἔλαττον μισοῦμεν ἀχαριστίαν, καὶ ὀνειδίζομεν τοῖς ἀνθρώποις, ὅταν εὖ παθόντες περὶ τοὺς εὐεργέτας ὦσιν ἀχάριστοι. Ἔστι δὲ οὐχ οὗτος ἀχάριστος μόνον, ὅτις εὖ παθὼν, δρᾷ κακῶς ἢ λέγει· ἀλλὰ καὶ ὅτις σιωπᾷ καὶ ἀποκρύπτει, λήθῃ παραδιδοὺς καὶ ἀφανίζων τὰς χάριτας. Καὶ τῆς μὲν θηριώδους ἐκείνης, καὶ ἀπανθρώπου μοχθηρίας σφόδρα ὀλίγα καὶ ἐπαρίθμητα κομιδῇ τὰ παραδείγματα. πολλοὶ δὲ ἀποκρύπτουσι τὸ δοκεῖν εὖ παθεῖν, οὐκ οἶδα ὅ,τι βουλόμενοι. Φασὶ δὲ ὅμως θωπείας τινὸς, καὶ ἀγεννοῦς κολακείας οὐκ ἀληθῆ δόξαν ἐκκλίνειν. Ἐγὼ δὲ αὐτοὶ μὲν ὅτι μηδὲν ὑγιὲς λέγουσι σα-

Margin notes: γρ. τύχῃ — γρ. δῆλον ὅτι — γρ. κολακείας ἢ δόξαν

A B C

ORATIO III.

ECQUID tandem de iis existimandum est, qui, cum magna nomina, magnisque de rebus contraxerint: (non jam aurum aut argentum loquor, sed de omni omnino re, in qua quispiam ab alio beneficio sit affectus) nihilominus gratiam pro iis persolvere neque conentur, neque possint; sed ad ea, quæ præstare queunt, referenda, ac dissolvendum debitum, negligentes se ac remissos præbeant? Nonne illi jure mali atque improbi censendi sunt? Neque enim ullum puto crimen esse, quod majore apud homines in odio sit, quam ingrati animi vitium, quodque aliis exprobrent magis, cum accepto beneficio ingrati erga bene de se meritos videntur. Est autem is ingratus, non modo qui *beneficio affectus* mali aliquid facit, aut dicit; sed etiam qui tacet, ac dissimulat, & alterius in se meritorum obliviscitur, atque eorum memoriam extinguit. Ac ferinæ hujus & inhumanæ pravitatis exigua admodum & rara sunt exempla. Plerique vero sunt qui beneficio se aliquo affectos esse videri nolint ac dissimulent. In quo quid sibi velint, non video. Verum ita dicunt, assentationis & illiberalis adulationis falsam se suspicionem vereri. Ego vero tametsi nihil eos

sani

sani dicere certissime scio; nihilominus prætermitto, atque id illis volo concedere, effugere eos, quemadmodum putant, falsam adulationis famam; cum interim multis simul animi pravitatibus, ac turpissimis & illiberalibus morbis irretiti videantur. Nam aut beneficia non intelligentes, sensu admodum eorum destituti sunt, quorum carere nullo modo oporteret: aut si intelligant, eorum memoriam omni esse tempore retinendam: ac si meminerint quidem, sed quibuscunque tandem de causis in agendis gratiis negligentes sint, timidi sunt, & invidi natura, ac totius, ut semel dicam, hominum generis inimici: qui ne erga bene meritos quidem de se faciles se ac benignos exhibeant: iidemque, si quando conviciari ac mordere necesse sit, iratis & acutis ferarum instar oculis aspiciunt. Veram autem ac sinceram laudem, tanquam impendii majoris ac summi aliquid, evitantes, nescio quo pacto egregiorum facinorum prædicationem vitio vertunt: cum id unum inquirere ac scrutari possint, utrum veritati studeat, eamque persequi malit, quam in laudando captare velle cujusquam gratiam videri. Non enim dici illud potest, inutile quiddam esse prædicationem, vel his quorum in gratiam instituitur, vel aliis qui æqualem vitæ gradum atque ordinem sortiti, eandem recte factorum virtutem ac dignitatem assequi nequeant. Illis enim jucundus hic auditus est, eosque ad eximia & illustria facinora promtos & alacres efficit; hos vero ad illorum æmulationem adducit, ac necessitate quadam impellit, cum hoc vident, nequaquam eo privatos illos esse; quod unum in conspectu omnium honeste dari & accipi potest. Nam pecunias palam publiceque largiri, ac circumspicere ut quam plurimi quod donatum sit sciant, inepti cujusdam est hominis: sed neque in omnium oculis manus porrigere quispiam sustineat, nisi pudorem omnem penitus ac morum probitatem excusserit. Arcesilaus vero cum daret aliquid, latere eum etiam studebat qui acciperet, & is ex

A φῶς εἰδὼς, ὅμως ἀφίημι, καὶ ἐᾶσθαι
διαφεύγειν αὐτοὺς, καθάπερ οἴονται,
κολακείας οὐκ ἀληθῆ δόξαν, πολλοῖς
ἅμα πάθεσιν ἐνόχους φανέντας, καὶ
νοσήμασιν αἰσχίστοις πάνυ καὶ ἀνε-
λευθέροις. Ἢ γὰρ οὐ συνιέντες ἀναίσθη-
τοι λίαν εἰσὶν, ὧν οὐδαμῶς ἀναισθήτως
εἶναι ἐχρῆν· ἢ συνιέντες ὧν ἐχρῆν εἰς
ἅπαντα μεμνῆσθαι τὸν χρόνον· μεμνημένοι δὲ καὶ ἀποκνοῦντες δι' ἃς δή ποτ'
οὖν αἰτίας, δειλοὶ καὶ βάσκανοι φύ-
B σει, καὶ ἁπλῶς ἅπασιν ἀνθρώποις
δυσμενεῖς, οἵ γε οὐδὲ τοῖς εὐεργέταις
πρᾶοι, καὶ προσηνεῖς ἐθέλοντες εἶναι·
εἶτα ἂν μὲν δέῃ λοιδορῆσαί που καὶ δα-
κεῖν, ὥσπερ τὰ θηρία ὀργίλον καὶ ὀξὺ
βλέπουσιν· ὥσπερ δὲ ἀνάλωμα πο-
λυτελὲς φεύγοντες τὸν ἀληθινὸν ἔπαινον, οὐκ οἶδα ὅπως αἰτιῶνται τὰς ὑπὲρ
τῶν καλῶν ἔργων εὐφημίας· ἐξὸν
ἐκεῖνο ἐξετάζειν μόνον, εἰ τὴν ἀλήθειαν τιμῶσι, καὶ περὶ πλείονος ποιοῦνται τοῦ δοκεῖν ἐν τοῖς ἐπαίνοις χαρίζε-
C σθαι. Οὐδὲ γὰρ τοῦτο ἕνεκεν εἰπεῖν, ὡς
ἀνωφελὲς χρῆμα ἡ εὐφημία, οὔτε
τοῖς ὑπὲρ ὧν γέγονεν, οὔτε αὖ τοῖς ἄλλοις, ὁπόσοι τὴν ἴσην ἐκείνοις κατὰ τὸν
βίον τάξιν εἰληχότες, τῆς ἐν ταῖς πράξεσιν ἀρετῆς ἀπελείφθησαν. τοῖς μὲν
γὰρ ἄκουσμά τι ἐστὶν ἡδὺ, καὶ προθυμοτέ-
ρους παρέχει περὶ τὰ καλὰ, καὶ διαφέροντα τῶν ἔργων. τοὺς δὲ ἐπιζηλοῦν
ἐκεῖνα πείθει, καὶ βίᾳ παρορμήσειν, ὁ- Vel. πα- θεῖ
ρῶντας, ὅτι μηδὲ τῶν παραλαβόντων
τοὺς ἀπεστερήθησαν, ὃ μόνον δοῦναί τε Vel. ὀρ- μᾶ
D καὶ λαβεῖν ἐστι δημοσίᾳ καλόν. Χρήματα μὲν γὰρ εἰς τὸ ἐμφανὲς διδόναι, καὶ
περιβλέπειν, ὅπως ὅτι πλεῖστοι τὸ δο-
θὲν εἴσονται, πρὸς ἀνδρὸς ἀπειροκάλου.
ἀλλ' οὐδὲ ὑποσχεῖν τὴν χεῖρα ὑπεδέ- Vel. ὑπο- σχὼν
ξατο ἄν τις ἐν ὀφθαλμοῖς πάντων, μὴ
παντάπασιν ἀποσεισάμενος αἰδῶ καὶ
ἐπιείκειαν τοῦ τρόπου. Ἀρκεσίλαος δὲ
καὶ διδοὺς τὸν λαβόντα ἐπειρᾶτο λαθεῖν·
συνιή

σιωπῇ δὲ ἐκεῖνος ἐκ τῆς πράξεως τὸν δόξαντα. ἐπαίνων δὲ ζηλωτὸν μὲν ἀκροατὰς ὡς πλείστους εὑρεῖν· ἀγαπητὸν δὲ οἶμαι καὶ ὀλίγους. καὶ ἐπῄνεσέ γε Σωκράτης πολλούς, καὶ Πλάτων, καὶ Ἀριστοτέλης· Ξενοφῶν δὲ καὶ Ἀγησίλαον τὸν βασιλέα, καὶ Κῦρον τὸν Πέρσην, οὐχὶ τὸν ἀρχαῖον ἐκεῖνον μόνον, ἀλλὰ καὶ ᾧ συνεστρατεύετο ἐφ' Ἑλλάδα· καὶ τοὺς ἐπαίνους ξυγγράφων οὐκ ἀπεκρύπτετο.

Ἐμοὶ δὲ θαυμαστὸν εἶναι δοκεῖ, εἰ τοὺς ἄνδρας γε τοὺς καλοὺς προθύμως ἐπαινεσόμεθα, γυναῖκα δὲ ἀγαθὴν τῆς εὐφημίας οὐκ ἀξιώσομεν, ἀρετῆς οὐδὲν μεῖον αὐτῇ ἤπερ τοῖς ἀνδράσι προσήκειν ὑπολαμβάνοντες. Καὶ γὰρ οἶμαι σώφρονα, καὶ συνετήν, καὶ νέμειν ἑκάστῳ τὰ πρὸς τὴν ἀξίαν, καὶ θαρραλέαν ἐν τοῖς δεινοῖς, καὶ μεγαλόφρονα, καὶ ἐλευθέριον, καὶ πάντα, ὡς ἔστιν εἰπεῖν, ὑπάρχειν ἐκείνῃ οἰόμενοι χρῆναι τὰ τοιαῦτα, τῶν ἐπὶ τοῖς ἔργοις ἐγκωμίων ἀφαιρησόμεθα τῷ ἐκ τῆς κολακείας δοκεῖν ψόγον δεδοικότες. Ὅμηρος δὲ οὐκ ᾐσχύνετο τὴν Πηνελόπην ἐπαινέσας· οὐδὲ τὴν Ἀλκινόου γαμετήν· οὐδὲ εἴ τις ἄλλη διαφερόντως ἀγαθὴ γέγονεν, ἢ καὶ ἐπὶ σμικρὸν ἀρετῆς μετεποιήθη. Οὐκοῦν οὐδὲ ἐκείνων τῶν ἐπ' αὐτῷ τούτῳ διήμαρτεν εὐφημίας. πρὸς δὲ αὖ τούτοις, παθεῖν μὲν εὖ, καὶ τυχεῖν τινος ἀγαθοῦ, σμικροῦ τε ὁμοίως, καὶ μείζονος οὐδὲν ἔλαττον παρὰ γυναικός, ἢ παρὰ ἀνδρὸς δεξόμεθα· τὴν δὲ ἐπ' αὐτῷ χάριν ἀποδιδόναι ὀκνήσομεν; Ἀλλὰ μὴ ποτε καὶ αὐτὸ τὸ δεῖσθαι καταγέλαστον εἶναί φασι, καὶ οὐκ ἄξιον ἀνδρὸς ἐπιεικοῦς καὶ γενναίου. εἶναι δὲ καὶ τὸν Ὀδυσσέα τὸν σοφὸν ἀγεννῆ καὶ δειλόν, ὅτι τὴν τοῦ βασιλέως ἱκέτευε θυγατέρα, παίζουσαν ἐπὶ τοῦ λειμῶνος ξὺν ταῖς ὁμήλιξι παρθένοις παρὰ τοῦ ποταμοῦ ταῖς ᾐόσι. μή ποτε δὲ οὐδὲ τῆς Ἀθηνᾶς τῆς τοῦ Διὸς ἀπόσχωνται παιδός, ἣν Ὅμηρός φησιν ἀπεικασθεῖσαν παρθέ-

A ipso facto bene de se meritum intelligebat. Laudum vero auditores invenire quam plurimos tametsi optandum est, vel paucis tamen contenti esse possumus. Ac Socrates sane, Plato, & Aristoteles plerosque collaudarunt: Xenophon vero etiam Agesilaum regem, ac Cyrum Persam, non illum tantum veterem dico, sed & eum quo cum e Græcia profectus expeditionem susceperat; nec hujus laudes in conscribenda historia dissimulavit.

B Mihi vero mirum illud videtur, si cum viros præclaros ultro ac libenter laudemus, mulierem egregiam nulla prædicatione prosequamur, cum nihilo minus quam viros virtute esse præditam arbitremur. Credo enim castam illam ac prudentem esse oportere; & unicuique pro merito tribuere, atque in periculis audacem, ac magnanimam, & liberalem, & omni, ut uno verbo dicam, genere virtutum excultam esse debere, persuasum habebimus; C interim egregie factorum eam laude privabimus, dum adulationis vituperationem veremur. At Homerum non puduit laudasse Penelopen, aut Alcinoi conjugem, aut si qua alia probitate vitæ ceteris antecelluit, ac vel minimum in se virtutis habuit, ne ejusmodi quidem sua ob id ipsum commendatione caruit. An vero beneficium aliquod, aut omnino boni quidpiam, sive parvi, sive majoris, nihilo minus a D muliere quam ab viro libenter accipiemus; gratiam autem pro eodem referre dubitabimus? Quid si vero, ajunt illi, vel hoc ipsum a fœminis postulare aliquid ridiculum est, & probo fortique viro non satis dignum: adeo ut & Ulysses ille sapiens, ignavus ac timidus fuisse videatur, dum regis filiæ supplicaret, quæ cum æqualibus virginibus ad maris litus in prato colludebat? Quid si ne a Minerva quidem filia Jovis abstinent, quam Homerus narrat sub honestæ ac speciosæ cloſæ virginis ſpecie Ulyſſi ad regiam eunti adhibuiſſe ſe ducem, eique conſilium dediſſe, ac quæ intus eſſent facienda dicendave docuiſſe? Ubi tanquam orator aliquis abſolutum ex arte reginæ encomium peregit, initio ab illius genere deducto. Verſus porro quos de ea re ſcripſit, ita ſe habent:

Ædibus occurret mediis tibi regia conjux:
Arete huic cognomen: at hæc genitoribus iisdem
Edita, qui regem fudere in luminis auras.

Cumque ab Neptuno illius originem generis duxiſſet, omniaque commemoraſſet, quæ feciſſent, aut tuliſſent; ac quemadmodum eam patruus, parente adhuc juvene, & ſponſo mortuo, uxorem duxerit, & in honore habuerit,

quanto in terris modo fœmina nulla eſt:

ac quanto in pretio eſſet

Hac natos apud egregios, regemque maritum;

nec non apud Senatum, & populum, qui tanquam Deam per urbem incedentem aſpiceret; cum tandem prædicationi finem impoſuit, qui mulieri ac viro ſit optandus:

Quippe bona mulier non eſt hæc indiga mentis,

inquiens, ac judicio valere plurimum affirmans. Quinetiam prudentiæ ſingularis eſſe, ac lites omnes & controverſias, quæ inter cives oriuntur, ſumma cum æquitate diſceptare. Huic ergo cum ſupplicaveris, ſi ejus tibi favorem ac benevolentiam adjunxeris, (ad Ulyſſem inquit Minerva)

Tum caros tibi quam primum ſpes certa videndi
Viſendique laris.

At ille conſilio paruit. Utrumnam igitur majoribus ſignis atque evidentioribus argumentis opus habebimus, quo adulandi ſuſpicionem videamur effugere? aut non

A νῳ καλῇ, καὶ γενναίᾳ Ὀδυσσεῖ ἡγήσασθαι τὴν περὶ τὰ βασίλεια Φερούσης ὁδοῦ, σύμβουλον δὲ αὐτοῦ καὶ διδάσκαλον γενομένην, ὧν ἐχρῆν εἴσω παρελθόντα δρᾶν καὶ λέγειν. καθάπερ τινὰ ῥήτορα ξὺν τῇ τέχνῃ τέλειον ᾆσαι βασιλίδος ἐγκώμιον, ἄνωθεν ἀπὸ τοῦ γένους ἀρξαμένην. ἔχει δὲ αὐτῇ τὰ ὑπὲρ τούτων ἔπη τὸν τρόπον τόνδε

Δέσποιναν μὲν πρῶτα κιχήσεαι ἐν μεγάροισιν, — Odyſſ. Η. v. 53. &c.
B Ἀρήτη δ' ὄνομ' ἐστὶν ἐπώνυμον· ἐκ δὲ τοκήων
Τῶν αὐτῶν, οἵπερ τέκον Ἀλκίνοον βασιλῆα.

Ἀναλαβοῦσα δὲ ἄνωθεν ἀπὸ τοῦ Ποσειδῶνος οἶμαι ἀρχὴν τοῦ γένους, καὶ ὅσα ἔδρασάν τε, καὶ ἔπαθον αὐτοί. καὶ ὅπως αὐτὴν ὁ θεῖος, τοῦ πατρὸς ἀπολομένου, νέου, καὶ νυμφίου, ἔγημέ τε καὶ ἐτίμησεν,

ὡς οὔτις ἐπὶ χθονὶ τίεται ἄλλη — Ibid. v. 67.
C καὶ ὅσου τυγχάνει.
Ἔκ τε φίλων παίδων, ἔκ τ' αὐτοῦ Ἀλκινόοιο, — Ibid. v. 70.

ἔτι δὲ οἶμαι τῆς γερουσίας, καὶ τοῦ δήμου, οἳ καθάπερ θεὸν ὁρῶσι πορευομένην διὰ τοῦ ἄστεος· τέλος ἐπέθηκε ταῖς εὐφημίαις ζηλωτὸν ἀνδρὶ καὶ γυναικί.

Οὐ μὲν γάρ τι νόου γε καὶ αὐτὴ δεύεται ἐσθλοῦ, — Ibid. v. 73.

λέγουσα, καὶ ὡς κρείττων εὖ ἠπίσταιτο. ἤδη δὲ Φρονεῖ, καὶ διαλύειν τὰ πρὸς
D ἀλλήλους ἐγκλήματα τοῖς πολίταις ἀναφυόμενα σὺν δίκῃ. ταύτην δὴ οὖν ἱκετεύσας εἰ τύχοις εὔνου, πρὸς αὐτὸν ἔφη,

Ἐλπωρή τοι ἔπειτα φίλους τ' ἰδέειν, καὶ ἱκέσθαι — Ibid. v. 76.
Οἶκον ἐς ὑψόροφον.

ὁ δὲ ἐπείσθη τῇ συμβουλῇ. Ἆρ' οὖν ἔτι δεησόμεθα μειζόνων εἰκόνων, καὶ ἀποδείξεων ἐναργεστέρων, ὥστε ἀποφυγεῖν τὴν ἐκ τοῦ κολακεύειν δοκεῖν ὑποψίαν;

Vef. ἀλλ. φίαν, ἔχει δὲ ἤδη μεμιμῆσθαι τὸν σοφὸν A ἐκεῖνον καὶ θεῖον ποιητήν, ἐπαινέσομεν Εὐσεβίαν τὴν ἀρίστην; ἐπιθυμοῦντες μὲν ἔπαινον αὐτῇ ἄξιον διεξελθεῖν, ἀγαπῶντες δέ, εἰ καὶ μετρίως τυγχάνοιμεν οὕτω πολλῶν καὶ καλῶν ἐπιτηδευμάτων, οὐ τῶν ἀγαθῶν τῶν ὑπαρχόντων ἐκείνῃ, σωφροσύνης, καὶ δικαιοσύνης, ἢ πρᾳότητος, καὶ ἐπιεικείας, ἢ τῆς περὶ τὸν ἄνδρα φιλίας, ἢ τῆς περὶ τὰ χρήματα μεγαλοψυχίας, ἢ τῆς περὶ τοὺς οἰκείους καὶ B
Vef. ξυγ. συγγενεῖς τιμῆς. προσήκει δὲ οἶμαι καθάπερ ἴχνεσιν ἑπομένους τοῖς ἤδη ἐκτεθεῖσιν οὕτω ποιεῖσθαι τὴν ξὺν εὐφημίᾳ
Vef. ἐκείνῃ τάξιν, ἀποδιδόντα τὴν αὐτὴν ἐκείνης, πατρίδος τε, ὡς εἰκὸς, καὶ πατέρων μνημονεύοντα, καὶ ὅπως ἐγήματο καὶ ὅτῳ, καὶ τἆλλα πάντα τὸν αὐτὸν ἐκείνοις τρόπον.

Περὶ μὲν οὖν τῆς πατρίδος πολλὰ σεμνὰ λέγειν ἔχων, τὰ μὲν διὰ παλαιότητα παρήσειν μοι δοκῶ. φαίνεται γὰρ
Vef. εἶναι εἶναι τῶν μύθων οὐ πόρρω. ὁποῖον δή τι C καὶ τὸ περὶ τῶν Μουσῶν λεγόμενον, οἷς ἐνεδήμησαν ἐκ τῆς Πιερίας. ἔχει δὲ ἐξ Ἑλικῶνος ἐς τὸν Ὄλυμπον ἀφικέσθαι παρὰ τοῦ πατρὸς κληθείσας. Τοῦτο μὲν δὴ καὶ εἰ δή τι τοιοῦτον ἕτερον, μύθῳ μᾶλλον ἢ λόγῳ προσῆκον, ἀπολειπτέον.
Vef. ἔλογον ἐλλόγου δὲ εἰπεῖν τὸ πᾶσι γνώριμον τυχὸν οὐκ ἄτοπον, οὐδὲ ἀπὸ τοῦ παρόντος λόγου. Μακεδόνων γὰρ οἰκῆσαί φασι τὴν χώραν τοὺς Ἡρακλέους ἐκγόνους, Τημένου παῖδας, οἳ τὴν Ἀργείων λῆξιν D νειμάμενοι καὶ στασιάζοντες, τέλος ἐποιήσαντο τὴν ἀποικίαν τῆς πρὸς ἀλλήλους ἔριδος καὶ φιλοτιμίας. εἶτα ἑλόντες
Vef. ἀπολιπόντες τὴν Μακεδονίαν, καὶ γένος ὄλβιον ἀπολιπόντες, βασιλεῖς ἐκ βασιλέων διετέλουν, καθάπερ κλῆρον τὴν τιμὴν διαδεχόμενοι. πάντας μὲν οὖν αὐτοὺς ἐπαινεῖν οὔτε ἀληθές, οὔτε οἶμαι ῥᾴδιον. πολλῶν δὲ ἀγαθῶν ἀνδρῶν γενομένων, καὶ καταλιπόντων Ἑλληνικοῦ τρόπου μνημεῖα πάγκαλα, Φίλιππος καὶ ὁ τούτου

potius sapientem illum divinumque Poetam imitari, Eusebiam illam præstantissimam feminam oratione prædicabimus? Cujus quidem virtute dignum præconium exequi cupimus: verum abunde nobis futurum putamus, si tot tamque præclara ejus studia mediocri aliqua ex parte consequamur; ut virtutum interim, quæ huic insunt, ornamenta seponamus, temperantiam dico, justitiam, clementiam, æquitatem, probitatem, caritatem in virum magnificentiam in opibus ac divitiis, & adversus propinquos & cognatos honorem, & observantiam. Ac mihi ea quæ proposita sunt tanquam vestigia consectanti idem prædicationis ordo servandus videtur, ut patriæ, quemadmodum decet, ac parentum mentionem agamus: tum quomodo nupserit, & cui: ac cætera id genus eodem, quo illa, modo tractemus.

Igitur de ejus patria cum egregia multa & illustria possim dicere, nonnulla, quia vetustate obsoleta sunt, prætermitto; neque enim longe a fabulis abhorrent. Quale est quod de Musis dicitur, fuisse illas ex Pieria, non autem profectas ex Helicone, & a patre vocatas, in Olympum venisse. Hoc igitur, & si quid aliud ejusmodi est, fabulæ magis quam orationi consentaneum, relinquo. Sed pauca tamen, quæ perspecta sunt omnibus, proferre non absurdum fortassis nec alienum ab oratione nostra fuerit. Nam in Macedonia habitasse ferunt Herculis nepotes, Temeni filios; qui Argivorum regionem, quam hæreditate acceperant, inter se partientes, atque invicem dissidentes, colonia missa contentionem omnem ac controversiam sustulerunt. Tum occupata Macedonia, ac beata generis successione derelicta, reges ab regibus deinceps tanquam patrimonium aliquod eam dignitatem acceperunt. Cæterum hos omnes collaudare, neque verum neque facile esse arbitror. Sed cum egregii quamplurimi fuerunt, ac Græcorum morum illustria monimenta reliquerunt, tum Philippus atque ejus

ejus filius cæteris virtute præstiterunt omnibus, quotquot Macedonibus & Thracibus imperarunt; imo & quotquot Lydorum, ac Medorum, & Persarum, atque Assyriorum reges extiterunt: si unum Cambysæ filium excipias, a quo a Medis in Persas imperium est translatum. Nam illorum alter primus augere vires Macedonum aggressus est; & Europæ maxima parte debellata, eos imperii sui terminos constituit, ut ab ortu quidem ac meridie ad mare usque pertingeret, a Septentrione vero Danubium, ab occasu Oricorum gentem respiceret. Hujus vero filius sub Stagirita Philosopho educatus, adeo magnitudine animi cæteris omnibus antecelluit, atque etiam parentem suum imperatoria virtute, audacia, virtutumque genere omni superavit; ut minime sibi vivendum arbitraretur, nisi & mortales omnes & nationes devinceret. Quamobrem & Asiam universam victoriis suis longe lateque peragravit, & primus hominum orientem Solem adoravit. Sed cum expeditionem in Europam moliretur, ut reliquis omnibus sub imperium subjunctis, terra marique dominaretur, mors illum apud Babylonem hæc animo tractantem oppressit. Porro Macedones civitatibus omnibus nationibusque dominati sunt, quas sibi illius auspiciis subjecerant. Num igitur necessarium adhuc est evidentioribus hoc indiciis approbare, illustrem atrea Macedonum gentem fuisse; atque illius præcipuam partem urbem illam vendicare sibi, quam victis, ut opinor, Thessalis extruxerunt, eique de illorum victoria nomen indiderunt? Sed de his nihil est quod diutius disputemus. De nobilitate porro quid est quod amplius laboremus, ut apertius aliquod argumentum & illustrius quæramus? Est enim ejus viri filia, qui ad annui Magistratus (hoc est, Consulatus) honorem ac dignitatem est evectus. Quæ quidem *quum ab initio* præpotens ac regia *vocaretur*, propter nonnullos, qui recte

A παῖς ἀρετῇ διενεγκάτην πάντων, ὅσοι πάλαι Μακεδονίας καὶ Θρᾴκης ἦρξαν. οἶμαι δὲ ἔγωγε καὶ ὅσοι Λυδῶν, ἢ Μήδων, καὶ Περσῶν, καὶ Ἀσσυρίων, πλὴν μόνου τοῦ Καμβύσου παιδὸς, ὃς ἐκ τῶν Μήδων εἰς Πέρσας τὴν βασιλείαν κατέστησεν. Vet. μετέστησεν
Ὁ μὲν γὰρ πρῶτος ἐπειράθη τὴν Μακεδόνων αὐξῆσαι δύναμιν, καὶ τῆς Εὐρώπης τὰ πλεῖστα καταστρεψάμενος, ὅρον ἐποιήσατο πρὸς ἕω μὲν καὶ πρὸς μεσημβρίαν τὴν θάλατταν, ἐπ' ἄρκτον δὲ, Vet. ἐπιστρέφειν.
B ἅμα τὸν Ἴστρον, καὶ πρὸς ἑσπέραν τὸ Ὠρικὸν ἔθνος. Ὁ τούτου δ' αὖ παῖς ὑπὸ τῷ Σταγειρίτῃ σοφῷ τραφόμενος τοσούτῳ μεγαλοψυχίᾳ τῶν ἄλλων ἁπάντων διήνεγκε, καὶ προσέτι τὸν αὐτοῦ πατέρα τῇ στρατηγίᾳ, καὶ τῇ θαρραλεότητι, καὶ ταῖς ἄλλαις ἀρεταῖς ὑπερβαλλόμενος, οὐκ ἄξιον αὐτῷ ζῆν ὑπελάμβανεν, εἰ μὴ ξυμπάντων μὲν ἀνθρώπων, πάντων δὲ ἐθνῶν κρατήσειεν. Οὔκουν τὴν μὲν Ἀσίαν ἐπῆλθε σύμπασαν καταστρεφόμενος, Vet. τούτου
C μενος, καὶ ἀνίσχοντα πρῶτος ἀνθρώπων τὸν ἥλιον προσεκύνει· ὡρμημένον δ' αὐτὸν ἐπὶ τὴν Εὐρώπην, ὅπως τὰ λειπόμενα περιβαλλόμενος, γῆς τε ἁπάσης καὶ θαλάττης κύριος γένοιτο, τὸ χρεὼν ἐν Βαβυλῶνι κατέλαβε. Μακεδόνες δ' ἁπάντων ἦρχον, ὧν ὑπ' ἐκείνου κτησάμενοι πόλεων καὶ ἐθνῶν ἔτυχον. Ἆρ' οὖν ἔτι χρὴ διὰ μειζόνων τεκμηρίων δηλοῦν, ὡς ἔνδοξος μὲν ἡ Μακεδόνων, καὶ μεγάλη τὸ πρόσθεν γένοιτο Al. Μακεδονία
D ταύτης δὲ αὐτῆς τὸ κράτιστον ἡ πόλις ἐκείνη, ἣν ἀνέστησαν πεσόντων, οἶμαι, Θετταλῶν, τῆς κατ' ἐκείνων ἐπώνυμον νίκης. καὶ περὶ μὲν τούτων οὐδὲν ἔτι δέομαι μακρότερον λέγειν. Εὐγενείας γε μὴν, τί ἂν ἔτι πράγματα ἔχοιμεν, ἐπιζητοῦντες φανερώτερα, καὶ ἐναργὲς μᾶλλον τεκμήριον; θυγάτηρ γάρ ἐστιν ἀνδρὸς ἀξίου νομισθέντος τὴν ἐπώνυμον τοῦ ἔτους ἀρχήν, πάλαι μὲν ἰσχυρὰν καὶ βασιλείαν ἀτεχνῶς νομιζομένην, μετα- Vet. ἂν ἔχοιμεν ἔτι πράττειν.

μεταβαλοῦσα δὲ διὰ τοὺς οὐκ ὀρθῶς χρωμένους τῇ δυνάμει τὸ ὄνομα. νῦν δὲ ἤδη τῆς δυνάμεως *ἐπιλιπούσης, ἐπειδὴ πρὸς μοναρχίαν τὰ τῆς πολιτείας μεθέστηκε, τιμὴ καθ' αὑτὴν τῶν ἄλλων ἁπάντων στερομένη, πρὸς πᾶσαν ἰσχὺν ἀντίῤῥοπος εἶναι δοκεῖ. τοῖς μὲν ἰδιώταις οἷον ἆθλον ἀποκειμένη καὶ γέρας ἀρετῆς ἢ πίστεως, ἢ τινος εὐνοίας καὶ ὑπηρεσίας περὶ τοὺς τῶν ὅλων ἄρχοντας, ἢ πράξεως λαμπρᾶς. τοῖς βασιλεῦσι δὲ πρὸς οἷς ἔχουσιν ἀγαθοῖς οἷον ἄγαλμα, καὶ κόσμος ἐπιτιθεμένη. τῶν μὲν γὰρ ἄλλων ὀνομάτων τε καὶ ἔργων, ὁπόσα τῆς παλαιᾶς ἐκείνης πολιτείας διασώζει τινὰ φαύλην καὶ ἀμυδρὰν εἰκόνα, ἢ παντάπασιν ὑπεριδόντες διὰ τὴν ἰσχὺν κατέγνωσαν, ἢ προσθέμενοί γε διὰ βίου καρποῦνται τὰς ἐπωνυμίας. μόνης δὲ οἶμαι ταύτης οὐδὲ τὴν ἀρχὴν ὑπερεῖδον χαίρουσι δὲ καὶ πρὸς ἐνιαυτὸν τυγχάνοντες. καὶ οὔτε ἰδιώτης οὐδεὶς, οὐδὲ βασιλεὺς ἔστιν ἢ γέγονεν, ὃς οὐ ζηλωτὸν ἐνόμισεν ὕπατος ὀνομασθῆναι. Εἰ δὲ ὅτι πρῶτος ἔτυχεν ἐκεῖνος, καὶ γέγονεν ἀρχηγὸς τῷ γένει τῆς εὐδοξίας, ἔλαττόν τι ἔχειν αὐτὸν τῶν ἄλλων ὑπολαμβάνει, λίαν ἐξαπατώμενος οὐ λανθάνει. τῷ παντὶ γὰρ οἶμαι, κρεῖττόν ἐστι καὶ σεμνότερον, ἀρχὴν παρασχεῖν τοῖς ἐκγόνοις περιφανείας τοσαύτης, ἢ παραλαβεῖν παρὰ τῶν προγόνων. ἐπεὶ καὶ πόλεως μεγίστης οἰκιστὴν γενέσθαι κρεῖττον, ἢ πολίτην· καὶ λαβεῖν ὁτιοῦν ἀγαθὸν ἢ τὸ *πάντη'' καταδεέστερον. λαμβάνειν δ' ἐοίκασι παρὰ τῶν πατέρων οἱ παῖδες, καὶ πολῖται παρὰ τῶν πόλεων οἷον ἀφορμάς τινας πρὸς εὐδοξίαν. ὅστις δὲ ἀποδίδωσι πάλιν ἐξ ἑαυτοῦ προγόνοις τε, καὶ πατρίδι μείζονα τιμῆς ὑπόθεσιν, λαμπροτέραν μὲν ἐκείνην καὶ σεμνοτέραν· τοὺς πατέρας δὲ ἐνδοξοτέρους ἀποφαίνων, οὗτος οὐδενὶ καταλείπει πρὸς εὐγένειαν ἅμιλλαν λόγων. οὐδὲ ἔστιν,

*Fors. ἐπιλειπ.

*Fors. supplendum

A potestate hac usi non fuerant, nomine commutata est. Nunc vero, postquam ejus vis atque ampla illa potestas desiit, quod ex republica monarchia sit facta, tametsi cæteris omnibus spoliata sit, cum potestate tamen omni ac robore contendere posse videtur. Quæ quidem privatis velut præmium quoddam est ac merces virtutis, aut fidei, aut benevolentiæ erga principes, aut eximii alicujus facinoris; principibus vero ipsis ad ea bona, quæ jam possident, velut decoris cu- B jusdam & ornatus accessio est. Nam reliqua nomina, vel functiones, quæ veteris illius reipublicæ tenuem aliquam & obscuram imaginem retinent, vel propter potentiam suam contemserunt ac repudiarunt, vel eorum quæ sibi imposuerint, appellationem toto vitæ tempore conservant. Illam vero duntaxat neque initio contemserunt, & quotannis tituli hujus usurpatione gaudent: nec est aut fuit unquam privatus ullus, aut princeps, qui non consulem se appellari C præclarum aliquid atque eximium putaverit. Quod si ideo, quod primus ille generi suo splendorem ac gloriam conciliarit, minus eum, quam cæteri, dignitatis assecutum quispiam putet; quantum hic opinione fallatur nemo non videt. Etenim præstantius omnino est, & ad gloriam prædicationemque majus, posteris suis tanti splendoris autorem ac principem fuisse, quam eundem relictum a majoribus accepisse. Quemadmodum urbis amplissimæ condi- D torem esse melius est, quam esse civem: & boni aliquid ab alio capere, quam dare, longe inferius videtur. Atqui & a parentibus liberi, & cives ab urbibus suis, gloriæ ac dignitatis velut primordia quædam & occasiones accipiunt. Quicumque vero rursus ex se majorem quandam honoris ac gloriæ segetem majoribus suis patriæque conciliat; quique & illustriorem illam ac splendidiorem, & parentes suos gloriosiores facit, hic nullum aliis de nobilitate certandi locum relinquit: neque ullus est,

qui

qui se eo præstantiorem audeat dicere. Nam ex bonis bonum nasci convenit: qui vero ex illustribus illustrior oriatur, cum in unum virtus & fortuna conveniant, nemini hic dubitandi locum relinquit, debeatne sibi nobilitatem jure tribuere.

Eusebia igitur, de qua hæc instituitur oratio, & filia Consulis est, & uxor Imperatoris fortis, temperantis, prudentis, justi, optimi, clementis & magnanimi. Qui postquam paternam hæreditatem, hoc est, imperium, sibi comparasset, ex ejusque, qui id violenter invaserat, manibus extorsisset; cumque ad liberos suscipiendos, quos honoris ac potentiæ hæredes relinqueret, uxorem vellet ducere; illam ipsam communione ista dignam judicavit, cum prope totius orbis terrarum imperium obtineret. Quare quod illustrius quæri potest, non modo nobilitatis in ea fœmina testimonium, sed & reliquorum omnium ornamentorum, quæ quidem velut dotem quandam afferre secum illam oporteat, quæ cum principe tanto copulanda sit? Cujusmodi sunt recta quædam institutio, scita ac congrua animi prudentia, corporis vigor ac species, & pulchritudo tanta, ut cæterarum virginum decor obscuretur: quemadmodum splendentia sidera, Lunæ jam pleno orbe micantis luce collustrata, speciem omnem ac lumen amittunt. Neque enim quodlibet ex illis unum ac solitarium ad ineundam illam cum Imperatore conjunctionem sufficit; sed universa simul (sic tanquam numen aliquod præstantissimo Principi pulchram ac castissimam conjugem effingeret) in unum coacta eminus, nec aspectu ipso duntaxat attractum & illectum sponsum illam longe felicissimum adduxerunt. Siquidem pulchritudo generis nobilitate cæterisque destituta bonis, ne privatum quidem, etiam libidinibus deditum, impellere potest ut nuptialem facem accendat. Cæterum ambo illa in unum convenientia, licet sæpe nuptiarum fœdera per sese conjunxerint; tamen quoties ab morum consensu atque concordia, & gra-

A ὅστις ἐκείνου φησὶ κρείττων γεγονέναι. Ἐξ ἀγαθῶν μὲν γὰρ ἀγαθὸν φῦναι χρή· ὁ δὲ ἐξ ἐνδόξων ἐνδοξότερος γενόμενος, ἐς ταὐτὸν ἀρετῇ τῆς τύχης συνελθούσης, οὗτος οὐδενὶ δίδωσιν ἀπορεῖν, εἰ τῆς εὐγενείας μεταποιεῖται.

Εὐσεβία δὲ, περὶ ἧς ὁ λόγος, παῖς μὲν ὑπάτου γέγονε, γαμετὴ δέ ἐστι βασιλέως ἀνδρείου, σώφρονος, συνετοῦ, δικαίου, χρηστοῦ, καὶ πράου, καὶ μεγαλοψύχου. ὃς ἐπειδὴ πατρῴαν B οὖσαν αὐτῷ τὴν ἀρχὴν ἀνεκτήσατο, ἀφελόμενος τοῦ βίᾳ λαβόντος, γάμου τε ἐδεῖτο, πρὸς παίδων γένεσιν, οἳ κληρονομήσουσι τῆς τιμῆς, καὶ τῆς ἐξουσίας, ταύτην ἀξίαν ἔκρινε τῆς κοινωνίας, γεγονὼς ἤδη σχεδόν τι τῆς οἰκουμένης ἁπάσης κύριος. Καίτοι πῶς ἄν τις μείζονα ἐπιζητήσειε μαρτυρίαν τῆς δεῖ; οὐ μόνον περὶ τῆς εὐγενείας αὐτῆς· ὑπὲρ δὲ ἁπάντων ἁπλῶς, ὅσα χρῆν εἶναι τὴν βασιλεῖ τοσούτῳ C συνιοῦσαν, καθάπερ φερνὴν οἴκοθεν ἐπιφερομένην κομίζειν ἀγαθὰ, παιδείαν ὀρθὴν, σύνεσιν ἐμμελῆ, ἀκμὴν καὶ ὥραν σώματος, καὶ κάλλος τοσοῦτον, ὥστε ἀποκρύπτειν τὰς ἄλλας παρθένους. καθάπερ οἶμαι περὶ τὴν σελήνην πλησιφαῆ ἀστ... αἱ λοιποὶ ἀστέρες καταυγασθέντες κρύπτουσι τὴν μορφήν. οὐ γὰρ ἓν τούτων οὐδὲν ἐξαρκεῖν δοκεῖ πρὸς κοινωνίαν βασιλέως· πάντα δὲ ἅμα, ὥσπερ θεοῦ τινος ἀγαθοῦ τῷ βασιλεῖ καλὴν καὶ σώD φρονα πλάττοντος τὴν νύμφην, ἐς ταὐτὸ συνεληλυθότα, παρελθεῖν καὶ οὐκ ἀπὸ τῶν ὀμμάτων ἐφελκυσάμενα μᾶλλον ἦγε τὸν νυμφίον. κάλλος μὲν γὰρ τῆς ἐκ τοῦ γένους βοηθείας, καὶ τῶν ἄλλων ἀγαθῶν οἶμαι στερόμενον, οὐδὲ ἰδιώτην ἀκόλαστον ἱκανὸν πείθειν, τὴν γαμήλιον ἀνάψαι λαμπάδα. ἄμφω δὲ ἅμα συνελθόντα γάμον μὲν ἥρμοσε πολλάκις· ἀπολειπόμενα δὲ τῆς ἐκ τῶν τρόπων ἁρμονίας,

μονίας καὶ χαλκίδος ἀλλὰ [illegible] τα. Ταῦτα ἐπιστάμενος σαφῶς ὁ βασιλεὺς ὁ σώφρων, φαίην ἂν εἰκότως, καὶ πάνυ καλῶς βουλευσάμενος ἑλέσθαι τὸν γάμον· τὰ μὲν οἶμαι πυθόμενος, ὅσα χρὴ δι' ἀκοῆς περὶ αὐτῆς μαθεῖν, τεκμηράμενος δὲ ἀπὸ τῆς μητρὸς τὴν εὐτεκνίαν. αὐτὸς δὲ τὰ μὲν ἄλλα τί δεῖ λέγοντας διατρίβειν, καθάπερ οὐκ ἔχοντας ἴδιον ἐγκώμιον, εἰς ὅ τι ἂν ὁ λόγος διελθεῖν; Τοσοῦτον δὲ ἴσως οὔτε εἰπεῖν οὔτε ἐπακοῦσαι πολὺ καὶ ἀργαλέον, ὅτι δὴ γένος μὲν αὐτῇ σφόδρα Ἑλληνικόν, Ἑλλήνων τῶν πάνυ· καὶ πόλις ἡ μητρόπολις τῆς Μακεδονίας. **σωφρο**σύνῃ δὲ ὑπὲρ τε Εὐάδνην τὴν Καπανέως, καὶ τὴν Θετταλὴν ἐκείνην **Λαο**δάμειαν. αἱ **μὲν** γὰρ καλοὺς καὶ νέους, καὶ **ἔτι** νυμφίους τοὺς **ἄνδρας** ἀφαιρεθεῖσαι δαιμόνων βίᾳ βασκάνων, ἢ μοιρῶν νήμασι, τὸ ζῆν ὑπερεῖδον διὰ **τὸν** ἔρωτα. ἡ δὲ, ἐπειδὴ τὸ χρεὼν τὸν κουρίδιον αὐτῆς ἄνδρα κατέλαβε, τοῖς **παισὶ προσανα**θεμένη, τοσοῦτον ἐπὶ σωφροσύνῃ κλέος αὐτῇ εἰργάσατο, ὥστε τῇ μὲν Πηνελόπῃ περιῆν ἔτι, καὶ πλανωμένου τοῦ γήμαντος, προσιέναι τοὺς μνηστῆρας μνησομένους ἔκ τε Ἰθάκης, καὶ Σάμου, καὶ Δουλιχίου. τῇ δὲ, οὐδεὶς οὐδὲ καλός, οὐδὲ μέγας, ἢ ἰσχυρὸς καὶ πλούσιος, ὡς ὑπὲρ ταύτης εἰς λόγους ἐλθεῖν ὑπέμεινε. τὴν θυγατέρα ὁ βασιλεὺς ἑαυτῷ συνοικεῖν ἄξιον ἡγησάμενος, καὶ [illegible] τὸν γάμον λαμπρὸν μετὰ τὰ τρόπαια, ἔθνη καὶ πόλεις καὶ δήμους ἑστιῶν. Εἰ δέ τις ἄρα ἐκεῖνον ἐπιθυμεῖ ποθεῖ, ὅπως μὲν ἐκ Μακεδονίας ἐκαλεῖτο μετὰ τῆς μητρὸς ἡ νύμφη, τίς δὲ ἦν ὁ τῆς πομπῆς τρόπος, ἁρμάτων καὶ ἵππων καὶ ὀχημάτων παντοδαπῶν χρυσοῦ καὶ ἀργύρου καὶ ὀρειχάλκου μετὰ τῆς ἀρίστης τέχνης εἰργασμένων, ὑπὸ τῶν παιδικῶν σφόδρα ἀκουσμάτων ἐπιθυμεῖν. καθάπερ γὰρ, οἶμαι, κιθαρῳδοῦ τινος ἀξίου τὴν τέχνην, [illegible]

A ea separantur, non alio perclara aut commendabilia fuerunt. Hæc cum optime continentissimus princeps noster intelligeret, merito illam ducendam post longam consultationem eandem eas sibi nuptias elegisse cum, opinor, de ea partim audisset quæ auditu percipienda fuerant, partim de ejus castitate conjecturam ex illius matre fecisset. De qua quid cætera commemorare ac diutius hærere necesse est, quasi proprium et ac peculiare præconium desit, de qua instituenda mihi oratio est? Hoc unum tamen B neque ad dicendum, neque ad audiendum nimium difficile est, genere illam comprimis Græco, & ab germanis Græcis esse pro**pagatam,** ejusque patriam Macedoniæ ca**pitis esse** metropolim. Quod vero ad castitatem pertinet, multo ab ea Evadnem Capanei conjugem, & Laodamiam illam **Thessalam** fuisse superatam. Nam illæ cum formosos, ac juvenes, & adhuc sponsos con**juges**, sive invidorum Dæmonum vi, seu **Parcis fila** secantibus, amisissent, vitam suam præ **amoris** vehementia profuderunt. C **At** illa, posteaquam naturalem vitæ exitum **conjux** sortitus **est**, quem illa unicum habuerat, deinceps liberis suis affixa, tantam sibi castitatis opinionem peperit, ut cum ad Penelopen, superstite adhuc & errante viro, juvenes accederent ex Ithaca, & Samo, & Dulichio proci: illi nemo unquam formo**sus** sit aut specie, aut magnitudine corpo**ris**, aut robore, atque opibus commendatus, qui **de** eo loqui ac mentionem audere injicere. Hujus ergo filiam dignam conjugio suo Imperator arbitratus est; & nu- D ptias post triumphos illos magnifice celebravit, in quibus gentes integras, ac civitates, & Musis convivio excepit. Jam vero si quis audire illa cupit, quomodo ex Macedonia cum matre sponsa deducta sit; quæve pompæ illius ratio fuerit, in qua currus, equi, & vehicula generis omnis, auro, argento, & aurichalco, summo cum artificio exornata splenderent: perinde atque nugas puerilium acroamatum cupiditate ductus; quasi citharœdi cujusdam excellentis articis. Fingamus vero Terpandrum hunc esse, vel Methymnæum illum, quem ducente Deo memorant in amantiorem musicæ Delphinum, quam vectores, incidisse, atque ad Laconicum promontorium appulisse. Etenim miseros illos nautas ejus artis lucra atque compendia mulcebant; artem vero ipsam iidem illi contemnebant, nec de musica curabant. Jam si quis amborum illorum præstantissimum deligat, eique corporis habitum arti suæ consentaneum attribuat, tum in consessum ac theatrum producat virorum generis omnis, ac mulierum, & puerorum, natura, ætate, reliquo vitæ genere ac studio discrepantium; nonne & pueros statim, & quotquot e viris ac mulieribus horum similes exstiterint, vestem ejus ac citharam intuentes, mirum in modum eo spectaculo perculsos atque attonitos fore creditis? ac virorum & mulierum imperitissimos quosque, adeoque præter paucos multitudinem omnem de citharæ pulsu suapte ex voluptate ac molestia esse judicaturam? Cum interim Musicus quispiam, qui artis regulas ac præcepta calleat, neque misceri ac perturbari carmina voluptatis causa temere patiatur; & vero succenseat, si quis musicæ modulos corrumpat, neque decenter concentibus utatur, sed aliter quam germanæ ac divinæ musicæ ratio permittat. Quod si e contrario stare illum artis suæ decretis viderit, neque adulterinam sed puram ac sinceram voluptatem spectatoribus præbere suis, summopere collaudans illum admiransque discedet; quod sine ulla Musarum injuria in theatro cum arte sua versari potuerit. Eum vero qui purpuram dumtaxat ac citharam laudet, delirare atque insanire judicabit. Qui si pluribus illa describat, & suavissima oratione jejunas res ac contemtas exornet ac perpoliat; ridiculum hunc magis existimabit, quam qui in tornando ac cælando milio laboret:

A εἰ βούλει Τέρπανδρος ἔστω, ἢ καὶ ὁ Μηθυμναῖος ἐκεῖνος, ὃν δὴ λόγος ἔχει δαιμονίᾳ πομπῇ χρησάμενον φιλομουσοτέρου τοῦ δελφῖνος τυχεῖν, ἢ τῶν ξυμπλεόντων, καὶ ἐπὶ τὴν Λακωνικὴν ἄκραν κομισθῆναι. ἔθελγε γὰρ οἶμαι τοὺς δυστυχεῖς ναύτας ὅσα ἐκεῖνος ἀπὸ τῆς τέχνης εἰργάσατο, αὐτῆς δὲ ἐκείνης ὑπερεώρων, καὶ οὐδεμίαν ὤραν ἐποιοῦντο τῆς μουσικῆς. εἰ δὴ ἄμφω τις τοῖν ἀνδροῖν ἐκείνοιν τὸν κράτιστον ἐπιλεξάμενος, καὶ
B ἀποδοὺς τὸν περὶ τὸ σῶμα κόσμον τῇ τέχνῃ πρέποντα, εἶτα εἰς θέατρον παράγοι παντοδαπῶν ἀνδρῶν καὶ γυναικῶν, καὶ παίδων, φύσει τε καὶ ἡλικίᾳ, καὶ τοῖς ἄλλοις ἐπιτηδεύμασι διαφερομένων· οὐκ ἂν οἴεσθε τοὺς μὲν παῖδας καὶ τῶν ἀνδρῶν, καὶ τῶν γυναικῶν, ὅσοι τοιοῦτοι, εἰς τὴν ἐσθῆτα καὶ τὴν κιθάραν ἀποβλέποντας ἐκπεπλῆχθαι δεινῶς πρὸς τὴν ὄψιν, τῶν ἀνδρῶν δὲ τοὺς ἀμαθεστέρους, καὶ γυναικῶν πλὴν σφόδρα ὀλίγων ἅ-
C παν τὸ πλῆθος, ἡδονῇ καὶ λύπῃ κρίνειν τὰ κρούματα; μουσικὸν δὲ ἄνδρα, τοὺς λόγους ἐξεπιστάμενον τῆς τέχνης, οὔτε μιγνύμενα τὰ μέλη τῆς ἡδονῆς χάριν φαύλως ἀνέχεσθαι· δυσχεραίνειν δὲ καὶ εἴ τις τοὺς τρόπους τῆς μουσικῆς διαφθείροι, καὶ εἰ ταῖς ἁρμονίαις μὴ δεόντως χρῷτο, ἀλλ' ἄλλως ἢ ὡς ὁ τῆς ἀληθοῦς καὶ θείας μουσικῆς ὅρος· ὁρῶν τε ἐμμένοντα τοῖς [illegible] ἡδονὴν, καθαρὰν δὲ καὶ ἀκήρατον τοῖς
D θεαταῖς ἐργαζόμενον, ἄπεισι τοῦτον ἐπαινῶν, καὶ ἐκπεπληγμένος, ὅτι δὴ σὺν τέχνῃ μηδὲν ἀδικῶν τὰς Μούσας τῷ θεάτρῳ ξυγγέγονε. τὸν δὲ τὴν ἁλουργίδα καὶ τὴν κιθάραν ἐπαινοῦντα ληρεῖν αὐτὸν καὶ ἀνοηταίνειν· καὶ εἰ μετὰ πλείονος τὰ τοιαῦτα διηγοῖτο, λέξει δὲ ἡδίστῃ κοσμῶν, καὶ ἐπιλεαίνων τὸ φαῦλον καὶ ἄγευστον τῶν δογμάτων, γελοιότερον νομιεῖ τῶν ἀποτορνευόντων τὰς κέγχρους ἐπιχειρούντων. καθάπερ οἶμαι

μαί φασι τὸν Μυρμηκίδην ἀντιπαραταττόμενον τῇ Φειδίου τέχνῃ. οὔκουν οὐδὲ ἡμεῖς ἑκόντες αὐτοὺς ταύταις ὑποθήσομεν ταῖς αἰτίαις, ἱματίων πολυτελῶν, καὶ δώρων παντοίων, ὅρμων τε καὶ στεφάνων, καὶ κατάλογον τὸν ἐκ βασιλέως μακρόν τινα τοῦτον ᾄδοντες· οὔτε ὡς ἀπήντων οἱ δῆμοι δεξιούμενοι, καὶ χαίροντες· οὔτε ὅσα κατὰ τὴν ὁδὸν ἑκάστοτε λαμπρὰ, καὶ ζηλωτὰ γέγονε καὶ ἐνομίσθη. Ἀλλ' ἐπειδὴ τῶν βασιλείων εἴσω παρῆλθε, καὶ τῆς ἐπωνυμίας ταύτης ἠξιώθη, τί πρῶτον ἔργον ἐκείνης γέγονε; καὶ αὖθις δεύτερον; καὶ ἐπ' αὐτῷ τρίτον; πολλὰ δὴ μάλα τὸ ἐντεῦθεν. Οὐ γὰρ εἰ σφόδρα λέγειν ἐθέλοιμι, καὶ μακρὰς ὑπὲρ τούτων βίβλους ξυνθεῖναι, ἀρκέσειν ὑπολαμβάνω τῷ πλήθει τῶν ἔργων, ὅσα ἐκείνης φρόνησιν καὶ πρᾳότητα καὶ σωφροσύνην, καὶ φιλανθρωπίαν, ἐπιείκειάν τε, καὶ ἐλευθεριότητα, καὶ τὰς ἄλλας ἀρετὰς ἐξεμαρτύρησε λαμπρότερον, ἢ νῦν ὁ παρὼν περὶ αὐτῆς λόγος δηλοῦν ἐπιχειρεῖ καὶ ἐκδιδάσκειν τοὺς πάλαι διὰ τῶν ἔργων ἐγνωκότας. οὐ μὴν ἐπειδὴ ἐκεῖνο δυσχερὲς, μᾶλλον δὲ ἀδύνατον ἐφάνη, παντελῶς ἄξιον ὑπὲρ ἁπάντων ἀποσιωπῆσαι· πειρᾶσθαι δὲ εἰς δύναμιν φράζειν ὑπὲρ αὐτῶν· καὶ τὸ μὲν φρονήσεως ποιεῖσθαι σημεῖον, καὶ τῆς ἄλλης ἀρετῆς πάσης, ὅτι τὸν γήμαντα διέθηκεν οὕτως περὶ αὐτὴν, ὥσπερ οὖν ἄξιον γυναῖκα καλὴν καὶ γενναίαν. ὥστε ἔγωγε τῆς Πηνελόπης πολλὰ καὶ ἄλλα νομίσας ἐπαίνου ἄξια, τοῦτο ἐν τοῖς μάλιστα θαυμάζω, ὅτι δὴ τὸν ἄνδρα λίαν καὶ ἔπειθε στέργειν καὶ ἀγαπᾶν αὐτὴν ὑπερορῶντα μὲν ὡς φασι δαιμονίων γάμων· ἀτιμάζοντα δὲ οὐ μεῖον τὴν τῶν Φαιάκων συγγένειαν. καὶ τοίγε εἶχον αὐτὸν πᾶσαι ἐρωτικῶς, Καλυψὼ, καὶ Κίρκη, καὶ Ναυσικάα· καὶ ἦν αὐταῖς τὰ βασίλεια πάγκαλα, κήπων τινῶν καὶ

deest καὶ in Voss. MSS.

Voss. καὶ πολ.

Voss. λίαν ἔπειθε

Voss. αὐτὴν

Voss. ἀγαθῶν

Voss. ξυγ.

Voss. καίτοι γε

A quod Myrmecidem fecisse narrant, cum adversus Phidiæ artificium contenderet. Quare neque nos ultro iis criminationibus objiciemus, ut exquisitarum vestium ac donorum generis omnis, & monilium, ac coronarum ab Imperatore missarum ingentem quendam catalogum instituamus: nec quemadmodum venienti illi populi excepturi & gratulantes obviam processerint: neque cætera, quæ per totam viam eximia ac præclara facta sunt, & ex more suscepta. Posteaquam vero in regiam introducta est, B atque Imperatricis nomen adepta, quod tandem primum illius opus extitit? quod secundum? quod denique tertium? aut deinceps, plura ut his adjiciamus? Neque enim, tametsi dicere admodum multa velim, atque innumeros de ea re libros conscribere, rerum gestarum copiam assequi me dicendo sperem: quot nimirum illius egregia facta, prudentiæ, mansuetudinis, castitatis, humanitatis, æquitatis, liberalitatis, cæterarum denique virtutum, testimonium longe illustrius dederunt, quam quod de ea prædicare nostra hæc sibi proposuit oratio; C & illos docere, qui ex factis ipsis dudum illud habent perspectum ac cognitum. Neque tamen, etsi difficile illud esse, vel potius obtineri nullo modo posse videatur, par est de omnibus tacere penitus; sed eniti potius ut pro viribus de iis sermonem instituere conemur: atque ut prudentiæ quidem argumentum illud habeamus, adeoque virtutum omnium; quod conjugem suum ita erga se affectum atque obstrictum sibi reddiderit, quemadmodum ab honesta & egregia uxore fieri consentaD neum est. Nam cum in Penelope multa laude digna fuisse judico, tum illud præ cæteris admiror, quod in viro suo tam ardentem sui amorem excitarit, ut divinas etiam nuptias, uti ferunt, contemneret, nec minus Phæacum affinitatem respueret. Quanquam Calypso, Circe ac Nausicae miro eum amore prosequerentur: quæ omnes regias habebant magnificas, in quibus

bus horti erant, ac nemora umbrosis & opacis arboribus consita, prata vero variis floribus ac molli gramine convestita.

Quatuor hinc manant fontes lucentibus undis;

circum ædes vero domestica vitis adolescebat, cujus generosa plantaria racemorum ubertate incurvescerent. Mitto reliqua, quæ ejusmodi apud Phæacas erant plurima, atque aliquanto etiam exquisitiora: quæ quidem, utpote artificiose facta, minus quam nativa gratiæ ac leporis habebant, minusque jucunda videbantur. Nam quod ad delicias illas & opes attinet, ac tantam insularum illarum tranquillitatem ac quietem; quem tandem non cessurum facile putamus, qui tot labores ac pericula tolerasset, & majora his etiam expectaret, non mari solum, sed domi insuper, ubi adversus centum juvenes ætate florentissimos soli certamen erat ineundum; quod ne apud Trojam quidem illi unquam acciderat? Quamobrem si quis hunc in modum ludens Ulyssem interrogaret: Quid tu tandem, orator sapientissime, vel imperator, vel quocunque te nomine appellari oporteat, tot labores sponte suscipiens, cum felix esse possis ac beatus, & immortalis etiam, (si ulla Calypsûs promissis adhibenda fides est) tu, inquam, melioribus deteriora præferens, tam multas tibi ærumnas imposuisti: neque in Scheria domicilium collocare vis, ubi tot erroribus ac periculis adhibere modum, ac liberari possis; sed contra domi bellum capessere, & alia quædam certamina, ac peregrinationem obire consilinis, nihilo, ut apparet, priore faciliorem ac leviorem? Ecquid igitur ad ea responsurum illum creditis? Nonne istud utique dicturum: quoniam adire Penelopen ac cum ea versari cupiat, eidem certamina & expeditiones, quasi jucundissimas narrationes, se allaturum arbitrari. Propterea & matrem ejus cohortantem induxit, ut

A παραφυτεύσαι ἐν αὐτοῖς περιφύειν μάλα ἀμφιλαφέσι, καὶ κατασκίοις τοῖς δένδρεσι, λειμῶνας δὲ ἄνθεσι ποικίλοις, καὶ μαλακῇ τῇ πόᾳ βρύοντας.

Κρῆναι δ' ἐξείης πίσυρες ῥέον ὕδατι λευκῷ. (Odyss. η. 129.)

καὶ ἐπετέθηλε περὶ τὴν οἰκίαν ἥμερος ἡβῶσα, σταφυλῇ οἶμαι τῇ γενναίᾳ βριθομένη τοῖς βότρυσι. καὶ παρὰ τοῖς Φαίαξιν ἕτερα τοιαῦτα, πλὴν ὅσῳ πολυτελέστερα· ἅτε οἶμαι ποικίλα ξὺν τέχνῃ, τῶν αὐτοφυῶν ἔλαττον μετεῖχε
B χάριτος, καὶ ἧττον εἶναι ἐδόκει ἐπιήρατα. Τῆς τρυφῆς δὲ αὖ καὶ τοῦ πλούτου, καὶ προσέτι τῆς περὶ τὰς νήσους ἐκείνας εἰρήνης καὶ ἡσυχίας, τίνα οὐκ ἂν ἡττηθῆναι δοκεῖ, τοσούτους ἀνατλάντα πόνους καὶ κινδύνους, καὶ ἔτι ὑφορώμενον δεινότατα πείσεσθαι, τὰ μὲν ἐν θαλάττῃ, τὰ δὲ ἐπὶ τῆς οἰκίας αὐτῆς πρὸς ἑκατὸν νεανίσκους ἡβῶντας εὖ μάλα μόνον ἀγωνίζεσθαι μέλλοντα, ὅπερ οὐδὲ ἐν Τροίᾳ ἐκείνῳ ποτὲ
C συνηνέχθη; εἴ τις δὴ ἔροιτο τὸν Ὀδυσσέα παίζων οὑδί πως. τί ποτε, ὦ σοφώτατε ῥῆτορ, ἢ στρατηγέ, ἢ ὅ, τι χρή σε ὀνομάζειν, τοσούτους ἑκὼν ὑπέμεινας πόνους, ἐξὸν ἐπαυλίζειν, καὶ εὐδαίμονα, τυχὸν δὲ καὶ ἀθάνατον, εἴ τι χρὴ ταῖς ὑποσχέσεσι Καλυψοῦς πιστεύειν, ἀλλ' ἑλόμενος τὰ χείρω πρὸ τῶν βελτιόνων, τοσούτους αὐτῷ προσέθηκας πόνους, ἀλλ' οὐκ ἐν τῇ δὴ Σχερίᾳ καταμεῖναι ἐθελήσας, ἐξὸν ἐκεῖ γε παυσαμένῳ τῆς
D πλάνης καὶ τῶν κινδύνων ἀπηλλάχθαι· σὺ δ' ἤρω ἐπὶ τῆς οἰκίας ἔγνως στρατεύσασθαι, καὶ ἄθλους δή τινας, καὶ ἀποδημίαν ἑτέραν ἐκπληρῶν, ἔτι τῆς πρόσθεν, ὥς γε τὸ εἰκός, ἀπραγμονεστέραν, οὐδὲ κουφοτέραν. Τί δὴ οὖν οἴεσθε πρὸς ταῦτα ἐκεῖνον εἰπεῖν ἔχειν; ἆρ' οὐχ ὅτι τῇ Πηνελόπῃ συνεῖναι ἐθέλων, τούς τε ἄθλους αὐτῇ καὶ τὰς στρατείας χαρίεντα διηγήματα ἔσεσθαι ὑπέλαβε· ταῦτά τοι καὶ τὴν μητέρα παρακαλοῦσαν [illegible] παραινοῦσαν [illegible] ταχίστην, ὡς

P [illegible]

τε εἶδε θεαμάτων, καὶ ὧν ἤκουσεν ἀκουσμάτων,

Odyss. Λ v. 223.

ὄφρα καὶ μετόπισθε τεῇ εἴπῃσθα γυναικί·

φησὶν. ὁ δὲ οὐδενὸς ἐπιλαθόμενος, ἐπειδὴ πρῶτον ἀφίκετο, καὶ τῶν μνηστήρων τῶν ἐπὶ τῇ βασιλίδι κωμαζόντων ἐκράτει ξὺν δίκῃ, πάντα ἀθρόως αὐτῇ διηγεῖτο, ὅσα τε ἔδρασε, καὶ ὅσα ἀνέτλη, καὶ εἰ δή τι ἄλλο ὑπὸ τῶν χρησμῶν ἀναπειθόμενος ἐκτελεῖν διενοεῖτο· ἀπόρρητον δὲ ἐποιεῖτο πρὸς αὐτὴν οὐδὲ ἕν, ἀλλ' ἠξίου κοινωνὸν γίνεσθαι τῶν βουλευμάτων, καὶ ὅ,τι πρακτέον εἴη συννοεῖν καὶ συνεξευρίσκειν. Ἆρα τοῦτο ὑμῖν τῆς Πηνελόπης ὀλίγον ἐγκώμιον δοκεῖ; ἢ εἰ δή τις ἄλλη τὴν ἐκείνης ἀρετὴν ὑπερβαλλομένη, γαμετή τε οὖσα βασιλέως ἀνδρείου, καὶ μεγαλοψύχου, καὶ σώφρονος, τοσαύτην εὔνοιαν αὐτῆς ἐνεποίησε τῷ γήμαντι, συγκερασαμένη τῇ παρὰ τοῦ ἔρωτος ἐπιπνεομένῃ φιλίᾳ τὴν ἐκ τῆς ἀρετῆς, καθάπερ ῥεῦμα θεῖον ἐπιφερομένην ταῖς ἀγαθαῖς, καὶ γενναίαις ψυχαῖς. Δύο γὰρ δὴ τώδε τινε πηγαί τε καὶ ἰδέα φιλίας ἔστον· ὧν ἥδε κατ' ἴσον ἀρυσαμένη, βουλευμάτων τε αὐτῷ γέγονε κοινωνός, καὶ πρᾶον ὄντα φύσει τὸν βασιλέα, καὶ χρηστὸν καὶ εὐγνώμονα πρὸς ἃ πέφυκε παρακαλεῖ μᾶλλον πρέπειν, καὶ πρὸς συγγνώμην τὴν δίκην τρέπει· ὥστε οὐκ ἄν τις εἰπεῖν ἔχοι, ὅτῳ γέγονεν ἡ βασιλὶς ἥδε ἐν δίκῃ τυχὸν, ἢ καὶ παρὰ δίκην αἰτία τιμωρίας, καὶ κολάσεως μικρᾶς ἢ μείζονος. Ἀθήνησι μὲν οὖν φασιν, ὅτε τοῖς πατρίοις ἔθεσιν ἐχρῶντο, καὶ ἔζων τοῖς οἰκείοις πειθόμενοι νόμοις, μεγάλην καὶ πολυάνθρωπον οἰκοῦντες πόλιν, εἴποτε τῶν δικαζόντων αἱ ψῆφοι κατ' ἴσον γένοιντο τοῖς φεύγουσι πρὸς τοὺς διώκοντας, τὴν τῆς Ἀθηνᾶς ἐπιτιθεμένην τῷ τὴν δίκην ὀφλήσειν μέλλοντι, ἀπολύειν ἀμφοῖν τῆς αἰτίας· τὸν μὲν ἐπάγοντα τὴν κατηγορίαν, τοῦ δοκεῖν εἶναι συκοφάντην,

al. ἐπὶ τὰ βασίλεια

Fors. ἐνεποίησεν αὐτῆς

al. παρακαλεῖ.

vel f. τρέπων

A omnium, quæcumque usurpasset visu aut audiru digna, meminisset:

Uxori (inquit) *ut possis hæc deinde referre.*

Atque is nullius oblitus omnino, simul atque domum pervenit, & adolescentes illos reginæ procos jure sustulit, ei cuncta simul exposuit quæ fecerat, aut perpessus fuerat, ac quicquid aliud ex oraculo perficere in animo habebat: nec ulla de re celare illam voluit, sed consiliorum participem adhibuit, ut quid facto opus esset B communiter excogitaret atque inveniret. Utrum vero Penelopæ ad prædicationem exiguum illud putatis, aut si quæ alia mulier est, quæ illam virtute superet? quæ Principis fortis, magnanimi, & temperantis uxor tantum in eo erga se benevolentiæ concitarit, ut cum affectu illo, qui ex amore solet afflari, suæ insuper virtutis illecebram conjungeret; quæ præclaris atque egregiis animis tanquam divinum quoddam pro- C fluvium immittitur. Hæc enim duo sunt amoris invitamenta & amicitiæ genera: ex quibus illa æqualiter hauriens, in consiliorum omnium societatem recepta est, ac natura clementem & ad humanitatem ac facilitatem propensum principem ad ea quæ naturæ ejus consentanea sunt, uti par est, magis ac magis impellit, & judicium capitis venia commutat. Quocirca nemo quenquam commemorare potest, cui vel merito vel præter meritum Imperatrix illa D majoris alicujus aut minoris pœnæ ac supplicii caussam attulerit. Athenis quidem olim ferunt, cum patriis legibus uterentur, ac domesticis institutis viverent, (quo tempore magna illorum erat & amplissima civitas) si par reo cum accusatore suffragiorum numerus esset, tum Minervæ suffragio ei, qui condemnandus esset, adjuncto, utrumque ab omni crimine liberatum; ac tam eum qui crimen intulerat, ab calumniæ suspicio-

A suspicione, quam cum qui accusatus fuerat, ab objecto crimine liberum immunemque recessisse. Hanc perhumanam suavemque legem, quæ in iis judiciis retinetur de quibus Imperator cognoscit, multo illa mitiorem ac benigniorem facit. Nam ubi reus ipse non parem omnino suffragiorum numerum sortitus est, tum illa precibus suis interpositis apud eum efficit, ut omnibus illum criminibus absolvat. Is autem sponte ac volens ejusmodi gratiam indulget, neque, quod ab Homero dictum est, ab uxore ad assensum coactum se dicit dare ac
B concedere illud ultro, sed invito animo. Ac forsitan haud absurdum est ea difficulter atque ægre contumeliosis & arrogantibus viris concedere. Neque vero si qui supplicii ac pœnis maxime digni videantur, eos omnino perdere ac profligare convenit. Quod cum hæc Imperatrix animadverteret, nihil unquam mali cupiam, aut pœnæ, aut supplicii inferre voluit; non dicam regno alicui, aut civitati, sed ne civium quidem familiæ.
C Dicam & illud audacius: quod (neque enim id falso me dicturum confido) ne de uno quidem viro, vel muliere accusare quisquam potest, cui vel minimam calamitatem consciverit. Contra vero, quænam commoda, ac quibus concilier & conciliaverit hactenus, libenter ego pleraque singillatim enumerando percenseam; veluti quod hic illius beneficio paternam hæreditatem obtineat: ille lege sibi debitas pœnas effugerit: alius maximum in salutis discri-
D men adductus ab omni calumnia liberatus sit: innumeri denique honores ac magistratus adepti sint. Quæ quidem nemo omnium est, qui falso a me dici censeat, tametsi nominatim singulos enumerem. Verum illud vereor, ne exprobrare cupiam suas ærumnas videar; neque tam illius virtutum præconium, quam alienarum miseriarum descriptionem instituere. Et tamen tantorum ac tam egregiorum facinorum argumentum nullum afferre, palamque

A τῆς δ', ὡς εἰκὸς, τοῦ δοκεῖν ἔνοχον εἶναι τῷ πονηρεύματι. Τοῦτον δὴ φιλανθρωπότατον ὄντα, καὶ χαριέντα τὸν νόμον ἐπὶ τῶν δικῶν, ἃς βασιλεὺς κρίνει, σῳζόμενον, πρᾳότερον αὐτὴ καθίστησιν. οὐ γὰρ ἂν ὁ φεύγων παρ' ὀλίγον ἔλθῃ τὴν ἴσην ἐν ταῖς ψήφοις λαχεῖν, πείθει τὴν ὑπὲρ αὐτοῦ δέησιν προσθεῖσα, καὶ ἱκετηρίαν, ἀφεῖναι πάσας τὰς αἰτίας. ὁ δὲ ἑκὼν ἑκόντι τῷ θυμῷ χαρίζεται τὰ τοιαῦτα καὶ οὐ, καθάπερ Ὅμηρος φησὶν, ἐκ-
B βιαζόμενος παρὰ τῆς γαμετῆς ὁμολογεῖ, ὅτι ξυγχωρεῖ καὶ δίδωσιν ἑκὼν, ἀέκοντί γε θυμῷ. καὶ τυχὸν οὐκ ἄτοπον, χαλεπῶς καὶ μόλις τὰ τοιαῦτα ξυγχωρεῖν τῶν ἀνδρῶν ὑβρισταῖς καὶ ἀλαζόσιν. οὐδὲ γὰρ εἰ σφόδρα ἐπιτήδειοί τινές εἰσι πάσχειν κακῶς, καὶ κολάζεσθαι, τούτους ἐκ παντὸς ἀπολέσθαι χρεών. Ὃ δὴ καὶ ἡ βασιλὶς οὐδὲ ξυνιοῦσα, κακὸν μὲν οὐδὲν οὔτε ἤνεγκεν ἄλλῳ πώποτέ τινι, οὔτε κόλασιν, οὔτε τιμωρίαν ἐπαγαγεῖν, οὐχ
C ὅπως βασιλείᾳ τινὸς, ἢ πόλει, ἀλλ' οὐδὲ οἰκίᾳ μιᾷ τῶν πολιτῶν. προσθείην δ' ἂν ἔγωγε θαρρῶν εὖ μάλα, ὅτι μηδὲν ψεῦδος φήσομεν οὐδὲ ἐφ' ἑνὸς ἀνδρὸς ἢ γυναικὸς μιᾶς ἔστιν αὐτὴν αἰτιᾶσθαι ξυμφορᾶς τοι τῆς τυχούσης. ἀγαθὰ δὲ ὅσα, καὶ ὡς τινας δρᾷ καὶ ἔδρασεν, ἡδέως ἂν ἡμῖν τὰ πλεῖστα ἐπαριθμησαίμην καθ' ἕκαστα ἀπαγγέλλων· ὡς ὁ δεῖνα μὲν τὸν πατρῷον δι' ἐκείνην νέμεται κλῆρον, ἐκεῖνος δὲ ἀπηλλάγη τιμωρίας ἀφλή-
D σας τοῖς νόμοις· ἄλλος συκοφαντίαν διέφυγε, παρ' ὀλίγον ἐλθὼν κινδυνεῦσαι· τιμῆς δὲ ἔτυχον καὶ ἀρχῆς μυρίοι. Καὶ ταῦτα οὐκ ἔστιν ὅστις ἐμὲ ψεύδεσθαι τῶν ἁπάντων φήσει, εἰ καὶ ὀνομαστὶ τοὺς ἄνδρας καταλέγοιμι. ἀλλ' ὀκνῶ, μή τισιν ἐξονειδίζειν δόξω τὰς συμφορὰς, καὶ οὐκ ἔπαινον τῶν ταύτης ἀγαθῶν, καταλέγειν δὲ τῶν ἀλλοτρίων συγγράφειν ἀτυχημάτων. Τοσούτων δὲ ἔργων μηδὲν παρασχέσθαι, μηδὲ εἰς τὸ ἐμφανὲς ἄγειν

Margin notes: Voss. ἑκών. — Iliad. δ. v. 43. — deest hic in Voss. ἀεί. — Voss. ὡς ὁ μὲν — Voss. ἐξα-γαγεῖν — Voss. ἀφ-

τεκμήριον, καινόν πως εἶναι δοκεῖ καὶ ἐς ἀπιστίαν ἄγειν τὸν ἔπαινον. ἐκείνων ἐάσας παραλειψάμενος, ὁπόσα γέ μοι εἰπεῖν ἀνεπίφθονον, ταῦτά τε ἀκούειν καλά,
γρ. ὃ δεῖ λέγοιμ᾽ ἂν ἤδη. Ἐπειδὴ γὰρ τὴν τοῦ γάμου εὔνοιαν τηλαυγὲς αὐτοῦ πρόσωπον, κατὰ τὸν σοφὸν Πίνδαρον, ἀρχομένη
Vel. ἀ- πανταχοῦ ξυγ- γενῶν ἐπὶ λ. τῶν ἔργων ἔθηκε, γένος τε ἅπαν εὐθὺς καὶ ξυγγενεῖς ἐνέπλησε τιμῆς· τοὺς μὲν ἤδη γνωρίμους καὶ πρεσβυτέρους ἐπὶ μείζονας ἄγουσα πράξεις, καὶ ἀποφήνασα μακαρίους καὶ ζηλωτούς, βασιλεῖ τ᾽ ἐποίησε φίλους, καὶ τῆς εὐτυχίας τῆς παρούσης ἔδωκε τὴν ἀρχήν. καὶ γὰρ εἰ τῷ δοκοῦσιν, ὥσπερ οὖν ἀληθές, δι᾽ αὐτοὺς τίμιοι, ταύτῃ γε οἶμαι προσθήσει τὸν ἔπαινον. δῆλον γὰρ ὅτι μὴ τῇ τοῦ γένους κοινωνίᾳ μόνον, πολὺ δὲ πλέον ἀρετῇ φαίνεται νέμουσα· οὗ μεῖζον οὐκ οἶδα ὅπως τις ἐγκώμιον ἐρεῖ. περὶ μὲν τούσδε γέγονε τοιαῦτα. Ὅσοι δὲ ἀγνῶτες ἔτι διὰ νεότητα οὐ γνωρισθῆναι καὶ ὁπωσοῦν ἐδέοντο, τούτοις ἐλάττονας
Vel. οὐδὲ διένειμε τιμάς· ἀπέλιπε δ᾽ οὐδὲν εὐεργετοῦσα ξύμπαντας. καὶ οὐ τοῖς ξυγ-
Vel. τοῖς ξυγγενέσι γενέσι μόνον τοσαῦτα ἔδρασεν ἀγαθά, ξενίαν δὲ ὅτῳ πρὸς τοὺς ἐκείνης πα-
ἐκείνων τέρας ὑπάρξασαν ἔγνωκεν, ἀνόνητον ἀφῆκε τοῖς κτησαμένοις. τιμᾷ δέ, οἶμαι, καὶ τούτους καθάπερ ξυγγενεῖς. καὶ ὅσους τοῦ πατρὸς ἐνόμισε φίλους, ἅπασιν ἔνειμε τῆς φιλίας ἔπαθλα θαυμαστά.

Ἐγὼ δέ, ἐπειδή μοι τεκμηρίων, καθάπερ ἐν δικαστηρίῳ, τὸν λόγον ὁρῶ δεόμενον, αὐτὸς ὑμῖν ἐμαυτὸν τούτων ἐπαίνων μάρτυρα καὶ ἐπαινέτην παρέξομαι. ἀλλ᾽ ὅπως μὴ [illegible] ὑπονοῆτε τὴν μαρτυρίαν πρὶν ἐπακοῦσαι τὸν λό-
Vel. δια- θορυβεῖ- τε γον διαθορυβήσητε. ὄμνυμι ὑμῖν, μηδὲν ψεῦδος ἢ πλάσμα ἐρεῖν. ὑμεῖς δὲ καὶ ἀνωμότῳ πιστεύσετε, πάντα οὐ κο-

A proponere, novum prorsus & inusitatum videtur, ac de commendationis nostræ fide derogare. Quamobrem aliis prætermissis, quæcunque & a me sine invidia prædicari, & honeste ab illa possum audiri, deinceps explicabo. Nam postquam conjugis erga se benevolentiam, quasi splendidissimam operis faciem, ut sapiens Pindarus ait, collocasset, suum illico genus omne cognatosque suos honoribus & dignitatibus auxit. Quorum qui jam illustres erant, & ætate provectiores, majorum ad munerum administra-
B tionem provehens, & fortunatos ac beatos efficiens, ad Imperatoris amicitiam adduxit, & ad felicem illam, qua in præsentia fruuntur, conditionem ac statum excitavit. Quamvis enim, uti revera sunt, per se cari videantur & honore digni; tamen idipsum laudis illius accessio est, quod ex eo manifestum sit, non tam istud communioni generis & sanguinis, quam virtuti esse concessum: quo nullum majus adferri præconium potest. Hæc quidem in ejusmodi homines ab ea collata sunt. Sed quicunque
C per ætatem nondum erant cogniti, quique innotescere utcunque studerent, his inferiores honores impertiit: nec quidquam prætermisit, quin universos beneficentia sua complecteretur. Neque vero de iis tantum bene merita est, qui secum erant cognatione conjuncti; sed etiam quibuscum parentibus suis hospitii societatem intercessisse cognoverat, ne illud quidem passa illis est sine aliquo fructu contigisse, quos non secus ac consanguineos in honore habet ac pretio. Et quidem quotquot patris amicos
D fuisse credidit, universis exquisita quædam amicitiæ præmia concessit.

Ego vero, quoniam orationi meæ, perinde atque in judicio, signis atque argumentis opus fore video, ego memetipsum testem illi ac laudatorem producam. Sed illud interim peto, ne vobis testimonium illud meum sit suspectum; ac ne, priusquam omnia didiceritis, mihi obstrepere velitis. Hoc ego juratus confirmo, nihil me falsum aut confictum allaturum; vos autem etiam injurato mihi fidem habebitis, cum citra adulationem omnia

omnia prædicem. Etenim omnia jam habeo, Dei atque Imperatoris beneficio, tam hujus nimirum quam conjugis voluntate concessa, quorum gratia adulari quispiam, atque uti ejusmodi oratione vellet; ideoque si ante istud dicerem, quam hæc essem assecutus, tum mihi forsitan cavenda esset iniqua illa suspicio. Nunc cum in ea sim fortuna constitutus, & illius in me merita ac beneficia commemorem, una & humanitatis illius judicium proferam, & recte ab ea gestorum verissimum testimonium adducam. Nam Darium illum audio, cum adhuc Persarum regis prætorianus esset miles, in Samium hospitem apud Ægyptum exulantem incidisse; a quo cum purpuream vestem, cujus admodum desiderio flagrabat, muneris loco accepisset, vicissim ei Samiorum tyrannidem contulisse, cum totius Asiæ principatum obtinuisset. Itaque si & ego, qui ab ea quamplurima acceperim, cum mihi adhuc quiete ac tranquille vivere liceret, & per eandem ab optimo & magnificentissimo Imperatore sim maxima consecutus, hoc ultro fatear, parem me gratiam non posse rependere: (cum videlicet universa sint in ejus potestatem ab eo tradita, a quo sunt in nos illa translata) sed illud tamen profitear, velle me, ut perpetuam beneficiorum ejus memoriam conservem, apud vos illa prædicare, non minus Persarum illo rege gratus forsitan videbor: si modo ex voluntate æstimanda tota res est, non ex eo pendenda quod ei fortunæ beneficio datum est, ut acceptam gratiam cumulatissime posset referre. Quodnam igitur illud est tantum ac tam singulare a me acceptum beneficium, cujus causa debitorem me perpetuo ejus agnoscam, scire vos vehementer velle video. Ego vero nequaquam illud dissimulabo. Mihi itaque jam tum ab infantia mea exorsus Imperator perhumanum se atque officiosum præbuit, ut omne studium ac magnificentiam superaret. Qui quidem primum iis me periculis eripuit, quæ ne ab viro qui-

A κολακείας ἕνεκα λέγοντι. ἔχω γὰρ ἤδη τοῦ θεοῦ διδόντος καὶ τοῦ βασιλέως ἅπαντα τὰ ἀγαθά, αὐτοῦ τε, οἶμαι, καὶ αὐτῆς ταύτης ξυμπροθυμουμένης, ὑπὲρ ὧν ἄν τις κολακεύων ἅπαντα ἀφίῃ ῥήματα· ὥστε, εἰ μὲν πρὸ τούτων ἔλεγον, ἴσως ἐχρῆν ὀρρωδεῖν τὴν ἄδικον ὑποψίαν· νῦν δὲ ἐν ταύτῃ γεγονὼς τῇ τύχῃ, καὶ ἀπομνημονεύων τῶν ἐκείνης εἰς ἐμαυτὸν ἔργων, παρέξομαι ὑμῖν τῆς εὐγνωμοσύνης μὲν ἐμαυτοῦ σημεῖον, μαρτύρια B δὲ ἀληθῆ τῶν ἐκείνης ἔργων. Πυνθάνομαι γὰρ δὴ καὶ Δαρεῖον, ἕως ἔτι δορυφόρος ἦν τοῦ Περσῶν μονάρχου, τῷ Σαμίῳ ξένῳ περὶ τὴν Αἴγυπτον ξυμβαλεῖν φεύγοντι τὴν αὐτοῦ, καὶ λαβόντα φοινικίδα τινὰ δῶρον, ἧς σφόδρα ἐπεθύμει, τὴν Σαμίων ὕστερον ἀντιδοῦναι τυραννίδα, ἡνίκα οἶμαι τῆς Ἀσίας ″ πάσης κύριος κατέστη. εἰ δὴ ″ καὶ αὐτὸς πολλὰ μὲν παρ' αὐτῆς, ὅτε ἔτι ζῆν ἐξῆν ἐν ἡσυχίᾳ, τὰ μέγιστα δὲ δι' αὐτὴν παρὰ τοῦ γενναίου καὶ μεγα- C λόφρονος βασιλέως λαβών, ὁμολογοίην τοῦ μὲν ἀντιδοῦναι τὴν ἴσην λείπεσθαι. ἔχει γὰρ οἶμαι ξύμπαντα παρ' αὐτοῦ καὶ ἡμῶν χαρισαμένου λαβοῦσα, τοῦ βούλεσθαι δὲ τὴν μνήμην ἀθάνατον ″ ἐν αὐτῇ τῶν ἔργων γενέσθαι, καὶ ἐς ὑμᾶς ταῦτα ἀπαγγέλλειν· τυχὸν οὐκ ἀγνωμονέστερος φανοῦμαι τοῦ Πέρσου· εἴπερ εἰς τὴν γνώμην ὁρῶντα χρὴ κρίνειν, ἀλλ' οὐχ ὅτῳ παρέσχεν ἡ τύχη πολλαπλάσιον ἀποτῖσαι τὸ εὐεργέτημα. Τί ποτε οὖν D ἐγὼ τοσοῦτον εὖ παθεῖν φημι, καὶ ἀνθ' ὅτου τὸν ἅπαντα χρόνον ὑπόχρεων ἐμαυτὸν εἶναι χάριτος ὁμολογῶ τῆσδε, σφόδρα ὥρμησθε ἀκούειν. ἐγὼ δὲ οὐκ ἀποκρύψομαι. Ἐμοὶ γὰρ βασιλεὺς οὑτοσὶ σχεδὸν ἐκ παιδὸς νηπίου γεγονὼς ἤπιος πᾶσαν ὑπερεβάλλετο φιλοτιμίαν. κινδύνων δὲ ″ ἐξήρπασε τηλικούτων, ὡς οὐδὲ ἥρων ἀνὴρ εὖ μάλα διαφυ-

Voss. ἁ- πάσης

Voss. in τὸ

deest in in Voss. MSS

Voss. ἐξ- αρπάσας

διαφύγοι, μὴ θείας τινὸς καὶ ἀμηχάνου σωτηρίας τυχών. εἶτα τὴν οἰκίαν "καταλειφθεῖσαν, καθάπερ ἐπ' ἐρημίας παρά του τῶν δυνατῶν, ἀφείλετο ξὺν δίκῃ, καὶ ἀπέφηνεν αὖθις πλουσίαν. καὶ ἄλλα ἂν ἔχοιμι περὶ αὐτῆς πρὸς ὑμᾶς εἰπεῖν εἰς ἐμαυτὸν ἔργα πολλῆς ἄξια χάριτος· ὑπὲρ ὧν τὸν ἅπαντα χρόνον εὔνουν ἐμαυτὸν ἐκείνῃ καὶ πιστὸν παρέχων, οὐκ οἶδα ἐκ τίνος αἰτίας τραχυτέρας ἔχοντος ᾐσθόμην ἔναγχος. ἡ δὲ, ἐπειδὴ τὸ πρῶτον ἤκουσεν, ἀδικήματος μὲν οὐδενὸς ὄνομα, ματαίας δὲ ἄλλως ὑποψίας, ἠξίου διελέγχειν· καὶ μὴ πρότερον" προσίεσθαι, μηδὲ ἐνδέξασθαι ψευδῆ καὶ ἄδικον διαβολήν. καὶ οὐκ ἀνῆκε ταῦτα δεομένη, πρὶν ἐμὲ ἤγαγεν" εἰς ὄψιν τὴν βασιλέως, καὶ τυχεῖν ἐποίησε λόγου· καὶ ἀπολυομένῳ πᾶσαν αἰτίαν ἄδικον, συνήσθη, καὶ οἴκαδε ἐπιθυμοῦντι πάλιν ἀπιέναι, πομπὴν ἀσφαλῆ παρέσχεν, ἐπιτρέψαι πρότερον τὸν βασιλέα ξυμπείσασα. Δαίμονος δὲ," ὅσπερ οἶμαι ἔοικέ μοι τὰ πρόσθεν μηχανήσασθαι, ἤ τινος ξυντυχίας ἀλλοκότου τὴν ὁδὸν ταύτην ὑπολεμούσης, ἐπαψόμενον πέμπει τὴν Ἑλλάδα· ταύτην αἰτήσασα παρὰ βασιλέως ὑπὲρ ἐμοῦ καὶ ἀποδημοῦντος ἤδη τὴν χάριν. ἐπειδή με λόγοις ἐπέπυστο χαίρειν καὶ παιδείᾳ τὸ χωρίον ἐπιτήδειον εἶναι ξυνεῖσα. Ἐγὼ δὲ τότε μὲν αὐτῇ, καὶ" πρῶτά γε ὡς εἰκὸς βασιλεῖ, πολλὰ καὶ ἀγαθὰ διδόναι τὸν θεὸν ηὐχόμην, ὅτι μοι τὴν ἀληθινὴν ποθοῦντι καὶ ἀγαπῶντι πατρίδα παρέσχον ἰδεῖν. ἴσμεν γὰρ τῆς Ἑλλάδος, οἱ περὶ τὴν Θρᾴκην καὶ τὴν Ἰωνίαν οἰκοῦντες," ἔκγονοι· καὶ ὅσοις ἡμῶν μὴ λίαν ἀγνώμων, ποθεῖ προσειπεῖν τοὺς πατέρας, καὶ τὴν χώραν αὐτὴν ἀσπάσασθαι. ὃ δὴ καὶ ἐμοὶ πάλαι μὲν ἦν, ὡς εἰκὸς, ποθεινὸν, καὶ ὑπάρξαι μοι τοῦτο ἐβουλόμην μᾶλλον, ἢ πολὺ χρυσίον καὶ

Vel. κα-ταλεν (?)
Vel. προσίεσθαι (?)
Vel. εἰς
γρ. ὅσ-περ
γρ. πρῶ-τα (?)
Vel. ἔκ-γονοι

A dem ullo devitari possent, cui non divina aliqua & incredibilis salutis ratio contigisset. Deinde vero domum nostram ac familiam quasi in solitudine relictam, e potentium quorundam manibus jure liberavit, atque in pristinas opes ac fortunas restituit. Possem & alia id genus in me merita percensere, quibus illa me sibi plurimum devinxit. Quorum gratia, cum ego perpetuo meum illi amorem ac fidem præstitissem, nuper tamen nescio quibus ex causis commotiorum in me illum animadverti. At B illa cum primum inanes nescio quas suspiciones audisset, sine cujusdam criminis nomine, ut de ea re prius inquireret, petiit; nec prius falsam & iniquam calumniam admitteret: nec prius flagitare istud destitit, quam me ad conspectum Principis perduxisset, mihique pro me dicendi facultatem impetrasset; cumque me ab omni crimine purgassem, gratulata mihi est, ac redire domum cupientem, cum ejus licentiam ab Imperatore mihi obtinuisset, eo me tuto ac sine periculo deduxit. Posteaquam autem, C sive dæmon aliquis, qui mihi priora illa molitus videtur, sive inusitatus quispiam casus, eam profectionem impediit, me ad videndam Græciam misit; cujus rei facultatem absenti adhuc mihi ab Imperatore postulaverat: quoniam & disciplinarum studio delectari me sibi persuaserat, & ad capessendas artes ac doctrinas locum illum idoneum esse cognoverat. Atque ego quidem tunc ei, sed in primis, uti par est, Imperato-D ri plurima sum a Deo bona comprecatus, quod cupienti ac desideranti mihi veram ac germanam videre patriam concesserant. Siquidem nos omnes, quotquot in Thracia atque Ionia sedem habemus, originem e Græcia duximus; & quisquis nostrum non ingratus omnino est, parentes suos salutare, ac regionem ipsam complecti, quodammodo cupit. Id quod ego jam pridem quidem optabam, & hujus rei facultatem dari mihi potius, quam auri argentique copiam sup-

ſuppetere, cupiebam. Nam virorum bonorum copiam ac conſuetudinem, ſi cum auri quolibet pondere comparetur, lancem ipſam pondere ſuo depreſſuram exiſtimo; neque prudentem judicem in ponderando momento vel minimum dubitare eſſe paſſuram. Etenim quod ad diſciplinarum ſtudium ac philoſophiam pertinet, ejuſmodi quiddam habere Græcia videtur, quod Ægyptiorum fabulis ac narrationibus continetur. Hoc enim Ægyptii de Nilo ſuo memorant: cum aliis in rebus regioni ſuæ ſalutarem ac beneficum eſſe, tum nimii caloris atque ignis vaſtationem laberque prohibere; quoties nimirum Sol per longos anfractus ac circuitus ſidera quædam vehementia percurrens, ac congrediens, ingenti calore aerem complet, & incendio univerſa corrumpit. Neque enim poteſt, inquiunt, abſumere Nili fontes atque extinguere. Eodem modo neque inter Græcos funditus occidit Philoſophia, neque aut Athenas, aut Spartam, aut Corinthum defecit: neque Argos, quod ad ejuſmodi fontes pertinet, ſiticuloſum eſt. Multæ enim cum in urbe ipſa, tum in ſuburbiis ad priſcum illum Maſetam fontes ejuſmodi ſunt. Jam Pirenem non Corinthus, ſed Sicyon habet. Athenis vero præter limpidos multos latices, multi alii extrinſecus manant, nec minus quam interiores boni atque eximii ſcaturiunt. Quos illi amant mirum in modum: atque in ea re divites eſſe ſtudent, in qua ſola divitiæ amandæ atque optandæ videntur.

Verum quid nos tandem facimus? aut quamnam nos orationem inſtituere, niſi de cariſſimæ nobis Græciæ laudibus, putamus? Fieri non poteſt quin ſi mentionem ullam ejus faciamus, non omnium admiratione capiamur. At illud forſitan dixerit quiſpiam, qui ſuperiorum meminerit: non iſta nos ab initio oratione complecti voluiſſe, ſed quemadmodum Corybantas ac fanaticos, tibiarum cantibus excitatos, ſine ratione tripudiare ac ſaltare; ita nos amœnitate noſtro-

A ἀργύρεια. ἀνδρῶν γὰρ ἀγαθῶν φημι ξυντυχίαν πρὸς χρυσίου πλῆθος ὁποσονδὴ οὖν ἐξεταζομένην, καθέλκειν τὸν ζυγὸν, καὶ οὐκ ἐπιτρέπειν τῷ σώφρονι κριτῇ, οὐδ' ἐπ' ὀλίγον ῥοπῆς ἀπορῆσαι. Παιδείας δὲ ἕνεκα καὶ φιλοσοφίας πέπονθεν, οἶμαι, νῦν τὰ τῆς Ἑλλάδος παραπλήσιόν τι τοῖς Αἰγυπτίοις μυθολογήμασι καὶ λόγοις. λέγουσι γὰρ δὴ καὶ Αἰγύπτιοι τὸν Νεῖλον παρ' αὐτοῖς εἶναι τἆλλα σωτῆρα, καὶ B εὐεργέτην τῆς χώρας, καὶ ἀπείργειν αἰθοῦς τὴν ὑπὸ τοῦ πυρὸς φθορὰν, ἐπειδὰν ἥλιος διὰ μακρῶν τινων περιόδων ἄστροις γενναίοις συνελθὼν καὶ συγγενόμενος, ἐμπλήσῃ τὸν ἀέρα πυρὸς, καὶ ἐπιφλέγῃ τὰ σύμπαντα. οὐ γὰρ οὐχ οἷόν φασιν ἀφανίσαι οὐδὲ ἐξαναλῶσαι τοῦ Νείλου τὰς πηγάς. οὐκ οὖν οὐδὲ ἐξ Ἑλλήνων παντελῶς οἴχεται φιλοσοφία, οὐδὲ ἀπέλιπε τὰς Ἀθήνας, οὐδὲ C τὴν Σπάρτην, οὐδὲ τὴν Κόρινθον. ἥκιστα δὲ ἐστι τῶν πηγῶν ἕνεκα τὸ Ἄργος πολυδίψιον. πολλαὶ μὲν γὰρ ἐν αὐτῷ τῷ ἄστει, πολλαὶ δὲ καὶ περὶ τὸ ἄστυ περὶ τὸν παλαιὸν ἐκεῖνον Μάσητα. τὴν Πειρήνην δὲ οὐχ ἡ Σικυὼν ἔχει, καὶ οὐχ ἡ Κόρινθος. τῶν Ἀθηνῶν δὲ πολλὰ μὲν καὶ καθαρὰ, καὶ ἐπιχώρια τὰ νάματα. πολλὰ δὲ ἔξωθεν ἐπεισρεῖ, καὶ οὐ παραφέρεται τιμὰ τῶν ἔνδον ἐλάττω. οἱ δὲ ἀγαπῶσι καὶ στέργουσι, πλουτεῖν D ἐθέλοντες, ἐν ᾧ μόνον σχεδὸν ὁ πλοῦτος ζηλωτόν.

Ἡμεῖς δὲ τί ποτε ἄρα πεπόνθαμεν, καὶ τίνα νῦν διαπεραίνειν οἰόμεθα λόγον, εἰ μὴ τῆς φίλης Ἑλλάδος ἔπαινον; οὐκ ἔστι μνησθέντα μὴ πολλὰ θαυμάζειν. ἀλλ' ἴσως φαίη τις ἂν τῶν ἀπομνημονευθέντων, ἔμπροσθεν ταῦτα. οὐ θέλων ἡμᾶς ἐξ ἀρχῆς διελθεῖν· καθάπερ δὲ τοὺς Κορυβαντιῶντας ὑπὸ τῶν αὐλῶν ἐπαγομένους χορεύειν, καὶ πηδᾶν ἀδεῶς ξὺν λογισμῷ ἡμᾶς ὑπὸ τῆς μνή-

μης

A μης τῶν παιδικῶν ἀνακινηθείσας αὐτῷ τῆς χώρας, καὶ τῶν ἀνδρῶν ἐγκωμίων. Πῶς δὴ τοῦτο ἀπολογεῖσθαι χρεὼν οὐδέ πως λέγοντα. ὦ δαιμόνιε, καὶ τέχνης ἀληθῶς γενναίας ἡγεμὼν, σοφὸν μὲν χρῆμα ἐπινοεῖς, οὐκ ἐφεὶς, οὐδὲ ἐπιτρέπων τῶν ἐπαινουμένων, οὐδὲ ἐπὶ σμικρὸν μεθίεσθαι, ἅτε αὐτὸ οἶμαι ξὺν τέχνῃ τοῦτο δρῶν. ἡμῖν δὲ τὸν ἔρωτα τοῦτον, ὃν σὺ φῂς αἴτιον εἶναι τῆς ἐν τοῖς λόγοις ἀταξίας, ἐπειδὴ πρᾶος γέγονεν, οἶμαι, παραιτεῖσθαι μὴ B σφόδρα ὀκνεῖν, μηδὲ εὐλαβεῖσθαι τὰς αἰτίας. Οὐ γὰρ ἀλλοτρίων ἡψάμεθα λόγων, δεῖξαι ἐθέλοντες, ὅσων ἡμῖν ἀγαθῶν αἰτία γέγονεν, τιμῶσα τὸ φιλοσοφίας ὄνομα. τοῦτο δὲ οὐκ οἶδα ὅντινά μοι τρόπον ἐπικείμενον, ἀγαπήσαντι δὲ εὖ μάλα τὸ ἔργον καὶ ἐρασθέντι δεινῶς τοῦ πράγματος· ἀπολειφθέντι δὲ οὐκ οἶδα ὅντινα τρόπον ὄνομα ἐτύγχανε μόνον, καὶ λόγος ἔργου στερόμενος. ἡ δὲ ἐτίμα καὶ τοὔνομα. C αἰτίαν γὰρ δὴ ἄλλην οὔτε αὐτὸς εὑρίσκειν, οὔτε ἄλλου τοῦ πυθέσθαι δύναμαι, δι' ἣν οὕτω μοι πρόθυμος γέγονε βοηθὸς, καὶ ἀλεξίκακος καὶ σώτειρα, τὴν τοῦ γενναίου βασιλέως εὔνοιαν ἀκέραιον ἡμῖν, καὶ ἀσφαλῆ μένειν ξὺν πολλῷ πόνῳ πραγματευσαμένη· ἧς μεῖζον ἀγαθὸν οὐ πώποτε ἐγώ τι τῶν ἀνθρωπίνων νομίσας ἑάλων. οὐ τὸν ὑπὸ γῆν καὶ ἐπὶ γῆς χρυσὸν ἀντάξιον, οὐδὲ ἀργύρου πλῆθος, ὁπόσον νῦν ἐστιν ὑπ' αὐγαῖς ἡ- D λίου· καὶ εἴποτε ἄλλο προσγένοιτο, τῶν μεγίστων ὀρῶν αὐταῖς οἶμαι πέτραις, καὶ δένδρεσι μεταβαλόντων εἰς τήνδε τὴν φύσιν· οὐδὲ ἀρχὴν τὴν μεγίστην, οὐδὲ ἄλλο τῶν ἁπάντων οὐδέν. Ἐκ μὲν γὰρ δὴ ἐκείνης ταῦτα γέγονε πολλὰ, καὶ ὅσα οὐδεὶς ἂν ἤλπισεν, οὐ σφόδρα πολλῶν δεομένῳ γε, οὐδὲ ἐμαυτὸν ἐλπίσι τοιαύταις τρέφοντι. εὔνοιαν δὲ ἀληθινὴν οὐκ ἔστι χρυσίου ἀμείψασθαι, οὐδὲ ἄν τις

A rum recordatione stimulatos regionis illius atque incolarum praeconium decantasti. Huic igitur ita nos respondere convenit. O beate vir, atque egregiae artis moderator ac princeps! tu quidem praeclarum aliquid in animo habes, cum ab iis quos laudandos suscipimus, ne minimum quidem deficere atque aberrare permittis: quod quidem non sine arte fieri a te puto. Ego vero hunc ipsum amorem, quem tu mihi in hac oratione perturbationis causam esse dixisti, quandoquidem animo meo adhaesit, B hortari me arbitror nihil ut admodum verear, aut ea crimina perhorrescam. Neque enim alienum quiddam a proposito instituimus, cum illud demonstrare volumus, quantum nobis boni contulerit, quod Philosophiae nomen coleret, atque in pretio haberet: id quod nescio quo pacto mihi impositum fuerat, cum quidem rei ipsius incredibili amore ac desiderio flagrarem, verum nescio qua de causa tantam rem nondum assecutus, solum illius nomen obtine- C rem. At illa vel nomen ipsum honore prosequebatur. Neque enim aliam causam invenio, aut audire ab altero possum, propter quam tam prompta mihi adjutrix, & salutaris ac servatrix esse voluerit, & principis in me benevolentiam sinceram ac stabilem magno labore conservarit: quo quidem nullum unquam humanorum bonorum majus ac praestantius existimavi, nec quidquid auri argentique sub terra aut in ea est in lucem hactenus ac solem erutum, D cum hac una re conferendum existimo, nec quidquid etiam postmodum potest, tametsi maximi quique montes simul cum saxis ipsis & arboribus in eam naturam transeant: sed nec summum imperium, neque aliam ullam rem tanti aestimo. Etenim ex illa quam plurima mihi bona, ac spe etiam majora contigerunt, cum haud adeo multis mihi opus esset, nec me tali spe atque expectatione lactarem. At sincera benevolentia cum auro commutari non potest, nec ab homine ullo pretio

pretio comparari: sed divina quadam ac meliori bonorum virorum sorte quæritur, quæ ultro iisdem aspiret ac faveat. Cujusmodi mihi cum ab Imperatore jam inde a puero divinitus adfuisset, posteaque propemodum excidisset, salvum mihi rursum atque incolume permansit; postquam Imperatrix falsas illas & absurdas suspiciones refutasset, & auctoritate sua compescuisset. Quas cum illa penitus discussisset, & vitam meam tanquam evidens ejus rei argumentum attulisset, postquam Imperatori e Græcia me ipsum arcessenti parui, num me tandem in eo statu dereliquit, quasi non magno mihi præsidio opus esset, utpote cui nihil discriminis ac periculi superesset? Qua in re qui tandem jure facere possum, si adeo manifesta & præclara silentio prætermittam? Nam cum de communicando mihi imperio Principis sententia ferretur, mirifice illa gaudebat, ac musicum quiddam accinebat, meque bono ut animo essem admonebat, ac ne tanti muneris amplitudinem veritus suscipere detrectarem, neve subrustica ac contumaci audacia nimium elatus, perperam hominem tam bene de me meritum, ac necessariam ejus petitionem abjicerem ac contemnerem. Atque ego mandatis quidem illius parebam, etsi tantum munus non adeo sponte sustinerem. Sed imperanti resistere plenum negotii ac difficultatis intelligebam. Nam qui omnia quæcunque velint extorquere possunt, horum preces ad persuadendum ac flectendum idoneæ sunt. Igitur postea quam in eam rem sum inductus, atque & vestem, & comitatum, & usitata studia commutavi, nec non habitationem ipsam, victumque quotidianum; ubi ex obscuris ac tenuibus hactenus rebus omnia mihi majestatis ac splendoris plena successerunt; tum mihi præ hujus rei insolentia perturbari animus cœpit. Non quod præsentium bonorum magnitudine stuperet; nam neque ista præ imperitia magna esse judicabam; sed facultates potius quasdam, quæ ut recte utentibus commodi plurimum adferrent, ita ab recto usu aberrantibus nocerent, &

A ἀντὶ τῆς εὐτεῦθεν πρίαιτο, θεία δέ τινι καὶ κρείττονι μοίρᾳ ἀνθρώπων ἀγαθῶν συμπροθυμουμένων. Ὃ δὴ καὶ ἐμοὶ παρὰ βασιλέως παισὶ μὲν ὑπῆρξε κατὰ θεὸν, ὀλίγου δὲ οὐχ ἑκὼν δεῖσαι ἀπεσάθη πάλιν τῆς βασιλίδος ἀμυνούσης, καὶ ἀπειργούσης τὰς ψευδεῖς καὶ ἀλλοκότους ὑποψίας. ὡς, ἐπειδὴ παντελῶς ἐκείνη διέλυσεν, ἐναργεῖ τεκμηρίῳ τῷ βίῳ τῷ ἐμῷ χρωμένη, καλοῦντος δὲ αὖθις τοῦ βασιλέως ἀπὸ τῆς Ἑλ- ἴσ. γε

B λάδος ὑπήκουσα, ἆρα ἐνταῦθα κατέλιπεν, ὡς οὐκ ἔτι πολλῆς βοηθείας, ἅτε οὐδενὸς ὄντος ἐν μέσῳ δυσχεροῦς, οὐδὲ ὑπόπτου, δεόμενον; Καὶ πῶς ἂν ὅσια δρῴην οὕτως ἐναργῆ καὶ σεμνὰ σιωπῶν καὶ ἀποκρύπτων; κυρουμένης τε γὰρ ἐπ' ἐμοὶ τοῦ βασιλέως ταυτησὶ τῆς γνώμης διαφερόντως ηὐφραίνετο, καὶ συνεπήχει μουσικὸν, θαρρεῖν κελεύουσα, καὶ μήτε τὸ μέγεθος δείσαντα τῶν δεδομένων ἀρνεῖσθαι τὸ λαβεῖν μή-

C τε ἀγροίκῳ καὶ λίαν αὐθάδει χρησάμενον παρρησίᾳ, φαύλως ἀτιμάσαι τὸν τοσαῦτα ἐργασάμενον ἀγαθὰ, τὴν ἀναγκαίαν αἴτησιν. ἐγὼ δὲ ὑπήκουον ὅτι τοῦτο γε ἡδέως σφόδρα ὑπομένων. ἄλλως δὲ ἀπειθεῖν χαλεπὸν ὂν σφόδρα ἠπιστάμην. οἷς γὰρ ἂν ἐξῇ πράττειν ὅ,τι ἂν ἐθέλωσι σὺν βίᾳ, ἧττον δεόμενοι δυσωπεῖν καὶ πείθειν αἰσχύνουσιν. Οὐκοῦν ἐπειδή μοι πεισθέντι γέγονε, καὶ μεταβαλόντι ἐσθῆτα καὶ θεραπείαν, καὶ δια- ἴσ. τῷ αὐθάδει

D τριβὰς τὰς συνήθεις, καὶ τὴν οἴκησιν αὐτὴν, καὶ δίαιταν, πάντα ὄγκου πλέα καὶ σεμνότητος ἐκ μικρῶν, ὡς εἰκὸς, καὶ φαύλων τῶν πρόσθεν ἐμοὶ μὲν ὑπὸ ἀηθείας ἡ ψυχὴ διεταράττετο· οὔτι τὸ μέγεθος ἐκπληττομένου τῶν παρόντων ἀγαθῶν. σχεδὸν γὰρ ὑπὸ ἀμαθίας οὐδὲ μεγάλα ταῦτα ἐνόμιζον· ἀλλὰ δυνάμεις τινὰς χρωμένοις μὲν ὀρθῶς σφόδρα ὠφελίμους, ἁμαρτάνουσι δὲ περὶ τὴν χρῆσιν βλαβερὰς, καὶ οἴκοις καὶ πόλεσι πολλαῖς μυρίων αἰτίας A ξυμφορῶν. παραπλήσια δὲ ἐπεπόνθειν ἀνδρὶ σφόδρα ἀπείρως ἡνιοχικῆς ἔχοντι, καὶ οὐδὲ ἐθελήσαντι ταύτης μεταλαβεῖν τῆς τέχνης. εἶτα ἀναγκαζομένῳ καλῶν καὶ γενναίων κομίζειν ἅρμα ἵππων, πολλὰς μὲν ξυνωρίδας, πολλὰ δὲ οἶμαι τέτρωρα τρέφοντος, καὶ ἅπασι μὲν ἐπιβεβηκότος διὰ γενναιότητα φύσεως, καὶ ῥώμην ὑπερβάλλουσαν, ἔχοντος οἶμαι τὰς ἡνίας πάντων ἐγκρατῶς, εἰ καὶ ἐπὶ τῆς μιᾶς ἄντυγος B βαίνοι οὐ μὴν ἀεί γε ἐπ' αὐτῆς μένοντος, μεταφερομένου δὲ πολλάκις ἔνθεν ἐκεῖσε, καὶ ἀμείβοντος δίφρον ἐκ δίφρου, εἴ ποτε τοὺς ἵππους πονουμένους, ἢ καὶ ὑβρίσαντας αἴσθοιτο· ἐν δὲ δὴ τοῖς ἅρμασι τοῖσδε κεκτημένου τέτρωρον ὑπὸ ἀμαθίας, καὶ θράσους ὑβρίζον, πιεζόμενον τῇ συνεχεῖ ταλαιπωρίᾳ, καὶ τοῦ θράσους οὐδέν τι μᾶλλον ἐπιλαθόμενον, ἀγριαῖνον δὲ ἀεὶ, καὶ παροξυνόμενον ὑπὸ τῶν συμφορῶν ἐπὶ τὸ μᾶλλον ὑβρίζειν, C καὶ ἀπειθεῖν, καὶ ἀντιτείνειν, οὐ δεχόμενον ἄλλως ἐπὶ τοῦ ἡνιόχου πορεύεσθαι ἀλλ' εἰ μὴ καὶ αὐτὸν ὁρῴη διὰ τέλους χαλεπαίνοντα, ἢ τόγε ἔλαττον, στολὴν ἡνιοχικὴν ἄνθρωπον φοροῦντα, οὕτως ἐστὶν ἀλόγιστον φύσει. Ὁ δὲ, οἶμαι, παραμυθούμενος αὐτοῦ τὴν ἄνοιαν ἄνδρα ἐπέστησε, δοὺς φέρειν τὴν τοιαύτην ἐσθῆτα, καὶ σχῆμα περιβαλὼν ἡνιόχου σεμνοῦ καὶ ἐπιστήμονος. ὃς εἰ μὲν ἄφρων εἴη παν- D τελῶς καὶ ἀνόητος, χαίρει καὶ γέγηθε, καὶ μετέωρος ὑπὸ τῶν ἱματίων, καθάπερ πτερῶν ἐπαίρεται. συνίησι δὲ εἰ καὶ ἐπὶ σμικρὸν μετέχοι, καὶ σώφρονος νοῦ, σφόδρα εὐλαβεῖται

Vel. παραπλήσιον

Vel. τὸ

Vel. ἐγκρατὲς πάντων

Vel. χαλεπαίνοντα

Μήπως αὐτόν τε τρώσῃ, σὺν δ' ἅρματα ἄξῃ.

καὶ τῷ μὲν ἡνιόχῳ ζημίας, αὐτῷ δὲ αἰσχρᾶς καὶ ἀδόξου συμφορᾶς αἴτιος γένηται. Ταῦτα ἐγὼ ἐλογιζόμην ἐν νυκτὶ βουλεύων καὶ δι' ἡμέρας κατ' ἐμαυτὸν

A infinitas cum familiis tum civitatibus plerisque calamitates consciscerent. Verum perinde me habebam ac qui aurigandi minime peritus, ne attingere quidem eam artem velit; & tamen ad egregii atque illustris cujuspiam aurigæ currum regendum cogatur, qui bigas multas & quadrigas nutriat, & eas omnes præ generosa naturæ suæ indole & excellenti robore conscendat; itemque omnium fræna firmiter contineat, tametsi unius in currus orbe resideat: non ita tamen ut in eodem semper maneat, sed B inde illuc sæpius commigret, atque ex curru alterum in currum transcendat, si quando laborantes equos aut reluctantes animadverterit. Porro idem ille in eorum curruum numero quadrigas unas habeat, quæ propter indocilitatem atque audaciam contumaciter resistant: ac licet fatigatione continua premantur, nihilo tamen magis audaciam suam deponant; sed ærumnis ipsis ferociores reddantur, & ad reluctandum magis, & recalcitrandum, ac detre- C ctandum imperium excitentur; quæ nonnisi præsente auriga progredi velint: sed nisi hunc perpetuo videant, aut saltem quemlibet alium aurigæ vestibus indutum, indignentur ac fremant, tanta est illarum naturæ vecordia. At ille earum, opinor, insaniæ consulens, certum iis hominem præfecit, quem ejusmodi vestibus induit, & gravis ac scientis aurigæ cultum accommodavit. Qui si prorsus desipiat atque D insaniat, gaudet nimirum & exultat, ac vestium tanquam pennarum pulchritudine superbus extollitur; sin prudentiæ ac modestiæ vel minimum habeat, hoc ipsum non mediocriter verebitur

Ne sese oblædat forsan, currusque refringat:

unde & aurigæ jacturam, & sibi turpem atque ignominiosam calamitatem arcessat. Hæc ego dies noctesque cogitans atque apud me considerans, tristis ibam ac mœac mœrore contractus. Sed eximius ille ac vere divinus Imperator, primum factis ipsis ac verbis honore me afficiens, & gratificans, partem aliquam illius molestiæ sublevavit; tum Imperatricem salutare jussit, qua re & animum nostrum confirmaret, & suæ erga me fiduciæ singulare quoddam testimonium daret. Itaque ubi primum in illius conspectum prodii, repente mihi visus sum quoddam velut collocatum in templo simulacrum castitatis intueri. Quare & animus pudore suffusus, & oculi diu in terram defixi manebant, donec bono illa esse animo jussit: & partem quidem, inquit, jam a nobis accepisti, partem Deo bene volente postmodum accipies, dummodo fidem in nos ac justitiam præstes. Hæc ego fere ab illa tum audivi: neque enim pluribus verbis usa est, etsi præstantissimis oratoribus nihilo deteriores orationes posset instituere. Quamobrem cum eam ita salutassem, vehementer obstupui, & ipsammet castitatem loquentem audisse mihi videbar; adeo benigna illius vox & suavis erat, & in auribus meis defixa permanebat. Vultis igitur quæ ab illa deinceps facta sunt, ejusque in me beneficia, singillatim ac per partes explicemus? An potius congestis in unum omnibus, quemadmodum hæc ipsa tunc contulerit, simul universa percurramus? quotnam nimirum ex meis familiaribus beneficiis affecerit, utque mihi nuptias cum Imperatore conciliaverit? Sed vos donorum forsitan ab ea mihi collatorum numerum audire cupitis,

Et tripodas septem, atque auri bis quina talenta,

& *lebetes viginti*. Sed de ejusmodi rebus verbosius effutire non vacat. Quanquam non injucundum fortassis fuerit unius cujusdam ab ea collati muneris mentionem apud vos facere, quo mihi præ cæteris delectatus fuisse videor. Etenim libros Philosophorum, atque optimorum Historicorum, &

A περισκοπούμενος, οἷος ἦν ἀεὶ καὶ σκυθρωπός. ὁ γενναῖος δὲ καὶ θεῖος ἀληθῶς Αὐτοκράτωρ ἀφῄρει τι πάντως τῶν ἀλγεινῶν, ἔργοις καὶ λόγοις τιμῶν καὶ χαριζόμενος. τέλος δὲ τὴν βασιλίδα προσειπεῖν κελεύει, θάρσος τι ἡμῖν ἐνδιδοὺς, καὶ τῆς σφόδρα πίστεως γενναῖον εὖ μάλα παρέχων γνώρισμα. Ἐγὼ δὲ ἐπειδὴ πρῶτον εἰς ὄψιν ἐκείνης ἦλθον, ἔδοξα μὲν ὥσπερ ἐν ἱερῷ καθιδρυμένον ἄγαλμα σωφροσύνης ὁρᾶν· αἰδὼς δὲ B ἐπεῖχε τὴν ψυχὴν, καὶ ἐπέπηκτό μοι κατὰ γῆς τὰ ὄμματα συχνὸν ἐπιεικῶς χρόνον ἕως ἐκείνη θαρρεῖν ἐκέλευε. καὶ τὰ μὲν, ἔφη, ἤδη παρ' ἡμῶν ἔχεις, τὰ δὲ καὶ ἕξεις σὺν θεῷ, μόνον εἰ πιστὸς καὶ δίκαιος εἰς ἡμᾶς γένοιο. Τοσαῦτα ἤκουσα σχεδὸν· οὐδὲ γὰρ αὐτὴ πλείονα ἐφθέγξατο, καὶ ταῦτα ἐπισταμένη τῶν γενναίων ῥητόρων οὐδὲν ἐν φαυλοτέροις ἀπαγγέλλειν λόγους. ταύτης ἐγὼ τῆς ἐντεύξεως ἀπαλλαγεὶς σφόδρα ἐθαύμασα καὶ C ἐξεπεπλήγμην, ἐναργῶς δοκῶν ἀκηκοέναι σωφροσύνης αὐτῆς φθεγγομένης. οὕτω πρᾶον ἦν αὐτῆς φθέγμα καὶ μείλιχον, ταῖς ἐμαῖς ἀκοαῖς ἐγκαθιδρυμένον. Βούλεσθε οὖν τὰ μετὰ ταῦτα πάλιν ἔργα, καὶ ὅσα ἔδρασεν ἡμᾶς ἀγαθὰ καθ' ἕκαστον λεπτουργοῦντες ἀπαγγέλλωμεν; ἢ τό γε ἐντεῦθεν ἀθρόως ἑλόντες καθάπερ ἔδρασεν αὐτὴ, πάντα ὁμοῦ διηγησώμεθα; ὁπόσους μὲν εὖ ἐποίησε τῶν ἐμοὶ γνωρίμων, ὅπως δὲ ἐμοὶ μετὰ τοῦ βασι- D λέως τὸν γάμον ἥρμοσεν. ὑμεῖς δὲ ἴσως ποθεῖτε καὶ τὸν κατάλογον ἀκοῦσαι τῶν δώρων,

Ἑπτ' ἀπύρους τρίποδας, δέκα δὲ χρυσοῖο τάλαντα, Iliad. I. v. 122.

καὶ λέβητας εἴκοσιν. ἀλλ' οὔ μοι σχολὴ περὶ τῶν τοιούτων ἀδολεσχεῖν. Ἑνὸς δὲ ἴσως τῶν ἐκείνης δώρων τυχὸν οὐκ ἄχαρι, καὶ εἰς ὑμᾶς ἀπομνημονεῦσαι, ὅ μοι δοκῶ καὶ αὐτὸς σφόδρα ἡσθῆναι διαφερόντως. βίβλους γὰρ φιλοσόφων, καὶ συγγραφέων ἀγαθῶν, καὶ ῥητόρων πολλῶν

[A] πολλῶν καὶ ποιητῶν, ἐπειδὴ παντελῶς ὀλίγας οἴκοθεν ἔφερον, ἐλπίδι καὶ πόθῳ τοῦ πάλιν οἴκαδε ἐπανελθεῖν τὴν ταχίστην ψυχαγωγούμενος, ἔδωκεν ἀθρόας τοσαύτας, ὥστε ἐμοὶ μὲν ἀποπλῆσαι τὴν ἐπιθυμίαν, σφόδρα ἀκορέστως ἔχοντος τῆς πρὸς ἐκεῖνα συνουσίας. Μουσεῖον δὲ Ἑλληνικῶν ἀποφῆναι βιβλίων ἔοικε τὴν Γαλατίαν, καὶ τὴν Κελτίδα. τούτοις ἐγὼ προσπαθήμενος συνεχῶς τοῖς δώροις, εἴποτε σχολὴν ἄγοιμι, οὐκ ἔστιν ὅπως ἐπιλανθάνομαι τῆς χαρισαμένης. [B] ἀλλὰ καὶ στρατευομένῳ μοι, ἕν γέ τοι πάντως ἕπεται, οἷον ἐφόδιον τῆς στρατείας, πρὸς αὐτὸ τοῦτο πάλαι ξυγκείμενον. Πολλὰ γὰρ δὴ τῆς τῶν παλαιῶν ἔργων ἐμπειρίας ὑπομνήματα ξὺν τέχνῃ γραφέντα τοῖς ἀμαθοῦσι διὰ τὴν ἡλικίαν τῆς θέας, ἐναργῆ καὶ λαμπρὰν εἰκόνα φέρει τῶν πάλαι πραχθέντων. ὑφ' ἧς ἤδη καὶ νέοι πολλοὶ γερόντων μυρίων, πολὺ μᾶλλον ἐκτήσαντο τὸν νοῦν καὶ τὰς φρένας· καὶ τὸ δοκοῦν ἀγαθὸν ἐκ τοῦ γήρως ὑ- [C] πάρχειν τοῖς ἀνθρώποις μόνον, τὴν ἐμπειρίαν· δι' ἣν ὁ πρεσβύτης ἔχει τι λέξαι τῶν νέων σοφώτερον· τοῖς οὐ ῥαθύμοις τῶν νέων ἔδωκεν. ἔστι δὲ οἶμαί τις ἐν αὐτοῖς, καὶ παιδαγωγία πρὸς ἦθος γενναῖον, εἴτις ἐπίσταιτο τοὺς ἀρίστους ἄνδρας, καὶ λόγους, καὶ πράξεις, οἷον ἀρχέτυπα προτιθέμενος δημιουργὸς, πλάττειν ἤδη πρὸς ταῦτα τὴν αὑτοῦ διάνοιαν, καὶ ἀφομοιοῦν πρὸς τοὺς λόγους. ὧν εἰ μὴ πάμπληθες ἀπολειφθείη, τυγχάνει δὲ καὶ ἐπ' ὀλί- [D] γον τῆς ὁμοιότητος, οὐ σμικρὰ ἂν ὄναιτο εὖ ἴστε. Ὃ δὴ καὶ αὐτὸς πολλάκις ξυννοῶν, παιδείαν τε οὐκ ἄμουσον ἐν αὐτοῖς ποιοῦμαι, καὶ στρατευόμενος καθάπερ σιτία φέρω ἀναγκαῖα, καὶ ταῦτα ἐθέλω. μέτρον δέ ἐστι τοῦ πλήθους τῶν φερομένων ὁ καιρός. Ἀλλὰ μήποτε οὐκ ἐκείνων χρὴ νῦν τὸν ἔπαινον γράφειν, οὐδὲ ὅσα ἡμῖν ἀγαθὰ γένοιτ' ἂν ἐνθένδε. ὁπόσου δὲ τὸ δῶρον ἄξιον καταμαθόντας χάριν ἀποτίνειν

[margin: ἴσ. δημιουργά] [margin: ἴσ. συγχάνει]

[A] Oratorum quamplurimorum, ac Poetarum (quod paucos admodum e patria mecum attulissem, quoniam brevi revisendæ domus spes me ac desiderium sustentabat) libros, inquam, tot illa mihi dono dedit, ut cupiditatem omnem meam expleret, quæ illorum lectione satiari non poterat: Galliam vero ac Germaniam Græcorum mihi librorum museum efficeret. Quibus ego donis assidue defixus, quotiescunque per otium licet, ejus unde ista accepi oblivionem capere non possum. Quinetiam si [B] quando in expeditionem proficiscor, unum ex iis aliquem velut militiæ commeatum exporto, qui ad hoc ipsum accommodate scriptus olim fuerit. Multa quippe veterum prudentiæ atque experientiæ monimenta cum arte scripta claram & manifestam rerum olim gestarum effigiem exhibent iis, qui per ætatem spectare ipsi nequiverint. Ex quo factum est, ut juvenes plerique majorem quam senes multi mentis atque animi canitiem haberent: quodque unum hominibus ex senectute bonum suppetere vide- [C] tur, experientia rerum, cujus beneficio prudentius aliquid juvenibus senex dicere potest, hanc juvenibus, qui quidem negligentes non fuerint, monimenta illa conciliant. Sed inest præterea in his egregia quædam morum institutio: dummodo aliquis optimos quosque viros, & orationes, & facta, velut exemplaria sibi proponens artifex, ad ea fingere animum suum, & ad libros ac sermones accommodare noverit. Ab quibus nisi omnino sit alienus, sed vel minima [D] ex parte eorum in se similitudinem possit exprimere, non parvum inde fructum reportet. Quod cum ego sæpius apud me cogito, non absurdam in his institutionem ac disciplinam colloco; & quoties in militiam abeo, tanquam necessaria cibaria mecum illa defero, quorum multitudinem temporis ratio moderatur. Verum nihil fortassis attinet illorum præconium, aut quæ inde bona derivari possint, scriptione ista prosequi; quin hoc potius convenit, ipsius doni pretio

pretio ac dignitate perspecta, ei, quæ id mihi dederit, non alienam gratiam ab hujus doni conditione rependere. Qui enim elegantes ac varietate maxima refertos librorum thesauros acceperit, non iniquum est paucis & minime bonis verbis, imperite ac rustice admodum conscriptis, prædicationem texere. Neque enim gratum hunc esse dixeris agricolam, qui cum seminarium instruere vellet, viriginеos surculos ab vicinis petiit; tum ubi vineam excitare cœpit, ligonem, dolabram, ac demum arundinem qua vitem alligaret ac fulciret, ut & ista sustineretur, & suspensi racemi glebam minime contingerent: cæterum postquam ea quæ vellet obtinuerit, Bacchi se munere solum repleat, neque ex racemis aut musto quicquam iis offerat, quos ad agriculturæ subsidium liberales ac prolixos habuerit. Neque porro vel pastorem, vel bubulcum, vel denique caprarium probum quispiam ac gratum dixerit, qui per hiemem, cum & ipse tecto & herba pecus indigeret, amicos in se benignos ac liberales expertus sit, qui quamplurima sibi dederint, & abunde pabulum ac diversoria suppeditarint; simulacque vero ver aut æstas apparuerit, bene de se meritorum penitus obliviscatur, nec lactis aliquid, vel casei, vel rei alterius iis impertiat, per quos peritura alioqui pecora servata fuerint. Igitur qui disciplinas qualescumque velut educans, juvenis adhuc multis ductoribus indigeat; inprimis autem alimento copioso ac sincero, quod ex veterum monimentis percipitur, opus habeat; & tamen omnibus illis simul careat; num vobis tandem exiguum quoddam præsidium desiderare videtur, aut parvo apud eum in precio esse debet, qui ad ea se adjutorem illi præbuerit? ac forsitan non est quod hujus in se voluntatis ac meritorum gratiam rependere conetur? *Nunquam vero Thalem illum sapientum facile principem, a quo multa cum laude dicta accepimus, audiat.* Nam cum eum interrogaret quispiam,

A τυχὸν οὐκ ἀλλοτρίαν τοῦ δοθέντος τῇ χαρισαμένῃ. λόγων γὰρ ἀστείων καὶ παντοδαπῶν θησαυροὺς τῶν ἐν ταῖς βίβλοις δεξάμενον, οὐκ ἄδικον διὰ σμικρῶν καὶ φαύλων ῥημάτων, ἰδιωτικῶς καὶ ἀγροίκως ἄγαν ξυγκειμένων, ἀδύνατον εὐφημίαν. Οὐδὲ γὰρ γεωργὸν φήσεις εὐγνώμονα, ὃς καταφυτεύειν μὲν τὴν φυταλιὰν ἀρχόμενος, κλήματα ᾔτει παρὰ τῶν γειτόνων· εἶτα ἐκτρέφων τὰς ἀμπέλους, δίκελλαν, καὶ αὖθις * σμινύην· καὶ τέλος l. σμινύην

B ἤδη κάλαμον ᾧ χρὴ προσδεδέσθαι, καὶ ἐπικεῖσθαι τὴν ἄμπελον· ἵνα αὐτή τε ἀνέχηται, καὶ οἱ βότρυες ἐπηρτημένοι μηδαμοῦ ψαύωσι τῆς βώλου· τυχόντα δὲ ὧν ἐδεῖτο μόνον ἐμπίπλασθαι τοῦ Διονύσου τῆς χάριτος, οὐδὲ τῶν βοτρύων, οὐδὲ τοῦ γλεύκους μεταδιδόντα τούτοις, ὧν πρὸς τὴν γεωργίαν ἔτυχε προθύμων. οὐκοῦν οὐδὲ νομέα ποιμνίων, οὐδὲ βουκολίων, οὐδὲ μὴν αἰπολίων ἐπιεικῆ, καὶ ἀγαθὸν, καὶ εὐγνώμονα φήσει τις, ὃς τοῦ μὲν χειμῶνος, ὅτε αὐτῷ στέγης, καὶ πόας ἐδεῖτο τὰ βο-

C σκήματα, σφόδρα ἐτύγχανε προθύμων τῶν φίλων, πολλὰ μὲν αὐτῷ ξυμποριζόντων, καὶ μεταδιδόντων τροφῆς ἀφθόνου, καὶ καταγωγίων· ἦρος δὲ οἶμαι, καὶ θέρους φανέντος, μάλα γενναίως ἐπιλαθόμενος ὧν εὖ πάθοι, οὔτε τοῦ γάλακτος, οὔτε τῶν τυρῶν, οὔτε ἄλλου τοῦ μεταδιδόντα τούτοις, ὑφ' ὧν αὐτῷ διεσώθη ἀπολλύμενα ἂν ἄλλως τὰ θρέμματα. Ὅστις ἂν λόγους ὁπωσοῦν τρέφων, νέος μὲν αὐλὰς καὶ * ἡγεμόνων πολλῶν δεόμενος, l. ἡγεμόνων τροφῆς δὲ πολλῆς καὶ καθαρᾶς τῆς ἐκ τῶν

D παλαιῶν γραμμάτων, εἶτα ἀθρόως πάντων δεηθείς, ἆρα ὑμῖν μικρᾶς δεῖσθαι βοηθείας δοκεῖ ἢ μικρᾶς αὐτῷ γέγονεν ἄξιος ὁ πρὸς ταῦτα * συμβαλλόμενος; l. συμβαλλόμενος καὶ τυχὸν οὐ χρὴ πειρᾶσθαι χάριν ἀποδιδόναι αὐτῷ τῆς προθυμίας καὶ τῶν ἔργων; ἀλλὰ μήποτε τὸ * Θαλοῦ ἐκεῖνο τῶν σοφῶν τὸ κεφάλαιον, * οὗ τὰ ἐπασήμασια ἀκηκόαμεν. ἐρομένου γάρ τινος ὑπὲρ οὗ ἔμαθεν [illegible] ἔμαθεν ὁπόσον τινὰ χρὴ καταβαλὼν μισθὸν· ὁμολογῶν, ἔφη, τὸ παρ' ἡμῶν μαθεῖν, τὴν ἀξίαν ἡμῖν ἐκτίσεις. οὐκοῦν καὶ ὅσοις διδάσκαλος μὲν αὐτὸς οὐ γέγονε, πρὸς τὸ μαθεῖν δὲ καὶ ὁτιοῦν συνεπήνεγκατο, ἀδικοῖτ' ἂν εἰ μὴ τυγχάνει τῆς χάριτος, καὶ τῆς ἐπὶ τοῖς δοθεῖσιν ὁμολογίας, ἣν δὴ καὶ ὁ σοφὸς ἀπαιτῶν φαίνεται. εἶεν. ἀλλὰ τοῦτο μὲν χαρίεν καὶ σεμνὸν τὸ δῶρον· χρυσίον δὲ καὶ ἀργύριον οὐδὲ ἐδεόμην ἐγὼ λαβεῖν, οὐδὲ ὑμᾶς δὴ ὑπὲρ τούτων ἡδέως ἂν ὀχλήσαιμι. Λόγον δὲ ὑμῖν εἰπεῖν ἐθέλω, μάλα δή τινος ὑμῖν ἀκοῆς ἄξιον, εἰ μὴ τυγχάνοιμεν ἀπειρηκότας πρὸς τὸ μῆκος τῆς ἀδολεσχίας. τυχὸν δὲ οὐδὲν τῶν ῥηθέντων ἀκροᾶσθε σὺν ἡδονῇ, ἅτε ἀνδρὸς ἰδιώτου, καὶ σφόδρα ἀμαθοῦς λόγων, πλάζειν μὲν οὐδὲν, οὐδὲ τεχνάζειν εἰδότος, φράζοντος δὲ ὅπως ἂν ἐπίῃ τἀληθές. ὁ δὲ δὴ λόγος σχεδὸν περὶ τῶν παρόντων ἐστί. Φήσουσι γὰρ, οἶμαι, πολλοί, παρὰ τῶν μακαρίων σοφιστῶν ἀναπειθόμενοι, ὅτι ἄρα μικρὰ καὶ φαῦλα πράγματα ἀναδεξάμενος, ὡς δή τι σεμνὸν ὑμῖν ἀπαγγέλλω. τοῦτο δὲ οὐ φιλονεικοῦντες πρὸς τοὺς ἐμοὺς λόγους, οὐδὲ ἐμὲ τῆς ἐπ' αὐτοῖς ἀφαιρεῖσθαι δόξης ἐθέλοντες ἴσως ἂν εἴποιεν. ἴσασι γὰρ σαφῶς, ὅτι μήτε ἀντίτεχνος εἶναι βούλομαι τοῖς ἐκείνων λόγους τοὺς ἐμαυτοῦ παρατιθείς, μήτε ἄλλως ἀπεχθάνεσθαι ἐκείνοις ἐθέλω. ἀλλ' οὐκ οἶδα ὅντινα τρόπον τὰ μεγάλα λέγειν ἐκ παντὸς ὀρεγόμενοι, χαλεπῶς ἔχουσι πρὸς τοὺς μὴ ταὐτὸν ζηλοῦντας, καὶ δι' αἰτίας ἄγουσιν, ὡς καθαιροῦντας τὴν τῶν λόγων ἰσχύν. μόνα γὰρ εἶναι τῶν ἔργων ζηλωτά φασι, καὶ σπουδῆς ἄξια, καὶ πολλῶν ἐπαίνων, ὅσα διὰ μέγεθος ἤδη τισὶν ἄπιστα ἔδοξεν. Ὁποῖα δή που καὶ περὶ τῆς Ἀσσυρίας λέγουσι γυναικός, ἣ μεταβαλοῦσα, καθάπερ ῥεῖθρον εὐτελές, τὸν διὰ τῆς Βαβυλῶνος ποταμὸν ῥέοντα βασίλειά τε

Vet. γὰρ. Vet. ἐν. Vet. σχεδόν τι.

A quantam mercedem pro eo quod didicerat persolveret? tu si a me, inquit, didicisse fatebere, justum mihi præmium persolveris. Quamobrem qui, tametsi non docuerit ipse, aliquid tamen ad discendum contulerit, plane injuriam accipiat, nisi vicissim gratiam & accepti muneris agnitionem ab altero reportet: id quod vir ille sapiens postulasse sibi videtur. Sed hæc missa faciamus. Itaque jucundum illud munus ac magnificum fuit. Etenim aurum argentumve nec optavi unquam accipere, neque vobis ejusmo- B di prædicandis donis libenter obstrepam. Illud itaque potius exponam, quod vobis auditu scio fore gratissimum, nisi mea vobis loquacitas ac prolixitas satietatem attulerit. Nam fortasse ne ea quidem, quæ hactenus dicta sunt, libenter audistis, ut quæ rudi ab homine imperitoque profecta sunt; qui nulla in re fallere, aut artificiose tractare noverit, sed qui vera omnia, utcunque in animum venerint, loquatur. Verum quod modo dicere cupio a suscepta oratio- C ne non abhorret. Nonnulli enim a beatis Sophistis persuasi forsitan dixerint: exiguas me res & contemnendas oratione tractantem, vobis tanquam ingens aliquid & magnificum proponere. Quod non eo animo dictum sunt, ut adversus orationem meam contendant, mihique gloriam illius atque existimationem præripiant. Præclare enim hoc intelligunt, me neque cum illorum orationibus de artificio contendere, ac meas opponere; neque ullo pacto eorum in offensionem incurrere velle. Sed nescio D quomodo, cum magna quædam dicere modis omnibus affectent, iis succensent, qui non sese ad eorum institutum accommodant, & eos accusant, quasi orationis vim ac pondus imminuant. Nam ea solum admiratione, studio, ac laudibus digna esse facta prædicant, quæ propter magnitudinem nonnullis olim incredibilia videbantur: qualia de Assyria illa fœmina narrantur, quæ fluvium illum, qui Babylonem dividit, quasi exiguum quendam rivulum detorquens magnificam

magnificam in solo regiam extruxit, & aquam denuo super aggeres immisit. Nam de ea frequens extat apud scriptores mentio, quod classem ter mille numero navium instrueret, peditum vero tricies centena millia in aciem educeret: tum quod Babylone murum exciarit quingentorum fere stadiorum, & quæ circa hanc urbem fossiones, aut cæteræ id genus magnificæ ac sumtuosæ structuræ sunt, ab ea omnia perfecta dicuntur. Præter hanc Nitocris ætate junior, & Rhodogune, ac Tomyris, & innumeræ occurrunt aliæ, quæ non admodum honeste ac decore viriles se mitum in modum gesserunt. Quinetiam nonnullas tanquam maximarum rerum autores celebrant, quæ propter pulchritudinem illustres ac celebres non felici admodum successu fuerunt: quandoquidem tumultus, ac diuturnorum bellorum infinitis nationibus virisque caussam præbuisse videntur, quotquot scilicet ex tam ampla regione par est conscribi potuisse. At qui nihil ejusmodi possit afferre, ridiculus nimirum existimatur; utpote qui neque in stuporem homines rapere, neque mirificum quiddam dicendo facere conetur. Vultis igitur eos interrogemus, utrum aliquis uxorem sibi vel filiam illarum potius similem, quam esse Penelopen velit? Atqui nihil in hac Homerus aliud, quam pudicitiam, & amorem conjugis, atque soceri ac filii curam prædicat. Ac ne de agris quidem aut pecore sollicita fuit: imperare porro militibus, aut concionem habere, ne per somnium quidem illa cogitabat. Quin etiam si quando apud juvenes facienda verba forent,

Ante genas mulier vittas redimita nitentes,

modeste loquebatur. Neque vero aut ejusmodi facinorum, aut illustrium ob ea mulierum inopia, hanc sibi laudandam Homerus præcipue delegit. Licebat enim Amazonis expeditione studiosius describenda totam poesim hisce narrationibus implere, quæ summopere delectare ac voluptatem

A ᾠκοδόμησεν* ἐπὶ γῆς πάγκαλα. καὶ γρ. ὕδωρ
μεθῆκεν ὑπὲρ τῶν χωμάτων αὖθις. ὑπὲρ γὰρ δὴ ταύτης πολὺς μὲν λόγος, ὡς ἐναυμάχει ναυσὶ τρισχιλίαις καὶ πεζῇ παρετάττετο, μυριάδας ὁπλιτῶν τριακοσίας ἄγουσα, τό τε ἐν Βαβυλῶνι τεῖχος οἰκοδόμημα πεντακοσίων σταδίων μικρῷ ἀποδέον, καὶ τὰ περὶ τὴν πόλιν ὀρύγματα, καὶ ἄλλα πολυτελῆ καὶ δαπανηρὰ κατασκευάσματα ἐκείνης ἔργα γενέσθαι λέγουσι. Νίτωκρις δὲ ταύτης
B νεωτέρα, καὶ Ῥοδογύνη, καὶ Τόμυρις, καὶ μυρίος δή τις ἐπιρρεῖ γυναικῶν* ὅμιλος γρ. ὄχλος
ἀνδριζομένων οὐ λίαν εὐπρεπῶς. τινὰς δὲ ἤδη διὰ τὸ κάλλος περιβλέπτους, καὶ ὀνομαστὰς γενομένας οὐ σφόδρα εὐτυχῶς ἐπειδὴ ταραχῆς αἰτίαι, καὶ πολέμων μακρῶν ἔθνεσι μυρίοις καὶ ἀνδράσιν, ὅσους* εἰκὸς ἦν ἐκ τοσαύτης χώρας ἀθροί- γρ. ἐν ἑκάς
ζεσθαι, γενέσθαι δοκοῦσιν, ὡς μεγάλων αἰτίας ὑμνεῖ τι πράξεων. ὃς ἂν δὲ τοιοῦτον οὐδὲν εἰπεῖν ἔχῃ, καταγέλαστος* δοκεῖ Vel [illegible]
C εἶναι, ἅτε οὐκ ἐκπλήττειν, οὐδὲ θαυμαστοποιεῖν ἐν τοῖς λόγοις σφόδρα ἐπιχειρῶν. Βούλεσθε οὖν ἐπανερώμεθα αὐτούς, εἴ τις αὐτῶν γαμετὴν ἢ θυγατέρα οἱ τοιαύτην εὔχεται γενέσθαι μᾶλλον, ἢ τὴν Πηνελόπην; καίτοι ἐπὶ ταύτης οὐδὲν Ὅμηρος εἰπεῖν* ἔχει πλέον τῆς σωφροσύνης, καὶ γρ. λέγει
τῆς φιλανδρίας, καὶ τῆς εἰς τὸν ἑκυρὸν ἐπιμελείας καὶ τὸν παῖδα. ἔμελε δ᾽ ἄρα οὐδὲ τῶν ἀγρῶν ἐκείνῃ, οὔτε τῶν ποιμνίων. στρατηγίας δὲ ἢ δημηγορίας, οὐδὲ ὄναρ ἐκείνῃ
D παραστῆναι πώς· ἀλλὰ καὶ ὁπότε λέγειν ἐχρῆν εἰς τὰ μειράκια,

Ἄντα παρειάων σχομένη λιπαρὰ κρήδεμνα, Ὀδύσσ. α. v. 334.

σεμνῶς ἐφθέγγετο καὶ οὐκ ἀπορῶν Ὅμηρος οἶμαι τηλικούτων ἔργων, οὐδὲ ὀνομαστῶν ἐπ᾽ αὐτοῖς γυναικῶν, ταύτην ὑμνησε διαφερόντως. ἐξῆν γοῦν αὐτῷ τὴν τῆς Ἀμαζόνος φιλοτίμως* πάνυ στρατείαν γρ. στρατείαν.
διηγησαμένῳ, τὴν ποίησιν ἅπασαν ἐμ- Vel πά-
πλῆσαι τοιούτων διηγημάτων τερπνῶν εὖ- [illegible]
μάλα

μάλα, καὶ ψυχαγωγεῖν δυναμένων. A Οὐ γὰρ δὴ τείχους μὲν αἵρεσιν, καὶ πολιορκίαν, καὶ τρόπον τινὰ ναυμαχίαν εἶναι δοκοῦσαν, τὸν πρὸς τοῖς νεωρίοις πόλεμον, ἀνδρὸς δὲ ἐπ' αὐτῷ καὶ ποταμοῦ μάχην ἐπεισάγειν οἴκοθεν διενοεῖτο τῇ ποιήσει, καινόν τι λέγειν ἐπιθυμῶν· τοῦτο δὲ, εἴπερ ἦν ὥσπερ οὗτοί φασι, σεμνότατον, ὀλιγώρως οὕτω παρέλιπε. Τί ποτε οὖν ἄν τις αἴτιον λέγοι τοῦ ἐκείνην μὲν ἐπαινεῖν προθύμως, τούτων δὲ ἐπὶ σμικρὸν μνημονεῦσαι; ὅτι διὰ μὲν τὴν ἐκείνης ἀρετὴν καὶ σωφρο- B σύνην, πολλά τε ἰδίᾳ τοῖς ἀνθρώποις, καὶ εἰς τὸ κοινὸν ἀγαθὰ συμβαίνει. ἐκ δὲ δὴ τῆς τούτων φιλοτιμίας, ὄφελος μὲν οὐδὲ ἕν, συμφοραὶ δὲ ἀνήκεστοι. ὅτε δὲ οἶμαι σοφὸς καὶ θεῖος ποιητὴς ταύτην ἔκρινεν ἀμείνω καὶ δικαιοτέραν τὴν εὐφημίαν. ἆρ' οὖν ἔτι προσήκει εὐλαβεῖσθαι, τοιοῦτον ἡγεμόνα ποιουμένους, μή τις ἄρα μικροὺς ὑπολάβῃ καὶ φαύλους; Ἐγὼ δὲ ὑμῖν καὶ τὸν γενναῖον ἐκεῖνον ῥήτορα Περικλέα τὸν πάνυ, τὸν Ὀλύμπιον, μάρτυρα ἀγα- C θὸν ἤδη παρέξομαι. κολάκων γάρ δή φασί ποτε τὸν ἄνδρα περιεστὼς δῆμος, διαλαγχάνειν τοὺς ἐπαίνους· ὁ μὲν, ὅτι τὴν Σάμον ἐξεῖλεν· ἄλλος δὲ ὅτι τὴν Εὔβοιαν· τινὲς ἤδη τὸ περιπλεῦσαι τὴν Πελοπόννησον. ἦσαν δὲ οἱ τῶν ψηφισμάτων μεμνημένοι. τινὲς δὲ τῆς πρὸς τὸν Κίμωνα φιλοτιμίας, σφόδρα ἀγαθὸν πολίτην, καὶ στρατηγὸν εἶναι δόξαντα γενναῖον. ὁ δὲ τούτοις μὲν οὐδὲ ἀχθόμενος, οὔτε γανύ- D μενος δῆλος ἦν. ἐκεῖνο δὲ ἠξίου τῶν αὐτῷ πεπολιτευμένων ἐπαινεῖν· ὅτι τοσοῦτον ἐπιτροπεύσας τὸν Ἀθηναίων δῆμον, οὐδενὶ θανάτου αἴτιος γέγονεν· οὐδὲ ἱμάτιον μέλαν τῶν πολιτῶν τις περιβαλλόμενος, περιγενέσθαι ταύτης αἴτιον αὐτὸν τῆς συμφορᾶς ἔφη.

Ἀλλ' οὖν τί, πρὸς Φιλίου Διὸς, δοκοῦμεν ὑμῖν μάρτυρος δεῖσθαι, ὅτι μέγιστον ἀρετῆς σημεῖον, καὶ πάντων μάλιστα

A adferre possent. Neque enim prælium illud in navalibus gestum, quod una & murale certamen atque obsidio, & navalis quodammodo pugna fuit, itemque viri ac fluminis congressum, ex ingenio suo confictum in poëim induceret, quo novum aliquid & inauditum adferret; hoc ipsum vero interim, si modo, ut illi dicunt, tam esset illustre, adeo negligenter omitteret. Quænam igitur causa esse potest, cur illam tam serio commendet, alias vero paucis versibus attigerit? Quod scilicet ex illius vir- B tute & castitate cum multa privatim in homines, tum publice bona deriventur; ex illarum vero ambitione ac splendore utilitas nulla, sed insanabiles miseriæ ac calamitates proficiscantur. Ideo sapiens ac divinus Poeta meliorem ac justiorem illam prædicationem arbitratus est. Num igitur his, qui talem sibi ducem adhibuerint, metuendum adhuc est, ne contemnendi ac viles habeantur? Ego vero præterea vobis egregium illum oratorem Periclem, virum omni prædicatione majorem, cognomine Olympi- C um, testem cumprimis opportunum citabo. Nam cum aliquando adulatorum, ut ajunt, eum turba circumstetisset, qui certatim inter se partiis præconiis illum collaudarent; atque alius Samum ab eo expugnatam; Eubœam alius commemoraret; alii mare omne circum Peloponnesum navibus emensum; alii decreta ejusdem ac psephismata narrarent; alii denique de ejus cum Cimone contentione & æmulatione dicerent; qui & egregius civis, & imperator inprimis strenuus visus fuerat: cum hæc, inquam, o- D mnia dicerentur, apparebat neque illum moleste ferre, neque delectari admodum; illud vero ex omnibus, quæ in administranda republica gesserat, præ cæteris laudari cupiebat, quod cum tanto Atheniensium populo præfuisset, nemini causam mortis attulisset; neque civium quispiam, qui atratus prodiisset, hujus sibi calamitatis autorem fuisse Periclem aliquando dixisset.

Num igitur, per amicitiæ præsidem Jovem, alio teste vobis indigere videmur, ut id adstruamus, maximum hoc esse virtutis indicium,

indicium, ac summa laude dignum, neminem interfecisse civium; neque pecunias eripuisse; nec injustum exilium irrogasse? Porro qui istiusmodi calamitatibus intercedens, sic tanquam egregius aliquis medicus, nequaquam id sibi satis esse ducit, si nemini causam ægritudinis afferat; sed nisi omnibus, quoad in se situm est, remedium & curationem comparet, nullum se arte dignum sua putat opus edidisse: isne pari & æquali laudum præconio vobis afficiendus videtur? Nihilone vero pluris æstimandam censebimus vel rationem ipsam ac modum, vel potentiam, quæ cum illi facere quicquid voluerit permittat, nihil tamen omnibus, nisi quod cuique bonum est, velit ipsa consciscere? Hoc ego laudum omnium caput ac summam esse statuo; quamvis interim alia prædicationis argumenta sane quam admirabilia illustriaque suppetant. Quod si quis prætermissionem illam, quam dico, cæterorum, vanæ cuidam simulationi, & inani stolidæque ambitioni tribuat; minime is, opinor, nuperum illius Romam adventum, cum in expeditione esset Imperator, & prope Galliarum limitem Rhenum pontibus navigiisque transisset, falsum ac temere confictum esse suspicabitur. Hæc igitur, uti par est, enarrantem licebat Senatus populique mentionem facere; quemadmodum ingenti cum gaudio illam exceperint, & alacriter obviam prodierint, &, pro eo atque Imperatricem decebat, omni gratulatione prosecuti sint. Ad hæc sumtuum magnitudo commemorari poterat: quamque splendidi & magnifici fuerint: quantam in principes tribuum & populi centuriones pecuniæ vim expenderit. Mihi vero nec ulla rerum ejusmodi visa unquam est expetenda; neque divitias plus quam virtutem commendare volo. Etsi non me præterit, liberalem pecuniæ sumtum ad nonnullam pertinere virtutem. Verum longe hæc esse potiora judico; æquitatem animi, castitatem, prudentiam, & id genus alia; quæ in illa prædicans, cum alios complures, tum meipsum, & quæ in me illius

A ἐπαίνου ἄξιον, τὸ μηδένα κτεῖναι τῶν πολιτῶν, μηδὲ ἀφελέσθαι τὰ χρήματα, μηδὲ ἀδίκῳ φυγῇ περιβαλεῖν; ὅστις δὲ πρὸς τὰς τοιαύτας συμφορὰς αὐτὸν ἀντιτάξας, καθάπερ ἰατρὸς γενναῖος οὐδαμῶς ἀποχρῆν ὑπέλαβεν αὑτῷ τὸ μηδενὶ νοσήματος αἴτιος γενέσθαι, ἀλλ' εἰ μὴ πάντα εἰς δύναμιν ἰῷτο, καὶ θεραπεύοι, οὐδὲν ἄξιον τῆς αὑτοῦ τέχνης ἔργον ὑπέλαβεν, ἆρα ὑμῖν δοκεῖ τῶν ἴσων ἐπαίνων ἐν δίκῃ τυγχάνειν; Καὶ οὐδὲν προτι- B μήσομεν οὔτε τὸν τρόπον, οὔτε τὴν δύναμιν, ὑφ' ἧς ἔξεστι μὲν αὐτῇ δρᾷν ὅτι ἂν ἐθέλῃ, θέλει δὲ ἅπασι τἀγαθά; τοῦτο ἐγὼ κεφάλαιον τῶν παντὸς ἐπαίνου ποιοῦμαι, οὐκ ἀπορῶν ἄλλων θαυμασίων ἴσως δοκούντων καὶ λαμπρῶν διηγημάτων. Εἰ γὰρ δή τις τὴν περὶ τῶν ἄλλων σιωπὴν ὑποπτεύσειεν, ὡς ματαίαν οὖσαν προσποίησιν, καὶ ἀλαζονείαν κενὴν, καὶ αὐθάδη, ἴστω καὶ τὴν ἔναγχος ἐπιδημίαν γενομένην αὐτῇ τὴν εἰς τὴν Ῥώμην, ὁπότε ἐστρατεύετο βασιλεὺς, ζεύγμασι καὶ ναυσὶ τὸν Ῥῆνον C διαβὰς ἄγχου τῶν Γαλατίας ὁρίων, ψευδῆ καὶ πεπλασμένην ἄλλως ὑποπτεύσειν. Ἐξῆν δὴ οὖν, ὡς εἰκὸς, διηγουμένου ταῦτα, τοῦ δήμου μεμνῆσθαι καὶ τῆς γερουσίας, ὅπως αὐτὴν ὑπεδέχετο σὺν χαρμονῇ, προθύμως ὑπαντῶντες καὶ δεξιούμενοι, καθάπερ νόμος, βασιλίδα. καὶ τῶν ἀναλωμάτων τὸ μέγεθος, ὡς ἐλευθέριον καὶ μεγαλοπρεπές· καὶ τῆς παρασκευῆς τὴν πολυτέλειαν· ὁπόσα τε ἐπινέμει τῶν φυλῶν τοῖς ἐπιστάταις, καὶ ἑκατοντάρχαις τοῦ πλήθους, ἀπαριθμήσα- D σθαι. Ἀλλ' ἔμοιγε τῶν τοιούτων οὔτι ἔδοξε ποτὲ ζηλωτὸν οὐδέν· οὔτε ἐπαινεῖν ἐθέλω πρὸ τῆς ἀρετῆς τὸν πλοῦτον. καίτοι οὐ λέληθεν ἡ τῶν χρημάτων ἐλευθέριος δαπάνη μετέχουσά του τῆς ἀρετῆς. ἀλλ' οἶμαι κρείττω ἐπιείκειαν, καὶ σωφροσύνην, καὶ φρόνησιν, καὶ ὅσα δὴ ἄλλα περὶ αὐτῆς λέγων, πολλοὺς μὲν καὶ ἄλλους, ἀτὰρ δὴ καὶ ἐμαυτὸν ὑμῖν, καὶ τὰ κατ' ἐμαυτὸν

Fors. ἐπαινῶν

ἐγχ

προσαχθέντα παρέσχον μάρτυρα. εἰ δὴ δ' αὖ καὶ ἄλλοι τὴν ἐμὴν εὐγνωμοσύνην ζηλοῦν ἐπιχειρήσειαν, πολλοὺς ἔχει τι ἤδη καὶ ἕξει τοὺς ἐπαινέτας.

A extant officia, in testimonium adduxi. Postremo si cæteris quoque grati in illam animi mei imitari placuerit exemplum; laudatores habet ea jam plurimos, & deinceps habitura videtur.

ΙΟΥΛΙΑΝΟΥ ΚΑΙΣΑΡΟΣ
ΕΙΣ ΤΟΝ ΒΑΣΙΛΕΑ ΗΛΙΟΝ, ΠΡΟΣ ΣΑΛΟΥΣΤΙΟΝ.

JVLIANI IMP.
IN REGEM SOLEM, AD SALVSTIUM.

ΛΟΓΟΣ Δ.

B

ΠΡΟΣΗΚΕΙΝ ὑπολαμβάνω τοῦ λόγου τοῦδε μάλιστα μὲν ἅπασι,

Odyss. Σ. v. 130. — ὅσσα τε γαῖαν ἔπι πνείει τε καὶ ἕρπει·

καὶ τοῦ εἶναι, καὶ λογικῆς ψυχῆς, καὶ νοῦ

Vet. μετειληφόσι· " μετειληφότα· οὐχ ἥκιστα δὲ τῶν ἄλλων ἁπάντων ἐμαυτῷ. καὶ γάρ εἰμι τοῦ βασιλέως ὀπαδὸς ἡλίου. τούτου δὲ ἔχω μὲν C οἴκοι παρ' ἐμαυτῷ τὰς πίστεις ἀκριβεστέρας. ὃ δέ μοι θέμις εἰπεῖν καὶ ἀνεμέσητον ἐντέτηκέ μοι δεινὸς ἐκ παίδων τῶν αὐγῶν τοῦ θεοῦ πόθος· καὶ πρὸς τὸ φῶς οὕτω δὴ τὸ αἰθέριον ἐκ παιδαρίου κομιδῆ τὴν διάνοιαν ἐξιστάμην, ὥστε οὐκ εἰς αὐτὸν μόνον ἀτενὲς ὁρᾶν ἐπεθύμουν· ἀλλὰ καὶ εἴποτε νύκτωρ ἀνεφέλου, καὶ καθαρᾶς αἰθρίας οὔσης προέλθοιμι, πάντα ἀθρόως D ἀφεὶς, τοῖς οὐρανίοις προσεῖχον κάλλεσιν οὐκέτι ξυνιεὶς οὐδὲν εἴ τις λέγοι τι πρός

deest in Vett. MSS. με, οὔτε αὐτὸς " ἐμαυτῷ. ὅ, τι πράττοιμι προσέχων. ἐδόκουν τε περιεργότερον ἔχειν πρὸς αὐτὰ, καὶ πολυπράγμων τις εἶναι. καί μέ τις ἤδη ἀστρόμαντιν ὑπέλαβεν

Oratio IV.

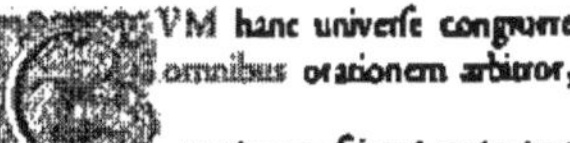

CVM hanc universæ congruere omnibus orationem arbitror,

quæ terram spirant, repitantque per omnem,

quibus & esse, & ratione ac mente præditam animam habere concessum est: tum mihi præ cæteris convenire statuo. Etenim regis ego sum Solis assectator & famulus. Cujus apud me domestica & ad fidem certissima illa quidem argumenta suppetunt; ex his vero, quod citra religionem fas sit dicere, unum est ejusmodi. Mirum me quoddam, & a prima insinuum ætate, solarium radiorum desiderium tenet. Itaque quoties in ætherium illum splendorem conjiciebam oculos puer, rapi extra se perculsa mens & attonita solebat; atque adeo non illum tantum defixis intueri oculis optabam, sed etiam noctu, si quando sereno puroque cœlo foras progrederer, cæteris omissis omnibus, solas in cœlestes pulcritudines intentus hærebam: ut neque, si mihi quippiam ab alio diceretur, animadverterem, neque quid rerum agerem ipsemet attenderem. Igitur & in illis contemplandis nimium studii ponere, & curiosus quidam esse videbar: ut me divinandi vivendi ex astris peritum, quamvis adhuc imberbem, non nemo suspicaretur. Atqui neque dum liber ejusmodi meas in manus pervenerat: neque quid rei istud esset omnino cognoveram. Sed quid ista commemoro, cum afferre majora possim; si id unum recenseam, quemadmodum de Diis tunc ego sentirem? Ac superiores quidem illæ tenebræ perpetua oblivione conterantur. Quod autem lux ipsa cœlestis, undiquaque mihi circumfusa, ad sui me contemplationem incitarit & erexerit: adeo ut contrarium, ac totius universi, Lunæ cursum esse per memet observarem, antequam in ullum eorum, qui de talibus philosophantur, inciderem: ex iis indiciis, quæ paulo ante memoravi, persuaderi potest. Equidem hominis illius felicitatem admiror, cui divinitus hoc tributum fuerit, ut e sacro ac prophetico semine compactum corpus assumens, sapientiæ thesauros aperiret. Sed nec illam, quam ejusdem beneficio numinis adeptus sum, sortem conditionemque parvi facio; quod ex eo genere, penes quod terrarum dominatus atque imperium est, temporibus nostris ortum acceperim. Mea porro sententia est; si quid sapientibus viris credimus; communem, ut universe dicam, hominum omnium parentem esse Solem. Hoc enim merito dici solet: Homo & Sol hominem generant. Animas vero non a seipso solo, sed a Diis quoque cæteris, idem ille spargit in terras: qui quem demum propagentur in finem, vitæ genere, quod consectantur, ostendunt. Ac præclare quidem cum illo agitur, cui id obtigerit, ut a tertia usque progenie, ac longa retro avorum serie, istius Dei famulatui esset addictus. Sed neque contemnendum illud est, si quis ejusdem se Dei natura esse servum agnoscens, solus ex omnibus, vel cum paucis, ejus se domini obsequio tradiderit.

Age itaque, festum illius, quod regia civitas anniversariis sacrificiis illustrius facit, celebremus quomodo possumus. Enimvero quam difficile sit sentio, vel hoc unum de ipso mente concipere, quantus sit minime apparens ille Sol, si ex eo, qui conspicuus est, con-

A ἄρτι γενειήτην. καί τοι νὴ τοὺς θεοὺς οὔποτε τοιαύτη βίβλος εἰς ἐμὰς ἀφῖκτο χεῖρας· οὔτε ἠπιστάμην ὅ, τί ποτέ ἐστι τὸ χρῆμα πάμπαν. Ἀλλὰ τί ταῦτα ἐγώ φημι, μείζω ἔχων εἰπεῖν, εἰ φράσαιμι ὅπως ἐφρόνουν τὸ τηλικαῦτα περὶ θεῶν; λήθη δὲ ἔστω τοῦ σκότους ἐκείνου. τὸ δὲ ὅτι με τὸ οὐράνιον πάντη περιήστραψε φῶς, ἤγειρέ τε καὶ παρώξυνεν ἐπὶ τὴν θέαν ὥστε ἤδη καὶ τῆς σελήνης τὴν ἐναντίαν πρὸς τὸ πᾶν αὐτὸς ἀπ' ἐμαυτοῦ κίνησιν συνειδον, οὐδενί πω συντυχὼν τῶν τοιαῦτα φιλοσοφούντων· ἔστω μοι τὰ ῥηθέντα σημεῖα. Ζηλῶ μὲν οὖν ἔγωγε τῆς εὐποτμίας καὶ εἴ τῳ τὸ σῶμα παρέσχε θεὸς ἐξ ἱεροῦ, καὶ προφητικοῦ συμπαγὲν σπέρματος ἀναλαβόντι, σοφίας ἀνοῖξαι θησαυρούς. οὐκ ἀτιμάζω δὲ ταύτην, ἧς ἠξιώθην αὐτὸς παρὰ τοῦ θεοῦ τοῦδε, μερίδος, ἐν τῷ κρατοῦντι, καὶ βασιλεύοντι τῆς γῆς γένει τοῖς κατ' ἐμαυτὸν χρόνοις γενόμενος· ἀλλ' ἡγοῦμαι κοινότερον μέν, C εἴπερ χρὴ πείθεσθαι τοῖς σοφοῖς, ἁπάντων ἀνθρώπων εἶναι τοῦτον κοινὸν πατέρα. λέγεται γὰρ ὀρθῶς· ἄνθρωπος ἄνθρωπον γεννᾷ, καὶ ἥλιος. ψυχὰς δὲ οὐκ ἀφ' ἑαυτοῦ μόνον ἀλλὰ καὶ παρὰ τῶν ἄλλων θεῶν σπείρειν εἰς γῆν ἐφ' ὅ, τι δὲ χρῆμα, δηλοῦσιν αὐταὶ τοῖς βίοις, οὓς προαιροῦνται. κάλλιστον μὲν οὖν εἴ τῳ συνηνέχθη καὶ πρὸ τριγονίας ἀπὸ πολλῶν πάνυ προπατόρων ἐφεξῆς τῷ θεῷ δουλεῦσαι· μεμπτὸν δὲ οὐδὲ ὅς τις D ἐπεγνωκὼς ἑαυτὸν τοῦ θεοῦ τοῦδε θεράποντα φύσει, μόνος ἐξ ἁπάντων, ἢ σὺν ὀλίγοις, αὐτὸν ἐπιδίδωσι τῇ θεραπείᾳ τοῦ δεσπότου.

Fors. ξυνιδεῖν. Fors. ξυντυχών.

χρ- [illegible]

Arist. cap. 2. lib. 2. de Natura.

Φέρε οὖν, ὅπως οἷοί τε ὦμεν, ὑμνήσωμεν αὐτοῦ τὴν ἑορτήν· ἣν ἡ βασιλεύουσα πόλις ἐπετησίοις ἀγάλλει θυσίαις. Ἔστι μὲν οὖν εὖ οἶδα χαλεπὸν καὶ τὸ συνεῖναι περὶ αὐτοῦ μόνον, ὁπόσος τίς ἐστιν ὁ ἀφανὴς ἐκ τοῦ φανεροῦ λογισαμένῳ.

Fors. ξυνεῖναι

φράσαι δὲ ἴσως ἀδύνατον, εἰ καὶ τῆς ἀξίας ἔλαττον ἐθελήσειέ τις. ἐφικέσθαι μὲν γὰρ τοῦ πρὸς ἀξίαν, εὖ οἶδα ὅτι τῶν ἁπάντων (Voss. [illegible]) οὐδεὶς ἂν δυνήσαιτο· τοῦ μετρίου δὲ μὴ διαμαρτεῖν, ἐν τοῖς ἐπαίνοις τὸ κεφάλαιόν ἐστι τῆς ἀνθρωπίνης ἐν τῷ δύνασθαι φράζειν δυνάμεως. ἀλλ' ἔμοιγε τούτου παραστάτης βοηθὸς ὅ, τε λόγιος Ἑρμῆς, (Voss. ξὺν) σὺν ταῖς Μούσαις ὅ τε Μουσηγέτης Ἀπόλλων. ἐπεὶ καὶ αὐτῷ προσήκει τῶν λόγων, καὶ δοῖεν τε εἰπεῖν ὁπόσα τοῖς θεοῖς φίλα λέγεσθαί τε καὶ πιστεύεσθαι περὶ αὐτῶν. Τίς οὖν ὁ τρόπος ἔσται τῶν ἐπαίνων; ἢ δῆλον ὅτι περὶ τῆς οὐσίας αὐτοῦ, καὶ ὅθεν προῆλθε, καὶ τῶν δυνάμεων, καὶ τῆς ἐνεργειῶν διελθόντες, ὁπόσαι φανεραὶ, ὅσαι τ' ἀφανεῖς, καὶ περὶ τῆς τῶν ἀγαθῶν δόσεως, ἣν κατὰ πάντας ποιεῖται τοὺς κόσμους, οὐ παντάπασιν ἀπᾴδοντα ποιησόμεθα τῷ θεῷ τὰ ἐγκώμια; ἐντεῦθεν δὲ ἀρκτέον.

A jectura ducantur; idipsum autem eloqui, qui etiam infra dignitatem facere istud velit, fortasse nemo poterit. Nam ejus dignitatem assequi nullum omnino posse certissime scio; sed in laudando mediocritatem tenere, summum esse videtur, quo hominis in dicendo facultas pervenire possit. Verum adsit in ea re nobis adjutor præses doctrinarum Mercurius, una cum Musis, ac duce Musarum Apolline; quoniam ad hunc ista pertinet oratio; mihique concedant, ut de Diis immortalibus ea dicam, quæ de ipsis usurpari ac credi gratum iisdem acceptumque sit. B Quam nos igitur prædicandi rationem inibimus? An si de natura illius, & origine, deque viribus, & efficientiis, tam manifestis quam occultis, agamus; nec non de communicatione bonorum, quæ in mundos omnes largiter effundit; ab eo laudum genere, quod illi placet, non penitus abhorrebimus? Hinc igitur dicendi sumamus exordium.

Ὁ θεῖος οὗτος καὶ πάγκαλος κόσμος ἀπ' ἄκρας ἁψῖδος οὐρανοῦ μέχρι γῆς ἐσχάτης, ὑπὸ τῆς ἀλύτου συνεχόμενος τοῦ θεοῦ προνοίας, ἐξ ἀϊδίου γέγονεν ἀγεννήτως, ἔς τε τὸν ἐπίλοιπον χρόνον ἀΐδιος, οὐχ ὑπ' ἄλλου του φρουρούμενος, ἢ προσεχῶς μὲν ὑπὸ τοῦ πέμπτου σώματος, οὗ τὸ κεφάλαιόν ἐστιν ἀκτὶς (Voss. ἀκτὶς) ἡλίου· βαθμῷ δὲ ὥσπερ δευτέρῳ τῷ νοητῷ κόσμῳ· πρεσβυτέρως δὲ ἔτι διὰ τὸν πάντων βασιλέα, περὶ ὃν πάντα ἐστίν. Οὗτος τοίνυν, εἴτε τὸ ἐπέκεινα τοῦ νοῦ καλεῖν αὐτὸν θέμις, εἴτε ἰδέαν τῶν ὄντων, ὃ δή φημι τὸ νοητὸν σύμπαν (Voss. ξύμπαν)· εἴτε ἕν· ἐπειδὴ πάντων τὸ ἓν δοκεῖ πως πρεσβύτατον· εἴτε ὃ Πλάτων εἰώθει ὀνομάζειν τὸ ἀγαθόν (Voss. τἀγαθὸν αὐτὴ)· αὕτη δὴ οὖν ἡ μονοειδὴς τῶν ὅλων αἰτία πᾶσι τοῖς οὖσιν ἐξηγουμένη (Voss. ἐξηγουμένη) κάλλους τε, καὶ τελειότητος (Voss. τελειότητος), ἑνώσεώς τε, καὶ δυνάμεως ἀμηχάνου, κατὰ τὴν ἐν αὐτῇ μένουσαν πρωτουργὸν οὐσίαν, μέσον ἐκ μέσων τῶν νοερῶν καὶ δημιουργικῶν αἰτιῶν ἥλιον θεὸν μέγιστον ἀνέφηνεν ἐξ ἑαυτοῦ πάντα ὅμοιον

Divinus iste præclarusque mundus, qui a C supremo cœli fornice ad infima terrarum usque perpetua & immobili Dei providentia continetur, ab æterno citra ullam productionem extitit, & insequenti tempore deinceps æternus erit: nec ab ullo custoditur alio, quam proxime quidem a quinto corpore, cujus summum ac præcipuum est solaris radius: secundo deinde veluti gradu, ab intelligibili mundo: ac demum ab omnium rege ac moderatore Deo, quem circum universa sunt', velut altiore & antiquiore causa fovetur. Hic igitur, quem sive id, D quod ultra mentem sit, appellare fas est; sive eorum quæ sunt ideam ac formam; sive potius unum; quoniam antiquissimum omnium videtur unum; sive quod Bonum a Platone nominari solet: illud, inquam, simplex omnium rerum & uniforme principium, quod omnibus, quæ sunt, pulcritudinis, perfectionis, conjunctionis, & immensæ virium princeps & autor est: secundum primariam in sese manentem substantiam, medium ex mediis intelligentibus & artificibus principiis Solem maximum Deum e seipso, sibique

sibique quam simillimum produxit: quemadmodum divinus quoque Plato sensit, cum ita loquitur: *Hunc igitur vocare me dicito illius boni fœtum, quem bonum sibimetipsi proportione quadam respondens genuit: ut quod in intelligibili loco ad mentem, & ea qua mente intelliguntur, ipsum est; id ille in aspectabili esset ad visum, & ea quæ visu percipiuntur.* Quamobrem eandem, opinor, rationem lux ipsius habet ad id quod aspectabile est, quam ad intelligibile veritas. At universus iste, ut qui a primo summique boni forma & idea manavit, circa stabilem ipsius essentiam ab æterno consistens, intelligentia præditos in Deos principatum accepit; eadem intelligentibus hisce tribuens, quæ ab illo Bono, tanquam a principio, in intelligibilia derivantur. Est autem intelligibilibus, opinor, Bonum pulcritudinis, essentiæ, perfectionis, conjunctionisque principium, virtute sua, quæ & ipsa Boni formam habet, continens illa atque collustrans. Eadem ergo Sol intelligentibus impertit; quibus ut præesset & imperaret, a Bono constitutus est; tametsi simul cum illo producta sunt & existere cœperunt. Quod eo factum arbitror, uti principium quoddam, quod Boni formam haberet, in intelligentes Deos Boni principatum exercens, omnibus ex mente omnia gubernaret ac regeret. Quinetiam tertius Solis apparens orbis ac splendidus sensibilibus est causa salutis; & quantacumque diximus in intelligentes Deos a magno Sole manare, tanta etiam apparentibus aspectabilis alter ille communicat. Quorum omnium evidentia sunt argumenta, si quis ex iis quæ apparent obscura contemplari voluerit. Age vero lumen inprimis ipsum nonne ejus, quod est actu transparens, incorporea forma est atque divina? At idipsum quod transparens appellamus, quicquid est tandem, quod cum omnibus, ut semel dicam, consistit elementis, eorumque proxima forma est; neque corporeum est, neque mistum, neque corporis proprias qualitates emittit. Itaque proprium illius calorem esse non dixeris, neque contrarium frigus: non duritiem, non mollitiem adscribes,

A ἑαυτοῦ· καθάπερ καὶ ὁ δαιμόνιος οἴεται Πλάτων, τοῦτον τοίνυν, λέγων, ἦν δ' ἐγώ, φάναι με λέγειν τὸν τοῦ ἀγαθοῦ ἔκγονον, ὃν τἀγαθὸν ἐγέννησεν ἀνάλογον ἑαυτῷ· ὅτιπερ αὐτὸ ἐν τῷ νοητῷ τόπῳ πρός τε νοῦν καὶ τὰ νοούμενα, τοῦτο τοῦτον ἐν τῷ ὁρατῷ πρός τε ὄψιν καὶ τὰ ὁρώμενα. ἔχει μὲν δὴ τὸ φῶς αὐτοῦ ταύτην, οἶμαι, τὴν ἀναλογίαν πρὸς τὸ ὁρατόν, ἥνπερ πρὸς τὸ νοητὸν ἀλήθεια. Αὐτὸς δὲ ὁ σύμπας, ἅτε δὴ τοῦ πρώτου
B καὶ μεγίστου τῆς ἰδέας τοῦ ἀγαθοῦ γεγονὼς ἔκγονος, ὑποστὰς αὐτοῦ περὶ τὴν μόνιμον οὐσίαν ἐξ ἀϊδίου, καὶ τὴν ἐν τοῖς νοεροῖς θεοῖς παρεδέξατο δυναστείαν. ὧν τἀγαθόν ἐστι τοῖς νοητοῖς θεοῖς αἴτιον, ταῦτα αὐτοῖς τοῖς νοεροῖς νέμων. ἔστι δ' αἴτιον, οἶμαι, τὸ ἀγαθὸν τοῖς νοητοῖς κάλλους, οὐσίας, τελειότητος, ἑνώσεως, συνέχον αὐτὰ καὶ περιλάμπον ἀγαθοειδεῖ δυνάμει. Ταῦτα δὴ καὶ τοῖς νοεροῖς ἥλιος δίδωσιν, ἄρχειν καὶ βασιλεύ-
C ειν αὐτῶν ὑπὸ τἀγαθοῦ τεταγμένος· εἰ καὶ συμπροῆλθον αὐτῷ καὶ συνυπέστησαν· ὅπως, οἶμαι, καὶ τοῖς νοεροῖς θεοῖς ἀγαθοειδὴς αἰτία προκαθηγουμένη τῶν ἀγαθῶν πᾶσιν ἅπαντα κατὰ νοῦν εὐθύνῃ. Ἀλλὰ καὶ τρίτος ὁ φαινόμενος οὑτοσὶ δίσκος ἐναργῶς αἴτιός ἐστι τοῖς αἰσθητοῖς τῆς σωτηρίας· καὶ ὅσων ἔφαμεν τοῖς νοεροῖς θεοῖς τὸν μέγαν ἥλιον, τοσούτων καὶ ὁ φαινόμενος ὅδε τοῖς φανεροῖς. τούτου δ' ἐναργεῖς αἱ πίστεις ἐκ τῶν φαινομένων τὰ ἀφα-
D νῆ σκοποῦντι. Φέρε δή, πρῶτον αὐτὸ τὸ φῶς οὐκ εἶδός ἐστιν ἀσώματον, καὶ θεῖον τοῦ κατ' ἐνέργειαν διαφανοῦς; αὐτὸ δὲ ὅ, τί ποτέ ἐστι τὸ διαφανές, πᾶσι μέν, ὡς ἔπος εἰπεῖν, συνυποκείμενον τοῖς στοιχείοις, καὶ ὂν αὐτῶν προσεχὲς εἶδος, οὐ σωματοειδὲς, οὐδὲ συμμιγνύμενον, οὐδὲ τὰς οἰκείας σώματι προϊέμενον ποιότητας. οὔκουν ἰδίαν αὐτοῦ θερμότητα ἐρεῖς· οὐ τὴν ἐναντίαν αὐτῇ ψυχρότητα· οὐ τὸ σκληρὸν οὐ τὸ μαλακὸν ἀποδώσεις· οὐδ' ἄλλην

Voss. ἐν ἑαυτῷ
lib. VI. de Rep.
Voss. φαινόμενον λέγων
Voss. ἀγαθοῦ
Voss. ἀνάλογον ἑαυτῷ
Voss. ξύμπας
deest θεοῖς in MSS. Voss.
Voss. συνέχον τοῖς θεοῖς
Voss. ἀσώματόν τι θεῖον
γρ. αὐτῇ

τινα τῶν κατὰ τὴν ἁφὴν διαφορῶν· οὐκοῦν οὐδὲ γεύσεως, οὐδὲ ὀσμῆς· ὄψει δὲ μόνον ὑποπίπτει πρὸς ἐνέργειαν ὑπὸ τοῦ φωτὸς ἡ τοιαύτη φύσις ἀγομένη. τὸ δὲ φῶς εἶδός ἐστι ταύτης, οἷον ὕλης ὑπεστρωμένης, καὶ παρεκτεινομένης τοῖς σώμασιν. αὐτοῦ δὲ τοῦ φωτὸς ὄντος ἀσωμάτου, ἀκρότης ἂν εἴη τις καὶ ὥσπερ ἄνθος, αἱ ἀκτῖνες. Ἡ μὲν οὖν τῶν Φοινίκων δόξα σοφῶν τὰ θεῖα, καὶ ἐπιστημόνων ἄχραντον εἶναι ἐνέργειαν αὐτοῦ τοῦ καθαροῦ νοῦ τὴν ἁπανταχοῦ προϊοῦσαν αὐγὴν ἔφη. οὐκ ἀπᾴδει δὲ οὐδὲ ὁ λόγος, εἴπερ αὐτὸ τὸ φῶς ἀσώματον, εἴ τις αὐτοῦ μηδὲ τὴν πηγὴν ὑπολάβοι σῶμα, νοῦ δὲ ἐνέργειαν ἄχραντον εἰς τὴν οἰκείαν ἕδραν ἐλλαμπομένην, ἣ τοῦ παντὸς οὐρανοῦ τὸ μέσον εἴληχεν· ὅθεν ἐπιλάμπουσα, πάσης μὲν εὐτονίας πληροῖ τοὺς οὐρανίους κύκλους· πάντα δὲ περιλάμπει θείῳ καὶ ἀχράντῳ φωτί. Τὰ μέντοι ἐς τοὺς θεοὺς ἔργα προϊόντα παρ' αὐτοῦ μετρίως τε ἡμῖν ὀλίγῳ πρότερον εἴρηται, καὶ ῥηθήσεται μετ' ὀλίγον. ὅσα δὲ ὁρῶμεν αὐτῇ πρῶτον ὄψει, ὄνομα μόνον ἐστὶν ἔργου τιμώμενον, εἰ μὴ προσλάβῃ τὴν τοῦ φωτὸς ἡγεμονικὴν βοήθειαν. ὁρατὸν δὲ ὅλως εἴη ἄν τι μὴ φωτὶ πρῶτον, ὥσπερ ὕλη τεχνίτῃ, προσαχθὲν, ἵν', οἶμαι, τὸ εἶδος δέξηται; Καὶ γὰρ τὸ χρυσίον ἁπλῶς οὑτωσὶ κεχυμένον, ἐστὶ μὲν χρυσίον, οὐ μὴν ἄγαλμα, οὐδὲ εἰκὼν, πρὶν ἂν ὁ τεχνίτης αὐτῷ περιθείη τὴν μορφήν. οὐκοῦν καὶ ὅσα πέφυκεν ὁρᾶσθαι, μὴ σὺν φωτὶ τοῖς ὁρῶσι προσαγόμενα, τοῦ ὁρατὰ εἶναι παντάπασιν ἐστέρηται. διδοὺς οὖν τοῖς τε ὁρῶσι τὸ ὁρᾶν, τοῖς τε ὁρωμένοις τὸ ὁρᾶσθαι, δύο φύσεις ἐνεργείᾳ μιᾷ τελειοῖ, ὄψιν καὶ ὁρατόν· αἱ δὲ τελειότητες, εἴδη τέ εἰσι καὶ οὐσία. Ἀλλὰ τοῦτο μὲν ἴσως λεπτότερον. ᾧ δὲ παρακολουθοῦμεν ἅπαντες, ἀμαθεῖς καὶ ἰδιῶται, φιλόσοφοι, καὶ λόγιοι, τίνα ἐν τῷ παντὶ δύναμιν ἀνίσχων ἔχει καὶ καταδυόμενος ὁ θεὸς, νύκτα καὶ ἡμέραν ἐργάζεται, καὶ μεθίστησι

γρ. λάβοι

γρ. ξυνίασιν

A aut aliam quamlibet differentiam, quæ tactu percipitur: sed neque saporem odoremve tribues: quippe soli visui natura ista subjecta est, quæ in actum beneficio luminis educitur. Lumen autem illius est forma, sic tanquam substratæ materiæ, & per corpora diffusæ. At ipsius luminis, quod est corporis expers, summa perfectio, ac flos veluti quidam, radii sunt. Phœnicum vero, qui divinarum rerum scientia & sapientia præditi sunt, id opinio profitetur; diffusum illum lucis ubique splendorem, sinceram ipsius B esse puræ mentis actionem. Cui quidem sententiæ ratio quoque consentanea est, si quis ex eo, quod expers corporis est lumen, ne hujus quidem fontem esse corpus existimet; sed sinceram mentis actionem, quæ in propriam sedem, cui media cœli regio concessa est, illuminando propagatur: unde illa collucens cum omni vigore cœlestes complet orbes, tum universa divino & illibato splendore collustrat. Jam vero quæ ab eodem in Deos effecta redundent, paulo ante satis leviter attigimus; & iterum post C paulo dicemus. Nam quicquid aspectu primum ipso discernimus, nudum nomen est operis in pretio habitum, nisi luminis sibi tanquam principis ac ducis auxilium adjungas. Quid enim aspectabile esse possit omnino, nisi prius, velut materia ad artificem, admoveatur, ut formam accipiat? Etenim aurum, cum temere utcunque fusum est, aurum quidem est, sed nondum statua, vel imago, donec artifex illi formam dederit. Sic omnia, quæ natura sunt aspectabilia, nisi cum lumine ad ea, quæ vident, D applicentur, aspectabilia esse desinunt omnino. Quamobrem cum & videntibus ut videant, & iis quæ videntur ut videantur, attribuat, naturas uno actu perficit duas: visum & visibile. Perfectiones vero formæ sunt & essentia. Verum id fortasse subtilius est. Quod autem assequimur omnes docti pariter & indocti, Philosophi & eruditi; cujusmodi in hoc mundo vim habeat oriens ille vel occidens Deus, ut & noctem diemque moliatur, & hujus universitatis manifeste

manifeste convertat immutetque statum: quod ipsum cui tandem reliquorum siderum convenit? Hinc igitur de divinioribus nonne persuademur; genera illa scilicet intelligentium Deorum, quæ supra cœlum minime aspectabilia divinaque consistunt, vi quadam ab illo bona compleri: cui quidem & astrorum chorus cedit omnis, & ejus nutum illa, quam providentia sua gubernat, generatio consequitur? Nam planetas circum eundem, quasi regem, velut choreas ducentes, certis ab eo intervallis in orbem convenientissime ferri; atque & institiones quasdam facere, & prorsum ac retrorsum progredi; (quibus vocibus sphæricæ doctrinæ periti tales siderum affectiones significant) tum pro sua ab Sole distantia Lunæ vel augeri vel desinere lumen; nemo est qui non intelligat. Quæ cum ita sint, nonne probabiliter putamus, antiquiorem, quam sit in corporibus, intelligentium Deorum ordinationem, dispositioni illi, quam adduximus, proportione respondere? Quocircà colligamus ex omnibus virtus illa quidem efficax & perfectrix, ex eo quod videre facit ea, quæ videndi sensu prædita sunt: hæc enim lumine suo perficit; fabricatrix autem & fœcunda vis ex universi mutatione; illa porro in unum complectendi omnia capacitas, ex ea, quæ in motibus cernitur, in unum idemque conspiratione; media quoque statio ex seipso medio; hoc ipsum denique, intelligentes inter velut regem esse collocatum, ex medio, quem inter vagas & errantes stellas habet, ordine ac situ. Nam si hæc aliave totidem uno in aliquo cæterorum apparentium Deorum inesse videamus, non illi utique principatum inter Deos adscribamus. Sin est, ut nihil cum reliquis commune habeat, præter illam beneficam vim, quam impertit omnibus: age Cypriorum sacerdotum testimonio freti, qui communes Soli cum Jove aras extruunt: imo vero ante istos Apolline, qui Dei illius assessor est, cujus & hæc verba sunt:

A Φανερῶς, καὶ τρέπων τὸ πᾶν. καίτοι τίνι τοῦτο τῶν ἄλλων ἀστέρων ὑπάρχει; πῶς οὖν οὐκ ἐκ τούτων ἤδη καὶ περὶ τῶν θειοτέρων πιστεύομεν ὡς ἄρα καὶ τὰ ὑπὲρ τὸν οὐρανὸν ἀφανῆ καὶ θεῖα νοερῶν θεῶν γένη τῆς ἀγαθοειδοῦς ἀποπληροῦται παρ' αὐτοῦ δυνάμεως, ᾧ πᾶς μὲν ὑπείκει χορὸς ἀστέρων, ἕπεται δὲ ἡ γένεσις ὑπὸ τῆς τούτου κυβερνωμένη προμηθείας; οἱ μὲν γὰρ πλάνητες, ὅτι περὶ αὐτὸν, ὥσπερ βασιλέα, χορεύοντες, ἔν τισιν ὡρισμένοις B πρὸς αὐτὸν διαστήμασιν ἁρμοδιώτατα φέρονται κύκλῳ, στηριγμούς τινας ποιούμενοι, καὶ πρόσω καὶ ὀπίσω πορείαν (ὡς οἱ τῆς σφαιρικῆς ἐπιστήμονες θεωρίας ὀνομάζουσι τὰ περὶ αὐτοὺς φαινόμενα) καὶ ὡς τὸ τῆς σελήνης αὔξεται καὶ λήγει φῶς, πρὸς τὴν ἀπόστασιν ἡλίου πάσχον, πᾶσιν οἶμαι δῆλον. Πῶς οὖν οὐκ εἰκότως καὶ τὴν πρεσβυτέραν τῶν σωμάτων ἐν τοῖς νοεροῖς θεοῖς διακόσμησιν ὑπολαμβάνομεν ἀνάλογον ἔχειν τῇ τοιαύτῃ τάξει; C Λάβωμεν οὖν ἐξ ἁπάντων τὸ μὲν τελεσιουργὸν ἐκ τοῦ " πάντας ἀποφαίνειν ὁρᾶν τὰ ὁρατά· τελειοῖ γὰρ αὐτὰ διὰ τοῦ φωτός· τὸ δὲ δημιουργικὸν καὶ γόνιμον, ἀπὸ τῆς περὶ τὸ σύμπαν μεταβολῆς· τὸ δὲ ἐν ἑνὶ πάντων συνεκτικὸν, ἀπὸ τῆς περὶ τὰς κινήσεις πρὸς ἓν καὶ τὸ αὐτὸ συμφωνίας· τὸ δὲ μέσον ἐξ ἑαυτοῦ μέσου. τὸ " δὲ καὶ τοῖς νοεροῖς αὐτὸν " ἐνιδρύεσθαι βασιλέα, ἐκ τῆς ἐν τοῖς πλανωμένοις μέσης D τάξεως. Εἰ μὲν οὖν ταῦτα περί τινα τῶν ἄλλων ἐμφανῶν ὁρῶμεν θεῶν, ἢ τοσαῦτα ἕτερα· μή τοι τούτῳ τὴν περὶ τοὺς θεοὺς ἡγεμονίαν προστείμωμεν. εἰ δὲ οὐκ ἔστιν οὐδὲν αὐτῷ κοινὸν πρὸς τοὺς ἄλλους, ἔξω τῆς ἀγαθοεργίας, ἧς καὶ " αὐτοῖς μεταδίδωσι τοῖς πᾶσι, μαρτυρόμενοι τούς τε Κυπρίων ἱερέας, οἳ κοινοὺς ἀποφαίνουσι βωμοὺς Ἡλίῳ καὶ Διΐ· πρὸ τούτων δὲ ἔτι τὸν Ἀπόλλω συνεδρεύοντα τῷ θεῷ τῷδε παρακαλέσαντες μάρτυρα. Φησὶ γὰρ ὁ θεὸς οὗτος·

ἑκάστοις

Vel. δὲ τοῖς

Vel. ἐνιδρῦσθαι

χ. αὐτοῖς

Εἷς

Εἷς Ζεύς, εἷς Ἀΐδης, εἷς Ἥλιός ἐστι Σάραπις· A *Unus Juppiter; unus Pluto; unus Sol est Sarapis:*

κοινὴν ὑπολάβωμεν· μᾶλλον δὲ μίαν Ἡλίου καὶ Διὸς ἐν τοῖς νοεροῖς θεοῖς δυναστείαν. Ὅθεν μοι δοκεῖ καὶ Πλάτων οὐκ ἀπεικότως φρόνιμον θεὸν Ἅιδην ὀνομάσαι. Καλοῦμεν δὲ τὸν αὐτὸν τοῦτον καὶ Σάραπιν, τὸν ἀιδῆ δηλονότι καὶ νοερόν· πρὸς ὅν φησιν ἄνω πορεύεσθαι τὰς ψυχὰς τῶν ἄριστα καὶ δικαιότατα βιωσάντων. Μὴ γάρ δή τις ὑπολαβέτω τοῦτον, ὃν οἱ μῦθοι πείθουσι φρίττειν, ἀλλὰ τὸν πρᾶον καὶ μειλίχιον, ὃς ἀπολύει παντελῶς τῆς γενέσεως τὰς ψυχάς· οὐχὶ δὲ λυθείσας αὐτὰς σώμασιν ἑτέροις προσηλοῖ κολάζων καὶ πραττόμενος δίκας, ἀλλὰ καὶ πορεύων ἄνω, καὶ ἀνατείνων τὰς ψυχὰς ἐπὶ τὸν νοητὸν κόσμον. Ὅτι δὲ οὐδὲ παρὰ παντελῶς ἐστὶν ἡ δόξα· προὔλαβον δὲ αὐτὴν οἱ πρεσβύτατοι τῶν ποιητῶν, Ὅμηρός τε καὶ Ἡσίοδος· εἴτε καὶ νοοῦντες οὕτως· εἴτε καὶ ἐπιπνοίᾳ θείᾳ, καθάπερ οἱ μάντεις, ἐνθουσιῶντες πρὸς τὴν ἀλήθειαν· ἔνθεν ἂν γένοιτο γνώριμον. Ὁ μὲν γενεαλογῶν αὐτὸν, Ὑπερίονος ἔφη καὶ Θείας. μονονουχὶ διὰ τούτων αἰνιττόμενος τοῦ πάντων ὑπερέχοντος αὐτὸν ἔκγονον γνήσιον φῦναι. ὁ γὰρ Ὑπερίων τίς ἂν ἕτερος εἴη παρὰ τοῦτον; ἡ Θεία δὲ αὐτὴ τρόπον ἕτερον, οὐ τὸ θειότατον τῶν ὄντων λέγεται; μηδὲ συνδυασμὸν, μηδὲ γάμους ὑπολαμβάνωμεν, ἄπιστα καὶ παράδοξα ποιητικῆς Μούσης ἀθύρματα. πατέρα δὲ αὐτοῦ καὶ γεννήτορα νομίζωμεν τὸν θειότατον καὶ ὑπέρτατον. τοιοῦτος δὲ τίς ἂν εἴη τῶν πάντων ἐπέκεινα, καὶ περὶ ὃν πάντα, καὶ οὗ ἕνεκα πάντα ἐστίν. Ὅμηρος δὲ αὐτὸν ἀπὸ τοῦ πατρὸς Ὑπερίονα καλεῖ, καὶ δείκνυσί γε αὐτοῦ τὸ αὐτεξούσιον καὶ πάσης κρεῖττον ἀνάγκης. ὁ γάρ τοι Ζεύς, ὡς ἐκεῖνός φησι, δεσπότης ὢν πάντων, τοὺς ἄλλους προσαναγκάζει. ἐν δὲ τῷ μύθῳ τοῦ θεοῦ τοῦδε λεγομένου, ὅτι ἄρα διὰ τὴν δυσσέβειαν

Cratylo.

F. ἄνω πορεύεσθαι βιωσάντων

Fors. ἀνάγκης ... Odyss. M. v. 383.

communem arbitremur esse, vel unum potius inter Deos intelligentes, Solis Jovisque principatum. Hinc non absurde, mea quidem sententia, Plato prudentem Deum dixit esse Plutonem. Quem quidem nos alio nomine Sarapidem vocamus, quasi ἀιδῆ, hoc est, sub aspectum minime cadentem, & intelligentia constantem: ad quem sublimes evehi narrat illorum animas, qui quam optime justissimeque vixerunt. Non enim B ille cogitandus est, quem horribilem nobis fabulae describunt; sed mitis potius & benignus alter, qui generatione penitus animas exsolvit, non solutas rursus aliis corporibus affigit, ut eas puniat & anteactorum poenas reposcat: quin easdem contra sursum dirigat, & ad intelligibilem mundum sublatas evehat. Quod autem non recens ista sit prorsus opinio, sed eam vetustissimi Poëtarum Homerus & Hesiodus occuparint; sive animo ita conceperint, sive, ut vates solent, divini cujusdam furoris afflatu ad veritatem instincti sint; ex eo constare C poterit. Alter enim Solis genealogiam describens Hyperione ac Thea genitum illum esse dixit: ut ea ratione propemodum ostendat, eundem legitimam esse sobolem eminentis & omnibus antecellentis Dei. Quid enim aliud Hyperionem, nisi istum interpretemur? Nam quod ad Theam pertinet, nonne haec altero modo divinissima res ex omnibus esse dicitur? Neque vero copulationem corporum aut nuptias intercessisse credamus, quae sunt poeticae Musae incredi- D bilia quaedam & fabulosa ludicra. Sed illius patrem ac genitorem divinissimum & supremum arbitremur. Ejusmodi vero demum is erit, qui omnibus excellat, quem circum, & cujus gratia sint universa. At Homerus paterno illum nomine Hyperionem vocat, ut eum sui juris esse, nec ulla constringi necessitate, monstraret. Nam & Jupiter, omnium, ut ille narrat, dominus, caeteros quidem pro potestate cogit; huic vero nostro Deo, cum se propter Ulyssis sociorum impium scelus

scelus Olympo cessurum in illa fabula dixisset, non jam illa subjecit:

Ipsa cum terra traherem, ipsoque mari;

neque vincula aut vim ullam comminatus est; sed in autores facinoris vindicaturum se esse promisit, & ut Diis lucere vellet rogavit. Qua quidem narratione quid aliud sibi voluit, nisi Deum istum, præterquam quod sui juris est, etiam efficacitate quadam esse præditum? Nam quid illo Dii opus est, nisi, in eorum se substantiam & essentiam occulti illustratione splendoris infundens, eorum, quæ supra diximus, perficiendorum bonorum vim obtineret? Hæc enim

Solemque indefessum oculis pulcerrima Juno
Oceano sese invitum mersare coegit;

nihil aliud indicant, nisi terra caligine obducta præmaturæ noctis opinionem extitisse. De hac quippe Dea alicubi apud eundem Poetam legitur:

nebulam inclyta Juno
Densam ante obduxit.

Verum poetarum hæc commenta missa faciamus: si quidem cum eo, quod divinum est, humani plurimum admiscent; quæ vero Deus ipse de se aliisque docere videtur, ea modo percurramus.

Regionis illius mundi, quæ citima terris est, natura omnis generatione constat. A quonam igitur æternitatem & immortalitatem accipit, nisi ab eo, qui definitis rationibus ac mensuris ista continet? Nam corporis natura infinita esse nulla potest; cum neque ortu carere possit, neque per sese consistere. Ex ea porro, quæ jam extitit, si assidue produceretur aliquid, nihil ut in illam vicissim resolveretur; jam eorum, quæ oriuntur, substantia defuisset. Porro naturam ejusmodi Deus iste, certa ac dimensa motione concitatus, cum accedens erigit ac recreat, tum longius recedens imminuit atque corrumpit: sive potius animat ipse, motum illi imprimens vitamque transfundens; cum autem deserit, & alteram in partem convertitur, rebus illis, quæ corrumpuntur, interitum affert. Ac

A τῶν Ὀδυσσέως ἑταίρων ἀπολαύσειν τὸν Ὄλυμπον, οὐκέτι φησὶ

Αὐτῇ κεν γαίῃ ἐρύσαιμ', αὐτῇ τε θαλάσσῃ. Iliad. Θ v. 24.

οὐδὲ ἀπειλεῖ δεσμὸν, οὐδὲ βίαν· ἀλλὰ τὴν δίκην φησὶν ἐπιθήσειν τοῖς ἡμαρτηκόσιν, αὐτὸν δὲ ἀξιοῖ φαίνειν ἐν τοῖς θεοῖς. ἆρ' οὐχὶ διὰ τούτων πρὸς τῷ αὐτεξουσίῳ καὶ τελεσιουργὸν εἶναί φησι τὸν ἥλιον; ἐπεὶ τί γὰρ αὐτοῦ οἱ θεοὶ δέονται, πλὴν εἰ μὴ πρὸς τὴν οὐσίαν αὐτοῖς, καὶ τὸ εἶναι ἀφανῶς B ἐναστράπτων, ὧν ἔφαμεν ἀγαθῶν ἀποπληρωτικὸς τυγχάνοι; τὸ γὰρ

Ἠέλιον τ' ἀκάμαντα βοῶπις πότνια Ἥρη Iliad. Σ v. 239.
Πέμψεν ἐπ' Ὠκεανοῖο ῥοὰς ἀέκοντα νέεσθαι

πρὸ τοῦ καιροῦ φησι νομισθῆναι τὴν νύκτα, διά τινα χαλεπὴν ὁμίχλην. αὕτη γὰρ ἡ θεός που, καὶ ἀλλαχοῦ τῆς ποιήσεώς φησιν

— ἠέρα δ' Ἥρη Iliad. Φ v. 6. 7.
C Πίτνα πρόσθε βαθεῖαν.

Ἀλλὰ τὰ μὲν τῶν ποιητῶν χαίρειν ἐάσωμεν· ἔχει γάρ τι μετὰ τοῦ θείου πολὺ καὶ ἀνθρώπινον· ἃ δὲ ἡμᾶς ἔοικεν αὐτὸς ὁ θεὸς διδάσκειν ὑπέρ τε αὐτοῦ, καὶ τῶν ἄλλων, ἐκεῖνα ἤδη διέλθωμεν.

Ὁ περὶ γῆν τόπος ἐν τῷ γίνεσθαι τὸ εἶναι ἔχει. τίς οὖν ἐστιν ὁ τὴν ἀϊδιότητα δωρούμενος αὐτῷ; ἆρ' οὐχ ὁ ταῦτα μέτροις ὡρισμένοις συνέχων; ἄπειρον μὲν γὰρ D εἶναι φύσιν σώματος οὐχ οἷόν τ' ἦν, ἐπειδὴ μηδὲ ἀγέννητός ἐστι, μηδὲ αὐθυπόστατος· ἐκ δὲ τῆς οὐσίας εἰ πάντως ἐγένετό τι συνεχῶς, ἀνελύετο δὲ εἰς αὐτὴν μηδὲν, ἐπέλιπε ἂν τῶν γιγνομένων ἡ οὐσία. Τὴν δὲ τοιαύτην φύσιν ὁ θεὸς οὗτος μέτροις κινούμενος προσιὼν μὲν ὀρθοῖ καὶ διεγείρει, πόρρω δὲ ἀπιὼν ἐλαττοῖ καὶ φθείρει, μᾶλλον δὲ αὐτὸς ζωοποιεῖ κινῶν, καὶ ἐποχετεύων αὐτῇ τὴν ζωήν· ἡ δὲ ἀπόλειψις αὐτοῦ, καὶ ἡ πρὸς θάτερα μετάστασις, αἰτία γίνεται φθορᾶς τοῖς φθειρομένοις. ἀεὶ

μὲν οὖν ἡ παρ' αὐτοῦ τῶν ἀγαθῶν δόσις ἐστὶ A
Γρ. ἐς τὴν γῆν κάτεισιν ἐπὶ τὴν γῆν. ἄλλοτε γὰρ ἄλλη
δέχεται τὰ τοιαῦτα χώρα· πρὸς τὸ μή-
Γρ. ἀπολείπειν τε τὴν γένεσιν ἐπιλείπειν, μήτε τὸ συν-
ήθες ποτὲ τὸν θεὸν ἔλαττον ἢ πλέον εὐ-
ποιῆσαι τὸν παθητὸν κόσμον. ἡ γὰρ ταυ-
τότης ὥσπερ τῆς οὐσίας, οὕτω δὴ καὶ τῆς ἐνεργείας ἐν τοῖς θεοῖς, καὶ πρό γε τῶν ἄλλων
παρὰ τῷ βασιλεῖ τῶν ὅλων Ἡλίῳ· ὃς καὶ
τὴν κίνησιν ἁπλουστάτην ὑπὲρ ἅπαντας
ποιεῖται τοὺς τῷ παντὶ τὴν ἐναντίαν φε-
ρομένους· ὃ δὴ καὶ αὐτὸ τῆς πρὸς τοὺς ἄλλους B
ὑπεροχῆς αὐτοῦ σημεῖον ποιεῖται ὁ κλεινὸς Ἀριστοτέλης. ἀλλὰ καὶ παρὰ τῶν ἄλλων
νοερῶν θεῶν οὐκ ἀμυδραὶ καθήκουσιν εἰς
τὸν κόσμον τόνδε δυνάμεις. Εἶτα τί τοῦ-
Γρ. ἀποκλείομεν το; μὴ γὰρ ἀπεκλείομεν τοὺς ἄλλους,
τούτῳ τὴν ἡγεμονίαν ὁμολογοῦντες δεδόσθαι; πολὺ δὲ πλέον ἐκ τῶν ἐμφανῶν ἀ-
ξιοῦμεν ὑπὲρ τῶν ἀφανῶν πιστεύειν. ὥσπερ γὰρ τὰς ἐνδιδομένας ἁπάσας ἐκεῖθεν δυνάμεις εἰς τὴν γῆν οὗτος φαίνεται
τελεσιουργῶν, καὶ συναρμόζων πρός τε C
ἑαυτὸν, καὶ τὸ πᾶν· οὕτω δὴ νομιστέον, καὶ ἐν
τοῖς ἀφανέσιν αὐτῶν τὰς συνουσίας ἔ-
χειν πρὸς ἀλλήλας, ἡγεμόνα μὲν ἐκείνην, συμφωνούσας δὲ πρὸς αὐτὴν τὰς ἄλ-
Γρ. [illegible] λας ἅμα. ἐπεὶ δὲ καὶ μέσον ἔφαμεν ἐν μέσοις ἱδρῦσθαι τὸν θεὸν τοῖς νοεροῖς θεοῖς,
ποταπή τις ἡ μεσότης ἐστὶν ἣν αὐτὸν χρὴ
μέσον αὐτὸν ὑπολαβεῖν, αὐτὸς ἡμῖν εἰ-
Γρ. ὁ βασιλεὺς εἰπεῖν πεῖν ὁ βασιλεὺς Ἥλιος δοίη. Μεσότητα
μὲν δή φαμεν, οὐ τὴν ἐν τοῖς ἐναντίοις θε-
ωρουμένην, ἴσον ἀφεστῶσαν τῶν ἄκρων· D
Γρ. οἷόν ἐστι οἷόν ἐστι χρωμάτων τὸ ξανθὸν, ἢ φαιὸν,
ἐπὶ δὲ θερμοῦ καὶ ψυχροῦ τὸ χλιαρὸν, καὶ
ὅσα τοιαῦτα. ἀλλὰ τὴν ἑνωτικὴν, καὶ συνάγουσαν τὰ διεστῶτα· ὁποίαν τινά φησιν Ἐμπεδοκλῆς τὴν ἁρμονίαν, ἐξορί-
ζων αὐτῆς παντελῶς τὸ νεῖκος. Τίνα οὖν
ἐστιν, ἃ συνάγει, καὶ τίνων ἐστὶ μέσος;
φημὶ δὴ οὖν ὅτι τῶν τε ἐμφανῶν καὶ περικο-
σμίων θεῶν, καὶ τῶν ἀΰλων, καὶ νοητῶν, οἳ
περὶ τἀγαθόν εἰσιν, ὥσπερ πολυπλα-

bonorum quidem, quæ oriuntur ab illo, communicatio æqualiter sese fundit in terram. Alias enim alia fit eorum particeps regio: ut neque generatio deficiat unquam, neque plus aliquanto minusve solito Deus beneficentia sua patibilem mundum afficiat. Nam eadem ut substantia, sic actio penes Deos est: præsertim in rege omnium Sole: cujus præ cæteris, qui contrariam mundo feruntur in partem, simplicissimus est motus. Quo etiam argumento præstantissimus Aristoteles eundem reliquis probat antecellere. Atenim ab aliis itidem intelligentibus Diis haud obscura vis in hunc mundum demittitur. Quid tum? Num enim cæteros penitus excludimus, dum huic deferri principatum fatemur? Enimvero ex iis, quæ manifesta sunt, de abstrusis & non apparentibus fidem adstruere conamur. Quamobrem uti profectam ab reliquis, & in terras illapsam, vim ac virtutem ille perficit, & ad seipsum, adeoque ad universum, applicat & accommodat, sic in abstrusis ejusdemmodi conjunctionem illorum & consortium esse merito suspicamur: ut illius nempe virtus principem locum habeat, cætera simul cum ea consentiant atque conspirent. Quoniam autem medios inter intelligentes Deos mediam esse constitutum illum diximus; cujusmodi media illa statio sit inter eos, quorum medius ponitur, interjecta, rex ipse Sol assequi nobis oratione concedat. Medium itaque definimus, non quod contrariis in rebus cernitur, atque æqualiter distat ab extremis: velut in coloribus flavum, aut pullum: in calore ac frigore, tepidum: & id genus alia; sed quod in unum distracta cogit ac copulat: qualis est apud Empedoclem harmonia, a qua litem & contentionem prorsus excludit. Quæ sunt igitur illa, quæ in unum congregat, quorumque medius esse dicitur? Nimirum apparentium Deorum, qui circa mundum versantur, & a materia secretorum, atque intelligibilium, qui circa Bonum resident; multiplicata quodammodo, citra affectionem vel accessio-

accessionem ullam, intelligibili divinaque substantia. Ad hunc ergo modum regis illa Solis intelligens ac præclara substantia nulla temperatione constat extremorum; sed perfecta, & ab omni tam apparentium quam reconditorum, sensibilium pariter & intelligibilium Deorum commistione libera. Cujusmodi ergo mediocritas illa putanda sit, hac ratione declaramus. Verum si persequi singula necesse est; ut quemadmodum media sit illius substantia, & quam ad prima & ultima rationem habeat, sigillatim ac per species intelligere possimus; tametsi universa complecti difficile est, nos ea saltem, quæ possumus, explicare conemur.

Unum est omnino quod intelligibile vocatur, & ante universa semper existens, quod in unum simul omnia illa comprehendit. Quid enim? nonne universus hic mundus unum est animal, quod per totum ac penitus anima completur & mente, estque perfectum ex partibus perfectum? Inter duplicem igitur illam singularem perfectionem; hoc est unionem illam, quæ in intelligibili omnia in uno continet, & alteram, quæ circa mundum versatur, atque in unam & eandem ac perfectam naturam coalescit; interjecta regis Solis perfectio singularis est, & intelligentes Deos inter media consistit. Deinceps vero comprehensio quædam & colligatio est in intelligibili Deorum mundo, quæ in unum ordinat & componit omnia. Etenim nonne circa cælum quinti corporis substantia circumferri videtur, quæ partes omnes contineat, earumque dissipabilem ac dissolubilem a se invicem naturam in sese cohibens adstringat ac firmet? Itaq; duas hasce substantias, quæ coarctationis copulationisq; causæ sunt, quarum altera in intelligibilibus, altera in sensibilibus cernitur, rex ipse Sol sic in unum colligit, ut illius comprehendendi continendique vim in intelligentibus imitetur, utpote qui ab ea processerit; postremæ vero, quam circa mundum hunc aspectabilem intuemur, moderando præeat. Ac nescio an hoc ipsum, quod per sese consistens dicitur; cujus quod est primum in intelligibilibus, postremum in cælestibus apparet;

A συναγομένης ἀπαθῶς, καὶ ἄνευ προσθήκης τῆς νοητῆς καὶ θείας οὐσίας. ὥσπερ οὖν ἐστι μεσότης οὐκ ἀπὸ τῶν ἄκρων κραθεῖσα, τελεία δὲ καὶ ἀμιγὴς ἀφ' ὅλων τῶν θεῶν ἐμφανῶν τε, καὶ ἀφανῶν, καὶ αἰσθητῶν τε, καὶ νοητῶν, ἡ τοῦ βασιλέως ἡλίου νοερὰ καὶ πάγκαλος οὐσία, καὶ ὁποίαν τινὰ χρὴ τὴν μεσότητα νομίζειν, εἴρηται. Εἰ δὲ δεῖ καὶ τοὺς καθέκαστον ἐπεξελθεῖν, ἵν' αὐτοῦ καὶ τὰ εἴδη τὸ μέσον τῆς οὐσίας, ὅπως ἔχει πρός τε τὰ πρῶτα, B καὶ τελευταῖα, τῷ νῷ καταίδωμεν, εἰ καὶ μὴ πάντα διελθεῖν ῥᾴδιον, ἀλλ' ὅσα δυνατὰ φράσαι πειραθῶμεν.

Ἓν παντελῶς τὸ νοητὸν ἀεὶ προϋπάρχον, ταῦτα δὲ πάντα ὁμοῦ συνειληφὸς ἐν τῷ ἑνί. τί δαί; οὐχὶ καὶ ὁ σύμπας κόσμος ἕν ἐστι ζῶον, ὅλον δι' ὅλης ψυχῆς καὶ νοῦ πλῆρες, τέλειον ἐκ μερῶν τελείων; ταύτης οὖν τῆς διπλῆς ἑνοειδοῦς τελειότητος· φημὶ δὴ τῆς ἐν τῷ νοητῷ πάντα ἐν ἑνὶ συνεχούσης, καὶ τῆς περὶ τὸν κόσμον C εἰς μίαν, καὶ τὴν αὐτὴν φύσιν τελείαν συναγομένης ἑκατέρας, ἡ τοῦ βασιλέως ἡλίου μέση τελειότης ἑνοειδής ἐστιν, ἐν τοῖς νοεροῖς ἱδρυμένη θεοῖς. ἀλλὰ δὴ τὸ μετὰ τοῦτο συνοχή τίς ἐστιν ἐν τῷ νοητῷ τῶν θεῶν κόσμῳ πάντα πρὸς τὸ ἓν συντάττουσα· τί δαί; οὐχὶ καὶ περὶ τὸν οὐρανὸν φαίνεται κύκλῳ πορευομένη ἡ τοῦ πέμπτου σώματος οὐσία, ἣ πάντα συνέχει τὰ μέρη, καὶ σφίγγει πρὸς αὑτὰ συνέχουσα τὸ φύσει σκεδαστὸν αὐτῶν, καὶ ἀπορρέον ἀπ' D ἀλλήλων; Δύο δὴ ταύτας οὐσίας συνοχῆς αἰτίας, τὴν μὲν ἐν τοῖς νοητοῖς· τὴν δὲ ἐν τοῖς αἰσθητοῖς φαινομένην ὁ βασιλεὺς ἥλιος εἰς ταὐτὰ συνάγει· τῆς μὲν μεμιμημένος τὴν συνεκτικὴν δύναμιν ἐν τοῖς νοεροῖς, ἅτε ἐξ αὐτῆς προελθών. τῆς δὲ τελευταίας προκατάρχων, ἣ περὶ τὸν ἐμφανῆ θεωρεῖται κόσμον. Μή ποτε οὖν καὶ τὸ αὐθυπόστατον πρώτως μὲν ἐν τοῖς νοητοῖς ὑπάρχον, τελευταῖον δὲ τοῖς κατ' οὐρανὸν φαινόμενον, μέσην ἔχει

τὴν

τὴν τοῦ βασιλέως οὐσίαν αὐθυπόστατον A
ἡλίου, ἀφ' ἧς κάτεισιν οὐσίας πρωτουργοῦ
εἰς τὸν ἐμφανῆ κόσμον, ἡ περιλάμπου-
σα τὰ σύμπαντα αὐγή. πάλιν δὲ κατ'
ἄλλον σκοπῶμεν· εἷς μὲν ὁ τῶν ὅλων δημιουργός, πολλοὶ δὲ οἱ κατ' οὐρανὸν περιπο-
λοῦντες δημιουργικοὶ θεοί. μέσην ἄρα καὶ
τούτων τὴν ἀφ' ἡλίου καθήκουσαν εἰς τὸν
κόσμον δημιουργίαν θετέον. ἀλλὰ καὶ τὸ
γόνιμον τῆς ζωῆς, πολὺ μὲν καὶ ὑπέρ-
πλῆρες ἐν τοῖς νοητοῖς· φαίνεται δὲ ζωῆς
γονίμου καὶ ὁ κόσμος ὢν πλήρης. Πρόδη- B
λον οὖν ὅτι καὶ τὸ γόνιμον τοῦ βασιλέως
ἡλίου τῆς ζωῆς μέσον ἐστὶν ἀμφοῖν· ἐπεὶ
χ. τοῦ τοῦτο μαρτυρεῖ καὶ τὰ φαινόμενα. τὰ
μὲν γὰρ τελειοῖ τῶν εἰδῶν· τὰ δὲ ἐργά-
ζεται· τὰ δὲ κοσμεῖ· τὰ δὲ ἀνεγείρει καὶ
Τοῦ. ἐν ὕλῃ οὐδὲν ἐστιν, ὃ δίχα τῆς ἀφ' ἡλίου δημιουργικῆς δυνάμεως εἰς φῶς πρόεισι καὶ γέ-
νεσιν. ἔτι πρὸς τούτοις εἰ τὴν ἐν τοῖς νοητοῖς ἄχραντον, καὶ καθαράν, καὶ ἄϋλον
οὐσίαν νοήσαιμεν, οὐδενὸς ἔξωθεν αὐτῇ C
προσιόντος, οὐδὲ ἐνυπάρχοντος ἀλλοτρίου
πλήρη δὲ τῆς οἰκείας ἀχράντου καθαρό-
τητος· τήν τε ἐν τῷ κόσμῳ περὶ τὸ κύκλῳ φερόμενον σῶμα πρὸς πάντα ἀμιγῆ τὰ στοιχεῖα, λίαν εἰλικρινῆ, καὶ καθα-
Vel. σώματος περιφερόμενον ρὰν φύσιν ἀχράντου καὶ δαιμονίου σώ-
ματος· εὑρήσομεν καὶ τὴν τοῦ βασιλέ-
ως ἡλίου λαμπράν, καὶ ἀκήρατον οὐσίαν
Vel. ἀμφοῖν μέσην ἀμφοῖν μέσην, τῆς τε ἐν τοῖς νοητοῖς
ἀΰλου καθαρότητος, καὶ τῆς ἐν τοῖς αἰσθητοῖς ἀχράντου, καὶ ἀμιγοῦς πρὸς γέ- D
νεσιν καὶ φθοράν, καὶ καθαρᾶς εἰλικρι-
νείας. μέγιστον δὲ τοῦτο τεκμήριον, ὅτι μηδὲ τὸ φῶς, ὃ μάλιστα ἐκεῖθεν ἐπὶ γῆν
φέρεται, συμμίγνυταί τινι, μηδὲ ἀναδέ-
χεται ῥύπον, καὶ μίασμα· μένει δὲ πάντως ἐν πᾶσι τοῖς οὖσιν ἄχραντον, καὶ ἀ-
μόλυντον, καὶ ἀπαθές. ἔτι δὲ προσεκτέον
τοῖς ἀΰλοις εἴδεσι, καὶ νοητοῖς, ἀλλὰ καὶ
τοῖς αἰσθητοῖς, ὅσα περὶ τὴν ὕλην ἐστίν, ἢ
f. ἀναφαίνεται κατ' ὕλην. περὶ τὸ ὑποκείμενον ἀναφαίνεται.
πάλιν ἐνταῦθα μέσον τὸ νοερὸν τῶν

medium & interpositam regis Solis iisdem per sese consistentem substantiam habeat: qua ex primaria substantia in hunc aspectabilem mundum collustrans ille omnia splendor emanat. Rursus, ut id alio modo consideremus, cum sit unus omnium opifex; plures autem, qui in cœlo circumferuntur opifices Dii; medium illos inter Solis opificium statuere convenit, quod ad mundum perveniat. Præterea vis illa vitæ genitalis ac fœcunda in intelligibilibus copiosa est ac redundans. Atqui & ejusdem vitæ genitalis plenus est mundus. Perspicuum est igitur, genitalem vitam, quæ in rege Sole reperitur, inter ambas illas medium locum tenere. Quod eorum insuper, quæ quotidie cernimus, experientia testatur. Etenim formarum alias perficit Sol; alias efficit; alias ornat & expolit; alias excitat: nec est ulla res, quæ citra vim effectricem, quæ a Sole derivatur, in lucem ac nativitatem prodeat. Ad hæc si sinceram & illibatam & a materia secretam intelligibilium substantiam animo cogitemus; ad quam nihil extrinsecus affluit aut adhæret alienum, sed est nativa & propria sinceritate plena: inde vero puram admodum & defæcatam integri ac divini corporis naturam intueri velimus, quæ & circa corpus illud in mundo versatur, quod in orbem volvitur, & ab omni elementorum admistione libera est: inveniemus profecto splendidam regis Solis & incorruptam substantiam inter utrumque puritatis genus mediam esse, tam quod in intelligibilibus materiæ est expers, quam quod in sensibilibus illibatum, & a generatione ac corruptione solutum cernitur. Quin & illud maximum est integerrimæ sinceritatis argumentum, quod ne lux ipsa quidem, quæ illinc maxime permanat in terram, cum re ulla misceri se patitur, neque sordibus & contagione polluitur; sed in rebus omnibus intacta manet, neque fœditatem aut affectionem admittit ullam. Tum si in expertes materiæ formas, & intelligibiles, nec non sensibiles, quæ materiæ subjectove sunt affixæ, intendamus animum; non minus inde medius ille situs constabit intelligentium formarum, quæ

circa

circa Solem resident, quæ immersis materiæ formis opitulantur; adeo ut nec unquam existere possint istæ, neque conservare sese, nisi ipsorum substantiæ beneficus ille & auxiliator accedat. Quid enim? nonne hic est, a quo & formarum secretio & concretio materiæ velut a causa proficiscitur? a quo non solum habemus, ut ipsum intelligamus, sed etiam ut oculis intueamur? Quippe radiorum in universum orbem illa distributio, & lucis in unum conjunctio, artificem in producendo secretionem indicat.

Cæterum cum multa sint adhuc in essentia Dei illius apparentia bona; quæ intelligibilium ac mundanorum Deorum in medio positum esse demonstrant; ad extremum ejus & apparentem conditionis gradum transitum faciamus. Ac primus quidem ipsius gradus in eo genere, quod circa mundum ultimum versatur, Angelorum est solarium, cujus in exemplari idea & substantia consistit. Secundus ab eo gradus est, cui sensibilia generandi vis attribuitur. Hujus potior præstantiorque pars cœli siderumque causam continet, deterior generationi præsidet: atque eadem ab æterno ingenitam substantiam in seipsa complectitur. Verum quæ in hujus essentia Dei insunt omnia, tametsi quispiam ejusdem beneficio numinis intelligentiam adeptus sit, explicari nullo modo possunt: cum ne mente quidem ipsa comprehendi mihi posse videantur.

Libet hic longius productæ jam orationi velut sigillum adhibere, ut ad alia transeamus, quæ non minorem contemplationem exigunt. Quodnam vero sigillum illud sit; quæve substantiæ illius Dei notio, quæ summatim omnia comprehendat; ipsemet menti nostræ Deus injiciat: qui id brevissime complecti volumus; quoniam ex principio prodierit; cum cujusmodi sit ipse; ac quibus rebus apparentem mundum repleat. Dicendum est igitur, ab uno Deo unum processisse Solem regem; unum, inquam, ab uno intelligibili mundo: qui intelligentium Deorum omni mediocritatis genere medius, in mediisque constitutus est: qui &

A περὶ τὸν μέγαν ἥλιον εἰδῶν· ὑφ' ὧν καὶ τὰ περὶ τὴν ὕλην εἴδη βοηθεῖται, μήποτε ἂν διαμεῖναι μήτε εἶναι, μήτε σώζεσθαι, μὴ παρ' ἐκείνου πρὸς τὴν οὐσίαν συνεργούμενα. τί γάρ; οὐχ οὗτός ἐστι τῆς διακρίσεως τῶν εἰδῶν, καὶ συγκρίσεως τῆς ὕλης αἴτιος; οὐ τοῦτο ἡμῖν αὐτὸ μόνον παρέχων· ἀλλὰ καὶ ὁρᾶν ὄμμασιν; ἡ γάρ τοι τῶν ἀκτίνων εἰς ʺἅπαντα τὸν κόσμον διανομὴ, καὶ ἡ τοῦ φωτὸς ἕνωσις, τὴν δημιουργικὴν ἐνδείκνυται

B ʺτῆς ποιήσεως διάκρισιν.

Πολλῶν δὲ ὄντων ἔτι περὶ τὴν οὐσίαν τοῦ θεοῦ τῶν φαινομένων ἀγαθῶν, ἃ δὴ τὸ μέσον εἶναι τῶν τε νοητῶν, καὶ τῶν ἐγκοσμίων θεῶν παρίστησιν· ἐπὶ τὴν τελευταίαν αὐτοῦ μετίωμεν ἐμφανῆ λῆξιν. Πρώτη μὲν οὖν ἐστιν αὐτοῦ τῶν περὶ τὸν τελευταῖον κόσμον ἡ τῶν ἡλιακῶν ἀγγέλων οἷον ἐν παραδείγματι τὴν ἰδέαν, ʺκαὶ ὑπόστασιν ἔχουσα. μετὰ ταύτην δὲ ἡ τῶν αἰσθητῶν γεννητική· ἧς τὸ μὲν τιμιώτερον

C οὐρανοῦ, καὶ ἀστέρων ἔχει τὴν αἰτίαν· τὸ δὲ ὑποδεέστερον ἐπιτροπεύει τὴν γένεσιν, ʺἐξ ἀϊδίου περιέχον αὐτῆς ἐν ἑαυτῷ τὴν ἀγέννητον ʺοὐσίαν. ἅπαντα μὲν οὖν τὰ περὶ τὴν οὐσίαν τοῦ θεοῦ τῇδε διελθεῖν, οὔτε εἰ τῳ ʺδοίη ἂν τὸ νοῆσαι ʺαὐτὸς ὢν ὁ θεὸς, δυνατόν· ὅπου καὶ πάντα περιλαβεῖν τῷ νῷ ἔμοιγε φαίνεται ἀδύνατον.

Ἐπεὶ δὲ πολλὰ διεληλύθαμεν, ἐπιθετέον ὥσπερ σφραγῖδα τῷ λόγῳ τοῖς δὲ μέλλουσιν ἐφ' ἕτερα μεταβαίνειν, οὐκ ἐλάττονος τῆς θεωρίας δεόμενα. Τίς οὖν ἡ

D σφραγὶς, καὶ οἷον ἐν κεφαλαίῳ τὰ πάντα περιλαμβάνουσα ἡ περὶ τῆς οὐσίας τοῦ θεοῦ νόησις, αὐτὸς ἡμῖν ἐπὶ νοῦν θείη βουλομένοις ἐν βραχεῖ συνελεῖν, τήν τε αἰτίαν, ἀφ' ἧς προῆλθε, καὶ αὐτὸς ὅστις ἐστί· τίνων τε καὶ ἀποπληροῖ τὸν ἐμφανῆ κόσμον; Ῥητέον οὖν ὡς ἐξ ἑνὸς μὲν προῆλθε τοῦ θεοῦ εἷς ἀφ' ἑνὸς τοῦ νοητοῦ κόσμου βασιλεὺς ἥλιος, τῶν νοερῶν θεῶν μέσος ἐν μέσοις τεταγμένος, κατὰ παντοίαν

Forſ. πάντα

Forſ. διάκρισιν

Forſ. καὶ τὴν

Forſ. οὐσίαν ἀγεν.

Forſ. δοίη ἄν τῳ

Forſ. αὐτὸς ὁ θεὸς ὤν

μεσότητα· τὴν ὁμόφρονα, καὶ φίλην, καὶ τὰ διεστῶτα συνάγουσαν εἰς ἕνωσιν ἄγων τὰ τελευταῖα τοῖς πρώτοις· τελειότητος, καὶ συνοχῆς, καὶ γονίμου ζωῆς, καὶ τῆς ἑνοειδοῦς οὐσίας τὰ μέσα ἔχων ἐν ἑαυτῷ· τοῦ τε αἰσθητοῦ κόσμου παντοίων ἀγαθῶν προηγούμενος· οὐ μόνον διὰ τῆς αὐτοῦ αὐγῆς περιλάμπει κοσμῶν τε καὶ φαιδρύνων· ἀλλὰ καὶ τὴν οὐσίαν τῶν ἡλιακῶν ἀγγέλων ἑαυτῷ συνυποστήσας· καὶ τὴν ἀγέννητον αἰτίαν γινομένων περιέχων. ἔτι τε πρὸ ταύτης τῶν ἀϊδίων σωμάτων τὴν ἀγήρω, καὶ μόνιμον τῆς ζωῆς αἰτίαν.

γρ. κοσμ[illegible]

γρ. τῶν γι[illegible]

Ἃ μὲν οὖν περὶ τῆς οὐσίας εἰπεῖν ἐχρῆν τοῦ θεοῦ τοῦδε καίτοι τῶν πλείστων παραλειφθέντων εἴρηται ὅμως οὐκ ὀλίγα. ἐπειδὲ τὸ τῶν δυνάμεων αὐτοῦ πλῆθος, καὶ τὸ τῆς ἐνεργείας κάλλος τοσοῦτόν ἐστιν, ὥστε εἶναι τῶν περὶ τὴν οὐσίαν αὐτοῦ θεωρουμένων ὑπερβολήν· ἐπεὶ καὶ πέφυκε τὰ θεῖα προϊόντα εἰς τὸ ἐμφανὲς πληθύνεσθαι διὰ τὸ περιὸν καὶ γόνιμον τῆς ζωῆς· ὅρα τί δράσομεν οὖν πρὸς ἀχανὲς πέλαγος ἀποδυόμεθα, μόγις καὶ ἀγαπητῶς ἐκ πολλοῦ τοῦ πρόσθεν ἀναπαυόμενοι λόγου. τολμητέον δ' ὅμως τῷ θεῷ θαρρῶντα, καὶ πειρατέον ἅψασθαι τοῦ λόγου.

γρ. ἐχρῆν [illegible]

Κοινὰς μὲν δὴ τὰ πρόσθεν ῥηθέντα περὶ τῆς οὐσίας αὐτοῦ, ταῖς δυνάμεσιν προσήκειν ὑποληπτέον. οὐ γὰρ ἄλλο μέν ἐστιν οὐσία θεοῦ, δύναμις δὲ ἄλλο· καὶ νὴ Δία τρίτον παρὰ ταῦτα ἐνέργεια. πάντα γὰρ ἅπερ βούλεται, ταῦτά ἐστι, καὶ δύναται, καὶ ἐνεργεῖ. οὐδὲ γὰρ ὃ μή ἐστι βούλεται· οὐδὲ ὃ βούλεται δρᾶν οὐ σθένει· οὐδ' ὃ μὴ δύναται ἐνεργεῖν ἐθέλει. Ταῦτα μὲν οὖν περὶ τὸν ἄνθρωπον οὐχ οὕτως ἔχει. διττὴ γάρ ἐστι μαχομένη φύσις εἰς ἓν κεκραμένη, ψυχῆς καὶ σώματος· τῆς μὲν θείας, τοῦ δὲ σκοτεινοῦ καὶ ζοφώδους. ἔοικέ τε εἶναι μάχη τις καὶ στάσις. ἐπεὶ καὶ Ἀριστοτέλης φησὶ διὰ τὸ τοῦτον μηδὲ τὰς ἡδονὰς ὁμολογεῖν μηδὲ τὰς λύπας ἀλλήλαις ἐν

lib. 7. Eth. cap. 14.

γρ. τοῦτο

A ipse concordem, & amicam, & distantia consociantem in unitatem cum postremis prima conciliat: perfectionis, ac devinctionis, & genitalis vitæ, ac singularis substantiæ medium in sese obtinens, ac sensibili mundo bonorum autor omnium; non eo tantum, quod splendore illum suo collustrat, ornans atque perpoliens, sed etiam quatenus solarium Angelorum substantiam secum una produxit, & eorum, quæ fiunt, ingenitam causam continet: imo antiquiorem B hac alteram, neque senescentem, sed perpetuam, a qua in sempiterna corpora vita derivatur.

Hactenus ergo quæ de hujus Dei substantia dicenda fuerunt, etsi pleraque prætermisimus, tamen non pauca disputavimus. Quoniam vero tanta virium illius est copia, effectionumque pulcritudo, ut quæ in ejus substantia considerari possunt, vehementer excellant: (quippe divinarum rerum ea condicio est, ut in apertum progressa, præ vitæ redundantia & fœcunditate C multiplicentur) vide obsecro quid opus facto sit nobis, qui ægre ac vix tandem ex longa superiori oratione recreati in immensum nos mare committimus. Sed audendum tamen nobis est, Dei auxilio confisis, & hæc aggredienda oratio.

Primum itaque sic existimandum est: quæ de illius substantia antea diximus, ad ejusdem vires ac facultates communiter pertinere. Non enim aliud est substantia Dei, aliud vis: aut tertia insuper aliud est actio. D Quippe omnia quæcunque vult, ea & est, & potest, & efficit. Neque enim quod non est, ipse vult: neque quod voluerit, non potest exequi: neque quod non potest, vult efficere. Atque in homine quidem longe aliter sese res habet. Nam duplex in eo dissidensque natura & in unum temperata cernitur; corporis, & animæ: quarum hæc divina, illa tenebrosa est & caliginosa: unde pugna quædam oritur & contentio. Hinc, ut Aristoteles ait, neque voluptates in nobis neque dolores invicem consentanei sunt.

Etenim

Etenim quod naturam istarum, quæ insint A nobis, alteri suave est, id alteri, quæ huic est contraria, molestum accidit. At in Deorum genere nihil est ejusmodi. Nam essentia, perpetuoque, nec per vices, illis bona suppetunt. Inprimis ergo quæcunque ad illius explicandam substantiam dicta sunt a nobis, eadem putandum est de viribus & actionibus esse dicta. Cum autem reciprocari in istis videatur oratio; consequens est, ut quæ de viribus ipsius & actionibus deinceps consideramus, non opera esse tantum, sed substantiam arbitremur. Sunt enim cogna- B ti quidam Solis & congeniti Dii, qui illibatam istius Dei substantiam cumulant: quique ut in mundo multiplices sunt, ita circa illum singulariter existunt. Audite vero primum quæ afferuntur ab iis, qui cœlum non iisdem oculis contemplantur, quibus equi, vel boves, & id genus rationis experitia brutaque pecora; sed qui ex eo, quod apparet sensibus, occultam naturam investigare student. Atque, ut ea nondum afferam, potes, si vis, de infinitis illius viribus & actionibus, quæ mundo subliniores sunt, C paucas intueri. Harum virium prima est illa, qua totam penitus intelligentem substantiam, contractis in unum & idem illius extremis, unam ac singularem efficit. Nam quod in sensibili mundo evidenter agnoscimus, ubi inter ignem terramque aer & aqua continentur, ut extrema inter se hoc quasi vinculo jungantur: non est quod quispiam id in antiquiore corporibus substantia ac separata, quæ generationis principium sic obtinet, ut a generatione sit aliena, eodem mo- D do habere sibi persuadeat: quasi illic etiam extrema principia, & ab omni corporum commercio sejuncta, nescio quibus interpositis mediis in unum ab rege coacta Sole, circa ipsum copulentur. Cui quidem vis illa Jovis effectrix consentanea est: quam illi cum Sole communem in Cypro, iisdem utrique dicatis templis, consecratam esse supra meminimus: ubi & Apollinem ipsum testem sententiæ hujus adduximus, quem

A ἡμῖν. ἡ γὰρ θατέρᾳ, φησὶ, τῶν ἐν ἡμῖν φύσεων αὕτη πρὸς ταύτην ἀντικειμένη πέφυκεν ἀλγεινόν. ἐν δὲ τοῖς θεοῖς οὐδέν ἐστι τούτων. οὐσίᾳ γὰρ αὐτοῖς ὑπάρχει τἀγαθὰ, καὶ διηνεκῶς· οὐ ποτὲ μὲν, ποτὲ δ' οὔ. πρῶτον οὖν ὅσαπερ ἔφαμεν, τὴν οὐσίαν αὐτοῦ παραστῆσαι βουλόμενοι, ταῦθ' ἡμῖν εἰρῆσθαι, καὶ περὶ τῶν δυνάμεων καὶ ἐνεργειῶν νομιστέον. ἐπεὶ δὲ ἐν τοῖς τοιούτοις ὁ λόγος ἔοικεν ἀντιστρέφειν. ὅσα καὶ περὶ τῶν δυνάμεων αὐτοῦ καὶ ἐνεργειῶν B ἐφεξῆς σκοποῦμεν, ταῦτα οὐκ ἔργα μόνον, ἀλλὰ καὶ οὐσίαν νομιστέον. Εἰσὶ γάρ τοι θεοὶ συγγενεῖς ἡλίου καὶ συμφυεῖς, τὴν ἄχραντον οὐσίαν τοῦ θεοῦ κορυφοῦντες, πληθυνόμενοι μὲν ἐν τῷ κόσμῳ, περὶ αὐτὸν δὲ ἑνοειδῶς ὄντες. ἀκούετε δὴ πρῶτον ὅσα φασὶν οἱ τὸν οὐρανὸν, οὐχ ὥσπερ ἵπποι καὶ βόες, ὁρῶντες, ἤ τι τῶν ἀλόγων καὶ ἀμαθῶν ζώων· ἀλλ' ἐξ * αὐτοῦ τοῦ φανεροῦ τὴν ἀφανῆ πολυπραγμονοῦντες φύσιν. *Fors. ἐκ τῆς τῶν ἀφ.* ἔτι δὲ πρὸ τούτων, εἴ σοι φίλον, περὶ τῶν ὑπερκοσμίων δυνάμεων αὐτοῦ καὶ C ἐνεργειῶν, καὶ ἐκ μυρίων τὸ πλῆθος, ὀλίγα θεάσῃ. Πρώτη δὲ τῶν δυνάμεων * αὐτοῦ ἐστι, δι' ἧς ὅλην δι' ὅλης τὴν νοερὰν οὐσίαν, τὰς ἀκρότητας αὐτῆς εἰς ἓν καὶ ταὐτὸ συνάγων, ἀποφαίνει μίαν. *Fors. ἐστιν αὐτοῦ* ὅπερ * γάρ ἐστι περὶ τὸν αἰσθητὸν * κόσμον ἐναργῶς κατανοῆσαι, πυρὸς καὶ γῆς εἰλημμένον ἀέρα καὶ ὕδωρ ἐν μέσῳ, τῶν ἄκρων σύνδεσμον, τοῦτο οὐκ ἄν τις εἰκότως ἐπὶ τῆς * πρὸ τῶν σωμάτων * οὐσίας κεχωρισμένης· *Fors. γὰρ περὶ* *Fors. ἐστι αἰσθητῶν* D ἢ τῆς γεννήσεως ἔχουσα τὴν ἀρχὴν, οὐκ ἔστι γένεσις· οὕτω διατετάχθαι νομίσειεν· ὥστε καὶ ἐν ἐκείνοις τὰς ἄκρας αἰτίας κεχωρισμένας πάντη τῶν σωμάτων, ὑπό τινων μεσοτήτων εἰς ταὐτὰ παρὰ τοῦ βασιλέως ἡλίου συναγομένας, ἑνῶσθαι περὶ αὐτόν. Συντρέχει δὲ αὐτῷ καὶ ἡ τοῦ Διὸς δημιουργικὴ δύναμις· ὃν ἔφαμεν καὶ πρότερον ἱδρῦσθαί τε αὐτοῖς ἐν Κύπρῳ, καὶ ἀποδεδεῖχθαι κοινῇ τὰ τεμένη. καὶ τὸν Ἀπόλλωνα δὲ αὐτὸν ἐμαρτυράμεθα *Al. πρὸ τῶν* *Fors. αἰτίας*

τῷ λό-

f. ss. τὸν λόγον

τοῦ λόγου· ὃν εἰκὸς δήπουθεν ὑπὲρ τῆς ἑαυτοῦ φύσεως ἄμεινον εἰδέναι. σύνεστι γὰρ ἡλίῳ καὶ οὗτος, καὶ ἐπικοινωνεῖ, καὶ τὴν ἁπλότητα τῶν νοήσεων, καὶ τὸ μόνιμον τῆς οὐσίας, καὶ κατὰ ταυτὰ ἐν τῆς ἐνεργείας. Ἀλλὰ καὶ τὴν Διονύσου μεριστὴν δημιουργίαν οὐδαμοῦ φαίνεται χωρίζων ὁ θεὸς ἡλίου· τούτῳ δὲ αὐτὴν ὑποτάττων ἀεὶ, καὶ ἀποφαίνων σύνθρονον, ἐξηγητὴς ἡμῖν ἐστι τῶν ὑπὸ τοῦ θεοῦ καλλίστων διανοημάτων. Ὁπόσας δὲ ἐν αὐτῷ περιέχων ὁ θεὸς ὅδε τὰς ἀρχὰς τῆς καλλίστης νοερᾶς συγκράσεως, Ἥλιος Ἀπόλλων ἐστὶ Μουσηγέτης. ἐπεὶ δὲ καὶ ὅλην ἡμῖν τὴν τῆς εὐταξίας ζωὴν συμπληροῖ, γεννᾷ μὲν ἐν κόσμῳ τὸν Ἀσκληπιὸν, ἔχει δὲ αὐτὸν καὶ πρὸ τοῦ κόσμου παρ' ἑαυτῷ.

Ἀλλὰ πολλὰς μὲν ἄν τις, καὶ ἄλλας περὶ τὸν θεὸν τόνδε δυνάμεις θεωρῶν, οὔποτ' ἂν ἐφίκοιτο πασῶν ἀποχρῶν τῆς μὲν χωριστῆς, καὶ πρὸ τῶν σωμάτων ἐπ' αὐτῶν οὖσαι τῶν αἰτιῶν, αἱ κεχωρισμέναι τῆς φανερᾶς προϋπάρχουσι δημιουργίας, ἴσην ἡλίῳ καὶ Διῒ τὴν δυναστείαν, καὶ μίαν ὑπάρχουσαν τεθεωρηκέναι· τὴν δὲ ἁπλότητα τῶν νοήσεων μετὰ τοῦ διαιωνίου, καὶ κατὰ ταυτὰ μονίμου σὺν Ἀπόλλωνι τεθεαμένοις· τὸ δὲ μεριστὸν τῆς δημιουργίας μετὰ τοῦ τὸν μεριστὴν ἐπιτροπεύοντος οὐσίαν Διονύσου· τὸ δὲ τῆς καλλίστης συμμετρίας, καὶ νοερᾶς κράσεως περὶ τὴν τοῦ Μουσηγέτου δύναμιν τεθεωρηκόσι· τὸ συμπληροῦν δὲ τὴν εὐταξίαν τῆς ὅλης ζωῆς, σὺν Ἀσκληπιῷ νοοῦσι. Τοσαῦτα μὲν ὑπὲρ τῶν προκοσμίων αὐτοῦ δυνάμεων· ἔργα δὲ ὁμόλογα ταύταις, ὑπὲρ τὸν ἐμφανῆ κόσμον, ἡ τῶν ἀγαθῶν ἀποπλήρωσις. ἐπειδὴ γάρ ἐστι γνήσιος ἔκγονος τοῦ ἀγαθοῦ, παραδεξάμενος παρ' αὐτοῦ τελείαν τὴν ἀγαθὴν μοῖραν, αὐτὸς ἅπασι τοῖς νοεροῖς διανέμει θεοῖς, ἀγαθοεργὸν καὶ τελείαν αὐτοῖς διδοὺς τὴν οὐσίαν. ἓν μὲν δή τι τοῦτο· δεύτερον δὲ ἔργον ἐστὶ τοῦ θεοῦ, ἡ τοῦ νοητοῦ κάλλους ἐν τοῖς

f. ss. μονίμου ξὺν

f. ss. τἀγαθοῦ

A utique par sit melius reliquis suam ipsius cognovisse naturam. Hic enim cum Sole quoque versatur, & communicat: quo cum & intelligendi simplicitatem, & substantiæ stabilitatem, & actionem habet eandem. Nam & Bacchi multiplicabilem ac dividuam efficientiam Apollo minime ab Sole distrahere videtur: imo vero cum illam ipsi perpetuo subjiciat, & assessorem eum esse pronunciet; ad præclara quædam de Deo illo mente concipienda nobis velut interpres præit. B Cæterum quatenus omnes in sese causas præstantissimæ intelligentium temperationis Deus ille continet, Apollo Musagetes dicitur; pro eo vero quod concinnum vitæ ordinem complet, Æsculapium gignit in mundo: quem & ante mundum penes se nihilominus habuerat.

Enimvero licet quamplurimas illius Dei vires contempletur aliquis; nunquam tamen omnes exhauriet. Sed illud nobis sufficere debet, quod in separabili & corporibus antiquiore natura, & in eo causarum genere quod separatum apparenti effectione prius est, parem & eundem Solis ac Jovis principatum & potestatem C contemplari potuimus; cum intelligendi simplicitatem, æternitate & immobili constantia conjunctam, cum Apolline spectavimus; at efficientiæ multiplicabilem rationem cum Baccho, multiplicabilis substantiæ præside; egregiam porro temperationis in intelligentibus harmoniam & concentum in Musagetæ virtute perspeximus; ac postremo vim illam, quæ concinnum vitæ totius ordinem complet, cum Æsculapio cognovimus. Hæc nos de antiquioribus mundo illius viribus disputare potuimus: quibus re- D spondentia & ejusdem ordinis effecta, quæ apparentem mundum superant, bonorum completione definita sunt. Cum enim germana sit illius Boni soboles, & ab eo bona sorte eademque perfecta donatus fuerit; hanc ipse intelligentes in Deos dividit, beneficium illis perfectamque substantiam impertiens. Alterum Dei opus est, intelligibilis pulcritudinis in intelligentibus & expertibus

expertibus corporis formis absolutissima di- A
stributio. Etenim cum genitalis substantia, quæ in natura rerum apparens est, procreare aliquid in pulcri genere cupit, ac fœtum exponere; antecedat illa necesse est, quæ in intelligibili pulcritudine in æternum ac semper idipsum faciat; non sic, ut illud modo præstet, postea desinat: aut aliquando gignat, ac deinde fit sterilis. Nam quæcumque hic sunt aliquando pulcra, ea semper in intelligibilibus existunt. Quamobrem dicendum id videtur, genitali cuilibet causæ, quæ in apparentibus cernitur, in intelligibili B
ac sempiterna pulcritudine ingenitum quendam fœtum antecedere: qui penes illum Deum sit, quem circum se ipse produxit: cui perfectam largitus est mentem; sic tanquam oculis visum beneficio lucis infundens. Ad eum quippe modum per intelligens exemplar, quod æthereo fulgore multo splendidius objicit, intelligentibus, opinor, omnibus ut intelligant intelliganturque concedit. Præter hanc alia regis omnium Solis est sane admirabilis effectio; C
nempe sors illa conditioque melior, quam præstantioribus generibus attribuit, angelis, dæmonibus, heroibus, animisque particularibus; qui in exemplaris & ideæ ratione permanent, neque se unquam ipsos in corpora demittunt. Ac Dei quidem anteriorem mundo substantiam, ejusque vires & effecta, in rege omnium Sole prædicando, quatenus ipsius laudes assequi possumus, properantes exposuimus. Quoniam autem oculi quam aures fide digniores vulgo esse dicuntur, etsi minus quam intelligentia fi- D
dei merentur, imbecilliores que sunt; age de manifesta ipsius effectione, postulata prius ab eo venia, vel mediocriter eloqui studeamus.

Apparens itaque mundus circum illum ab omni æternitate productus est: tum lumen illud, quo mundus ambitur, ab æterno stabilem sedem obtinet: non in ea modo consistens, modo relinquens, nec alias aliter, sed eodem modo semper habens. Quod si quis sempiternam hanc naturam vel sola cogitatione tempori illigare voluerit; is de

A νοεροῖς καὶ ἀσωμάτοις εἴδεσι τελεωτάτη διανομή. Τῆς γὰρ ἐν τῇ φύσει φαινομένης οὐσίας γονίμως γεννᾶν ἐφιεμένης ἐν τῷ καλῷ, καὶ ἐκτίθεσθαι τὸν τόκον, ἔτι ἀνάγκη προηγεῖσθαι τὴν ἐν τῷ νοητῷ κάλλει τοῦτο αὐτὸ διαιωνίως καὶ ἀεὶ ποιοῦσαν, οὐκ ἀρχὴν μὲν, εἰσαῦθις δὲ οὐ· καὶ ποτὲ μὲν γεννῶσαν, αὖθις δὲ ἄγονον. ὅσα γὰρ ἐνταῦθά ποτε καλά, ταῦτα ἐν τοῖς νοητοῖς ἀεί. Ῥητέον τοίνυν αὐτοῦ τῆς ἐν τοῖς φαινομένοις αἰτίας γονίμου προ-
B καθηγεῖσθαι τὸν ἐν τῷ νοερῷ καὶ διαιωνίῳ κάλλει τόκον ἀγέννητον· ὃν ὁ θεὸς οὗτος ἔχει, καὶ περὶ ἑαυτὸν ὑποστήσας· οἷς καὶ τὸν τέλειον νοῦν διανέμει, καθάπερ ὄμμασιν ἐνδιδοὺς διὰ τοῦ φωτὸς τὴν ὄψιν. ἔτι δὲ καὶ ἐν τοῖς διὰ τοῦ νοεροῦ παραδείγματος, ὃ προτείνει πολὺ φανότερον τῆς αἰθερίας αὐγῆς, πᾶσιν, οἶμαι, τοῖς νοεροῖς τὸ νοεῖν καὶ νοεῖσθαι παρέχει. ἑτέρα πρὸς ταύταις ἐνέργεια θαυμαστὴ φαίνεται περὶ τὸν βασιλέα τῶν ὅλων ἥλιον, ἡ
C τοῖς κρείττοσι γένεσιν ἀποδεδομένη μοῖρα βελτίων, ἀγγέλοις, δαίμοσιν, ἥρωσι, ψυχαῖς τε μερισταῖς, ὁπόσαι μένουσιν ἐν παραδείγματος καὶ ἰδέας λόγῳ, μήποτε ἑαυτὰς ἐκδοῦσαι σώματι. Τὴν μὲν οὖν προκόσμιον οὐσίαν τοῦ θεοῦ, δυνάμεις τε αὐτοῦ καὶ ἔργα, τὸν βασιλέα τῶν ὅλων ὑμνοῦντες ἥλιον, ἐφ' ὅσον ἡμῖν οἷόν τε ἦν ἐφικέσθαι τῆς περὶ αὐτὸν εὐφημίας σπεύδοντες, διεληλύθαμεν. Ἐπεὶ δὲ ὄμμα-
D τα, φασὶν, ἀκοῆς ἐστι πιστότερα, καίτοι τῆς νοήσεως αὐτά γε ἀπιστότερα καὶ ἀσθενέστερα· φέρε καὶ περὶ τῆς ἐμφανοῦς αὐτοῦ δημιουργίας, αἰτησάμενοι παρ' αὐτοῦ τὰ μετρίως εἰπεῖν πειραθῶμεν.

Ὑφέστη μὲν οὖν περὶ αὐτὸν ὁ φαινόμενος κόσμος ἐξ αἰῶνος· ἕδραν δ' ἔχει τὸ περικόσμιον φῶς ἐξ αἰῶνος, οὐχὶ νῦν μὲν, τοτὲ δὲ οὔ· οὐδὲ ἄλλοτε ἄλλως, ἀεὶ δὲ ὡσαύτως. ἀλλ' εἴ τις ταύτην τὴν διαιώνιον φύσιν ἄχρις ἐπινοίας ἐθελήσειε χρονικῶς καταστῆσαι, τὸν βασιλέα τῶν

Margin notes: γρ. φανότερον — γρ. καὶ τὸ — γρ. μοῖρα βελτίων ἀγγέλοις — γρ. αὐτάς — γρ. ἐξ αἰῶνος κόσμος

T ὅλων

A ὅλον ἥλιον ἀθρόως καταλάμποντα ῥᾷστα ἂν γνοίη, πόσων αἴτιός ἐστι δι' αἰῶνος ἀγαθῶν τῷ κόσμῳ. Οἶδα μὲν οὖν καὶ Πλάτωνα τὸν μέγαν, καὶ μετὰ τοῦτον ἄνδρα τοῖς χρόνοις μὲν, οὔτι μὴν " φύσει (Vel. τῇ φύσει) καταδεέστερον· τὸν Χαλκιδέα φημὶ τὸν Ἰάμβλιχον ὃς ἡμᾶς τά τε ἄλλα περὶ τὴν φιλοσοφίαν, καὶ δὴ καὶ ταῦτα διὰ τῶν λόγων ἐμύησεν ἄχρις ὑποθέσεως τῷ γεννητῷ προσχρωμένους, καὶ οἱονεὶ χρονικήν τινα τὴν ποίησιν ὑποτιθεμένους· ἵνα τὸ μέγεθος τῶν παρ' αὐτοῦ γιγνομένων ἔρ- B γων ἐπισκεφθείη. Πλὴν ἀλλ' ἔμοιγε τῆς ἐκείνων ἀπολειπομένῳ παντάπασι δυνάμεως, οὐδαμῶς ἐστι παρακινδυνευτέον εἴπερ ἀκίνδυνον οὐδὲ " αὐτὸ (Vel. αὐτῷ) τὸ μέχρι ψιλῆς ὑποθέσεως χρονικήν τινα περὶ τὸν κόσμον ὑποθέσθαι ποίησιν " ὥσπερ ἐκεῖνος (γρ. ποίησιν ὡς ὁ ἀλ.) ἥρως ἐνόμισεν Ἰάμβλιχος. Πλὴν ἀλλ' ἐπεί περ ὁ θεὸς ἐξ αἰωνίου " προῆλθεν (Vel. προῆλθεν) αἰτίας, μᾶλλον δὲ προήγαγε πάντα ἐξ αἰῶνος, ἀπὸ τῶν ἀφανῶν τὰ φανερὰ βουλήσει θείᾳ καὶ ἀρρήτῳ τάχει, καὶ ἀνυ- C περβλήτῳ δυνάμει πάντα ἀθρόως ἐν τῷ νῦν ἀπογεννήσας χρόνῳ, ἀπεκληρώσατο μὲν οἷον οἰκειοτέραν ἕδραν τὸ μέσον οὐρανοῦ. ἵνα πανταχόθεν ἴσα διανέμῃ " τὰ ἀγαθὰ (Vel. τἀγαθὰ) τοῖς ὑπ' αὐτοῦ, καὶ σὺν αὐτῷ προελθοῦσι θεοῖς· ἐπιτροπεύῃ δὲ τὰς ἑπτὰ, καὶ τὴν ὀγδόην οὐρανοῦ κυκλοφορίαν ἐνάτην τε, οἶμαι, δημιουργίαν τὴν ἐν γενέσει καὶ φθορᾷ συνεχεῖ διαδοχαῖς ἀνακυκλουμένην γένεσιν. Οἵ τε γὰρ πλάνητες εὔδηλον ὅτι περὶ αὐτὸν χορεύοντες, D μέτρον ἔχουσι τῆς κινήσεως τὴν πρὸς τὸν θεὸν τόνδε τοιάνδε περὶ τὰ σχήματα συμφωνίαν· ὅ τε ὅλος οὐρανὸς " αὐτῷ (f. αὐτῷ) κατὰ πάντα συναρμοζόμενος ἑαυτοῦ τὰ μέρη, θεῶν ἐστιν " ἐξ ἡλίου πλήρης (Vel. τὰ ἐξ ἡλ. πλήρης). Ἔστι γὰρ ὁ θεὸς οὗτος πέντε μὲν κύκλων ἄρχων κατ' οὐρανὸν, τρεῖς δὲ ἐκ τούτων ἐπιὼν, ἐν τρισὶ τρεῖς γεννᾷ τὰς χάριτας. οἱ λειπόμενοι δὲ μεγάλης " εἰσὶν ἀνάγκης (Vel. ἀνάγκης αἱ) πλάστιγγες. Ἀσύνετον ἴσως λέγω τοῖς

A rege omnium Sole, qui confestim omnia sua luce collustrat, facillime cognoscet, quanta vis ab illo, velut principio, bonorum in hunc mundum ex æterno proficiscatur. Non me præterit tam magnum Platonem, quam, qui tempore, non tamen indole, posterior extitit, Chalcidensem Jamblichum, qui cum alia in Philosophia multa, tum hæc ipsa nos arcana libris suis edocuit; hypothesi tenus genitum adhibuisse, ac temporariam quandam effectionem disputationis tan- B tummodo gratia posuisse; ut eorum, quæ ab illo fiunt, magnitudo utcunque capiatur. Mihi vero, qui ingenii vi ac facultate omnino sum illis inferior, nequaquam hæc subeunda est alea: præsertim cum ne istud quidem, vel disputationis tantum gratia temporariam circa mundum effectionem ponere, periculo careat; quod Heroi illi magno Jamblicho videbatur. Verum cum ab æterno principio Deus ille processerit: vel ab æterno potius universa produxerit: ex laten- C tibus apparentia, divina voluntate, & inexplicabili celeritate, atque insuperabili virtute simul omnia in præsenti tempore generans; ideo mediam cœli regionem velut accommodatiorem sibi sortitus est: ut productis a se secumve Diis æqualiter bona distribuat: nec non ut septenos, & octavum adeo cœli orbem ac circuitum gubernet: tum nonam insuper effectionem, quæ in generatione & interitu sempiternam habet vicissitudinem. Nam quod ad Planetas attinet, D perspicuum est ipsos circa Solem velut choros agentes, motus suos non aliter, quam certis ad illum Deum figurarum conformationibus, habere dimensos: tum cœlum universum, suis omnibus partibus eidem congruens, Deorum ab Sole multitudine completur. Etenim Deus iste quinque per cœlum orbibus præest; quorum tres obiens, totidem Gratias gignit: cæteri magnæ necessitatis lances esse dicuntur. Hæc sunt Græcis forsitan obscuriora. Quasi vero commu-

communia tantummodo & contrita dicenda sint. Atqui ne hoc quidem, ut videri cuipiam possit, prorsus inusitatum ac peregrinum est. Nam Dioscuri cujusmodi tandem a vobis esse creduntur? o sapientissimi, & citra inquisitionem pluribus assentientes! Nonne alternis diebus vivere ideo dicuntur, quod eodem ambos die videri non liceat: puta, ut vos intelligitis, hesterno & hodierno? Tum hoc, per eosdem Castores, cum animo tuo cogita: mecum id, inquam, ad naturam & rem quampiam applicare stude; ne quid novi insulsive dicamus. Verum nihil reperiemus ejusmodi, licet accuratissime perscrutemur. Nam, quod nonnulli inter Theologos hemisphæria illa duo mundi significare voluerunt, id ad rem minime pertinet. Cur enim horum unumquodque *ἑτερήμερον*, id est alternans diem, appelletur, ne fingi quidem cogitatione facile poterit; cum illorum collustratio paulatim sine sensu quotidianis incrementis augeatur. Nunc ea porro consideremus, in quibus innovare aliquid videri cuipiam possimus. Igitur ejusdem participes esse dici jure illi dicendi sunt, quibus solaris supra terram progressionis æquale tempus uno eodemque mense contingit. Animadvertat modo quisquam, ecquid alternatio illa dici cum aliis circulis, tum vero tropicis, accommodari queat. Atqui, ut hoc aliquis existimet, dispar tamen est ratio. Quippe circuli isti semper apparent, & iis, qui adversas umbrarum sitû plagas incolunt, utrinque ambo conspicui sunt. At istorum qui alterum vident, alterum videre nullo modo possunt. Sed ne diutius his in rebus explicandis commorer; Sol, ut scimus, conversiones annuas efficiens, tempestatum parens est. Idem a polis nullo modo recedens, Oceanus esse potest, duplicis substantiæ dux & princeps. An & hic obscuri aliquid loquimur? cum tamen idipsum tanto ante nos Homerus cecinerit:

Oceani, qua nativitas cunctis
fuit;

mortalium pariter, ac Deorum, ut idem diceret, beatorum generi. Vere id quidem.

A Ἕλλησιν ὥσπερ δίον μόνον τὰ συνήθη, καὶ γνώριμα λέγειν. εἰ μὴ οὐδὲ τοῦτό ἐστιν, ὡς ἄν τις ὑπολάβοι, παντελῶς ξένον. οἱ Διόσκουροι τίνες ἡμῖν εἰσιν; (ὦ γρ. ὑμῖν
σοφώτατοι καὶ ἀβασανίστως τὰ πολλὰ παραδεχόμενοι) οὐχ ἑτερήμεροι λέγονται, διότι μὴ θέμις ὁρᾶσθαι τῆς αὐτῆς ἡμέρας; ἡμεῖς ὅπως αὐτὰ εὔδηλον ὅτι τὴν χθὲς καὶ τήμερον. εἶτα καὶ ταῦτα, πρὸς αὐτῶν τῶν Διοσκούρων, ἐφαρμόσωμεν αὐτὰ φύσει τινὶ καὶ πράγματι,
B κοινὸν ἵνα μηδὲν, μηδὲ ἀνόητον λέγωμεν. ἀλλ' οὐκ ἂν εὕροιμεν ἀκριβῶς ἐξετάζοντες. Οὐδὲ γὰρ ὡς ὑπέλαβον ἤδη τινὲς τῶν θεολόγων, ἡμισφαίρια τοῦ παντός τὰ δύο, λόγον ἔχει τινά. πῶς γάρ ἐστιν ἑτερήμερον αὐτῶν ἕκαστον, οὐδὲ ἐπινοῆσαι ῥᾴδιον· ἡμέρας ἑκάστης ἀνεπαισθήτως τῆς κατὰ τὸν φωτισμὸν αὐτῶν παραυξήσεως γινομένης. σκεψώμεθα δὲ νῦν ὑπὲρ ὧν αὐτοὶ καινοτομεῖν ἴσως τισὶ δοκοῦμεν. τῆς αὐτῆς ἡμέρας κοινωνοὺς
C μετέχειν ὀρθῶς ἂν ῥηθεῖεν, ἀφ' ὅσοις ἴσος ἐστὶν ὁ τῆς ὑπὲρ γῆν ἡλίου πορείας χρόνος ἐν ἑνὶ καὶ τῷ αὐτῷ μηνί. ὁράτω τις νῦν εἰ μὴ τὸ ἑτερήμερον τοῖς κύκλοις ἐφαρμόζει τοῖς τε ἄλλοις, καὶ τοῖς τροπικοῖς. ὑπολάβοι δ' ἄν τις, ὡς οὐκ ἴσον ἐστίν. οἱ μὲν γὰρ ἀεὶ φαίνονται, καὶ τοῖς τὴν ἀντίσκιον οἰκοῦσι συνορῶνται ἀμφότεροι· τῶν δὲ, οἱ θάτερον ὁρῶντες, οὐδαμῶς ὁρῶσι θάτερον. ἀλλ' ἵνα μὴ πλείω περὶ τὸν αὐτὸν
D λόγον διατρίβω, τὰς τροπὰς ἐργαζόμενος, ὥσπερ ἴσμεν, πατὴρ ὡρῶν ἐστιν. ἀπολείπων δὲ οὐδαμῶς τοὺς πόλους Ὠκεανὸς ἂν εἴη, διπλῆς ἡγεμὼν οὐσίας. μῶν ἀσαφές τι καὶ τοῦτο λέγομεν; ὁπότε πρὸ ἡμῶν αὐτὸ καὶ Ὅμηρος ἔφη·

Ὠκεανοῦ, ὅσπερ γένεσις πάντεσσι τέτυκται. Iliad. ξ. v. 246.

θνητοῖς τε, θεοῖς θ', ὡς ἂν αὐτὸς φαίη, μακάρεσσι, ἀληθῶς. καὶ γὰρ τῶν

 πάντων

πάντων οὐδέν ἐστιν, ὃ μὴ τῆς Ὠκεανοῦ πέφυκεν οὐσίας ἔκγονον. Ἀλλὰ τί τοῦτο πρὸς τοὺς πολλοὺς βούλει σοι φράσω; καίτοι σιωπᾶσθαι κρεῖττον ἦν· εἰρήσεται δὲ ὅμως. λέγουσι γοῦν, εἰ καὶ μὴ πάντες ἑτοίμως ἀποδέξονται.

Ὁ δίσκος ἐπὶ τῆς ἀνάστρου φέρεται, πολὺ τῆς ἀπλανοῦς ὑψηλότερος. καὶ οὕτω δὲ τῶν μὲν πλανωμένων οὐχ ἕξει τὸ μέσον, τριῶν δὲ τῶν κόσμων, κατὰ τὰς τελεστικὰς ὑποθέσεις, εἰ χρὴ τὰ τοιαῦτα καλεῖν ὑποθέσεις· ἀλλὰ μὴ ταῦτα μὲν δόγματα, τὰ δὲ τῶν σφαιρικῶν, ὑποθέσεις. οἱ μὲν γὰρ θεῶν, ἢ δαιμόνων μεγάλων δή τινων ἀκούσαντές φασιν· οἱ δὲ ὑποτίθενται τὸ πιθανὸν ἐκ τῆς πρὸς τὰ φαινόμενα συμφωνίας. αἰνεῖν μὲν οὖν ἄξιον καὶ τούσδε· πιστεύειν δὲ ἐκείνοις, ὅτῳ βέλτιον εἶναι δοκεῖ, τοῦτον ἐγὼ παίζων καὶ σπουδάζων ἄγαμαί τε, καὶ τεθαύμακα. καὶ ταῦτα μὲν δὴ ταῦτα, φασί.

Πολὺ δὲ, πρὸς οἷς ἔφην, πλῆθός ἐστι τῶν *προσουρανίων θεῶν οὓς κατενόησαν οἱ τὸν οὐρανὸν μὴ παρέργως, μηδὲ ὥσπερ τὰ βοσκήματα θεωροῦντες. τοὺς τρεῖς γὰρ τετραχῇ τέμνων, διὰ τὴν τοῦ ζῳοφόρου κύκλου πρὸς ἕκαστον αὐτῶν κοινωνίαν, τοῦτον αὖθις τὸν ζῳοφόρον εἰς δώδεκα θεῶν δυνάμεις διαιρεῖ. καὶ μέντοι τούτων ἕκαστον εἰς τρεῖς. ὥστε ποιεῖν ἓξ ἐπὶ τοῖς τριάκοντα. ἔνθεν οἶμαι καθήκει ἄνωθεν ἡμῖν ἐξ οὐρανοῦ τριπλῆ χαρίτων δόσις, ἐκ τῶν κύκλων, ὡς ὁ θεὸς ὅδε τετραχῇ τέμνων τὴν τετραπλῆν ἐπιπέμπει τῶν ὡρῶν ἀγλαΐαν αἳ δὴ τὰς τροπὰς ἔχουσι τῶν καιρῶν. κύκλον τε καὶ αἱ χάριτες ἐπὶ γῆς διὰ τῶν ἀγαλμάτων μιμοῦνται. χαριδότης δέ ἐστιν ὁ Διόνυσος ὃς ταὐτὸν λεγόμενος ἡλίῳ συμβασιλεύει. τί ἂν ἔτι σοι τὸν Ὧρον λέγοιμι, καὶ τὰ ἄλλα θεῶν ὀνόματα, τὰ πάντα ἡλίῳ προσήκοντα; συνῆκαν γὰρ ἄνθρωποι τὸν θεὸν ἐξ ὧν ὁ θεὸς ὅδε ἐργάζεται,

*γρ. τῶν περὶ τὸν οὐρανὸν θεῶν

A Nam nihil est ex omnibus, quod non de Oceani substantia natum propagatumque sit. Verum quid istud ad vulgus pertineat, visne tibi ut explicem? Quanquam silere fortasse melius esset; sed nihilominus eloquar. Dicam igitur, tametsi non omnes bonam in partem accepturi sunt.

Orbis ille solaris in stellis vacua sphæra longe illa, quæ fixas continet, altior movetur. Ita fit ut errantium medius non sit, sed mundorum trium; ut in mysticis hypothesibus traditur. Si tamen hypotheses appel- B landæ sunt, ac non potius illa quidem dogmatum; sphærica vero hypotheseon vocabula mereantur: nam illa testes habent eos, qui a Diis, vel magnis Dæmonibus audierunt; altera vero sumuntur ab iis, qui ex apparentium consensione ac concordia quod probabile videtur esse constituunt. Quare et istos laudare, sic illis fidem tribuere, si quis melius esse judicet; hunc ego ludens pariter ac serio agens amplector & admiror. Sed hæc, ut vulgo dicunt, ejusmodi sunt.

C Præter hos vero, quos dixi, innumerabilis est cœlestium multitudo Deorum ab iis animadversa, qui cœlum non obiter, nec pecudum more, contemplati sunt. Ac tres illos mundos quadrifariam secans; propter signiferi circuli cum unoquoque communionem; hunc rursus ipsum signiferum duodecim in Deorum vires dividit: atque horum singulos in tres alias: ita sex & triginta conficiuntur. Hinc triplex, opinor, ad nos D e cœlo Gratiarum largitio proficiscitur, ex iis videlicet circulis, quos Deus ille quadrifariam tribuens, quadripartitam annuarum tempestatum gratiam immittit. Quin & circulum Gratiæ in terris simulacris suis imitantur. Bacchus vero gratificus est, qui cum Sole commune regnum obtinere dicitur. Quid hic Horum commemorem, aliave Deorum nomina, quæ in Solem universa conveniunt? Homines quippe Deum hunc intellexerunt ex iis, quæ vi suapte molitur;

cum

cum coelum omne bonis intelligibilibus perficit, idque pulcritudinis suae participem reddit. Atque hinc exorsus sese totum ac per partes ad bonorum profusionem applicat. **** Omni quippe motui, ad extremam usque mundi regionem, naturae insuper omni animaeque praesidens: ac quicquid uspiam est, id omne & ubique perficitur. Hunc tam copiosum Deorum exercitum in singularem & primariam unitatem componens, Minervam ei Proncean attribuit: quam e vertice Jovis ortum habuisse narrant fabulae; nos ex toto Sole rege prodiisse totam, & in ipso comprehensam, credimus. In quo catenus a fabula differimus, quod non e summo vertice, sed totam e toto natam esse volumus. Nam alioqui, cum nihil Solem inter & Jovem interesse putemus, veterem ad opinionem accedimus. Hoc ipsum deinde Proncean Minervam esse dicentes, novi nihil usurpamus, si recte id assequimur:

Venit ad Pythonem, & ad Minervam Proncean.

Sic antiqui Minervam Proncean Apollini, qui nihil ab Sole differre videbatur, assidere voluerunt. Ac nescio an non Homerus divino quodam instinctu (hunc enim divino furore verisimile est fuisse correptum) istud ipsum in poesi sua passim vaticinando cecinerit:

Honore vero afficiar, quemadmodum honoratur Minerva & Apollo;

nimirum ab Jove: qui & idem est cum Sole. Sicut rex Apollo propter notionum simplicitatem cum Sole communicat; sic & Minervam credibile est, cum & ab ipso substantiam traxerit, ejusque perfecta sit intellectio, Deos illos, qui Solem circumstant, sine ulla confusione, cum rege omnium Sole in unum contrahere: eandemque de summo coeli vertice sinceram illibatamque vitam per septenos orbes ad Lunam usque derivare ac tribuere. Quam quidem Lunam orbicularium corporum ultimam

A σύμπαντα οὐρανὸν τοῖς νοεροῖς ἀγαθοῖς τελεσιουργούμενος, καὶ μεταδοὺς αὐτῷ τῆς νοητῆς καλλονῆς. ἀρξάμενός τε ἐκεῖθεν, ὅλον τε αὐτὸν καὶ κατὰ μέρη τῇ τῶν ἀγαθῶν ἀνθρώπων δόσει. **** πάσας γὰρ ἐπιτροπεύουσι κινήσεις ἄχρι τῆς τελευταίας τοῦ κόσμου λήξεως. φύσιν τε, καὶ ψυχὴν, καὶ πᾶν ὅ, τί ποτέ ἐστι, πάντα πανταχοῦ τελειοῦται. τὴν δὲ τοσαύτην στρατιὰν τῶν θεῶν εἰς μίαν ἡγεμονικὴν ἕνωσιν συλλέξας, Ἀθηνᾶν πρόνοιαν παρέ-

B δωκεν· ἣν ὁ μὲν μῦθός φησιν ἐκ τῆς τοῦ Διὸς γενέσθαι κορυφῆς· ἡμεῖς δὲ ὅλην ἐξ ὅλου τοῦ βασιλέως ἡλίου προβληθεῖσαν, συνεχομένην ἐν αὐτῷ· ταύτῃ διαφέροντες τοῦ μύθου, ὅτι μὴ ἐκ τοῦ ἀκροτάτου μέρους, ὅλην δὲ ἐξ ὅλου. ἐπεὶ τἄλλα γε οὐδὲν διαφέρειν ἡλίου Δία νομίζοντες, ὁμολογοῦμεν τῇ παλαιᾷ φήμῃ. καὶ τοῦτο δὲ αὐτὸ Προνοίαν Ἀθηνᾶν λέγοντες οὐ καινοτομοῦμεν, εἴπερ ὀρθῶς ἀκούομεν

Ἵκετο δ' εἰς Πυθώ, καὶ ἐς Γλαυκῶπα Προνοίην. Eustath. Iliad. A. fol. 87.

C οὕτως ἄρα καὶ τοῖς παλαιοῖς ἐφαίνετο Ἀθηνᾶ πρόνοια σύνθρονος Ἀπόλλωνι, τῷ νομιζομένῳ μηδὲν ἡλίου διαφέρειν. μή ποτε οὖν καὶ θείᾳ μοίρᾳ τοῦτο Ὅμηρος· ἦν γὰρ, ὡς εἰκὸς, θεόληπτος· ἀπεμαντεύσατο πολλαχοῦ τῆς ποιήσεως·

Τιοίμην δ' ὡς τίετ' Ἀθηναίη καὶ Ἀπόλλων, Iliad. N. v. 827.

ὑπὸ Διὸς δηλαδὴ, ὅσπερ ἐστὶν ὁ αὐτὸς ἡλίῳ. καθάπερ ὁ βασιλεὺς Ἀπόλλων ἐπικοινωνεῖ διὰ τῆς ἁπλότητος τῶν νοήσεων ἡλίῳ· οὕτω δὴ καὶ τὴν Ἀθηνᾶν νομι-

D στέον ἀπ' αὐτοῦ παραδεξαμένην τὴν οὐσίαν, οὖσάν τε αὐτοῦ τελείαν νόησιν, συνάπτειν μὲν τοὺς περὶ τὸν ἥλιον θεοὺς "αὐτῷ βασιλεῖ τῶν ὅλων ἡλίῳ, δίχα συγχύσεως, εἰς ἕνωσιν· αὐτὴν δὲ ἀχράντου, καὶ καθαρὰν ζωὴν ἀπ' ἄκρας ἁψῖδος οὐρανοῦ, διὰ τῶν ἑπτὰ κύκλων ἄχρι τῆς Σελήνης "νέμουσαν ἐποχετεύειν, ἣν ἡ θεὸς ἥδε τῶν κυκλικῶν ἐστι σωμά-

γρ. αὐτῷ

γρ. [illegible]

σωμάτων ἐσχάτην ἐκπλήρωσιν διὰ τῆς φρονήσεως. ὑφ' ἧς ἡ Σελήνη τά τε ὑπὲρ τὸν οὐρανὸν θεωρεῖ νοητὰ, καὶ τὰ ὑφ' αὑτὴν κοσμοῦσα τὴν ὕλην τοῖς εἴδεσιν, ἀναιρεῖ τὸ θηριῶδες αὐτῆς, καὶ ταραχῶδες, καὶ ἄτακτον. Ἀνθρώποις δὲ ἀγαθὰ δίδωσιν Ἀθηνᾶ, σοφίαν, καὶ νοῦν, καὶ τὰς δημιουργικὰς τέχνας. κατοικεῖ δὲ τὰς ἀκροπόλεις αὐτὰς, δήπουθεν καταστησαμένη τὴν πολιτικὴν διὰ σοφίας κοινωνίαν.

Ὀλίγα ἔτι περὶ Ἀφροδίτης ἣν συνεφάπτεσθαι τῆς δημιουργίας τῷ θεῷ Φοινίκων ὁμολογοῦσιν οἱ λόγιοι· καὶ ἐγὼ πείθομαι. ἔστι δὴ οὖν αὕτη σύγκρασις τῶν οὐρανίων θεῶν, καὶ τῆς ἁρμονίας αὐτῶν ἔτι φιλία καὶ ἕνωσις. ἡλίου γὰρ ἐγγὺς οὖσα, καὶ συμπεριθέουσα, καὶ πλησιάζουσα, πληροῖ μὲν τὸν οὐρανὸν εὐκρασίας· ἐνδίδωσι δὲ τὸ γόνιμον τῇ γῇ, προμηθουμένη καὶ αὐτὴ τῆς ἀειγενεσίας τῶν ζώων· ἧς ὁ μὲν βασιλεὺς ἥλιος ἔχει τὴν πρωτουργὸν αἰτίαν· Ἀφροδίτη δὲ αὐτῷ συναίτιος, ἣ θέλγουσα μὲν τὰς ψυχὰς ἡμῶν σὺν εὐφροσύνῃ, καταπέμπουσα δὲ εἰς τὴν γῆν ἐξ αἰθέρος αὐγὰς ἡδίστας καὶ ἀκηράτους, αὐτοῦ τοῦ χρυσίου στιλπνοτέρας.

Ἔτι μετελάσαι βούλομαι τῆς Φοινίκων θεολογίας. εἰ δὲ μὴ μάτην, ὁ λόγος προϊὼν δείξει. οἱ τὴν Ἔδεσσαν οἰκοῦντες, ἱερὸν ἐξ αἰῶνος ἡλίου χωρίον, Μόνιμον αὐτῷ καὶ Ἄζιζον συγκαθιδρύουσιν. αἰνίττεσθαί φησιν Ἰάμβλιχος, παρ' οὗπερ καὶ τ' ἄλλα πάντα ἐκ πολλῶν μικρὰ ἐλάβομεν, ὡς ὁ Μόνιμος μὲν Ἑρμῆς εἴη, Ἄζιζος δὲ Ἄρης, ἡλίου πάρεδροι, πολλὰ καὶ ἀγαθὰ τῷ περὶ γῆν ἐποχετεύοντες τόπῳ.

Τὰ μὲν οὖν περὶ τὸν οὐρανὸν ἔργα τοῦ θεοῦ τοιαῦτά ἐστι, καὶ διὰ τούτων ἐπιτελούμενα, μέχρι τῶν τῆς γῆς προήκει τελευταίων ὅρων· ὅσα δὲ ὑπὸ τὴν Σελήνην ἐργάζεται, μακρὸν ἂν εἴη τὰ πάντα ἀπαριθμεῖσθαι. πλὴν ὡς ἐν κεφαλαίῳ

γρ. ἀειγονίας

f. Ἔδεσσαν vid. infer.

A Dea illa intelligentia complet: cujus ista beneficio cum ea, quæ supra cœlum eminent, intelligibilia contemplatur; tum inferiora prospicit, & materiam formis expoliens, quod in ea sterinum ac turbulentum & inconditum est detrahit. At in homines eadem Minerva bona ista confert, sapientiam, intelligentiam, mechanicas artes. Urbium quoque arces obtinere dicitur, quod civilem communionem sapientia constituit.

Supersunt de Venere pauca quædam: B quam cum illa Dea opificii esse participem eruditi apud Phœnices asserunt: *quod & ego ut credam adducor.* Hæc est igitur cœlestium contemperatio Deorum, & amicitia, sive nexus, quo illorum compages & concordia continetur. Nam cum Soli proxima sit, cumque eoque pari cursu feratur; cœlo temperiem optimam inducit, terræ fœcunditatem affert, non minus & animalium propagationi perpetuitatem tribuens: cujus ita penes regem Solem causa est primaria, ut in ejus quoque communionem C Venus alliciscatur. Quippe animas nostras cum voluptate mulcet, & suavissimos atque incorruptos splendores ex æthere demittit in terram, quibus cum auri fulgor comparari non potest.

Libet adhuc e Phœnicum Theologia parce quædam expromere: an non frustra, paululum progressa monstrabit oratio. Qui Edessam habitant, regionem ab æterno Soli dicatam, Monimum & Azizum Solis assessores & contubernales faciunt: quod sic D Jamblichus interpretatur, (a quo pleraque alia, pauca de multis, accepimus) ut Monimus idem sit ac Mercurius; Azizus vero Mars; utrique Solis assessores, qui in terras bona quamplurima transfundunt.

Igitur Dei illius effecta circa cœlum talia sunt; ac per tales perfecta, ad postremos terræ fines usque propagantur. Quæ vero in Lunæ subjecta plaga molitur, longum est universa persequi: sed ea tamen

compen-

compendio perstringamus. Scio me de his ipsis mentionem ante fecisse, cum ex apparentibus, quæ in Dei substantia laterent, consideranda esse statuerem; sed ut eadem modo pertractem, instituta orationis series postulare videtur.

Quemadmodum ergo intelligentium principatum penes Solem esse docuimus, cujus individuam substantiam in unum singulariter contracta cingit ingens multitudo Deorum: tum ut in sensibilibus, quæ in orbem sempiterna & beatissima progressione volvuntur, caput illum ac dominum esse demonstravimus; a quo & impulsus oriretur; & qui cœlum omne non magis aspectabili splendore, quam occultorum aliorum bonorum infinita copia compleret; a quo insuper & quæ ab cæteris derivantur apparentibus Diis bona perficerentur; quam & ipsi perfectionem ante alia, secreta ac divina illius actione consequuntur: sic in proprio generationis loco certos arbitrandum est insidere Deos, qui ab Sole rege continentur: & quadruplicem gubernantes elementorum naturam, iis in animis cum tribus præstantioribus generibus habitant, circa quos talia fundata firmataque sunt. Jam in particulares animos quanta bonorum vis a Sole confertur, quibus & judicium proponit, & eos justitia regit, & splendore suo repurgat! Ad hæc nonne totam naturam movet idem ac vegetat, dum ei fœcunditatem impertit? Nam particularibus naturis id tanquam vera causa tribuit, ut ad finem suum perveniant. Homo enim & Sol (inquit Aristoteles) hominem gignunt. Idem ergo, quod ad cætera omnia pertinet particularium effecta naturarum, de rege Sole debet esse judicium. Etenim nonne pluvias ventosque nobis, ac reliqua quæ in sublimi aeris regione nascuntur, duplex ad id exhalationis genus tanquam materiam adhibens, Deus ille molitur? Quippe terram calefaciens, vapores ac fumum elicit: e

A καὶ ταῦτα ῥηθέν. οἶδα μὲν οὖν ἔγωγε καὶ πρότερον μνημονεύσας, ὁπηνίκα ἠξίουν ἐκ τῶν φαινομένων τὰ ἀφανῆ περὶ τῆς τοῦ θεοῦ σκοπεῖν οὐσίας· ὁ λόγος δὲ ἀπαιτεῖ με καὶ νῦν ἐν τάξει περὶ αὐτῶν δηλῶσαι.

Καθάπερ οὖν ἐν τοῖς νοεροῖς ἔχειν ἔφαμεν τὴν ἡγεμονίαν ἥλιον, πολὺ περὶ τὴν ἀμέριστον οὐσίαν αὐτοῦ πλῆθος ἑνοειδῶς ἔχοντα τῶν θεῶν, οἱ δὲ ἐν τοῖς αἰσθητοῖς ἃ δὴ τὴν κύκλῳ διαιωνίαν πορεύεται
B μάλα εὐδαίμονα πορείαν ἀποδείκνυμεν αὐτὸν ἀρχηγὸν, καὶ κύριον, ἐνδιδόντα μὲν, πληροῦντα δὲ τὸν ὅλον οὐρανὸν, ὥσπερ τῆς φαινομένης αὐγῆς, οὕτω δὲ καὶ μυρίων ἀγαθῶν ἀφανῶν ἄλλων· τελειούμενα δὲ ἐξ αὐτοῦ καὶ τὰ παρὰ τῶν ἄλλων ἐμφανῶν θεῶν ἀγαθὰ χορηγούμενα· καὶ πρό γε τούτων αὐτοὺς ἐκείνους ὑπὸ τῆς ἀπορρήτου, καὶ θείας αὐτοῦ τελουμένους ἐνεργείας. οὕτω δὴ καὶ περὶ τὸν ἐν γενέσει τόπον, θεούς τινας ἐπιβεβηκέναι νομιστέ-
C ον ὑπὸ τοῦ βασιλέως ἡλίου συνεχομένους. οἳ τὴν τετρακτὺν τῶν στοιχείων κυβερνῶντες φύσιν, περὶ ἃς ἐστήρικται τὰ τοιαῦτα ψυχὰς, μετὰ τῶν κρειττόνων ἐνοικοῦσι γενῶν. αὐταῖς δὲ ταῖς μερισταῖς ψυχαῖς ὁπόσων ἀγαθῶν ἐστιν αἴτιος, κρίσιν τε αὐταῖς προτείνων, καὶ δίκῃ κατευθύνων, καὶ ἀποκαθαίρων λαμπρότητι; τὴν ὅλην δὲ οὐχ οὕτως φύσιν, ἐνδιδοὺς ἄνωθεν αὐτῇ τὸ γόνιμον, κινεῖ καὶ ἀναζωπυρεῖ; ἀλλὰ καὶ ταῖς μερικαῖς φύσεσιν
D ὁ τῆς εἰς τέλος πορείας οὗτός ἐστιν ἀληθῶς αἴτιος. ἄνθρωπον γὰρ ὑπὸ ἀνθρώπου γεννᾶσθαί φησιν ὁ Ἀριστοτέλης καὶ ἡλίου. ταὐτὸ δὴ οὖν καὶ ἐπὶ τῶν ἄλλων ἁπάντων, ὅσα τῶν μερικῶν ἐστι φύσεων ἔργα, περὶ τοῦ βασιλέως ἡλίου προσήκει διανοεῖσθαι. Τί δέ; οὐχ ἡμῖν ὄμβρους, καὶ ἀνέμους, καὶ τὰ ἐν τοῖς μεταρσίοις γινόμενα, τῷ διττῷ τῆς ἀναθυμιάσεως οἷον ὕλῃ χρώμενος ὁ θεὸς οὗτος ἐργάζεται; θερμαίνων γὰρ τὴν γῆν, ἀτμίδα καὶ καπνὸν ἕλκει. γίνεται δὲ ἐκ

δι' ἐκ τούτων οὐ τὰ μετάρσια μόνον ἀλλὰ καὶ ὅσα ὑπὸ γῆν πάθη σμικρὰ καὶ μεγάλα.

Τί οὖν ἐπὶ τῶν αὐτῶν ἐπέξειμι μακρότερον, ἐξὸν ἐπὶ τὸ πέρας ἤδη βαδίζειν, ὑμνήσαντα πρότερον ὅσα δέδωκεν ἀνθρώποις ἥλιος ἀγαθά; γενόμενοι γὰρ ἐξ αὐτοῦ, τρεφόμεθα παρ' ἐκείνου. τὰ μὲν οὖν θειότερα καὶ ὅσα ταῖς ψυχαῖς δίδωσιν, ἀπολύων αὐτὰς τοῦ σώματος, εἶτα ἐπανάγων ἐπὶ τὰς τοῦ θεοῦ συγγενεῖς οὐσίας, καὶ τὸ λεπτὸν καὶ εὔτονον τῆς θείας αὐγῆς οἷον ὄχημα, τῆς εἰς τὴν γένεσιν ἀσφαλοῦς διδόμενον καθόδου ταῖς ψυχαῖς, ὑμνείσθω τε ἄλλοις ἀξίως, καὶ ὑφ' ἡμῶν πιστευέσθω μᾶλλον ἢ δεικνύσθω. τὰ δὲ ὅσα γνώριμα πέφυκε τοῖς πᾶσιν, οὐκ ὀκνητέον ἐπεξελθεῖν. Οὐρανόν φησι Πλάτων ἡμῖν γενέσθαι τῆς σοφίας διδάσκαλον. ἔνθεν γὰρ ἀριθμοῦ κατενοήσαμεν φύσιν, ἧς τὸ διάφορον οὐκ ἄλλως, ἢ διὰ τῆς ἡλίου περιόδου, κατενοήσαμεν. Φησὶ τοίνυν καὶ αὐτὸς Πλάτων ἡμέραν καὶ νύκτα πρότερον εἶτα ἐκ τοῦ φωτὸς τῆς σελήνης, ὃ δὴ δέδωκε τῇ θεῷ ταύτῃ παρ' ἡλίου μετὰ τοῦτο προήλθομεν ἐπὶ πλεῖον τῆς τοιαύτης συνέσεως, ἁπανταχοῦ τὴν πρὸς τὸν θεὸν τοῦτον στοχαζόμενοι συμφωνίας. ὅπερ αὐτός που φησὶν ὡς ἄρα τὸ γένος ἡμῶν ἐπίπονον ὂν φύσει, θεοὶ ἐλεήσαντες, ἔδωκαν ἡμῖν τὸν Διόνυσον, καὶ τὰς Μούσας συγχορευτάς. ἐφάνη δὲ ἡμῖν ἥλιος τούτων κοινὸς ἡγεμών Διονύσου μὲν πατὴρ ὑμνούμενος ἡγεμὼν δὲ Μουσῶν. ὁ δὲ αὐτῷ συμβασιλεύων Ἀπόλλων οὐ πανταχοῦ μὲν ἀνῆκε τῆς γῆς χρηστήρια· σοφίαν δὲ ἔδωκεν ἀνθρώποις ἔνθεον ἐκόσμησε δὲ ἱεροῖς καὶ πολιτικοῖς τὰς πόλεις θεσμοῖς; οὗτος ἡμέρωσε μὲν διὰ τῶν Ἑλληνικῶν ἀποικιῶν τὰ πλεῖστα τῆς οἰκουμένης· παρεσκεύασε δὲ ῥᾷον ὑπακοῦσαι Ῥωμαίοις. ἔχουσι καὶ αὐτοῖς οὐ γένος μόνον Ἑλληνικὸν ἀλλὰ καὶ θεσμοὺς ἱερούς, καὶ τὴν

A quibus non ista modo sublimia, sed reliqua etiam, quæ sub terris accidunt, minora majoraque constantur.

Quid igitur longius ista persequi necesse est, cum ad exitum pervenire jam liceat; commemoratis iis bonis, quæ in humanum genus a Sole profecta sunt? Nam ab illo procreati, ab eodem alimenta capimus. Ac diviniora quidem, &, quæ in animos derivantur, commoda; cum & illos corporum vinculis exsolvit; & ad cognatas Dei
B substantias reducit; & subtile firmumque divini splendoris quasi vehiculum, quo ad generationem tuto demittuntur, animis assignat; alii pro dignitate celebrent, & a nobis credantur potius quam ratione demonstrentur. Sed quæ in propatulo sunt omnibus, ea recensere non pigeat. Cœlum asserit Plato magistrum nobis sapientiæ fuisse: hinc enim numeri naturam didicimus, cujus differentiam non aliunde quam ex solari circuitu compertam habuimus.
C Addit Plato diem insuper & noctem; tum ex Lunæ luce, quam a Sole Dea ista fœneratur. Postea longius in ejusmodi sapientia processimus, ubique consensionem cum illo Deo concordiamque spectantes. Quod idem Plato declarans alicubi, refert Deos generis nostri, quod ærumnosum est natura, miseratos, Bacchum nobis ac Musas, choros una exercentes, dedisse. Atqui Sol communis horum dux nobis esse videbatur: utpote quem Bacchi parentem,
D Musarumque ducem prædicant. Nam qui regni illi consors ac socius est Apollo, nunquid ubique terrarum oracula collocavit? profectam ex afflatu divino sapientiam largitus est? sacris ac civilibus institutis respublicas temperavit? Hic est, qui Græcis coloniis frequentatis maximam orbis partem mitiorem ad cultum composuit, & ut Romanis facilius sese subjiceret, effecit. Qui quidem non Græca duntaxat origine ac stirpe sunt editi; sed & Græcos sacrorum ritus, ac Græ-

ac Græcam in Deos pietatem, ab initio ad finem usque condiderunt ac perpetuo conservarunt. Quinetiam reipublicæ formam ediderunt, nulla iis ex civitatibus, quæ optime constitutæ fuerunt, inferiorem, imo vero cæteris omnibus, quæ in usu unquam extiterunt, rerumpublicarum formis antecellentem. Quibus, opinor, ex causis hanc ego civitatem & origine & administrandi ratione Græcam agnosco.

Quid illud præterea tibi de Sole commemorem; quemadmodum sospitatorem omnium gignens Æsculapium, sanitati omnium consuluerit ac saluti? tum ut virtutes omnes contulerit, dum Minervam cum Venere ad nos allegavit: hac lege proposita, velut curatore quodam, ut corporum consuetudo in nullum alium finem, quam ad sui similis propagationem, adhibeatur. Propterea anniversaria illius revolutione, sata omnia, & animalium genera, ad sui similium procreationem quodam impetu concitantur. Quid jam radios ipsius, ac lumen prædicare attinet? Nox ecce, nullo neque Lunæ neque siderum illustrata splendore, quam sit horrenda quis non animadvertit; ut ex eo conjecturam capiat, quantum a Sole bonum lux ad nos ista perveniat? Hanc ipsam porro cum iis locis, quibus id necesse est, videlicet Luna sublimioribus, perpetuam neque nocturnis vicibus interruptam præbeat; nobis tamen laborum quietem ac cessationem interventu noctis indulget. Finem nullum habebit oratio, si hujus generis singula consectari velimus: siquidem nihil omnino boni extat in vita, quod non illi Deo referre debeamus acceptum; sive integrum ab hoc uno solidumque permanarit, sive per alios Deos illius sit opera perfectum.

Nam quod ad nos attinet, privatim hic nostræ civitatis autor est ac conditor. Quamobrem non in arce tantum illius habitat, cum Minerva & Venere, parens omnium celebratus Jupiter; sed in colle Palatino etiam Apollo residet: ac Sol ipse, communis ac nota omnibus appellatio.

περὶ τοὺς θεοὺς εὐσέβειαν ἐξ ἀρχῆς εἰς τέλος Ἑλληνικὴν καταστησαμένους τε καὶ φυλάξαντας, πρὸς δὲ τούτοις καὶ τὸν περὶ τὴν πόλιν κόσμον οὐδαμῶς τῶν Ἑλληνικῶν ἄριστα πολιτευσαμένων πόλεων καταστησαμένους φαυλότερον, εἰ μὴ καὶ τῶν ἄλλων ἁπασῶν, ὅσαι τε ἐν χρήσει γεγόνασι πολιτεῖαι, κρείσσονα. ἀνθ' ὧν, οἶμαι, καὶ αὐτὸς ἔγνων τὴν πόλιν Ἑλληνίδα γένος τε, καὶ πολιτείαν.

Ἔτι σοι λέγω πῶς τῆς ὑγιείας, καὶ σωτηρίας πάντων προὐνόησε, τὸν σωτῆρα τῶν ὅλων ἀπογεννήσας Ἀσκληπιόν. ὅπως δὲ ἀρετὴν ἔδωκε παντοίαν, Ἀφροδίτην Ἀθηνᾷ συγκαταπέμψας ἡμῖν· κηδεμόνα μονονουχὶ νόμον θέμενος, πρὸς μηδὲν ἕτερον χρῆσθαι τῇ μίξει, ἢ πρὸς τὴν γένεσιν τοῦ ὁμοίου. διά τοι τοῦτο καὶ κατὰ τὰς περιόδους αὐτοῦ πάντα τὰ φυόμενα, καὶ τὰ παντοδαπῶν ζώων φῦλα κινεῖται πρὸς ἀπογέννησιν τοῦ ὁμοίου. Τί χρὴ τὰς ἀκτῖνας αὐτοῦ, καὶ τὸ φῶς σεμνύνειν; νὺξ γὰρ ἀσέληνός τε, καὶ ἄναστρος ὅπως ἐστὶ φοβερά, ἆρα ἐννοεῖ τις, ἵν' ἐντεῦθεν ὁπόσον ἔχομεν ἀγαθὸν ἐξ ἡλίου τὸ φῶς, τεκμήρηται; τοῦτο δὲ αὐτὸ συνεχὲς παρέχων, καὶ ἀμεταλλάκτον νυκτὶ ἐν οἷς χρὴ τόποις ἀπὸ τῆς σελήνης τῆς ἄνω, ἐκεχειρίαν ἡμῖν διὰ τῆς νυκτὸς τῶν πόνων δίδωσιν. Οὐδὲν ἂν γένοιτο πέρας τοῦ λόγου, εἰ πάντα ἐπιέναι τις ἐθελήσειε τὰ τοιαῦτα. καὶ γὰρ οὐδέν ἐστιν ἀγαθὸν κατὰ τὸν βίον, ὃ μὴ παρὰ τοῦ θεοῦ τοῦδε λαβόντες ἔχομεν, ἤτοι παρὰ μόνου τέλειον ἢ διὰ τῶν ἄλλων θεῶν παρ' αὐτοῦ τελειούμενον.

Ἡμῶν δέ ἐστιν ἀρχηγὸς καὶ τῆς πόλεως. οἰκεῖ γοῦν αὐτῆς οὐ τὴν ἀκρόπολιν μόνον μετὰ τῆς Ἀθηνᾶς, καὶ Ἀφροδίτης Ζεὺς ὁ πάντων πατὴρ ὑμνούμενος· ἀλλὰ καὶ Ἀπόλλων ἐπὶ τῷ Παλατίῳ λόφῳ καὶ Ἥλιος αὐτὸς τοῦτο κοινὸν ὄνομα πᾶσι, καὶ γνώριμον. ὅπως δὲ αὐτοῦ πάντη πάντι καὶ πάντα προσήκομεν οἱ Ῥωμυλίδαι (δὲ) καὶ Αἰνεάδαι, πολλὰ ἔχων εἰπεῖν, ἐρῶ βραχέα τὰ γνωριμώτατα. Γέγονε, φασὶν, ἐξ Ἀφροδίτης Αἰνείας ἥπερ ἐστὶν ὑπουργὸς Ἡλίου καὶ συγγενής. αὐτὸν δὲ κτιστὴν ἡμῶν τῆς πόλεως Ἄρεως ἡ φήμη παρέδωκε παῖδα, πιστουμένη τὸ παράδοξον τοῦ λόγου, διὰ τῶν ὕστερον ἐπακολουθησάντων σημείων. ὑπέσχε γὰρ αὐτῷ, φησὶ, μαζὸν θήλεια λύκος. ἐγὼ δὲ ὅτι μὲν Ἄρης Ἄζιζος λεγόμενος ὑπὸ τῶν οἰκούντων τὴν Ἔδεσσαν Σύρων, B Ἡλίου προπομπεύει, καίπερ εἰδὼς, καὶ πρόσθεν, ἀφήσειν μοι δοκῶ. τοῦ χάριν δὲ ὁ λύκος Ἄρει μᾶλλον, ἔχει δὲ Ἡλίῳ προσηκεῖ; καί τοι λυκάβαντα φασὶν ἀπὸ τούτου τὸν ἐνιαύσιον χρόνον. ὀνομάζει δὲ αὐτὸν οὐχ Ὅμηρος μόνον, οὐδὲ οἱ γνώριμοι τῶν Ἑλλήνων τοῦτο τὸ ὄνομα, προσέτι δὲ καὶ ὁ θεός. ἀλλὰ ὃν γάρ φησιν

Ὀρχηθμῷ λυκάβαντα δυωδεκάμηνα κέλευθα.

C Βούλει δὴ ἔτι σοι τούτου φράσω μεῖζον τεκμήριον, ὅτι ἄρα ὁ τῆς πόλεως ἡμῶν ὁ κτιστὴς οὐχ ὑπ᾽ Ἄρεως κατεπέμφθη μόνον, ἀλλ᾽ ἴσως αὐτῷ τὸ μὲν τοῦ σώματος κατασκευῆς συντελέσαι δαίμων ἀρήιος καὶ γενναῖος, ὁ λεγόμενος ἐπιφοιτῆσαι τῇ Σιλβίᾳ λουτρὰ τῇ θεῷ φερούσῃ, τὸ δὲ ὅλον ἐξ Ἡλίου κατῆλθεν ἡ ψυχὴ τοῦ θεοῦ Κυρίνου· πιστευτέον γὰρ, οἶμαι, τῇ φήμῃ. σύνοδος ἀκριβὴς τῶν τὴν ἐμφανῆ κατανειμαμένων βασιλείαν D Ἡλίου τε καὶ Σελήνης, ὥσπερ οὖν εἰς τὴν γῆν κατήγαγεν, οὕτω καὶ ἀνήγαγεν ἣν ἀπὸ τῆς γῆς ἐδέξατο, τὸ θνητὸν ἀφανίσασα πυρὶ κεραυνίῳ τοῦ σώματος. οὕτω προδήλως ἡ τῶν περιγείων δημιουργὸς ὑπὸ αὐτὸν ἄκρως γενομένη τὸν Ἥλιον, ἐδέξατο εἰς γῆν πεμπόμενον διὰ τῆς Ἀθηνᾶς τῆς προνοίας τὸν Κυρῖνον, ἀνιπτάμενόν τε αὖθις ἀπὸ γῆς ἐπὶ τὸν βασιλέα τῶν ὅλων ἐπανήγαγεν αὐτίκα Ἥλιον. ἔτι σοι βούλει περὶ τούτων

A Quod autem ad illum præcipue, & omnino nos Romulidæ & Æneadæ pertineamus, pauca de multis indicia proferam. Ortus è Venere, ut aiunt, matre natus est Æneas; quæ quidem administra Solis est, & cognata. Tum urbis nostræ conditorem ipsum Martis filium fuisse fama commendavit. Quæ & rei alioquin incredibilis fidem ex consecutis deinceps prodigiis adstruxit. Siquidem illum lupus femina lactasse dicitur. Ego vero quod de Marte proditum est, B quem Azizum Edesseni Syri nominant, hunc esse Solis anteambulonem, quamvis non nesciam, & jam antea meminerim fecerim, hoc loco prætermittam. At cur lupus Marti potius quam Soli consecratur? Nam & Lycabantem inde annuum tempus appellant; nec ab Homero solum, aut illustrioribus Græcis, sed ab ipsomet Deo istiusmodi nomen usurpatur. Conficient enim, ait,

Saltatione Lycabantem, duodecimestres vias.

C Vis igitur majore ut argumento, quam prius illud est, demonstrem, conditorem urbis nostræ non ab Marte solo prodiisse, sed ut ad corporis fabricationem nonnihil fortasse contulerit Dæmon ille Martius ac generosus, qui ad Silviam lavacra Deæ portantem accessisse dicitur: attamen Quirini Dei anima, ut universe loquar, e Sole descendit. Neque etiam communi famæ derogandа fides videtur. Solis igitur ac Lunæ exacta conjunctio; hoc est amborum D illorum siderum, quæ principatum apparentium rerum communiter partiuntur; sicut illius animam demisit in terram, sic exceptam a terra provexit in cœlum, postquam igne fulmineo quicquid inerat corpori mortale consumsit. Ita perspicue terrenorum opifex Dea sub ipsum penitus subjecta Solem, Quirinum nostrum, quando per Minervam Pronœam in terras mittebatur, excepit, & a terra rursus evolantem, ad regem Solem subinde reduxit. Num alio insuper eadem de rebus uti argumen-

argumento, quod ex Numæ regis facto A consilioque suppetit? Æternam ecce flammam de Sole conceptam sacræ apud nos virgines pro variis anni tempestatibus conservant: in quo idipsum præstant, quod circa terras efficit Luna, ut ignem a Sole susceptum custodiant. Possum & aliud de hocce Deo multoque certius argumentum ex ejusdem divinissimi regis instituto producere. Nam cum cæteri omnes, ut uno verbo dicam, populi menses ad Lunæ cursus accommodent, nos soli cum Ægyptiis B ad solares circuitus annorum dies metimur. Quibus si hoc adjunxero, colere nos Mithram, & quadriennales agones in honorem Solis instituere; recentiora quædam proferam. Præstat autem unum aliquid ex antiquioribus addere. Etenim cum anniversarii circuitus initium aliunde alii repetant: utputa quidam ab æquinoctio verno: quidam ab æstate media: plerique ab inclinante jam autumno; apud omnes istos manifestissima Solis dona celebrantur. Nam C alius rustici operis opportunitatem inde concessam grata memoria prosequitur: quo tempore fundere ex sese fructus incipiens germinat tellus, & hilarata gestit: cum & maria navigationi commoda sunt, & hiemis rigor atque inclementia in serenitatem convertitur. Aliis æstivus arrisit dies: quod tum de fructuum proventu securiores sint: siquidem collectis comportatisque frugibus, matura jam poma sunt, ac pendentes ex arboribus fructus adolescunt. D Paulo his elegantiores alii finem anni constituerunt in absolutissima fructuum omnium maturitate ac serio: ideoque senescente jam autumno annorum suorum neomenias auspicantur. Majores vero nostri, jam tum ab divinissimo illo rege Numa, usus utilitatisque ratione posthabita (ut homines decebat divina indole & excellenti mente præditos) ad ipsum potius horum omnium largitorem autoremque respexerunt: ac præsenti tempestati

A αὐτῶν φράσω τεκμήριον τοῦ Νουμᾶ τοῦ βασιλέως ἔργον; ἄσβεστον ἐξ ἡλίου φυλάττουσι φλόγα παρθένοι παρ' ἡμῖν ἱεραὶ κατὰ τὰς διαφόρους ὥρας, αἳ δὴ τὸ γινόμενον ὑπὸ τῆς σελήνης περὶ τὴν γῆν ὑπὸ τοῦ θεοῦ πῦρ φυλάττουσιν. ἔτι τούτων μεῖζον ἔχω σοι φράσαι τοῦ θεοῦ τόδε τεκμήριον, αὐτοῦ τοῦ θειοτάτου βασιλέως ἔργον. οἱ μῆνες ἅπασι μὲν τοῖς ἄλλοις, ὡς ἔπος εἰπεῖν, ἀπὸ τῆς σελήνης ἀριθμοῦνται· μόνοι δὲ ἡμεῖς, καὶ B Αἰγύπτιοι πρὸς τὰς ἡλίου κινήσεις ἑκάστου μετροῦμεν ἐνιαυτοῦ τὰς ἡμέρας. εἰ δὴ μετὰ τοῦτο φαίην ὡς καὶ τὸν Μίθραν τιμῶμεν, καὶ ἄγομεν ἡλίῳ τετραετηρικοὺς ἀγῶνας, ἐρῶ νεώτερα. βέλτιον δὲ ἴσως ἔστι τι τῶν παλαιοτέρων προσθεῖναι. τὴν γὰρ ἐνιαυσιαίαν κύκλῳ τὴν ἀρχὴν ἄλλος ἄλλοθεν ποιούμενος, οἱ μὲν τὴν ἐαρινὴν ἰσημερίαν, οἱ δὲ τὴν ἀκμὴν τοῦ θέρους, οἱ πολλοὶ δὲ φθίνουσαν ἤδη τὴν ὀπώραν, ἡλίου τὰς ἐμφανεστάτας ὑμνοῦσι δωρε- C άς. ὁ μέν τις τῆς ἐργασίας ἐπιτηδειότατον καιρόν, ὅτε ἡ γῆ θάλλει, καὶ γαυριᾷ, φυομένων ἄρτι τῶν καρπῶν ἁπάντων· γίνεται δὲ ἐπιτήδεια πλεῖσθαι τὰ πελάγη· καὶ τὸ τοῦ χειμῶνος ἀηδὲς καὶ σκυθρωπὸν ἐπὶ τὸ φαιδρότερον μεθίσταται. οἱ δὲ τὴν τοῦ θέρους ἐτίμησαν ὥραν, ὡς ἀσφαλὲς τότε ἤδη τῶν καρπῶν ἔχοντες θαρρῆσαι, γενομένων τῶν μὲν σπερμάτων ἤδη συλλεγομένων, ἀκμαζούσης δὲ τῆς ὀπώρας ἤδη, καὶ D πεπαινομένων τῶν ἐπικρεμαμένων καρπῶν τοῖς δένδρεσιν. ἄλλοι δὲ τούτων ἔτι κομψότεροι, τέλος ἐνιαυτοῦ ὑπέλαβον τὴν τελειοτάτην τῶν καρπῶν ἁπάντων ἀκμὴν καὶ φθίσιν· ταῦτά τοι καὶ φθινούσης ἤδη τῆς ὀπώρας ἄγουσι τὰς κατ' ἐνιαυτὸν νουμηνίας. Οἱ δὲ ἡμέτεροι προπάτορες ἀπ' αὐτοῦ τοῦ θειοτάτου βασιλέως τοῦ Νουμᾶ, μειζόνως ἔτι τὸν θεὸν τοῦτον σεβόμενοι, τὰ μὲν τῆς χρείας ἀπέλιπον ἅτε οἶμαι φύσει θεῖοι, καὶ περιττοὶ τὴν διάνοιαν ἄνδρες, εἶδον δὲ τοῦτον τὸν αἴτιον, καὶ ἄγων ἔταξαν συμβαίνουσαν ἐν τῇ παρόδῳ τῶν ὡρῶν τὴν νουμηνίαν, ὁπότε ὁ βασιλεὺς ἥλιος αὖθις ἐπανάγει πρὸς ἡμᾶς, ἀφεὶς τῆς μεσημβρίας τὰ ἔσχατα, καὶ ὥσπερ περὶ νύσσαν, τὸν Αἰγοκέρωτα κάμψας, ἀπὸ τοῦ νότου πρὸς τὸν βοῤῥᾶν ἔρχεται, μεταδώσων ἡμῖν τῶν ἐπετείων ἀγαθῶν.

Ὅτι δὲ τοῦτο ἀκριβῶς ἐκεῖνοι διανοηθέντες οὕτως ἐνεστήσαντο τὴν ἐπέτειον νεομηνίαν, ἔνθεν ἄν τις κατανοήσειεν. οὐ γὰρ, οἶμαι, καθ' ἣν ἡμέραν ὁ θεὸς τρέπεται, καθ' ἣν δὲ τοῖς πᾶσιν ἐμφανὴς γίνεται, χωρῶν ἀπὸ τῆς μεσημβρίας εἰς τὰς ἄρκτους, ἔταξαν οὕτω τὴν ἑορτήν. Οὔπω μὲν γὰρ ἦν αὐτοῖς ἡ τῶν κανόνων λεπτότης γνώριμος, οὓς ἐξεῦρον μὲν Χαλδαῖοι καὶ Αἰγύπτιοι, Ἵππαρχος δὲ καὶ Πτολεμαῖος ἐτελειώσαντο. κρίνοντες δὲ αἰσθήσει, τοῖς φαινομένοις ἠκολούθουν. οὕτω δὲ ταῦτα καὶ παρὰ τῶν μεταγενεστέρων, ὡς ἔφην, ἔχοντα κατενοήθη. πρὸ τῆς νεομηνίας, εὐθέως μετὰ τὸν τελευταῖον τοῦ Κρόνου μῆνα, ποιοῦμεν ἡλίῳ τὸν περιφανέστατον ἀγῶνα, τὴν ἑορτὴν Ἡλίου καταφημίσαντες Ἀνικήτου· μεθ' ὃν οὐδὲν θέμις ὧν ὁ τελευταῖος μὴν ἔχει σκυθρωπῶν μὲν, ἀναγκαίων δ' ὅμως, ἐπιτελεσθῆναι θεαμάτων. ἀλλὰ τοῖς Κρονίοις οὖσι τελευταίοις εὐθὺς συνάπτει κατὰ κύκλον τὰ Ἥλια. ἃ δὴ πολλάκις μοι δοῖεν οἱ βασιλεῖς ὑμνῆσαι, καὶ ἐπιτελέσαι θεοὶ, καὶ πρό γε τῶν ἄλλων αὐτὸς ὁ βασιλεὺς τῶν ὅλων ἥλιος, ὁ περὶ τὴν τἀγαθοῦ γόνιμον οὐσίαν ἐξ ἀϊδίου προελθὼν μέσος ἐν μέσοις τοῖς νοεροῖς θεοῖς συνοχῆς τε αὐτοὺς πληρώσας, καὶ κάλλους μυρίου, καὶ περιουσίας γονίμου, καὶ τελείου νοῦ, καὶ πάντων ἀθρόως τῶν ἀγαθῶν ἀχρόνως, καὶ ἐν τῷ νῦν ἐλλάμπων εἰς τὴν ἐμφανῆ μέσην τοῦ παντὸς οὐρανοῦ φερομένην ἕδραν, οἰκείαν ἐξ ἀϊδίου καὶ χ. [illegible] μεταδιδοὺς τῷ φαινομένῳ παντὶ τοῦ ἀφ' αὑτοῦ κάλλους, τὸν δὲ οὐρανὸν σύμπαντα πληρώσας τοσούτων θεῶν, ὁπόσους αὐτὸς ἐν

A illigari caput anni consentanee jusserunt; quando rex Sol, extremo meridiano limite derelicto, rursus ad nos revertitur: & ad Capricornum, tanquam ad metas, cursum reflectens, ab austro ad septentriones progreditur, ut annua commoda nobis impertiat. Quod autem hujus rei attenta cogitatio in eam mentem illos induxerit, ut ejusmodi principium anni statuerent, ex eo capi conjectura potest. Non enim quo die Sol conversionem facit, solenne illud B peragi voluerunt; sed quo demum manifestus omnibus est illius ad septentriones a meridie progressus. Quippe nondum illis erat canonum adeo limata subtilitas cognita; quos a Chaldæis & Ægyptiis repertos, Hipparchus & Ptolemæus absolverunt; sed sensibus tantummodo dijudicantes, ex apparentium observatione pendebant. Atque hæc ita, uti dictum est, habere sese recentiores animadverterunt. Itaque statim exacto ultimo mense, qui Saturno dicatus est, ante initium anni, magnificentissimos ludos in honorem Solis committi- C mus, quos Invicto Soli nuncupamus: secundum quos nullum ex iis spectaculis exhibere fas est, quæ novissimum in mensem, ut tristia sic necessaria, conjecta sunt. Verum post Saturnalia omnium postrema, statim Helia vertente anno redeunt. Quæ quidem mihi, ut prædicare ac peragere sæpius possim, utinam Dii reges indulgeant, præque ceteris universorum rex ille Sol! qui circa Boni fœcundam substantiam ab æterno productus est, medios inter intelligentes Deos medius; quos D & arctissimo nexu, & infinita pulcritudine, & affluenti fœcunditate, & perfecta mente, ac bonis confertim omnibus cumulatos reddidit. Idem quoque citra tempus, momento sedem suam, quam in media cœli regione conspicuam & ab æterno sibi dicatam obtinet, splendore suo afficit: tum aspectabili huic universitati pulcritudinem aspergit suam: postquam cœlum omne tot replevit Diis, quot in sese intelligibili more complecti-

complectitur, circum ipsum absque ulla divisione multiplicatos, & cum eo singulariter conjunctos. Non minus etiam subjectam Lunæ regionem generandi perpetuitate, ac bonorum, quæ ex orbiculari corpore derivantur, profusione continet. Ac cum humani totius generis, tum privatim civitatis nostræ curam gerit; quemadmodum & animum nostrum ab æterno procreavit, ac sibi comitem adjunxit. Hæc igitur & alia concedat, quæ paulo ante sum precatus: in commune vero nostræ huic urbi quantam assequi licet æternitatem conferat, ac benevolo animo conservet. Nobis ipsis denique tribuat, ut quod ad humana divinaque pertinet, quamdiu vita suppetet, felices fortunatique simus: vivamus autem, & in terris tanto tempore perseveremus, quantum & ipsi jucundum erit, & utilius nobis, & Romanæ reipublicæ fructuosum.

Hæc sunt, carissime Salusti, quæ pro triplici Dei illius efficientia, tribus maxime noctibus elucubrata, quantum præsens mihi memoria suggerebat, ausus sum ad te scribere: quando & alterum illud, quod in Saturnalia commentatus eram, tibi non absurdum omnino videbatur. Quod si tu iisdem de rebus magis aliquid perfectum ac mysticum requiris, divini illius Jamblichi libros de eodem argumento scriptos revolvens, finem illic humanæ sapientiæ ac summum reperies. Faxit vero magnus ille Sol, ut quæ ad ipsum pertinent nihilominus intelligere, ac cum omnes communiter, tum privatim eos, qui ad discendum idonei sunt, edocere possim. Interim dum id ille mihi concedat Deus, hujus amicum Jamblichum ambo veneremur; a quo pauca de multis, quæ in mentem veniebant, animo accepta scriptis mandavimus. Neminem vero quicquam illo perfectius esse dicturum certissime scio; quamvis acerrima contentione in hoc scriptionis genus incumbens novi quippiam afferre conetur. Sic enim a verissima de Deo illo notione, uti par est, abhorrebit.

A ἑαυτοῦ νοερὰς ἔχει, περὶ αὐτὸν ἀμερίστως πληθυνομένας, καὶ ἑνοειδῶς αὐτῷ συμπεφυκυίας· ἡ μὴν ἀλλὰ καὶ τὸν ὑπὸ τὴν σελήνην τόπον διὰ τῆς ἀειγενεσίας συνέχων, καὶ τῶν ἐνδιδομένων ἐκ τοῦ κυκλικοῦ σώματος ἀγαθῶν ἐπιμελούμενός τε τοῦ κοινῇ τῶν ἀνθρώπων γένους, ἰδίᾳ τε τῆς ἡμετέρας πόλεως· ὥσπερ οὖν καὶ τὴν ἡμετέραν ἐξ ἀϊδίου ψυχὴν ὑπέστησεν, ὀπαδὸν ἀπέφηνεν αὐτοῦ. Ταῦτά τε οὖν, ὅσα μικρῷ πρόσθεν ηὐξάμην, δοίη, B καὶ ἔτι κοινῇ μὲν τῇ πόλει τὴν ἐνδεχομένην ἀϊδιότητα (καὶ) μετ' εὐνοίας χορηγῶν φυλάττοι· ἡμῖν δὲ ἐπὶ τοσοῦτον εὖ πρᾶξαι τά τε ἀνθρώπινα καὶ τὰ θεῖα δοίη, ἐφ' ὅσον βιῶναι συγχωρεῖ· ζῆν δὲ, καὶ ἐμπολιτεύεσθαι τῷ βίῳ δοίη ἐφ' ὅσον αὐτῷ τε ἐκείνῳ φίλον, ἡμῖν τε λῷον, καὶ τοῖς κοινοῖς Ῥωμαίων συμφέρον πράγμασι.

Ταῦτά σοι, ὦ φίλε Σαλούστιε, κατὰ τὴν τριπλῆν τοῦ θεοῦ δημιουργίαν ἐν τρισὶ μάλιστα νυξὶν, ὡς οἷόν τε ἦν ἐπελθόντι μοι τῇ μνήμῃ, καὶ γράψαι πρὸς σὲ C ἐτόλμησα, ἐπεὶ σοι καὶ τὸ πρότερον εἰς τὰ Κρόνια γεγραμμένον ἡμῖν, οὐ παντάπασιν ἀπόβλητον ἔφησθα. τελεωτέρων δ' εἰ βούλει περὶ τῶν αὐτῶν, καὶ μυστικωτέρων ἐπιτυχεῖν λόγων, ἐντυχὼν τοῖς παρὰ τοῦ θείου γενομένοις Ἰαμβλίχου περὶ τῶν αὐτῶν τούτων συγγράμμασι, τὸ τέλος εὑρήσεις τῆς ἀνθρωπίνης σοφίας. Δοίη δ' ὁ D μέγας Ἥλιος μηδὲν ἔλαττόν με τὰ περὶ αὐτοῦ γνῶναι, καὶ διδάξαι κοινῇ τε ἅπαντας, ἰδίᾳ δὲ τοὺς μανθάνειν ἀξίους. ἕως δ' ἂν μοι τοῦτο δίδωσιν ὁ θεὸς, κοινῇ θεραπεύωμεν τὸν τοῦ θεοῦ φίλον Ἰάμβλιχον· ὅθεν δὴ καὶ νῦν ὀλίγα ἐκ πολλῶν ἐπὶ νοῦν ἐλθόντα διεληλύθαμεν. ἐκείνου δὲ εὖ οἶδα ὡς οὐδεὶς ἐρεῖ τι τελειότερον· οὐδ' εἰ πολλὰ πάνυ προσδιαλαπορήσας τῷ λόγῳ καινοτομήσειεν, ἐκπεσεῖται γὰρ, ὡς εἰκὸς, τῆς ἀληθεστάτης

γρ. συνημμένας

γρ. ἐνθέως

τοῦ θεοῦ ποιήσεως. Ἦν μὲν οὖν ἴσως μάταια, εἰ διδασκαλίας χάριν ἐποιούμην τοὺς λόγους, αὐτοῦ μετ' ἐκεῖνόν τι συγγράφειν. ἐπεὶ δὲ ὕμνον ἐθέλων διελθεῖν τοῦ θεοῦ χαριστήριον, ἐν τούτῳ τὸ πάνυ ὑπελάμβανον καὶ περὶ τῆς οὐσίας αὐτοῦ φράσαι κατὰ δύναμιν τὴν ἐμήν, οὐ μάτην οἶμαι πεποιῆσθαι τοὺς λόγους τούσδε· τὸ

l. περὶ αὐτοῦ

A

Καδδύναμιν δ' ἔρδειν ἱέρ' ἀθανάτοισι θεοῖσιν,

Hesiod. lib. 1. v. 334

οὐκ ἐπὶ τῶν θυσιῶν μόνον, ἀλλὰ καὶ τῶν εὐφημιῶν τῶν εἰς τοὺς θεοὺς ἀποδεχόμενος. Εὔχομαι τὸ τρίτον ἀντὶ τῆς προθυμίας μοι ταύτης εὐμενῆ γενέσθαι τὸν βασιλέα τῶν ὅλων Ἥλιον καὶ δοῦναι βίον ἀγαθὸν, καὶ τελεωτέραν φρόνησιν, καὶ θεῖον νοῦν, ἀπαλλαγήν τε τῆς εἱμαρμένης ἐκ τοῦ βίου πρᾳοτάτην, ἐν καιρῷ τῷ προσήκοντι, ἄνοδόν τε ἐπ' αὐτὸν μετὰ τοῦτο, καὶ μονὴν παρ' αὐτῷ, μάλιστα μὲν ἀΐδιον· εἰ δὲ τοῦτο μεῖζον εἴη τῶν ἐμοὶ βεβιωμένων, πολλὰς πάνυ καὶ πολυετεῖς περιόδους.

B

C

Ac si docendi causa scribere ista voluissem, vanus hic esset forsitan noster iis de rebus scribendi post illum labor. Sed cum nihil aliud quærens, nisi ut hymno aliquo gratias illi Deo persolverem, hoc mihi operæpretium duxerim, si pro meis viribus de ejus substantia disputarem; equidem non frustra me videor ad hæc tractanda contulisse. Hoc enim quod dicitur,

Sacra Deis, quantum potis es, celebrare memento:

non in sacrificiis tantum, sed in Deorum quoque laudibus valere judico. Quamobrem tertio jam istud ab universorum rege Sole postulo, ut pro mea erga se voluntate benignus ac propitius esse velit; tum mihi ut ista largiatur: vitam bonam, perfectiorem prudentiam, divinam mentem, fatalem ex hac vita discessum congruo tempore quam mitissimum: quo perfunctus ad ipsum evolem, cum eoque perpetuo, si fieri potest, maneam; sin id majus est, quam pro vitæ anteactæ merito, plures mihi saltem ac longissimi annorum circuitus contingant.

ΙΟΥΛΙΑΝΟΥ ΑΥΤΟΚΡΑΤΟΡΟΣ ΕΙΣ ΤΗΝ ΜΗΤΕΡΑ ΤΩΝ ΘΕΩΝ.

JULIANI IMP. IN MATREM DEORUM.

ΛΟΓΟΣ Ε.

ΑΡΑ γε χρὴ φάναι καὶ ὑπὲρ τούτων; καὶ ὑπὲρ τῶν ἀῤῥήτων γράψομεν, καὶ τὰ ἀνέκφορα, καὶ τὰ ἀνεκλάλητα ἐκλαλήσομεν; τίς μὲν ὁ

ORATIO V.

ETIAMNE nos istiusmodi de rebus verba faciemus? etiam illa, quæ nefas est eloqui, scriptis mandabimus? quæque palam efferri & enunciari non licet, oratione

tione prosequemur? Nimirum quis Attis, sive Gallus, fuerit; quæ Deorum mater; quis illius castimoniæ ritus; tum cujus rei gratia nobis initio proditus sit: cum & ab antiquissimis Phrygibus traditus, & a Græcis primum esset acceptus, non quibuscumque, sed Atheniensibus, postquam experti reipsa sunt, non melius fuisse sibi, quod Matris Orgia celebrantem procacius irrisissent. Ferunt enim Gallum ab iis, tanquam novas superstitiones invehentem, contumeliose esse tractatum, & ejectum; nondum videlicet intelligentibus quid illud tandem numinis esset, utque nihil ab illa differret, quæ sive Deo, sive Rhea, sive Ceres ibidem appellata colitur. Exinde ultrix ira Dei, & iræ piacula consecuta. Nam quæ Græcis ad egregia quæque & honesta facinora dux & autor esse solebat, Pythii Apollinis interpres, Matris Deum iracundiam placare jussit. Atque ex illa, uti narrant, occasione Metroum, id est templum Matris, est extructum, ubi Athenienses publicas omnes tabulas asservabant. Post Græcos vero eadem & Romani sacra susceperunt, perinde Pythii Apollinis hortatu; qui ut sociam & adjutricem e Phrygia Deam Punico illo bello sibi compararent, autor extitit. Libet vero rei, ut tum est gesta, narrationem paululum hic inserere. Etenim simulatque oraculum accepere Romani, religiosæ inprimis civitatis incolæ, missis ad Pergami reges legatis, qui tunc in Phrygia regnabant, ab iis, & ab ipsis una Phrygibus, sanctissimum Divæ simulacrum postulant. Quod ubi impetratum est, in ingentem onerariam, quæ tantum maris superare facile posset, sacram illam mercem imponunt. Hæc Ægæum & Ionium emensa pelagus, indeque circum Siciliam navigans, Tyrrheno mari prætervecta, ad ostia Tyberis appulit. Tum vero S.P.Q.R. totis sese portis effudit. Occurrere præ cæteris sacerdotes utriusque sexus: qui quidem omnes decenti cultu, prout ritus patrũ ferebant, oculis in navem

A Ἄττις ἤτοι Γάλλος· τίς δὲ ἡ τῶν θεῶν Μήτηρ· καὶ ὁ τῆς ἁγνείας ταυτησὶ τρόπος ὁποῖος· καὶ προσέτι τοῦ χάριν οὗτος ἡμῖν ἐξ ἀρχῆς κατεδείχθη, παραδοθεὶς μὲν ὑπὸ τῶν ἀρχαιοτάτων Φρυγῶν, παραδεχθεὶς δὲ πρῶτον ὑφ' Ἑλλήνων, καὶ τούτων οὐ τῶν τυχόντων, ἀλλ' Ἀθηναίων ἔργοις διδαχθέντων ὅτι μὴ καλῶς ἐτώθασαν ἐπὶ τῷ τελοῦντι τὰ ὄργια τῆς Μητρός; λέγονται γὰρ οὗτοι περιυβρίσαι καὶ ἀπελάσαι τὸν Γάλλον, ὡς B τὰ θεῖα καινοτομοῦντα· οὐ ξυνέντες ὁποῖόν τι τῆς θεοῦ τὸ χρῆμα, καὶ ὡς ἡ παρ' αὐτοῖς τιμωμένη Δηώ, καὶ Ῥέα, καὶ Δημήτηρ. Εἶτα μῆνις τὸ ἐντεῦθεν τῆς θεοῦ, καὶ θεραπεία τῆς μήνιδος. Ἡ γὰρ ἐν πᾶσι τοῖς καλοῖς ἡγεμὼν γενομένη τοῖς Ἕλλησιν, ἡ τοῦ Πυθίου πρόμαντις θεοῦ, τὴν μῆνιν τῆς τῶν θεῶν μητρὸς ἐκέλευσεν ἱλάσκεσθαι· καὶ ἀνέστη, φασὶν, ἐπὶ τούτῳ τὸ Μητρῷον, οὗ τοῖς Ἀθηναίοις δημοσίᾳ πάντα ἐφυλάττετο τὰ γραμματεῖα. Μετὰ δὴ τοὺς C Ἕλληνας αὐτὰ Ῥωμαῖοι παρεδέξαντο, συμβουλεύσαντος καὶ αὐτοῖς τοῦ Πυθίου, ἐπὶ τὸν πρὸς Καρχηδονίους πόλεμον ἄγειν ἐκ Φρυγίας τὴν θεὸν σύμμαχον. Καὶ οὐδὲν ἴσως κωλύει προσθεῖναι μικρὸν ἱστορίας ἐνταῦθα. Μαθόντες γὰρ τὸν χρησμὸν, στέλλουσιν οἱ τῆς θεοφιλοῦς οἰκήτορες Ῥώμης πρεσβείαν αἰτήσουσαν παρὰ τῶν Περγάμου βασιλέων, οἳ τότε ἐκράτουν τῆς Φρυγίας, καὶ παρ' αὐτῶν δὲ τῶν Φρυγῶν, τῆς θεοῦ τὸ ἁγιώτατον ἄγαλμα. Λα- D βόντες δὲ ἦγον τὸν ἱερὸν φόρτον, ἐνθέντες εὐρείᾳ φορτίδι πλεῖν οἰκείως δυναμένῃ τὰ τοσαῦτα πελάγη. Περαιωθεῖσα δὲ Αἰγαῖόν τε καὶ Ἰόνιον, εἶτα περιπλεύσασα Σικελίαν τε, καὶ τὸ Τυρσηνικὸν πέλαγος, ἐπὶ ταῖς ἐμβολαῖς τοῦ Τιβέριδος κατήγετο· καὶ δῆμος ἐξεχεῖτο τῆς πόλεως σὺν τῇ γερουσίᾳ, ὑπήντων γε μὴν πρὸ τῶν ἄλλων ἱερεῖς τε, καὶ ἱέρειαι πᾶσαι, καὶ πάντες ἐν κόσμῳ τῷ πρέποντι κατὰ τὰ πάτρια, μετέωροι πρὸς τὴν ναῦν ἀποδρομῶσαι μῦται ἀποβλέποντες καὶ περὶ τὴν τρόπιν ἀκούοντες τὸ ῥόθιον σχιζομένων τῶν κυμάτων. εἶτα εἰσπλεύσασαν ἐδέξαντο τὴν ναῦν προσκυνοῦντες ἕκαστος ὡς ἔτυχε προεστὼς πόῤῥωθεν. (l. ὡς ἐτυχε) Ἡ δέ, ὥσπερ ἐνδείξασθαι τῷ Ῥωμαίων ἐθέλουσα δήμῳ, ὅτι μὴ ξόανον ἄγουσιν ἀπὸ τῆς Φρυγίας ἄψυχον, ἔχει δὲ ἄρα δύναμίν τινα μείζω καὶ θειοτέραν, ὃ δὴ παρὰ τῶν Φρυγῶν λαβόντες ἔφερον. ἐπειδὴ τοῦ Τύβριδος ἥψατο, τὴν ναῦν ἵστησιν, ὥσπερ ῥιζωθεῖσαν ἐξαίφνης κατὰ τοῦ Τύβριδος. εἷλκον δὴ οὖν πρὸς ἀντίον τὸν ῥοῦν. ἡ δὲ οὐχ εἵπετο. βραχέσι δ' ἐντετυχηκότες, ὠθεῖν ἐπειρῶντο τὴν ναῦν· ἡ δὲ οὐκ εἶκεν αὐτοῖς· πᾶσα δὲ μηχανὴ προσήγετο τὰ ἐντεῦθεν. Ἡ δὲ οὐχ ἧττον ἀμετακίνητος ἦν. ὥστε ἐμπίπτει κατὰ τῆς ἱερωμένης τὴν παναγεστάτην ἱερωσύνην παρθένου, δεινὴ καὶ ἄδικος ὑποψία· καὶ τὴν Κλωδίαν ᾐτιῶντο· τοῦτο γὰρ ὄνομα ἦν τῇ σεμνῇ παρθένῳ· μὴ παντάπασιν ἄχραντον, μηδὲ καθαρὰν φυλάττειν ἑαυτήν, τὴν θεὸν ὀργίζεσθαι σὺν αὐτὴν καὶ μηνύειν ἐμφανῶς. ἐδόκει γὰρ ἤδη τοῖς πᾶσιν εἶναι τὸ χρῆμα δαιμονιώτερον. Ἡ δὲ τὸ μὲν πρῶτον αἰδοῦς ὑπενεπίμπλατο, πρός τε τὸ ὄνομα, καὶ τὴν ὑποψίαν. οὕτω πάνυ πόῤῥω ἐτύγχανε τῆς αἰσχρᾶς καὶ παρανόμου πράξεως. ἐπεὶ δὲ ἑώρα τὴν αἰτίαν ἤδη καθ' ἑαυτῆς ἐξισχύουσαν, περιλῦσα τὴν ζώνην, καὶ περιθεῖσα τῆς νεὼς τοῖς ἄκροις, (γρ. ταῖς ἄκραις) ὥσπερ ἐξ ἐπιπνοίας τοὺς ἀποχωρεῖν ἐκέλευεν ἅπαντας. εἶτα ἐδεῖτο τῆς θεοῦ μὴ περιιδεῖν αὐτὴν ἀδίκοις ἐνεχομένην βλασφημίαις. βοῶσα δὲ ὥσπερ τι κέλευσμα, φασί, ναυτικόν Δέσποινα Μῆτερ, εἴπερ εἰμὶ σώφρων, ἕπου μοι, ἔφη. καὶ δὴ τὴν ναῦν οὐκ ἐκίνησε μόνον, ἀλλὰ καὶ εἵλκυσεν ἐπὶ πολὺ πρὸς τὸν ῥοῦν. Καὶ δύο ταῦτα Ῥωμαίοις ἔδειξεν ἡ θεός, οἶμαι, κατ' ἐκείνην τὴν ἡμέραν· ὡς οὐδὲ μικροῦ τινος τίμιον ἀπὸ τῆς Φρυγίας ἐπῆγον τὸν φόρτον, ἀλλὰ τοῦ παντὸς ἄξιον· οὐδὲ ὡς

secundo cursu allabentem defixis, illisos ad carinam fluctus ac dissipatos e litore prospiciebant: Mox ad portum appellentem, ut quisque in spectaculum intentus astabat, eminus adorantes excipiunt. At illa, tanquam Romanis ostenderet, non ipsos expers animæ simulacrum e Phrygia transvexisse, sed majore quadam ac diviniore vi præditum id esse, quod a Phrygibus acceperant; statim atque Tybrim attigit, navim sistit, & quibusdam velut radicibus in flumine defigit. Romanis igitur adverso amne trahentibus; illa non obsequebatur. Quam cum ideo impactam in brevia rati, propellere ac moliri niterentur, nihilo magis illa cedebat. Omnibus deinde machinis admotis, perinde immobilis hærebat. Ex quo contra Virginem, quæ sanctissimo sacerdotio fungebatur, gravis oritur & iniqua suspicio: & Clodiam (hoc enim Vestali nomen erat) criminabantur, quod se Divæ non omnino castam inviolatamque servasset: hinc illam manifestis indiciis iram suam ostendere. Jam enim universi divinius inesse quiddam in ea re sentiebant. Ad hanc vocem suspicionemque Virgo primum verecundia perfusa est: adeo ab turpi sceleratoque flagitio procul aberat. Posteaquam vero contra se firmari criminis illius invidiam animadvertit; detractam sibi zonam ad extremam navim religat: tum velut afflatu quodam Numinis percita, facessere jubet omnes. Deam exinde precatur, ne se falsis & iniquis calumniis circumveniri patiatur. Mox tanquam celeusma quoddam, ut ajunt, nauticum cum clamore personans: Domina mater, inquit, si quidem casta sum, sequere me. His dictis, non solum navem molitur, sed longo etiam spatio per fluvium attrahit. Hæc ergo duo Romanis illo die Diva significavit: alterum, non parvi pretii sed longe maximi mercem ipsos e Phrygia transvexisse: hoc est, non humanum alinum aliquid, sed divinum: non inanimam terræ particulam, sed spirans aliquid ac cœleste: hoc illis primum Dea monstravit; alterum, civium neminem, seu bonus seu malus esset, latere se posse. Sub hæc Romani finem belli Carthaginiensis victoriam habuerunt: adeo ut tertium de solis Carthaginis mœnibus susceptum fuerit. Quæ igitur ad historiam illam attinent, etsi nonnullis *haud* plausibilis videatur, neque Philosopho vel Theologo convenire, nihilominus referenda fuerunt. Hæc enim cum ab Historicis plerisque, tum eorum adhuc Romæ, præstantissima Deoque carissima in urbe, monimentum extat æreis simulacris expressum. Quanquam scio, nonnullos ex iis, qui nimis sunt sapientes, hæc tanquam anicularum intolerabiles nugas nihili esse facturos. Mihi vero civitatibus ipsis major iis in rebus habenda fides videtur, quam scitis & elegantibus istis, quorum animula acri quidem indole prædita est, sed nihil sani connueri potest.

De iis autem, quæ per illud tempus, quo in casto fui, dicenda mihi videbantur, audio sane quædam philosophatum esse Porphyrium; sed cujusmodi sint nescio, neque hactenus legi, sicubi forte contigerit ut in eadem sermo noster incurreret. Ego vero Gallum illum & Attin ex ingenio meo naturam illam genitalis & opificis esse mentis interpretor, quæ ad infimam usque materiam universa progignit; quæ quidem concretarum cum materia formarum rationes omnes in sese causasque continet. Non enim omnium in omnibus insunt species; puta in primis ac supremis principiis, extremarum infimarumque rerum; secundum quas nihil amplius restat, præter nomen ipsum privationis, cum tenui quadam & obscura notione. Quamobrem cum naturæ sint opificesque complures; ejus, qui tertium locum obtinet, opificis, qui formarum cum materia concretarum secretas atque eximias rationes continuatasque causas complectitur, extrema omnium natura, quæque ad terram usque, genitalis cujusdam

A ἀνθρώπινον τοῦτον, ἀλλὰ ὅλως θεῖον, οὐδὲ ἄψυχον γῆς, ἀλλ' ἔμπνουν τι χρῆμα, καὶ δαιμόνιον. ἓν μὲν δὴ τοῦτο ἐνέδειξεν αὐτοῖς ἡ θεός. ἕτερον δὲ, ὡς τῶν πολιτῶν οὐδεὶς λήσει αὐτὴν χρηστὸς, ἢ φαῦλος ὤν. Καταλυθῆναι μέν τοι καὶ ὁ πόλεμος αὐτίκα Ῥωμαίοις πρὸς Καρχηδονίους, ὥστε τὸν τρίτον ὑπὲρ τῶν τειχῶν αὐτῆς μόνον Καρχηδονίοις γενέσθαι. Τὰ μὲν οὖν τῆς ἱστορίας, εἰ καί τισι ἀπίθανα δόξει, καὶ φιλοσόφῳ προσήκειν οὐδὲν, (f. ἀπιθανά)
B οὐδὲ θεολόγῳ λέγεσθαι μέτριον, κοινῇ μὲν ὑπὸ πλείστων ἱστοριογράφων ἀναγραφόμενα, σωζόμενα δὲ καὶ ἐπὶ χαλκῶν εἰκόνων ἐν τῇ κρατίστῃ, καὶ θεοφιλεῖ Ῥώμῃ. Καί τοι με οὐ λέληθεν ὅτι φήσουσιν αὐτά τινες τῶν λίαν σοφῶν ὕθλους εἶναι γραϊδίων οὐκ ἀνεκτούς. ἐμοὶ δὲ δοκεῖ ταῖς πόλεσι πιστεύειν μᾶλλον τὰ τοιαῦτα, ἢ τουτοισὶ τοῖς κομψοῖς, ὧν τὸ ψυχάριον δριμὺ μὲν, ὑγιὲς δὲ οὐδὲ ἓν βλέπει.

Ὑπὲρ δὲ ὧν εἰπεῖν ἐπῆλθέ μοι παρ'
C αὐτὸν ἄρτι τὸν τῆς ἁγνείας καιρὸν ἀκούω μὲν ἔγωγε, καὶ Πορφυρίῳ τινὰ πεφιλοσοφῆσθαι περὶ αὐτῶν· οὐ μὴν εἶδά γε, οὐδὲ ἐνέτυχον, εἰ καὶ συνενεχθῆναί που συμβαίη τῷ λόγῳ. Τὸν Γάλλον δὲ ἐγὼ τοῦτον, καὶ τὸν Ἄττιν, αὐτὸς οἴκοθεν ἐπινοῶ τοῦ γονίμου καὶ δημιουργικοῦ νοῦ τὴν ἄχρι τῆς ἐσχάτης ὕλης ἅπαντα γεννῶσαν οὐσίαν εἶναι, ἔχουσάν τε ἐν ἑαυτῇ πάντας τοὺς λόγους, καὶ τὰς αἰτίας τῶν ἐνύλων εἰδῶν. Οὐ γὰρ δὴ πάντων ἐν πᾶσι τὰ εἴδη, οὔτε ἐν τοῖς ἀκροτάτοις, καὶ πρώτοις
D αἰτίοις, τὰ τῶν ἐσχάτων, καὶ τελευταίων μεθ' ἃ οὐδέν ἐστιν, ἢ τὸ τῆς στερήσεως ὄνομα μετὰ ἀμυδρᾶς ἐπινοίας. ὄντων δὴ πολλῶν οὐσιῶν, καὶ πολλῶν πάνυ δημιουργῶν τοῦ τρίτου δημιουργοῦ, ὃς τῶν ἐνύλων εἰδῶν τοὺς λόγους ἐξηρημένους ἔχει, καὶ συνεχεῖς τὰς αἰτίας ἡ τελευταία καὶ μέχρι γῆς, ὑπὸ περιουσίας τοῦ γονίμου, διὰ τῆς

A ἄνωθεν παρὰ τῶν ἄστρων καθήκουσα φύσις, ὁ ζητούμενός ἐστιν Ἄττις. Ἴσως δὲ ὑπὲρ οὗ λέγω, χρὴ διαλαβεῖν σαφέστερον. εἶναί τι λέγομεν ὕλην, ἀλλὰ καὶ ἔνυλον εἶδος. ἀλλὰ τούτων εἰ μή τις αἰτία προτέτακται, λανθάνομεν ἂν ἑαυτοὺς εἰσάγοντες τὴν Ἐπικούρειον δόξαν. ἀρχαῖν γὰρ δυοῖν εἰ μηδέν ἐστι πρεσβύτερον, αὐτόματός τις αὐτὰ φορὰ, καὶ τύχη συνεκλήρωσεν. Ἀλλ' ὁρῶμεν (φησὶ Περιπατητικός τις ἀγχίνους, ὥσπερ ὁ Ξέναρχος) τούτων αἴτιον ὂν τὸ B πέμπτον, καὶ κυκλικὸν σῶμα. γελοῖον δὲ καὶ Ἀριστοτέλης ὑπὲρ τούτων ζητῶν τι καὶ πολυπραγμονῶν· ὁμοίως δὲ καὶ Θεόφραστος· ἠγνόησε γοῦν τὴν ἑαυτοῦ φωνήν· ὥσπερ γὰρ εἰς τὴν ἀσώματον οὐσίαν ἐλθὼν καὶ νοητὴν, ἔστη μὴ πολυπραγμονῶν τὴν αἰτίαν ἀλλὰ φὰς οὕτω ταῦτα πεφυκέναι· χρῆν δὲ δήπουθεν καὶ ἐπὶ τοῦ πέμπτου σώματος τὸ πεφυκέναι ταύτῃ λαμβάνοντα, μηκέτι ζητεῖν τὰς αἰτίας, ἵστασθαι δὲ ἐπὶ αὐτῶν, καὶ C μὴ πρὸς τὸ νοητὸν ἐκπίπτειν· ὃν μὲν οὐδὲν φύσει καθ' ἑαυτό· ἔχον δὲ ἄλλως κενὴν ὑπόνοιαν. Τοιαῦτα γὰρ ἐγὼ μέμνημαι τοῦ Ξενάρχου λέγοντος ἀκηκοώς. εἰ μὲν οὖν ὀρθῶς, ἢ μὴ ταῦτα ἐκεῖνος ἔφη, τοῖς ἄγαν ἐφείσθω Περιπατητικοῖς ὀνυχίζειν. ὅτι δὲ οὐ προσηνῶς ἐμοὶ πάντη που δῆλον ὅπου γε καὶ τὰς Ἀριστοτελικὰς ὑποθέσεις ἐνδεεστέρως ἔχειν ὑπολαμβάνω, εἰ μή τις αὐτὰς ἐς ταὐτὸ τοῖς Πλάτωνος ἄγοι. μᾶλλον δὲ καὶ D ταῦτα ταῖς ἐκ θεῶν δεδομέναις προφητείαις. Ἐκεῖνο δὲ ἴσως ἄξιον πυθέσθαι πῶς τὸ κυκλικὸν σῶμα δύναται τὰς ἀσωμάτους ἔχειν αἰτίας τῶν ἐνύλων εἰδῶν. ὅτι μὲν γὰρ δίχα τούτων ὑποστῆναι τὴν γένεσιν οὐκ ἐνδέχεται, πρόδηλόν ἐστί που καὶ σαφές. τοῦ χάριν γὰρ ἐστὶ τοσαῦτα τὰ γιγνόμενα; πόθεν δὲ ἄρρεν καὶ θῆλυ; πόθεν δὲ ἡ κατὰ γένος τῶν ὄντων ἐν ὡρισμένοις εἴδεσι

A vigoris abundantia, per superiorem a sideribus delapsa permeat, Attis est ille, quem quærimus. Verum clarius exprimendum est fortasse quod dico. Igitur materiam esse aliquid asserimus, nec non conjunctam cum materia formam. Verum nisi ambobus istis causa sit alia constituta prior, imprudentes nos ad Epicuri dogma delabi sentiemus. Nam si duobus principiis nihil sit antiquius, temerario ac fortuito hæc impulsu regi necesse est. Videmus autem (ait solers quidam Peripateticus, cujusmodi est B Xenarchus) istorum omnium principium, esse quintum corpus, ac sphæricum. Nam Aristoteles sane ridicule supra hæc inquisivit, curioseque perscrutatus est. Nec minus ridiculus Theophrastus, qui etiam suæ ipse vocis ignarus est. Perinde enim ac si ad expertem corporis intelligibilemque naturam pervenisset, ibi consistit, neque causam ulterius explorat, sed id solum dicit: ita natura hæc esse comparata. Oportebat autem & in quinto corpore idem illud assumentem, ita natura esse comparatum, nullas C amplius causas exquirere, sed in illis hærere, neque ad intelligibile aliquid longius progredi; quod ut natura ac per sese nihil est, sic inanem & cui solidi nihil revera subest notionem continet. Ejusmodi enim quædam disputantem Xenarchum audire memini. Quæ utrum recte an secus ille dixerit, summis illis Peripateticis excutiendum relinquo. Quod autem non satis hæc ad animum meum mentemque faciant, quivis ex eo potest cognoscere, quod universe Aristotelica ipsa decreta, non omni D ex parte absoluta esse judico, nisi cum Platonicis illa jungantur; imo vero nisi utraque divinitus editis oraculis accedant. Illud vero fortasse percontatione dignum est; quomodo corpus orbiculatum conjunctarum cum materia formarum incorporeas causas continere possit. Nam sine illis generationem existere nullo modo posse, planum est ac perspicuum. Cujus enim gratia sunt tot res illæ productæ? unde vero maris ac feminæ discrimen? unde rerum in definitis formis existentium secundum

genus

genus est orta distinctio; nisi quædam essent præcedentes, antegressæque rationes, ac causæ, quæ tanquam exemplaria prius consisterent? ad quarum conspectum si hebetiori acie sumus, oculos adhuc animæ repurgemus. Hæc est autem recta ac legitima purgatio; ad seipsum converti, & animadvertere, quemadmodum anima & mens immersa materiæ conjunctarum iisdem cum materia formarum velut expressa quædam imago effigiesque sit. Etenim ne unum quidem e corporibus est, vel iis, quæ expertia corporis circa corpora versantur, aut considerantur, cujus imaginem incorporea quadam ratione mens capere non possit; quod nullo modo faceret, nisi cognatum illis quiddam haberet insitum. His de causis animam formarum esse locum docet Aristoteles; verum non actu id quidem, sed potestate. Ejusmodi igitur animam, quæque ad corpus sese converterit, potestate ista continere necesse est. Quod si solutus ab illa quispiam sit, neque commercii cum ea quicquam habeat; non potestate jam in illo, sed actu, rationes inesse omnes existimandum est. Sed hæc exemplo aliquo clarius explicemus, eoque adeo, quod & in Sophista Plato aliam ad rem adhibuit. Neque vero exemplum istud eo spectat, ut quod dictum est ratione aliqua demonstretur. Non enim demonstratione capere id oportet, sed sola notione mentisque conceptu. Nam de primis principiis agitur, aut quæ primis affinia sunt: siquidem Deus a nobis censetur Attis, cujusmodi esse merito creditur. Quod autem est & quale illud exemplum? Docet alicubi Plato, eorum, qui in rerum imitatione versantur, si quis imitari sic velit, ut quæ adumbrantur imitatione, reipsa consistant; id esse perdifficile ac laboriosum, imo vero prope esse, ut obtineri nullo modo queat: facile vero & expeditum ac parabile imitationis illud esse genus, quo res ipsæ specie tenus exprimuntur. Cum igitur speculum in manus sumimus ac circumferimus, facile omnibus ex rebus collectis imaginibus singularum effigies ostendimus. Ab hoc

A διαφορὰ, εἰ μή τινες εἶεν προϋπάρχοντες, καὶ προεστῶτες λόγοι, αἰτίαι τε ἐν παραδείγματος λόγῳ προϋφεστῶσαι; πρὸς ἃς εἴπερ ἀμβλώττομεν, ἔτι καὶ καθαιρώμεθα τὰ ὄμματα τῆς ψυχῆς. Κάθαρσις δὲ ὀρθὴ, στραφῆναι πρὸς ἑαυτὸν, καὶ κατανοῆσαι πῶς μὲν ἡ ψυχὴ, καὶ ὁ ἔνυλος νοῦς, ὥσπερ ἐκμαγεῖόν τι τῶν ἐνύλων εἰδῶν, καὶ εἰκών ἐστι. ἐν τούτῳ γὰρ οὐδέν ἐστι τῶν σωμάτων, ἢ τῶν περὶ τὰ σώματα γινομένων τε, καὶ θεωρουμένων B ἀσωμάτων, οὗ τὴν φαντασίαν ὁ νοῦς οὐ δύναται λαβεῖν ἀσωμάτως· ὅπερ οὔ ποτ᾽ ἂν ἐποίησεν, εἰ μή τι ξυγγενὲς εἶχεν αὐτοῖς φύσει. Ταῦτά τοι καὶ Ἀριστοτέλης τὴν ψυχὴν τόπον εἰδῶν ἔφη, πλὴν οὐκ ἐνεργείᾳ, ἀλλὰ δυνάμει. Τὴν μὲν οὖν τοιαύτην ψυχὴν, καὶ τὴν ἐπεστραμμένην πρὸς τὸ σῶμα, δυνάμει ταῦτα ἔχειν ἀναγκαῖον. εἰ δέ τις ἄσχετος εἴη, καὶ ἀμιγὴς ταύτῃ, τοὺς λόγους οὐκέτι δυνάμει, πάντας δὲ ὑπάρχειν ἐνερ- C γείᾳ νομιστέον. Λάβωμεν δὲ αὐτὰ σαφέστερον διὰ τοῦ παραδείγματος, ᾧ καὶ Πλάτων ἐν τῷ Σοφιστῇ πρὸς ἕτερον μὲν λόγον ἐχρήσατο δ᾽ οὖν ὅμως. τὸ παράδειγμα δὲ οὐκ εἰς ἀπόδειξιν φέρω τοῦ λόγου. καὶ γὰρ οὐδὲ ἀποδείξει χρὴ λαβεῖν αὐτὸ, ἀλλ᾽ ἐπιβολῇ μόνῃ. περὶ γὰρ τῶν πρώτων αἰτιῶν ἐστι, ἢ τῶν γε ὁμοστοίχων τοῖς πρώτοις εἴπερ ἡμῖν ἐστιν ὥσπερ οὖν ἄξιον νομίζειν καὶ ὁ Ἄττις θεός. τί δὲ καὶ ποῖόν ἐστι τὸ παράδειγμα; D Φησί που Πλάτων, τῶν περὶ τὴν μίμησιν διατελούντων, εἰ μὲν ἐθέλοι τις μιμεῖσθαι, ὥστε καθυφεστάναι τὰ μιμητὰ, ἐργῶδές τε εἶναι καὶ χαλεπὸν, καὶ νὴ Δία γε τοῦ ἀδυνάτου πλησίον βάλλειν· εὔκολον δὲ, καὶ ῥᾴδιον, καὶ σφόδρα δυνατὴν τὴν διὰ τοῦ δοκεῖν τὰ ὄντα μιμουμένην. ὅταν οὖν τὸ κάτοπτρον λαβόντες περιφέρωμεν ἐκ πάντων τῶν ὄντων ῥᾳδίως ἀπομαξάμενοι, δείκνυμεν ἑκάστου τοὺς τύπους. Ἐκ τούτου τοῦ παραδείγματος ἐπὶ

τὸ εἰρημένον διαβιβάσωμεν τὸ ὁμοίωμα· ἐν ᾗ τὸ μὲν κάτοπτρον, ὁ λεγόμενος ὑπὸ Ἀριστοτέλους δυνάμει τόπος εἰδῶν. αὐτὰ δὲ χρὴ τὰ εἴδη πρότερον ὑφεστάναι πάντως ἐνεργείᾳ τῆς δυνάμεως. τῆς τοίνυν ἐν ἡμῖν ψυχῆς ὡς καὶ Ἀριστοτέλει δοκεῖ, δυνάμει τὰ ὄντα ἐχούσης τὰ εἴδη, τοῦ πρώτου ἐνεργείᾳ θησόμεθα ταῦτα; πότερον ἐν τοῖς ἐνύλοις; ἀλλ' ἔστι γε ταῦτα φανερῶς τὰ τελευταῖα. Λείπεται δὴ λοιπὸν ἀΰλους αἰτίας ζητεῖν ἐνεργείᾳ προτεταγμένας τῶν ἐνύλων,
γρ. ἀν προντος "αἷς παρυποστᾶσαν, καὶ συμπροελθοῦσαν ἡμῶν τὴν ψυχὴν, δέχεσθαι μὲν ἐκεῖθεν, ὥσπερ ἐξ ἐνόπτρων τινῶν τὰ ἔσοπτρα, τοὺς τῶν εἰδῶν ἀναγκαίως λόγους ἐνδιδόναι δὲ διὰ τῆς φύσεως τῇ τε ὕλῃ, καὶ τοῖς ἐνύλοις τουτοισὶ σώμασιν. Ὅτι μὲν γὰρ ἡ φύσις ἐστὶ δημιουργὸς τῶν σωμάτων ἴσμεν, ὡς ὅλη τις οὖσα τοῦ παντός· ἡ δὲ καθ' ἕκαστον, ἑνὸς ἑκάστου τῶν ἐν μέρει, πρόδηλόν ἐστί που καὶ σαφές. ἀλλ' ἡ φύσις ἐνεργείᾳ δίχα φαντασίας ἐν ἡμῖν· ἡ δὲ ὑπὲρ ταύτης ψυχὴ καὶ τὴν φαντασίαν προσείληφεν. Εἰ τοίνυν ἡ φύσις καὶ ὧν οὐκ ἔχει τὴν φαντασίαν, ἔχειν ὅμως ὁμολογεῖται τὴν αἰτίαν, αὐθ' ὅτου πρὸς θεῶν οὐχὶ τοῦτο αὐτὸ μᾶλλον ἔτι, καὶ πρεσβύτερον τῇ ψυχῇ δώσομεν· ὅτου καὶ φανταστικῶς αὐτὸ γιγνώσκομεν ἤδη, καὶ λόγῳ καταλαμβάνομεν; εἶτα τίς οὕτως ἐστὶ φιλόνεικος, ὡς τῇ φύσει μὲν ὑπάρχειν ὁμολογεῖν τοὺς ἐνύλους λόγους, εἰ καὶ μὴ πάντας, καὶ κατὰ τὸ αὐτὸ ἐνεργείᾳ, ἀλλὰ δυνάμει γε πάντας· τῇ ψυχῇ δὲ μὴ δοῦναι τοῦτο αὐτό; οὐκοῦν εἰ δυνάμει μὲν ἐν τῇ φύσει, καὶ οὐκ ἐνεργείᾳ τὰ εἴδη, δυνάμει δὲ ἔτι καὶ ἐν τῇ ψυχῇ καθαρώτερον, καὶ διακεκριμένα μᾶλλον ὥστε δὴ καὶ καταλαμβάνεσθαι, καὶ γνωρίζεσθαι, ἐνεργείᾳ δὲ οὐδαμοῦ· πόθεν ἀναρτήσομεν τῆς ἀειγενεσίας τὰ πείσματα; ποῦ δὲ ἱδρύσομεν νοὸς ὑπὲρ τῆς ἀϊδιότητος κόσμου

A exemplo ad id, de quo agitur, similitudinem modo transferamus; uti speculi instar ille sit, qui ab Aristotele nominatur formarum locus. Sed eas ipsas formas omnino necesse est actu prius extare, quam potestate. Quare cum illa quæ inest nobis anima, rerum, ut Aristoteli placet, omnium formas potestate contineat, ubinam tandem actu primum illas collocandas putabimus? Utrum in iis, quæ cum materia concreta sunt? At hæc manifeste postrema sunt omnium. Restat igitur, ut expertes quasdam
B materiæ causas inquiramus; quæ cum materiales alias antecedunt, quibus cum existentem unaque prodeuntem animam nostram induxero, uti speculum expressas e rebus ipsis imagines, sic illam formarum rationes concipere necesse sit, indeque per naturam in materiam ipsam, & ex materia conflata corpora ista transfundere. Nam quod natura corporum fabricandorum sit artifex, satis intelligimus; ut & tota sit universi totius, & singulæ suæ cujusque partis: quod utique perspicuum est. Sed natura
C actu ipso constans phantasia caret in nobis; quæ autem ea superior est anima, phantasia prædita est. Quocirca si natura, quarum rerum phantasiam nullam percipit, earum nihilominus causam continere censetur; quid tandem, per Deos immortales, obstare potest, quo minus idipsum animæ potiori & antiquiori jure tribuatur; cum vel hoc quoque partim phantasia ipsa cognitum sit nobis, partim ratione comprehensum? Quis est autem adeo contentiosus & pervicax, ut cum in natura materiales inesse rationes
D existimet, etsi non omnes, aut simul actu complexas, at potestate nihilominus universas; istud ipsum nolit animo concedere? Si igitur potestate, non actu, formas natura continet; potestate vero etiam in anima sunt, sed liquidius, ac distinctius, ut comprehendi, & cognitione percipi possint; actu tamen non insint; undenam perpetuitatis in generatione putabimus rationes esse suspensas? aut quibus demum firmamentis ea stabiliemus, quæ de mundi æternitate dicuntur?

dicamus? Nam circulare corpus ex materia formaque componitur. Necesse est autem, licet a se invicem minime ista separentur, cogitatione tamen prima illa existentia cum antiquiora esse, tum ita judicari. Quoniam igitur materialium formarum primaria quædam causa ponitur materiæ penitus expers, opifici subjecta tertio; qui non istarum modo nobis, sed & ejus, quod apparet, quintique corporis procreator est ac dominus; sic Attin ab eodem sejungimus, ut effectricem illam causam ad materiam sese usque demittentem, ac genitalem Deum, Attin esse, sive Gallum, arbitremur. At hunc ipsum fabula refert ad Galli fluminis alveum expositum ad ætatis florem pervenisse: deinde cum formosus & grandis appareret, Deum in se Matris amorem provocasse. Quæ cum alia ipsi permisit omnia; tum stellatum ejus capiti pileum imposuit. Verum quoniam Attidis verticem tegit hoc quod conspicimus cœlum; vide num Gallum fluvium de lacteo circulo interpretari liceat? Ibi enim patibile corpus cum quinto corpore, quod in orbem circumactum pati nihil potest, commisceri dicitur. Hucusque Deorum mater formoso illi, & solarium radiorum simili, intelligibilique Deo Attidi saltare ac tripudiare permisit. Sed cum progressus idem ad extrema pervenisset; ad speluncam ipsum adisse narrat fabula, & cum Nympha esse congressum; quod quidem materialem concretionem significat. Tametsi non jam materiam designat ipsam; sed causam ultimam corporis expertem, quæ materiæ præsidet. Sane

—humentes animas occumbere letho,

Heraclitus quoque scripsit. Hunc ergo Gallum intelligibilem Deum esse credimus; qui materiales ac subjectas Lunæ formas continet; quique cum ea causa, quæ materiæ præest, congreditur: congreditur autem non ut alius cum alia, sed tanquam in hoc

A λόγου; Τὸ γάρ τοι κυκλικὸν σῶμα ἐξ ὑποκειμένου, καὶ εἴδους ἐστί. Ἀνάγκη δὴ ὅτι, εἰ καὶ μὴ τῇ ἐνεργείᾳ ταῦτα δίχα ἀλλήλων· ἀλλὰ ταῖς γε ἐννοίαις ἐκεῖνα πρῶτα ὑπάρχοντα εἶναί τε, καὶ νομίζεσθαι πρεσβύτερα. Οὐκοῦν ἐπειδὴ δίδοταί τις καὶ τῶν ἐνύλων εἰδῶν αἰτία προηγουμένη παντελῶς ἄυλος ὑπὸ τὸν τρίτον δημιουργόν ὃς ἡμῖν οὐ τούτων μόνον ἐστὶ, ἀλλὰ καὶ τοῦ φαινομένου, καὶ πέμπτου σώματος πατὴρ, καὶ δεσπότης ἀπο-
B διαλαβόντες ἐκείνου τὸν Ἄττιν, τὴν ἄχρι τῆς ὕλης καταβαίνουσαν αἰτίαν καὶ θεὸν γόνιμον Ἄττιν εἶναι, καὶ Γάλλον πεπιστεύκαμεν. ὃν δή φησιν ὁ μῦθος ἡβῆσαι μὲν ἐκτεθέντα παρὰ Γάλλου ποταμοῦ ταῖς δίναις εἶτα καλὸν φανέντα, καὶ μέγαν, ἀγαπηθῆναι παρὰ τῆς Μητρὸς τῶν θεῶν. τὴν δὲ τά τε ἄλλα πάντα ἐπιτρέψαι αὐτῷ, καὶ τὸν ἀστερωτὸν ἐπιθεῖναι πῖλον. Ἀλλ' εἰ τὴν κορυφὴν σκέπει τὴν Ἄττιδος ὁ φαινόμενος οὐρανὸς οὑτοσί τὸν Γάλλον
C ποταμὸν ἆρα μή ποτε χρὴ τὸν γαλαξίαν μαντεύεσθαι κύκλον; ἐνταῦθα γάρ φασι μίγνυσθαι τὸ παθητὸν σῶμα πρὸς τὴν ἀπαθῆ τοῦ πέμπτου κυκλοφορίαν. ἄχρι τοι τούτων ἐπέτρεψεν ἡ Μήτηρ τῶν θεῶν σκιρτᾶν τε καὶ χορεύειν τῷ καλῷ τούτῳ· καὶ ταῖς ἡλιακαῖς ἀκτῖσιν ἐμφερεῖ τῷ νοερῷ θεῷ τῷ Ἄττιδι. ὁ δὲ ἐπειδὴ προϊὼν ἦλθεν ἄχρι τῶν ἐσχάτων, ὁ μῦθος αὐτὸν εἰς τὸ ἄντρον κατελθεῖν ἔφη, καὶ συγγενέσθαι τῇ νύμφῃ, τὸ δίυλον αἰνιττόμενος τῆς ὕλης· καὶ οὐδὲ τὴν ὕλην
D αὐτὴν νῦν ἔφη τὴν τελευταίαν δὲ αἰτίαν ἀσώματον, ἣ τῆς ὕλης προΐσταται. λέγεταί τοι καὶ πρὸς Ἡρακλείτου

— ψυχῇσι θάνατος ὑγρῇσι γενέσθαι.

τοῦτον οὖν τὸν Γάλλον τὸν νοερὸν θεὸν, τὸν τῶν ἐνύλων, καὶ ὑποσελήνων εἰδῶν συνοχέα, τῇ προτεταγμένῃ τῆς ὕλης αἰτίᾳ συνόντα· συνόντα δὲ οὐχ ὡς ἄλλον ἄλλῃ ἀλλ' οἷον αὐτὸν εἰς ταύτην ὑποφερόμενον.

μενον. Τίς οὖν ἡ Μήτηρ τῶν θεῶν; ἡ τῶν κυβερνώντων τοὺς ἐμφανεῖς νοερῶν καὶ δημιουργικῶν θεῶν πηγή, ἡ καὶ τεκοῦσα καὶ συνοικοῦσα τῷ μεγάλῳ Διῒ, θεὸς ὑποστᾶσα μεγάλη μετὰ τὸν μέγαν, καὶ σὺν τῷ μεγάλῳ δημιουργῷ· ἡ πάσης μὲν κυρία ζωῆς, πάσης δὲ γενέσεως αἰτία· ἡ ῥᾷστα μὲν ἐπιτελοῦσα τὰ ποιούμενα· γεννῶσα δὲ δίχα πάθους, καὶ δημιουργοῦσα τὰ ὄντα μετὰ τοῦ πατρός· αὕτη καὶ παρθένος ἀμήτωρ, καὶ Διὸς σύνθωκος, καὶ μήτηρ θεῶν ὄντως οὖσα πάντων. τῶν γὰρ νοητῶν ὑπερκοσμίων θεῶν δεξαμένη πάντων αἰτίας ἐν ἑαυτῇ, πηγὴ τοῖς νοεροῖς ἐγένετο. Ταύτην δὴ τὴν θεὸν οὖσαν, καὶ Πρόνοιαν ἔρως μὲν ὑπῆλθεν ἀπαθὴς Ἄττιδος. ἐθελούσια γὰρ αὐτῇ καὶ κατὰ γνώμην ἐστὶ, οὐ τὰ ἔνυλα μό-

ἴ. [illegible] νον ἤδη, πολὺ δὲ πλέον τὰ τούτων αἴτια. τὴν δὴ τὰ γινόμενα, καὶ φθειρόμενα σώζουσαν προμήθειαν, ἐρᾶν ὁ μῦθος ἔφη τῆς δημιουργικῆς τούτων αἰτίας, καὶ γονίμου· καὶ κελεύειν μὲν αὐτὴν ἐν τῷ νοητῷ τίκτειν μᾶλλον, καὶ βούλεσθαί γε πρὸς ἑαυτὴν ἐπιστρέφεσθαι, καὶ συνοικεῖν· ἐπίταγμα δὲ ποιεῖσθαι μηδενὶ τῶν ἄλλων· ἅμα μὲν τὸ ἑνοειδὲς σωτήριον διώκουσαν, ἅμα δὲ φεύγουσαν τὸ πρὸς τὴν ὕλην νεῦσαι. πρὸς ἑαυτήν τε βλέπειν ἐκέλευσεν, οὖσάν τε πηγὴν μὲν τῶν δημιουργικῶν θεῶν, οὐ καθελκομένην δὲ εἰς τὴν γένεσιν, οὐδὲ θελγομένην. οὕτω γὰρ ἔμελλεν ὁ μέγας Ἄττις, καὶ κρείττων εἶναι δημιουργός· ἐπειδήπερ ἐν πᾶσιν ἡ πρὸς τὸ κρεῖττον ἐπιστροφὴ μᾶλλόν ἐστι δραστήριος τῆς πρὸς τὸ χεῖρον νεύσεως. Ἐπεὶ καὶ τὸ πέμπτον σῶμα τούτου δημιουργικώτερόν ἐστι τῶν τῇδε, καὶ θειότερον, τῷ μᾶλλον ἐστράφθαι πρὸς τοὺς θεούς· ἐπεί

Reg. ἐπεί τοι τε τὸ σῶμα, κἂν αἰθέρος ᾖ τοῦ καθαρωτάτου, ψυχῆς ἀκραιφνοῦς καὶ καθαρᾶς, οἵαν τὴν Ἡρακλέους ὁ δημιουργὸς ἐξέπεμψεν, οὐδεὶς ἂν εἰπεῖν κρεῖττον τολμήσειε. τότε μέντοι ἦν τε καὶ ἐδόκει μᾶλλον

A ipse delapsus. Quænam igitur Deorum illa mater est? Nimirum intelligentium & opificum Deorum, a quibus apparentes illi gubernantur, veluti fons quidam, vel certe parens, eademque magni Jovis conjux: Dea subsistens magna post magnum, & cum magno conditore: vitæ arbitra omnis ac domina: omnis causa generationis: quæ & opera sua facillime molitur, & quæ sunt universa cum patre sine passione gignit & producit. Eadem ipsa quoque virgo est matris expers, & Jovi ad-

B sidens, ac Deorum revera parens omnium. Nam cum intelligibilium mundoque superiorum in sese causas Deorum exceperit, fons est intelligentibus facta. Hanc itaque Deam, quæ & Providentia dicitur, castus quidem citra passionem Attidis amor invasit. Etenim non materiales tantummodo formas; sed & multo magis earum causas ultro ac voluntate sua complectitur. Sed illam, uti dixi, quæ oriuntur, aut occidunt, conservantem cuncta providentiam refert fabula, effectricis illorum causæ ac genita-

C lis amore fuisse captam. Cui quidem jussisse fertur, ut in intelligibili potius rerum genere pareret; atque ad sese converti, ac secum illam versari voluisse, imo vero præcepisse, ne cum alio quoquam habitaret. Quod ideo faciebat, primum ut salutarem illam unitatem retineret: tum ut propensionem ad materiam inclinationemque vitaret. Itaque in sese illam intueri jussit; quæ & opificum Deorum fons esset, & ad generationem demitti infringique sese nequa-

D quam sineret. Ita quippe magnus Attis longe erat præstantiore modo procreator & opifex futurus: quandoquidem ad efficiendum omnibus in rebus aptior est conversio ad id quod melius est, quam ad deterius propensio. Nam & quintum corpus eo quam inferiora ista efficacius ac divinius est, quod ad Deos magis convertitur. Neque enim corpus, quamvis purissimo ex æthere conflatum sit, sincera illibataque anima (cujusmodi Herculis animam opifex indidit) præstantius affirmare aliquis audeat. Veruntamen tum erat & esse videbatur efficacior,

efficacior, cum ipsam in corpus illa demisit. Nam & ipsi nunc Herculi, postquam totum ad patrem totus abscessit, facilior est illiusmodi cura rerum, quam tunc fuit, cum carne praeditus homines inter educabatur. Usque adeo praestantior est in omnibus ad efficiendum aliquid, ad id quod melius est transgressio, quam ad deterius conversio. Quod ut fabula significaret, Matrem Deorum Atidi mandasse refert, uti sese coleret, neque vel quoquam discederet, vel alterius amore caperetur. At is ad extremam silvam usque descendens progressus est. Quare cum infinitati modus esset adhibendus, Corybas, ecce, magnus ille Sol, Deorum Matris assessor, qui universa cum illa procreavit, & eadem communi providentia regit ac temperat, neque quicquam sine illa molitur, leoni persuasit, uti rem indicio suo proderet. Ecquis est iste porro leo? fulvum utique fuisse illum accepimus. Nihil est aliud igitur quam principium, quod calori & ignito fervori praesidet; quod cum Nympha illa pugnaturum erat, neque consuetudinem ejus cum Atide sine aemulatione passurum. Quaenam vero Nympha ista fuerit, jam diximus. Rerum igitur omnium procreatrici providentiae principium illud operam commodasse fertur; Matri videlicet Deorum; ac deprehensione indicioque suo adolescenti castrationis causam praebuisse. Est autem castratio quaedam infinitatis moderatio. Etenim generatio ab illa rerum conditrice providentia cohibita, certo ac definito formarum numero sese continuit, non absque illa, quae dicitur, Atidis insania: quae cum modum excederet ac praetergrederetur omnem, eo debilitata maxime est, neque sui compos amplius esse potuit. Quod quidem circa ultimum Deorum principium contigisse rationi consentaneum est. Aspice quintum illud corpus, mutationi nulli ac vicissitudini prorsus obnoxium, (in illis Lunae collustrationibus) ubi mundus iste, deinceps continuo nascens & occidens, quinto illi corpori vicinus est. In hujusmodi sane Lunae collustrationibus non-

A δραστήριος, ὅτε αὐτὴν ἔδωκεν ἐκείνη σώματι. ἐπεὶ καὶ αὐτῷ νῦν Ἡρακλεῖ ὅλῳ πρὸς ὅλον κεχωρηκότι τὸν πατέρα, ῥάων ἡ τούτων ἐπιμέλεια καθέστηκεν, ἢ πρότερον ἦν, ὅτε ἐν τοῖς ἀνθρώποις σαρκοφορῶν ἐτρέφετο. Οὕτως ἐν πᾶσι δραστήριος μᾶλλον ἡ πρὸς τὸ κρεῖττον ἀπόστασις τῆς ἐπὶ τὸ χεῖρον στροφῆς. Ὃ δὴ βουλόμενος ὁ μῦθος διδάξαι, παραινέσαι φησὶ τὴν μητέρα τῶν θεῶν τῷ Ἄττιδι, θεραπεύειν αὐτὴν, καὶ μήτε ἀποχωρεῖν, μήτε ἐρᾷν ἄλλης. ὁ δὲ προῆλθεν ἄχρι τῆς ἐσχάτων τῆς ὕλης καταβαθείς. ἐπεὶ δὲ ἐχρῆν παύσασθαί ποτε, καὶ στῆναι τὴν ἀπειρίαν, Κορύβας μὲν ὁ μέγας Ἥλιος, ὁ σύνθρονος τῇ μητρὶ, καὶ συνδημιουργῶν αὐτῇ τὰ πάντα, καὶ συμπρονοούμενος, καὶ οὐδὲν πράττων αὐτῆς δίχα, πείθει τὸν λέοντα μηνυτὴν γενέσθαι. Τίς δὲ ὁ λέων; αἴθωνα δήπουθεν ἀκούομεν αὐτόν. αἰτίαν τοίνυν τὴν πρεσβεύουσαν τοῦ θερμοῦ, καὶ πυρώδους· ἣ πολεμήσειν ἔμελλε τῇ νύμφῃ, καὶ ζηλοτυπήσειν αὐτὴν τῆς πρὸς τὸν Ἄττιν κοινωνίας· εἴρηται δὲ ἡμῖν τίς ἡ νύμφη. τῇ δημιουργικῇ προμηθείᾳ τῶν ὅλων ὑπουργῆσαί φησι, δηλαδὴ τῇ μητρὶ τῶν θεῶν. εἶτα φωράσαντα, καὶ μηνυτὴν γενόμενον αἴτιον γενέσθαι τῷ νεανίσκῳ τῆς ἐκτομῆς. ἡ δὲ ἐκτομὴ, τίς; ἐποχὴ τῆς ἀπειρίας. ἔστη γὰρ δὴ τὰ τῆς γενέσεως ἐν ὡρισμένοις τοῖς εἴδεσιν, ὑπὸ τῆς δημιουργικῆς ἐπισχεθέντα προμηθείας, οὐκ ἄνευ τῆς τοῦ Ἄττιδος λεγομένης παραφροσύνης, ἣ τὸ μέτριον ἐξισταμένη καὶ ὑπερβαίνουσα, καὶ διὰ τοῦτο, ὥσπερ ἐξασθενοῦσα, καὶ οὐκέθ' αὐτῆς εἶναι δυναμένη· ὃ δὴ περὶ τὴν τελευταίαν ὑποστῆναι τῶν θεῶν αἰτίαν οὐκ ἄλογον. Σκόπει δ' ἐν ἀναλλοιώτῳ κατὰ πᾶσαν ἀλλοίωσιν τὸ πέμπτον θέμενος σῶμα περὶ τοὺς φωτισμοὺς τῆς Σελήνης, ἵνα λοιπὸν ὁ συνεχῶς γιγνόμενός τε, καὶ ἀπολλύμενος κόσμος γειτνιᾷ τῷ πέμπτῳ σώματι. περὶ τοὺς φωτισμοὺς αὐτῆς

αὐτῆς ἀλλοίωσίν τινα, καὶ πάθη συμπίπτοντα θεωροῦμεν. Οὐκ ἄτοπον οὖν (εἰ) καὶ τὸν Ἄττιν τοῦτον ἡμίθεόν τινα εἶναι βούλεται· γὰρ δὴ καὶ ὁ μῦθος τοῦτο μᾶλλον δὲ θεὸν μὲν τῷ παντί. πρόεισι γὰρ ἐκ τοῦ τρίτου δημιουργοῦ, καὶ ἐπανάγεται πάλιν ἐπὶ τὴν μητέρα τῶν θεῶν μετὰ τὴν ἐκτομήν. ἐπεὶ δὲ ὅλως ῥέπειν πέπονθε, νεύειν εἰς τὴν ὕλην δοκεῖ. Θεῶν μὲν ἔσχατον, ἔξαρχον δὲ τῶν θείων γενῶν ἁπάντων, οὐκ ἂν ἁμάρτοι τις αὐτὸν ὑπολαβών. ἡμίθεον δὲ διὰ τοῦτο ὁ μῦθός φησι, τὴν πρὸς τοὺς ἀτρέπτους αὐτοῦ θεοὺς ἐνδεικνύμενος διαφοράν. δορυφοροῦσι γὰρ αὐτὸν παρὰ τῆς Μητρὸς δοθέντες οἱ Κορύβαντες, αἱ τρεῖς ἀρχικαὶ τῶν μετὰ θεοὺς κρειττόνων γενῶν ὑποστάσεις. Ἄρχει δὲ καὶ τῶν λεόντων, οἳ τὴν ἔνθερμον οὐσίαν καὶ πυροειδῆ καταπιμάμενοι μετὰ τοῦ σφῶν ἐξάρχου λέοντος, αἴτιοι τῷ πυρὶ μὲν πρώτως· διὰ δὲ τῆς ἐντεῦθεν θερμότητος, ἐνεργείας τε κινητικῆς, αἴτιοι καὶ τοῖς ἄλλοις εἰσὶ σωτηρίας. περιέχονται δὲ τὸν οὐρανὸν αὐτῇ τιάρας, ἐκεῖθεν ὥσπερ ἐπὶ γῆν ὁρμώμενος. Οὗτος ὁ μέγας ἡμῶν θεὸς Ἄττις ἐστί. αὗται τοῦ βασιλέως Ἄττιδος αἱ θρηνούμεναι τέως φυγαί, καὶ κρύψεις, καὶ ἀφανισμοί, καὶ αἱ δύσεις αἱ κατὰ τὸ ἄντρον. Τεκμήρια δὲ ἔστω μοι τούτου, ὁ χρόνος ἐν ᾧ γίνεται. τέμνεσθαι γάρ φασι τὸ ἱερὸν δένδρον καθ' ἣν ἡμέραν, ὁ ἥλιος ἐπὶ τὸ ἄκρον τῆς ἰσημερινῆς ἁψῖδος ἔρχεται· εὐθ' ἑξῆς περισαλπισμὸς παραλαμβάνεται· τῇ τρίτῃ δὲ τέμνεται τὸ ἱερόν, καὶ ἀπόρρητον θέρος τοῦ θεοῦ Γάλλου· ἐπὶ τούτοις Ἱλάρια φασὶ καὶ ἑορταί. Ὅτι μὲν οὖν στάσις ἐστὶ τῆς ἀπειρίας ἡ θρυλλουμένη παρὰ τοῖς πολλοῖς ἐκτομή, πρόδηλον· ἐξ ὧν ἡνίκα ὁ μέγας ἥλιος τοῦ ἰσημερινοῦ ψαύσας κύκλου, ἵνα τὸ μάλιστα ὡρισμένον ἐστί· τὸ μὲν γὰρ ἴσον, ὡρισμένον ἐστί· τὸ δὲ ἄνισον, ἄπειρόν τε, καὶ ἀδιεξίτητον κατὰ τὸν λόγον· αὐτίκα τὸ δένδρον τέμνεται· εὐθ'

[illegible]

A nihil cernimus mutationis & passionis incidere. Quare non absurde Semideum aliquem Attin illum esse statuemus, (hoc enim velle sibi fabula videtur) vel potius Deum omnino quempiam. Nam a tertio conditore progreditur, & ad Matrem Deorum post excisionem denuo revocatur. Verum quoniam vergere prorsus sese ille persuadet, in materiam propensior esse videtur. Unde qui Deorum novissimum, ac divinorum omnium generum principem illum arbitretur, is a veritate nequaquam abhorreat. B Hunc enim Semideum idcirco fabula nominavit, ut ejus ab immutabilibus Diis discrimen exprimeret. Porro custodes illi ac satellites a Matre sunt dati Corybantes, quæ sunt tria præstantiorum secundum Deos generum subsistentia principia. Atque idem ille principatum in leones obtinet: qui calidiorem naturam & igneam sortiti, cum duce suo leone, ignem quidem inprimis ipsum, tum per ejus calorem & actionem ad movendum efficacem, reliqua corpora conservant. Ad hæc C cœlum tiaræ ipsum instar ambit, qui illinc quasi tendit ad terram. Ejusmodi magnus ille nobis Deus est Attis. Hæ sunt regis Attidis comploratu ac lamentis interim celebratæ fugæ, secessiones, subtractiones e medio, & in spelunca latebræ. Quod vel tempus ipsum satis indicat, quo illa omnia geruntur. Etenim sacram arborem succidi illo ipso die ferunt, quo Sol supremam æquinoctiorum apsidem attigit: altero die tubarum clangore perstrepunt: tertio, sacra & arcana Dei Galli messis putatur. D Secundum hæc, ut ajunt, Hilaria festique dies succedunt. Quod igitur excisio illa multorum pervagata sermonibus, nihil sit aliud, quam moderatio quædam amplitudinis infinitæ, vel ex eo patet, quod per idem tempus, quo Sol æquinoctialem circulum adeptus est, (ubi maxime cursus illius circumscribitur; quod enim est æquale, definitum est; inæquale autem omne, infinitum est, neque permeari potest) tum, inquam, uti narrant, arbor illa succiditur: ac deinceps cætera consequuntur, quorum

quorum nonnulla mysticis & arcanis legibus devincta sunt, alia in omnes evulgari possint. Ac quod ad illam arboris excisionem spectat, ea vero ad historiam Galli pertinet; nihil autem ad illa mysteria facit, ad quæ solet adhiberi. His enim signis tacite Dii nos, ut opinor, admonent, oportere id e terra, quod est pulcherrimum, decerpentes, cum religione virtutem ad Deam perferre, & hoc ipsum probe ac cum laude transactæ vitæ indicium ostendere. Etenim arbor cum e terra pullulet, sursum tamen velut in æthera consurgit, estque visu ipso formosa, cum æstivos calores opacitate sua temperat, nec non fructus ex sese gignit, & ad utilitates hominum largitur. Tantum illi fœcunditatis suppetit. Quamobrem ad hoc lex illa nos hortatur, qui natura cœlestes, sed in terram depositi sumus; ut virtutem cum pietate ex ea, quam in terris degimus, vita colligentes, ad primigeniam illam Deam autoremque vitæ properemus. Sane classicum illud, quo signum Attidi post excisionem recipiendi sui datur, idem præbet & nobis ipsis, qui utique cœlitus in terras allapsi decidimus. Secundum hoc signum Rex Attis infinitam evagationem excisione sua coercet: & nos perinde a Diis admonemur, nostram in nobis immoderationem infinitatemque comprimere, & ad id, quod definitum, & uniforme sit, ac, si fieri potest, unum ipsum, recurrere. Quod ubi perfectum erit, statim Hilaria consequentur. Quid enim lætius, quid hilarius est anima illa, quæ cum infinitatem, ac generationem, ejusque tempestatem omnem evitare potuit; tum ad Deos ipsos sese provexit? Quorum e numero cum esset Attis, ne eum quidem Deorum mater neglexit, cum paulo ultra quam oporteret progredi cœpisset: sed immoderationem istam cohibere jubens, illum ad sese convertit.

Ac ne quis forte sic a me dici illa suspicetur, quasi ita gesta sint, aut revera exi-

A ἑξῆς γίνεται τὰ λοιπά· τὰ μὲν διὰ τοὺς
μυστικοὺς καὶ κρυφίους θεσμούς· τὰ δὲ καὶ
ῥηθῆναι πᾶσι δυναμένους. Ἡ δὲ ἐκτομὴ
τοῦ δένδρου, τοῦτο δὲ τῇ μὲν ἱστορίᾳ προσήκει τῇ περὶ τὸν Γάλλον· οὐδὲν δὲ τοῖς μυ-
στηρίοις, οἷς παραλαμβάνεται. διδα-
σκόντων ἡμᾶς οἶμαι τῶν θεῶν συμβολικῶς, ὅτι χρὴ τὸ κάλλιστον ἐκ γῆς δρε-
ψαμένους, ἀρετὴν μετὰ εὐσεβείας ἀπε-
νεγκεῖν τῇ θεῷ, σύμβολον τῆς ἐνταῦθα
χρηστῆς πολιτείας ἐσόμενον. Τὸ γάρ
B τοι δένδρον ἐκ γῆς μὲν φύεται, σπεύδει
δὲ ὥσπερ εἰς τὸν αἰθέρα, καὶ ἰδεῖν τέ ἐστι, καὶ
ὀφθῆναι καλὸν καὶ σκιὰν παρασχεῖν
ἐν πνίγει· ἤδη δὲ καὶ καρπὸν ἐξ ἑαυτοῦ
προβάλλεσθαι, καὶ χαρίσασθαι· οὕτως αὐτῷ πολύ τί γε τοῦ γονίμου περίεστιν. Ἡ-
μῖν οὖν ὁ θεσμὸς παρακελεύεται τοῖς
φύσει μὲν οὐρανίοις, εἰς γῆν δὲ ἐνεχθεῖσιν,
ἀρετὴν μετὰ εὐσεβείας ἀπὸ τῆς ἐν τῇ γῇ
πολιτείας ἀμησαμένους, παρὰ τὴν προγονικὴν καὶ ζωογόνον σπεύδειν θεόν. Εὐ-
C θὺς οὖν ἡ σάλπιγξ μετὰ τὴν ἐκτομὴν ἐνδίδωσι τὸ ἀνακλητικὸν τῷ Ἄττιδι, καὶ τοῖς
ὅσοι πολὺ οὐρανόθεν ἔπτημεν εἰς τὴν γῆν,
καὶ ἐπέσομεν. Μετὰ δὴ τὸ σύμβολον τοῦτο, ὅτε ὁ βασιλεὺς Ἄττις ἵστησι τὴν ἀ-
πειρίαν διὰ τῆς ἐκτομῆς ἡμῖν τε οἱ θεοὶ
κελεύουσιν ἐκτεμομένοις καὶ αὐτοῖς τὴν ἐν ἡμῖν
αὐτοῖς ἀπειρίαν καὶ μιμεῖσθαι τὰς ἡ- Reg. & Voss. τι
μῶν ἐπὶ δὲ τὸ ὡρισμένον, καὶ ἑνοειδὲς, καὶ ἡμῶν
ὅπερ οἷόν τέ ἐστιν, αὐτὸ τὸ ἕν, ἀνατρέχειν.
Ὅπερ γενομένου πάντως ἕπεσθαι χρὴ τὰ
D Ἱλάρια. Τί γὰρ εὐθυμότερον; τί δὲ ἱλα-
ρώτερον γένοιτο ἂν ψυχῆς ἀπειρίαν μὲν,
καὶ γένεσιν, καὶ τὸν ἐν αὐτῇ κλύδωνα δια-
φυγούσης· ἐπὶ δὲ τοὺς θεοὺς αὐτοὺς ἀνα-
χθείσης; ὧν ἕνα καὶ τὸν Ἄττιν ὄντα περιεῖδεν οὐδαμῶς ἡ τῶν θεῶν μήτηρ, βαδίζον-
τα πρόσω πλέον ἢ χρῆν· πρὸς ἑαυτὴν δὲ ἐπέστρεψε, στῆσαι τὴν ἀπειρίαν
προστάξασα.

Καὶ μή τις ὑπολάβοι με λέγειν,
ὡς ταῦτα ἐπράχθη ποτὲ, καὶ γέγονεν·

ὥσπερ οὐκ εἰδότων τῶν θεῶν αὐτῶν ὅ τι ποιήσουσιν ἢ τὰ σφῶν αὐτῶν ἁμαρτήματα διορθουμένων. Ἀλλ' οἱ παλαιοὶ τῶν ὄντων ἀεὶ τὰς αἰτίας, ἤτοι τῶν θεῶν ὑφηγουμένων, κατὰ σφᾶς αὐτοὺς διερευνώμενοι, βέλτιον δὲ ἴσως εἰπεῖν ζητοῦντες ὑφ' ἡγεμόσι τοῖς θεοῖς, ἔπειτα εὑρόντες, ἐσκέπασαν αὐτὰ μύθοις παραδόξοις· ἵνα διὰ τοῦ παραδόξου καὶ ἀπεμφαίνοντος τὸ πλάσμα φωραθὲν ἐπὶ τὴν ζήτησιν ἡμᾶς τῆς ἀληθείας προτρέψῃ· τοῖς μὲν ἰδιώταις ἀρκούσης, οἶμαι, τῆς ἀλόγου, καὶ διὰ τῶν συμβόλων μόνον ὠφελείας· τοῖς δὲ περιττοῖς κατὰ τὴν φρόνησιν, οὕτως ἂν μόνως ἐσομένης ὠφελίμου τῆς περὶ θεῶν ἀληθείας, εἴ τις ἐξετάζων αὐτὴν ὑφ' ἡγεμόσι τοῖς θεοῖς εὕροι καὶ λάβοι· διὰ μὲν τῶν αἰνιγμάτων ὑπομνησθείς, ὅτι χρή τι περὶ αὐτῶν ζητεῖν· εἰς τέλος δὲ καὶ ὥσπερ κορυφὴν τοῦ πράγματος διὰ τῆς σκέψεως εὑρὼν πορευθείς· οὐκ αἰδοῖ καὶ πίστει μᾶλλον ἀλ-
Ἀρχ. ἑτέρα λοτρίας δόξης, ἢ τῆς ἐφ' ″ ἑτέρᾳ κατὰ νοῦν ἐνεργείᾳ. Τί οὖν εἶναι φαμέν, ὡς ἐν κεφαλαίῳ κατανοήσαντες; ἄχρι τοῦ πέμπτου σώματος οὐ τὸ νοητὸν μόνον, ἀλλὰ καὶ τὰ φαινόμενα ταῦτα σώματα τῆς ἀπαθοῦς ὄντα καὶ θείας μερίδος, ἄχρι τούτου θεοὺς ἐνόμισαν ἀκραιφνεῖς εἶναι. τῇ γονίμῳ δὲ τῶν θεῶν οὐσίᾳ τῶν τῇδε παρυποστάντων, ἐξ ἀϊδίου συμπροελθούσης τῆς ὕλης τοῖς θεοῖς· παρ' αὐτῶν δέ, καὶ δι' αὐτῶν, διὰ τὸ ὑπερπλῆρες αὐτοῖς τῆς γονίμου καὶ δημιουργικῆς αἰτίας, ἡ τῶν ὄντων προμήθεια, συνουσιωμένη τοῖς θεοῖς ἐξ ἀϊδίου, καὶ σύνθωκος μὲν οὖσα τῷ βασιλεῖ Διΐ, πηγὴ δὲ τῶν νοερῶν θεῶν· καὶ τὸ δοκοῦν ἄζωον, καὶ ἄγονον, καὶ σκύβαλον, καὶ τῶν ὄντων, οἷον ἂν εἴποι τις, ἀποκάθαρμα, καὶ τρύγα, καὶ ὑποστάθμην, διὰ τῆς τελευταίας τῶν θεῶν· εἰς ἣν αἱ πάντων οὐσίαι τῶν θεῶν ἀποτελευτῶσιν, ἐκόσμησέ τε, καὶ διωρθώσατο, καὶ πρὸς τὸ κρεῖττον μετέστησεν. Ὁ γὰρ Ἄττις οὗτος

A terint aliquando; ſic tanquam Dii quid facturi ſint ignorent, aut errata ſua corrigant; ita demum habeat: Cum antiqui rerum aſſidue cauſas vel per ſeſe præeuntibus Diis explorarent, vel, ut verius dicam, ſub illis ducibus indagarent; ubi eas adepti ſunt, incredibilibus quibuſdam involviſſe fabulis, ut ex abſurditate ipſa & incredibilitate cognita commenti falſitas ad inveſtigationem nos veritatis acueret. Nam & idiotis utilitas illa ſufficit, quæ ex nudis ſignorum involucris ſine ulla ra-
B tione percipitur; iis autem qui prudentia antecellunt, ita dunraxat veritatis de Diis notitia proderit, ſi quis eam ſub iiſdem illis ducibus ac præſidibus Diis inquirat atque comprehendat: uti nimirum de illis eſſe quærendum per ænigmata iſta moneatur; cum poſteaquam invenerit, ad ipſum rei finem, & quaſi verticem contemplatione perveniat; idque non tam opinionis alienæ fide ac reverentia, quam actione ipſa mentis. Quidnam igitur, ut
C compendio colligam, (Attin) eſſe animo concipimus ac profitemur? Nempe quicquid eſt ad quintum uſque corpus, non intelligibile ſolum, ſed etiam cœleſtia illa corpora, quæ cernimus, quæque paſſionis experte ac divina ſorte continentur; hactenus, inquam, Deos eſſe puros ac ſinceros opinati ſunt. Sed cum genitalis Deorum naturæ beneficio infima iſta ſubſiſtant; quatenus una cum Diis ipſis, ſed ex iis & per eos, ab æterno materia prodiit, propter ſummam, quæ eſt in illis, genitalis vis at-
D que effectricis abundantiam, rerum illa moderatrix providentia cum Deorum natura ex æterno conjuncta, ac regi adſidens Jovi, & intelligibilium fons & origo Deorum; illud etiam ipſum, quod mortuum ac ſterile eſt & abjectum, ipſum, inquam, ut ita dicam, rerum omnium retrimentum, fæces ipſas & quiſquilias, per eam, quæ infimum inter Deos locum obtinet; in quam omnes illorum naturæ deſinunt; ordinavit, atque conſtituit, & ad meliorem ſtatum reduxit. Etenim ille tiara ſtellis diſtincta redimitus

redimitus Attis indidem, ubi in hunc, quem cernimus, mundum aspectabili Dii omnes ratione definiunt, regni sui principium habuit. Porro quod in illo liquidum sincerumque fuit, id ad lacteum circulum usque pervenit. Circa hunc locum eo, quod passionis est expers, cum patibili permisto, & illinc prodeunte cohærenteque materia, ejus communio descensus est in speluncam. Quod cum nequaquam invitis Diis, eorumque Matri accidat; invitis tamen iisdem fieri dicitur. Quod enim Dii in eo, quod præstantius est, natura sunt occupati, minime illinc eos ad inferiora demitti melior illa conditio patitur; sed quadam meliorum accommodatione ac depressione ad excellentiorem ac Diis acceptiorem sortem infima ista provehi. Sic igitur Attidem Mater post exsectionem, non odio prosequi dicitur; sed etsi reipsa non succenseat, succensere nihilominus ipsi de illa sui demissione fertur: quod cum præstantioris cujusdam conditionis, & quidem Deus esset, deteriori sese tradiderit: simul atque vero infinitam illam progressionem cohibuit, & inconditum hoc certum redegit in ordinem, consensione illa, quam cum æquinoctiali habet circulo; ubi magnus Sol definiti sui curriculi perfectissimum modum temperat; libenter illum ad sese Dea revocat, vel ipsum potius apud se retinet. Neque enim tempus unquam fuit ullum, quo aliter ista se habuerint ac nunc habent. Sed & Attis semper Matris administer est, & auriga: semper ad generandum excitatur: nunquam non denique certo ac definito formarum principio infinitatem præcidit. Porro cum velut subvectus a terra reducitur, vetera ex intervallo sceptra recuperare fertur. Quanquam neque ab iis dejectus est unquam; neque modo dejicitur; sed pro eo, quod cum patibili sese commiscet, dicitur esse dejectus.

Cæterum illud forte quæstione dignum est, quod, cum duplex sit æquinoctium, non ad

A ἴσχων τὴν κατάστασιν τοῖς ἄστροις τείρεσι, εὔδηλον ὅτι τὰς πάσας τῶν θεῶν εἰς τὸν ἐμφανῆ κόσμον ὁρωμένας λήξεις, ἀρχὰς ἐποιήσατο τῆς ἑαυτοῦ βασιλείας· ἐπ' αὐτῇ τὸ μὲν ἀκραιφνὲς καὶ καθαρὸν ἦν ἄχρι γαλαξίου· περὶ τοῦτον δὲ ἤδη τὸν τόπον μιγνυμένου πρὸς τὸ ἀπαθὲς τοῦ παθητοῦ, καὶ τῆς ὕλης παρυφισταμένης ἐκεῖθεν, ἡ πρὸς ταύτην κοινωνία καταβασίς ἐστιν εἰς τὸ ἄντρον· οὐκ ἀκουσίως μὲν γενομένη τοῖς θεοῖς, καὶ τῇ τούτων

B Μητρί· λεγομένη δὲ ἀκουσίως γενέσθαι· Φύσει γὰρ ἐν κρείττοσι τοὺς θεοὺς ὄντας, οὐκ ἐκεῖθεν ἐπὶ τάδε καθέλκειν ἐθέλει τὰ βελτίω· ἀλλὰ διὰ τῆς τῶν κρειττόνων συγκαταβάσεως καὶ ταῦτα ἀνάγειν ἐπὶ τὴν ἀμείνονα καὶ θεοφιλεστέραν λῆξιν. Οὕτω τοι καὶ τὸν Ἄττιν οὐ κατεχθραίνουσα μετὰ τὴν ἐκτομὴν ἡ Μήτηρ λέγεται. Ἀλλὰ ἀγανακτοῦσα μὲν οὐκέτι· ἀγανακτοῦσα δὲ λέγεται διὰ τὴν συγκατάβασιν· ὅτι κρείττων ὤν, καὶ

C θεὸς, ἔδωκεν ἑαυτὸν τῷ καταδεεστέρῳ· στήσασα δὲ αὐτὸν τῆς ἀπειρίας τὴν πρόοδον, καὶ τὸ ἀκόσμητον τοῦτο κοσμήσασα, διὰ τῆς πρὸς τὸν ἰσημερινὸν κύκλον συμπαθείας· ἵνα ὁ μέγας ἥλιος τῆς ὡρισμένης κινήσεως τὸ τελεώτατον κυβερνᾷ μέτρον· ἐπανάγει πρὸς ἑαυτὴν ἡ θεὸς ἀσμένως· μᾶλλον δὲ ἔχει παρ' ἑαυτῇ. Καὶ οὐδέ ποτε γέγονεν ὅτε μὴ ταῦτα τοῦτον ἔχει τὸν τρόπον, ὅν περ νῦν ἔχει· ἀλλ' ἀεὶ μὲν Ἄττις ἐστὶν ὑπουργὸς

D τῇ μητρὶ, καὶ ἡνίοχος· ἀεὶ δὲ ὀργάζει τὴν γένεσιν· ἀεὶ δὲ ἀποτέμνεται τὴν ἀπειρίαν διὰ τῆς ὡρισμένης τῶν εἰδῶν αἰτίας. ἐπαναγόμενος δὲ ὥσπερ ἐκ γῆς, τῶν ἀρχαίων αὖθις λέγεται δυναστεύειν σκήπτρων· ἐκπεσὼν μὲν αὐτῶν οὐδαμῶς, οὐδὲ ἐκπίπτων· ἐκπεσεῖν δὲ αὐτῶν λεγόμενος διὰ τὴν πρὸς τὸ παθητὸν σύμμιξιν. γρ. ὀργᾷ εἰς

Ἀλλ' ἐκεῖνο ἴσως ἄξιον προσαπορῆσαι· διττῆς γὰρ οὔσης τῆς ἰσημερίας, οὐ τὴν ἐν ταῖς χηλαῖς, τὴν δὲ ἐν τῷ κριῷ "προσιόμωσιν· τίς δὴ αἰτία τούτου, φανερὸν ἐντεῦθεν. Ἐπειδὴ γὰρ ἡμῖν ὁ ἥλιος ἄρχεται τότε πλησιάζειν ἀπὸ τῆς ἰσημερίας, αὐξομένης, οἶμαι, τῆς ἡμέρας, ἔδοξεν, οὗτος ὁ καιρὸς ἁρμοδιώτερος. ἔξω γὰρ τῆς αἰτίας, ἣ φησὶ τοῖς θεοῖς εἶναι τὸ φῶς σύνδρομον ἔχειν οἰκείας πιστεῦον τοῖς ἀφεθῆναι τῆς γενέσεως σπεύδουσι τὰς ἀναγωγοὺς ἀκτῖνας ἡλίου. Σκόπει δὲ ἐναργῶς· ἕλκει μὲν ἀπὸ τῆς γῆς ἅπαντα· καὶ προσκαλεῖται, καὶ βλαστάνειν ποιεῖ τῇ ζωπυρίδι, καὶ θαυμαστῇ θέρμῃ διακρίνων, οἶμαι, πρὸς ἄκραν λεπτότητα τὰ σώματα· καὶ τὰ φύσει φερόμενα κάτω κουφίζει· τὰ δὴ τοιαῦτα τῶν ἀφανῶν αὐτοῦ δυνάμεων ποιητέον τεκμήρια. Ὁ γὰρ ἐν τοῖς σώμασι διὰ τῆς σωματοειδοῦς θέρμης οὕτω τοῦτο ἀπεργαζόμενος, πῶς οὐ διὰ τῆς ἀφανοῦς, καὶ ἀσωμάτου πάντη, καὶ θείας, καὶ καθαρᾶς ἐν ταῖς ἀκτῖσιν ἱδρυμένης οὐσίας ἕλξει, καὶ ἀνάξει τὰς εὐτυχεῖς ψυχάς; Οὐκοῦν ἐπειδὴ πέφηνεν οἰκεῖον μὲν τοῖς θεοῖς τὸ φῶς τοῦτο, καὶ τοῖς ἀναχθῆναι σπεύδουσιν· αὔξεται δὲ ἐν τῷ παρ᾽ ἡμῖν κόσμῳ τὸ "τοιοῦτον· ὥστε εἶναι τὴν ἡμέραν μείζω τῆς νυκτὸς, ἡλίου τοῦ βασιλέως ἐπιπορεύεσθαι τὸν κριὸν ἀρξαμένου· δέδεικται" καὶ ἀναγωγὸν φύσει τὸ τῶν ἀκτίνων τοῦ θεοῦ διά τε τῆς φανερᾶς ἐνεργείας, καὶ τῆς ἀφανοῦς· ὑφ᾽ ἧς παμπληθεῖς ἀνήχθησαν ψυχαὶ τῆς αἰσθήσεως ἀκολουθήσασαι τῇ φανοτάτῃ, καὶ μάλιστα ἡλιοειδεῖ· τὴν γὰρ τοιαύτην τῶν ὀμμάτων αἴσθησιν οὐκ ἀγαπητὴν μόνον, οὐδὲ χρήσιμον εἰς τὸν βίον, ἀλλὰ καὶ πρὸς σοφίαν ὁδηγὸν ὁ δαιμόνιος ἀνύμνησε Πλάτων. Εἰ δὲ καὶ τῆς ἀρρήτου μυσταγωγίας ἁψαίμην, ἣν ὁ Χαλδαῖος περὶ τὸν "ἑπτάκτινα θεὸν ἐβάκχευσεν, ἀνάγων δι᾽ αὐτοῦ τὰς ψυχάς· ἄγνωστα ἐρῶ, καὶ μάλα γε ἄγνωστα τῷ συρφετῷ·

Corr. προτιμῶσιν, vel προ[illegible]

Vel. τοῦτο

Vel. δὲ καὶ

[illegible] ind.

A alterum illud, quod est in Chelis; sed, quod in Ariete fit, ad illius festum deligimus. Verum hujus non obscura ratio est. Nam cum secundum æquinoctium Sol ad nos primum propius accedat, quando & lucis augentur spatia; visa est hæc ad negotium omnium aptissima tempestas. Atque ut ab altera illa causa discedam, quæ socium & affine Diis esse lumen disputat; facile mihi persuadeo, qui ab hujus contagione generationis immunes esse student, iis solares radios, qui in altum evehendi vim B habent, proprie convenire. Ita enim manifeste contemplare: inprimis quod a terra Sol trahat omnia: quod ea velut fomento quodam & admirabili calore suscitet ac vegetet, cum, ut opinor, ad exquisitam subtilitatem segregando extenuendoque corpora perducit: tum quod ea, quæ deorsum vergunt, attollat ac sublevet; ex iis occultarum illius virium argumenta capere licet. Nam qui corporeo calore talia in corporibus efficit, nonne per arcanam corporisque prorsus expertem ac divinam sinceramque radiis illius insidentem naturam multo C magis ad se felices animas attrahet & extollet? Quocirca cum ex iis, quæ dicta sunt hactenus, constet, lumen illud Diis immortalibus, iisque qui attollere sese cupiunt, esse cognatum; idem vero hoc in mundo nostro crescere tum soleat, & dies esse nocte longior, quando Arietem permeare Sol rex incipit: una illud ostendimus, ejusdem Dei radios vim quandam habere subvehendi, non manifesta solum efficacitate, sed etiam occulta: qua quidem innumerabiles animæ in sublime provectæ D sunt, splendidissimum e sensibus, Solique maxime similem, secutæ. Hic enim ipse sensus oculorum, non ut carus dumtaxat & ad vitam opportunus; sed insuper tanquam dux ad sapientiam, a divino Platone celebratur. Jam vero si arcana illa & mystica persequi velim, quæ circa septem radiis insignem Deum Chaldæus celebravit, ut per illum animas in sublime provehat; obscura quædam eloquar, & in vulgus ignota maxime: tametsi beatis illis hominibus, qui theurgicis

theurgicis sacris operantur, probe sint cognita. Ideo hæc in præsenti silentio prætereo.

Nunc eo revertor, quod paulo ante dicebam: non sine causa, imo quam fieri potest maxime consentanea ac vera ratione ductos veteres tempus ejusmodi illis sacrorum ritibus præfinisse. Cujus rei argumentum ex eo potest colligi, quod æquinoctialem circulum Dea ista sortita sit. Etenim circa Libræ signum, Cereri ac Proserpinæ augusta illa & arcana Mysteria instaurari solent. Jure id quidem. Nam & abeuntis in honorem Dei rursus obire Mysteria convenit: ut ne quid ab impia tenebrosaque vi molestiæ nobis accidat. Sane Mysteria bis in honorem Cereris Athenienses celebrant. Primum parva illa (sic enim appellant) Mysteria, cum Sol Arietem pervadit; majora deinde, cum in chelis versatur; ob eas, quas modo dixi, rationes. Ac majora quidem & minora cum aliis pluribus, opinor, ex causis appellata sunt: tum hæ potissimum intercesserunt, quod illo recedente magis quam accedente, celebrare ista consentaneum sit. Quocirca sub ipsius accessum, utpote præsente servatore evectoreque Deo, renovandæ duntaxat memoriæ gratia, ante plena augustioraque sacra levioribus ab initiis auspicabantur. Excipiebant ea paulo post castimoniæ frequentes, sacrorumque cæremoniæ. At vero recedente postmodum Deo, & ad oppositam mundi zonam emigrante, caput ipsum Mysteriorum custodiæ ac salutis causa celebratur. Vide autem, ut, quemadmodum hic membrum genitale præciditur, sic apud Athenienses qui arcana illa tractant, castissime degunt: tum eorum antistes hierophanta ab omni generatione prorsus abstinet: tanquam progressionis illius in infinitum particeps esse minime debeat; sed definitæ potius, ac perpetuo manentis, & uno contentæ, incorruptæ, sincereque naturæ. Sed de his hactenus.

Superest ut de sanctimonia ipsa deinceps & castitate dicamus: ut si quid ad institutum nostrum pertinet, inde quoque trans-

A θεουργοῖς δὲ τοῖς μακαρίοις γνώριμα. διόπερ αὐτὰ σιωπήσω ταυτί.

Ὅπερ δὲ ἔλεγον, ὅτι καὶ τὸν καιρὸν οὐκ ἀλόγως ὑποληπτέον, ἀλλ' ὡς ἔνι μάλιστα μετὰ εἰκότος καὶ ἀληθοῦς λόγου παρὰ τῶν παλαιῶν τῷ θεσμῷ προστεθεῖσθαι. Σημεῖον δὲ τούτου ὅτι τὸν ἰσημερινὸν κύκλον ἡ θεὸς αὕτη κατενείματα. Τελεῖται γὰρ περὶ τὸν ζυγὸν Δηοῖ, καὶ Κόρῃ τὰ σεμνὰ, καὶ ἀπόρρητα μυστήρια. καὶ τοῦτο εἰκότως γίνεται. Χρὴ γὰρ καὶ
B ἀπιόντι τῷ θεῷ τελεσθῆναι πάλιν· ἵνα μηδὲν ὑπὸ τῆς ἀθέου καὶ σκοτεινῆς δυσχερὲς πάθωμεν ἐπικρατούσης δυνάμεως· δὶς γοῦν Ἀθηναῖοι τῇ Δηοῖ τελοῦσι τὰ μυστήρια· αὐτῷ μὲν τῷ κριῷ τὰ μικρὰ φασὶ μυστήρια· τὰ μεγάλα δὲ περὶ τὰς χηλὰς ὄντος ἡλίου· δι' ἃς ἔναγχος ἔφην αἰτίας. Μεγάλα δὲ ὀνομάσθαι καὶ μικρὰ νομίζω, καὶ ἄλλων ἕνεκα· μάλιστα δὲ, ὡς εἰκὸς, τούτου ἀποχωροῦντος τοῦ θεοῦ μᾶλλον ἤπερ προσιόντος. διόπερ ἐν τούτοις ὅσα εἰς ὑπόμνησιν μόνον.
C ἅτε δὴ καὶ παρόντος τοῦ σωτῆρος, καὶ ἀναγωγοῦ θεοῦ, τὰ προτέλεια καταβάλλονται τῆς τελετῆς· εἶτα μικρὸν ὕστερον ἁγνεῖαι συνεχεῖς, καὶ τῶν ἱερῶν ἁγιστεῖαι. ἀπιόντος δὲ λοιπὸν τοῦ θεοῦ πρὸς τὴν ἀντίχθονα ζώνην, καὶ φυλακῆς ἕνεκα, καὶ σωτηρίας, αὐτὸ τὸ κεφάλαιον ἐπιτελεῖται τῶν μυστηρίων. Ὅρα δὲ ὥσπερ ἐνταῦθα τὸ τῆς γενέσεως αἴτιον ἀποτέμνεται· οὕτω δὲ καὶ παρὰ Ἀθηναίοις οἱ τῶν ἀρρήτων ἁπτόμενοι παναγεῖς εἰσι. καὶ ὁ τούτων ἐξάρχων ἱεροφάντης ἀπέστρα-
D πται πᾶσαν τὴν γένεσιν· ὡς οὐ μετὸν αὐτῷ τῆς ἐπ' ἄπειρον προόδου· τῆς ὡρισμένης δὲ, καὶ ἀεὶ μενούσης, καὶ ἐν τῷ ἑνὶ συνεχομένης οὐσίας, ἀκηράτου τε, καὶ καθαρᾶς. Ἐπὶ μὲν δὴ τούτων ἀπόχρη τοσαῦτα.

Λείπεται δὴ λοιπὸν, ὡς εἰκὸς, ὑπέρ τε τῆς ἁγιστείας αὐτῆς καὶ τῆς ἁγνείας διεξελθεῖν· ἵνα καὶ ἐντεῦθεν λάβωμεν εἰς τὴν ὑπόθεσιν εἴ τι συμβάλλεσθαι. Γελοῖον δὲ A αὐτίκα τοῖς πᾶσιν ἐκεῖνο φαίνεται. κρεῶν μὲν ἅπτεσθαι δέδωκεν ὁ ἱερὸς νόμος· ἀπαγορεύει δὲ τῶν σπερμάτων. οὐκ ἄψυχα μὲν ἐκεῖνα, ταῦτα δὲ ἔμψυχα; οὐ καθαρὰ μὲν ἐκεῖνα· ταῦτα δὲ αἵματος, καὶ πολλῶν ἄλλων εἰς δυσχερῶν ὄψει τι καὶ ἀκοῇ πεπληρωμένα; οὐ τὸ μέγιστον, ἐκείνοις μὲν πρόσεστι, τὸ μηδένα ἐκ τῆς ἐδωδῆς ἀδικεῖσθαι· τούτοις δὲ, τὸ καταθύεσθαι, καὶ κατασφάττεσθαι τὰ ζῶα, ἀλγοῦντά γε, ὡς εἰκὸς, B καὶ τρυχόμενα; Ταῦτα πολλοὶ καὶ τῶν περιττῶν εἴποιεν ἄν. ἐκεῖνα δὲ ἤδη κωμῳδοῦσι καὶ τῶν ἀνθρώπων οἱ δυσσεβέστατοι. τὰ μὲν ὄρμενά φησιν ἐσθίεσθαι τῶν λαχάνων· παραιτεῖσθαι δὲ τὰς ῥίζας, ὥσπερ γογγυλίδας. καὶ σῦκα μὲν ἐσθίεσθαί φησι, ῥοιὰς δὲ οὐκέτι, καὶ μῆλα πρὸς τούτοις. Ταῦτα ἀκηκοὼς μυθιζόντων πολλῶν πολλάκις, ἀλλὰ καὶ εἰρηκὼς πρότερον, ἔοικα ἐγὼ μόνος ἐκ πάντων πολλὴν εἰδέναι τοῖς δεσπόταις θε- C οῖς, μάλιστα μὲν ἅπασι, πρὸ τῶν ἄλλων δὲ, τῇ μητρὶ τῶν θεῶν, ὥσπερ ἐν τοῖς ἄλλοις ἅπασιν, οὕτω καὶ ἐν τούτῳ χάριν, ὅτι με μὴ περιεῖδεν ὥσπερ ἐν σκότῳ πλανώμενον· ἀλλά μοι πρῶτόν γε ἐκέλευσεν ἀποκόψασθαι, οὔτι κατὰ τὸ σῶμα, κατὰ δὲ τὰς ψυχικὰς ἀλόγους ὁρμὰς, καὶ κινήσεις τῇ νοερᾷ καὶ προεστώσῃ τῶν ψυχῶν ἡμῶν αἰτίᾳ τὰ περιττὰ καὶ μάταια· ἐπὶ νοῦν δὲ ἔδωκεν αὐτὴ λόγους τινὰς ἴσως οὐκ ἀπᾴδοντας ταύτης τῆς ἐπὶ θεῶν ἀληθοῦς, D ἀλλὰ καὶ εὐαγοῦς ἐπιστήμης. Ἀλλ' ἔοικα γὰρ, ὥσπερ οὐκ ἔχων ὅ,τι φῶ, κύκλῳ περιτρέχειν. Ἐμοὶ δὲ πάρεστι μὲν, καὶ καθέκαστον ἐπιόντι, σαφεῖς καὶ τηλαυγεῖς αἰτίας ἀποδοῦναι, τοῦ χάριν ἡμῖν οὐ θέμις ἐστὶ προσφέρεσθαι ταῦτα· ὧν ὁ θεῖος εἴργει θεσμός. καὶ ποιήσω γε αὐτὸ μικρὸν ὕστερον. Ἄμεινον δὲ νῦν, ὥσπερ τύπους τινὰς προθεῖναι, καὶ κανόνας, οἷς ἑπόμενοι κἄν τι πολλάκις ὑπὸ τῆς σπουδῆς παρέλθῃ τὸν λόγον, ἕξομεν ὑπὲρ τούτων κρῖναι.

A feramus. In quo primum illud nemo non ridiculum judicat: quod ita carnibus vesci lex sacra concesseris, ut leguminibus interdiceret. Quid enim? Nonne anima carent ista; illa vero prædita sunt? Non item pura illa sunt; hæc sanguine, cæterisque rebus sunt referta, quas oculi & aures non facile sustinent? Nonne & illud inest præterea, ut ex leguminum usu in neminem redundet injuria; carnibus vero vesci nemo possit, quin mactentur ac jugulentur pecudes; qua re utique dolor ac molestia illis B infligitur? Atque hæc plerique non vulgarium alioquin hominum nobis objicere possunt. Illa jam ab extreme impiis irrideri traducique solent. Nam olerum quidem caules manducari, inquiunt, radices vero repudiari, veluti rapa: tum ficus comedi, Punica non item, neque mala præterea. Cum hæc ego mussitantes plerosque sæpius audierim, imo & ipse quondam usurpaverim; solus nunc ex omnibus maximam Dominis Diis videor, cum universis, tum C Deorum præcipue Matri, debere gratiam; non solum propter cætera ejus immensa beneficia, sed etiam ob illud singulare, quod me sic tanquam in tenebris vagantem minime neglexerit, sed inprimis abscindi jusserit: non corpore quidem ipso; verum in expertibus rationis animæ motibus & incitationibus, quæcunque intelligibili & animarum nostrarum præsidi causæ supervacanea sunt & inutilia. Deinde certas menti meæ rationes immisit, quæ ab vera, sed & religiosa de Diis scientia fortasse non pe- D nitus abhorrent. Verum quasi nihil habeam quod dicam, ita per ambages orationem circumducere videor. Atqui singula percurrenti licet perspicuas & manifestas causas ostendere, cur ejusmodi divina lege nobis interdictis vesci nefas habeatur: quod ego paulo post disputabo. Nunc vero consultius existimo velut formulas ac regulas certas proponere, quibus inhærentes, si quid forte cursum festinantis orationis effugiat, de iis judicium ferre possimus.

Sed

Sed ante omnia revocandum illud est in memoriam: quid nos tandem Attin, & excisionem illam esse diximus; tum quid illa, quæ post excisionem ad Hilaria usque geruntur; nec non quid castimoniam ipsam significare velimus. Attis igitur principium quoddam ac Deus esse videbatur, qui materia constantem hunc mundum proxime fabricavit, quem ad infima usque descendentem procreatrix illa Solis agitatio reprimit; cum ad totius universi metas & extremum orbem Deus ille pervenit, cui ab effectu æquinoctialis nomen imponitur. Nam excisionem ipsam nihil esse diximus aliud, nisi infinitatis modum; qui non aliter, quam revocatione quadam ad antiquiora & primaria principia, & ex infimis emersione contingeret. Castimoniæ porro finem evectionem animarum esse statuimus. Quæ quidem inprimis semina illa, quæ conduntur humo, vesci prohibet. Est enim rerum omnium novissima terra: ubi & compulsa mala versari Plato dixit, & eam passim in oraculis Dii sordes ac quisquilias nominant, atque ut inde fugiamus non raro cohortantur. Quamobrem genitalis ac provida illa Dea ne ad ipsa quidem usque corporis alimenta iis quæ terra obruuntur uti permittit; eaque re cœlum ipsum, vel potius supra cœlum, respicere nos admonet. Non desunt tamen, qui unico seminum genere vescuntur, nimirum siliquis; quod non magis inter semina, quam olera numerandum existimant, quandoquidem sursum assurgit, & erectum est, neque in terra radices agit, sed ad eum modum habet, quo hederæ fructus ex arbore, vel vitis ex arundine dependet. His de causis igitur stirpium vesci seminibus nobis interdicitur; fructibus & oleribus permittitur, non humi repentibus, sed quæ a terra in sublime tolluntur. Hæc eadem ratio est, cur in rapo quicquid terra potissimum gaudet, eo utpote terrestri abstinere jubet; quicquid autem sursum emergit, & in

A Προσήκει δὲ πρῶτον ὑπομνῆσαι διὰ βραχέων τίνα τε ἔφαμεν εἶναι τὸν Ἄττιν καὶ τί τὴν ἐκτομήν· τίνος τε εἶναι σύμβολα τὰ μετὰ τὴν ἐκτομὴν ἄχρι τῶν Ἱλαρίων γινόμενα· καὶ τί βούλεσθαι τὴν ἁγνείαν. Ὁ μὲν οὖν Ἄττις ἐλέγετο αἰτία τις οὖσα, καὶ θεός, ὁ προσεχὴς δημιουργὸς τοῦ ἐνύλου κόσμου· ὃς μέχρι τῶν ἐσχάτων κατιὼν ἵσταται ὑπὸ τῆς ἡλίου δημιουργικῆς κινήσεως· ὅταν ἐπὶ τῆς ἄκρως ὡρισμένης τοῦ παντὸς ὁ θεὸς γένηται περιφερείας, οὗ τῆς ἰσημερίας τοὔνομά ἐστι κατὰ τὸ ἔργον. B Ἐκτομὴν δὲ ἐλέγομεν εἶναι τῆς ἀπειρίας τὴν ἐποχήν· ἣν οὐκ ἄλλως, ἢ διὰ τῆς ἐπὶ τὰς πρεσβυτέρας, καὶ ἀρχηγικωτέρας αἰτίας ἀνακλήσεώς τε, καὶ ἀναδύσεως συμβαίνειν. αὐτῆς δὲ τῆς ἁγνείας φαμὲν τὸν σκοπὸν ἄνοδον τῶν ψυχῶν. οὔκουν οὐκ ἐᾷ πρῶτον σιτεῖσθαι τὰ κατὰ γῆς δυόμενα σπέρματα. ἐσχάτη μὲν γὰρ τῶν ὄντων ἡ γῆ. ἐνταῦθα δέ φησιν καὶ ἀπελαθέντα, καὶ Πλάτων τὰ κακὰ στρέφεσθαι· καὶ διὰ τῶν λογίων C οἱ θεοὶ σκύβαλον αὐτὸ πολλαχοῦ καλοῦσι· καὶ φεύγειν ἐντεῦθεν πολλαχοῦ παρακελεύονται. Πρῶτον οὖν ἡ ζωογόνος καὶ προμηθὴς θεὸς οὐδὲ ἄχρι τῆς τῶν σωμάτων τροφῆς ἐπιτρέπει τοῖς κατὰ γῆς δυομένοις χρῆσθαι· παραινοῦσά γε πρὸς τὸν οὐρανόν, μᾶλλον δὲ καὶ ὑπὲρ τὸν οὐρανὸν βλέπειν. ἑνὶ τινὲς κέχρηνται σπέρματι τοῖς λοβοῖς· οὐ σπέρμα μᾶλλον ἢ λάχανον αὐτὸ νομίζοντες εἶναι· τῷ πεφυκέναι πως ἀναφερὲς καὶ ὀρθόν, καὶ οὐδὲ D ἐρριζῶσθαι κατὰ τῆς γῆς· ἐῤῥίζωται δὲ ὥσπερ ἐκ δένδρου κιττοῦ τινος, ἢ καὶ ἀμπέλου καρπὸς ἤρτηται τῆς καλάμης. Ἀπηγόρευται μὲν οὖν ἡμῖν σπέρμασι χρῆσθαι διὰ τοῦτο φυτῶν· ἐπιτέτραπται δὲ χρῆσθαι καρποῖς, καὶ λαχάνοις, οὐ τοῖς χαμαιζήλοις, ἀλλὰ τοῖς ἐκ γῆς αἰρομένοις ἄνω μετεώροις. Ταύτῃ τοι καὶ τῆς γογγυλίδος τὸ μὲν γεωχαρές, ὡς χθόνιον ἐπιτάττει παραιτεῖσθαι· τὸ δὲ ἀναδυόμενον ἄνω,

Vel. φητα ἀπελαθ.

ἄνω, καὶ εἰς ὕψος αἰρόμενον, ὡς αὐτὸ τοῦτο καθαρὸν τυγχάνον, δίδωσι προσενέγκασθαι. Τῶν γὰρ λαχάνων ὁμμένοις μὲν συγχωρεῖ χρῆσθαι· ῥίζας δὲ ἀπαγορεύει, καὶ μάλιστα ταῖς ἐντρεφομέναις καὶ συμπαθούσαις τῇ γῇ. Καὶ μὴν καὶ τῶν δένδρων μῆλα μέν, ὡς ἱερὰ καὶ χρυσᾶ, καὶ τῶν ἀρρήτων ἄθλων, καὶ τελεστικῶν εἰκόνας, μεταφθείρειν οὐκ ἐπέτρεψε, καὶ καταναλίσκειν, ἄξιά γε ὄντα, τῶν ἀρχετύπων χάριν, τοῦ σέβεσθαί γε, καὶ θεραπεύεσθαι· ῥοιὰς δέ, ὡς φυτὸν χθόνιον, παρῃτήσατο· καὶ τὸ φοίνικος δὲ τὸν καρπὸν ἴσως μὲν ἄν τις εἴποι, διὰ τὸ μὴ γίνεσθαι περὶ τὴν Φρυγίαν· ἔνθα πρῶτον ὁ θεσμὸς κατέστη. Ἐμοὶ δὲ δοκεῖ μᾶλλον ὡς ἱερὸν ἡλίου τὸ φυτόν, ἀγήρων τε ὄν, οὐ συγχωρῆσαι καταναλίσκειν ἐν ταῖς ἁγιστείαις εἰς τροφὴν σώματος. Ἐπὶ τούτοις ἀπηγόρευται ἰχθύσιν ἅπασι χρῆσθαι. κοινὸν δέ ἐστι τοῦτο καὶ πρὸς Αἰγυπτίους τὸ πρόβλημα. Δοκεῖ δὲ ἔμοιγε δυοῖν ἕνεκεν ἄν τις ἰχθύων μάλιστα μὲν ἀεί, πάντως δὲ ἐν ταῖς ἁγιστείαις ἀποσχέσθαι· ἑνὸς μέν, ὅτι τούτων ἃ μὴ θύομεν τοῖς θεοῖς, οὐδὲ σιτεῖσθαι προσήκει. Δέος δὲ ἴσως οὐδὲν μή πού τις ἐνταῦθα λίχνος καὶ γάστρις ἐπιλάβηταί μου, ὥς που καὶ πρότερον ἤδη παθὼν αὐτὸ διαμνημονεύω· διά τι δὲ οὐχὶ καὶ θύομεν αὐτοὺς πολλάκις τοῖς θεοῖς, οὑτωσί τις ἀκούσας. Ἀλλ' ἔχομέν τι καὶ πρὸς τοῦτο εἰπεῖν. καὶ θύομέν γε, ἔφην, ὦ μακάριε, ἔν τισι τελεστικαῖς θυσίαις· ὡς ἵππον Ῥωμαῖοι· ὡς πολλὰ καὶ ἄλλα θηρία, καὶ ζῶα, κύνας ἴσως Ἕλληνες Ἑκάτῃ, καὶ Ῥωμαίων δέ. καὶ πολλὰ παρ' ἄλλοις ἐστὶ τῶν τελεστικῶν, καὶ δημοσίᾳ ταῖς πόλεσιν ἅπαξ τοῦ ἔτους, ἢ δὶς τοιαῦτα θύματα· ἀλλ' οὐκ ἐν ταῖς τιμητηρίαις ἐφ' ὧν μόνων κοινωνεῖν ἄξιον, καὶ τραπέζης θεοῖς· τοὺς δὲ ἰχθύας ἐν ταῖς τιμητηρίαις οὐ θύομεν ὅτι μηδὲ νέμομεν· μηδὲ τῆς γενέσεως αὐτῶν ἐπι-

Forf. ἀλλήλοις

deest ἐφ' in MSS. Voss.

A sublime sese tollit, tanquam purum indulgeat. Nam & olerum caulibus duntaxat uti concessit, radicibus vetuit, iisque præsertim, quæ innutriuntur humo, & cum ea consensionem quandam habent. Porro inter arborum fructus mala, tanquam sacra & aurea, & ut arcanorum ac mysticorum præmiorum imagines, corrumpere & consumere prohibet; quæ quidem propter exemplaria sua digna sunt, quibus reverentia & cultus adhibeantur. At punica, velut humilis ac terrestris arboris fœtus, respicit. B Palmæ vero dactylos ideo fortasse quispiam interdictos existimet, quod in Phrygia, ubi ritus illi primum editi sunt, nullæ proveniant. At ego propterea quod sacra Soli arbor illa sit, & senectutis expers, ad alenda corpora crediderim in casto non placuisse consumi. Secundum hæc nullo piscium genere vesci concedimur. Sed hæc nobis cum Ægyptiis communis est quæstio. Ac duabus quidem de causis jure mihi quispiam vel perpetuo, vel saltem cum est in casto, piscibus abstinere videatur. C Prima, quod quæ Diis minime sacrificamus, ea in cibum adhiberi nequaquam deceat. Quo in loco equidem non vereor, ne quis forte nos cupediosus ac ventri obsequens redarguat: id quod mihi contigisse jam antea recordor, cum hoc mihi nescio quis objiceret, cur non Diis interdum hostiarum genere illo faceremus. Verum habemus sane quod ei quæstioni respondeamus. Nam & ego tum illi: Atqui & nos, inquam, ista sacrificamus in mysticis qui- D busdam sacris; quemadmodum equum Romani; alias nonnullas feras & animalia, utputa canes, Græci pariter ac Romani; tum apud alios quamplurimæ id genus hostiæ semel bisve quotannis, mysterii causa, per civitates immolantur. At non in honorariis sacris, per quæ sola communes cum Diis mensas habere possumus. In honorariis ergo pisces minime sacrificamus: quoniam neque ipsos pascimus, neque curam illorum gerimus, nullos denique, ut boum ut boum & ovium, ita piscium greges habemus. Nam priora illa pecora, quæ & a nobis adjuvantur & ope nostra fœtificant, merito cum ad alias opportunitates, tum ad honores illos Deorum commoditatem nobis afferunt. Hæc est prima ratio, propter quam fas esse non arbitror tempore ipso castimoniæ piscem comedere. Altera, quam & ad ea, quæ supra commemorata sunt, pertinere magis judico; quod illi ipsi in profundum demersi, terrestriores utique seminibus esse quodammodo videantur. Quisquis autem evolare cupit, & ad ipsum cœli verticem sublimis attolli, jure omnia illa detestetur, e contrario vero ea persequatur & asciscat, quæ sursum in aëra tendunt & in altum nituntur, aut, ut poeticum aliquid eloquar, ad cœlum respiciunt. Porro volucres ad cibum adhibere permittit, paucis duntaxat exceptis, quæ pro sacris habentur. Quadrupedes item usitatas omnes, præter porcum. Hunc enim, tanquam penitus terrestrem cum forma ipsa, tum vitæ genere, nec non corporis ac naturæ conditione, (nam excrementosa carne est & crassa) sacra ab mensa prorsus ablegat. Etenim grata hæc esse hostia creditur Inferis Diis, nec immerito. Hoc enim animalis genus nunquam cœlum intuetur; ac neque sursum ei liber oculos attollere; neque ad id natura comparatur. Igitur ejusmodi sunt causæ, quas cur certis rebus abstineamus, sacri arcanique ritus edocent, easque nos rerum illarum periti cum iis, qui Deorum cognitione prædiri sunt, communicare voluimus.

Nunc de cæteris, quorum usus conceditur, hoc unum admonebimus: Cum non omnibus omnia præscribere vellet; sed ad id, quod humanæ naturæ possibile esset, lex divina respiceret, pluribus istis & communibus uti permisisse: non ut ab omnibus necessario omnes adhiberentur, (hoc enim fortasse difficile est) sed ut eo maxime vesceremur, quod & corporis facultati consentaneum foret; & cujus obtinendi

A μελλήσομεν· μήτε ἡμῖν εἶναι ἀγέλας, καθάπερ προβάτων καὶ βοῶν, οὕτω καὶ τῶν ἰχθύων. Ταῦτα μὲν γὰρ ὑφ' ἡμῶν βοηθούμενα τὰ ζῷα, καὶ πληθυνόμενα, διὰ τοῦτο δικαίως ἂν ἡμῖν εἴς τε τὰς ἄλλας χρείας ἐπικαιρότερα, καὶ πρό γε τῶν ἄλλων ἐς τιμητηρίους θυσίας. Εἷς μὲν δὴ λόγος οὗτος, δι' ὃν οὐκ οἶμαι δεῖν ἰχθὺν ἐν ἁγνείας καιρῷ προσφέρεσθαι τροφήν. Ἕτερος δὲ, ὃν καὶ μᾶλλον ἡγοῦμαι τοῖς προειρημένοις ἁρμόζειν, ὅτι τρόπον τινὰ καὶ B αὐτοὶ κατὰ τὸν βυθὸν δεδυκότες εἶεν ἂν χθονιώτεροι τῶν σπερμάτων· ὁ δὲ ἐπιθυμῶν ἀναπτῆναι, καὶ μετέωρος ὑπὲρ τὸν αἰθέρα πρὸς αὐτὰς ἀρθῆναι τὰς κορυφὰς, δικαίως ἂν ἀποστρέφοιτο πάντα τὰ τοιαῦτα· μεταθέοι δὲ καὶ μετατρέχοι τὰ τεινόμενα πρὸς τὸν ἀέρα, καὶ σπεύδοντα πρὸς τὸ ἄναντες, καὶ ἵνα τι καὶ ποιητικὸν εἴπω, πρὸς τὸν οὐρανὸν ὁρῶντα. Πτηνοῖς δὲ ἐπιτρέπει χρῆσθαι, πλὴν ὀλίγων, ὡς ἱεροὺς εἶναι πάντη συμβέβηκεν· καὶ τῶν τετραπόδων τοῖς συνήθεσιν, ἔξω τοῦ χοίρου. C Τοῦτον δὲ, ὡς χθόνιον πάντη μορφῇ τε, καὶ τῷ βίῳ, καὶ αὐτῷ τῷ τῆς οὐσίας λόγῳ· περιττωματικὴ τε γὰρ καὶ παχεῖα τὴν σάρκα· τῆς ἱερᾶς ἀπώκισε τροφῆς. Φίλον γὰρ εἶναι πεπίστευται θῦμα τοῖς χθονίοις θεοῖς οὐκ ἀπεικότως, οὐδέποτε γὰρ εἰς οὐρανὸν τοῦτο τὸ ζῷον, οὐ μόνον οὐ βουλόμενον, ἀλλ' οὐδὲ πεφυκὸς ἀναβλέψαι ποτέ. Τοιαύτας μὲν δὴ αἰτίας ὑπὲρ τῆς ἀποχῆς ὧν ἀπέχεσθαι δεῖ ὑφηγεῖται ὁ θεῖος θεσμός· οἱ ξυνιέντες δὲ κοι- D νούμεθα τοῖς ἐπισταμένοις θεούς.

Ὑπὲρ δὲ ὧν ἐπιτρέπει χρῆσθαι λέγομεν τοσοῦτον· ὡς οὐ πᾶσιν ἅπαντα, τὸ δυνατὸν δὲ ὁ θεῖος νόμος τῇ ἀνθρωπίνῃ φύσει σκοπῶν, ἐπέτρεψε χρῆσθαι τούτοισι τοῖς πολλοῖς· οὐχ ἵνα πᾶσι πάντες ἐξ ἀνάγκης χρησώμεθα· τοῦτο μὲν γὰρ ἴσως οὐκ εὔκολον· ἀλλ' ὅπως ἐκείνοις, ὅσα ἄρα πρῶτον μὲν ἡ τοῦ σώματος συγχωροίη δύναμις, εἶτα τις περιουσία συντρέχει· καὶ τρίτον ἡ προαίρεσις· ἣν ἐν τοῖς ἱεροῖς οὕτως ἄξιον ἐπιτείνειν· ὥστε καὶ ὑπὲρ τὴν τοῦ σώματος δύναμιν ὁρμᾶν, καὶ προθυμεῖσθαι τοῖς θείοις ἀκολουθεῖν θεσμοῖς. Ἔστι γὰρ δὴ τοῦτο μάλιστα μὲν ὀνησιμώτερον αὐτῇ τῇ ψυχῇ πρὸς σωτηρίαν, εἰ μείζονα λόγον αὐτῆς, ἀλλὰ μὴ τοῦ σώματος τῆς ἀσφαλείας ποιήσαιτο. Πρὸς δὲ καὶ αὐτὸ τὸ σῶμα μειζόνως, καὶ θαυμασιωτέρας φαίνεται λεληθότως τῆς ὠφελείας μεταλαγχάνον. Ὅταν γὰρ ἡ ψυχὴ πᾶσαν ἑαυτὴν δῷ τοῖς θεοῖς, ὅλα τὰ καθ' ἑαυτὴν ἐπιτρέψασα τοῖς κρείττοσιν, ἑπομένης, οἶμαι, τῆς ἁγιστείας, καὶ πρό γε ταύτης τῶν θείων θεσμῶν ἡγουμένων, ὄντος οὐδενὸς λοιποῦ τοῦ ἀπείργοντος καὶ ἐμποδίζοντος· πάντα γάρ ἐστιν ἐν τοῖς θεοῖς, καὶ πάντα περὶ αὐτοὺς ὑφέστηκε, καὶ πάντα τῶν θεῶν ἐστι πλήρη· αὐτίκα μὲν αὐταῖς ἐλλάμπει τὸ θεῖον φῶς· θεωθεῖσαι δὲ αὗται τόνον τινὰ, καὶ ῥώμην ἐπιτιθέασι τῷ συμφύτῳ πνεύματι. Τοῦτο δὲ ὑπ' αὐτῶν στομούμενον, ὥσπερ καὶ κρατυνόμενον, σωτηρίας δὲ αἴτιον ὅλῳ τῷ σώματι. Τὸ δὲ ὅτι μάλιστα μὲν πάσας τὰς νόσους· εἰ δὲ μὴ ὅτι τὰς πλείστας καὶ μεγίστας ἐκ τῆς τοῦ πνεύματος εἶναι τροπῆς, καὶ παραφορᾶς συμβέβηκεν, οὐδεὶς ὅστις, οἶμαι, τῶν Ἀσκληπιαδῶν οὐ φήσειεν. οἱ μὲν γὰρ καὶ πάσας φασίν· οἱ δὲ τὰς πλείστας, καὶ μεγίστας, καὶ ἰαθῆναι χαλεπωτάτας. Μαρτυρεῖ δὲ τούτοις, καὶ τὰ τῶν θεῶν λόγια. Φημὶ δὲ, ὅτι διὰ τῆς ἁγιστείας οὐχ ἡ ψυχὴ μόνον, ἀλλὰ καὶ τὰ σώματα βοηθείας πολλῆς καὶ σωτηρίας ἀξιοῦται· σώζεται γάρ, φησί, καὶ τὸ πικρᾶς ὕλης περίβλημα βρότειον, οἱ θεοὶ τοῖς ὑπεράγνοις παρακελευόμενοι τῶν θεουργῶν κατεπαγγέλλονται.

Τίς οὖν ἡμῖν ὑπολείπεται λόγος, ἄλλως τε καὶ ἐν βραχεῖ νυκτὸς μέρει ταῦτα ἀπνευστὶ ξυνθεῖναι συγχωρηθεῖσιν, οὐδὲν οὔτε προανεγνωκόσιν, οὔτε

A facultas nobis nonnulla suppeteret; ac demum tertio in quod nostra nos voluntas induceret. Quæ quidem, cum de sacris agitur, sic intendenda nobis est, uti sese supra vires ipsas corporis interdum efferat, & ad divinos ritus affectandos promtam alacremque præbeat. Nam est animæ ad salutem obtinendam longe conducibilius istud ac præsentius, si majorem sui met ipsius quam salubritatis corporis curam gerat. Quin & ipsi quoque corpori, tametsi minus appareat, majores ea res opportunitates affert. B Etenim cum se totam Diis anima dediderit, suaque omnia superis gubernanda permiserit; succedente nimirum castimonia, & ante hanc divinis præeuntibus legibus; ubi nihil jam superest, quod obstet impedimentoque sit, (quippe cum sint in Diis, ac circa Deos omnia, ac Deorum itidem omnia plena sint) continuo divina lux illis affulget. Quæ postquam divinæ quodammodo sunt factæ, in congenerem spiritum vim nescio quam vigoremque transfundunt. Qui ubi pervasit, ac se penitus insi- C nuavit, tum eo roborans & confirmatus spiritus universo corpori salutem consciscit. Nam quod morbi vel omnes, vel plerique saltem & maximi, ex mutatione spiritus & in alienum a natura statum degeneratione nascantur, medicorum nemo diffitebitur. Quoniam alii morborum hanc unam originem esse putant; alii quamplurimorum, & maximorum, quorumque sit difficillima curatio. Atque horum quidem opinioni Deorum oracula suffragantur, cum illud affirmant: ejusmodi castimonia non D animam duntaxat, sed & ipsa corpora haud mediocrem opem salutemque consequi, servatur enim, inquit, & asperæ materiæ mortalis amictus. Hoc Dii nimirum iis ipsis, qui inter sacros suos ministros castimonia præcellunt, cohortando pollicentur.

Ecquidnam vero jam ad dicendum superest; præsertim cum hæc nobis, exigua noctis parte, uno spiritu pertexere concessum fuerit, nullaque antea neque lectione, nec

nec earum rerum meditatione comparati ad ea perscribenda venerimus, imo ne de isto quidem argumento verba facere in animo prius habuerimus, quam pugillares istos posceremus? Testis est ipsa Dea, vera esse quæ dicimus. Quid igitur reliquum nobis est? Nimirum illi ipsi revocare in memoriam Deæ, una cum Minerva atque Baccho, quorum festa ejusmodi castorum ceremoniis divini ritus adstringi voluerunt: cum eorum autores animadverterent, quæ sit Minervæ cum Deorum matre, propter eam, quæ est in utriusque natura, providentiæ similitudinem, necessitas & cognatio: nec minus partium illud Bacchi opificium considerantes, quod a singulari stabilique vita magni Jovis magnus ille Bacchus acceptum (utpote qui ab illo progressus est) rebus omnibus, quæ apparent, attribuit, divisi omnis opificii moderator ac princeps. Præter hos vero, Epaphrodito quoque Mercurio revocare in memoriam oportet. Ita enim apud Mystas Deus ille nominatur, quicunque sapientis in honorem Attidis faces accendunt. Quis est porro sic hebes & crassus, qui non intelligat, Mercurii ac Veneris ope, universa, quæ sunt generationis propria, revocari; quibus quod alicujus gratia fit omnino continetur; quod est rationis maxime proprium? Attis vero nonne ille est ipse, qui cum paulo ante esset insipiens, nunc propter exsectionem sapiens vocatur? Insipiens enim propterea fuit, quod materiam elegerit, ac generationis curam susceperit; idem autem sapiens dicitur, quoniam sordes istas & quisquilias pulchre composuit, adeoque mutando perpolivit, ut id nullum hominis artificium, sapientia nulla possit imitari. Ecquis vero demum orationis hujus erit exitus? Nimirum in magnæ illius honorem Deæ hymnus aliquis expromendus est.

O Deorum hominumque mater! ô magni Jovis assestrix, soliique particeps! ô fons intelligibilium Deorum! ô integerrimis eorum, quæ mente capiuntur, naturis conjuncta, communem ex omnibus efficiendi vim excipiens, & in intelligibilis

A σκεψαμένους περὶ αὐτῶν ἀλλ' οὐδὲ προελομένους ὑπὲρ τούτων εἰπεῖν πρὶν τὰς δέλτους ταύτας αἰτῆσαι; μάρτυς δὲ ἡ θεός μοι τοῦ λόγου. Ἀλλ' ὅπερ ἔφην, τί τὸ λειπόμενον ἡμῖν ὑπομνῆσαι τὴν θεὸν, μετὰ τῆς Ἀθηνᾶς καὶ τοῦ Διονύσου· ὧν δὴ καὶ τὰς ἑορτὰς ἐν ταύταις ἔθετο ταῖς ἁγιστείαις ὁ νόμος. ὁρῶν μὲν τῆς Ἀθηνᾶς πρὸς τὴν μητέρα τῶν θεῶν, διὰ τὸ προνοητικῆς ἐν ἑκατέραις ταῖς οὐσίαις ὁμοιότη-
B τος, τὴν συγγένειαν. ἐπισκοπῶν δὲ καὶ τὴν Διονύσου μεριστὴν δημιουργίαν ἣν ἐκ τῆς ἑνοειδοῦς καὶ μονίμου ζωῆς τοῦ μεγάλου Διὸς ὁ μέγας Διόνυσος παραδεξάμενος, ἅτε καὶ προελθὼν ἐξ ἐκείνου, τοῖς φαινομένοις ἅπασιν ἐγκαθίησιν· ἐπιτροπεύων καὶ βασιλεύων τῆς μεριστῆς συμπάσης δημιουργίας. Προσήκει δὲ σὺν τούτοις ὑπομνῆσαι καὶ τὸν Ἐπαφρόδιτον Ἑρμῆν· καλεῖται γὰρ οὕτως τῶν ὑπὸ μυστῶν ὁ θεὸς οὗ-
C τος, ὅσοι λαμπάδας φασὶν ἀνάπτειν Ἄττιδι τῷ σοφῷ. Τίς οὖν οὕτω παχὺς τὴν ψυχὴν, ὃς οὐ συνήσει, ὅτι δι' Ἑρμοῦ μὲν, καὶ Ἀφροδίτης ἀνακαλεῖται πάντα πανταχοῦ τὰ τῆς γενέσεως ἔχοντα τὸ ἕνεκα τοῦ ταύτῃ καὶ πάντως· ὃ τοῦ λόγου μάλιστα ἴδιόν ἐστιν; Ἄττις δ' οὐχ οὗτός ἐστιν ὁ μικρῷ πρόσθεν ἄφρων, νῦν δὲ ἀκούων διὰ τὴν ἐκτομὴν σοφός; ἄφρων μὲν ὅτι τὴν ὕλην εἵλετο, καὶ τὴν γένεσιν ἐπιτροπεύει· σοφὸς δὲ, ὅτι τὸ σκύβαλον
D τοῦτο εἰς κάλλος ἐκόσμησε, καὶ τοσοῦτον μετέστησεν, ὅσον οὐδεμία μιμήσαιτο ἀνθρώπων τέχνη καὶ σύνεσις. Ἀλλὰ τί πέρας ἔσται μοι τῶν λόγων, ἢ δῆλον ὡς ὁ τῆς μεγάλης ὕμνος θεοῦ;

Ὦ θεῶν καὶ ἀνθρώπων μῆτερ ὦ τοῦ μεγάλου σύνθωκε καὶ σύνθρονε Διός· ὦ πηγὴ τῶν νοερῶν θεῶν· ὦ τῶν νοητῶν ταῖς ἀχράντοις οὐσίαις συνδραμοῦσα, καὶ τὴν κοινὴν ἐκ πάντων αἰτίαν παραδεξαμένη, καὶ τοῖς νοεροῖς ἐνδι-

δοῦσα

δοῦσα, ζωογόνε Θεά, καὶ μῆτις, καὶ πρόνοια, καὶ τῶν ἡμετέρων ψυχῶν δημιουργέ· ὦ τὸν μέγαν Διόνυσον ἀγαπῶσα, καὶ τὸν Ἄττιν ἐκτεθέντα περισωσαμένη, καὶ πάλιν αὐτὸν εἰς τὸ γῆς ἄντρον καταδυόμενον ἐπανάγουσα· ὦ πάντων μὲν ἀγαθῶν τοῖς νοεροῖς ἡγουμένη θεοῖς, πάντων δὲ ἀποπληροῦσα τὸν αἰσθητὸν κόσμον, πάντα δὲ ἡμῖν ἐν πᾶσιν ἀγαθὰ χαριζομένη. δίδου πᾶσι μὲν ἀνθρώποις εὐδαιμονίαν, ἧς τὸ κεφάλαιον ἡ τῶν θεῶν γνῶσίς ἐστι· κοινῇ δὲ τῷ Ῥωμαίων δήμῳ μάλιστα μὲν ἀποτρίψασθαι τῆς ἀθεότητος τὴν κηλῖδα· πρὸς δὲ καὶ τὴν τύχην εὐμενῆ συνδιακυβερνῶσαν αὐτῷ τὰ τῆς ἀρχῆς πολλὰς χιλιάδας ἐτῶν. Ἐμοὶ δὲ καρπὸν γενέσθαι τῆς περὶ σὲ θεραπείας, ἀλήθειαν ἐν τοῖς περὶ θεῶν δόγμασιν· ἐν θεουργίᾳ τελειότητα· πάντων προσερχόμεθα περὶ τὰς ἔργων, οἷς πολιτικὰς καὶ στρατιωτικὰς τάξεις ἀρετὴν μετὰ τῆς ἀγαθῆς τύχης, καὶ τὸ τοῦ βίου πέρας ἄλυπόν τε, καὶ εὐδόκιμον μετὰ τῆς ἀγαθῆς ἐλπίδος τῆς ἐπὶ τῇ παρ' ὑμᾶς πορείᾳ.

A derivans, Diva genitalis, consilium, & providentia, nostrarum procreatrix animarum! o magni illius amore capta Bacchi! quæ, & Attin expositum servasti; & eundem rursus, cum in speluncam terræ delapsus esset, eduxisti! ô quæ Diis intelligibilibus præis ad omnia bonorum genera, & subjectum hunc sensibus mundum bonis itidem imples omnibus: nobis denique omnia in omnibus bona largiris! da felicitatem mortalibus universis, cujus caput est Deorum cognitio: publice præterim Romano populo concede, B ut illam impietatis ac Deorum contemtus maculam abstergat: tum prosperam benevolamque fortunam, quæ cum eo multis annorum millibus moderetur imperium. Mihi vero præcipuus hic a te mei in te fructus obsequii contingat, in omnibus de Diis decretis ac dogmatibus veritas; in sacris administrandis perfectio; in actionibus omnibus, quibus fungimur, tam circa civiles quam militares administrationes, cum secunda fortuna virtus; vita denique dolo- C ris expers, & illustris exitus, cum bona meæ hinc ad vos profectionis fiducia conjunctus.

ΙΟΥΛΙΑΝΟΥ
ΑΥΤΟΚΡΑΤΟΡΟΣ
ΕΙΣ ΤΟΥΣ ΑΠΑΙΔΕΥΤΟΥΣ ΚΥΝΑΣ.

JULIANI IMP.
ADVERSUS IMPERITOS CANES,
HOC EST, CYNICOS.

ΛΟΓΟΣ ς.

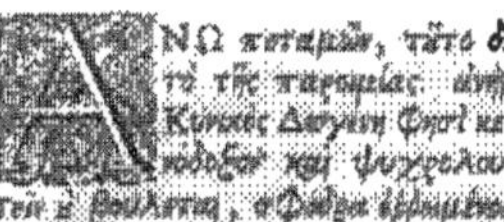
ΑΝΩ ποταμῶν, τοῦτο δὴ τὸ τῆς παροιμίας· ἀνὴρ Κυνικὸς Διογένη φησὶ κενόδοξον καὶ ψυχρολουτεῖν οὐ βούλεται, σφόδρα ἐρρωμένος τὸ σῶμα, καὶ σφριγῶν, καὶ τὴν ἡλικίαν ἀ- D

ORATIO VI.

IN fontes retro flumina: vetus ut proverbium usurpem. Homo ecce Cynicus Diogenem vanitatis accusat: & frigida lavari renuit; cum alioqui valido corpore sit ac bene habito, & in ætatis flore constitutus;

tus; ne quid mali patiatur: præsertim cum A
Sol ad æstivum solstitium accedat: quinetiam polypodis esum irridet: Diogenem vero vecordiæ arrogantiæque suæ dedisse pœnas affirmat; qui cibo isto, perinde ac cicutæ haustu, sit extinctus. Usque adeo vero in studio sapientiæ progressus est, ut illud compertum habeat, malum esse mortem. Atqui nescire se istud sapiens ille Socrates existimabat, & post Socratem Diogenes. Hic enim ægrotanti ac desperato propemodum Antistheni pugionem his verbis
obtulit: si quid amici opera indiges. Adeo B
mortem ille neque formidinis, neque doloris habere quicquam putabat. Nos autem, ad quos baculus inde pervenit, præ exquisitiore sapientia non dubitamus, quin mors aspera sit & molesta; ægrotatio vero morte ipsa sit molestior; algere denique ægrotatione difficilius. Nam qui morbo laborat, nonnunquam molliuscule curatur, ita ut in meras delicias ægritudo ipsa vertatur; præsertim si sit locuples ægrotus. Equidem memini me certos homines videre, qui se in morbis ipsis delicatius, quam in sanitate,
curarent: quamvis tũ alioqui splendidissime 3
vivérent. Quamobrem dixi aliquando sodalibus quibusdam meis, satius illis videri servis esse, quam dominis; & ut lilio nudiores summa in egestate viverent, quam iis opibus abundarent. Illud enim si contingeret, una eos ægrotandi ac deliciis utendi finem esse facturos. Ad eum itaque modum fastum ac delicias in morbo præ se ferre, plerique honestum sibi ac speciosum putant. At ille, qui algorem caloremque sustinet, nonne majori, quam qui ægrotat, in calamitate C
vivit? Certe quidem intolerabili dolore cruciatur.

Age vero nos quæ de Cynicis a præceptoribus didicimus, in medium considerandà proponamus iis, qui ad illud se vivendi genus applicare student. Quibus si quidem persuadere possimus, nihilo, mea quidem sententia, deteriores erunt qui Cyni

κμάζων ὡς ἂν μή τι κακὸν λάβῃ. καὶ ταῦτα θέρους ταῖς θεριναῖς τροπαῖς ἤδη προσιόντος. ἀλλὰ καὶ τὴν ἐδωδὴν τοῦ πολύποδος κωμῳδεῖ καί φησι τὸν Διογένη τῆς ἀνοίας καὶ κενοδοξίας ἐκτετικέναι δίκας, ὥσπερ ὑπὸ κωνείου, τῆς τροφῆς διαφθαρέντα. Οὕτω πόῤῥω που σοφίας ἐλαύνει, ὥστε ἐπίσταται σαφῶς ὅτι κακὸν ὁ θάνατος. τοῦτο δὲ ἀγνοεῖν ὑπελάμβανεν ὁ σοφὸς Σωκράτης, ἀλλὰ καὶ μετ' ἐκεῖνον Διογένης. ἀῤῥωστοῦν-
B τι γοῦν, φησὶν, Ἀντισθένει μακρὰν καὶ δυσανάληπτον ἀῤῥωστίαν, ξιφίδιον ἐπεδίδου ὁ Διογένης, εἰπών· εἰ φίλου χρῄζεις ὑπουργίας· οὕτως οὐδὲν ᾤετο δεινὸν ἐκεῖνος, οὐδὲ ἀλγεινὸν τὸν θάνατον. Ἀλλ' ἡμεῖς οἱ τὸ σκῆπτρον ἐκεῖθεν παραλαβόντες, ὑπὸ μείζονος σοφίας ἴσμεν ὅτι χαλεπὸν ὁ θάνατος. καὶ τὸ νοσεῖν δεινότερον αὐτοῦ φασι τοῦ θανάτου. τὸ ῥιγοῦν δὲ χαλεπώτερον τοῦ νοσεῖν. ὁ μὲν γὰρ νοσῶν, μαλακῶς ἔσθ' ὅτε θεραπεύεται. ὥστε ἑαυτῷ γίνεσθαι τρυφὴν αὐτόχρημα τὴν ἀῤῥωστίαν ἄλλως τε κἂν
3 ᾖ πλούσιος. ἐθεασάμην τοι καὶ αὐτὸς, νὴ Δία, τρυφῶντάς τινας ἐν ταῖς νόσοις μᾶλλον, ἢ τούτους αὐτοὺς ὑγιαίνοντας. καίτοι γε καὶ τότε λαμπρῶς ἐτρύφων. Ὅθεν μοι καὶ παρέστη πρός τινας τῶν ἑταίρων εἰπεῖν ὡς τούτοις ἄμεινον ἦν οἰκέταις γενέσθαι μᾶλλον, ἢ δεσπόταις· καὶ πένεσθαι τοῦ κρίνου γυμνοτέροις οὖσιν, ἢ πλουτεῖν, ὥσπερ νῦν. ἢ γὰρ ἂν ἐπαύσαντο νοσοῦντες ἅμα καὶ τρυφῶντες. τὸ μὲν δὴ νοσοτυφεῖν, καὶ νοσηλεύεσθαι τρυφηλῶς οὑτωσί τινες
C ἐν καλῷ ποιοῦνται. Ἀνὴρ δὲ ὁ κρύους ἀνεχόμενος, καὶ θάλπος καρτερῶν, οὐχὶ καὶ τῶν νοσούντων ἀθλιώτερον πράττει; ἀλγεῖ γοῦν ἀπαραμύθητα.

Δεῦρο οὖν ἡμεῖς ὑπὲρ τῶν Κυνικῶν, ὁπόσα διδασκάλων ἠκούσαμεν, ἐν κοινῷ καταθῶμεν σκοπεῖν τοῖς ἐπὶ τὸν βίον ἰοῦσι τοῦτον. οἷς εἰ μὲν πείθειν εὖ οἶδα, οὐδὲν οἶμαί γε νῦν ἐπιχειροῦντες κυνίζειν ἔσαίτο χεῖρας· ἀπειθοῦντες δὲ, εἰ μέν τι λαμπρὸν καὶ σεμνὸν ἐπιτηδεύοιεν, ὑπερφωνοῦντες τὸν λόγον τὸν ἡμέτερον, οὔ τι τοῖς ῥήμασιν, ἀλλὰ τοῖς ἔργοις· οὐδὲν ἐμπόδιον ὅ γε ἡμέτερος οἴσει λόγος. Εἰ δὲ ὑπὸ λιχνείας, ἢ μαλακίας· ἢ, τὸ κεφάλαιον ὡς εἰπεῖν ξυνελὼν ἐν βραχεῖ, τῆς σωματικῆς ἡδονῆς δεδουλωμένοι, τῶν λόγων ὀλιγωρήσειαν, προκαταγελάσαντες ὥσπερ ἐνίοτε τῶν παιδευτηρίων, καὶ τῶν δικαστηρίων οἱ κύνες τοῖς προπυλαίοις προσουροῦσιν· οὐ φροντὶς Ἱπποκλείδῃ· καὶ γὰρ οὐδὲ τῶν κυνιδίων ἡμῖν μέλει τὰ τοιαῦτα πλημμελούντων. Δεῦρο οὖν ἄνωθεν ἐν κεφαλαίοις διεξέλθωμεν ἐφεξῆς τὸν λόγον· ὅσα ὑπὲρ ἑκάστου τὸ πρακτικὸν ἀποδιδόντες αὐτοί τε εὐκολώτερον ἀπεργασώμεθα τοῦθ' ὅπερ δυνηθῆμεν καί σοι ποιήσωμεν εὐπαρακολούθητον. Οὐκοῦν ἐπειδὴ τὸν Κυνισμὸν εἶδός τι φιλοσοφίας εἶναι συμβέβηκεν, οὔτι φαυλότατον, οὐδὲ ἀτιμότατον, ἀλλὰ ταῖς κρατίσταις ἐνάμιλλον, ὀλίγα πρότερον ὑπὲρ αὐτῆς ῥητέον ἡμῖν ἐστι τῆς φιλοσοφίας.

Ἡ τῶν θεῶν εἰς ἀνθρώπους δόσις ἅμα φανοτάτῳ πυρὶ διὰ Προμηθέως ἐξ Ἡλίου μετὰ τῆς Ἑρμοῦ μερίδος, οὐχ ἕτερόν ἐστι παρὰ τὴν τοῦ λόγου καὶ νοῦ διανομήν. Ὁ γάρ τοι Προμηθεὺς, ἡ πάντα ἐπιτροπεύουσα τὰ θνητὰ πρόνοια, πνεῦμα ἔνθερμον, ὥσπερ ὄργανον, ὑποβάλλουσα τῇ φύσει, ἅπασι μετέδωκεν ἀσωμάτου λόγου. Μετέσχε δὲ ἕκαστον οὗπερ ἠδύνατο· τὰ μὲν ἄψυχα σώματα τῆς ἕξεως μόνον· τὰ φυτὰ δὲ ἤδη, καὶ σώματος· τὰ ζῷα δὲ, ψυχῆς· ὁ δὲ ἄνθρωπος καὶ λογικῆς ψυχῆς. Εἰσὶ μὲν οὖν οἱ μίαν οἴονται διὰ τούτων πάντων ἥκειν φύσιν. Εἰσὶ δὲ οἱ καὶ κατ' εἶδος ταύτας διαφέρειν. Ἀλλὰ μή πω τοῦτο. Μᾶλλον δὲ μηδὲ ἐν τῷ νῦν λόγῳ τοῦτο ἐξεταζέσθω, πλὴν ἐ-

A cum institutum affectant. Sin monenti repugnent, atque interim egregium quiddam ac magnificum usurpent; adeo ut orationem nostram non verbis, sed rebus ipsis factisque superent; nihil hæc illis obstabit oratio. Sin est autem ut præ liguriendi cupiditate ac mollicie; aut, ut uno verbo summatimque complectar, corporis voluptatibus irretiti sermones istos contemnant ac ludibrio habeant: quemadmodum ad scholarum
B vel judicialium basilicarum fores mejere canes assolent: nihil, ut est in proverbio, ista curat Hippoclides, uti neque canulos, dum ista committunt, magnopere curamus. Quocirca repetito altius orationis initio, eam certa in capita dividamus: ut cum unicuique quod est consentaneum tribuerimus, minore negotio quod suscepimus perficere, tibi vero ad intelligendum facilius efficere possimus. Quoniam igitur Cynicorum professio philosophiæ quædam est secta; nec
C ea quidem vilissima omnium & abjectissima, sed cum præstantissimis quibusque comparanda; pauca prius de universo philosophiæ genere dicenda sunt.

Donum illud a Diis immortalibus in humanum genus profectum, quod splendidissimo cum igne Prometheus a Sole, una cum Mercurii portione transtulit, nihil est aliud, quam rationis mentisque distributio. Etenim Prometheus, hoc est caducarum, ac mortalium rerum moderatrix illa providentia, cum calidum spiritum velut instru-
D mentum naturæ subjecisset, expertem corporis rationem omnibus impertivit. Hujus vero, pro eo ac poterat, unumquodque particeps est factum. Nam inanima corpora solam affectionem usurparunt: stirpes ipsæ præterea corpus: at animalibus anima cessit: homo denique ratione præditum animum sortitus est. Ac sunt nonnulli, qui hæc omnia pervadere unam ac singularem naturam existimant: alii eadem illa discrepare forma. Sed hæc nondum attingamus. Imo vero hac in oratione eatenus tantum illud inqui-

inquiramus, quatenus philosophiam, sive, ut quidam arbitrantur, artem artium, & scientiarum scientiam; sive perfectam, quoad licet, cum Diis similitudinem esse censeas: sive istud ipsum, quod Apollo Pythius respondit: *Nosce te ipsum*, nihil ad præsens negotium refert. Hæc enim omnia magnopere invicem consentire videntur. Sed imprimis illud expendamus Apollinis oraculum: *Nosce te ipsum*; quoniam quidem divinum hoc videtur esse præceptum. Igitur qui se ipsum norit, primum animam suam, deinde corpus suum cognoscet. Neque hoc satis habebit discere: hominem esse animam corpore utentem; verum etiam animæ naturam ipsius, tum ejus vires ac facultates indagabit. Sed neque hoc contentus uno, etiam illud quicquid in nobis est anima præstantius ac divinius; quod a nullo edocti divinum nescio quid esse suspicamur omnes, & in cœlo, tanquam in domicilio, collocamus; investigare conabitur. Post hæc ulterius progressus corporis principia contemplabitur: compositumne sit, an simplex, tum via & ratione procedens, compagem illius, & concentum, affectionem, vim, ac cætera denique, quibus ad sui conservationem opus habet, inquiret. Quinetiam nonnullarum artium principia scrutabitur, quibus ad tuendum sese corpus utitur: cujusmodi sunt medicina, agricultura & id genus reliquæ. Sed nec otiosas illas ac supervacaneas penitus ignorare volet: quandoquidem ad eam animæ partem, quæ affectionibus obnoxia est, mulcendam ac deliniendam nonnulla reperta sunt. Nam assidue in illis esse verebitur; idque turpe esse persuasum habebit, ut quod in istis inest molestum ac difficile declinet. Verum universe cujusmodi tandem illa sint, & ad quas animæ partes sint accommodata, non nesciet. Vide autem an non breve dictum illud, *Nosce teipsum*, cum scientiæ omni artique præeat, tum generales rerum rationes contineat. Nimirum tam divina propter illam, quæ nobis est insita, divinitatis parti-

A καλὸν χάριν, ὅτι τὴν φιλοσοφίαν, εἴθ', ὥσπερ τινὲς ὑπολαμβάνουσι, τέχνην τεχνῶν, καὶ ἐπιστήμην ἐπιστημῶν· εἴτε ὁμοίωσιν θεῷ κατὰ τὸ δυνατόν, εἴθ' ὅπερ ὁ Πύθιος ἔφη, γνῶθι σαυτόν, ὑπολάβοι τις, οὐδὲν διοίσει πρὸς τὸν λόγον· ἅπαντα γὰρ ταῦτα φαίνεται πρὸς ἄλληλα, καὶ μάλα οἰκείως ἔχοντα. Ἀρξώμεθα δὲ πρῶτον ἀπὸ τοῦ, γνῶθι σαυτόν· ἐπειδὴ καὶ θεῖόν ἐστι τοῦτο τὸ παρακέλευσμα. Οὐκοῦν ὁ γνωρίσας B αὐτόν, εἴσεται μὲν περὶ ψυχῆς· εἴσεται δὲ καὶ περὶ σώματος. Καὶ τοῦτο οὐκ ἀρκέσει μόνον, ὡς ἐστιν ἄνθρωπος ψυχὴ χρωμένη σώματι, μαθεῖν· ἀλλὰ καὶ αὐτῆς τῆς ψυχῆς ἐπελεύσεται τὴν οὐσίαν· ἔπειτα ἀνιχνεύσει τὰς δυνάμεις. Καὶ οὐδὲ τοῦτο μόνον ἀρκέσει αὐτῷ· ἀλλὰ καὶ εἴ τι τῆς ψυχῆς ἐν ἡμῖν ἐστι κρεῖττον καὶ θειότερον· ὅπερ δὴ πάντες ἀδιδάκτως πειθόμενοι, θεῖόν τι εἶναι νομίζομεν καὶ τοῦτο ἐνιδρῦσθαι πάντες οὐρανῷ κοινῶς C ὑπολαμβάνομεν. Ἐπιὼν δὲ αὖθις τὰς ἀρχὰς τοῦ σώματος σκέψεται, εἴτε σύνθετον, εἴτε ἁπλοῦν ἐστιν, εἶτα ὁδῷ προβαίνων, ὑπέρ τε ἁρμονίας αὐτοῦ, καὶ πάθους, καὶ δυνάμεως, καὶ πάντων ἁπλῶς ὧν δεῖται πρὸς διαμονήν. Ἐπιβλέψει δὲ τὸ μετὰ τοῦτο καὶ ἀρχὰς τεχνῶν ἐνίων, ὑφ' ὧν βοηθεῖται πρὸς διαμονὴν τὸ σῶμα· οἷον ἰατρικῆς, γεωργίας, ἑτέρων τοιούτων· καὶ μὴν οὐδὲ τῶν ἀχρείων, καὶ περιττῶν τι D παντάπασιν ἀγνοήσει. ἐπεὶ καὶ τὰ πρὸς κολακείαν τοῦ παθητικοῦ τῆς ψυχῆς ἡμῶν ἐπινενόηται. προσλιπαρήσει μὲν γὰρ τούτοις ἀποκνήσει, αἰσχρὸν οἰόμενος τὸ τοιοῦτον, τὸ δοκοῦν ἐργῶδες ἐν αὐτοῖς φεύγων. τὸ δ' ὅλον, ὁποῖα ἄττα δοκεῖ, καὶ οἷς τισιν ἁρμόττει τῆς ψυχῆς μέρεσιν, οὐκ ἀγνοήσει. Σκόπει δὴ εἰ μὴ τὸ ἑαυτὸν γνῶναι, πάσης μὲν ἐπιστήμης, πάσης δὲ τέχνης ἡγεῖταί τε ἅμα, καὶ τοὺς καθόλου λόγους συνείληφε. Τά τε γὰρ θεῖα διὰ τῆς ἐννοίας ἡμῶν θείὡς μερίδος, τά τε θηρία διὰ τῆς θνητοειδοῦς μοίρας. Τρίτους τούτοις ἔφη, τὰ μεταξὺ τοῦ ζώου εἶναι τὸν ἄνθρωπον· τῇ μὲν καθ' ἕκαστον θνητόν, τῷ παντὶ δὲ ἀθάνατον, καὶ μέν τοι καὶ τὸν ἕνα, καὶ τὸν καθ' ἕκαστον, συγκεῖσθαι ἐκ θνητῆς, καὶ ἀθανάτου μερίδος.

Ὅτι μέν τοι καὶ τό, τῷ θεῷ κατὰ δύναμιν ὁμοιοῦσθαι οὐκ ἄλλο τί ἐστιν, ἢ τὸ τὴν ἐφικτὴν ἀνθρώποις γνῶσιν τῶν ὄντων περιποιήσασθαι· πρόδηλον ἐντεῦθεν. Οὐ γὰρ ἐπὶ πλούτῳ χρημάτων τὸ θεῖον μακαρίζομεν οὐδ' ἐπ' ἄλλῳ τινὶ τῶν νομιζομένων ἀγαθῶν ἀλλ' ὅπερ Ὅμηρός φησι,

Odyss. δ. v. 379. Iliad. ν. v. 355.

—Θεοὶ δέ τε πάντα ἴσασι.

καὶ μέν τοι, καὶ περὶ τοῦ Διός·

Ἀλλὰ Ζεὺς πρότερος γεγόνει, καὶ πλείονα ᾔδει.

Ἐπιστήμῃ γὰρ ἡμῶν οἱ θεοὶ διαφέρουσι. ἡγεῖται γὰρ ἴσως καὶ αὐτοῖς τῶν καλῶν τὸ αὑτοὺς γινώσκειν. ὅσῳ δὴ κρείττονες ἡμῶν εἰσι τὴν οὐσίαν, τοσούτῳ γνόντες ἑαυτοὺς ἔχουσι τῶν βελτιόνων ἐπιστήμην. Μηδεὶς οὖν ἡμῖν τὴν φιλοσοφίαν εἰς πολλὰ διαιρείτω, μηδὲ εἰς πολλὰ τεμνέτω· μᾶλλον δὲ μὴ πολλὰς ἐκ μιᾶς ποιείτω. ὥσπερ γὰρ ἀλήθεια μία, οὕτω δὲ καὶ φιλοσοφία. Θαυμαστὸν δὲ οὐδὲν εἰ κατ' ἄλλας καὶ ἄλλας ὁδοὺς ἐπ' αὐτὴν πορευόμεθα. ἐπεὶ καὶ ἄν τις ἐθέλῃ τῶν ξένων, ἢ καὶ μὰ Δία, τῶν πάλαι πολιτῶν, ἐπανελθεῖν εἰς Ἀθήνας, δύναιτο μὲν καὶ πλεῖν, καὶ βαδίζειν. ὁδεύων δέ, οἶμαι, διὰ γῆς, ἢ ταῖς πλατείαις χρῆσθαι λεωφόροις· ἢ ταῖς ἀτραποῖς καὶ συντόμοις ὁδοῖς· καὶ πλεῖν μέν τοι δυνατὸν παρὰ τοὺς αἰγιαλούς· καὶ δή, κατὰ τὸν Πύλιον γέροντα, τέμνοντα πέλαγος μέσον. Μὴ δὲ τοῦτό τις ἡμῖν προφερέτω, εἴ τινες τῶν κατ' αὐτὰς ἰόντων τὰς ὁδοὺς ἀπεπλανήθησαν, καὶ ἀλλαχοῦ που

A culam; quam mortalia, propter eam, quam sortiti sumus, naturam conditionemque mortalem. Præter hæc vero medii cujusdam inter animalia generis est homo: idemque, singillatim si spectetur, mortalis: universe autem consideratus, immortalis est: imo vero unus, ac singularis quilibet ex mortali, & immortali parte contextus est.

Jam Dei, quoad licet, similitudinem exprimere nihil aliud esse, quam illam rerum omnium cognitionem assequi, ad quam ho-B minum natura potest pertingere; ex eo perspicue constabit. Etenim neque propter divitiarum possessionem beatum prædicamus Deum: neque propter aliud quodvis eorum, quæ in bonis vulgo numerantur, sed ob illud ipsum, quod Homerus his verbis expressit:

— Dei porro omnia norunt.

tum de Jove:

Juppiter at senior cunctis, & plura sciebat.

C Scientia quippe Deorum nobis genus antecellit. Ac fortassis etiam inter illos primum ac præstantissimum bonorum omnium est, semetipsos cognoscere. Quare quo natura sunt nobis excellentiores, tanto cum se ipsos norunt, meliorum rerum scientia perfruuntur. Quocirca philosophiam nobis plures in partes nemo dividat: vel potius plures ex una non faciat. Ut enim veritas una est, ita & philosophia. Quanquam nihil mirum debet videri, si per alias at-D que alias vias ad illam perveniamus omnes. Nam & si qui peregrinus, aut veterum utique civium quispiam, Athenas velit reverti, potest eo navibus, aut itinere terrestri contendere: ita ut terra progrediens publicis utatur viis, aut calles & itinerum compendia sectetur, iidemque navigando potest oram legere, vel Pylii senis exemplo, per altum mare pervenire. Sed nec illud nobis debet objici, quod nonnulli easdem vias secuti, a recto tramite aliquo alio aberrantes

rantes deflexerint: & sic, tanquam a Circe, aut Lotophagis, hoc est voluptatis, aut gloriæ, aut blandimenti alterius illecebris capti, progredi ultra destiterunt, & ad finem pergere. Etenim uniuscujusque sectæ principes aspiciat ille, & quam sint omnia consentanea cognoscet.

Quocirca Delphicus Deus, *nosce temetipsum*, præcepit. At Heraclitus: meipsum, inquit, scrutatus sum. Pythagoras vero, & qui deinceps ab illo ad Theophrastum extiterunt, Philosophiam esse definierunt divinam, quoad licet, similitudinem assequi, quod & Aristoteli placuit. Nam quod aliquando nos obtinemus, hoc Deus habet in sese perpetuo. Et vero ridiculum est dicere, Deum nescire semetipsum. Etenim cæterarum rerum, si se ipsum ignoraret, nullam omnino cognosceret. Est enim ipse omnia: siquidem & in se ipso, & apud sese eorum, quæ utcunque sunt, omnium causas complectitur: sive immortalium immortales: sive caducarum minime mortales & caducas, sed sempiternas & constantes: quæ sunt ipsis generationis perpetuæ causæ. Verum altior ac sublimiro est ista disputatio.

Quod autem una ac singularis sit veritas, unaque Philosophia; cujus omnes illi sunt amatores, quorum paulo ante memini; nec non ii, quorum nomen jure hoc loco memorabitur Citiensis Zenonis discipulos intelligo: qui cum civitates animadverterent meram illam nimiamque Canis, hoc est Cynicæ sectæ, libertatem aversari, quibusdam illam integumentis involucrisque texerunt; nimirum rei domesticæ cura, opum comparandarum studio, uxoris contubernio, ac prolis educatione. Quod eo animo fecisse videntur, ut hoc Philosophiæ genus proxime ad civitatum custodiam adhiberent. Quod autem hoc in dicto, *Nosce teipsum*, caput summamque Philosophiæ constituerint, non solum ex iis commentariis, quæ de ea re prodiderunt, potes, si lubet, intelligere; sed etiam evidentius id ipsum ex philosophiæ fine cognosces. Nam consenti-

A γενόμενοι, καθάπερ ὑπὸ τῆς Κίρκης, ἢ τῶν Λωτοφάγων ἡδονῆς, ἢ δόξης, ἤ τινος ἄλλου δελεασθέντες, ἀπελείφθησαν τοῦ πρόσω βαδίζειν, καὶ ἐφικνεῖσθαι τοῦ τέλους. περιοδεύσαντας δὲ ἐν ἑκάστῃ τῶν αἱρέσεων σκοπείτω, καὶ πάντα εὑρήσει σύμφωνα.

Οὐκοῦν ὁ μὲν Δελφοῖς θεὸς τὸ, γνῶθι σαυτὸν, προαγορεύει. Ἡράκλειτος δὲ, ἐδιζησάμην ἐμαυτόν. ἀλλὰ καὶ Πυθαγόρας, οἵ τε ἀπ' ἐκείνου μέχρι Θεο-
B φράστου, τὸ κατὰ δύναμιν ὁμοιοῦσθαι θεῷ φασι· καὶ γὰρ καὶ Ἀριστοτέλης. Ὃ γὰρ ἡμεῖς ποτὲ, τοῦτο ὁ θεὸς ἀεί. γελοῖον οὖν τὸν θεὸν ἑαυτὸν μὴ εἰδέναι· κομιδῇ γὰρ οὐθὲν εἴσεται τῶν ἄλλων, εἴπερ ἑαυτὸν ἀγνοοίη. πάντα γὰρ αὐτός ἐστιν· εἴπερ καὶ ἐν ἑαυτῷ, καὶ παρ' ἑαυτῷ ἔχοι τῶν ὁπωσοῦν ὄντων τὰς αἰτίας· εἴτε ἀθανάτων ἀθανάτους, εἴτε ἐπικήρων, οὐ θνητὰς, οὐδὲ ἐπικήρους, ἀϊδίους δὲ, καὶ μενούσας ἀεὶ, καὶ
C τούτοις εἰσὶν αἰτίαι τῆς ἀειγενεσίας. ἀλλ' οὗτος μὲν ὁ λόγος ἐστὶ μείζων.

Ὅτι δὲ μία τίς ἐστιν ἀλήθεια, καὶ φιλοσοφία μία· καὶ ταύτης εἰσὶν ἐρασταὶ ξύμπαντες, ὧν τε ὑπεμνήσθην μικρῷ πρότερον· ὧν τε ἂν δικαίως εἴποιμι τὰ ὀνόματα· τοὺς ἐκ Κιτίου ὁμιλητὰς λέγω· οἳ τὰς πόλεις ἰδόντες ἀποδιδρασκούσας τὸ λίαν ἀκραιφνὲς, καὶ καθαρὸν τῆς ἐλευθερίας τοῦ κυνὸς, ἐπέτασαν αὐτὴν, ὥσπερ, εἶπον, παρα-
D πετάσμασιν, οἰκονομίᾳ, καὶ τῇ χρηματιστικῇ, καὶ τῇ περὶ τὴν γυναῖκα συνόδῳ, καὶ παιδοτροφίᾳ· ἵν', οἶμαι, ταῖς πόλεσιν αὐτὴν ἐγγύθεν ἐπιστήσωσι φύλακα. Ὅτι δὲ τὸ, γνῶθι σαυτὸν, κεφάλαιον τίθενται φιλοσοφίας, οὐ μόνον ἐξ ὧν καταβέβληνται συγγραμμάτων ὑπὲρ αὐτοῦ τούτου, μάθοις ἂν, εἴπερ ἐθέλοις· ἀλλὰ πολὺ πλέον ἀπὸ τοῦ τῆς φιλοσοφίας τέλους. Τὸ γὰρ ὁμολογουμένως ζῆν τῇ φύσει,

τέλος ἐπιγράψαντα. ὅπερ οὐχ οἷόν τε τυχεῖν τὸν ἀγνοοῦντα τίς καὶ ὁποῖος πέφυκεν· ὁ γὰρ ἀγνοῶν ἑαυτὸν ὅστις ἐστὶν, οὐκ εἴσεται δήπουθεν ὅ, τι πράττειν ἑαυτῷ προσήκει· ὥσπερ οὐδὲ ὁ σίδηρον ἀγνοῶν εἴσεται εἴτε αὐτῷ τέμνειν, εἴτε μὴ, προσήκει, καὶ ὅτου δεῖ τῷ σιδήρῳ, πρὸς τὸ δύνασθαι τὸ ἑαυτοῦ πράττειν. Ἀλλ' ὅτι μὲν ἡ φιλοσοφία μία τέ ἐστι, καὶ πάντες, ὡς ἔπος εἰπεῖν, ἑνός τινος ἐφιέμενοι, ὁδοῖς ἐπὶ τοῦτο διαφόροις ἦλθον, ἀπόχρη τοσαῦτα **νῦν εἰπεῖν. Τὸ** περὶ δὲ τοῦ Κυνισμοῦ σκεπτέον ἐστίν.

Εἰ μὲν οὖν ἐπεποίητο τοῖς ἀνδράσι μετά τινος σπουδῆς, ἀλλὰ μὴ μετὰ παιδιᾶς τὰ συγγράμματα, τούτοις ἑπομένους ἐχρῆν ἐπιχειρεῖν ἕκαστα ὧν διανοούμεθα περὶ τοῦ πράγματος ἐξε**τάζειν. Τὸ** ἐναντίον **δὲ** εἰ μὲν ἐφαίνε**το** τοῖς παλαιοῖς ὁμολογοῦντα, μήτοι ψευδομαρτυριῶν ἡμῶν κατηγορεῖν· **εἰ** δὲ μὴ, τότε ἐξορίζειν αὐτὰ τῆς ἀκοῆς, ὥσπερ Ἀθηναῖοι τὰ ψευδῆ γράμμα**τα τοῦ Μητρῴου. Ἐπεὶ** δὲ οὐδέν ἐστιν, ὡς ἔφην, **τοιοῦτον· αἵ τε** γὰρ θρυλλούμεναι Διογένους τραγῳδίαι, Φιλίσκου τινὸς Αἰγινήτου λέγονται εἶναι· καὶ, εἰ Διογένους δὲ εἶεν, οὐδὲν ἄτοπόν ἐστι τὸν σοφὸν παίζειν· ἐπεὶ καὶ τοῦτο πολλοὶ φαίνονται φιλόσοφοι ποιήσαντες. ἐγέλα τοί φησι καὶ Δημόκριτος ὁρῶν σπουδάζοντας τοὺς ἀνθρώπους. Μὴ δὴ πρὸς τὰς παιδιὰς αὐτῶν ἀποβλέπων, ὥσπερ οἱ μαθεῖν τι σπουδαῖον ἥκιστα ἐρῶντες, πόλιν παραβάλλοντες εὐδαίμονα πολλῶν μὲν ἱερῶν, πολλῶν δὲ ἀπορρήτων τελετῶν πλήρη, καὶ μυρίους ἔνδον ἱερέας ἁγνοὺς ἐν ἁγνοῖς μένοντας χωρίοις· αὐτῇ [illegible] ταύτῃ· λέγω δὲ τὰ καθάρσια τὰ εἴσω πάντα τὰ περιττὰ, καὶ βδελυρὰ, καὶ φαῦλα τῆς πόλεως ἀπεληλάκασι· λουτρὰ δημόσια, καὶ χαμαιτυπεῖα, καὶ καπηλεῖα καὶ πάντα ἁπλῶς τὰ τοιαῦτα· εἶτα ἄχρι τούτου γενόμενοι, εἴσω μὴ παρελθόντων. Ὁ μὲν γὰρ τοῖς τοιούτοις ἐντυχὼν, εἶτα τὴν πόλιν

A tenet naturæ vivere, finem illi esse dicerent. Quem quidem nunquam ille consequetur, qui quis sit, & cujusmodi sit natus, ignoret. Quisquis enim quis sit nesciat, ne illud quidem sciet, quid se ipsum facere deceat. Perinde ac qui ferrum ignoret, ignorabit insuper utrumne eo adsecandum uti, an secus oporteat: tum quibus rebus ferrum egeat, ut **quod** suum opus est possit effice**re.** Quod igitur una sit Philosophia, quodque omnes, ut uno verbo complectar, ad unum aliquod conspirantes, unumque B cupientes, variis itineribus eo contenderint, satis hæc in præsentia dicta sint. De Cynica professione consequens est ut agendum videatur.

Ac si quidem secta illius homines scripta sua serio, non per ludum & jocum elaborassent, ex illorum nobis autoritate unumquodque disputandum esset, quod de **eo argumento** proponendum putarem. E **contrario** vero, si quidem veteribus consen**tanea** viderentur, nequaquam falsi nobis testimonii crimen impingendum esset; sin minus, C tum demum ab auribus ea repellere: uti Athenienses falsas e Metroo tabulas ejiciunt. Sed quoniam nihil, uti dixi, extat ejusmodi. Quæ enim circumferuntur Diogenis Tragœdiæ, Philisci cujusdam Æginetæ esse dicuntur. Et quamvis Diogenis ipsius sint, nihil est absurdi ludere sapientem, *idque multi Philosophi videntur fecisse*. Sane & Democritum risisse ferunt, cum serio agentes mortales videret. Ne tu igitur ad illorum ludos respiciens, ut qui studio dignum aliquid perdiscere minime curantes splendi-D dam ad urbem perveniunt, cum ædibus plurimis, tum arcanis sacris, atque innumeris sacerdotibus refertam, qui in castis locis casti ipsi religiosique habitant, atque hujus ipsius causa, uti minimum quæ intra posteria sunt pura sint & sancta, superflua, & abominanda, sordidaque omnia sæpius ab urbe summoverent, balneas publicas, lupanaria, popinas, atque id genus alia; tum qui eo accesserant, non ulterius pergunt, neque urbem introeunt. Qui enim in illis incidens, illud ipsum esse urbem existimet, infelix est,

si ab

si ab illa fugiat; sed infelicior adhuc, si in A inferiore loco consistat, cum paululum evehi liceat, ac Socratem intueri. Utar enim illis ego verbis, quibus Alcibiades, Socratem prædicans. Equidem Cynicam Philosophiæ sectam assero Silenorum esse simillimam, qui in statuariis officinis prostant; quibus artifices fistulas ac tibias attribuunt: quibus apertis, simulacra illa Deorum intus apparent. Quamobrem ne quid nobis contingat ejusmodi; ut in quibus ille lusit, ea B pro seriis *ibi tradita reputemus*; (Quanquam est in istis non inutile fortasse quippiam: sed aliud est Cynica ipsa professio, ut paulo post demonstrare conabimur) age opera ipsa contemplantes porro gradiamur; perinde ac venatici canes, qui sagacissime odorantes ferarum vestigia persequuntur.

Principio sectæ illius conditorem ac principem investigare difficile est: etsi nonnullis placet autorem fuisse Antisthenem, aut C Diogenem. Verum, quod non inscite dixisse mihi videtur Oenomaus, Cynismus neque Antisthenismus est, neque Diogenismus. Ac generosiores quidam ex illo Canum grege dictitant, magnum illum Herculem, uti cæterorum nobis autorem bonorum fuisse, sic ejus vitæ maximum mortalibus exemplum reliquisse. Ego vero de Diis ipsis, atque iis, qui ad divinam sortem conditionemque translati sunt, religiose loqui cupiens, nonnullos ejusdem ante D illum instituti fuisse arbitror, tam apud Græcos ipsos, quam Barbaros. Hoc enim Philosophiæ genus commune, & inprimis naturale videtur, maximeque parabile. Nam id unum requirit, ut quæ bona sunt eligas, amplectenda virtute, fugiendisque vitiis. Ac neque infiniti libri pervolvendi sunt. Eruditio quippe mentem, ut ajunt, docendo conferre non potest: neque aliud ex iis tolerare incommodis, quibus conflictari solent, qui se reliquis sectis addixerint. Verum

A θεὶς εἶναι τὴν πύλην, ἄθλιος μὲν ἀποφυγὼν, ἀθλιώτερος δὲ ἐν τοῖς κάτω μείνας, ἐξὸν ὑπερβάντα μικρὸν, ἰδεῖν τὸν Σωκράτη. χρήσομαι γὰρ ἐκείνοις ἐγὼ τοῖς ῥήμασιν, οἷς Ἀλκιβιάδης ἐπαινῶν Σωκράτη. φημὶ γὰρ δὴ τὴν Κυνικὴν φιλοσοφίαν ὁμοιοτάτην εἶναι τοῖς Σιληνοῖς τούτοις τοῖς ἐν τοῖς Ἑρμογλυφείοις καθημένοις, οὕς τινας ἐργάζονται οἱ δημιουργοὶ, σύριγγας ἢ αὐλοὺς ἔχοντας· B οἳ δὲ διοιχθέντες ἔνδον φαίνονται ἀγάλματα ἔχοντες θεῶν. ὡς ἂν οὖν μὴ τοιοῦτόν τι πάθωμεν, ὅσα ἔπαιξε ταῦτα αὐτοῦ ἐσπουδακέναι νομίσαντες· ἔστι μὲν γάρ τι καὶ ἐν ἐκείνοις οὐκ ἄχρηστον· ὁ Κυνισμὸς δέ ἐστιν ἕτερον, ὡς αὐτίκα μάλα δεῖξαι πειράσομαι· δεῦρο ἴωμεν ἐφεξῆς ἀπὸ τῶν ἔργων ὥσπερ αἱ ἐξιχνεύουσαι κύνες μεταθέουσι τὰ θηρία.

Ἡγεμόνα μὲν οὐ ῥᾴδιον εὑρεῖν, ἐφ' ὃν ἀνενέγκαι χρὴ πρῶτον αὐτὸν, εἰ καί C τινες ὑπολαμβάνουσιν Ἀντισθένη τοῦτο, καὶ Διογένη προσήκειν· τοῦτο γοῦν ἔοικεν Οἰνόμαος οὐκ ἀτόπως λέγειν ὁ Κυνισμὸς οὔτε Ἀντισθενισμός ἐστι, οὔτε Διογενισμός. Λέγουσι μὲν γὰρ οἱ γενναιότεροι τῶν κυνῶν, ὅτι καὶ ὁ μέγας Ἡρακλῆς, ὥσπερ οὖν τῶν ἄλλων ἀγαθῶν ἡμῖν τις αἴτιος κατέστη, οὕτω δὲ καὶ τούτου τοῦ βίου παράδειγμα τὸ μέγιστον οὗτος κατέλιπεν ἀνθρώποις. Ἐγὼ δὲ ὑπὲρ τῶν θεῶν, καὶ τῶν εἰς θείαν λῆξιν πορευθέντων εὐφημεῖν ἐθέλων, πείθομαι μὲν D καὶ πρὸ τούτου τινὰς οὐκ ἐν Ἕλλησι μόνον, ἀλλὰ καὶ βαρβάροις. Αὕτη γὰρ ἡ φιλοσοφία κοινή πως ἔοικεν εἶναι καὶ φυσικωτάτη, καὶ δεῖσθαι οὐδ' ἧς τινος οὖν πραγματείας. ἀλλὰ ἀποχρῆν μόνον ἑλέσθαι τὰ σπουδαῖα, ἀρετῆς ἐπιθυμίᾳ καὶ φυγῇ κακίας· καὶ οὔτε βίβλους ἀνελίξαι δεῖ μυρίας· πολυμαθίη γὰρ, φασὶ, νόον οὐ διδάσκει· οὔτε ἄλλο τι τῶν τοιούτων παθεῖν, ὅσα καὶ οἷα πάσχουσιν οἱ διὰ τῶν ἄλλων αἱρέσεων ἰόντες. Ἀλλ' ἀἀπόχρη μόνον δύο ταῦτα τοῦ Πυθίου παραγγέλματα ἀκοῦσαι, τὸ, γνῶθι σαυτὸν, καὶ παραχάραξον τὸ νόμισμα. Πέφηνε γὰρ ἡμῖν ἀρχηγὸς τῆς φιλοσοφίας, ὥσπερ, οἶμαι, τοῖς Ἕλλησι κατὰ πάντων τῶν καλῶν αἴτιος, ὁ τῆς Ἑλλάδος κοινὸς ἡγεμὼν, καὶ νομοθέτης, καὶ βασιλεὺς, ὁ ἐν Δελφοῖς θεός· ὃν ἐπειδὴ μὴ θέμις ἦν τι διαλαθεῖν, οὐδὲ ἡ Διογένους ἐπιτηδειότης ἔλαθε. προὔτρεψε δὲ αὐτὸν, οὐχ ὥσπερ τοὺς ἄλλους ἔπεσιν ἐνδεικνὺς τὴν παραίνεσιν, ἀλλ' ἔργῳ διδάσκων ὅ, τι βούλεται συμβολικῶς διὰ δυοῖν ὀνομάτων, παραχάραξον, εἰπὼν, τὸ νόμισμα. τὸ γὰρ, γνῶθι σαυτὸν, οὐκ ἐκείνῳ πρώτῳ· ἀλλὰ καὶ τοῖς ἄλλοις ἔφη, καὶ λέγει. πρόκειται γὰρ, οἶμαι, τοῦ τεμένους. Εὑρήκαμεν δὴ τὸν ἀρχηγέτην τῆς φιλοσοφίας ὥς που καὶ ὁ δαιμόνιος φησὶν Ἰάμβλιχος· ἀλλὰ καὶ τοὺς κορυφαίους ἐν αὐτῇ, Ἀντισθένην, καὶ Διογένην, καὶ Κράτητα, οἷς τοῦ βίου σκοπὸς ἦν καὶ τέλος, αὑτοὺς, οἶμαι, γνῶναι, καὶ τῶν κενῶν ὑπεριδεῖν δοξῶν, ἀληθείας δὲ, ἣ πάντων ἀγαθῶν θεοῖς, πάντων δὲ ἀνθρώποις ἡγεῖται, ὅλῃ, φασὶν, ἐπιδράξασθαι τῇ διανοίᾳ. ἧς, οἶμαι, καὶ Πλάτων, καὶ Πυθαγόρας, καὶ Σωκράτης, οἵτε ἐκ τοῦ Περιπάτου, καὶ Ζήνων ἕνεκα πάντα ὑπέμειναν πόνον, αὑτούς τε ἐθέλοντες γνῶναι, καὶ μὴ κεναῖς ἕπεσθαι δόξαις· ἀλλὰ τὴν ἐν τοῖς οὖσιν ἀλήθειαν ἀνιχνεῦσαι. Φέρε οὖν, ἐπειδὴ πέφηνεν οὐκ ἄλλο μὲν ἐπιτηδεύσας Πλάτων, ἕτερον δὲ Διογένης, ἀλλ' ἕν τι καὶ ταυτόν. Εἰ γοῦν ἔροιτό τις τὸν σοφὸν Πλάτωνα, τὸ, γνῶθι σαυτὸν, ὁπόσου νενόμικας ἄξιον, εὖ οἶδα ὅτι τοῦ παντὸς φήσει, καὶ λέγει δὲ ἐν Ἀλκιβιάδῃ. Δεῦρο δὴ τὸ μετὰ τοῦτο φράσον ἡμῖν, ὦ δαιμόνιε Πλάτων, καὶ θεῶν ἔκγονε· τίνα τρόπον χρὴ πρὸς τὰς τῶν πολλῶν διακεῖσθαι δόξας. ταὐτά τε ἐρεῖ, καὶ ἔτι πρὸς τούτοις ὅλον ἡμῖν ἐπιτάξει διάλογον ἀναγνῶναι τὸν Κρίτωνα διάλογον, ἐν ᾧ φαίνεται παραινῶν ὁ Σωκράτης μηδὲν φροντίζειν ἡμᾶς τῶν τοιούτων. Φησὶ γὰρ· ἀλλὰ τί ἡμῖν, ὦ μακάριε Κρίτων, οὕτω τῆς τῶν πολλῶν

A duo ista duntaxat ab Apolline Pythio ad-
moneri sufficit: *Nosce te ipsum*; &, *Nummum falsa*. Quocirca Philosophiæ nobis
autor est oblatus idem ille, a quo cætera
in Græcos bona derivata sunt, communis
Græciæ dux, legislator atque rex, Delphicus
Deus. Quem cum latere nihil omnino
posset, ne Diogenis quidem ipse indolem
ac facultatem ignorabat. Proinde non
eum, uti reliquos solebat, versibus hortatus est; sed reipsa quid vellet indicans, dua-
B rum vocum involucris adumbravit:
Nummum, inquit, *falsato*. Nam alterum illud: *Nosce teipsum*; non illi primum, sed &
aliis dixit, usurpatque quotidie. Est enim
ipso in aditu templi, ut opinor, inscriptum.
Invenimus itaque Philosophiæ, ut divinus
alicubi scripsit Jamblichus, conditorem:
nec non principes illius viros, Antisthenem,
Diogenem, & Cratetem; quibus hic vitæ
scopus erat finisque propositus, nosse semetipsos, ac vanas opiniones contemnere:
veritatem denique, quæ bonorum omni-
C um tam Diis quam mortalibus princeps est,
tota, quod ajunt, mente consectari: cujus
unius, ut opinor, gratia Plato, Pythagoras, & Socrates; tum Peripatetici; ac Zeno
denique, laborem omnem pertulerunt; qui
& seipsos nosse, nec inanes opiniones sequi
cupiebant, sed rerum omnium veritatem
inquirere. Age itaque, quoniam, ut apparet, non aliud Plato, aliud Diogenes, sed
unum & idem ambo consequi studuerunt;
si quis sapientem Platonem interrogaret:
Quanti tu dictum illud, *Nosce teipsum*, faciendum existimas? quantivis, opinor, re-
D spondeat. Hoc enim in Alcibiade testatus
est. Perge vero, divine Plato, & a Diis
orte, dic nobis quomodo erga vulgi opiniones affici nos oporteat. Ad hæc eadem
ille repetet, ac totum præterea Critonis
Dialogum legere nos aperte jubebit; ubi
nihil ut ista curemus Socrates hortari videtur. Sic enim loquitur: *Verum quid ita
nos, ô bone Crito, vulgi opinio commovet?*
Quæ

Quæ cum ita sint; tamen his contemtis, absolute adeo viros illos a se invicem intercludere ac separare contendimus, quos & idem veritatis amor, & gloriæ contemtus, & in persequenda virtute incredibilis quædam studiorum concordia, sociavit? An si Platoni visum est, illa omnia etiam oratione præ se ferre, quæ diximus; Diogenes vero actione sola contentus est; propterea male iste apud nos audiet? Vide ne hoc posterius longe antecellat alteri. Siquidem Plato libros sibi omnes abjudicare videtur. Neque enim opus ullum Platonis est eritque proprium: quæ vero circumferuntur, ea sunt Socratis viri fortis ac præclari. Quamobrem cur non ex Diogenis factis Cynicam sectam, cujusmodi sit, intuemur? Ac cum humani corporis partes istiusmodi sint, utputa oculi, pedes, manus; cætera accessionis loco sint, capilli, ungues, sordes, & alia id genus excrementa, sine quibus corpus hominis consistere nequit; nonne ridiculum est, partes istas corporis arbitrari, ungues, capillos, aut sordes, excrementaque fœtida; non autem excellentes illas, atque potiores: cujusmodi sunt inprimis domicilia sensuum, eaque præsertim, quæ ad intelligentiam magis conducunt; velut oculi, & aures? His enim ad prudentiam comparandam administris utimur: sive illud sic tanquam defossa in anima contingat; ut celerius repurgata *fruatur, tanquam* principio, & immobili prudentiæ vi; sive, quod quibusdam placet, per certos veluti tubos & canales ab anima deriventur. Nam singulas, ut ferunt, sensuum perceptiones colligens, memoriaque complectens, disciplinas parit. Ego vero, nisi quid ejusmodi mancum, absolutumve sit, ab aliis & multis & variis impeditum, quod externas res sentiat; nullam illiusmodi perceptionem esse posse judico. Sed hæc alterius est loci institutique disputationis.

Redeo igitur ad Cynicæ Philosophiæ

A δόξης μέλει; Εἶτα ἡμεῖς τούτων ὑπεριδόντες, ἀπολείχειν ἁπλῶς ἐθέλομεν, καὶ ἀποσπᾶν ἄνδρας ἀλλήλων ἐθέλομεν οὓς ὁ τῆς ἀληθείας συνήγαγεν ἔρως, ἥ τε τῆς δόξης ὑπεροψία, καὶ ἡ πρὸς τὸν ζῆλον τῆς ἀρετῆς ξυμπνοία; εἰ δὲ Πλάτωνι μὲν ἔδοξε, καὶ διὰ τῶν λόγων αὐτὰ ἐργάζεσθαι. Διογένει δὲ ἀπέχρη τὰ ἔργα, διὰ τοῦτο ἄξιός ἐστιν ἐφ' ὑμῶν ἀκούειν κακῶς; ὅρα δὲ μὴ καὶ τοῦτο αὐτὸ παντὶ κρεῖττόν ἐστιν. Ἐπεὶ καὶ Πλάτων ἐξομνύμενος φαίνεται τὰ ξυγγράμματα. οὐ γάρ ἐστι Πλάτωνος
B ξύγγραμμα οὐδὲν, οὔτ' ἔσται· τὰ δὲ νῦν φερόμενά ἐστι Σωκράτους ἀνδρὸς καλοῦ καὶ νέου. Τί οὖν ἡμεῖς οὐκ ἐκ τῶν ἔργων τοῦ Διογένους σκοποῦμεν αὐτὸν τὸν Κυνισμὸν, ὅς τίς ἐστιν οὖν ἐπειδὴ σώματος μέρη μέν ἐστιν, οἷον ὀφθαλμοὶ, πόδες, χεῖρες· ἀλλά γε ἐπισυμβαίνει, τρίχες, ὄνυχες, ῥύπος, τοιούτων περιττωμάτων γένος, ὧν ἄνευ σῶμα ἀνθρώπου ἀμήχανον εἶναι· πότερον οὐ γελοῖός ἐστι μέρη νομίζων ὄνυχας, ἢ τρί-
C χας, ἢ ῥύπον, καὶ τὰ δυσειδῆ τῶν περιττωμάτων ἀλλ' οὐ τὰ τιμιώτατα, καὶ σπουδαῖα· πρῶτον μὲν τὰ αἰσθητήρια, καὶ τούτων αὐτῶν ἅττα συνέσεως ἡμῖν ἐστι μᾶλλον αἴτια οἷον ὀφθαλμοὺς, ἀκοάς, ὑπουργεῖ γὰρ ταῦτα πρὸς φρόνησιν, εἴτε ἐν καταορωρυγμένῃ τῇ ψυχῇ· ὡς ἂν θᾶττον καθαρθεῖσα, χρῷτο τῇ γε οἷς ἀρχῇ, καὶ ἀκινήτῳ τῆς φρονήσεως δυνάμει εἴτε, ὥσπερ τινες οἴονται, καθάπερ δι' ὀχετῶν τούτων εἰσφερούσης τῆς ψυχῆς.
D Συλλέγουσα γὰρ, φησὶ, τὰ κατὰ μέρος αἰσθήματα, καὶ συνέχουσα τῇ φήμῃ, γεννᾷ τὰς ἐπιστήμας. Ἐγὼ δὲ εἰ μὴ τὰ ταύτης ἢ ἀνδεία, ἢ τέλεον ἐμποδιζόμενον ὑπ' ἄλλων πολλῶν, καὶ ποικίλων, ὅ τι ἐκλὰς ποιεῖται τὴν ἀντίληψιν, οὐδὲν δυνατὸν, οἶμαι, γενέσθαι τῶν αἰσθητῶν ἀντίληψιν. ἀλλ' οὗτος μὲν ὁ λόγος οὐ τοῖς νῦν πρεπώδης.

Διόπερ ἐπισκεπτέον ἐστὶ τὰ μέρη τῆς Φιλοσο-

φιλοσοφίας τῆς κυνικῆς. Φαίνονται μὲν δὴ καὶ οὗτοι διμερῆ τὴν φιλοσοφίαν νομίσαντες ὥσπερ ὁ Ἀριστοτέλης καὶ Πλάτων θεωρηματικήν τε, καὶ πρακτικὴν αὐτοὶ συνιδόντες δήπουθεν ὅτι καὶ νοήσαντες, ὡς οἰκεῖόν ἐστιν ἀνθρώπου φύσει, πρᾶξις, καὶ ἐπιστήμη. εἰ δὲ τῆς φυσικῆς πρὸς τὴν θεωρίαν ἐξέκλιναν, οὐδὲν τοῦτο πρὸς τὸν λόγον. ἐπεὶ καὶ Σωκράτης, καὶ πλείονες ἄλλοι, θεωρίᾳ μὲν φαίνονται χρησάμενοι πολλῇ ταύτῃ δὲ, οὐκ ἄλλου χάριν, ἀλλὰ τῆς πράξεως· ἐπεὶ καὶ τὸ ἑαυτὸν γνῶναι τοῦτ' ἐνόμισαν, τὸ μαθεῖν ἀκριβῶς τί μὲν ἀποδοτέον ψυχῇ, τί δὲ σώματι· ἀπέδοσαν τε εἰκότως ἡγεμονίαν μὲν τῇ ψυχῇ, ὑπηρεσίαν δὲ τῷ σώματι. Φαίνονται δὴ οὖν ἀρετὴν ἐπιτηδεύσαντες, ἐγκράτειαν, ἀτυφίαν, ἐλευθερίαν· ἔξω γενόμενοι παντὸς φθόνου, δειλίας, δεισιδαιμονίας. Ἀλλ' οὐχ ἡμεῖς ταῦτα ὑπὲρ ἑαυτῶν διανοούμεθα· παίζειν δὲ αὐτοὺς, καὶ κυβεύειν περὶ τοῦ φιλτάτου ὑπολαμβάνομεν, οὕτως ὑπερορῶντας τοῦ σώματος, ὡς ὁ Σωκράτης ἔφη λέγων ὀρθῶς, μελέτην εἶναι θανάτου τὴν φιλοσοφίαν. Τοῦτ' ἐκεῖνοι καθ' ἑκάστην ἡμέραν ἐπιτηδεύοντες, οὐ ζηλωτοὶ μᾶλλον ἡμῖν· ἄθλιοι δέ τινες, καὶ παντελῶς ἀνόητοι δοκοῦσιν, ἀνθ' ὅτου δὴ τοὺς πόνους ὑπέμειναν τούτους, ὡς αὐτὸς εἶπας, κενοδοξίας ἕνεκα. καίτοι πῶς ὑπὸ τῶν ἄλλων ἐπῃνοῦντο ὡς μὴ προσφερόμενοι σαρκία; καί τοι οὐδὲ αὐτὸς ἐπαινέτης εἶ. τὸν γοῦν τοιούτου τρίβωνα, καὶ τὴν κόμην, ὥσπερ αἱ γραφαὶ τῶν ἀνδρῶν, ἀπομεμιμημένος, εἶθ' ὃ μηδὲ αὐτὸς ἀξιάγαστον ὑπολαμβάνεις, τοῦτ' εὐδοκιμεῖν οἴει παρὰ τῷ πλήθει; καὶ εἷς μὲν ἢ δύο ἐπῄνουν τότε. πλὴν γοῦν ἢ δέκα μυριάδες ὑπὸ τῆς ναυτίας, καὶ βδελυρίας, διεστράφησαν τὸν στόμαχον, καὶ ἀπόσιτοι γεγόνασιν, ἄχρις αὐτοὺς οἱ θεράποντες ἀνέλαβον ὀσμαῖς, καὶ μύροις, καὶ πέμμασιν. Οὕτως ὁ κλεινὸς ἥρως ἔργον κατε-

ζώμα

A partes. Etenim illi Philosophiam in duas partes distribuunt; uti Aristoteles & Plato: nempe in *θεωρηματικὴν*, & *πρακτικήν*. In quo recte illud animadvertisse videntur; hominem natura ad actionem & scientiam esse comparatum. Quod autem a naturæ contemplatione desciverint, nihil ad rem pertinet. Quippe Socrates, & complures alii, contemplatione quidem multum usi sunt; sed quam non alium ad finem, quam ad actionem, referrent. Quandoquidem illud *Seipsum nosse*, nihil esse putarunt aliud, nisi id accurate perdiscere, quid animæ sit, B quidve corpori tribuendum. Itaque merito principatum animæ, famulatum corpori dederunt. Atque iccirco studium in virtutis incubuerunt, temperantiæ, modestiæ, libertatis; ab omni prorsus invidia, timiditate, ac superstitione vacui. Sed nos de illis longe diversa cogitamus: neque aliud ipsos nisi ludere, & de carissimis quibusque velut alea periclitari credimus, quod corpus suum adeo despiciant; ut Socrates loquitur: præclare istud usurpans; philo- C sophiam meditationem esse mortis. Cui cum illi quotidie reipsa studeant, non eo nobis admiratione ac prædicatione digniores videntur; sed infelices potius, planeque stulti, quod gloriolæ, ut interpretaris, causa tantos sibi labores indixerint. Etsi quæ tandem illis ab aliis tributa laus est, quod crudis carnibus vescerentur? Nam ne tuipse quidem factum laudas. Cum tu igitur, qui detritum ejus hominis pallium, & promissam comam imitere; quemadmodum D picturæ virorum habitus exprimunt; nihilominus ejusdem facinus istud admiratione ac prædicatione dignum esse non judicas; quomodo id in vulgus credis commendari potuisse? Fac tamen ab uno alterove fuisse laudatum. At centum, opinor, millibus hoc spectaculi genus stomachum funditus evertit, cibum ut capere nullo modo possent, donec eos famuli odorum fragrantia, & unguentis, ac placentulis recreassent. Ita præstantissimus heros ingentem facto illo

stuporem

stuporem attulit. Quod factum etsi ridiculum ejusmodi videatur hominibus,

Quale genus mortale modo est;

non ignobile est, neque contemnendum tamen, si quis ex Diogenis sapientia illud interpretetur. Quod enim de seipso dicebat Socrates, Deo se ministerii quoddam genus præstare cupientem, quatenus editum de se Apollinis responsum omni occasione præ se ferendo comprobaret; contentiosum & pugnax vitæ genus illud instituisse; idem & Diogenes, opinor, sentiens, ac sibi mandatam ab oraculo Philosophiam intelligens, reipsa factisque probanda ac periclitanda putavit omnia; non alienis inhærendum opinionibus, forsitan veris, fortassis etiam & falsis. Neque vero si quid aut Pythagoras dixisset, aut alius quispiam Pythagoræ similis; idoneum hunc, cui crederet, judicabat Diogenes. Deum enim Philosophiæ sibi autorem præferebat; mortalium vero neminem. Quid hoc, inquies, ad esum polypi? Hoc jam igitur explicandum.

Vesci carnibus, quidam hominum naturæ consentaneum arbitrantur: alii committendum id homini esse non putant: deque ea re varii sermones ultro citroque jactantur. Quod si tu sedulo in ejus rei inquisitionem incumbere volueris, ingens tibi librorum de ea quæstione scriptorum numerus occurret. Hos itaque coarguendos esse Diogenes credidit. Quare ita apud se statuit; si quis carnibus absque ullo apparatu vescens, cæterarum more bestiarum, quibus hoc a natura tributum est, sine aliquo suo damno ac molestia, imo vero cum corporis sui commodo id posset; plane cibi genus istud naturæ consentaneum habendum: sin aliquod ex eo caperetur incommodum; nequaquam homine dignum esse factum, sed ab eo prorsus abstinendum. Hæc prima rei gestæ ratio reddi fortasse violentius arcessita potest. Altera Cynicæ professioni congrua magis afferetur; si prius de ejusdem fine clarius ali-

A πλήξαιτο· γελοίῳ μὲν ἀνθρώποις τοιούτοις,

Οἷοι νῦν βροτοί εἰσιν·

οὐκ ἀγεννεῖ δὲ, νὴ τοὺς θεοὺς, εἴ τις αὐτὸ κατὰ τὴν Διογένους ἐξηγήσαιτο σύνεσιν. Ὅπερ γὰρ ὁ Σωκράτης ὑπὲρ αὐτοῦ φησιν, ὅτι τῷ θεῷ νομίζων λατρείαν ἐκτελεῖν ἐν τῷ τὸν δοθέντα χρησμὸν ὑπὲρ αὐτοῦ κατὰ πάντα σκοπεῖν ἐξετάζειν, τὸν ἐλεγκτικὸν ἠσπάσατο βίον· τοῦτο καὶ Διογένης, οἶμαι, συνειδὼς ἑαυτῷ πυθόχρηστον οὖσαν τὴν Φιλοσοφίαν, ἔργοις ᾤετο δεῖν ἐξελέγχειν πάντα, καὶ μὴ δόξαις ἄλλων, τυχὸν μὲν ἀληθέσι, τυχὸν δὲ ψευδέσι προσπεπονθέναι. Οὐκ οὐδὲ εἴ τι Πυθαγόρας ἔφη, οὐδ᾽ εἴ τις ἄλλος τῷ Πυθαγόρᾳ παραπλήσιος, ἀξιόπιστος ἐδόκει τῷ Διογένει. τὸν γὰρ θεὸν, ἀνθρώπων οὐδένα, τῆς Φιλοσοφίας ἀρχηγὸν ἐπεποίητο. τί δῆτα τοῦτο, ἐρεῖς, πρὸς τὴν τοῦ πολύποδος ἐδωδήν; ἐγώ σοι φράσω.

Iliad. E.

Τὴν σαρκοφαγίαν οἱ μὲν ἀνθρώποις ὑπολαμβάνουσι κατὰ φύσιν· οἱ δὲ ἥκιστα τοῦτο ἐργάζεσθαι προσήκειν ἀνθρώπῳ διανοοῦνται, καὶ πολὺς ὁ περὶ τούτου δαπανᾶται λόγος. ἐθελήσαντι ἄν σοι μὴ ῥᾳθυμεῖν, ἑσμοὶ περὶ τοῦ τοιούτου βίβλων φανήσονται. τούτους Διογένης ἐξελέγχειν ᾤετο δεῖν. Διενοήθη γοῦν ὡς εἰ μὲν ἀπραγματεύτως ἐσθίων τις σάρκας ὥσπερ οἶμαι τῶν ἄλλων ἕκαστον θηρίων, οἷς τοῦτο ἔνειμεν ἡ φύσις, ἀβλαβῶς αὐτὸ, καὶ ἀνεπαχθῶς, μᾶλλον δὲ καὶ μετὰ τῆς τοῦ σώματος ὠφελείας ἐργάζοιτο, κατὰ φύσιν εἶναι πάντως τὴν σαρκοφαγίαν ὑπέλαβεν. εἰ δέ τις ἐντεῦθεν γένοιτο βλάβη, οὐχὶ τοῦτο ἀνθρώπου τὸ ἔργον ἴσως ἐνόμισεν, ἀλλ᾽ ἀφεκτέον εἶναι κατὰ κράτος αὐτοῦ. Εἷς μὲν οὖν ἂν εἴη τοιοῦτος ὑπὲρ τοῦ πράγματος ἴσως βιαιότερος λόγος. ἕτερος δὲ οἰκειότερος τῷ Κυνισμῷ, εἰ περὶ τοῦ τέλους αὐτοῦ πρότερον ἔτι σαφέστερον

φέστερον διέλθοιμι. Ἀπάθειαν γὰρ ποιοῦνται τὸ τέλος. τοῦτο δὲ ἴσον ἐστὶ τῷ θεὸν γενέσθαι. αἰσθανόμενος οὖν ἴσως αὐτοῦ Διογένης ἐν μὲν τοῖς ἄλλοις ἅπασιν ἀπαθοῦς· ὑπὸ δὲ τῆς τοιαύτης ἐδωδῆς μόνον θραττομένου, καὶ ναυτιῶντος, καὶ δόξῃ κενῇ μᾶλλον, ἢ λόγῳ δεδουλωμένου. σάρκες γάρ εἰσιν οὐδὲν ἧττον, κἂν μυριάκις αὐτὰς ἑψήσῃ, κἂν ὑποτρίμμασι μυρίοις τὰς αὐτὰς καρυκεύσῃ, καὶ ταύτης αὐτὸν ἀφελέσθαι, καὶ καταστῆσαι παντάπασιν ἐξάντη τῆς δειλίας ᾠήθη χρῆναι. Δειλία γάρ ἐστιν, εὖ ἴσθι, τὸ γοῦν τοιοῦτο. ἐπεὶ πρὸς τῆς Θεσμοφόρου Δήμητρος εἰ σαρκῶν ἑψημένων ἁπτόμεθα, τοῦ χάριν οὐχὶ καὶ ἁπλῶς αὐτὰς προσφερόμεθα, φράσον ἡμῖν. οὐ γὰρ ἔχεις ἕτερον εἰπεῖν, ἢ ὅτι οὕτω νενόμισται, καὶ οὕτω συνειθίσμεθα. οὐ γὰρ δὴ πρὶν μὲν ἑψηθῆναι, βδελυραὶ πεφύκασιν· ἑψηθέντα δὲ γέγονεν αὐτῶν ἁγνότερα. Τί δῆτα ἐχρῆν πράττειν, τὸν [γὰρ] παρὰ θεοῦ ταχθέντα, καθάπερ στρατηγοῦ, πᾶν μὲν ἐξελεῖν τὸ νόμισμα· λόγῳ δὲ καὶ ἀληθείᾳ κρῖναι τὰ πράγματα; περιιδεῖν αὐτὸν ὑπὸ ταύτης τῆς δόξης ἐνοχλούμενον, ὡς νομίζειν ὅτι κρέας μὲν εἴσω ἑψηθὲν ἁγνόν, καὶ ἐδώδιμον, μὴ κατεργασθὲν δὲ ὑπὸ τοῦ πυρὸς, μυσαρὸν ἴσως, καὶ βδελυρόν; οὕτως εἶ μνήμων, οὕτως εἶ σπουδαῖος, ὡς ὁ τοῦτο ὀνειδίζων τῷ κακοδόξῳ, κατά σε φάναι, Διογένει, κατ' ἐμὲ δὲ, τῷ σπουδαιοτάτῳ θεράποντι, καὶ ὑπηρέτῃ τοῦ Πυθίου τὴν τοῦ πολύποδος ἐδωδὴν καταδήδοκας μυρίους ταρίχους,

Odyss. M. & μ. "Ἰχθῦς, ὄρνιθάς τε, φίλας θ' ὅτι χεῖρας ἵκοιτο.

Αἰγύπτιός τε ὤν, οὐ τῶν ἱερέων, ἀλλὰ τῶν παμφάγων· οἷς πάντα ἐσθίειν νόμος, ὡς λάχανα χόρτου; γνωρίζεις, οἶμαι, τῶν Γαλιλαίων τὰ ῥήματα. Μικροῦ με παρῆλθεν εἰπεῖν, ὅτι καὶ πάντες ἄνθρωποι, πλησίον οἰκοῦντες θα-

A quid apertiusque proponam. Est autem ille status animi commotionis omnis expers, quam *ἀπάθειαν* vocant: quod perinde est, ac Deum fieri. Quocirca Diogenes, cum se forsitan cæteris ex rebus moveri nihil, hoc vero cibi genere perterrefieri, & ad nauseam concitari, adeoque inani potius opinione duci, quàm ratione sentiret; (nam carnes nihilominus sunt quamvis millies eas coxeris, aut intritis ac scitamentis mille condieris) ab hoc se metu & ignavia penitus eximere, immunemque facere decrevit. B Quod enim inanis iste sit terror, ex eo conjici potest. Nam qui coctarum carnium usum vel Cerealibus frugibus anteponimus, dic nobis obsecro, cur non eas simpliciter adhibemus? Nec enim aliud causari potes, nisi quod ita vulgo institutum est, itaque consuevimus? Quippe non, antequam coctæ sint, abominandæ; ubi vero coctæ sunt, puriores esse, quam antea erant, incipiunt. Quid hic ergo faceret ille a Deo tanquam ab Imperatore constitutus, C ut institutis ac ritibus expugnatis omnibus, de rebus ipsis ex sola ratione ac veritate judicaret? An se opinione ista perturbari sineret, atque ita statueret, carnem coctam, puram, & ad cibum idoneam esse; eandem vero, priusquam ab igne percocta sit, fœdam ac detestandam esse? Adeone vero memoria constas? adeo probus es, ut, qui Diogeni, homini, ut opinio tua fert, vano, ut autem interpretor, Pythii Apollinis studiosissimo famulo & administro, Polypi D esum probro vertas, infinita ipse salsamenta devoraveris;

Pisces, ac volucres; quidquid tua dextera nacta est:

cum videlicet Ægyptius sis, non e Sacerdotum genere, sed ex eo, quod promiscue vescitur, cuique edere omnia licet, *tanquam olera herbarum?* Agnoscis, opinor, Galilæorum verba. Jam, quod ego pene prætereram, mortales omnes, non solum qui in maritimis habitant; sed etiam

qui

qui procul a mari degunt, echonis, & ostrea, A cæteraque id genus ne igni quidem admota sorbent. Quæ cum ita sint, tamen & istos beatos judicabis, & infelicem ac detestandum putabis esse Diogenem: nec illud cogitabis, non minus hæc, quam illa, carnem esse; uno hoc fortassis excepto discrimine, quod hæc mollia sint, illa duriora. Sane & sanguinis expers est Polypus, velut illa, quæ dixi; & testacea, perinde ut Polypus, animata sunt. Itaque gaudium ac dolorem sentiunt, quod animantium B maxime proprium est. Nolo mihi Platonis modo dogma quisquam objiciat, qui etiam stirpes ipsas animatas esse defendit. Quamobrem nihil ab egregio illo Diogene molestum adeo, vel nefarium, vel nostris moribus insolens esse commissum, perspicue probatum iis esse confido, qui utcunque ratione se duci patiantur; nisi quis talia duritie ac mollitie, gulæ item voluptate ac molestia dijudicare voluerit. Non igitur crudarum carnium esum abominamini, qui eadem C non solum in exanguibus, sed etiam in sanguine præditis animantibus admittitis. Hoc unum forte inter vos & illum interest, quod iste simpliciter, & ut a natura data sunt, utendum illis censuit; vos sale prius ac multis aliis voluptatis irritamentis ita condita, ut naturæ ipsi vim afferatis. Sed de his hactenus.

Est igitur Cynicæ sectæ idem, qui & universæ Philosophiæ, finis beatitudo. D Ea vero consistit in hoc, ut secundum naturam, non ex multorum opinione vivamus. Nam & stirpes tum recte se habent, nec minus animalia, cum horum quodlibet finem illum, quem ipsis natura præfixit, sine ullo impedimento consequitur. Quin & Diis ipsis hic demum felicitatis est modus, ut ita sese habeant, quemadmodum habere se ex natura sua debent.

λαιτῆς· ἤδη δέ τινες, οἱ τῶν πόῤῥω οὐδὲ θερμήναντες, καταβροχθίζουσιν ἐχίνους, ὄστρεια, καὶ πάντα ἁπλῶς τὰ τοιαῦτα. εἶτα ἐκείνους μὲν ὑπολαμβάνεις ζηλωτούς· ἄθλιον δὲ καὶ βδελυρὸν ἡγῇ Διογένη καὶ οὐκ ἐννοεῖς, ὡς οὐδὲν μᾶλλον ταῦτα ἐκείνων ἐστὶ σαρκία· πλὴν ἴσως ταῦτα ἐκείνων διαφέρειν, τῷ τὰ μὲν εἶναι μαλθακά, τὰ δὲ σκληρότερα. ἄναιμος γοῦν ἐστι καὶ πολύπους, ὥσπερ ἐκεῖνα· ἔμψυχα δέ ἐστι καὶ τὰ ὀστρακόδερμα, καθάπερ καὶ τοῦτο. ἥδεται γοῦν καὶ λυπεῖται· ὃ τῶν ἐμψύχων μάλιστα ἐστὶν ἴδιον. Ἐνοχλείτω δὲ μηδὲν ἡμᾶς ἡ Πλατωνικὴ ταυτὶ δόξα, ἔμψυχα ὑπολαμβάνουσα καὶ τὰ φυτά. ἀλλ' ὅτι μὲν οὐ χαλεπόν, οὐδὲ παράνομον, οὐδὲ ἀσυνήθες ἡμῖν ὁ γενναῖος εἰργάσατο Διογένης· εἰ μὴ τῷ σκληροτέρῳ καὶ μαλακωτέρῳ ἡδονῇ τε λαιμοῦ, καὶ ἀηδίᾳ τὰ τοιαῦτά τις ἐξετάζοι, πρόδηλον εἶναί μοι τοῖς ὁπωσοῦν ἕπεσθαι λόγῳ δυναμένοις. Οὐκ ἄρα τὴν ὠμοφαγίαν βδελύττεσθε οἱ τὰ παραπλήσια δρῶντες, οὐκ ἐπὶ τῶν ἀναίμων μόνον ζώων, ἀλλὰ καὶ ἐπὶ τῶν αἷμα ἐχόντων. καὶ τοσοῦτον ἴσως διαφέρετε πρὸς ἐκεῖνον, ὅτι ὁ μέν, ἁπλῶς ταῦτα καὶ κατὰ φύσιν ᾤετο χρῆναι προσφέρεσθαι· ἁλσὶ δὲ ὑμεῖς, καὶ πολλοῖς ἄλλοις ἀρτύσαντες, ἡδονῆς ἕνεκα, τὴν φύσιν ὅπως βιάσησθε. καὶ δὴ τοῦτον μὲν ἐπὶ τοσοῦτον ἀπόχρη.

Τῆς Κυνικῆς δὲ φιλοσοφίας σκοπὸς μέν ἐστι καὶ τέλος, ὥσπερ δὴ καὶ πάσης φιλοσοφίας, τὸ εὐδαιμονεῖν. τὸ δὲ εὐδαιμονεῖν, ἐν τῷ ζῆν κατὰ φύσιν, ἀλλὰ μὴ πρὸς τὰς τῶν πολλῶν δόξας. Ἐπεὶ καὶ τοῖς φυτοῖς εὖ πράττειν συμβαίνει, καὶ μέν τοι καὶ ζώοις πᾶσιν, ὅταν τὸ κατὰ φύσιν ἕκαστον ἀνεμποδίστως τυγχάνῃ τέλους. ἀλλὰ καὶ ἐν τοῖς θεοῖς τοῦτό ἐστι εὐδαιμονίας ὅρος, τὸ ἔχειν αὐτοὺς ὥσπερ πεφύκασι, καὶ ἑαυτῶν [illegible] ἡμῖν καὶ τοῖς ἀνθρώποις οὐχ ἑτέρωθί που τὴν εὐδαιμονίαν ἀποκεκρυμμένην περιεργαστέον πολυπραγμονοῦντας. Οὐδὲ αὐτὸς, οὐδ᾽ ὁ πλάτων ἀετὸς, οὐδ᾽ ἄλλο τι τῶν ἄλλων ζώων, ἢ φυτῶν, χρυσᾶ περιεργάζεται πτερὰ καὶ φύλλα· οὐδ᾽ ὅπως ἀργυροῖς ἕξει τοὺς βλαστοὺς, ἢ τὰ πλῆκτρα, καὶ κέντρα σιδηρᾶ, μᾶλλον δὲ ἀδαμάντινα· ἀλλ᾽ οἷς αὐτὰ ἐξ ἀρχῆς ἡ φύσις ἐκόσμησε, ταῦτα εἰ ἐρρωμένα, καὶ πρὸς τάχος αὐτοῖς, ἢ πρὸς ἀλκὴν ὑπάρχοντα προσγένοιτο, μάλιστα εὖ πράττειν νομίζει, καὶ εὐθυμεῖσθαι. Πῶς οὖν οὐ γελοῖον, εἴ τις ἄνθρωπος γεγονὼς, ἔξω που τὴν εὐδαιμονίαν περιεργάζοιτο, πλοῦτον, καὶ γένος, καὶ φίλων δύναμιν, καὶ πάντα ἁπλῶς τὰ τοιαῦτα τοῦ παντὸς ἄξια νομίζων; Εἰ μὲν οὖν ἡμῖν ἡ φύσις, ὥσπερ τοῖς ζώοις, αὐτὸ τοῦτ᾽ ἀπέδωκε μόνον τὰ σώματα, καὶ ψυχὰς ἐκείνοις παραπλησίας, ὥστε μηδὲν πλέον πολυπραγμονεῖν ἡμῖν λοιπὸν, ὥσπερ τὰ λοιπὰ ζῷα, τοῖς σωματικοῖς ἀρκεῖσθαι πλεονεκτήμασιν, ἐνταῦθά πη τὸ εὐδαιμονεῖν πολυπραγμονεῖν. Ἐπεὶ δὲ ἡμῖν οὐδὲν ἐν παραπλησίᾳ ψυχὴ τοῖς ἄλλοις ἐνέσπαρται ζώοις· ἀλλ᾽ εἴτε κατ᾽ οὐσίαν διαφέρουσα, εἴτε οὐσίᾳ μὲν ἀδιάφορος, ἐνεργείᾳ δὲ μόνῃ κρείττων, ὥσπερ οἶμαι, τὸ καθαρὸν ἤδη χρυσίον τοῦ συμπεφυρμένου τῇ ψάμμῳ· λέξειε γὰρ ἄν τις ὁ λόγος περὶ τῆς ψυχῆς, ὡς ἀληθὴς ὑπό τινων· ἡμεῖς δὲ ἐπειδὴ ἴσμεν αὐτοὺς ὄντας τῶν ζώων ξυνετωτέρους (κατὰ γὰρ τὸν Πρωταγόρου μῦθον, ἀφειδῶς μὲν ἡ φύσις, ὥσπερ μήτηρ, ἄγαν φιλοτίμως καὶ μεγαλοδώρως προσηνέχθη, ἡμῖν δὲ ἀντὶ πάντων ἐκ Διὸς ὁ νοῦς ἐδόθη) τὴν εὐδαιμονίαν ἐνταῦθα θετέον, ἐν τῷ ἀρίστῳ καὶ σπουδαιοτάτῳ τῶν ἐν ἡμῖν. Σκόπει δὴ ταῦτα εἰ μὴ μάλιστα τῆς προαιρέσεως ἦν Διογένης· ἀπὸ μὲν σώματα τοῖς πόνοις ἐκδοὺς παρεῖχεν· ὡς αὐτὸ τὸ τῆς φύ-

Quare nec hominibus alibi, velut in aliqua latebra delitescens, est inquirenda felicitas. Igitur nec aquila, neque platanus, neque aliud omnino ex animalium aut stirpium genere, aureas sibi pennas, vel folia vendicare studet; non argenteis pullulare germinibus; non calcaria denique ferrea, stimulosque ferreos, vel potius adamantinos affectat; sed ea ipsa, quibus initio a natura sunt ornata, si firma & valentia, & ad celeritatem sibi aut ad robur atque pugnam idonea suppetant, tum se optimo in statu & habitudine versari putant. Quam est igitur ridiculum, hominem ipsum externis in rebus felicitatem quaerere, ut divitias, generis splendorem, amicorum opes, ac reliqua id genus in magnis ac praestabilibus reponat! Etenim si nobis, perinde ac caeteris animantibus, unum illud natura tribuisset, corpora videlicet, & animas illorum similes, nihil ut requiri amplius oporteret, sufficeret nobis, uti reliquis animalibus, corporis ista commodis esse contentos, ab iisque felicitatem exprimere. Quoniam vero dissimilis nostra penitus anima reliquis est illis insita, a qua sive natura nostra differt, sive eadem aliqua natura praedita, actione sola praestat, velut purum ac defaecatum, opinor, aurum ab sordido & arenis admisto discrepat. Nam haec nonnullis de anima sententia magis probatur. Sed cum nos tamen caeteris animantibus intelligentiores ac prudentiores esse non ignoremus (quippe, secundum Protagorae fabulam, tametsi, tanquam mater, adversus illa prolixissimam ac munificentissimam praebuit; nobis instar omnium Jupiter mentem dedit) ibi ergo, in optima videlicet ac praestantissima nostri parte, collocanda est felicitas. Quo quidem consilio ac voluntate vide an non praeditus fuerit Diogenes; qui primum corpus suum varios in labores,

ret, nullo discrimine committebat, quo A infirmum ei robur a natura firmius ac valentius redderet: tum ea solum agenda sibi ducebat, quæ opus esse facto ratio ipsa præscripserat. curam vero sollicitudinum: ac tumultuum, qui in animam redundare e corpore (cujusmodi videlicet curis circumfusa ista pars saepe nos causa sæpenumero vel invitos implicat) nullam partem admittebat. Ex hac vero exercitatione corpus illi adeo virile ac robustum paravit, ut Athletas omnes facile superaret: animum vero B sic affecit suum, felicitatis ut compos esset; nec minus regnare, imo vero justius dici posset, quam qui sic a Græcis appellari tum solebat, Rex ille magnus. Ita enim Persam vocabant. An igitur exiguum tibi aliquid & contemnendum videtur esse vir

Urbe, atque tecto penitus, & patria carens;

non obolum habens, non drachmam, non famulum; ac ne mazam quidem: cujus compos Epicurus nulla re se Diis ipsis, quod ad felicitatem attinet, inferiorem esse glo- C riari solebat: qui quidem cum Diis minime contendebat; sed eo, qui ab hominibus beatissimus habebatur, beatiorem se vitam degere profitebatur. Quod si fidem mihi non adhibes, ubi vitæ illius periculum reipsa non sermone feceris, cujusmodi sit senties. Age itaque qualis demum iste sit imprimis, rationibus convincamus. Num tu ex iisce hominum bonis omnibus, quæ ab illis tantopere celebrantur, principem locum putas tenere libertatem? Quidni vero ita censeas; cum fortunæ, divitiæ, gene- D ris splendor, corporis robur, atque pulcritudo, & id genus reliqua, sine libertate, non ejus bona sint, qui illis præditus videtur; sed ejus, a quo iste possidetur? Ecquem igitur existimamus esse servum? An eum fortasse, quem tot argenti drachmis, aut duabus minis, aut decem auri solidis comparatum habemus? Hunc tu nempe vere dici esse servum. An ideo maxime, quod argentum pro eo venditori numeravimus? At hoc pacto servi etiam omnes illi fuerint, quos e captivitate liberamus.

A στοις ῥωμαλεώτερον καθίστατο· πράττειν δὲ ἠξίου μόνον ὅσα τοῦ φανῇ τοῦ λόγου πρακτέα· τοὺς δὲ ἐκ τοῦ σώματος ἐμπίπτοντας τῇ ψυχῇ θορύβους, οἳ πολλάκις ἡμᾶς ἀναγκάζουσι τοῦ τὸ περικείμενον αὐτῇ χάριν πολυπραγμονεῖν, οὐδὲ ἐν μέρει προσίετο. Ὑπὸ δὲ ταύτης τῆς ἀσκήσεως ὁ ἀνὴρ οὕτω μὲν ἔσχεν ἀνδρεῖον τὸ σῶμα, ὡς οὐδεὶς, οἶμαι, τῶν τοὺς στεφανίτας ἀγωνισαμέ- B νων· οὕτω δὲ διετέθη τὴν ψυχήν, ὥστε εὐδαιμονεῖν, ὥστε βασιλεύειν οὐθὲν ἔλαττον, εἰ μὴ καὶ πλέον, ὡς οἱ τότε εἰώθεσαν λέγειν Ἕλληνες, τοῦ μεγάλου βασιλέως, τὸν Πέρσην λέγοντες. Ἆρά σοι μικρὰ φαίνεται ἀνὴρ

ἄπολις, ἄοικος, πατρίδος ἐστερημένος·

οὐκ ὀβολόν, οὐ δραχμήν, οὐκ οἰκέτην ἔχων· ἀλλ' οὐδὲ μᾶζαν, ἧς Ἐπίκουρος εὐπορῶν, οὐδὲ τῶν θεῶν φησιν εἰς εὐδαι- C μονίας λόγον ἐλαττοῦσθαι· πρὸς μὲν τοὺς θεοὺς, οὐκ ἐρίζων τοῦτο, δοκοῦντος δὲ τοῖς ἀνθρώποις εὐδαιμονεστάτου, ζῆν καὶ ἔλεγε ζῆν εὐδαιμονέστερον. εἰ δὲ ἀπιστεῖς, ἔργῳ πειραθεὶς ἐκείνου τοῦ βίου, καὶ οὐ τῷ λόγῳ, αἰσθήσῃ. Φέρε δὴ πρῶτον αὐτὸν διὰ τῶν λόγων ἐλέγξωμεν. ἆρά σοι δοκεῖ τῶν πάντων ἀγαθῶν ἀνθρώποις ἡγεῖσθαι, τοῦτον δὴ τῶν πολυθρυλήτων, ἐλευθερίαν; πῶς γὰρ οὐ φήσεις; ἐπεὶ καὶ τὰ χρήματα, καὶ πλοῦτος, D καὶ γένος, καὶ σώματος ἰσχύς, καὶ κάλλος, καὶ πάντα ἁπλῶς τὰ τοιαῦτα, δίχα τῆς ἐλευθερίας, οὐ τοῦ δοκοῦντος εὐτυχηκέναι, τοῦ κτησαμένου δὲ αὐτὸν ἐστὶν ἀγαθά. Τίνα οὖν ὑπολαμβάνομεν τὸν δοῦλον; ἆρά γε μή ποτε ἐκεῖνον, ὃν πριάμεθα δραχμῶν ἀργυρίου τόσων, ἢ μναῖν δυοῖν, ἢ χρυσῶν στατήρων δέκα; φαίης δήπουθεν τοῦτον εἶναι ἀληθῶς δοῦλον. ἆρα δὲ αὐτὸ τοῦτ', ὅτι τὸ ἀργύριον ὑπὲρ αὐτοῦ τῷ πωλοῦντι καταβεβλήκαμεν; οὕτω μέντ' ἂν εἶεν οἰκέται, καὶ ἐκείνους τῶν αἰχμαλώτων λαβόμεθα, καί τοι καὶ οἱ νόμοι ταύτας ἀποδεδώκασι τὴν ἐλευθερίαν παθοῦσι καὶ οἴκαδε· καὶ ἡμεῖς αὐτοὺς ἀπολυτρούμεθα, οὐχ ἵνα δουλεύωσιν, ἀλλ' ἵνα ὦσιν ἐλεύθεροι. ὁρᾷς ὡς οὐχ ἱκανὸν εἶναι ἀργύριον καταβαλεῖν ὑπὲρ τοῦ ἀποφῆναι τὸν λυτρωθέντα δοῦλον, ἀλλ' ἐκεῖνος ἐστιν ὡς ἀληθῶς δοῦλος, ὃ κύριος ἕτερος προσαναγκάσαι πρᾶξαι ὅ, τι ἂν κελεύῃ, καὶ μὴ βουλόμενον κολάσαι, καὶ τὸ λεγόμενον ὑπὸ τοῦ ποιητοῦ,

κακῇς ὀδύνῃσι πελάζειν;

Homer. Iliad. ε. v.766.

Ὅρα δὴ τοίνυν, εἰ μὴ κυρίους πάντας ἡμῶν εἶναι, οἷς ἀναγκαῖον ἡμῖν θεραπεύειν· ἵνα μηδὲν ἀλγῶμεν, μηδὲ λυπώμεθα κολαζόμενοι παρ' αὐτῶν. ἢ τοῦτο οἴει κόλασιν μόνον, εἴ τις ἐπανατεινόμενος τὴν βακτηρίαν καθίκοιτο τοῦ οἰκέτου. καί τοι γε τοῦτον, οὐδὲ οἱ τραχύτατοι τῶν δεσποτῶν ἐπὶ πάντων ποιοῦσι τῶν οἰκετῶν. ἀλλὰ καὶ λόγος ἀρκεῖ πολλάκις, καὶ ἀπειλή. Μὴ τοίνυν, ὦ φίλε, νομίσῃς εἶναι ἐλεύθερος, ἄχρις ἡ γαστὴρ ἄρχῃ σου, καὶ τὰ ὑπένερθεν γαστρός· εἴ τε τὸν παρέξοντα τὰ πρὸς ἡδονὴν, καὶ ταῦτα ἀπαλλάξοντα κύριοι. καὶ εἰ τούτων δὲ γένοιο κρείττων, ἕως ἂν δουλεύῃς ταῖς τῶν πολλῶν δόξαις, οὔπω τῆς ἐλευθερίας ἔθιγες, οὐδὲ ἐγεύσω τοῦ νέκταρος.

Οὐ μὰ τὸν ἐν στέρνοισιν ἐμοῖς παραδόντα τετρακτύν.

καὶ οὐ τοῦτό φημι, ὡς ἀπερυθριᾶν χρὴ πρὸς πάντας, καὶ πράττειν τὰ ἄπρακτα· ἀλλ' ὧν ἀπεχόμεθα, καὶ ὅσα πράττομεν, μὴ διὰ τὸ τοῖς πολλοῖς δοκεῖν καλὰ ταῦτα, ἢ φαῦλα, διὰ τοῦτο πράττωμεν, καὶ ἀπεχώμεθα· ἀλλ' ὅτι τῷ λόγῳ, καὶ τῷ ἐν ἡμῖν θεῷ, τοῦτ' ἔστι τῷ νῷ, ταῦτα δεῖ ἀπόρρητα. Τὰς μὲν ἐν πολλοῖς οὐδὲν κωλύει τὰς κοινὰς ἕπεσθαι δόξας· ἄμεινον γὰρ τοῦτο ἢ παντάπασιν ἀπερυθριᾶν, ἴσχ-

A Quanquam leges ipsis, cum domum redierint, libertatem restituunt; & eosdem nos propterea redimimus, non ut serviant, sed ut libertate fruantur. Videsne jam ut qui redemtus est servus habeatur, non id esse satis, ut pro eo pecunia depensa sit, sed illum revera servum esse, in quem jus est alteri tanquam domino, ut eum facere quae jubeat cogere possit, & recusantem punire, atque, ut Poetae verbis utar,

saevis addicere poenis?

B Animadverte praeterea an non dominos omnes illos habeamus, quos obsequiis demereri necesse nobis est, ne quid doloris ac molestiae vexati ab illis puniique capiamus. Nisi vero puniri hoc unum esse credis, cum quispiam sublato fuste servum verberat. Atqui istud ipsum ne asperrimi quidem dominorum servis omnibus faciunt; ac plerunque verbis tenus ac minis objurgare. Quocirca liberum te tamdiu non putaveris, C donec tibi venter imperabit, & quae ventre inferiora sunt; atque illi praeterea, quorum in potestate situm est, ut tibi quae ad voluptatem pertinent aut suppeditent, aut ab illis abstineant. Et quamvis omnibus istis superiorem te praebueris, quamdiu vulgi opinionibus servies, nondum libertatem attigisti, neque de illo nectare gustasti.

Testor eum, nostro posuit qui in corde quaternionem.

D Nec illud dico; sine ullo pudore penitus esse nos oportere, & quae sunt facienda facere eventum in quibuslibet tandem abstinebimus, aut quae agenda putabimus, non ideo, quod plerisque bona vel mala videntur, agamus, aut omittamus, sed quod illa rationi, & ei, qui inest in nobis, interdicta sint Deo, videlicet menti. Ac vulgares quidem homines ad communes se opiniones accommodare nihil prohibet; hoc enim multo satius est, quam pudorem omnem funditus amittere; praesertim cum homi-

hominibus naturalis quædam insita sit ad veritatem propensio. At ei viro, qui secundum mentem vitam jam suam instituat, quique rectam in omnibus rationem invenire, ac dijudicare possit; consentaneum est, ut ab eorum nullo duci se patiatur, quæ bene aut secus geri vulgus sibi persuaserit. Quamobrem cum animæ nostræ pars sit una divinior, quam nos mentem & prudentiam appellamus, sive interiorem tacentemque sermonem, cujus præco est & interpres exterior ille per vocem prodiens sermo, ex nominibus verbisque compositus; altera vero cum hac implicata sit multiplex, & incondita, atque ex ira & cupiditate mista multorum capitum bellua; an prius vulgi opinionibus resistere, & irretortis adversus eas oculis stare convenit, quam istam ipsam edomitam habeamus belluam, eique persuaserimus, ut domestico nostro Deo, sive divinæ animæ nostræ parti, obtemperare velit? Nam plerique, qui alterum illud Diogenis imitari studuerunt, projecti in omne facinus, ac perditi, nihiloque feris ipsis commodiores fuerunt. Quod autem mea hæc non sit oratio; primum tibi factum quoddam Diogenis exponam: de quo multi, scio, ridebunt; mihi vero gravitatis plenissimum videtur. Cum enim adolescens in turba quidam præsente Diogene pepedisset, hunc iste baculo suo tetigit, dicens: Itane, scelus! cum nihil, ut id publice auderes, dignum hactenus egeris, jam nunc istinc gloriæ esse contemptor incipies? Usque adeo voluptate, cum ira superiorem esse oportere duxerat, ac tertio demum ad perfectissimum omnium certamen aggredi, & contra vulgi opiniones obsistere; a quibus innumera in multos mala derivantur. Nonne vides, cum adolescentes a Philosophia deducunt, uti de Philosophis ipsis multa spargere, obtrectareque soleant? Itaque veri illi ac germani Pythagoræ, aut Platonis, aut Aristotelis discipuli, impostores, sophistæ, vani, ac venefici nominantur. E Cynicis porro si quis forte

A σι γὰρ ἄνθρωποι φύσει πρὸς ἀλήθειαν οἰκείως. Ἀνδρὶ δὲ ἤδη τὸν ἔμφρονα ζῶντι, καὶ τοὺς ὀρθοὺς εὑρεῖν τε δυναμένῳ, καὶ κρῖναι λόγους προσήκει τὸ παράπαν οὐδὲν ἕπεσθαι τοῖς νομιζομένοις ὑπὸ τῶν πολλῶν εὖ τι, καὶ χεῖρον πράττεσθαι. Οὐκοῦν ἐπειδὴ τὸ μέν ἐστι τῆς ψυχῆς ἡμῶν θειότερον· ὃ δὴ νοῦν, καὶ φρόνησιν φαμὲν, καὶ λόγον τὸν σιγώμενον, οὗ κῆρυξ ἐστὶν ὁ διὰ τῆς φωνῆς οὑτοσὶ λόγος προϊὼν ἐξ ὀνομάτων, καὶ ῥημάτων· ἕτερον δέ τι τούτῳ συνέζευκται ποικίλον, καὶ παντοδαπὸν, ὀργῇ B καὶ ἐπιθυμίᾳ ξυμμιγές τι, καὶ πολυκέφαλον θηρίον, πότερον χρὴ πρὸς τὰς δόξας τῶν πολλῶν ἀτενῶς ὁρᾶν, καὶ ἀδιατρέπτως, πρὶν ἂν τοῦτο δαμάσωμεν τὸ θηρίον, καὶ πείσωμεν ὑπακοῦσαι τῷ παρ' ἡμῖν θεῷ, μᾶλλον δὲ θείῳ; τοῦτο γὰρ πολλοὶ τοῦ Διογένους ζηλώσαντες ἐγένοντο παντότολμοι, καὶ μιαροὶ, καὶ τῶν θηρίων οὐδὲ ἑνὸς κρείττους. Ὅτι δὲ οὐκ ἐμὸς ὁ λόγος ἐστὶ, πρῶ- C τον ἔργον ἐρῶ σοι Διογένους, ἐφ' ᾧ γελάσονται μὲν οἱ πολλοὶ, ἐμοὶ δὲ εἶναι δοκεῖ σεμνότατον. Ἐπειδὴ γάρ τις τῶν νέων ἐν ὄχλῳ, παρόντος καὶ τοῦ Διογένους, ἀπέπαρδεν, ἐπάταξεν αὐτὸν τῇ βακτηρίᾳ, φὰς εἶτα, ὦ κάθαρμα, μηδὲν ἄξιον τοῦ δημοσίᾳ τὰ τοιαῦτα θαρρεῖν πράξας ἐντεῦθεν ἡμῖν ἄρχῃ δόξης καταφρονεῖν; οὕτως ᾤετο χρῆναι πρότερον ἡδονῆς, καὶ θυμοῦ κρείττονα γενέσθαι, καὶ τρίτον ἐπὶ τὸ τελεώτατον D ἐλθεῖν τῶν παλαισμάτων, ἀποδυσάμενον πρὸς τὰς τῶν πολλῶν δόξας αἳ μυρίων κακῶν αἴτιαι γίνονται τοῖς πολλοῖς. Οὐκ οἶσθα ὅπως τοὺς μὲν νέους τῆς φιλοσοφίας ἀπάγουσιν, ἀλλὰ ἐπ' ἄλλους τῶν φιλοσόφων θρυλοῦντες, οἱ Πυθαγόρου, καὶ Πλάτωνος, καὶ Ἀριστοτέλους χορευταὶ γνήσιοι γόητες εἶναι λέγονται, καὶ σοφισταὶ, καὶ τετυφωμένοι, καὶ φαρμακεῖς. τῶν Κυνικῶν εἴ πού τις γέγοις σπουδαῖος, ἐλεεινὸς δοκῇ. Μέμνημαι γοῦν ἐγώ ποτε τροφέως εἰπόντος πρός με· ἐπειδὴ τὸν ἑταῖρον εἶδεν Ἰφικλέα αὐχμηρὰν ἔχοντα τὴν κόμην, καὶ κατερρωγότα τὰ στέρνα, ἱμάτιόν τε παντάπασι φαῦλον, ἐν δεινῷ χειμῶνι· τίς ἄρα δαίμων τοῦτον εἰς ταύτην περιέτρεψε τὴν συμφοράν, ὑφ᾽ ἧς αὐτὸς μὲν ἐλεεινός, ἐλεεινότεροι δὲ οἱ πατέρες αὐτοῦ, θρέψαντες σὺν ἐπιμελείᾳ, καὶ παιδεύσαντες, ὡς ἐνεδέχετο, σπουδαίως· ὁ δέ, οὕτω νῦν περιέρχεται, πάντα B ἀφεὶς, οὐδὲν τῶν προσαιτούντων κρείττων; ἐκεῖνον μὲν οὖν ἐγὼ οὐκ οἶδ᾽ ὅπως τότε κατειρωνευσάμην· σὺ μέντοι γε ἴσθι, καὶ ταῦτα ὑπὲρ τῶν ἀληθῶς κυνῶν τοὺς πολλοὺς διανοουμένους. Καὶ οὐ τοῦτο δεινόν ἐστιν. ἀλλ᾽ ὁρᾷς ὅτι καὶ πλοῦτον ἀγαπᾶν πείθουσι· καὶ πενίαν μισεῖν καὶ τὴν γαστέρα θεραπεύειν· καὶ τοῦ σώματος ἕνεκα πάντα ὑπομένειν πόνον· καὶ πιαίνειν τὸν τῆς ψυχῆς δεσμόν· καὶ τράπεζαν παρατίθεσθαι πολυτελῆ· καὶ μηδέ ποτε νύκτωρ καθεύδειν μόνον ἀλλὰ C τὰ τοιαῦτα πάντα δρᾶν ἐν τῷ σκότῳ λανθάνοντα; τοῦτ᾽ οὖν οὐκ ἔστι τοῦ Ταρτάρου χεῖρον; οὐ βέλτιόν ἐστιν ὑπὸ τὴν Χάρυβδιν, καὶ τὸν Κωκυτὸν, καὶ μυρίας ὀργυιὰς κατὰ γῆς δῦναι, ἢ πεσεῖν εἰς τοιοῦτον βίον αἰδοίοις καὶ γαστρὶ δουλεύοντα, καὶ οὐδὲ τούτοις ἁπλῶς, ὥσπερ τὰ θηρία, πράγματα δὲ ἔχειν, ὡς ἂν καὶ λάθοιμεν ὑπὸ τῷ σκότῳ ταῦτα ἐξεργαζόμενοι; καί τοι πόσῳ κρεῖττον ἀπέχεσθαι παντάπασιν αὐτῶν. εἰ δὲ D μὴ ῥᾴδιον· οἱ Διογένους νόμοι, καὶ Κράτητος ὑπὲρ τούτων οὐκ ἀτιμαστέοι. ἔρωτα λύει λιμός· ἂν δὲ τούτῳ χρῆσθαι μὴ δυνήσαι, βρόχος. Οὐκ οἶσθα ὅτι ταῦτα ἔπραξαν ἐκεῖνοι τοῦ βίου, διδόντες ὁδὸν εὐτελείας; οὐ γὰρ ἐκ τῶν μαζοφάγων, φησὶν ὁ Διογένης, οἱ

A probus occurras, informatus videaris. Memini nutricium aliquando meum cum sodalem nostrum Iphiclem squallida & impexa cæsarie, veste ad pectus lacera, ac vili prorsus & detrito pallio involutum asperrima hieme vidisset, ita mihi locutum esse: Quis istum dæmon ad tantam calamitatem redegit? quo nomine miserabilis quidem ipse, sed miserabiliores multo sunt ejus parentes, qui magna cura illum educarunt, & præclare, quoad in ipsis situm fuit, instituerunt: B at is relictis omnibus ita, ut vides, oberrat, nihil a mendicantibus distans? Ego vero tum in illum nescio quo modo jocatus sum. Ejusmodi porro & de iis, qui vere Canes sunt, plerique suspicantur. Neque hic tamen mali hujus importunitas sistit. Sed videsne, ut etiam divitiarum amorem, & paupertatis odium persuadeant, utque ista doceant: ventris obsequio sese dedere; corporis gratia nullum laborem defugere; hoc est ergastulum illud animæ pingue & obesum efficere; sumtuosam C adhibere mensam; solum dormire nunquam; sed hæc omnia clam, & in tenebris perpetrare? Hoc nonne Tartaro ipso pejus est? Non vel in Charybdin ipsam, & Cocytum, ac decem sub terra millibus ulnarum præcipitari satius est, quam in illud delabi vitæ genus, quod pudendis ac ventri serviat; atque ita tamen, ut idipsum non simpliciter ferarum more persequamur, sed in eo multum laboremus, uti per tenebras ac remotis arbitris, nos in istis volutemus? D Quanto igitur præstabat ab illis abstinere penitus? aut si difficile id videtur, profecto Diogenis Cratetisque super ea re leges nequaquam aspernandæ sunt. *Amorem*, inquiunt, *solvit fames; sin ea uti non potes, laqueus*. Nescis illos eo consilio ista fecisse, ut parsimoniæ viam quandam ac rationem in vitam hominum inducerent? Non enim ex mazovoris, ajebat Diogenes, tyranni prode-

prodeant; sed ex sumtuose cœnantibus. A Crates vero hymnum scripsit in frugalitatem, his verbis:

Salve, ô deliciæ sapientum Diva virorum,
Eutelia, egregia filia Sophrosynes!

Sit igitur Cynicus mihi Philosophus non, ut Oenomaus, impudens & inverecundus nec omnium pariter divinorum humanorumque contemtor: sit autem inprimis religiosus in Deum, quemadmodum Diogenes. Hic enim Apollini Pythio cum B morem gessisset, non id eum fecisse pœnituit. Si quis autem illum, quod neque ad Deos venerandos accedebat, nec eorum templa colebat, neque aras, aut statuas, impium & atheum ex eo interpretetur fuisse, non recte judicat. Nihil enim possidebat ejusmodi; non thus, non quod libare posset, non pecuniam unde compararet. Quod si de Diis recte sentiret, hoc satis erat unum. Ipsamet enim illos anima colebat, quicquid in rebus suis pretiosissimum erat expendens, dum de ipsis cogitando C suam illis devoveret ac consecraret animam. Igitur non sit ille noster impudens; sed rationem ducem sequens, studeat inprimis animæ partem illam, quæ perturbationibus afficitur, ita sibi subjicere, ut eam penitus expugnet; ac ne istud sciat quidem, voluptates a se refrænari. Nam eo pervenire satius est, ut num illis afficiatur, penitus ignoret. Hoc vero non alia ratione, quam assidua exercitatione comparatur. At ne temere ista in medium afferre videar, ex Cratetis ludis pauca hic tibi describam. D

Mnemosynes & Jovis Olympii inclyta proles
Musæ Pierides, audite me precantem.
Pabulum perpetuo date ventri, qui mihi semper
Citra servitutem tenuem indixit victum.
Utilem porro amicis, non suavem facite.
Pecunias nolo congregare inclytas, scarabei sortem

τιμώντων, ἀλλ' ἐκ τῶν δαπανώντων πολυτελῶς. καὶ ὁ Κράτης μέντοι καὶ ὕμνον ὕφηνεν εἰς τὴν εὐτέλειαν·

Χαῖρε θεὰ δέσποινα, σοφῶν ἀνδρῶν ἀγάπημα,
Εὐτέλεια, κλεινῆς ἔγγονε σωφροσύνης.

Ἔστω δὲ μὴ κατὰ τὸν Οἰνόμαον ὁ κύων ἀναιδὴς, μηδὲ ἀναίσχυντος, μηδὲ ὑπερόπτης πάντων ὁμοῦ θείων τε καὶ ἀνθρωπίνων· ἀλλ' εὐλαβὴς μὲν τὰ πρὸς τὸ θεῖον ὥσπερ Διογένης. ἐπείθετο γοῦν ἐκεῖνος τῷ Πυθίῳ, καὶ οὐ μετεμέλησεν αὐτῷ πεισθέντι. Εἰ δὲ, ὅτι μὴ προσῄει, μηδὲ ἐθεράπευε τοὺς νεὼς, μηδὲ τὰ ἀγάλματα, μηδὲ τοὺς βωμοὺς, οἴεταί τις ἀθεότητος εἶναι σημεῖον, οὐκ ὀρθῶς νομίζει. ἦν γὰρ οὐδὲν αὐτῷ τῶν τοιούτων, οὐ λιβανωτὸς, οὐ σπονδὴ, οὐκ ἀργύριον, ὅθεν αὐτὰ πρίαιτο. εἰ δὲ ἐνόει περὶ θεῶν ὀρθῶς, ἤρκει τοῦτο μόνον. αὐτῇ γὰρ αὐτοὺς ἐθεράπευε τῇ ψυχῇ, διδοὺς, οἶμαι, τὰ τιμιώτατα τῶν ἑαυτοῦ, τὸ καθοσιοῦν τὴν ἑαυτοῦ ψυχὴν διὰ τῶν ἐννοιῶν. Ἀναισχυντείτω δὲ μηδαμῶς, ἀλλ' ἑπόμενος τῷ λόγῳ, πρότερον μὲν αὐτοῦ χειρωσάσθω τὸ παθητικὸν τῆς ψυχῆς μέρος, ὥστε παντάπασιν ἐξελεῖν αὐτὸ, καὶ μηδὲ ὅτι κρατεῖ τῶν ἡδονῶν, εἰδέναι. εἰς τοῦτο γὰρ ἄμεινον ἐλθεῖν, ὡς τὸ καὶ ἀναισθήτως ἔχειν τῶν τοιούτων ἀγνοῆσαι· τοῦτο δὲ οὐκ ἄλλως, ἢ διὰ τῆς γυμνασίας προσγίνεται. Ἵνα δὲ μή τις ὑπολάβῃ με ταῦτα ἄλλως λέγειν, ἐκ τῶν παιγνίων Κράτητος ὀλίγα σοι παραγράψω.

Μνημοσύνης καὶ Ζηνὸς Ὀλυμπίου ἀγλαὰ τέκνα,
Μοῦσαι Πιερίδες, κλῦτέ μοι εὐχομένῳ.
Χόρτον ἀεὶ συνεχῶς δότε γαστέρι, ἥ τέ μοι αἰεὶ
Χωρὶς δουλοσύνης λιτὸν ἔθηκε βίον.
Ὠφέλιμον δὲ φίλοις, μὴ γλυκερὸν τίθετε.
Χρήματα δ' οὐκ ἐθέλω συνάγειν κλυτὰ, κανθάρου ὄλβον,

Idem verba paulo aliter infra Orat. VII.

Μύρμηκός

Μύρμηκός τ' ἄφενος, χρήματα μαιόμενος.
Ἀλλὰ δικαιοσύνης μετέχειν, καὶ πλοῦτον ἀγινεῖν
Εὔφορον, εὔκτητον, τίμιον εἰς ἀρετήν.
Τῶν δὲ τυχὼν Ἑρμῆν, καὶ Μούσας ἱλάσομ' ἁγνὰς
Οὐ δαπάναις τρυφεραῖς, ἀλλ' ἀρεταῖς ὁσίαις.

Εἰ χρή σοι περὶ τούτων γράφειν, ἔχω πλείονα τοῦ ἀνδρός. ἐντυχὼν δὲ τῷ Χαιρωνεῖ Πλουτάρχῳ τὸν Κράτητος ἀναγράψαντι βίον, οὐδὲν ἐκ παρέργου μανθάνειν δεήσῃ τὸν ἄνδρα. οὗτος ἡγεμὼν ἐγένετο Ζήνωνι τῶν καλῶν δογμάτων. ἐπὶ τούτου φασὶ τοὺς Ἕλληνας ἐπιγράφειν τοῖς ἑαυτῶν οἴκοις ἐπὶ τῶν προπυλαίων· Εἴσοδος Κράτητι Ἀγαθῷ Δαίμονι.

Ἀλλ' ἐπανίωμεν ἐπ' ἐκεῖνο πάλιν, ὅτι χρὴ τὸν ἀρχόμενον κυνίζειν, αὐτῷ πρότερον ἐπιτιμᾶν πικρῶς, καὶ ἐξελέγχειν, καὶ μὴ κολακεύειν· ἀλλ' ἐξετάζειν ὅτι μάλιστα ἀκριβῶς, εἰ τῇ πολυτελείᾳ τῶν σιτίων χαίρει· εἰ στρωμνῆς δεῖται μαλακῆς· εἰ τιμῆς, ἢ δόξης ἐστὶν ἥττων· εἰ τοῦτο ζηλοῖ τὸ περιβλέπεσθαι, καὶ εἰ κενὸν εἴη, τίμιον ὅμως νομίζει. μηδὲ εἰς συμπεριφορὰν ὄχλων καθιέσθω. γευέσθω δὲ τρυφῆς μηδὲ ἄκρῳ, φασί, τῷ δακτύλῳ, ἕως αὐτὴν παντελῶς πατήσῃ. τότε ἤδη καὶ τῶν τοιούτων, ἂν προστύχῃ, θιγεῖν οὐδὲν κωλύει. Ἐπεὶ καὶ τῶν ταύρων ἀκούω τοὺς ἀσθενεστέρους ἐξίστασθαι τῆς ἀγέλης, καὶ καθ' ἑαυτοὺς νεμομένους ἀγείραντας ἰσχὺν ἐν μέρει, καὶ κατ' ὀλίγον οὕτως ἐπιέναι, καὶ προκαλεῖσθαι, καὶ τῆς ἀγέλης ἀμφισβητεῖν τοῖς προκατέχουσιν, ὡς μᾶλλον ἀξιωτέρους προΐστασθαι. Ὅστις οὖν κυνίζειν ἐθέλει, μήτε τὸν τρίβωνα, μήτε τὴν πήραν, μήτε τὴν βακτηρίαν, καὶ

A *Formicaeque divitias, pecunias quaerens.*
Sed justitiae particeps esse, & divitias congerere
Faciles, parabiles, pretiosas ad virtutem.
Harum compos Mercurium & Musas propitiabo castas,
Non sumtibus delicatis, sed virtutibus sanctis.

Habeo & alia plura de eo viro dicenda, si quid de illo tibi scribere attinet. B Quod si Plutarchum Charonensem legeris, qui Cratetis vitam conscripsit, nihil erit cur obiter hic a nobis, cujusmodi vir ille fuerit, velis cognoscere. Hic ipse praeclarorum dogmatum Zenoni dux & autor extitit. De quo etiam memoriae proditur, Graecos istud aedium suarum vestibulis inscripsisse vulgo: INGRESSUS CRATETI PROSPERO GENIO.

Sed eo revertamur, quod dicere coepimus: Qui Cynicam professionem aggredi- C tur, hunc ante omnia castigare temetipsum & arguere nec adulari oportere sibi, sed in se severius inquirere, ecquid epularum apparatu splendido delectetur, aut mollioribus stragulis: utrum honoris ac gloriae cupiditate vincatur: an a circumstantibus suspici velit, idque, tametsi vanum sit, magni faciendum existimet. Ergo idem sese nunquam ad vulgi mores accommodet: delitias ne primoribus quidem, ut ferunt, digitis attingat, donec illas penitus proculcaverit. Quod ubi consecutus fue- D rit; tum demum, ubi res & tempus feret, illas degustare poterit. Ita enim & taurorum imbecilliores narrant ex armento se subducere, solosque paulatim vires suas colligere: quibus confirmatis, tandem in priores armenti duces invadere, atque ad certamen elicere, cumque iis de armenti principatu contendere, quem sibi tanquam digniores vendicant. Quamobrem quisquis Cynicum profiteri volet, is non solum tritum pallium, aut peram, aut baculum, aut comam

A comam amplexetur; ut quasi in pago aliquo, ubi tonsoris officina nulla, neque literarius ludus est, intonsus & illiteratus incedat: verum pro baculo, rationem ipsam; pro Cynica pera, constans animi propositum, Philosophiæ esse signa, persuasum habeat. Audaciam vero tum demum usurpet, cum quanti sit faciendus ante demonstraverit. Quemadmodum Crates olim, ac Diogenes, qui fortunæ minas omnes, sive ludibrium mavis aut contumeliam, adeo non B impatienter tulerunt, ut Diogenes quidem a piratis captus illuderet; Crates vero bona sua publicaret: cumque distorto esset corpore, in cruris sui claudicationem & gibbum humerorum dicta jaceret: ad ædes autem amicorum seu sponte seu vocatus accederet, maximeque necessarios invicem reconciliaret, si quid inter illos simultatis intercessisse cognosceret. Hujus vero reprehensio acerbitate omni carens suavitatis lepore condiebatur: ut non calumniari velle, quos argueret; sed tam ipsis, quam C ceteris, qui audiebant prodesse, videretur. Tametsi non eum sibi finem præcipue statuerant; sed id unum in vita spectabant, uti felices essent: ceterorum eatenus curam gerebant, quatenus hominem intelligebant animal esse ad vitæ communionem civilemque societatem a natura factum. Itaque civibus suis non exemplis modo, sed & sermonibus commodare studebant. Quo- D circa quicumque Cynicus ac vir probus esse cupit, is sui primum ipsius curam suscipiens, Diogenis & Cratetis exemplo, omnes omnino ex animo perturbationes ejiciat; tum rectæ rationi ac menti obtemperans, ex ejus præscripto universa moderetur. Hoc enim Diogenis, opinor, Philosophiæ caput erat. Quod autem ad meretricem accessit aliquando, (quanquam hoc fortasse semel, aut ne semel quidem accidit) tum cum ali-

A τὴν κόμην ἀγαπάτω μόνον· ἵν' ὥσπερ ἐν κώμῃ βαδίζῃ κουρείου καὶ διδασκαλείου ἐνδεεῖ, ἄκαρτος καὶ ἀγράμματος· ἀλλὰ τὸν λόγον ἀντὶ τοῦ σκήπτρου, καὶ τὴν ἔνστασιν ἀντὶ τῆς πήρας τῆς κυνικῆς, ὑπολαμβανέτω φιλοσοφίας γνωρίσματα. παρρησίᾳ δὲ χρηστέον αὐτῷ, πρῶτον ὁπόσου πέφυκεν ἄξιος ἐπιδειξαμένῳ· ὥσπερ, οἶμαι, Κράτης, καὶ Διογένης· οἳ πᾶσαν μὲν ἀπειλὴν τύχης, καὶ εἴτε παιδιὰν, εἴτε παροινί- B αν χρὴ φάναι, τοσοῦτον ἀπέσχον τοῦ δυσκόλως ἐνεγκεῖν, ὥστε ἁλοὺς μὲν ὑπὸ τῶν καταποντιστῶν ὁ Διογένης, ἔπαιζεν· ὁ Κράτης δὲ ἐδήμευσε τὴν οὐσίαν· εἶτα εἰς τὸ σῶμα βλαβεὶς, ἔσκωπτεν ἑαυτοῦ τὴν χωλότητα τοῦ σκέλους, καὶ τὸ κυρτὸν τῶν ὤμων· ἐπεφοίτα δὲ ἐπὶ τὰς τῶν φίλων ἑστίας, ἄκλητος, κεκλημένος, διαλλάσσων τοὺς οἰκειοτάτους ἀλλήλοις, εἴποτε στασιάζοντας αἴσθοιτο. ἐπέπληττε δὲ οὐ μετὰ πι- C κρίας, ἀλλὰ μετὰ χάριτος· ὡς μὴ συκοφαντεῖν δοκῇ τοὺς σωφρονιζομένους, ὠφελεῖν δὲ ἐθέλων αὐτούς τε ἐκείνους, καὶ τοὺς ἀκούοντας· καὶ οὐ τοῦτ' ἦν τὸ προηγούμενον αὐτοῖς τέλος· ἀλλ' ὅπερ ἔφην, ἐσκόπουν ὅπως αὐτοὶ μὲν εὐδαιμονήσωσιν· ἔμελε δὲ αὐτοῖς τῶν ἄλλων τοσοῦτον, ὅσον οἶμαι ξυνίεσαν φύσει κοινωνικὸν καὶ πολιτικὸν ζῶον τὸν ἄνθρωπον εἶναι· καὶ τοὺς συμπολιτευομένους ὠφέλησαν, οὐ τοῖς παραδείγμασι μόνον, ἀλλὰ D καὶ τοῖς λόγοις. Ὅστις οὖν ἐθέλῃ Κυνικὸς εἶναι, καὶ σπουδαῖος ἀνὴρ, αὑτοῦ πρότερον ἐπιμεληθεὶς ὥσπερ Διογένης, καὶ Κράτης, ἐξελαυνέτω μὲν τῆς ψυχῆς ἅπαντα ἐκ πάσης τὰ πάθη, ὀρθῷ δὲ ἐπιτρέψας τὰ καθ' ἑαυτὸν λόγῳ, καὶ νῷ, κυβερνάσθω. κεφάλαιον γὰρ ἦν, ὡς ἐγῷμαι, τοῦτο τῆς Διογένους φιλοσοφίας. Εἰ δὲ ἑταίρᾳ ποτὲ προσῆλθεν ὁ ἀνήρ, καίτοι καὶ τοῦτο τυχὸν ἅπαξ, ἢ οὐδὲ ἅπαξ ἐγένετο· ἔστω μὲν τὰ ἄλλα κατὰ τὸν Διογένη γενέσθαι σπουδαῖος ἂν οὕτω φανῇ, καὶ τοῦτον εἰ φαίνοι φανερῶς ἐν ὀφθαλμοῖς πάντων, οὐ μεμψόμεθα, οὐδὲ αἰτιασόμεθα. πρότερον μέντοι τὴν Διογένους ἡμῖν ἐπιδειξάμενος εὐμάθειαν, καὶ τὴν ἀγχίνοιαν, καὶ τὴν ἐν τοῖς ἄλλοις ἅπασιν ἐλευθερίαν, αὐτάρκειαν, δικαιοσύνην, σωφροσύνην, εὐλάβειαν, χάριν, προσοχήν· ὡς μηδὲν εἰκῇ, μηδὲ μάτην, μηδὲ ἀλόγως ποιεῖν· ἐπεὶ καὶ ταῦτα τῆς Διογένους ἐστὶ φιλοσοφίας οἰκεῖα· πατείτω τῦφον, καταπαιζέτω τῶν τὰ μὲν ἀναγκαῖα τῆς φύσεως ἔργα περιστελλόντων ἐν σκότῳ· φημὶ δὲ τῶν περιττωμάτων τὰς ἐκκρίσεις· ἐν μέσαις δὲ ταῖς ἀγοραῖς καὶ ταῖς πόλεσιν ἐπιτηδευόντων τὰ βιαιότατα, καὶ μηδὲν ἡμῶν οἰκεῖα τῇ φύσει· χρημάτων ἁρπαγάς, συκοφαντίας, γραφὰς ἀδίκους, διώξεις ἄλλων τοιούτων συρφετωδῶν πραγμάτων. Ἐπεὶ καὶ Διογένης εἴτε ἀπέπαρδεν, εἴτε ἀπεπάτησεν, εἴτε ἄλλο τι τοιοῦτον ἔπραξεν, ὥσπερ οὖν λέγουσιν, ἐν ἀγορᾷ οἱ πολλοί, τὸν ἐκείνων πατῶν τῦφον ἐποίει, διδάσκων αὐτούς, ὅτι πολλῷ φαυλότερα, καὶ χαλεπώτερα τούτων ἐπιτηδεύουσι. Τὰ μὲν γὰρ ἴσως ἡμῶν πᾶσι κατὰ φύσιν· τὰ δέ, ὡς ἔπος εἰπεῖν, οὐδενί· πάντα δὲ ἐκ διαστροφῆς ἐπιτηδεύεται. Ἀλλ' οἱ νῦν τοῦ Διογένους ζηλωταὶ τὸ ῥᾷστον καὶ κουφότατον ἑλόμενοι, τὸ κρεῖττον οὐκ εἶδον. σύ τε ἐκείνων εἶναι σεμνότερος ἐθέλων, ἀπεπλανήθης τοσοῦτον τῆς Διογένους προαιρέσεως, ὥστε αὐτὸν ἐλεεινὸν ἐνόμισας. Εἰ δὲ τούτοις μὲν ἠπίστεις ὑπὲρ ἀνδρὸς λεγομένοις, ὃν οἱ πάντες Ἕλληνες τότε ἐθαύμασαν μετὰ Σωκράτη, καὶ Πυθαγόραν, ἐπὶ Πλάτωνος, καὶ Ἀριστοτέλους· οὗ γέγονεν ἀκροατὴς ὁ τοῦ σωφρονεστάτου καὶ συνετωτάτου Ζήνωνος καθηγεμών· ὡς οὐκ εἰκὸς ἦν ἅπαντας ἐξαπατηθῆναι περὶ ἀνδρὸς οὕτω φαύλου, ὁποῖον σὺ διακωμῳδεῖς, εἰ θέλ-

A quis in cæteris haud impar Diogenis oblatus fuerit, si quid ejusmodi palam & in omnium oculis usurpare visum fuerit, non reprehendemus, neque crimini vertemus; sed antequam eo deveniat, primum Diogenis illam in se docilitatem, solertiam, & in cæteris omnibus libertatem, frugalitatem, justitiam, temperantiam, religionem, gratiam, attentionem exprimat: nihil ut temere aut frustra & sine ratione moliatur, quoniam quidem ea sunt cum Diogenis Philosophia conjuncta: tum demum
B arrogantiam proculcet, & illos derideat, qui cum necessariis naturæ clam funguntur officiis; cujusmodi est excrementorum egestio; palam & in medio foro violentissima quæque, & ab hominum natura penitus abhorrentia committunt, alienas pecunias rapiunt, calumnias struunt, injustas accusationes instituunt, cætera id genus inhonesta & illiberalia persequi non verentur. Nam & Diogenes ipse, sive pedebat, sive alvum levabat, sive aliquid ad eum modum coram omnibus in foro
C faciebat (quod plerique factum asserunt) id eo videlicet agebat, ut illorum calcaret arrogantiam, & eos doceret quanto istis deteriora & acerbiora perpetrarent. Hæc enim nobis omnibus secundum naturam accidunt; illa vero nemini, ut semel dicam, naturalia sunt, sed ex depravatione ac corruptela proficiscuntur. At hodierni illi Diogenis imitatores, id quod facilius ac levius est deligentes, quod præstantius est non animadverunt. Tu vero,
D qui te illis honestiorem & graviorem esse studes, usque eo a proposito ac mente Diogenis aberrasti, ut eundem infelicem arbitrareris. Quod si tu iis, quæ de viro illo prædicantur, adhibendam fidem non putares quem quidem Græci tunc omnes post Socratem & Pythagoram, Platonis & Aristotelis ætate mirati sunt; cujus auditor fuit temperantissimi illius ac prudentissimi Zenonis magister: aut si id cum animo tuo reputare velles, non posse mortalium omnium de tam vili & abjecto homine, qualem tu Diogenem per risum ac ludibrium

ludibrium fuisse dictitas, aberrare judicio; ne tu amplius de illo cogitasses, eumque virum diligentius tibi experiendum putasses. Ecquis enim Graecorum non illam Diogenis patientiam ac laborum tolerantiam, quae nihil a regia quadam magnificentia distaret, vehementer obstupuit? Jacebat ille in stibadio dormiens intra dolium suum, melius quam magnus ille Persarum rex sub auratis tectis, molli ac delicato lecto. Mazam suavius comedebat, quam tu modo Siculas epularis ad mensas. Corpus, ubi calida laverat, ad aërem siccabat; idque pro Philosophi professione aptius sane, quam linteis illis, quibus detergeri soles. Credo jocari tibi & in illum hominem fas est dicta jacere, qui Xerxem, velut alter Themistocles, viceris, aut ut Alexander Macedo Darium. Atqui si in libris paululum evolvendis operam navares, uti nos politici & negotiosi homines facimus, non ignorares quemadmodum Alexander Diogenis magnanimitatem suspexisse & adamasse dicatur. Sed nihil ejusmodi, quantum apparet, inest tibi ulla in re commendatione dignum. Nihil, inquam, admodum. Itaque infelicium tantum muliercularum mortuam, ut ita dixerim, vitam admiraris ac diligis. Jam vero, si quid forte nostra haec apud te oratio profecerit, non minus tuum quam meum hac in re lucrum agetur. Sin autem nihil haec disputatio promovet, quam e re nata, unoque, ut aiunt, spiritu de hoc argumento profudimus. Testes enim sunt Musae, biduo me subcesivis horis hoc opus elucubrasse; immo vero tu mihi ipse testis es, quantum antea cognoscere potuisti. Sed si nihil aliud efficimus; at nos certe tantum virum oratione praedicasse nunquam omnino poenitebit.

A τισί, ἴσως ἄν τι πλέον ἐπαΐσειας περὶ αὐτοῦ, καὶ παρέλθοις πρόθυρα τῆς ἐμπειρίας τἀνδρός. Τίνα γὰρ οὐκ ἐξέπληξε τῶν Ἑλλήνων ἡ Διογένους καρτερία, βασιλικῆς οὐκ ἔξω μεγαλοψυχίας οὖσα καὶ φιλοπονίας; ἐκάθευδεν ἀνὴρ ἐπὶ στιβάδος ἐν τῷ πίθῳ βέλτιον, ἢ μέγας βασιλεὺς ὑπὸ τοῖς ἐπιχρύσοις ὀρόφοις, ἐν τῇ μαλθακῇ κλίνῃ· ἤσθιε τὴν μᾶζαν ἥδιον ἢ σὺ νῦν τὰς Σικελικὰς ἐσθίεις τραπέζας. ἐλοῦτο θερμῷ τὸ σῶμα πρὸς

B τὸν ἀέρα ξηραίνων, ἀντὶ τῶν ὀθονίων, οἷς ἀπομάττῃ φιλοσοφώτερον. Πάνυ σοι προσήκει κωμῳδεῖν ἐκεῖνον, ὅτι κατηγωνίσω τὸν Ξέρξην, ὡς ὁ Θεμιστοκλῆς· ἢ τὸν Δαρεῖον, ὡς ὁ Μακεδὼν Ἀλέξανδρος. εἰ σμικρὰ τὰς βίβλους ἀνελίττων, ἐμελέτας, ὥσπερ ἡμεῖς οἱ πολιτικοὶ καὶ πολυπράγμονες, ἔγνως ἂν ὅπως Ἀλέξανδρος ἀγασθῆναι λέγεται τὴν Διογένους μεγαλοψυχί-

C αν. Ἀλλ' οὐκ ἔστι σοι τούτων οὐδὲν, ὡς ἐμοὶ δοκεῖ, σπουδαῖον· πόθεν; πολλοῦ γε καὶ δεῖ. γυναικῶν ἀθλίων τε θαυμάζεις φιλῶν νεκρὸν βίον· εἰ μὲν οὖν ὁ λόγος τι πλέον ἐποίησεν, οὐκ ἐμὸν μᾶλλον ἢ σὸν ἔσται κέρδος, εἰ δὲ οὐδὲν περαίνομεν ἐκ τοῦ παραχρῆμα περὶ τῶν τοιούτων αὐτοσχεδιασθέντων λόγων συνέγραψα· ἐν γὰρ παρέργῳ ἡμέραιν δυοῖν, ὡς ἴσασιν αἱ Μοῦσαι· μᾶλλον δὲ καὶ αὐτὸς ὁπόσα πρόσθεν ἐγνώκεις· ἡμῖν δὲ οὐ μεταμελήσει τῆς εἰς τὸν ἄνδρα εὐφημίας.

κ. φιλοσοφώτερον.

ΙΟΥΛΙΑΝΟΥ
ΑΥΤΟΚΡΑΤΟΡΟΣ
ΠΡΟΣ ΗΡΑΚΛΕΙΟΝ ΚΥΝΙΚΟΝ, ΠΕΡΙ ΤΟΥ ΠΩΣ ΚΥΝΙΣΤΕΟΝ*.

*γρ. adde ΚΑΙ ΕΙ ΠΡΕΠΕΙ ΤΩ ΚΥΝΙ ΜΥΘΟΥΣ ΠΛΑΤΤΕΙΝ.

JULIANI IMP.
AD HERACLIUM CYNICUM, DE CYNICA SECTA.

ΛΟΓΟΣ Ζ.

A Πολλὰ γίνεται ἐν μακρῷ χρόνῳ· τοῦτο ἐκ τῆς κωμῳδίας ἀκηκοότι μοι πρώην ἐπῆλθεν ἐκβοῆσαι, ὁπηνίκα παρακληθέντες ἠκροώμεθα κυνὸς οὔτι τορὸν οὐδὲ γενναῖον ὑλακτοῦντος· ἀλλ' ὥσπερ αἱ τίτθαι μύθους ᾄδοντος*, καὶ οὐδὲ τούτους ὑγιῶς διακειμένους. παραχρῆμα μὲν οὖν ἐπῆλθέ μοι διαναστῆναι, διαλῦσαι δὲ τὸν σύλλογον. ἐπεὶ δὲ ἐχρῆν ὥσπερ ἐν θεάτρῳ κωμῳδουμένων Ἡρακλέους καὶ Διονύσου παρὰ τῶν κωμῳδῶν ἀκούειν, οὐ τοῦ λέγοντος, ἀλλὰ τῶν συνειλεγμένων χάριν, ὑπέμεινα· μᾶλλον δὲ εἰ χρή τι καὶ νεανικώτερον εἰπεῖν, ἡμῶν αὐτῶν ἕνεκα, καὶ τοῦ δοκεῖν ὑπὸ δεισιδαιμονίας μᾶλλον, ἢ διανοίας εὐσεβοῦς καὶ λελογισμένης, ὥσπερ αἱ πελειάδες, ὑπὸ τῶν ῥηματίων σοβηθεὶς, ἀναπτῆναι. ἔμελλον δὲ ἐκεῖνο πρὸς ἐμαυτὸν* εἰπεῖν

Τέτλαθι δὴ κραδίη· καὶ κύντερον
ἄλλο ποτ' ἔτλης.

ἀνάσχου κυνὸς ληροῦντος ὀλίγον ἡμέρας μόριον· οὐ πρῶτον ἀκούεις τῶν θεῶν βλασφημουμένων. οὐχ οὕτω τὰ κοινὰ πράττομεν καλῶς, οὐχ οὕτω τὰ ἴδια

*γρ. ἢ μύθους.

*γρ. [illegible] Odyss. υ. v. 18.

ORATIO VII.

Multa longo temporis spatio accidunt, ait Comicus. quod, ut audieram, nuper mihi vociferari libuit, cum ad audiendum Canem convocati fuimus: qui quidem neque generosum aliquid allatrabat, & nutricum more meras occinebat fabulas, ac ne eas quidem prudenter & cum judicio digestas. Statim igitur mihi venit in mentem assurgere conventumque dissol- B vere. Sed cum velut a Comicis in theatro traductos audire Herculem & Bacchum oporteret; non tam dicentis, quam eorum qui intererant, causa sustinui: imo nostra potius; si quid audacius eloqui licet; ac ne superstitione magis, quam pia & cogitata ratione commotus viderer ad hæc C verba, columbarum instar, pavefactus evolasse. Sic igitur mihi ipse locuturus eram:

Sustine agedum cor: nam & pejus aliud
olim sustinuisti.

Canem, inquam, exigua diei particula delirantem sustine. Non enim contumeliosas voces in Deos jaci nunc primum audis. Non tam felici in Republica versamur: neque privatæ nostræ res tam prudenter administranministrantur: neque porro tam beati sumus, ut aut puras aures habeamus, aut ne saltem oculi nostri tam diversis ferrei istius seculi flagitiis ac sceleribus inquinentur. Quoniam ergo tanquam ejusmodi malorum exemplis careremus, Canis iste nos impiis sermonibus implevit; cum Deorum optimum nominavit; quod utinam nec ille pronunciasset unquam, neque nos audissemus! age demus operam, privatim ut ipsum doceamus: primum Cani *veros sermones potius* quam fabulas convenire scribere. B Deinde cujusmodi & quæ instituere oporteat *argumenta* fabularum: si quod fortasse Philosophiæ genus indiget *fabularum tractatione*. Postremo de religione erga Deos pauca disputabo. Hanc enim habui causam, cur ad vos prodirem; quamvis neque in libros conscribendos admodum propensus essem, & pro concione dicere, inter alia quæ molesta ac sophistica sunt, hactenus recusassem. C Sed pauca prius de fabula, tanquam genealogiam aliquam exponenti, eloqui mihi, vobis audire, non absurdum fortasse fuerit.

Quanquam illius originem & inventionem, ac quis primus mendacium probabiliter componere ad utilitatem audientium vel animi fructum instituerit, non magis investigare possumus, quam si, quis primus *sternutamentum fecerit*, D aut expuerit, indagare velimus. Quod si, ut equites in Thracia ac Thessalia, sagittarii cæterique levioris armaturæ milites in India, Creta, & Caria, primum reperti feruntur, quod locorum naturam rerum studia ipsa consequantur; sic in cæteris evenisse quispiam velit, ut apud quos in honore habentur singula, ab iis ea primum inventa videantur; consequens erit a gregariis & plebejis hominibus inventas esse primo

A ἔπειτα συνεφερόμεθα. οὐ μὴν ἀλλ' οὐ τυχεῖς ἐσμὲν, ὥστε τὰς ἀκοὰς καθαρὰς ἔχειν· ἢ τελευταῖον γοῦν τὰ ὄμματα μὴ κεχράνθαι τοῖς παντοδαποῖς τουτουῒ τοῦ σιδηροῦ γένους ἀσεβήμασιν. ἐπεὶ δὲ ὥσπερ ἐνδεεῖς ἡμᾶς τῶν τοιούτων κακῶν ἀνέπλησεν οὐκ εὐαγῶν ὁ κύων ῥημάτων, τὸν ἄριστον τῶν θεῶν ὀνομάσας, ὡς μή ποτε ὤφελε μήτ' ἐκεῖνος εἰπὼν, μήτε ἡμεῖς ἀκούσαντες, δεῦρο πειραθῶμεν αὐτὸν ἐφ' ὑμῶν διδάξαι· πρῶτον μὲν ὅτι τῷ κυνὶ λόγους μᾶλλον ἢ μύθους προσήκει γράφειν. B εἶτα ὁποίας, καὶ τίνας χρὴ ποιεῖσθαι τὰς ὑποθέσεις τῶν μύθων, εἴ τις ἄρα καὶ φιλοσοφία προσδεῖται τῆς μυθογραφίας. ἐπὶ πᾶσι δὲ ὑπὲρ τῆς πρὸς τοὺς θεοὺς εὐλαβείας ὀλίγα διαλέξομαι· τοῦτο γάρ μοι καὶ τῆς εἰς ὑμᾶς παρόδου γέγονεν αἴτιον, καίπερ οὐκ ὄλῃ συγγραφικῷ, καὶ τὸ ἐν τῷ πλήθει λέγειν, ὥσπερ ἄλλο τι τῶν ἐπαχθῶν καὶ σοφιστικῶν, τὸν ἔμπροσθεν χρόνον C παραιτησαμένῳ. μικρὰ δὲ ὑπὲρ τοῦ μύθου καθάπερ τινὰ γενεαλογίαν, ὡς οὐκ ἀνάρμοστον ἐμαυτῷ φάναι, ὑμῖν τε ἀκοῦσαι.

Τὴν μὲν δὴ ἀρχὴν ὁπόθεν ηὑρέθη, καὶ ὅστις ὁ πρῶτος ἐπιχειρήσας τὸ ψεῦδος πιθανῶς συνθεῖναι πρὸς ὠφέλειαν, ἢ ψυχαγωγίαν τῶν ἀκροωμένων, οὐ μᾶλλον εὕροι τις ἂν, ἢ εἴ τις ἐπιχειρήσειε τὸν πρῶτον πταρέντα, ἢ D χρεμψάμενον ἀναζητεῖν. εἰ δὲ, ὥσπερ ἱππέας ἐν Θρᾴκῃ καὶ Θετταλίᾳ, τοξότας δὲ τοὺς κουφοτέρους τῶν ὁπλιτῶν ἐν Ἰνδίᾳ, καὶ Κρήτῃ, καὶ Καρίᾳ, τῇ φύσει τῆς χώρας ἀκολουθούντων οἶμαι τῶν ἐπιτηδευμάτων, ὅταν τις ὑπολαμβάνῃ καὶ ἐπὶ τῶν ἄλλων πραγμάτων, ἐν οἷς ἕκαστα τιμᾶται, μάλιστα παρὰ τούτων αὐτὰ καὶ πρῶτον εὑρῆσθαι· τῶν ἀγελαίων ἔοικεν ἀνθρώπων εἶναι τοῦτο ἐξ ἀρχῆς ὁ μῦθος εὕρημα, καὶ διαμέ- l. ἱππέας

νει

νει ἐξ ἐκείνου μέχρι καὶ νῦν παρ' αὐτοῖς πολιτευόμενον· ὥσπερ ἄλλο τι τῶν ἀκροαμάτων, αὐλὸς, καὶ κιθάρα, τέρψεως ἕνεκα, καὶ ψυχαγωγίας. Ὥσπερ γὰρ ὄρνιθες ἵπτασθαι, καὶ νεῖν ἰχθύες, αἵτε ἔλαφοι θεῖν ἐπειδὴ πεφύκασιν, οὐδὲν τοῦ διδαχθῆναι προσδέονται· κἂν δήσῃ τίς, κἂν καθείρξῃ, πειρᾶται ὅμως χρῆσθαι τούτοις τοῖς μορίοις, πρὸς ἃ συνίασιν αὐτοῖς πεφυκόσι ταυτὶ τὰ ζῶα· οὕτως οἶμαι, καὶ τὸ τῶν ἀνθρώπων γένος εἴτε ἄλλό τι τὴν ψυχὴν ἔχον, ἢ λόγον καὶ ἐπιστήμην ὥσπερ ἐγκαθειργμένην· ὃ δὴ καὶ λέγουσιν οἱ σοφοὶ δύναμιν. ἐπὶ τὸ μανθάνειν τι, καὶ ζητεῖν, καὶ πολυπραγμονεῖν, ὡς πρὸς οἰκειότατον ἑαυτῷ τῶν ἔργων, τρέπεσθαι. Καὶ ὅτῳ μὲν εὐμενὴς θεὸς ταχέως ἔλυσε τὰ δεσμὰ, καὶ τὴν δύναμιν εἰς ἐνέργειαν ἤγαγε, τούτῳ παρέστιν εὐθὺς ἐπιστήμη· τοῖς δεδεμένοις δὲ ἔτι, καθάπερ οἶμαι * * * εἴδωλ * * * ἀντὶ τοῦ θεοῦ λέγεται παρακεκαῦσθαι * * * τέτοκε δόξα· γίνεται γὰρ ἐντεῦθεν αὐτοῖς τὰ ὑπ * * * * ταυτὶ, τῆς ἀληθοῦς ἐπιστήμης ὄντα εἴδωλα ἄττα, καὶ σκιαὶ * * * πρὸ τῆς τῶν ἀληθῶν ἐπιστήμης, τὰ ψευδῆ. καὶ διδάσκουσί γε μάλα προθύμως καὶ μανθάνουσιν ὥσπερ οἶμαι χρηστόν τι καὶ θαυμαστόν. Εἰ δ' ὅλως χρή τι καὶ ὑπὲρ τῶν τοὺς μύθους τὸ πρῶτον πλασάντων ἀπολογήσασθαι· δοκοῦσί μοι ταῖς τῶν παιδίων ψυχαῖς, ὥσπερ αἱ τίτθαι περὶ τὰς ὀδοντοφυΐας κνησιῶσιν αὐτοῖς, σκύτινα ἄττα περιαπτοῦσι ταῖν χεροῖν· ἵνα αὐτὸ παραμυθήσωνται τὸ πάθος· οὕτω δὲ καὶ οὗτοι τῇ ψυχαρίῳ πτεροφυοῦντι, καὶ ποθοῦντι πλέον εἰδέναι τι, διδάσκεσθαι δὲ οὔπω τἀληθῆ δυναμένῳ, ταῦτα ἐποχετεύειν ὥσπερ ἄρδοντες ἄρουραν διψῶσαν ὡς οἶμαι[*] τὸν γαργαλισμὸν αὐτῶν, καὶ τὴν ὀδύνην παραμυθήσωνται.

[*] Vel. αὐτῶν τὸν γαργαλ.

fabulas, quorum etiamnum in usu ac consuetudine versantur: quemadmodum reliqua omnia instrumenta quibus canitur, velut tibia & cithara, voluptati & oblectationi serviunt. Ut autem aves, quoniam ad volatum factæ sunt, & pisces ad natatum, ad cursum iidem cervi, nullius ad ea magisterium requirunt: ac tametsi ab aliquo constringantur vel carcere claudantur, nihilominus eorum, ad quæ nata se esse sentiunt, officiorum membris uti propriis conantur; sic, opinor, genus humanum, cum ejus anima nihil sit aliud, quam ratio vel scientia inclusa quodammodo, (quam quidem vim ac facultatem sapientes nominant) ad discendum, & inquirendum, ac pervestigandum, tanquam naturæ suæ consentaneam maxime functionem, sese convertit. Ac quicunque benevolum & amicum nactus est Deum, qui vincula ista celeriter abrumpat, & insitam facultatem ad actionem perducat; huic vero statim scientia suppetit. At iis, qui adhuc vinculis tenentur, perinde atque *ille, opinor, qui primus coram Idolo, tanquam Deo, fertur requirivisse, quale nempe peperit opinio. Inde enim fit, ut quæ ita sub adspectum ejus cadunt, vera scientia idola & umbræ quidem sint*, ac præ verarum scientia rerum falsa *demum*, quæ promte docent ac discunt; tanquam aliquid, opinor, bonum & admiratione dignum. Quod si quid omnino ad eos, qui primi fabulas finxerunt, excusandos dicere oportet; videntur illi parvulorum id animis fecisse, quod nutrices, cum primum dentes emittunt, iisdem faciunt; quæ scortea quædam eorum manibus illigant, quibus dolorem leniant: sic illi videlicet in animulam, cum prodire pennæ cœperint, amplius aliquid scire cupientem, sed ad discendam veritatem nec dum satis idoneam, ista derivant; sic tanquam sitibundum arvum irrigent, quo pruritum illorum ac dolorem mitigent.

Ac

A Ac cum processisset inventum, & apud Græcos florere cœpisset, indidem Poëtæ quem vocant apologum expresserunt: qui in eo differt a fabula, quod virorum non puerorum gratia componatur; neque voluptatem solam, sed adhortationem quoque contineat. Hoc enim propositum habet, ut occulte dissimulando cohortetur ac doceat, quando is, qui dicit, palam vereretur eloqui, ne in auditorum offensionem incidat. Sic Hesiodus genus illud tractasse videtur: tum qui Hesiodum secutus est Archilochus, velut condimento quodam poësin suam temperans, raro fabulas adhibuit: cum hoc, uti opinor, animadverteret, argumentum illud, quod susceperat, ejusmodi oblectamenta poscere; sed una tamen probe sciret, eandem poësin, segregatis ab ea fabulis, meram esse versificationem. Nam, ut ita dicam, seipsa quodammodo privatur, neque amplius cur poësis appelletur, ei relinquitur. Hoc igitur ille non ignorans ista de Musa poëtica condimenta collegit, atque in eum finem apposuit, ut ne Sillorum scriptor quispiam, verum poëta censeretur. Porro fabularum Homerus, vel Thucydides, vel Plato, vel quomcunque demum appellare mavis, Æsopus extitit e Samo non fortunæ conditione magis, quam ingenio servus: non ille quidem insipiens, neque *suæ mentis incertus vir*. Nam cui lex libertatem ademerat, huic consentaneum erat *scripta consignata* consilia *eaque* voluptate ac lepore condita proponere. Quemadmodum e medicis ingenui quique opportuna præscribunt; sin quispiam una sit conditione servus, & professione medicus, non mediocriter laborat, dum eodem tempore hero suo adulari, mederique cogitur. Quamobrem si Cynis noster ea servitute censetur, dicat ac scribat, & omnes fabularum hanc illi licentiam concedant; sin liberum se esse profitetur unum, quorsum fabulis

A Τῷ δὲ τοιούτῳ προϊόντι, καὶ παρὰ τοῖς Ἕλλησιν εὐδοκιμοῦντι, ἐφεῦρον ἐνθένδε οἱ ποιηταὶ τὸν αἶνον, ὃς τοῦ μύθου διαφέρει τῷ μὴ πρὸς παῖδας, ἀλλὰ πρὸς ἄνδρας πεποιῆσθαι, καὶ μὴ πρὸς ψυχαγωγίαν μόνον, ἀλλὰ καὶ παραίνεσιν ἔχειν τινά. Βούλεται γὰρ ἐπικρυπτόμενος παραινεῖν τε, καὶ διδάσκειν, ὅταν ὁ λέγων τὸ φανερῶς εἰπεῖν εὐλαβῆται, τὴν παρὰ τῶν ἀκουόντων ὑφορώμενος ἀπέχθειαν. B Οὕτω τοι καὶ Ἡσίοδος αὐτὸ φαίνεται πεποιηκώς· ὁ δὲ μετὰ τοῦτον Ἀρχίλοχος, ὥσπερ ἥδυσμά τι περιτιθεὶς τῇ ποιήσει, μύθοις ὀλιγάκις ἐχρήσατο, ὁρῶν, ὡς οἶμαι, τὴν μὲν ὑπόθεσιν, ἣν μετῄει, τῆς τοιαύτης ψυχαγωγίας ἐνδέως ἔχουσαν· σαφῶς δὲ ἐγνωκὼς ὅτι στερομένη μύθου ποίησις ἐποποιΐα μόνον ἐστὶν, ἐστέρηται δὲ, ὡς ἂν εἴποι τις, ἑαυτῆς· οὐ γὰρ ἔτι λείπεται ποίησις· ἡδύσματα ταῦτα παρὰ τῆς ποιητικῆς Μούσης ἐδρέψατο· καὶ παρέθηκέ γε αὐτὸς τούτου χάριν, ὅπως μὴ C σιλλογράφος τις, ἀλλὰ ποιητὴς νομισθείη. Ὁ δὲ δὴ τῶν μύθων Ὅμηρος ἢ Θουκυδίδης ἢ Πλάτων, ἢ ὅ, τι βούλει καλεῖν αὐτὸν, Αἴσωπος ἦν ὁ Σάμιος δοῦλος, ἢ τὴν τύχην μᾶλλον, ἢ τὴν προαίρεσιν· οὐκ ἄφρων μὲν οὐδὲ κατ' ἄλλον * * * ἀνήρ. ᾯ γὰρ ὁ νόμος οὐ μετεδίδου παρρησίας, τούτῳ προσῆκον ἦν λοιπὸν σχηματίζειν τὰς συμβουλὰς, καὶ πεποικιλμένας ἡδονῇ καὶ χάριτι παραφέρειν, ὥσπερ, οἶμαι, τῶν ἰατρῶν οἱ μὲν ἐλεύθεροι, τὸ D δέον ἐπιτάττουσιν· ἐὰν δέ τις ἅμα τις οἰκέτης γένηται τὴν τύχην, καὶ τὴν τέχνην ἰατρὸς, πράγματα ἔχει, κολακεύειν ἅμα, καὶ θεραπεύειν τὸν δεσπότην ἀναγκαζόμενος. Εἰ μὲν οὖν καὶ ὁ Κυνικὸς προσήκει ταύτης τῆς δουλείας, λεγέτω, γραφέτω, παρακεχωρείσθω τῆς μυθολογίας αὐτῷ πᾶς ὁστισοῦν· εἰ δὲ μόνος αὐτὸς φησὶν ἐλεύθερος εἶναι, τί χρῆ-

χρῆσθαι τοῖς μύθοις, οὐκ οἶδα. πότερον ἵνα τὸ πικρὸν καὶ δάκνον τῆς συμβουλῆς ἡδονῇ καὶ χάριτι κεράσας, ἅμα τι ὀνήσῃ καὶ ἀποφύγῃ τὸ προσλαβεῖν τι παρὰ τοῦ ὀνησαμένου κακόν; ἀλλὰ τοῦτό ἐστι λίαν δουλοπρεπές. Ἀλλ' ἄμεινον αὐτὸς διδαχθείη μὴ τὰ πράγματα ἀκούων αὐτὰ, μηδὲ τὰ ἐπ' αὐτοῖς ὀνόματα, κατὰ τὸν Κωμικὸν τὴν σκάφην σκάφην λέγοντα. ἀλλ' ἀντὶ τοῦ μὲν δεῖνος, τὸν Φαέθοντα δέον ὀνομάσαι τὸν δὲ, χραίνειν ἐκ τοῦ εἰσάγειν τὴν ἐπωνυμίαν τοῦ βασιλέως Ἡλίου. Τίς δὲ ὁ Πὰν, καὶ τίς ὁ Ζεὺς, τῶν χαμαὶ ἐρχομένων ἀνθρώπων ἄξιος καλεῖσθαι, ἵν' ἐκεῖθεν ἐπ' αὐτοὺς μεταθῶμεν ἡμῶν τὰς διανοίας; καί τοι εἰ καὶ πάντ' οἷόν τε ἦν, ἄμεινον ἦν αὐτοὺς ὀνομάσαι τοὺς ἀνθρώπους. ἢ γὰρ οὐχ οὕτω κρεῖττον ἦν εἰπεῖν ἀνθρωπικὰ θεμένους ὀνόματα; μᾶλλον δὲ οὐδὲ θεμένους· ἤρκει γὰρ ὅσαπερ ἡμῖν οἱ γονεῖς ἔθεντο. Ἀλλ' εἰ μήτε μαθεῖν ἐστι ῥᾷδιον διὰ τοῦ πλάσματος, μήτε τῷ κυνικῷ πρέπον πλάττειν τὰ τοιαῦτα· τοῦ χάριν οὐκ ἐφεισάμεθα τοῦ πολυτελοῦς ἀναλώματος, πρὸς δὲ δὴ, καὶ ἐφθείραμεν τὸν χρόνον, πλάττοντες καὶ συντιθέντες μυθάρια, εἶτα λογογραφοῦντες, καὶ ἐκμανθάνοντες;

Fors. ὀνησομένου

Ἀλλ' ἴσως ὁ μὲν λόγος, οὐ φησὶ δεῖν ἀντὶ τῶν ἀληθῶν, καὶ μὴ πεπλασμένων τὰ ψευδῆ, καὶ πεπλασμένα παρὰ τοῦ κυνὸς, ᾧ μόνῳ τῆς ἐλευθερίας μέτεστιν, ἐν τοῖς κοινοῖς ᾄδεσθαι συλλόγοις· ἡ συνήθεια δὲ αὐτοῖς γέγονεν, ἀπὸ Διογένους ἀρξαμένη καὶ Κράτητος, ἄχρι τῆς ἐφεξῆς. οὐδαμοῦ παράδειγμα τοιοῦτον εὑρήσεις· ἐκεῖνο γὰρ ἀφίημι τέως, ὅτι οὐ κυνικοῦ τὸ νόμισμα παραχαράττοντι τῇ συνηθείᾳ προσέχειν οὐδαμῶς προσήκει· τῷ λόγῳ δὲ αὐτῷ μόνῳ· καὶ τὸ ποιητέον εὑρ-

opus habeat, non video. An ut consilii mordacem austeritatem voluptate diluens & gratia, una & prodesse possit, & ne mali aliquid ab hero sibi consciscat, ipse provideat? Atqui nimis servile istud est. At enim melius doceri poterit aliquis, si non res ipsas & earum proprias appellationes audiat, neque, ut Comicus, scapham scapham vocemus. Quare pro homine certo Phaëthon nominandus est. Verum nihil hoc aliud est, quam regis Solis appellationem profana usurpatione polluere. Quis est enim abjectorum, humi mortalium, qui Pan aut Juppiter dici mereatur, ut illinc cogitationes nostras ad hosce transferamus? Quanquam si id omnino fieri posset, homines appellare ipsos magis expediret. Numquid enim sic loqui praestaret, ut hominum propria vocabula iis imponerentur? Imo ne imponerentur quidem. Haec enim ipsa sufficerent, quae a parentibus imposita sunt. Quocirca si neque per fabulas facile discimus; nec e Cynica professione est ista confingere; cur non pretiosissimum impendium lucri facimus? imo vero in comminiscendis contexendisque fabellis istis, ac scriptione postmodum explicandis, & memoriae mandandis, tempus insumimus?

At enim ipsi rationi forasse minus congruit, ut a Cane, qui solus libertate praeditus est, pro veris minimeque fictis, falsa & commentitia media hominum in frequentia concinantur; tamen id consuetudine receptum est, quae a Diogene & Cratete coepta pervasit ad posteros. Verum nullum istiusmodi reperies exemplum. Ut illud interim omittam, Cynico nummorum veluti falsario non convenire, ut consuetudine ipsa, sed sola ratione ducatur; tum ut quid agendum sit per sese videat ipse, non extrinse-

extrinsecus addiscat. Quod si illud opponas: Antisthenem Socraticum, ut & Xenophontem, quædam per fabulas explicare; non te in errorem illud inducat. Nam paulo post de eo *apud te* verba faciemus. Nunc te vero per Musas obsecro, mihi ut hoc de Cynico fatearis: num ista tandem desperatio sit quædam, ac vitæ genus nequaquam homine dignum, sed animæ ferina quædam affectio, nihil unquam honestum, probum, vel bonum esse ducentis? Hæc enim de illo suspicandi multis occasionem præbet Oenomaus. Ac si tibi curæ aliquando fuit ista percurrere, quam vere hoc a me dicatur agnosces ex ipsis Canis illius sermonibus, & eo libro, quem adversus oracula scripsit, tum ex omnibus, ut uno verbo dicam, editis ab illo monumentis. Quæ cum ita sint, ut & omnis erga Deos religio tollatur; & humana prudentia contemnatur; ac non solum lex illa, quæ ab honesto justoque nomen est sortita, proculcetur; sed eæ insuper omnes, quæ a Diis immortalibus animis nostris inscriptæ sunt, per quas omnibus sine magistro persuasum est, numen aliquod esse divinum, ad quod intuemur ac contendimus, & erga illud ita comparamur, ut ad lumen ea quæ videndi facultate sunt prædita. Præter hanc vero, si secunda lex illa pellatur, quæ est natura sua sacra atque divina, & alienis penitus abstinere præcipit, ac neque verbis, neque factis, neque in occultis ipsis actionibus animæ perturbari illa patitur, duxque præterea nobis est ad perfectam absolutamque justitiam: nonne qui hanc extorquere velit, dignum præcipitio ac voragine scelus admittit? qui autem illa collaudent, nonne tanquam venefici, nequaquam thyrsis appetendi ejiciendique sunt, (nam hæc pœna criminibus illorum levior est) sed lapidibus obruendi, funditusque perdendi? Quid enim, per Deos, a latronibus differunt, qui aut solitudines obsident, aut ad

A σκειν οἴκοθεν, ἀλλ᾽ ὃ μανθάνει ἔξωθεν. Εἰ δ᾽ Ἀντισθένης ὁ Σωκρατικός, ὥσπερ ὁ Ξενοφῶν, ἔνια διὰ τῶν μύθων ἀπήγγελλε, τοῦτό σε ἐξαπατάτω· (Deest μὴ) καὶ γὰρ μικρὸν ὕστερον ὑπὲρ τούτου σοι διηγήσομαι· νυνὶ δὲ εἰπέ μοι πρὸς τῶν Μουσῶν φράσον ὑπὲρ τοῦ κυνισμοῦ πότερον ἀπόνοιά τίς ἐστι, καὶ βίος οὐκ ἀνθρώπινος, ἀλλὰ θηριώδης ψυχῆς διάθεσις, οὐδὲν καλόν, οὐδὲν σπουδαῖον, οὐδ᾽ ἀγαθὸν νομίζουσα, δοίη γὰρ ἂν ὑπόληψιν πολλοῖς περὶ αὐτοῦ ταῦτα Οἰνόμαος. B εἴ τί σοι τοῦ ταῦτα γνῶναι ἐπιμελὲς ἐμέλησεν, ἐπιγνώσῃ σαφῶς ἐν τῇ τοῦ κυνὸς αὐτοφωνίᾳ, καὶ τῷ κατὰ τῶν χρηστηρίων, καὶ πᾶσιν ἁπλῶς οἷς ἔγραψεν ὁ ἀνήρ. Τοιούτου δὲ ὄντος τοῦ πράγματος, ὥστε ἀνῃρῆσθαι μὲν ἅπασαν τὴν πρὸς τοὺς θεοὺς εὐλάβειαν· ἠτιμάσθαι δὲ πᾶσαν ἀνθρωπίνην φρόνησιν· νόμον δὲ μὴ τὸν ὁμώνυμον τοῦ καλοῦ καὶ δικαίου πεπατῆσθαι μόνον· ἀλλὰ καὶ τοὺς ἐκ τῶν C θεῶν ἡμῖν ὥσπερ ἐγγραφέντας ταῖς ψυχαῖς, ὑφ᾽ ὧν πάντες ἀδιδάκτως εἶναι θεῖόν τι πεπείσμεθα, καὶ πρὸς τοῦτον ἀφορῶμεν, ἐπ᾽ αὐτό τε οἶμαι σπεύδομεν. οὕτω διατιθέμενοι τὰς ψυχὰς πρὸς αὐτό, ὥσπερ οἶμαι πρὸς τὸ φῶς τὰ βλέποντα. Πρὸς τούτῳ δὲ εἰ καὶ ὁ δεύτερος ἐξελαύνοιτο νόμος, ἱερὸς ὢν φύσει, καὶ θεῖος, ὁ τῶν ἀλλοτρίων πάντη, καὶ πάντως ἀπέχεσθαι κελεύων, καὶ μήτε ἐν λόγῳ, μήτε ἐν ἔργῳ, μήτε ἐν αὐταῖς D ταῖς λανθανούσαις τῆς ψυχῆς ἐνεργείαις ταῦτα ἐπιτρέπων συγχεῖν· ὅσπερ ἡμῖν καὶ τῆς τελεωτάτης ἐστὶν ἡγεμὼν δικαιοσύνης· ἆρ᾽ οὐκ ἔστι βαράθρου τὸ πρᾶγμα ἄξιον; ἆρ᾽ οὖν τοὺς ταῦτα ἐπαινοῦντας, ὥσπερ τοὺς φαρμακούς, ἐχρῆν οὐ θύρσοις παιομένους ἐλαύνεσθαι· κουφότερα γάρ ἐστι τῶν ἀδικημάτων ἡ ζημία· λίθοις δὲ βαλλομένους ἀπολωλέναι; διαφέρουσι γάρ τοι τί, πρὸς τῶν θεῶν, εἰπέ μοι, τῶν τὰς ἐρημίας ληστευόντων, καὶ καταλαμβανόντων τὰς ἀκτὰς ἐπὶ τῷ λυμαίνεσθαι τοῖς καταπλέουσι. καταφρονοῦντες θανάτου φασὶ, ὥσπερ οὐκ ἐκείνοις συνομαρτούσης ταύτης τῆς ἀπονοίας; Φησὶ γοῦν ὁ καθ' ὑμᾶς μὲν ποιητὴς καὶ μυθολόγος, ὡς δὲ ὁ Πύθιος λῃσταῖς χρωμένοις ἀνεῖλεν, ἥρως καὶ δαίμων, ὑπὲρ τῶν ληϊζομένων τὴν θάλατταν.

Odyſſ. г. v. 73. Οἷά τε ληϊστῆρες ὑπεὶρ ἅλα, τοί γ' ἀλόωνται
ψυχὰς παρθέμενοι.

Τί οὖν ἔτι ἕτερον ζητοῖς ὑπὲρ τῆς ἀπονοίας τῶν λῃστῶν μάρτυρα; πλὴν εἰ μὴ καὶ ἀνδρειοτέρους ἂν εἴποι τις τῶν τοιούτων κυνῶν ἐκείνους τοὺς λῃστάς· ἰταμωτέρους δὲ τῶν λῃστῶν ἐκείνων τοὺς κύνας τούτους. οἱ μὲν γὰρ συνειδότες αὐτοῖς οὕτω μοχθηρὸν τὸν βίον, οὐ μᾶλλον διὰ τὸ τοῦ θανάτου δέος, ἢ τὴν αἰσχύνην, τὰς ἐρημίας προβάλλονται. οἱ δ' ἀναπατοῦσιν ἐν τῷ μέσῳ· τὰ κοινὰ νόμιμα συγχέοντες, οὐχὶ τῷ κρείττονα καὶ καθαρωτέραν ἀλλὰ τῷ χείρονα καὶ βδελυρωτέραν ἐπεισάγειν πολιτείαν, αἰδημονέστεροι νῦν οἱ πολλοὶ τούτων γεγόνασιν ἱκανῶς. ἴσως τινὲς αὐτῶν ἐταμευσάμενοι τὰ πρῶτα.

Τὰς ἀναφερομένας δὲ εἰς τὸν Διογένη τραγῳδίας, ὅσας μὲν καὶ ὁμολογουμένας, Κυνικοῦ τινος συγγράμματα· ἀμφισβητουμένας δὲ κατὰ τοῦτο μόνον, εἴτε τοῦ διδασκάλου τοῦ Διογένους εἰσὶ, εἴτε τοῦ μαθητοῦ Φιλίσκου, τίς ἐπελθὼν βδελύξαιτο, καὶ νομίσαιτο ὑπερβολὴν ἀῤῥητουργίας οὐδὲ ταῖς ἑταίραις ἀπολελεῖφθαι. Ταῖς Οἰνομάου δὲ ἐντυχών· ἔγραψε γὰρ καὶ τραγῳδίας τοῖς λόγοις τοῖς ἑαυτοῦ παραπλησίας, ἀῤῥήτων ἀῤῥητότερα, καὶ κακῶν πέρα, καὶ οὔτε ὅ,τι φῶ περὶ αὐτῶν ἀξίως ἔχω· κἂν τὰ Μαγνητῶν κακά· κἂν τὸ Τερμέριον· κἂν

A navigantium perniciem per litora graſſantur? qui mortis quidem contemtores ſe eſſe dicunt; quaſi non eadem illos deſperatio comitetur? Quo illud Poëtæ, ut quidem appellatis, & fabuloſi ſcriptoris; ut autem prædonibus interrogantibus Pythius Apollo reſpondit, herois ac Dæmonis, de piratis carmen pertinet:

Tanquam latrones, ſuper mare qui vagentur
B *Animas exponentes.*

Quid igitur alterum de iſta prædonum deſperatione teſtem miramur? Ac mihi quidem ejuſmodi Canibus videntur fortiores illi latrones; latronibus vero improbiores iſti Canes imprudentioresque judicandi. Etenim illi ex hujus perditæ vitæ conſcientia, non minus propter verecundiam, quam ob mortis ac ſupplicii metum, ſolitudines captant. Hi vero communia naturæ jura miſcentes, palam & in omnium oculis obam-C bulant; non audaciores eo facti, quod melius ac purius, ſed quod pejus ac deteſtabilius vitæ inſtitutum invenerint. Sane plerique nunc illorum haud paulo verecundiores extiterunt, cum procaces ac petulantes antea fuiſſent.

Tragœdias quidem illas, quæ Diogeni inſcribuntur, quaſque a Cynico aliquo profectas eſſe conſentiunt omnes; licet incertum ſit, utrum a magiſtro ipſo Diogene, an ab ejus diſcipulo Philiſco compoſitæ D ſint; eas, inquam, quiſquis legerit, vehementius deteſtetur, nec ullum execrandorum flagitiorum genus ullis aliis relictum illic arbitretur. Sed ſi Oenomai tragœdias idem ille legat, (tragœdias enim & ipſe ſcripſit, cæterorum ejus librorum haud abſimiles) flagitiorum omnium atrocitatem vincere, quæ in illis continentur, agnoſcet, & ultra modum malorum uſitatum excurrere: adeo ut quid de illis pro merito dicam non habeam; quamvis vel Magnetum mala, vel Termerium, quod vocant, nominem;

minem; vel tragœdiam omnem cum Satyro, & Comœdia, Mimoque ad illas accommodem. Ita genus omne turpitudinis ac desperationis, ad stuporem usque, ab autore conquisitum in illis & illigatum videtur. Jam vero si quis ex iis nobis Cynicam sectam, cujusmodi sit, ostentare velit, cum Diis ipsis maledicens, tum omnes allatrans; quod initio dicebam; abeat is tandem & valeat, & quocunque terrarum libuerit hinc facessat. Sin, quod Apollo Diogeni faciendum esse respondit, nummum adulterans, ad illud, quod editum prius a Deo fuerat, consilium sese convertat, *Nosce teipsum:* quod reipsa atque factis expressisse Diogenes & Crates videntur; hoc vero cum imperatoriæ artis, tum Philosophiæ studioso viro inprimis optandum & asciscendum esse judico. Ecquid porro Deus responso illo significarit, possumus dicere? Nimirum contemnendam vulgi opinionem docuit; ac nomisma, non veritatem ipsam, esse falsandum. Alterum vero dictum, *Nosce teipsum*, quonam referemus? num ad nomisma? an veritatis in illo caput ac summam contineri putabimus; & quod ea sententia complectitur, quæ seipsum nosse jubet, idipsum esse, quo nomisma falsari jubetur? Sicut enim qui in opinione posita penitus aspernatus, veritatem ad ipsam pervenit, non ex opinione, sed ex rei veritate, quæ ad se pertinent æstimabit; ita qui seipsum noverit, id quod revera est accurate sciet, non quod esse creditur. Num igitur Pythius Apollo verus non est, idque certissime Diogenes sibi persuaserat? qui cum illi obtemperasset, pro exule, non Persarum rege major extitit, sed, ut fama est, apud eum, qui Persarum imperium evertit, & Herculis facta æmulabatur, Achillemque superare ipsum studebat, in admiratione fuit. Hic itaque Diogenes quemadmodum erga Deos hominesque fuerit affectus, non

A κἂν πᾶσαν ἁπλῶς αὐτοῖς ἐπιφθέγξωμαι τὴν τραγῳδίαν, μετὰ τοῦ Σατύρου, καὶ τῆς Κωμῳδίας, καὶ τοῦ Μίμου· οὕτω πᾶσα μὲν αἰσχρότης, πᾶσα δὲ ἀπόνοια, πρὸς ὑπερβολὴν * ἐν ἐκείνοις τῷ ἀνδρὶ πεφιλοτέχνηται. Καὶ εἰ μὲν ἐκ τούτων τις ἀξιοῖ τὸν κυνισμὸν ὁποῖός τίς ἐστιν ἡμῖν ἐπιδεῖξαι, βλασφημῶν τοὺς θεοὺς, ὑλακτῶν πρὸς ἅπαντας· ὅπερ ἔφην ἀρχόμενος· ἴτω χαιρέτω γῆν πρὸ γῆς ὅποι βούλεται. εἰ δ', B ὅπερ ὁ θεὸς ἔφη Διογένει, τὸ νόμισμα παραχαράξας ἐπὶ τὴν πρὸ ταύτης εἰρημένην ὑπὸ τοῦ θεοῦ συμβουλὴν τρέποιτο, τὸ γνῶθι σαυτόν· ὅπερ ζηλώσαντες ἐπὶ τῶν ἔργων Διογένης καὶ Κράτης φαίνονται· τοῦτ' ἤδη τοῦ παντὸς ἄξιον ἔγωγε φαίην ἂν ἀνδρὶ καὶ στρατηγεῖν, καὶ φιλοσοφεῖν ἐθέλοντι. Τί δὲ εἶπεν ὁ θεὸς ἆρ' ἴσμεν; ὅτι τῆς τῶν πολλῶν αὐτῷ δόξης ἐπέταξεν ὑπερορᾶν, καὶ παραχαράττειν οὐ τὴν ἀλή- C θειαν, ἀλλὰ τὸ νόμισμα. Τὸ δὲ, γνῶθι σαυτὸν, ἐν ποτέρᾳ θησόμεθα μοίρᾳ; πότερον ἐν τῇ τοῦ νομίσματος; ἢ τοῦτό γε αὐτὸ τῆς ἀληθείας εἶναι κεφάλαιον θήσομεν, καὶ τρόπον εἰρῆσθαι τὸ παραχάραξον τὸ νόμισμα, διὰ τῆς τοῦ γνῶθι σαυτὸν ἀποφάσεως· ὥσπερ γὰρ ὁ τὰ νομιζόμενα παντάπασιν ἀτιμάσας, ἐπ' αὐτὴν δὲ ἥκων τὴν ἀλήθειαν, οὐχ ὑπὲρ ἑαυτοῦ τοῖς νομιζομένοις, ἀλλὰ τοῖς ὄντως οὖσι θήσεται. οὕτως οἶμαι καὶ ὁ D γνοὺς ἑαυτὸν, ὅπερ ἐστὶν ἀκριβῶς εἴσεται, καὶ οὐχ ὅπερ νομίζεται. Πότερον οὖν οὐχ ὁ Πύθιος ἀληθής τίς ἐστι θεὸς, καὶ Διογένης τοῦτ' ἐπέπειστο σαφῶς; ὅς γε αὐτῷ πεισθεὶς ἀντὶ φυγάδος ἀπεδείχθη οὐ τοῦ Περσῶν βασιλέως μείζων ἀλλ', ὡς φήμη παρέδωκεν, αὐτῷ τῷ καταλύσαντι τὸ Περσῶν κράτος, καὶ ταῖς Ἡρακλέους ἁμιλλωμένῳ πράξεσι, ὑπερβάλλεσθαι δὲ τὸν Ἀχιλλέα φιλοτιμουμένῳ, ζηλωτός. Οὗτος οὖν ὁ Διογένης ὁποῖός τις ἦν, τὰ πρὸς τοὺς θεοὺς,

* Fors. ἐν

θεοὺς, καὶ τὰ πρὸς ἀνθρώπους, μὴ διὰ τῶν Οἰνομάου λόγων, μηδὲ τῶν Φιλίσκου τραγῳδιῶν, αἷς ἐπιγράψας τὸ Διογένους ὄνομα, τῆς θείας πολλὰ τῆς κατεψεύσατο κεφαλῆς, ἀλλὰ δι᾽ ὧν ἔδρασεν ἔργων ὁποῖός τις ἦν γνωρίζεσθαι.

Ἦλθεν εἰς Ὀλυμπίαν· ἐπὶ τί πρὸς Διός; ἵνα τοὺς ἀγωνιστὰς θεάσηται; τί δέ; οὐχὶ δὴ καὶ Ἰσθμίοις τοὺς αὐτοὺς, καὶ Παναθηναίοις θεάσασθαι δίχα πραγμάτων οἷόν τε ἦν; ἀλλὰ ἐθέλων ἐκεῖ τοῖς κρατίστοις συγγενέσθαι τῶν Ἑλλήνων; οὐ γὰρ Ἰσθμόνδε ἐφοίτων; οὐκ ἂν οὖν εὕροις ἄλλην αἰτίαν, ἢ τὴν εἰς τὸν θεὸν θεραπείαν. Εἰ δ᾽ οὐκ ἐξεπλάγη τὸν κεραυνόν· οὐδὲ ἐγὼ νὴ τοὺς θεοὺς πολλῶν πολλάκις τυχὼν διοσημειῶν, ἐξεπλάγην. ἀλλ᾽ ὅμως οὕτω δή τι τοὺς θεοὺς πέφρικα, καὶ φιλῶ, καὶ σέβω, καὶ ἅζομαι, καὶ πάνθ᾽ ἁπλῶς τὰ τοιαῦτα πρὸς αὐτοὺς πάσχω, ὥσπερ ἄν τις, καὶ οἷα πρὸς ἀγαθοὺς δεσπότας, πρὸς διδασκάλους, πρὸς πατέρας, πρὸς κηδεμόνας, πρὸς πάντα ἁπλῶς τὰ τοιαῦτα· ὥστε ὀλίγου δεῖν, ὑπὸ τῶν σῶν ῥημάτων πρῴην ἐξανέστην. Τοῦτο μὲν οὖν οὐκ οἶδ᾽ ὅν τινα τρόπον ἐπελθὸν, ἴσως σιωπᾶσθαι δέον, ἐρρέθη. Διογένης δὲ καὶ πένης ὢν, καὶ χρημάτων ἐνδεὴς, εἰς Ὀλυμπίαν ἐβάδιζεν· Ἀλέξανδρον * δὲ καὶ ἥκειν ἐκέλευε παρ᾽ ἑαυτὸν, εἰ οὕτω ὁ Δίων· οὕτω πρέπειν ἐνόμιζεν ἑαυτῷ μὲν φοιτᾷν ἐπὶ τὰ ἱερὰ τῶν θεῶν, τῷ βασιλικωτάτῳ δὲ τῶν καθ᾽ ἑαυτὸν, ἐπὶ τὴν ἑαυτοῦ συνουσίαν, ἃ δὲ πρὸς Ἀλέξανδρον γέγραφεν, οὐ βασιλικαὶ παραινέσεις εἰσί; Οὐ μόνον δὲ ἐν τοῖς λόγοις ἦν Διογένης θεοσεβής· ἀλλὰ γὰρ καὶ ἐν τοῖς ἔργοις. ἑλόμενος γὰρ αὐτὸν οἰκεῖν τὰς Ἀθήνας, ἐπειδὴ τὸ δαιμόνιον εἰς τὴν Κόρινθον ἀπήγαγεν, ἀφεθεὶς ὑπὸ τοῦ πριαμένου, τὴν πό-

* vel. δὲ ἥκειν

A ex Oenomai sermonibus, neque ex Philisci tragœdiis, quibus Diogenis nomen inscribens, multa contra Deorum honorem mentitus est; sed ex ipsius factis par est cognoscere.

Olympiam is aliquando venit. Qua tandem de causa? An ut athletas spectaret? Quid igitur? nonne Isthmiis & Panathenæis sine magno negotio istos ipsos spectare poterat? At fortasse cum præstantissimis quibusque Græcorum illic versari cupiebat. B Atqui num & Isthmum illi non frequentabant? Quocirca nullam aliam profectionis illius causam reperies, nisi Dei cultum ac venerationem. Nam quod fulmen non expavisse dicitur; ne ipse quidem, multa id genus expertus signa, sum animo consternatus. Et nihilominus Deos ita perhorresco amo, veneror, ac revereor, &, ut uno verbo dicam, eam omnem adversus illos affectionem animi sentio, quam erga optimos dominos, præceptores, patres, C ac curatores, & id genus alia officiorum nomina, quispiam potest suscipere. Hinc parum abfuit, quin oratione tua commotus nuper assurgerem. Sed hoc nescio quo modo mihi in mentem venit eloqui, cum sileri fortasse consultius esset. Redeo ad Diogenem, qui & pauper, & pecuniæ indigens Olympiam ibat; Alexandrum tamen idem ad sese venire jubebat, si *ea in* D *re fides Dioni Prusæo habenda est.* *Ita* sibi congruum esse putabat, Deorum templa frequentare; & Regi, summa per illud tempus majestate prædito, ad colloquium suum accedere. Quæ autem ad *Alexandrum* scripsit, nonne regni administrandi præcepta continent? Ac non in sermone tantum religiosus erga Deos fuit Diogenes, sed factis etiam ipsis. Cum enim Athenis habitare delegisset, & Corinthum a Deo migrare juberetur, liber ab emtore dimissus,

sus, urbem illam deserendam minime esse statuit. Hoc enim firmissime persuasum habebat, Deos curam sui gerere: seque Corinthum non temere, ac fortuito, sed ipsorum Deorum missu quodammodo venisse: cum urbem illam cerneret in majore, quam Athenas, luxu degere; ac severiori adeo & fortiori castigatore opus habere. Quid tum? Nonne Cratetis etiam Musica, & elegantia quædam specimina, nec illa pauca, restant ejus, quam erga Deos habuit, pietatis ac religionis? Audi igitur hæc a nobis, si non hæc ab illis antea discere tibi per otium licuit:

Mnemosynes & Jovis Olympij inclyta proles
Musæ Pierides, audite me precantem.
Pabulum meo assiduum date ventri; & date citra
Servitutem; quæ tenuem constituit victum.
Utilem porro amicis, non jucundum facite.
Pecunias vero nolo cogere inclytas, scarabæi felicitatem,
Formicæque divitias, pecunias parans.
Sed justitiæ particeps esse, & opes innoxias,
Tolerabiles, parabiles, pretiosas ad virtutem.
Eas nactus, Mercurium & Musas propitiabo castas
Non impendiis luxuriosis, sed virtutibus sanctis.

Videsne ut ille Deos celebrans, non, ut facis ipse, conviciis lacerans, iisdem supplicabat. Nam hecatombæ nullæ cum sanctitate comparandæ sunt. Quam & egregius Euripides præclare ita cecinit:

Sanctitas veneranda Deorum, sanctitas.

Num hoc ignoras, quæcunque cum sanctitate Diis obtuleris, seu parva seu majora, tantidem apud illos haberi? remota vero

A λιν οὐκ ἄτ' ᾠήθη δεῖν ἐκλιπεῖν. ἐπέπειστο γὰρ αὐτὸς τοῖς θεοῖς μέλειν· ὥστε τὴν Κόρινθον οὐ μάτην, οὐδὲ κατά τινα συντυχίαν, τρόπον δέ τινα ὑπὸ τῶν θεῶν εἰσπεπέμφθαι· ὁρῶν τὴν πόλιν τρυφῶσαν τῶν Ἀθηναίων μᾶλλον, καὶ δεομένην μείζονος καὶ γενναιοτέρου σωφρονιστοῦ. Τί δαὶ οὐχί, καὶ τοῦ Κράτητος Μουσικὰ, καὶ χαρίεντα φέρεται πολλὰ δείγματα τῆς πρὸς τοὺς θεοὺς ὁσιότητός τε καὶ εὐλαβείας; ἄκουε γοῦν αὐτὰ παρ' B ἡμῶν, εἴ σοι μὴ σχολὴ γέγονε μαθεῖν ἐξ ἐκείνων αὐτά·

Μνημοσύνης καὶ Ζηνὸς Ὀλυμπίου ἀγλαὰ τέκνα *Eidem versus supra Orat. VI. fol. 199*
Μοῦσαι Πιερίδες, κλῦτέ μοι εὐχομένῳ.
Χόρτον ἐμῇ συνεχῆ δότε γαστέρι, καὶ δότε χωρὶς
Δουλοσύνης, ἣ δὴ λιτὸν ἔθηκε βίον.
Ὠφέλιμον δὲ φίλοις, μὴ γλυκερὸν τίθετε·
C Χρήματα δ' οὐκ ἐθέλω συνάγειν κλυτὰ, κανθάρου ὄλβον
Μύρμηκός τ' ἄφενος χρήματα μαιόμενος.
Ἀλλὰ δικαιοσύνης μετέχειν, καὶ πλοῦτον αἰτεῖν *supra ἀγινεῖν*
Εὔφορον, εὔκτητον, τίμιον εἰς ἀρετήν.
Τῶν δὲ τυχὼν, Ἑρμῆν καὶ Μούσας ἱλάσομ' ἁγνάς.
D Οὐ δαπάναις τρυφεραῖς, ἀλλ' ἀρεταῖς ὁσίαις.

ὁρᾷς ὅτι τοὺς θεοὺς εὐφημῶν, οὐχὶ δὲ ὥσπερ σὺ βλασφημῶν, κατ' αὐτῶν ηὔχετο; πᾶσαι γὰρ ἑκατόμβαι τῆς ὁσίας οὐκ εἰσὶν ἀντάξιαι. ἣν καὶ ὁ δαιμόνιος Εὐριπίδης ὀρθῶς ὕμνησεν εἰπών· *Leg. [illegible]*

Ὁσία πότνια θεῶν, ὁσία.

ἢ τοῦτό σε λέληθεν, ὅτι πάντα καὶ τὰ μεγάλα καὶ σμικρὰ μετὰ τῆς ὁσίας τοῖς θεοῖς προσαγόμενα τὴν ἴσην ἔχει

 δύναμιν

θυσίαν· ἐστερημένη δὲ τῆς ὁσίας, οὐχ ἑκατόμβη, μὰ τοὺς θεοὺς, ἀλλὰ καὶ ἡ τοῦ Ὀλυμπιακοῦ χιλιόμβη ἀνάλωμα μόνον ἐστὶ, ἄλλο δὲ οὐδὲν, ὅπερ οἶμαι διδάσκων ὁ Κράτης αὐτός τε διὰ μόνης τῆς ὁσίας τοὺς θεοὺς ἐτίμα καὶ εὐφήμει, καὶ τοὺς ἄλλους ἐδίδασκε, μὴ τὰ δαπανήματα τῆς ὁσίας, ἀλλὰ τὴν ὁσίαν ἐκείνων προτιμᾶν ἐν ταῖς ἁγιστείαις. Τούτω δὲ τὼ ἄνδρε τοιώδε γενομένω τὰ πρὸς τοὺς θεοὺς, οὐκ ἀκροατήρια συνεκρότουν· οὐδ᾽, ὥσπερ οἱ σοφοὶ, δι᾽ αἰνιγμάτων τοῖς φίλοις συνεγίγνοντο. λέλεκται γὰρ ὑπ᾽ Εὐριπίδου καλῶς·

Ἁπλοῦς ὁ μῦθος τῆς ἀληθείας ἔφυ.

σκιαγραφίας γάρ φησι τὸ ψευδὲς καὶ ἄδικον δεῖσθαι. Τίς ἦν ὁ τρόπος αὐτοῖς τῆς συνουσίας; τῶν λόγων ἡγεῖτο τὰ ἔργα· καὶ οἱ τὴν πενίαν τιμῶντες, αὐτοὶ πρῶτον ἐφαίνοντο καὶ τῶν πατρῴων χρημάτων ὑπεριδόντες. οἱ τὴν ἀτυφίαν ἀσπασάμενοι, πρῶτοι τὴν εὐτέλειαν ἤσκουν διὰ πάντων. οἱ τὸ τραγικὸν, καὶ σοβαρὸν ἐκ τῶν ἀλλοτρίων ἐξαιροῦντες βίων, ᾤκουν αὐτοὶ πρῶτοι τὰς ἀγορὰς, ἢ τὰ τῶν θεῶν τεμένη. τῇ τρυφῇ δὲ καὶ πρὸ τῶν ῥημάτων διὰ τῶν ἔργων ἐπολέμουν, ἔργοις ἐλέγχοντες, οὐ λόγῳ βοῶντες, ὅτι τῷ Διὶ συμβασιλεύειν ἔξεστι, μηδενὸς ἢ σμικρῶν πάνυ δεόμενον, μηδὲ παρενοχλούμενον ὑπὸ τοῦ σώματος. ἐπετίμων δὲ τοῖς ἁμαρτάνουσι, ζῶντες ἔζων οἱ πταίσαντες, οὐκ ἀποθανόντας ἐβλασφήμουν, ἡνίκα καὶ τῶν ἐχθρῶν οἱ μετριώτατοι σπένδονται τοῖς ἀπελθοῦσι. Ἔχει δὲ ὅ γε ἀληθῶς κύων ἐχθρὸν οὐδένα, κἂν τὸ σωμάτιον αὐτοῦ τις πατάξῃ, κἂν τοὔνομα περιέλκῃ, κἂν λοιδορῆται, καὶ βλασφημῇ· διότι τὸ μὲν τῆς ἔχθρας γίνεται πρὸς ἀντίπαλον· τὸ δὲ ὑπερβάλλον τὴν πρὸς ἕτερον ἅμιλλαν, εὐνοίᾳ

A sanctitate, non solum hecatomben, sed chiliomben etiam Olympiadis, nihil præter inanes sumtus esse. Quod, ut opinor, docere cupiens Crates, cum ipse sola, qua præditus erat, sanctitate fretus, Deos prædicando venerabatur; tum cæteros docebat, non impendia sanctitati, sed impendiis sanctitatem in sacris anteferre. Ejusmodi igitur ambo illi viri cum erga Deos essent, nequaquam auditoria cogebant; neque, ut sapientes nostri, apud amicos figuris ac per ænigmata disputabant. Hoc enim re-B cte ab Euripide dictum est:

Simplex sermo veritatis est.

Nimirum, inquit, adumbratione mendax & injustus opus habet. Quænam ergo ratio consuetudinis illorum fuit? Verbis nimirum ipsorum facta præibant: & qui paupertatem honorabant, ante omnes ipsimet patrimonia sua contemnere videbantur: qui modestiam ac simplicitatem probabant, frugalitatem ipsi in omnibus adhibebant: C qui arrogantiam & fastum ex aliorum vita detrahebant, primi aut in foris publicis, aut in Deorum templis habitabant: luxum vero ac delicias non prius oratione, quam factis suis oppugnabant; id, inquam, factis ostendentes, non vociferantes, licere cum Jove regnare, nullius aut paucorum admodum indigentem, neque corporis molestiis interpellatum. Jam vero delinquentes dum adhuc viverent reprehendebant, non autem mortuis conviciabantur; quan-D do moderatissimi quique ex inimicis cum iis, qui mortem obierunt, reconciliari solent. Ceterum qui vere ac sincere canicam illam professionem sustinet, nullum habet inimicum; tametsi corpusculum illius pulset aliquis, aut nomen laceret, aut convicietur ac detrahat. Nam inimicitia adversus æmulum exercetur; qui autem æmulatione alterius est superior, benevolentiam mereri solet. Quod si forte quis aliter in A eum sit affectus, (quemadmodum credo vel in Deos ipsos affici plerosque) non iste quidem illi sit inimicus; neque enim nocere potest; sed ipse potius sibi, cum gravissimam sibi pœnam infligat, melioris inscitiam, ejusque se præsidio destituens.

Atqui si de Cynica professione scribere nunc instituerem; de iis, quæ in mentem venirent, nihilo fortasse hactenus dictis pauciora commemorarem. Nunc vero B quod argumento ac proposito nostro consequens est retinentes, deinceps id consideremus, cujusmodi illos esse deceat qui fabulam comminiscuntur. Quanquam prius illud fortasse disceptandum est, cuinam Philosophiæ generi fabularum scriptio congruat. Hoc enim multi Philosophorum pariter ac Theologorum egisse videntur: velut Orpheus ille vetustissimus, qui non sine afflatu divino philosophatus est; sed & pauci qui illum consecuti sunt. Quin C etiam Xenophon, & Antisthenes, ac Plato, fabulas multis in locis adhibuerunt. Ex quibus apparet, si minus id Cynico fas est, Philosophorum certe generi alicui fabularum scriptionem esse tribuendam. Quamobrem pauca de Philosophiæ sive partibus, sive instrumentis, perstringenda sunt. Neque enim admodum refert utri ex ambabus illis, Ethicæ an Physicæ, Logicam adscribamus: nam ex utravis ratione necessitas eadem sequitur. Trium igitur illorum quodlibet in tria divi- D ditur: Physica pars in Theologicam, & Mathematicam, nec non tertiam illam, in eorum, quæ oriuntur & occidunt, tum sempiternorum corporum contemplatione positam; quorum naturam & essentiam singillatim considerat. Jam pars illa, quæ Practica dicitur, aut circa unum & singularem virum occupatur, & est Ethica; aut Oeconomica, quæ in una familia; aut Politica deniq; quæ in administranda civitate versatur. Rursus Logicæ genus aliud est demonstra-

τιμᾶσθαι φιλεῖ. κἂν τις ἑτέρως ἔχῃ πρὸς αὐτήν· καθάπερ, οἶμαι, πολλοὶ πρὸς τοὺς θεούς· ἐκείνῃ μὲν οὐκ ἔστιν ἀπεχθής· οὐδὲ γὰρ βλαβερός· αὐτὸς δὲ αὑτῷ, βαρυτάτην ἐπιθεὶς τιμωρίαν, τὴν τοῦ κρείττονος ἄγνοιαν, ἐρημίας λείπεται τῆς ἐκείνης προστασίας.

Ἀλλ' εἰ μὲν νῦν μοι πρόκειτο περὶ κυνισμοῦ γράφειν, εἶπον ἂν ὑπὲρ τούτου ἔτι τὰ παριστάμενά μοι τῶν εἰρημένων ἴσως οὐκ ἐλάττω. νυνὶ δὲ ἀποδιδόντες τὸ συνεχὲς τῇ προαιρέσει, περὶ τοῦ ποδαποὺς εἶναι χρὴ τοὺς πλαττομένους τοὺς μύθους, ἐφεξῆς σκοπῶμεν. ἴσως δὲ ἡγεῖται καὶ ταύτης τῆς ἐγχειρήσεως ἐκείνη· ὁποίᾳ ποτὲ φιλοσοφίᾳ προσήκει ἡ μυθογραφία. Φαίνονται γὰρ πολλοὶ καὶ τῶν φιλοσόφων αὐτὸ, καὶ τῶν θεολόγων, ποιήσαντες ὥσπερ Ὀρφεὺς μὲν ὁ παλαιότατος ἐνθέως φιλοσοφήσας· ὀλίγοι δὲ καὶ τῶν μετ' ἐκεῖνον. οὐ μὴν ἀλλὰ καὶ Ξενοφῶν φαίνεται, καὶ Ἀντισθένης, καὶ Πλάτων προσκεχρημένοι πολλαχοῦ τοῖς μύθοις. ὥσθ' ἡμῖν πέφηνε, κἂν εἰ μὴ τῷ κυνικῷ, φιλοσόφῳ γοῦν τινι προσήκειν ἡ μυθογραφία. Μικρὰ ἂν ὑπὲρ τῶν τῆς φιλοσοφίας εἴτε μορίων, εἴτε ὀργάνων· ἔστι γὰρ οὐ μέγα τὸ διαφέρον ὁποτέρως ἄν τις τῷ τε ἠθικῷ καὶ τῷ φυσικῷ τὸ λογικὸν προσαριθμῇ. ἀναγκαῖον γὰρ ὁμοίως φαίνεται κατ' ἀμφότερον. Τριῶν δὴ τούτων αὖθις ἕκαστον εἰς τρία τέμνεται. τὸ μὲν φυσικὸν, εἰς τὸ θεολογικὸν, καὶ τὸ περὶ τὰ μαθήματα, καὶ τὸ τρίτον περὶ τὴν τῶν γιγνομένων, καὶ ἀπολλυμένων, καὶ τῶν ἀϊδίων μὲν, σωμάτων δὲ ὅμως θεωρίαν· τί τὸ εἶναι αὐτοῖς, καὶ τίς ἡ οὐσία ἑκάστῳ. Τοῦ πρακτικοῦ δὲ τὸ μὲν πρὸς ἕνα ἄνδρα, ἠθικόν· οἰκονομικὸν δὲ, τὸ περὶ μίαν οἰκίαν· πολιτικὸν δὲ, τὸ περὶ πόλιν. Ἔστι μέντοι τοῦ λογικοῦ τὸ μὲν ἀποδεικτικὸν, διὰ

Vel. τῇ προαιρέσει τὸ συνεχές.

A διὰ τῶν ἀληθῶν· τὸ δὲ διὰ τῶν ἐνδόξων, βιαστικόν· τὸ δὲ διὰ τῶν φαινομένων ἐνδόξων, παραλογιστικόν. Ὄντων δὴ τοσούτων τῶν τῆς φιλοσοφίας μερῶν, εἰ μή τί με λέληθε· καὶ οὐδὲν θαυμαστὸν ἄνδρα στρατιώτην μὴ λίαν ἐξακριβοῦν, μηδ' ἐξονυχίζειν τὰ τοιαῦτα, ἅτε οὐκ ἐκ βιβλίων ἀσκήσεως, ἀπὸ δὲ τῆς προστυχούσης αὐτὰ ἕξεως ἀποφθεγγόμενον· ἔσεσθε γοῦν μοι καὶ ὑμεῖς μάρτυρες, εἰ τὰς ἡμέρας λογίσεσθε, πόσαι καί τινές εἰσιν αἱ μεταξὺ ταύτης τε, καὶ τῆς ἔναγχος ἡμῖν γενομένης ἀκροάσεως· ὅσων τε ἡμῖν ἀσχολιῶν πλήρεις. ἀλλ', ὅπερ ἔφην, εἰ
B καί τι παραλέλειπται παρ' ἐμοῦ· καίτοι νομίζω γε μηδὲν ἐνδεῖν· πλὴν ὁ προστιθεὶς οὐκ ἐχθρός, ἀλλὰ φίλος ἔσται. Τούτων δὴ τῶν μερῶν οὔτε τῷ λογικῷ προσήκει τῆς μυθογραφίας, οὔτε τῷ φυσικῷ, οὔτε τῷ μαθηματικῷ· μόνου δὲ, εἴπερ ἄρα, τοῦ πρακτικοῦ, τῷ πρὸς ἕνα γιγνομένῳ· καὶ τοῦ θεολογικοῦ, τῷ τελεστικῷ, καὶ μυστικῷ· φιλεῖ γὰρ ἡ φύσις κρύ-
C πτεσθαι· καὶ τὸ ἀποκεκρυμμένον τῆς τῶν θεῶν οὐσίας οὐκ ἀνέχεται γυμνοῖς εἰς ἀκαθάρτους ἀκοὰς ῥίπτεσθαι ῥήμασι. Ὅπερ δὲ δὴ τῶν χαρακτήρων ἡ ἀπόρρητος φύσις ὠφελεῖν πέφυκε, καὶ ἀγνοουμένη θεραπεύει γοῦν οὐ ψυχὰς μόνον, ἀλλὰ καὶ σώματα· καὶ θεῶν ποιεῖ παρουσίας· τοῦτ' οἶμαι πολλάκις γίνεσθαι, καὶ διὰ τῶν μύθων· ὅταν εἰς τὰς τῶν πολλῶν ἀκοὰς οὐ δυνάμενα τὰ θεῖα
D καθαρῶς δέξασθαι, δι' αἰνιγμάτων αὐτοῖς μετὰ τῆς μύθων σκηνοποιίας ἐγχέηται. Φανερὸν δὲ ἤδη γενόμενον τίνι καὶ ποίῳ φιλοσοφίας εἴδει, καὶ μυθογραφεῖν ἔσθ' ὅτε ** πρὸς γὰρ τῷ λόγῳ μαρτυρεῖ τούτοις ἡ τῶν προλαβόντων ἀνδρῶν προαίρεσις. ἐπεὶ καὶ Πλάτων πολλὰ μεμυθολόγηται περὶ τῶν ἐν ᾅδου πραγμάτων θεολογῶν· καὶ πρό γε τούτου ὁ τῆς Καλλιόπης. Ἀν-

A tivum, quod veris innititur; aliud, quod probabilibus utitur, violentum; tertium est sophisticum, cujus ea sunt quæ probabilia videntur. Quamobrem cum sint totidem Philosophiæ partes, nisi quid me fortassis effugit; quod minime mirum est, militarem hominem talibus in rebus haud adeo diligenter esse versatum, nec ea subtilius exequi, utpote qui non librorum usu, sed vulgari fretus peritia de istis pronunciet. Hujus vero vel ipsi testes esse mihi poteritis, si
B recordari volueritis, quot ab illo tempore, quo acroamati illi nuper interfuimus, ad præsens, dies interfuerint, quantasque nobis occupationes attulerint. Sed si quid a me, uti dixi, prætermissum est; etsi nihil relictum arbitror; qui quod deest adjecerit, hunc non inimicum, sed amicum putabo. Ex istis vero partibus, neque Logicæ fabularum scriptio convenit; neque Physicæ; neque Mathematicæ; sed uni, si forte, practicæ Philosophiæ generi, quod circa sin-
C gularem hominem versatur: tum ei Theologiæ parti, quæ circa initiationes ac mysteria consistit. Etenim natura gaudet abscondi, & arcanam Deorum naturam impuras in aures abjici nuda oratione non patitur. Quam autem characterum natura secretior utilitatem solet afferre; ut cum non solum animis, sed etiam corporibus medeatur, ac Deorum procurat adventus; illam ipsam fabularum interventu effici sæpius arbitror, quando in aures vulgi, quæ
D divinas res nudas ac sinceras non capiunt, eadem per ænigmatum involucra cum artificiosis fabulis infunduntur. Cum igitur perspicuum jam sit, cuinam & quali Philosophiæ sectæ fabularum nonnunquam scriptio permissa conscriptio ** Nam præter rationem, antiquorum etiam savere studium & institutum videtur. Nam & Plato cum de inferorum rebus Theologice disputaret, fabularum plurimum illigavit; tum ante Platonem Calliopes filius; Antisthe-

tisthenes item, & Xenophon, nec non Plato ipse, cum de moribus nonnulla disserent, non obiter sed accurato cum studio fabulas adsperserunt. Quos tu si quidem imitari velles, pro Hercule, Persei vel Thesei nomine uti debueras; & Antisthenis stylum ac characterem exprimere; tum pro fabulosa Prodici narratione, binarum illarum Dearum alteram quandam similem in theatrum inducere.

Et quoniam de mysticis fabulis meminimus; age quales utrique generi fabulæ conveniant, per nos ipsi discernere studeamus. Neque vero antiquis ubique testibus opus habebimus; sed recentiora cujusdam viri vestigia persequemur, quem ego secundum Deos pariter atque Aristotelem & Platonem amplector & obstupesco. Hic autem non de omnibus loquitur, sed de mysticis, quas sanctissimorum nobis rituum conditor Orpheus tradidit. Quod igitur in fabulis abhorrens & absonum est, id ipsum viam ad veritatem munire cumprimis existimat. Nam quo ab opinione communi remotius & prodigiosius est ænigma, tanto magis contestari videtur, ne iis, quæ subinde fieri cernimus, fidem adhibeamus; sed ut arcana & latentia perscrutemur, neque desistamus prius, quam illa, Diis ducibus, patefacta nobis & cognita initiatione sua mentem nostram imbuant, vel, ut verius dicam, perficiant: aut si quid inest nobis mente ipsa præstantius, nimirum Unius illius & Boni particula quædam, quæ omne, quod in anima est, sine ulla divisione comprehendit; atque in Uno Bonoque totam ipsam eminenti, ac separabili, & animæ semper præsentia continet. Sed hæc nescio quomodo circa magnum

A τιθένης δὲ, καὶ Ξενοφῶν, καὶ αὐτὸς Πλάτων πραγματευόμενοι ἠθικὰς τινὰς ὑποθέσεις, οὐ παρέργως, ἀλλὰ μετά τινος ἐπιμελείας τὸ τῶν μύθων ἐγκαταμεμίχασι γραφῇ. οὓς ἐχρῆν, εἴπερ ἐβούλου, μιμούμενος, ἀντὶ μὲν Ἡρακλέους, μεταλαμβάνειν Περσέως ἢ Θησέως τινὸς ὄνομα, καὶ τὸν Ἀντισθένειον τύπον ἐγχαράττειν, ἀντὶ δὲ τῆς Προδίκου σκηνοποιίας, ἀμφοῖν B τούτοιν θεοῖν ἑτέραν ὁμοίαν εἰσάγειν εἰς τὸ θέατρον.

Ἐπεὶ δὲ καὶ τῶν τελεστικῶν μύθων ἐπεμνήσθην, φέρε νῦν ὁποίους εἶναι χρὴ τοὺς ἑκατέρῳ τῶν μερῶν ἁρμόττοντας, αὐτοὶ καθ' ἑαυτοὺς ἰδεῖν πειραθῶμεν, οὐκέτι μαρτύρων παλαιῶν ἐν πᾶσι προσδεόμενοι· ἑπόμενοι δὲ νέοις ἴχνεσιν ἀνδρὸς, ὃν ἐγὼ μετὰ τοὺς θεοὺς ἐξ ἴσης Ἀριστοτέλει καὶ Πλάτωνι ἄγαμαι τέθηπά τε. Φησὶ δὲ οὐχ ὑπὲρ πάν- C των οὗτος, ἀλλ' ὑπὲρ τῶν τελεστικῶν, ἃς παρέδωκεν ἡμῖν Ὀρφεὺς ὁ τὰς ἁγιωτάτας τελετὰς καταστησάμενος. Τὸ γὰρ ἐν τοῖς μύθοις ἀπεμφαῖνον αὐτῷ τούτῳ προοδοποιεῖ πρὸς τὴν ἀλήθειαν. ὅσῳ γὰρ μᾶλλον παράδοξόν ἐστι καὶ τερατῶδες τὸ αἴνιγμα, τοσούτῳ μᾶλλον ἔοικε διαμαρτύρεσθαι, μὴ τοῖς αὐτόθεν λεγομένοις πιστεύειν, ἀλλὰ τὰ λεληθότα περιεργάζεσθαι, καὶ μὴ πρότερον ἀφίστασθαι, πρὶν ἂν D ὑπὸ θεοῖς ἡγεμόσιν ἐκφανῆ γενόμενα, τὸν ἐν ἡμῖν τελέσῃ, μᾶλλον δὲ τελειώσῃ νοῦν· καὶ εἰ δή τι κρεῖττον ἡμῖν ὑπάρχει τοῦ νοῦ· αὐτοῦ τοῦ ἑνὸς, καὶ τἀγαθοῦ μοῖρά τις ὀλίγη τὸ πᾶν ἀμερίστως ἔχουσα· τῆς ψυχῆς πλήρωμα, καὶ ἐν τῷ ἑνὶ, καὶ ἀγαθῷ συνέχουσα πᾶσαν αὑτὴν, διὰ τῆς ὑπερεχούσης, καὶ χωριστῆς αὐτοῦ, καὶ ἐξῃρημένης παρουσίας· ἀλλὰ ταῦτα μὲν ἀμφὶ τὸν μέγαν Διόνυσον οὐκ οἶδ' ὅπως ἐπῆλθέ μοι βακχεύοντι, χρίσαντι, μανῆναι. τὸν βοῦν δὲ ἐπιτίθημι τῇ γλώττῃ. περὶ τῶν ἀῤῥήτων γὰρ οὐδὲν χρὴ λέγειν. ἀλλά μοι θεοὶ μὲν ἐκείνων, καὶ ὑμῶν τοῖς πολλοῖς ὅσοι τέως ἐστὶ τούτων ἀμύητοι, τὴν ὄνησιν δοῖεν. Ὑπὲρ δὲ ὧν εἰπεῖν τε καὶ ἀκοῦσαι θέμις, καὶ ἀνεπιμέμπτως ἀμφοτέροις ἐστί· πᾶς λόγος ὁ προφερόμενος, ἔκ τε λέξεως καὶ διανοίας σύγκειται. οὐκοῦν ἐπειδὴ καὶ ὁ μῦθος λόγος τίς ἐστι, ἐκ δυοῖν τούτοιν συγκείσεται. σκοπῶμεν δὲ ἑκάτερον αὐτῶν. Ἔστιν ἁπλῆ τις ἐν λόγῳ παντὶ διάνοια· καὶ μέντοι, καὶ κατὰ σχῆμα προάγεται. τὰ παραδείγματα δὲ ἀμφοῖν ἐστι πολλά. τὸ μὲν ὂν ἕν, ἁπλοῦν ἐστι, καὶ οὐδὲν δεῖται ποικιλίας. τὸ δὲ ἐσχηματισμένον, ἔχει διαφορὰς ἐν ἑαυτῷ πολλάς· ἃς, εἴ τί σοι τῆς ῥητορικῆς ἐμέλησεν, οὐκ ἀξύνετος εἶ. Τούτων δὴ τῶν κατὰ διάνοιαν σχημάτων, ἁρμόττει τῷ μύθῳ τὰ πλεῖστα. πλὴν ἔμοιγε οὐδ᾽ ὑπὲρ τῶν πολλῶν, οὐδ᾽ ὑπὲρ τῶν ἁπάντων ἐστὶ τά γε νῦν ῥητέον, ἀλλ᾽ ὑπὲρ δυοῖν· τοῦ τε σεμνοῦ κατὰ τὴν διάνοιαν, καὶ τοῦ ἀπεμφαίνοντος. τὰ δὲ αὐτὰ ταῦτα, καὶ περὶ τὴν λέξιν γίνεται. μορφοῦται γάρ πως, καὶ σχηματίζεται παρὰ τῶν μὴ προφερομένων εἰκῆ, μηδ᾽ ὥσπερ χειμάῤῥους ἑλκόντων συρφετώδη ῥήματα ἐκ τῆς τριόδου. ἀλλὰ τοῖν δυοῖν τούτοιν, ὅταν μὲν ὑπὲρ τῶν θείων πλάττωμεν, σεμνὰ χρὴ πάνυ τὰ ῥήματα εἶναι, καὶ τὴν λέξιν, ὡς ἔνι μάλιστα, σώφρονα, καὶ καλὴν εἶναι, τοῖς θεοῖς πρεπωδεστάτην· τῶν αἰσχρῶν δὲ μηδὲν, καὶ βλασφήμων, ἢ δυσσεβῶν· ὅπως μὴ τῷ πλήθει τῆς τοιαύτης ἀρχηγοὶ θρασύτητος γενώμεθα· μᾶλλον δὲ καὶ πρὸ τοῦ πλήθους αὐτοὶ τὸ περὶ τοὺς θεοὺς ἀσεβηκέναι προλάβωμεν. Οὐδὲν ἀπεμφαῖνον εἶναι χρὴ περὶ τὰς τοιαύτας λέξεις, ἀλλὰ σεμνὰ πάντα, καὶ καλὰ, καὶ μεγαλοπρεπῆ, καὶ θεῖα, καὶ καθαρὰ, καὶ τῆς τῶν θεῶν οὐσίας εἰς δύναμιν ἐστο-

A Bacchum insaniens per furorem effudi. Itaque bovem linguæ deinceps imponam: nam de arcanis loqui minime convenit. Dii faciant, ut & ego, & qui de vobis nondum initiati sunt, macti illis esse possimus. Ut autem ad illa veniam, quæ quidem eloqui & audire fas est, & utrisque reprehensionem nullam adferunt; omnis sermo, qui pronunciatione constat, ex dictione & sententia componitur. Quare cum fabula ipsa sermo sit, ex duobus illis B constare necesse est. Jam ambo ista consideremus. Est & simplex sermoni omni subjecta sententia, & quæ figurate profertur. Utriusq; sunt exempla quamplurima. Et quidem quod unum est, simplex est & varietate nihil indiget; quod autem figuratum est, varietates in se multas continet: quas, si Rhetoricæ operam aliquando navaveris, ignorare non potes. Harum itaque figurarum, quæ in sententia versantur, pleræque fabulæ conveniunt. Verum neque de illarum plurimis, neque de omnibus, a me nunc instituenda est oratio; sed de duabus C tantum, de gravitate scilicet in sententiis, deque dissentaneo: quæ eadem & in dictione spectantur. Hæc enim modificanda & quodammodo conformanda est ab iis, qui non temere verba profundunt, neque, more torrentis, colluvionem quandam orationis trahunt e trivio petitam. Verum quod ad duplex illud genus attinet, quoties de divinis rebus fabulam ferimus, verba ipsa plena esse gravitatis oportet, ac dictionem, quoad potest fieri, modestam & honestate refer- D tam, quæque Deorum majestatem apprime deceat: nihil autem inesse turpe debet, aut contumeliosum, & impium, ne vulgo tam nefariæ temeritatis simus autores; imo ne ante vulgus ipsum impietatis nobis in Deos arcessamus invidiam. Cæterum nihil in ejusmodi dictione dissentaneum esse patior; sed gravia cuncta, honesta, magnifica, divina, pura, & ad Deorum naturam, quoad in nobis situm est, accommodata.

modata. Dissentaneum autem illud, quod in sententia versatur, & utilitatis assumitur gratia, minime negligendum est: quo nimirum homines, non externa aliqua commonitione opus habentes, sed iis, quæ in in ipso fabulæ contextu traduntur, edocti, ad id quod latet eruendum ac studiose pervestigandum Deorum ope alacriores reddantur. Ecce enim plurimi, me audiente, dixerunt hominem fuisse Bacchum, *quandoquidem e Semele natus est*, Deum vero per divinam actionem & initiandi vim: quemadmodum & Herculem per regiam virtutem ab Jove parente in cœlum esse translatum. Tum, *ô amice*, inquam, fabulam non intelligitis aperte significantem. Ubicunque enim generationis est mentio, veluti Herculis, itemque Bacchi; quæ præstantius quidem aliquid habet, & excellens, atque ab communi ratione sejunctum; sed nihilominus intra humanæ naturæ modum consistit; & quodammodo nobis assimilatur. Hercules porro puer fuisse dicitur, ac divinum illius corpus paulatim incrementa cepisse: eum magistris operam dedisse fertur, & militaribus expeditionibus susceptis omnes vicisse: præterea afflicta etiam fuisse corporis valetudine. Quanquam sic illi ista contigerunt, ut amplius quam pro humana conditione quiddam haberent. Ut cum jacens in cunis angues elisit; postea vero contra elementa ipsa naturæ, æstus videlicet ac frigora, certavit; tum adversus ea, quæ difficillima sunt & insuperabilia maxime, alimentorum inopiam, & solitudinem. Adde pelagus in aureo calice trajectum: quem quidem ego non calicem, per Deos, arbitror fuisse; sed illum per mare, tanquam per siccum solum, iter habuisse. Quid enim propter difficultatem inexplicabile erat Herculi? quid non vero divino ejus purissimoque corpori non paruit? cum conditrici efficacique sinceræ illius & incontaminatæ vi mentis vel illa ipsa, quæ vocantur, elementa

A χασμένα. τὸ δὲ κατὰ τὴν διάνοιαν ἀπεμφαῖνον· χρησίμως γεγενημένον χρὴ ἐγκρίνειν· ὡς ἂν μὴ ἑτέρας ὑπομνήσεως ἔξωθεν οἱ ἄνθρωποι δεόμενοι, ἀλλ' ὑπὸ τῶν ἐν αὐτῷ λεγομένων τῷ μύθῳ, διδασκόμενοι, τὸ λανθάνον, [illegible]σθαι, καὶ πολυπραγμονεῖν ὑφ' ἡγεμόσι τοῖς θεοῖς προθυμηθεῖεν. Ἰδοὺ γὰρ ἔγωγε πολλῶν ἤκουσα λεγόντων, ἄνθρωπον μὲν τὸν Διόνυσον, ἐπείπερ ἐκ Σεμέλης ἐγένετο· θεὸν δὲ, διὰ θεουργίας καὶ τελεστικῆς, ὥσπερ τὸν δεσπότην
B Ἡρακλέα διὰ τῆς βασιλικῆς ἀρετῆς εἰς τὸν Ὄλυμπον ὑπὸ τοῦ πατρὸς ἀνῆχθαι τοῦ Διός. Ἀλλ' ὦ τᾶν, εἶπον, οὐ ξυνίετε τοῦ μύθου φανερῶς αἰνιττομένου. ὅπου γὰρ ἡ γένεσίς ἐστιν, ὥσπερ Ἡρακλέους· οὕτω δὲ καὶ Διονύσου· ἔχουσα μὲν τὸ κρεῖττον, καὶ ὑπερέχον, καὶ ἐξῃρημένον, ἐν τῷ μετρίῳ δὲ ὅμως ἔτι τῆς ἀνθρωπίνης φύσεως μένουσα, καί
C πως ἀφομοιουμένη πρὸς ἡμᾶς. Ἡρακλῆς δὲ λέγεται παιδίον γενέσθαι, καὶ κατὰ μικρὸν αὐτῷ τὸ σῶμα τὸ θεῖον ἐπιδοῦναι καὶ φοιτῆσαι διδασκάλοις ἱστόρηται, καὶ στρατεύσασθαι λέγεται, καὶ κρατῆσαι πάντων. καμεῖν δὲ ὅμως καὶ τὸ σῶμα. καίτοι αὐτῷ ταῦτα μὲν ὑπῆρξε, μειζόνως δὲ, ἢ κατ' ἄνθρωπον. ὅτε γὰρ ἐν τοῖς σπαργάνοις ἀποπνίγων τοὺς δράκοντας, καὶ πρὸς αὐτὰ παραταττόμενος τὰ τῆς φύσεως στοιχεῖα,
D θάλπη, καὶ κρυμούς· εἶτα τοῖς ἀπορωτάτοις καὶ ἀμαχωτάτοις, ἐνδείᾳ λέγω τροφῆς καὶ ἐρημίᾳ· καὶ τὴν δι' αὐτοῦ πορείαν, οἶμαι, τοῦ πελάγους ἐπὶ τῆς χρυσῆς κύλικος· ἣν ἐγὼ νομίζω μὰ τοὺς θεοὺς οὐ κύλικα εἶναι· βαδίσαι δὲ αὐτὸν ὡς ἐπὶ ξηρᾶς τῆς θαλάττης νενόμικα. Τί γὰρ ἄπορον ἦν Ἡρακλεῖ; τί δ' οὐχ ὑπήκουσεν αὐτοῦ τῷ θείῳ καὶ καθαρωτάτῳ σώματι· τῶν λεγομένων τούτων στοιχείων δουλευόντων αὐτοῦ τῇ δημιουργικῇ, καὶ τελεσιουργῷ τοῦ ἀ-

χρῆναι καὶ καθαρῷ τῷ δυνάμει; ὃν ὁ μέγας Ζεὺς διὰ τῆς Προνοίας Ἀθηνᾶς ἐπιστήσας αὐτῷ φύλακα τὴν θεὸν ταύτην, ὅλην ἐξ ὅλου προαγόμενος αὐτοῦ, τῷ κόσμῳ σωτῆρα ἐφύτευσεν· εἶτ᾽ ἐπανήγαγε διὰ τοῦ κεραυνίου πυρὸς πρὸς ἑαυτὸν ὑπὸ τῷ θείῳ συνθήματι τῆς αἰθερίας αὐγῆς, ἥκειν παρ᾽ ἑαυτὸν τῷ παιδὶ κελεύσας. Ἀλλ᾽ ὑπὲρ μὲν τούτων ἔμοιγε καὶ ὑμῖν Ἡρακλῆς ἵλεως εἴη· τὰ δὲ ὑπὲρ τῆς Διονύσου θρυλλουμένης μὲν γενέσεως, οὔσης δὲ οὐ γενέσεως, ἀλλὰ δαιμονίας ἐκφάνσεως, ποῖά τι τοῖς ἀνθρωπικοῖς προσέοικεν. Ἡ μήτηρ αὐτὸν κύουσα, φασὶ, ὑπὸ τῆς Ἥρας ζηλοτυπούσης ἐξαπατηθεῖσα, τὸν ἐραστὴν ἐξελιπάρησεν ἥκειν ὡς παρὰ τὴν γαμετὴν εἰώθει φοιτᾶν, πρὸς ἑαυτήν· εἶτα οὐκ ἀνασχόμενον τὸ δωμάτιον, ἐν τῷ ** κτυπήματι τοῦ Διὸς ὑπὸ τοῦ κεραυνοῦ κατεφλέγετο. πάντων δ᾽ ὁμοῦ πυρουμένων, Ἑρμῇ κελεύσας ὁ Ζεὺς ἁρπάσαι τὸν Διόνυσον, καὶ τεμὼν τὸν αὑτοῦ μηρὸν ῥάπτει. εἶτα ἐκεῖθεν ἡνίκα ἐτελεσφορήθη τὸ βρέφος, ὠδίνων ὁ Ζεὺς ἐπὶ τὰς νύμφας ἔρχεται· τὸ διθύραμβον δὲ αὐταὶ τῷ μηρῷ προσεπᾴδουσαι, τὸν *** εἰς φῶς προήγαγον. εἶτα ἐμάνη, φησὶν, ὁ θεὸς ὑπὸ τῆς Ἥρας. ἔπαυσε δὲ αὐτοῦ τὴν νόσον ἡ μήτηρ τῶν θεῶν. ὁ δὲ ἦν αὐτίκα θεός. ἀπογεγὼν, αὐτῷ εἵπετο, καθάπερ Ἡρακλεῖ οὐδ᾽ ** Ὕλας· οὐδ᾽ ὁ Τελαμὼν· οὐδ᾽ ὁ Αἴας· οὐδ᾽ Ἄβδηρος· ἀλλὰ Σάτυροι καὶ Βάκχαι καὶ Πᾶνες καὶ δαιμόνων στρατιά. Ὁρᾷς ὅπως ἀνθρωπίνη μὲν ἡ σπορὰ διὰ τοῦ κεραυνίου, ἡ δ᾽ ἀποκύησις ἀνθρωπικωτέρα· ἀμφοῖν δὲ τούτοιν ἠσκημένων προσομοιότερα τοῖς ἀνθρωπίνοις τὰ ἔργα. Τί ἂν οὐ καταβάλλοντες τὸν λῆρον, ἐκεῖνο πρῶτον ὑπὲρ τούτων ἴσμεν, ὡς Σεμέλη σοφὴ τὰ θεῖα, παῖς γὰρ ἦν Κάδμου τοῦ Φοίνικος· τούτοις δὲ καὶ ὁ θεὸς σοφίαν μαρτυρεῖ,

Πολλὰς καὶ Φοίνικες ὁδοὺς μακάρων ἐδάησαν,

γρ. ἵλεως ἡμῖν Ἡρ.

γρ. ἐπᾴδουσαι

γρ. Ὕλας

A servirent? quem magnus Juppiter per Pronoeam Minervam (quam totam ex se toto profusam procreatamque Deam illi custodem apposuit) mundo servatorem genuit; ac deinde per fulminis ignem ad sese revocavit; quod nimirum divino illo luminis ætherei signo filium ad sese redire jussit. Sed in istis commemorandis mihi vobisque propitium Herculem precor. At quæ de Bacchi celeberrima illa nativitate dicuntur (quæ non tam nativitas est, quam manifesta sui numinis exhibitio) humanarum rerum simile quiddam continent. Mater, inquiB unt, cum illum in utero gestaret, ab zelotypa Junone decepta ab amatore suo enixis precibus obtinuit, ut eodem ad sese habitu veniret, quo ad conjugem suam solebat accedere. Postea cubiculum, cum unum ** ex Jovis non sustineret, fulmine conflagravit. Quo incendio correptis omnibus, Juppiter Mercurio mandat, ut Bacchum raperet *eumque dissecto ejus cruri insueret.* Postea, cum formatus & absolutus esset infans, parturiens Juppiter *ad Nymphas proficiscitur, quæ dithyrambum ad femur* C *ejus accinentes, infantem illum in lucem eduxerunt.* Sub hæc in furorem actus est, inquiunt, a Junone Deus; sed eum mater Deorum ab illo morbo liberavit. Idem porro subinde Deus est factus. Cui quidem comites adjunxere sese, *non autem quidem*, ut olim Herculi, non Hylas; neque Telamon, nec Ajax, nec Abderus; sed Satyri, Bacchæ, Panes, ac Dæmonum exercitus. Vides ut humana sit illa per fulmiD na generatio; partus autem ipse longe amplius homini congruat; at ambobus istis humanorum sint similiora facta. Cur non igitur nugari desinimus, ac de istis illud inprimis tenemus, Semelen divinarum rerum peritam fuisse? Erat enim Cadmo Phœnice nata; cujusmodi hominum generi Deus sapientiam hoc oraculo tribuit:

Multas & Phœnices vias Deorum noverunt.

Hunc

A Hunc ergo Deum prima illa Græcos inter sentiens, & instantem propediem ejus adventum prædicens, citius, quam oportebat, quædam illius Orgia commovisse videtur; neque satis constitutum ei rei tempus expectasse; ac propterea erumpente in ipsam incendio conflagrasse. Postquam vero decrevit Juppiter status alterius initium aperire mortalibus, atque ab agresti vagoque ad mansuetissimum transferre victum; tum profectus ab Indiis Bacchus, adspectabilis dæmon apparuit, civitates B obiens, ac dæmoniorum quendam secum exercitum ducens. Ac tum omnibus communiter hominibus præsentiæ suæ signum vitem tribuit; cujus beneficio mitigata ac mansuefacta ipsorum vita, Græci mihi videntur ἡμερίδος illi nomen indidisse: nec non ob prædictionem matrem illius nominasse Semelem: præsertim cum eam Deus ipse, velut primam imminentis adhuc adventus sui antistitam, honoraret. C Quamobrem cum ita se historia illa omnis habeat, si quis hæc accuratius expendere ac contemplari velit; tamen qui Bacchum, cujusmodi tandem numen esset, inquirebant, rei veritatem, quæ ita se, uti dictum est, habet, fabulæ in modum conformarunt: ut & Dei naturam adumbrarent, *eamque inter intelligibiles Deos apud Patrem factam.* Ingenitum *etiam* ipsius in mundo partum, *ac vim ejus per universum diffusam enarrare mihi haud facile, forte quidem, & quod ignorem etiamnum, id* D *quod in iis præcipuum; tum quod nolim occultum simul & manifestum Deum, tanquam in theatro, producere, rationibus non satis exploratis & cogitationibus ad omnia potius, quam ad philosophandum conversis.*

Sed hæc Bacchus ipse noverit: quem & precor, ut ad veram Deorum notitiam sacro quodam furore meam juxta ac vestram mentem conciet; ne Bacchicorum istorum expertes sacrorum diutius manen-

A λέγεται αἰσθέσθαι ἥν μοι δοκεῖ τοῦ θεοῦ ταύτῃ πρώτῃ παρ' Ἕλλησι, καὶ τὴν ἐσομένην ἐπιφάνειαν αὐτοῦ οὐκ εἰς μακρὰν προαγορεύσασα, κινῆσαι μὲν θᾶττον, ἢ προσῆκεν ἦν, τινὰ τῶν περὶ αὐτὸν ὀργίων· οὐκ ἀνασχομένη τὸν εἱμαρμένον περιμεῖναι χρόνον, εἶτα ἀναλωθῆναι πρὸς τοῦ πυρὸς τοῦ μολόντος ἐπ' αὐτήν. Ἐπεὶ δὲ ἐδέδοκτο τῷ Διῒ κοινῇ πᾶσιν ἀνθρώποις ἐνδοῦναι ἀρχὴν καταστάσεως ἑτέρας, καὶ μεταβάλλειν αὐτοὺς ἐκ τοῦ νομαδικοῦ βίου πρὸς τὸν ἡμερώτερον· ἐξ B Ἰνδῶν ὁ Διόνυσος αὐτόπτος ἐφαίνετο δαίμων· ἐπιφοιτῶν ταῖς πόλεσι, ἄγων μεθ' ἑαυτοῦ στρατιὰν πολλὴν δαιμόνων τινά· καὶ δίδωσιν ἀνθρώποις κοινῇ μὲν ἅπασι σύμβολον τῆς ἐπιφανείας αὐτοῦ, τὸ τῆς ἡμερίδος φυτόν. ὑφ' οὗ μοι δοκοῦσιν ἐξημερωθέντα αὐτοῖς τὸν περὶ τὸν βίον, Ἕλληνες τῆς ἐπωνυμίας αὐτὸ ταύτης ἀξιῶσαι· μητέρα δὲ αὐτοῦ προσειπεῖν τὴν Σεμέλην, διὰ τὴν πρόρρησιν· ἄλλως τε καὶ τοῦ θεοῦ τιμῶντος αὐτήν, ἅτε πρώτην ἱεροφάντιν τῆς ἐπι C μελλούσης ἐπιφοιτήσεως. Οὕτως δή, ὡς ἄν τις ἀκριβῶς σκοπῶν ἐξετάσῃ, τῆς ἱστορίας τοιαύτης· οἱ τὸν Διόνυσον, ὅς τις ποτὲ ἐκ θεῶν, ζητοῦντες, τἀληθὲς ἔχον, ὡς ἔφην, εἰς μῦθον διεσκεύασαν· αἰνιττόμενοι τήν τε οὐσίαν τοῦ θεοῦ, καὶ τὴν ἐν τοῖς νοητοῖς παρὰ τῷ πατρὶ κύησιν· καὶ τὸν ἀγέννητον αὐτοῦ τόκον ἐν τῷ κόσμῳ * * * ἐν τῷ παντὶ καὶ τἆλλα ἐφεξῆς, ὅσα τοῦ ζητεῖν ἦν * * μαθεῖν ἐμοί· τυχὸν μὲν, καὶ διὰ τὸ ἀγνοεῖν ἔτι περὶ αὐτῶν τὸ ἀκριβὲς, καὶ οὐκ D ἐθέλοντι τὸν κρύφιον ἅμα καὶ φανερὸν θεὸν, ὥσπερ ἐν θεάτρῳ, προβάλλειν ἀνεξετάστοις, καὶ διανοίαις ἐπὶ πάντα μᾶλλον, ἢ τὸ φιλοσοφεῖν, τετραμμέναις.

Ἀλλ' ὑπὲρ μὲν τούτων, ἴστω Διόνυσος αὐτὸς, ᾧ καὶ προσεύχομαι τάς τε ἐμὰς καὶ ὑμετέρας ἐκβακχεῦσαι φρένας ἐπὶ τὴν ἀληθῆ τῶν θεῶν γνῶσιν· ὡς ἂν μὴ πολλῷ ἀβάκχευτοι χρόνῳ τοῦ θεοῦ μένοντες, ἔπειτα ὁ Πενθεὸς ἔπαθε, πάθοιμεν ἴσως μὲν καὶ ζῶντες· πάντως δὲ καὶ ἀπαλλαγέντες τοῦ σώματος. Ὅταν γὰρ μὴ τὸ πεπληθυσμένον τῆς ζωῆς ὑπὸ τῆς ἑνοειδοῦς, καὶ ἐν τῷ μερισμῷ παντελῶς ἀδιαιρέτου, ὅλης τε ἐν πᾶσιν ἀμιγοῦς προϋπαρχούσης τοῦ Διονύσου οὐσίας τελεσιουργηθείη διὰ τῆς περὶ τὸν θεὸν ἐνθέου βακχείας, τούτῳ κίνδυνος ἐπὶ πολλὰ ῥυῆναι τὴν ζωήν· ῥυεῖσαν δὲ διασπᾶσθαι καὶ διασπασθεῖσαν οἴχεσθαι. Τὸ δὲ ῥυεῖσαν, καὶ διασπασθεῖσαν μὴ προσέχων τις τοῖς ῥήμασιν, ὑδάτιον, μηδὲ λίνου μήρινθον ἀκροᾶσθαι· ξυνιέτω δὲ τὰ λεγόμενα τρόπον ἄλλον· ὃν Πλάτων, ὃν Πλωτῖνος· ὃν Πορφύριος ὃν ὁ δαιμόνιος Ἰάμβλιχος. Ὃς δ' ἂν μὴ ταύτῃ ποιῇ, γελάσεται μὲν· ἴσως μέντοι Σαρδόνιον γέλων, ἔρημος ὢν ἀεὶ τῆς τῶν θεῶν γνώσεως· ἧς ἀντάξιον οὐδὲ τὸ, πᾶσαν ὁμοῦ μετὰ τῆς τῶν Ῥωμαίων ἐπιτροπεῦσαι τὴν βαρβάρων ἔγωγε θείμην ἄν· οὐ μὰ τὸν ἐμὸν δεσπότην Ἥλιον. Ἀλλά με πάλιν οὐκ οἶδ' ὅστις θεῶν ἐπὶ ταῦτ' ἐβάκχευσεν οὐ προσδόμενον. Οὗ δὲ ἕνεκεν ἔφην αὐτά· διὰ μὲν τὴν διάνοιαν ἀπεμφαίνοντες ὅταν οἱ μῦθοι γίγνωνται περὶ τῶν θείων, αὐτόθεν ἡμῖν ὥσπερ βοῶσι, καὶ διαμαρτύρονται μὴ πιστεύειν ἁπλῶς· ἀλλὰ τὸ λεληθὸς σκοπεῖν καὶ διερευνᾶσθαι. Τοσούτῳ δ' ἐστὶ κρεῖττον ἐν τούτοις τοῦ σεμνοῦ τὸ ἀπεμφαῖνον, ὅσῳ διὰ μὲν ἐκείνου, καλοὺς λίαν, καὶ μεγάλους, καὶ ἀγαθοὺς, ἀνθρώπους δὲ ὅμως, τοὺς θεοὺς κίνδυνος νομίσαι· διὰ δὲ τῶν ἀπεμφαινόντων, ὑπεριδόντα τῶν ἐν τῷ φανερῷ λεγομένων, ἐπὶ τὴν ἐξῃρημένην αὐτῶν οὐσίαν, καὶ ὑπερέχουσαν πάντα τὰ ὄντα καθαρὰν νόησιν, ἐλπὶς ἀναδραμεῖν.

Αἰτίαι μὲν οὖν αὗται τοῦ τὴν τελεσι-

A tes, eadem, quæ Pentheus olim, patiamur & ipsi, forsitan viventes; sin minus, certe corporum vinculis exsoluti. Nam cujus vitam varie dispersam non simplex Bacchi natura (quæ & in dividuis individua penitus, & sine permistione ulla tota in omnibus prius existit) per divinitus immissum illum circa Deum furorem perfecerit; periculum huic est, ne ejus in multas partes vita diffluat: cumque diffluxerit, dissipetur, ac dissipata pereat. Cæterum hæc diffluendi dissipandique vocabula, si quis minus at-
B tentus audiat, ne aquulam forte vel lineum funiculum audire se putet; sed quæ dicuntur aliter intelligat: quo modo Plato, & Plotinus, & Porphyrius, & divinus Jamblichus usurparunt. Quod nisi quis ita faciat, ridebit is quidem; sed risum hunc Sardonium fore, seque Deorum notitia perpetuo destituendum esse, cognoscat: qua cum ne Barbaricarum quidem omnium regionum imperium cum Romano conjunctum arbitror conferendum. Quod me
C ex animo dicere, Solem ipsum dominum meum testem appello. Verum nescio quis me Deorum imprudentem ad ista prosilire rursus impulit. Quare ut ad id, cujus illa gratia dicta sunt, revertar; quando dissentaneæ & abhorrentes secundum sententiam de divinis rebus fabulæ confinguntur; statim nobis quodammodo clamant, atque contestantur, ne fidem iis quæ dicuntur, simpliciter habeamus; sed ut quod latet consideremus ac scrutemur. Atque eo quidem in rebus ejusmodi præstat id, quod abhorrens est, ei quod gravitatem habet: quo
D in posteriori quidem hoc genere periculum est, ne præclaros illos, & ingentes, ac bonos, sed homines tamen, Deos arbitremur; at cum dissentaneis narrationibus utimur, de pura sinceraque mente sperandum sit, spretis iis, quæ palam aperteque dicuntur, ad præstantiorem illis ipsis ac superantem omnia naturam quandoque esse provehendam.

Hæc sunt itaque causæ, propter quas in mystica,

mystica, & in initiationibus posita Theologia, præ omnibus sancta & majestatis plena proferantur: cum interim secundum sententiam paulo eorundem alienior esse videatur expositio. At qui morum emendandorum gratia narrationes comminiscitur, & fabellas inducit, non is apud viros, sed apud pueros, vel ætate vel prudentia, iisce sermonibus indiget. Porro si tibi pueri visi sumus; ego, inquam, & Anatolius iste, nec non Memmorius, & Sallustius, ac reliqui præterea deinceps omnes; Anticyra tibi opus est. Quid enim dissimulare attinet? Etenim, per Deos immortales, perque fabulam ipsam, imo vero per regem omnium Solem; ecquod tuum extat ingens, aut exiguum facinus? cuinam in justa causa periclitanti advocatus affuisti? cui tu porro suorum ob funus lugenti remedium attulisti; cum eum oratione tua docuisses: neque illi ipsi qui patitur, neque propinquis ejus, malum esse mortem? Quis adolescentulus suam tibi temperantiam imputare potest; quod ipsum ex intemperanti frugi ac temperantem feceris: ut non corpore solum, sed multo magis animo pulcher appareret? Quamnam vivendi exercitationem adhibuisti? Quid tu dignum Diogenis baculo, vel audacia certe, præstitisti? An hoc magnum tibi videtur, fustem capere, comam promittere, urbes & comitatus circumire, ac cum optimis quibusque conviciari, tum pessimis adulari? Dic amabo te, per Jovem, perque auditores istos, qui a Philosophia propter vos abhorrent: cur, cum ad beatæ memoriæ Constantium in Italiam adieris, in Gallias ire noluisti? Atqui ut ad nos venires, si nihil aliud, ad eum utique hominem accessisses, qui sermonem tuum melius intelligeret. Quid illud, vagari passim, ac mulis negotium

A κὴν καὶ μυσταγωγὸν Φιλοσοφίαν * * * σαφῶς μᾶλλον εἰσαγῇ, καὶ σεμνὰ προφέρεσθαι· τῷ δὲ τὴν διάνοιαν ἀλλοτριωτέραν ποιεῖσθαι τὴν ἐξήγησιν τῶν τοιούτων. Ὁ δὲ τῆς τῶν ἠθῶν ἐπανορθώσεως ἕνεκα τοὺς λόγους πλάττων, καὶ μύθους παράγων, πρῶτον τοῦ μὴ πρὸς ἄνδρας, ἀλλὰ πρὸς παῖδας, ἢ τοι καθ' ἡλικίαν, ἢ τῷ φρονεῖν, πάντως τῶν λόγων τούτων δεόμενος. Εἰ μὲν οὖν σοι παῖδες ἡμεῖς ἐφάνημεν, εἴτε ἐγώ,
B εἴτε Ἀνατόλιος οὑτοσί. συγκαταλεγέσθω μὲν δὲ τούτῳ καὶ τὸν Μεμμόριον, καὶ τὸν Σαλλούστιον· πρὸς τούτοις δέ, εἰ βούλει, καὶ τοὺς ἄλλους ἑξῆς, Ἀντικύρας σοι δεῖ. Τί γὰρ ἂν ἀκκίζοιτό τις; εἰπὲ πρὸς τῶν θεῶν, καὶ πρὸς αὐτοῦ τοῦ μύθου μᾶλλον δὲ τοῦ κοινοῦ πάντων βασιλέως ἡλίου, τί σοι μέγα ἢ μικρὸν πεποίηται ἔργον; τίνι παρέστης ἀγωνιζομένῳ μετὰ τοῦ δικαίου; τίνα ἐθεράπευσας πενθοῦντα,
C τῷ λόγῳ διδάξας ὅτι μὴ κακὸν ὁ θάνατος, μήτε τῷ παθόντι, μήτε τοῖς οἰκείοις αὐτοῦ; τίς δ' αἰτιάσεταί σε τῆς ἑαυτοῦ μειρακιώδους σωφροσύνης· ὅτι πεποίηκας αὐτὸν ἐξ ἀσώτου σώφρονα, καὶ καλὸν οὐ τὸ σῶμα μόνον, ἀλλὰ πολὺ μᾶλλον τὴν ψυχὴν φαίνεσθαι; τίνα δὲ ἄσκησιν ἐποιήσω τοῦ βίου; τί δὲ σοι ἄξιον τῆς Διογένους βακτηρίας, ἢ ναὶ μὰ Δία τῆς παῤῥησίας πεπραγμάτευται; Ἔργον οἴει μέγα βακτηρίαν λαβεῖν, ἢ τρίχας ἀνεῖναι,
D καὶ περινοστεῖν τὰς πόλεις, καὶ τὰ στρατόπεδα· καὶ τοὺς μὲν βελτίστους λοιδορεῖσθαι, τοὺς δὲ χείρους θεραπεύειν, εἰπὲ πρὸς τοῦ Διός, καὶ πρὸς τουτωνὶ τῶν ἀκροωμένων, οἳ δ' ὑμᾶς τὴν Φιλοσοφίαν ἐκτρέπονται· αὐθ' ὅτι πρὸς μὲν τὸν μακαρίτην Κωνστάντιον εἰς Ἰταλίαν ἦλθες· οὐκέτι μέν τοι καὶ μέχρι τῶν Γαλατῶν ἦλθες; καί τοι παρελθὼν πρὸς ἡμᾶς, εἰ μηδὲν ἄλλο, ξυνιέναι γοῦν σου τῆς φωνῆς μᾶλλον δυναμένῳ πλησιάζειν ἔμελλες ἀνθρώπῳ. Τί δὲ καὶ

γρ. μειράκιας

γρ. ἡμεῖς σοι παῖδες

δὲ καὶ τὸ περιφοιτᾶν πανταχοῦ, καὶ παρέχειν πράγματα ταῖς ἡμιόνοις; ἀκούω δὲ ἔγωγε καὶ τοὺς τὰς ἡμιόνους ἐλαύνοντας· οἳ μᾶλλον ὑμᾶς ἢ τοὺς στρατιώτας πεφρίκασι; χρῆσθαι γὰρ αὐτοῖς ἀκούω τινὰς ὑμῶν χαλεπώτερον, ἢ τοῖς ξίφεσιν ἐκείνους. γίγνεσθε οὖν αὐτοῖς εἰκότως φοβερώτεροι. Πάλαι μὲν οὖν ὑμῖν ἐθέμην ἐγὼ τοῦτο τὸ ὄνομα· νυνὶ δὲ αὐτὸ ἔοικα καὶ γράφειν. ἀποτακτιστάς τινας ὀνομάζουσιν οἱ δυσσεβεῖς Γαλιλαῖοι· τούτων οἱ πλείους μικρὰ προέμενοι, πολλὰ πάνυ, μᾶλλον δὲ τὰ πάντα πανταχόθεν ξυγκομίζουσι, καὶ προσέτι οἶμαι τὸ τιμᾶσθαι, καὶ δορυφορεῖσθαι, καὶ θεραπεύεσθαι. Τοιοῦτόν τι καὶ τὸ ὑμέτερον ἔργον ἐστί, πλὴν ἴσως τοῦ χρηματίζεσθαι. τοῦτο δὲ, οὐ παρ' ὑμᾶς γίγνεται· παρ' ἡμᾶς δέ· συνετώτεροι γάρ ἐσμεν τῶν ἀνοήτων ἐκείνων. ἴσως δὲ καὶ διὰ τὸ μηδὲν ὑμῖν εἶναι πρόσχημα τοῦ φορολογεῖν εὐπρεπὲς, ὁποῖον ἐκείνοις· ὃ λέγουσιν οὐκ οἶδ' ὅπως ἐλεημοσύνην. τὰ δὲ ἄλλα γε πάντα ἐστὶν ὑμῖν τε κἀκείνοις παραπλήσια. καταλελοίπατε τὴν πατρίδα, ὥσπερ ἐκεῖνοι. περιφοιτᾶτε πάντη, καὶ τὸ στρατόπεδον διοχλεῖτε μᾶλλον ἐκείνων, καὶ ἰταμώτερον. οἱ μὲν γὰρ καλούμενοι· ὑμεῖς δὲ καὶ ἀπελαυνόμενοι. Καὶ τί χρηστὸν ἐκ τούτων ὑμῖν ἐγένετο· μᾶλλον δὲ καὶ ἡμῖν τοῖς ἀνθρώποις; ἀπῆλθεν ὁ Ἀσκληπιάδης· εἶτα ὁ Σερηνιανός· εἶτα ὁ Χύτρων· εἶτα οὐκ οἶδα παιδάριόν τι ξανθὸν καὶ εὐμήκης· εἶτα σύ· καὶ μεθ' ὑμῶν ἄλλοι δὶς τοσοῦτοι. Τί οὖν ἐκ τῆς ὑμετέρας ἀνόδου γέγονεν ἀγαθὸν, ὦ λῷστοι; τίς ᾔσθετο πόλις, ἢ τίς ἰδιώτης τῆς ὑμετέρας παῤῥησίας; οὐκ ἀφρόνως μὲν τὸ ἐξ ἀρχῆς ἐλθεῖν τὴν ἐπὶ τὸν οὐδὲ ἰδεῖν ὑμᾶς θέλοντα βασιλέα πορείαν· ἀφικόμενοι δὲ, ἀφρονέστερον αὐτῇ καὶ ἀμαθέστερον, καὶ μανικώτερον ἐχρήσασθε, κολακεύοντες ἅμα, καὶ ὑλακτοῦντες, καὶ βιβλίδια

A sacere; imo etiam, ut audio, mulionibus ipsis, qui magis vos ipsos, quam milites pertimescunt? Quosdam enim e vobis accepi vehementius in eos sævire, quam illos gladiis suis; unde merito formidolosiores iis esse soletis. Equidem jamdudum hoc vobis nomen imposui, quod nunc mihi videor esse scripturus. Genus est quoddam hominum, quos infelices Galilæi *renunciatores* vulgo nominant. Horum plerique, postquam exiguis sese bonis abdica-
B verint, admodum multa, vel omnia potius, undique corradunt: adeo ut ingenti aliorum honore, stipatu, atque officio celebrentur. Ejusmodi fere est quod a vobis geritur, præter pecuniarum quæstum: qui quo minus vobis suppetat, non vobis, sed nobis ipsis tribuendum est, qui fatuis illis paulo plus sapimus. Ac fortasse pro eo, quod nullus corrogandæ pecuniæ, quem illi habent, vobis est color; quam nescio
C quomodo eleemosynam appellant; cætera vobis & illis sunt simillima. Patriam, ut illi, reliquistis. Vagi ubique discurritis, & comitatui Principis magis, quam illi, & procacius importuni estis. Illi enim vocati; vos etiam repulsi molestiam exhibetis. Et quid tandem ex iis utilitatis in vos, vel in nos potius homines redundavit? Venit Asclepiades: tum Serenianus: postea Chytro: inde nescio quis puer flavus & procerus: postremo tu ipse: vobiscum autem
D duplo plures alii. Quodnam igitur commodum vester illi, o boni, advenæ attulit? quænam civitas, aut quis privatus, libertatem vestram & audaciam sensit? Nonne stulte primum ad eum Imperatorem profecti estis, qui ne vos quidem vellet aspicere? ubi autem advenistis, stultius & imperitius, imo insanius, illa ipsa libertate vestra estis abusi; cum una & adularemini, & allatraretis, & libellos offerretis, & ut iis annueret,

annueret instantius urgeretis? Equidem neminem vestrûm opinor toties Philosophi scholam frequentasse, quoties Notarium adiisse; ut Academiæ instar, ac Lycei, Variæque porticus, Palatii vobis esset vestibulum. Non vos procul ista facessetis? non, si minus antea, modo saltem abjicietis, cum nihil amplius vestra illa coma baculusque vos adjuvet? At quam vilis & contemta per vos est facta Philosophia, ô homines ad oratoriæ artis disciplinam ineptissimi, quorum lingua ab ipso rege Mercurio repurgari, plana vero ac dilucida reddi ne a Minerva quidem cum Mercurio conspirante potest. Hoc de populari & circumforanea illa solertia rapientes, (neque enim proverbio contritum illud intelligunt: bonum ad bonum maturescere) Cynicam ad sectam sese transferunt. Baculus, pallium, coma. Deinceps autem imperitia, *audacia*, * & id genus reliqua. Atenim brevem & compendiosam ad virtutem viam sequuntur. Utinam vel longiorem teneretis! facilior per illam vobis esset ingressus. An nescitis, breviores vias maximis difficultatibus obsitas esse? Ut in publicis viis qui itineris compendio graditur, longiores anfractus & circuitus facilius emetitur; at non perinde qui per circuitus ambulat, compendiosiori itinere progreditur. Sic igitur in Philosophia finis ille ac principium unicum est, seipsum nosse, ac Diis similem fieri. Ac principium quidem est, seipsum nosse; finis autem, cum Diis similitudo. Quamobrem Cynicus esse qui studet, humana omnia decreta opinionesque contemnens, in seipsum ac Deum primo convertitur. Ejusmodi viro neque aurum aurum est, nec arena est arena, si amborum permutatio spectetur, & hæc suo pretio æstimare quispiam illi permiserit. Nam utrumque nihil præter terram esse, non i-

A τις, καὶ ταῦτα πραχθῆναι προσλιπαρήσαντες; οὐδένα ὑμῶν οἶμαι ἐγὼ τοσαυτάκις εἰς φιλοσόφου φοιτῆσαι, ὁσάκις εἰς ἀντιγραφέως. ὥστε ὑμῖν Ἀκαδημία, καὶ Λύκειον, ἀντὶ τῆς Ποικίλης στοᾶς, τὰ βασιλείων τὰ πρόθυρα. Οὐκ ἀπάξετε ταῦτα; οὐ καταβαλεῖτε νῦν γοῦν, εἰ καὶ μὴ πρότερον, ὅτε ὑμῖν οὐδὲν πλέον ἀπὸ τῆς κόμης, καὶ τῆς βακτηρίας; Πῶς δὲ καὶ γέγονεν ὑφ' ὑμῶν εὐκαταφρόνητος ἡ φιλοσοφία τῶν
B ῥητορικῶν οἱ δυσμαθέστατοι, καὶ οὐδ' ὑπ' αὐτοῦ τοῦ βασιλέως Ἑρμοῦ τὴν γλῶτταν ἐκκαθαρθῆναι δυνάμενοι φανερωθῆναι δὲ οὐδὲ πρὸς αὐτῆς τῆς Ἀθηνᾶς σὺν τῷ Ἑρμῇ. τὴν ἐκ τῆς ἀγορᾶς καὶ περιτρεχούσης ἁρπάσαντες ἐντρεχείας· οὐδὲ τὸ ἐν παροιμίᾳ περιφερόμενον αὐτὸ γιγνώσκουσι τό, ὅτι βότρυς πρὸς βότρυν πεπαίνεται, ὁρμῶσιν ἐπὶ τὸν κυνισμόν· βακτηρία, τρίβων, κόμη· τὸ ἐντεῦθεν ἀμαθία, θράσος, * ἁπλῶς τὰ
C τοιαῦτα. τὴν σύντομον, φησίν, ὁδὸν καὶ σύντονον ἐπὶ τὴν ἀρετὴν ἐλαύνομεν. ὄφελον καὶ ὑμεῖς τὴν μακρὰν ἐπορεύεσθε. ῥᾷον ἂν δι' ἐκείνης ἤλθετε. οὐκ ἴστε ὅτι μεγάλας ἔχουσιν αἱ σύντομοι τὰς χαλεπότητας; ὥσπερ ἐν ταῖς λεωφόροις ὁ μὲν τὴν σύντομον ἐλθεῖν δυνηθείς, ῥᾷον ἐκπεριέρχεται τὴν κύκλῳ· οὐκ ἔτι μέντοι τὸ ἀνάπαλιν ὁ κύκλῳ πορευθείς, ἔλθοι ἂν πάντως, καὶ τὴν σύντομον. οὕτω δὲ καὶ ἐν τῇ φιλοσοφίᾳ
D τέλος τέ ἐστι καὶ ἀρχὴ μία, γνῶναί τε σαυτόν, καὶ ἀφομοιωθῆναι τοῖς θεοῖς. Ἀρχὴ μὲν οὖν, ἑαυτὸν γνῶναι, τέλος δέ, ἡ πρὸς τοὺς κρείττονας ὁμοιότης. Ὅστις οὖν Κυνικὸς εἶναι ἐθέλει, πάντων ὑπεριδὼν τῶν νομισμάτων, καὶ τῶν ἀνθρωπίνων δοξῶν, εἰς ἑαυτὸν καὶ τὸν θεὸν ἐπιστραφήτω πρότερον. ἐκείνῳ τὸ χρυσίον οὐκ ἔστι χρυσίον οὐχ ἡ ψάμμος ψάμμος. εἰ πρὸς ἀμοιβὴν τις αὐτὰ ἐξετάζοι, καὶ τῆς ἀξίας αὐτῶν ἐπιτρέψειεν αὐτῷ τιμητῇ γενέσθαι.

Γρ. οὐδὲν ἄλλο πλέον

γνοεῖ γὰρ αὐτὰ οὐδὲν ἀμφότερα. τὸ σπανιώτερον δὲ καὶ τὸ ῥᾷον, ἀνθρώπων εἶναι κενοδοξίας ταῦτα, καὶ ἀμαθίας νενόμικεν ἔργα· τὸ αἰσχρὸν δὲ καὶ καλὸν οὐκ ἐν τοῖς ἐπαινουμένοις ἢ ψεγομένοις τίθεται, ἀλλ' ἐν τῇ φύσει· φεύγει τὰς περιττὰς τροφάς· ἀποστρέφεται δὲ τὰ ἀφροδίσια. βιαζόμενος δὲ τοῦ σώματος, οὐ δόξῃ προστέτηκεν· οὐδὲ περιμένει τὸν μάγειρον, καὶ τὰ ὑποτρίμματα, καὶ τὴν κνῖσαν· οὐδὲ τὴν Φρύνην οὐδὲ τὴν Λαΐδα οὐδὲ τὴν τοῦδε περιβλέπεται γαμετὴν οὐδὲ τὸ θυγάτριον οὐδὲ τὴν θεράπαιναν· ἀλλ' ὡς ἔνι μάλιστα ἐκ τῶν προστυχόντων ἀποπλήσας τὴν θεραπείαν τοῦ σώματος, καὶ τὸ ἐνοχλοῦν ἐξ αὐτοῦ παρωσάμενος, ἄνωθεν ἐκ τῆς Ὀλυμπιακῆς κορυφῆς ἐπιβλέπει τοὺς ἄλλους,

Ἄτης ἐν λειμῶνι κατὰ σκότος ἠλάσκοντας,

ὑπὲρ ὀλίγων παντάπασιν ἀπολαύσεων ὑπομένοντας, ὅσα οὐδὲ παρὰ τῷ Κωκυτῷ καὶ τῷ Ἀχέροντι θρυλλοῦσιν οἱ κομψότεροι τῶν ποιητῶν. ἡ σύντομος ὁδός ἐστιν αὕτη. δεῖ γὰρ αὐτὸν ἀθρόως ἐκστῆναι ἑαυτοῦ, καὶ γνῶναι ὅτι θεῖός ἐστι, καὶ τὸν νοῦν μὲν τὸν ἑαυτοῦ ἀτρέμας καὶ ἀκινήτως συνέχειν ἐν τοῖς θείοις, καὶ ἀχράντοις, καὶ καθαροῖς νοήμασιν· ὀλιγωρεῖν δὲ πάντη τοῦ σώματος, καὶ νομίζειν αὐτὸ κατὰ τὸν Ἡράκλειτον * * τερον· ἐν ᾧ ῥᾷστα δὲ αὐτοῦ τὰς θεραπείας ἀποπληροῦν, * * * μέχρις ὥσπερ ὀργάνῳ τῷ σώματι χρῆσθαι ἐπιτάττει. ταῦτα μὲν δὴ * * ἐπανάξω ὅθεν ἐξέβην. ἐπειδὴ γὰρ τοῖς μύθοις προσήκει πρὸς * * τὸ φρονεῖν ἄνδρας οὖσι ἢ καὶ τοῖς καθ' ἡλικίαν παιδαρίοις ἀπαγγέλλειν, ἐξεταστέον ὅπως μήτε εἰς θεοὺς, μήτε εἰς ἀνθρώπους τι πλημμελές, ἢ καθάπερ ἔναγχος, δυσσεβές τι ῥηθείη. καὶ πρόσθεν τῶν ἁπάντων ἀκριβῶς βασανιστέον, εἰ πιθανός, εἰ τοῖς πράγμασι προσφυής, εἰ μῦθός ἐστιν ἀληθῶς ὁ πλαττόμενος. ἐπεὶ τό γε νῦν ὑπὸ σοῦ πεπλασμένον, οὐ μῦθός ἐστι σός, ὡς ἔφης, καίτοι γε νεανικῶς. ἀλλ' ὁ μὲν μῦθος, μῦθός ἐστι παλαιός· ἐφήρμοσας δ' αὐτὸν σὺ πράγμασιν ἑτέροις. ὅπερ,

A gnorat. Quod autem aliud rarius, aliud parabilius sit, id a vana gloriola & inscitia proficisci judicat. Turpitudinem vero, vel honestatem, non hominum laude ac vituperatione, sed natura ipsa metitur: cibos supervacuos devitat: a rebus venereis abhorret. Quod si corporis ipsum necessitas urgeat, non opinione ducitur; neque coquum, aut intrita, & nidorem expectat; B neque Phrynem, aut Laidem; nec in hujus aut illius uxorem intendit oculos, neque in filiolam aut ancillam; sed e re nata, quoad licet, curato ac levato corpore, ex alto coeli vertice reliquos prospectat,

Ates in pratis per tenebras vagantes:

qui exiguæ voluptatis gratia tanta incommoda sustinent, quanta ne apud Cocytum quidem aut Acherontem elegantiores Poëtæ describunt. Hæc est via compendiosi- C or. Nam a semetipso subito excedere oportet, seque esse divinum agnoscere; tum vero mentem sine ulla fatigatione, divinis & illibatis ac puris in cogitationibus defixam & immobilem tenere; corpus aspernari & putare *istud*, quod dixit Heraclitus * * * faciles habere cupiditatum expletiones * * * *velut instrumento corpore uti jubet. Hac igitur* * * eo, unde digressus sum, revocabo. Quoniam enim fabulæ * * * tametsi viri D sint, aut ætate pueris exponendæ sunt; inquirendum illud est, ne quid, quod Deos aut homines offendat, aut, ut nuper evenit, impium proferatur. Præterea id ante omnia diligenter excutiendum est, an probabilis sit, an rebus consentanea, an quod fingitur revera fabula sit. Quod enim abs te modo fictum est, non tua est, ut dixisti, fabula; (quanquam hoc *juveniliter* jactasti) verum fabula quidem ipsa vetus est, tu vero ad alias res illam accommodasti: quod

quod ii facere solent, qui tropicam ac figuratam sententiarum compositionem adhibent. Qua in re frequens est Parius Poëta. Quamobrem cum fabulam condideris nullam, o callidissime vir, frustra *juveniliter exultare* videris. Atqui istud ipsum urbanæ ac scitæ cujuspiam nutricis negotium est. Quod si fabulosæ Plutarchi narrationes in manus tuas venissent; non illud ignorares, quantum distet, primum ipsum autorem esse fabulæ, & ab aliis traditam ad res suas applicare. Sed ne te viæ compendia sectantem in longiores & inextricabiles librorum ambages conjiciens paululum morer, & alligatum teneam; dic quæso, num tu Demosthenis fabellam audieris aliquando, quam Atheniensibus eo tempore dixit, quo ab illis dedi sibi oratores Macedo postulabat. Tale igitur quidpiam comminisci oportuit. Quid enim, per Deos, negotii fuit ejusmodi fabulam contexere? Nam fabularum esse me coges artificem. Dives quidam oves quamplurimas ac boum armenta possidebat, & amplissimos caprarum greges, nec non innumerabiles eidem equæ per prata pascebantur. Habebat & pastores tam servos quam ingenuos ac mercenarios, bubulcos, caprarios, equarios, cum multis prædiis: quorum omnium pleraque sibi a patre relicta fuerant, multo vero plura ipse quæsierat, cum in rem per fas ac nefas augendam totus incumberet. Neque enim Deos admodum ille curabat. Uxores porro complures illi fuerant, & liberi ex his utriusque sexus: in quos distributis rebus suis excessit e vita; cum nec hæredes suos quemadmodum administranda essent illa docuisset, neque qua ratione, vel si deessent comparari, vel si suppeterent conservari possent. Etenim præ inscitia satis esse copiam arbitrabatur. Neç erat alioqui artis ejusmodi valde peritus, utpote ad quam non certa ratione, sed con-

A οἶμαι, ποιεῖν εἰώθασιν οἱ τῇ τροπικῇ
χρώμενοι τῶν νοημάτων κατασκευῇ.
πολὺς δὲ ἐν τούτοις ὁ Πάριός ἐστι ποιητής. Ἔοικας οὖν οὐδὲ πεποιηκὼς μῦθον, ὦ ξυνετώτατε, μάτην νεανιεύε-
σθαι. καίτοι τοῦτο τίτθης ἔργον ἐστὶν
εὐτραπέλου. Πλουτάρχου δὲ εἰ τὰ μυ-
θικὰ διηγήματα τῶν σῶν ὤσιν χειρῶν ἀφίκετο, οὐκ ἄν ποτ᾽ ἐλελήθει σε
τί διαφέρει πλάσαι τε ἐξ ἀρχῆς
μῦθον, καὶ τὸν κείμενον ἐφαρμόσαι
B πράγμασιν οἰκείοις. Ἀλλ᾽ ἵνα μή σε
τὴν σύντομον ὁδεύοντα βίβλοις ἐμβαλὼν μακραῖς, καὶ δυσελίκτοις ἐπίσχω
μικρά, καὶ πεύσομαι σὺ δὲ οὐδὲ τὸν Δημοσθένους ἀκήκοας μῦθον, ὃν ἐποίησεν
ὁ Παιανιεὺς πρὸς τοὺς Ἀθηναίους, ἡνίκα
ὁ Μακεδὼν ἐξῄτει τοὺς Ἀθηναίων ῥήτορας. ἐχρῆν οὖν τι τοιοῦτον πλάσαι. ἢ
πρὸς τῶν θεῶν ἔργον ἦν εἰπεῖν μυθά-
ριόν τι τοιοῦτον; ἀναγκάσεις δέ με καὶ
μυθοποιὸν γενέσθαι. Πλουσίῳ ἀνδρὶ
C πρόβατα ἦν πολλά, καὶ ἀγέλαι βοῶν,
καὶ αἰπόλια πλατέ᾽ αἰγῶν. ἵπποι δὲ
αὐτῷ πολλάκις μυρίαι ἵλος κατα-
βουκολοῦντο. καὶ ποιμένες δοῦλοί τε καὶ
ἐλεύθεροι μισθωτοί· καὶ βουκόλοι βοῶν
καὶ αἰγῶν αἰπόλοι· καὶ ἱπποφορβοὶ
τῶν ἵππων· καὶ πλεῖστα κτήματα. τούτων δὲ αὐτῷ πολλὰ μὲν ὁ πατὴρ ἀπο-
λελοίπει· πολλαπλάσια δὲ αὐτὸς
ἐκτήσατο, πλουτεῖν θέλων ἐν δίκῃ τε,
καὶ παρὰ δίκην· ἔμελε γὰρ αὐτῷ καὶ τῶν
D θεῶν ὀλίγον· ἐγένοντο δὲ αὐτῷ γυναῖκες πολλαί, καὶ παῖδες ἐξ αὐτῶν,
καὶ θυγατέρες· οἷς ἐκεῖνος διανείμας
τὴν οὐσίαν, ἔπειτα ἐτελεύτησεν, οὐδὲν
αὐτοὺς οἰκονομίας πέρι διδάξας· οὐδ᾽
ὅπως ἄν τις δύναιτο τὰ τοιαῦτα κτᾶσθαι
μὴ παρόντα, ἢ παρόντα διαφυλάτ-
τειν. ᾤετο γὰρ ὑπὸ ἀμαθίας ἀρκεῖν τὸ
πλῆθος. ἐπεὶ καὶ αὐτὸς ἦν οὐ μάλα ἐ-
πιστήμων τῆς τοιαύτης τέχνης· ἅτε
μὴ λόγῳ προσειληφὼς αὐτήν, ἀλλὰ

συνηθείᾳ τινὶ καὶ τριβῇ μᾶλλον. ὥσπερ οἱ φαῦλοι τῶν ἰατρῶν ἐκ τῆς ἐμπειρίας μόνης ἰώμενοι τοὺς ἀνθρώπους. ὅθεν καὶ διαφεύγει τὰ πολλὰ τῶν νοσημάτων αὐτούς. ἀρκεῖν οὖν νομίσας τὸ πλῆθος τῶν υἱέων πρὸς τὸ φυλάξαι τὴν οὐσίαν οὐδὲν ἐφρόντισεν ὅπως ἔσονται σπουδαῖοι. τὸ δὲ ἄρα αὐτοῖς ἦρξε πρῶτον μὲν τῶν εἰς ἀλλήλους ἀδικημάτων. ἐπεθύμει γὰρ ἕκαστος, ὥσπερ ὁ πατήρ, πολλὰ ἔχειν, καὶ μόνος πάντα ἐπὶ τὸν πέλας ἐτράπετο. τέως μὲν οὖν, τοῦτ' ἐπράττετο. προσεπέλαβον δὲ καὶ οἱ ξυγγενεῖς, οὐδ' αὐτοὶ παιδευθέντες καλῶς, τῆς τῶν παίδων ἀνοίας τε καὶ ἀμαθίας ἀνέχεσθαι. εἶτα ἐπίμπλατο φόνου πάντα· καὶ ἡ τραγικὴ κατάρα ὑπὸ τοῦ δαίμονος εἰς ἔργον ἤγετο· τὰ πατρῷα γὰρ θηκτῷ σιδήρῳ διελάγχανον. καὶ ἦν πάντα ἀκοσμίας πλήρη. πατρῷα μὲν ἱερὰ κατεσκάπτετο παρὰ τῶν παίδων, ὀλιγωρηθέντα πρότερον ὑπὸ τοῦ πατρός, καὶ ἀποσυληθέντα τῶν ἀναθημάτων· ἃ ἐτέθειτο παρὰ πολλῶν μὲν καὶ ἄλλων, οὐχ ἥκιστα δὲ τῶν προπατόρων αὐτοῦ. καθαιρουμένων δὲ τῶν ἱερῶν, ἀνῳκοδομεῖτο παλαιὰ καὶ νέα μνήματα· προαγορευόντος αὐτοῖς τοῦ αὐτομάτου καὶ τῆς τύχης, ὅτι ἄρα πολλῶν αὐτοῖς "δεήσει μνημάτων οὐκ εἰς μακράν· ἐπειδήπερ αὐτοῖς ὀλίγον ἔμελε τῶν θεῶν. πάντων οὖν ὁμοῦ φυρομένων, καὶ ξυντελουμένων, γάμων τε οὐ γάμων, καὶ βεβηλουμένων ὁμοῦ τοῖς θείοις τῶν ἀνθρωπίνων, τὸν Δία ἔλεος ὑπῆλθεν. εἶτα ἀπιδὼν πρὸς τὸν Ἥλιον, ὦ παῖ, εἶπεν, οὐρανοῦ καὶ γῆς ἀρχαιότερον ἐν θεοῖς βλάστημα, μνησικακεῖν ἔτι διανοῇ τῆς ὑπεροψίας ἀνδρὶ αὐθάδει καὶ τολμηρῷ, ὅς σε ἀπολείπων, αὑτῷ τε, καὶ γένει, καὶ παισὶν αἴτιος ἐγένετο τῶν τηλικούτων παθημάτων; ἢ νομίζεις ὅτι μὴ χαλεπαίνεις αὐτῷ, μηδ' ἀγανακτεῖς, μηδ' ἐπὶ τὸ γένος αὐτοῦ τοὺς

f. [illegible]

A suetudine potius quadam usuque pervenerat: perinde ac mali medici, qui sola experientia freti hominibus medentur, unde & plerosque morbos ignorare illos necesse est. Filiorum itaque copiam ratus ad rem domesticam tuendam sufficere, nullam, ut eosdem bonos haberet, curam adhibuit. Quæ res primum mutuarum illis injuriarum causa fuit. Nam cum patris imitatione multa quisque possidere ac solus obtinere omnia cuperet, fratrem aggrediebatur.
B Eadem & in propinquos calamitas redundavit, qui ne ipsi quidem probe instituti fuerant, uti fratrum illorum stultitiam & imperitiam tolerarent. Igitur cuncta deinceps cædibus implebantur; ut execratio illa Tragica divinitus revera perficeretur. Nam patrimonium suum acuto ferro dividebant: tum ubique rerum omnium inerat fœda perturbatio. Paterna liberi templa demo-
C liebantur, ab ipso quidem patre antea contemta, ac donariis spoliata: quæ cum alii plerique tum majores illius præcipue dedicaverant. Ac cum templa subverterentur, vetera interim novaque monumenta restituebantur: quasi illos casus & fortuna præmoneret, multis propediem monumentis opus ipsis futurum, quoniam Deos parum admodum curarent. Perturbatis igitur hunc in modum omnibus, & innuptis nuptiis contractis, ac divinis humanisque legibus pessum-
D datis; miseratus Juppiter, & in Solem intuens: ô fili, inquit, cœlo atque terra vetustior Deus inter soboles! etiamne memoriam injuriarum adversus contumacem & audacem virum retines, qui te relicto, sibi atque generi suo & liberis tantum calamitatum conscivit? An quia non ei palam irasceris & indignaris, nec in ipsius sobolem sagittas

sagittis acuis, eo te minus illi cladis auto- A
rem esse putas, cum solam ac destitutam
ejus domum jacere permittis? Verum age,
Parcas, inquit, evocemus, si quid illi potest
opis afferri. At illæ Jovi statim obsequun-
tur. Sol vero quasi cogitabundus, & altius quiddam animo versans, defixis in Jovem oculis hærebat. Tum Parcarum natu
maxima: Prohibent nos, inquit, ô pater,
fas & justitia. Tuum est igitur, quoniam nos illis obtemperare jussisti, etiam B
ipsas ad tuam voluntatem adducere. Ad
hæc Juppiter: meæ sunt, inquit, istæ filiæ,
& quidem a nobis interrogandæ sunt. Quid
igitur, ô venerandæ, dicitis? Atqui tuo id
quidem, responderunt, ô pater, in arbitrio
situm est. Vide sis tamen ne pessimum illud *impietatis* studium inter mortales penitus invalescat. Ego vero, ait Juppiter, u-
trique providebo. Tum Parcæ *prope ad-
stantes* de patris sententia cuncta neverunt. C
Post hæc Juppiter ita Solem affatus est: Vides hunc puerulum: (erat enim cognatus
illis, obscurus & contemtus, divitis illius
ac præpotentis fratre genitus, & hæredum
ipsius patruelis) tua illa soboles est: jura
itaque mihi per meum tuumque sceptrum,
præcipuam te curam illius habiturum, ac
gubernaturum esse, & a morbo curaturum.
Animadvertis enim ut ille tanquam fumo,
ac sordibus, & fuligine sit obsitus: utque D
periculum sit ne insitus illi a te ignis extin-
guatur: *Nisi tu robur induas.* Ego igitur
hoc permitto, mecumque Parcæ. Accipe
hunc, & educa. His auditis, rex Sol magnopere gavisus est, & infantulo delectatus, in quo reliquam adhuc perexiguam
sui scintillam videbat. Deinceps ergo puerum educare cœpit, extrahens

— *ex sanguine, & ex tumultu,*

ὀϊστοῖς θίγοις, ἔλαττον εἶναι ταύτης οἴει αὐτῷ τῆς ξυμφορᾶς, ἔρημον αὐτῷ τὴν οἰκίαν ἀφείς; ἀλλ', ἔφη, καλῶμεν τὰς Μοίρας, εἴ πη βοηθητέος ὁ ἀνήρ ἐστι. αἱ δὲ ὑπήκουσαν αὐτίκα τῷ Διΐ. καὶ ὁ μὲν Ἥλιος, ὥσπερ ἐννοῶν τι, καὶ λογιζόμενος αὐτὸς ἐν ἑαυτῷ, προσεῖχεν εἰς τὸν Δία πήξας τὰ ὄμματα. τῶν Μοιρῶν δὲ ἡ πρεσβυτάτη, κωλύει, ἔφη, ὦ πάτερ, ἡ ὁσιότης ξὺν τῇ δίκῃ· σὸν ἂν ἔργον εἴη, ἐπείπερ ἡμᾶς ἐκέλευσας ὑπακούειν αὐταῖς, πεῖσαι καὶ ἐκείνας. ἀλλ' ἐμαὶ γάρ εἰσιν, ἔφη, θυγατέρες, καὶ ἄξιον δὴ ἔρεσθαι αὐτάς· τί τοίνυν, ὦ πότνιαι, φατόν; ἀλλὰ ταῦτα μέν, εἰπέτην, ὦ πάτερ, αὐτὸς εἶ κύριος. σκόπει δὲ ὅπως ἐν ἀνθρώποις ὁ πονηρὸς ἀληθῶς τῆς ἀνοσιουργίας ζῆλος μὴ παλίντονον ἐπικρατήσῃ πρὸς ἀμφότερα. ἀλλ', εἶπεν, ἐγὼ σκέψομαι. καὶ αἱ Μοῖραι πλησίον παρελθοῦσαι, πάντα ἐπέκλωσαν, ὡς ὁ πατὴρ ἐβούλετο. λέγει δὲ ὁ Ζεὺς ἀρχαῖα πρὸς τὸν Ἥλιον· τουτὶ τὸ παιδίον, ἔφη· ξυγγενὲς δὲ ἦν αὐτῶν ἄρα, παρερριμμένον πω, καὶ ἀμελούμενον, ἀδελφιδοῦς ἐκείνου τοῦ πλουσίου, καὶ ἀνεψιὸς τῶν κληρονόμων· τοῦτο, ἔφη, σόν ἐστιν ἔκγονον. ὄμοσον οὖν τὸ ἐμόν τε καὶ σὸν σκῆπτρον, ἦ μὴν ἐπιμελήσεσθαι διαφερόντως αὐτοῦ, καὶ ποιμανεῖν αὐτὸν, καὶ θεραπεύσειν τῆς νόσου. ὁρᾷς γὰρ ὅπως, οἷον ὑπὸ καπνοῦ, ῥύπου τε ἀναπέπλησται, καὶ λιγνύος· κίνδυνός τε τὸ ὑπὸ σοῦ σπαρὲν ἐν αὐτῷ πῦρ ἀποσβῆναι,

ἢν μὴ σύ γε δύσεαι ἀλκήν. — Homer, Iliad. ι. v. 231

ἔτι δὲ ἐγώ τε ξυγχωρῶ, καὶ αἱ Μοῖραι· κόμιζε οὖν αὐτὸν καὶ τρέφε. ταῦτα ἀκούσας ὁ βασιλεὺς Ἥλιος ηὐφράνθη τε ἡσθεὶς τῷ βρέφει, σωζόμενον ἔτι καθορῶν ἐν αὐτῷ σπινθῆρα μικρὸν ἐξ ἑαυτοῦ. καὶ τὸ ἐντεῦθεν ἔτρεφεν ἐκεῖνο τὸ παιδίον, ἐξαγαγὼν

— ἔκ θ' αἵματος, ἔκ τε κυδοιμοῦ, — Iliad. λ. v. 164

A Ἔκ τ' ἀνδροκτασίης.

ὁ πατὴρ δὲ ὁ Ζεὺς ἐκέλευσε καὶ τὴν Ἀθηνᾶν τὴν ἀμήτορα, τὴν παρθένον, ἅμα τῷ Ἡλίῳ τὸ παιδάριον ἐκθρέψειν. ἐπεὶ δὲ ἐτράφη, καὶ νεανίας ἐγένετο,

Iliad. Ω. v. 348. Πρῶτον ὑπηνήτης, τοῦ περ χαριεστάτη ἥβη·

κατανοήσας τῶν κακῶν τὸ πλῆθος, ὁπόσα τι περὶ τοὺς ξυγγενεῖς αὐτοῦ καὶ τοὺς ἀνεψιοὺς ἐγεγόνει, ἐδέησε μὲν αὐτὸν εἰς τὸν τάρταρον προέσθαι πρὸς τὸ μέγεθος τῶν κακῶν ἐκπλαγείς. Ἐπεὶ δὲ Ἥλιος εὐμενὴς ὢν μετὰ τῆς προνοίας B Ἀθηνᾶς ὕπνον τινὰ καὶ κάρον ἐμβαλὼν, τῆς ἐπινοίας ταύτης ἀπήγαγεν, αὖθις ἀνεγερθεὶς ἄπεισιν εἰς ἐρημίαν. εἶτα ἐκεῖ λίθον τινὰ εὑρὼν, μικρὸν ἀνεπαύσατο, καὶ πρὸς αὐτὸν ἐσκόπει, τίνα τρόπον ἐκφεύξεται τῶν τοσούτων κακῶν τὸ μέγεθος· ἤδη γὰρ αὐτῷ πάντα ἐφαίνετο μοχθηρά· καλὸν δὲ οὐδὲν οὐδαμοῦ τέως. Ἑρμῆς ἦν αὐτῷ· καὶ γὰρ εἶχεν οἰκείως πρὸς αὐτόν· ὥσπερ ἡλικιώτης C νεανίσκος φανεὶς, ἠσπάσατό τε φιλοφρόνως· καὶ δεῦρο, εἶπεν, ἡγεμὼν σοι ἐγὼ ἔσομαι λείας καὶ ὁμαλωτέρας ὁδοῦ, τουτὶ τὸ μικρὸν ὑπερβάντι τὸ σκολιὸν καὶ ἀπότομον χωρίον· οὗ πάντας ὁρᾷς προσπταίοντας καὶ ἀπιόντας ἐντεῦθεν ὀπίσω. καὶ ὁ νεανίσκος ἀπιὼν ᾤχετο μετὰ πολλῆς εὐλαβείας, ἔχων παρ' ἑαυτῷ ξίφος τε, καὶ ἀσπίδα, καὶ μάχαιραν· γυμνὰ δὲ αὐτῷ τέως ἦν τὰ περὶ τὴν κεφαλήν. πεποιθὼς οὖν αὐτῷ προσῆ- D γεν εἰς τὸ πρόσω διὰ λείας ὁδοῦ καὶ ἀτρίπτου, καθαρᾶς τε πάνυ, καὶ καρποῖς βριθούσης, ἄνθεσί τε πολλοῖς καὶ ἀγαθοῖς, ὅσα ἐστὶ θεοῖς φίλα· καὶ δένδρεσι κιττοῦ, καὶ δάφνης, καὶ μυρρίνης. ἀγαγὼν δὲ αὐτὸν ἐπί τι μέγα καὶ ὑψηλὸν ὄρος, ἐπὶ τούτου, ἔφη, τῆς κορυφῆς ὁ πατὴρ πάντων κάθηται τῶν θεῶν. ὅρα οὖν· ἐνταῦθά ἐστιν ὁ μέγας κίνδυνος· ὅπως αὐτὸν εὐαγέστατα προσκυνήσεις. αἰτήσῃ δὲ παρ' αὐτοῦ ὅ, τι ἂν ἐθέλῃς·

Et ex hominum cæde.

At Juppiter parens Minervam jussit matris expertem, & virginem, una cum Sole, pueri educationi præesse. Qui ut educatus adolevit,

primum barbascens, cujus gratissima pubertas:

cum innumera illa mala vidisset, quæ propinquis suis & patruelibus illata fuerant; nihil propius fuit, quam ut calamitatum magnitudine perculsus, in inferos sese præcipitem daret. Sed cum Sol una cum Pronœa Minerva benevolus adstitisset, & soporem quendam immisisset,, ab illa cogitatione deductus, *expergefactus* iterum se in solitudinem abdidit. Ibi lapidem nactus, in eo paululum acquievit, ac quemadmodum tantorum vim malorum effugeret, cum animo suo deliberare cœpit. Jam enim infesta illi omnia, neque quicquam spei melioris ostendebatur. Sub hæc Mercurius, (hic enim bene erga illum erat affectus) unius ex æqualibus adolescentulis speciem gerens, apparuit, & blande salutans sic eum affatus est: Ades, inquit, ego te planiore & faciliore via deducam, ubi flexuosum & abruptum hunc callem paululum superaveris, ad quem offendentes omnes, & inde retro abeuntes aspicis. Tum juvenis abiens caute illinc digreditur, ensem tenens, & clypeum cum machæra, nudo capite. Huic sese ille committens ad ulteriora progressus est plana via nec trita, sed purissima, & fructibus ac floribus innumeris optimisque sparsa, cujusmodi Diis accepta sunt, nec non hedera, lauro, atque myrto. Postquam igitur ad ingentem & arduum montem juvenem perduxit: In illo, inquit, vertice Deorum pater residet. Vide sis ergo (magnum enim hic periculum est) ut illum quam sanctissime salutes. Petes autem ab ipso quicquid libuerit. Tu

vero

vero optima quæque, ô puer, optabis. His dictis iterum sese Mercurius occultavit. At ille multum ab eo sciscitari cupiens quid; a Deorum patre sibi postulandum; esset ut abesse Mercurium vidit, inops consilii, tandem sic apud se, & quidem recte, deliberavit: Quod, inquit, fortunatum sit, optima postulemus, etsi nondum aperte Deorum patrem oculis ipsis intueamur. O parens Juppiter, sive quo alio nomine gaudes: id enim mea nihil interest: doce me quænam ad te sursum via perducat. Nam quæ illic apud te sunt regiones, multo præstantiores videntur, quantum ex ejus, unde huc progressi sumus, loci amœnitate de tua pulchritudine conjicere possim. Hæc cum precatus esset; mox ipsum sive sopor, sive alienatio mentis invasit. At Juppiter Solem ei per visum obtulit. Quo spectaculo adolescens attonitus: Ego vero, ô Deorum pater, inquit, cum ob cætera, tum ob hæc omnia, tibi me offeram ac dicabo. Postea manibus genua Solis amplectens, & inhærens, ut se servaret obsecrabat. At ille Minervam vocans, jubet primum discernere ipsum quid armorum attulerit. Et cum clypeum ensemque cum hasta vidisset: ubi est, inquit, ô puer! Gorgoneum tegmen, & cassis? At ego, respondit, vel hæc ipsa vix parare potui. Nam nemo mihi in domo propinquorum spreto abjectoque præsto adfuit. Quid igitur, ait magnus Sol, quod illuc te omnino redire convenit? Hic orare puer, ne se rursus illo mitteret, sed apud se retineret; quod alioqui nunquam rediturus esset amplius, sed ibidem præ malorum atrocitate moriturus. Quod cum vehementius flens etiam rogaret; Atqui puer es, ad eum inquit, nec dum sacris initiatus. Vade ergo vestras ad sedes, ut initiatus illic securior degas. Redeundum enim tibi est, & omnia illa repurganda scelera: tum me & Minervam precari te Deosque cæteros oportet. His auditis adolescentu-

A ἕλοιο δὲ, ὦ παῖ, τὰ βέλτιστα. ταῦτα εἰπὼν ἀπέκρυψεν ἑαυτὸν Ἑρμῆς πάλιν. ὁ δὲ ἐβούλετο μὲν παρὰ τοῦ Ἑρμοῦ πυθέσθαι, τί ποτε αἰτήσασθαι χρὴ παρὰ τοῦ πατρὸς τῶν θεῶν. ὡς δὲ πλησίον ὄντα οὐ καθεώρα, ἐνδεὴς μὲν ἐφαίνετο, καλὴ δὲ ὅμως ἡ ξυμβουλή. αἰτώμεθα οὖν ἀγαθῇ τύχῃ τὰ κράτιστα, καίπερ * οὔπω σαφῶς τὸν πατέρα τῶν θεῶν ὁρῶντες. ὦ Ζεῦ πάτερ, ἢ ὅ, τι σοι φίλον ὄνομα, καὶ ὅπως ὀνομάζεσθαι· τουτὶ γὰρ ἔμοιγε οὐδὲν διαφέρει· δεῖκνυέ μοι τὴν B ἐπὶ σὲ φέρουσαν ὁδὸν ἄνω. κρείττονα γάρ μοι τὰ ἐκεῖ φαίνεται χωρία παρά σε, μαντευομένῳ τὸ παρὰ σοὶ κάλλος ἀπὸ τῶν ἐν τούτοις ὅθεν πεπορεύμεθα τέως ἀγλαΐας. εὐξαμένῳ ταῦτα εἴτε ὕπνος τις, εἴτε ἔκστασις ἐπῆλθεν. ὁ δὲ αὐτῷ δείκνυσιν αὐτὸν τὸν Ἥλιον. Ἐκπλαγεὶς οὖν ὁ νεανίσκος ὑπὸ τῆς θέας, ἀλλὰ σοὶ μὲν εἶπεν, ὦ θεῶν πάτερ, τῶν τε ἄλλων, καὶ τούτων ἕνεκα πάντων ἐμαυτὸν φέρων ἀναθήσω. περιC βάλλων δὲ τοῖς γόνασι τοῦ Ἡλίου τὰς χεῖρας, εἴχετο σώζειν ἑαυτὸν δεόμενος. ὁ δὲ καλέσας τὴν Ἀθηνᾶν ἐκέλευσε πρῶτον διακρίνειν αὐτὸν ὁπόσα ἐκόμισεν ὅπλα. ἐπεὶ δὲ ἑώρα τήν τε ἀσπίδα, καὶ τὸ ξίφος μετὰ τοῦ δόρατος, ἀλλὰ ποῦ σοι, ἔφη, ὦ παῖ, τὸ Γοργόνειον, καὶ τὸ κράνος· ὁ δὲ καὶ ταῦτα, εἶπε, μόγις ἐκτησάμην· οὐδεὶς γὰρ ἦν ὁ ξυμπονῶν ἐν τῇ τῶν συγγενῶν οἰκίᾳ παρερριμμένῳ. τί οὖν, εἶπεν ὁ μέγας D Ἥλιος, ὅτι σε πάντως χρὴ ἐπανελθεῖν ἐκεῖ; ἐνταῦθα ἐδεῖτο μὴ πέμπειν αὐτὸν ἐκεῖσε πάλιν, ἀλλὰ κατέχειν ὡς οὐκέθ' ὕστερον ἐπανήξοντα, ἀπολούμενον δὲ ὑπὸ τῶν ἐκεῖ κακῶν. ὡς δὲ ἐλιπάρει δακρύων· ἀλλὰ νέος εἶ, ἔφη, καὶ ἀμύητος. ἴθι οὖν παρ' ὑμᾶς, ὡς ἂν μυηθεὶς ἀσφαλῶς τι ἐκεῖ διάγοις. χρὴ γὰρ ἀπιέναι, καὶ καθαίρειν ἐκεῖνα πάντα τὰ ἀσεβήματα. παρακαλεῖν δὲ ἐμέ τε, καὶ τὴν Ἀθηνᾶν, καὶ τοὺς ἄλλους θεούς. Ἀκούσας ταῦτα

l. οὔπω

dem ex capite pendent, ac sibi vicissim succedunt. Ac fortuitorum quidem quæ laboriosa maxime ac difficilia sunt, non minorem, uti sapientes affirmant, prudenti voluptatem, quam molestiam afferunt. Nam & apis ex acidis inprimis herbis, quæ in Hymetto monte nascuntur, dulcissimum rorem exsugit, indeque mellificat. Tum e corporibus quæ sana sunt ac robusta, quibuslibet cibis aluntur: ut qui insalubres alioqui videntur, non modo nihil ipsis noceant, sed ad virium insuper incrementa conducant; quibus autem natura, educatione, studiis denique, quibus insueverunt, male affectum corpus est, quique per omnem vitam incommoda valetudine conflictantur, eos levissimæ quoque res magnis detrimentis afficiunt. Sic & mentis quicunque sic * * sed mediocri uti valetudine: tametsi nihil ad Antisthenis Socratisve robur; neque ad Callisthenis fortitudinem; neque ad Polemonis tolerantiam: sed ita tamen, ut ejusmodi in rebus mediocritas servetur; fortassis in asperioribus hilaritatem adhibeant. Equidem mei ipse periculum faciens, quemadmodum ad iter tuum afficiar, afficiendusve sim; tantum cepi doloris, quantum per illud tempus, quo primum præceptorem meum domi reliqui. Venit enim repente mihi in memoriam laborum & ærumnarum, quas ambo pariter exantlavimus: tum sinceræ nec affectatæ salutationis: justi, neque fucati colloquii: omnibus honestis in rebus gerendis communionis ac societatis: alacritatis item ac roboris illius, quod adversus improbos æquabiliter constanterque suscepimus: quemadmodum nobiscum invicem ambo non raro fretimus, unanimes, iisdem moribus præditi, & amici jucundissimi. Præterea subiit hujus dicti memoria: *desertus est Ulysses.* Huic enim modo sum similis, postquam te Deus, ut olim Hecto-

A καὶ παρὰ μέρος ἀλλήλοις ἀντιμεθίστασθαι. τῶν προσπιπτόντων δὲ καὶ τὰ λίαν ἐργώδη φασὶν οἱ σοφοὶ τοῦ νοῦν ἔχοντος φέρειν οὐκ ἐλάττονα τῆς δυσκολίας τὴν εὐπάθειαν. Ἐπεὶ καὶ τὴν μέλιτταν ἐκ τῆς δριμυτάτης πόας τῆς περὶ τὸν Ὑμηττὸν φυομένης, γλυκεῖαν ἀπομάττεσθαι δρόσον· καὶ τοῦ μέλιτος εἶναι δημιουργόν. ἀλλὰ καὶ τῶν σωμάτων ὅσα μὲν ὑγιεινὰ, καὶ ῥωμαλέα καθέστηκεν, ὑπὸ τῶν τυχόντων τρέφεσθαι σιτίων· B καὶ τὰ δυσχερῆ δοκοῦντα πολλάκις, ἐκείνοις οὐκ ἀβλαβῆ μόνον, ἀλλὰ καὶ τῆς ἰσχύος αἴτια γέγονεν. ὅσοις δὲ πονήρως ἔχει φύσει, καὶ τροφῇ, καὶ ἐπιτηδεύσει τὸ σῶμα, τὸν πάντα βίον νοσηλευόμενοι, τούτοις καὶ τὰ κουφότατα βαρύτατας εἴωθε προστιθέναι βλάβας. οὐκοῦν καὶ τῆς διανοίας, ὅσοι μὲν οὕτως ἐπ' ἐμοὶ λάθη * * ἔχειν, ἀλλ' ὑγιαίνειν μετρίως· εἰ καὶ μὴ κατὰ τὴν Ἀντισθένους καὶ Σωκράτους ῥώμην· μηδὲ τὴν Καλλι-C σθένους ἀνδρείαν· μηδὲ τὴν Πολέμωνος εὐπάθειαν· ἀλλ' ὥστε δύνασθαι τὸ μέτριον ἐν τοῖς τοιούτοις αἱρεῖσθαι· τυχὸν ἂν καὶ ἐν δυσκολωτέροις εὐφραίνοιντο. Ἐγὼ τοίνυν καὶ αὐτὸς πεῖραν ἐμαυτοῦ λαμβάνων, ὅπως πρὸς τὴν σὴν πορείαν ἔχω τε καὶ ἕξω· τοσοῦτον μὲν ἀλγεινὸν, ὅσον ὅτε πρῶτον τὸν ἐμαυτοῦ καθηγεμόνα καταλιπὼν οἴκοι. Πάντα γὰρ ἀθρόως εἰσῄει με μνήμη τῆς τῶν πόνων κοινωνίας, ἣν ἀλλήλοις συνδιηνέγκαμεν· D τῆς ἀπλάστου καὶ καθαρᾶς ἐντεύξεως· τῆς ἀδόλου καὶ δικαίας ὁμιλίας· τῆς ἐν ἅπασι τοῖς καλοῖς κοινοπραγίας· τῆς πρὸς τοὺς πονηροὺς ἰσορρόπου τε καὶ ἀμεταμελήτου προθυμίας τε καὶ ῥώμης· ᾗ μετ' ἀλλήλων ἔστημεν πολλάκις, ἴσον θυμὸν ἔχοντες, ὁμότροποι, καὶ πάντα φίλοι. Πρὸς δὲ αὖ τούτοις, εἰσῄει με μνήμη τοῦ· οἰώθη δ' Ὀδυσσεύς. εἰμὶ γὰρ ἐγὼ νῦν ἐκείνῳ παραπλήσιος. ἐπεὶ σε μὲν κατὰ τὸν Ἕκτορα, θεὸς ἐξήγαγεν ἔξω βελῶν ἃς οἱ συκοφάνται πολλάκις ἀφῆκαν ἐπὶ σέ· μᾶλλον δὲ εἰς ἐμέ, διὰ σοῦ τρῶσαι βουλόμενοι· ταύτῃ με μόνον ἁλώσιμον ὑπολαμβάνοντες, εἰ τοῦ πιστοῦ φίλου, καὶ συνασπιστοῦ προθύμου, καὶ πρὸς τοὺς κινδύνους ἀπροφασίστου κοινωνοῦ τῆς συνουσίας στερήσειαν. Οὐ μὴν ἔλαττον οἶμαί σε διὰ τοῦτ' ἀλγεῖν, ἢ ἐγὼ νῦν, ὅτι σοι τῶν πόνων, καὶ τῶν κινδύνων ἔλαττον μέτεστι. ἀλλὰ καὶ πλέον ὑπὲρ ἐμαυτοῦ δεδιέναι, καὶ τῆς ἐμῆς κεφαλῆς, μή τι πάθῃ. καὶ γάρ τοι καὶ αὐτὸς οὐκ ἐν δευτέρῳ τῶν ἐμῶν ἐθέμην τὰ σά· καὶ σύ γε ὁμοίως ἔχοντος πρὸς ἡμᾶς ᾐσθόμην. ὅθεν εἰκότως καὶ μάλα δάκνομαι, ὅτι σοι τῶν ἄλλων ἕνεκα λέγειν δυναμένου,

Οὐδέν μέλει μοι· τἀμὰ γὰρ καλῶς ἔχει·

μόνος εἰμὶ λύπης αἴτιος, καὶ φροντίδος. Ἀλλὰ τούτων μὲν ἐξ ἴσης, ὡς ἔοικε, κοινωνοῦμεν· σὺ μὲν ὑπὲρ ἡμῶν ἀλγῶν μόνον· ἐγὼ δὲ ἀεὶ ποθῶν τὴν σὴν συνουσίαν, καὶ τῆς φιλίας μεμνημένος, ἣν ἐκ τῆς ἀρετῆς μὲν μάλιστα καὶ προηγουμένως· ἔπειτα καὶ διὰ τὴν χρείαν, ἣν οὐκ ἐγὼ μὲν σοί, σὺ δὲ ἐμοὶ συνεχῶς παρέσχες, ἀνακραθέντες ἀλλήλοις ὡμολογήσαμεν. οὐχ ὅρκοις, οὐδὲ τοιαύταις ἀνάγκαις ταῦτα πιστούμενοι· ὥσπερ ὁ Θησεύς, καὶ ὁ Πειρίθους· ἀλλ' ἐξ ὧν ἀεὶ ταῦτα νοοῦντες, καὶ προαιρούμενοι κακὸν μὲν δρᾶν τῶν πολιτῶν τινα τοσοῦτον δέω λέγειν ἀπέσχομεν, ὥστε οὐδὲ ἐβουλευσάμεθά ποτε μετ' ἀλλήλων. χρηστὸν δὲ εἴ τι γέγονεν, ἢ τι βεβούλευται κοινῇ παρ' ἡμῶν, τοῦτο ἀλλήλοις εἰπεῖν μελῆσαι.

Εἰ μὲν οὖν εἰκότως ἀλγῶ τοῖς παροῦσιν, οὐ φίλου μόνον, ἀλλὰ καὶ συνεργοῦ πιστοῦ, οἶδεν ὁ δαίμων, καὶ πρὸς

A rem, e medio telorum eduxit, quæ in te sycophantæ sæpius conjecerunt; vel ut dicam verius, in me, quem per te sauciare cuperent; rati hac me una parte capi expugnarique posse, si amici fidelis, & promti defensoris, ac periculorum omnium sine ulla tergiversatione certissimi socii, mihi consuetudinem eriperent. Quanquam non minorem te ex ea re dolorem, quam meipsum, capere arbitror; quod laborum ac B discriminum meorum minus sis, quam ante, particeps: quinetiam mea te causa, deque meo capite, ne quid ei forte contingat, magis esse sollicitum. Nam & ego res tuas nequaquam a meis secundo loco habui; teque iisdem erga me affectum esse cognovi. Unde justissimo dolore conficior; quoniam cum de cæteris usurpare istud possis,

Nihil mihi cura est: nam mea præclare se habent:

solus tibi mœroris ac sollicitudinis causam C præbeam. Sed hujus, ut videtur, ex æquo participes utrique sumus: tu quidem nostra duntaxat causa dolorem sustinens; ego vero usum ac consuetudinem tuam desiderans, & amicitiæ memor: quam primum, ac præ cæteris omnibus virtute ipsa, tum officiis, quæ tua me nulla, ego a te maxima percepi, conciliari invicem ac velut temperati contraximus. Eam nos porro non jurejurando, non aliis necessitatis vinculis adstrinximus; quemadmodum Theseus, ac Pirithous; sed eo solo fœdere devinximus, D quod eadem sentientes ac volentes, tantum ab inferendo malo ulli civium abfuimus, ut ne de eo quidem inter nos unquam ipsi tractaverimus. At e contrario si quid in alios boni per nos reipsa derivatum fuerit, aut de eo præstando in commune consultum; de hoc privatim inter nos agebatur.

Quod igitur justissimum mihi dolorem præsens iste rerum status infligat, dum non ab amico solum, sed adjutore quoque fidissimo

fidissimo, *movit hoc Deus*, vel ad breve tempus divellor, etiam Socratem illum magnum virtutis præconem ac magistrum mihi confessurum arbitror; quantum quidem ex iis, unde illum cognoscimus, nimirum e Platonicis libris, conjectari licet. Sic enim loquitur: Difficilius mihi videbatur, recte administrare rempublicam. Nam neque sine amicis & fidelibus sociis gubernari potest, nec ejusmodi tam facile reperiuntur. Quod si Platoni magis arduum id visum est, quam Atho perfodere; quid de nobis sperandum est, qui ab illius sapientia prudentiaque longius absumus, quam a Deo ille distabat? Ego vero non mutua illa solum officia desidero, quæ invicem in republica gerenda præstitimus, quibusque fieri facilius ea toleravimus, quæ præter utriusque voluntatem sive casu sive inimicorum consiliis accidebant; verum paulo post oblectamento ac solatio cariturus, angor animo vehementerque crucior. Ad quem enim deinde tam benevolum mihi amicum respiciam? cujus adeo sinceram ac germanam libertatem feram? quis ut ille nobis & prudenter consilium dabit, & cum benevolentia castigabit, & ad honesta, sine fastu & arrogantia, animos subjiciet, & asperitate remota libere & audacter reprehendet; velut qui medicamentis detracta molestia, utilitatem iis relinquunt? Sed ego fructum hanc ex amicitia tua collegi. Nunc tot tantisque præsidiis orbatus, quamnam habere possum sermonum copiam; qui præ tui desiderio, atque ex prudentiæ benignitatisque tuæ recordatione de vita ipsa periclitanti mihi, tranquillo animo esse persuadebunt, & æqua mente tolerare quæcunque Deus immiserit? Nam in idem videtur ipsi *conspirans* magnus Impe-

A ὀλίγον ἀπαλλαττόμενος, οἶμαι καὶ Σωκράτην τὸν μέγαν τὸν ἀρετῆς κήρυκα καὶ διδάσκαλον, ἔμοιγε συνομολογήσειν, ἐξ ὧν ἐκεῖνον γνωρίζομεν· λέγω δὲ τῶν Πλάτωνος λόγων, τεκμαιρόμενος ὑπὲρ αὐτοῦ. Φησὶ γοῦν, ὅτι χαλεπώτερον ἐφαίνετό μοι ὀρθῶς τὰ πολιτικὰ διοικεῖν. οὔτε γὰρ ἄνευ φίλων ἀνδρῶν, καὶ ἑταίρων πιστῶν οἷόν τε εἶναι πράττειν· οὔτ' εὐπορεῖν τούτων ξὺν πολλῇ ῥᾳστώνῃ. Καί τοι
B τοῦτό γε εἰ Πλάτωνι μεῖζον ἐφαίνετο τοῦ διορύττειν τὸν Ἄθω, τί χρὴ προσδοκᾷν ἡμᾶς τοὺς πλεῖον ἀπολειπομένους τῆς ἐκείνου συνέσεώς τε καὶ γνώμης, ἢ ἐκεῖνος τοῦ θεοῦ. Ἐμοὶ δὲ οὐδὲ τῆς χρείας μόνον ἕνεκα, ἣν ἀντιδιδόντες ἀλλήλοις ἐν τῇ πολιτείᾳ, ῥᾷον ἔχομεν πρὸς τὰ παρὰ γνώμην ὑπὸ τῆς τύχης, καὶ τῶν ἀντιταττομένων ἡμῖν πραττόμενα, καὶ τὸ μόνος. ἀλλὰ δέ μοι θαλπωρῆς τε καὶ τέρψεως
C ἐνδεὴς εἰ εἰς μακρὰν ἔσεσθαι μέλλω, εἰκότως δάκνομαί τε καὶ δέδηγμαι τὴν ἐμαυτοῦ καρδίαν. ἐς τίνα γὰρ οὕτως ἔχω μοι λοιπὸν εὔνουν ἀποβλέψαι φίλον; τίνος δὲ ἀνασχέσθαι τῆς ἀδόλου καὶ καθαρᾶς παρρησίας; τίς δὲ ἡμῖν συμβουλεύσει μὲν ἐμφρόνως, ἐπιτιμήσει δὲ μετ' εὐνοίας, ἐπιρρώσει δὲ πρὸς τὰ καλὰ χωρὶς αὐθαδείας καὶ τύφου, παραμυθησάμενος δὲ τὸ πικρὸν ἀφελὼν τῶν λόγων; ὥσπερ οἱ τῶν
D φαρμάκων ἀφαιροῦντες μὲν τὸ λίαν δυσχερές, ἀπολείποντες δὲ αὐτὸ τὸ χρήσιμον. Ἀλλὰ ταῦτα μὲν ἐκ τῆς σῆς φιλίας τὸ ὄνειδος ἐκαρπωσάμην. τοσούτων δὲ ὁμοῦ ἐστερημένος, τίνων ἂν εὐπορήσαιμι λόγων, οἵ με διὰ τὸν σὸν πόθον τά τε ἤθεα σήν τε ἀγαθοφροσύνην, αὐτὴν πείθεσθαι τὴν ψυχὴν κινδυνεύοντα, πρᾶον ἀτρεμεῖν, καὶ φέρειν ὅσα δίδωσιν ὁ θεὸς, γενναίως; εἰς ταὐτὸ γὰρ ἔοικεν αὐτῷ νοῶν ὁ μέγας αὐτοκράτωρ, ταῦθ'

νυνὶ βουλεύσασθαι. Τί ποτε οὖν ἄρα A χρή, καὶ τίνας ἐπῳδὰς εὑρόντα, πεῖσαι πρᾴως ἔχειν ὑπὸ τοῦ πάθους θορυβουμένην τὴν ψυχήν; ἆρα ἡμῖν οἱ Ζαμόλξιδός εἰσι μιμητέοι λόγοι, καὶ ἐνθρυλλητέον τὰς ἐπῳδάς, ἃς Ἀθήναζε φέρων ὁ Σωκράτης, πρὸ τοῦ τὴν ὀδύνην ἰᾶσθαι τῆς κεφαλῆς, ἐπᾴδειν ἠξίου τῷ καλῷ Χαρμίδῃ; ἢ τούτους μέν, ἅτε δὴ μείζονας, καὶ περὶ μειζόνων, οὐ κινητέον, ὥσπερ ἐν θεάτρῳ μικρῷ μηχανὰς μεγάλας. ἀλλ' ἐκ τῶν ἔμπροσθεν ἔργων, ὧν ἐπυθόμεθα τὰ κλέα, B φησί, ὥσπερ ἐκ λειμῶνος δρεψάμενοι ποικίλου, καὶ πολυτελοῦς ἄνθη τὰ κάλλιστα, ψυχαγωγήσομεν αὐτοὺς τοῖς διηγήμασι, μικρὰ τῶν ἐκ φιλοσοφίας αὐτοῖς προστιθέντες; ὥσπερ οἶμαι τοῖς λίαν γλυκέσιν οἱ παρεγχέοντες οὐκ οἶδ' ὅποι' ἄττα φάρμακα, τὸ προσκορὲς αὐτῶν ἀφαιροῦσιν. Οὕτω τοῖς διηγήμασι ἐκ φιλοσοφίας αἰτία προστιθεμένη, τὸ δοκοῦν ἐξ ἱστορίας ἀρχαίας ὄχλον ἐπεισάγειν, οὐδὲν δέ- C ον, καὶ περιττὴν ἀδολεσχίαν ἀφαιρεῖται.

Homer. Odyss. I. v. 14.

Τί πρῶτον; τί δ' ἔπειτα; τί δ' ὑστάτιον καταλέξω;

πότερον ὡς ὁ Σκηπίων ἐκεῖνος ὁ τοῦ Λαιλίου ἀγαπήσας, καὶ φιληθείς, τὸ λεγόμενον, ἴσῳ ζυγῷ, παρ' ἐκείνου πάλιν, ἡδέως μὲν αὐτῷ συνῆν, ἔπραττε δὲ οὐδὲν ὧν μήτε πρότερον ἐκεῖνος πύθοιτο, καὶ φήσειεν εἶναι πρακτέον; D ὅθεν, οἶμαι, καὶ λόγον παρέσχε τοῖς ὑπὸ φθόνου τὸν Σκηπίωνα λοιδοροῦσιν, ὡς ποιητὴς μὲν ὁ Λαίλιος εἴη τῶν ἔργων, Ἀφρικανὸς δὲ ὁ τούτων ὑποκριτής. Αὕτη τοι καὶ ἡμῖν ἡ φήμη πρόσκειται. καὶ χαίρω γε ἐπ' αὐτῇ πλέον. τὸ γὰρ τοῖς ὀρθῶς ὑπ' ἄλλου γνωσθεῖσι πεισθῆναι, μεῖζον τῆς ἀρετῆς ὁ Ζήνων ποιεῖται γνώρισμα τοῦ γνῶ-

Vos. Λαίλιον

Vos. Λαίλιος

A rator, *hac ita nunc deliberasse.* Quanam ergo ratione, quibus carminibus perturbatione occupatus animus adduci potest, uti leniter moderateque istud ferat? Num Zamolxidis voces *imitari decet*, & incantationes *insusurrare*, quas cum Athenas invexisset Socrates, præcinere pulchro Charmidæ volebat, antequam capitis ab eo dolorem depelleret? An illas, utpote majores & ad majora facta, aggredi non oportet, sic tanquam ingentes in parvo theatro machinas: B verum ex antiquis factis, quæ fama, inquit, accepimus, velut e florido exquisitoque prato lectissimis floribus decerptis, ita nos ipsos jucundis narrationibus oblectabimus: sic ut pauca e Philosophia depromta interim admisceamus? quemadmodum ii faciunt, qui nimium dulcia, certis medicaminibus infusis, temperantes fastidium adimunt. Eodem modo institutis plerumque sermonibus adjuncta quæpiam de causa e Philosophia profecta, disputatio, quicquid ex antiquiore historia promtum, mole- C stum & importunum videtur; ac supervacaneam omnem garrulitatem detrahit.

Quid primum? quid deinde? quid postremum recensebo?

An ut ille Scipio, qui Lælium amavit plurimum, ab eoque vicissim non minus amatus est; ut & suavissime cum illo viveret, neque quicquam ageret, de quo non ille consultus suscipiendi autor fuisset? D unde Scipionis obtrectatores calumniandi occasionem nacti sunt, ut illud frequenter objicerent: auctorem rerum gestarum ac velut Poëtam esse Lælium, actorem Africanum. Quod ipsum communis de nobis fama vulgavit; & ea quidem majorem in modum delector. Nam quæ recte ab alio decreta sunt, amplecti, majoris esse virtutis specimen Zenoni placuit, quam per sese quæ sunt

sunt opportuna cognoscere. In quo Hesiodum illud ita commutare solebat:

Optimus ille quidem est, sequitur qui recta monentem.

pro eo quod ille dixerat: qui sibi omnia providet. Mihi vero non propterea scite & eleganter immutatum videtur. Cum enim verius Hesiodum dixisse arbitror; tum utrique Pythagoræ sententiam antepono; a quo proverbium illud originem habuit, *Communia esse amicorum omnia:* cujus auctor ille mortalibus fuit. Hoc vero non ad pecunias tantum pertinet; sed mentis B etiam ac prudentiæ communionem complectitur: adeo ut quæcunque ipse reperecris, non minus ejus propria sint, qui iis obtemperaverit; quorum autem ex tuis velut actor fui, eorum merito tu particeps habendus es. Sed hæc cuicunque tandem potius attribuenda videantur, ad alterum pertinent: invidi porro nihil lucri ex istis suis sermonibus facient.

Redeo nunc ad Africanum & Lælium. Sublata itaque Carthagine, & Africa universa in ditionem populi Romani redacta, C missus Roma ab Africano Lælius solvit, ut secundi illius successus nuncium perferret in patriam. Erat hoc sane Scipioni molestum ab amico divelli: neque tamen inconsolabilem hunc dolorem putabat. Sed & Lælium ipsum par est id acerbe tulisse, cum solus e portu navigaret: nec ideo tamen intolerabilem hanc calamitatem esse ducebat. Navigavit & Cato familiaribus suis domi relictis: tum Pythagoras in Ægyptum, & Plato, atque Democritus, nullo D comite peregrinationis assumto; tametsi plures in patria, & quidem conjunctissimos, relinquerent. Pericles quoque in Samum cum classe profectus, ab Anaxagora divulsus est, & Eubœam in potestatem redegit; illius id quidem consiliis (ab eo enim fuerat institutus) sed corpus tamen ipsius secum ad prælia, uti cætera necessaria, non

A καί τινα αὐτὸν ἐξ αὑτοῦ τὰ δέοντα, τὴν Ἡσιόδου μεθαρμόττων ῥῆσιν·

Οὗτος μὲν πανάριστος, ὃς εὖ εἰπόντι πίθηται, Ἔργ. v. 293

λέγων, ἀντὶ τοῦ, νοήσῃ πάνθ' ἑαυτῷ. ἐμοὶ δὲ, οὐ διὰ τοῦτο χαρίεν εἶναι δοκεῖ. πείθομαι γὰρ ἀληθέστερον μὲν Ἡσίοδον λέγειν· ἀμφοῖν δὲ ἄμεινον, Πυθαγόραν. ὃς καὶ τῇ παροιμίᾳ παρέσχε τὴν ἀρχὴν, καὶ τὸ λέγεσθαι κοινὰ τὰ τῶν φίλων, ἔδωκε τῷ βίῳ. οὐ δήπου τὰ χρήματα μόνον· ἀλλὰ καὶ τὴν B τοῦ νοῦ, καὶ τῆς φρονήσεως κοινωνίαν. ὥσθ' ὅσα μὲν εὗρες αὐτὸς, οὐδὲν ἔλαττον ταῦτα τοῦ πεισθέντος ἐστίν· ὅσα δὲ τῶν σῶν ὑπεκρινάμην, τούτων αὐτῶν εἰκότως τὸ ἴσον μετέχεις. Ἀλλὰ ταῦτα μὲν ὁποτέρου μᾶλλον ἂν φαίνηται θατέρου προσήκει· καὶ τοῖς βασκάνοις οὐδὲν ἔσται πλέον ἐκ τῶν λόγων.

Ἡμῖν δὲ ἐπανιτέον ἐστὶ τὸν Ἀφρικανὸν καὶ τὸν Λαίλιον. ἐπειδὴ γὰρ ἀνῄρητο μὲν ἡ Καρχηδὼν, καὶ τὰ περὶ C τὴν Λιβύην ἅπαντα τῆς Ῥώμης ἐγεγόνει δοῦλα· πέμπει μὲν Ἀφρικανὸς τὸν Λαίλιον. ἀπήγγειλε δὲ ἐκεῖνος, εὐαγγέλια τῇ πατρίδι φέρων. καὶ ὁ Σκιπίων ἤχθετο μὲν ἀπολειπομένου τοῦ φίλου· οὐ μὴν ἀπαραμύθητον αὐτῷ τὸ πάθος ἦν. καὶ τὸν Λαίλιον δὲ δυσχεραίνειν εἰκὸς, ἐπειδὴ μόνος ἀπήγετο. οὐ μὴν ἀφόρητον ἐποιεῖτο τὴν συμφοράν. ἔπλει καὶ Κάτων ἀπολιπὼν οἴκοι τοὺς αὐτοῦ συνήθεις· καὶ Πυθαγόρας εἰς Αἴγυπτον· καὶ Πλάτων· καὶ D Δημόκριτος, οὐδένα παραλαβόντες κοινωνὸν τῆς ὁδοῦ· καί τοι πολλοὺς οἴκοι τῶν φιλτάτων ἀπολιμπάνοντες. Ἐστρατεύσατο καὶ Περικλῆς ἐπὶ τὴν Σάμον, οὐκ ἄγων τὸν Ἀναξαγόραν· καὶ τὴν Εὔβοιαν παρεστήσατο, ταῖς μὲν ἐκείνου βουλαῖς· ἐπεπαίδευτο γὰρ ὑπ' ἐκείνου· τὸ σῶμα δὲ οὐκ ἐφελκόμενος, ὥσπερ ἄλλο τι τῶν ἀναγκαίων, πρὸς

γρ. Λαίλιω

γρ. ἀλλὰ

γρ. ἄλλως

γρ. [illegible]

τὰς μάχας. καί τοι καὶ τοῦτον ἀκούετε, A φασὶν, Ἀθηναῖοι τῆς πρὸς τὸν διδάσκαλον ἀπέστησαν συνουσίας. ἀλλ' ἔφερεν, ὡς l. [illegible] ἀνὴρ ἔμφρων, τὴν ἄγνοιαν τῶν αὐτοῦ πολιτῶν ἐγκρατῶς καὶ πράως. καὶ γὰρ [ἀνάγκη] τῇ πατρίδι καθάπερ μητρὶ δικαίως μὲν οὔ, χαλεπῶς δέ. ὅμως ἐχούσῃ πρὸς τὴν συνουσίαν αὐτῶν, εἴκειν αὐτὸ χρῆναι· ταῦτα ὡς εἰκὸς λογιζόμενος. ἀκούειν δὲ χρὴ τῶν ἑξῆς, ὡς τοῦ Περικλέους αὐτοῦ. ἐμοὶ πόλις μέν ἐστι καὶ πατρὶς, ὁ κόσμος· καὶ φίλοι θεοὶ, καὶ δαίμονες, καὶ πάντες ὅσοι, καὶ ὅπου σπουδαῖοι. B χρὴ δὲ καὶ οὗ γεγόναμεν τιμᾶν, ἐπειδὴ τοῦτο θεῖός ἐστι νόμος· καὶ πείθεσθαί γε οἷς ἂν ἐπιτάττῃ· καὶ μὴ βιάζεσθαι, μηδὲ ὅ φησιν ἡ παροιμία, πρὸς κέντρα λακτίζειν. Ἀπαραίτητον γάρ ἐστι τὸ λεγόμενον, ζυγὸν τῆς ἀνάγκης. οὐ μὴν ὀδυρτέον, οὐδὲ θρηνητέον ἐφ' οἷς ἐπιτάττει τραχύτερον· ἀλλὰ τὸ πρᾶγμα λογιστέον αὐτό. νῦν ἀπαλλάττεσθαι τὸν Ἀναξαγόραν C ἀφ' ἡμῶν κελεύει· καὶ τὸν ἄριστον τῶν ἑταίρων οὐκ ὀψόμεθα. δι' ὃν ἠχθόμην μὲν τῇ νυκτὶ, ὅτι μοι τὸν φίλον οὐκ ἐδείκνυεν· ἡμέρᾳ δὲ καὶ ἡλίῳ χάριν ἠπιστάμην, ὅτι μοι παρεῖχεν ὁρᾶν, ὃν μάλιστα ἤρων. ἀλλ' εἰ μὲν ὄμματά σοι δέδωκεν ἡ φύσις, ὦ Περίκλεις, μόνον ὥσπερ τοῖς ὄρνισι, οὐδὲν ἀπεικός ἐστί σε διαφερόντως ἄχθεσθαι. εἰ δέ σοι ψυχὴν ἐνέπνευσε, καὶ νοῦν ἐνῆκεν· ὑφ' D οὗ τὰ μὲν πολλὰ τῶν γεγενημένων, καίπερ οὐ παρόντα, νῦν ὁρᾷς διὰ τῆς μνήμης· πολλὰ δὲ καὶ τῶν ἐσομένων ὁ λογισμὸς ἀνευρίσκων ὥσπερ ὄμμασιν ὁρᾶν προσβάλλει τῷ νῷ· καὶ τῶν ἐνεστώτων οὐ τὰ πρὸ τῶν ὀμμάτων ἡ φαντασία μόνον ἀπομαξαμένη, δίδωσιν αὐτῇ κρίνειν καὶ καθορᾶν· ἀλλὰ καὶ τὰ πόῤῥω μυριάσι σταδίων ἀπῳκισμένα

οὐκ ἐψόμ- τοὐ ἑταίρ. (margin)

venit. Quanquam fertur, Athenienses invitum Periclem a præceptoris sui consuetudine distraxisse.' Verum ille, utpote vir prudens, civium suorum ignorationem temperanter ac moderate tulit. Etenim patriæ, sic tanquam matri, etsi præter jus, moleste nihilominus hanc illorum consuetudinem ferenti, parendum putabat, ac secum ejusmodi aliquid cogitabat: (hæc enim tanquam a Pericle dicta, paululum audienda sunt) Mihi vero patria est, ajebat, mundus universus: amici, Dii ac dæmones, & omnes quotcunque & ubicunque sunt boni. Veruntamen & ei loco, ubi primum nati sumus, habendus est honor: quoniam ita divina lex præcipit: & quicquid imperaverit, obtemperandum illi est, neque vis inferenda, nec, ut proverbio tritum est, contra stimulos calcitrandum: siquidem necessitatis est, ut ajunt, inexorabile jugum. Sed nequaquam ingemiscendum est, ac lugendum, etiam cum asperiora quædam imperat: & res ipsa potius per sese ponderanda. Nunc quidem digredi a nobis Anaxagoram jubet: ut ne amicorum columen amplius videamus; propter quem & nocti succensebam, quod amicum oculis meis subtraheret; & diei Solique gratias agebam, quod illum mihi *intuendum daret*, quem amabam maxime. Verum si tibi tales oculos natura largita est, ô Pericles, quales avibus, nihil mirum vehementiori te mœrore confici. Sin & tibi animam indidit, & mentem inseruit, cujus beneficio cum permulta, quæ jam facta sunt, etiam absentia, memoria modo perspicis; tum futura pleraque ratio ipsa a se inventa menti objicit: ac phantasiæ vis rerum, quæ in præsenti tempore sunt, non earum modo quæ subjectæ sunt oculis, imagines informans judicandas ac discernendas illi subjicit; sed eas quoque, quæ procul ac longo intervallo

vallo dissitæ sunt, iis ipsis quæ ante pedes, ut ajunt, & ob oculos positæ sunt, evidentius ostendit: quid attinet angi animo, ac tantopere cruciari? Ac ne citra auctoritatem dici ista videantur; scitum illud Siculi scriptoris: *Mens videt, & mens audit.* Quæ quidem tam acri tamque admirabili celeritate prædita est, ut cum Homerus cujuspiam Deorum incredibilem in eundo velocitatem exprimit, ita loquatur:

Utque viri quatiens mens emicat.

Hujus beneficio Athenis illum, qui in Ionia sit, facillime videbis; facillime item e Gallis eum, qui in Illyrico, vel Thracia versetur, aut qui in Gallia sit, e Thracia, vel Illyrico. Non enim uti plantæ, cum ex nativo solo transferuntur, si tempestatum contraria sit utrobique ratio, conservari nequeunt; ita etiam homines, cum loco migrant, vel corrumpuntur penitus, vel mores immutant, & ab iis, quæ recte a se fuerant decreta, dimoventur. Quapropter nec de benevolentia par est decedere aliquid, si non vehementius etiam amare oporteat. Etenim satietatis lascivia comes est; indigentiæ amor. Hoc igitur pacto meliore etiam in statu nostræ res erunt, cum mutuam erga nos benevolentiam augebimus, & in animis nostris invicem nos, simulacrorum instar, erectos & constitutos habebimus. Et nunc ego Anaxagoram, nunc me ille contuebitur, sed & ambos videre nos mutuo nihil prohibet: non dico carunculam istam, ac nervos, aut vultus effigiem & *pectoris similitudinem* ad archetypum corporis effictam; (quanquam nihil fortassis obstat, quo minus istud animis nostris occurrat) sed in virtutem, & actiones ipsas, atque sermones, & colloquia, congressusque, qui inter nos sæpius intercesserunt: cum disciplinas & justitiam, ac mentem illam, quæ mortalia simul & humana moderatur, non imperite collaudavimus; ac de republica, le-

A τῶν λεγομένων παρὰ πόδα, καὶ πρὸ τῶν ὀφθαλμῶν δείκνυσιν ἐναργέστερον, τί χρὴ τοσοῦτον ἀνιᾶσθαι, καὶ σχετλίως φέρειν; Ὅτι δὲ οὐκ ἀμάρτυρος ὁ λόγος ἐστί μοι, νοῦς ὁρῇ, καὶ νοῦς ἀκούει, φησὶν ὁ Σικελιώτης· οὕτως ὀξὺ χρῆμα καὶ τάχει χρώμενος ἀμηχάνῳ, ὥσθ' ὅταν τινὰ δαιμόνων Ὅμηρος ἐθέλῃ κεχρημένον ἀπίστῳ πορείας ἐπιδεῖξαι τάχει,

Ὡς δ' ὅτ' ἂν ἀΐξῃ νόος ἀνέρος, Homer. Iliad. o. v. 80.

B φησί. τούτῳ τοι χρώμενος, ῥᾷστα μὲν Ἀθήνηθεν ὄψει τὸν ἐν Ἰωνίᾳ· ῥᾷστα δὲ ἐκ Κελτῶν τὸν ἐν Ἰλλυριοῖς καὶ Θρᾴκῃ· καὶ τὸν ἐν Κελτοῖς ἐκ Θρᾴκης καὶ Ἰλλυριῶν. Καὶ γὰρ οὐδὲ ὥσπερ τοῖς φυτοῖς οὐκ ἔνι σώζεσθαι τὴν συνήθη χώραν μεταβάλλουσιν, ὅταν ἢ τῶν ἀέρων ἡ κράσις ἐναντία, καὶ τοῖς ἀνθρώποις συμβαίνει τόπον ἐκ τόπου μεταβάλλουσι, ἢ διαφθείρεσθαι παντελῶς, ἢ τῶν τρόπων ἀμείβειν, καὶ μετατίθεσθαι, περὶ ὧν ὀρθῶς πρόσθεν ἐγνώκεσαν.

C Οὐκοῦν οὐδὲ τὴν εὔνοιαν ἀμβλυτέραν ἔχειν εἰκός· εἰ μὴ καὶ μᾶλλον ἀγαπᾶν καὶ στέργειν. ἕπεται γὰρ ὕβρις μὲν κόρῳ· ἔρως δὲ ἐνδείᾳ. καὶ ταύτῃ τοίνυν ἕξομεν βέλτιον, ἐπιτεινομένης ἡμῖν τῆς πρὸς ἀλλήλους εὐνοίας, καθέξομεν τε ἀλλήλους ἐν ταῖς ἑαυτῶν διανοίαις ἱδρυμένους ὥσπερ ἀγάλματα. Καὶ νῦν μὲν ἐγὼ τὸν Ἀναξαγόραν αὖθις δὲ ἐκεῖνος ὄψεταί με. κωλύει δὲ οὐδὲν καὶ ἅμα βλέπειν ἀλλήλους· οὐχὶ

D σαρκία, καὶ νεῦρα, καὶ μορφῆς τύπωμα στερεόν τε ἐξείκασμα πρὸς ἀρχέτυπον σώματος. καίτοι καὶ τοῦτο κωλύει τυχὸν οὐδὲν ταῖς διανοίαις ἡμῶν ἐμφαίνεσθαι. ἀλλ' εἰς τὴν ἀρετὴν, καὶ τὰς πράξεις, καὶ τοὺς λόγους, καὶ τὰς ὁμιλίας, καὶ τὰς ἐντεύξεις, ἃς πολλάκις ἐποιησάμεθα μετ' ἀλλήλων· οὐκ ἀμούσως ὑμνοῦντες παιδείαν καὶ δικαιοσύνην, καὶ τὸν ἐπιτροπεύοντα νοῦν τὰ θνητὰ καὶ τὰ ἀνθρώπινα· καὶ περὶ πολιτείας, καὶ νόμων,

νόμων, καὶ τρόπων ἀρετῆς, καὶ χρηστῶν ἐπιτηδευμάτων διεξιόντες, ὅσα γε ἡμῖν ἐν καιρῷ τούτων μεμνημένοις. Ταῦτα ἐννοοῦντες, τούτοις* στρεφόμενοι τοῖς εἰδώλοις, τυχὸν οὐκ ὀνείρων νυκτερινῶν ἰνδάλμασι προσέξομεν· οὐδὲ κενὰ καὶ μάταια προσβαλεῖ τῷ νῷ τὰ φαντάσματα πονηροῖς ὑπὸ τῆς τοῦ σώματος κράσεως αἴσθησις διακεκινημένη· οὐδὲ γὰρ αὐτὴν παραληψόμεθα τὴν αἴσθησιν ὑπουργεῖν ἡμῖν, καὶ ὑπηρετεῖσθαι· ἀλλ' ἀποφυγὼν αὐτὴν ὁ νοῦς, B ἐμμελετήσει τούτοις, πρὸς κατανόησιν, καὶ συνεθισμὸν τῶν ἀσωμάτων διεγειρόμενος. νῷ γὰρ δὴ καὶ τῷ κρείττονι συνέσμεν· καὶ τὰ τὴν αἴσθησιν ἀποφυγόντα, καὶ διεστηκότα τῷ τόπῳ· μᾶλλον δὲ οὐδὲ δεόμενα τόπου, ὁρᾶν τε καὶ αἱρεῖν πεφύκαμεν, ὅσοις ἀξίως βεβίωται τῆς τοιαύτης θέας, ἐννοοῦντες αὐτὴν καὶ συναπτόμενοι.

*f. τρεφόμενοι

C 'Αλλ' ὁ μὲν Περικλῆς, ἅτε δὴ μεγαλόφρων ἀνὴρ, καὶ τραφεὶς ἐλεύθερος ἐν ἐλευθέρᾳ τῇ πόλει, ὑψηλοτέροις ἐψυχαγώγει λόγοις αὑτόν. 'Εγὼ δὲ γεγονὼς ἐκ τούτων, οἷοι νῦν βροτοί εἰσι, ἀνθρωπικωτέροις ἐμαυτὸν θέλγω, καὶ παράγω λόγοις· καὶ τὸ λίαν πικρὸν ἀφαιρῶ τῆς λύπης· πρὸς ἕκαστον τῶν ἀεί μοι προσπιπτόντων ἀπὸ τοῦ πράγματος δυσχερῶν τε καὶ ἀτόπων φαντασμάτων, ἐφαρμόζειν D τινὰ παραμυθίαν πειρώμενος ὥσπερ ἐπῳδὴν θηρίου δήγματι δάκνοντος αὐτὴν ἔσω τὴν καρδίαν ἡμῶν, καὶ τὰς φρένας. 'Εκεῖνό τοι πρῶτόν ἐστί μοι τῶν φαινομένων δυσχερῶν· νῦν ἐγὼ μόνος ἀπολελείψομαι καθαρᾶς ἐνδεὴς ὁμιλίας, καὶ ἐλευθέρας ἐντεύξεως. οὐ γάρ ἐστί μοι τέως ὅτῳ διαλέξομαι θαῤῥῶν ὁμοίως. Πότερον οὖν οὐδ' ἐμαυτῷ διαλέγεσθαι ῥᾴδιόν ἐστί μοι; ἀλλ' ἀφαιρήσεταί με τις καὶ τὴν ἐν-

A gibus, morum virtute, & honeſtis ſtudiis ea invicem conferebamus, quæ tum præſens nobis memoria ſuppeditabat. Hæc animo cogitantes, & iiſce nos ſimulacris paſcentes, nocturnas ſomniorum imagines non multum fortaſſe curabimus; neque ſenſus ipſe male ex temperie corporis affectus *vanas* & inanes menti ſpecies objiciet. Non enim ſenſum ad hoc officii miniſteriique genus aſſumemus: quin eo devitato, mens B noſtra illis tractandis ac medicandis navabit operam, ſeque hoc pacto ad rerum corporis expertium comprehenſionem ac conſuetudinem excitabit: ſiquidem mente cum Deo ipſo verſamur, & ea, quæ ſenſum effugiunt, quæque locorum intervallo disjuncta ſunt, imo quæ ne loco quidem indigent, intueri & capere natura poſſumus; & quicunque tali ſe contemplatione dignos vitæ genere ipſo præſtiterunt, illam concipiunt animo, & cum Deo junguntur.

C Verum Pericles, tanquam excelſi quadam mente præditus, & liber in libera civitate nutritus, magnificentioribus ſe ſermonibus oblectabat. Ego vero iis natus hominibus, *quales ſunt modo mortales*, humaniores ad mulcendum & fovendum animum meum, atque ad mitigandam doloris acerbitatem ſermones adhibeo, in id intentus, ut ad ſingulas, quæ mihi ex illa re importunæ ac moleſtæ accidunt, cogitatio- D nes ac ſpecies ſolatium aliquod accommodem, ac velut incantationem adverſus beſtiæ morſum comparem, quæ cordi ipſi intus & præcordiis dentem infigit. Quamobrem prima hæc eſt moleſtiarum omnium mearum, quod ſolus deinceps ego relinquar, ſincera conſuetudine ac libertatis pleno colloquio deſtitutus. Nam nemo eſt amplius, quo cum peræque fidenter audacterque ſermones conferam. Atenim nonne mecum ipſe confabulari facile poſſum? aut vel ipſam cogitationem mihi aliquis

que ab honestis ac probis ametur; & ab A iis, qui amici videntur, maximis afficiatur injuriis. Vide igitur, ut, cum redieris, amico ne adulatorem præferas. Alterum a me præceptum, ô adolescens, accipe: Dormitans iste sæpenumero decipitur. Tu vero sobrius sis, ac vigiles, ne amici præ se ferens audaciam tibi adulator obrepat: ut si faber quidam ærarius, fumo atque fuligine obsitus, albatus & cerussata facie prodeat, eique tu filiarum tuarum aliquam matri- B monio jungas. Tertium illud monitum habeto, teque ipsum majorem in modum conserva. Nos autem solos revertere; tum inter viros quicunque nostri similis erit; alium præterea neminem. Vides ut huic sanio pudor ac nimia quædam stupiditas nocuerit. Sub hæc magnus Sol sermonem excipiens: Quos, inquit, amicos semel delegeris, iis tanquam amicis utere, nec eos C famulorum ac servorum habeas loco, adversus eosdem ingenue ac sincerissime, uti generosum animum decet, fac te geras; ut non de iis alia dicas, alia intus & in pectore sentias. Videsne quemadmodum hæredem istum res hæc una perdiderit, in amicos diffidentia? Ama subjectos tibi, ut a nobis amaris ipse. Quæ ad cultum nostrum pertinent, ea bonis omnibus antepone: nos enim benefici, & amici tui, D ac servatores sumus. His auditis hilaratus adolescens non obscure demonstrabat, Diis se in omnibus obtemperare velle. Age vero, Sol dixit, bona cum spe digredere. Nam nos ubique tibi comites aderimus, ego, & Minerva, cum hoc Mercurio; ac nobiscum Dii omnes in Olympo degentes præsto aderunt; nec non qui in aëre, vel in terra resident, & quicquid uspiam est numinum: ut & pietatem erga nos, & adversus amicos fidem teneas, & erga *tibi subjectos*

A ρῷ μὲν τῶν ἐπιεικῶν μὴ φιλεῖσθαι· παρὰ δὲ τῶν νομιζομένων φίλων εἰς τὰ μέγιστα ἀδικεῖσθαι. σκόπει οὖν ὅπως ἐπανελθὼν μὴ πρὸ τοῦ φίλου θήσεις τὸν κόλακα. Δευτέραν ἄκουέ μου παραίνεσιν, ὦ παῖ. νυστάζων οὗτος ἐξαπατᾶται τὰ πολλά. σὺ δὲ νῆφε, καὶ γρηγόρει· μή σε διὰ τῆς τοῦ φίλου παῤῥησίας ὁ κόλαξ ἐξαπατήσας λάθῃ· χαλκεὺς οἷά τις γέμων καπνοῦ καὶ μαρίλης, ἔχων ἱμάτιον λευκόν, καὶ τὰ πρόσω- B πα τῷ ψιμμυθίῳ κεχρισμένος· εἶτα αὐτῷ δοίης γῆμαί τινα τῶν σῶν θυγατέρων. Τρίτης ἐπάκουέ μου παραινέσεως, καὶ μάλα ἰσχυρῶς φύλαττε σαυτόν. αἰδοῦ δὲ καὶ ἡμᾶς μόνον· ἀνθρώπων δὲ ὅστις ἡμῖν προσόμοιός ἐστι, ἄλλον δὲ μηδένα. ὁρᾷς ὅπως τοῦτον τὸν ἠλίθιον ἔβλαψεν αἰσχύνη, καὶ τὸ λίαν ἄγαν εἶναι καταπλῆγα; Καὶ ὁ μέγας Ἥλιος αὖθις τὸν λόγον διαδεξάμενος, οὕστινας· ἑλόμενος φίλους, ὡς φίλοις C χρῶ. μηδὲ αὐτοὺς οἰκέτας, μηδὲ θεράποντας νόμιζε. πρόσιθι δὲ αὐτοῖς, ἐλευθέρως τε καὶ ἁπλῶς, καὶ γενναίως· μὴ λέγων μὲν ἄλλα, φρονῶν δὲ ἕτερα περὶ αὐτῶν· ὁρᾷς ὅτι καὶ τοῦτον τὸν κληρονόμον τοῦτ' ἐπέτριψεν, ἡ πρὸς τοὺς φίλους ἀπιστία; Φίλει τοὺς ἀρχομένους, ὥσπερ ἡμεῖς σε. τὰ πρὸς ἡμᾶς, ἡγεῖσθαι σοι τῶν καλῶν ἁπάντων. ἐσμὲν γάρ σου καὶ εὐεργέται, καὶ φίλοι, D καὶ σωτῆρες. Ἀκούσας ταῦτα ὁ νεανίσκος διεχύθη, καὶ δῆλος ἦν ἅπαντα ἤδη τοῖς θεοῖς πειθόμενος. Ἀλλ' ἴθι, ἔφη, πορεύου μετὰ ἀγαθῆς ἐλπίδος. ἡμεῖς γάρ σοι πανταχοῦ συνεσόμεθα, ἐγώ τε, καὶ Ἀθηνᾶ, καὶ Ἑρμῆς ὅδε. καὶ σὺν ἡμῖν οἱ θεοὶ πάντες οἱ ἐν Ὀλύμπῳ, καὶ οἱ περὶ τὸν ἀέρα, καὶ τὴν γῆν, καὶ πᾶν πανταχοῦ τὸ θεῖον γένος· ἕως τά τε πρὸς ἡμᾶς ὅσιος ᾖς, καὶ τὰ πρὸς τοὺς φίλους πιστός, καὶ τὰ πρὸς τοὺς ὑπηκόους φιλάνθρωπος, ἄρ-

γρ. διεχύθη

χων αὐτῶν, καὶ ἡγούμενος ἐπὶ τὰ A βέλτιστα. ἀλλὰ μήτε μὲν ἑαυτοῦ μήτε ἐκείνων ταῖς ἐπιθυμίαις δουλεύων, ὑπεικάθῃς. Ἔχων οὖν πανοπλίαν, ἣν ἐκόμισας πρὸς ἡμᾶς, ἄπιθι· προσλαβὼν ταύτην μὲν τὴν δᾷδα παρ' ἐμοῦ, ἵνα σοι καὶ ἐν τῇ γῇ φῶς λάμπῃ μέγα, καὶ μηδὲν ἐπιποθῇς τῶν τῇδε· ταύτης δὲ Ἀθηνᾶς τῆς καλῆς τό τε Γοργόνειον, καὶ τὸ κράνος. πολλὰ γὰρ, ὁρᾷς, ἐστὶν αὐτῇ· καὶ δίδωσιν οἷς ἂν ἐθέλῃ. δώσει δέ σοι καὶ Ἑρμῆς χρυσῆν B ῥάβδον. ἔρχου οὖν τῇ πανοπλίᾳ κοσμηθεὶς ταύτῃ, διὰ πάσης μὲν γῆς, διὰ πάσης δὲ θαλάττης, ἀμετακινήτους τοῖς ἡμετέροις πειθόμενος νόμοις. καὶ μηδείς σε μήτε ἀνδρῶν, μήτε γυναικῶν, μήτε τῶν οἰκείων, μήτε τῶν ξένων, ἀναπείσῃ ἐντολῶν ἐκλαθέσθαι τῶν ἡμετέρων. ἐμμένων γὰρ αὐταῖς, ἡμῖν μὲν ἔσῃ φίλος, καὶ τίμιος, αἰδοῖος δὲ τοῖς ἀγαθοῖς ἡμῶν ὑπηρέταις, φοβερὸς δὲ ἀνθρώποις πονηροῖς καὶ κακοδαίμοσι. Ἴσθι δὲ σεαυτῷ τὸ σαρκίον δεδόσθαι C λειτουργίας ἕνεκα ταυτησί. βουλόμεθα γάρ σοι τὴν προγονικὴν οἰκίαν αἰδοῖ τῶν προγόνων ἀποκαθῆραι. μέμνησο οὖν ὅτι τὴν ψυχὴν ἀθάνατον ἔχεις, καὶ ἔκγονον ἡμετέραν· ἑπόμενός τε ἡμῖν, ὅτι θεὸς ἔσῃ, καὶ τὸν ἡμέτερον ὄψει σὺν ἡμῖν πατέρα.

Τοῦτ' εἴτε μῦθος, εἴτε ἀληθὴς λόγος, οὐκ οἶδα. τὸ παρὰ σοῦ δὲ πεποιημένον, τίνα βούλει τὸν Πᾶνα· τίνα δὲ εἶναι τὸν Δία, εἰ μὴ τοῦτον, ὡς ἐσμὲν ἐγὼ καὶ σύ. σὺ μὲν, ὁ Ζεύς· ἐγὼ δὲ, ὁ D Πάν; ὢ τοῦ γελοίου ψευδόπανος· γελοιοτέρου μέν τοι, νὴ τὸν Ἀσκληπιὸν, τοῦ πάντα μᾶλλον ἢ Διὸς, ἀνθρώπου. Ταῦτα οὐκ ἔστιν ἀτεχνῶς ἐκ τοῦ μαινομένου στόματος, οὐ τὴν ἔνθεον, ἀλλὰ τὴν ἔκπληκτον μανίαν; οὐκ οἶσθα ὅτι καὶ Σαλμωνεὺς ἔδωκεν ὑπὲρ τούτων τοῖς θεοῖς δίκην, ὅτι ἄνθρωπος ὢν ἐπε

humanitatem; quibus sic imperes, ut ad optima quæque præeas, ac neque tuis nec illorum cupiditatibus servilem in modum obtemperes. Abi itaque cum armatura illa, quam ad nos *attulisti*; simul & hanc a me facem accipe, quæ ingentem tibi in terra lucem præbeat, nihil ut eorum, quæ hic sunt, desideres. Capies & ab hac bona Pallade Gorgonem cum galea. Nam plures penes se habet, ut vides: & quibus voluerit illa, largitur. Ad hæc auream tibi virgam Mercurius dabit. Vade igitur armatura ista fretus, ac terras omnes & maria percurre, legibus nostris constanter obsequens. Neque vir ullus, aut mulier, neque tuorum externorumve quispiam præceptorum tibi nostrorum oblivisci persuadeat. Etenim quamdiu iis insistes, cum nobis amicus & carus eris semper, tum & bonis nostris servis venerabilis, & improbis hominibus miserisque formidolosus. Atque hujus ipsius functionis obeundæ gratia, carunculam tibi istam scito esse concessam. Volumus enim tibi propter majorum tuorum honorem ac reverentiam, eorum genus ab omni labe repurgare. Memineris ergo immortalem tibi animam esse, & a nobis oriundam, ac si nos sequeris, Deum te, fore & una nobiscum nostri te patris aspectu fruiturum.

Hæc fabula sit, an vera narratio, equidem ignoro. Illud vero, quod in tuo commento posuisti; quem tu demum Pana vis esse, quem porro Jovem, nisi eum ipsum, cujusmodi ego & tu sumus; tu Juppiter, ego Pan? O ridicule confictum Pana! sed ridiculum magis (ita mihi propitius sit Æsculapius) homuncionem, quidvis potius quam Jovem! Hæc non perspicue furentis, nec divino illo quidem, sed fanatico furore perciti ex ore profecta videntur? Num te præterit Salmoneum a Diis propterea punitum esse, quod cum homo esset, Juppiter esse

esse

esse conabatur? Nam Hesiodium illud de iis, qui Deorum usurpavere nomina, Jovis ac Junonis, nisi hactenus audieris, facile tibi a me venia dabitur. Non enim commode es institutus a puero; neque talem præceptorem nactus es, qualem ego Philosophum illum habui, qui mihi Poëtas enarravit; a quo ad Philosophiæ vestibulum me contuli, ut ab eo viro sacris initiarer, quem omnium ætate mea præstantissimum esse judicabam. At is inprimis hoc me docuit; exercere virtutem, ac Deos bonorum omnium autores arbitrari. In quo utrum operæ pretium ullum fecerit, viderit ille, præque ipso reges superi. Furorem mihi quidem illum ac confidentiam detrahens, temperatiorem, quam eram, facere studebat. Ego vero, quanquam, ut scis, externis istis bonis eram & ornamentis inflatior, tamen cum præceptori me meo obtemperantem præbui, tum ejus amicis, nec non æqualibus meis & condiscipulis: ac quoscunque ab illo laudatos audiveram, horum esse auditor studebam: libros quoque legebam eos, quos ille probarat. Sic a ducibus & autoribus initiatus, altero Philosopho, qui me liberalibus disciplinis imbuit; altero summo in eadem Philosophia viro, qui hujus disciplinæ mihi vestibulum ostendit: parum id quidem propter externas occupationes; sed aliquatenus tamen rectæ institutionis particeps fui: neque compendiariam illam, quam dicis, sed per ambages flexam ac longiorem viam tenui. Quanquam ad virtutem brevius equidem, opinor, quam tu, iter ingressus sum. Nam hujus in vestibulo saltem (absit autem invidia dicto) constiti; tu ab eo longius distas. Tibi quippe, tuisve fratribus. Ut autem inauspicatis verbis abstineam, quod reliquum est ipse suppleto; sin ita mavis, istud ipsum a nobis æquo animo dictum accipito. Quid est, inquam, vobis cum vir-

A χαίρει Ζεὺς εἶναι; τὸ δὲ ἐκ τῶν Ἡσιόδου λεγόμενον ὑπὲρ τῶν ὀνομασάντων ἑαυτοὺς τοῖς τῶν θεῶν ὀνόμασιν, Ἥρας τε, καὶ Διός· εἰ μή που καὶ νῦν ἀκηκόας, ἔχω σοι συγγνώμην. οὐδὲ γὰρ ἐπαιδεύθης καλῶς· οὐδὲ ἔτυχες καθηγεμόνος, ὁποίου περ τοὺς ποιητὰς ἐγὼ, τουτουῒ τοῦ φιλοσόφου· μεθ' ὃν ἐπὶ τὰ πρόθυρα τῆς φιλοσοφίας ἦλθον, ὑπ' ἀνδρὶ τελεσθησόμενος, ὃν ἐνόμιζα τῶν καθ' ἐμαυτὸν πάντων διαφέρειν. ὁ δέ με
B πρὸ πάντων ἀρετὴν ἀσκεῖν, καὶ θεοὺς ἁπάντων τῶν καλῶν νομίζειν ἡγεμόνας ἐδίδασκεν. Εἰ μὲν οὖν τι πρὸ ἔργου πεποίηκεν, αὐτὸς ἂν εἰδείη, καὶ πρὸ τούτου γε οἱ βασιλεῖς θεοί. τοῦτο δὲ ἐξῄρει τὸ μανιῶδες καὶ θρασύ· καὶ ἐπειρᾶτό με ποιεῖν ἐμαυτοῦ σωφρονέστερον. Ἐγὼ δὲ, καίπερ, ὡς οἶσθα, τοῖς ἔξωθεν πλεονεκτήμασιν ἐπηρμένος, ὑπέταξα ὅμως ἐμαυτὸν τῷ καθηγεμόνι, καὶ τοῖς ἐκείνου
C φίλοις, καὶ ἡλικιώταις, καὶ συμφοιτηταῖς, καὶ ὧν ᾔδειν ἐπαινουμένων παρ' αὐτοῦ, τούτων ἐσπούδαζον ἀκροατὴς εἶναι· καὶ βιβλία ταῦτα ἀνεγίγνωσκον, ὁπόσα αὐτὸς δοκιμάσειεν. Οὕτως ἡμεῖς ὑφ' ἡγεμόσι τελούμενοι, φιλοσόφῳ μὲν τῷ τὰ τῆς προπαιδείας με τελέσαντι· φιλοσοφωτάτῳ δὲ τῷ τὰ πρόθυρα τῆς φιλοσοφίας δείξαντι, σμικρὰ μὲν διὰ τὰς ἔξωθεν ἡμῖν προσπεσούσας ἀσχολίας· ὅμως δ' οὖν ἀπηλαύσαμεν τῆς ὀρθῆς ἀγωγῆς· οὐ τὴν σύντο-
D μον, ἣν σὺ φῄς· ἀλλὰ τὴν κύκλῳ πορευθέντες. Καί τοι νὴ τοὺς θεοὺς ἐπὶ τὴν ἀρετὴν οἶμαι, ὅτι σοῦ συντομωτέραν ἐτραπόμην. ἐγὼ μὲν γὰρ αὐτῆς, εἰ μὴ φορτικὸν εἰπεῖν, ἐπὶ τοῖς προθύροις ἕστηκα. σὺ δὲ καὶ τῶν προθύρων εἶ πόῤῥω. σοὶ δὲ ἀρετῆς ἢ τοῖς σοῖς ἀδελφοῖς. ἀφελὼν δὲ τὸ δύσφημον, τὸ λειπόμενον αὐτὸς ἀναπλήρωσον· εἰ βούλει δὲ, καὶ παρ' ἡμῶν αὐτὸ ἀναίσχυντ πρᾶος λεγόμενον· τίς μετουσία; Πᾶσαν

ἐπιτιμᾷς, αὐτὸς οὐδὲν ἄξιον ἐπαίνου A πράττων. ἐπαινεῖς φορτικῶς, ὡς οὐδεὶς τῶν ἀμαθεστάτων ῥητόρων. οἳ διὰ τὴν τῶν λόγων ἀπορίαν, καὶ τὸ μὴ ἔχειν εὑρεῖν ἐκ τῶν παρόντων, ὅτι φασὶν, ἡ Δῆλος ἐπέρχεται, καὶ ἡ Λητὼ μετὰ τῶν παίδων· εἶτα κύκνοι λιγυρὸν ᾄδοντες· καὶ ἐπηχοῦντα αὐτοῖς τὰ δένδρα, λειμῶνές τε ἔνδροσοι μαλακῆς πόας, καὶ βαθείας πλήρεις· ἤ τις ἐκ τῶν ἀνθέων ὀσμή· καὶ τὸ ἔαρ αὐτὸ, καί τινες εἰκόνες τοιαῦται. Ποῦ τοῦτ' B Ἰσοκράτης ἐν τοῖς ἐγκωμιαστικοῖς ἐποίησε λόγοις; ποῦ δὲ τῶν παλαιῶν ἀνδρῶν, οἳ ταῖς Μούσαις ἐτελοῦντο γνησίως. ἀλλ' οὐχ ὥσπερ οἱ νῦν; ἀφίημι δὲ τὰ ἑξῆς· ἵνα μὴ καὶ πρὸς τούτοις ἀπεχθανόμενος ἅμα τοῖς τε φαυλοτάτοις τῶν Κυνικῶν, καὶ τῶν ῥητόρων προσκρούσαιμι. ὡς ἔμοιγε πρός τε τοὺς κρατίστους τῶν Κυνικῶν· εἴ τις ἄρα ἐστὶ νῦν τοιοῦτος· καὶ πρὸς τοὺς γενναίους ῥήτορας, ἐστὶ φιλικὰ C πάντα. Τῶν μὲν δὴ τοιούτων λόγων, εἰ καὶ πολὺ πλῆθος ἐπιρρεῖ· καὶ οὐκ ἔστιν ὅσον οὐχὶ λέγειν ἐθέλων τις ἐκ πάνυ δαψιλοῦς ἀντλήσειε τοῦ πίθου· τῆς προκειμένης ἡμῖν ἀσχολίας οὕνεκεν ἀφέξομαι. μικρὰ δὲ ἔτι τῷ λόγῳ προσθεὶς, ὥσπερ ὀφλήματι τὸ ἐνδέον, ἐπ' ἄλλό τι τρέψομαι, ταυτηνὶ τὴν ξυγγραφὴν αὐτοῦ που περάνας. D

Τίς οὖν ἡ τῶν Πυθαγορικῶν εὐλάβεια περὶ τὰ τῶν θεῶν ὀνόματα; τίς δὲ ἡ Πλάτωνος, ποδαπὸς δὲ ἦν ἐν τούτοις Ἀριστοτέλης; ἆρ' οὐκ ἄξιον αὐτὸ ἰδεῖν; Ἢ τὸν μὲν Σάμιον οὐδεὶς ἀντερεῖ τοιοῦτον γενέσθαι; καὶ γὰρ οὐ τὸ ὄνομα θεῶν ἐν τῇ σφραγῖδι φορεῖν ἐπέτρεπεν· οὐδὲ τοῖς ὅρκοις χρῆσθαι προπετῶς τοῖς τῶν θεῶν ὀνόμασι. Εἰ δὲ νῦν λέγοιμι, ὅτι καὶ εἰς Αἴγυπτον

A tute communem? Primum reprehendis omnes, nihil ipse laude dignum gerens. Tum in collaudando tantum ineptus es, quantum ex imperitissimis Oratoribus nemo: qui cum nihil habeant quod dicant, neque in eo, quod sibi proposuerunt, argumentum rei ullius investigare possint; ad Delum, ac Latonam cum liberis suis receptum habent: tum olores suave quiddam canentes, & ad eorum concentus resonantes ar- B bores, aut prata roscida ac molli alioque gramine vestita, aut afflantem ex floribus odorem, aut ver ipsum, & id genus alia depingunt. Ubinam simile aliquid in laudatoriis orationibus Isocrates expressit? ubi veteres alii, qui germane ac sincere, neque, ut hodierni faciunt, Musis initiari solebant? Omitto cætera: ne si a me istos alienavero, eodem tempore cum abjectissimis Cynicis pariter & Oratoribus simultatem suscipiam. Nam quod ad præstantissimos Cynicos; si quis hodie superest ejusmodi; & C ad Oratores egregios spectat, mihi cum utrisque parata sunt omnia. Verum ab hujus generis instituendis sermonibus; etsi uberrima quædam copia illorum affluit, neque fieri potest, ut, qui oratione cuncta persequi voluerit, non ex pleno & abundanti dolio, ut ita dixerim, hauriat; tamen ad ea, quæ sunt mihi præ manibus antevertenda, missa illa faciam, atque ubi pauca quædam, velut ex debito residua, ad inchoatum sermonem adjecero, alio me conver- D tam, ut hæc tandem eo fine terminetur oratio.

Quænam igitur circa Deorum nomina Pythagoræorum religio fuit? quæ Platonis? aut cujusmodi se in istis Aristoteles præbuit? Nonne hoc merito nobis intuendum est? An de Samio quidem illo, quin talis fuerit, nemo controversiam facere potest? Nam Deorum ille nomina ne in annulo quidem ferre permittebat, neque in jurejurando temere eadem usurpare. Quod si hunc ipsum

psum dixero in Ægyptum usque pervenisse, ac Persas lustrasse, & ubique omnia Deorum inspicere mysteria studuisse, ac variis ubique ritibus ac ceremoniis initiatum esse; dicam ignota fortasse tibi, sed plerisque manifesta tamen & cognita. Verum Platonem interim audi: *Meus vero erga Deorum nomina timor, ô Protarche, non humani similis est, sed vehementissimum quemque superat. Et nunc Venerem quidem ita, ut illi gratum est, appello: voluptas vero quam varia sit intelligo.* Hæc in Philebo dicuntur. Quibus non dissimilia quædam in Timæo scripsit. Nam iis etiam simpliciter ac sine demonstratione prolatis haberi fidem postulat, quæcunque de Diis Poëtæ dixerunt. Hæc ideo a me proposita sunt, ne tibi, uti Platonicis multis, Platonicæ illius damnandæ opinionis ansam Socrates præbeat, homo natura factus ad cavillandum. Nam illic non Socrates ista, sed Timæus loquitur, minime ille quidem irrisor. Quanquam nec istud sani hominis videtur; non ea quæ dicuntur, sed autores dictorum inspicere, & ad quos sermones habeantur. Vis ergo deinceps sapientissimam illam Sirenem, ac docti Mercurii typum, & Apollini ac Musis amicum, producam in medium? Hic eos omnes, qui interrogare, aut utcunque disputare student utrum Dii sint, non responso, ut homines, sed ut bestias pœna prosequendos existimat. Quod si legisses *bene ponderatum ejus monitum, quod* sicut Platonis, ita & illius scholæ pro foribus erat inscriptum; id ante omnia cognovisses Peripateticis fuisse denunciatum, ut & pii adversus Deos essent, initiarentur mysteriis omnibus, & sanctissimas ceremonias capesserent, & per omnia disciplinarum genera transirent.

A ἐπορεύθη· καὶ Πέρσας εἶδε· καὶ πανταχοῦ πάντα ἐπειράθη τὰ μυστήρια
τῶν θεῶν ἐποπτεῦσαι, καὶ τελεσθῆναι παντοίας πανταχοῦ τελετάς· ἐρῶ
μὲν ἴσως ἀγνοούμενά σοι· γνώριμα μέντοι καὶ σαφῆ τοῖς πολλοῖς. Ἀλλὰ τοῦ
Πλάτωνος ἄκουε· τὸ δ' ἐμὸν δέος, ὦ
Πρώταρχε, πρὸς τὰ τῶν θεῶν ὀνόματα οὐκ ἔστι κατ' ἄνθρωπον. ἀλλὰ πέρα
τοῦ μεγίστου φόβου. καὶ νῦν τὴν μὲν Ἀ-
φροδίτην, ὅπῃ ἐκείνῃ φίλον, ταύτῃ
B προσαγορεύω· τὴν δὲ ἡδονήν, οἶδα ὡς
ἐστι ποικίλον. ταῦτα ἐν Φιλήβῳ λέγε-
ται· καὶ τοιαῦτα ἕτερα πάλιν ἐν Τι-
μαίῳ. πιστεύειν γὰρ ἁπλῶς ἀξιοῖ, καὶ
χωρὶς ἀποδείξεως λεγομένοις, ὅσα
ὑπὲρ τῶν θεῶν φασιν οἱ ποιηταί. ταῦτα δὲ παρέθηκα, μή πῃ σοι παράσχῃ πρόφασιν, ὥσπερ οἶμαι τῶν Πλα-
τωνικῶν πολλοῖς, ὁ Σωκράτης εἴρων ὢν
φύσει, τὴν Πλατωνικὴν ἀτιμάσαι δόξαν. ἐκεῖ γὰρ οὐχ ὁ Σωκράτης, ἀλλ'
C ὁ Τίμαιος ταῦτα λέγει, ἥκιστα ὢν εἴρων. Καί τοι τοῦτό γε ἐστι οὐχ ὑγιές,
μὴ τὰ λεγόμενα ἐξετάζειν, ἀλλὰ τοὺς
λέγοντας, καὶ τὸ πρὸς τίνας οἱ λόγοι
γεγόνασι. Βούλει τὸ μετὰ τοῦτο τὴν
πάνσοφον ὑπαγάγωμεν Σειρῆνα, τὸν τοῦ
λογίου τύπον Ἑρμοῦ τὸν Ἀπόλλωνι καὶ
ταῖς Μούσαις φίλον; ἐκεῖνος ἀξιοῖ τοὺς
ἐπερωτῶντας, καὶ ὅλως ἐπιχειροῦντας εἰ
θεοί εἰσι, οὐχ ὡς ἀνθρώπους ἀποκρίσε-
D ως τυγχάνειν· ἀλλ' ὡς τὰ θηρία κολάσεως. εἰ δὲ ἀνεγνώκεις τὸ εὐσταλικὸν
αὐτοῦ * * ὥσπερ τοῦ Πλάτωνος, οὕτω
δὲ καὶ τῆς ἐκείνου διατριβῆς προγέγρα-
πται, ἔγνως ἂν πρὸ πάντων ὅτι τὰ πρὸς
τοὺς θεοὺς εὐσεβεῖς εἶναι, καὶ μεμυῆσθαι πάντα τὰ μυστήρια, καὶ τετελέ-
σθαι τὰς ἁγιωτάτας τελετάς, καὶ διὰ
πάντων τῶν μαθημάτων ἥκειν, τοῖς
εἴσω τοῦ περιπάτου βαδίζειν προηγο-
ρεῖτο.

Σὺ δὲ ὅπως ἡμῖν μὴ τὸν Διογένην προβαλὼν, ὥσπερ τι μορμολύκειον, ἐκφοβήσῃς· οὐ γὰρ ἐμυήθη, φησὶ, ἀλλὰ καὶ πρὸς τὸν τρεπόμενον ἐμμυηθῆναι, γελοῖον, εἶπεν, ὦ νεανίσκε, εἰ τοὺς μὲν τελώνας οἴει ταύτης ἕνεκα τῆς τελετῆς κοινωνήσειν τοῖς θεοῖς τῶν ἐν ᾅδου καλῶν· Ἀγησίλαον δὲ, καὶ Ἐπαμεινώνδαν ἐν τῷ βορβόρῳ κεῖσθαι. Τοῦτο, ὦ νεανίσκε, βαθὺ λίαν, καὶ δεόμενον ἐξηγήσεως, ὡς ἐμαυτὸν πείθω, μείζονος· ὅπως ἡμῖν αὐταὶ δοῖεν αἱ θεαὶ τὴν ἐπίνοιαν. νομίζω δὲ αὐτὴν ἤδη καὶ δεδόσθαι. Φαίνεται γὰρ ὁ Διογένης οὐχ, ὥσπερ ὑμεῖς ἀξιοῦτε, δυσσεβὴς, ἀλλ' ἐκείνοις, ὧν μικρῷ πρόσθεν ἐπεμνήσθην, προσόμοιος. ἀπιδὼν γὰρ εἰς τὴν περίστασιν τὴν καταλαβοῦσαν αὐτόν· εἶτα εἰς τὰς ἐντολὰς βλέπων τοῦ Πυθίου, καὶ συνιεὶς ὅτι τὸν μυούμενον ἐχρῆν πολιτογραφηθῆναι πρότερον, καὶ Ἀθηναῖον, εἰ καὶ μὴ φύσει, τῷ νόμῳ δὲ γενέσθαι· τοῦτ' ἔφυγεν, οὐ τὸ μυηθῆναι· νομίζων αὑτὸν εἶναι τοῦ κόσμου πολίτην· καὶ ταῖς ὅλαις τῶν θεῶν οὐσίαις, αἳ τὸν ὅλον κοινῇ κόσμον ἐπιτροπεύουσιν, ἀλλ' οὐ ταῖς τὰ μέρη κατανειμαμέναις αὐτοῦ, διὰ μεγαλοφροσύνην ἀξιῶν συμπολιτεύεσθαι· τό τε νόμιμον οὐ παρέβη αἰδοῖ τῶν θεῶν· καίτοι τἆλλα πατῶν, καὶ παραχαράττων· αὐτόν τε οὐκ ἐπανήγαγεν, ὅθεν ἄσμενος ἠλευθέρωτο. Τί δ' ἦν τοῦτο; τὸ πόλεως μιᾶς δουλεῦσαι νόμοις· ἑαυτόν τε ὑποθεῖναι τούτοις, ὅπερ ἦν ἀνάγκη παθεῖν, Ἀθηναίῳ γενομένῳ. Πῶς γὰρ οὐκ ἔμελλεν ὁ τῶν θεῶν ἕνεκεν εἰς Ὀλυμπίαν βαδίζων, ὁ τῷ Πυθίῳ πεισθεὶς, καὶ φιλοσοφήσας, ὥσπερ Σωκράτης ὕστερον, ὡς Ἀριστοτέλης· φησὶ γὰρ καὶ αὐτὸς εἶναι Πύθιον οἴκοι παρ' ἑαυτῷ· ὅθεν αὐτῷ καὶ ἡ ὁρμὴ πρὸς φιλοσοφίαν

f. συμπροτρεπόμενον

v.f. τὴν περίστασιν τὴν

A Neque vero tu Diogenem opponens, quasi terriculum quoddam, metum nobis injicere stude. Hic enim, ajunt, numquam initiatus est: quinetiam hortanti se, ut initiaretur: Ridicule facis, inquit, adolescens, si ita credis; publicanos mysteriis hisce fretos, bonorum, quæ apud inferos sunt, omnium esse participes; Agesilaum autem & Epaminondam in cœno jacere. Verum istud ipsum, mi adolescens, valde profundam
B quæstionem continet, & diligentiorem, ut mihi quidem persuadeo, explicationem desiderat; ut illius intelligentiam Dearum ipsarum beneficio, consequi possimus: quam quidem mihi jam ab illis impetrasse videor. Etenim Diogenes ille non, ut opinio vestra fert, impius fuit; sed eorum, quos paulo ante memoravi, simillimus. Qui cum & illum, in quem inciderat, casum & calamitatem respiceret; & Pythii Apollinis man-
C data consideraret; & cum præterea sciret, qui initiari vellet, adscribi in civitatem oportere antea, & Atheniensem non natura, sed lege fieri; hoc unum ille, non ipsa mysteriorum initia devitabat, ratus se totius orbis esse civem, & cum universis Deorum substantiis, quæ administrando toti huic mundo communiter præsunt; non autem cum iis, quæ per illius partes distributæ sunt, eodem municipatu censeri cupiens; neque
D quod legitimum erat præ Deorum reverentia prætergressus est; quantumvis proculcaret adulteraretque cætera; nec eo, unde libenter evolaverat, revocare sese voluit. Quid illud porro fuit? nimirum civitatis unius servire legibus, seque ipsum ei obnoxium facere, quod, si Atheniensis fieret, necessario perferendum erat. Nam qui Deorum causa ad Olympiam adierat: qui Apollini Pythio parens animum ad Philosophiam adjunxerat; ut Socrates postea, ut Aristoteles; (nam & iste domesticum apud se Pythium habere se dicebat, a quo ad Philosophiam

losophiam capessendam incitatus fuerat) A nonne in adyta ipsa libentissime esset ingressus; nisi hoc unum vitaret, ne se legibus ullis subjiceret, neve servituti reipublicæ ullius addiceret? Cur non igitur hanc *ipsam* consilii sui causam reddidit; sed e contrario ejusmodi, quæ non parum de mysteriorum majestate detraheret? Potest idem & Pythagoræ aliquis objicere, haud recte sentiens. Non enim dicenda sunt omnia; & quæ fas est dicere, eorum in vulgus quædam mihi tacenda videntur. Verum perspicua tamen est istorum ratio. Cum e- B nim Diogenes hominem eum, qui se talium admoneret, neglecta vitæ honestate, sola initiatione gloriantem cerneret; castigare simul ipsum, & docere voluit: iis quidem, qui dignam initiorum religione vitam instituerint, etiamsi nondum initiati sint, integra apud Deos manere præmia; improbos vero nihil amplius ex eo' consequi, quod in interiora sacrorum adyta penetrarint. Etenim nonne eadem ipsa ab C Hierophanta denunciari solent, cum eos omnes, quibus impura manus est, aut alioqui nefas est, initiis interdicit? Ecquis vero tandem finis erit orationis, si nondum ista persuadere tibi poterunt?

A ἐγένετο· μὴ παριέναι τῶν ἀνακτόρων εἴσω, καὶ μάλα ἀσμένως, εἰ μὴ τοῦτ' ἐξέκλινε τὸ ὑποθεῖναι νόμοις ἑαυτὸν, καὶ δοῦλον ἀποφῆναι πολιτείας; Ἀλλὰ διὰ τί μὴ ταύτην αὐτὴν εἶπε τὴν αἰτίαν· ἐκ τῶν ἐναντίων δὲ, τὴν παρεγκειμένην οὐ σμικρὰ τῆς τῶν μυστηρίων σεμνότητος; ἴσως μὲν ἄν τις τὰ τοιαῦτα, καὶ Πυθαγόρᾳ μάλιστα ἐπισκήψειεν, οὐκ ὀρθῶς λογιζόμενος. Οὔτε γὰρ ῥητέον πάντα ἐστὶ, αὐτῶν τε, οἶμαι, τούτων, ὧν θέμις φάναι, ἔνια πρὸς τοὺς πολλοὺς σιωπητέον εἶναί μοι B φαίνεται. Φανερὰ δὲ ὅμως ἐστὶ καὶ τούτων ἡ αἰτία. Καταγνώσεως γὰρ ἀμελοῦντα μὲν τῆς περὶ τὸν βίον ὀρθότητος, ἐπὶ δὲ τῷ μεμυῆσθαι μεγαλοφρονοῦντα τὸν παραινοῦντα αὐτῷ τοιαῦτα, σωφρονίζων ἅμα, καὶ διδάσκων αὐτὸν, ὅτι τούτοις μὲν, οἷς ἀξίως τοῦ μυηθῆναι βεβίωται, καὶ μὴ μυηθεῖσιν, οἱ θεοὶ τὰς ἀμοιβὰς ἀκεραίους φυλάττουσι· τοῖς δὲ μοχθηροῖς οὐδέν ἐ- C στι πλέον, κἂν εἴσω τῶν ἱερῶν εἰσφρήσωσι περιβόλων. ἢ γὰρ οὐ ταῦτα καὶ ὁ ἱεροφάντης προαγορεύει, ὅστις χεῖρας μὴ καθαρὸς, καὶ ὅντινα μὴ χρὴ, τούτοις ἀπαγορεύων μὴ μυεῖσθαι. Τί πέρας ἡμῖν ἔσται τῶν λόγων, εἰ ταῦτα μηδέ σε πείθει;

quis excutiet, & alia, quam quæ ipse velim, animo pertractare & in pretio habere compellet? an hoc potius perinde est, ac si quis in aqua scribat, aut lapidem coquat, aut volatus avium vestigia scrutetur? Igitur, quod ista nullus nobis potest eripere, ipsi invicem quodammodo versabimur: forsitan & Deus interim melius aliquid suggeret. Neque enim fieri potest, ut is, qui se divino numini permiserit, neglectui prorsus habeatur, penitusque deseratur. Imo vero sua illum manu protegit Deus, audaciam ingenerat, robur inspirat, tum & quæ agenda sunt animo illius objicit, & ab iis quæ agenda non sunt abducit. Nam & Socratem vox quædam divina comitabatur, agere prohibens quicquid opus facto non erat. De Achille vero ita scribit Homerus: *Huic mentem dedit:* quibus verbis ostendit, cogitationes a Deo nostras excitari, quando mens ad seipsam conversa secum ipsa primum, & cum Deo per se solam consuetudinem habet, & a nullo distinetur. Etenim nec auditu mens opus habet ad discendum, nec voce Deus ad ea docenda, quæ interest cognoscere; sed sine ullo sensus officio mens ipsa divini numinis particeps efficitur. Quod quemadmodum fiat, non vacat modo persequi: fieri id quidem manifesti sunt certique testes, non ignobiles quidam, & in Megarensium sorte numerandi; sed qui primas nomine sapientiæ tulerunt. Quæ cum ita sint, ut affuturum nobis omnino Deum, & nos ipsos mutua consuetudine fruituros esse, spem haud dubiam habeamus; nimius ille temperandus est dolor. Etenim Ulyssem illum, qui septem totos annos in illo velut insulæ carcere detentus, ideo lamentabatur, ita ob reliquam ejus fortitudinem prædico, ut de luctu illo gemituque non laudem. Quid enim prode-

A νοεῖν, καὶ προσαναγκάσει πολλὰ ἕτερα, καὶ θαυμάζειν παρ' ἃ βούλομαι; ἢ τοῦτο μὲν ἐστὶ ἤδη καὶ παραπλήσιον τῷ γράφειν ἐφ' ὕδατος, ἢ ἕψειν λίθον, καὶ τῶν ὀρνίθων ἀνιχνεύειν τὰς πτήσεις; ἀλλ' ἐπειδὴ τοῦτο ἡμᾶς οὐδεὶς ἀφαιρεῖται, στρεψόμεθα δήπουθεν αὐτοὶ πρὸς ἑαυτούς. τάχα δὲ καὶ ὁ δαίμων ὑποθήσεταί τι χρηστόν. Οὐ γὰρ εἰκὸς ἄνδρα ἑαυτὸν ἐπιτρέψαντα τῷ κρείττονι παντάπασιν ἀμεληθῆναι, καὶ καταλειφθῆναι παντελῶς ἔρημον. ἀλλ' B αὐτῷ καὶ ὁ θεὸς χεῖρα ὑπερέχει, καὶ θάρσος δίδωσι, καὶ μένος ἐμπνεῖ, καὶ τὰ πρακτέα τίθησιν ἐπὶ νοῦν, καὶ τῶν μὴ πρακτέων ἀφίστησι. Εἵπετό τοι καὶ Σωκράτει δαιμονία φωνή, κωλύουσα πράττειν ὅσα μὴ χρεών. φησὶ δὲ καὶ Ὅμηρος ὑπὲρ Ἀχιλλέως· " τῷ γὰρ ἐπὶ φρεσὶ θῆκεν. ὡς τοῦ θεοῦ καὶ τὰς ἐννοίας ἡμῶν ἐγείροντος, ὅταν ἐπιστρέψας ὁ νοῦς εἰς ἑαυτὸν αὐτῷ τε πρότερον ξυγγένηται, καὶ τῷ θεῷ δι' ἑαυτοῦ μόνου, κωλυόμενος ὑπ' C οὐδενός. Οὐδὲ γὰρ ἀκοῆς ὁ νοῦς δεῖται πρὸς τὸ μαθεῖν οὔτε μὴν ὁ θεὸς φωνῆς, πρὸς τὸ διδάξαι τὰ δέοντα· ἀλλ' αἰσθήσεως ἔξω πάσης, ἀπὸ τοῦ κρείττονος ἡ μετουσία γίνεται τῷ νῷ. τίνα μὲν τρόπον, καὶ ὅπως, οὐ σχολὴ νῦν ἐπεξιέναι· τὸ δ' ὅτι γίνεται, δῆλοι καὶ σαφεῖς οἱ μάρτυρες, οὐκ ἄδοξοί τινες, οὐδ' ἐν τῇ Μεγαρέων ἀξίᾳ τετάχθαι D μερίδι· ἀλλὰ τῶν ἀντιποιουμένων ἐπὶ σοφίᾳ τὰ πρῶτα. Οὐκοῦν ἐπειδὴ χρὴ προσδοκᾶν, καὶ θεὸν ἡμῖν παρέσεσθαι πάντως, καὶ ἡμᾶς αὐτοὺς αὐτοῖς συνέσεσθαι, τὸ λίαν δυσχερὲς ἀφαιρετέον ἐπὶ τῆς λύπης. ἐπεὶ καὶ τὸν Ὀδυσσέα μόνον ἐν τῇ νήσῳ καθήμενον ἑπτὰ τοὺς πάντας ἐνιαυτούς, οὐκ ὀδυρόμενον, τῆς μὲν ἄλλης ἐπαινῶ καρτερίας· τῶν θρήνων δὲ οὐκ ἄγαμαι. τί γὰρ ὄφελος "πόντον ἐπ'

Iliad. α. v. 55.

Odyss. ε. v. 84.

ἰχθυόεντα δέρκεσθαι, καὶ λείβειν δάκρυα; Τὸ δὲ μὴ περιέσθαι, μηδ' ἀπαγορεῦσαι πρὸς τὴν τύχην, ἀλλ' ἄνδρα μέχρις ἐσχάτων γενέσθαι φασὶ καὶ κινδύνων, τοῦτ' ἔμοιγε φαίνεται μεῖζον ἢ κατὰ ἄνθρωπον. οὐ δὴ δίκαιον ἐπαινεῖν μὲν αὐτούς, μὴ μιμεῖσθαι δέ, μηδὲ νομίζειν ὡς ἐκείνοις μὲν ὁ θεὸς προθύμως συνελάμβανε, τοὺς δὲ νῦν περιόψεται ἀρετῆς ὅσων ἀντιποιουμένους ὧν ἕνεκεν, εἴπερ ἄρα, κἀκείνους ἔχαιρε. οὐ γὰρ διὰ τὸ κάλλος τοῦ σώματος· ἐπεὶ τὸν Νιρέα μᾶλλον ἐχρῆν ἀγαπᾶσθαι· οὐδὲ διὰ τὴν ἰσχύν· ἀμείνους γὰρ [ὡς] οἱ Λαιστρυγόνες καὶ Κύκλωπες, ἦσαν αὐτοῦ κρείττους. οὐδὲ διὰ τὸν πλοῦτον· οὕτω γὰρ ἂν ἔμεινεν ἀπόρθητος Τροία. Τί δὲ δεῖ πράγματα ἔχειν αὐτὸν ἐπιζητοῦντα τὴν αἰτίαν, δι' ἣν Ὀδυσσέα φησὶν ὁ ποιητὴς θεοφιλῆ, αὐτοῦ γε ἐξὸν ἀκούειν;

Odyss. K. v. [illegible] Οὕνεκ' ἐπητής ἐστι, καὶ ἀγχίνοος,
καὶ ἐχέφρων.

Δῆλον οὖν ὡς εἴπερ ἡμῖν ταῦτα προσγένοιτο, τὸ κρεῖττον οὐκ ἐλλείψει τὰ παρ' ἑαυτοῦ. ἀλλὰ καὶ κατὰ τὸ δοθέντα πάλαι ποτὲ Λακεδαιμονίοις χρησμὸν καλούμενός τε καὶ ἄκλητος ὁ θεὸς παρέσται.

Τούτοις ἐμαυτὸν ψυχαγωγήσας, ἐπ' ἐκεῖνο τὸ μικρὸν ἄπειμι πάλιν, ὃ δοκεῖ τῇ μὲν ἀληθείᾳ μικρὸν εἶναι, πρὸς δόξαν δὲ ὅμως οὐκ ἀγεννές. Ὁμήρου τοί φασι δεῖσθαι καὶ τὸν Ἀλέξανδρον οὐδενὸς συνεπαίνου, ἀλλὰ κήρυκος, ὥσπερ Ἀχιλλέως, καὶ Πατρόκλου, καὶ Αἰάντοιν ἀμφοῖν, καὶ τοῦ Ἀντιλόχου. Ἀλλ' ὁ μὲν ὑπερορῶν ἀεὶ τῶν παρόντων, ἐφιέμενος δὲ τῶν ἀπόντων, οὐκ ἠγάπα τοῖς καθ' ἑαυτόν, οὐδὲ ἠρκεῖτο τοῖς δοθεῖσι καὶ ...

A tam piscosum ad pelagus aspicere, lacrymisque profundere? Caeterum non abjicere sese, neque ad tantam vim calamitatis animo deficere, sed ad extremas usque caedes ac discrimina virum se praestare, majus id mihi, quam pro viribus humanis, videtur. Non est autem aequum laudare illos, nec imitari, aut in ea esse opinione, ut illis quidem libenter opitulatus sit Deus, hujus vero temporis homines neglecturus sit, quos quidem virtutis studiosos esse videret, cujus gratia illis, si forte, delectabatur. Neque enim propter corporis pulchritudinem; alioqui magis amandus erat Nireus. Neque roboris causa; infinitis enim partibus robustiores erant illo Lasthygones & Cyclopes. Sed neque propter divitias; sic enim salva & integra Troia mansisset. Sed quid necesse est nos in inquirenda causa laborare, propter quam amicum Diis Ulyssem Homerus indicat, cum ab ipso rem illam audire possimus?

Quod prudens, astutusque sit, & solers.

Manifestum est igitur, si nobis ornamenta illa suppetant, divinum auxilium minime defuturum: quin potius secundum vetus illud Lacedemoniis editum oraculum, aderit ipse seu vocatus seu non vocatus fuerit.

His ego me solatus, ad [illegible] narrationem, quae cum reipsa exiguum aliquid esse videatur, opinione tamen hominum minime est contemnenda. Alexandrum ferunt Homerum sibi non tam auctorem & socium optasse, quam praeconem, quemadmodum Achillem, & Patroclum, & Ajaces ambos, & Antilochum ille cantaverat. Verum iste semper praesentia fastidiens, absentia desiderans, ut, quos aetate sua sortitus erat, contentus non fuit, neque iis, quae concessa fuerant, acquiescere potuit.

Qui

Qui si Homerum impetrasset, Apollinis A ipsius lyram fortasse cuperet, qua in Pelei nuptiis cecinisse dicitur; neque id Homerici ingenii commentum, sed rem gestam putasset illius versibus intextam: velut etiam istud;

Aurora luteo peplo prædita diffundebatur per omnem terram.

item: *Exsilit Titan.*

tum: *Creta jacet tellus.*

& id genus alia, quæ apud Poëtas leguntur: quæ perspicua sunt ac manifesta; cum partim hodieque perseverent, partim etiam B-num fiant.

Verum utrum magnitudo virtutis, & affluentium bonorum copia nihilo inferior sapientia, ad tam immoderatam cupiditatem animum illius extulerit, ut majora reliquis omnibus exoptaret; an fortitudinis & audaciæ vis quædam incredibilis ad arrogantiam & insolentiam lapsa potius impulerit, considerandum iis in commune relinquatur, qui ipsum laudare aut vitupe- C rare velint: si hoc tamen posterius pertinere ad ipsum posse videatur. Nos vero præsentibus perpetuo contenti, neque absentium cupidi, *acquiescentes,* quando nos præco prædicat, qui spectator & certaminum omnium socius fuerit ac particeps, [*non*] qui sermones admittat, ad gratiam odiumve *frustra* confictos. Porro satis habemus profiteri nostram amicitiam; in cæteris iis, qui initiantur a Pythagora, ero taciturnior. Hic vero subit illud commu- D ni sermone contritum: non te ad Illyrios solum, sed ad Thracas esse venturum, Græcosque populos, qui secundum mare illud habitant: inter quos cum natus atque educatus ipse sim, ingens mihi virorum illorum, & locorum, ac civitatum amor inhæsit, nec mediocris fortassis in illorum animis amor mei relictus est. Quibus te scio jucundissimum, ut vulgo ferunt, advenientem fore, ac dignam pro eo atque nos hic dereliqui-

περ ἔτυχεν Ὁμήρου, τὴν Ἀπόλλωνος ἴσως ἂν ἐπόθησε λύραν, ᾗ τοῖς Πηλέως ἐκεῖνος ἐφύμνησε γάμοις· οὐ τῆς Ὁμήρου συνέσεως τὸ πλάσμα νομίσας, ἀλλ' ἀληθὲς ἔργον ἐνυφάνθαι τοῖς ἔπεσιν ὥσπερ, οἶμαι, τὸ,

Ἠὼς μὲν κροκόπεπλος ἐκίδνατο πᾶσαν ἐπ' αἶαν. Iliad. θ. v. 1.

καὶ, Ἠέλιος δ' ἀνόρουσε.

καὶ, Κρήτη τις γαῖ' ἐστί.

καὶ ὅσα τοιαῦτά φασιν οἱ ποιηταί, δῆλα καὶ ἐναργῆ τὰ μὲν ὄντα καὶ εἰς ἡμᾶς ἔτι, τὰ δὲ γενόμενα.

Ἀλλὰ τὸ μὲν, εἴτε μέγεθος ἀρετῆς ὑπάρχον, καὶ τῶν προσόντων ἀγαθῶν οὐδαμῶς ἐλάττων σύνεσις, εἰς τοσαύτην ἐπιθυμίαν τὴν ψυχὴν ἐξῆγεν, ὥστε μειζόνων ἢ κατὰ τοὺς ἄλλους, εἴθ' ὑπερβολὴ τῆς ἀνδρείας καὶ θάρσους εἰς ἀλαζονείαν ῥέπουσα, καὶ πρὸς αὐθάδειαν βλέπουσα, ἀφεῖσθαι σκοπεῖν ἐν κοινῷ τοῖς βουλομένοις ἐπαινεῖν ἢ ψέγειν αὐτόν· εἴ τις ἄρα καὶ ταύτης ὑπολαμβάνει τῆς μερίδος προσήκειν ἐκεῖνον. Ἡμεῖς δὲ τοῖς παροῦσιν ἀγαπῶντες ἀεὶ, καὶ τῶν ἀπόντων ἥκιστα μεταποιούμενοι, τερπόμενοι, ὁπόταν ὁ κῆρυξ ἐπαινῇ θεατής τε, καὶ συναγωνιστὴς πάντων γεγονώς, μὴ τοὺς λόγους παραδεξάμενος εἰς χάριν, καὶ ἀπέχθειαν εἰκῇ πεπλασμένους· ἀρκεῖ δὲ ἡμῖν, καὶ φίλον ὁμολογεῖν μόνον· ἐς δὲ τὰ ἄλλα σιωπηλότερος εἴην καὶ τῶν Πυθαγόρα τελεσθέντων. Ἐνταῦθα ὑπέρχεταί μοι καὶ τὸ θρυλλούμενον ὡς οὐκ εἰς Ἰλλυριοὺς μόνον, ἀλλὰ καὶ Θρᾷκας ἀφίξῃ, καὶ τοὺς περὶ τὴν θάλατταν ἐκείνην οἰκοῦντας Ἕλληνας· ἐν οἷς γενομένῳ μοι καὶ τραφέντι πολὺς ἐντέτηκεν ἔρως ἀνδρῶν τε, καὶ χωρίων, καὶ πόλεων. ἴσως δὲ οὐ φαῦλος οὐδὲ ἐκείνων ταῖς ψυχαῖς ἀπολέλειπται ἔρως ἡμῶν. οἷς εὖ οἶδ' ὅτι, τὸ λεγόμενον, ἀσπάσιος ἐλθὼν ἂν γένοιο, δίκαιον ἀμοιβὴν ἀν-

Deest ἐνταῦθα, vel simile quippiam.

ΙΟΥΛΙΑΝΟΥ
ΑΥΤΟΚΡΑΤΟΡΟΣ
ΘΕΜΙΣΤΙῼ ΦΙΛΟΣΟΦῼ.

JVLIANI IMP.
AD THEMISTIVM
PHILOSOPHVM.

A Equidem ut eam, quam de me concepisti, spem ratam faciam, id quod ad me scribis vehementer expeto. Sed vereor ut assequi possim: quoniam quidem majus est quam pro meis viribus, quod cum cæteris de me, tum tibi ipsi polliceris. Ac cum jamdudum mihi cum Alexandro, atque Marco, aut si quis alius excellenti quadam virtute fuit, susceptum certamen crederem; horror quidam animum meum & incredibilis timor pervaserat, ne & ab illius fortitudine plurimum abessem, & perfectæ alterius absolutæque virtuti ne minima quidem ex parte responderem. Ad hæc igitur intuens in otio vivendum mihi esse decreveram: & Atticarum narrationum cum libenter ipse meminieram, tum vobis amicis meis accinere cupiebam: quemadmodum ii, qui graviora per vias onera gestant, molestiam istam allevare student. Tu vero recenti epistola tua majorem mihi metum illum fecisti, ac longe difficilius certamen propositum esse mihi significasti: cum ita dixisti, eo me loco constitutum a Deo videri, in quo Hercules antea & Bacchus fuissent, qui una philosophabantur & regnabant, ac terram universam & mare ab omni, quæ quidem

A Ἐγώ σοι βεβαιῶσαι μὲν, ὥσπερ ἐν γράφεις, τὰς ἐλπίδας, καὶ σφόδρα εὔχομαι· δέδοικα δὲ ἐπὶ δὴ ἀμαρτεῖν μείζονος οὔσης τῆς ὑποσχέσεως, ἣν ὑπὲρ ἐμοῦ πρός τε τοὺς ἄλλους ἅπαντας, καὶ ἔτι μᾶλλον πρὸς ἑαυτὸν πεποίησαι. Πάλαι μὲν οἰόμενος πρός τε τὸν Ἀλέξανδρον, καὶ τὸν Μάρκον, καὶ εἴ τις ἄλλος γέγονεν ἀρετῇ διαφέρων, εἶναι τὴν ἅμιλλαν, B φρίκη τις προσῄει, καὶ δέος θαυμαστὸν, μὴ τοῦ μὲν ἀπολείπεσθαι παντελῶς τῆς ἀνδρείας δόξω· τοῦ δὲ τῆς τελείας ἀρετῆς οὐδὲ ἐπ' ὀλίγον ἀφίκωμαι. Εἰς ταῦτα ἀφορῶν, ἀνεπειθόμην τὴν σχολὴν ἐπαινεῖν· καὶ τῶν Ἀττικῶν διηγημάτων αὐτός τε ἡδέως ἐμεμνήμην, καὶ τοῖς φίλοις ὑμῖν προσᾴδειν ἠξίουν, ὥσπερ οἱ τὰ βαρέα φορτία φέροντες ἐν ταῖς ὁδοῖς, ἐπικουφίζουσιν αὐτοῖς τὴν ταλαιπωρίαν. Σὺ δέ μοι νῦν μείζω ἐποίησας διὰ τῆς C ἔναγχος ἐπιστολῆς τὸ δέος, καὶ τὸν ἀγῶνα ἐν παντὶ χαλεπώτερον ἀπέδειξας· ἐν ταύτῃ παρὰ τοῦ θεοῦ τετάχθαι με τῇ μερίδι λέγων, ἐν ᾗ πρότερον Ἡρακλῆς καὶ Διόνυσος ἐγενέσθην, φιλοσοφοῦντες ἅμα καὶ βασιλεύοντες, καὶ πᾶσαν σχεδὸν τὴν ἐπικλα-

Hæc non Oratio, sed Epistola est. Sed [illegible]

ἀπαλλαξάσης κακίας ἀνακαθαιρόμενοι γῆν τε καὶ θάλασσαν. Κελεύεις δὲ πάντα ἀποστησάμενον σχολὴν ἐκείνοις καὶ ῥᾳστώνην, σκοπεῖν ὅπως τῆς ὑποθέσεως ἀξίως ἀγωνιούμεθα. εἶτα ἐπ' αὐτοῖς τῶν νομοθετῶν ἁπάντων μέμνησαι, Σόλωνος, Πιττακοῦ, Λυκούργου· καὶ τούτων ἁπάντων μείζονα χρῆναι παρ' ἡμῶν λέγεις τοὺς ἀνθρώπους ἐν δίκῃ νῦν περιμένειν. Τούτους ἐγὼ τοὺς λόγους ἐντυχὼν ἐξεπλάγην μικροῦ· σοὶ μὲν γὰρ ὑπελάμβανον οὐδαμῶς θεμιτὸν κολακεῦσαι, ἢ ψεύδεσθαι· ἐμαυτῷ δὲ συνειδὼς, φύσεως μὲν ἕνεκα, διαφέρειν οὐδὲν, οὔτε ἐξ ἀρχῆς, οὔτε νῦν ὑπάρξαν· φιλοσοφίας δὲ ἐρασθέντι μόνον. Τὰς γὰρ ἐν μέσῳ σιγῶ τύχας, αἵ μοι τὸν ἔρωτα τοῦτον ἀτελῆ τέως ἐφύλαξαν. Οὐκ εἶχον οὖν ὅτι χρὴ περὶ τῶν τοιούτων λόγων συμβαλεῖν, ἕως ἐπὶ νοῦν ἤγαγεν ὁ θεός· μή ποτε ἄρα προτρέπειν ἐθέλεις διὰ τῶν ἐπαίνων, καὶ τῶν ἀγώνων δεῖξαι τὸ μέγεθος, εἰς οὓς ἀνάγκη πᾶσα τὸν ἐν πολιτείᾳ ζῶντα παραβεβλῆσθαι τὸν ἅπαντα χρόνον. τὸ δὲ ἀποτρέποντός ἐστι πλέον, ἢ πρὸς τὸν βίον παρορμῶντος. Ὥσπερ γὰρ εἴ τις τὸν πορθμὸν τὸν παρ' ὑμῖν πλέων, καὶ οὐδὲ τοῦτον ῥᾳδίως, οὐδὲ εὐκόλως ὑφιστάμενος, ἀκούοι παρὰ τοῦ μαντικὴν ἐπαγγελλομένου τέχνην, ὡς χρεὼν αὐτὸν τὸν Αἰγαῖον ἀναμετρῆσαι, καὶ τὸν Ἰόνιον, καὶ τῆς ἔξω θαλάσσης ἅψασθαι. καὶ νῦν μὲν ὁρᾷς, ὁ προφήτης λέγοι, τείχη καὶ λιμένας· ἐκεῖ δὲ γενόμενος, οὐδὲ σκοπιὰν, οὐδὲ πέτραν ὄψει· ἀλλ' ἀγαπητὸν, καὶ ναῦν πόρρωθεν καθιδὼν προσειπεῖν τοὺς ἐμπλέοντας· καὶ τῆς γῆς εὔξῃ ποτε ἀφικόμενος, τῷ θεῷ πολλάκις, πρὸς αὐτῷ γοῦν τῷ τέλει τοῦ βίου, τυχεῖν ὅρμου, καὶ τήν τε ναῦ

Vel. [illegible]

Deest, [illegible]

A illorum temporibus emerserat, improbitate ac nequitia repurgabant. Ad hæc hortatus es, ut otii commoditatisque cogitatione omni remota, consideraremus quomodo pro eo, ac proposito dignum est, certamen obiremus. Post hæc vero legislatorum omnium mentionem iniecisti, Solonis, Pittaci, Lycurgi, & id genus aliorum; ac denique subjecisti, jure nunc a nobis homines majora quam ab illis expectare.

B His ego perlectis sermonibus propemodum stupore sum defixus. Nam nec adulari, vel mentiri, tibi fas esse arbitrabar: neque mihi, quod ad naturam attinet, excellens quicquam vel ab initio insitum, vel modo concessum animadvertebam; hoc unum sentiebam, Philosophiæ me duntaxat amatorem fuisse. Taceo calamitates eas, quæ mihi interea contigerunt, quæque ut imperfectus ille amor maneret, hactenus fecerunt.

C Quamobrem quid de istiusmodi sermonibus tuis conjicerem, nihil habebam, donec illud mihi divinitus est injectum: cogitandum esse, ecquid laudibus istis cohortari me cuperes, ac certaminum declarare magnitudinem, quibus eum objici perpetuo necesse est, qui in gubernanda republica versetur. Atqui illud ipsum deterrentis potius est, quam ad hoc vitæ genus excitantis. Ut enim si quis in vestro illo freto navigans, ejusque fluctus ægre sustinens,

D vatem aliquem sibi denunciantem audiret: Ægæum ipsi pelagus emetiendum esse, tum Ionium, & externum mare permittendum; itaque vates ille diceret: Nunc tu quidem mœnia portusque prospicis, at illuc cum veneris, ne speculam quidem intuebere, vel scopulum, sed abunde te putabis, si vel navem e longinquo cernere poteris, ac vectores salutare; tum frequentibus hoc a Deo votis postulabis, ut vel sub ipsum extremum vitæ appulsus ad terram, portum

tum

tum tandem aliquando contingas, atque & incolumem reddere navem, & vectores ipsos salvos ac periculis omnibus ereptos propinquis illorum ac necessariis exhibere possis, ac demum corpus tuum terræ, communi omnium matri, committere; hoc vero ita fortassis eventurum, ut ad extremam illam usque diem incertum sis habiturus. Num igitur, cum ejusmodi ab eo vate ille didicerit, vel in propinquo aliquo mari oppido habitaturum putas? aut non potius spretis omnibus divitiis, ac negotiationis commodis, notis ac familiaribus permultis, peregrinis amicitiis, gentium ac civitatum perlustratione neglecta, illud ab Epicuro Neoclis filio sapienter dictum esse judicaturum, cum *latentem vivere* suadebat? Tu vero istud ipsum videris animadvertens, jactis in Epicurum conviciis animos nostros præoccupare, atque ejusmodi sententiam extorquere voluisse. Sic enim dicis: negotii expers otium, & illas in ambulationibus disputationes laudare, illi esse consentaneum. Ego vero non recte Epicuro ita visum esse, jamdudum habeo penitusque persuasum: utrum autem ad rempublicam capessendam quemvis hortari oporteat, etiam illum, qui minus natura comparatus sit, quique id perfecte nondum præstare possit, de hoc fortasse diligentius quærendum fuerit. Nam & Socratem ferunt multos a foro & suggesto, cui non admodum idonei videbantur, abstraxisse; Glauconem autem illum, & Cliniæ filium avocare quidem inde conatum esse, sed juvenis hujus impetum cohibere ac pervincere non potuisse. Nos invitos, & hoc intelligentes cogemus scilicet, ac bono & audaci esse animo jubebimus iis in rebus capessendis, quarum exitus non virtutis est præstare solius, neque animi quantumlibet recti, sed fortunæ multo magis ubique dominantis, & eo sæpius inclinare cogentis, quo negotiorum cursus incubuit? Chrysippus sane cæteroqui sapiens & esse & ita judicatus fuisse merito videtur: at idem tamen, quod fortunam, atque casum, & id genus alias cau-

A σώαν παραδοῦναι, καὶ τοὺς * ἐπιπλέοντας ἀπαθεῖς τοῖς οἰκείοις κακῶν παραστῆσαι, καὶ τὸ σῶμα τῇ μητρὶ γῇ δοῦναι. τοῦτο δὲ ἐσόμενον ἴσως, ἄδηλον εἶναί σοι μέχρι τῆς τελευταίας ἐκείνης ἡμέρας. Ἆρ' οὖν τούτων ἀκούσαντα τῶν λόγων ἐκεῖνον, πόλιν γοῦν οἰκεῖν ἑλέσθαι πλησίον θαλάσσης· οὐχὶ δὲ χαίρειν εἰπόντα πλούτῳ, καὶ τοῖς ἐξ ἐμπορίας ἀγαθοῖς περιγιγνομένοις, γνωρίμων πολλῶν, ξενικῆς φιλίας, B ἱστορίας, ἐθνῶν, καὶ πόλεων ὑπεριδόντα, σοφὸν ἀποφαίνειν τὸ τοῦ Νεοκλέους, ὃς κελεύει λαθεῖν βιώσαντα; καὶ σὺ δὲ ἔοικας τοῦτο καταμαθὼν, προκαταλαμβάνειν ἡμῶν τὰς εἰς τὸν Ἐπίκουρον λοιδορίας, καὶ προεξαιρεῖν τὴν τοιαύτην γνώμην. Φὴς γάρ που, σχολὴν ἐπαινεῖν ἀπράγμονα, καὶ διαλέξεις ἐν περιπάτοις, προσήκειν [ἐν] ἐκείνῳ. ἐγὼ δὲ ὅτι μὲν οὐ καλῶς Ἐπικούρῳ ταῦτα ἔδοξε, πάλαι C καὶ σφόδρα πείθομαι. Εἰ δὲ πάντα ὁντινοῦν ἐπὶ πολιτείαν προτρέπειν ἄξιον, καὶ τὸν ἧττον πεφυκότα, καὶ τὸν οὔπω τελέως δυνάμενον, ἐπὶ πλεῖστον ἴσως διαπορῆσαι χρή. Λέγουσι γάρ τοι καὶ τὸν Σωκράτη πολλοὺς μὲν οὐ σφόδρα ἔχοντας, ἀπαγαγεῖν τοῦ βήματος· Γλαύκωνα δὲ ἐκεῖνον, ὥς Ξενοφῶν λέγει, καὶ τὸν τοῦ Κλεινίου παῖδα, πειραθῆναι μὲν ἐπισχεῖν, οὐ δυ- D νηθῆναι δὲ περιγενέσθαι τοῦ νεανίσκου τῆς ὁρμῆς. ἡμεῖς δὲ καὶ ἄκοντας, καὶ ξυνιέντας αὐτῶν, προσαναγκάσομεν θαρρεῖν ὑπὲρ τηλικούτων κελεύοντες, ὧν οὐκ ἀρετὴ μόνον ἐστὶν, οὐδὲ προαίρεσις κυρία καὶ ὀρθή· πολὺ δὲ πλέον ἡ τύχη κρατοῦσα πανταχοῦ, καὶ βιαζομένη ῥέπειν ἧπερ ἂν ἐθέλῃ τὰ πράγματα. Χρύσιππος δὲ ἔοικε τὰ μὲν ἄλλα σοφὸς εἶναι, καὶ νομισθῆναι δίκαιος· ἀγνοήσας δὲ τὴν τύχην καὶ τὸ αὐτόματον, καί τινας ἄλλας αἰτίας τοιαύτας

* Var. ἐμπλέοντας

τοιαύτας ἔξωθεν τοῖς πραγματικοῖς παρεμπιπτούσας, οὐ σφόδρα ὁμολογούμενα λέγειν, ὡς ὁ χρόνος ἡμᾶς διὰ μακροῦ ἐναργῶν διδάσκει παραδειγμάτων. Πῶς γὰρ εὐτυχῆ καὶ μακάριον Κάτωνα φήσομεν; πῶς δὲ Δίωνα τὸν Σικελιώτην εὐδαίμονα; οἷς τοῦ μὲν ἀποθανεῖν ἔμελεν ἴσως οὐδὲν, τοῦ δὲ μὴ λιπεῖν ἀτελεῖς τὰς πράξεις, ἐφ' ἃς ἐξ ἀρχῆς ὥρμησαν, καὶ σφόδρα ἔμελε, καὶ πάντα ἂν εἵλοντο παθεῖν ὑπὲρ τούτου· σφαλέντας δὲ ἐπ' ἐκείνοις, εἰ μὲν εὐσχημόνως ἔφερον, ὥσπερ οὖν λέγονται, τὴν τύχην, οὐκ ὀδυνώμενοι, παραμυθίαν ἴσχον ἐκ τῆς ἀρετῆς οὐ μικράν· εὐδαίμονες δὲ οὐκ ἂν λέγοιντο, τῶν καλλίστων πράξεων διημαρτηκότες· πλὴν ἴσως διὰ τὴν Στωϊκὴν ἔνστασιν. πρὸς ἣν ῥητέον, ὡς οὐ ταὐτόν ἐστιν ἐπαινεῖσθαι, καὶ μακαρίζεσθαι· καὶ εἰ φύσει τὸ ζῶον εὐδαιμονίας ὀρέγεται, κρεῖττον εἶναι τὸ κατ' ἐκείνην μακαριστὸν τέλος τοῦ κατ' ἀρετὴν ἐπαίνῳ μαρτυρούμενον. ἥκιστα δὲ φιλεῖ τῆς εὐδαιμονίας ἡ βεβαιότης τῇ τύχῃ πιστεύειν. καὶ τοὺς ἐν πολιτείᾳ ζῶντας οὐκ ἔνεστιν ἄνευ ταύτης ἀναπνεῖν, τὸ δὴ λεγόμενον * καὶ πεποιήκασι καὶ στρατηγὸν λόγου. καθάπερ οἱ τὰς ἰδέας εἴτε ἀληθῶς θεωροῦντες, εἴτε καὶ ψευδῶς συντιθέντες, ἐν τοῖς ἀσωμάτοις καὶ νοητοῖς ἱδρῦσθαί που, τῶν τυχαίων ὑπεράνω πάντων ἢ τὸν Διογένους ἐκεῖνον,

Vide Not. & Observat.

Ἄπολιν, ἄοικον, πατρίδος ἐστερημένον,

οὐκ ἔχοντα μὲν εἰς ὅ,τι παρ' αὐτῆς εὖ πάθῃ, καὶ τοὐναντίον ἐπί τῳ σφαλῇ· τοῦτον δὲ ὃν ἡ συνήθεια καλεῖν εἴωθε, καὶ Ὅμηρος πρῶτος·

Iliad. B, v. 25.

Ὧι λαοί τ' ἐπιτετράφαται, καὶ τόσσα μέμηλεν,

πῶς ἄν τις ἔξω τύχης ἀπαγαγὼν [μὴ] θέσιν φυλάττοι; πάλιν δὲ αὐ-

A fas, quæ inter agendum extrinsecus incidunt, ignoraret, non multum iis consentanea dixisse, quæ nos manifestis exemplis longinqui temporis experientia perdocuit. Etenim quo tandem modo beatum felicemque Catonem dicere possumus? quomodo item fortunatum Dionem Siculum? qui mortem quidem ipsam fortasse minime curabant; illud vero præcipue, ut ne affecta & inchoata illa relinquerent, quæ initio susceperant, pro quibus nihil non libenti

B animo pertulissent? Sed cum ejusmodi in rebus spes illos fefellisset, si quidem id quod acciderat moderate ferrent; quemadmodum tulisse dicuntur; non mediocre solatium ex virtute sua capiebant, fortunati vero appellari nullo modo poterant, qui ab tam egregiis conatibus aberrassent; nisi forte secundum Stoicum propositum ac decretum. Contra quod illud excipi potest: non idem esse collaudari, ac beatum prædicari; ac si natura felicitatis appetens est animal,

C beatum ex ejus possessione pronunciari, præstantiorem esse finem, quam ex virtute esse laudabilem. Porro felicitatis securitas nequaquam solet fortunæ confidere: qui autem ad tractandam rempublicam accedunt, ne respirare quidem, quod vulgo dicitur, sine ipsa possunt, * * & ducem sermones fecerunt. Ut qui ideas seu vere contemplantur, seu falso compositas in corporis expertibus & intelligibilibus supra fortuita omnia collocant: aut quemadmodum a Diogene prædicatus ille,

D *urbe, atque tecto penitus, & patria carens,*

qui ut nihil habet, in quo fructum aliquem ex illa capiat; ita e contrario nihil in quo detrimentum accipiat. At is, quem consuetudo ita nominat, & primus omnium Homerus,

cui populi imperium & rerum commissa potestas;

qui tandem ipsum extra fortunæ aleam constituens, iis, quæ in oratione sua posuerat, consentanea loquetur? Rursum cum eundem

dem illi subjeceris, quanto ipsum apparatu, A quantaque prudentia opus habere putabit, ut inclinationes vicissitudinesque fortunæ, quæ in utramque partem accidunt, uti ventorum gubernator, honeste ac decore sustineat? Nec illud duntaxat est admiratione dignum, oppugnantis illius impetus fortiter excipere; sed longe hoc admirabilius est, dignum se illius beneficiis ostendere. His enim maximus rex ille domitor Asiæ captus ac superatus est, qui Dario atque Xerxe a- B speriorem se insolentioremque præstitit, postquam illorum imperium est adeptus. Iisdem telis expugnati sunt Persæ, Macedones, Athenienses, Syracusii, Lacedæmoniorum magistratus, Romanorum duces, innumeri demum Imperatores. Finis nullus erit si singulos percenseam, qui propter divitias, victorias, delitiasque perierunt. At qui calamitatum fluctibus obruti ex liberis servi, ex generosis humiles, & ex splendi- C dissimis vilissimi abjectissimique sunt facti, quid eos tanquam e tabella descriptos commemorare nunc attinet? Utinam hujus generis exemplis humana vita careret! Sed istiusmodi rebus neque vacat hodie, neque vacabit unquam, quamdiu hominum in terris genus existet. Ac ne solus ipse fortunæ summum in rebus gerendis dominatum assignare videar, Platonis tibi verba ex admirabili illo de Legibus opere subjiciam: quæ quanquam apud scientem, imo apud eum, a quo ista ipsa sum edoctus, eloquar; tamen ut hoc argumento palam faciam, nequaquam ex ignavia me ita sentire, illam Platonis sententiam hic adscribam, quæ est ejusmodi: *Deum quidem universa, & cum Deo fortunam & occasionem humana o-*

A τὸν ὑποθέμενος ταύτῃ, πόσης αὐτῷ δεήσεται τῆς παρασκευῆς, καὶ φρονήσεως πηλίκης, τὰς ἐφ' ἑκάτερα ῥοπάς, καθάπερ πνευμάτων κυβερνήτην, εὐσχημόνως φέρειν; Οὐκ ἔστι θαυμαστὸν ἀντιτάξασθαι προσπολεμούσῃ μόνον αὐτῇ· πολὺ δὲ θαυμασιώτερον τῶν ὑπαρξάντων παρ' αὐτῆς ἀγαθῶν ἄξιον φανῆναι. τούτοις ὁ μέγιστος ἑάλω βασιλεὺς ὁ τὴν Ἀσίαν καταστρεψάμενος, Δαρείου καὶ Ξέρξου B χαλεπώτερος, καὶ μᾶλλον ἀλαζὼν φανείς, ἐπειδὴ τῆς ἐκείνων ἀρχῆς κατέστη κύριος. Τούτοις ἁλόντες τοῖς βέλεσιν ἄρδην ἀπώλοντο Πέρσαι, Μακεδόνες, ὁ τῶν Ἀθηναίων δῆμος, Συρακούσιοι, τὰ Λακεδαιμονίων τέλη, Ῥωμαίων στρατηγοί, καὶ ἐπ' αὐτοῖς αὐτοκράτορες μυρίοι. Πολὺ μῆκος ἂν γένοιτο πάντας ἀπαριθμουμένῳ τοὺς διὰ πλοῦτον, καὶ νίκας, καὶ τρυφὴν ἀπολομένους. Ὅσοι δὲ ὑπὸ τῆς δυσπρα- C γίας ἐπικλυσθέντες δοῦλοι μὲν ἀντ' ἐλευθέρων, ταπεινοὶ δὲ ἀντὶ γενναίων, καὶ σφόδρα εὐτελεῖς ἀντὶ τῆς πρόσθεν σεμνότητος ἅπασιν ὤφθησαν, τί με χρὴ νῦν ὥσπερ ἐκ δέλτου μεταγράφοντα καταλέγειν; εἰ γὰρ ὤφελεν ὁ τῶν ἀνθρώπων βίος ἀπορεῖν παραδειγμάτων τοιούτων. Ἀλλ' οὔτε ἔστιν, οὔτ' ἂν γένοιτό ποτε τῶν τοιούτων ἐνδεὴς πραγ- D μάτων, ἕως ἂν τὸ τῶν ἀνθρώπων διαμένῃ γένος. Ὅτι δὲ οὐκ ἐγὼ μόνος τὴν τύχην ἐπὶ πλεῖστον ἐν ταῖς πράξεσι κρατεῖν νενόμικα, λέγοιμ' ἂν ἤδη σοι τὰ τοῦ Πλάτωνος ἐκ τῶν θαυμασίων Νόμων, εἰδότι μὲν καὶ διδάξαντί με· ἀπόδειξιν δὲ ὥσπερ τοῦ μὴ ῥαθυμεῖν ποιούμενος, προσγράψαι σοι τὴν ῥῆσιν οὐδέ πως ἔχουσαν· Θεὸς μὲν πάντα, καὶ μετὰ θεοῦ τύχη καὶ καιρός, τὰ ἀνθρώπινα διακυβερνῶσι ξύμ-

V. al. Συρακούσιοι

Plato lib. IV. de Leg.

πάντα· ἡμερώτερον μὴν τρίτον συγχωρῆσαι, τούτοις δεῖν ἕπεσθαι τέχνην. εἶτα ὁποῖον εἶναι χρὴ τὸν τεχνίτην καὶ δημιουργὸν τῶν καλῶν πράξεων, καὶ βασιλέα θεὸν ὑπογράφων· γνοὺς οὖν ὁ Κρόνος ἄρα καθάπερ ἡμεῖς, φησὶ, διεληλύθαμεν, ὡς ἀνθρωπεία φύσις οὐδαμῇ οὐδεμία ἱκανὴ τὰ ἀνθρώπεια διοικοῦσα αὐτοκράτωρ πάντα, μὴ οὐχ ὕβρεώς τε καὶ ἀδικίας μεστοῦσθαι. ταῦτ' οὖν διανοούμενος, ἐφίστη τότε βασιλέας, καὶ ἄρχοντας ταῖς πόλεσιν ἡμῶν οὐκ ἀνθρώπους, ἀλλὰ γένους θειοτέρου καὶ ἀμείνονος δαίμονας. οἷον νῦν ἡμεῖς δρῶμεν τοῖς ποιμνίοις, καὶ ὅσων ἥμεροί εἰσιν ἀγέλαι· οὐ βοῦς βοῶν, οὐδ' αἶγας αἰγῶν, ἄρχοντας ποιοῦμεν αὐτοῖς τινας· ἀλλ' ἡμεῖς αὐτῶν δεσπόζομεν, ἄμεινον ἐκείνων γένος. ταὐτὸν δὴ καὶ ὁ θεὸς φιλάνθρωπος ὤν, τὸ γένος ἄμεινον ἡμῶν ἐφίστη τὸ τῶν δαιμόνων· ὃ διὰ πολλῆς μὲν αὐτοῖς ῥᾳστώνης· [διὰ] πολλῆς δ' ἡμῖν, ἐπιμελούμενον ἡμῶν, εἰρήνην τε, καὶ αἰδῶ, καὶ δὴ ἀφθονίαν δίκης παρεχόμενον, ἀστασίαστα καὶ εὐδαίμονα τὰ τῶν ἀνθρώπων ἀπειργάζετο γένη. Λέγει δὲ καὶ νῦν οὗτος ὁ λόγος ἀληθείᾳ χρώμενος, ὅσων πόλεων μὴ θεὸς, ἀλλά τις ἄρχει θνητὸς, οὐκ ἔστι κακῶν αὐτοῖς οὐδὲ πόνων ἀνάφυξις. ἀλλὰ μιμεῖσθαι δεῖν ἡμᾶς οἴεται πάσῃ μηχανῇ, τὸν ἐπὶ τοῦ Κρόνου λεγόμενον βίον· καὶ ὅσον ἐν ἡμῖν ἀθανασίας ἔνεστι, τούτῳ πειθομένους δημοσίᾳ καὶ ἰδίᾳ, τάς τε οἰκήσεις, καὶ τὰς πόλεις διοικεῖν, τὴν τοῦ νοῦ διανομὴν ὀνομάζοντας νόμον. εἰ δὲ ἄνθρωπος εἷς, ἢ ὀλιγαρχία τις, ἢ δημοκρατία ψυχὴν ἔχουσα ἡδονῶν, καὶ ἐπιθυμιῶν ὀρεγομένην, καὶ πληροῦσθαι τούτων δεομένην, ἄρξει δὴ πόλεως τινὸς ἢ ἰδιώτου, καταπατήσας τοὺς νόμους οὐκ ἔστι σωτηρίας μηχανή. Ταύτην ἐγώ σοι τὴν ῥῆσιν ἐξεπίτηδες

A *mnia gubernare; mitius vero esse tertium concedere, artem illis adjungi comitem oportere.* Deinde qualem esse praeclarorum facinorum effectorem, & opificem, ac regem Deum oporteat, ita declarat: *Cum igitur Saturnus*, inquit, *cognosceret, id quod antea diximus, naturam hominis nullam satis idoneam esse, quae si summo jure auspiciisque suis humana omnia gubernet, non insolentia injustitiaque compleatur; hoc, inquam, animo cogitans, reges tunc nostris civitatibus & magistratus non homines praefecit, sed divinioris cujusdam naturae praestantiorisque* B *daemones: quemadmodum nos in gregibus ac mansuetarum pecudum armentis facimus. Non enim boves bubus, neque capras capris praeesse jubemus; sed nos ipsi, qui praestantioris sumus generis, illis dominamur. Similiter Deus, ut est hominum amans, excellentius quoddam nobis genus praesidere voluit, quod ingenti tum sua tum nostra facilitate ac commoditate, nostri curam suscipiens, nec non pacem ac pudorem & abundantem justitiae copiam praebens, genus* C *omne mortalium quiete ac felicitate continebat. Atque ea nunc quidem illud veritati consentaneum profitetur oratio: quibus regendis civitatibus non Deus ipse, sed mortalis quispiam praesit, nullam iis unquam a laboribus ac molestiis respirationem futuram. Quamobrem omni ope nobis imitandum vitae genus illud praecipit, quod sub Saturno fuisse vetere proverbio contritum est: ac pro eo, quantum immortalitatis in nobis reliquum* D *est, ex ejus praescripto, publice privatimque domos ac civitates administrandas; ut νόμον, id est, legem, mentis distributionem interpretemur. Sin est, ut unus aliquis homo, sive pauci, sive populi multitudo, summam rerum penes se habeant; iidemque voluptatibus, & cupiditatibus deditas animas suas, iis ipsis explere gestiant, & proculcatis legibus civitati alicui, vel privato homini praesint; nulla ratio superest obtinendae salutis.* Hunc Platonis locum integrum tibi eo consilio

A filio descripsi, ne me dissimulantem & adulterantem crederes veterum dicta proferre; quæ ut eorum fortasse similia, sic non omnino vere contexta videantur. Verum quid iis de rebus verus sermo profitetur? Audis quemadmodum, licet homo naturæ conditione sit, animo illum ac proposito divinum esse ac dæmonem oporteat: ut ex anima sua quicquid mortale ac ferinum est ejiciat, nisi quantum de illarum rerum usu corporis salus ac necessitas requirit? Hæc B si quis cum animo suo reputans, ad tam arduum vitæ genus trahi sese vereatur, num tu tandem amplectendam illam Epicuri tranquillitatem, hortos, Atheniensium suburbana, myrtos, ac Socratis cubiculum existimas? At ego numquam ista visus sum laboribus anteferre. Et quidem labores illos meos & ærumnas tibi perlibenter exponerem, quique mihi quondam ab amicis & cognatis terrores objecti sint, cum a- C pud vos primum doctrinis instituerer, nisi penitus tibi essent illa perspecta. Sed quæ in Ionia apud genere mihi propinquum, sed amicitia conjunctiorem, in peregrini, neque mihi multum cogniti hominis, Sophistæ videlicet illius, gratiam egi, profecto non ignoras. Quid? non amicorum causa peregre sum profectus? Nam & de Carterio nosti, quemadmodum ad sodalem meum Araxium sponte nec vocatus adierim, ut il- D lum adjuvarem, proque ipso supplicarem. Jam pro egregiæ Aretæ bonis, & injuriis quas a vicinis acceperat, nonne bis intra menses duos in Phrygiam veni; quamvis ex morbo priori defatigatione contracto plane imbecillum corpus haberem? Postremo ante interjectam illam meam profectionem in Græciam, quando in extremum, ut plerique dicerent, discrimen adductus in co-

A ὅλην παραγραψάμην, μή με πλάττειν ὑπολάβῃς, καὶ κακουργεῖν, μύθους ἀρχαίους προφέροντα· τυχὸν μὲν, ἐμφερεῖς. οὐ μὴν ἀληθῶς πάντη ξυγκειμένους. Ἀλλ' ὅ γε ἀληθὴς ὑπὲρ αὐτῶν λόγος τί φησιν; ἀκούεις ὅτι κἂν ἄνθρωπός τις ᾖ τῇ φύσει, θεῖον εἶναι χρὴ τῇ προαιρέσει, καὶ δαίμονα, πᾶν ἁπλῶς ἐκβαλόντα τὸ θνητὸν καὶ θηριῶδες τῆς ψυχῆς· πλὴν ὅσα B ἀνάγκη διὰ τὴν τοῦ σώματος παραμένειν σωτηρίαν; Ταῦτα εἴ τις ἐννοῶν δέδοικεν ἐπὶ τηλικοῦτον ἑλκόμενος βίον, ἆρά σοι φαίνεται τὴν Ἐπικούρειον θαυμάζειν ἀπραγμοσύνην, καὶ τοὺς κήπους, καὶ τὸ προάστειον τῶν Ἀθηνῶν, καὶ τὰς μυρρίνας, καὶ τὸ Σωκράτους δωμάτιον; ἀλλ' οὐκ ἔστιν ὅπου γε ἐγὼ ταῦτα προτιμήσας τῶν πόνων ὤφθην. ἥδιστα ἄν σοι τοὺς ἐμαυτοῦ πόνους διεξῆλθον, καὶ τὰ ἐπαρτηθέντα παρὰ τῶν φίλων, καὶ ξυγγενῶν, ὅτε τῆς παρ' ὑμῖν ἠρχόμην C παιδείας, δείγματα, εἰ μὴ σφόδρα αὐτὸς ἠπίστασο. (Leg. δεί-ματα) Τὰ δὲ ἐν Ἰωνίᾳ πρὸς ἄνδρα τῷ καὶ γένει προσήκοντα, καὶ φιλίᾳ μᾶλλον οἰκεῖον ὄντα, μοι πραχθέντα πρότερον ὑπὲρ ἀνδρὸς ξένου μικροῦ παντελῶς γνωρίμου μοι γενομένου, τοῦ σοφιστοῦ φημι, λέληθεν οὐδέ σε. ἀποδημίας δὲ οὐχ ὑπέστην τῶν φίλων ἕνεκα; καί τοι Καρτερίῳ μὲν οἶσθ' ὅπως συνηράμην πρὸς τὸν ἑταῖρον ἡμῶν Ἀράξιον, ἄκλητος ὑπὲρ δὲ D αὐτοῦ δεησόμενος. Ὑπὲρ δὲ τῶν τῆς θαυμασίας Ἀρετῆς κτημάτων, καὶ ὧν ἐπεπόνθει παρὰ τῶν γειτόνων, οὐκ εἰς τὴν Φρυγίαν τὸ δεύτερον ἀφικόμην, ἐν οὐδὲ ὅλοις μησὶ δύο, ἀσθενῶς ἤδη μου παντελῶς ὄντος τοῦ σώματος διὰ τὴν ἐγγενομένην ὑπὸ τῆς προτέρας κακοπαθείας ἀρρωστίαν; Ἀλλὰ δὴ τὸ τελευταῖον πρὸ τῆς εἰς τὴν Ἑλλάδα διαγενομένης ἡμῖν ἀφίξεως, ὅτι περὶ τῶν ἐσχάτων, ὡς ἂν εἴποιεν οἱ πολλοὶ, κινδυνεύων ἐγὼ τῷ στρατοπέδῳ παρέμενον, ὁποίας ἔγραφον τὰς ἐπιστολὰς πρὸς σέ, νῦν ὑπομνήσθητι, μή ποτε ὀδυρμῶν πλήρη, μή τι μικρὸν, ἢ ταπεινὸν, ἢ λίαν ἀγεννὲς ἐχούσας. Ἀπιὼν δ' ἐπὶ τὴν Ἑλλάδα πάλιν, ὅτε με φεύγειν ἐνόμιζον πάντες, οὐχ ὡς ἐν ἑορτῇ τῇ μεγίστῃ τὴν τύχην ἐπαινῶν, ἡδίστην ἔφην εἶναι τὴν ἀμοιβὴν ἐμοὶ, καὶ τὸ δὴ λεγόμενον, χρύσεια χαλκείων ἑκατόμβοι ἐννεαβοίων ἔφην ἀντηλλάχθαι, οὕτως ἀντὶ τοῦ ἐμαυτοῦ ἑστίας τὴν Ἑλλάδα λαχὼν, ἐγανύμην, οὐκ ἀγρὸν, οὐ, κῆπον οὐ δωμάτιον ἐκεῖ κεκτημένος. Ἀλλὰ ἴσως ἔοικα ἐγὼ τὰς μὲν δυσπραγίας οὐκ ἀγεννῶς φέρειν, πρὸς δὲ τὰς παρὰ τῆς τύχης δωρεὰς ἀγεννής τις εἶναι, καὶ μικρός; ὅς γε ἀγαπῶ τὰς Ἀθήνας μᾶλλον τοῦ νῦν περὶ ἡμᾶς ὄγκου, καὶ σχολὴν δή πουθεν ἐκείνην ἐπαινῶ· διὰ δὲ τὸ πλῆθος τῶν πράξεων, τοῦτον αἰτιώμενος τὸν βίον. Ἀλλὰ μή ποτε χρὴ περὶ ἡμῶν ἄμεινον κρίνειν, οὐκ εἰς ἀπραξίαν, καὶ πρᾶξιν βλέποντας· μᾶλλον δὲ, εἰς τὸ, γνῶθι σαυτόν· καὶ τὸ,

Ἔρδοι δ' ἕκαστος ἥν τιν' εἰδείη τέχνην.

Μεῖζον ἔμοιγε φαίνεται τὸ βασιλεύειν, ἢ κατ' ἄνθρωπον, καὶ φύσεως δεῖσθαι δαιμονιωτέρας βασιλεύς· ὥσπερ οὖν καὶ Πλάτων ἔλεγε, καὶ νῦν Ἀριστοτέλους εἰς ταὐτὸ συντείνοντα παραγράψω λόγον· οὐ γλαῦκα Ἀθηναίοις ἄγων; ἀλλ' ὅτι μὴ παντάπασιν ἀμελῶ τῶν ἐκείνου λόγων, δεικνύμενος. Φησὶ δὲ ὁ ἀνὴρ ἐν τοῖς πολιτικοῖς συγγράμμασιν· εἰ δὲ δή τις ἄριστον θείη τὸ βασιλεύεσθαι ταῖς πόλεσι, πῶς ἕξει τὰ παρὰ τῶν τέκνων; πότερον καὶ

'Aristot. lib. III. Polit. cap. XV.

A mitatu manebam; recordare cujusmodi ad te dederim litteras, utrum querelis ac gemitibus refertas, aut pusillum præ se animum & abjectum ac nimis obnoxium ferentes. Cum autem rursus in Græciam abiissem; quam quidem relegationem omnes interpretabantur; nonne velut in celeberrimo quodam festo, fortunam collaudans, jucundissimam mihi commutationem illam esse dixi; ac revera id quod vetere proverbio contritum, & aurea me æneis, centum bobus æstimata septenorum boum precio B permutasse? Sic pro domo mea Græciam nactus, lætitia gestiebam, cum nec agrum illic, nec hortum, neque domicilium possiderem. Atenim fortasse in tolerandis calamitatibus utcunque strenuus esse videor; adversus fortunæ autem dona pusillo & angusto animo præditus? utpote qui pompæ illi ac splendori, in quo modo versor, Athenas idcirco præferam, quod & antiquum illud otium collaudem, & præ negociorum multitudi- C ne præsens vitæ genus accusem. Sed vide num de nobis melius judicari aliquid oporteat; si non ad otium aut negotium respectus habeatur, sed ad vetus illud, *Nosce teipsum*: &,

Quam quisque novit artem, in ea se exerceat.

Enimvero majus quiddam, quam pro humano captu, mihi onus imperandi videtur cum Imperatori ipsi diviniore aliqua opus esse natura. Quod Plato dicebat: cu- D jus auctoritati aliud Aristotelis, quod eodem pertinet, testimonium subjungam: non ut noctuas, quod aiunt, Athenas; sed ut illius mihi libros non omnino neglectui esse demonstrem. Sic igitur in Politicis ille loquitur: *Si quis igitur optimum civitatibus esse decernat, regis dominatui subesse; quid tandem de ipsius liberis statuendum erit? An & ejus posteris sceptra deferenda sunt? Atqui si cujus-*

si cujuscemodi tandem fuerint, asciscendi sunt, perniciosum id erit. At cum in potestatem suam regnum acceperit, non id filiis relinquet? At difficile est credere: arduum est enim, & majorem, quam pro hominis natura, virtutem requirit. Postea vero de eo rege verba faciens, qui ex lege imperat; cum ejusmodi esse definisset, qui legum minister sit & custos; cum ne regem quidem appellasset ipsum, neque talem ad formam referendum putasset, ista subjecit: *De absoluto vero regni dominatu, quam παμβασιλείαν vocant; tum est autem, cum rex ad voluntatem suam omnia moderatur; sunt qui negent id secundum naturam esse, ut unus civium omnium dominus existat. Etenim quorum similis est natura, idem iis justum sit oportet.* Deinde paucis interjectis: *Quisquis igitur*, inquit, *mentem imperare jubet, hic Deo legibusque solis dominatum adscribit; quisquis autem imperium mandat homini, etiam feram adjungit. Cupiditas enim ejusmodi est, & ira vel praestantissimos viros depravare solet. Propterea lex est mens appetitione vacua.* Animadvertis, ut Philosophus hic humanae naturae diffidere, & eam condemnare videatur. Sic enim totidem verbis fere pronunciat; nullam ad tantum fortunae splendorem sustinendum satis idoneam hominis esse naturam. Neque enim commune civium omnium bonum anteferre liberis facile esse putat homini; ac multis simili natura praeditis imperare justum esse non existimat. Denique omnibus superioribus colophonem imponens, legem definit *mentem appetitione carentem*; cui soli reipublicae committenda sit administratio, quam virorum nemini tribuendā judicat. Nam quae in illis mens inest, etiamsi ipsi sint boni, ira & cupiditate, immanissimis feris implicata detinetur. Haec Aristotelis decreta nihil a Platonicis abhorrere mihi videntur: primum quidem quod principem subjectis sibi praestare non animi

A τὸ γένος δεῖ βασιλικόν; ἀλλὰ γιγνομένων ὁποῖοί τινες ἔτυχον, βλαβερόν· ἀλλ' οὐ παραδώσει κύριος ὢν τέκνοις; ἀλλ' οὐκ ἔτι ῥᾴδιον τοῦτο πιστεῦσαι· χαλεπὸν γὰρ καὶ μείζονος ἀρετῆς ἢ κατ' ἀνθρωπίνην φύσιν. Ἑξῆς δὲ περὶ τοῦ κατὰ νόμον λεγομένου βασιλέως διεξελθὼν, ὃς ἐστιν ὑπηρέτης καὶ φύλαξ τῶν νόμων· καὶ τοῦτον οὐδὲ βασιλέα καλῶν, οὐδὲ τὸ τοιοῦτον εἶδος οἰόμενος, προστίθησι· Περὶ δὲ τῆς παμ- Idem cap. xvi.
B βασιλείας καλουμένης· αὕτη δ' ἐστὶ καθ' ἣν ἄρχει πάντων κατὰ τὴν αὑτοῦ βούλησιν ὁ βασιλεύς· δοκεῖ τισιν οὐδὲ [τὸ] κατὰ φύσιν εἶναι τὸ κύριον ἕνα πάντων εἶναι τῶν πολιτῶν· τοῖς γὰρ ὁμοίοις φύσει τὸ αὐτὸ δίκαιον ἀναγκαῖον εἶναι. εἶτα μετ' ὀλίγον φησίν· Ὁ μὲν οὖν τὸν νοῦν κελεύων ἄρχειν, δοκεῖ κελεύειν ἄρχειν τὸν θεὸν καὶ τοὺς νόμους· ὁ δὲ ἄνθρωπον κελεύων, προστίθησι καὶ θηρίον. ἥ τε γὰρ ἐπι-
C θυμία τοιοῦτον, καὶ ὁ θυμὸς διαστρέφει καὶ τοὺς ἀρίστους ἄνδρας· διόπερ ἄνευ ὀρέξεως ὁ νοῦς νόμος ἐστίν. Ὁρᾷς, ὁ φιλόσοφος ἔοικεν ἐνταῦθα σαφῶς ἀπιστοῦντι, καὶ καταγνωκότι τῆς ἀνθρωπίνης φύσεως. Φησὶ γὰρ οὕτω ῥήματι τοῦτο λέγων· οὐδεμίαν ἀξιόχρεων εἶναι φύσιν ἀνθρωπίνην πρὸς τοσαύτης τύχης ὑπεροχήν· ὅτε γὰρ τῶν παίδων τὸ κοινῇ τοῖς πολίταις συμφέρον προτιμᾶν ἄνθρωπόν γε ὄν-
D τα ῥᾴδιον ὑπολαμβάνει· καὶ πολλῶν ὁμοίων ἄρχειν οὐ δίκαιον εἶναί φησι· καὶ τέλος ἐπιθεὶς τὸν κολοφῶνα τοῖς ἔμπροσθεν λόγοις, νόμον μὲν εἶναί φησι τὸν νοῦν χωρὶς ὀρέξεως· ᾧ μόνῳ τὰς πολιτείας ἐπιτρέπειν χρῆναι, ἀνδρῶν δὲ οὐδενί. ὁ γὰρ ἐν αὐτοῖς νοῦς, κἂν ὦσιν ἀγαθοί, συμπέπλεκται θυμῷ καὶ ἐπιθυμίᾳ, θηρίοις χαλεπωτάτοις. Ταῦτα ἐμοὶ δοκεῖ τοῖς τοῦ Πλάτωνος ἄκρως ὁμολογεῖν. πρῶτον μὲν, ὅτι

κρείττονα χρὴ τὸν ἀρχομένων εἶναι τὸν ἄρχοντα, οὐκ ἐπιτηδεύσει μόνον, ἀλλὰ καὶ φύσει διαφέροντα· ὅπερ εὑρεῖν ἐν ἀνθρώποις οὐ ῥᾴδιον. καὶ τρίτον, ὅτι πάσῃ μηχανῇ κατὰ δύναμιν νόμοις προσεκτέον, οὐκ ἐκ τοῦ παραχρῆμα κειμένοις, οὐδέ, ὡς ἔοικεν, νῦν τεθεῖσιν ὑπ' ἀνδρῶν οὐ πάντη κατὰ νοῦν βεβιωκότων· ἀλλ' ὅστις μᾶλλον τὸν νοῦν καθαρθεὶς καὶ τὴν ψυχήν, οὐκ εἰς τὰ παρόντα ἀφορῶν ἀδικήματα, οὐδὲ εἰς τὰς παρεστώσας τύχας τίθησι τοὺς νόμους· ἀλλὰ τὴν τῆς πολιτείας φύσιν καταμαθών, καὶ τὸ δίκαιον ὅ ἐστι τῇ φύσει, καὶ τὸ ποταπὸν τἀδίκημα τεθεαμένος τῇ φύσει, εἶθ' ὅσα δυνατόν ἐστι, ἐκεῖθεν ἐνταῦθα μεταφέρων, καὶ τιθεὶς νόμους τοῖς πολίταις κοινούς· οὔτε εἰς φιλίαν, οὔτε εἰς ἔχθραν ἀφορῶν, οὔτε εἰς γείτονα, καὶ ξυγγενῆ. κρεῖττον δέ, εἰ μηδὲ τοῖς καθ' ἑαυτὸν ἀνθρώποις, ἀλλὰ τοῖς ὕστερον, ἢ ξένοις γράψας, ἀποπέμποι νόμους, ἔχων γε οὐδέν, οὐδὲ ἐλπίζων πρὸς αὐτοὺς ἕξειν ἰδιωτικὸν συνάλλαγμα. Ἐπεὶ καὶ τὸν Σόλωνα τὸν σοφὸν ἀκούω μετὰ τῶν φίλων συμβουλευσάμενον ὑπὲρ τῆς τῶν χρεῶν ἀναιρέσεως, τοῖς μὲν εὐπορίας ἀφορμήν, αὑτῷ δὲ αἰσχύνης αἰτίαν παρασχεῖν· καὶ ταῦτα τῷ πολιτεύματι τὸν δῆμον ἐλευθερώσαντα. Οὕτως οὐ ῥᾴδιόν ἐστι τὰς τοιαύτας ἐκφυγεῖν κῆρας, κἂν τὸν αὑτοῦ νοῦν παράσχῃ τις ἀπαθῆ πρὸς τὴν πολιτείαν.

Ἃ δεδιὼς ἐγὼ πολλάκις, εἰκότως ἐπαινῶ τὸν ἔμπροσθεν βίον. καί σοι πειθόμενος μάλιστα ταῦτα ἐγὼ διανοοῦμαι· οὐχ ὅτι μοι τὸν ζῆλον πρὸς ἐκείνους μόνον ἔφης προκεῖσθαι τοὺς ἄνδρας, Σόλωνα, καὶ Λυκοῦργον, καὶ Πιττακόν· ἀλλὰ καὶ ὅτι μεταβῆναί με φῂς ἐκ τῆς ὑποστέγου φιλοσοφίας, πρὸς τὴν ὕπαιθρον. Ὥσπερ ἂν εἰ τῷ χαλεπῶς, καὶ μόλις ὑγιείας ἕνεκα

A duntaxat ſtudiis oportere, ſed etiam naturæ ipſius conditione, ſentiat; quod inter homines reperire difficile eſt. Tertium item, quod omni ope, proque viribus obtemperandum ſit legibus: quæ non ſubito conſtitutæ, neque nunc primum conditæ ſunt ab iis, quorum vita nequaquam mente ac ratione gubernaretur; ſed ab eo latæ, qui purgatiori mente animoque præditus, non ad præſentia tantum ſcelera fortunasque reſpiciens, illas edidit; verum omni prius adminiſtrandæ reipublicæ ratione perſpecta, ac jus ipſum, cujusmodi ſuapte natura ſit, quale

B item crimen, intuens, & eo quantum poteſt illinc derivans, communia civibus omnibus decreta ſanxit; cum nec ad privatas ſimultates, neque ad viciniatis aut cognationis neceſſitudinem reſpectum haberet. Et quidem eo meliores decernet, quo ne iis quidem ipſis quibuscum degit, ſed poſteris, aut certe peregrinis ea præſcribet, ad eosque mittet; quibus cum privatum nullum commercium habuerit unquam,

C neque ſe poſtmodum ſperet habiturum. Nam de Solone illo ſapiente ſic accepimus, cum de novis tabulis inſtituendis cum amicis deliberaſſet, iis quidem opum comparandarum occaſionem dediſſe, ſibi ipſi vero invidiam & infamiam attuliſſe; quamvis ita rempublicam ordinaſſet, uti populum in libertatem aſſereret. Usqueadeo peſtes illas evitare difficile eſt, quantumvis aliquis liberum ab omni perturbatione animum ad

D rempublicam tractandam afferat.

Quæ cum ſæpe mihi vereri ſubeat in mentem, veterem illum vitæ meæ ſtatum merito collaudare ſoleo, atque hoc tibi præſertim obſequens apud me cogito: non ſolum quod inſignes illos viros mihi ad æmulandum propoſitos eſſe dixiſti, Solonem, Lycurgum, & Pittacum; ſed etiam quod me ab umbratili ac domeſticis ſeptis incluſa Philoſophia, in apertam publiceque propoſitam transferri putaſti. Ut ſi cupiam homini, qui ſe domi, valetudinis tuendæ gratia,

tia, ægre ac mediocriter exerceret, ita denunciares: Nunc tu ad Olympiam venisti, & a privata ac domestica palæstra, in Jovis stadium prodire cœpisti: in quo spectatores habebis, cum Græcos omnes undique confluentes, ac populares inprimis tuos, pro quibus subeundum est tibi certamen; tum Barbaros nonnullos, quos in stuporem debes adducere, ut, quantum in te situm est, terribiliorem patriam tuam illis efficias. Hæc si tu illi diceres, statim ejus consternares animum, ac vel ante certamen ipsum terrore concuteres. Eodem itaque modo tuis illis me sermonibus affectum puto. Verum tu me istis de rebus, sive in præsentia recte judicem, sive partim ab eo, quod conveniens est, sive penitus aberrem; subinde ipse docebis.

Quæ vero in epistola tua posuisti, de quibus dubitare mihi succurrit, ea tibi, carissime ac cumprimis observande, libet exponere. Volo enim de iis aliquid a te clarius, apertiusque cognoscere. Nam cum vitæ genus illud, quod in actione versatur, philosophico antelerre te dixisses; tum ejus sententiæ testem Aristotelem citasti, qui felicitatem in eo quod recte agatur sitam putavit: quin idem quoque politicæ vitæ, ejusque quæ sita est in actione, discrimen considerans, nonnihil, ut ais, ea de re dubitavit. Quippe contemplationem alias anteponit; ibi vero præclarorum architectos facinorum commendat. Ex eo porro genere Imperatores esse definis ipse. Aristoteles vero nusquam hæc quæ adjungis verba pronunciat: imo contrarium potius ex iis quæ adscribis potest intelligi. Hæc enim: *Inprimis autem agere dicimus, & eorum quæ extrinsecus geruntur auctores appellamus eos, qui id mente animoque velut architecti moliuntur*; in legum latores, ac politicos Philosophos, & omnes adeo, qui mente ac ratione quippiam gerunt, magis quam ad effectores ipsos, ac civilium re-

A τῆς αὐτοῦ γυμναζομένου μετρίως αὐτὸν δὴ προὔλεγες· ὅτι νῦν ἥκεις εἰς Ὀλυμπίαν, καὶ μεταβέβηκας ἐκ τῆς ἐν τῷ δωματίῳ παλαίστρας ἐπὶ τὸ στάδιον τοῦ Διός· οὗ θεατὰς ἕξεις τούς τε ἁπανταχόθεν Ἕλληνας, καὶ πρώτους γε τοὺς σαυτοῦ πολίτας, ὑπὲρ ὧν ἀγωνίζεσθαι χρή· τινὰς δὲ καὶ τῶν Βαρβάρων, οὓς ἐκπλῆξαι χρεών, φοβερωτέραν αὐτοῖς τὴν πατρίδα, τό γε εἰς σὲ νῦν ἧκον ἐπιδείξαντα· κατέβαλες ἂν εὐθέως, καὶ τρέμειν ἐποίησας

B πρὸ τῆς ἀγωνίας. Οὕτω κἀμὲ νῦν νόμιζε διατεθῆναι τοῖς τοιούτοις λόγοις. καὶ περὶ μὲν τούτων εἴτε ὀρθῶς ἔγνωκα νῦν· εἴτε ἐν μέρει σφάλλομαι τοῦ προσήκοντος· εἴτε καὶ παντὸς διαμαρτάνω· διδάξεις αὐτός τε κ̓ μάλα.

Ὑπὲρ δὲ ὧν ἀπορῆσαί μοι πρὸς τὴν ἐπιστολὴν τὴν σὴν παρέστη ὦ, φίλη κεφαλὴ καὶ πάσης ἔμοιγε τιμῆς ἀξία, βούλομαι δηλῶσαι. σαφέστερον γάρ

C πως ὑπὲρ αὐτῶν ἐπιθυμῶ μαθεῖν· ἔφησθ' ἅπαν τὸν ἐν τῇ πράξει παρὰ τὸν φιλόσοφον ἐπαινεῖς βίον. καὶ τὸν Ἀριστοτέλη τὸν σοφὸν ἐκάλεις μάρτυρα, τὴν εὐδαιμονίαν ἐν τῷ πράττειν εὖ τιθέμενον· καὶ τὴν διαφορὰν σκοποῦντα τοῦ τε πολιτικοῦ βίου, καὶ τῆς ἐν τῇ θεωρίᾳ ζωῆς, διαπορεῖν ἄττα περὶ αὐτῶν· καὶ τὴν μὲν θεωρίαν ἐν ἄλλοις προτιμᾶν, ἐπαινεῖν δὲ ἐνταῦθα τοὺς τῶν καλῶν πράξεων ἀρχιτέκτονας. τούτους

D δὲ αὐτὸς μὲν εἶναί φῃς τοὺς βασιλέας· Ἀριστοτέλης δὲ εἴρηκεν οὐδαμοῦ κ̓ τὴν ὑπὸ σοῦ προστεθεῖσαν λέξιν πλέον δὲ θάτερον, ἐξ ὧν παραγέγραφας, ἄν τις νοήσειε. τὸ γάρ· μάλιστα δὲ πράττειν λέγομεν κυρίως, καὶ τῶν ἐξωτερικῶν πράξεων τοὺς τῇ διανοίᾳ ἀρχιτέκτονας· εἰς τοὺς νομοθέτας, καὶ τοὺς πολιτικοὺς φιλοσόφους, κ̓ πάντας ἁπλῶς τοὺς νῷ τε καὶ λόγῳ πράττοντας, οὐχὶ δὲ εἰς τοὺς αὐτουργοὺς, κ̓ τῶν πολι-

πολιτικῶν πράξεων ἐργάτας εἰρῆσθαι κυρίως. οἷς οὐκ ἀπόχρη μόνον ἐνθυμηθῆναι, καὶ κατανοῆσαι, καὶ τὸ πρακτέον τοῖς ἄλλοις φράσαι· προσήκει δὲ αὐτοῖς ἕκαστα μεταχειρίζεσθαι, καὶ πράττειν, ὧν οἱ νόμοι διαγορεύουσι, καὶ πολλάκις οἱ καιροὶ προσαναγκάζουσι· Πλὴν εἰ μὴ τὸν ἀρχιτέκτονα καλοῦμεν, καθάπερ Ὅμηρος τὸν Ἡρακλέα καλεῖν εἴωθεν ἐν τῇ ποιήσει, μεγάλων ἐπιίστορα ἔργων, αὐτουργὸν τούτων ἁπάντων γενόμενον. Εἰ δὲ τοῦτο ἀληθὲς ὑπολαμβάνομεν, ἢ καὶ μόνους τοὺς ἐν τῷ πράττειν τὰ κοινὰ φαμὲν εὐδαίμονας, κυρίους ὄντας, καὶ βασιλεύοντας πολλῶν, τί ποτε περὶ Σωκράτους ἐροῦμεν; Πυθαγόραν δὲ καὶ Δημόκριτον, καὶ τὸν Κλαζομένιον Ἀναξαγόραν ἴσως διὰ τὴν θεωρίαν καὶ ἄλλο φήσεις εὐδαίμονας· Σωκράτης δὲ τὴν θεωρίαν παραιτησάμενος, καὶ τὸν πρακτικὸν ἀγαπήσας βίον, οὐδὲ τῆς γαμετῆς ἦν τῆς αὐτοῦ κύριος, οὐδὲ τοῦ παιδός. ἧπου γε δυοῖν ἢ τριῶν πολιτῶν ἐκεῖνος κρατεῖν ὑπῆρχεν. ἆρ' οὖν οὐκ ἦν ἐκεῖνος πρακτικός, ἐπεὶ μηδενὸς ἦν ἐκεῖνος κύριος. Ἐγὼ μὲν τὸν Ἀλεξάνδρου φημὶ μείζονα τὸν Σωφρονίσκου κατεργάσασθαι· τὴν Πλάτωνος αὐτῷ σοφίαν ἀνατιθείς· τὴν Ξενοφῶντος στρατηγίαν· τὴν Ἀντισθένους ἀνδρείαν· τὴν Ἐρετρικὴν φιλοσοφίαν· τὴν Μεγαρικήν· τὸν Κέβητα· τὸν Σιμμίαν· τὸν Φαίδωνα· μυρίους ἄλλους. καὶ οὔπω φημὶ τὰς γενομένας ἡμῖν ἔνθεν ἀποικίας· τὸ Λύκειον· τὴν Στοάν· τὰς Ἀκαδημίας. Τίς οὖν ἐσώθη διὰ τὴν Ἀλεξάνδρου νίκην; τίς πόλις ἄμεινον ᾠκήθη; τίς αὐτοῦ γέγονε βελτίων ἰδιώτης ἀνήρ; πλουσιωτέρους μὲν γὰρ πολλοὺς ἂν εὕροις, σοφώτερον δὲ οὐδένα καὶ σωφρονέστερον· οὐδὲ αὐτὸν αὐτοῦ· εἰ μὴ καὶ μᾶλλον ἀλαζόνα καὶ ὑπερόπτην. ὅσοι δὲ σώζονται νῦν ἐκ φιλοσοφίας, διὰ τὸν Σωκράτη σώζονται. Καὶ τοῦτ' οὐκ ἐγὼ

Odyss. φ.

[A] rum velut operarios, convenire videtur: quibus non satis est cogitare, cumque animo suo pertractare, & quod agendum est aliis eloqui, sed aggredienda per se sunt & obeunda singula, quæ vel leges præscribunt, vel tempora ipsa necessario flagitant. Nisi forte architectum ita vocamus, ut Homerus Herculem appellare solet *magnorum facinorum scientem*; quem constat operum omnium effectorem inprimis & opificem fuisse. Quod si verum nos arbitramur, aut illos etiam felices duntaxat putamus, qua-[B]tenus publicam rem administrant, tanquam multorum dominos, ac principes; de Socrate quid tandem dicemus? Nam Pythagoram, ac Democritum, & Clazomenium Anaxagoram, propter rerum contemplationem, cui se dediderant, alia ratione felices fortasse judicabis. At Socrates repudiata contemplatione, cum actuosum vitæ genus esset amplexus, ne uxori quidem suæ, vel filio dominari poterat; nedum duos tresve cives continere potuisset. Quocir-[C]ca si vera est illa tua ratio, actuosus Socrates non fuerit, ut qui nullius unquam dominus fuerit. At ego istum ipsum Sophronisci filium majora quam Alexandrum fecisse non dubito. Huic enim & Platonis sapientiam tribuo, & Xenophontis exercitus ducendi peritiam, & Antisthenis fortitudinem, & Eretricam ac Megaricam sectam, Cebetem insuper, & Simmiam, ac Phædonem, cum innumerabilibus aliis. Nondum istas, quæ nobis inde propagatæ sunt, colo-[D]nias percenseo: Lyceum, Porticum, & Academias. Quinam hodie salutem Alexandri victoria peperit? quæ propter illam melius est administrata civitas? quis privatorum seipso factus est præstantior? Nam ditiores qui facti sint, permultos invenies; qui sapientior, temperantiorve sit aliis vel seipso redditus, reperies neminem: imo potius, qui insolentior & arrogantior evaserit. At quicunque modo salutis compotes sunt, eam beneficio Socratis assequuntur. Hoc vero

vero non ego solus, sed & Aristoteles antea in animo videtur habuisse, cum ita diceret: non minus ingentes se animos ob theologicum, quod lucubrarat, opus, gerere oportere, quam illum qui Persarum opes everterat. Quod is recte mihi cogitasse videtur. Etenim vincere, fortitudinis est atque casus: adde, si lubet, & solertis cujusdam prudentiæ. Veras autem de Deo opiniones suscipere, non perfectæ solum virtutis est; sed ejusmodi, ut dubitari merito possit, vir an Deus ille sit appellandus. Si enim recte illud usurpatum est: unumquodque ita comparatum esse, ut ab iis, quæ sibi cognata sunt, cognitione capiatur; qui divinam naturam cognorit, is haud immerito mens esse censeatur. Sed quoniam rursus ad eam vitam delapsi, quæ est in contemplatione sita, actuosam cum ipsa comparare videmur; cum tu tamen comparationem illam omittendam initio decreveris; illos ipsos, quorum tu mentionem fecisti, commemorabo Philosophos, Arium, Nicolaum, Thrasyllum, & Musonium. Horum enim non modo nullus in patria sua dominatum habuit; sed Arius, ut ferunt, oblatam sibi præfecturam Ægypti suscipere noluit. Thrasyllus vero, qui Tiberii crudelis & immanis tyranni familiaris fuit, nisi monimentis ingenii sui relictis sese ipse purgasset, & quis esset palam fecisset, sempiternam nomini suo labem ignominiamque conflasset; adeo nihil illi civilium rerum tractatio utilitatis attulit. Jam Nicolaus non magnarum ille quidem rerum administratione floruit; & librorum, quibus illas prodidit, scriptione clarior est factus. Musonius porro ex iis, quæ fortiter tulit, cum tyrannicam immanitatem patientia superavit, non illustre modo sibi nomen peperit; sed etiam non minori cum felicitate vixit, quam ii qui maxima imperia procurarunt. Nam Arius, cum Ægypti præfecturam re-

A μόνος, Ἀριστοτέλης δὲ πρότερον ἔοικεν ἐννοήσας εἰπεῖν· ὅτι μὴ μεῖον αὐτῷ προσήκει φρονεῖν ἐπὶ τῇ θεολογικῇ συγγραφῇ τοῦ καθελόντος τὴν Περσῶν δύναμιν. καί μοι δοκεῖ τοῦτ' εἰκότως ὀρθῶς ξυννοῆσαι. Νικᾶν μὲν γὰρ ἀνδρείας ἐστὶ μάλιστα καὶ τῆς τύχης· πρόσθες δὲ, εἰ βούλει, καὶ τῆς ἐντρεχοῦς ταύτης φρονήσεως· ἀληθεῖς δὲ ὑπὲρ τοῦ θεοῦ δόξας ἀναλαβεῖν, οὐκ ἀρετῆς μόνον τῆς τελείας ἔργον ἐστίν·
B ἀλλ' ἐπαπορήσειεν ἄν τις εἰκότως πότερον χρὴ τὸν τοιοῦτον ἄνδρα ἢ θεὸν καλεῖν. Εἰ γὰρ ὀρθῶς ἔχει τὸ λεγόμενον, ὅτι πέφυκεν ἕκαστον ὑπὸ τῶν οἰκείων γνωρίζεσθαι· τὴν θείαν οὐσίαν ὁ γνωρίσας, νοῦς τις ἂν εἰκότως νομίζοιτο. Ἀλλ' ἐπειδὴ πάλιν ἐοίκαμεν εἰς τὸν θεωρητικὸν ὁρμήσαντες βίον τοῦτον παραβάλλειν τὸν πρακτικόν· ἐξ ἀρχῆς παραιτησαμένου καὶ σοῦ
C τὴν σύγκρισιν· αὐτῶν ἐκείνων, ὧν ἐπεμνήσθης, Ἀρείου, Νικολάου, Θρασύλλου, καὶ Μουσωνίου μνημονεύσω. Τούτων γὰρ οὐχ ὅπως τις ἦν κύριος τῆς αὐτοῦ πόλεως· ἀλλ' ὁ μὲν Ἄρειος, ὥς φασι, καὶ διδομένην αὐτῷ τὴν Αἰγύπτου ἐπιτροπεῦσαι παρῃτήσατο· Θράσυλλος δὲ, Τιβερίῳ πικρῷ καὶ φύσει χαλεπῷ τυράννῳ ξυγγενόμενος, εἰ μὴ διὰ τῶν καταλειφθέντων ὑπ' αὐτοῦ λόγων ἀπε-
D λογίσατο, δείξας ὅστις ἦν, ὤφειλεν ἂν εἰς τέλος αἰσχύνην ἀναπάλλακτον. οὕτως αὐτὸν οὐδὲν ὤνησεν ἡ πολιτεία. Νικόλαος δὲ πράξεων μὲν οὐ μεγάλων αὐτουργὸς γέγονε· γνώριμος δὲ ἐστι μᾶλλον διὰ τοὺς ὑπὲρ αὐτῶν λόγους. καὶ Μουσώνιος ἐξ ὧν ἔπαθεν ἀνδρείως, καὶ [μὴ] διήνεγκεν ἐγκρατῶς τὴν τῶν τυράννων ὠμότητα, γέγονε γνώριμος, ἴσως οὐκ ἔλαττον εὐδαιμονῶν ἐκείνων τῶν τὰς μεγάλας ἐπιτροπευσάντων βασιλείας. Ἄ-

ρειος δὲ ὁ τὴν ἐπιτροπὴν τῆς Αἰγύπτου παραιτησάμενος, ἑκὼν αὑτὸν ἀπεστέρει τοῦ κρατίστου τέλους, εἰ τοῦτον ᾤετο κυριώτατον. σὺ δὲ αὐτὸς ἡμῖν ἄπρακτος, εἰ μήτε στρατηγῶν, μήτε δημηγορῶν, μήτε ἔθνους ἢ πόλεως ἄρχων· ἀλλ' οὐκ ἂν φαίην νοῦν ἔχων ἀνήρ. Ἔξεστι γάρ σοι φιλοσόφους ἀποφήναντι, εἰ δὲ μὴ τρεῖς ἢ τέτταρας, μείζονα τὸν βίον εὐεργετῆσαι τῶν ἀνθρώπων πολλῶν ὁμοῦ βασιλέων, οὐ μικρᾶς μερίδος, ὁ φιλόσοφος προέστηκεν· οὐδ', καθάπερ ἔφης, συμβουλῆς ἐστι μόνης τῆς ὑπὲρ τῶν κοινῶν ἐκεῖνος κύριος, οὐδὲ ἡ πρᾶξις εἰς λόγον αὖθις αὐτῷ περιίσταται. ἔργῳ δὲ βεβαιῶν τοὺς λόγους, καὶ φαινόμενος τοιοῦτος, ὁποίους βούλεται τοὺς ἄλλους εἶναι, πιθανώτερος ἂν εἴη, καὶ πρὸς τὸ πράττειν ἀνυσιμώτερος τῶν ἐξ ἐπιτάγματος ἐπὶ τὰς καλὰς πράξεις παρορμώντων.

Vel. συμπερατέον

Ἀλλ' ἐπανιτέον εἰς ἀρχήν, καὶ * συμπεραντέον τὴν ἐπιστολήν, μείζονα ἴσως οὖσαν τοῦ δέοντος. ἔστι δὲ ἐν αὐτῇ τὸ κεφάλαιον, ὅτι μήτε τὸν πόνον φεύγων· μήτε τὴν ἡδονὴν θηρεύων· μηδὲ ἀπραγμοσύνης καὶ ῥᾳστώνης ἐρῶν, τὸν ἐν τῇ πολιτείᾳ δυσχεραίνω βίον. ἀλλ', ὅπερ ἔφην ἐξ ἀρχῆς, οὐδὲ παιδείαν ἐμαυτῷ συνειδὼς τοσαύτην, οὔτε φύσεως ὑπεροχήν· καὶ προσέτι δεδιὼς μὴ φιλοσοφίαν, ἧς ἐρῶν οὔπω ἐφικόμην, εἰς τοὺς νῦν ἀνθρώπους, οὐδ' ἄλλως εὐδοκιμοῦσαν διαβάλλω· πάλαι τε ἔγραψα ἐκεῖνα· καὶ νῦν τὰς παρ' ὑμῶν ἐπιτιμήσεις ἀπελυσάμην εἰς δύναμιν. Διδοίη δὲ ὁ θεὸς τὴν ἀρίστην τύχην, καὶ φρόνησιν ἀξίαν τῆς τύχης· ὡς ἐγὼ νῦν ἔκ τε τοῦ κρείττονος τό τε πλέον, καὶ παρ' ὑμῶν ἁπάσῃ μηχανῇ τῶν φιλοσοφούντων

cusabat, praestantissimum sibi finem sponte detrahebat, si id in omni vita judicabat esse praecipuum. Ac vel nunc ipse nobis otiosus es, qui neque belli dux, neque orator es, neque nationi ulli aut civitati praesides. Atqui nequaquam id sapiente viro dignum esse dixerim. Etenim si vel plures, vel tres saltem, quatuorve Philosophos efficeres, majorem posses, quam multi simul Imperatores, vitae hominum utilitatem conscicere. Non igitur exigua quaedam Philosopho est attributa portio; neque, ut dixisti, consilii publicis in rebus gerendis est solius arbiter, neque tota denique illius administratio in oratione consistit. Sed si cum ejus verbis facta ipsa consentiant, si talem se praestet quales caeteros efficere studet; magis erit ad persuadendum idoneus & in agendo efficax, quam ii qui solo imperio ad actiones hortantur.

Sed ad ipsum orationis principium revertor, & epistolae finem impono, quam & longius, quam par erat, fortasse produxi. Hujus vero caput est: non me, vel detrectandi laboris, vel consectandae voluptatis, vel otii commoditatisque procurandae gratia, vitam hanc publicis tractandis rebus implicatam ferre molestius. Verum quod, ut initio dixi, neque tantam in me doctrinam esse vel indolis excellentiam agnoscerem; & praeterea vererer, ne Philosophiae, cujus ego captus amore nondum compos esse potui, quaeque alioquin apud aetatis hujus homines in pretio non habetur, offensionem & invidiam pararem; cum illa scripsisse quondam, cum in praesentia castigationibus vestris pro viribus occurrisse. Utinam vero secundissimam mihi fortunam, & ea fortuna dignam prudentiam Deus indulgeat! Nunc enim mihi videor tum a divino cumprimis numine, tum a vobis Philosophis,

phis, quorum pro dignitate & existimatione meipsum opposui, & in periculum conjeci, omni ope sublevandus. Quod si majus aliquod bonum, quam pro apparatu & facultate nostra, cujus mihi sum ipse conscius, per nos Deus in homines intulerit, nihil est quod sermonibus meis succenseas. Nam ego, cum nullius sim mihi boni conscius, nisi hujus unius, quod cum habeam nihil, maxima quædam habere me non putem, consentanee, ut ipse cernis, vitam meam instituo: & illud obtestor, ne a me magna & singularia requiratis, sed Deo permittatis omnia. Ita enim, si quid peccatum fuerit, extra culpam ero. Sin ad votum omnia respondeant, gratum me ac moderatum præstabo: ut neque rerum ab aliis gestarum titulum mihi ac decus assumam, & universis, ut æquum est, Deo concessis, cum illi habeam ipse gratiam, tum vos ut mecum habeatis admoneam.

A βοηθητέος εἶναί μοι δοκῶ, παρατεταγμένος ὑμῶν, καὶ προκινδυνεύων. Εἰ δέ τι μεῖζον ἀγαθὸν τῆς ἡμετέρας παρασκευῆς, ἧς ὑπὲρ ἐμαυτοῦ γνώμης ἔχω, τοῖς ἀνθρώποις δι' ἡμῶν ὁ θεὸς παράσχοι, χαλεπαίνειν οὐ χρὴ πρὸς τοὺς ἐμοὺς λόγους. Ἐγὼ γὰρ οὐδὲν ἐμαυτῷ συνειδὼς ἀγαθὸν, πλὴν τοῦτο μόνον, ὅτι μηδὲ οἴομαι τὰ μέγιστα ἔχειν, ἔχων γε οὐδὲν, ὡς ὁρᾷς αὐτὸς, οὕτως βιῶ· καὶ μαρτύρομαι, μὴ μεγάλα παρ' ἡμῶν ἀπαιτεῖν, B ἀλλὰ τῷ θεῷ τὸ πᾶν ἐπιτρέπειν. Οὕτω γὰρ ἐγὼ τῶν τε ἐλλειμμάτων εἴην ἂν ἀνεύθυνος, καὶ γινομένων ἁπάντων δεξιῶν, εὐγνώμων ἂν καὶ μέτριος εἴην, οὐκ ἀλλοτρίοις ἐμαυτὸν ἔργοις ἐπιγράφων· τῷ θεῷ δὲ, ὥσπερ οὖν δίκαιον, προσανατιθεὶς ἅπαντα, αὐτός τε εἴσομαι, καὶ ὑμᾶς προτρέπω τὴν χάριν εἰδέναι.

ΙΟΥΛΙΑΝΟΥ
ΑΥΤΟΚΡΑΤΟΡΟΣ
ΑΘΗΝΑΙΩΝ ΤΗι ΒΟΥΛΗι
ΚΑΙ ΤΩι ΔΗΜΩι.

JULIANI IMP.
AD S. P. Q.
ATHENIENSEM.

Etiam hæc Epistola est, sed iisdem, quibus superior, de caussis, hic edita.

A ΠΟΛΛΩΝ εἰργασμένων τοῖς προγόνοις ὑμῶν ἀγαθῶν, ἐφ' οἷς οὐκ ἐκείνοις μόνοις τότε ἐξῆν, ἀλλὰ καὶ ὑμῖν νῦν ἔξεστι φιλοτιμεῖσθαι· καὶ πολλῶν ἐγηγερμένων τροπαίων ὑπέρ τε ἁπάσης τῆς Ἑλλάδος κοινῇ, καὶ κατ' ἰδίαν ὑπὲρ αὐτῆς τῆς πόλεως, ἐν οἷς ἠγωνίσατο μόνη πρός τε τοὺς ἄλλους Ἕλληνας, καὶ πρὸς τοὺς βαρβάρους, οὐδέν ἐστι τηλικοῦτον ἔργον, οὐδὲ ἀνδραγαθία τοσαύτη, πρὸς ἣν οὐκ ἔνεστι καὶ ταῖς ἄλλαις ἁμιλληθῆναι πόλεσι. B Τὰ μὲν γὰρ μεθ' ὑμῶν καὶ αὗται· τὰ δὲ κατ' ἰδίαν εἰργάσαντο. καὶ ἵνα μὴ μεμνημένος ἔπειτα ἀντιπαραβάλλειν, ἢ προτιμᾶν ἑτέρας ἑτέραις, ἐν αἷς ἀμφισβητοῦσι νομισθείην· ἢ πρὸς τὸ λυσιτελῶν, ὥσπερ οἱ ῥήτορες, ἐνδεεστέρους ἐπαινεῖν τὰς ἐλαττουμένας· τοῦτ' ἐθέλω φράσαι μόνον ὑπὲρ ὑμῶν, ὃ μηδὲ C ἀντίπαλον ἔχομεν ἐξευρεῖν παρὰ τοῖς ἄλλοις Ἕλλησιν, ἐκ τῆς παλαιᾶς φήμης εἰς ἡμᾶς παραδεδομένον. Ἀρχόντων μὲν Λακεδαιμονίων οὐ βίᾳ τὴν ἀρχὴν, ἀλλὰ δόξῃ δικαιοσύνης παρείλεσθε. καὶ τὸν Ἀριστείδην τὸν δίκαιον οἱ παρ' ὑμῖν ἐθρέψαντο νόμοι. καί τοί γε ταῦτα οὕτως ὄντα λαμπρὰ τεκμήρια, διὰ λαμπροτέρων οἶμαι

γρ. ἀντιπαραβάλλων

γρ. ἀμφισβητοῦσι

A CUM multa præclare a majoribus vestris gesta sint, propter quæ non illis solum cum viverent, sed etiam vobis gloriari modo liceat; ac cum innumera partim communiter pro totius salute Græciæ, partim pro ipsa civitate tropæa privatim ab illis erecta sint, quando aut adversus Græcos cæteros, aut contra Barbaros in certamen sola descendit; nullum tamen est B tantum tamque egregium facinus, quo cum reliquæ civitates decus suum non possint splendoremque contendere. Nam sunt nonnulla, quorum in communionem vobiscum illæ veniunt, alia per sese ipsæ præstiterunt. Ac ne commemorandis singulis comparare vos invicem, aut alteram in iis rebus, de quibus certamen est, anteferre videar alteri; aut, ut mos est oratorum, parcius laudandis inferioribus caussæ meæ instituoque servire; C unum illud de vobis a me prædicabitur, cui par & æquale nihil a Græcis reliquis opponi queat, quod quidem vetus ad memoriam nostram fama perduxerit. Etenim Lacedæmoniorum ad vos imperium non vi, sed opinione justitiæ transtulistis. Tum Aristides ille justus vestris est legibus institutus. Quæ tam illustria tamque insignia virtutis argumenta splendidioribus, opinor,

opinor, factis ita comprobastis. Nam in opinione esse justitiæ, falso cuipiam potest fortasse contingere; neque hoc valde singulare est, inter malos multos unum aliquem bonum existere. Nonne vel apud Medos ipsos celebris est quidam Deioces; apud Hyberboreos Abaris; apud Scythas Anacharsis? quos jure miramur inter efferatissimas injustissimasque gentes justitiæ nihilominus cultores fuisse. Quod posteriores duo vere atque ex animo susceperunt, primus utilitatis causa simulavit. Populum vero, ac civitatem universam, cui factorum dictorumque justorum amor quidam sit insitus, cum a vobis discesserimus, haud facile reperiri judico. Ac mihi quidem ex infinitis, quæ a vobis ejus rei edita monimenta sunt, unius tantummodo recordari libet. Cum enim Themistocles post bellum Persicum de injiciendis clam in navalia Græcorum ignibus consilium dare apud se cogitaret, neque hoc in vulgus auderet efferre, sed uni alicui, quem designasset populus, arcanum illud commissurum se esse diceret; Aristidem ad id populus elegit. Qui audito consilio, tacuit quod audierat, & hoc unum publice renunciavit, nihil eo quod suadebat Themistocles utilius simul atque injustius esse. Quare civitas extemplo reclamavit, ac desistere jussit. Ingentis haud dubie animi specimen ac magnifici; quodque viris ejusmodi convenit, qui sub illius prudentissimæ Deæ præsidio ac propemodum oculis aluntur.

Quamobrem si & apud vos ea quondam instituta floruerint; & ex eo tempore ad hodiernum usque diem avitæ in vobis reliquiæ virtutis atque igniculi supersint; æquum est vos ipsos non eorum, quæ geruntur, intueri magnitudinem; aut si quis terrestre iter, perinde ac per aërem volans, incredibili celeritate & indefessis viribus confecerit, sed inprimis attendere utrum jure ista susceperit. Si id ita fecisse videatur, tum vos illum merito privatim ac publice præ-

A τῶν ἔργων [illegible]. Τὰ μὲν γὰρ [illegible] δικαιοσύνην, [illegible] ψευδῶς συμβαίνει· καὶ [illegible] παράδοξον ἐν [illegible] φαύλοις ἕνα γενέσθαι σπουδαῖον. ἢ γὰρ [illegible] παρὰ Μήδοις ὑμνεῖταί τις [illegible] Ἄβαρίς τε ἐν Ὑπερβορέοις, καὶ Ἀνάχαρσις ἐν Σκύθαις· ὑπὲρ ὧν [illegible] θαυμαστὸν, ὅτι παρὰ τοῖς ἀδικωτάτοις γεγονότες ἔθνεσι, τὴν δίκην ὅμως B ἐτίμησαν. τὼ μὲν ἀληθῶς· ὁ δὲ τῆς χρείας χάριν πλαττόμενος. Δῆμον δ' ὅλον καὶ πόλιν, ἐραστὰς ἔργων καὶ λόγων δικαίων, ἔξω τις παρ' ὑμῖν οὐ ῥᾳδίως εἴποι. Βούλομαι δὲ ὑμᾶς ἕνος τῶν παρ' ὑμῶν πολλῶν γε ὄντων ἔργων ὑπομνῆσαι. Θεμιστοκλέους γὰρ μετὰ τὰ Μηδικὰ γνώμην εἰσηγεῖσθαι διανοουμένου, λάθρα καταφλέξαι τὰ νεώρια τῶν Ἑλλήνων· εἶτα μὴ C τολμῶντος εἰς τὸν δῆμον λέγειν, ἑνὶ δὲ ὁμολογοῦντος πιστεύσειν τὸ ἀπόρρητον, ὅνπερ ἂν ὁ δῆμος χειροτονήσας προστάξαι, προβάλλει μὲν ὁ δῆμος τὸν Ἀριστείδην· ὁ δὲ ἀκούσας τὴν γνώμης, ἔκρυψε μὲν τὸ ῥηθὲν, ἐξήνεγκε δὲ εἰς τὸν δῆμον, ὡς οὔτε λυσιτελέστερον, οὔτε ἀδικώτερον εἴη τι τοῦ βουλεύματος· καὶ ἡ πόλις ἀπεψηφίσατο παραχρῆμα, καὶ παρῃτήσατο· πάνυ γε νὴ Δία μεγαλοψύχως· καὶ ὃν ἐχρῆν τρόπον ἄνδρας ὑπὸ μάρτυρι τῇ D φρονιμωτάτῃ θεῷ τρεφομένους.

Οὐκοῦν εἰ ταῦτα παρ' ὑμῖν μὲν ἦν πάλαι· σώζεται δὲ ἐξ ἐκείνου, καὶ εἰς ὑμᾶς ἔτι τι τῶν προγόνων ἀρετῆς ὥσπερ ἐμπύρευμά τι σμικρόν· εἰκός ἐστιν ὑμᾶς οὐκ εἰς τὸ μέγεθος τῶν πραττομένων ἀφορᾶν· οὐ δὲ εἴ τις ὥσπερ δι' ἀέρος ἱπτάμενος, διὰ τῆς γῆς ἐβάδισεν ἀμηχάνῳ τάχει, καὶ ἀτρύτῳ ῥώμῃ· σκοπεῖν δὲ ὅπως ταῦτα μετὰ τοῦ δικαίου κατείργασαι· κἄτα ἂν μὲν φαίνηται ξὺν δίκῃ πράττων, ἰδίᾳ τε αὐτοῖς ἴσοις; καὶ δημοσίᾳ πάντες ἐπαινεῖτε· τῆς δίκης δὲ ὀλιγωρήσαντας, ἀτιμάζοιντο ἂν παρ' ὑμῶν εἰκότως. Οὐδὲν γὰρ οὕτως ἐστὶν εἰς τὸ δίκαιον ἀδελφὸν ἀγαθὸν φρόνησις. τοὺς οὖν ἀτιμάζοντας τοῦτο, δικαίως ἂν καὶ ὡς εἰς τὴν παρ' ὑμῖν θεὸν ἀσεβοῦντας, ἐξελαύνοιτε. Βούλομαι οὖν ὑμῖν τὰ κατ' ἐμαυτὸν οὐκ ἀγνοοῦσι μέν, ἀπαγγεῖλαι δὲ ὅμως· ὅπως εἴ τι λέληθεν· εἰκὸς δὲ ἔνια, καὶ ὅσα μάλιστα τοῖς πᾶσι γνωσθῆναι προσήκει· ὑμῖν τε, καὶ δι' ὑμῶν τοῖς ἄλλοις Ἕλλησι γένοιτο γνώριμα. Μηδεὶς οὖν ὑπολάβῃ με ληρεῖν, ἢ φλυαρεῖν, εἰ περὶ τῶν πᾶσιν ὥσπερ ἐν ὀφθαλμοῖς γεγονότων οὐ πάλαι μόνον, ἀλλὰ καὶ μικρῷ πρότερον, ποιήσασθαί τινας ἐπιχειρήσαιμι λόγους. οὐδένα γὰρ οὐδὲν ἀγνοεῖν βούλομαι τῶν ἐμαυτοῦ· λανθάνειν δὲ ἄλλον ἄλλα εἰκός· ἄρξομαι δὲ ἀπὸ τῶν προγόνων πρῶτον τῶν ἐμαυτοῦ.

Καὶ ὅτι μὲν τὰ πρὸς πατρὸς ἡμῖν ἐντεῦθεν ὅθεν περ καὶ Κωνσταντίῳ τὰ πρὸς πατρὸς ὥρμηται, φανερόν. τὼ γὰρ ἡμετέρω πατέρε γεγόνατον ἀδελφὼ πατρόθεν. Οὕτω δὲ πλησίον ἡμᾶς ὄντας συγγενεῖς ὁ φιλανθρωπότατος οὗτος βασιλεὺς οἷα εἰργάσατο. ἓξ μὲν ἀνεψιοὺς ἐμοῦ τε καὶ ἑαυτοῦ· πατέρα δὲ ἐμόν, ἑαυτοῦ δὲ θεῖον· καὶ προσέτι κοινὸν ἕτερον τὸν πρὸς πατρὸς θεῖον· ἀδελφόν τε ἐμὸν τὸν πρεσβύτατον ἀκρίτους κτείνας· ἐμὲ δὲ καὶ ἕτερον ἀδελφὸν ἐμὸν ἐθελήσας μὲν κτεῖναι, τέλος δὲ ἐπιβαλὼν φυγήν· ἀφ' ἧς ἐμὲ μὲν ἀφῆκεν, ἐκεῖνον δὲ ὀλίγον πρότερον τῆς σφαγῆς ἀφείλατο τοῦ Καίσαρος ὄνομα. τί με δεῖ ταῦτα ὥσπερ ἐκ τραγῳδίας τὰ ἄρρητα ἀναμετρεῖσθαι; μετεμέλησε δὲ αὐτῷ. Φασὶ καὶ ἐδήχθη δεινῶς ἀ-

A dicabitis; sin juris atque æqui rationem nullam habuerit, jure a vobis in vituperationem adducentur. Nihil enim perinde, ac quod est justum, germanum est & affine prudentiæ. Quare qui illud contemnunt ac negligunt, æquum est a vobis, tanquam in Deam vestram impios & sacrilegos, extrudi. Volo igitur meis de rebus apud vos, etsi minime eas ignoratis, nihilominus verba facere, ut si quæ fortasse vos lateant, B (nam nonnulla par est ignota vobis esse, etiam illa, quæ sciri ab omnibus interfit) tam vobis, quam Græcis per vos cæteris manifesta reddantur. Quapropter nemo me nugari & inepte loquacem esse judicet, quod ea, quæ non olim duntaxat, sed & nuperrime in omnium oculis gesta sunt, oratione complectar. Neminem enim eorum, quæ ad me pertinent, partem ullam præterire cupio. Atqui latere alios alia verisimile est. Ego vero a majoribus meis initium dicen- C di faciam.

Igitur paternum mihi & Constantio genus eadem ab origine proficisci, notum omnibus esse confido. Utriusque enim parentes germani fratres, atque eodem patre sunt editi. Quanam vero humanissimus iste Imperator in nos tanta propinquitate ac necessitate conjunctos ediderit; utque sex inprimis tam ipsius quam meos consobrinos, tum patrem meum, & illius patruum, D una cum altero communi patruo, & cum fratre meo natu maximo indicta causa necaverit; atque ut me cum altero fratre meo interficere volens, tandem relegarit; qua quidem me pœna postea liberavit, fratrem vero paulo ante quam jugularetur Cæsaris nomen exemit; hæc tam acerba & infanda; illam, inquam, omnem funestam ac luctuosam tragœdiam commemorare quid attinet? Nam & illum scelerum tantorum pœnituisse valdeque doluisse dicitur; atque ex hac

hac culpa cum liberos se nullos habuisse, cum infeliciter bellum sibi Persicum cessisse credidit. Hæc tum enim vulgo jactabantur ab aulicis, coram beatæ memoriæ Gallo fratre. Hoc enim nomine nunc primum appellari cœpit. Quem contra jura omnia cum interfecisset, ne paterno quidem inferri sepulcro, & honesta piaque memoria celebrari passus est. Ejusmodi tum igitur, uti dixi, nobis occinebant, & vero persuadebant: omnibus ex illis sceleribus, quædam decepum ac circumventum egisse; in aliis seditiosorum ac turbulentorum militum vi & violentiæ cessisse. Hæc nobis frequenter commemorare solebant in agro quodam Cappadociæ conclusis, ubi nemini ad nos concessus erat aditus. Eo quippe fratrem meum revocatum ab exilio; me autem pene puerum a scholis abstractum conjecerant. Quid hic dicam de sex illis annis, quibus in alieno fundo educati sumus; cum perinde atque apud Persas castellis ac custodiis septi inclusique viveremus; neque quisquam ad nos hospes, aut veteri familiaritate notus introduceretur; cum honestis artibus ac studiis interclusi, adeoque libero omni congressu prohibiti, inter splendidas familias alebamur, & cum servis nostris quasi cum sociis exercebamur? Nam nulli ad nos æqualium nostrorum accedere aut adire omnino fas erat. Hinc ego tandem Deorum auxilio feliciter sum ereptus: frater vero meus, si quis unquam alius, infeliciter in aulam implicatus est. Etenim si quid in ejus indole ac moribus agreste inerat & asperum, id ex montana illa educatione ac rustica coaluerat. Quamobrem ejus immanitatis culpam omnem is mihi merito sustinere videtur, qui ea nos educatione per vim ac tyrannice damna-

A παιδίαν τε ἐντεῦθεν νομίζει δυστυχῆ· τά τε ἐς τοὺς πολεμίους τοὺς Πέρσας οὐκ εὐτυχῶς πραχθῆναι ἐκ τούτων ὑπολαμβάνει. ταῦτα ἐθρύλλουν οἱ περὶ τὴν αὐλὴν τότε, καὶ τὸν μακαρίτην ἀδελφὸν ἐμὸν Γάλλον· τοῦτο νῦν πρῶτον ἀκούοντα τὸ ὄνομα· κτείνας γὰρ αὐτὸν παρὰ τοὺς νόμους, οὐδὲ τῶν πατρῴων μεταλαχεῖν εἴασε τάφων, οὐδὲ τῆς εὐαγοῦς ἠξίωσε μνήμης. ὅπερ οὖν ἔφην, ἔλεγον τοιαῦτα, καὶ δὴ καὶ ἔπειθον ὑμᾶς, ὅτι τὰ μὲν ἀπατηθεὶς
B εἰργάσατο, τὰ δὲ βίᾳ καὶ ταραχαῖς εἴξας ἀτάκτου καὶ ταραχώδους στρατεύματος. Τοσαῦτα ἡμῖν ἐπῇδον ἐν ἀγρῷ τινι τῶν ἐν Καππαδοκίᾳ κατακεκλεισμένοις, οὐδένα ἐῶντες προσελθεῖν· τὸν μὲν ἀπὸ * φυγῆς ἀνακαλεσάμενοι· ἐμὲ δὲ κομιδῇ μειράκιον ἔτι τῶν διδασκαλείων ἀπαγαγόντες. Πῶς ἂν ἐνταῦθα φράσαιμι περὶ τῶν ἓξ ἐνιαυτῶν, οὓς ἐν ἀλλο-
C τρίῳ κτήματι διαγαγόντες, ὥσπερ οἱ παρὰ τοῖς Πέρσαις, ἐν τοῖς φρουρίοις τηρούμενοι, μηδενὸς ἡμῖν προσιόντος ξένου, μηδὲ τῶν πάλαι γνωρίμων ἐπιτετραμμένου τινὸς ὡς ἡμᾶς φοιτᾶν, ἐζῶμεν ἀποκεκλεισμένοι παντὸς μὲν μαθήματος σπουδαίου, πάσης δὲ ἐλευθέρας ἐντεύξεως, ἐν ταῖς λαμπραῖς οἰκετείαις τρεφόμενοι, καὶ τοῖς ἡμῶν αὐτῶν δούλοις ὥσπερ ἑταίροις
D συγγυμναζόμενοι; προσῄει γὰρ οὐδεὶς οὐδὲ ἐπετρέπετο τῶν ἡλικιωτῶν. Ἐντεῦθεν ἐγὼ μὲν μόγις ἀφείθην διὰ τοὺς θεοὺς εὐτυχῶς· ὁ δὲ ἀδελφὸς ὁ ἐμὸς εἰς τὴν αὐλὴν καθείρχθη δυστυχῶς, εἴπερ τις ἄλλος τῶν πώποτε. καὶ γὰρ εἴ τι περὶ τὸν τρόπον ἄγριον, καὶ τραχὺ τοῦ ἐκείνου κατεφάνη, τοῦτο ἐκ τῆς ὀρείου τροφῆς συνηυξήθη. δικαίως οὖν οἶμαι καὶ ταύτην ἔχειν τὴν αἰτίαν ὁ ταύτης ἡμῖν πρὸς βίαν μεταδοὺς τῆς τροφῆς·

τροφῆς· ἧς ἐμὲ μὲν οἱ θεοὶ διὰ τῆς φιλοσοφίας καθαρὸν ἀπέφηναν, καὶ ἐξαρτι τῷδε οὐδεὶς ἐνέδωκεν· εὐθὺς γὰρ ἀπὸ τῶν ἀγρῶν ἐς τὰ βασίλεια παρελθόντι, ἐπειδὰν πρῶτον αὐτῷ περιέθηκεν ἁλουργὲς ἱμάτιον, αὐτίκα φθονεῖν ἀρξάμενος, οὐ πρότερον ἐπαύσατο, πρὶν καθελεῖν αὐτόν· οὐδὲ τῷ περιελεῖν τὸ πορφυροῦν ἱμάτιον ἀρκεσθείς. Καίτοι τοῦ ζῆν γοῦν ἄξιος, εἰ μὴ βασιλεύειν ἐφαίνετο ἐπιτήδειος. ἀλλ' ἐχρῆν αὐτόν, καὶ τούτου στέρεσθαι. ξυγχωρῶ· λόγον γε πάντας ὑποσχόντα πρότερον, ὥσπερ τοὺς κακούργους. Οὐ γὰρ δὴ τοὺς μὲν λῃστὰς ὁ νόμος ἀπαγορεύει τῷ δήσαντι κτείνειν· τοὺς ἀφαιρεθέντας δὲ τιμάς, ἃς εἶχον, καὶ γενομένους ἐξ ἀρχόντων ἰδιώτας, ἀκρίτους φησὶ δεῖν ἀναιρεῖσθαι. Τί γὰρ εἰ τῶν ἁμαρτημάτων εἶχεν ἀποφῆναι τοὺς αἰτίους, ἐδέδοντο γὰρ αὐτῷ τινων ἐπιστολαί, Ἡράκλεις, ὅσας ἴσχουσαι κατ' αὐτοῦ κατηγορίας. ἐφ' αἷς ἐκεῖνος ἀγανακτήσας, ἀκρατέστερον μέν, ἥκιστα βασιλικῶς ἐφῆκε τῷ θυμῷ· τοῦ μέντοι μηδὲ ζῆν ἄξιον οὐδὲν ἐπεπράχει. Πῶς γὰρ οὐχ οὗτός ἐστιν ἀνθρώποις ἅπασι κοινὸς Ἕλλησιν ἅμα καὶ Βαρβάροις ὁ νόμος, ἀμύνεσθαι τοὺς ἀδικίας ὑπάρχοντας; ἀλλ' ἴσως μὲν ἠμύνατο πικρότερον. οὐ μὴν ἔξω πάντη τοῦ εἰκότος. τὸν γὰρ ἐχθρὸν ὑπ' ὀργῆς εἰκός τι καὶ ποιεῖν, εἴρηται καὶ πρόσθεν. Ἀλλ' εἰς χάριν εὐνούχου ἀνδρογύνου τοῦ κατακοιμιστοῦ, καὶ προσέτι τοῦ τῶν μαγείρων ἐπιτρόπου, τὸν ἀνεψιόν, τὸν Καίσαρα, τὸν τῆς ἀδελφῆς ἄνδρα γενόμενον, τὸν τῆς ἀδελφιδῆς πατέρα, οὗ καὶ αὐτὸς πρότερον ἦν ἀγαγόμενος τὴν ἀδελφήν, πρὸς ὃν αὐτῷ τοσαῦτα θεῶν ὁμογνίων ὑπῆρχε δίκαια, κτεῖναι παρέδωκε τοῖς ἐχθίστοις· ἐμὲ δὲ ἀφῆκε μόγις, ἑπτὰ μηνῶν ὅλων ἑλκύσας τῇδε κἀκεῖ-

A ros esse voluit. A quo me institutionis genere Dii immortales Philosophiæ ope vindicarunt, illi vero, ut hoc assequi posset, nemo permisit. Huic enim postquam ab agris in palatium compulso purpuram induit, statim invidere cœpit; nec ante destitit, quam illum dejecisset; neque purpuram ei detrahere satis habuit. Quanquam vita certe dignus erat; si minus ad imperium idoneus habebatur. Atenim etiam vita ipsa privari illum oportuit. Esto. Saltem hoc ei licere debuit, quod maleficis B concediтur, ut causam diceret. Neque enim eum, qui latrones in vincula conjecerit, hos ipsos occidere lex prohibet; honoribus omnibus erutos, & ab imperio in ordinem redactos, indicta causa mactari præcipit. Quid si enim eorum, quæ admiserat, auctores ille nominare poterat? Nam nonnullorum oblatæ ipsi erant literæ, proh, quantis in eum criminationibus refertæ! Quibus exulceratus impotentius quidem C sese gessit, & vehementius, quam decebat Principem, iræ est obsecutus; nihil tamen egit ejusmodi, vita ut propterea privandus esset. Etenim nonne mortalium generi omni, Græcis perinde ac Barbaris, lex est illa communis, ut qui injuriam acceperint, eam ulciscantur? At enim atrocius vindicavit. Fecerit sane. Nihil tamen, præterquam quod consentaneum erat, admisit. Inimicum enim, ait ille, facere aliquid ex D ira consentaneum est. Verum Constantius in unius spadonis & cubicularii gratiam, atque etiam coquorum magistri, patruelem suum, Cæsarem, sororis suæ virum, ac neptis ex eadem sorore suæ patrem, cujus ipse sororem antea duxerat, quo cum ipsi tam sancta necessitudinis jura ac germanitatis intercesserant, inimicissimis hominibus ad necem tradidit. Me autem ægre dimisit, postquam mensibus septem huc illucque raptasset, atque in custodiam egisset.

set. Quod nisi Deorum aliquis servare me A cupiens, pulchræ ipsius ac præclaræ conjugis Eusebiæ mihi tum adjunxisset animum, ne ipse quidem illius manus effugissem. Quanquam Deos immortales testor, ne per somnium quidem visum mihi, cum illa faceret, esse fratrem. Nam neque cum eo versabar, neque frequentabam, aut ad ipsum accedebam; sed raro, idque parvis de rebus, ad eum scribebam. Posteaquam igitur ægre illinc evadens maternam me in domum libenter recepi. Paterno- B rum enim bonorum nihil mihi admodum suppetebat; neque quicquam ex tantis opibus, quantas patrem meum habuisse par est, possidebam; non glebam ullam, non mancipium, non domum. Quippe egregius ille Constantius paternam omnem meam hæreditatem, me excluso, ad se transtulit, ex eaque mihi ne hilum quidem concessit; fratrem vero meum bonis omnibus maternis spolians, pauca in illum de paternis contulit.

Sed quæ in me commisit, antequam ho- C norificentissimum mihi nomen illud impertiret, reipsa vero in acerbissimam ac molestissimam servitutem conjiceret, vos pleraque saltem (neque enim omnia commemorari possunt) audistis. Cum igitur maternam in domum ægre ac præter spem ex iis periculis ereptus abiissem, sycophanta quidam circa Simium extitit, qui novas res illic D agitari calumniatus est. Credo vos Africanum illum, & Marinum audiisse, itemque Felicem, & quæ istis acciderint. Ut autem rei hujus ad illum pervenit indicium; ac Dynamius repente delator alius e Galliis, *qualis haud alius e Nilo seu Ægyptius* nunciavit, propediem bellum *ibi quoque* exarsurum; tum is vehementi terrore perculsus ad me misit: ac paululum in Græciam secedere jussum, inde

σε, καὶ πονησάμενος ἐκφέρειν. ὥστε εἰ μὴ θεῶν τις ἐθελήσας με σωθῆναι, τὴν καλὴν καὶ ἀγαθὴν τηνικαῦτα μοι παρέσχεν εὐμενῆ τὴν τότε γαμετὴν Εὐσεβίαν, οὐδ' ἂν ἐγὼ τὰς χεῖρας αὐτοῦ τότε διέφυγον. Καίτοι μὰ τοὺς θεοὺς οὐδὲ ὄναρ μοι φανεὶς ἀδελφὸς ἐπεπράχει. καὶ γὰρ οὐδὲ συνῆν αὐτῷ, οὐδὲ ἐφοίτων, οὐδὲ ἐβάδιζον παρ' αὐτόν. ὀλιγάκις δὲ ἔγραφον, καὶ ὑπὲρ ὀλίγων. Ὡς δ' οὖν ἀποφυγὼν ἐκεῖθεν ἄσμενος ἐπορευόμην ἐπὶ τὴν τῆς μητρὸς ἑστίαν· πατρῷον γὰρ οὐδὲν ὑπῆρχέ μοι, οὐδὲ ἐκεκτήμην ἐκ τοσούτων [θεῶν] εἰκὸς ἦν πατέρα κεκτῆσθαι τὸν ἐμόν· οὐκ ἐλαχίστην βῶλον, οὐκ ἀνδράποδον, οὐκ οἰκίαν. ὁ γάρ τοι καλὸς Κωνστάντιος ἐκληρονόμησεν ἀντ' ἐμοῦ τὴν πατρῴαν οὐσίαν ἅπασαν, ἐμοί τε, ὅπερ ἔφην, οὔτε γρῦ μεταδοὺς αὐτῆς, ἀλλὰ καὶ τῷ ἀδελφῷ τούτων τῶν πατρῴων ἔδωκεν ὀλίγα, πάντων αὐτὸν ἀφελόμενος τῶν μητρῴων.

Ὅσα μὲν οὖν ἔπραξε πρός με, πρὶν ὀνόματος μεταδοῦναί μοι τοῦ σεμνοτάτου, ἔργῳ δὲ εἰς πικροτάτην καὶ χαλεπωτάτην ἐμβαλὼν δουλείαν, εἰ καὶ μὴ πάντα, τὰ πλεῖστα γοῦν ὅμως ἀκηκόατε. Πορευομένου δὲ λοιπὸν ἐπὶ τὴν ἑστίαν, ἀγαπητῶς τε καὶ μόγις ἀποσεσωσμένου, συκοφάντης τις ἀνεφάνη περὶ τὸ Σίρμιον· ὃς τοῖς ἐκεῖ πράγμασιν [illegible] ὡς νεώτερα διανοούμενος. ἴστε δήπουθεν ἀκοῇ τὸν Ἀφρικανόν, καὶ τὸν Μαρῖνον. οὐκ ὑμᾶς οὐδὲ ὁ Φῆλιξ λέληθεν· οὐδὲ ὅσα ἐπράχθη περὶ τοὺς ἀνθρώπους. ἀλλ' ὡς τὸν Κωνστάντιον [illegible] τὸ πρᾶγμα, καὶ Δυνάμιος ἐξαίφνης ἄλλος συκοφάντης ἐκ Κελτῶν ἠγγέλλετο ὅσον οὔπω τοῦ Νείλου, κἂν ἐν αὐτοῖς πόλεμον ἀναφανεῖσθαι δεινῶς πεπτωκότι(?), καὶ φοβηθείς, αὐτίκα ἐπ' ἐμὲ πέμπει· καὶ μικρὸν εἰς τὴν Ἑλλάδα κελεύσας ὑποχωρῆσαι, πάλιν ἐκεῖθεν ἐκάλει

Mendose: sic illa sunt.

παρ

παρ' ἑαυτὸν, οὐ πρότερον τεθεαμένος, A πλὴν ἅπαξ μὲν ἐν Καππαδοκίᾳ, ἅπαξ δὲ ἐν Ἰταλίᾳ, ἀγωνισαμένης Εὐσεβίας, ὡς ἂν ὑπὲρ τῆς σωτηρίας τῆς ἐμαυτοῦ θαῤῥήσαιμι. Καίτοι τὴν αὐτὴν αὐτῷ πόλιν ἓξ ᾤκησα μῆνας· καὶ μέντοι καὶ ὑπέσχετό με θεάσασθαι πάλιν. ἀλλ' ὁ θεοῖς ἐχθρὸς ἀνδρόγυνος ὁ πιστὸς αὐτοῦ κατακοιμιστὴς ἔλαθέ μοι καὶ ἄκων εὐεργέτης γενόμενος. οὐ γὰρ εἴασεν ἐντυχεῖν με πολλάκις αὐτῷ· τυχὸν μὲν οὐδὲ ἐθέ- B λοντος πλὴν ἀλλὰ τὸ κεφάλαιον ἐκεῖνος ἦν. ὤκνει γὰρ ὡς ἂν μή τινος συνηθείας ἐγγενομένης ἡμῖν πρὸς ἀλλήλους, ἔπειτα ἀγαπηθείην· καὶ πιστὸς ἀναφανεὶς ἐπιτραπείην τι. Παραγενόμενον δή με τότε πρῶτον ἀπὸ τῆς Ἑλλάδος, αὐτίκα διὰ τῶν περὶ τὴν θεραπείαν εὐνούχων ἡ μακαρῖτις Εὐσεβία καὶ λίαν ἐφιλοφρονεῖτο. μικρὸν δ' ὕστερον ἐπελθόντος τούτου· καὶ C γάρ τοι, καὶ τὰ περὶ Σιλβανὸν ἐπέπρακτο· τὸ λοιπὸν εἴσοδός τε εἰς τὴν αὐλὴν δίδοται, καὶ τὸ λεγόμενον, ἡ Θετταλικὴ προσβάλλεται προσανάγκη. Ἀρνουμένου γάρ μου τὴν συνουσίαν στεῤῥῶς ἐν τοῖς βασιλείοις· οἱ μὲν ὥσπερ ἐν κουρείῳ συνελθόντες ἀποκείρουσι τὸν πώγωνα, χλανίδα δ' ἀμφιεννύουσι, καὶ σχηματίζουσιν, ὡς τότε ὑπελάμβανον πάνυ γελοῖον στρατιώτην. οὐδὲ γάρ μοι τοῦ καλλωπισμοῦ τῶν κα- D θαρμάτων ἥρμοζεν· ἐβάδιζον δὲ οὐχ ὥσπερ ἐκεῖνοι περιβλέποντες, καὶ σοβοῦντες· ἀλλ' εἰς γῆν βλέπων· ὥσπερ εἰθίσμην ὑπὸ τοῦ θρέψαντός με παιδαγωγοῦ. τότε μὲν αὐτοῖς παρέσχον γέλωτα· μικρὸν δὲ ὕστερον ὑποψίαν· εἶτα ἀνέλαμψεν ὁ τοσοῦτος φθόνος. Ἀλλ' ἐνταῦθα χρὴ μὴ παραλιπεῖν ἐκεῖνα, πῶς ἐγὼ συνεχώρησα· πῶς δὲ ᾑλόμην ὁμορόφιος ἑκούσιος γενέσθαι, οὓς ἠπιστάμην παντὶ μὲν μου λυμηναμένους τῷ γένει· ὑπώπτευον δὲ οὐκ εἰς μα-

γρ. ἐκείνου

rursum ad sese revocavit: cum me hactenus ad conspectum non admisisset, praterquam in Cappadocia semel, ac semel in Italia, agente id non sine magna contentione Eusebia, ut salutis meæ certam fiduciam haberem. Quanquam ego sex totos menses eadem in civitate mansi; atque is ipse visurum me denuo se esse promiserat. Verum detestandus ille spado, ac fidus ipsius cubicularius, magno me beneficio imprudens & invitus affecit. Nam ne illum sæpius adirem obstitit. Ac fieri potest, ut & ipse quoque conveniri se a me minus vellet; sed fuit iste nihilominus malorum omnium caput. Verebatur enim ne si aliqua inter nos consuetudo & familiaritas intercederet, paulatim ad ejus amicitiam pervenirem, isque mea fide perspecta functionem mihi aliquam committeret. Tum autem, cum primum e Græcia sum reversus, piæ memoriæ Eusebia me statim per eunuchos suos officiosissime suscepit. Deinde paulo post, adveniente illo, cum adversus Silvanum bellum finisset, ingressus mihi in aulam permittitur, & Thessalica cum necessitate persuasio, quam vocant, inducitur. Nam cum ego aulicam illam consuetudinem constanter repudiarem; isti quasi in tonsoris officina coeuntes barbam mihi tondent, & injecto amiculo in militem me valde, ut tum putabant, ridiculum subornant. Nullus enim sceleratorum istorum cultus mihi congruebat. Ibam ergo non ut illi circumspicientes, & cum fastu procedentes, sed dejectis in terram oculis, ut a pædagogo, qui me educaverat, consuefactus eram. Itaque risum tunc illis attuli; paulo post vero suspicionem; ac demum vehemens illa prorupit invidia. Verum minime hoc loco prætermittendum est, quemadmodum communi cum illis tecto ac contubernio uti non abnuerim, quos & generis mei pestes fuisse scirem, & ab iisdem mihi quoque paratum iri periculum propediem

diem suspicarer. Quantam igitur nunc, cum in aulam evocarer, lacrymarum vim profuderim, quantumque lamentatus sim: cum sublatis in arcem vestram manibus Minervam precarer, ut me famulum servaret suum, nec illorum furori dederet; testes e vobis esse multi possunt, qui id viderunt: atque ipsa præ cæteris Dea novit, mortem me præ itinere illo Athenis a se petiisse. Quod vero servum illa suum neque dereliquerit, nec in manus inimicorum dediderit, reipsa monstravit. Nam ubique ducem mihi sese præbuit, ac præsens affuit, custodes undique a Sole Lunaque angelos assumens.

Qua in re ad memoriam insigne illud accidit. Cum ego Mediolanum venissem, & in suburbio quodam habitarem, eoque frequenter ad me Eusebia mitteret, qui me suo nomine salutarent, hortarenturque, ut quæ vellem ad se cum fiducia scriberem; hanc ad eam epistolam, sive supplicem potius libellum, cum adjuratione scripsi: *Sic heredes tibi contingant liberi; sic tibi hæc & illa Deus annuat; obsecro te, domum me, quamprimum remitte.* Cum hæc scripsissem, statim vereri cœpi, ut ad Imperatoris conjugem in palatium tuto literas dare possem. Quare Deos rogavi, ut noctu significarent, ecquid libellum istum ad Imperatricem mittere oporteret? Illi mortem, & quidem turpissimam, si mitterem comminati sunt. Quæ quidem vere a me dici, testes ipsos Deos appello. Quamobrem literas iccirco mittere velle desii. At ex illa nocte mihi quædam injecta cogitatio est, quam a vobis audiri fortasse convenit. Ego vero nunc, inquam, repugnare Diis instituo, ac de me prudentius, quam illi ipsi qui norunt omnia, statuere me posse confido. Atqui humana prudentia id unum quod præsens est contuens, bene secum

A κρᾶν ἐπιβουλεύσοντας καὶ ἐμοί. Πηγὰς μὲν οὖν ὁπόσας ἀφῆκα δακρύων, καὶ θρήνους οἵους, ἀνατείνων εἰς τὴν ἀκρόπολιν τὴν παρ' ὑμῖν τὰς χεῖρας, ὅτε ἐκαλούμην, καὶ τὴν Ἀθηνᾶν ἱκετεύων σώζειν τὸν οἰκέτην, καὶ μὴ ἐκδιδόναι· πολλοὶ τῶν παρ' ὑμῖν ἑωρακότες εἰσί μοι μάρτυρες· αὐτὴ δὲ ἡ θεὸς πρὸ τῶν ἄλλων, ὅτι καὶ θάνατον ᾐτησάμην παρ' αὐτῆς Ἀθήνησι πρὸ τῆς τότε ὁδοῦ. ὡς μὲν οὖν οὐ B προὔδωκεν ἡ θεὸς τὸν οἰκέτην, οὐδὲ ἐξέδωκεν, ἔργοις ἐπέδειξεν· ἡγήσατο γάρ ἁπανταχοῦ μοι, καὶ παρέστησεν ἁπανταχόθεν τοὺς φύλακας ἐξ Ἡλίου καὶ Σελήνης ἀγγέλους λαβοῦσα.

Συνέβη δέ τι καὶ τοιοῦτον. ἐλθὼν ἐς τὸ Μεδιόλανον ᾤκουν ἔν τινι προαστείῳ. ἐνταῦθα ἔπεμπεν Εὐσεβία πολλάκις πρός με φιλοφρονουμένη, καὶ γράφειν κελεύουσα, καὶ θαρρεῖν ὑπὲρ ὅτου ἂν δέωμαι· γράψας ἐγὼ πρὸς C αὐτὴν ἐπιστολήν, μᾶλλον δὲ ἱκετηρίαν ὅρκους ἔχουσαν τοιούτους· Οὕτω παισὶ χρήσαιο κληρονόμοις· οὕτω τὰ καὶ τά σοι ὁ θεὸς δοίη· πέμπε με οἴκαδε τὴν ταχίστην. Ἐκεῖνο ὑπενόουν ὡς οὐκ ἀσφαλὲς εἰς τὰ βασίλεια πρὸς αὐτοκράτορος γυναῖκα γράμματα εἰσπέμπειν· ἱκέτευσα δὴ τοὺς θεοὺς νύκτωρ δηλῶσαί μοι εἰ, χρὴ πέμπειν παρὰ τὴν βασιλίδα τὸ γραμμάτιον· οἱ δὲ ἐπηπείλησαν εἰ D πέμψαιμι θάνατον αἴσχιστον. ὡς δὴ ἀληθῆ ταῦτα γράφω, καλῶ τοὺς θεοὺς ἅπαντας μάρτυρας. Τὰ μὲν δὴ γράμματα διὰ τοῦτο ἐπέσχον εἰσπέμψαι. Ἐξ ἐκείνης δέ μοι τῆς νυκτὸς λογισμὸς εἰσῆλθεν, ὃ καὶ ὑμᾶς ἴσως ἄξιον ἀκοῦσαι. νῦν, ἔφην, ἐγὼ τοῖς θεοῖς ἀντιτάττεσθαι διανοοῦμαι, καὶ ὑπὲρ ἐμαυτοῦ βουλεύεσθαι κρεῖττον νενόμικα τῶν πάντα εἰδότων. Καί τοι φρόνησις ἀνθρωπίνη πρὸς τὸ πρὸν ἀφορῶσα μόνως ἀγαπητῶς ἂν τύχοι, καὶ μόγις τοῦ πρὸς ὀλίγους ἀναμαρτήτου. Διόπερ οὐδεὶς οὐδ' ὑπὲρ τῶν εἰς τριακοσιοστὸν ἔτος βουλεύεται, οὔτε ὑπὲρ τῶν ἤδη γεγονότων. τὸ μὲν γὰρ περιττόν· τὸ δὲ ἀδύνατον. ἀλλ' ὑπὲρ τῶν ἐν χερσί, καὶ ὧν ἀρχαί τινές εἰσιν ἤδη καὶ σπέρματα. Φρόνησις δὲ ἡ παρὰ τοῖς θεοῖς ἐπὶ τὸ μήκιστον, μᾶλλον δὲ ἐπὶ πᾶν βλέπουσα, μηνύει τε ὀρθῶς καὶ πράττει τὸ λῷον. αἴτιοι γάρ εἰσιν αὐτοὶ καθάπερ τῶν ὄντων, οὕτω δὴ καὶ τῶν ἐσομένων. οὐκοῦν εἰκὸς αὐτοὺς ὑπὲρ τῶν παρόντων ἐπίστασθαι. Τέως μὲν οὖν ἐδόκει μοι κατὰ τοῦτο σοφωτέρα τῆς ἔμπροσθεν ἡ δευτέρα γνώμη. σκοπῶν δὲ εἰς τὸ δίκαιον εὐθέως ἔφην· εἶτα σὺ μὲν ἀγανακτεῖς, εἴ τι τῶν σῶν κτημάτων ἀποστεροίη σε τῆς ἑαυτοῦ χρήσεως, ἢ καὶ ἀποδιδράσκει καλούμενον· κἂν ἵππος τύχοι κἂν πρόβατον· κἂν βοίδιον· ἄνθρωπος δὲ εἶναι βουλόμενος, οὐδὲ τῶν ἀγελαίων, οὐδὲ τῶν συρφετωδῶν, ἀλλὰ τῶν ἐπιεικῶν καὶ μετρίων ἀποστερεῖς ἑαυτοῦ τοὺς θεούς· καὶ οὐκ ἐπιτρέπεις ἐφ' ὅ, τι ἂν ἐθέλωσι χρήσασθαί σοι; ὅρα μὴ πρὸς τῷ λίαν ἀφρόνως, καὶ τῶν δικαίων τῶν πρὸς τοὺς θεοὺς ὀλιγώρως πράττῃς. ἡ δὲ ἀνδρεία, ποῦ καί τις; γελοῖον· ἕτοιμος οὖν εἶ καὶ θωπεῦσαι καὶ κολακεῦσαι διὰ τοῦ θανάτου· ἐξὸν ἅπαντα καταβαλεῖν, καὶ τοῖς θεοῖς ἐπιτρέψαι πράττειν ὡς βούλονται, διελόμενον πρὸς αὐτοὺς τὴν ἐπιμέλειαν τὴν ἑαυτοῦ· καθάπερ καὶ ὁ Σωκράτης ἠξίου. καὶ τὰ μὲν ἐπὶ σοί, πράττειν ὡς ἂν ἐνδέχηται· τὸ δὲ ὅλον ἐπ' ἐκείνοις ποιεῖσθαι· κεκτῆσθαι δὲ μηδὲν, μὴ δὲ ἁρπάζειν· τὰ διδόμενα δὲ παρ' αὐτῶν, ἀσφαλῶς δέχεσθαι; Ταύτην ἐγὼ νομίσας οὐκ ἀσφαλῆ μόνον, ἀλλὰ πρέπουσαν ἀνδρὶ μετρίῳ

A agi putet, si, quod vix assequi potest, in paucis recte, ac sine errore verseur. Quocirca nemo de iis, quæ aut trecentesimo post anno futura sunt, aut quæ jam præterita sunt, deliberat: horum enim alterum supervacaneum, alterum ne possibile est quidem; sed de iis solum, quæ in manibus sita sunt, & quorum primordia jam ac velut semina quædam existunt. At Deorum prudentia etiam longinquissima, vel potius universa, prospectans, recte admonet B quod melius est, idque perficit. Sunt enim illi non minus futurorum auctores ac causa, quam præsentium. Par est igitur eosdem hæc ipsa præsentia cognoscere. Et hactenus quidem ob eam causam sapientius mihi priore consilio posterius videbatur. Deinde cum justitiæ quoque rationem habuissem, sic apud me ratiocinari cœpi: Itane vero? si quid, quod in tuo mancipio sit, sui tibi usum eripiat, aut a te vocatum au- C fugiat, indigneris ac succenseas; velut si equus ille sit, aut ovis, aut bucula: tu, qui te hominem esse velis, nec ipsum quidem e plebeiorum ac gregariorum numero, sed frugi atque probum, Deos temetipso fraudare non dubites; nec illis ut te, quam in rem velint, utantur integrum facias? Vide ne non solum insipienter egisse; sed ea quoque, quæ cum Dis intercedunt, jura neglexisse videare? Jam D fortitudini quis, aut ubi demum, locus est? Ridicula res omnino. Tu igitur ad assentandum adulandumque tete compones, quo mortem effugias; cum abjicere universa liceat, ac Dis curam eorum moderationemque permittere; adeo ut omnem de te solicitudinem cum illis ex æquo partiare; quod olim cupiebat Socrates: cum liceat insuper nihil neque possidere, neque rapere; quæ autem ab illis offeruntur, tuto percipere? Hoc ego consilium non magis securum, quam moderato viro dignum arbitratus,

bitratus, quod & eodem Deorum voluntas inclinabat; (nam futuri periculi devitandi gratia in præsens ac turpissimum me discrimen injicere, nimis præceps ac temerarium visum est) cessi tandem & obtemperavi. Quamobrem subinde mihi Cæsaris & nomen & vestis imponitur. Tum ex eo consecuta servitus, & quotidianus ille mortis quantus, o Dii, quamque vehemens terror! Januarum claustra; janitores domesticorum manus exploratæ, ne quid ad me literarum ab amicis ferrent; peregrina familia. Vix ego servulos quatuor, quorum duo erant parvuli, cæteri grandiores, ad interiora obsequia mecum in aulam adduxi: quorum unus duntaxat susceptæ erga Deos a me pietatis conscius, & clam, quoad licebat, adjutor extitit. Fratis librorum meorum custos, idemque solus e multis meis sodalibus & amicis fidelis. Alter medicus fuit; qui quod pro amico meo minus erat cognitus, mecum profectus est. Ego vero adeo ista metuebam, adeoque suspecta mihi erant omnia, ut amicorum plerosque, qui adire me vellent, sponte prohiberem: quorum etsi conspectu frui cuperem, nolebam tamen illis ac mihi ipsi quoque calamitatem consciscere. Sed hæc aliena sunt; hæc cum rebus ipsis implicata. Cum trecentis & sexaginta militibus proficisci me in Gallias, quæ tum erant perturbatæ, media hieme jussit; non ut provinciæ illius exercitibus imperarem magis, quam ut illorum ducibus subessem. Scriptum enim ad illos fuerat, ac plane aperteque mandatum, ut non a me minus quam ab hoste ipso caverent, ne quid novarum rerum aggrederet. His ad eum, quem dixi, modum perfectis circa solstitium hibernum prosi-

A γνώμην· ἐπεὶ καὶ τὰ τῶν θεῶν ἐσήμαινε ταύτῃ· τὸ γὰρ ἐπιβουλὰς εὐλαβούμενον τὰς μελλούσας εἰς αἰσχρὸν, καὶ πρόπτον ἐμβαλεῖν ἑαυτὸν κίνδυνον, δεινῶς ἐφαίνετό μοι θορυβῶδες. εἶξα, καὶ ὑπήκουσα. Καὶ το μεν ὄνομά μοι ταχέως, καὶ τὸ χλανίδιον περιεβλήθη τοῦ Καίσαρος· ἡ δὲ ἐπὶ τούτῳ δουλεία, καὶ τὸ καθ' ἑκάστην ἡμέραν ὑπὲρ αὐτῆς τῆς ψυχῆς ἐπικρεμαμένον δέος, Ἡράκλεις, ὅσον, καὶ οἷον. B κλεῖθρα θυρῶν· θυρωροί· τῶν οἰκετῶν αἱ χεῖρες ἐρευνώμεναι μή τις μοι παρὰ τῶν φίλων γραμματίδιον κομίζῃ· θεραπεία ξένη· Μόλις ἠδυνήθην οἰκέτας ἐμαυτοῦ τέτταρας, παιδάρια μὲν δύο κομιδῇ μικρὰ, δύο δὲ μείζονας εἰς τὴν αὐλὴν οἰκειότερόν με θεραπεύσοντας εἰσαγαγεῖν· ὧν εἷς μοι μόνος καὶ τὰ πρὸς θεοὺς συνειδὼς, καὶ ὡς ἐνεδέχετο λάθρα συμπράττων· πεπίστευτο δὲ τῶν βιβλίων μου τὴν φυλακὴν· C ὢν μόνος τῶν ἐμοὶ πολλῶν ἑταίρων καὶ φίλων πιστῶν, ὡς ἰατρός· ὃς καὶ ὅτι φίλος ὢν ἐλελήθει, συναπεδήμησεν. Οὕτω δὲ ἐδεδίειν ἐγὼ ταῦτα, καὶ ὑποφοβεῖς εἶχον πρὸς αὐτὰ, ὥστε καὶ βουλομένους εἰσιέναι τῶν φίλων πολλοὺς παρ' ἐμὲ, καὶ μάλα ἑκὼν ἐκώλυον. ἰδεῖν μὲν αὐτοὺς ἐπιθυμῶν· ὀκνῶν δὲ ἐκείνοις τε, καὶ ἐμαυτῷ γενέσθαι συμφορῶν αἴτιος. Ἀλλὰ ταῦτα μὲν ἔξωθέν ἐστι· τὰ δὲ ἐν αὐτοῖς τοῖς πράγμασι· D τριακοσίους ἑξήκοντά μοι δοὺς στρατιώτας εἰς τὸ τῶν Κελτῶν ἔθνος ἀνατετραμμένον ἔστειλε, μεσοῦντος ἤδη τοῦ χειμῶνος· οὐκ ἄρχοντα μᾶλλον τῶν ἐκεῖσε στρατοπέδων, ἢ τοῖς ἐκεῖσε στρατηγοῖς ὑπακούσοντα. Γέγραπτο γὰρ αὐτοῖς καὶ ἐντέταλτο διαῤῥήδην, οὐ τοὺς πολεμίους μᾶλλον, ἢ ἐμὲ παραφυλάττειν· ὡς ἂν μὴ νεώτερόν τι πράξαιμι. Τούτων δὴ ὃν ἔφην τρόπον γενομένων, περὶ τὰς τρο-

Quorum numerus oppidorum ad quinque & quadraginta pervenerat; burgis & castellis minoribus omissis: agri vero, quem cis Rhenum obtinebant Barbari, tantum erat spatium, quantum a fontibus illius ad Oceanum usque porrigitur: postremi autem illorum, ac finibus nostris citimi, trecentis a Rheni ripa stadiis distabant: sed triplo adhuc amplior regio populationibus illorum & excursionibus vasta erat & inculta; ubi ne pascendi quidem potestas Gallis fieret. Erant & urbes aliquot oppidanis vacuæ, etsi nondum vicinos haberent Barbaros. His ego calamitatibus vexatam & afflictam nactus Galliam, primum Agrippinam recuperavi, urbem ad Rhenum sitam, quæ ante menses circiter decem in potestatem hostium venerat; nec non Argentoratum vicinum castellum ad Vosegi radices: deinde conflixi *haud inglorie*; cujus pugnæ *procul dubio* ad vos fama pervenit. In qua cum captivum hostium regem Dii in manus meas dedissent, tanti facinoris gloriam Constantio non invidi. Quanquam etsi triumphare mihi non licebat, hostem tamen jugulare fas erat: neque tota Gallia traducere, ac per urbes ostentare, & Chnodomarii calamitatibus insultare prohibebat quispiam. Verum nihil horum committendum putavi; sed ipsum statim ad Constantium misi, cum is commodum e Quadis ac Sarmatis rediret. Ita contigit, ut cum ego dimicassem, ille solum iter fecisset, & cum Istri accolis pacifice collocutus esset, non ego, sed ille triumpharit. Alter post hæc annus successit, ac tertius; cum e Galliis pulsi omnes fugatique Barbari, pleræque urbes recreatæ, multæ ex Britannia naves appulsæ. Cum sexcentarum itaque navium classe solvens, e quibus

A ἀδεῶς κατοικούντων. Τὸ μὲν οὖν πλῆθος τῶν πόλεων, πέντε που καὶ τεσσαράκοντα ἐστι, τείχη τὰ διηρπασμένα, δίχα τῶν πύργων καὶ τῶν ἐλαττόνων φρουρίων. ἧς ἐνέμοντο γῆς ἐπὶ τάδε δὲ τοῦ Ῥήνου πάσης οἱ Βάρβαροι τὸ μέγεθος, ὅσον ἀπὸ τῶν πηγῶν αὐτοῦ ἀρχόμενος ἄχρι τοῦ Ὠκεανοῦ περιλαμβάνει· τριακόσια δὲ ἀπεῖχον τῆς ᾐόνος τοῦ Ῥήνου στάδια οἱ πρὸς ἡμᾶς οἰκοῦντες ἔσχατοι· τριπλάσιον δὲ ἦν ἔτι B τούτου πλάτος τὸ καταλειφθὲν ἔρημον ὑπὸ τῆς λεηλασίας, ἔνθα οὐδὲ νέμειν ἐξῆν τοῖς Κελτοῖς τὰ βοσκήματα· καὶ πόλεις τινὲς ἔρημοι τῶν οἰκητόρων, αἷς οὔπω παρῴκουν οἱ Βάρβαροι. Ἐν τούτοις οὖσαν καταλαβὼν ἐγὼ τὴν Γαλλίαν, πόλιν τε ἀνέλαβον τὴν Ἀγριππίναν ἐπὶ τῷ Ῥήνῳ, πρὸ μηνῶν ἑαλωκυῖαν που δέκα· καὶ τεῖχος Ἀργεντόρατα πλησίον πρὸς ταῖς ὑπωρείαις αὐτοῦ τοῦ Βοσέγου· καὶ ἐμαχεσάμην C οὐκ ἀκλεῶς· ἴσως καὶ εἰς ὑμᾶς ἀφίκετο ἡ τοιαύτη μάχη. Ἔνθα τῶν θεῶν δόντων μοι τὸν βασιλέα τῶν πολεμίων αἰχμάλωτον, οὐκ ἐφθόνησα τοῦ κατορθώματος Κωνσταντίῳ. καίτοι εἰ μὴ θριαμβεύειν ἐξῆν, ἀποσφάττειν τὸν πολέμιον κύριος ἦν· καὶ μέντοι διὰ πάσης αὐτὸν ἄγων τῆς Κελτίδος, ταῖς πόλεσιν ἐπιδεικνύειν, καὶ ὥσπερ ἐντρυφᾶν ταῖς Χνοδομαρίου συμφοραῖς, οὐδεὶς ἐκώλυεν. Τούτων οὐδὲν ᾤμην δεῖν πράττειν, ἀλλὰ πρὸς τὸν Κωνστάντιον D αὐτὸν εὐθέως ἀπέπεμψα, τότε ἀπὸ τῶν Κουάδων καὶ Σαυροματῶν ἐπανιόντα. Συνέβη τοίνυν ἐμοῦ μὲν ἀγωνισαμένου, ἐκείνου δὲ ὁδοιπορήσαντος μόνον, καὶ φιλίως ἐντυχόντος τοῖς παροικοῦσι τὸν Ἴστρον ἔθνεσιν, οὐχ ἡμᾶς, ἀλλ᾽ ἐκεῖνον θριαμβεῦσαι. Τὸ δὴ μετὰ τοῦτο, δεύτερος ἐνιαυτὸς καὶ τρίτος· καὶ πάντες μὲν ἀπελήλαντο τῆς Γαλλίας οἱ Βάρβαροι, πλεῖσται δὲ ἀνελήφθησαν τῶν πόλεων· παμπληθεῖς δὲ ἀπὸ γῆς Βρεττανίας νῆες ἀνήχθησαν. ἑξακοσίων νηῶν ἀνήγαγον

vel. ἀθροίσας στόλον

στόλον· ὧν τὰς τετρακοσίας ἐν οὐδὲ ὅλοις μησὶ δέκα ναυπηγησάμενος, πάσας εἰσήγαγον εἰς τὸν Ῥῆνον, ἔργον οὐ μικρὸν διὰ τοὺς ἐπικειμένους καὶ παροικοῦντας πλησίον Βαρβάρους. Ὁ γοῦν Φλωρέντιος οὕτως ᾤετο τοῦτ' ἀδύνατον, ὥστε ἀργυρίου δισχιλίας λίτρας ὑπέσχετο μισθὸν ἀποτίσειν τοῖς Βαρβάροις ὑπὲρ τῆς παρόδου· καὶ ὁ Κωνστάντιος ὑπὲρ τούτου μαθών· ἐκοινώσατο γὰρ αὐτῷ περὶ τῆς δόσεως· ἐπέστειλεν αὐτὸ πρός με, πράττειν κελεύσας, εἰ μὴ παντάπασιν αἰσχρὸν μοι φανείη. Πῶς δὲ οὐκ ἦν αἰσχρὸν, ὅπου Κωνσταντίῳ τοιοῦτον ἐφάνη, λίαν εἰωθότι θεραπεύειν τοὺς Βαρβάρους; ἐδόθη μὲν αὐτοῖς οὐδέν. ἀλλ' ἐπ' αὐτοὺς στρατεύσας, ἀμυνόντων μοι καὶ παρεστώτων θεῶν, ὑπεδεξάμην μὲν μοῖραν τοῦ Σαλίων ἔθνους, Χαμάβους δὲ ἐξήλασα· πολλὰς βοῦς, καὶ γύναια μετὰ παιδαρίων συλλαβών. οὕτω δὲ πάντας ἐφόβησα, καὶ παρεσκεύασα καταπτῆξαι τὴν ἐμὴν ἔφοδον, ὥστε παραχρῆμα λαβεῖν ὁμήρους, καὶ τῇ σιτοπομπίᾳ παρασχεῖν ἀσφαλῆ κομιδήν. Μακρὸν ἐστὶ πάντα ἀπαριθμεῖσθαι, καὶ τὰ καθ' ἕκαστον γράφειν, ὅσα ἐνιαυτοῖς ἔπραξα τέτταρσι· τὰ κεφάλαια δὲ· τρίτον ἐπεραιώθην Καῖσαρ ἔτι τὸν Ῥῆνον· δισμυρίους ἀπῄτησα παρὰ τῶν Βαρβάρων ὑπὲρ τὸν Ῥῆνον ὄντας αἰχμαλώτους. ἐκ δυοῖν ἀγώνοιν, καὶ μιᾶς πολιορκίας χιλίους ἐξελὼν ἐζώγρησα· οὐ τὴν ἄχρηστον ἡλικίαν, ἄνδρας δὲ ἡβῶντας· ἔπεμψα τῷ Κωνσταντίῳ τέτταρας ἀριθμοὺς τῶν κρατίστων πεζῶν. τρεῖς ἄλλους τῶν ἐλαττόνων ἱππέων τάγματα δύο τὰ ἐντιμότατα. πόλεις ἀνέλαβον νῦν μὲν δὴ τῶν θεῶν ἐθελόντων πάσας, τότε δὲ ἀνειλήφειν ἐλάττους ὀλίγῳ τῶν τετταράκοντα. Μάρτυρα καλῶ τὸν Δία, καὶ πάντας θεοὺς, πολιούχους τε καὶ ὁμογνίους, ὑπὲρ τῆς ἐμῆς προαιρέσεως εἰς αὐτὸν καὶ πίστεως, ὅτι τοιοῦτος γέγονα περὶ αὐτὸν, οἷον ἂν εὐξάμην ἐγὼ υἱὸν περὶ ἐμὲ γενέσθαι. Τετίμηκα μὲν οὖν αὐτὸν

A quadringentas vix totis decem mensibus fabricaveram, omnibus sum in Rhenum invectus: quod propter ingruentes & vicinos Barbaros inprimis difficile videbatur. Sane Florentius adeo fieri istud posse desperaverat, ut de transitu cum Barbaris duobus argenti librarum millibus pacisceretur. Qua de re certior factus Constantius, (nam cum eo ille communicaverat) mandavit mihi id ut agerem, nisi omnino B turpe esse judicarem. Hoc vero quidni turpe foret, cum ejusmodi esse vel Constantio ipsi videretur; qui Barbaros obsequiis omnibus fovere, ac retinere consueverat? Verum nihil in illos a nobis est impensum. Quin adversus eos exercitum movens, aspirantibus Diis, Saliorum partem excepi: Chamavos expuli: infinita boum armenta cum mulieribus ac parvulis in potestatem redegi: ita vero omnes C exterrui, ac tantus illis excursionis meæ injectus est metus, ut statim obsides acceperim, & annonæ subvectionem tutam reddiderim. Longum est omnia complecti, ac singula percensere, quæ quatuor annis a me gesta sunt. Horum vero summa ista sunt capita. Ter, cum adhuc Cæsar essem, Rhenum trajeci: viginti captivorum millia a transrhenanis Barbaris repetii: ex duobus præliis & una obsidione, mille homi- D nes in potestatem accepi, nec eos ætate confectos, sed juvenes: quatuor lectissimorum peditum numeros; tres nihilo inferiorum equitum; scholas duas honoratissimas ad Constantium misi: oppida cepi nunc quidem omnia, tum vero paulo minus quadraginta potitus fueram. Testis est meæ in illum voluntatis & fidei Juppiter, Diique custodes urbium, & gentilitii omnes, me talem erga illum fuisse, quales erga me velim esse liberos meos. Atque ipsum quidem ita colui, ut superiores Imperatores

peratores Cæsarum nemo. Itaque nihil ad hanc diem objicere mihi super ea re potuit; licet ipsum confidenter ego provocarem, & ridiculas, cur mihi esset iratus, causas commentus est. Lupicinum, inquit, cum tribus aliis detinuit. Nempe insidiatores meos: quos ut interfecissem, illum tamen oportebat, quam ob istorum calamitatem in me concepisset iram, concordiæ ac pacis amore remittere. Verum ego ipsos nulla re læsos, tanquam turbulentos ac seditionum faces, retinui: ac cum multa de publico in eos impendi, tum nulla bonorum parte spoliavi. Animadvertite cujusmodi in illos supplicium Constantius præscripserit. Nam qui ob alienos minimeque propinquos homines mihi succenset, nonne exprobrare mihi videtur ac stultitiam accusare meam, quod parentis, fratrum, consobrinorum interfectorem, & communis nostræ domus ac cognationis carnificem, tam vehementer observarim? Considerate præterea quantis illum obsequiis, ex quo sum factus Imperator, demereri studuerim; quod ex datis ad eum literis intelligere potestis. Quin & ante hoc tempus qualis adversus ipsum fuerim inde cognoscite. Cum enim non ignorarem, si quid peccatum foret, ejus in me invidiam ac periculum omne redundaturum, pleraque vero aliis ab auctoribus esse gerenda; primum rogavi, ut si hæc illi facienda viderentur, meque prorsus Cæsarem appellare decrevisset, viros mihi bonos & egregios administros daret. At ille primum nequissimos attribuit. Quorum cum unus, omnium perditissimus, & quidem libenter auscultasset, tandem optimum mihi virum vel invitus dedit, Salustium: qui statim illi suspectus ob virtutem esse cœpit. Qui cum mihi non sufficeret, *animadverterem autem morum diversitatem; ac viderem illum quidem ei, a quo regeretur, fidentem, al-*

A ὡς οὐδεὶς Καισάρων οὐδένα τῶν ἐμπροσθεν Αὐτοκρατόρων. Οὐδὲν γοῦν εἰς τὴν τήμερον ὑπὲρ ἐκείνων ἐγκαλεῖν μοι, καὶ ταῦτα παῤῥησιασαμένῳ πρὸς αὐτόν· ἀλλὰ γελοίας αἰτίας ὀργῆς ἀνέπλαττε. Λουπικῖνον, φησὶ, καὶ τρεῖς ἄλλους ἀνθρώπους κατέσχεν. εἰ δὲ καὶ κτείνας ἦν τοὺς ἐπιβουλεύσαντας ἐμοὶ φανερῶς, ἐχρῆν τὴν ὑπὲρ τῶν παθόντων ὀργὴν ἀφεῖναι τῆς ὁμονοίας ἕνεκα· τούτους δὲ οὐδὲν ἄχαρι διαθεὶς, ὡς ταραχώδεις φύσει, καὶ πολεμοποιοὺς κατέσχον, πολλὰ πάνυ δαπανῶν

B εἰς αὐτοὺς ἐκ τῶν δημοσίων, ἀφελόμενος οὐδὲν τῶν ὑπαρχόντων ἐκείνοις. Ὁρᾶτε πῶς ἐπεξιέναι τούτοις ὁ Κωνστάντιος νομοθετεῖ. ὁ γὰρ χαλεπαίνων ὑπὲρ τῶν προσηκόντων μηδὲν, ἆρ' οὐκ ὀνειδίζει μοι καὶ καταγελᾷ τῆς μωρίας, ὅτι τὸν φονέα πατρὸς, ἀδελφῶν, ἀνεψιῶν, ἁπάσης, ὡς ἔπος εἰπεῖν, τῆς κοινῆς ἡμῶν ἑστίας καὶ συγγενείας τὸν δήμιον, εἰς τὸν θεραπεύσαι; σκοπεῖτε δὲ ὅπως καὶ γενόμενος

C Αὐτοκράτωρ ἔτι θεραπευτικῶς αὐτῷ προσηνέχθην ἐξ ὧν ἐπέστειλα. Καὶ τὰ πρὸ τούτου δὲ ὁποῖός τις γέγονα περὶ αὐτὸν, ἐνθένδε εἴσεσθε. Εἰδὼς ὅτι τῶν ἁμαρτανομένων κληρονομήσω μὲν αὐτὸς τὴν ἀδοξίαν, καὶ τὸν κίνδυνον, ἐξεργασθήσεται δὲ ἑτέροις τὰ πλεῖστα· πρῶτον μὲν ἱκέτευον εἰ ταῦτα πρέπειν αὐτῷ φαίνοιτο,

D καὶ πάντως ἐμὲ προσαγορεύειν Καίσαρα δεδογμένον εἴη, ἄνδρας ἀγαθοὺς καὶ σπουδαίους δοῦναί μοι τοὺς ὑπουργοῦντας. ὁ δὲ πρότερον ἔδωκε τοὺς μοχθηροτάτους. Ὡς δὲ ὁ μὲν εἷς ὁ πονηρότατος καὶ μάλα ἀσμένως ὑπήκουσεν, ἄνδρα δίδωσιν ἄκων ἐμοὶ καὶ μάλα ἀγαθὸν Σαλούστιον, ὃς διὰ τὴν ἀρετὴν εὐθέως αὐτῷ γέγονεν ὕποπτος. οὐκ ἀρκεσθεὶς ἐγὼ τῷ τοιούτῳ καλανοήσας δὲ πρὸς τὸ διάφορον τοῦ τρόπου καὶ βλέπων τῷ μὲν ἄγαν αὐτὸν

Na πιστεύοντα,

πεπεισμένα, τῷ δὲ οὐδ' ὅλως προσέχοντα. τῆς δεξιᾶς αὐτῆς καὶ τῶν γονάτων ἁψάμενος, τούτων ἔφην οὐδεὶς ἐστί μοι συνήθης, οὐδὲ γέγονεν ἔμπροσθεν· ἐπιστάμενος δὲ αὐτοὺς ἐκ φήμης, σοῦ κελεύσαντος, ἑταίρους ἐμαυτοῦ καὶ φίλους νομίζω, τοῖς πάλαι γνωρίμοις ἐπίσης τιμῶν. οὐ μὴν δίκαιον ἐν τούτοις ἐπιτετράφθαι τὰ ἐμά, ἢ τὰ τούτων ἡμῖν συγκινδυνεύσαι· τί οὖν ἱκετεύω; γραπτὰς ἡμῖν δὸς ὥσπερ νόμους, τίνων ἀπέχεσθαι χρή, καὶ ὅσα πράττειν ἐπιτρέπεις· δῆλον γὰρ ὅτι τὸν μὲν πειθόμενον ἐπαινέσεις, τὸν δὲ ἀπειθοῦντα κολάσεις· εἰ καί, ὅτι μάλιστα νομίζω, μηδὲν ἀπειθήσειν.

Ὅσα μὲν οὖν ἐπεχείρησεν ὁ Πεντάδιος αὐτίκα καινοτομεῖν, οὐδὲν χρὴ λέγειν· ἀντέπραττον δὲ ἐγὼ πρὸς πάντα. καὶ γίνεταί μοι δυσμενὴς ἐκεῖθεν. εἶτ' ἄλλον λαβὼν, καὶ παρασκευάσας δεύτερον, καὶ τρίτον, Παῦλον, Γαυδέντιον, τοὺς ὀνομαστοὺς ἐπ' ἐμὲ μισθωσάμενος συκοφάντας, Σαλούστιον μὲν ὡς ἐμοὶ φίλον ἀποστῆναι παρασκευάζει· Λουκιανὸν δὲ δοθῆναι διάδοχον αὐτίκα. καὶ μικρὸν ὕστερον καὶ Φλωρέντιος ἦν ἐχθρὸς ἐμοὶ διὰ τὰς πλεονεξίας, *αἷς ἠναντιούμην. Πείθουσιν οὗτοι τὸν Κωνστάντιον ἀφελέσθαι με τῶν στρατοπέδων ἁπάντων, ἴσως τι καὶ ὑπὸ τῆς ζηλοτυπίας τῶν κατορθωμάτων κνιζόμενον. καὶ γράφει γράμματα πολλῆς μὲν ἀτιμίας εἰς ἐμὲ πλήρη, Κελτοῖς δὲ ἀνάστασιν ἀπειλοῦντα. Μικροῦ γὰρ δέω φάναι τὸ στρατιωτικὸν ἅπαν ἀδιακρίτως τὸ μαχιμώτατον ἀπαγαγεῖν τῆς Γαλατίας ἐκέλευσεν· ἐπιτάξας τοῦτο τὸ ἔργον Λουπικίνῳ τε καὶ Γοντονίῳ· ἐμοὶ δ' ὡς ἂν πρὸς μηδὲν ἐναντιωθείην αὐτοῖς ἐπέστειλεν. Ἐνταῦθα μέν τοι τίνα τρόπον τὰ τῶν θεῶν εἴποιμι ἂν

*Vel. οἷς.

A *alteri vero haud omnino adhaerentem*, dextram illius amplexus ac genua: Horum, inquam, nemo mihi neque familiaris est, neque fuit antea; sed cum eos ex fama cognoverim, jussu tuo sodales & amicos existimo, & eodem loco ac veteri mihi familiaritate conjunctos habeo. Non est tamen aequum meas res illis committi, aut eorum res cum meis in periculum adduci. Quid igitur postulo? Ut tu scilicet veluti B leges quasdam mihi describas; quibus abstinere me, quaeque gerere permittas. Tum enim me, si quidem obtemperavero, utique laudabis; sin parere noluero, poenam exiges. Quanquam spero me nihil contra quam jusseris, esse facturum.

Caeterum quid Pentadius novarum rerum subinde molitus sit, nihil attinet dicere. Atqui iis ego conatibus omnibus restiti. Unde ille mihi inimicus est factus. Moxque alterû C sibi & secundum adjungens, ac tertium, atque insignes calumniatores, Paulum & Gaudentium, contra me conducens obtinuit, ut Salustio, quod amicus mihi esset, a me remoto, confestim Lucianus successor daretur. Deinde haud multo post Florentius inimicus esse coepit, quod ejus cupiditatibus obsisterem. Ergo isti Constantio persuadent, ut me ab exercituum praefectura revocaret; cum & ipsum fortasse rerum D a me gestarum aemulatio pupugisset. Itaque literas scripsit non modo plenas infamia nominis mei, sed quae Gallis extremam cladem ac vastationem indicerent. Etenim propemodum milites omnes, ac quicquid roboris erat, e Galliis sine ullo discrimine deportari jussit, idque Lupicino ac Gintonio commisit; mihi vero, ne qua re illis obsisterem, per literas mandavit. Hic ego quae tum a Diis gesta sunt, qua tandem

dem oratione apud vos explicem? Testes iidem illi sunt, me per id tempus de omni imperatorio apparatu & insignibus deponendis sedulo cogitasse, uti deinceps quiete degerem, neque Reipublicæ partem ullam attingerem. Quare Florentii & Lupicini adventum expectabam. Nam alter Viennæ tum erat, alter in Britanniis. Sub hæc tumultus ingens a paganis ac militibus exoritur, & a nescio quo libellus sine nomine spargitur per propinquum oppidum in Petulantes & Celtas. (ea legionum nomina sunt.) In quo multa adversus illum jactata, multæ de proditis Galliis querelæ continebantur. Nec minus ignominiam meam auctor illius libelli deplorabat. Quo allato, qui Constantio erant addictissimi, valde commoti sunt, mihi ut quantis possent conatibus instarent, uti citius milites emitterem, priusquam in alios ordines similes libelli spargerentur. Neque enim alius quispiam aderat eorum, qui benevolo in me animo esse viderentur. Erant ii Nebridius, Pentadius, ac Decentius, quem ad id negotii Constantius ipse miserat. Quibus cum ego responderem, Lupicinum & Florentium expectandos esse, nemo ad aures admittebat; imo vero contraria omnia facienda dicebant, nisi mallem ad priores suspiciones hoc velut evidens argumentum & indicium adjungere. Præterea nunc quidem, ajebant, emissis illis, tuum hoc factum esse judicabitur; sin illi reversi fuerint, iis ipsis, non tibi, Constantius attribuet, tu vero in crimen vocaberis. His rationibus ut ad illum scriberem persuaserunt, vel coëgerunt potius. Persuasus enim facit aliquid, cui sit integrum non facere; cogere autem quibus licet, hos impetrare aliquid persuadendo nihil necesse est. Quare qui coguntur, non iis persuaderi, sed necessitas afferri dicitur. Igitur cum se duplex iter offerret, deliberantcœ-

A ἔργα πρὸς ὑμᾶς; διηγοίμην, μάρτυρες δὲ αὐτοί, πᾶσαν ἀπορρίψας τὴν βασιλικὴν πολυτέλειαν καὶ παρασκευὴν, ἡσυχάζων· πράττων δ' οὐδὲν ὅλως. ἀνέμενον δὲ Φλωρέντιον παραγενέσθαι, καὶ τὸν Λουπικῖνον· ἦν γὰρ ὁ μὲν περὶ τὴν Βίενναν, ὁ δὲ ἐν ταῖς Βρεττανίαις. Ἐν τούτῳ θόρυβος πολὺς ἦν περὶ πάντας τοὺς ἰδιώτας, καὶ τοὺς στρατιώτας· καὶ γράφει τις ἀνώνυ- B μον εἰς τὴν ἀστυγείτονά μοι πόλιν, πρὸς τοὺς Πετουλάντας τούτοις, καὶ Κελτούς· ὀνομάζεται δὲ οὕτω τὰ τάγματα. ἐν ᾧ πολλὰ μὲν γέγραπτο κατ' ἐκείνου· πολλοὶ δὲ ὑπὲρ τῆς Γαλλῶν προδοσίας ὀδυρμοί. καὶ μέν τοι καὶ τὴν ἐμὴν ἀτιμίαν ὁ τὸ γραμμάτιον ξυγγράψας ἀπωδύρετο. Τοῦτο κομισθὲν ἐκίνησε πάντας, οἳ τὰ Κωνσταντίου μάλιστα ἐφρόνουν, ἐπιθέσθαι μοι κατὰ τὸ καρτερώτατον, ὅπως ἤδη C τοὺς στρατιώτας ἐκπέμψαιμι, πρὶν καὶ εἰς τοὺς ἄλλους ἀριθμοὺς ὅμοια ῥιφῆναι. καὶ γὰρ οὐδὲ ἄλλος τις παρῆν τῶν δοκούντων εὔνοιαν ἔχειν ἐμοί· Νεβρίδιος, Πεντάδιος, Δεκέντιος, ὁ παρ' αὐτοῦ πεμφθεὶς ἐπ' αὐτὸ τοῦτο Κωνσταντίου· λέγοντος δέ μου χρῆναι περιμένειν ἔτι Λουπικῖνον, καὶ Φλωρέντιον, οὐδεὶς ἤκουσεν· ἀλλ' ἔλεγον πάντες τοὐναντίον ὃ δεῖ ποιεῖν, εἰ μὴ βούλομαι ταῖς προλαβούσαις ὑποψίαις ὥσπερ ἀπόδειξιν καὶ τεκμήριον τοῦτο προσ- D θεῖναι. εἶτα προσέθεσαν ὡς νῦν μὲν ἐκπεμφθέντων αὐτῶν, σὸν ἐστι τὸ ἔργον· ἀφικομένων δὲ τούτων, οὐ σοι τοῦτ', ἀλλ' ἐκείνοις λογιεῖται Κωνστάντιος· σὺ δὲ ἐν αἰτίᾳ γενήσῃ· γράψαι με ἔπεισαν αὐτῷ, μᾶλλον δὲ ἐβιάσαντο. πείθεσθαι μὲν γὰρ ἐκεῖνος, ᾧπερ ἔξεστι καὶ μὴ πεισθῆναι· βιάζεσθαι δὲ οὓς ἂν ἐξῇ, τοῦ πείθειν οὐδὲν προσδέονται· οὐκοῦν οὐδὲ οἱ βιασθέντες τῶν πεπεισμένων εἰσὶν, ἀλλὰ τῶν ἀναγκασθέντων. ἐσκοποῦμεν μὲν ἐνταῦθα ποίαν ὁδὸν αὐτοὺς χρὴ

 βαδίζειν,

quod prodigio illo præeunti confisus Deo securus essem. Sed pudebat me non ad finem usque videri Constantio fideliter obsecutum. Inter hæc cum tacitus quidem in palatio mœror obversaretur, ut hanc ipsam temporis opportunitatem raperent amici Constantii, statim insidias adversum me comparant, & in milites pecunias largiuntur: rati se horum alterum consecuturos; ut vel nos ab invicem divellerent; vel ut illi aperte impetum in me facerent. Quod ubi clam ab illis agi quidam eorum animadvertit, qui prodeunti uxori ab officiis erant, primum ad me detulit. Sed cum rem a me negligi videret, velut subito furore correptus ac fanaticus, publice per forum volitans exclamat: Adeste milites, peregrini ac cives; Imperatorem nolite prodere. Quam ad vocem repentinus militum animis ardor injectus est. Fit ad palatium cum armis concursus omnium. Ibi cum me salvum & incolumem offendissent, vehementer gavisi, ut qui amicos suos ex insperato vident, aliunde alius accurrens amplecti me, circumstringere arctius, & in humeros portare. Erat digna spectaculo res, & divini cujusdem afflatus ac furoris similis. Cum me autem undique circumdedissent, Constantii amicos omnes ad necem quærebant. Hic ego quantum, ut eos servarem, laboris ac certaminis susceperim, Deos omnes conscios habeo. Tum vero postea qua me tandem erga Constantium ratione gessi? Nondum ad hodiernum usque diem iis in litteris, quas ad illum scripsi, ea sum usus appellatione, quam mihi Dii immortales tribuerunt; sed Cæsarem me duntaxat nominavi. Præterea militibus persuasi, mihi ut jurarent, se nihil affectaturos, si nos tuto in Galliis habitare permitteret, & rata quæ gesta erant haberet. Data est & communi militum meorum no-

A δίας. Καὶ τὰ χρῆν δήπουθεν πιστεύοντα τῷ φήναντι θεῷ τὸ τέρας θαῤῥεῖν. ἀλλ' ᾐσχυνόμην δεινῶς, καὶ κατεδυόμην, εἰ δόξαιμι μὴ πιστῶς ἄχρι τέλους ὑπακοῦσαι Κωνσταντίῳ. Πολλῆς οὔσης περὶ τὰ βασίλεια κατηφείας, τοῦτον εὐθὺς οἱ Κωνσταντίου φίλοι τὸν καιρὸν ἁρπάσαι διανοηθέντες, ἐπιβουλὴν μοι ῥάπτουσιν αὐτίκα, καὶ διανέμουσι τοῖς στρατιώταις χρήματα, δυοῖν θάτερον προσδοκῶντες, ἢ διαστήσειν ἀλλήλους, ἢ καὶ παντάπασιν ἐπιθέ-
B σθαί μοι φανερῶς. Αἰσθόμενός τις τῶν ἐπιτεταγμένων τῇ προόδῳ τῆς ἐμῆς γαμετῆς λάθρα πραττόμενον αὐτό, ἐμοὶ μὲν πρῶτον ἐμήνυσεν. ὡς δὲ ἑώρα με μηδὲν προσέχοντα, παραφρονήσας, ὥσπερ οἱ θεόληπτοι, δημοσίᾳ βοᾶν ἤρξατο κατὰ τὴν ἀγοράν· ἄνδρες στρατιῶται, καὶ ξένοι, καὶ πολῖται, μὴ προδῶτε τὸν Αὐτοκράτορα. Εἶτα ἐμπίπτει θυμὸς εἰς τοὺς στρατιώ-
C τας· καὶ πάντες εἰς τὰ βασίλεια μετὰ τῶν ὅπλων ἦλθον. καταλαβόντες δέ με ζῶντα, καὶ χαρέντες, ὥσπερ οἱ τοὺς ἐξ ἀνελπίστων ὀφθέντας φίλους, ἄλλος ἄλλοθεν περιέβαλλον, καὶ περιέπλεκον, καὶ ἐπὶ τῶν ὤμων ἔφερον. καὶ ἦν ἴσως τὸ πρᾶγμα θέας ἄξιον, ἐνθουσιασμῷ γὰρ ἐῴκει. Ὡς δέ με πανταχόθεν περιέσχον, ἐξῄτουν ἅπαντας τοὺς Κωνσταντίου φίλους ἐπὶ τιμωρίᾳ. ἡλίκον ἠγωνισάμην ἀγῶνα
D σῶσαι βουλόμενος αὐτούς, ἴσασιν οἱ θεοὶ πάντες. Ἀλλὰ δὴ τὰ μετὰ τοῦτο πῶς πρὸς τὸν Κωνστάντιον διεπραξάμην; οὔπω καὶ τήμερον ταῖς πρὸς αὐτὸν ἐπιστολαῖς τῇ δοθείσῃ μοι παρὰ τῶν θεῶν ἐπωνυμίᾳ κέχρημαι· Καίσαρα δὲ ἐμαυτὸν ἔγραψα· καὶ πέπεικα τοὺς στρατιώτας ὀμόσαι μοι μηδενὸς ἐπιθυμήσειν, εἴπερ ἡμῖν ἐπιτρέψειεν ἀδεῶς οἰκεῖν τὰς Γαλλίας, τοῖς πεπραγμένοις συναρέσαι· ἅ-

 παντα

βαδίζειν, ἀπὸ τῆς οὔσης. ἐγὼ μὲν ἠξίουν ἑτέραν τραπῆναι· οἱ δὲ αὖθις ἀναγκάζουσιν ἐκείνην ἰέναι. μὴ τὴν ἀλόγιστον μανίαν ὥσπερ ἀφορμήν τινα στάσεως τοῖς στρατιώταις παράσχῃ, καὶ ταραχῆς τὸ αἴτιον γένηται· εἶτα στασιάζειν ἅπαξ ἀρξάμενοι πάντα ἀθρόως ταράξουσιν. Ἐδόκει τὸ δέος οὐ παντάπασιν ἄλογον εἶναι τῶν ἀνθρώπων. ἦλθε τὰ τάγματα· ὑπήντησα κατὰ τὸ νενομισμένον αὐτοῖς· ἔχεσθαι τῆς ὁδοῦ προὔτρεψα· μίαν ἡμέραν ἐπέμειναν, ἄχρι ἧς οὐδὲν ᾔδειν ἐγὼ τῶν βεβουλευμένων αὐτοῖς· ἴστω Ζεύς, Ἥλιος, Ἄρης, Ἀθηνᾶ, καὶ πάντες θεοί, ὡς οὐδὲ ἐγγὺς ἀφίκετό μοι τίς τοιαύτη ὑπόνοια ἄχρι δείλης αὐτῆς. ὀψίας δὲ ἤδη περὶ ἡλίου δυσμὰς ἐμηνύθη μοι· καὶ αὐτίκα βασίλεια περιείληπτο. καὶ ἐβόων πάντες, ἔτι φροντίζοντός μου τί χρὴ ποιεῖν, καὶ οὔπω σφόδρα πιστεύοντος· ἔτυχον γὰρ ἐπὶ τῆς γαμετῆς ζώσης μοι ἀναπαυόμενος, ἰδίᾳ πρὸς τὸ πλησίον ὑπερῷον ἀνελθών· εἶτα ἐκεῖθεν· ἀνεπέπτατο γὰρ ὁ τοῖχος· προσεκύνησα τὸν Δία. Γενομένης δὲ ἔτι μείζονος τῆς βοῆς, καὶ θορυβουμένων πάντων ἐν τοῖς βασιλείοις, ᾐτούμην τὸν θεὸν δοῦναι τέρας. αὐτὰρ ὁ, γε ἡμῖν ἔδειξε, καὶ ἠνάγκασε πεισθῆναι, καὶ μὴ προσεναντιοῦσθαι τῇ τοῦ στρατοπέδου προθυμίᾳ. Γενομένων ὅμως ἐμοὶ καὶ τούτων τῶν σημείων, οὐκ εἶξα ἑτοίμως, ἀλλ᾽ ἀντέσχον εἰς ὅσον ἠδυνάμην· καὶ οὔτε τὴν πρόσρησιν, οὔτε τὸν στέφανον προσιέμην. ἐπεὶ δὲ οὐδὲ εἷς τῶν πολλῶν ἠδυνάμην κρατεῖν· οἵ τε τοῦτ᾽ βουλόμενοι γενέσθαι θεοί, τοὺς μὲν παρώξυνον, ἐμοὶ δὲ ἔθελγον τὴν γνώμην· ὥρα που τρίτη σχεδὸν οὐκ οἶδα ὅ τινός μοι στρατιώτου δόντος μανιάκην, περιεθέμην· καὶ ἦλθον εἰς τὰ βασίλεια, ἔνδοθεν ἀπ᾽ αὐτῆς, ὡς ἴσασιν οἱ θεοί, στένων τῆς καρ-

A prum est, quodnam tenendum esset. Ego vero altero abeundum arbitrabar; isti contrarium ut sequerer invitum me perpulerunt: ne si alterum insisterem, seditionis ac tumultus id occasionem militibus afferret; tum ubi semel turbare cœpissent, repente omnia permiscerent. Nec sine causa visus est ejusmodi illis timor injectus. Inde militares ordines adveniunt. Ego ex istorum sententia illis occurro, hortorque ut se ad B iter parent. Uno postea die substiterunt: cum eorum, quæ milites ipsi deliberaverant, ignarus hactenus fuissem. Testor ego Jovem, Solem, Martem, Minervam, ac Deos omnes, ne minimam quidem hujus ad me rei suspicionem ante vesperam illius diei venisse. Vespere demum sub occasum Solis res mihi tota significatur. Atque ecce repente palatium undique a militibus obsidetur, vociferantibus omnibus; cum ego quid facto esset opus cogitarem C adhuc, neque admodum confiderem. Ac tum forte vivente adhuc conjuge, cum in vicinum cœnaculum ascendissem, ibi secubabam. Inde, qua murus erat apertus, Jovem adoravi. Increbescente vero clamore, omnibusque per palatium tumultu perstrepentibus, omen aliquod a Deo postulavi. Quod ipse mihi statim ostendit; & ut ei confiderem, neque militum voluntati refragarer, admonuit. His portentis & D indiciis acceptis, non sponte tamen accessi, sed, quoad licuit, obstiti, ac neque appellationem ipsam, neque coronam admisi. Cum autem neque multos unus ego superare possem; &, quibus id placuerat, Dii acrius illos incitarent, animum vero meum mulcerent; tandem circa tertiam horam ab nescio quo militum oblatum mihi torquem imposui, & palatium ingressus sum gemebundus, atque ex imo corde suspirans: cujus rei testes Deos ipsos invoco. Quanquam erat profecto

quod

πάντα τὰ παρ' ἐμοὶ τάγματα πρὸς αὐτὸν ἔπεμψεν ἐπιστολάς, ἱκετεύοντα περὶ τῆς πρὸς ἀλλήλους ἡμῶν ὁμονοίας. Ὁ δὲ ἀντὶ τούτων ἐπέβαλεν ἡμῖν τοὺς βαρβάρους· ἐχθρὸν δὲ ἀνηγόρευσέ με παρ' ἐκείνοις· καὶ μισθὸν ἐτέλεσεν, ὅπως τὸ Γαλλιῶν ἔθνος πορθηθείη· γράφων τε τοῖς ἐν Ἰταλίᾳ παραφυλάττειν τοὺς ἐκ τῶν Γαλλιῶν παρεισελεύσοντας. καὶ περὶ τοὺς Γαλλικοὺς ὅρους ἐν ταῖς πλησίον πόλεσιν εἰς τριακοσίας μυριάδας μεδίμνων πυροῦ κατειργασμένου ἐν τῇ Βριγαντίᾳ· τοσοῦτον ἕτερον ἐπὶ τὰς Κοττίας Ἄλπεις ὡς ἐπ' ἐμὲ στρατεύσων ἐκέλευσε παρασκευασθῆναι. Καὶ ταῦτα οὐ λόγοι· σαφῆ δὲ ἔργα. καὶ γὰρ ἃς γέγραφεν ἐπιστολὰς ὑπὲρ τῶν βαρβάρων κομισθείσας ἐδεξάμην· καὶ τὰς τροφὰς τὰς παρεσκευασμένας κατέλαβον· καὶ τὰς ἐπιστολὰς Ταύρου. Πρὸς τούτοις ἔτι νῦν μοι Καίσαρι γράφει· καὶ οὐδὲ συνθήσεσθαι πώποτε πρός με ὑπέσχη. Ἀλλ' Ἐπίκτητόν τινα τῶν Γαλλιῶν ἐπίσκοπον ἔπεμψεν, ὡς πιστά μοι περὶ τῆς ἀσφαλείας τῆς ἐμαυτοῦ παρέξοντα. καὶ τοῦτο θρυλλεῖ δι' ὅλων αὐτοῦ τῶν ἐπιστολῶν, ὡς οὐκ ἀφαιρησόμενος τοῦ ζῆν, ὑπὲρ δὲ τῆς τιμῆς οὐδὲν μνημονεύει. Ἐγὼ δὲ τοὺς μὲν ὅρκους αὐτοῦ, τὸ τῆς παροιμίας, οἶμαι δεῖν εἰς τέφραν γράφειν· οὕτως εἰσὶ πιστοί. τῆς τιμῆς δὲ οὐ τοῦ καλοῦ καὶ πρέποντος μόνον, ἀλλὰ καὶ τῆς τῶν φίλων ἕνεκα σωτηρίας ἀντέχομαι. καὶ οὔπω φημὶ τὴν πανταχοῦ γῆς γυμναζομένην πικρίαν. Ταῦτα ἔπεισέ με· ταῦτα ἔφαινετό μοι δίκαια. καὶ πρῶτον μὲν αὐτὰ τοῖς πάντα ὁρῶσι καὶ ἀκούουσιν ἀνεθέμην θεοῖς. Εἶτα θυσάμενος περὶ τῆς ἐξόδου, καὶ γενομένων καλῶν τῶν ἱερῶν, κατ' αὐτὴν ἐκείνην τὴν ἡμέραν, ἐν ᾗ τοῖς στρατιώταις περὶ τῆς ἐπὶ τάδε πορείας ἔμελλον διαλέγεσθαι, ὑπέρ τε τῆς ἐμαυτοῦ σωτηρίας, καὶ πολὺ

Cottias

A mine ad illum epistola, qua pro mutua inter nos concordia supplicabant. At ille pro his omnibus officiis in nos Barbaros commovit, & me apud eos hostem denunciavit; imo ad vastandas Gallias mercede illos auctoravit: scripsitinsuper ad eos qui erant in Italia, & ut eos caverent qui e Galliis venirēt hortatus est. Tum circa Galliarum limitem, vicinis in oppidis, Brigantiæ elaborati frumenti tricies B millies centena medimnorum millia; totidem ad Alpes Cottias condita servari jussit; ut adversum me copias moveret. Quæ quidem non verbo tenus jactata, sed reipsa scitote esse perfecta. Nam & literas, quæ ad conciandos Barbaros scriptæ erant, accepi; & annonam omnem, quam parari jusserat, reperi; nec non literas Tauri. Præter hæc mihi sic adhuc tanquam Cæsari scribit, nec ullam unquam mecum se compositionem esse facturum plane recepit. Quinetiam C Epictetum quendam Galliarum Episcopum ad me misit, qui mihi de salute mea fidem daret: atque hoc in omnibus suis epistolis commemorat, vitam se mihi concessurum; de honore meo verbum nullum. Ego vero juramenta quidem illius in cinere scribenda, ut in proverbio est, arbitror; adeo fide digna sunt: honorem vero semel a me D susceptum non modo quia id honestum est ac decorum; sed etiam quia ad amicorum salutem pertinet, tueri ac retinere cupio: ut interim de acerbitate illa & atrocitate taceam, qua ubique terrarum utitur. His ego rebus persuasus sum; hæc mihi justissima visa sunt. Ac primum videntibus & audientibus omnia Diis ista commisi. Tum quoniam sacris pro exitu celebratis eo die perlitavi, quo de nostra huc profectione milites eram allocuturus; non solum pro mea salute, verum etiam

etiam pro utilitate Reipublicæ, & communi omnium libertate, ac præsertim Gallicanæ gentis, quam ille bis hostium potestati dedidit; neque majorum sepulcris pepercit, cum aliena enixe colat ac veneretur: his de causis potentissimas nationes in potestatem redigere, ac rei pecuniariæ rationes æquissimas ex auri argentique metallis comparare statui: ac si nunc saltem pacem inter nos & concordiam amplecti voluerit, in iis acquiescere, quæ hactenus sum adeptus; sin bellum gerere contra me maluerit, neque quicquam de priore sententia remittat, id omne *agere vel* præstare, quod Diis libitum fuerit. Turpius est enim imbecillitate animi & mentis imperitia vinci ab illo, quam militaribus copiis. Etenim ut me militum multitudine modo superet, non hoc ei facinus, sed copiosis illis exercitibus tribuendum erit. Quod si me adhuc in Galliis hærentem, & vitæ cupidum, ac periculum detrectantem, circumfusis undique copiis interclusisset; si mihi a tergo & a lateribus Barbaros, a fronte castra sua objecisset; non solum extrema quæque tolleranda, sed, quod probis & modestis hominibus nullo detrimento levius est, perpetua ignominiæ nota sustinenda fuit. Hæc, Athenienses, apud me cogitata commilitonibus meis exposui, eademque ad commune Græcorum omnium scripsi. Postremo Deos immortales precor, quorum in potestate cuncta sunt posita, ut, quod mihi præsidium polliciti sunt, in finem usque tribuant; & Athenis ipsis concedant, ut & bene de iis, quoad licet, mereri possimus, & ejusmodi perpetuo Imperatores habeant, qui cum illa maxime atque insigniter norint, tum studio & amore prosequantur.

A πλέον ὑπὲρ τῆς τῶν κοινῶν εὐπραγίας, καὶ τῆς ἁπάντων τῶν ἀνθρώπων ἐλευθερίας· αὐτοῦ τε τοῦ Κελτῶν ἔθνους, ὃ δὶς ἤδη τοῖς πολεμίοις ἐξέδωκεν· οὔτε τῶν προγονικῶν φεισάμενος τάφων, ὃς τοὺς ἀλλοτρίους πάνυ θεραπεύων, αὐτίκα δὲ ἔθνη τε προσλαβεῖν τὰ δυνατώτατα, καὶ χρημάτων πόρους δυνατωτάτων ἐξ ἀργυρείων καὶ χρυσείων· καὶ εἰ μὲν ἀγαπήσειεν ἅτινῦν γοῦν τὴν πρὸς ἡμᾶς ὁμόνοιαν, ἔσω τῶν νῦν B ἐχομένων μένειν. εἰ δὲ πολεμεῖν διανοοῖτο, καὶ μηδὲν ἀπὸ τῆς προτέρας γνώμης χαλάσειεν, ὅ, τι ἂν ᾖ τοῖς θεοῖς φίλον παρασχεῖν ἢ πράττειν. ὡς αἰσχρὸν ἀνανδρίᾳ ψυχῆς, καὶ διανοίας ἀμαθίᾳ, ἢ πλήθει δυνάμεως ἀσθενέστερον αὐτοῦ φανῆναι. Νῦν μὲν γὰρ εἰ τῷ πλήθει κρατήσειεν, οὐκ ἐκείνου τὸ ἔργον, ἀλλὰ τῆς πολυχειρίας ἐστίν. εἰ δὲ ἐν ταῖς Γαλλίαις περιμένοντά με, καὶ τὸ ζῆν ἀγαπῶντα, καὶ C διακυλιόντα τὸν κίνδυνον, ἁπανταχόθεν περικόψας κατέλαβε, κύκλῳ μὲν ὑπὸ τῶν Βαρβάρων· κατὰ στόμα δὲ ὑπὸ τῶν αὐτοῦ στρατοπέδων· τὸ παθεῖν τε οἶμαι τὰ ἔσχατα προσῆν· καὶ ἔτι ἡ τῶν πραγμάτων αἰσχύνη οὐδεμιᾶς ἐλάττων ζημίας τοῖς γε σώφροσι. Ταῦτα διανοηθείς, ἄνδρες Ἀθηναῖοι, τοῖς τε συστρατιώταις τοῖς ἐμοῖς διῆλθον, καὶ πρὸς κοινοὺς τῶν πάντων Ἑλλήνων πολίτας γράφω. Θεοὶ δὲ οἱ πάντων D κύριοι, συμμαχίαν ἡμῖν, ἥνπερ τὴν ἑαυτῶν ὑπέστησαν, εἰς τέλος δοῖεν, καὶ παράσχοιεν ταῖς Ἀθήναις, ὑφ' ἡμῶν τι εἰς ὅσον δύναμις εὖ παθεῖν, καὶ τοιούτους ἔχειν εἰσαεὶ τοὺς αὐτοκράτορας, οἳ μάλιστα καὶ διαφερόντως αὐτὰς εἴσονται, καὶ ἀγαπήσουσι.

ΑΠΟΣΠΑΣΜΑΤΙΟΝ
ΛΟΓΟΥ ΤΙΝΟΣ Η ΕΠΙΣΤΟΛΗΣ
ΙΟΥΛΙΑΝΟΥ ΤΟΥ ΑΥΤΟΚΡΑΤΟΡΟΣ.

FRAGMENTUM
ORATIONIS
EPISTOLÆVE CUIUSDAM
IULIANI IMPERATORIS.

* * * A * * *

* * * * πλὴν εἴ τις τὸν βασιλέα ἐπιδόντες ἀτακτοῦντάς τινας, αὐτίκα μάλα κολάζουσιν· ἐπὶ δὲ τοὺς ἐ προσιόντας τοῖς θεοῖς, ἐπὶ τὸ τῶν πονηρῶν δαιμόνων τεταγμένον φῦλον· ὑφ' ὧν οἱ πολλοὶ παροιστρούμενοι τῶν ἀθέων, ἀναπείθονται θάνατον. ὡς ἀναπτησόμενοι πρὸς τὸν οὐρανὸν, ὅταν ἀποῤῥήξωσι τὴν ψυχὴν βιαίως. B εἰσὶ δὲ οἳ καὶ τὰς ἐρημίας ἀντὶ τῶν πόλεων διώκουσιν· ὄντος ἀνθρώπου φύσει πολιτικοῦ ζώου καὶ ἡμέρου, δαίμοσιν ἐκδεδομένοι πονηροῖς· ὑφ' ὧν εἰς ταύτην ἄγονται τὴν μισανθρωπίαν. ἤδη δὲ καὶ δεσμὰ, καὶ κλοιοὺς ἐξεῦρον οἱ πολλοὶ τούτων. Οὕτω πανταχόθεν αὐτοὺς ὁ κακὸς συνελαύνει δαίμων, ᾧ δεδώκασιν ἑκόντες ἑαυτοὺς ἀποστάντες τῶν ἀιδίων καὶ σωτήρων θεῶν. ἀλλ' ὑπὲρ μὲν τούτων ἀπόχρη τοσαῦτα εἰπεῖν. ὅθεν ἐξέβην, εἰς τοῦτ' ἐπανήξω. C

Δικαιοπραγίας ἐν τῆς μὲν κατὰ τοὺς πολιτικοὺς νόμους, εὔδηλον ὅτι μελήσει τοῖς ἐπιτρόποις τῶν πόλεων. πρέποι δ' ἂν καὶ ὑμῖν εἰς παραίνεσιν, τὸ μὴ παραβαίνειν ἱεροὺς ὄντας τῶν

* Verum si quos in Principem tumultuantes viderint, statim puniunt; iis vero, qui ad Deos accedere nolunt, puniendis malorum dæmonum natio præficitur: quorum intemperiis atheorum plerique perciti, mortem appetendam esse persuadent sibi, tanquam in cœlum evolaturi, ubi per vim animam ex iis vinculis extorserint. Alii solitudines urbibus anteponunt: cum sit homo natura civile ac mansuetum animal. Sed isti in pravorum dæmonum potestate sunt, a quibus ad ejusmodi communis odium humanitatis incitantur. Jam vero compedes etiam & collaria multi ex illis excogitarunt. Ita pessimus illos undique dæmon impellit, cui se ab æternis & servatoribus Diis segregati suapte sponte tradiderunt. Sed de iis hactenus. Nunc eo revertor, unde sum digressus.

Igitur ut secundum civiles leges juste vivatur, manifestum est id civitatum moderatoribus curæ esse debere. Vobis autem ad cohortandos alios convenit ipsas quoque Deorum, quæ sacratæ sunt, leges nequaquam

quam transgredi. Cum autem eorum, qui Deo consecrati sunt, vivendi genus & institutum majori, quam civile, dignitate par sit esse prædictum; ad hoc inducere, &, quale sit, edocere debemus. Quod quidem meliores, uti verisimile est, quique pervidebunt. Vellem omnes possem dicere. Sed saltem de illis ita spero, qui natura sua frugi probique sunt; qui sermones istos, utpote sibi consentaneos, agnoscent. Quamobrem excolenda ante omnia videtur humanitas: hanc enim cum alia multa bona consequuntur, tum, quod omnium præstantissimum est & maximum, Deorum in nos benevolentia. Quemadmodum enim qui iisdem, quibus heri sui, rebus afficiuntur, velut amicitiis, studiis, & amoribus, plus conservis cæteris ab illis amantur; sic divinum numen, quod natura sua humani generis amans est, eadem virtute præditos homines diligere. Humanitatis porro virtus varia est ac multiplex: cujusmodi est, moderatum esse in pœnis irrogandis, idque ad eorum, qui puniuntur, utilitatem referre; perinde ut præceptores in pueros animadvertunt. Tum eorum sublevare necessitates, uti nostras Dii sublevant. Respicite quantas e terra in nos opportunitates contulerint: alimentorum inprimis genus omne, quantum ne cæteris quidem simul omnibus indulserunt. Quoniam autem nudi in hanc lucem producimur, pecudum nos pilis texerunt; nec non iis, quæ e terra nascuntur, & arboribus. Neque vero rudem ac simplicem ex iis cultum corpori providit: quomodo Moyses pelliceas vestes induisse refert; sed animadvertite quot opificis Minervæ in nos derivata sint munera. Quod enim vino aliud utitur animal? quodnam oleo? nisi si cui nos ista communicemus, qui hominibus ea denegamus? Ecquod autem ex maritimis animantium genus fruge vescitur? aut terrestrium iis quæ in mari reperiuntur? Nec de auro, ære, ferrove dico, quibus nos omnibus a Diis locupletati sumus: non ut ad ipsorum invidiam oberrantes pauperes negligamus: præsertim cum ex iis aliqui pro-

A θεῶν τοὺς νόμους. Ἐπεὶ δὲ τὸν ἱερατικὸν βίον εἶναι χρὴ τοῦ πολιτικοῦ σεμνότερον, ἀκτέον ἐπὶ τοῦτον καὶ διδακτέον. ἕψονται δέ, ὡς εἰκός, οἱ βελτίους. ἐγὼ μὲν γὰρ εὔχομαι καὶ πάντας· ἐλπίζω δὲ τοὺς ἐπιεικεῖς φύσει καὶ σπουδαίους. ἐπιγνώσονται γὰρ οἰκείους ὄντας ἑαυτοῖς τοὺς λόγους. Ἀσκητέα τοίνυν πρὸ πάντων ἡ φιλανθρωπία. ταύτῃ γὰρ ἕπεται πολλὰ μὲν καὶ ἄλλα
B τῶν ἀγαθῶν· ἐξαίρετον δὲ δὴ καὶ μέγιστον, ἡ παρὰ τῶν θεῶν εὐμένεια. Καθάπερ γὰρ οἱ τοῖς ἑαυτῶν δεσπόταις συνδιατιθέμενοι περί τε φιλίας, καὶ σπουδάς, καὶ ἔρωτας, ἀγαπῶνται πλέον τῶν ὁμοδούλων· οὕτω νομιστέον φύσει φιλάνθρωπον ὂν τὸ θεῖον, ἀγαπᾶν τοὺς φιλανθρώπους τῶν ἀνδρῶν. Ἡ δὲ φιλανθρωπία, πολλὴ καὶ παντοία· καὶ τὸ πεφεισμένως κολάζειν τοὺς ἀνθρώπους ἐπὶ τῷ βελτίονι
C τῶν κολαζομένων, ὥσπερ οἱ διδάσκαλοι τὰ παιδία· καὶ τὸ τὰς * χεῖρας αὐτῶν ἐπανορθοῦν, ὥσπερ οἱ θεοὶ τὰς ἡμετέρας. Ὁρᾶτε ὅσα ἡμῖν δεδώκασιν ἐκ τῆς γῆς ἀγαθά· τροφὰς παντοίας· καὶ ὁπόσας οὐδὲ ὁμοῦ πᾶσι τοῖς ζώοις. Ἐπεὶ δὲ ἐτέχθημεν γυμνοί, ταῖς τε τῶν ζώων ἡμᾶς θριξὶν ἐσκέπασαν· καὶ τοῖς ἐκ τῆς γῆς φυομένοις, καὶ τοῖς ἐκ δένδρων. καὶ οὐκ ἤρκεσεν ἁπλῶς οὐδὲ
D αὐτοσχεδίως· καθάπερ ὁ Μωϋσῆς ἔφη, τοὺς χιτῶνας λαβεῖν δερματίνους. ἀλλ' ὁρᾶτε ὅσα ἐγένετο τῆς Ἐργάνης Ἀθηνᾶς τὰ δῶρα. ποῖον οἴνῳ χρῆται ζῷον; ποῖον ἐλαίῳ; πλὴν εἴ τισιν ἡμεῖς καὶ τούτων μεταδίδομεν, οἱ τοῖς ἀνθρώποις οὐ μεταδιδόντες. τί δὲ τῶν θαλαττίων σίτῳ; τί δὲ τῶν χερσαίων τοῖς ἐν τῇ θαλάττῃ χρῆται; Χρυσὸν οὔπω λέγω, καὶ χαλκόν, καὶ σίδηρον, ὧν πάντων οἱ θεοὶ ζαπλούτους ἡμᾶς ἐποίησαν· οὐχ ἵνα ὄνειδος αὐτῶν περ-

* f. χρείας

A περιορῶμεν περιιόντας τοὺς πένητας. ἄλλως τε ὅταν καὶ ἐπιεικεῖς τινες τύχωσι τὸν τρόπον· οἷς πατρῷος μὲν κλῆρος οὐ γέγονεν· ὑπὸ δὲ μεγαλοψυχίας ἥκιστα ἐπιθυμοῦντες χρημάτων, πένονται. τούτους ὁρῶντες οἱ πολλοὶ τοὺς θεοὺς ὀνειδίζουσιν. Αἴτιοι δὲ θεοὶ μὲν οὐκ εἰσὶ τῆς τούτων πενίας· ἡ δὲ ἡμῶν τῶν κεκτημένων ἀπληστία, καὶ τοῖς ἀνθρώποις ὑπὲρ τῶν θεῶν οὐκ ἀληθοῦς ὑπολήψεως αἰτία γίνεται, καὶ προσέτι τοῖς θεοῖς ὀνείδους ἀδίκου. B Τί γὰρ ἀπαιτοῦμεν, ἵνα χρυσὸν ὥσπερ τοῖς Ῥοδίοις ὁ θεὸς ὕσῃ τοῖς πένησιν; ἀλλ' εἰ καὶ τοῦτο γένοιτο, ταχέως ἡμεῖς ὑποβαλλόμενοι τοὺς οἰκέτας, καὶ προθέντες πανταχοῦ τὰ ἀγγεῖα, πάντας ἀπελάσομεν, ἵνα μόνοι τὰ κοινὰ τῶν θεῶν ἁρπάσωμεν δῶρα. Θαυμάσειε δ' ἄν τις εἰκότως εἰ τοῦτο μὲν ἀξιοῦμεν οὔτε πεφυκὸς γίνεσθαι, καὶ ἀλυσιτελὲς πάντη· τὰ δυνατὰ δὲ μὴ πράττωμεν. C Τίς γὰρ ἐκ τοῦ μεταδιδόναι τοῖς πέλας ἐγένετο πένης; ἐγώ τοι πολλάκις τοῖς δεομένοις προέμενος, ἐκτησάμην αὐτὰ παρ' αὐτῶν πολλαπλάσια· καίπερ ὢν φαῦλος χρηματιστής· καὶ οὐδέποτέ μοι μετεμέλησε προεμένῳ. Καὶ τὰ μὲν νῦν οὐκ ἂν εἴποιμι· καὶ γὰρ ἂν εἴη παντελῶς ἄλογον εἰ τοὺς ἰδιώτας ἀξιώσαιμι βασιλικαῖς παραβάλλεσθαι χορηγίαις. ἀλλ' ὅτε ἔτι ἐτύγχανον ἰ- D διώτης, σύνοιδα ἐμαυτῷ τοῦτο ἀποβὰν πολλάκις. Ἀπεσώθη μοι τέλειος ὁ κλῆρος τῆς τίτθης, ἐχόμενος ὑπ' ἄλλων βιαίως ἐκ βραχέων, ὧν εἶχον, ἀναλίσκοντι τοῖς δεομένοις, καὶ μεταδιδόντι. Κοινωνητέον οὖν τῶν χρημάτων ἅπασιν ἀνθρώποις, ἀλλὰ τοῖς μὲν ἐπιεικέσιν ἐλευθεριώτερον· τοῖς δὲ ἀπόροις καὶ πένησιν, ὅσον ἐπαρκέσαι τῇ χρείᾳ. Φαίην δ' ἂν εἰ καὶ παράδοξον εἰπεῖν, ὅτι καὶ τοῖς πολεμίοις ἐσθῆτος καὶ τροφῆς ὅσιον ἂν

bis moribus præditi esse videntur: qui cum nullum a parentibus patrimonium acceperunt; nam præ animi magnitudine minime pecuniarum appetentes in egestate versantur. Hos cum vulgus intuetur, Deos accusat. Quanquam istorum inopia Diis nequaquam imputanda venit; sed illa potius omnium nostrum, qui opes habemus, insatiabilis cupiditas, uti falsam de Diis opinionem hominibus ipsis; ita Diis iniquam calumniam invidiamque consciscit. Nam quid tandem petimus, ut aurum pauperibus Deus, ut olim Rhodiis, pluat? Verum ut istud accidat, statim nos immissa familia, ac dispositis ubique vasis, cæteros omnes abigemus, uti soli communia Deorum dona rapiamus. Atqui jure miretur aliquis, optari illud a nobis, quod neque fieri potest, estque prorsus inutile; cum interim quæ in nostra sunt potestate posita minime præstemus. Nam quis ex eo, quod in alios homines largitus sit, pauper est factus? Equidem cum in egentes sæpius erogassem, cum ingenti fœnore à Diis immortalibus recepi; tametsi minus sim ad augendam pecuniam attentus, neque me liberalitatis unquam meæ pœnituit. Ac præsentia quidem omitto; (neque enim rationi consentaneum est, privatorum largitatem cum Imperatoria munificentia conferre,) sed cum privatus adhuc essem, memini id mihi sæpenumero contigisse. Velut cum integra aviæ meæ hæreditas ad me pervenit, quæ ab aliis per vim occupata, salva mihi restituta est, cum ex tenui re, quam tum habebam, prolixe in egenos insumerem. Quamobrem benigne mortalibus omnibus facere nos oportet; sed in probos videlicet liberaliores esse debemus; egentibus autem & pauperibus eatenus tribuere, ut illorum necessitas sublevetur. Dicam amplius, etsi præter commumem opinionem id esse videatur; etiam hostibus ipsis

ipsis vestes & alimenta largiri fas sanctumque esse. Non enim *moribus*, sed hominibus ipsis tribuimus. Quare vel iis ipsis qui in carcere clausi sunt, cura hæc adhibebitur. Neque vero justitiæ partes suas humanitas ista præripiet. Etenim nimis illud asperum est, cum ad judicium plures in carceribus asserventur, ex quibus aliqui damnandi, alii absolvendi sunt, nolle propter innocentes malis ipsis misericordiam tribuere potius, quam propter malos in eos, qui extra crimen sunt, inhumanitatem ac crudelitatem suscipere. Præterea cum illud attentius cogito, omnino videtur injustum. Jovem enim hospitalem vocamus, & iidem Scythis ipsis inhospitaliores sumus. Quanam ergo fronte hospitali Jovi sacrificaturus templum ejus frequentat? qua conscientia fretus, cum illud obliviscitur:

Nam ab Jove sunt omnes,
Mendicique, peregrinique: donatio vero
parvaque, & amica?

Quomodo vero cum socialem Jovem venerans, alios homines pecuniarum egentes aspicit; neque interim vel drachmæ particulam iis adspergit, rite se Jovem adorare confidit? Ad hæc intuens ego hiscere vix possum: cum istiusmodi quidem Deorum cognomina, ex quo mundus cœpit usurpari, sic tanquam depictas imagines video; at reipsa factisque tale a nobis adsciscì nihil animadverto. Gentilitii nominantur apud nos Dii, Juppiterque gentilis; sed nos erga cognatos ipsos tanquam alienos afficimur. Homo enim quilibet homini, velit nolit, cognatione conjunctus est. Nam sive, ut nonnullorum fert opinio, ab uno patre unaque nos omnes matre procreati sumus: sive alia quacunque ratione hanc in lucem editi; uti nimirum repente ac simul universos Dii nos immortales cum mundo ipso produxerint; adeoque non unum & unam, sed multos ac multas. Qui enim unum & unam pro-

A εἴη μεταδιδόναι· τῷ γὰρ ἀνθρωπίνῳ, καὶ οὐ τῷ τρόπῳ δίδομεν. Διόπερ οἶμαι καὶ τοὺς ἐν δεσμωτηρίοις καθειργμένους ἀξιωτέον τῆς τοιαύτης ἐπιμελείας. οὐδὲν γὰρ κωλύσει τὴν δίκην ἡ τοιαύτη φιλανθρωπία. χαλεπὸν γὰρ ἂν εἴη πολλῶν ἀποκεκλεισμένων ἐπὶ κρίσει, καὶ τῶν μὲν ὀφλησόντων, τῶν δὲ ἀθῴων ἀποφανθησομένων, μὴ διὰ τοὺς ἀναιτίους οἶκτόν τινα νέμειν [ἢ] τοῖς πονηροῖς· ἀλ-
B λὰ τῶν πονηρῶν ἕνεκα καὶ περὶ τοὺς οὐδὲν ἠδικηκότας ἀνηλεῶς καὶ ἀπανθρώπως διακεῖσθαι. Ἐκεῖνο δὲ ἤδη μοι παντάπασιν ἄδικον καταφαίνεται. Ξένιον ὀνομάζομεν Δία, καὶ γιγνόμεθα τῶν Σκυθῶν κακοξενώτεροι. Πῶς ἂν ὁ βουλόμενος τῷ ξενίῳ θῦσαι Διῒ, φοιτᾷ πρὸς τὸν νεών; μετὰ ποίου συνειδότος, ἐπιλαθόμενός τε,

Πρὸς γὰρ Διός εἰσιν ἅπαντες,
Πτωχοί τε, ξεῖνοί τε. δόσις δ' ὀλίγη τε, φίλη τε;

C

Πῶς δὲ ὅταν ἑταιρεῖον θεραπεύων Δία, ὁρῶν τοὺς πέλας ἐνδεεῖς χρημάτων, εἶτα μηδ' ὅσον δραχμῆς μεταδιδοὺς, οἴεται τὸν Δία καλῶς θεραπεύειν; Ὅταν εἰς ταῦτα ἀπίδω, παντελῶς ἀχανὴς γίνομαι, τὰς ἐπωνυμίας τῶν θεῶν ἅμα τῷ κόσμῳ τῷ ἐξαρχῆς, ὥσπερ εἰκόνας γραπτὰς ὁρῶν· ἔργῳ δὲ ὑφ' ἡμῶν

D οὐδὲν τοιοῦτον ἐπιτηδευόμενον. Ὁμόγνιοι λέγονται παρ' ἡμῖν θεοὶ, καὶ Ζεὺς ὁμόγνιος. ἔχομεν δὲ ὥσπερ πρὸς ἀλλοτρίους τοὺς συγγενεῖς. ἄνθρωπος γὰρ ἀνθρώπῳ καὶ ἑκὼν καὶ ἄκων πᾶς ἐστι συγγενής. Εἴτε γὰρ, καθάπερ λέγεται παρά τινων, ἐξ ἑνός τε καὶ μιᾶς γεγόναμεν πάντες· εἴθ' ὁπωσοῦν ἄλλως, ἀθρόως ὑποστησάντων ἡμᾶς τῶν θεῶν, ἅμα τῷ κόσμῳ τῷ ἐξαρχῆς οὐχ ἕνα καὶ μίαν, ἀλλὰ πολλοὺς ἅμα καὶ πολλάς. οἱ γὰρ ἕνα καὶ μίαν δυνηθέντες, οἷοί τε ἦσαν ἅμα καὶ πολλοὺς, καὶ πολλάς. καὶ γὰρ ὃν τρόπον τότε ἕνα καὶ τὴν μίαν, τὸν αὐτὸν τρόπον τοὺς πολλοὺς, καὶ τὰς πολλάς. εἴς τε τὸ διάφορον ἀποβλέψαντα τῶν ἠθῶν καὶ τῶν νόμων. οὐ μὴν ἀλλὰ καὶ ὅπερ ἐστὶ μεῖζον, καὶ τιμιώτερον, καὶ κυριώτερον, εἰς τὴν τῶν θεῶν φήμην, ἣ παραδέδοται διὰ τῶν ἀρχαίων ἡμῖν θεουργῶν. ὡς ὅτε Ζεὺς ἐκόσμει τὰ πάντα, σταγόνων αἵματος ἱεροῦ πεσουσῶν· ἐξ ὧν που τὸ τῶν ἀνθρώπων βλαστήσειε γένος. καὶ οὕτως οὖν συγγενεῖς γινόμεθα πάντες. οἱ μὲν ἐξ ἑνὸς καὶ μιᾶς, ἐκ δυοῖν ἀνθρώπων ὄντες οἱ πολλοὶ καὶ πολλαί· καθάπερ οἱ θεοί φασι, καὶ χρὴ πιστεύειν ἐπιμαρτυρούντων τῶν ἔργων, ἐκ τῶν θεῶν πάντες γεγονότες. ὅτι δὲ πολλοὺς ἅμα ἀνθρώπους γενέσθαι μαρτυρεῖ τὰ ἔργα, ῥηθήσεται μὲν ἀλλαχοῦ δι' ἀκριβείας· ἐνταῦθα δὲ ἀρκέσει τοσοῦτον εἰπεῖν, ὡς ἐξ ἑνὸς μὲν καὶ μιᾶς οὔτε τοὺς νόμους εἰκὸς ἐπὶ τοσοῦτον παραλλάξαι· οὔτε ἄλλως τὴν γῆν ὑφ' ἑνὸς ἐμπλησθῆναι πᾶσαν. οὐδὲ εἰ ἅμα πολλὰ, καθάπερ αἱ σύες, ἔτικτον αὐτοῖς αἱ γυναῖκες. Πανταχοῦ δὲ ἀθρόως νευσάντων θεῶν, ὅνπερ τρόπον ὁ εἷς, οὕτω δὲ καὶ οἱ πλείους προῆλθον ἄνθρωποι, τοῖς γενεάρχαις θεοῖς ἀποκληρωθέντες. οἳ δὲ προήγαγον αὐτοὺς, ἀπὸ τοῦ δημιουργοῦ τὰς ψυχὰς παραλαμβάνοντες ἐξ αἰῶνος.

Κἀκεῖνο δεξιὸν ἐννοεῖν, ὅσοι παρὰ τῶν ἔμπροσθεν ἀνάλωνται λόγοι περὶ τοῦ φύσει κοινωνικὸν εἶναι τὸ ζῶον τὸν ἄνθρωπον. Ἡμεῖς οὖν οἱ ταῦτα εἰπόντες καὶ διατάξαντες, ἀκοινωνήτως πρὸς τοὺς πλησίον ἕξομεν; ἐκ δὴ τῶν τοιούτων ἠθῶν τε, καὶ ἐπιτηδευμάτων ἕκαστος ἡμῶν ὁρμώ-

A pagare poterant, iidem multos multasque poterant; & qua ratione illos, eadem & istos si vellent procreassent. Quod posterius facile sibi persuadebit, qui *morum* varietatem ac legum considerare voluerit: tum vero si, quod majus ac præstantius & inter alia præcipuum est, ad illam de Diis famam opinionemque respexerit, quam ab antiquis sacrorum administris accepimus. Nimirum quo tempore Juppiter ordinabat B omnia, sacri sanguinis guttas excidisse: e quibus humanum genus pullulavit. Ita ergo propinqui sumus omnes invicem, *si quidem ex uno & una, atque ita e duobus hominibus multi & multa profluxerint*; quemadmodum Dii immortales affirmant, & ex rerum ipsarum testificatione persuaderi necesse est; cum a Diis universi originem traxerimus. Quod autem plures simul homines extitisse rebus ipsis & factis approbetur, accuratius id alias ostendetur. Hoc vero C loco satis erit breviter illud animadvertere: si quidem a duobus tantummodo geniti essent omnes; neque leges adeo varias ac discrepantes futuras fuisse, neque totum alioqui terrarum orbem ab uno duntaxat impleri potuisse, tametsi plures una fœtura mulieres ipsis parerent, ut in suillo genere cernimus. Enimvero passim per omnes terras, annuentibus Diis, eodem modo, quo unum volunt aliqui, plures in lucem D homines extiterunt, auctoribus generis Diis attributi; qui & ipsos produxerunt, cum videlicet ex æterno ab conditore animas accepissent.

Præterea nec illud consideratione minus est dignum, quam multi hactenus ab iis, qui nos antecesserunt, sermones de eo sint habiti, quod homo natura sua proclive ad communicationem sit animal. Nos vero scilicet, a quibus hæc usurpata & decretis constituta sunt, erga alios homines inhumani erimus & communionis expertes? Ab iis

iis igitur moribus & studiis excitatus quilibet nostrum religionis adversus Deos, benignitatis in homines, castimoniæ erga corpus, ac pietatis officia præstet: enitatur deinde pium aliquid de Diis semper in animo versare; & cum honore quodam ac reverentia Deorum templa & simulacra contuens, religiosum iis cultum exhibeat, perinde ac si præsentes ipsos coram adspiceret. Nam simulacra ipsa, & altaria, nec non æterni custodiam ignis, &, ut uno verbo dicam, cætera id genus omnia, Deorum præsentiæ signa majores nostri constituerunt: non ut ista Deos esse credamus, sed ut ipsos per illa veneremur. Etenim quoniam nos in corpore degentes consentaneum corpori cultum adhibere Diis oportebat; iidem porro corporis sunt experters; primum nobis illi simulacrorum genus ostenderunt: nempe secundum a primo Deorum ordinem, qui circum cœlestes orbes assidue volvitur. Sed cum ne istis quidem corporeus cultus attribui possit; nam suapte natura nullius rei indiget; tertium in terris simulacrorum genus est inventum, ad quod cultum nostrum accommodantes, Deos nobis propitios reddemus. Quemadmodum enim qui Imperatorum venerantur imagines, etsi nihil illis opus ea veneratione sit, eorundem tamen benevolentiam in sese provocant; sic qui Deorum simulacris honorem habent, quo illi ipsi non egent, eorum sibi auxilium favoremque conciliant. Nam est veræ ac sinceræ sanctimoniæ specimen, iis promte & alacriter illa præstare, quæ in nostra facultate versantur: quæ qui graviter implere studet, palam est, multo ipsum magis illud tribuere. Quisquis autem ea negligens quæ in sua potestate sita sunt, quæ fieri nequeunt ficte ac simulate concupiscit, apparet eum non illa persequi, sed ista contemnere. Neque enim, tametsi Deus rei nullius indiget, ideo

A μενος εὐλαβείας τῆς εἰς τοὺς θεοὺς, χρηστότητος τῆς εἰς ἀνθρώπους, ἁγνείας τῆς περὶ τὸ σῶμα, τὰ τῆς εὐσεβείας ἔργα πληρούτω. πειρώμενος δὲ ἀεί τι περὶ τῶν θεῶν εὐσεβὲς διανοεῖσθαι, καὶ μετὰ τιμῆς ἀποβλέπων εἰς τὰ ἱερὰ τῶν θεῶν, καὶ τὰ ἀγάλματα τιμῆς καὶ ὁσιότητος, σεβόμενος ὥσπερ ἂν εἰ παρόντας ἑώρα τοὺς θεούς. Ἀγάλματα γὰρ καὶ βωμοὺς, καὶ πυρὸς ἀσβέστου φυλακὴν, καὶ πάντα ἁπλῶς τὰ τοιαῦ-
B τα σύμβολα, οἱ πατέρες ἔθεντο τῆς παρουσίας τῶν θεῶν. οὐχ ἵνα ἐκεῖνα θεοὺς νομίζωμεν· ἀλλ' ἵνα δι' αὐτῶν τοὺς θεοὺς θεραπεύσωμεν. Ἐπειδὴ γὰρ ἡμᾶς ὄντας ἐν σώματι σωματικὰς ἔδει ποιεῖσθαι τοῖς θεοῖς καὶ τὰς λατρείας· ἀσώματοι δ' εἰσὶν αὐτοί· πρῶτα μὲν ἔδειξαν ἡμῖν ἀγάλματα τὸ δεύτερον ἀπὸ τοῦ πρώτου τῶν θεῶν γένος, περὶ πάντα τὸν οὐρανὸν κύ-
C κλῳ περιφερόμενον. δυναμένης δὲ οὐδὲ τούτοις ἀποδίδοσθαι τῆς θεραπείας σωματικῆς· ἀπροσδεῆ γάρ ἐστι φύσει· τρίτον ἐπὶ γῆς ἐξευρέθη γένος ἀγαλμάτων, εἰς ὃ τὰς θεραπείας ἐπιτελοῦντες, ἑαυτοῖς εὐμενεῖς τοὺς θεοὺς καταστήσομεν. Ὥσπερ γὰρ οἱ τῶν βασιλέων θεραπεύοντες εἰκόνας οὐδὲν δεομένων, ὅμως ἐφέλκονται τὴν εὔνοιαν εἰς ἑαυτούς· οὕτω καὶ οἱ θεῶν θεραπεύοντες τὰ ἀγάλ-
D ματα, δεομένων οὐδὲν τῶν θεῶν, * ὅμως [γρ. ὅπως] πείθουσιν αὐτοὺς ἐπαμύνειν σφίσι καὶ κήδεσθαι. δεῖγμα γάρ ἐστιν ὡς ἀληθῶς ὁσιότητος ἡ περὶ τὰ δυνατὰ προθυμία· καὶ ὁ ταύτην πληρῶν, εὔδηλον ὅτι μείζονα ἐκείνην ἀποδίδωσιν. ὁ δὲ τῶν δυνατῶν ὀλιγωρῶν, εἶτα προσποιούμενος τῶν ἀδυνάτων ὀρέγεσθαι, δῆλός ἐστιν οὐκ ἐκεῖνα μεταδιώκων, ἀλλὰ ταῦτα παρορῶν. Οὐδὲ γὰρ εἰ μηδενὸς ὁ θεὸς

δεῖται, διὰ τοῦτο οὐδὲν αὐτῷ προσοιστέον. οὐδὲ γὰρ τῆς διὰ λόγων εὐφημίας δεῖται. τί οὖν; εὔλογον αὐτὸ ἀποστερῆσαι καὶ ταύτης; οὐδαμῶς. οὐκ ἄρα οὐδὲ τῆς διὰ τῶν ἔργων εἰς αὐτὸν γιγνομένης τιμῆς· ἣν ἐνομοθέτησαν οὐκ ἐνιαυτοὶ τρεῖς, οὐδὲ τρισχίλια· πᾶς δὲ ὁ προλαβὼν αἰὼν ἐν πᾶσι τοῖς τῆς γῆς ἔθνεσι.

Christianorum objecta refellit impius Apostata.

Ἀλλ' οὐκ ἐχρῆν· ὦ πᾶσαν δαιμόνων πληθὺν ἀναστηλώσας τῇ σῇ ψυχῇ· τοὺς κατά σε ἀνειδέους καὶ ἀσχηματίστους σωματοπλαστεῖσθαι. πῶς δὲ οὐ ξύλα καὶ λίθους νομίσωμεν, ἃ χεῖρες ἀνθρώπων ἐμόρφωσαν; ὦ καὶ τῶν λίθων αὐτῶν ἀφρονέστερε· ἦ τοὺς οἴει πάντας ἐκ τῶν ῥινῶν ἕλκεσθαι, ὥσπερ σὺ παρὰ τῶν ἀλιτηρίων δαιμόνων· ὥστε θεοὺς ἡγεῖσθαι τὰ ἑαυτῶν τεχνουργήματα; ἀφορῶντες οὖν εἰς τὰ τῶν θεῶν ἀγάλματα, μή τοι νομίζωμεν αὐτὰ λίθους εἶναι, μήτε ξύλα· μηδὲ μέν τοι τοὺς θεοὺς αὐτοὺς εἶναι ταῦτα. καὶ γὰρ οὐδὲ τὰς βασιλικὰς εἰκόνας ξύλα, καὶ λίθον, καὶ χαλκὸν λέγομεν· οὐ μὴν οὐδὲ αὐτοὺς τοὺς βασιλέας, ἀλλὰ εἰκόνας βασιλέων. Ὅστις οὖν ἐστὶ βασιλεύς, ἡδέως ὁρᾷ τὴν τοῦ βασιλέως εἰκόνα· καὶ ὅστις ἐστὶ φιλόπαις, ἡδέως ὁρᾷ τὴν τοῦ παιδός· καὶ ὅστις φιλοπάτωρ, τὴν τοῦ πατρός. οὐκοῦν καὶ ὅστις φιλόθεος, ἡδέως εἰς τὰ τῶν θεῶν ἀγάλματα καὶ τὰς εἰκόνας ἀποβλέπει, σεβόμενος ἅμα καὶ φρίττων ἐξ ἀφανοῦς ὁρῶντας εἰς αὐτὸν τοὺς θεούς. Εἴ τις οὖν οἴεται δεῖν αὐτὰ μηδὲ φθείρεσθαι διὰ τὸ θεῶν ἅπαξ εἰκόνας κληθῆναι, παντελῶς ἄφρων εἶναί μοι φαίνεται. χρῆν γὰρ δήπουθεν αὐτὰ μηδὲ ὑπὸ ἀνθρώπων γενέσθαι. τὸ δὲ ὑπ' ἀνδρὸς σοφοῦ καὶ ἀγαθοῦ γενόμε-

vel. αὐτῶν

f. φιλοβασιλεύς

A nihil ei est offerendum. Nam ne verborum quidem prædicatione collaudationeque opus habet. Quid igitur? an & ea res illi subtrahenda videtur? Non opinor. Quare ne is quidem denegandus est honor, qui re ipsa illis præstatur: qui non tribus quidem abhinc annis, ac ne tribus quidem abhinc annorum millibus, sed omnibus anteactis sæculis per universas nationes communi lege sancitus est.

B At non oportebat; o qui Dæmonum multitudinem omnem in anima tua, quasi in insigni loco, ac proparulo constituisti! quos tu specie omni ac figura carere censes, corporeis imaginibus adumbrare. Quomodo vero non ligna & lapides esse putabimus, quæ humanis sunt manibus efficta? O vel C ipsis lapidibus insipientior! Itane cæteros omnes attrahi naribus existimas, ut ab execrandis Dæmonibus tu ipse traheris: ut opificia sua esse Deos arbitrentur? Quæ cum ita sint, nos Deorum simulacra contuentes, neque lapides neque ligna nobis esse persuadeamus; sed neque Deos ipsos hæc eadem esse credamus. Nam nec Imperatorum imagines lignum, aut lapidem, aut æs appellamus; neque vero Imperatores ipsos, D sed Imperatorum effigies. Porro quisquis regis amans est, regis imaginem libenter aspicit: veluti qui filium amat, imaginem filii, & qui patrem amat, patris effigiem libenter intuetur. Eadem ergo ratione qui Deos amat, libenter simulacra Deorum & imagines conspicit; unaque se contuentes ex occulto Deos colit ac perhorrescit. Quare si quis istiusmodi simulacra, quod semel Deorum effigies appellatæ sunt, nullo unquam tempore putat oportere corrumpi, prorsus insanire mihi videtur. Nam alioqui ne hominum quidem ista manibus oporteret effingi. Quod autem a sapiente bonoque viro perfectum est,

est, id ab homine nequam & imperito corrumpi potest. At quæ ab ipsis Diis elaboratæ sunt occultioris ipsorum naturæ vivæ ac spirantes imagines, Dii nimirum illi, qui circum cœlestia corpora in orbem versantur, perpetuæ sunt ac sempiternæ. Nemo itaque Diis diffidat ipsis, cum viderit audieritve, nonnullos in Deorum simulacra atque templa contumeliosos fuisse. An non plerique viros bonos interfecerunt: velut Socratem, & Dionem, & magnum illum Empedotimum? quorum majorem Deos ipsos curam habuisse, non dubito. Sed videte quemadmodum illi, quorum corruptioni obnoxia scirent esse corpora, eos naturæ subjici ac concedere voluerint; postea vero ab eorum interfectoribus pœnas repererint: quod ætate nostra sacrilegis omnibus accidisse meminimus.

Quamobrem nemo nos verbis illudat, neque de providentia nos perterrefaciat. Nam qui ista nobis objiciunt Judæorum Prophetæ, quid de templo suo dicent, quod cum tertio sit eversum, nondum ad hodiernum usque diem instauratur? Hæc ego non ut illis exprobrarem in medium adduxi: utpote qui templum illud tanto intervallo a ruinis excitare voluerim in ejus honorem numinis, quod ibidem invocatum est; sed ideo commemoravi, ut ostenderem, nihil humanis in rebus immortale esse posse: tum vero delirasse, qui ejusmodi scriberent, Prophetas istos, quibus cum stolidis aniculis negotium erat. Nihil enim opinor, prohibet, magnum quidem ipsum esse Deum, sed bonos Prophetas atque interpretes non habere. Hoc autem inde accidit, quod animum suum politioribus disciplinis repurgandum minime tradiderunt: ut & clausos nimium oculos aperirent, & insidentem iis caliginem abstergerent. Atque ut homines ingens per

A νον, ὑπὸ ἀνθρώπου πονηροῦ καὶ ἀμαθοῦς φθαρῆναι δύναται. Τὰ δὲ ὑπὸ τῶν θεῶν ζῶντα ἀγάλματα κατασκευασθέντα τῆς ἀφανοῦς αὐτῶν οὐσίας, οἱ περὶ τὸν οὐρανὸν κύκλῳ φερόμενοι θεοί, μένει τὸν ἀεὶ χρόνον ἀΐδια. Μηδεὶς οὖν ἀπιστείτω θεοῖς, ὁρῶν καὶ ἀκούων, ὡς ἐνύβρισάν τινες εἰς τὰ ἀγάλματα καὶ τοὺς ναούς. ἆρ' οὐκ ἀνθρώπους χρηστοὺς ἀπέκτειναν πολλοί,
B καθάπερ Σωκράτη, καὶ Δίωνα, καὶ τὸν μέγαν Ἐμπεδότιμον; οὓς εὖ οἶδ' ὅτι μᾶλλον ἐμέλησε τοῖς θεοῖς. Ἀλλ' ὁρᾶτε ὅτι καὶ τούτων φθαρτὸν εἰδότες τὸ σῶμα, συνεχώρησαν εἶξαι τῇ φύσει, καὶ ὑποχωρῆσαι· δίκην δὲ ἀπῄτησαν ὕστερον παρὰ τῶν κτεινάντων. ὃ δὴ συνέβη φανερῶς ἐφ' ἡμῶν ἐπὶ πάντων τῶν ἱεροσύλων.

Μηδεὶς οὖν ἀπατάτω λόγοις· μηδὲ ταραττέτω περὶ τῆς προνοίας ἡ- *Contra Judæos & sanctos Prophetas Apostata declamat.*
C μᾶς. οἱ γὰρ ἡμῖν ὀνειδίζοντες τοιαῦτα τῶν Ἰουδαίων οἱ προφῆται, τί περὶ τοῦ νεὼ φήσουσι, τοῦ παρ' αὐτοῖς τρίτον ἀνατραπέντος, ἐγειρομένου δὲ οὐδὲ νῦν; Ἐγὼ δὲ εἶπον οὐκ ὀνειδίζων ἐκείνοις· ὅς γε τοσούτοις ὕστερον χρόνοις ἀναστήσασθαι διενοήθην αὐτὸν εἰς τιμὴν τοῦ κληθέντος ἐπ' αὐτῷ θεοῦ. νῦν δὲ ἐχρησάμην αὐτῷ, δεῖξαι βουλόμε-
D νος, ὅτι τῶν ἀνθρωπίνων οὐδὲν ἄφθαρτον εἶναι δύναται· καὶ οἱ τὰ τοιαῦτα *Blasphema vox.* γράφοντες ἐλήρουν προφῆται, γραϊδίοις ψυχροῖς ὁμιλοῦντες. Οὐδὲν δέ, οἶμαι, κωλύει τὸν μὲν θεὸν εἶναι μέγαν, οὐ μὴν σπουδαίων προφητῶν οὐδὲ ἐξηγητῶν τυχεῖν. αἴτιον δὲ ὅτι τὴν ἑαυτῶν ψυχὴν οὐ παρέσχον ἀποκαθᾶραι τοῖς ἐγκυκλίοις μαθήμασιν· οὔτε ἀνοῖξαι μεμυκότα λίαν τὰ ὄμματα· οὐδὲ ἀνακαθᾶραι τὴν ἐπικειμένην αὐτοῖς ἀχλύν. Ἀλλ' οἷον φῶς μέγα δι'

A δι' ὁμίχλης οἱ ἄνθρωποι βλέποντες οὐ καθαρῶς, οὐδὲ εἰλικρινῶς, αὐτὸ δὲ ἐκεῖνο νενομικότες οὐχὶ φῶς καθαρὸν, ἀλλὰ πῦρ· καὶ τῶν περὶ αὐτὸ πάντων ὄντες ἀθέατοι, βοῶσι μεγάλα· Φρίττετε· φοβεῖσθε· πῦρ, φλὸξ, θάνατος, μάχαιρα, ῥομφαία· πολλοῖς ὀνόμασι μίαν ἐξηγούμενοι τὴν βλαπτικὴν τοῦ πυρὸς δύναμιν. ἀλλ' ὑπὲρ μὲν τούτων ἰδίᾳ βέλτιον παραστῆσαι, πόσῳ φαυλότεροι τῶν παρ' ἡμῖν οὗτοι γεγόνασι ποιητῶν, οἱ τῶν ὑπὲρ τοῦ θεοῦ λόγων διδάσκαλοι. B

Προσήκει δὲ οὐ τὰ τῶν θεῶν μόνον ἀγάλματα προσκυνεῖν· ἀλλὰ καὶ τοὺς ναοὺς, καὶ τὰ τεμένη, καὶ τοὺς βωμούς. Εὔλογον δὲ καὶ τοὺς ἱερέας τιμᾷν, ὡς λειτουργοὺς θεῶν, καὶ ὑπηρέτας, καὶ διακονοῦντας ἡμῖν τὰ πρὸς τοὺς θεοὺς· συνεπισχύοντας τῇ ἐκ θεῶν εἰς ἡμᾶς τῶν ἀγαθῶν δόσει. προθύουσι γὰρ πάντων καὶ ὑπερεύχονται. δίκαιον οὖν C ἀποδιδόναι πᾶσιν αὐτοῖς οὐκ ἔλαττον, εἰ καὶ μὴ πλέον, ἢ τοῖς πολιτικοῖς ἄρχουσι, τὰς τιμάς. Εἰ δέ τις οἴεται τοῦ ἐπίσης χρῆναι νέμειν αὐτοῖς, καὶ τοῖς πολιτικοῖς ἄρχουσι, ἐπεὶ κἀκεῖνοι τρόπον τινὰ τοῖς θεοῖς ἱερατεύουσι, φύλακες ὄντες τῶν νόμων· ἀλλὰ τά γε τῆς εὐνοίας παρὰ πολὺ χρὴ νέμειν τούτοις. (Hom. Iliad. α. v. 23.) οἱ μὲν γὰρ " Ἀχαιοὶ καίπερ πολέμιον ὄντα τὸν ἱερέα προσέ- D ταττον αἰδεῖσθαι τῷ βασιλεῖ· ἡμεῖς δὲ οὐδὲ τοὺς φίλους αἰδούμεθα τοὺς εὐχομένους ὑπὲρ ἡμῶν, καὶ θύοντας.

Ἀλλ' ἐπείπερ ὁ λόγος ἐς τὴν πάλαι ποθουμένην ἀρχὴν ἐλήλυθεν, ἄξιον εἶναί μοι διελθεῖν ἐφεξῆς, ὁποῖός τις ὢν ὁ ἱερεὺς, αὐτός τε δικαίως τιμηθήσεται. Τὸ γὰρ ἡμέτερον οὐ χρὴ σκοπεῖν, οὐδὲ ἐξετάζειν. ἀλλ' ἕως ἂν

densiores tenebras lumen, non pure ac liquido contuentes, & id ipsum non sinceram lucem, sed ignem arbitrati; cum nihil eorum, quæ propinqua sunt, discernant, vehementius exclamant: Horrescite, metuite: ignis, flamma, mors, gladius, framea: pluribus vocabulis eandem in igne nocendi vim exprimentes. Sed de iis privatim ostendere satius est; quanto illi, qui se disputandi de Deo magistros profiterentur, Poëtis nostris inferiores hac in parte fuerint.

Cæterum non Deorum duntaxat adorandæ sunt effigies, sed etiam ipsa templa; atque delubra, & altaria. Quinetiam rationi valde consentaneum est, ut & sacerdotes honorentur, tanquam Deorum ministri & famuli, qui quæ ad Deos pertinent nobis administrant, & ad illorum in nos derivanda beneficia momenti plurimum adferunt. Pro omnibus enim sacrificia celebrant, ac precantur. Quare non minus ipsis, imo amplius, quam civilibus magistratibus, æquum est honoris adhiberi. Quod si quis ex æquo censeat utrisque esse tribuendum, propterea quod civiles magistratus quodam veluti sacerdotio funguntur, quatenus legum sunt custodes; tamen haud paulo majore sunt illi benevolentia prosequendi. Sane Græci sacerdotem illum, quamvis hostem, reverendum esse regi suadebant; nos ne amicos quidem ipsos reveremur, pro nobis orantes ac sacra facientes.

Et quoniam ad id, quod jamdudum peroptabam, initium nostra pervenit oratio; hoc mihi deinceps explicandum videtur, cujusmodi sacerdos esse debeat, ut merito ei honos habeatur. Nam quod nostrum est, ab ea contemplatione secernendum est, neque attentius inquirendum. Quamdiu vero

vero sacerdos nominatur aliquis, cultu & A honore afficiendus est. Sin est nequam, sacerdotio mulctandus, & ubi indignus habitus fuerit, abjiciendus est. Quamdiu vero publicis sacris & libationibus fungitur, ac Diis assistit, eum tanquam præstantissimam Deorum possessionem cum veneratione ac religione contueri debemus. Absurdum est enim lapides, e quibus aræ fabricatæ sunt, quod Deorum honori consecrati sint, a nobis amari; eo quod forma & figura constant ejusmodi, quæ ad eam, cujus gratia conditæ sunt, functionem convenit; B virum autem illum, qui Diis ipse dicatus sit, non honore dignum arbitrari. Forsitan id aliquis in eo faciendum existimet, qui injuriam faciat, & in multis Deorum religionibus ac ritibus peccet. Ego vero redarguendum eum esse dico: ne, cum pravus sit, Deos ipsos molefte solicitet; donec tamen reprehensus & convictus ab aliquo sit, ignominiose minime tractandus est. Neque C enim rationis est, hac occasione arrepta non istiusmodi solum, sed etiam cæteros, qui honore digni sunt, merito suo defraudare. Quamobrem sit, ut magistratus, ita quilibet sacerdos, venerabilis: quandoquidem eo Dei Didymæi oraculum illud pertinet:

Quicunque in sacerdotes, ex improbitate mentis,
Immortalium stolida quadam perpetrant, &
honoribus illorum
D
Contraria moliuntur, feraris Deorum consiliis
Non jam integrum vitæ conficiunt iter
Quotcunque beatos læserunt Deos,
Quorum illi religiosum elegerunt famulatum honorem.

ἱερεύς τις ὀνομάζηται, τιμᾶν αὐτὸν χρὴ καὶ θεραπεύειν. εἰ δὲ εἴη πονηρὸς, ἀφαιρεθέντα τὴν ἱερωσύνην, ὡς ἀνάξιον ἀποφανέντα, περιορᾶν· ἕως δὲ προθύει, καὶ κατάρχεται, καὶ παρέστηκε τοῖς θεοῖς, ὡς τὸ τιμιώτατον τῶν θεῶν κτῆμα, προσβλεπτέος ἐστὶν ἡμῖν μετὰ αἰδοῦς καὶ εὐλαβείας. ἄτοπον γὰρ εἰ τοὺς μὲν λίθους, ἐξ ὧν οἱ βωμοὶ πεποίηνται, διὰ τὸ καθιερῶσθαι τοῖς θεοῖς, ἀγαπήσομεν, ὅτι μορφὴν ἔχουσι καὶ σχῆμα πρέπον, εἰς ἣν εἰσι κατεσκευασμένοι λειτουργίαν· ἄνδρα δὲ καθωσιωμένον τοῖς θεοῖς οὐκ οἰησόμεθα χρῆναι τιμᾶν· ἴσως ὑπολήψεταί τις· ἀλλὰ ἀδικοῦντα καὶ ἐξαμαρτάνοντα πολλὰ τῶν πρὸς τοὺς θεοὺς ὁσίων. Ἐγὼ δή φημι χρῆναι τὸν μὲν τοιοῦτον ἐξελέγχειν· ἵνα μὴ πονηρὸς ὢν ἐνοχλῇ τοὺς θεούς· ἕως δὲ ἐξελέγχῃ τις, μὴ ἀτιμάζειν. οὐδὲ γὰρ εὔλογον ἐπιλαβομένους ταύτης τῆς ἀφορμῆς οὐ τούτων μόνον, ἀλλὰ καὶ τῶν ἐπιτηδείων τιμᾶσθαι, καὶ τὴν τιμὴν προσαφαιρεῖσθαι. Ἔστω τοίνυν, ὥσπερ ἄρχων, οὕτω δὲ καὶ ἱερεὺς πᾶς αἰδέσιμος. ἐπειδὴ καὶ ἀπόφασίς ἐστι θεοῦ τοῦ Διδυμαίου τοιαύτη·

Ὅσσοι ἐς ἀρητῆρας, ἀτασθαλίῃσι νόοιο,
Ἀθανάτων ῥέζουσ' ἀποφώλια, καὶ γεράεσσιν
Ἀντία βουλεύουσιν· ἀδειμάντοισι λογισμοῖς,
Οὐκέθ' ὅλον βιότοιο διεκπερόωσιν ἀταρπόν,
Ὅσσοι περ μακάρεσσιν ἐλωβήσαντο θεοῖσιν.
Ὧν κεῖνοι θεόσεπτον ἕλον θεραπηΐδα τιμήν.

καὶ πάλιν ἐν ἄλλοις ὁ θεός φησι·
Πάντας μὲν θεράποντας ἐμοὺς ὀλοῆς κακότητος.

καί φησιν ὑπὲρ τούτων δίκην ἐπιθήσειν αὐτοῖς. Πολλῶν δὲ εἰρημένων τοιούτων παρὰ τοῦ θεοῦ, δι' ὧν ἔνεστι μαθόντας ὅπως χρὴ τιμᾶν καὶ θεραπεύειν τοὺς ἱερέας· εἰρήσεταί μοι διὰ πλειόνων ἐν ἄλλοις. Ἀπόχρη δὲ νῦν, ὅτι μηδὲ σχεδιάζω μηδὲν, ἐπιδεῖξαι τήν τε ἐκ τοῦ θεοῦ πρόῤῥησιν, καὶ τὸ ἐπίταγμα τῶν αὐτοῦ λόγων, ἱκανὸν ἡγούμενος. Εἴ τις οὖν ἀξιόπιστον ὑπείληφεν ἐμὲ διδάσκαλον τῶν τοιούτων, αἰδεσθεὶς τὸν θεὸν, ἐκείνῳ πειθέσθω, καὶ τοὺς ἱερέας τῶν θεῶν τιμάτω διαφερόντως. Ὁποῖον δὲ αὐτὸν εἶναι χρὴ, πειράσομαι νῦν εἰπεῖν. οὐχ ἕνεκα σοῦ· τοῦτο μὲν γὰρ εἰ μὴ τὸ * ἠπιστάμην· ἅμα μὲν τοῦ καθηγεμόνος· ἅμα δὲ τῶν μεγίστων θεῶν μαρτυρούντων, ὅτι τὴν λειτουργίαν ταύτην διαθήσῃ καλῶς, ὅσα γε εἰς προαίρεσιν ἥκει τὴν σήν· οὐδ' ἂν ἐτόλμησά σοι μεταδοῦναι τοσούτου πράγματος· ἀλλ' ὅπως ἔχῃς ἐγγύθεν διδάσκειν τοὺς ἄλλους, οὐκ ἐν ταῖς πόλεσι μόνον, ἀλλὰ καὶ ἐν τοῖς ἀγροῖς εὐλογώτερον, καὶ ἐπ' ἐξουσίας, οὐς οὐκ οἴκοθεν αὐτὰ νοεῖς καὶ πράττεις μόνος, ἔχων δὲ καὶ ἐμὲ σύμψηφον σεαυτῷ, δοκοῦντά γε εἶναι διὰ τοὺς θεοὺς ἀρχιερέα μέγιστον, ἄξιον μὲν οὐδαμῶς πράγματος τοσούτου, βουλόμενον δὲ εἶναι, καὶ προσευχόμενον ἀεὶ τοῖς θεοῖς. Εἰ γὰρ ἴσθι μεγάλας ἡμῖν οἱ θεοὶ μετὰ τὴν τελευτὴν ἐλπίδας ἐπαγγέλλονται. πιστεύειν δὲ αὐτοῖς πάντως. ἀψευδεῖν γὰρ εἰώθασιν, οὐχ ὑπὲρ ἐκείνων μόνον, ἀλλὰ καὶ τῶν ἐν τῷ βίῳ τῷδε. Οἱ δὲ διὰ περιουσίαν δυνάμεως οἷοί τε ὄντες καὶ τῆς ἐν τῷ

A Ad hæc alio loco Deus idem sic loquitur:
Omnes quidem servos meos exitiali infortunio, &c.

Addit, se propter eosdem pœnas illis irrogaturum. Ac cum ejusmodi non pauca sint a Diis responsa; quibus edocti, sacerdotes, pro eo ut oportet, honore possumus ac cultu prosequi, ea plenius alio in loco pertractabimus. Nunc illud sufficit, quod ex tempore ac temere nihil dicere velim, denunciationem illam Dei, ac mandatum ejus verbis expressum ostendere; quod ad institutum nostrum satis esse judico. Jam vero si quis earum rerum idoneum me doctorem ac magistrum esse putet; Deum is veritus, eidem obsequatur, ac Deorum sacerdotibus exquisitum honorem tribuat. Nunc qualem esse sacerdotem ipsum oporteat, explicare conabimur, non tua quidem caussa, (nisi enim penitus hoc scissem, ac partim ducis ipsius, partim maximorum Deorum testificatione compertum habuissem, isto te munere, quantum ad animum ac voluntatem attinet, egregie esse perfuncturum; tantum tibi negotium committere ausus non fuissem,) sed ut cæteros e propinquo, non in urbibus solum, verum etiam in agris, majora cum auctoritate ac ratione docere possis, ac præ te ferre, non privata industria excogitatum aliquid, aut quod solus ipse facias, afferri abs te; verum meam ad ista quoque consensionem ac suffragationem accedere: qui, quod ad Deos spectat, Pontifex videor esse maximus; & quanquam honore isto sum indignus, esse tamen dignus studeo, idque quotidianis a Diis precibus impetrare contendo. Scito enim magnas nobis post obitum spes a Diis immortalibus ostendi; quibus habenda omnino fides est. Nam vera perpetuo loquuntur, non in rebus duntaxat ejusmodi, sed in iis omnibus, quæ ad hanc vitam pertinent. Iidem vero, cum propter excellen-

excellentem vim ac potentiam perturbationem omnem, quæ in hanc vitam incidit, amoliri possint, & inconditum ejus abhorrentemque statum corrigere; quanto magis ibi, ubi pugnantes inter se disjunctæ sunt partes, quando immortali anima separata, corpus emortuum jacet, iis omnibus erunt, quæcunque polliciti sunt hominibus, præstandis idonei? Quapropter cum non ignoremus, magna sacerdotibus a Diis esse constituta præmia; illos ipsos dignitatis Deorum velut fidejussores in omnibus faciamus, qui vitam suam tanquam eorum, quæ in vulgus eloqui oportet, exemplar ostentent. Hujus porro initium nobis a pietate erga Deos capiendum est. Sic enim nos Diis ipsis ministrare convenit, quasi præsentibus, nosque contuentibus, cum a nobis minime ipsi videantur:, atque interim perspicacissimis oculis, qui lucem omnem splendoremque superant, intimos quosque sensus ac reconditos penetrent. Quod autem non meus hic sermo sit, sed ipsiusmet Dei, multis sententiis expressus; satis erit uno allato testimonio demonstrare, quo duo simul ostendi poterunt; alterum, quemadmodum Dii omnia videant; alterum, quemadmodum piis hominibus delectentur.

Ubique Phœbeus extensus est late prospiciens radius,
Et per solidas transit acutus oculus rupes,
Et per cæruleum transit mare: neque hunc latet
Cœtus astricus revolubilis means
Cœlum per indefessum, sapientis lege necessitatis.
Neque quotquot infimorum excepit gentes mortuorum

A βίῳ τούτῳ γίνεσθαι ταραχῆς, καὶ
τὸ ἄτακτον αὐτοῦ, καὶ τὸ ἀλ-
λόκοτον ἐπανορθοῦν, ἆρ' οὐκ ἐν ἐκείνῳ μᾶλλον, ὅπου διῄρηται τὰ μαχόμενα, χωρισθείσης τῆς μὲν ἀθανάτου
ψυχῆς, τῆς δὲ γενομένης τοῦ νεκροῦ σώ-
ματος· ἱκανοὶ παρασχεῖν ἔσονται
ταῦθ' ὅσαπερ ἐπηγγείλαντο τοῖς ἀνθρώποις; Εἰδότες οὖν ὅτι μεγάλας
ἔχειν ἔδοσαν οἱ θεοὶ τοῖς ἱερεῦσι τὰς
B ἀμοιβάς, ἐγγυητὰς αὐτοὺς ἐν πᾶσι τῆς
ἀξίας τῶν θεῶν καταστήσωμεν·
ὧν πρὸς τὰ πλήθη χρὴ λέγειν,
δεῖγμα τὸν * ἑαυτῶν ἐκφέροντας βίον.
ἀρκτέον δὲ ἡμῖν τῆς πρὸς τοὺς θεοὺς
εὐσεβείας. Οὕτω γὰρ ἡμᾶς πρέπει
τοῖς θεοῖς λειτουργεῖν, ὡς παρεστηκό-
σιν αὐτοῖς· καὶ ὁρῶσι μὲν ἡμᾶς, οὐχ
ὁρωμένοις ὑφ' ἡμῶν· καὶ τὸ πάσης
αὐγῆς ὄμμα κρεῖττον ἄχρι τῶν ἀ-
C ποκρυπτομένων ἡμῶν λογισμῶν δια-
τεταχόσι. Ὅτι δὲ οὐκ ἐμὸς ὁ λόγος
οὗτός ἐστιν, ἀλλὰ τοῦ θεοῦ, διὰ πολλῶν μὲν εἰρημένος λόγων· ἐμοὶ δὲ δῆτα ἀπόχρη καὶ ἕνα παραθεμένῳ, δύο
δι' ἑνὸς παραστῆσαι· πῶς μὲν ὁρῶ-
σιν οἱ θεοὶ πάντα· πῶς δὲ ἐπὶ τοῖς
εὐσεβέσιν εὐφραίνονται.

Πάντῃ Φοιβείη τέταται τανυσίσκο-
πος ἀκτίς·
D Καί τε διὰ στερεῶν χωρεῖ θοὸν ὄμμα πετράων·
Καὶ διὰ κυανέης ἁλὸς ἔρχεται· οὐδ' ἑ-
λέληθε γρ. ἑ λέληθε
Πλῆθος ἀστερόεσσα, παλινδίνητος
ἰοῦσα
Οὐρανὸν εἰς ἀκάματον, σοφῆς κατὰ
θεσμὸν ἀνάγκης·
Οὐδ' ὅσα νερτερίων ὑπεδέξατο φῦλα
καμόντων.

Τάρταρος ἀχλυόεσσαν ὑπὲρ ζόφον ἄϊδος εἴσω.

Εὐσεβέσιν δὲ βροτοῖς γάνυμαι τόσον, ὅσσον Ὀλύμπῳ.

Ὅσῳ δὲ λίθου καὶ πέτρας ἅπασα μὲν ψυχή, πολὺ δὲ πλέον ἡ τῶν ἀνθρώπων οἰκειότερον ἔχει καὶ συγγενέστερον πρὸς τοὺς θεούς· τοσούτῳ μᾶλλον εἰκός ἐστι ῥᾷον καὶ ἐνεργέστερον δι' αὐτῆς χωρεῖν τῶν θεῶν τὸ ὄμμα. Θέα δὲ τὴν φιλανθρωπίαν τοῦ θεοῦ, γάνυσθαι φάσκοντος τῇ τῶν εὐσεβῶν ἀνδρῶν διανοίᾳ, ὅσον Ὀλύμπῳ τῷ καθαρωτάτῳ. πάντως ἡμῖν ὅσας ἔχει καὶ ἀνάξει τὰς ψυχὰς ἡμῶν ἀπὸ τοῦ ζόφου, καὶ τοῦ ταρτάρου μετ' εὐσεβείας αὐτῷ προσιόντων; οἶδε μὲν γὰρ καὶ τοὺς ἐν Ταρτάρῳ κατακεκλεισμένους. οὐδὲ γὰρ ἐκεῖνα τῆς τῶν θεῶν ἐκτὸς πίπτει δυνάμεως. Ἐπαγγέλλεται δὲ τοῖς εὐσεβέσι τὸν Ὄλυμπον ἀντὶ τοῦ Ταρτάρου.

Διόπερ χρὴ μάλιστα τῶν τῆς εὐσεβείας ἔργων ἀντέχεσθαι προσιόντας μὲν τοῖς θεοῖς μετ' εὐλαβείας· αἰσχρὸν δὲ μήτε λέγοντας, μήτε ἀκούοντας. ἁγνεύειν δὲ χρὴ τοὺς ἱερέας οὐκ ἔργων μόνον ἀκαθάρτων οὐδὲ ἀσελγῶν πράξεων, ἀλλὰ καὶ ῥημάτων καὶ ἀκροαμάτων τοιούτων. ἐξελατέα τοίνυν ἐστὶν ἡμῖν πάντα τὰ ἐπαχθῆ σκώμματα· πᾶσα δὲ ἀσελγὴς ὁμιλία. Καὶ ὅπως ἀθρόως ἔχῃς ὃ βούλομαι φράζειν, ἱερωμένος τις μήτε Ἀρχίλοχον ἀναγινωσκέτω· μηδὲ Ἱππώνακτα· μήτε ἄλλον τινὰ τῶν τοιαῦτα γραφόντων. ἀποκλινέτω καὶ τῆς παλαιᾶς κωμῳδίας, ὅσα τῆς τοιαύτης ἰδέας. ἄμεινον μὲν γὰρ, καὶ πάντως πρέποι δ' ἂν ἡμῖν, ἡ φιλοσοφία μόνη· καὶ τούτων, ἡ θεοὺς ἡγεμόνας προστησαμένη τῆς ἑαυτῶν παιδείας. ὥσπερ Πυθαγόρας, καὶ Πλάτων, καὶ Ἀριστοτέλης, οἵ τε ἀμφὶ Χρύσιππον, καὶ Ζήνωνα. Προσεκτέον μὲν γὰρ οὔτε πᾶσιν, οὔτε τοῖς πάντων δόγμασιν

A *Tartarus, tenebrosam super caliginem, apud inferos.*

Piis vero mortalibus delector tantum, quantum Olympo.

Quo igitur anima qualibet, humana vero præ ceteris, majore, quam lapis & saxum omne, cognatione cum Diis ac necessitate conjungitur; eo facilius & efficacius divinis illam oculis pervadi consentaneum est. Ac vide, quæso, incredibilem in homines Dei D benignitatem; qui gaudere tantundem dicat piorum virorum mente, quantum purissimo ipso cælo. An non igitur nostrum omnium, qui cum pietate ad ipsum accedimus, animas e caligine ac Tartaro sursum attollet? Novit enim illos etiam, qui Tartaro inclusi continentur. Quippe cum nec ista loca Deorum potestati subtrahantur. Atqui piis ille pro Tartaro Olympi sedes C promittit.

Quamobrem pietatis inprimis officia persequenda sunt, ut & religiose ad Deos venerandos sacerdotes accedant, & nihil turpe vel dicant ipsi vel audiant: ac præterea non ab impuris tantum factis ac flagitiis, sed ab omni etiam istiusmodi verborum & acroamatum genere sibi temperent. Facessant itaque procul a nobis illiberales joci, ac petulans omne colloquium. Et ut quid velim clarius intelligas: sacerdos neque Archilochum legat, neque Hipponactem, neque D alium quemlibet ejus generis scriptorem: devitet etiam ex antiquiore comœdia quicquid eo stylo conscriptum est. Satius enim est ac dignitati nostræ consentaneum, uni studere Philosophiæ; sed eam præsertim asciscere, quæ disciplinæ suæ Deos præ se fert auctores ac duces: qualis est Pythagoræ, Platonis, Aristotelisque secta; tum eorum, qui Chrysippum ac Zenonem magistros sequuntur. Neque enim aut omnibus, aut omnium dogmatibus auscultandum est; sed illis,

illis, & illorum decretis duntaxat, quæ pietatem animis ingenerare possunt; deque Diis ita nos docent: primum aliquos esse; deinde infimarum istarum rerum penes illos esse curam; ad hæc, nihil ipsos mali neque hominibus neque cæteris inferre, livore, invidia, ac mutuis inter se præliis exercitos: cujusmodi cum Poëtæ nostri scriptis suis prodidissent, contemtui habiti sunt; at vero Judæorum Prophetæ cum pro certis ac constitutis asseverent, apud infelices illos, qui se ad Galilæorum cœtum applicarunt, in admiratione versantur. Nobis vero historiarum ejusmodi lectio congruit, quibus non fictæ, sed gestæ res memoriæ produntur; quæ autem historiæ specie conscripta sunt ab antiquis fabulæ, penitus repudiandæ sunt. Talia sunt, quorum amatorium est argumentum, & ejus generis alia. Ut enim non omnis via sacerdotibus convenit, sed eam præscriptam esse illis oportet; ita nec omnis lectio sacerdotem decet. Ac nescio quo pacto hominum ex libris afficiuntur animi, ac paulatim cupiditates incitantur, ex quibus demum flamma ingens accenditur; cui quidem longe ante obviam est eundum. Quocirca nec Epicureo ad nos dogmati, neque Pyrrhoneo pateat aditus. Jam enim recte Dii immortales sectas istas extinxerunt, ut plerique libri earum interciderint. Veruntamen nihil prohibet exempli duntaxat gratia mentionem illarum facere, ut, quo genere librorum ac sermonum abstinere maxime sacerdotes debeant, explicetur. Quod si ab sermonibus istis abhorrere debemus, multo magis cogitationes evitandæ sunt. Neque enim par est, opinor, mentis ac linguæ delictum; sed illa est curanda cumprimis, quod cum ea lingua pariter peccet. Deorum igitur ediscendi sunt hymni: qui quidem multi sunt, ac pulcri, ab antiquis & recentioribus conditi. Ex iis vero potissimum eos scire convenit, qui in sacris ca-

A ἀλλὰ ἐκείνοις μόνον καὶ ἐκείνων, ὅσα εὐσεβείας ἐστὶ ποιητικά· καὶ διδάσκει περὶ θεῶν πρῶτον μὲν ὡς εἰσίν· εἶτα ὡς προνοοῦσι τῶν τῇδε· καὶ ὡς ἐργάζονται μὲν οὐδὲ ἓν κακὸν οὐδὲ ἀνθρώπους, οὐδὲ ἀλλήλους, φθονοῦντες, καὶ βασκαίνοντες, καὶ πολεμοῦντες. ὁποῖα γράφοντες μὲν οἱ παρ' ἡμῖν ποιηταὶ κατεφρονήθησαν· οἱ δὲ τῶν Ἰουδαίων προφῆται διατεταγμένως συγκατασκευάζοντες, ὑπὸ τῶν ἀθλίων
B τούτων τῶν προσνεμόντων ἑαυτοὺς τοῖς Γαλιλαίοις θαυμάζονται. Πρέποι δ' ἂν ἡμῖν ἱστορίαις ἐντυγχάνειν, ὁπόσαι συνεγράφησαν ἐπὶ πεπραγμένοις τοῖς ἔργοις. ὅσα δέ ἐστιν ἐν ἱστορίας εἴδει παρὰ τοῖς ἔμπροσθεν ἀπηγγελμένα πλάσματα, παραιτητέον· ἐρωτικὰς ὑποθέσεις, καὶ πάντα ἁπλῶς τὰ τοιαῦτα. Καθάπερ γὰρ οὐδὲ ὁδὸς πᾶσα τοῖς ἱερωμένοις ἁρμόττει· τετάχθαι δὲ χρὴ καὶ ταύ-
C τας· οὕτως οὐδὲ ἀνάγνωσμα πᾶν ἱερωμένῳ πρέπει. ἐγγίνεται γάρ τις τῇ ψυχῇ διάθεσις ὑπὸ τῶν λόγων· καὶ κατ' ὀλίγον ἐγείρει τὰς ἐπιθυμίας· εἶτα ἐξαίφνης ἀνάπτει δεινὴν φλόγα. πρὸς ἣν οἶμαι χρὴ πόρρωθεν παρατετάχθαι. Μήτε Ἐπικούρειος εἰσίτω λόγος· μήτε Πυρρώνειος. ἤδη μὲν γὰρ καλῶς ποιοῦντες οἱ θεοὶ καὶ ἀνῃρήκασιν, ὥστε ἐπιλείπειν καὶ τὰ πλεῖστα τῶν βιβλίων. ὅ-
D μως οὐδὲν κωλύει τύπου χάριν ἐπιμνησθῆναι μὲν καὶ τούτων, ὁποίων χρὴ μάλιστα τοὺς ἱερέας ἀπέχεσθαι λόγων. Εἰ δὲ λόγων, πολὺ πρότερον ἐννοιῶν. οὐδὲ γὰρ, οἶμαι, ταὐτόν ἐστιν ἁμάρτημα γλώττης, καὶ διανοίας. ἀλλ' ἐκείνην χρὴ μάλιστα θεραπεύειν, ὡς καὶ τῆς γλώττης ἐκείνῃ συνεξαμαρτανούσης. Ἐκμανθάνειν χρὴ τοὺς ὕμνους τῶν θεῶν. εἰσὶ δὲ οὗτοι πολλοὶ μὲν καὶ καλοὶ πεποιημένοι παλαιοῖς καὶ νέοις· οὐ μὴν ἀλλ' ἐκείνους πειρατέον ἐπίστασθαι, τοὺς ἐν

τοῖς ἱεροῖς ᾀδομένους. οἱ πλεῖστοι γὰρ ὑφ' αὐτῶν τῶν θεῶν ἱκετευθέντων ἐδόθησαν· ὀλίγοι δέ τινες ἐποιήθησαν καὶ παρὰ ἀνθρώπων, ὑπὸ πνεύματος ἐνθέου, καὶ ψυχῆς ἀβάτου τοῖς κακοῖς ἐπὶ τῇ τῶν θεῶν τιμῇ συγκείμενοι. Ταῦτά γε ἄξιον ἐπιτηδεύειν· καὶ εὔχεσθαι πολλάκις τοῖς θεοῖς ἰδίᾳ καὶ δημοσίᾳ· μάλιστα μὲν τρὶς τῆς ἡμέρας. εἰ δὲ μή, πάντως ὄρθρου τε καὶ δείλης. οὐδὲ γὰρ εὔλογον ἄθυτον ἀγειν ἡμέραν ἢ νύκτα τὸν ἱερωμένον· ἀρχὴ δὲ ὄρθρος μὲν ἡμέρας· ὀψία δὲ νυκτός. εὔλογον δὲ ἀμφοτέρων τοῖς θεοῖς ἀπάρχεσθαι τῶν διαστημάτων, ὅταν ἔξωθεν τῆς ἱερατικῆς ὄντες τυγχάνωμεν λειτουργίας. ὡς τά γε ἐν τοῖς ἱεροῖς ὅσα πάτριος διαγορεύει νόμος, φυλάττειν πρέπει. καὶ οὔτε πλέον, οὔτε ἔλαττόν τι ποιητέον ˆ αὐτῶν. ˆ ἀΐδια γάρ ἐστι ταῦτα τῶν θεῶν. ὥστε καὶ ἡμᾶς χρὴ μιμεῖσθαι τὴν οὐσίαν αὐτῶν· ἵν' αὐτοὺς ἱλασκώμεθα διὰ πλείον. Εἰ μὲν οὖν ἦμεν αὐτοψυχαὶ μόναι· τὸ σῶμα δὲ πρὸς μηδὲν ἡμᾶς διηνώχλει, καλῶς εἶχεν ἕνα τινὰ τοῖς ἱερεῦσιν ἀφορίζειν βίον. ἐπεὶ δὲ οὐχ ἱερεῦσιν ἁπλῶς, ˆ ἀλλὰ καὶ ὡς ἱερεῦ προσήκει μόνον, ὃ δὴ κατὰ τὸν καιρὸν τῆς λειτουργίας ἐπιτηδευτέον. Τί δὲ ὡς ἱερατεύειν ἀνθρώπῳ λαχόντι συγχωρητέον, ὅταν ἐκτὸς ᾖ τῆς ἐν τοῖς ἱεροῖς λειτουργίας; οἶμαι δὲ χρῆναι τὰ ἱερὰ πάντων ἁγνεύσαντα νύκτωρ καὶ ἡμέραν· εἶτα ἄλλην ἐπ' αὐτῇ νύκτα καθηράμενον, οἷς διαγορεύουσιν οἱ θεσμοὶ καθαρμοῖς, οὕτως εἴσω φοιτῶντα τοῦ ἱεροῦ μένειν ὅσας ἂν ἡμέρας ὁ νόμος κελεύῃ. τριάκοντα μὲν γὰρ παρ' ἡμῖν εἰσιν ἐν Ῥώμῃ· παρ' ἄλλοις δὲ ἄλλως. Εὔλογον οὖν οἶμαι, μένειν ἁπάσας ταύτας τὰς ἡμέρας ἐν τοῖς ἱεροῖς φιλοσοφοῦντα· καὶ μήτε εἰς οἰκίαν βαδίζειν, μήτε εἰς ἀγορὰν,

[illegible]

[illegible]

A nuntur. Horum enim plerosque ipsimet Dii multis precibus exorati tradiderunt: pauci ab hominibus profecti sunt, quos illi divini spiritus afflatu, ad honorem Deorum, ex integro & inaccesso malis animo profuderunt. In his occupanda sunt studia: & cum privatim, tum publice Diis sæpe supplicandum est, maxime quidem ter de die; sin minus, saltem diluculo, ac sub vesperam. Neque enim sacerdotem decet diem ullum ac noctem sine sacrificio transigere. Est B autem ut initium diei diluculum, ita noctis vespera. Itaque rationi consentaneum est, ut amborum intervallorum velut primitiæ quædam Diis consecrentur, dum a sacerdotali functione vacamus. Namque quæ in templis ipsis obeuntur, ex patriæ legis præscripto præstanda sunt: ut nihil plus aut minus adhibeatur, quam illa præcipiat. Hæc enim Deorum propria sunt. Ideo naturam ipsorum imitari nos oportet, ut eos tanto magis pro- C pitios habeamus. Et quidem si nos meris animis constaremus, nihil ut molestiæ nobis corpus afferret, consultum foret unum quoddam ac singulare vitæ genus sacerdotibus tribuere: quoniam autem non sacerdotibus simpliciter, * * * sed tanquam sacerdoti id solum congruit, cui functionum tempore studendum est. Quid est porro ei concedendum homini, qui sacerdotale munus sortitus est, dum a sacrorum administratione vacat? Equidem sic statuo: sacer- D dotem oportere noctes atque dies purum se ab omnibus & integrum servantem; tum singulis noctibus iis se lustrationibus expiantem, quas ritus sacri præscribunt; ita demum intra templi septa sese continere, tanto dierum spatio, quantum leges præcipiunt. Etenim Romæ apud nos triginta præstituti sunt dies, alii aliter instituunt. Itaque per omnes illos dies in templis residere ac philosophari mea quidem sententia convenit: neque interim domum petere, vel forum; ac ne magistratum

gistratum quidem, nisi in templis, videre: A tum vero cultus ipsum divini sedulo curam capessere, & inspiciendis atque ordinandis omnibus intendere. Expletis porro legitimis diebus, ubi alteri functione cesserit, & ad humanæ vitæ negotia se transdiderit; liceat ipsi cum amicorum frequentare domos, tum si invitatus erit, conviviis interesse, non omnium, sed optimorum. Tunc & in forum prodire, non absurdum videtur, dum id raro fiat; & ducem ac provinciæ præfectum B officii causa convenire, & indigentibus pro virili parte præsidium afferre. Illud vero decere sacerdotes arbitror, ut quamdiu intra templi septa sacris operantur, ornatissimam vestem habeant; extra templum, communi neque sumtuosa nimis utantur. Non enim rationi congruit, ut iis, quæ ad honorem Deorum nobis concessa sunt, ad inanem ambitionem & gloriolam abutamur. Quamobrem ab exquisitiore in foro veste, tum fastu arrogan- C tiaque, prorsus abstinendum. Etenim Amphiaraum illum, cum propter insignem adeo modestiam Dii immortales adamassent, cumque Græcorum exercitum illum internecione damnassent, ac decreti hujus ipse conscius in eadem esset expeditione, ob idque fatalis hæc illi esset inevitabilis necessitas; alium in statum, ac meliorem sortem transtulerunt. Nam cum omnes, qui ad Thebanam obsidionem profecti erant, universa, D priusquam confecta forent, clypeis suis inscriberent, ac velut tropæa de Cadmæorum calamitatibus erigerent; Deorum familiaris ille vates nuda his insignibus ad bellum arma gestabat, clementiæ vero ac temperantiæ ab ipsis etiam hostibus testimonium capiebat. Ad hoc exemplum sacerdotum mores conformandi sunt, uti Deos propitios habeamus. Non enim mediocriter adversus ipsos delinquimus, cum sacras vestes osten-

A ἀλλὰ μηδὲ ἄρχοντα πλὴν ἐν τοῖς ἱεροῖς ἐφορᾷν. ἐπιμελεῖσθαι δὲ τῆς περὶ τὸ θεῖον θεραπείας αὐτὸν, ἐφορῶντα πάντα καὶ διατάττοντα· πληρώσαντα δὲ τὰς ἡμέρας, εἶτα ἑτέρῳ παραχωροῦντα τῆς λειτουργίας. Ἐπὶ δὲ τὸν ἀνθρώπινον τρεπομένῳ βίον ἐξέστω καὶ βαδίζειν εἰς οἰκίαν Φίλων, καὶ εἰς ἑστίασιν ἀπαντᾷν παρακληθέντα, μὴ πάντων, ἀλλὰ τῶν βελτίστων. ἐν τούτῳ δὲ καὶ εἰς ἀγορὰν παρελθεῖν B οὐκ ἄτοπον ὀλιγάκις· ἡγεμόνα τε προσειπεῖν, καὶ ἔθνους ἄρχοντα· καὶ τοῖς εὐλόγως δεομένοις ὅσα ἐνδέχεται βοηθῆσαι. Πρέπειν δὲ οἶμαι τοῖς ἱερεῦσιν ἔνδον μὲν, ὅτε λειτουργοῦσιν, ἐσθῆτι χρῆσθαι μεγαλοπρεπεστάτῃ· τῶν ἱερῶν δὲ ἔξω, τῇ συνήθει, δίχα πολυτελείας. οὐδὲ γὰρ εὔλογον τοῖς δεδομένοις ἡμῖν ἐπὶ τιμῇ θεῶν εἰς κενοδοξίαν καταχρῆσθαι, καὶ τῦφον μάταιον. ὅθεν ἀφεκτέον ἡμῖν ἐσθῆτος C πολυτελεστέρας ἐν ἀγορᾷ, καὶ κόμπου· ἢ καὶ πάσης ἁπλῶς ἀλαζονείας. Οἱ γοῦν θεοὶ τὴν τοσαύτην ἀγασθέντες Ἀμφιαράου σωφροσύνην· ἐπειδὴ τοῦ στρατεύματος ἐκείνου κατεδίκασαν φθοράν, εἰδώς τε αὐτὸς συνεστράτευεν, καὶ ἦν ἄφευκτον αὐτῷ διὰ τοῦτο τὸ πεπρωμένον, ἀπέφηναν αὐτὸν ἄλλον ἐξ ἄλλου· καὶ μετέστησαν εἰς λῆξιν θείαν. Πάντων γοῦν τῶν ἐπιστρατευσάντων ταῖς Θήβαις ἐπὶ τῶν D ἀσπίδων πρὶν κατεργάσασθαι σύμπαντα γραφόντων, καὶ ἐγειρόντων τὰ τρόπαια, καὶ τὰς συμφορὰς τῶν Καδμείων, ὁ τῶν θεῶν ὁμιλητὴς, ἄσημα ἐπεστράτευεν ἔχων ὅπλα· πραότητα δὲ καὶ σωφροσύνην ὑπὸ τῶν πολεμίων ἐμαρτυρεῖτο. ὥσπερ οἶμαι χρὴ καὶ τοὺς ἱερέας, ἵνα τυγχάνωμεν εὐμενῶν τῶν θεῶν. ὡς οὐ μικρά γε εἰς αὐτοὺς ἐξαμαρτάνομεν, δημευόμενοι τὰς ἱερὰς ἐσθῆτας, καὶ δημοσιεύοντες. καὶ παρεπαρέχοντες ἁπλῶς περιβλέπεσθαι τοῖς ἀνθρώποις, ὥσπερ τι θαυμαστόν· εἴπερ ἐκ τούτου συμβαίνει, πολλοὶ πελάζουσιν ἡμῖν οὐ καθαροί· καὶ διὰ τοῦτο χραίνεται τὰ τῶν θεῶν σύμβολα. Τὸ δ' ἡμᾶς αὐτοὺς οὐχ ἱερατικῶς ζῶντας ἱερέων ἐσθῆτα περικεῖσθαι, πάσης ἐστὶ παρανομίας καὶ καταφρονήσεως εἰς τοὺς θεούς· εἰρήσεται μὲν οὖν ἡμῖν καὶ περὶ τούτων δι' ἀκριβείας.

Νυνὶ δὲ, ὡς τύπῳ, πρὸς σὲ γράφω περὶ αὐτῶν· τοῖς ἀσελγέσι τούτοις θεάτροις τῶν ἱερέων μηδεὶς μηδαμοῦ παραβαλλέτω· μήτε εἰς τὴν οἰκίαν εἰσαγέτω τὴν ἑαυτοῦ· πρέπει γὰρ οὐδαμῶς. καὶ εἰ μὲν οἷόν τε ἦν, ἐξελάσαι παντάπασιν αὐτὰ τῶν θεάτρων· ὥστε αὐτὰ πάλιν ἀποδοῦναι τῷ Διονύσῳ καθαρὰ γενόμενα, πάντως ἂν ἐπειράθην αὐτὸ προθύμως κατασκευάσαι. νυνὶ δὲ οἰόμενος τοῦτο οὔτε δυνατὸν, οὔτε ἄλλως, εἰ καὶ δυνατὸν φανείη, συμφέρον αὐτὸ γενέσθαι, ταύτης μὲν ἀπεσχόμην παντάπασι τῆς φιλοτιμίας· ἀξιῶ δὲ τοὺς ἱερέας ὑποχωρῆσαι καὶ ἀποστῆναι τῷ δήμῳ τῆς ἐν τοῖς θεάτροις ἀσελγείας. Μηδεὶς οὖν ἱερεὺς εἰς θέατρον ἐξίτω· μηδὲ " * φίλον θυμελικόν· μηδὲ ἁρματηλάτην· μηδὲ ὀρχηστὴς, μηδὲ μῖμος, αὐτοῦ τῇ θύρᾳ προσίτω· τοῖς ἱεροῖς ἀγῶσιν ἐπιτρέπω μόνον τῷ βουλομένῳ παραβάλλειν· ὧν ἀπηγόρευται μετέχειν οὐκ ἀγωνίας μόνον, ἀλλὰ καὶ θέας ταῖς γυναιξίν. Ὑπὲρ δὲ τῶν κυνηγεσίων τί δεῖ καὶ λέγειν, ὅσα ταῖς πόλεσιν εἴσω τῶν θεάτρων συντελεῖται, ὡς ἀφεκτέον τούτων ἐστὶν οὐχ ἱερεῦσι μόνον, ἀλλὰ καὶ παισὶν ἱερέων; Ἦν μὲν οὖν ἴσως πρὸ τούτων εἰρῆσθαι καλὸν, ὅθεν καὶ ὅπως χρὴ τοὺς ἱερέας ἀποδεικνύναι. οὐδὲν δὲ ἄτοπον εἰς τοῦτό μοι τοὺς λόγους λῆξαι. Ἐγώ φημι τοὺς ἐν ταῖς πόλεσι βελτίστους

f. ποιείτω, vel ἐχέτω

A tamus, & omnium oculis tanquam mirum aliquid objicimus. Ex quo id accidit, ut cum multi ad nos impuri homines accedant, sacra illa Deorum symbola contaminentur. At vero nos sacerdotali uti veste, nisi ut sacerdotibus dignum est vitam instituamus, idipsum noxas omnes criminum, ac Deorum maxime contemtum, in sese continet. De iis igitur accuratius aliquando disputabimus.

B Nunc ut rudi, quod ajunt, Minerva de iisdem ad te scribam; ad obscœna illa theatrorum spectacula nullus omnino sacerdos accedat; neque in ædes suas introducat. Non enim decet. Quod si a theatris excludi penitus ista possent, ut hæc illa Baccho rursus a tanta turpitudine purgata redderentur; plane istud assequi omni ope studuissem. Sed cum vel effici posse desperem; vel, ut obtineri possit, minus expedire judicem; ab ambitioso illo studio mihi temperandum esse duxi: C sacerdotes vero theatrali ista petulantia populo cedere, ac procul abhorrere cupio. Proinde nullus horum in theatrum prodeat, neque cum histrione ullo vel auriga sit amicitia conjunctus; *neque saltator vel mimus* ad eorum fores accedat. Ad sacra duntaxat certamina, si qui velint, adeundi potestatem habeant; dum ejusmodi sint, quibus non certare solum, sed vel spectare mulieres prohibeatur. D Nam de venationibus, quæ in civitatibus intra theatra præstantur, quid attinet dicere, non ab iis modo sacerdotes, sed sacerdotum etiam arcendos esse liberos? Illud plane, & ante superiora omnia dicendum fortassis erat, undenam & quomodo sacerdotes eligendi sint. Sed absurdum non erit, si institutam orationem in ejus rei tractatione desinam. Placet igitur eos ex omnibus constitui, qui in civitatibus optimi sunt, & inprimis quidem Dei, deinde de vero hominum amantissimos quosque, sive pauperes sint, sive divites. Nec enim ullum, quod ad eam rem attinet, inter obscuros & illustres debet esse discrimen. Nam qui propter animi mansuetudinem latet, nequaquam propter obscuritatem & ignobilitatem arcendus est. Igitur etsi pauper sit aliquis, aut plebejus, si duobus hisce praeditus sit ornamentis, religione erga Deum, & in homines benignitate, sacerdos nihilominus eligatur. Porro religionis quidem in Deum argumentum est, si propinquos omnes ad pietatem erga Deos capessendam alliciat; humanitatis vero, si vel ex modico libenter pauperibus impertiat, prolixeque communicet, ac quamplurimos sua complecti liberalitate studeat. Ad hanc enim partem majore quadam attentione opus est, unde remedii aliquid afferatur. Etenim quoniam ita contigit, uti pauperes sacerdotibus neglectui essent; hoc animadverso, nefandi Galilaei in id humanitatis genus incubuerunt, pessimumque facinus hac officii specie corroborarunt: velut qui pueros placenta aliqua decipiunt, quam cum bis terve illis dederint, & ad se sequendos hac arte pellexerint, demum ab aedibus procul abstractos & in navem impositos distrahunt, ut quod brevem illis jucunditatem attulerat, id acerbum in omni vita sentiatur. Sic isti ab ea, quam vocant, agape & convivio, mensarumque ministerio (est enim uti factum ipsum, ita vocabulum apud illos frequens,) incipientes, fideles ad Deorum contemtum impietatemque perducunt. * * *

A καὶ μάλιστα μὲν φιλοθεωτάτους, ἔπειτα φιλανθρωποτάτους· ἐάν τε πένητες ὦσιν, ἐάν τε πλούσιοι. διαφορὰ δὲ ἔστω πρὸς τοῦτο μηδ' ἡτισοῦν ἀφανοῦς καὶ ἐπιφανοῦς. Ὁ γὰρ διὰ πρᾳότητα λεληθὼς, οὐ διὰ τὴν τῆς ἀξιώματος ἀφάνειαν, δίκαιός ἐστι κωλύεσθαι. κἂν πένης ᾖ τις, κἂν δημότης, ἔχων δὲ ἐν ἑαυτῷ δύο ταῦτα, τό τε φιλόθεον, καὶ τὸ φιλάνθρωπον, ἱερεὺς ἀποδεικνύσθω. Δεῖγμα δὲ τοῦ φιλοθέου
B μὲν, εἰ τοὺς οἰκείους ἅπαντας εἰς τὴν περὶ τοὺς θεοὺς εὐσέβειαν εἰσαγάγοι· τοῦ φιλανθρώπου δὲ, εἰ καὶ ἐξ ὀλίγων εὐκόλως κοινωνεῖ τοῖς δεομένοις, καὶ μεταδίδωσι προθύμως, εὖ ποιεῖν ἐπιχειρῶν ὅσους ἂν οἷός τε ᾖ. προσεκτέον γὰρ μάλιστα τῷ μέρει τούτῳ, καὶ τὴν ἰατρείαν ὅθεν ποιητέον. Ἐπειδὴ γὰρ οἶμαι συνέβη, τοὺς πένητας ἀμελεῖσθαι παρορωμένους ὑπὸ τῶν ἱερέων, οἱ δυσσεβεῖς Γαλιλαῖοι κατανοή-
C σαντες, ἐπέθεντο ταύτῃ τῇ φιλανθρωπίᾳ· καὶ τὸ χείριστον τῶν ἔργων, διὰ τοῦ δοκοῦντος τῶν ἐπιτηδευμάτων, ἐκράτυναν. ὥσπερ οἱ τὰ παιδία διὰ τοῦ πλακοῦντος ἐξαπατῶντες, τῷ καὶ δὶς καὶ τρὶς προέσθαι, πείθουσιν ἀκολουθεῖν ἑαυτοῖς, εἶθ' ὅταν ἀποστήσωσι πόρρω τῶν οἰκείων, ἐμβάλλοντες εἰς ναῦν ἀπέδοντο, καὶ γέγονεν εἰς ἅπαντα τὸν ἑξῆς βίον πικρὸν τὸ δόξαν πρὸς ὀλί-
D γον γλυκύ· τὸν αὐτὸν καὶ αὐτοὶ τρόπον ἀρξάμενοι διὰ τῆς λεγομένης παρ' αὐτοῖς ἀγάπης καὶ ὑποδοχῆς καὶ διακονίας τραπεζῶν· ἔστι γὰρ ὥσπερ τὸ ἔργον, οὕτω δὲ καὶ ὄνομα παρ' αὐτοῖς πολύ· πιστοὺς ἐνήγαγον εἰς τὴν ἀθεότητα. * * * *

ΙΟΥΛΙΑΝΟΥ
ΑΥΤΟΚΡΑΤΟΡΟΣ
ΚΑΙΣΑΡΕΣ.

JULIANI IMP.
CÆSARES.

CAROLO CANTOCLARO *Interprete.*

ἘΠΕΙΔΗ δίδωσιν ὁ θεὸς παίζειν, (ἔστι γὰρ Κρόνια) γελοῖον δὲ οὐδὲν, οὐδὲ τερπνὸν οἶδα ἐγώ, τὸ μὴ καταγέλαστα φράσαι, φροντίδος " εἶναι ἄξιον ἔοικεν, ὦ φιλότης. Εἶτα τίς οὕτω παχὺς ἐστὶ καὶ ἀρχαῖος, ὦ Καῖσαρ, ὥστε καὶ παίζειν πεφροντισμένα; " ἐγὼ δὲ ὤμην, τὴν παιδιὰν ἄνεσίν τε εἶναι " τῆς ψυχῆς, καὶ " ἀνάπαυσιν τῶν φροντίδων. Ὀρθῶς γε σὺ τοῦτο " ὑπολαμβάνεις· ἀλλ' ἐμοὶ δὲ οὐ ταύτῃ ἔοικεν ἀπαντᾷν τὸ χρῆμα. πέφυκα γὰρ οὐδαμῶς ἐπιτήδειος οὔτε σκώπτειν, οὔτε παρῳδεῖν, οὔτε γελοιάζειν. Ἐπεὶ δὲ χρὴ τῷ νόμῳ πείθεσθαι τοῦ θεοῦ, βούλει σοι ἐν παιδιᾶς μέρει μῦθον διεξέλθω, πολλὰ ἴσως ἔχοντα ἀκοῆς ἄξια; Λέγοις ἂν καὶ μάλα ἀσμένως· ἐπεὶ καὶ αὐτὸς οὐκ ἀτιμάζω τοὺς μύθους, οὐδὲ παντάπασιν ἐξελαύνω τοὺς ὀρθῶς ἔχοντας· ἀκόλουθά σοί τε καὶ φίλα τῷ σῷ, μᾶλλον δὲ τῷ κοινῷ, Πλάτωνι διανοούμενος, ἐπεὶ καὶ αὐτῷ πολλὰ ἐν μύθοις ἐσπούδασται. Λέγεις ναὶ μὰ Δία ταῦτα ἀληθῆ. Τίς δὲ, καὶ ποδαπὸς ὁ μῦθος; ἢ τῶν παλαιῶν τις, ὁποίους Αἴσωπος ἐποίησεν; ἀλλ' οὔτε πλάσμα " λέ-

Voss. ἔοικεν εἶναι ἄξιον
Voss. ἐγὼ οἶμαι
Voss. τὰς ἀνέσεις
Voss. ἀπαλλαγήν
Voss. ὑπολαμβάνειν ἐμοί
Voss. λόγος

A B C

QUandoquidem ludendi facultatem Deus tribuit, (sunt enim Saturnalia) neque ego quicquam jocosum aut facetum novi: cura & cogitatione dignum videtur, o amice, de rebus minime ridiculis sermonem instituere. AM. Anne aliquis, o Cæsar, adeo rudi est ingenio & rerum imprudens, ut serio & accurate jocari & ludere velit? Ego vero semper existimavi, ludum nihil aliud esse, quam animi remissionem, & curarum sedationem. JUL. Recte tu quidem istud; sed mea ratio ab hac ratione abhorret. Nec enim unquam ita natura comparatus fui, ut ad dicteria jacienda, & ad irridendum, & risum commovendum, aptus & idoneus essem. Sed quoniam legi Dei parendum est, vis ut tibi oblectamenti loco fabulam recenseam, nonnihil fortasse auditu & cognitione dignum habituram? AM. Næ tu fidenter dixeris. Etenim fabulas non minimi facio, neque prorsus rejiciendas puto, quæ ad rectam vivendi rationem ducunt. Atque ego hac in re consentanea nimirum tibi, atque eadem cum Platone tuo, vel potius nostro, sentio; a quo multa seria & gravia fabulis sunt pertractata. JUL. Vera sane dicis. Sed quænam tandem isthæc erit fabula? an priscarum aliqua,

qua, cujusmodi Æsopus factitavit? an vero, de Mercurii commento ut verba faciam, admones? Hoc enim, ut ab eo accepi, tibi narrabo; quod an verum sit, an falsa veris immixta contineat, res ipsa statim indicabit. Am. Verum tu satis superque præfationi, quantum fabulam narraturo, imo & orationem habituro, sufficiat, operæ impendisti; age jam sermonem ipsum, qualis fuerit, expone. Jul. Accipe igitur.

Romulus cum pro Saturnalibus faceret, omnes Deos & Cæsares ad convivium invitavit. Præparati vero erant ad discumbendum thori, Diis quidem in suprema cœli regione, Olympum vocant,

— Sedes ubi firma Deorum
Creditur. —

Illuc enim ferunt concessisse post Herculem Quirinus: si quidem ipsum hoc nomine, famæ, quæ de ejus divinitate percrebuit, parentes, appellare fas est. Illic igitur præparatum erat Diis convivium. Sub ipsa vero Lunæ concavitate, in suprema aëris parte, Cæsares prandio excipere visum est. Eo autem illos & corporum levitas, ut erant amicti, & Lunæ ipsius circumvolutio sustulit. Itaque quatuor lecti strati erant, ut Deos maximos decebat, magnifice extructi & decori. Et in Saturni quidem lecto, ex ebeno nitente confecto, divinus & immensus splendor sub nigredine delitescens, ut nemo contra aspicere posset, elucebat. Itaque oculis in eo intuendo, eadem propter magnitudinem fulgoris eveniebant, quæ Solis orbem intentius contemplantibus accidere solent. Jovis vero lectus erat quidem argento lucidior, & auro candidior; quod tamen an electrum, an alio quopiam metalli nomine appellari deberet, non satis certo & perspicue poterat mihi Mercurius explicare. At in aureo throno assidebant utrinque mater & filia, Juno quidem

A γεῖς Ἑρμοῦ πεπυσμένος τὸ αὐτὸν, ἐκεῖθέν σοι φράσω. εἴτε ἀληθὲς οὕτως ἔχει, εἴτε μίξις τίς ἐστιν ἀμφοῖν ἀληθοῦς καὶ ψευδοῦς, αὐτὸ ἐπιδείξει τὸ πρᾶγμα. Τυ. τί μὲν οὖν ἤδη μυθικῶς ἅμα καὶ ῥητορικῶς ἐξείργασταί σοι τὸ προοίμιον· ἀλλά μοι τὸν λόγον αὐτὸν ὁποῖός ποτέ ἐστιν, ἤδη διέξελθε. Μανθάνοις ἄν.

Θύων ὁ Ῥωμύλος τὰ Κρόνια, πάντας ἐκάλει τοὺς θεοὺς, καὶ δὴ καὶ B αὐτοὺς τοὺς Καίσαρας. Κλῖναι δὲ ἐτύγχανον παρεσκευασμέναι, τοῖς μὲν θεοῖς ἄνω κατ' αὐτὸ, φησὶν, οὐρανοῦ τὸ μετέωρον,

Οὔλυμπόνδ' ὅθι φασὶ θεῶν ἕδος
ἀσφαλὲς αἰεί.

Λέγεται γὰρ μεθ' Ἡρακλέα παρελθεῖν ἐκεῖσε καὶ ὁ Κυρῖνος. ὡς δὴ χρὴ καλεῖν αὐτὸν ὀνόματι τῇ θείᾳ πειθομένους φήμῃ. Τοῖς μὲν οὖν θεοῖς C ἐκεῖσε παρεσκεύαστο τὸ συμπόσιον. ὑπ' αὐτὴν δὲ τὴν Σελήνην, ἐπὶ μετεώρου τοῦ ἀέρος, ἐδέδοκτο τοὺς Καίσαρας δειπνεῖν. ἀνεῖχε δὲ αὐτοὺς, ἥτε τῶν σωμάτων κουφότης· "ἅπερ ἐτύγχανον ἠμφιεσμένοι· καὶ ἡ περιφορὰ τῆς Σελήνης. Κλῖναι μὲν οὖν ἔκειντο τέτταρες, εὐπρεπεῖς τοῖς μεγίστοις θεοῖς. "ἐβένου" μὲν οὖν ἦν ἡ τοῦ Κρόνου στιλβούσης, καὶ πολλὴν ἐν τῷ μέλανι, καὶ θείαν αὐγὴν κρυπτούσης, D ὥστε οὐδεὶς οἷός τε ἦν ἀντιβλέπειν. ἔπασχε δὲ τοῦτο, πρὸς τὴν "ἔβενον ἐκείνην τὰ ὄμματα δι' ὑπερβολὴν τῆς λαμπηδόνος· ὅπερ οἶμαι πρὸς Ἥλιον, ὅταν αὐτοῦ τὸν δίσκον τις ἀτενέστερον προσβλέπῃ. Ἡ δὲ τοῦ Διὸς, ἦν ἀργύρου μὲν στιλπνοτέρα, χρυσίου δὲ λευκοτέρα· τοῦτο, εἴτε ἤλεκτρον χρὴ καλεῖν, εἴτε ἄλλο τι λέγειν, οὐ σφόδρα" ἐκ τῶν μεταλλευομένων εἶχέ μοι γνωρίμως ὁ Ἑρμῆς φράσαι. Χρυσοθρόνω δὲ παρ' ἑκατέρ-

Voss. [illegible]
Voss. ἔκειτο
Voss. μὲν δὴ
Voss. ἔβενον
Voss. εἶχε μοι γνωρ. ἐκ τ. μεταλλ. ὁ Ἑρμ. φρ.

ρον ἐκαθεζέσθην, ἥ τε μήτηρ, καὶ ἡ θυγάτηρ, Ἥρα μὲν παρὰ τὸν Δία, Ῥέα δὲ παρὰ τὸν Κρόνον. Τὸ δὲ τῶν θεῶν κάλλος, οὐδὲ ἐκεῖνος ἐπεξῄει τῷ λόγῳ, μεῖζον εἶναι λέγων αὐτὸ, καὶ τοῦ θεατόν. ἀκοῇ δὲ καὶ ῥήμασιν οὔτε προσιέναι ῥᾴδιον, οὔτε παραδεχθῆναι δυνατόν. Οὐχ οὕτω τις ἔσται, κἂν ἐπαγγέλληται μεγαλόφωνος, ὥστε τὸ μέγεθος ἐκείνου φράσαι τοῦ κάλλους, ὁπόσον ἐπιπρέπει τῇ τῶν θεῶν ὄψει. Παρεσκεύαστο δὲ καὶ τοῖς ἄλλοις θεοῖς, ἑκάστῳ θρόνος ἢ κλίνη κατὰ πρεσβείαν. ἤριζε δὲ οὐδεὶς ἀλλ' ὥσπερ Ὅμηρος ὀρθῶς ποιῶν ἔφη, δοκεῖ μοι παρὰ τῶν Μουσῶν αὐτῶν ἀκηκοὼς, ἔχει ἕκαστος τῶν θεῶν θρόνον, ἐφ' οὗ πάντως αὐτῷ θέμις καθῆσθαι στερεῶς καὶ ἀμετακινήτως. Ἐπεὶ καὶ πρὸς τὴν παρουσίαν τοῦ πατρὸς ἐξαναστάμενοι, ταράττουσιν οὐδαμῶς τὰς καθέδρας, οὐδὲ μεταβαίνουσιν, οὐδὲ ὑφαρπάζουσιν ὑπ' ἀλλήλων. γνωρίζει δὲ ἕκαστος τὸ προσῆκον αὐτῷ. Πάντων οὖν τῶν θεῶν κύκλῳ καθημένων, ὁ Σειληνὸς ἐρωτικῶς ἔχειν δοκῶν μοι τοῦ Διονύσου καλοῦ καὶ νέου, καὶ τῷ πατρὶ τῷ Διῒ παραπλησίου· πλησίον αὐτοῦ τροφεύς τις οἷα καὶ παιδαγωγὸς καθῆστο· τά τε ἄλλα φιλοπαίγμονα, καὶ φιλογέλωτα, καὶ χαριτοδότην ὄντα τὸν θεὸν εὐφραίνων· καὶ δὴ καὶ τῷ σκώπτειν τὰ πολλὰ, καὶ γελοιάζειν.

Ὡς δὲ καὶ τὸ τῶν Καισάρων συνεκροτεῖτο συμπόσιον, εἰσῄει πρῶτος Ἰούλιος Καῖσαρ, ὑπὸ φιλοτιμίας αὐτῷ βουλόμενος ἐρίσαι τῷ Διῒ περὶ τῆς μοναρχίας. εἰς ὃν ὁ Σειληνὸς βλέψας· ὅρα, εἶπεν, ὦ Ζεῦ, μή σε ὁ ἀνὴρ οὗτος ὑπὸ φιλαρχίας ἀφελέσθαι καὶ τὴν βασιλείαν διανοηθείη. καὶ γὰρ, ὡς ὁρᾷς, ἐστὶ μέγας καὶ καλός· ἐμοὶ γοῦν εἰ

A Jovi, Rhea vero Saturno. Deorum autem
pulchritudinem neque ille oratione persequutus est: majus aliquid esse dicens, quodque mentis contemplatione perlustrandum
esset, & ad cujus cognitionem auditu aut
verbis pervenire non sit facile, ut quod oratione comprehendi aut concipi minime
possit. Nemo, quantumvis copia autora-
tionis ubertate praeditus, excellentem pulchritudinem aspectus Deorum pro dignitate eloqui aut effari valeat. Reliquis quo-
B que Diis omnibus praeparata erant sedilia,
in quibus pro cujusque antiquitate accum-
berent. Neque vero inter eos ullum fuit
dissidium. Etenim, quemadmodum recte
finxit Homerus, ab ipsis Musis, opinor, e-
doctus, unicuique Deorum proprius, ubi
ipsum consistere fas est, attributus est locus,
quo privari aut moveri nulla unquam ratione potest. Quamobrem cum venienti patri assurgunt, id citra tumultum & sedium
C confusionem faciunt, neque quisquam as-
signatum locum transgreditur, aut alter alterius rapit & occupat. Siquidem quae sibi
conveniunt, eorum nemo non novit. Sic
igitur Diis in orbem sedentibus, Silenus,
Dionysio juveni & venusto Jovi patri proxi-
mo proximus, ut educatorem & instituto-
rem par erat, assedit. Cujus consuetudine
plurimum delectari, eique admodum cupide & propenso animo adhaerere videbatur,
D quo Deum, alioquin sua sponte lusus joci-
que studiosum, & gratiae datorem, salsis &
ridiculis dictis saepius utendo exhilararet.

Instructo vero & indicto Caesaribus convivio, primus ingressus est Julius Caesar, qui
prae gloriae cupiditate & excellendi studio,
Jovi patri contentionem de regno movere
velle videbatur. In hunc Silenus intuens:
Vide, inquit, Jupiter, ne vir hic, prae domi-
nandi desiderio, regni tibi eripiendi consilia
ineat: est enim, ut vides, magnus & pulcher, mihique, si qua alia in re, sane capite
persi-

persimilis. Hæc adhuc ludente Sileno, neque dum Diis admodum ad ea quæ dicebantur animum mentemque advertentibus, Octavianus prodit in medium, modo hos, modo alios (ut chamæleontibus moris est) colores assumens, nunc pallidus, mox rubens, deinde niger, nebulis & caligine obductus, postremo tamen ad Venerem Gratiasque se referebat. Hic & oculorum fulgore proxime ad Solem accedere videri volebat, nec quenquam se ex adverso intueri sustinebat. Eo conspecto Silenus exclamavit: Papæ! quam varium hoc animal! nempe nobis aliquid mali inferet. Cui Apollo: Desine nugari, inquit, hunc enim ego ubi huic Zenoni tradidero, mox ipsum vobis exhibebo tanquam aurum purum & incorruptum. Heus tu, inquit, ô Zenon, alumni mei curam habeto. Ille vero dicto audiens, deinde paulum admodum præceptorum Octavio obcantans, tanquam si quis Zamolxidis incantationes in aurem susurraret, præstitit eum virum probum & frugi. Tertius accessit ad ipsos Tiberius, gravis vultu, & truculentus aspectu, nescio quid prudentiæ & militaris virtutis præ se ferens. Quo ad cathedram converso, sese oculis obtulerunt cicatrices a tergo infinitæ, vitiligines, impressæ cuti labes & notæ quædam, plagæ graves, & vibices, ex intemperantia & cruditate lepræ & impetiginis in modum inustæ. At Silenus:

Longe alius mihi nunc, ô hospes, quam ante videris.

Quæ cum diceret, visus est solito gravior. Itaque ad eum Dionysius: Quid ita, ô paterculle, seria loqueris? Perculit me sane senex iste Satyrus, ait, fecitque ut mihi nec cogitanti exciderint Musæ Homericæ. Quin

A καὶ μηδὲν ἄλλο, τὸ γοῦν περὶ τὴν κεφαλὴν ἐστι περιττόν. Παίζοντος ἔτι ταῦτα τοῦ Σειληνοῦ, καὶ τῶν θεῶν μὴ σφόδρα προσεχόντων αὐτῷ, Ὀκταβιανὸς εἰσέρχεται, πολλὰ ἀμείβων, ὥσπερ οἱ χαμαιλέοντες, χρώματα· καὶ νῦν μὲν ὠχριῶν, αὖθις δὲ ἐρυθρὸς γινόμενος· εἶτα μέλας, καὶ ζοφώδης, καὶ συννεφής· ἀνίετο δὲ αὖθις εἰς Ἀφροδίτην, καὶ Χάριτας. B εἶναι δὲ ἤθελε τὰς βολὰς τῶν ὀμμάτων, ὁποῖός ἐστιν ὁ μέγας Ἥλιος. οὐδένα γάρ οἱ τῶν πάντων ἀντιβλέπειν ἠξίου. Καὶ ὁ Σειληνός· βαβαί, ἔφη, τοῦ παντοδαποῦ τούτου θηρίου! τί ποτ' ἄρα δεινὸν ἡμᾶς ἐργάσεται; παῦσαι, εἶπεν, ληρῶν, ὁ Ἀπόλλων· ἐγὼ γὰρ αὐτὸν τουτῳῒ Ζήνωνι παραδούς, αὐτίκα ὑμῖν ἀποφανῶ χρυσὸν ἀκήρατον. ἀλλ' ἴθι, εἶπεν, ὦ Ζήνων, C ἐπιμελήθητι τοῦ ἐμοῦ θρέμματος. ὁ δὲ ὑπακούσας, εἶτα ἐπᾴσας αὐτῷ μικρὰ τῶν δογμάτων, ὥσπερ οἱ τὰς Ζαμόλξιδος ἐπῳδὰς θρυλοῦντες, ἀπέφηνεν ἄνδρα ἔμφρονα καὶ σώφρονα. Τρίτος εἰσεδέδραμεν αὐτοῖς Τιβέριος, σεμνὸς τὰ πρόσωπα καὶ βλοσυρός, σῶφρόν τε ἅμα, καὶ πολεμικὸν βλέπων. Ἐπιστραφέντος δὲ πρὸς τὴν καθέδραν, ὤφθησαν ὠτειλαὶ κατὰ τὸν νῶτον μυρίαι, καυτῆρές τινες, καὶ ξύσματα, καὶ πληγαὶ χαλεπαί, καὶ μώλωπες, D ὑπό τε ἀκολασίας καὶ ὠμότητος ψῶραί τινες, καὶ λειχῆνες, οἷον ἐγκεκαυμέναι. Εἶτα ὁ Σειληνός

Ἀλλοῖός μοι, ξεῖνε, φάνης νέον, ἢ
τὸ πάροιθεν,

εἰπών, ἔδοξεν αὐτοῦ φαίνεσθαι σπουδαιότερος. καὶ ὁ Διόνυσος πρὸς αὐτόν, τί δῆτα, εἶπεν, ὦ παππίδιον, σπουδάζεις; καὶ ὅς, ἐξέπληξέ με ὁ γέρων οὑτοσὶ ὁ Σάτυρος, ἔφη, καὶ πεποίηκεν λαθόμενον ἐμαυτοῦ, τὰς Ὁμηρι-

Vos. [illegible]

r. f. ἐπᾴσας.

Hom. Odyss. π. v. 181.

Vos. αὐτῷ

Vos. ἐκλαθομ.

Ὁμηρικὰς προβάλλεσθαι Μούσας. Ἀλλά σε, εἶπεν, ἄλεξι τῶν ὤτων. Λιγείας γὰρ αὐτὸς, καὶ γραμματιστὰς τοῦτ' ἐργάσασθαι. Οἰμώζων μὲν οὖν, εἶπεν, ἐν μικρῷ νησιδίῳ (τὰς Καπρέας αἰνιττόμενος) τὸν ἄθλιον ἁλιέα ψηχέτω. Ταῦτα ἔτι παιζόντων αὐτῶν, ἐπεισέρχεται θηρίον πονηρόν· εἶτα οἱ θεοὶ πάντες ἀπέστρεψαν τὰ ὄμματα· κἆτα αὐτὸν μὲν ἡ Δίκη δίδωσι ταῖς ποιναῖς. αἱ δὲ ἔρριψαν εἰς τάρταρον. Οὐδὲν οὖν ἔσχεν ὁ Σειληνὸς ὑπὲρ αὐτοῦ φράσαι. Τοῦ Κλαυδίου δὲ ἐπεισελθόντος, ὁ Σειληνὸς ἄρχεται τῶν Ἀριστοφάνους Ἱππέας ᾄδειν ἀντὶ τοῦ Δημοσθένους, κολακεύων δῆθεν τὸν Κλαύδιον. Εἶτα πρὸς τὸν Κυρῖνον ἀπιδών· ἀδικεῖς, εἶπεν, ὦ Κυρῖνε, τὸν ἀπόγονον ἄγων εἰς τὸ συμπόσιον, δίχα τῶν ἀπελευθέρων Ναρκίσσου καὶ Πάλλαντος· Ἀλλ' ἴθι, εἶπε, πέμψον ἐπ' ἐκείνους. εἰ βούλει δὲ καὶ τὴν γαμετὴν Μεσσαλῖναν. Ἔστι γὰρ ἐκείνων δίχα, τοῦτο τῆς τραγῳδίας τὸ δορυφόρημα, μικροῦ δέω φάναι, καὶ ἄψυχον. Ἐπεισέρχεται λέγοντι τῷ Σειληνῷ Νέρων μετὰ τῆς κιθάρας, καὶ τῆς δάφνης. εἶτα ἀποβλέψας ἐκεῖνος πρὸς τὸν Ἀπόλλωνα· οὗτος, εἶπεν, ἐπί σε παρασκευάζεται. καὶ ὁ βασιλεὺς Ἀπόλλων· ἀλλ' ἔγωγε αὐτὸν, εἶπεν, ἀποστεφανώσω ταχέως· ὅτι με μὴ πάντα μιμεῖται, μηδὲ ἐν οἷς με μιμεῖται, γίνεταί μου μιμητὴς δίκαιος· ἀποστεφανωθέντα δὲ αὐτὸν ὁ Κωκυτὸς εὐθέως ἥρπασεν. Ἐπὶ τούτῳ δὲ πολλοὶ καὶ παντοδαποὶ συνέδραμον, Βίνδικες, Γάλβαι, Ὄθωνες, Βιτέλλιοι. καὶ ὁ Σειληνὸς, τοῦτον, εἶπε, τῶν μονάρχων τὸν δῆμον πόθεν ἐξευρήκατε, ὦ θεοί; τυφόμεθα γοῦν ὑπὸ τοῦ καπνοῦ· φείδεται γὰρ οὐδὲ τῶν ἀνακτόρων ταυτὶ τὰ θηρία. Καὶ ὁ Ζεὺς ἀπιδὼν πρὸς τὸν

A tibi aures evellet, inquit Dionysius: serunt enim & hoc in Grammaticum quendam admisisse. Ille vero, respondit Silenus, in solitudine insulæ plorans (Capreas scilicet innuebat) miserum piscatorem defricando conficiat licet. Hæc invicem jocantibus advenit fera atque immanis bellua, quam Nemesis, quæ justitiæ præsidet, ut ab ea Deos omnes vultum oculosque avertere vidit, pœnis & diris ultricibus torquendam tradidit. B Illam vero hæ præcipitem traxerunt in Tartarum. Sic igitur cum prærepta Sileno in Cajum aliquid dicendi facultas esset, Claudio introeunte, Silenus principium Comœdiæ Aristophanis, quæ Equites inscribitur, canere incepit, *loco Demosthenis*, scilicet ipsi Claudio gratificans. Deinde conversus ad Quirinum: Injurius es, inquit, ô Quirine, qui hunc tuum nepotem in hoc convivium inducas sine libertis Narcisso & Pallante. Imo & una cum illis, ait, si tibi C videtur, uxorem quoque ejus Messalinam accersi jube. Sine illis enim videtur hic, parum abest, quoddam tragicum satellitium mutum & inanimum. Hæc dicenti Sileno, supervenit Nero citharam gestans, & lauro redimitus. At Silenus in Apollinem detorquens oculos: Hic ad tui imitationem, inquit, se comparat. Cui rex Apollo: Ego quidem huic, inquit, quamprimum coronam eripiam. Nec enim me in omnibus est D æmulatus: atque adeo in quibus me imitari voluit, valde perversus mei extitit imitator. Illum igitur Cocytus adempta corona repente in præceps rapuit. Post hunc multi & undique simul accurrerunt, Vindices, Galbæ, Othones, Vitellii. Quibus conspectis Silenus ait: Ubinam tantam Imperatorum turbam invenistis, o Dii? suffocamur præ fumo. Hujusmodi enim feræ ne quidem *Deorum templis* parcunt & ignoscunt. Deinde Jupiter derepente ad Serapim fratrem,

trem suum conversus, Vespasianum ostendens: Mitte, inquit, & hunc parcum & restrictum virum, quam citissime fieri potest ex Ægypto, qui hanc flammam extinguat. Hujus vero seniorem filium jube ludere cum Venere publica; juniorem vero, feræ Siculæ proximum, ferreis vinculis constringito. Ad hos quoque se contulit senex, aspectu pulcher & decorus, (lucet enim & aliquando in senectute decor vultus) aditu facilis & perhumanus, & in rerum administratione æquissimus & continentissimus. Hoc delectatus Silenus, conticuit. At illi Mercurius: Nihilne tu habes quod nobis de isto dicas? Sane per Jovem, inquit, etenim ego vos inæquabilis varietatis accuso. Priori enim immani & cædibus dedito tyranno quindecim annos, huic ne annum quidem integrum imperium tenere indulsistis. Sed ne reprehende, Jupiter, inquit; ego enim post hunc multorum proborum copiam immittam. Illico igitur ingressus est Trajanus, humeris gestans tropæa Getica & Parthica. Hunc Silenus conspicatus, quamvis submissa voce loqueretur, intelligi tamen volens, hæc verba protulit: Hoc tempore maxime summa cura & diligentia est adhibenda domino Jovi, quo illi custodiatur Ganymedes. Post hunc progreditur vir prolixa barba venerandus, reliquis quidem disciplinis, sed musicis præcipue excultus & ornatus. Hunc cum sæpius in cælum oculos attollentem, & sollicite occulta & non in vulgus enuncianda inquirentem, conspexisset Silenus, ait: Quid vobis videtur hic sophista? Num Antinoum quærit? Illi vero vestrum aliquis renunciet, non hic esse adolescentem; atque ita hominis nequitiam & lasciviam comprimat & coërceat. Deinde ad hos accedentem virum, non quidem rerum venerearum, sed reipublicæ gubernandæ peritum, cernens

A ἀδελφὸν αὐτοῦ Σάρπα, καὶ τὸν Οὐεσπασιανὸν δείξας, πέμπε, εἶπε, τὸν
σμικρότητα τοῦτον ἀπὸ τῆς Αἰγύπτου
ταχέως, ἵνα τὴν φλόγα ταύτην καταςβέσαι. τῶν παίδων δὲ, τὸν πρεσβύτερον μὲν, παίζειν κέλευε μετὰ
τῆς Ἀφροδίτης τῆς πανδήμου· τὸν νεώτερον δὲ, τῷ Σικελικῷ θηρίῳ παραπλησίως, κλοιῷ δῆσον. Παρῆλθεν ἐπὶ τούτοις γέρων ὀφθῆναι καλὸς,
(λάμπει γὰρ ἔστιν ὅτε καὶ ἐν τῷ γήρᾳ τὸ κάλλος) ἐντυχεῖν πρᾳότατος,
B χρηματίσαι δικαιότατος. Ἥσθη
τούτῳ ὁ Σειληνὸς, καὶ ἀπεσιώπησεν· εἶτα ὁ Ἑρμῆς, ὑπὲρ δὲ τούτου,
εἶπεν, οὐδὲν ἡμῖν λέγεις; ναὶ μὰ Δία,
ἔφη, μέμφομαι γὰρ ὑμᾶς τῆς ἀνισότητος. τῷ γὰρ φονικῷ θηρίῳ rect. φονικῷ θηρίῳ rect. Φοινικῷ
τρὶς πέντε νείμαντες ἐνιαυτοὺς, ἕνα
μόλις ἐδώκατε τούτῳ βασιλεῦσαι.
Ἀλλὰ μὴ μέμφου, εἶπεν ὁ Ζεύς· εἰσάξω γὰρ ἐπὶ τούτῳ πολλοὺς καὶ ἀ-
C γαθούς. Εὐθέως οὖν ὁ Τραϊανὸς εἰσήρχετο, φέρων ἐπὶ τῶν ὤμων τὰ τρόπαια, τό τε Γετικὸν, καὶ Παρθικόν.
Ἰδὼν δὲ αὐτὸν ὁ Σειληνὸς ἔφη, λανθάνειν τε ἅμα καὶ ἀκούεσθαι βουλόμενος· ὥρα νῦν τῷ δεσπότῃ Διῒ
σκοπεῖν, ὅπως ὁ Γανυμήδης αὐτῷ rect. Γανυμήδης
φρουρήσεται. Μετὰ τοῦτον ἐπεισέρχεται, βαθεῖαν ἔχων ὑπήνην ἀνὴρ σοβαρὸς, τά τε ἄλλα, καὶ δὴ καὶ μου-
D σικὴν ἐργαζόμενος, ἔς τε τὸν οὐρανὸν
ἀφορῶν πολλάκις, καὶ πολυπραγμονῶν τὰ ἀπόρρητα. Τοῦτον δὴ
ἰδὼν ὁ Σειληνὸς ἔφη, τί δὲ ὑμῖν οὗτος
ὁ σοφιστὴς δοκεῖ; μῶν Ἀντίνοον τῇδε
περισκοπεῖ; φρασάτω τις αὐτῷ μὴ
παρεῖναι τὸ μειράκιον ἐνθάδε, καὶ
παυσάτω τοῦ λήρου καὶ τῆς φλυαρίας αὐτόν. Ἐπὶ τούτοις ἀνὴρ εἰσέρχεται σώφρων, οὐ τὰ εἰς Ἀφροδίτην,
ἀλλὰ

ἀλλὰ τὰ εἰς πολιτείαν. Ἰδὼν αὐτὸν ὁ Σειληνὸς ἔφη, Βαβαὶ τῆς μικρολογίας· εἷς εἶναί μοι δοκεῖ τῶν διαπριόντων τὸ κύμινον, ὁ πρεσβύτης οὗτος. Ἐπεισελθούσης δὲ αὐτῷ τῆς τῶν ἀδελφῶν ξυνωρίδος, Βήρου καὶ Λουκίου, δεινῶς ὁ Σειληνὸς συνεστάλη· παίζειν γὰρ οὐκ εἶχεν, οὐδὲ ἐπισκώπτειν, μάλιστα τὸν Βῆρον· καίτοι καὶ τούτου τὰ περὶ τὸν υἱὸν, καὶ τὴν γυναῖκα πολυπραγμονῶν ἁμαρτήματα· τὴν μὲν, ὅτι πλέον, ἢ προσῆκεν, ἐπένθησεν ἄλλως τε οὐδὲ κοσμίαν οὖσαν· τὸν δὲ, ὅτι τὴν ἀρχὴν συναπολλυμένην περιεῖδεν, ἔχων καὶ ταῦτα σπουδαῖον κηδεστὴν, ὃς τῶν τε κοινῶν ἂν προέστη κρεῖττον, καὶ δὴ καὶ τοῦ παιδὸς αὐτοῦ βέλτιον ἂν ἐπεμελήθη, ἢ αὐτὸς αὐτοῦ. Καίπερ οὖν ταῦτα πολυπραγμονῶν, ᾐδεῖτο τὸ μέγεθος αὐτοῦ τῆς ἀρετῆς· τόν γε μὴν υἱέα, οὐδὲ τοῦ σκωφθῆναι νομίσας ἄξιον, ἀφῆκεν. ἔπιπτε γὰρ καὶ αὐτὸς εἰς γῆν, οὐ δυνάμενος ἵστασθαι, καὶ "συνομαρτεῖν τοῖς Ἥρωσιν. Ἐπεισέρχεται Περτίναξ, ἐν τῷ συμποσίῳ τὴν σφαγὴν ὀδυρόμενος. ἡ Δίκη δὲ αὐτὸν κατελεήσασα· ἀλλ' οὐ χαιρήσουσιν, εἶπεν, οἱ τούτων αἴτιοι, καὶ σὺ δὲ, ὦ Περτίναξ, ἠδίκεις κοινωνῶν τῆς ἐπιβουλῆς, "ὅσον ἐπὶ τοῖς σκέμμασι, ἧς ὁ Μάρκου παῖς ἐπεβουλεύθη. Μετὰ τοῦτον ὁ Σεβῆρος, ἀνὴρ πικρίας γέμων, κολαστικός. ὑπὲρ τούτου, εἶπεν ὁ Σειληνὸς, οὐδὲν λέγω· φοβοῦμαι γὰρ αὐτοῦ λίαν ἀπηνὲς καὶ ἀπαραίτητον. Ὡς δὲ ἔμελλεν αὐτῷ καὶ τὰ παιδάρια συνεισιέναι, πόρρωθεν αὐτὰ διεκώλυσεν ὁ Μίνως. ἐπιγνοὺς δὲ σαφῶς, τὸν μὲν νεώτερον ἀφῆκε· τὸν δὲ πρεσβύτερον τιμωρίαν ἔπεμψε τίσον-

Vulg. παραμαρτεῖν

deest ὅσον in Vulg.

A Silenus, ait: Papæ! ut pauci sermonis est! Hunc ego senem reor esse aliquem ex his, qui cuminum secant. Post hunc vero ingrediente duorum fratrum pari Vero & Lucio, Silenus graviter frontem contraxit. Neque enim illudere, aut dicteriis impetere ullam in partem poterat; præcipue Verum; quamvis studiose agitaret & inquireret quæ circa filium & uxorem deliquerat. In hanc, quia immoderatius defunctam luxisset, alioquin non probam; quod ad illum at- B tinet, quia ruentis imperii nullam rationem habuisset, cum generum reipublicæ studiosum & frugi haberet, quem summæ rei præponi longe fuisset utilius, quique filio ejus, melius quam ipse sibi, consuluisset. Quæ omnia cum diligenter scrutaretur & excuteret, tamen vehementer ejus virtutis magnitudinem venerabatur & suspiciebat. Hujus filium, ne quidem dignum in quem aliquod facetum dictum conjiceret, sponte silentio C præteriit. At ille, cum inter Heroas consistere & conversari nequiret, in terram decidit. Accessit & Pertinax, cædem sibi illatam in medio convivio deflens; cujus Nemesis, quæ justitiæ præest, miseratione commota: Equidem hujus facti auctores, inquit, haudquaquam ex eo magnam sunt lætitiam percepturi: quamvis tu quoque Pertinax & in hoc inique egeris, quod consiliis adhibi- D tus, conjurationis, qua Marci filius occubuit, videaris fuisse particeps & conscius. Post hunc Severus in puniendo vehemens & acerbus. Ego vero hunc, inquit Silenus, irridere supersedeo. Nec enim parvum mihi ipsius inexorabilis sævitia & immanitas terrorem incutit. Ejus autem filios, cum se patri conjungere vellent, Minos satis longo ab eis distitus intervallo, vetuit. Verum simulatque alterum ab altero liquido dignoscere potuit, juniorem quidem missum fecit, seniorem vero digna suis facinoribus suppli-

supplicia subiturum amandavit. Nec multo post Macrinus *fugitivus* homicida, deinde adolescens ab Emesa civitate oriundus, longe nescio quo locorum a sacris clausthris repulsus est. Sed Alexander Syrus qualemcunque locum inter postremos nactus, suam calamitatem querebatur & deplorabat. Quem Silenus irridens: O te hominem amentissimum, & nullius plane consilii, qui ad tantum dignitatis fastigium elatus, tuas res ex animi tui sententia non administrasti, sed tuas pecunias matri commisisti; neque tibi in mentem venit, longe satius & utilius esse eas amicis impartiri, quam sibi recondere. Sed ego, inquit Nemesis, omnes eos quicunque sceleris in hunc commissi conscii & participes fuerunt, supplicio afficiendos tradam. Sic itaque misso facto adolescente, ecce Gallienus una cum patre accessit intro: hic quidem adhuc vinculis captivitatis suæ onerantus; ille vero stola & incessu utens molliori, mulierum ritu. In priorem Silenus hæc lusit:

Quis candidus hic galea est,
Qui agit copias prior?

In Gallienum vero:

Hic aurum gestat tener undique more puellæ.

Hos duos autem Jupiter jussit ab iis, quæ isthic celebrabantur, epulis egredi. Ad hos etiam introducitur Claudius: in quem cum omnes Dii vultus oculosque defixissent, in magna admiratione eum propter animi magnitudinem habuerunt, tum etiam annuerunt ipsius posteris rerum potiri: justum esse existimantes, tam amantis patriæ viri posteritatem quam diutissime principem in republica locum obtinere. Ad hos etiam accurrit Aurelianus, tanquam festinato cursu se ab eorum conspectu proripiens, qui illi negotium facessebant apud Minoa. Etenim multis exagitabatur criminationibus, multarum cædium injuste perpetrata-

A τα. Μακρῖνος ἐνταῦθα φυγὰς μιαιφόνος· εἶτα τὸ ἐκ τῆς Ἐμέσης παιδάριον, πόῤῥω που τῶν ἱερῶν ἀπηλαύνετο περιβόλων. Ὅγε μὴν Σύρος Ἀλέξανδρος ἐν ἐσχάτοις που καθῆστο, τὴν αὑτοῦ συμφορὰν ποτνιώμενος. καὶ ὁ Σειληνὸς ἐπισκώπτων αὐτὸν, ἔφησεν, ὦ μωρὲ, καὶ μέγα νήπιε, τηλικοῦτος ὢν, οὐκ αὐτὸς ἦρχες τῶν σεαυτοῦ, τὰ χρήματα * ἐδίδυς τῇ μητρὶ, καὶ οὐκ ἐπείσθης, ref. δὲ ἐδίδυς
ὅσῳ κρεῖττον ἀναλίσκειν ἦν αὐτὰ τοῖς
B φίλοις, ἢ θησαυρίζειν. Ἀλλ᾽ ἔγωγε, εἶπεν * ἡ Δίκη, πάντας αὐτοὺς, ὅσοι ref. τῆ δίκη
μεταίτιοι γεγόνασι τούτων, κολασθησομένους παραδώσω· καὶ οὕτως ἀνείθη τὸ μειράκιον. Ἐπὶ τούτῳ παρῆλθεν εἴσω Γαλλιῆνος μετὰ τοῦ πατρός· ὁ μὲν τὰ δεσμὰ τῆς αἰχμαλωσίας ἔχων· ὁ δὲ στολῇ τε καὶ κινήσει χρώμενος μαλακωτέρᾳ, ὥσπερ
C αἱ γυναῖκες. Καὶ ὁ Σειληνὸς πρὸς μὲν ἐκεῖνον·

Τίς οὗτος ὁ λευκολόφας — Euripid. Phœniss. v. 120.
Πρόπαρ ὃς ἡγεῖται στρατοῦ;

ἔφη. πρὸς δὲ τὸν Γαλλιῆνον,

Ὃς καὶ χρυσὸν ἔχων πάντη τρυφᾷ,
ἠΰτε κούρη.

Τούτω δὲ ὁ Ζεὺς * εἶπε τῆς ἐκεῖσε θοίνης ἐκβῆναι. Τούτοις ἐπεισέρχεται Κλαύδιος, εἰς ὃν ἀπιδόντες οἱ θεοὶ ref. ὥσπερ τῆς ἐκεῖσε ξένιον ἐξελεῖν
D πάντες, ἠγάσθησάν τε αὐτὸν τῆς μεγαλοψυχίας, καὶ ἐπένευσαν αὐτοῦ τῷ γένει τὴν ἀρχήν· δίκαιον εἶναι νομίσαντες, οὕτω φιλοπάτριδος ἀνδρὸς ἐπὶ πλεῖστον εἶναι τὸ γένος ἐν ἡγεμονίᾳ. Τούτοις ἐπεισέδραμεν Αὐρηλιανὸς, ὥσπερ ἀποδιδράσκειν τοὺς εἴργοντας αὐτὸν παρὰ τῷ Μίνῳ· πολλαὶ γὰρ αὐτῷ συνίσταντο δίκαι τῶν ἀδίκων φόνων, καὶ ἔφευγε τὰς γρα-

φάς,

φαίς, κακῶς ἀπολογούμενος. Ἥλιος δέ, ὁ ἐμὸς δεσπότης, πρός τε τὰ ἄλλα βοηθῶν, οὐχ ἥκιστα δὲ καὶ πρὸς τοῦτο αὐτῷ συνήρετο, φράσας ἐν τοῖς θεοῖς. ἀλλ' ἀπέτισε τὴν δίκην ἣ λέληθεν ἢ δοθεῖσα Δελφοῖς μαντεία,

Εἴκε πάθοι τά κ' ἔρεξε, δίκη κ' ἰθεῖα γένοιτο.

Τούτῳ συνεισέρχεται Πρόβος ἑβδομήκοντα πόλεις ἀναστήσας ἐν οὐδὲ ὅλοις ἐνιαυτοῖς ἑπτά, καὶ πολλὰ πάνυ σωφρόνως οἰκονομήσας, ἄδικα δὲ πεπονθώς, ὑπὸ τῶν θεῶν ἐτιμᾶτο, τά τε ἄλλα, καὶ τὸ τῆς φονείας αὐτοῦ τὴν δίκην ἐκτίσαι. Σκώπτειν δὲ ὅμως αὐτόν, ὁ μὲν Σειληνὸς ἐπιχειρεῖν, καίτοι πολλῶν αὐτῷ σιωπᾷν παρακελευομένων· ἀλλ' ἐᾶτε, ἔφη, νῦν γοῦν δι' αὐτοῦ τοὺς ἑξῆς φρενωθῆναι. Οὐκ οἶσθα, ὦ Πρόβε, ὅτι τὰ πικρὰ φάρμακα καταμιγνύντες οἱ ἰατροὶ τῷ μελικράτῳ προσφέρουσι; σὺ δὲ αὐστηρὸς ἦσθα λίαν, καὶ τραχὺς ἀεί, εἴκων δὲ οὐδαμοῦ. πέπονθας οὖν ἄδικα μέν, εἰκότα δὲ ὅμως. Οὐ γὰρ ἔστιν, οὔτε ἵππων, οὔτε βοῶν ἄρχειν, οὔτε ἡμιόνων, ἥκιστα δὲ ἀνθρώπων, μή τι καὶ τῶν κεχαρισμένων αὐτοῖς συγχωροῦντα· ὥσπερ ἔσθ' ὅτε τοῖς ἀσθενοῦσιν οἱ ἰατροὶ μικρὰ ἐνδιδόασιν, ἵν' ἐν τοῖς μείζοσιν ἔχωσιν αὐτοὺς πειθομένους. Τί τοῦτ', εἶπεν ὁ Διόνυσος, ὦ παππίδιον, φιλόσοφος ἡμῖν ἀνεφάνης; Οὐ γάρ, ὦ παῖ, ἔφη, καὶ σὺ φιλόσοφος ὑπ' ἐμοῦ γέγονας; οὐκ οἶσθα, ὅτι καὶ ὁ Σωκράτης ἐοικὼς ἐμοί, τὰ πρωτεῖα κατὰ τὴν φιλοσοφίαν ἀπηνέγκατο τῶν καθ' ἑαυτὸν ἀνθρώπων, εἰ τῷ Δελφῷ πιστεύεις, ὅτι ἐστὶν ἀψευδής; ἔα τοίνυν ἡμᾶς μὴ πάντα γελοῖα λέγειν, ἀλλὰ καὶ

A rum nomine; quibus quasdam improbas defensiones praetexens, *reus erat convictus.* Sol vero, dominus meus, & in reliquis opem ferre solitus, non minimo quoque illi adjumento hac in re fuit; palam inter Deos praedicans, ipsum poenas dependisse, & oraculum apud Delphos redditum evenisse,

Judicium, si quis qua fecit perferat, aequum est.

Convenit & Probus, qui intra septem annos nondum completos septuaginta instauravit B urbes, & multa quoque domi prudenter instituit. Huic, licet iniqua passo, magnus a Diis in multis rebus habitus est honos, cum ob id maxime, quod ejus percussores tanti sceleris ergo ipsi poenas luerunt. Illum tamen Silenus nihilo secius irridere & cavillari conatus est. Et multis illum tacere jubentibus: Sinite, inquit, eos qui sequentur ex isto prudentiores evadere. An ignorasti, o Probe, medicos melicrato amaris me- C dicamentis infuso, jucundiora propinare? Tu vero, qui nihil unquam cuiquam condonasti, cum in tota tua ratione longe severior & asperior, quam par erat, fueris, iniquam, sed tamen meritam, calamitatem pertulisti. Nemo enim aut equis, aut bobus, aut mulis, nedum hominibus, recte praefuerit, nisi eorum gratiae & voluntati aliquid dederit, ut fit cum medici aegrotorum cupiditatibus in levibus rebus in- D dulgent, quo illos sibi in majoribus obsequentes praestent. Quid ita, o patercule, inquit Dionysius, te nobis philosophum derepente exhibuisti? Non & tu, o fili, inquit ille, in philosophicis quoque disciplinis a nobis es institutus & eruditus? An nescis & nobis persimilem fuisse Socratem, qui primas inter suae aetatis philosophos tenuit? siquidem tu Delphicum oraculum minime mendax esse persuasum habes. Liceat igitur nobis per te non omnia ridicula dicere, sed

sed seria & gravia levibus nonnunquam miscere. Hæc illis inter se disserentibus, Carus una cum filiis ad convivium accedere voluit, sed a Justitia repulsam tulit. Deinde Diocletianus, secum ducens Maximianos duos, & avum meum Constantium, cum splendido ornatu in medium progressus est. Hi quidem manibus se invicem tenebant, neque ex æquo gradiebantur, sed Diocletianum chori in modum circumstabant: quos sibi ille apparitorum vice fungi & præire volentes prohibebat; nihil enim sibi præcipuum arrogare studebat. Ut vero pariter cum aliis incedere cœpit, cum se oneris mole premi & urgeri sentiret, omnia quæcunque humeris gestabat inter eos partitus, solutus & expeditus iter faciebat. Horum concordiam Dii admirati, longe digniori præ multis aliis loco sedere præceperunt. At Maximianum acerbe & intemperanter sese gerentem, Silenus non dignum duxit, quem dicteriis incesseret; sed in cœtum & convivium Imperatorum non admisit. Non solum enim erat in omnis generis libidines effusus & intemperans, verum etiam rerum novarum cupidus, & perfidiæ plenus, neque in omnibus tetrachordo concors. Quamobrem ipsum Nemesis continuo in fugam conjecit: fugitque nescio quo locorum; nec enim mihi in mentem venit ea de re Mercurium percontari. Ab hoc & adnatum est huic in omnibus concordi tetrachordo aliud grave, durum, & turbulentum *systema*. Hos igitur duos ne quidem cœtus Heroum limen attingere, numen illud, quod justitiæ præest, permisit. Licinium vero eo usque loci progressum, propterea quod multa turpia & nefaria scelera commiserat, quamcitissime Minos profligavit. Constantinus autem accessit intro, & longo temporis spatio sedit. Secundum ipsum & ejus filii. Nec enim Magnentio patuit aditus, quia nihil unquam sani fecerat. Licet enim

A σπουδαῖα. Ἔτι διαλεγομένων αὐτῶν πρὸς ἀλλήλους, ὅτι Κᾶρος ἅμα τοῖς παισὶν εἰσφρῆσαι βουληθεὶς εἰς τὸ συμπόσιον, ἀπηλήλατο παρὰ τῆς Δίκης. Καὶ ὁ Διοκλητιανὸς, ἄγων μεθ' ἑαυτοῦ Μαξιμιανώ τε τὼ δύω, καὶ τὸν ἐμὸν πάππον Κωνστάντιον, ἐν κόσμῳ προήγει. Εἴχοντο δὲ ἀλλήλων τὼ χεῖρε, καὶ ἐβάδιζον, οὐκ ἐξ ἴσης· ἀλλ' οἷα χορός τις ἦν B περὶ αὐτὸν, τῶν μὲν ὥσπερ δορυφορούντων, καὶ προθέειν αὐτοῦ βουλομένων, τοῦ δὲ εἴργοντος· οὐδὲν γὰρ ἠξίου πλεονεκτεῖν. Ὡς δὲ ξυνίει κάμνοντος ἑαυτοῦ, αὐτοῖς δοὺς ἅπαντα ὅσα ἔφερεν ἐπὶ τῶν ὤμων, αὐτὸς εὔζωνος ἐβάδιζεν. ἠγάσθησαν οἱ θεοὶ τῶν ἀνδρῶν τὴν ὁμόνοιαν, καὶ ἐπέτρεψαν αὐτοῖς πρὸ πολλῶν πάνυ καθῆσθαι. Δεινῶς δὲ ὄντα τὸν Μαξιμιανὸν ἀκόλαστον, ὁ Σειληνὸς ἐπισκώπτειν μὲν οὐκ ἠξίου, τὸ C δὲ τῶν βασιλέων οὐκ εἰσεδέχετο συσσίτιον. Οὐ γὰρ μόνον τὰ εἰς Ἀφροδίτην ἦν παντοδαπῶς ἀσελγής, ἀλλὰ καὶ φιλοπράγμων, καὶ ἄπιστος, καὶ οὐ τὰ πάντα τῷ τετραχόρδῳ συνῳδῶν. Ἐξήλασεν οὖν αὐτὸν ἡ Δίκη ταχέως· εἶτα ἀπῆλθεν οὐκ οἶδα ὅπη γῆς· ἐπελαθόμην γὰρ αὐτὸ παρὰ τοῦ Ἑρμοῦ πολυπραγμονῆσαι. Τούτῳ δὴ τῷ παναρμονίῳ τετραχόρδῳ παραφύεται D δεινὸν, καὶ τραχὺ, καὶ ταραχῶδες σύστημα. Τὼ μὲν οὖν δύω, οὐδὲ τῶν προθύρων ἅψασθαι τῆς τῶν Ἡρώων ἀγορᾶς ἡ Δίκη συνεχώρησεν. Λικίνιον δὲ μέχρι τῶν προθύρων ἐλθόντα, πολλὰ καὶ ἄτοπα πλημμελοῦντα, ταχέως ὁ Μίνως ἐξήλασεν. Ὁ Κωνσταντῖνος δὲ παρῆλθεν εἴσω, καὶ πολὺν ἐκαθέσθη χρόνον· εἶτα μετ' αὐτὸν τὰ παιδία. Μαγνεντίῳ γὰρ οὐκ ἦν εἴσοδος, ὅτι μηδὲν ὑγιὲς ἐπεπράγει, καίτοι πολλὰ

Poss. [illegible]

Poss. ἀκόλαστος

Poss. ὅποι

Poss. τώ

ἐδόκει πεπρᾶχθαι τῷ ἀνδρὶ καλά. A οἱ θεοὶ δὲ ὁρῶντες, ὅτι μὴ ταῦτα ἐκ καλῆς αὐτῷ πεποίηται διαθέσεως, εἴων αὐτὸν οἰμώζειν ἀπολείχοντα.

Οὔσης δὲ τοιαύτης τῆς ἀμφὶ τὸ δεῖπνον παρασκευῆς, ἐπόθουν μὲν οὐδὲν οἱ θεοί, πάντα γὰρ ἔχουσιν· αὐτῶν δὲ τῶν Ἡρώων ἐδόκει τῷ Ἑρμῇ διαπειρᾶσθαι· καὶ τῷ Διῒ τοῦτο οὐκ ἀπὸ γνώμης ἦν. ἐδεῖτο δὲ καὶ ὁ Κυρῖνος, ἤδη τινὰ ″ μετάγειν ἐκεῖθεν παρ' ἑαυτόν· Ἡρακλῆς δὲ, ″ οὐκ ἀνέξομαι, εἶπεν, ὦ Κυρῖνε· διά τι γὰρ οὐχὶ καὶ B τὸν ἐμὸν Ἀλέξανδρον ἐπὶ τὸ δεῖπνον ″ παρεκάλεις; σοῦ τοίνυν, εἶπεν, ὦ Ζεῦ, δέομαι, εἴ τινα τούτων ἔγνωκας ἄγειν πρὸς ἡμᾶς, ἥκειν τὸν Ἀλέξανδρον κέλευε. τί γὰρ οὐχὶ κοινῇ τῶν ἀνδρῶν ″ ἀποπειρασόμενοι τοῦ βελτίστου δεόμεθα; Δίκαια λέγειν ὁ τῆς Ἀλκμήνης ἐδόκει τῷ Διΐ· καὶ ἐπεισελθόντος αὐτοῦ τοῖς Ἥρωσιν, οὔτε ὁ Καῖσαρ, οὔτε ἄλλος τις, ἐπανίστατο. καταλαβὼν δὲ σχολάζουσαν καθέδραν, ἣν ὁ C τοῦ Σεβήρου παῖς ἐπεπόνθει ἑαυτῷ, (ἐκεῖνος γὰρ ἀπελήλατο διὰ τὴν ἀδελφοκτονίαν) ἐνεκάθισε. Καὶ ὁ Σειληνὸς ἐπισκώπτων τὸν Κυρῖνον· ὅρα, εἶπε, μὴ πάντες οὗτοι ἑνὸς ″ ὦσιν οὐκ ἀντάξιοι τουτουὶ τοῦ Γραικοῦ. νὴ μὰ Δία, εἶπεν ὁ Κυρῖνος, οἶμαι πολλοὺς εἶναι μὴ χείρονας. οὕτω δὲ αὐτὸν οἱ ἐμοὶ τεθαυμάκασιν ἔκγονοι, ὥστε μόνον D αὐτὸν ἐκ πάντων, ὅσοι γεγόνασιν ἡγεμόνες ξένοι, ὀνομάζουσι καὶ νομίζουσι μέγαν. οὐ μὴν ὅτι καὶ τῶν παρ' ἑαυτοῖς γεγονότων ″ οἴονται μείζονα τοῦτον, ἴσως μὲν ὑπὸ φιλαυτίας παθόντες, ἴσως δὲ καὶ οὕτως ″ ἐχόντες· εἰσόμεθα δὲ αὐτίκα μάλα τῶν ἀνδρῶν ἀποπειρώμενοι. Ταῦτα μάλιστα λέγων ὁ Κυρῖνος ἠρυθρία· καὶ δῆλος ἦν ἀγωνιῶν ὑπὲρ τῶν ἀπογόνων τῶν ἑαυτοῦ, μήπου τὰ δευτερεῖα λαβόντες

Poss. μεταγαγεῖν παρ' ἑαυτόν

Poss. εἶπεν, οὐκ ἀνέξ. ὦ Κυρ.

Poss. παρακαλεῖς

Poss. ἀποπειρασόμενοι, τοῦ βελτίονος τεθείμεθα

Poss. ὦσιν ἀντάξιοι

Poss. οἴονται

Poss. ἔχει

A ab ipso multa egregie gesta videri possint; quia tamen Dii perspexerunt hæc non a recto & confirmato animi judicio profecta esse, fugientem eum in luctu dimiserunt.

Hujuscemodi igitur erat prandii apparatus: et *Dii quidem nihil desiderabant*, sunt enim omnia in eorum manu & potestate; *Mercurio autem visum est Heroas ipsos experiri.* Nec ab hoc Jovis sententia abhorrebat. Postulabat vero & Quirinus jamdudum, ut aliquem alium ex suis illuc introduceret. B Non feram, o Quirine, inquit Hercules. Cur enim & non meum Alexandrum huic convivio adhibuisti? Te igitur, o Jupiter, inquit, oro atque obtestor, si quem horum ad nos constituisti intromittere, Alexandrum venire jube. Cum enim palam de viris fortibus periculum facturi simus, cur præstantiore careamus? Justa & rationi consentanea dicere Jovi patri Alcmenæ filius visus est. Et in cœtum Heroum ingrediente Alexandro, neque Cæsar ipse, neque C quisquam alius assurgere dignatus est. At ille cathedram accipiens, quam ipsi vacuam fecerat Severi filius, (etenim propter fratricidium ab Heroum consuetudine repulsus fuerat) sedit. Quo facto in Quirinum Silenus jocans: Vide, inquit, ne hi omnes cum hoc uno Græco comparari digni sint. Per Jovem, inquit Quirinus, inter eos opinor esse quamplures ipsi nulla re inferiores. Tanta autem D hunc mei posteri sunt admiratione prosecuti, ut solum eum inter duces exteros & vocent & censeant Magnum; non quo eum majorem reliquis apud se natis judicent, seu quod plus æquo sibi faveant & suis studeant, seu forte quia ita res habet. Illud vero cujusmodi sit, posteà certo cognoscemus, ubi de viris periculum fecerimus. Quæ cum dixisset Quirinus, erubuit. Ex quo facile perspectum est, ipsum suorum posterorum causa vehementer laborare, ne in secundis

partibus

partibus hærerent. Post hæc Jupiter apud Deos proposuit, an oporteret omnes decertare, an vero illud certamen ad gymnicorum morem instituendum foret: in quibus qui illum vicit, qui plures assecutus est palmas, unius victor cæteris quoque præstare censetur, qui ab eo, de quo victoriam retulit, superati sunt; licet cum ipsis in certamen non venerit. Et ea quidem judicii faciendi ratio, tanquam valde apta & explicata, ab omnibus Diis communi voce & sententia est approbata. Edixit igitur Mercurius, primum adesse Cæsarem, deinde Octavianum, tertium Trajanum, tanquam bellicosiores. Hinc facto silentio, rex Saturnus Jovem intuitus: Miror, inquit, bellica laude illustres Imperatores ad hoc certamen vocatos, Philosophum vero neminem; quamvis hi quoque non minus mihi cari sint quam reliqui. Vocate igitur & intro Marcum. Et ille quidem accersitus adfuit gravis & constans valde, tum oculis, tum vultu, præ animi contentione, aliquantulum severo & nonnihil contracto simili; pulchritudinem, quam nemo imitatione assequi posset, in eo demonstrans, quod esset horridus & incomtus. Erat enim barba prolixa, & amictu ex omni parte frugali & modesto. Denique propter paucitatem alimentorum corpus illi erat splendidius & nitidius, ipsius purissimi, ut arbitror, & *clarissimi luminis* instar. Illo vero intra sacra septa intromisso, Dionysius cœpit dicere: O Saturne rex, & Jupiter pater, utrum aliquid imperfectum & depravatum inter Deos versari fas est? Quibus nihil respondentibus: Atqui accersamus & huc, inquit, aliquem voluptatis sectatorem. Sed huc, Jupiter ait, quenquam pedem inferre nefas est, qui nostra non revereatur & probet. Fiat itaque, respondit Dionysius,

A οἴχωνται. Μετὰ τοῦτο ὁ Ζεὺς ἤρετο τοὺς θεούς, πότερον χρὴ πάντας ἐπὶ τὸν ἀγῶνα καλεῖν, ἢ καθάπερ ἐν τοῖς γυμνικοῖς ἀγῶσι γίνεται, ὁ τοῦ πολλὰς ἀνελομένου νίκας κρατήσας, ἑνὸς περιγενόμενος, οὐδὲν ἔλαττον δοκεῖ κἀκείνων γεγονέναι κρείσσων, οἳ προσεπάλαισαν μὲν οὐδαμῶς αὐτῷ, τοῦ κρατηθέντος δὲ ἥττους ἐγένοντο. Καὶ ἐδόκει πᾶσιν ἡ τοιαύτη σφόδρα ἐμ- B μελῶς ἔχειν ἐξέτασις. Ἐκήρυττεν οὖν ὁ Ἑρμῆς, παρεῖναι Καίσαρα· καὶ τὸν Ὀκταβιανὸν ἐπὶ τούτῳ· Τραϊανὸν δὲ ἐκ τρίτου, ὡς πολεμικωτέρους. Εἶτα γενομένης σιωπῆς, ὁ βασιλεὺς Κρόνος βλέψας εἰς τὸν Δία, θαυμάζειν, ἔφη, πολεμικοὺς μὲν αὐτοκράτορας ὁρῶν ἐπὶ τὸν ἀγῶνα τουτονὶ κεκλημένους, οὐδένα μέντοι φιλόσοφον. ἐμοὶ δὲ, εἶπεν, οὐχ ἧττόν εἰσιν οἱ τοιοῦ- C τοι φίλοι. καλεῖτε οὖν εἴσω καὶ τὸν Μάρκον. Ἐπεὶ δὲ καὶ ὁ Μάρκος κληθεὶς παρῆλθε, σεμνὸς ἄγαν ὑπὸ τῶν πόνων ἔχων τά τε ὄμματα, καὶ τὸ πρόσωπον ὑπό τι συνεσταλμένον, κάλλος δὲ ἀμήχανον ἐν αὐτῷ τούτῳ δεικνύων, ἐν ᾧ παρεῖχεν ἑαυτὸν ἀκόμψον καὶ ἀκαλλώπιστον. ἥ τε γὰρ ὑπήνη βαθεῖα παντάπασιν ἦν αὐτῷ, καὶ τὰ ἱμάτια λιτὰ καὶ σώφρονα, καὶ ὑπὸ τῆς ἐνδείας τῶν τροφῶν ἦν αὐτῷ τὸ σῶμα διαυγέστατον καὶ διαφανέστατον, ὥσπερ αὐτὸ, οἶμαι, τὸ D καθαρώτατον καὶ εἰλικρινέστατον φῶς. Ἐπεὶ καὶ οὗτος ἦν εἴσω τῶν ἱερῶν περιβόλων, ὁ Διόνυσος εἶπεν· ὦ βασιλεῦ Κρόνε, καὶ Ζεῦ πάτερ, ἆρα ἄξιον ἐν θεοῖς ἀτελές εἶναί τι; τῶν δὲ οὐ φαμένων, εἰσαγάγωμεν οὖν τινὰ καὶ ἀπολαύσεως ἐραστὴν ἐνθαδί. Καὶ ὁ Ζεύς· ἀλλ' οὐ θεμιτὸν εἴσω φοιτᾶν, εἶπεν, ἀνδρὶ μὴ τὰ ἡμέτερα ζηλοῦντι. Γενέσθω τοίνυν ἐπὶ τῶν προθύρων, εἶπεν ὁ Διόνυσος,

Vel. εἰσάγωμεν

σος, αὐτοῖ ἡ κρίσις. ἀλλ', εἰ τοῦτο δοκεῖ, καλῶμεν ἄνδρα, οὐκ ἀπόλεμον μὲν, ἡδονῇ δὲ καὶ ἀπολαύσει χειροηθέστερον. ἡκέτω δὴ ἄχρι τῶν προθύρων ὁ Κωνσταντῖνος. Ἐπεὶ δὲ ἐδέδοκτο καὶ τοῦτο· τίνα γὰρ ἔχρῆν τρόπον αὐτοὺς ἁμιλλᾶσθαι, γνώμη προὐτέθη· καὶ ὁ μὲν Ἑρμῆς ἠξίου λέγειν ἕκαστον ἐν μέρει περὶ τῶν ἑαυτοῦ, τίθεσθαι δὲ τοὺς θεοὺς τὴν ψῆφον. Οὐ μὴν ἐδόκει ταῦτα τῷ Ἀπόλλωνι καλῶς ἔχειν· ἀληθείας γὰρ εἶναι, καὶ οὐ πιθανότητος, οὐδὲ αἱμυλίας, ἐν θεοῖς ἔλεγχον καὶ ἐξέτασιν. Βουλόμενος δὲ ὁ Ζεὺς ἀμφοτέροις χαρίζεσθαι, καὶ ἅμα προσάγειν ἐπὶ πλέον αὐτοῖς τὴν συνουσίαν οὐθὲν, εἶπε, κωλύει λέγειν τε αὐτοῖς ἐπιτρέψαι, μικρὰ τοῦ ὕδατος ἐπιμετρήσαντας ἡμᾶς· εἶτα ὕστερον ἀνερωτᾷν, καὶ ἀποπειρᾶσθαι τῆς ἑκάστου διανοίας. καὶ ὁ Σειληνὸς ἐπισκώπτων· ἀλλ' ὅρα, ὦ Πόσειδον, μὴ νομίσαντες αὐτὸ νέκταρ εἶναι, Τραϊανός τε, καὶ Ἀλέξανδρος ἅπαν ἐκροφήσωσιν τὸ ὕδωρ, εἶτα ἀφέλωνται τοὺς ἄλλους. καὶ ὁ Ποσειδῶν, οὐ τοὐμοῦ ὕδατος, εἶπεν, ἀλλὰ τοῦ ὑμετέρου πόματος, ἐρασταὶ τὼ ἄνδρε ἐγενέσθην. ὑπὲρ τῶν σεαυτοῦ τοι γὰρ ἂν ἀμπέλων μᾶλλον, ἢ τῶν ἐμῶν πηγῶν, ἄξιόν ἐστί σοι δεδιέναι. Καὶ ὁ Σειληνὸς δηχθεὶς ἐσιώπα, καὶ τοῖς ἀγωνιζομένοις ἐκ τούτου τὸν νοῦν προσεῖχεν. Ἑρμῆς δὲ ἐκήρυττεν·

Ἄρχει μὲν ἀγὼν
ὁ τῶν καλλίστων
ἄθλων ταμίας·
καιρὸς δὲ καλεῖ,
μηκέτι μέλλειν.
Ἀλλ' ἀκούοντες
τὰν ἡμετέραν

f. αὐτοῖς
f. ἐχρῆν
f. ἐπιμετρήσαντας εἶτα
γρ. ἀλλ' ὅπως μὴ νομίσαντες

A de eo circa vestibulum judicium: &, si ita videtur, tum demum adhibeamus hominem, non quidem omnino bellicæ virtutis inexpertem, sed voluptatum fruitione & deliciis emollitum. Veniat igitur ad limen usque Constantinus. *Quum hoc quoque placuisset*, (jam enim, qua ratione ipsos certamen inire oporteret, sententia dicta fuerat) Mercurius quidem censebat sigillatim unumquemque oportere de seipso dicere, deinde B Deos de singulis suffragia ferre. Hæc Apollini non recte stare videbantur. Etenim veritatem, non persuasionis vim, aut dicendi suavitatem, a Diis perpendi & examinari. Sed Jupiter, cum utrisque gratificari cuperet, simul & eorum consuetudinem in longius tempus producere: Nihil prohibet, inquit, ad aquæ rationem, quam unicuique ad certum modum mensuramque largiemur, ipsos jubere dicere; C deinde interrogare, & singulorum sensus intimos explorare. Ad hoc Silenus facete admodum Neptuno illudens: Sed vide, o Neptune, ne Trajanus & Alexander nectaris loco aquam omnem exsorbeant, sicque dicendi facultatem reliquis præripiant. Cui Neptunus: Haud equidem meæ aquæ, sed vestræ potionis avidiores illi viri fuerunt. Tuis igitur te vineis, quam me meis fontiD bus, timere magis convenit. At Silenus morsus conticuit, seque toto animo deinceps ad certantes convertit. Tum Mercurius hujusmodi præconio est usus:

Incipit quidem certamen
pulcherrimorum
præmiorum judex;
tempus autem suadet
haud amplius cunctari.
Sed audientes
hanc nostram

Præ-

A *præconis vocem,*
Reges, qui antea
gentes multas
subegistis,
& in hostes
infestam hastam
acuentes, simul
consilio plenam
providamque mentem:
agite, in controversum
B *sistite vos judicium.*
Quique sapientiam,
finem beatissimæ
statuistis vitæ:
& qui inimicos
multis malis afficere,
beneficiis autem amicos,
finem vitæ
duxistis præclaræ:
sive quibus lætissima
voluptate frui,
C *meta est laborum;*
epulisve aut nuptiis,
oculorum oblectamentis:
mollibusve indui
vestibus, simul
gemmatis
circum summas manus
armillis, visa est
summa felicitas.
Victoria autem exitus
D *Jovi erit curæ.*

κήρυκα βοάν,
οἱ τὸ πρὶν βασιλῆες,
ἔθνεα πολλὰ
δουλωσάμενοι,
καὶ πολέμοισι
δάϊον ἔγχος
θήξαντες, ὁμοῦ
γνώμης τε μέγαν
πινυτόφρονα νοῦν,
ἴτ' ἐς ἀντίπαλον
ἵστασθε κρίσιν·
οἵ τε φρόνησιν
τέλος ὀλβίστης
θέμενοι βιοτῆς·
ὅις τ' ἀντιβίους
κακὰ πόλλ' ἔρξαι,
καὶ χρηστὰ φίλους,
τέκμαρ βιότου
νενόμιστο καλοῦ·
καὶ ὅσ' ἥδιστον
ἀπόλαυσιν ἔχειν,
τέρματα μόχθων·
δαῖτας τε γάμους,
ὄμμασι τερπνά·
μαλακάς τε φέρειν
ἐσθῆτας, ὁμοῦ
λιθοκολλήτοις
περὶ χεῖρας ἄκρας
ψελλίοισι, φάνη
μακαριστότατον.
Νίκης δὲ τέλος
Ζηνὶ μελήσει.

Hujusmodi igitur a Mercurio habito præconio, sortes duxerunt. Et sors quidem quodammodo Cæsaris in omnibus rebus principem locum obtinendi cupiditati concurrit. Quæ res eum hilariorem multo & alacriorem reddidit. Quamobrem parum abfuit quin judicium Alexander subterfugeret; sed ipsum magnus Hercules bono animo esse jubens, continuit. A Cæsare secundum dicendi locum nactus est

Ταῦτα τοῦ Ἑρμοῦ κηρύττοντος, ἐκληροῦντο· καί πως συνέδραμε τῇ τοῦ Καίσαρος ὁ κλῆρος φιλοπρωτίᾳ. τοῦτο ἐκεῖνον μὲν ἐποίησε χαίρειν καὶ σοβαρώτερον. ἐδέησε δὲ διὰ τοῦτο μικροῦ καὶ φυγεῖν τὴν κρίσιν ὁ Ἀλέξανδρος. ἀλλὰ παραθαρρύνων αὐτὸν ὁ μέγας Ἡρακλῆς ἐπέσχε. Δεύτερος δὲ ἐπ' ἐκείνῳ λέγειν ἔλαχεν

Ref. ἔλαχεν ἀλεξ.

"ἔλαχεν ὁ Ἀλέξανδρος· ἐπὶ δὲ τῶν A ἑξῆς, οἱ κλῆροι τοῖς ἑκάστου χρόνοις συμπροῆλθον. Ἤρξατο οὖν ὁ Καῖσαρ ὧδε·

Ref. γενέσθαι

Ἐμοὶ μὲν, ὦ Ζεῦ καὶ θεοὶ," γεννᾶσθαι ἐν τηλικαύτῃ συνέβη πόλει, μετὰ τοσούτους ἄνδρας, ὥστε τὴν μὲν, ὅσων οὐ πώποτε ἄλλη πόλις ἐβασίλευσε, βασιλεύειν· ταῖς δὲ ἀγαπητὸν, καὶ τὸ τὰ δεύτερα κομίσασθαι. Τίς γὰρ πόλις ἀπὸ τρισχιλίων ἀνδρῶν ἀρξαμένη, ἐν οὐδ' ὅλοις ἔτεσιν ἑξακοσίοις, ἐπὶ γῆς ἦλθε πέρατα τοῖς B ὅπλοις; ποῖα δὲ ἔθνη πολλὰ τοσούτους ἄνδρας ἀγαθούς τε καὶ πολεμικοὺς παρέσχετο καὶ νομοθετικούς; θεοὺς δὲ ἐτίμησαν οὕτω τίνες; Ἐν δὲ τῇ τοσαύτῃ καὶ τηλικαύτῃ πόλει" γενόμενος, οὐ τοὺς κατ' ἐμαυτὸν μόνον, ἀλλὰ καὶ τοὺς πώποτε, παρῆλθον τοῖς ἔργοις. Καὶ τῶν ἐμῶν μὲν πολιτῶν, εὖ οἶδα ὡς οὐδεὶς ἀντιποιήσεταί μοι τῶν πρωτείων. εἰ δὲ Ἀλέξανδρος οὑτοσὶ τολμᾷ," τί τῶν ἔργων τῶν ἑαυτοῦ C τοῖς ἐμοῖς" ἀξιοῖ παραβάλλειν; ἴσως τὰ Περσικὰ, ὥσπερ οὐχ ἑωρακὼς ἐγηγερμένα μοι τοσαῦτα κατὰ Πομπηΐου τρόπαια. Καίτοι τίς δεινότερος στρατηγὸς γέγονε, Δαρεῖος ἢ Πομπήϊος; πολέμῳ δὲ ἀνδρειότερον ἠκολούθει στρατόπεδον; τὰ μὲν οὖν μαχιμώτατα τῶν Δαρείῳ πρότερον ὑπακουόντων ἐθνῶν, ἐν τῇ Καρῶν μοίρᾳ Πομπήϊος εἶχεν ἑπόμενα. τοὺς D δὲ ἐκ τῆς Εὐρώπης, οἳ τὴν Ἀσίαν πολλάκις πόλεμον ἐπάγουσαν ἐτρέψαντο, καὶ τούτων αὐτῶν τοὺς ἀνδρειοτάτους, Ἰταλοὺς, Ἰλλυριοὺς, Κελτούς. Ἀλλ' ἐπειδὴ τῶν Κελτικῶν ὑπεμνήσθην, ἆρα τοῖς Γετικοῖς ἔργοις Ἀλεξάνδρου, τὴν τῆς Κελτικῆς ἀντιτάττομεν καθαίρεσιν; οὗτος ἅπαξ ἐπεραιώθη τὸν Ἴστρον·" ἐγὼ δὲ δεύτερον τὸν Ῥῆνον. Γερμανικὸν αὖ" τοῦτο τὸ ἐμὸν ἔργον· τούτῳ δὲ ἀντέστη μὲν οὐδὲ εἷς." ἐγὼ δὲ πρὸς Ἀριόβιστον ἠγωνισάμην. πρῶτος

Ref. γενόμενος

Ref. τίνα

Ref. ἀξιοῖς παραβάλλειν

Ref. ἐγ. διεπ.

Ref. τοῦτό γε

Ref. ἔτι πρὸς Ἀριόβιστον

A Alexander. Tum reliquis aliis postquam, ut cujusque ferebant tempora, sortes obtigerunt, sic Cæsar orsus est:

Mihi vero, o Jupiter & Dii, in hujusmodi nasci contigit civitate, post tot claros viros, quæ quidem imperium suum eo, quo nulla unquam alia civitas dominata est, protulit, ut reliquæ omnes æqui bonique consulere debeant, si secundas ab hac partes ferant. Quæ enim civitas a tribus hominum millibus initium ducens, sexcentis annis non- B dum exactis, armis ad extremas usque oras pervenit & penetravit? Quænam gens tam sæpe, totque viros probos & illustres belli pacisque artibus præbuit? Et quinam tam pie Deos coluerunt? In tanta igitur tamque celebri civitate natus, non solum meos æquales, sed etiam eos qui unquam fuerunt, rerum gestarum gloria superavi. Et meorum quidem civium scio neminem, quo minus mihi primæ deferantur partes, intercessurum. C Quod si hoc Alexander audeat, quodnam suorum facinorum cum meis comparari dignum censebit? Persica forte; tanquam non viderit tot a me erecta & excitata de Pompejo tropæa. Nam, cedo, quis acrior & rei militaris peritior dux extitit, Darius an Pompejus? Quem firmior & robore militum instructior exercitus est secutus? Bellicosiores gentes, quæ unquam D Darii imperio paruerunt, Carum loco Pompejus in exercitu habuit. At vero Europæos, sæpius Asiæ bellum inferenti vastitatem intulerunt, & maxime earum fortissimi Itali, Illyrici, & Celtæ. Sed quando Celtarum memini, num Geticis Alexandri rebus Galliæ expugnationem conferemus? Hic semel transivit Istrum; ego iterum Rhenum. Hoc vero est eximium meum Germanicum facinus, quo nemo se mihi anteтulerit. Ego contra Ariovistum manus conserui. Ego Romanorum primus exterius mare

trajicere

trajicere sum ausus; quod meum factum forsasse plurimum in se habet admirationis. Decet enim tantam meam animi magnitudinem & fortitudinem admirari. Sed illud multo præclarissimum, me primum omnium e navi desiliisse: Helvetios taceo, & Iberorum gentem. Neque dum ullius rei a me in Gallia gestæ mentionem feci; cum tamen illic plus quam trecenta oppida, atque ducentas non minus hominum myriadas, subegerim. Quæ cum tot tantaque sint, tum illud maximum & fortissimum, quod re in eum locum adducta, ut mihi contra cives meos bello dimicare necesse esset, victoriam ex ipsis Romanis, qui ad hoc usque tempus inexpugnabiles & invicti permanserant, reportavi. Quod si quis multitudine præliorum nos judicet; ego ter plus acie conflixi, quam Alexandrum decertasse prædicant, qui ejus res magnifice efferunt & extollunt. Si multitudine urbium captarum; non in Asia solum, sed & in Europa quamplurimas urbes everti. Hic quidem Ægyptum spectans pertransivit; ego convivia celebrans domui. Vultis quoque utriusque clementiam & moderationem post adeptam victoriam sciscitari & expendere? Ego inimicis meis veniam concessi, qui deinde ea in me admiserunt, quæ Numini justitiæ præsidi curæ fuerunt. Hic, præterquam quod in hostes crudelis fuit, ne quidem ab amicis temperavit. Quia vero mecum de primis partibus contendere paratus es, neque mihi statim una cum aliis cedis; tu quidem me cogis dicere, te perquam acerbum & crudelem in Thebanos extitisse. Ego vero multa mansuetudine & humanitate complexus sum Helvetios. Illorum quidem tu urbes incendisti; horum ego a propriis civibus eversos & combustos penates reparavi & restitui. Ecquid denique tanti fuit decem millia Græcorum superasse, & quindecim myriadas hominum invadentium pugnando su-

A ἐτόλμησα Ῥωμαίων ἐπιβῆναι τῆς ἐκτὸς θαλάσσης. καὶ τοῦτ' ἦν ἴσως τὸ ἔργον θαυμαστόν. καί τοι τὴν τόλμαν καὶ ταύτην ἄξιον θαυμάσαι· ἀλλὰ τὸ μεῖζόν μοι, τὸ ἀποβῆναι τῆς νεὼς πρῶτον. καὶ τοὺς " Ἐλβετίους σιωπῶ· καὶ τὸ τῶν " Ἰβήρων ἔθνος. οὐδενὸς ἔτι τῶν Γαλατικῶν ἐπεμνήσθην πλέον ἢ τριακοσίας ὑπαγαγόμενος πόλεις, ἀνδρῶν δὲ οὐκ ἐλάσσους ἢ δια-

B κοσίας μυριάδας. Ὄντων δὲ τούτων μοι " τούτων τῶν ἔργων, ἐκεῖνο μεῖζον ἦν καὶ τολμηρότερον. ἐχρῆν γάρ με καὶ πρὸς αὐτοὺς διαγωνίζεσθαι τοὺς πολίτας, καὶ κρατεῖν τῶν ἀμάχων καὶ ἀνικήτων Ῥωμαίων. Εἴτε οὖν πλήθει τις κρίνει παρατάξεων, τρὶς τοσαυτάκις παρεταξάμην, ὁσάκις ὑπὲρ Ἀλεξάνδρου κομπάζουσιν οἱ τὰ περὶ αὐτοῦ σεμνοποιοῦντες· εἴτε πλήθει πόλεων αἰχμαλώτων· οὐ τῆς Ἀσίας μόνον, ἀλλὰ καὶ τῆς Εὐρώπης

C τὰ πλεῖστα κατεστρεψάμην. Ἀλέξανδρος Αἴγυπτον παρῆλθε θεωρῶν· ἐγὼ δὲ συμπόσια συγκροτῶν κατεπολέμησα. Τὴν δὲ μετὰ τὸ κρατῆσαι πρᾳότητα βούλεσθε ἐξετάσαι τὴν παρ' ἑκατέρῳ; ἐγὼ καὶ τοῖς πολεμίοις συνέγνων· ἔπαθον οὖν ὑπ' αὐτῶν ὅσα ἐμέλησε τῇ Δίκῃ· ὁ δὲ πρὸς τοὺς πολεμίους, οὐδὲ τῶν φίλων " ἀπέσχετο.

D Ὅτι οὖν περὶ τῶν πρωτείων μοι ἀμφισβητεῖν οἷός τε ἔσῃ, καὶ οὐκ αὐτόθεν σὺ παραχωρήσεις μετὰ τῶν ἄλλων· ἀλλὰ ἀναγκάζεις με λέγειν, ὅπως μὲν ἐχρήσω πικρῶς Θηβαίοις· ἐγὼ δὲ τοῖς " Ἐλβετίοις φιλανθρώπως. σὺ μὲν γὰρ ἐκείνων κατέκαυσας τὰς πόλεις· ἐγὼ δὲ τὰς ὑπὸ τῶν οἰκείων πολιτῶν κεκαυμένας πόλεις ἀνέστησα. Καίτοι ἢ τί τοσοῦτον ἦν, μυρίων Γραικῶν κρατῆσαι, καὶ πεντεκαίδεκα μυριάδας ἐπιφερομένας ὑποστῆναι; Πολλὰ εἰπεῖν ἔχων ἔτι

Vel. Ἐλουητίους. Vel. Ἰβήρων. f. Νερουίων vid. Observ.

Vel. τοιούτων ἔργων

Vel. ἀπείχετο

Vel. Ἐλουητίοις

περὶ ἐμαυτοῦ καὶ τοῦδε, τῷ μὴ σχολὴν ἄγειν, ἥκιστα τὸ λέγειν ἐξεμελέτησα· διόπερ χρὴ συγγνώμην ὑμᾶς ἔχειν· ἔκ δὲ τῶν εἰρημένων, καὶ περὶ τῶν μὴ ῥηθέντων, τὴν ἴσην καὶ δικαίαν ἐξέτασιν ποιουμένους, ἀποδιδόναι μοι τὸ πρωτεῖον.

Τοιαῦτα εἰπόντος τοῦ Καίσαρος, καὶ λέγειν ἔτι βουλομένου, μόγις καὶ πρότερον ὁ Ἀλέξανδρος καρτερῶν, οὐκ ἔτι κατέσχεν· ἀλλὰ μετά τινος ταραχῆς καὶ ἀγωνίας· Ἐγὼ δὲ, εἶπεν, ὦ Ζεῦ καὶ θεοὶ, μέχρι τίνος ἀνέξομαι σιωπῇ τῆς θρασύτητος τοῦ τούτου; πέρας γὰρ οὐθὲν ἐστιν, ὡς ὁρᾶτε, οὔτε τῶν εἰς αὐτὸν ἐπαίνων, οὔτε τῶν εἰς ἐμὲ βλασφημιῶν. ἐχρῆν δὲ ἴσως, μάλιστα μὲν ἀμφοῖν φείδεσθαι. Καὶ γὰρ εἶναί πως ἀμφότερα δοκεῖ παραπλησίως ἐπαχθῆ· πλέον δὲ τὸ τὰ ἐμὰ διασύρειν, ἄλλως τε καὶ μιμητὴν αὐτῶν γενόμενον. ὁ δὲ εἰς τοῦτ' ἦλθεν ἀναισχυντίας, ὥστε τολμῆσαι τὰ ἀρχέτυπα κωμῳδεῖν τῶν ἑαυτοῦ ἔργων. Ἐχρῆν δὲ, ὦ Καῖσαρ, ὑπομνησθῆναί σε τῶν δακρύων ἐκείνων, ἃ πότε ἀφῆκας, ἀκροώμενος τῶν ὑπομνημάτων, ἅσα πεποίηται περὶ τῶν ἐμῶν πράξεων. Ἀλλ' ὁ Πομπήϊος ἐπῆρέ σε μετὰ ταῦτα κολακευθεὶς μὲν παρὰ τῶν πολιτῶν τῶν ἑαυτοῦ, γενόμενος δὲ οὐδεὶς οὐδαμοῦ. Τὸ μὲν γὰρ ἀπὸ Λιβύης θριαμβεῦσαι, οὐ μέγα ἔργον, ὀνομαστότατον ἐποίησεν ἡ τῶν τότε ὑπάτων μαλακία. τὸν δουλικὸν δὲ ἐκεῖνον πόλεμον, οὐδὲ πρὸς ἄνδρας γενόμενον, ἀλλὰ πρὸς τοὺς χειρίστους τῶν οἰκετῶν. ἄλλοι μὲν κατειργάσαντο, Κράσσος καὶ Λούκιος, τοὔνομα δὲ καὶ τὴν ὑπογραφὴν ἔσχε Πομπήϊος. Ἀρμενίαν δὲ, καὶ τὰ πρόσοικα ταύτης, κατεπολέμησε Λούκουλλος· ἐθριάμβευσε δὲ ἀπὸ τούτων Πομπήϊος. οὐ-

Forf. Κράσσος ἢ Λούκιος

A similisse? Multa quidem alia de utroque nostrum dicere possem; sed quoniam minime mihi per otium licuit arti dicendi incumbere, vos mihi veniam dare par est, simul & quæ dici sunt omissa, æque ac ea quæ dicta sunt, pro merito reputantes, priorem honoris gradum tribuere.

Hæc cum diceret Cæsar, & adhuc loqui vellet, vix sibi jam tum antea temperans Alexander sese amplius continere non potuit, sed cum tumultu & vehementi animi B commotione: Quousque tandem, inquit, Jupiter & Dii, tacitus feram hujus hominis insolentiam & audaciam? Nullum enim modum, ut videtis, adhibet in prædicatione suarum laudum, neque in vituperatione mei. Melius fortasse fuisset ab utrisque abstinere. Etenim utrumque quodammodo æque grave videtur; sed illud multo gravius & intolerabilius, quod rerum a me gestarum gloriam imminuere conatus est, quas sibi C imitandas proposuit. Atque adeo eo devenit impudentiæ, ut suarum rerum exemplar ludibrio habere & insectari non dubitarit. Oportuerat autem, Cæsar, te lacrymarum illarum recordari, quas fudisti, cum audires monumenta in rerum a me gestarum memoriam excitata. Sed eo te *postea* Pompejus extulit, cui plurimum cives sui sunt assentati, qui tamen in omni ratione vir nihili fuit. Quod enim triumphum egerit de Lybia, non admodum egregium D facinus, clarissimum eum fecit Consulum, qui tunc erant, desidia & vecordia. Illud vero servile bellum, non contra viros gestum, sed contra mancipia deterrima, Crassus & Lucius confecerunt; gloriam vero & titulum confecti belli Pompejus reportavit. Armeniam autem & proximas regiones devicit Lucullus; de his vero triumphavit Pompejus. Deinde ipsi adulati cives ejus,

Magnum

Magnum cognominaverunt, quolibet eorum, qui ante eum fuerunt, longe inferiorem. Quid enim comparandum fecit rebus Marii, aut duorum Scipionum, aut Furii, qui proxime ad hunc Romulum accedit, quippe cujus civitatem, pene funditus eversam & dirutam, extulit & erexit? Non enim, sicut in ædificationibus, quæ publicis impensis fiunt, accidit, quibus aliorum opera & sumtu ad exitum perductis, opus alterius, qui ei præest, nomine inscribitur, licet in ejus confectione minimum laboris impenderit; ita isti aliena egregia facta sibi adscripserunt. Sed cum illi ipsi architecti & publici operarii extitissent, pulcherrima merito sunt consecuti nomina. Nihil igitur mirum, si Pompejum superasti, digito scalpentem caput, & propius vulpis mores referentem, quam leonis. Nam postquam illum Fortuna prodidit, quæ prius illi faverat, quamprimum & facillime eum Fortunæ ope & præsidio destitutum vicisti. Te vero nulla tua præcipua virtute aut fortitudine victoria potitum manifestum est. Cum enim rerum necessariarum inopia premereris, in quo est, ut scis, non leve ducis peccatum, pugnam conferens victus es. Quod si Pompejus dementia sua, aut imprudentia, seu quod suos sibi dicto audientes præstare non potuit; sive quando oportebat præliuminire distulit, sive vincere non persistit; sua quidem ille culpa, non tua prudenti belli administratione & imperatoriis consiliis concidit. Persæ vero, ab omni re parati & prudenter instructi, sub potestatem nostram venerunt. Quoniam vero non solum res gerere, sed etiam in rebus agendis, virum probum & regem, æqui justique rationem ducere oportet; ego Græcorum nomine pœnas a Persis repetii, & omnia bella civilia e Græcia profligavi. Neque vero Græciam unquam damno afficere in animo habui; sed eos qui me ulterius progredi, & pœnas a Persis reposcere prohibebant, fregi & comminui.

A τα ἐκολάκευσαν αὐτὸν οἱ πολῖται, καὶ Μέγαν ὠνόμασαν, ὄντα τῶν πρὸ ἑαυτοῦ μείζονα. Τί γὰρ τοσοῦτον ἐκείνῳ ἐπράχθη, ἡλίκον Μαρίῳ, ἢ Σκιπίωσι τοῖς δύο, ἢ τῷ παρὰ τὸν Κυρῖνον τουτονὶ Φουρίῳ, ὃς μικροῦ συμπεσοῦσαν τὴν τούτου πόλιν ἀνέστησεν. οὗτοι γὰρ οὐκ ἀλλοτρίοις ἔργοις, ὥσπερ ἐν πολιτικαῖς οἰκοδομίαις καὶ δαπανήμασιν, ὑπ' ἄλλου καταβληθείσαις καὶ ἐπιτελεσθείσαις, ἕτερος ἄρχων ἐπεγράφη, B μικρὰ κονιάσας τὸν τοῖχον· οὕτως ταῖς ἀλλοτρίαις ἐπεγράφησαν πράξεσιν. ἀρχιτέκτονες δὲ αὐτοὶ, καὶ δημιουργοὶ γενόμενοι, τῶν καλλίστων ἠξιώθησαν ὀνομάτων. Οὐδὲν οὖν θαυμαστὸν, εἰ κεκράτηκας Πομπηίου, δακτύλῳ κνωμένου, καὶ τὰ ἄλλα ἀλώπεκος μᾶλλον, ἢ λέοντος. ἐπειδὴ γὰρ αὐτὸν ἡ τύχη προὔδωκεν, ἣ τὸν ἔμπροσθεν χρόνον αὐτῷ παρειστήκει, ταχέως ἐκράτησας μόνου. καὶ ὅτι δεινό- C τητι μὲν οὐδεμιᾷ κρείττων ἐγένου, φανερόν· καὶ γὰρ ἐν ἐνδείᾳ γέγονας τῶν ἐπιτηδείων, (ἐστὶ δὲ οὐ μικρὸν, ὡς οἶσθα, τοῦτ' ἁμάρτημα στρατηγοῦ) καὶ μάχῃ συμβαλὼν ἡττήθης. Εἰ δὲ Πομπήιος ὑπ' ἀφροσύνης τε καὶ ἀνοίας, ἢ τοῦ μὴ δύνασθαι τῶν πολιτῶν ἄρχειν, οὐδὲ ἡνίκα ἔδει τρίβειν τὸν πόλεμον, ὑπερέθετο τὴν μάχην, οὔτε νικῶν ἐπεξῄει, ὑπὸ τοῖς οἰκείοις ἁμαρτήμασι, καὶ οὐκ D ὑπὸ τοῖς σοῖς ἐσφάλη στρατηγήμασι. Πέρσαι δὲ καλῶς καὶ φρονίμως πανταχοῦ παρεσκευασμένοι, πρὸς τὴν ἡμετέραν ἀλκὴν ἐνέδοσαν. Ἐπεὶ δὲ οὐ τοῦ πράττειν ἁπλῶς, ἀλλὰ καὶ τοῦ τὰ δίκαια πράττειν, ἄνδρα ἄριστον, καὶ βασιλέα προσήκει μεταποιεῖσθαι· ἐγὼ μὲν ὑπὲρ τῶν Ἑλληνικοὺς πολέμους ἐπανηλόμην· οὐχὶ τὴν Ἑλλάδα λυπεῖν βουλόμενος, ἀλλὰ τοὺς κωλύοντάς με διαβαίνειν, καὶ δίκας ἀπαιτεῖν τοὺς Πέρσας, ἐπικόπτων.

A Σὺ δὲ τοὺς Γερμανοὺς καὶ Γαλάτας καταπολεμήσας, ἐπὶ τὴν πατρίδα τὴν σεαυτοῦ παρασκευαζόμενος· οὗ τί γένοιτ' ἂν χεῖρον ἢ μιαρώτερον; Ἐπεὶ δὲ ὥσπερ διασύρων, τῶν μυρίων ἐμνημόνευσας Γραικῶν· ὅτι μὲν καὶ ὑμεῖς ἐντεῦθεν γεγόνατε, καὶ τὰ πλεῖστα τῆς Ἰταλίας ᾤκησαν οἱ Γραικοὶ καίπερ εἰδὼς ὅμως οὐ παραδέχομαι. Τούτων δ' αὐτῶν ὀλίγον ἔθνος, Αἰτωλοὺς λέγω, τοὺς παροικοῦντας ὑμῶν, B " ὡς φίλους ἔχειν καὶ συμμάχους ἐποιήσασθε περὶ πολλοῦ· πολεμωθέντας δὲ ὑμῶν ὕστερον δι' ἃς δὴ ποτε αἰτίας οὐκ ἀκινδύνως ὑπακούειν ὑμῖν ἠναγκάσατε; " Εἰ δὲ πρὸς τὸ γῆρας, ὡς ἂν εἴποι τις, τῆς Ἑλλάδος, καὶ οὐδὲ πάσης, ἀλλ' ἔθνους μικροῦ, ἡνίκα ἤκμαζε τὸ Ἑλληνικόν, οὐδ' ὅτι ἐστὶ " γινωσκομένου, μικροῦ δέω φάναι, μόγις ἀρκέσαντες, τίνες ἂν ἐγένεσθε, εἰ πρὸς C ἀκμάζοντας, καὶ ὁμονοοῦντας τοὺς Ἕλληνας πολεμεῖν ὑμᾶς ἐδέησεν; ἐπεὶ καὶ Πύῤῥου διαβάντος ἐφ' ὑμᾶς, ἴστε ὅπως ἐπτήξατε. Εἰ δὲ τὸ Περσῶν κρατῆσαι μικρὸν νομίζεις, καὶ τὸ τηλικοῦτον ἔργον διασύρεις, ὀλίγης πάνυ τῆς ὑπὲρ Τίγρητα ποταμὸν, ὑπὸ Παρθυαίων βασιλευομένης χώρας, ἔτη πλείω ἢ τριακόσια πολεμοῦντες, λέγε μοι, δι' ἣν αἰτίαν οὐ κατεκρατήσατε; Βούλει D σοι φράσω; τὰ Περσῶν ὑμᾶς εἶρξε βέλη. Φρασάτω δέ σοι περὶ αὐτῶν Ἀντώνιος, ὁ παιδοτριβηθεὶς ἐπὶ στρατηγίᾳ παρὰ σοῦ. Ἐγὼ δὲ οὐδὲ ἐν ὅλοις ἐνιαυτοῖς δέκα πρὸς τούτοις, καὶ Ἰνδῶν γέγονα κύριος. Εἶτά μοι τολμᾷς ἀμφισβητεῖν, ὃς ἐκ παιδαρίου στρατηγῶν, ἔργα ἔπραξα τηλικαῦτα, ὥστε τὴν μνήμην, καίπερ οὐκ ἀξίως ὑπὸ τῶν συγγραφέων " ὑμνηθέντων,

l. f. οὐ φίλους μὲν ἔχ.

l. f. ὡς

l. f. γινωσκόμενον

l. f. ὑμνηθέντων

Tu vero Germanos & Gallos bello domuisti, inde te adversus patriam accingens; quo quid detestabilius & magis impium est? Quando vero, tanquam per risum, in mentionem decem millium Græcorum incurrens meministi, vos inde originem ducere, & quamplurimas Italiæ regiones Græcos habitasse, quamvis sciens non moror. Horum vero parvam gentem, Ætolos dico, qui vestram Italiam contingunt, magni duxistis amicos habere, & socios adjungere. Postquam vero vobis in bello strenuam navaverunt operam, quibus tandem de causis imperio vestro parere non sine magno vestro malo & periculo coëgistis? Quod si Græcia jam tum, ut vere dixerit aliquis, ad senectutem vergente; non universæ, sed ejus parvæ, & ne stantibus quidem Græcorum opibus quænam esset cognitæ, nationi, parum abest quin visi sitis vix sufficere; quales fuissetis, si cum Græcis concordibus, & florentibus eorum rebus, vos dimicare oportuisset? cum præterea etiam Pyrrho in Italiam trajiciente, quanto terrore perculsi fueritis, recordari potestis. Quoniam vero Persas superasse tam parvi facis, & hoc tantum opus verbis extenuas, parva admodum ad Tigrim fluvium in Parthorum ditione posita provincia, trecentis jam amplius dimicantes annis, quæso, cur ad hoc usque tempus potiti non estis? Vis tibi dicam? Persarum tela vobis obstiterunt. Dicat tibi Antonius, qui tyrocinium militiæ sub te fecit, quantum Persæ viribus pollent. Ego vero Indos, una cum illis, non totis decem annis, ditioni meæ subjeci. Deinde mecum contendere audes, qui ab ineunte ætate ducis munere fungens, tot tantaque gessi, ut eorum memoria, quamvis non satis ea pro merito scriptores ornent, & laudibus efferant, tuo, mihi tamen superstes permaneat, instar rerum ab Hercule rege meo gestarum, quem colui & imitatus sum. Postremo Achilli, generis mei auctori, nulla in re cedo: & Herculis, quem ego semper sum vehementer admiratus, quoad hominem Dei licet, vestigia proxime subsequor. Hæc igitur habui, o Dii, quæ pro mei adversus hunc defensione dicerem; quamvis consultius fecissem, si eum contemtum & despectum dimisissem. Quod si aliquid acerbi a nobis perpetratum est, id non contra omnino culpæ expertes, sed partim contra eos qui sæpius & in multis me offenderant, partim qui tempore non apte & convenienter usi fuerant. In hos igitur commissa, qui non habita temporis ratione deliquerant, secuta est Pœnitentia, prudens valde, & eorum qui erraverunt & lapsi sunt servatrix Dea; alios autem, tanquam æmulos, postquam sæpius inimico animo egerant, & me appetierant, cum ulciscebar, nihil me iniquum facere existimabam.

Hac oratione plane militari habita, ad Octavianum Neptuni minister clepsydram detulit, eique quam minimum potuit aquæ distribuit, oblata occasione alioquin ad memoriam revocans ejus in Deum superbiam. Quæ cum ille pro animi solertia & sagacitate animadverteret, de aliis verba facere prætermittens: Ego quidem, Jupiter (inquit) & Dii, de aliorum rebus gestis detrahere, aut ea dicendo verbis extenuare, abstinebo, & in rerum a me gestarum commemoratione tota mea versabitur oratio. Adolescens civitati meæ præfui, sicut hic generosus Alexander. Bella vero Germanica, ad Cæsaris hujuscemodi patris mei exemplum, feliciter confeci. Implicatus autem bellis civilibus, Ægyptum apud Actium pugna

A ὅμως δὲ συμπαραμένειν τῷ βίῳ, καθάπερ τὰ τοῦ Καλλινίκου τοῦ ἐμοῦ βασιλέως, οὗ θεράπων ἐγὼ καὶ ζηλωτὴς ἐγενόμην. Ἀχιλλεῖ μὲν ἁμιλλώμενος, τῷ προγόνῳ, Ἡρακλέα δὲ θαυμάζων καὶ ἑπόμενος, ἅτε δὴ κατ' ἴχνος θεοῦ ἄνθρωπος. Ὅσα μὲν ἦν ἐχρῆν, ὦ θεοί, πρὸς τοῦτον ἀπολογήσασθαι· καίτοι κρεῖττον ἦν ὑπερορᾶν αὐτοῦ· εἴρηται. Εἰ δέ τι πικρὸν B ὑφ' ἡμῶν ἐπράχθη, οὐκ εἰς παντάπασιν ἀναιτίους ἀνθρώπους, ἀλλὰ ἢ πολλάκις καὶ ἐπὶ πολλοῖς προσκρούσαντας, ἢ τῷ καιρῷ μὴ καλῶς μηδὲ πρεπόντως χρησαμένους. Ἠκολούθησε γοῦν, ἐπὶ μὲν τοῖς διὰ τὸν καιρὸν ἐξαμαρτηθεῖσιν, ἡ Μεταμέλεια, σώφρων πάνυ καὶ τῶν ἐξημαρτηκότων σώτειρα δαίμων· τοὺς δὲ C ὥσπερ φιλοτιμουμένους, ἐπὶ τῷ πολλάκις ἀπεχθάνεσθαι, καὶ προσκρούειν, οὐθὲν ᾤμην ἄδικον ποιεῖν κολάζων.

Ἐπεὶ δὲ εἴρητο καὶ τούτῳ στρατιωτικώτερος ὁ λόγος, ἐπὶ τὸν Ὀκταβιανὸν τὴν ὑδρίαν ἔφερεν ὁ τοῦ Ποσειδῶνος θεράπων, ἐπιμετρῶν αὐτῷ τοῦ ὕδατος ἔλαττον, διὰ τὸν καιρὸν ἄλλως τε καὶ μνησικακῶν αὐτῷ τῆς εἰς τὸν θεὸν ὑπερηφανίας. Καὶ ὅς, D ἐπειδὴ συνῆκεν ὑπὸ ἀγχινοίας, ἀφεὶς τὸ λέγειν τι περὶ τῶν ἀλλοτρίων· Ἐγώ, εἶπεν, ὦ Ζεῦ καὶ θεοί, τὸ διασύρειν μὲν τὰ τῶν ἄλλων ἔργα καὶ μικρὰ ποιεῖν ἀφέξομαι, περὶ δὲ τῶν ἐμαυτοῦ τὸν πάντα ποιήσομαι λόγον. Νέος προέστην τῆς ἐμαυτοῦ πόλεως, ὥσπερ ὁ γενναῖος οὗτος Ἀλέξανδρος· κατώρθωσα δὲ Γερμανικοὺς πολέμους, ὥσπερ ὁ ἐμὸς πατὴρ οὑτοσὶ Καῖσαρ. συμπλακεὶς δὲ ταῖς ἐμφυλίοις ἀγῶσιν,

Vet. στρατιωτικώτερον

Vet. ἄλλων

σιν, Αἰγυπτίων μὲν περὶ τὸ Ἄκτιον κατεναυμάχησα· Βροῦτον δὲ καὶ Κάσσιον περὶ τοὺς Φιλίππους κατεπολέμησα, καὶ τὸν Πομπηΐου παῖδα Σέξτον, πάρεργα ἐθέμην τῆς ἐμαυτοῦ στρατηγίας. Οὕτω δὲ παρέσχον ἐμαυτὸν τῇ φιλοσοφίᾳ χειροήθη, ὥστε καὶ τῆς Ἀθηνοδώρου παῤῥησίας ἠνεσχόμην, οὐκ ἀγανακτῶν, ἀλλ' εὐφραινόμενος ἐπ' αὐτῇ, καὶ τὸν ἄνδρα καθάπερ παιδαγωγόν, ἢ πατέρα μᾶλλον, αἰδούμενος. Ἄρειον δὲ καὶ φίλον, καὶ συμβιωτὴν ἐπιγράφομαι· καὶ ὅλως οὐδέν ἐστιν ἐφ' ἡμῶν εἰς τὴν φιλοσοφίαν ἁμαρτηθέν. Ὑπὸ δὲ τῶν ἐμφυλίων στάσεων τὴν Ῥώμην ὁρῶν εἰς ἔσχατον ἐλαύνουσαν πολλάκις κίνδυνον, οὕτω διεθέμην τὰ περὶ αὐτήν, ὥστε εἶναι δι' ὑμᾶς, ὦ θεοί, τὸ λοιπὸν ἀδαμαντίνην. Οὐ γὰρ ταῖς ἀμέτροις ἐπιθυμίαις εἴκων, ἐπικτᾶσθαι πάντως αὐτῇ διενοήθην· ὅρια δὲ διττά, ὥσπερ ὑπὸ τῆς φύσεως ἀποδεδομένα, Ἴστρον καὶ Εὐφράτην ποταμοὺς ἐθέμην. Εἶτα ὑποτάξας τὸ Σκυθῶν, καὶ Θρᾳκῶν ἔθνος, ἐπιμετρούντων ὑμῶν τῆς βασιλείας μοι τὸν χρόνον, οὐ πόλεμον ἄλλον ἐξ ἄλλου περιεσκόπουν· ἀλλὰ εἰς νομοθεσίαν, καὶ τῶν ἐκ τοῦ πολέμου συμφορῶν ἐπανόρθωσιν, τὴν σχολὴν διετιθέμην· οὐδενὸς νομίζων τῶν πρὸ ἐμαυτοῦ χεῖρον βεβουλεῦσθαι, μᾶλλον δέ, εἰ χρὴ θαῤῥήσαντα φάναι, κρεῖττον, τῶν πώποτε τηλικαύτης ἡγεμονίας ἐπιτροπευσάντων. Οἱ μὲν γὰρ ταῖς στρατηγίαις ἐναπέθανον, ἐξὸν λοιπὸν καὶ μὴ στρατεύεσθαι, πολέμους ἐκ πολέμων ἑαυτοῖς, ὥσπερ οἱ φιλοπράγμονες δίκας μελετῶσι, κατασκευάζοντες. οἱ δέ, καὶ πολεμούμενοι τῇ τρυφῇ προσ-

A navali superavi: Brutum & Cassium prælio apud Philippos devici: atque hujusce meæ expeditionis Sextum Pompeji filium accessionem quandam operis mihi constitui. Ita vero me Philosophiæ obsequentem præbui, ut Athenodori loquendi libertatem, tantum abest ut graviter molesteque tulerim, ut ex ea modestior evaserim, & hominem haud secus quam pædagogum, imo
B quam patrem, sim reveritus. Quin Arium in amicorum & familiarium meorum numerum adscribo: & in summa nihil a me in Philosophiam est peccatum. Bellis vero civilibus sæpenumero in extremum discrimen adductam rem Romanam sic composui firmavique, ut in posterum, o Dii, nostra opera adamantina fuerit. Nec enim immoderatis cupiditatibus morem gerens,
C omnia undique parare, & dominio ejus adjungere suscepi; sed duos imperio nostro limites, tanquam a natura fixos & datos, Istrum & Euphratem, statui. Deinde repressis & domitis Thracum & Scytharum gentibus, vobis mihi largientibus imperii tempus satis diuturnum, non bellum aliud ex alio sum commentatus; sed in juris descriptione, & eorum quæ bellis civilibus depravata erant correctione, otium traduxi. Qua in re ita me gessi, ut non deterius me publicæ utilitati consuluisse existimem,
D quam quisquam alius eorum qui ante me fuerunt: imo melius, si verum audacter dicere oportet, quam omnes; qui unquam hujusmodi imperia gesserunt & gubernarunt. Alii enim in exercituum administrationibus obierunt, & cum liceret in posterum a militia quietem agere, bella tamen ex bellis, non secus quam litigiosi homines lites meditantur & excogitant, sibi præpararunt. Alii vero ad bellum incitati se totos ad voluptatem & vitæ luxum contulerunt,

tempeque illecebras & mollitiem, non solum gloria quæ ex bello quæritur, sed etiam propria salute potiorem duxerunt. Quæ cum ego animo perlustro & considero, non infimo me loco dignum reputo. Quicquid tamen, o Dii, vobis æquum visum fuerit, illud me amplecti par est.

Post hunc data est Trajano dicendi potestas. Hic quamvis dicendo valeret, (solebat enim propter ignaviam in mandatis dare Suræ, ut quamplurima suo nomine oratione ornaret) tamen resonans potius quam loquens, Diis sua de Parthis & Getis parta tropæa demonstrabat. Tum etiam senectutem suam incusabat, tanquam se bellum Parthicum ad extremum usque exequi non concessisset. Cui Silenus: Stulte, tu quidem viginti annis imperio præfuisti, & hic Alexander solum duodecim. Cur igitur omittens tuam ignaviam increpare, in temporis angustias culpam rejicis? Quo scommate ita accensus; nec enim omnino dicendi facultate carebat, sed propter vinolentiam sæpenumero hebetior erat; Ego sane, o Jupiter, inquit, & Dii, quasi torpentem rempublicam & dissipatam, tum domestica tyrannide, qua multo tempore oppressa fuerat, tum Getarum contumelia, suscipiens, solus Istri accolas aggredi sum ausus. Et Getarum quidem gentem penitus everti & delevi. Sunt autem illi omnium, qui usquam sunt, bellicosissimi; cum quod corporis robore plurimum valent, tum etiam maxime propter eam, quam eorum animis desixit, opinionem, qui apud ipsos colitur Zamolxis. Etenim cum plane confirmatum habeant, se non omnino interire, sed alio ad habitandum traduci; multo sunt paratiores ad subeunda pericula, quippe qui migrationem præstolentur & expectent. Et hoc quidem tantum opus annis fere quinque confeci. Me vero omnium ante me

A εὔχου, οὐ μόνον τῆς μετὰ ταῦτα εὐκλείας τὴν αἰσχρὰν τρυφὴν προτιμῶντες, ἀλλὰ καὶ τῆς σωτηρίας αὐτῆς. Ἐγὼ μὲν οὖν ταῦτα διανοούμενος, οὐκ ἀξιῶ τῆς χείρονος ἐμαυτὸν μερίδος. ὅτι δ' ἂν ὑμῖν, ὦ θεοί, φαίνηται, τοῦτ' εἰκός ἐστιν ἐμὲ δήπουθεν στέργειν.

Δέδοται μετὰ τοῦτον τῷ Τραϊανῷ τοῦ λέγειν ἐξουσία. Ὁ δὲ, καίπερ δυνάμενος λέγειν (ὑπὸ ῥαθυμίας ἐ-
B πιτρέπειν γὰρ εἰώθει, τὰ πολλὰ τῷ Σύρᾳ γράφειν ὑπὲρ αὐτοῦ) φθεγγόμενος μᾶλλον, ἢ λέγων, ἐπεδείκνυεν αὐτοῖς, τό τε Γετικὸν, καὶ τὸ Παρθικὸν τρόπαιον. ᾐτιᾶτο δὲ γῆρας, ὡς οὐκ ἐπιτρέψαν αὐτῷ ταῖς Παρθικαῖς πράγμασιν ἐπεξελθεῖν. Καὶ ὁ Σειληνός· ἀλλ', ὦ μάταιε, ἔφη, εἴκοσι βεβασίλευκας ἔτη, Ἀλέξανδρος δὲ οὑτοσὶ δώδεκα. τί οὖν ἀφεὶς αἰτιᾶσαι τὴν σαυτοῦ τρυφὴν, τὴν τοῦ χρό-
C νου μέμφῃ στενότητα; Παροξυνθεὶς οὖν ὑπὸ τοῦ σκώμματος· (οὐδὲ γὰρ ἦν ἔξω τοῦ δύνασθαι ῥητορεύειν, ὑπὸ δὲ τῆς φιλοποσίας, ἀμβλύτερος ἑαυτοῦ πολλάκις ἦν·) Ἐγὼ δὲ, εἶπεν, ὦ Ζεῦ καὶ θεοὶ, τὴν ἀρχὴν παραλαβὼν ναρκῶσαν ὥσπερ, καὶ διαλελυμένην, ὑπὸ δὲ τῆς οἴκοι πολὺν χρόνον ἐπικρατησάσης τυραννίδος, καὶ τῆς τῶν Γετῶν ὕβρεως· μόνος ὑπὲρ τὸν
D Ἴστρον ἐτόλμησα "προσβάλλειν ἔθνη, καὶ τὸ Γετῶν ἔθνος ἐξεῖλον, οἳ τῶν πώποτε μαχιμώτατοι γεγόνασιν, οὐχ ὑπὸ ἀνδρείας μόνον τοῦ σώματος, ἀλλὰ καὶ ὧν ἔπεισεν αὐτοὺς ὁ τιμώμενος παρ' αὐτοῖς Ζάμολξις. Οὐ γὰρ ἀποθνήσκειν, ἀλλὰ μετοικίζεσθαι νομίζοντες, ἑτοιμότερον αὐτὸ ποιοῦσιν, ἢ τὰς ἀποδημίας ὑπομένουσι. Ἐπράχθη δέ μοι τὸ ἔργον τοῦτ' ἐν ἐνιαυτοῖς "ἴσως που πέντε. Πάντων δὲ

γρ. προσβάλλειν.

γρ. ἐνιαυτοῖς ὅτι.

ὅτι τῶν πρὸ ἐμοῦ γεγονότων αὐτοκρατόρων ὤφθην τοῖς ὑπηκόοις πρᾳότατος, καὶ ὅτι Καῖσαρ οὑτοσὶ περὶ τούτου ἀμφισβητήσειεν ἄν μοι, οὔτε ἄλλος οὐδὲ εἷς· εὔδηλον ἐστί που. πρὸς Παρθυαίους δὲ, πρὶν μὲν ἀδικεῖσθαι παρ' αὐτῶν, οὐκ ᾠόμην δεῖν χρῆσθαι τοῖς ὅπλοις· ἀδικοῦσι δὲ ἐπεξῆλθον, " οὐδὲν ὑπὸ τῆς ἡλικίας κωλυθείς· καί τοι διδόντων μοι τῶν νόμων τὸ μὴ στρατεύεσθαι. Τούτων δὴ τοιούτων ὄντων, ἆρ' οὐχὶ " τιμᾶσθαι καὶ πρὸ τῶν ἄλλων εἰμὶ δίκαιος· πρᾷος μὲν τοὺς ὑπηκόους, φοβερὸς δὲ πρὸς τοὺς πολεμίους διαφερόντως γενόμενος, αἰδεσθεὶς δὲ καὶ τὴν ὑμετέραν ἔγγονον φιλοσοφίαν; Τοιαῦτα ὁ Τραϊανὸς εἰπὼν, ἐδόκει τῇ πρᾳότητι πάντων κρατεῖν, καὶ δῆλοί πως ἦσαν οἱ θεοὶ μάλιστα ἡσθέντες ἐπὶ τούτῳ.

Γρ. οὐδ' ὑπό.

Γρ. καὶ τιμ.

Τοῦ Μάρκου δὲ ἀρχομένου λέγειν, ὁ Σειληνὸς ἠρέμα πρὸς τὸν Διόνυσον· ἀκούσωμεν, ἔφη, τοῦ Στωϊκοῦ τουτουΐ, τί ποτε ἄρα τῶν παραδόξων ἐκείνων ἐρεῖ, καὶ τερατείων δογμάτων. Ὁ δὲ ἀποβλέψας πρὸς τὸν Δία καὶ τοὺς θεούς· Ἀλλ' ἔμοιγε, εἶπεν, ὦ Ζεῦ καὶ θεοὶ, λόγων οὐδὲν δεῖ καὶ ἀγῶνος. Εἰ μὲν γὰρ ἠγνοεῖτε τἀμὰ, προσῆκον ἦν ἐμὲ διδάσκειν ὑμᾶς. ἐπεὶ δὲ ἴστε, καὶ λέληθεν ὑμᾶς τῶν ἁπάντων οὐδὲν, αὐτοί μοι τιμᾶτε τῆς ἀξίας. Ἔδοξε δὴ οὖν ὁ Μάρκος, τά τε ἄλλα θαυμάσιός τις εἶναι, καὶ σοφίᾳ διαφερόντως, ἅτε, οἶμαι, διαγινώσκων λέγειν θ' ὅπου χρὴ καὶ σιγᾶν ὅπη καλόν.

Τῷ Κωνσταντίνῳ μετὰ τοῦτον λέγειν ἐπέτρεπον. Ὁ δὲ πρότερον μὲν ἐθάῤῥει τὴν ἀγωνίαν· ὡς δὲ ἀποβλέπων εἰς τὰ τῶν ἄλλων ἔργα, μικρὰ παντάπασιν εἶδε τὰ ἑαυτοῦ· δύο γὰρ τυράννους, (εἴγε χρὴ τἀληθῆ φάναι) καθῃρήκει· τὸν μὲν

A Imperatorum mansuetissimum & lenissimum populis mihi parentibus visum fuisse, manifestum est: neque hujusce laudis mihi Cæsar hic, nec quisquam alius, controversiam moverit. Parthos autem, priusquam ab his injuria affectus essem, armis violandos non existimavi: ut vero injuriam intulerunt, non me ætas ingravescens, etiam cum legibus mihi militiæ vacationem concedentibus, ab iis invadendis revocavit. B Quæ cum ita sint, numquid ante alios honore affici dignus sum, qui subjectis mansuetus, & hostibus formidolosus præ cæteris extiti, & philosophiam vestram progeniem colui & observavi? Hæc ubi Trajanus dixit, reliquos omnes clementia superare existimatus est; qua re præcipue Dii delectari videbantur.

Marco vero incipiente dicere, Silenus submissa voce ad Dionysium: Audiamus, C inquit, hunc Stoicum, quid tandem ex illis paradoxis & mirabilibus opinionibus proferet. At ille in Jovem Deosque intuitus: Nihil mihi, o Jupiter & Dii, opus est sermone, aut contentione. Etenim si mea facta ignoraretis, ea me vos docere decorum esset: sed quoniam vobis nota sunt, neque quicquam omnium vos latet, ipsi mihi honorem tribuite quem mereor. Tum Marcus visus est cætera plane admirandus D vir, sed præcipue prudentia excellere, tanquam, credo, qui probe nosset, ubi tacere vel loqui deceret.

Post hunc, Constantinum, ut diceret, admonuerunt. Atque ille primum quidem fidenti animo in certamen prodibat; veruntamen in aliorum opera intuenti, sua sibi parva prorsus & nullius pretii visa sunt. Duos enim tyrannos, si verum dicere oportet, de medio sustulerat: unum quidem imbel-

imbellem & ignavum; alterum, præterquam quod afflicta fortuna, etiam senectute confectum; utrumque vero Diis hominibusque maxime invisum. Præterea ejus in Barbaros gesta, erant ipsi parum decora, & ridicula. Tributa enim quodammodo pependerat, & delitias vitæque luxum spectarat. Itaque longo a Diis dissitus intervallo, hærebat in limine Lunæ, cujus amore tenebatur, totusque in eam intuens, de victoria nihil laborabat. Ubi vero ipsum dicere oportuit: His ego rebus, inquit, sum illis longe superior; Macedone, quod adversus Romanos, Germanicas & Scythicas gentes, non cum Asianis barbaris, bello conflixi; Cæsare & Octaviano, quod mihi res non fuit, sicut illis, contra probos & virtute præstantes viros; sed in crudelissimos & sceleratissimos tyrannos impetum feci. Et Trajano quidem rebus a me in debellandis tyrannis fortiter & prospere gestis merito præponi debeo: in quo vero eam quam acquisierat regionem recuperavi, haud abs re par judicarer, nisi quoque perdita recipere, quam parare, excellentius est. Marcus vero de seipso tacens, nobis omnibus primum honoris gradum cedit. Sed numquid nobis Adonidis hortos, inquit Silenus, tanquam egregia facinora, o Constantine, jactas & profers? Quinam sunt, quæso, inquit, isti, quos vocas Adonidis hortos? In quibus, ait ille, mulieres Veneris viro, fictilibus injecta terra olerum feraci, serunt ea quidem, quæ ubi brevi temporis spatio effloruerunt, statim viriditatem amittunt. Hæc audiens Constantinus, erubuit: quippe qui hæc adversus sua facta, tanquam hujusmodi essent, dici satis intelligeret.

Facto demum silentio, illi quidem expectare visi sunt, cui Dii suo suffragio primas partes adjudicarent. Hi vero censebant virorum consilia & animorum motus

A ἀπόλεμόν τε καὶ μαλθακόν· τὸν δὲ, ἄθλιόν τε καὶ διὰ τὸ γῆρας· ἀμφοτέρω δὲ θεοῖς τε καὶ ἀνθρώποις ἐχθίστω. Τά γε μὴν εἰς τοὺς βαρβάρους ἦν αὐτῷ γελοῖα. Φόρους γὰρ ὥσπερ ἐτετελέκει, καὶ πρὸς τὴν τρυφὴν ἀφεώρα. πόῤῥω δὲ εἱστήκει τῶν θεῶν αὐτὸς περὶ τὰ πρόθυρα τῆς Σελήνης· ἐρωτικῶς τε οὖν εἶχεν αὐτῆς, καὶ ὅλως πρὸς ἐκείνην βλέπων, οὐδὲν ἔ-
B μελε αὐτῷ περὶ τῆς νίκης. Ἐπεὶ δὲ ἐχρῆν καὶ αὐτὸν εἰπεῖν τι· Ταύτῃ τούτων κρείττων, ἔφη, εἰμὶ, τοῦ Μακεδόνος μὲν, ὅτι πρὸς Ῥωμαίους, καὶ τὰ Γερμανικὰ καὶ Σκυθικὰ γένη, καὶ οὐχὶ πρὸς τοὺς Ἀσιανοὺς βαρβάρους ἠγωνισάμην· Καίσαρος δὲ καὶ Ὀκταβιανοῦ, τῷ μὴ, καθάπερ οὗτοι, πρὸς καλοὺς καὶ ἀγαθοὺς πολίτας στασιάσαι· τοῖς μιαρωτάτοις δὲ καὶ πονηροτάτοις τυράννοις ἐπεξελθεῖν. Τραϊανοῦ δὲ, τοῖς μὲν κατὰ τῶν τυ-
C ράννων ἀνδραγαθήμασιν εἰκότως ἂν προτιμῴμην· τῷ δὲ ἣν οὗτος προσεκτήσατο χώραν ἀναλαβεῖν, ἴσως οὐκ ἂν ἀπεικότως νομιζοίμην· εἰ μὴ καὶ μεῖζόν ἐστι τὸ ἀνακτήσασθαι τοῦ κτήσασθαι. Μάρκος δὲ οὗτος σιωπῶν ὑπὲρ αὐτοῦ, πάντων ἡμῶν τῶν πρωτείων ἐξίσταται. Καὶ ὁ Σειληνός· ἀλλ' ἢ τοὺς Ἀδώνιδος κήπους ὡς ἔργα ἡμῖν, ὦ Κωνσταντῖνε, σαυτοῦ προσφέρεις; τί δὲ, εἶπεν, εἰσὶν οὓς λέγεις Ἀδώνιδος κή-
D πους; αἱ γυναῖκες, ἔφη, τῷ τῆς Ἀφροδίτης ἀνδρὶ φυτεύουσι ὀστρακίοις ἐπαμησάμεναι γῆν λαχανιάν· χλωρήσαντα δὲ ταῦτα πρὸς ὀλίγον, αὐτίκα ἀπομαραίνεται. Καὶ ὁ Κωνσταντῖνος ἠρυθρίασεν, ἄντικρυς ἐπιγνοὺς τοιοῦτον τὸ ἑαυτοῦ ἔργον.

Ἡσυχίας δὲ γενομένης, οἱ μὲν ἐῴκεσαν περιμένειν ὅτῳ θήσονται τὴν ὑπὲρ τῶν πρωτείων οἱ θεοὶ ψῆφον. οἱ δ' ᾤοντο δεῖν τὰς προαιρέσεις εἰς τὸ ἐμφανὲς τῶν ἀνδρῶν προάγειν, καὶ οὐκ ἐκ τῶν πεπραγμένων αὐτοῖς, ὧν ἡ τύχη μέτεστι τὸ πλεῖστον· καὶ πάντων αὐτῶν καταβοῶσα παρεστήκει, πλὴν Ὀκταβιανοῦ μόνου· τοῦτον δὲ εὐγνώμονα πρὸς ἑαυτὴν εἶναι ἔλεγεν. Ἔδοξεν οὖν τοῖς θεοῖς ἐπιτρέψαι καὶ τοῦτο τῷ Ἑρμῇ· καὶ ἔδοσαν αὐτῷ πρῶτον Ἀλεξάνδρου πυθέσθαι τί νομίζοι κάλλιστον, καὶ πρὸς τί βλέπων ἐργάσαιτο, καὶ πάθοι πάντα ὅσα ἐδεδράκει τε καὶ ἐπεπόνθει. Ὁ δὲ, ἔφη, τὸ πάντα νικᾷν. Εἶτα, εἶπεν ὁ Ἑρμῆς, οἴει σοι τοῦτο πεποιῆσθαι; καὶ μάλα, ἔφη ὁ Ἀλέξανδρος. Ὁ δὲ Σειληνὸς τωθαστικῶς μάλα γελάσας, ἀλλὰ ἐκράτουν γέ σου πολλάκις αἱ ἡμέτεραι θυγατέρες· αἰνιττόμενος τὰς ἀμπέλους, τὸν Ἀλέξανδρον οἷα δή τινα μέθυσον καὶ φίλοινον σκώπτων. Καὶ ὁ Ἀλέξανδρος ἅτε δὴ γέμων Περιπατητικῶν παρακουσμάτων· οὐ τὰ ἄψυχα, ἔφη, νικᾷν· οὐδὲ γὰρ ἀγὼν ἡμῖν πρὸς ταῦτα· ἀλλὰ πᾶν μὲν ἀνθρώπων, πᾶν δὲ θηρίων γένος. Καὶ ὁ Σειληνὸς, ὥσπερ οἱ θαυμάζοντες εἰρωνικῶς μάλα· ἰοὺ, ἰοὺ, ἔφη, τῶν διαλεκτικῶν κιγκλίδων· αὐτὸς δὲ ἡμῖν ἐν ποτέρῳ σαυτὸν θήσεις γένει τῶν ἀψύχων, ἢ τῶν ἐμψύχων τε καὶ ζώντων. Καὶ ὃς, ὥσπερ ἀγανακτήσας· εὐφήμει, ἔφη, ὑπὸ γὰρ μεγαλοψυχίας ὅτι δὴ καὶ θεὸς γενοίμην, μᾶλλον δ' εἴην, ἐπεπείσμην. Αὐτὸς οὖν, εἶπεν, ἡττήθης σεαυτοῦ πολλάκις, ὀργῆς, ἢ λύπης, ἢ τινος τοιούτου τὸν νοῦν καὶ τὰς φρένας ἥττω καὶ χείρω ποιήσας. Ἀλλ' αὐτὸν ἑαυτοῦ, εἶπεν ὁ Ἀλέξανδρος, κρατεῖν καὶ ἡττᾶσθαι ὁμωνύμως· ἐμοὶ δὲ ἦν ὑπὲρ τῶν πρὸς

Vet. ὅσαπερ δεδράκει τε καὶ πεπόνθει.

A in apertum proferri oportere: neque ex eorum rebus gestis de his judicium faciendum, quorum fortuna maximam partem sibi vendicabat: quæ quidem adfuerat, illos omnes clamore insectans & explodens, præterquam Octavianum, quem solum benevolo in ipsam animo esse dicebat. Itaque Diis visum est de hac re Mercurium admonere; eique datum negotium, ut Alexandrum primum sciscitaretur, quid existimaret pulcherrimum, & quo præcipue B spectans, eas res, quas gesserat, gessisset, tantosque labores suscepisset, quantos susceperat? Ille vero respondit: Ut omnia vincerem. Deinde Mercurius: Tene vero putas hoc assecutum? Maxime, inquit Alexander. Hic vero Silenus cum mordaci irrisione: Imo vero sæpius, inquit, nostræ filiæ te potentiores extiterunt: vineas obscure significans, simul & Alexandrum, C tanquam ebrietati deditum & vini amatorem carpens. Cui Alexander, quippe qui præceptis Peripateticorum abundaret: inanimata non vincere, respondit; nullum enim nobis certamen cum illis esse, sed cum hominum aut brutorum genere. Huic Silenus, vehementer admirantium more valde simulanter: oh, oh, o dialecticorum effugia! Te vero an inter inanimata, aut a D nimata & vita fruentia repones? Et ille tanquam indignatus: Bene ominare, inquit; etenim propter animi magnitudinem me Deum fore, imo esse, persuasum habui. Tu igitur, inquit, a te ipso sæpenumero victus es, cum ira, aut ægritudine, aut alia hujusmodi perturbatione, mentem animumque tuum infirmiorem aut imbecilliorem præstitisti. Sed aliquem, inquit Alexander, seipsum vincere, aut a seipso vinci, æquivoce de uno eodemque dicitur. Mihi

Mihi vero de victoria, quæ adversus alios A obtinetur, sermo est. Papæ! inquit Silenus, ut nostras argutias & cavillationes refellis! Sed apud Indos vulneratus, cum te Peucestes circumstabat, tuque animam exhalans, urbe eductus es; utrum, inquam, inferior eo qui tibi vulnus intulit, extitisti; an eum etiam vicisti? Neque solum ipsum, respondit Alexander, sed & ipsam civitatem quoque dirui. Minime vero tu beate, inquit Silenus, quippe jacebas, quemadmodum Hector ille Homericus, sensim deficiens & animam agens; alii vero pugna- B bant & vincebant. Nempe nobis ducibus hoc fiebat, inquit Alexander. Qui fieri poterat, inquit Silenus, ut te sequerentur, cum parum abesset quin mortuus esses? Deinde ex Euripide hæc cecinit:

Male quam positum est in more apud Græcos,
Cum exercitus tropæa de hostibus ponit.

Ad hæc Dionysius: Desine, inquit, o pa- C tercule, ista loqui, ne te eodem iste, quo Clitum, malo afficiat. Itaque Alexander erubescens simul & quodammodo oculis lacrymis suffusis, obmutuit: atque is huic sermoni finis est impositus. At Mercurius Cæsarem deinde interrogavit: Tibi vero inquit, o Cæsar, quisnam fuit vitæ propositus scopus? Et ille: Primas inter mei temporis homines ferre, neque cuiquam D esse aut censeri secundus. Hoc est paulo obscurius, inquit Mercurius. Utrum enim prudentia, an dicendi facultate, an reipublicæ gubernandæ peritia, an virtute militari, præstare voluisti? Cui Cæsar: Ego vero omnes in omni re excellere jucundum ducebam; cujus rei cum compos esse non possem, quod proximum erat, apud meos

ἀλλ' ὡς ὁ λόγος. Βαβαὶ τῆς διαλεκτικῆς, εἶπεν, ὅπως ἡμῶν τὰ σοφίσματα διελέγχεις. ἀλλ' ἡνίκα, εἶπεν, ἐν Ἰνδοῖς ἐτρώθης, καὶ ὁ Πευκέστης ἔκειτο περὶ σὲ, σὺ δὲ ἐξῆγες ψυχορραγῶν τῆς πόλεως, ἆρα ἥττων ἦσθα τοῦ τρώσαντος, ἢ καὶ ἐκεῖνον ἐνίκας; Οὐκ ἐκεῖνον, ἔφη, μόνον· ἀλλὰ καὶ αὐτὴν ἐξεπόρθησα τὴν πόλιν. οὐ σύγε, εἶπεν, ὦ μακάριε· σὺ μὲν γὰρ ἔκεισο, κατὰ τὸν Ὁμηρικὸν Ἕκτορα, ὀλιγοδρανέων καὶ ψυχορραγῶν· οἱ δὲ ἠγωνίζοντο καὶ ἐνίκων. ἡγουμένων ἡμῶν, εἶπεν ὁ Ἀλέξανδρος. καὶ ὁ Σιληνός· πῶς" σοί γε ἐφέπεσθαι μικροῦ νεκροῦ; πῶς " οἵ γε φέρεσθαι μικροῦ νεκρός, εἶτα ᾖδε τῶν ἐξ Εὐριπίδου,

Οἴμοι, καθ' Ἑλλάδα ὡς κακῶς νομίζεται,
Ὅταν τρόπαια πολεμίων στήσῃ στρατός.

Καὶ ὁ Διόνυσος· παῦσαι, εἶπεν, ὦ παππίδιον, τοιαῦτα λέγων· μή σε οὗτος ὁποῖα τὸν Κλεῖτον ἔδρασεν, ἐργάσηται. Καὶ ὁ Ἀλέξανδρος ἐρυθριάσας τε ἅμα, καὶ ὥσπερ συγχυθεὶς ὑπὸ τῶν δακρύων τὰ ὄμματα, ἐσιώπα. καὶ ὅδε μὲν ὧδε ἔληξεν ὁ λόγος. Ὁ δὲ Ἑρμῆς ἤρετο πάλιν τὸν Καίσαρα· σοὶ δὲ, εἶπεν, ὦ Καῖσαρ, τίς ἐγένετο σκοπὸς τοῦ βίου; τὸ πρωτεύειν, ἔφη, τῶν ἐμαυτοῦ, καὶ μηδενὸς εἶναι μή τε νομίζεσθαι δεύτερον. τοῦτο, εἶπεν ὁ Ἑρμῆς, ἀσαφές ἐστι. " πότερον κατὰ σοφίαν, ἢ τὴν ἐν τοῖς λόγοις δεινότητα, ἢ πολεμικὴν ἐμπειρίαν, ἢ πολιτικὴν δύναμιν; Ἦν μὲν οὖν, ἔφη ὁ Καῖσαρ, ἡδύ μοι τῶν πάντων ἐν πᾶσιν εἶναι πρῶτον· τούτου δὲ οὐ δυνάμενος ἐπιτυχεῖν, τὸ δύνασθαι μέγιστον παρὰ τοῖς ἐμαυ-

Ins. σοί γε ἐφέπεσθαι μικροῦ νεκρῷ; Euripid. Andromach. v. 693 &c.

Ins. [illegible]

τοῖς πολίταις ἐζήλωσα. Σὺ δὲ, εἶπεν, ἠδυνήθης τι μέγα πρὸς αὐτοὺς, ὁ Σειληνός; Καὶ ὅς, πάνυ γε, ἔφη. κύριος γοῦν αὐτῶν ἐγενόμην. Ἀλλὰ τοῦτο μὲν, εἶπεν, ἐδυνάσθης· ἀγαπηθῆναι δὲ ὑπ' αὐτῶν οὐχ οἷός τε ἐγένου· καὶ ταῦτα πολλὴν μὲν ὑποκρινάμενος, ὥσπερ ἐν δράματι καὶ σκηνῇ, φιλανθρωπίαν, αἰσχρῶς δὲ αὐτοὺς πάντας κολακεύων. Εἶτα οὐκ ἀγαπηθῆναι δοκῶ, εἶπεν, ὑπὸ τοῦ δήμου τοῦ διώξαντος Βροῦτον καὶ Κάσσιον; Οὐκ ἐπειδή σε ἀπέκτειναν, ἔφη· διὰ τοῦτο γὰρ αὐτοὺς ὁ δῆμος ἐψηφίσατο εἶναι ὑπάτους· ἀλλὰ διὰ τὸ ἀργύριον, ἐπειδὴ τῶν διαθηκῶν ἀκροασάμενοι, μισθὸν ἑώρων τῆς ἀγανακτήσεως αὐτοῖς οὐ τὸν τυχόντα προσγεγραμμένον. Λήξαντος δὲ καὶ τοῦδε τοῦ λόγου, τὸν Ὀκταβιανὸν αὖθις ὁ Ἑρμῆς ἐκίνει· σὺ δὲ, εἶπεν, οὐκ ἐρεῖς ἡμῖν τί κάλλιστον ἐνόμιζες εἶναι; Καὶ ὅς, βασιλεῦσαι, εἶπεν, καλῶς. Τί δὲ ἐστι τὸ καλῶς, ὦ Σεβαστὲ, φράσον, ἐπεὶ τοῦτό γε ἔξεστι καὶ τοῖς πονηροτάτοις λέγειν. ᾤετο γοῦν καὶ ὁ Διονύσιος καλῶς βασιλεύειν· καὶ ὁ τούτου μιαρώτερος Ἀγαθοκλῆς. Ἀλλ' ἴστε, εἶπεν, ὦ θεοὶ, ὡς προπέμπων τὸν θυγατριδοῦν ηὐξάμην ὑμῖν τόλμαν μὲν αὐτῷ δοῦναι τὴν Καίσαρος, δεινότητα δὲ τὴν Πομπηΐου, τύχην δὲ τὴν ἐμήν. Πολλὰ, εἶπεν, ὁ Σειληνὸς, καὶ θεῶν ὄντως σωτήρων ἔργα δέοντα συνεφόρησεν οὗτος ὁ κοροπλάστης. Εἶτα, ἔφη, διὰ τί τοῦτο τὸ ὄνομά μοι γελοῖον οὕτως ἔθου; Ἦ γὰρ οὐκ ἔπλαττες ἡμῖν, εἶπεν, ὥσπερ ἐκεῖνοι τὰς νύμφας, ὦ Σεβαστὲ, θεούς; ὧν ἕνα καὶ πρῶτον τουτονὶ Καίσαρα. Καὶ

A cives plurimum posse contendi. Plurimumne igitur apud eos valuisti? quæsivit Silenus. Maxime, respondit Cæsar, quippe qui eis dominatus sim. Atque illud quidem assecutus es, inquit Silenus: sed ut ab eis ex animo diligereris, obtinere non potuisti, licet ad multam humanitatem, ut in fabula & in scena, omnibus turpiter adulans, te effinxeris & simularis. Nonne, B inquit, a populo dilectus videor, qui Brutum & Cassium sit persecutus? Haud equidem propterea quod te occiderant, inquit Silenus: ob id enim populus eos suis suffragiis creavit Consules; sed nummorum gratia simul atque tuum testamentum audierunt, & adscriptam non vulgarem mercedem singulis quibusque, qui eos odio haberent, perspexerunt. Postquam & hic sermo quoque finitus est, Octavianum C deinceps Mercurius interpellabat: Et tu nobis non dicis, quid pulcherrimum esse duxeris? Et ille: pulchre imperium administrare. Quid vero illud est, pulchre? explicato, o Auguste, inquit Silenus, quandoquidem & idem profiteri pessimis quibusque licet: etenim se quoque pulchre regnare existimabat Dionysius, & illo sceleratior Agathocles. Sed scitis, ait ille, o Dii, quemadmodum nepotem meum a me dimittens, precibus a vobis contenderim, D ut illi tribueretis fortitudinem Cæsaris, gravitatem Pompeji, & meam fortunam. Multa quidem, inquit Silenus, Deorum revera salutarium simulacra affabre facta congessit iste pupparum effector. Cur hoc nomen ridiculum, Octavianus ait, mihi imposuisti? Cui ille: Numquid, o Auguste, quemadmodum illi Nymphas, tu quoque nobis Deos effinxisti, quorum unum & primum hunc Cæsarem? Tum Octavia-

Octavianus tanquam pudore suffusus, conticuit. Et Mercurius ad Trajanum conversus: Tu vero fare, quid animo tuo reputans ea gesseris quæ gessisti? Eadem, inquit ille, quæ hic Alexander, sed moderatius concupivi. Quare igitur, inquit Silenus, ignobilissimis perturbationibus succubuisti? ille enim ab ira, tu a turpi & fœdissima voluptate victus es. Abi in malam rem, inquit Dionysius. Tu enim dum eos dicteriis lacessis, perficis ut nihil quicquam de B suis rebus disserere possint. Sed jam tu ab istis irridendis obstinero, & adverte qua ratione Marcum culpabis & reprehendes. Videtur enim mihi quodammodo esse vir, secundum Simonidem, quadratus, & sine vituperio compositus. Et Mercurius in Marcum intuitus: Tibi, inquit, o venerande, quis pulcherrimus vitæ finis esse visus est? Cui ille graviter admodum & moderate: Deos, inquit, imitari. Visa est statim hæc responsio non modo non ignobilis, sed etiam omnia complectens. Neque vero Mercurius quicquam amplius inquirere volebat; quod facile in animum induceret suum, omnia Marcum consentanea responsurum. Idem quoque reliquis Diis videbatur. Solus Silenus: Per Dionysium, inquit, ab hoc sophista non temperabo. Quid enim olim comedisti & bibisti, non quemadmodum nos ambrosiam D & nectar, tu quoque panem & vinum? Sed non, inquit ille, quo Deos imitari me putarem, idcirco cibum & pocula attigi. Corpus quidem meum nutrivi, falso fortasse, sed tamen persuasus vestra quoque corpora alimento ab exhalationibus expresso indigere. Non tamen hac in re vos imitandos, sed mente animoque exi-

A ὁ μὲν Ὀκταβιανὸς ὥσπερ δυσωπούμενος, ἐσιώπησεν. Ὁ δὲ Ἑρμῆς πρὸς τὸν Τραϊανὸν βλέψας· σὺ δὲ, εἶπε, τί διανοούμενος ἔπραττες ὅσαπερ ἔπραξας; Τῶν αὐτῶν Ἀλεξάνδρῳ σωφρονέστερον, εἶπεν, ὠρέχθην. Καὶ ὁ Σειληνός· ἡττήθης οὖν, εἶπε, σὺ τῶν ἀγεννεστέρων. ὁ μὲν γὰρ θυμοῦ τὸ πλεῖστον ἥττων ἦν· σὺ δὲ αἰσχρᾶς ἡδονῆς καὶ ἐπονειδίστου. Βάλλ' εἰς μακαρίαν, εἶπεν ὁ Διόνυσος· B ἐπιτωθάζεις σὺ πάντας αὐτοὺς, καὶ ποιεῖς οὐδὲν ὑπὲρ ἑαυτῶν λέγειν. ἀλλ' ἀπ' ἐκείνων ἔχει σοὶ καλὰ χώραν τὰ σκώμματα· πρόσεχε δὲ νῦν ὅπως ἀντιλήψῃ τοῦ Μάρκου. δοκεῖ γάρ εἶναί μοί τις ἀνὴρ, κατὰ τὸν Σιμωνίδην, τετράγωνος ἄνευ ψόγου τετυγμένος. Καὶ ὁ Ἑρμῆς βλέψας πρὸς τὸν Μάρκον· σοὶ δὲ, εἶπεν, ὦ Σεβῆρε, τί κάλλιστον ἐδόκει τοῦ βίου τέλος εἶναι; Καὶ C ὃς ἠρέμα καὶ σωφρόνως· τὸ μιμεῖσθαι, ἔφη, τοὺς θεούς. Ἔδοξεν μὲν οὖν εὐθέως ἡ ἀπόκρισις οὐκ ἀγεννὴς, ἀλλὰ καὶ τοῦ παντὸς ἀξία. Ἀλλὰ καὶ ὁ Ἑρμῆς οὐκ ἐβούλετο πολυπραγμονεῖν, πεπεισμένος ὅτι πάντα ὁ Μάρκος ἀκολούθως ἐρεῖ. Τοῖς μὲν οὖν ἄλλοις θεοῖς ἐδόκει ταύτῃ· μόνος δὲ ὁ Σειληνός· ἀλλ' οὐ μὰ τὸν Διόνυσον, ἀνέξομαι τούτου τοῦ σοφιστοῦ· τί δή ποτε γὰρ ἤσθιες, εἶπε, καὶ ἔπινες; οὐχ ὥσπερ D ἡμεῖς ἀμβροσίας τε καὶ νέκταρος, ἄρτου δὲ καὶ οἴνου; Ἀλλ' ἔγωγε, εἶπεν, οὐχ ᾗπερ ᾤμην τοὺς θεοὺς μιμεῖσθαι, ταύτῃ προσεφερόμην σιτία καὶ ποτά· τὸ σῶμα δὲ ἔτρεφον, ἴσως μὲν ψευδῶς, πειθόμενος δὲ ὅτι καὶ τὰ ὑμέτερα σώματα δεῖται τῆς ἐκ τῶν ἀναθυμιάσεων τροφῆς· πλὴν οὐ κατὰ ταῦτά γε ὑμᾶς εἶναι μιμητέους, ἀλλὰ κατὰ τὴν διάνοιαν, ὑπέλαβον.

λαβών. Ὀλίγον ὁ Σειληνὸς, ὥσπερ ὑπὸ πύκτου δεξιοῦ πληγείς· εἴρηται μέν σοι τοῦτο, εἶπε, τυχὸν οὐκ
ἀντὶ τοῦ τοῦτο. Voss. ἀτόπως· ἐμοὶ δὲ, ἔφη, ˮ τὸν φράσον· τί ποτε ἐνόμιζες εἶναι τὴν τῶν θεῶν μίμησιν; Καὶ ὅς· δεῖσθαι μὲν ἐλαχίστων, εὖ ποιεῖν δὲ ὡς ὅτι μάλιστα πλείστους. Μῶν οὖν, εἶπεν, οὐδενὸς ἐδέου; Καὶ ὁ Μάρκος· ἐγὼ μὲν οὐδενός, ἴσως δὲ τὸ σωμάτιόν μου μικρῶν. Δόξαντος οὖν καὶ τοῦτο ὀρθῶς εἰρῆσθαι B τῷ Μάρκῳ, τὸ τέλος ἀπορούμενος ὁ Σειληνὸς ἐπιφύεται τοῖς περὶ τὸν παῖδα, καὶ τὴν γαμετὴν αὐτῷ δοκοῦσιν οὐκ ὀρθῶς, οὐδὲ κατὰ λόγον πεποιῆσθαι· τὴν μὲν, ὅτι ταῖς Ἡρωΐναις ἐνέγραψε· τῷ δὲ, ὅτι τὴν ἡγεμονίαν ἐπέτρεψεν. Ἐμιμησάμην, εἶπε, καὶ
Iliad. I. v. 342. κατὰ τοῦτο τοὺς θεούς. Ὁμήρῳ μὲν γὰρ ἐπειθόμην λέγοντι περὶ τῆς γαμετῆς, ὅτι ἄρα, ὅστις ἀγαθὸς καὶ ἐχέφρων, C τὴν αὐτοῦ φιλέει, καὶ κήδεται. περὶ δὲ τοῦ παιδὸς, αὐτοῦ τοῦ Διὸς ἀπόφα-
Iliad. E. v. 897. Voss. ἐβέβλησο τῷ σιν ἔχων. αἰτιώμενος γὰρ τὸν Ἄρεα, πάλαι ἄν, εἶπεν, ˮ ἐβεβλήμην σε τῷ κεραυνῷ, εἰ μὴ, διὰ τὸ παῖδά σε εἶναι, ἠγάπων. ἄλλως τε καὶ οὐδὲ ᾤμην ἐγὼ τὸν παῖδα πονηρὸν οὕτως ἔσεσθαι. Εἰ δὲ ἡ νεότης ἐφ' ἑκάτερα μεγάλας ποιουμένη ῥοπὰς, ἐπὶ τὸ χεῖρον ἠνέχθη, οὐχὶ πονηρῷ τὴν ἡγεμονίαν ἐπέτρεψα· συνηνέχθη δὲ τὸν λα- D βόντα πονηρὸν γενέσθαι. Τά οὖν περὶ τὴν γυναῖκα, πεποίηταί μοι κατὰ ζῆλον Ἀχιλλέως τοῦ θείου· καὶ τὰ περὶ τὸν παῖδα, κατὰ μίμησιν τοῦ μεγίστου Διός, ἄλλως τε
Voss. δῆτα καὶ οὐδὲν καινοτομήσαντι. Παισί τε γὰρ νόμιμον ἐπιτρέπειν τὰς διαδοχὰς, καὶ τοῦτο ἅπαντες εὔχονται.
Voss. ὧν τε ˮ τὴν δὲ γαμετὴν οὐκ ἐγὼ πρῶτος, ἀλλὰ μετὰ πολλοὺς ἄλλους, ἐτίμη-

A stimavi. Hic parum subsistens Silenus, tamquam a perito pugile ictus: Hoc fortasse, inquit, a te dictum est non omnino absurde; sed hoc mihi dicito, inquit: Quid quondam existimasti esse Deorum imitationem? At ille: Quampaucissimis indigere, & quamplurimis benefacere. Tu vero, inquit Silenus, nullane re indiguisti? Ego quidem, inquit Marcus, nulla: hoc vero meum corpus fortasse quampaucissimis. B Quæ cum Marcus quoque prudenter dixisse videretur, tandem animi dubius Silenus, accusat & urget ea quæ sibi videbantur a Marco, quantum ad uxorem & filium, non recte neque ex ratione gesta: hanc, quod heroinis adscripsit; huic vero, quod imperium commisit. Et hac quoque in re, inquit, Deos sum imitatus. Etenim Homero de uxore dicenti obtemperavi: unumquemque bonum & prudentem virum C suam uxorem diligere, & magni facere. De filio quoque Jovis sententiam habeo; qui Martem objurgans: Pridem, inquit, te fulmine præcipitem dedissem, nisi, quia meus es filius, te amarem. Neque ego alioquin unquam filium meum tam improbum futurum suspicatus sum. Quod si adolescentia, magnis in utramque partem inclinationibus agitari solita, ad deteriora flexit, nondum sane corrupto & depravato D imperium demandavi. Contigit autem ipsum, post acceptum imperium, perversum fieri. Quæcunque igitur uxori præstiti, ea ex Achillis divini sententia & approbatione: & quæ filio, maximi Jovis imitatione, feci: quamvis alioquin nihil quicquam novi moris hac in re introduxi. In more enim positum est, ad filios omnia sua per successionem deferre, & hoc omnes in votis habent. Neque vero ego primus uxorem meam, sed post multos alios honore

nore affeci. Fortasse hoc primum instituisse facere, est a ratione alienum. Verum his, quæ a multis fieri solent, conjunctissimos privare, proxime ad iniquitatem accessisset. Sed nescio quomodo mei oblitus longiore apud vos, qui ea omnia nostis, defensione utor, o Jupiter & Dii. Quapropter vos hujusce temeritatis mihi veniam indulgete. Ubi finem hic loquendi fecit, Constantinum Mercurius interrogavit: Tu vero, quid pulchrum statuisti? Postquam multa paraveris, inquit, multa suis & amicorum cupiditatibus inservientem, largiri. In risum effusissime solutus Silenus: Tu qui jam nummularius esse vis, ait, num tibi venit in mentem, te conviviorum instructoris & exornandæ comæ artificis vitam egisse? Atque hæc omnia olim quidem tua coma & vultus satis indicabant, nunc quoque ea, quam protulisti, sententia arguit. Hoc igitur dicto, Silenus hunc acerbius quodammodo pupugit. Facto vero silentio Dii clanculum suffragia inibant; & multa quidem Marcus tulit, Jupiter vero secreto cum patre deliberatione habita Mercurio *promulgare* imperavit. Itaque ille ad hunc modum edixit: Viri, qui ad hoc certamen venistis, leges & judicia apud nos sunt hujusmodi, ut qui vicerit, lætetur; neque eo nomine victo insultet, aut exprobrando molestus sit. Abite igitur, inquit, Diis ducibus, quocunque libuerit, & dehinc hic victuri, unusquisque vestrum sibi præsidem & ducem adoptet. Post hoc præconium, Alexander properavit ad Herculem, Octavianus ad Apollinem, Marcus vero Saturno & Jovi utrique tenaciter adhærebat. At multum errantem; & huc & illuc cursitantem Julium Cæsarem, Mars magnus misericordia motus, & Venus ad se vocarunt. Trajanus autem ad Alexandrum accurrit, tanquam eodem loco, quo ille, sessurus. Sed Constantinus, cum inter

A σα· ἴσως δὲ τὸ μὲν ἄρξασθαι τῶν τοιούτων, ἐστὶν οὐκ εὔλογον· τὸ δὲ ἐπὶ πολλῶν γενόμενον, τοὺς οἰκειοτάτους ἀποστερεῖν, ἐγγὺς ἀδικίας. Ἀλλ' ἔλαθον ἐμαυτὸν ἐγὼ μακρότερος ἀπολογούμενος πρὸς εἰδότας ὑμᾶς, ὦ Ζεῦ καὶ θεοί· διόπερ μοι τῆς προπετείας ταυτησὶ συγγνώμονες γένεσθε. Παυσαμένου δὲ καὶ τοῦδε τοῦ λόγου, τὸν Κωνσταντῖνον ὁ Ἑρμῆς ἤρετο· σὺ δὲ τί B καλὸν ἐνόμισας; πολλὰ, εἶπε, κτησάμενον, πολλὰ χαρίσασθαι, ταῖς τε ἐπιθυμίαις ταῖς ἑαυτοῦ, καὶ ταῖς τῶν φίλων ὑπουργοῦντα. Ἀνακαγχάσας οὖν μέγα ὁ Σειληνὸς, ἀλλ' ἢ τραπεζίτης, ἔφη, θέλων εἶναι, ἐλελήθεις σεαυτὸν, ὀψοποιοῦ καὶ κομμωτρίας βίον ἔχων. ᾐνίττετο δὲ αὐτὰ, πάλαι μὲν, ἥ τε κόμη καὶ τὸ εἶδος, ἀτὰρ νῦν καὶ ἡ γνώμη σοῦ κατηγορεῖ. Τοῦτον μὲν οὖν ὁ Σειληνὸς πικρότερόν πως καθήψατο. Σιωπῆς δὲ γενομέ- C νης, ἔφερον οἱ θεοὶ λάθρα τὰς ψήφους. εἶτα ἐγένοντο πολλαὶ τῷ Μάρκῳ. Κοινολογησάμενος δὲ ὁ Ζεὺς ἰδίᾳ πρὸς τὸν πατέρα, προσέταξε κηρύξαι τῷ Ἑρμῇ. Ὁ δὲ ἐκήρυττεν· Ἄνδρες, οἱ παρελθόντες ἐπὶ τουτονὶ τὸν ἀγῶνα, νόμοι παρ' ἡμῖν εἰσὶ, καὶ κρίσεις τοιαῦται γίνονται, ὥστε καὶ τὸν νικῶντα χαίρειν, καὶ τὸν ἡττώμενον μὴ μέμφεσθαι. Πορεύεσθε οὖν, εἶπεν, ὅποι φίλον ἑκάστῳ, ὑπὸ θεοῖς ἡγεμόσι, καὶ D βιωσόμενοι τὸ ἐντεῦθεν· ἑλέσθω δὲ ἕκαστος ἑαυτῷ τὸν προστάτην τε, καὶ ἡγεμόνα. Μετὰ τὸ κήρυγμα τοῦτο, ὁ μὲν Ἀλέξανδρος ἔθει πρὸς τὸν Ἡρακλέα· Ὀκταβιανὸς δὲ πρὸς τὸν Ἀπόλλωνα· ἀμφοῖν δὲ ἀπρὶξ εἴχετο τοῦ Διὸς, καὶ Κρόνου Μάρκος. πλανώμενον δὲ πολλὰ, καὶ περιτρέχοντα τὸν Καίσαρα, κατελεήσας ὁ μέγας Ἄρης, ἥ τε Ἀφροδίτη, παρ' ἑαυτοὺς ἐκαλεσάτην. Τραϊανὸς δὲ παρὰ τὸν Ἀλέξανδρον ἔθει, ὡς

ἐκείνῳ

ἐκείνῳ συγκαθεδούμενος· ὁ δὲ Κωνστάντιος, οὐχ εὑρίσκων ἐν θεοῖς τοῦ βίου τὸ ἀρχέτυπον, ἐγγύθεν τὴν Τρυφὴν κατιδὼν, ἔδραμε πρὸς αὐτήν. Ἡ δὲ ὑπολαβοῦσα μαλακῶς, καὶ περιβαλοῦσα τοῖς πήχεσι, πέπλοις τε αὐτὸν ποικίλοις ἀσκήσασα, καὶ καλλωπίσασα, πρὸς τὴν Ἀσωτίαν ἀπήγαγεν. ἵνα καὶ τὸν υἱὸν εὑρὼν ἀναστρεφόμενον, καὶ

ſ. [illegible] "προσαγορεύοντα πᾶσιν· Ὅστις φθορεὺς, ὅστις μιαιφόνος, ὅστις ἐναγὴς καὶ βδελυρὸς, ἴτω θαῤῥῶν, ἀποφανῶ γὰρ αὐτὸν τῳδὶ τῷ ὕδατι λούσας, αὐτίκα καθαρόν. κἂν πάλιν ἔνοχος τοῖς αὐτοῖς γένηται, δώσω τὸ στῆθος πλήξαντι, καὶ τὴν κεφαλὴν πατάξαντι, καθαρῷ γενέσθαι. Ὁ δὲ σφόδρα ἄσμενος ἐνέτυχεν αὐτῇ, συνεξαγαγὼν τῆς τῶν θεῶν ἀγορᾶς τοὺς παῖδας. Ἐπέτριβον δὲ αὐτὸν, κἀκείνους οὐχ ἧττον, τῆς ἀθεότητος οἱ παλαμναῖοι δαίμονες, αἱμάτων συγγενῶν τινύμενοι δίκας, ἕως ὁ Ζεὺς διὰ τὸν Κλαύδιον, καὶ Κωνστάντιον, ἔδωκεν ἀναπνεῦσαι. "Σοὶ δὲ, πρὸς ἐμὲ λέγων ὁ Ἑρμῆς, δέδωκα τὸν πατέρα Μίθραν ἐπιγνῶναι· σὺ δὲ αὐτοῦ τῶν ἐντολῶν ἔχου, πεῖσμα καὶ ὅρμον ἀσφαλῆ, ζῶντί τε σεαυτῷ παρασκευάζων, καὶ ἡνίκα ἂν" ἐνθένδε ἀπιέναι δέῃ, μετὰ τῆς ἀγαθῆς ἐλπίδος, ἡγεμόνα θεὸν εὐμενῆ" καθιστὰς σεαυτῷ.

[illegible marginal notes]

A Deos vitæ ſuæ exemplar & archetypum non reperiret, proximam ſibi deliciarum Deam cernens, ad eam ſe contulit. Quæ ipſum molliter ſuſcipiens, & ulnis fovens, muliebribus veſtibus multa varietate nitentibus adornatum & comtum ad *Luxuriam* deduxit. *Quo in loco ille etiam filium ſuum reperit morantem, omnibusque hæc denunciantem: Quisquis mulierum corruptor, quisquis homicida eſt, quisquis piaculo aut execrando ſcelere ſe obſtrinxit, fidenter* B *huc adito. Etenim ſimul atque hac aqua ablutus fuerit, illico ego eum purum reddam. Quod ſi iisdem rurſus ſe flagitiis contaminarit, efficiam uti, tunſo pectore & capite percuſſo, expietur.* Ille autem huic Deæ valde libenter adhæſit, ſecum una quoque filios a cœtu Deorum abducens. Dii vero impietatis vindices ipſum, ut & ejus filios cruciabant, ſanguinis cognatorum fuſi pœnas exigentes, donec Jupiter in Claudii & Conſtantii gratiam a malis re- C ſpirare conceſſit. Tibi autem, Mercurius ad me ſermonem dirigens inquit, feci ut Solem patrem cognoſceres. Tu vero ejus præceptis obtemperato, illum tibi tutum portum & perfugium, dum in vivis agis comparans, & quando oportebit hinc excedere, cum bona ſpe tibi Deum propitium ducem conſtitue.

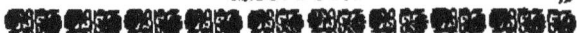

ΙΟΥΛΙΑΝΟΥ ΤΟΥ ΑΥΤΟΚΡΑΤΟΡΟΣ ΜΙΣΟΠΩΓΩΝ, Η ΑΝΤΙΟΧΙΚΟΣ

JVLIANI IMP. MISOPOGON, VEL ANTIOCHENSIS.

Interprete PETRO MARTINIO.

NACREON Poëta multa fecit carmina gravia & lepida, quoniam ei Fata ludendi facultatem obtulere. At Alcæo, & Archilocho Pario, non dedit Deus Musas ad amœnitatem voluptatemque convertere. Nam cum varias injurias & molestias perpeti cogerentur, ad id Musis suis utebantur: ita leviora reddebant quæcunque Deus ipsis dederat, sua erga adversarios maledicentia. At mihi lex vetat (sicut & cæteris, opinor, omnibus) nominatim eos accusare, qui nulla injuria affecti, tamen inimici sponte esse volunt. Carminum præterea musicam mihi detrahit, quæ apud liberales animos hodie valet, disciplinæ consuetudo. Turpe siquidem videtur nunc musicam *colere*, quemadmodum olim malis artibus esse locupletem. Attamen non idcirco Musarum præsidio, quoad potero, abstinebo. Enimvero Barbaros eos, qui trans Rhenum incolunt, vidi rustica carmina verbis facta similibus clangorum, quos aspere clamantes aves edunt, studiose amplecti, & carminibus dele-

A 

NAKPEONTI τῷ ποιητῇ πολλὰ ἐποιήθη μέλη σεμνά καὶ χαρίεντα· τρυφᾶν γὰρ ἔλαχεν ἐκ μοιρῶν. Ἀλκαίῳ δ' οὐκέτι, οὐδ' Ἀρχιλόχῳ τῷ Παρίῳ, τὴν μοῦσαν ἔδωκεν ὁ θεὸς εἰς εὐφροσύνας καὶ ἡδονὰς τρέψαι· μοχθεῖν γὰρ ἄλλοτε ἄλλως ἀναγκαζόμενοι, τῇ μουσικῇ πρὸς τοῦτ' ἐχρῶντο, κουφότερα ποιοῦντες αὑτοῖς ὅσα ὁ δαίμων ἐδίδου, τῇ εἰς B τοὺς ἀδικοῦντας λοιδορίᾳ. Ἐμοὶ δὲ ἀπαγορεύει ὁ νόμος ἐξ ὀνόματος (ὥσπερ, οἶμαι, καὶ ἅπασι τοῖς ἄλλοις) αἰτιᾶσθαι τοὺς ἀδικουμένους μὲν οὐδὲν, εἶναι δ' ἐπιχειροῦντας δυσμενεῖς. Ἀφαιρεῖται δὲ τὴν ἐν τοῖς μέλεσι μουσικὴν, ὁ νῦν ἐπικρατῶν ἐν τοῖς ἐλευθέροις τῆς παιδείας τρόπος. αἴσχιον γὰρ εἶναι δοκεῖ νῦν μουσικὴν ἐπιτηδεύειν, ἢ πάλαι ποτὲ ἐδόκει τὸ πλουτεῖν ἀδίκως. οὐ μὴν ἀφέξομαι διὰ τοῦτο τῆς ἐμοὶ δυνατῆς ἐκ μουσῶν ἐπικουρίας. C Ἐθεασάμην τοι καὶ τοὺς ὑπὲρ τὸν Ῥῆνον βαρβάρους ἄγρια μέλη λέξει πεποιημένα παραπλήσια τοῖς κρωγμοῖς τῶν τραχὺ βοώντων ὀρνίθων ᾄδοντας, καὶ

καὶ εὐφραινομένους ἐν τοῖς μέλεσιν. εἰώθασι γάρ, οἶμαι, συμβαίνειν τοῖς φαύλοις τὴν μουσικήν, λυπηροῖς μὲν τοῖς θεαταῖς, φύσει δ᾽ αὐτοῖς ἡδίστοις. Ὃ δὴ καὶ αὐτὸς συννοήσας, εἴωθα πρὸς ἐμαυτὸν λέγειν, ὅπερ ὁ Ἰσμηνίας, οὐκ ἀπὸ τῆς ἴσης μὲν ἕξεως, ἀπὸ δὲ τῆς ὁμοίας, ὡς ἐμαυτὸν πείθω, μεγαλοφροσύνης· ὅτι ταῖς Μούσαις ᾄδω, καὶ ἐμαυτῷ. τὸ δ᾽ ᾆσμα πεζῇ μὲν λέξει πεποίηται, λοιδορίας δ᾽ ἔχει πολλὰς καὶ μεγάλας, οὐκ εἰς ἄλλους μὰ Δία· πῶς γάρ, ἀπαγορεύοντος τοῦ νόμου; εἰς δὲ τὸν ποιητὴν αὐτόν, καὶ τὸν συγγραφέα. Τὸ γὰρ εἰς ἑαυτὸν γράφειν ἐπαίνους ἢ ψόγους, εἴργει νόμος οὐδείς. ἐπαινεῖν μὲν δὴ καὶ σφόδρα ἐθέλων ἐμαυτόν, οὐκ ἔχω, ψέγειν δὲ μυρία. Καὶ πρῶτον ἀρξάμενος ἀπὸ τοῦ προσώπου. τούτῳ γάρ, οἶμαι, φύσει γεγονότι μὴ λίαν καλῷ, μηδ᾽ εὐπρεπεῖ, μηδ᾽ ὡραίῳ, ὑπὸ δυστροπίας καὶ δυσκολίας αὐτὸς προστέθεικα τὸν βαθὺν τουτονὶ πώγωνα, δίκας αὐτῷ πραττόμενος, ὡς ἔοικεν, οὐδενὸς μὲν ἄλλου, τοῦ δὲ μὴ φύσει γενέσθαι καλόν. Ταῦτά τοι διαθεόντων ἀνέχομαι τῶν φθειρῶν, ὥσπερ ἐν λόχμῃ τῶν θηρίων. ἐσθίειν δ᾽ λάβρως, ἢ πίνειν χανδὸν οὐ συγχωροῦμαι· δεῖ γάρ, οἶμαι, προσέχειν, μὴ λάθω συγκαταφαγὼν τοῖς ἄρτοις τὰς τρίχας. Ὑπὲρ δὲ τοῦ φιλεῖσθαι καὶ φιλεῖν ἥκιστα ἀλγῶ. καίτοι καὶ τοῦτ᾽ ἔχειν ἔοικεν ὁ πώγων, ὥσπερ τὰ ἄλλα, λυπηρόν, οὐκ ἐπιτρέπων καθαρὰ λείοις καὶ διὰ τοῦτ᾽, οἶμαι, γλυκερωτέροις χείλεσι χείλη προσμάττειν· ὅπερ ἤδη τις ἔφη, τὸ ἐργασάμενος σὺν τῷ Πανὶ καὶ τῇ Καλλιόπῃ, εἰς τὸν Δάφνιν ποιήματα. Ὑμεῖς δὲ φατὲ δεῖν καὶ σχοινία πλέκειν ἐνθένδε, καὶ ἕτοιμος παρέχειν ἔγωγε, ἐὰν μόνον ἑλκύσαι δυνηθῆτε, καὶ μὴ τὰς ἀπείρους ὑμῶν καὶ μαλακὰς χεῖρας ἡ τραχύτης αὐτῶν δεινὰ ἐργάσηται. Νομιζέτω δὲ μηδεὶς δυσχεραίνειν ἐμὲ τῷ σκώμμα-

γρ. [illegible]

γρ. [illegible]

γρ. αὐθάδη

γρ. λαίμως

A cant. Solent enim, opinor, mali musici ingrati molestique esse iis, a quibus audiuntur, cum sibi ipsi natura sint jucundissimi. Quare cum id ipse considerarem, idem mecum tacitus, quod & Ismenias olim, ut non pari ex artis facultate, at simili, ut quidem mihi persuadeo, ex fiducia dicebam: certe mihi canam & Musis. Carmen autem soluta oratione factum est, multaque & gravia maledicta continet, non in alios mehercule, (quomodo enim, B cum lex id prohibeat?) sed in ipsum Poëtam atque auctorem. Etenim scribere in seipsum laudationes aut vituperationes, nulla lex prohibet: me vero si maxime vellem laudare, non possem; at vituperare infinitis modis potero. Et primum a vultu ordiar. Huic enim cum (ut arbitror) natura non multum pulchritudinis ac venustatis dedisset, ipse morositate quadam & acerbitate animi longam istam C barbam addidi, quasi pœnas ab illo exigens; nulla quidem alia de caussa, nisi quod natura elegantior non fuisset. Ideo discurrentes in ea pediculos perfero, tanquam feras aliquas in sylva: neque large edendi aut bibendi mihi potestas est; cavendum enim esse arbitror, ne imprudens pilos una cum pane devorem. Nam de accipiendis dandisve osculis nihil laboro. Tametsi ad cætera hoc habere videtur in- D commodi barba, quod non sinit pura puris, eoque suavioribus, ut opinor, labris labra adjungere: quod olim etiam quidam usurpavit, qui Pane & Calliope propitiis in Daphnin fecit poemata. At vos etiam funes ex ea necti oportere dicitis. Equidem id vobis perlibenti animo concedam, modo pilos possitis extrahere, neque eorum asperitas vestras molles & delicatas manus offendat. Neque vero quispiam existimet me maledicto isto gravius commoveri: ipse ri: ipse enim caussam præbeo, qui hircorum A simile mentum gero, cum possem læve glabrumque efficere, quale habent formosi pueri, mulieresque omnes, in quibus natura inest amabilis decor & venustas. Nam vos in senectute etiam vestros liberos imitamini, & pro ista vestra delicatissima vita, & simplicissimis fortasse moribus, studiose illud glabrum facitis, & virum non ut ego ex genis, sed ex fronte ostenditis. Sed enim ego hac prolixitate barbæ non con- B tentus, caput habeo præterea squallidum, raro tondeor, raro ungues seco, ac digitos etiam ex calamo fere nigros habeo. Quod si etiam arcana vultis nosse, pectus mihi est horridum atque hirsutum, ut leonibus ferarum regibus, neque unquam læve illud feci: tanta est animi mei asperitas, atque abjectio: neque enim partem ullam corporis lævem mollemve effeci. **Dicerem vero vobis, si qua mihi esset verruca, ut Cimoni: nunc nulla mihi est.** Aliud vero di- C **cam *quod nostis*. Non** enim satis mihi fuit **corpus habere ejusmodi, sed vitam præterea vivo perausteram ac perdifficilem.** Arceo **meipsum a theatris** per summam stultitiam; neque in aulam admitto scenam, nisi anni Calendis, præ animi mei stupore, tanquam pauper agricola tributum aliquod pendens iniquo domino: ac tum quoque, cum illuc introivi, *dicis tantum causa id facere videor.* Jam vero nullæ sunt mihi D possessiones; cum tamen rex magnus toto orbe appeller, tanquam præfectus vel dux, qui in solos histriones & aurigas imperium habeat. Quod cum vos paulo ante videritis, recordamini nunc adolescentiæ illius, & ingenii, **ac** mentis, **&** solertiæ: etsi jam tum fortassis illa gravis & acerba erat, magnaque **ac** manifesta acer-

A τι δίδωμι γὰρ αὐτὸς τὴν αἰτίαν, ὥσπερ οἱ τράγοι τὸ γένειον ἔχων, ἐξὸν, οἶμαι, λεῖον αὐτὸ ποιεῖν καὶ ψιλὸν, ὁποῖον οἱ καλοὶ τῶν παίδων ἔχουσιν, ἅπασαί τε αἱ γυναῖκες, αἷς φύσει πρόσεστι τὸ ἐράσμιον. Ὑμεῖς δὲ καὶ ἐν τῷ γήρᾳ ζηλοῦντες τοὺς ὑμῶν αὐτῶν υἱέας, καὶ τὰς θυγατέρας, ὑπὸ * λαβρότητος βίου, καὶ ἴσως ἁπλότητος τρόπου, * λεῖον ἐπιμελῶς ἐργάζεσθε τὸν ἄνδρα * ὑποφαίνοντες, καὶ παραδεικνύντες διὰ τοῦ μετώπου, καὶ οὐχ B ὥσπερ ἡμεῖς ἐκ τῶν * γνάθων. Ἐμοὶ δὲ οὐκ ἀπέχρησε μόνον ἡ βαθύτης τοῦ γενείου, ἀλλὰ καὶ τῇ κεφαλῇ πρόσεστιν αὐχμὸς, καὶ ὀλιγάκις κείρομαι, καὶ ὀνυχίζομαι, καὶ τοὺς δακτύλους ὑπὸ τοῦ * καλάμου τὰ πολλὰ ἔχω μέλανας. Εἰ δὲ βούλεσθέ τι καὶ τῶν ἀπορρήτων μαθεῖν, ἔστι μοι τὸ στῆθος δασὺ καὶ λάσιον, ὥσπερ τῶν λεόντων, οἵπερ βασιλεύουσι τῶν θηρίων· οὐδὲ ἐποίησα λεῖον αὐτὸ πώποτε, διὰ δυσκολίαν καὶ μικροπρέπειαν. οὐδὲ γὰρ ἄλλο τι μέρος τοῦ σώματος C εἰργασάμην λεῖον, οὐδὲ μαλακόν. Εἶπον γ' ἂν ὑμῖν, εἴ τις ἦν μοι καὶ ἀκροχορδὼν, ὥσπερ τῷ Κίμωνι· νυνὶ δὲ οὐκ ἔστι. Καὶ ἄλλα συγγνώσεσθε, φράσω μὲν ἕτερον. ἐμοὶ γὰρ οὐκ ἀπόχρη τὸ σῶμα εἶναι τοιοῦτο, πρὸς δὲ καὶ δίαιταν παγχάλεπως ἐπιτηδεύσαμ' εἴργω τῶν θεάτρων ἐμαυτὸν ὑπ' ἀβελτηρίας· οὐδ' εἴσω τῆς αὐλῆς παραδέχομαι τὴν θυμέλην, ἔξω τῆς νουμηνίας τοῦ ἔτους, ὑπ' ἀναισθησίας, ὥσπερ τινὰ φόρον ἢ δασμὸν εἰσφέρων, καὶ ἀπο- D διδοὺς ἄγροικος ὀλίγα ἔχων, οὐκ ἐπιεικεῖ δεσπότῃ. καὶ τότε δὲ εἰσελθὼν, τοῖς ἀφοσιουμένοις ἔοικα. Κέκτημαι δὲ * οὐδὲν καὶ ταῦτα βασιλεὺς ἀκούων μέγας, καθάπερ ὕπαρχος, ἢ στρατηγὸς, διὰ πάσης τῆς οἰκουμένης, ἄρξει τῶν μίμων καὶ τῶν ἡνιόχων. Ὅπερ ὑμεῖς ὁρῶντες ὀλίγῳ πρότερον, ἀναμιμνήσκεσθε νῦν ἤδη τῆς ἐκείνου, τοῦ τε ἐκείνου καὶ φρενῶν. ἣν μὲν ἂν ἴσως καὶ τοῦτο βαρὺ, καὶ

γρ. λαγαρότητος (?), γρ. ἁπλοῦν (?), ὑμῶν (?), γρ. [illegible], γρ. ὑποφαίνοντες, γρ. γναθμῶν (?), γρ. πολλῶν ὀνύχων (?), γρ. οὐδὲν

καὶ δεῖγμα ἐναργὲς μοχθηρίας τρόπου. Προστίθημι δὲ ἐγώ τι καινότερον. ἀεὶ μισῶ τὰς ἱπποδρομίας, ὥσπερ οἱ χρήματα ὀφλημότες τὰς ἀγοράς. ὀλιγάκις οὖν εἰς αὐτὰς φοιτῶν ἐν ταῖς ἑορταῖς τῶν θεῶν οὐδὲ διημερεύω, καθάπερ εἰώθεσαν ὅ τε ἀνεψιὸς ὁ ἐμός, καὶ ὁ θεῖος, καὶ ὁ ἀδελφὸς ὁμοπάτριος. ἓξ δὲ τοὺς πάντας θεασάμενος δρόμους, οὐδ' αὐτοὺς ὡς ἄν τις ἐρῶν τοῦ πράγματος, ἢ ναὶ μὰ Δία καὶ μισῶν αὐτὸ καὶ ἀποστρεφόμενος, ἄσμενος ἀπαλλάττομαι. Ἀλλὰ τὰ μὲν ἔξω ταῦτα. Καίτοι πόστον εἴρηταί μοι μέρος τῶν ἐμῶν εἰς ὑμᾶς ἀδικημάτων; τὰ δὲ ἔνδον, ἄγρυπνοι νύκτες ἐν στιβάδι, καὶ τροφὴ παντὸς ἧττον κόρου, πικρὸν ἦθος ποιεῖ, καὶ τρυφώσῃ πόλει πολέμιον. Οὐ μὴν ὑμῶν γε ἕνεκα τοῦτ' ἐπιτηδεύεται παρ' ἐμοῦ. δεινὴ δέ τις ἐκ παιδαρίου με καὶ ἀνόητος ἀπάτη προλαβοῦσα, τῇ γαστρὶ πολεμεῖν ἔπεισεν. οὐδὲ ἐπιτρέπω πολλῶν ἐμπίμπλασθαι σιτίων αὐτῇ. ὀλιγάκις οὖν ἐμοὶ τῶν πάντων ἐμέσαι συνέβη. καὶ μέμνημαι αὐτὸ παθὼν ἐξ ὅτου Καῖσαρ ἐγενόμην ἅπαξ· ὑπὸ συμπτώματος, οὐ πλησμονῆς. Ἄξιον δὲ ὑπομνησθῆναι διηγήματος, οὐδὲ αὐτοῦ πάνυ χαρίεντος, ἐμοὶ δὲ διὰ τοῦτο μάλιστα οἰκείου. Ἐτύγχανον ἐγὼ χειμάζων παρὰ τὴν φίλην Λευκετίαν. ὀνομάζουσι δὲ οὕτως οἱ Κελτοὶ τῶν Παρισίων τὴν πολίχνην· ἔστι δ' οὐ μεγάλη νῆσος, ἐγκειμένη τῷ ποταμῷ, καὶ αὐτὴν κύκλῳ πᾶσαν τεῖχος καταλαμβάνει. ξύλιναι δ' ἐπ' αὐτὴν ἀμφοτέρωθεν εἰσάγουσι γέφυραι, καὶ ὀλιγάκις ὁ ποταμὸς ἐλαττοῦται καὶ μείζων γίνεται· τὰ πολλὰ δ' ὁ αὐτός ἐστι θέρους καὶ χειμῶνος, ὕδωρ ἥδιστον καὶ καθαρώτατον ὁρᾶν, καὶ πίνειν ἐθέλοντι παρέχων. ἅτε γὰρ νῆσον οἰκοῦντας ὑδρεύεσθαι μάλιστα ἔνθεν χρή. Γίνεται δὲ καὶ ὁ χειμὼν ἐκεῖ πρᾳότερος ὑπὸ τῆς θέρμης, ὥς φασι, τοῦ ὠκεανοῦ. στάδια γὰρ ἀπ-

A bitatis meæ signa ostendebat. Veruntamen attendite, magis est novum & admirabile quod dicam. Semper odi Circenses, perinde ut forum qui obstricti sunt ære alieno. Itaque raro ad eos venio, nempe in Deorum feriis: neque ibi diem consumo, quod meus patruelis, avunculus, & germanus ex patre faciebant; sed spectato sexto fere cursu, neque id magna cum voluptate, imo hercle cum molestia & fastidio, B libens discedo. Sed de externis hactenus. Quanquam quota pars a me dicta est mearum erga vos injuriarum? Domestica autem, noctes insomnes in stragulo, & victus citra satietatem, mores acerbos efficiunt, & delicatæ urbi repugnantes. Nolite tamen existimare, vestra caussa id a me fieri. Gravis quidam & stultus error iam inde a puero me induxit, ut ventri bellum facerem. Neque enim eum permitto C epulis expleri. Itaque rarissime omnium mihi contigit vomere: & memini id mihi accidisse, ex quo Cæsar sum factus, semel tantum, neque id cibi copia, sed casu. Commodum autem fuerit historiam recensere, non quod eam admodum fore jucundam existimem, sed quod mihi propterea mirifice conveniat. Ego olim eram in hybernis apud caram Lutetiam, (sic enim D Galli Parisiorum oppidum appellant) quæ insula est non magna, in fluvio sita, qui eam omni ex parte cingit. Pontes sublicii utrinque ad eam ferunt, raroque fluvius minuitur ac crescit, sed qualis æstate, talis solet esse hyeme. Aquam præbet jucundissimam & aspectu purissimam volenti bibere. Nam cum insulam habitent, ibi maxime eos aquari necesse est. Hyems est illic placidissima propter calorem (ut ajunt) Oceani. Stadia enim abest non amplius nongenta,

genta, ac fortasse quædam tenuis aura illinc diffunditur: videtur autem maritima aqua dulci esse calidior. Sive igitur ob hanc caussam, sive aliam mihi ignotam, ita se res habet; hyems ejus terræ incolis mitior est: propterea vites optimæ illic nascuntur: quinetiam ficus multi jam arte quadam extulerunt, cum eas per hyemem calamis tritici tanquam vestimentis contegerent, & aliis ejusmodi rebus, quæ cœli injurias arboribus prohibere solent. Erat tum igitur hyems solito vehementior, & fluvius quasi marmoreas crustas prætervehebat, (nostis lapidem Phrygium, cui persimiles erant candidi istius lapidis crustæ concretæ, magnæ, & aliæ ex aliis labentes) quinetiam fluvium conjuncturæ & tanquam pontem facturæ videbantur. Cum igitur in his rebus durior & agrestior essem, quam unquam antea, nequaquam cubiculum, in quo requiescebam, calefieri patiebar, quo modo illic pleraque domicilia sub caminis calefiunt, cum tamen ad ignis calorem excipiendum esset opportunum. Quod tum quoque accidit ob meam duritiem, atque in me ipsum præcipue, ut vere dicam, inhumanitatem, qui me ad illum aerem tolerandum assuefacere volebam, ejus præsidii maxime indigentem. Cumque hyems invalesceret atque in dies fieret vehementior, ne tum quidem famulis meis permisi, ut domicilium calefacerent; veritus ne humorem, qui in parietibus erat, commoverem: itaque accensum ignem & candentes aliquot carbones inferri jussi. Hi vero etsi non multi erant, attamen multum vaporem e parietibus excitarunt, a quo cum caput meum oppletum esset, somnus me complexus est. Ac sane metui, ne suffocarer. Verum raptus extra cubiculum, me-

A ἔχει τῶν ἐπιχωρίων ἡ πόλις, καὶ διαδίδωσι τυχὸν λεπτήν τινα αὔραν τοῦ ὕδατος. ἔοικε δὲ δοκεῖ θερμότερον τὸ θαλάττιον τοῦ γλυκέος. εἴτε οὖν ἐκ ταύτης, εἴτε ἔκ τινος ἄλλης αἰτίας ἀφανοῦς ἐμοί, τὸ πρᾶγμα ἐστι τοιοῦτον· ἀλεεινότερον ἔχουσιν οἱ τὸ χωρίον οἰκοῦντες τὸν χειμῶνα. καὶ φύεται παρ' αὐτοῖς ἄμπελος ἀγαθή, καὶ συκᾶς ἤδη τινές εἰσιν οἳ ἐμηχανήσαντο, σκεπάζοντες αὐτὰς τοῦ χειμῶνος, ὥσπερ ἱματίοις, τῇ καλάμῃ τοῦ πυροῦ, καὶ τοιούτοις τισίν, ὅσα εἴωθεν εἴργειν τὴν ἐκ τοῦ ἀέρος ἐπιγιγνομένην τοῖς δένδρεσι βλάβην. Ἐγένετο δὴ οὖν ὁ χειμὼν τοῦ εἰωθότος σφοδρότερος, καὶ παρέφερεν ὁ ποταμὸς ὥσπερ μαρμάρου πλάκας· ἴστε δήπου τὸν Φρύγιον λίθον, ᾧ ἐῴκει μάλιστα τοῦ λευκοῦ τούτου τὰ κρύσταλλα, μεγάλα, καὶ ἐπάλληλα φερόμενα· καὶ δὴ καὶ συνεχῆ ποιεῖν ἤδη τὸν πόρον ἔμελλε, καὶ τὸ ῥεῖθρον γεφυροῦν. Ὡς οὖν ἐν τούτοις ἀγριώτερος ἦν τοῦ συνήθους, ἔθαλπε δὲ τὸ δωμάτιον οὐδαμῶς, οὗπερ ἐκάθευδον, ὅνπερ εἰώθει τρόπον ὑπὸ ταῖς καμίνοις τὰ πολλὰ τῶν οἰκημάτων ἐκεῖ θερμαίνεσθαι, καίτοι ἔχον εὐπρεπῶς πρὸς τὸ παραδέξασθαι τὴν ἐκ τοῦ πυρὸς ἀλέαν· συνέβη δ' οἶμαι καὶ τότε διὰ σκαιότητα τὴν ἐμήν, καὶ τῆς εἰς ἐμαυτὸν πρῶτον, ὡς εἰκός, ἀπανθρωπίας· ἐβουλόμην γὰρ ἐμαυτὸν ἐθίζειν ἀνέχεσθαι τὸν ἀέρα, ταύτης ἐνδεῶς ἔχοντα τῆς βοηθείας. Ὡς δὲ ὁ χειμὼν ἐπεκράτει, καὶ ἀεὶ μείζων ἐπεγίνετο, θερμῆναι μὲν οὐδ' ὣς ἐπέτρεψα τοῖς ὑπηρέταις τὸ οἴκημα, δεδιὼς κινῆσαι τὴν ἐν τοῖς τοίχοις ὑγρότητα· κομίσαι δ' ἔνδον ἐκέλευσα πῦρ κεκαυμένον, καὶ ἄνθρακας λαμπροὺς ἀποθέσθαι παντελῶς μετρίους· οἱ δὲ καίπερ ὄντες οὐ πολλοί, παμπληθεῖς ἀπὸ τῶν τοίχων ἀτμοὺς ἐκίνησαν, ὑφ' ὧν κατέδαρθον. ἐμπιπλαμένης μοι τῆς κεφαλῆς, ἐδέησα μὲν ἀποπνιγῆναι· κομισθεὶς δὲ ἔξω

Uu iij τῶν

τῶν ἰατρῶν παραινούντων, ἀπορρῖψαι τὴν ἐντεθεῖσαν ἄρτι τροφήν, ὅτι μὰ Δία πολλὴν οὖσαν ἐξέβαλον, καὶ ἐγενόμην αὐτίκα ῥᾴων, ὥστε μοι γενέσθαι κουφοτέραν τὴν νύκτα, καὶ τῆς ὑστεραίας πράττειν ὅ,τιπερ ἐθέλοιμι. Οὕτω μὲν
γρ. καὶ ἐν οὖν ἐγὼ ἐν Κελτοῖς, κατὰ τὸν τοῦ Μενάνδρου Δύσκολον, αὐτὸς ἐμαυτῷ πό-
γρ. προσετίθουν νους προσετίθην. Ἀλλ' ἡ Κελτῶν μὲν ταῦτα ῥᾷον ἔφερεν ἀγροικία. Πόλις δ' εὐδαίμων, καὶ μακαρία, καὶ πολυάνθρωπος, εἰκότως ἄχθεται· ἐν ᾗ πολλοὶ μὲν ὀρχησταὶ, πολλοὶ δ' αὐληταὶ, μῖμοι δὲ πλείους τῶν πολιτῶν· αἰδὼς δ' οὐκ ἴσα ἀρχόντων. Ἐρυθριᾶν γὰρ πρέπει τοῖς ἀνάνδροις, ἐπεὶ τοῖς γε ἀνδρείοις, ὥσπερ ὑμεῖς, ἕωθεν κωμάζειν, νύκτωρ ἡδυπαθεῖν, ὅτι τῶν νόμων ὑπερορᾶτε, μὴ λόγῳ διδάσκειν, ἀλλὰ τοῖς ἔργοις ἐνδείκνυσθαι. Καὶ γὰρ οἱ νόμοι φοβεροὶ διὰ τοὺς ἄρχοντας· ὥστε ὅστις ἄρχοντα ὕβρισεν, οὗτος ἐκ περιουσίας τοὺς νόμους κατεπάτησεν. οἱ δὲ ἐπὶ τούτοις εὐφραινόμενοι δῆλον ποιεῖτε, πολλαχοῦ μὲν, οὐχ ἥκιστα δ' ἐν ταῖς ἀγοραῖς καὶ ἐν τοῖς θεάτροις· ἀπὸ μὲν τῶν κρότων, καὶ ἀπὸ τῆς βοῆς, ὁ δῆμος· οἱ δ' ἐν τέλει, τῷ γνωριμώτεροι μᾶλλον εἶναι καὶ ὀνομάζεσθαι παρὰ πᾶσιν, ἀφ' ὧν εἰς τὰς τοιαύτας ἑορτὰς ἐδαπάνησαν, ἢ Σόλων ὁ Ἀθηναῖος ἀπὸ τῆς πρὸς τὸν Κροῖσον τὸν Λυδῶν βασιλέα συνουσίας. Καλοὶ δὲ πάντες, καὶ με-
γρ. καὶ ἐπιθύμιοι γάλοι, καὶ λεῖοι, καὶ ἀγένειοι, νέοι τε ὁμοίως καὶ πρεσβύται, ζηλωταὶ τῆς εὐδαιμονίας τῶν Φαιάκων,

Odyss. θ. v. 249. Εἵματά τ' ἐξημοιβά, λοετρά τε θερμὰ, καὶ εὐνάς,

ἀντὶ τῆς ὁσίας ἀποδεχόμενοι. Τὴν δὴ σὴν ἀγροικίαν, καὶ ἀπανθρωπίαν, καὶ σκαιότητα τούτοις ἁρμόσειν ὑπέλαβες; οὕτως ἀνόητόν ἐστί σοι καὶ φαῦλον, ὦ πάντων ἀνθρώπων ἀμαθέστατε καὶ φιλαπεχθη-
γρ. ἀγεννεστάτων μονέστατε. τὸ λεγόμενον ὑπὸ τῶν εὐγενεστάτων, σῶφρον τουτὶ ψυχάριον, ὃ δὴ σὺ κοσμεῖν καὶ καλλωπίζειν σω-

A dicis suadentibus, ut cibum, quem antea sumseram, ejicerem, non multum ejeci: neque sane multus erat: ita me levatum sensi, adeo ut & nocte leviore usus fuerim, & postero die ad quidvis agendum paratus. Quare ad hunc modum ego apud Gallos, sicut ille apud Menandrum Dyscolus, labores novos mihi procreabam. Verum hoc facile Gallorum rusticitas ferebat. At civitas opulenta, & florens, & hominum frequentia ab-
B undans, jure succenset: in qua scilicet multi sunt saltatores, multi tibicines, histriones plures quam cives, nulla in principes verecundia. Erubescant sane ignavi; at viri fortes, quales vos estis, mane debent comessari; noctu voluptati operam dare: leges parum vobis curæ esse, non verbis docere, sed re ac factis demonstrare. Leges enim principum caussa timentur. Quare qui principem violare ausus est, is multo etiam
C magis leges violavit. Quæ vobis voluptati esse, cum alibi sæpe, cum maxime in foro & theatro ostenditis: populus plausu & clamore, magistratus fama & nominis gloria, quam sumtibus istis feriisque celebrandis multo majorem pepererunt, quam Solon Atheniensis ex illa consuetudine, quæ ei cum Crœso rege Lydorum intercessit. Omnes vero sunt formosi, proceri, glabri, & imberbes; juvenes & senes felicitatem Phæacum imitantur,

D *Balneaque, & vestes varias, stratumque cubile,*

recto & honesto anteponunt. Atque hæc cum ita sint, tamen rusticitatem, inhumanitatem, & duritiam tuam cum his deliciis convenire posse existimasti? Adeone tibi stulta est & vilis, o hominum imperitissime atque importunissime, quæ a clarissimis viris dici solet, temperans hæc animula, quam tu ornari decorarique temperanperantia censes oportere? In quo sane vehementer erras. A Primum enim temperantia quid sit, nescimus: nomen solum ejus tenemus; quid ipsa valeat ignoramus. Quod si ea talis est, qualem tu nunc instituis, certe hoc sciemus, temperantiam esse Diis & legibus servire: æquo jure cum æqualibus vivere: si qua in re excellas, moderate id ferre: curare ac providere, ne a divitibus pauperes opprimantur: ob eamque caussam molestias omnes exsorbere, quales tibi persæpe accidisse verisimile est, B ut inimicitias, iras, contumelias: deinde hæc omnia leniter ferre, neque irasci, neque animo indulgere tuo, sed eum regere & castigare diligenter: denique, si quis hoc quoque in parte aliqua temperantiæ numeret, abstinere palam ab omni voluptate, quæ neque admodum inhonesta, neque turpis videatur, quod existimes, non posse quemquam domi temperantem esse, si foris dissolutus sit, theatrisque delectetur: C si, inquam, talis temperantia est, tu te perdis, & nos perdis, qui servitutis ne nomen quidem audire possumus, neque erga Deos, neque erga leges: jucunda est enim in omnibus rebus libertas. Jam quanta est ista dissimulatio? neque hoc nomen pati potes, imo etiam irasceris, (itaque multi jam te auctore nomen istud de imperio tanquam invidiosum sustulerunt, qui olim ei assueverant) & tamen nos servire D cogis & magistratibus & legibus. Atqui quanto fuisset melius te dominum nostrum appellari, te autem ipsa liberos nos esse sinere? O te oculis quidem clementissimum, factis vero acerbissimum. Deinde enecas nos, cum divites in judiciis moderatos esse cogis, pauperes calumniandi libertate spolias. Dimissis vero scenis, histrionibus, & saltatoribus, urbem nostram

A φροσύνῃ χρῆναι νομίζεις; Οὐκ ὀρθῶς. ὅτι πρῶτον μὲν ἡ σωφροσύνη τί ποτ' ἐστὶν, οὐκ ἴσμεν, ὄνομα δ' αὐτῆς ἀκούοντες μόνον, ἔργον οὐχ ὁρῶμεν. Εἰ δὲ ὁποῖον σὺ νῦν ἐπιτηδεύεις ἐστὶν, ἐπίστασθαι μὲν, ὅτι θεοῖς χρὴ δουλεύειν καὶ νόμοις, ἐκ τῶν ἴσων δὲ τοῖς ὁμοτίμοις προσφέρεσθαι, καὶ τὴν ἐν τούτοις ὑπεροχὴν φέρειν πρᾳότερον, ἐπιμελεῖσθαι καὶ προνοεῖν, ὅπως οἱ πένητες ὑπὸ τῶν πλουτούντων ἥκιστα ἀδικηθήσονται, καὶ ὑπὲρ τούτου πράγματα ἔχειν, ὁποῖα εἰκός ἐστί B σοι γενέσθαι πολλάκις, ἀπεχθείας, ὀργὰς, λοιδορίας· εἶτα καὶ ταῦτα φέρειν ἐγκρατῶς, καὶ μὴ χαλεπαίνειν, μηδ' ἐπιτρέπειν τῷ θυμῷ, παιδαγωγεῖν δὲ αὐτὸν, ὡς ἐνδέχεται, καὶ σωφρονίζειν. εἰ δὲ καὶ τοῦτό τις ἔργον θεῖτο σωφροσύνης, ἀπέχεσθαι πάσης ἡδονῆς οὐ λίαν ἀπρεποῦς, οὐδ' ἐπονειδίστου δοκούσης, ἐν τῷ φανερῷ, πεπεισμένος ὡς οὐκ ἔστιν ἰδίᾳ σωφρονεῖν οἴκοι καὶ λάθρα, τὸν δημοσίᾳ καὶ φα- C νερῶς ἀκόλαστον εἶναι θέλοντα, καὶ τερπόμενον τοῖς θεάτροις. εἰ δὴ οὖν ὄντως ἡ σωφροσύνη τοιοῦτόν ἐστι, ἀπόλωλας μὲν αὐτὸς, ἀπολλύεις δὲ ἡμᾶς, οὐκ ἀνεχομένους ἀκούειν πρῶτον ὄνομα δουλείας, οὔτε πρὸς θεοὺς, οὔτε πρὸς νόμους. ἡδὺ γὰρ ἐν πᾶσι τὸ ἐλεύθερον. Ἡ δὲ εἰρωνεία πόση; Δεσπότης εἶναι οὐ φῂς, οὐδὲ ἀνέχῃ τοῦτο ἀκούειν, ἀλλὰ καὶ ἀγανακτεῖς, ὥστε ἤδη ἔπεισας τοὺς πλείστους εἰθάδας D πάλαι γενομένους, ἀφελεῖν ὡς ἐπίφθονον τῆς ἀρχῆς τοῦτο τὸ ὄνομα· δουλεύειν δ' ἡμᾶς ἀναγκάζεις ἄρχουσι καὶ νόμοις. καίτοι πόσῳ κρεῖττον ἦν ὀνομάζεσθαί σε μὲν δεσπότην, ἔργῳ δὲ ἐᾷν ἡμᾶς εἶναι ἐλευθέρους, ὦ τὰ μὲν ὀνόματα πρᾳότατε, πικρότατε δὲ τὰ ἔργα. Πρὸς δὲ τούτοις ἀποκναίεις, βιαζόμενος τοὺς πλουσίους ἐν δικαστηρίοις μετριάζειν, τοὺς πένητας δὲ εἴργων συκοφαντεῖν. Ἀφεὶς δὲ τὴν σκηνὴν, καὶ τοὺς μίμους, καὶ τοὺς ὀρχηστὰς,

γρ. τοῖς. ὀνόμασι

χοντες, ἀπολώλεκας ἡμῶν τὴν πόλιν. ὥστε οὐδὲν ἡμῖν ἀγαθὸν ὑπάρχει παρὰ σοῦ, πλὴν τοῦ βαρύτητος, ὃ ἀνεχόμενοι μῆνα ἕβδομον τουτονὶ, τὸ μὲν εὔχεσθαι πάντας ἀπαλλαγῆναι τοσούτου κακοῦ, ταῖς περὶ τοὺς τάφους καλινδουμέναις γρᾳδίοις συνεχωρήσαμεν· ἡμεῖς δὲ αὐτὸ διὰ τῆς ἡμῶν αὐτῶν εὐτραπελίας ἐξειργασάμεθα, βάλλοντές σε τοῖς σκώμμασιν, ὥσπερ τοξεύμασι. Σὺ δὲ, ὦ γενναῖε, πῶς ἀνέξῃ τὰ Περσῶν βέλη, τὰ ἡμέτερα τρέσας σκώμματα; Ἰδοὺ, βούλομαι πάλιν ἐπ' ἄλλης ἀρχῆς ἐμαυτοῦ λοιδορήσασθαι. Φοιτᾷς εἰς τὰ ἱερὰ, δύσκολε καὶ δύστροπε, καὶ πάντα μοχθηρέ· συνῆλθε διὰ σὲ τὰ πλήθη πρὸς τὰ τεμένη, καὶ μέντοι καὶ οἱ πλείους τῶν ἐν τέλει, καὶ ἀποδέχονταί σε σὺν βοῇ μετὰ κρότων λαμπρῶς ἐν τοῖς τεμένεσιν, ὥσπερ ἐν τοῖς θεάτροις. Τί οὖν οὐκ ἀγαπᾷς, οὐδ' ἐπαινεῖς, ἀλλ' ἐπιχειρεῖς εἶναι σοφώτερος τὰ τοιαῦτα τοῦ Πυθίου, καὶ δημηγορεῖς ἐν τῷ πλήθει, καὶ καθάπτῃ τῶν βοώντων πικρῶς, αὐτὰ δὴ ταῦτα λέγων τὰ ποιήματα πρὸς αὐτοὺς, ὡς ὑμεῖς τῶν θεῶν ἕνεκεν ὀλιγάκις εἰς τὰ τεμένη συνέρχεσθε· συνδραμόντες δὲ δι' ἐμὲ, πολλῆς ἀκοσμίας ἀναπιμπλᾶτε τὰ ἱερά. πρέποι δ' ἂν ἀνδράσι σωφρόνως κεκοσμημένοις, εὔχεσθαι σιγῇ, θεῶν παρὰ τῶν αἰτουμένους τὰ ἀγαθὰ, καὶ τούτου δὲ ἀκροᾶσθαι τοῦ νόμου Ὁμήρου.

Σιγῇ ἐφ' ὑμείων. —

καὶ ὡς οὐδ' ἂν Ὀδυσσεὺς ἐπέσχε τὴν Εὐρύκλειαν ἐκπεπληγμένην ὑπὸ μεγέθους τοῦ κατορθώματος.

Odyss. χ. v. 411.

Ἐν θυμῷ, γρηῦ, χαῖρε, καὶ ἴσχεο,
μηδ' ὀλόλυζε.

Τὰς δὲ δὴ Τρῳάδας οὔτε πρὸς τὸν Πρίαμον, οὔτε τινὰ τῶν τούτου γαμετῶν, ἢ θυγατέρων, ἢ υἱέων, οὐ μὴν οὐδ' αὐτὸν τὸν Ἕκτορα· καίτοι τούτῳ φησὶν ὡς θεῷ τὰς

A prodisti, adeo ut nihil boni a te percipiamus; nisi quod odiosam illam severitatem septimum jam mensem perpessi, vota quidem & preces, quo tantis malis eriperemur, ad vetulas dimisimus, quæ circum sepulcra mortuorum assidue versantur: nos autem id quod volebamus, facetiis nostris consecuti sumus, cum te conviciis, quasi telis, configeremus. At tu, vir generose ac fortis, quemadmodum Persarum tela B sustinebis, qui ad nostra convicia perhorrescis? Age vero, libet iterum me ducto aliunde initio vituperare. Ventitas in templa, o agrestis, o dure, & modis omnibus improbe: tua caussa populus, imo etiam magistratus complures, in templa confluunt; & accipiris cum plausu & clamore magnifice in templis, ut in theatris. Quin igitur contentus es? C quin laudas & probas ea quæ fiunt? quid sapientior esse vis ipso Pythio, & concionaris ad populum, acriterque reprehendis eos qui clamant, ipque quod faciunt, commemoras: Vos, inquis, raro in templa, Deorum caussa, convenitis; & cum *mea caussa* venitis, *multa perturbatione replentur eadem fana.* Decebat sane bonos & modestos viros cum silentio precantes, D bona a Diis petere, & hanc certe Homeri legem audire,

Inter vos tacite. —

Neque enim Ulysses Euryclean cohibuisset, magnitudine facinoris stupefactam,

Gaude animo, vetula, & cohibe, nec funde querelas.

Trojanas quidem certe neque Priamo, neque cuiquam ex ejus conjugibus, aut filiabus, aut liberis, ac ne ipsi quidem Hectori, (quanquam huic veluti Deo ait Trojanas janos supplicare) sed tamen illis supplices A neque fœminas neque viros fecit in poëmate. Sed ad Minervam, ait, omnes cum ululatu manus tendebant. Quanquam hoc etiam Barbarorum est, & mulierculis consentaneum, tametsi non impium erga Deos; sicuti id quod vos facitis, qui homines tanquam Deos collaudatis. *seu potius nobis hominibus, tanquam Diis, adulamini*: cum longe melius esset, ne Diis quidem B ipsis adulari, sed sobrie ac modeste eos colere. Ecce iterum voculas illas effingo, quibus uti apud vos consuevi, neque interea mihi libertatem dicendi permitto, sed pro usitata mihi duritie asperitateque meipsum defraudo. Hæc igitur & alia hujusmodi dissereret quispiam apud homines, qui non modo liberi in principes, sed etiam in Deos ipsos esse volunt, ut eorum studiosus & quasi benignus C parens habeatur, cum tamen natura, perinde ac ego, sit improbus. Patere igitur te iis odio esse, & clam aut aperte reprehendi, quoniam adulari tibi putas eos, qui te visum in templis laudant. Non enim, sicut opinor, cogitasti, quemadmodum cum eorum hominum institutis, vita, & moribus congruere deberes. Sed, age, ista sileantur: ecquis illud ferendum putet? dormis fere singulas noctes solus, neque quicquam est, quod immitem ac ferum istum a- D nimum possit lenire: interclusisti penitus omnem aditum suavitati, &, quod malorum caput est, tali vita te oblectas, atque illud jam perfecisti, ut detestabilis omnibus voluptas esse videatur. Atque hæc cum ita sint, tamen irasceris, si a quoquam ista audias; cum deberes potius gratias agere iis, qui te amice & musice per anapæstos admonent, primum ut nudes istas genas, deinde ut a te initium faciens, jucunda omnia

A Τρῶας εὔχεσθαι· εὐχομένους δὲ οὐκ ἔδειξεν ἐν τῇ ποιήσει, οὔτε γυναῖκας, οὔτε ἄνδρας. ἀλλὰ τῇ Ἀθηνᾷ ὀλολυγῇ πᾶσαι, φησὶ, χεῖρας ἀνέσχον. Βαρβαρικὸν μὲν καὶ τοῦτο καὶ γυναιξὶ πρέπον, οὐ μὴν ἀνόσιον πρὸς τοὺς θεοὺς, ὥσπερ τὸ παρ' ὑμῶν ποιούμενον. ἐπαινεῖτε γὰρ ἀντὶ τῶν θεῶν τοὺς ἀνθρώπους· μᾶλλον δὲ ἀντὶ τῶν θεῶν τοὺς ἀνθρώπους ἡμᾶς κολακεύετε. κάλλιστον B δ' ἦν, οἶμαι, μηδ' ἐκείνους κολακεύειν, ἀλλὰ θεραπεύειν σωφρόνως. Ἰδοὺ, πάλιν ἐγὼ τὰ συνήθη τεχνιτεύω λεξείδια, καὶ οὐδ' ἐμαυτῷ συγχωρῶ φθέγγεσθαι, ὡς ἔτυχεν, ἀδεῶς καὶ ἐλευθέρως· ἀλλὰ ὑπὸ τῆς συνήθους σκαιότητος ἐμαυτὸν συκοφαντῶ. Ταῦτά τις καὶ τοιαῦτ' ἂν λέγοι πρὸς ἄνδρας, οὐ τὰ πρὸς τοὺς ἄρχοντας μόνον, ἀλλὰ καὶ τὰ πρὸς τοὺς θεοὺς ἐλευθέ- C ρους εἶναι θέλοντας, ὅπως τις εὔνους αὐτοῖς, ὥσπερ πατὴρ ἤπιος νομισθείη, φύσει πονηρὸς ὢν, ὥσπερ ἐγώ. Ἀνέχου τοίνυν αὐτῶν μισούντων, καὶ λοιδορούντων λάθρα ἢ καὶ φανερῶς, ἐπειδὴ κολακεύειν ἐνόμισας τοὺς ἐν τοῖς ἱεροῖς ὁρώμενόν σε ἐπαινοῦντας. Οὐ γὰρ, οἶμαι, διενοήθης, ὅπως ἁρμόσεις τῶν ἀνδρῶν, οὔτε τοῖς ἐπιτηδεύμασιν, οὔτε τοῖς βίοις, οὔτε τοῖς ἤθεσιν. Εἶεν, ἀλλ' ἐκεῖνο τίς ἀνέξεταί σου; καθεύδεις ὡς ἐπίπαν νύκτωρ μόνος, οὐδ' D ἔστιν οὐδὲν ὅσον τὸν ἄγριον καὶ ἀνήμερον μαλάξει θυμόν. ἀποκέκλεισαι δὲ πάσῃ πανταχοῦ πάροδος γλυκυθυμίᾳ, καὶ τὸ μέγιστον τῶν κακῶν, ὅτι τοιοῦτον ζῶν βίον εὐφραίνῃ, καὶ πεποίησαι τὰς κοινὰς κατάρας, ἡδονήν. Εἶτα ἀγανακτεῖς εἴ του τὰ τοιαῦτα ἀκούεις, ἐξὸν εἰδέναι χάριν τοῖς ὑπ' εὐνοίας ἐμμελέστερόν σε νουθετοῦσιν ἐν τοῖς ἀναπαίστοις, ἀποψιλῶσαι μὲν τὰς παρειὰς, καλὰ δὲ ἀπὸ σαυτοῦ πρῶτον ἀρξάμενον δεικνύειν πάντα

Iliad. Z. v. 301.

γρ. σωφρόνως

γρ. τοιαῦτα λέγει

γρ. ἐπαινοῦντας

τῷ δήμῳ τῷ φιλογέλωτι τοιάδε θεάματα, μίμους, ὀρχηστὰς, ἥκιστα αἰσχυνομένας γυναῖκας, παιδάρια περὶ κάλλους ἁμιλλώμενα ταῖς γυναιξὶν, ἄνδρας ἀποψιλουμένους οὐ τὰς γνάθους μόνον, ἀλλὰ καὶ ἅπαν τὸ σῶμα, λειότερα τῶν γυναικῶν ὅπως φαίνοιντο τοῖς ἐντυγχάνουσιν· ἑορτὰς, πανηγύρεις, οὐ μὰ Δία τὰς ἱερὰς ἐν αἷς χρὴ σωφρονεῖν· ἅλις μὲν γὰρ ἐκείνων ἐστὶν ὥσπερ τῆς δρυὸς, καὶ πολὺς ὁ κόρος αὐτῶν. B Ἔθυσεν ὁ Καῖσαρ ἐν τῷ τοῦ Διὸς ἅπαξ, εἶτα ἐν τῷ τῆς Τύχης, εἰς τὸ τῆς Δήμητρος τρὶς ἐφοίτησεν, [illegible]· ἐπιλέλησμαι γὰρ εἰς τὸ τῆς Δάφνης ὁσάκις εἰσῆλθον τέμενος, προδοθὲν μὲν ὀλιγωρίᾳ τῶν φυλάκων, ταῖς δὲ τῶν ἀθέων ἀνδρῶν τόλμαις ἀφανισθέν. Ἡ Σύρων ἥκει Νεομηνία, καὶ ὁ Καῖσαρ αὖθις εἰς Φιλίου Διός· εἶτα ἡ πάνδημος ἑορτὴ, καὶ ὁ Καῖσαρ εἰς τὸ τῆς Τύχης ἔρχεται τέμενος. C ἐπισχὼν δὲ τὴν ἀποφράδα, πάλιν εἰς Φιλίου Διὸς τὰς εὐχὰς ἀναλαμβάνει κατὰ τὰ πάτρια. Καὶ τίς ἀνέξεται τοσαυτάκις εἰς ἱερὰ φοιτῶντος Καίσαρος, ἐξὸν ἅπαξ ἢ δὶς ἐνοχλεῖν τοῖς θεοῖς, ἐπιέναι δὲ τὰς πανηγύρεις ἐκείνας, ὁπόσαι κοιναὶ μέν εἰσι παντὶ τῷ δήμῳ, καὶ ὧν ἔξεστι μετέχειν, οὐ τοῖς ἐπισταμένοις θεοὺς, ἀλλὰ καὶ ὧν ἐστιν ἡ πόλις πλήρης; ἡδονὴ δὲ πολλὴ καὶ χαρὰ, ὁποίας ἄν τις εὐφραίνοιτο δικαίως παρ[illegible], ὀρχουμένους ἄνδρας, καὶ παιδάρια, καὶ γύναια πολλά. D Ὅταν οὖν ταῦτα λογίζωμαι, μακαρίζω μὲν ὑμᾶς τῆς εὐδαιμονίας, ἐμαυτῷ δὲ οὐκ ἄχθομαι. Φίλα γάρ ἐστί μοι κατά τινα θεὸν ἴσως ταῦτα. Διόπερ οὐδ᾽ ἀγανακτῶ, οὐδὲ, τοῖς δυσχεραίνουσί με τοῦ βίου καὶ τῆς προαιρέσεως. προστίθημι δ᾽ αὐτοῖς ὅσα δυνατόν ἐστί μοι τοῖς εἰς ἐμαυτὸν σκώμμασι. μειζόνως ὃς κέχρημαι ἐμαυτῷ ταυτὶ τῆς ἀνοίας, ὃς ὑπὸ ἀφροσύ-

A spectacula dès isti populo videndi impomè avido, ut mimos, saltatores, lascivas mulieres, pueros de forma cum quavis muliere certantes, viros non modo genas sed etiam toto corpore depilatos, ut ipsas etiam fœminas mollitie corporis vincere videantur: postremo ferias, conventus celebres, non sacros me hercule, in quibus modeste & temperanter vivendum est: horum enim satis est, tanquam B glandis, & multa jam est eorum satietas. Sacrificavit semel Cæsar in templo Jovis, deinde in Fortunæ, deinceps ter ivit ad Cereris; neque enim quoties ad Daphnes templum ierim, memoria teneo: proditum quidem illud custodum negligentia, deletum autem impiorum hominum audacia. Venerunt Syrorum Calendæ: Cæsar rursus ad Jovis Philii. Venit publicum festum: Cæsar continuo it in templum Fortunæ. Intermisso C vero nefasto die, rursum in ædem Jovis Philii more majorum vota suscipit. Et quis Cæsarem ferat tam sæpe in templa ventitantem, cum liceat semel atque iterum Diis molestiam exhibere: ferias autem illas celebrare, quæ toti populo communes sunt, & quarum participes esse possunt, non ii modo qui Deos norunt, sed etiam illi, quorum plena est civitas? Magna vero voluptas esset atque oblectatio, quam quisque perciperet, cum saltantes viros, pueros, mulierculas cerneret. D Ego vero cum illa mecum cogito atque considero, beatos sine dubio vos esse judico, quibus tam fortunatis esse liceat. Sed non ideo tamen mihi irascor: sunt enim hæc mihi, forsan Deo aliquo auctore, jucunda. Itaque nihil credite, neque iis succenseo, qui vitam & institutum meum reprehendunt: imo addo illis etiam quæcunque alia possim in meipsum convicia, neque his maledictis gravius incesso, quippe qui ob stultitiam

tiam meam a principio non viderim, quales essent hujus civitatis mores, idque cum in libris *evolvendis*, non minus quam quisquam meorum æqualium versatus sim. Proditum *quidem* est memoriæ, Regem eum, qui ab ista urbe nomen duxit, vel potius cujus nomine civitas hæc habitata est, (condita siquidem est a Seleuco, nomen vero habet a Seleuci filio) hunc, inquam, ajunt ob luxus ac deliciarum immoderationem semper amare aut amari solitum, tandem impuro novercæ amore captum fuisse. Cum autem ægritudinem occultare vellet, minime potuisse, quod illi corpus sensim contabescens tacite collaberetur, & vires deficerent, spiritusque imbecillior esset quam solebat. Videbatur certe illud ejus adolescentis ænigmati simile, cum neque caussa morbi, neque morbus ipse appareret. Cum igitur adolescentis infirmitas manifesta esset, magna ibi quæstio medico Samio proposita fuit, quis tandem morbus ille esset, cognoscere. Is autem ex Homeri versibus suspicatus, quænam essent *γυιοβόροι μελεδῶνες*, curæ membra depascentes, quodque persæpe non corporis imbecillitas, sed animi ægritudo caussa sit tabis corpori: ac videns adolescentem tum ætate tum vitæ consuetudine a Venere alienum non esse; hanc viam in morbo investigando tenuit: Sedet juxta lectum, in adolescentis vultum intuens; jubet formosos & formosas procedere, ab ipsa Regina ordiens. Illa ut venit, ipsum videlicet invisura, statim morbi signa dedit adolescens: spiritum, tanquam qui opprimuntur, emittebat: inhibere enim motum ipsius, quamvis vehementer cuperet, non poterat; & magna erat spiritus perturbatio, multusque circa vultum rubor emicabat. Hæc cum videret medicus, manum ad pectus adolescentis admo-

A τὴν συνήθειαν ποταπὸν ἐξ ἀρχῆς τὸ τῆς πόλεως ἦθος· καὶ ταῦτα τῶν γε ἐμῶν ἡλικιωτῶν, ὡς ἐμαυτὸν πείθω, βιβλία ἀνελίξας οὐδενὸς ἔλαττον. Λέγεταί τοι ποτὲ τὸν ἐπώνυμον τῆσδε τῆς πόλεως βασιλέα, μᾶλλον δὲ ὑπὲρ ἐκείνου ἡ πόλις συνῳκίσθη· ᾠκίσθη μὲν γὰρ ὑπὸ Σελεύκου, τοὔνομα δὲ ἔχει ἀπὸ τοῦ Σελεύκου παιδός· ὃν δή φασι δι' ὑπερβολὴν ἀβρότητος καὶ τρυφῆς ἐρῶντα ἀεὶ καὶ ἐρώμενον, τέλος B ἄδικον ἔρωτα τῆς ἑαυτοῦ μητρυιᾶς ἐρασθῆναι· κρύπτειν δ' ἐθέλοντα τὸ πάθος, οὐ δύνασθαι· τὸ σῶμα δ' αὐτῷ κατὰ μικρὸν τηκόμενον, ἀφανῶς οἴχεσθαι, καὶ ὑπορρεῖν τὰς δυνάμεις, καὶ τὸ πνεῦμα ἔλαττον εἶναι τοῦ συνήθους. Ἐῴκει δ' οἶμαι τὸ κατ' αὐτὸν, αἰνίγματι, σαφῆ μὲν οὐκ ἐχούσης αἰτίαν τῆς νόσου, μᾶλλον δὲ οὐδ' αὐτῆς, ἥτις ποτέ ἐστι, φαινομένης. Ἐναργοῦς δ' οὔσης τῆς περὶ τὸ μειράκιον ἀσθενείας, ἐνθάδε μέγας C ἆθλος ἰατρῷ προὐτέθη τῷ Σαμίῳ, τὴν νόσον, ἥτις ποτέ ἐστιν, ἐξευρεῖν. ὁ δὲ ὑποπτεύσας ἐκ τῶν Ὁμήρου τίνες ποτέ εἰσι γυιοβόροι μελεδῶνες, καὶ ὅτι πολλάκις οὐκ ἀσθένεια σώματος ἀλλ' ἀρρωστία ψυχῆς αἰτία γίγνεται τηκεδόνος τῷ σώματι, καὶ τὸ μειράκιον ὁρῶν ὑπό τε ἡλικίας καὶ συνηθείας οὐκ ἀναφρόδιτον, ὁδὸν ἐτράπετο τοιαύτην ἐπὶ τὴν τοῦ νοσήματος θήραν. Καθίζει πλησίον τῆς κλίνης, D ἀφορῶν εἰς τὸ πρόσωπον τοῦ μειρακίου, παριέναι κελεύσας καλούς τε καὶ καλὰς, ἀπὸ τῆς βασιλίδος ἀρξάμενος. ἡ δ' ὡς ἦλθεν, ἐπισκεψομένη δῆθεν αὐτὸν, αὐτίκα ἐδίδου τὰ συνθήματα τοῦ πάθους ὁ νεανίας· ἆσθμα τεθλιμμένου ἠφίει· ἐπέχειν γὰρ αὐτὸ κινούμενον, καίπερ σφόδρα ἐθέλων, οὐχ οἷός τε ἦν, καὶ ταραχὴ ἦν τοῦ πνεύματος, καὶ πολύ τι περὶ τὸ πρόσωπον ἐρύθημα. Ταῦτα ὁρῶν ὁ ἰατρὸς, προσάγει τῷ στέρνῳ τὴν χεῖρα, καὶ ἐπήδα δεινῶς ἡ

γρ. καὶ αὐτοῦ

γρ. ἰατρῷ

 καρδία,

καρδία, καὶ ἔξω ᾔει. τοιαῦτα ἄττα ἔπασχεν ἐκείνης παρούσης· ἐπεὶ δὲ ἀπῆλθεν, ἑπομένων τῶν ἄλλων, ἀτρέμας εἶχε, καὶ ἦν ὅμοιος τοῖς οὐδὲν πάσχουσι. Συνιδὼν δὲ τὸ πάθος ὁ Ἐρασίστρατος, φράζει πρὸς τὸν βασιλέα, καὶ ὡς ὑπὸ τοῦ φιλόπαις εἶναι, παραχωρεῖν ἔφη τῷ παιδὶ τῆς γαμετῆς. ὁ δὲ αὐτίκα μὲν ἠρνήσατο· τελευτήσαντος δὲ τοῦ πατρὸς μικρὸν ὕστερον, ἣν πρότερον διδομένην αὐτῷ χάριν εὐγενῶς ἠρνήθη, μάλα κραταιῶς μετεδίωξεν. Ἀντιόχῳ μὲν δὴ ταῦτα ἐπράχθη. τοῖς δ' ἀπ' ἐκείνου γενομένοις οὐ νέμεσις ζηλοῦν τὸν οἰκιστὴν, ἢ τὸν ὁμώνυμον. Ὥσπερ γὰρ ἐν τοῖς φυτοῖς εἰκός ἐστι διαδίδοσθαι μέχρι πολλοῦ τὰς ποιότητας, ἴσως δὲ καὶ ἐπίπαν ὅμοια τὰ μετὰ ταῦτα τοῖς ἐξ ὧν ἐβλάστησε φύεσθαι· οὕτω καὶ ἐπὶ τῶν ἀνθρώπων εἶναι εἰκὸς παραπλήσια τὰ ἤθη τῶν ἀπογόνων τοῖς προγόνοις. Ἐγώ τοι καὶ αὐτὸς ἔγνων Ἀθηναίους Ἑλλήνων φιλοτιμοτάτους καὶ φιλανθρωποτάτους, καίτοι τοῦτό γε ἐπιεικῶς ἐν πᾶσιν εἶδον τοῖς Ἕλλησιν. ἔχω δ' εἰπεῖν ὑπὲρ αὐτῶν, ὡς καὶ φιλόθεοι μάλιστα πάντων εἰσὶ, καὶ δεξιοὶ πρὸς τοὺς ξένους· καθόλου μὲν Ἕλληνες πάντες, αὐτῶν δ' Ἑλλήνων πλεῖον τοῦτ' ἔχω μαρτυρεῖν Ἀθηναίοις. Εἰ δὲ ἐκεῖνοι διασώζουσιν εἰκόνα τῆς παλαιᾶς ἐν τοῖς ἤθεσιν ἀρετῆς· εἰκὸς δήπουθεν τὸ αὐτὸ ὑπάρχειν καὶ Σύροις, καὶ Ἀραβίοις, καὶ Κελτοῖς, καὶ Θρᾳξὶ, καὶ Παίοσι, καὶ τοῖς ἐν μέσῳ κειμένοις Θρᾳκῶν καὶ Παιόνων, ἐπ' αὐταῖς Ἴστρου ταῖς ἠϊόσι, Μυσοῖς; Ὅθεν δὴ καὶ τὸ γένος ἐστί μοι πᾶν ἄγροικον, αὐστηρὸν, ἀδέξιον, ἀναφρόδιτον, ἐμμένον τοῖς κριθεῖσιν ἀμετακινήτως· ἃ δὴ πάντα ἐστὶ δείγματα δεινῆς ἀγροικίας. Αἰτοῦμαι τοίνυν ὑπὲρ ἐμαυτοῦ πρώτου συγγνώμην, ἐν μέρει δὲ καὶ ὑμῖν νέμω, τὰ πάτρια ζηλοῦσιν· οὐδ' ἐν ὀνείδει προφέρω, τὸ,

γρ. ἐπεῖχεν

γρ. ἐβλάστησαν

A ver: saliebat cor vehementer, & quasi de sua sede dimovebatur. Ac talia quidem coram Regina patiebatur. Postquam vero illa discessit, ceteris subsequentibus, quietus erat, & similis iis qui nullam sentiunt aegritudinem. Cognitum igitur morbum Erasistratus Regi exponit. Ille, quod liberos amaret, permittere se ait filio uxorem. At is tum quidem recusavit: patre B autem mortuo non multo post tempore, quod munus antea sibi datum generose repudiarat, cupidissime arripuit. Ergo haec Antiochus. Quare nulla invidia esse debet, si nepotes avum generis vel certe nominis auctorem imitantur. Nam quemadmodum in plantis verisimile est diffundi qualitates quam latissime, ac fortasse etiam in totum similia nasci ea quae gignuntur iis unde orta sunt: sic etiam in hominibus credibile est, nepotum mores aviis affines esse. Equidem Athenienses omnium Graeco- C rum liberalissimos atque humanissimos esse animadverti. Quanquam probitatem quidem certe in omnibus Graecis vidi, possumque de iis affirmare, omnium eos religiosissimos & humanissimos erga hospites esse; *& tales quidem Graeci in universum; e quibus tamen* uberius certe & majus hac de re testimonium Atheniensibus dare possum. Quod si ii virtutis ac morum effigiem antiquam retinent, quid est cur Syri, Arabes, Galli, Thraces, Illyrii, & inter hos D ipsos ad ripas Istri interjecti Mysi idem facere non possint? At mihi genus ab istis est penitus agreste, durum, rusticum, inamoenum, pertinaciter adhaerens ad ea quae semel judicavit; quae omnia duritiem ingenii mirabilem ostendunt. Quamobrem primum veniam pro me deprecor, deinde vobis eandem vicissim concedo, qui patrios mores vitamque persequimini: neque probri loco jam illud profero,

Menda,

Mendacesque, bonique leves saltare choreas:

imo contra potius in magna laude pono, quod tam arcte accurateque patrum vestrorum mores & instituta tenetis. Nam Homerus quoque Autolycum laudans, omnibus eum antecellere ait,

furto ac juramento: —

Et mihi quoque hæc esse confiteor, duritiem, stultitiam, acerbitatem, & non facile molliri, neque orantibus, aut postulantibus, ut res meas agam, neque vocibus assiduis concedere. Ac sane probris istis non offendor. Utra autem leviora sint, Dii fortasse norunt; homo quidem certe nullus potest dijudicare, cum præsertim ingenium cuique sui amor non sinat alteri fidem adhibere: quod ea sit fere hominum natura, ut omnes sua mirentur, aliena despiciant. Attamen qui genus vitæ contrarium sequenti veniam dat, lenitate mihi videtur excellere. Ego autem cum rem attentius cogito, aliis etiam modis me mihi nocuisse animadverto. Nam cum in urbem liberam venirem, quæ capillorum squallorem ferre non potest, veni ad eam cum barba longissima & intonsus; quasi tonsorum copia deesset: judicasses profecto te Smicrinem videre, aut Thrasyleonta, senem morosum, aut militem amentem, cum liceret ornatu adhibito puerum formosum videri, & fieri juvenem; si minus ætate, at certe moribus & facie delicata. Nescis cum hominibus vivere, neque Theognidem probas, neque imitaris polypum petras referentem; sed illam Myconis rusticitatem, & stultitiam, & amentiam, veteri verbo tritam, amplecteris. Nescis multum abesse, ut tales sint Galli, Thraces, Illyrii? Non vides

A Ψεῦσταί τ', ὀρχησταί τε, χοροιτυπίῃσιν ἄριστοι.

τοὐναντίον δὲ ἀντ' ἐγκωμίων ὑμῶν προσεῖναί φημι πάτριον ζῆλον καὶ ἐπιτηδεύματα. Ἐπεὶ καὶ Ὅμηρος ἐπαινῶν τὸν Αὐτόλυκον, φησί, περιεῖναι πάντων,

Κλεπτοσύνῃ θ' ὅρκῳ τε. —

καὶ ἐμαυτοῦ τὴν σκαιότητα, καὶ τὴν ἀμαθίαν, καὶ τὴν δυσκολίαν, καὶ τὸ μὴ ῥᾳδίως μαλάττεσθαι, μηδὲ τοῖς B δεομένοις, ἢ τοῖς ἐξαπατῶσι, τὰ ἐμαυτοῦ ποιεῖσθαι, μηδὲ ταῖς βοαῖς εἴκειν, καὶ τὰ τοιαῦτα στέργω τὰ ὀνείδη. πότερα μὲν οὖν ἐστι κουφότερα, θεοῖς ἴσως δῆλον, ἐπείπερ ἀνθρώπων οὐδεὶς οἷός τε ἡμῖν ἐστιν, ὑπὲρ τῶν διαφορῶν βραβεῦσαι· πιστεύομεθα γὰρ οὐδαμῶς αὐτῷ διὰ φιλαυτίαν· θαυμάζειν γὰρ εἰκὸς τὰ ἑαυτοῦ ἕκαστον, ἀτιμάζειν δὲ τὰ παρὰ τοῖς ἄλλοις. ὁ δὲ τῷ τὰ ἐναντία ζηλοῦντι νέμων συγγνώμην, εἶναί μοι δοκεῖ πρᾳότατος. C Ἐγὼ δὲ ἐννοήσας εὑρίσκω καὶ ἕτερα δεινὰ ἐμαυτὸν εἰργασμένον· πόλει γὰρ προσιὼν ἐλευθέρᾳ, τὸν αὐχμὸν τῶν τριχῶν οὐκ ἀνεχομένῃ, ὥσπερ οἱ κουρέων ἀποροῦντες, ἄκαρτος καὶ βαθυγένειος εἰσέδραμον· ἐνόμισας ἂν Σμικρίνην ὁρᾶν, ἢ Θρασυλέοντα, δύσκολον πρεσβύτην, ἢ στρατιώτην ἀνόητον, ἐξὸν φανῆναι τῷ καλλωπισμῷ παῖδα ὡραῖον, καὶ γενέσθαι μειράκιον, εἰ μὴ τὴν ἡλικίαν, τὸν τρόπον γε καὶ τὴν ἁ- D βρότητα τοῦ προσώπου. Οὐκ οἶσθα ἀνθρώποις ὁμιλεῖν, οὐδ' ἐπαινέτης εἶ τοῦ Θεόγνιδος, οὐδὲ μιμῇ τὸν ἀφομοιούμενον ταῖς πέτραις πολύποδα, ἀλλ' ἡ λεγομένη Μυκώνιος ἀγροικία τις, καὶ ἀμαθία, καὶ ἀβελτηρία πρὸς πάντας ἐπιτηδεύεται παρά σου. λέληθέ σε πολλοῦ δεῖν ταῦτα εἶναι Κελτοὺς, καὶ Θρᾷκας, καὶ Ἰλλυριούς; Οὐχ ὁρᾷς ὁπόσα μὲν ἐν τῇ πόλει ταύτῃ καπηλεῖα;

Iliad. ω. v. 261.

Odyss. τ. v. 396.

Fors. ῥᾳδίως

γρ. ἐξαπατῶσι.

γρ. τὰ τοιαῦτα ἀτίζων [illegible]

Fors. πιστεύομεν

Fors. τὴν συγγνώμην

γρ. πολύποδα

γρ. Κελτοὶ καὶ Θρᾷκες καὶ Ἰλλυριοί

λεία; σὺ δὲ ἀπεχθάνῃ τοῖς καπήλοις, οὐ συγχωρῶν ὁπόσου βούλονται πωλεῖν αὐτοὺς τῷ δήμῳ τὰ ἐπιτήδεια, καὶ τοῖς ἐπιδημοῦσιν. Οἱ δὲ τοὺς κεκτημένους τὴν γῆν αἰτιῶνται. σὺ δὲ καὶ τούτους ἐχθροὺς ποιεῖς σαυτῷ τὰ δίκαια ποιεῖν ἀναγκάζων. οἱ δὲ ἐν τέλει, τῆς πόλεως ἀμφοῖν "μετέχοντες τῶν ζημιῶν· ὥσπερ οἶμαι πρότερον ἔχαιρον διχόθεν καρπούμενοι τὰς ὠφελείας, καὶ ὡς κεκτημένοι, καὶ ὡς καπηλεύοντες· B τανῦν εἰκότως λυποῦνται δὴ ἀμφοτέρων ἀφῃρημένοι τὰς ἐπικερδείας. Ὁ δὲ τῶν Σύρων δῆμος οὐκ ἔχων μεθύειν, οὐδὲ κορδακίζειν, ἄχθεται· σὺ δὲ σῖτον ἄφθονον παρέχων, οἴει τρέφειν αὐτοὺς ἱκανῶς. Ἐκεῖνο δέ σου χαρίεν, ὅτι οὐδὲ ὅπως ἰχθῦς ἐν τῇ πόλει πετραῖοι ἔσονται, σκοπεῖς· ἀλλὰ καὶ πρώην μεμφομένου τινός, ὡς οὔτε ἰχθύδιον, οὔτε ὀρνίθων πολλῶν εὑρισκομένων ἐν ἀγορᾷ, "τωθαστικῶς μάλα ἐγέλασας, ἄρτου καὶ C οἴνου καὶ ἐλαίου τῇ σώφρονι πόλει δεῖν φάμενος, κρεῶν δ' ἤδη τῇ τρυφώσῃ· τὸ γὰρ καὶ ἰχθύων καὶ ὀρνιθίων λόγον ποιεῖσθαι, πέρα τρυφῆς εἶναι, καὶ ἧς οὐδὲ τοῖς ἐν Ἰθάκῃ μνηστῆρσι μετῆν ἀσελγείας. Οὕτω δὲ οὐκ ἐν ἡδονῇ κρέα ὕεια καὶ προβάτεια σιτεῖσθαι τῶν ὀσπρίων ἁπτόμενος," οὐδὲν πράττειν ταῦτα ἐνόμισας, καὶ Θρᾳξὶ νομοθετεῖν τοῖς σεαυτοῦ πολίταις, ἢ τοῖς ἀναισθήτοις Γαλάταις, οἵ σε ἐπαιδοτρίβησαν καθ' D ἡμῶν πρίνινον, σφενδάμνινον, οὐκέτι μέντοι καὶ Μαραθωνομάχην, ἀλλ' Ἀχαρνέα μὲν ἐξ ἡμισείας, ἀηδῆ δ' " ἄνδρα παντάπασι, καὶ ἄνθρωπον ἄχαριν. Οὐ κρεῖττον ἦν ὀσωδεῖν μύρων τὴν ἀγορὰν βαδίζοντός σου, καὶ παῖδας ἡγεῖσθαι καλούς, εἰς οὓς ἀποβλέψονται οἱ πολῖται, καὶ χοροὺς γυναικῶν, ὁποῖοι παρ' ἡμῖν ἵστανται καθ' ἑκάστην ἡμέραν; Ἐμὲ δὲ ὑγρὸν βλέπειν,

[Margin notes: γρ. μετέχοντα · γρ. τωθαστικῶς · γρ. Ὅτῳ · γρ. ἐν πράξει ταῦτα ἐνόμισ. Θρᾳξί · γρ. ἀν- δρα]

A multas in urbe cauponas esse? Tu vero cauponibus irasceris, neque pateris eos annonam populo & exteris, quanti volunt, vendere. Et illi quidem de agrorum possessoribus queruntur; hi vero tibi infensi sunt, propterea quod eos justos esse cogis. Magistratus autem, quod ex utroque civitatis incommodo, sicut opinor, lucrum facerent, gaudebant antea, duplicem fructum capientes, & ut agri possessores, & ut caupones; nunc utrisque spoliati commodis merito succensent. Populus etiam Syrorum, cum non queat potare, neque cordacem saltare, irascitur; tu autem abunde illos alere existimas, quod eis frumenti copiam largiare. Enimvero illa tua egregia est atque admirabilis sapientia, quod neque ut pisces saxatiles in urbe sint, provides: imo dudum, cum quidam conquererentur, neque pesces multos neque aves jam in foro reperiri, illudens multum risisti, cum diceres: satis esse civitati sobriae ac moderatae vinum & oleum; carnes vero delicatae jam esse; pisces autem & aves requirere, supra omnes delicias esse, & quales ne procis quidem in Ithaca fuissent. Isto autem pacto carnes suillas & ovillas non cum voluptate comedi, quod tu leguminibus vescereris; beneque reipublicae consulere existimasti, & Thracibus tuis leges dare, aut Gallis stupidis, qui te nobis iligneum, acernum, neque tamen Marathonium bellatorem, sed ex dimidio Acharnensem, ingratum omnibus atque invisum, aluerunt. Nonne melius fuerat, forum te ambulante unguenta olere, pueros formosos praecedere, in quos cives ipsi oculos & ora converterent, & coetus mulierum, quales apud nos sunt quotidie? Verumenimvero mihi lascive oculis his quoquoversum projectis aspicere, quo pulcher corpore, non mente, vobis videar, mores mei non sinunt. Nam, vobis quidem judicibus, vera animi pulchritudo in vitæ deliciis tota est posita. At me præceptor meus docuit, cum ad magistros ventitarem, terram, non theatrum aspicere, *priusque majorem increscentis mento barba, quam reliqui capitis curam gerere.* Et certe in illa ætate privatim & sponte mea nunquam, ter autem vel quater principis jussu ivi, cum Patroclo gratificari cuperet, mecumque esset consanguinitate ac necessitudine conjunctus: quo ego tempore privatus adhuc vivebam. Quare ignoscere mihi debetis, cum præsertim cum vobis ostendam, cui multo justius irasci poteritis; nempe importunissimum illum præceptorem, qui mihi jam tum molestus erat, cum viam illam unicam mihi ad bene vivendum proponeret. Ille mihi nunc auctor est tantæ apud vos offensionis, cum in animo meo ingeneraverit & quasi impresserit, id quod ego tum repudiabam. Et tamen is, tanquam rem gratam mihi faceret, cupide in id incumbebat, appellans credo gravitatem, quæ esset durities: temperantiam, quæ stupiditas: fortitudinem, non succumbere voluptati: neque eo quenquam esse beatum, quod voluptatibus abundaret. Sæpenumero mihi admodum puero (testor Jovem & Musas) dicebat præceptor ille: Ne sinas te a tuorum æqualium multitudine in theatra induci, neque ulla ejus spectaculi cupiditate tenearis. Circenses desideras? apud Homerum eos elegantissime descriptos reperies; cape librum, & lege. Histriones audis saltatores? sine eos valere; fortius saltant juvenes apud Phæacas: habes illic citharœdum Phemium, & cantorem Demodocum. Sunt etiam apud eundem multæ stirpes, quæ majore cum voluptate audiuntur, quam nostræ spectantur.

Sic quondam Deli sacras ad Apollinis aras,

A βλέποντα πανταχοῦ τὰ ὄμματα, ὅπως ὑμῖν καλὸς, ἔτι τὴν ψυχὴν, ἀλλὰ τὸ πρόσωπον ὀφθείην, ὁ τρόπος οὐ συγχωρεῖ· ἔστι μὲν γὰρ, ὡς ὑμεῖς κρίνετε, ψυχῆς ἀληθινὸν κάλλος, ὑγρότης βίου. ἐμὲ δὲ ὁ παιδαγωγὸς ἐδίδασκεν εἰς τὴν γῆν βλέπειν, εἰς διδασκάλους φοιτῶντα. θέατρον δὲ οὐκ ἰδεῖν, πρὶν μᾶλλον κομῆσαι τῆς κεφαλῆς τὸ γένειον. Ἐν ἐκείνῃ δὲ τῇ ἡλικίᾳ ἰδίᾳ καὶ καθ' ἐμαυτὸν οὐδέποτε, τρίτον δὲ ἢ τέ- B ταρτον, εὖ ἴστε, Πατρόκλῳ ἐπὶ χάριν φέρων ἄρχων ἐπέταττεν, οἰκεῖος ὢν ἐμοὶ καὶ ἀναγκαῖος. ἐτύγχανον δὲ ἰδιώτης ἔτι· συγγνωστέον οὖν ἐμοί. δίδωμι γὰρ, ὃν ἀντ' ἐμαυτοῦ δικαιότερον μισήσετε τὸν φιλαπεχθήμονα παιδαγωγὸν, ὅς με καὶ τότε ἐλύπει, μίαν ὁδὸν εἶναι διδάσκων. καὶ νῦν αἴτιός ἐστί μοι τῆς πρὸς ὑμᾶς ἀπεχθείας, ἐνεργασάμενος τῇ ψυχῇ, καὶ ὥσπερ C ἐντυπώσας, ὅπερ ἐγὼ μὲν οὐκ ἐβουλόμην τότε. Ὁ δὲ ὡς δή τι χαρίεν ποιῶν, μάλα προθύμως ἐνετίθει, καλῶν, οἶμαι, σεμνότητα, τὴν ἀγροικίαν, καὶ σωφροσύνην, τὴν ἀναισθησίαν· ἀνδρείαν δὲ, τὸ μὴ εἴκειν ταῖς ἐπιθυμίαις, μηδ' εὐδαίμονα ταύτῃ γίγνεσθαι. ἔφη δέ μοι πολλάκις, εὖ ἴστε, μὰ Δία καὶ Μούσας· ὁ παιδαγωγὸς ἔτι παιδαρίῳ κομιδῇ, μή σε παραπειθέτω τὸ πλῆθος τῶν ἡλικιωτῶν, ἐπὶ τὰ D θέατρα φερόμενον ὀρεχθῆναί ποτε ταυτησὶ τῆς θέας. ἱπποδρομίας ἐπιθυμεῖς; ἔστι παρ' Ὁμήρῳ δεξιώτατα πεποιημένη. λαβὼν ἐπέξελθε τὸ βιβλίον. τοὺς παντομίμους ἀκούεις ὀρχηστάς; ἔα χαίρειν αὐτοὺς, ἀνδρικώτερον παρὰ τοῖς Φαίαξιν ὀρχοῦνται τὰ μειράκια. σὺ δ' ἔχεις κιθαρῳδὸν τὸν Φήμιον, καὶ ᾠδὸν τὸν Δημόδοκον. ἔστι καὶ παρ' αὐτῷ πολλὰ φυτὰ τερπνότερα ἀκοῦσαι τῶν ὁρωμένων

Δήλῳ δή ποτε τοῖον Ἀπόλλωνος παρὰ βωμῷ, — Odyss. ζ. v. 162

Φοίνικος

Margin notes: γρ. καλὸς ὅπως; Fors. ἰδεῖν; γρ. κομῆσαι; Fors. συγγνωστέον ἐμοί; Fors. ἐντυπώσας; γρ. τὸ βιβλίον

Φοίνικος νέον ἔρνος ἀνερχόμενον ἐνόησα.

καὶ ἡ δενδρήεσσα τῆς Καλυψοῦς νῆσος, καὶ τὰ τῆς Κίρκης σπήλαια; καὶ ὁ Ἀλκινόου κῆπος· εὖ ἴσθι, τούτων οὐδὲν ὄψει τερπνότερον. ἆρα ποθεῖτε καὶ τοὔνομα ὑμῖν φράσω τοῦ παιδαγωγοῦ, καὶ ὅστις ὢν γένος ταῦτα ἔλεγε; βάρβαρος νὴ τοὺς θεοὺς καὶ θεάς, Σκύθης μὲν τὸ γένος, ὁμώνυμος δὲ τῷ τὸν Ξέρξην ἀναπείσαντος ἐπὶ τὴν Ἑλλάδα στρατεῦσαι· καὶ τὸ πολυθρύλητον Ἄργος. Τοῦτο δὲ πρὸ μηνῶν μὲν εἴκοσι προσκυνούμενον ὄνομα, νυνὶ δὲ προφερόμενον ἀντ' ἀδικήματος καὶ ὀνείδους, εὐνοῦχος ἦν, ὑπὸ τῷ ἐμῷ τεθραμμένος πάππῳ, τὴν μητέρα τὴν ἐμὴν ὅπως ἀγάγῃ διὰ τῶν Ὁμήρου καὶ Ἡσιόδου ποιημάτων. Ἐπεὶ δ' ἐκείνη πρῶτον ἐμὲ καὶ μόνον τεκοῦσα, μησὶν ὕστερον ὀλίγοις ἐτελεύτησεν, ὥσπερ τὰς ἀμήτορας παρθένους, πολλῶν συμφορῶν ἐκκλαπεῖσα κόρη, καὶ νέα μετ' ἐνιαυτὸν ἕβδομον αὐτῷ παρεδόθην. Οὗτος ἐξ ἐκείνου ταῦτα ἀνέπεισεν ἄγων εἰς διδασκάλους μίαν ὁδόν· ἄλλην δ' οὔτε αὐτὸς εἰδέναι θέλων, οὔτ' ἐμὲ βαδίζειν συγχωρῶν, ἐποίησεν ἀπεχθάνεσθαι με πᾶσιν ὑμῖν. Ἀλλ' εἰ δοκεῖ, σπεισώμεθα πρὸς αὐτὸν ἐγώ τε καὶ ὑμεῖς, τὴν ἀπέχθειαν λύσαντες. οὔτε γὰρ ἠπίστατο πρὸς ὑμᾶς ἀφιξόμενον, οὐδ' εἰ τὰ μάλιστα φοιτᾶν μέλλοιμι, ὅτι καὶ ἄρχειν προσεδόκα, καὶ τοσαύτην ἀρχήν, ὅσην ἔδωκαν οἱ θεοί, πολλὰ ὁμοῦ βιασάμενοι, πείσθητέ μοι, καὶ τὸν διδόντα, καὶ τὸν δεχόμενον. Ἐῴκει γὰρ ἡμῶν οὐδέτερος ἐθέλειν, οὔτε ὁ διδοὺς τὴν τιμήν, ἢ χάριν, ἢ ὅ, τι φίλον ὑμῖν αὐτὸ ὀνομάζειν, δοῦναι· καὶ ὁ λαμβάνων, ὡς ἴσασιν οἱ θεοὶ πάντες, ἀληθῶς ἠρνεῖτο. καὶ δὴ τοῦτο μὲν ὅπῃ τοῖς θεοῖς φίλον ἔχει τε καὶ ἕξει. Τυχὸν δὲ ὁ παιδαγωγὸς εἰ προῄδει

[illegible margin note]

κ. ἀγάγοι

[illegible margin note]

A *Proceram viridi conspexi in gramine palmam.*

Quid Calypsonis insula opaca arboribus? quid Circes antra? quid hortus Alcinoi? crede mihi, nihil videbis jucundius. Vultis illius nomen praeceptoris & genus proferam? Homo barbarus me hercule, & genere Scytha is erat, eodemque nomine cum illo, qui Xerxem ad bellum in Graeciam nobileque Argos induxit. Hoc vero nomen, quod ante vicesimum mensem
B honoris, nunc contumeliae caussa, appellatur, Eunuchus erat; sub meo avo educatus, ut matri meae Homeri atque Hesiodi poëmata exponeret. Cum autem illa paucis post mensibus mortua esset, meque primum & solum filium reliquisset; tum ego tanquam virgo orba & deserta, multis calamitatibus erepta, puella & tenera, post annum septimum ipsi traditus fui. Is ab eo
C tempore, cum me ad magistros deduceret, unicam bene vivendi viam esse mihi persuasit: cumque ille aliam neque scire vellet, neque mihi ingredi permitteret, effecit ut in omnium vestrum odium incurrerem. Veruntamen, si videtur, pacem cum illo ego vosque faciamus, & inimicitias dirimamus. Neque enim ille me ad vos venturum putavit, neque ut venirem, tamen regnaturum speravit; in tanto praesertim
D imperio, quantum Dii largiti sunt, multum sane invito ac repugnante tum illo, credite mihi, qui dedit, tum me qui accepi. Videbatur enim neuter nostrum velle: neque is qui hunc honorem, vel gratiam, vel quocunque alio nomine vultis appellare, libenter dabat: & qui accepit (Dii sunt testes) vere & ex animo recusabat. Verum ista, Deorum voluntas & tum moderata est, & in posterum moderabitur. Quod si prae-

si praeceptor meus providere istud mente potuisset, fortasse omni cura diligentiaque contendisset, ut me vobis quam maxime gratiosum carumque efficeret. Nunc non est jam integrum, si quid *prius* est penitus insitum moribus asperum, id subito evellere: consuetudo, veteri proverbio, altera natura est, cui repugnare, laboriosum; consuetudinem vero triginta annorum spatio meditatam deponere, perdifficile est, praesertim tanta cum difficultate inductam. At mihi plures etiam his anni sunt. Sed sit ita sane: age, quid tibi venit in mentem, ut de commerciis cognoscere & statuere velles? Non enim, ut opinor, te hoc etiam magister ille tuus docuit, qui neque regnaturum esse te sciebat. Induxit me ille malus senex, quem vos tanquam principem vitae meae, morumque auctorem, jure mecum accusatis: quanquam & ipse profecto ab aliis in eandem fraudem inductus fuerat. Saepe, credo, nomina haec audita vobis sunt, tantopere vi videlicet exagitata & derisa, Plato, Socrates, Aristoteles, Theophrastus. Illis senex iste cum nimis stulte ac simpliciter obtemperasset, posteaque me puerum, & discendi desiderio incensum, nactus esset; persuasit, si illorum vestigiis vellem insistere, meliorem me, non quidem caeteris hominibus fortasse, (neque enim cum illis certamen mihi esse) sed meipso omnino futurum. Ego vero (quid enim aliud fecissem?) obsecutus seni, non possum jam quippiam mutare, quamvis maxime cupiam, ac me ipsum incuso, quod omni vitiorum generi liberum iter non patefaciam. Sed in mentem veniunt ea, quae apud Platonem Atheniensis hospes disserit. Dignus est honore is, qui nihil peccat; qui vero alios etiam deterret ab injuria, plus quam duplici honore dignus est: ille enim uni, hic pluribus dignitate par est, qui scelus aliorum indicat magistratibus. At qui socium praeterea se iis adhibet

A τοῦτο, πολλὴν ἂν ἐποιήσατο προμήθειαν, ὅπως ὅτι μάλιστα ὑμῖν φανείην κεχαρισμένος. εἶτα οὐκ ἔξεστιν ἀποθέσθαι νῦν καὶ μεταμαθεῖν, εἴ τι πρότερον ἡμῖν ἄγροικον ἦθος ἐνετράφη· ἔθος, φασί, δευτέρη φύσις· φύσει μάχεσθαι δέ, ἔργον· ἐτῶν δὲ τριάκοντα μελέτην ἀφεῖναι παγχάλεπον, ἄλλως τε καὶ μετὰ τοσαύτης ἐγγενομένην χαλεπότητος. Ἐμοὶ δὲ ἤδη πλείω τούτων ἐστίν. εἶεν,
B ἀλλά τι μαθὼν αὐτὸς ἐπιχειρεῖς ἀκροᾶσθαι περὶ τῶν συμβολαίων, καὶ δικάζειν; οὐ γὰρ δὴ καὶ τοῦτό σε ὁ παιδαγωγὸς ἐδίδασκεν, ὃς οὐδ' εἰ ἄρξεις ἠπίστατο. Δεινὸς δὲ ἀνέπεισε γέρων, ὃν καὶ ὑμεῖς εἰς ὄντα μάλιστα αἰτιώτατον τῶν ἐμῶν ἐπιτηδευμάτων, ὀρθῶς ποιοῦντες, συλλοιδορεῖτέ μοι, καὶ τοῦτον δ' εὖ ἴστε ὑπ' ἄλλων ἐξηπατημένον. Ὀνόματα ἧκε πρὸς ὑμᾶς πολλάκις κωμῳδούμενα, Πλάτων, καὶ Σωκράτης, καὶ Ἀριστοτέλης, καὶ
C Θεόφραστος. ἐκείνοις ὁ γέρων οὗτος πεισθεὶς ὑπ' ἀφροσύνης, ἔπειτα ἐμὲ νέον εὑρὼν, ἐραστὴν λόγων, ἀνέπεισεν ὡς εἰ τὰ πάντα ἐκείνων ζηλωτὴς γενοίμην, ἀμείνων ἔσομαι, τῶν μὲν ἄλλων ἀνθρώπων ἴσως οὐδενός. οὐ γὰρ εἶναί μοι πρὸς αὐτοὺς τὴν ἅμιλλαν· ἐμαυτοῦ δὲ πάντως. Ἐγὼ δέ· οὐ γὰρ εἶχον ὅ,τι ποιῶ· πεισθεὶς, οὐκέτι δύναμαι μεταθέσθαι, καὶ ταῦτα ἐθέλων πολλάκις· ἀλλ' ὀνειδίζω μὲν ἐ-
D μαυτῷ, διότι μὴ ποιῶ πᾶσαν ἄδειαν ἁπάντων ἀδικημάτων. Ὕπεισι δέ μοι ἐκ τοῦ Πλάτωνος, ὅσα ὁ Ἀθηναῖος διεξῆλθε ξένος· Τίμιος μὲν δὴ καὶ ὁ μηδὲν ἀδικῶν· ὁ δὲ μηδὲ ἐπιτρέπων τοῖς ἀδικοῦσιν ἀδικεῖν, πλέον ἢ διπλασίας τιμῆς ἄξιος ἐκείνου. ὁ μὲν γὰρ ἑνός, ὁ δὲ πολλῶν ἀντάξιος ἑτέρων, μηνύων τὴν τῶν ἄλλων τοῖς ἄρχουσιν ἀδικίαν. ὁ δὲ καὶ ξυγκολά-

Lib. 5. de Legibus.

ζων εἰς δύναμιν τοῦ ἄρχοντος, μέγας ἀνὴρ ἐν πόλει, καὶ τέλειος, οὗτος ἀναγορευέσθω νικηφόρος ἀρετῆς. Τὸν αὐτὸν δὴ τοῦτον ἔπαινον καὶ περὶ σωφροσύνης χρὴ λέγειν, καὶ περὶ φρονήσεως, καὶ ὅσα ἄλλα ἀγαθά τις κέκτηται δύναται, μὴ μόνον αὐτὸν ἔχειν, ἀλλὰ καὶ τοῖς ἄλλοις μεταδιδόναι. Ταῦτα ἐδίδασκέ με, νομίζων ἰδιώτην ἔσεσθαι. καὶ γὰρ οὐδὲ προῄδει ταύτην ἐκ Διός μοι τὴν τύχην ἐσομένην, εἰς ἣν νῦν ὁ θεὸς φέρων κατέστησεν. Ἐγὼ δὲ αἰσχυνόμενος ἄρχων ἰδιώτου φαυλότερος εἶναι, λέληθα ἐμαυτόν, οὐκ οἶδ' ὅπως, ὑμῖν τῆς ἀγροικίας μεταδοὺς τῆς ἐμαυτοῦ. καί με ἕτερος τῶν Πλάτωνος νόμων ὑπομνησθέντα ἐμαυτῷ, πεποίηκεν ἀπεχθάνεσθαι πρὸς ὑμᾶς, ὅς φησι δεῖν αἰδῶ καὶ σωφροσύνην ἀσκεῖν τοὺς ἄρχοντας, καὶ τοὺς πρεσβυτέρους, ἵνα τὰ πλήθη πρὸς αὐτοὺς ἀποβλέποντα κοσμῆται. Μόνῳ δὴ μοι, μᾶλλον δὲ σὺν ὀλίγοις ἐπιτηδεύοντι νῦν τοῦτο, πρὸς θάτερα περιέστη, καὶ γέγονεν εἰκότως ἐν αἰτίᾳ. ἡμεῖς μὲν γάρ ἐσμεν οὐδὲ ἑπτὰ παρ' ὑμῖν ξένοι νεήλυδες· εἷς δὲ καὶ πολίτης ὑμέτερος, Ἑρμῇ φίλος καὶ ἐμοί, λόγων ἀγαθὸς δημιουργός· οἷς οὐδέν ἐστι πρός τινα συμβόλαιον, οὐδ' ἄλλην ὁδὸν βαδίζουσι πλὴν ἐπὶ τὰ τῶν θεῶν ἱερὰ καὶ ὀλιγάκις, οἱ πάντες εἰς τὰ θέατρα [illegible] μένοι, τὸ [illegible] τῶν ἔργων, καὶ [illegible] τοῦ βίου τέλος· [illegible] [illegible] τῶν Ἑλλήνων σοφοὶ [illegible] τῶν παρ' ὑμῖν [illegible] [illegible] [illegible] [illegible] [illegible] [illegible] [illegible] τὰ κέρδη [illegible]

l. πάντας

in punienda & coercenda iniuria, hic magnus vir in civitate, & perfectus est; hic victor in virtutis certamine pronuncietur. Eandem certe laudem temperantiæ prudentiæque tribuere oportet, omninoque iis bonis ita comparatis, ut non uni alicui serviant, sed aliis etiam communicentur. Hæc me docebat senex ille, putans me privatum fore. Neque enim fortunam istam prospexerat, in qua me Deus collocavit. Ego autem veritus, ne princeps privato essem deterior, nescio quomodo, secus quam decebat, rusticitatis meæ vos participes feci. Atque etiam alia lex Platonis me commonefecit mei, vobisque [illegible] tradidit, quæ ait, oportere magistratus & senes temperantes esse, ut populus eorum exemplo discat modeste ac temperanter vivere. Soli itaque mihi, vel certe cum paucis, illud vitæ genus [illegible] res aliter cecidit atque opinabar, & probro ac dedecori fuit; neque immerito. Septem enim sumus apud vos peregrini & hospites (unus autem vester etiam civis, Mercurio & mihi carus, dicendi artifex egregius) quibus nullum est cum aliis commercium, neque aliam viam insistimus; ad templa autem Deorum raro etiam imus; neque ad theatra sumus omnes idonei, quod & ignobilissimum est & turpissimum vitæ genus; (pertinent mihi omnino Græci sapientes proferre aliquid ex iis quæ apud vos *abundant*; cum enim se melius ostendere non possem, [illegible]) adeo vehementer odium vestrum atque inimicitias experimur, cum vobis potius adulari & placere deberemus. Quidam alteri inquit [illegible]: Quid ad te, o stulte, illud pertinet cum possis summus cum gratia [illegible] [illegible] [illegible] Atque hæc cum facias, te tamen putas recte facere cte facere, & præclare tuis rebus consulere. Cogitare debuisti, a nemine de injuriis magistratus accusari, sed ipsum injuriæ auctorem. At qui facit injuriam, posteaque coercetur, dimisso eo quem violabat, in magistratus odium convertit. Quare cum tu ista prudentia possis abstinere ab imponenda aliis juste agendi necessitate, & unicuique potestatem facere, quicquid velit ac possit agendi; (tales sunt siquidem, opinor, civitatis hujus mores, id est, liberi admodum) tu nihil quicquam ea de re cogitans, prudenter illos parere vis: nec vides, quanta ipsis etiam asinis & camelis libertas ab ea tribuatur? Ducunt eas conducti homines per porticus, quasi nymphas, (nam neque angiportus patentes, neque latæ viæ eo factæ sunt, ut iis asini uterentur) sed tamen illæ ornatus & magnificentiæ caussa id habent. Asini autem porticibus libere utuntur, neque quisquam eos prohibet, ne libertatem iis eripuisse videatur: adeo est hæc civitas libera: & tamen ipse adolescentes in ea quietos esse vis, & ea cogitare, quæ tibi placeant, vel certe loqui, quæ tu libenter audias. At illi comessari libere didicerunt, semper id quidem effuse ac licenter, in feriis autem liberius. Tarentini quondam Romanis talium conviciorum pœnas dederunt, quod per ebrietatem legatos eorum in Bacchanalibus injuriosius tractassent. At vos omnino Tarentinis feliciores estis, qui pro diebus paucis integrum annum in deliciis consumitis: pro legatis principes ipsos contumelia afficitis, maximeque eorum barbam & nummi signa deridetis. O cives modestissimi, gratulor vobis, & qui talia ludi-

A τὸν ποιῶν, ὀρθῶς αὐτὸ ποιεῖν καὶ φρονεῖν ὑπὲρ τῶν σεαυτοῦ. Λογίσασθαι ἐχρῆν, ὅτι τῶν μὲν ἀδικημάτων οὐδεὶς αἰτιᾶται τοὺς ἄρχοντας, ἀλλὰ τὸν ἀδικήσαντα· ὁ δ' ἀδικῶν, εἶτα εἰργόμενος, ἀφεὶς μέμφεσθαι τὸν ἀδικούμενον, εἰς τοὺς ἄρχοντας τρέπει τὸ " ἔχθος. (Ref. ἄχθος) Ἐξὸν οὖν ὑπὸ τῆς εὐλογιστίας ταύτης, ἀπέχεσθαι μὲν τοῦ τὰ δίκαια ποιεῖν ἀναγκάζειν, ἐπιτρέψαι δ' ἑκάστῳ πράττειν ὅ,τι ἂν ἐθέλῃ, καὶ δυνατὸς

B ᾖ· τὸ γὰρ τῆς πόλεως ἦθος, οἶμαι, τοιοῦτόν ἐστιν, ἐλεύθερον λίαν· σὺ δὲ οὐ συνιεὶς, ἄρχεσθαι αὐτοὺς μετὰ φρονήσεως ἀξιοῖς; οὐδ' ἀπέβλεψας ὅση καὶ μέχρι τῶν ὄνων ἐστὶν ἐλευθερία παρ" αὐτῆς, (Ref. αὐτοῖς) καὶ τῶν καμήλων; ἄγουσί τοι καὶ ταύτας οἱ μισθωτοὶ διὰ τῶν στοῶν, ὥσπερ τὰς νύμφας· οἱ γὰρ ὑπαίθριοι στενωποὶ, καὶ αἱ πλατεῖαι τῶν ὁδῶν, οὐκ ἐπὶ τούτῳ δήπου πεποίηνται, τοῦ χρῆσθαι αὐταῖς τοὺς κανθηλίους· ἀλλ' ἐκεῖναι μὲν αὐτὸ δὴ τοῦτο κόσμου τινὸς ἕνεκα πρό-

C κεινται καὶ πολυτελείας· χρῆσθαι δὲ " ὑπ' ἐλευθερίας (Ref. ὑπὸ) οἱ ὄνοι βούλονται ταῖς στοαῖς· εἴργει δ' οὐδεὶς αὐτοὺς οὐδαμῶς, ὅπως μὴ τὴν ἐλευθερίαν ἀφέληται· οὕτως ἐστὶν ἡ πόλις ἐλευθέρα· σὺ δὲ ἀξιοῖς τοὺς ἐν αὐτῇ νεανίσκους ἄγειν ἡσυχίαν, καὶ μάλιστα μὲν φρονεῖν ὅ,τι σοι φίλον· εἰ δὲ μὴ, φθέγγεσθαι" ὅσα ἂν ἡδέως ἀκούσαις. (Ref. ἴσως) οἱ δὲ ὑπ' ἐλευθερίας εἰώθασι κωμάζειν· ἀεὶ μὲν ἐπιεικῶς αὐτὸ ποιοῦντες, ἐν δὲ ταῖς ἑορταῖς πλέον. Ἔδοσάν πο-

D τε τῶν τοιούτων σκωμμάτων Ῥωμαίοις Ταραντῖνοι δίκας, ὅτι μεθύοντες ἐν τοῖς Διονυσίοις ὕβρισαν αὐτῶν τὴν πρεσβείαν. ὑμεῖς δέ ἐστε τῶν Ταραντίνων τὰ πάντα εὐδαιμονέστεροι, ἀντὶ μὲν ὀλίγων ἡμερῶν ὅλον εὐπαθοῦντες ἐνιαυτόν· ἀντὶ δὲ τῶν ξένων πρέσβεων, εἰς αὐτοὺς " ὑβρίζοντες (Ref. ὑβρίζετε) τοὺς ἄρχοντας, καὶ τούτων εἰς τὰς ἐπὶ τοῦ γενείου τρίχας, καὶ τὰ ἐν τοῖς νομίσμασι χαράγματα.

Εὖγε, ὦ πολυάνθρωποι σώφρονες, αἵ τε παίζοντες τὰ τοιαῦτα καὶ οἱ τῶν παιζόντων ἀποδεχόμενοι καὶ ἀπολαύοντες. δῆλον γάρ, ὅτι τοῖς μὲν ἡδονὴν παρέχει τὸ λέγειν, τοῖς δὲ, τὸ ἀκούεσθαι τῶν τοιούτων σκωμμάτων εὐφροσύνη. Ταύτης ὑμῖν ἐγὼ τῆς ὁμονοίας συνήδομαι. καὶ εὖγε ποιεῖτε, μία ἡ πόλις οὖσα τὰ τοιαῦτα· ὡς ἐκεῖνό γε οὐδαμοῦ σπουδαῖον, οὐδὲ ζηλωτόν, εἴργειν καὶ κολάζειν τῶν νέων τὸ ἀκόλαστον. παραιρεῖσθαι γάρ ἐστι καὶ ἀποτέμνειν τῆς ἐλευθερίας τὸ κεφάλαιον, εἴ τις ἀφέλοιτο τοῦ λέγειν καὶ πράττειν, ὅ τι βούλονται, τοὺς ἀνθρώπους. Ὀρθῶς οὖν ὑμεῖς τοῦτο εἰδότες, ὅτι δεῖ τὰ πάντα ἐλευθέρους εἶναι, πρῶτον ἐπετρέψατε ταῖς γυναιξὶν ἄρχειν αὑτῶν, ἵνα ὦσιν ὑμῖν λίαν ἐλεύθεραι καὶ ἀκόλαστοι· εἶτα ἐκείναις συνεχωρήσατε ἀνάγειν τὰ παιδία, μή ποτε ὑμῶν ἀρχῆς πειρώμενα τραχυτέρας, εἶτα ἀποφανθῇ δοῦλα καὶ γενόμενα μειράκια, πρῶτον αἰδεῖσθαι διδαχθῇ τοὺς πρεσβυτέρους, ὑπὸ δὲ τῆς συνηθείας ταύτης εὐλαβέστερα γένηται πρὸς τοὺς ἄρχοντας, καὶ τέλος οὐκ εἰς ἄνδρας, ἀλλ᾽ εἰς ἀνδράποδα τελέσαντες, καὶ γενόμενοι σώφρονες καὶ ἐπιεικεῖς καὶ κόσμιοι, λάθωσι διαφθαρέντες παντάπασι. Τί οὖν αἱ γυναῖκες; ἐπὶ τὰ σφέτερα σεβάσματα ἄγουσιν αὐτοὺς δι᾽ ἡδονῆς, ὃ δὴ μακαριστὸν εἶναι δοκεῖ καὶ πολυτίμητον οὐκ ἀνθρώποις μόνον, ἀλλὰ καὶ θηρίοις. Ἔνθεν, οἶμαι, συμβαίνει μάλα ὑμῖν εὐδαίμοσιν εἶναι, πᾶσαν ἀρνουμένοις δουλείαν, ἀπὸ τῆς εἰς τοὺς θεοὺς πρῶτον, εἶτα τοὺς νόμους, καὶ τρίτον τοὺς νομοφύλακας ἡμᾶς. Ἀτοποῖ τοίνυν ἂν ἡμεῖς, εἰ τῶν θεῶν περιορώντων ἐλευθέραν οὕτω τὴν πόλιν καὶ οὐκ ἐπεξιόντων, ἀγανακτοῖμεν καὶ χαλεπαίνοιμεν. Ἴσως γάρ εἰσιν, οἳ καὶ ἡμῖν

tis, & qui ludentibus plauditis, itaque fruimini. Certum est enim, alios dicendo, alios audiendo convicia ejusmodi, delectari. Ego hanc vestram concordiam mirifice vobis gratulor, optimeque facitis, quod in una civitate omnes estis hujusmodi. Nam illud nullo modo est honestum, neque approbandum, coercere juvenum petulantiam, & lasciviam corrigere. Id enim eripere ac diminuere caput libertatis est, privare homines facultate, quicquid velint, dicendi & faciendi. Itaque præclare vos, cum sciretis libertatem omnibus in rebus tuendam & conservandam esse, primum vestris uxoribus permisistis, ut *se ipsas regerent*, quo magis liberæ ac dissolutæ vobis essent: deinde eis concessistis, ut liberos vestros educarent, ne tandem vobis acerbius imperare aggrederemur, ac demum illi in servitutem redigerentur: deinde ne, cum robustiores erunt, majores natu vereri doceantur, tandemque consuetudine hac verecundiores erga principes suos fiant: postremo non inter viros, sed inter mancipia censeantur, & dum temperantes, modesti, honesti fiunt, imprudentes corrumpantur & pereant. Quid igitur mulieres? Ducunt eos ad suas religiones & cultus voluptate, quæ non hominibus solum, sed etiam pecudibus summum bonum videtur. Inde, credo, factum est, ut beatissimi sitis, cum servitutem repudietis, primum in Deos, deinde in leges, postremo in nos ipsos, qui legum sumus patroni ac custodes. Ac sane inepti simus, si Diis, civitatem tam liberam non curantibus, neque ulciscentibus, ipsi succenseamus & irascamur. Sic enim existimare debetis, communem hanc nobis cum Diis injuriam esse factam a civitate. At enim, inquit, Chi & Cappa nihil civitati nocuerunt. Hoc sapientiæ vestræ ænigma quale sit, difficile est intelligere: nos tamen quosdam vestrum interpretes nacti, didicimus his literis nominum quorundam initia significari, altera Christum, altera Constantium declarari. Sinite igitur me libere, quod sentio, dicere: Una in re tantum vobis injuriam fecit Constantius, quod me, cum Cæsarem fecisset, non vita privavit. Nam quod ad reliqua attinet, utinam vobis solis ex omnibus Romanis dent Dii multos Constantios, vel potius amicorum ejus rapinas experiri. Nam mihi quidem vir ille patruelis erat & amicus: postea vero quam inimicus esse maluit, nostrumque certamen Dii nobis perhumaniter disceptarunt, fidelior ei amicus fui, quam ante inimicitias futurum me speraverat. Quare quid me illius laudes moleste ferre arbitramini, qui iis irascor qui ei obtrectant? At Christum amatis, & quasi numen tutelare colitis, pro Jove, & Daphnæo, & Calliope, quæ vestram captionem explicavit. An vero Emiseni Christum amabant, qui Galilæorum sepulcra incenderunt? An ego Emisenos unquam offendi? Nam e vobis quidem certe plurimos, ac fere omnes, Senatum, divites, populum offendi. Etenim populi maxima pars, imo totus populus, qui impietatis sectam sequitur, mihi succenset, quod me videt patrum religionem amplecti, eique adhærescere: divites autem, quod magno pretio res suas vendere prohibentur: omnes vero, propter saltatores & theatra, non quod his eos privem, sed quod minus ea mi-

A τῆς ἡμῶν ἐκοινώνησαν οἱ θεοὶ τῆς ἀτιμίας παρὰ τῇ πόλει. Τὸ Χῖ, φησὶν, οὐδὲν ἠδίκησε τὴν πόλιν, οὐδὲ τὸ Κάππα. τί μὲν ἐστι τοῦτο τῆς ὑμετέρας σοφίας τὸ αἴνιγμα, συνεῖναι χαλεπόν. τυχόντες δ' ἡμεῖς ἐξηγητῶν ἀπὸ τῆς ὑμετέρας πόλεως, ἐδιδάχθημεν ἀρχὰς ὀνομάτων εἶναι τὰ γράμματα, δηλοῦν δ' ἐθέλειν τὸ μὲν Χριστὸν, τὸ δὲ Κωνστάντιον. Ἀνέχεσθε
B ἄν μου λέγοντος μετὰ παρρησίας· ἓν μόνον ὑμᾶς ὁ Κωνστάντιος ἠδίκησεν, ὅτι με Καίσαρα ποιήσας, οὐκ ἀπέκτεινεν. ὡς τάγε ἄλλα, ὑμῖν μόνοις ἐκ πάντων Ῥωμαίων πολλοὺς δοῖεν οἱ θεοὶ τῶν Κωνσταντίων πειραθῆναι, μᾶλλον δὲ τῶν ἐκείνου φίλων τῆς πλεονεξίας. Ἐμοὶ γὰρ ὁ ἀνὴρ, καὶ ἀνεψιὸς ἐγένετο καὶ φίλος. ἐπεὶ δὲ καὶ πρὸ τῆς φιλίας εἵλετο τὴν ἔχθραν, εἶτα ἡμῖν οἱ θεοὶ τὸν πρὸς ἀλλήλους ἀγῶνα λίαν ἐβράβευσαν φιλανθρώπως, ἐγενόμην αὐτῷ
C πιστότερος φίλος, ἢ προσεδόκησεν ἔσεσθαί με πρὸ ἐχθρῶν γενέσθαι. Τί οὖν οἴεσθέ με τοῖς ἐκείνου λυπεῖν ἐγκωμίοις, ὃς ἄχθομαι τοῖς λοιδορουμένοις αὐτῷ; Χριστὸν δὲ ἀγαπῶντες ἔχετε πολιοῦχον ἀντὶ τοῦ Διὸς, καὶ τοῦ Δαφναίου, καὶ τῆς Καλλιόπης, ἣ τὸ σόφισμα ὑμῶν ἀπεγύμνωσεν. Ἐμισηνοὶ Χριστὸν ἐπόθουν, οἱ πῦρ ἐμβαλόντες τοῖς τάφοις τῶν Γαλιλαίων; ἐλύπησα δ' ἐγώ τινας Ἐμισηνῶν πώποτε; ὑμῶν μέντοι
D πολλοὺς· καὶ ὀλίγου δέω φάναι πάντας, τὴν βουλὴν, τοὺς εὐπόρους, τὸν δῆμον. Ὁ μὲν γὰρ δῆμος ἄχθεταί μοι τῷ πλείστῳ μέρει, μᾶλλον δ' ἅπας ἀθεότητα προελόμενος, ὅτι τοῖς πατρίοις ὁρᾷ τῆς ἁγιστείας θεσμοῖς προσκείμενον· οἱ δὲ δυνατοὶ, κωλυόμενοι πολλοῦ πάντα πωλεῖν ἀργυρίου· πάντες δὲ, ὑπὲρ τῶν ὀρχηστῶν καὶ τῶν θεάτρων, οὐχ ὅτι τοὺς ἄλλους ἀποστερῶ τούτων, ἀλλ' ὅτι μέλει μοι τούτων ἧττον, ἢ τῶν ἐν

τοῖς τέλμασι βατράχων. Εἶτα οὐκ εἰκότως ἐμαυτοῦ κατηγορῶ, τοσαύτης ἀπεχθείας λαβὰς παρασχών; Ἀλλ' ὁ Ῥωμαῖος Κάτων, ὅπως μὲν τὸν πώγωνα εἶχεν οὐκ οἶδα, πλὴν ὅτι πᾶσι τοῖς ἐπὶ σωφροσύνῃ καὶ μεγαλοψυχίᾳ, καὶ τὸ μέγιστον, ἀνδρείᾳ φρονοῦσιν, ἄξιος ἐπαινεῖσθαι, προσιὼν τῇδέ τῇ πολυανθρώπῳ καὶ τρυφώσῃ καὶ πλουσίᾳ πόλει, τοὺς ἐφήβους ἰδὼν ἐν τῷ προαστείῳ μετὰ τῶν ἀρχόντων ἐσταλμένους ὡς ἐπί τινα δορυφορίαν, ᾤετο μὲν αὐτοῦ χάριν ὑμῶν τοὺς προγόνους τὴν παρασκευὴν πᾶσαν πεποιῆσθαι, καὶ θᾶσσον ἀποβὰς τοῦ ἵππου προσῄει ἅμα, καὶ πρὸς τοὺς προελθόντας τῶν φίλων δυσχεραίνων ὡς μηνυτὰς γενομένους αὐτοῖς, ὅτι Κάτων προσάγει, καὶ ἀπαντήσαντας ἐκκρούειν. Ὄντος δὲ ἐν τούτῳ αὐτοῦ, καὶ διαπορουμένου ἠρέμα καὶ ἐρυθριῶντος, ὁ γυμνασίαρχος προσδραμών, ὦ ξένε, ἔφη, ποῦ Δημήτριος; ἦν δὲ οὗτος ἀπελεύθερος Πομπηΐου, κεκτημένος οὐσίαν πολλὴν πάνυ· μέτρον δὲ αὐτῆς εἰ ποθεῖτε μαθεῖν, οἶμαι γὰρ ὑμᾶς ἐκ πάντων τῶν λεγομένων, πρὸς ταύτην μάλιστα ἐπτοῆσθαι τὴν ἀκοήν, ἐγὼ τὸν εἰπόντα φράσω· Δημόφιλος ὁ Βιθυνὸς συγγέγραφε συγγράμματα τοιαῦτα, ἐν οἷς ἀθροισάμενος ἐκ τῶν πολλῶν μεγάλων λόγους ἡδίστους ἐποίησε φιληκόῳ καὶ πρεσβύτῃ· φιλεῖ γὰρ τὸ γῆρας ἐπανάγειν αὐτοὺς εἰς τὴν τῶν νέων φιληκοΐαν τοὺς φιλομαθεστέρους. ὅθεν, οἶμαι, συμβαίνει νέους καὶ πρεσβύτας ἐξίσης εἶναι φιλομύθους· εἶεν. ὁ δὲ δὴ Κάτων ὅπως ἀπήντησε τῷ γυμνασιάρχῳ βούλεσθε φράσω; μή με λοιδορεῖν ὑπολάβητε τὴν πόλιν· οὐκ ἐμὸς ὁ λόγος ἐστίν· εἴ τις ἄρ' ὑμῶν περιφερομένης, καὶ εἰς ὑμᾶς ἀνδρὸς Χαιρωνέως ἐκ τοῦ

hi curæ fuit, quam rupe pabulum. Et non jure me ipse accuso, cum tantum odii invidiæque in me concitarim? Enimvero Romanus ille Cato, quanta & quali barba præditus nescio, hoc certe scio, illum omnibus qui magnanimitatis, temperantiæ, quodque maximum est, fortitudinis laude gloriantur, antecelluisse; is igitur cum in hanc frequentissimam, delicatissimam, copiosissimamque urbem veniret, vidissetque adolescentes in suburbano una cum magistratibus adornatos ad comitatum & pompam, existimavit omnem illum apparatum sua caussa a vestris majoribus factum esse: itaque celeriter ex equo descendens procedebat, iratusque amicos, qui præcurrissent in urbem, accusabat quod Catonis adventum illis nuntiasse, atque ut obviam prodirent impulisse videretur. Cumque his in rebus esset Cato, & quodammodo hæreret, atque rubesceret, tum gymnasiarchus adveniens: o hospes, inquit, ubinam est Demetrius? erat autem hic Pompeji libertus, magnasque opes possidebat. Si quanta essent requiritis, (nam vos equidem ad hoc audiendum potissimum incitatos arbitror) ego vobis auctorem ac testem indicabo. Demophilus Bithynus scripsit libros ejusmodi, ubi decerpens e multis, fecit sermones jucundissimos, tum adolescentibus, tum senibus audiendi avidis. Solet enim senectus etiam mitiores ad juvenile audiendi studium revocare: quam ob caussam evenire arbitror, ut juvenes ac senes æque fabulis audiendis delectentur. Sed ad propositum redeamus. Cato quemadmodum gymnasiarcho illi responderit, vultis ut dicam? Neque vero me putetis civitati maledicere; non mea est hæc oratio. Si forte aliquando audivistis nominari Chæronensem quendam hominem ex illis ista pessima & insolentissima (ut vulgo dicitur) Philosophorum natione, ad quam ego non quidem perveni; sed, qua sum stultitia, certe aspiravi: ille, inquam, hæc prodidit, Catonem nihil tum respondisse, sed tantum furiosi ac dementis modo exclamasse: o miseram urbem! atque ita discessisse. Quare mirari non debetis, si mihi apud vos idem accidit, cum præsertim sim illo asperior, tantoque eum libertate & audacia superem, quanto Romanos Galli vincunt. Etenim ille ibi natus, ad extremam fere senectutem inter cives suos versatus est. At ego cum primum virilem ætatem attigi, statim ad Gallos, Germanos, Hercyniam sylvam, sum dimissus, & vixi cum illis multo tempore, tanquam venator cum feris bellando, quod in eos mores incideram, qui adulari nesciunt, sed libere ac simpliciter cum omnibus æquabilique jure vivere. Fuit igitur mihi prima post puerilem educationem institutio in libris Platonis atque Aristotelis, neque id temporis ad popularem hanc vitam deliciisque beatissimam idoneus eram: postea vir jam & robustus, potestatem adeptus meo more arbitratuque vivendi, inter ferocissimos & bellicosissimos populos vixi, qui Venerem nuptiarum Deam, & Bacchum lætitiæ datorem, conjugii prolisque gratia, & vini quantum cuique liceat potandi caussa tantum norunt. Petulantia vero nulla est in theatris, neque insolentia, neque in scenam cordax admittitur. Ajunt quendam e Cappadocia exulem dudum illuc fugisse, qui in vestra urbe apud aurificem (nostis quem dicam) educatus fuerat. Is nescio ubi didicerat, non cum mulieribus, sed cum pueris ver-

A φαύλου γένους· ὃ δὴ λέγεται περὶ τῶν ἀλαζόνων φιλοσόφων· ὧν δὴ καὶ αὐτὸς ἐφικόμην μέν, εὐξάμην δὲ ὑπὸ ἀμαθίας κοινωνῆσαι καὶ μετασχεῖν. Ταῦτα ὁ ἐκεῖνος ἔφασκεν ὡς ὁ Κάτων ἀποκρίναιτο μὲν οὐδέν, βοήσας δὲ μόνον, οἷά τις ἔμπληκτος καὶ ἀνόητος ἄνθρωπος· ὦ τῆς κακοδαίμονος πόλεως· ἀπιὼν ᾤχετο. Μὴ δὴ θαυμάσητε τοῦτ', εἰ καὶ ἐγὼ νυνὶ τοιαῦτα γρ. ἰωνὶ πάσχω
B πάσχω πρὸς ὑμᾶς, ἀνὴρ ἀγριώτερος ἐκείνου, καὶ θρασύτερος τοσούτῳ γρ. ἀγριώτ. καὶ θρασύτερος ἔσομαι Κ. καὶ αὐθαδέστερος, ὅσον οἱ Κελτοὶ Ῥωμαίων. ὁ μὲν γὰρ ἐκεῖσε τεχθείς, ἐγγὺς ἦλθε γήρως ἅμα τοῖς πολίταις τρεφόμενος. ἐμοὶ δὲ Κελτοὶ καὶ Γερμανοί, καὶ δρυμὸς Ἑρκύνιος ἔμελλεν ἄρτι πρῶτον εἰς ἄνδρα τελεῖν· καὶ διέτριψα πολὺν ἤδη χρόνον, ὥσπερ τις κυνηγέτης ἀγρίοις ὁμιλῶν, καὶ συμπλεκόμενος θηρίοις, ἤθεσιν ἐντυγ- γρ. ἀγρίοις θηρίοις
C χάνων, οὔτε θωπεύειν, οὔτε κολακεύειν εἰδόσιν, ἁπλῶς δὲ καὶ ἐλευθέρως ἐκ τοῦ ἴσου πᾶσι προσφέρεσθαι. Γέγονεν οὖν μοι μετὰ τὴν ἐκ παίδων τροφήν, ἥ τε ἐν μειρακίοις ὁδὸς διὰ τῶν Πλάτωνος καὶ Ἀριστοτέλους λόγων, οὐδαμῶς ἐπιτήδεια δήμοις ἐντυγχάνειν, καὶ ὑπὸ τρυφῆς εὐδαιμονεστάτοις εἶναι. Ἥ τε ἐν ἀνδράσιν αὐλουργία παρὰ τοῖς μαχιμωτάτοις καὶ θυμικωτάτοις τῶν ἐθνῶν, ὅπου τὴν γαμηλίαν Ἀφροδίτην, καὶ τὸν μεθυδότην Διόνυσον, γάμου τε ἕνεκα καὶ παιδοποιίας, οἴνου τε ὁπόσης
D ἑκάστῳ δυνατὸν πίεσθαι, ἴσασι μόνον. Ἀσέλγεια δ' οὐκ ἔστιν ἐν τοῖς θεάτροις, οὐδὲ ὕβρις, οὐδὲ ἕλκει τις εἴσω τῆς σκηνῆς τὸν κόρδακα. γρ. ἐπὶ Λέγεταί τοι μικρὸν πρόσθεν, ὡς ἐνθένδε ἐκεῖσε τις Καππαδόκης φυγάς, ἐν τῇ παρ' ὑμῖν τραφεὶς πόλει παρὰ τῷ χρυσοχόῳ γνωρίζετε δήπουθεν ὃν λέγω μαθὼν ὅπου καὶ ἔμαθεν, ὡς οὐ δέον ὁμιλεῖν γυναιξί, μειρακίοις δ' ἐπιχειρεῖν,

ῥεῖν, οὐκ οἶδα ὁπόσα ἐνθάδε δράσας καὶ παθών. Ἐπειδὴ παρὰ τὸν ἐκείνου βασιλέα πρῶτον ἀφίκετο, μνήμῃ τῶν τῇδε, πολλοὺς μὲν ὀρχηστὰς αὐτοῖς ἐπαγαγεῖν, πολλὰ δὲ τὰ ἐντεῦθεν ἀγαθὰ τοιαῦτα· καὶ δὴ τέλος ὡς ἐνεδέησεν ἔτι κοτυλιστοῦ· τοῦτο δ' ὑμεῖς ἴστε πρὸς τῷ ἔργῳ τὸ ὄνομα· καὶ τοῦτον ἐνθένδε ἐκάλει, πόθῳ καὶ ἔρωτι τῆς σεμνῆς παρ' ὑμῖν διαίτης. οἱ Κελτοὶ δὲ τὸν μὲν κοτυλιστὴν ἠγνόησαν· ἐδέξατο γὰρ αὐτὸν αὐτίκα τὰ βασίλεια. τοὺς ὀρχηστὰς δὲ ἐπιτραπέντας ἐν τῷ θεάτρῳ τὴν τέχνην, εἴασαν, οἰόμενοι τοῖς νυμφολήπτοις αὐτοὺς ἐοικέναι. καὶ ἦν ἐκεῖ παραπλησίως ἐμοὶ καταγελαστότατον τὸ θέατρον· ἀλλ' οἱ μὲν ὀλίγοι πολλῶν κατεγέλων· ἐγὼ ξὺν ὀλίγοις ἐνθάδε γελοῖος ὑμῖν ἅπασι τὰ πάντα φαίνομαι. καὶ οὐκ ἀγανακτῶ τῷ πράγματι. καὶ γὰρ ἂν εἴην ἄδικος, εἰ μὴ τοῖς παροῦσι στέργοιμι, διαφερόντως ἀσπασάμενος ἐκεῖνα. Κελτοὶ μὲν γὰρ οὕτω με δι' ὁμοιότητα τρόπων ἠγάπησαν, ὥστε ἐτόλμησαν οὐχ ὅπλα μόνον ὑπὲρ ἐμοῦ λαβεῖν, ἀλλὰ καὶ χρήματα ἔδωκαν πολλά· καὶ παραιτούμενον οὐκ ὀλιγάκις ἐβιάσαντο λαβεῖν, καὶ πρὸς πάντα ἑτοίμως ὑπήκουσαν. ὃ δὲ δὴ μέγιστον, ἐκεῖθεν εἰς ὑμᾶς ἐφέρετο πολὺ καὶ μέγα τὸ ἐμὸν ὄνομα, καὶ ἐβόων πάντες ἀνδρεῖον, συνετὸν, δίκαιον, οὐ πολέμῳ μόνον ὁμιλῆσαι δεινὸν, ἀλλὰ καὶ εἰρήνῃ χρήσασθαι δεξιὸν, εὐπρόσιτον, πρᾶον. ὑμεῖς δὲ αὐτοῖς ἀντιδεδώκατε νῦν ἐνθένδε, πρῶτον μὲν, ὅτι παρ' ἐμοῦ τὰ τοῦ κόσμου πράγματα ἀνατέτραπται· σύνοιδα δὲ οὐδὲν ἀνατρέπων ἐμαυτῷ, οὔτε ἑκὼν, οὔτε ἄκων. εἶτα, ὡς ἐκ τοῦ πώγωνός μου πλέκειν δεῖ σχοινία· καὶ ὅτι πολεμῶ τῷ Χῖ· πόθος δὲ ὑμᾶς εἰσέρχεται τοῦ Κάππα. καὶ ὑμῖν γε αὐτὸ οἱ πολιοῦχοι τῆσδε τῆς πόλεως θεοὶ διπλοῦν δοῖεν, ὅτι πρὸς τούτῳ καὶ τὰς

Vel. παραιτούμενον ἀλλ. χρήματα ἐβ.

Vel. ἀπ᾽

Vel. χρὴ πλέκειν

A sanduro esse; & nescio quæ illic tum fecerat, tum passus fuerat. Cum autem ad ipsorum regem venisset, tactus memoria earum rerum quæ illic fiunt, primo multos saltatores inducere, deinde alia hujus urbis bona complura eis ostendere, tandem etiam cum ei cotylistes deesset, (nostis & rem & nomen) hunc quoque ex ista urbe evocasse: tantus in eo residebat honestissimæ hujus vitæ vestræ amor & cu-
B piditas. At Galli cotylisten ignorabant; (tum namque cum regia aula primum acceperat) saltatores vero, cum artem suam ostendissent, reliquerunt, quod furens & fanatica illa species viderentur. Et mihi similiter visum est theatrum perridiculum. Sed illic plures a paucis ridebantur; ego hic cum paucis rideor ab omni populo. Neque tamen fero moleste: iniquus enim essem, si cum illa probarim, hæc non leni-
C ter feram. Galli quidem certe adeo me propter morum similitudinem amabant, ut non tantum pro me arma sumerent, verum etiam pecunias darent; & recusanti sæpe vim intulerunt, & in omnibus obsequentes fuerunt. Inde, quod caput est, ad vos nomen nostrum magna cum gloria & laude ferebatur: & clamabant me omnes fortem, prudentem, justum, qui non
D tantum bello sed pace uti scirem; facilem denique & mansuetum me appellabant. Vos autem nunc his contraria retulistis: primum a me mundum subversum esse; at ego nihil a me, neque sponte neque vi, subversum esse scio: deinde ex barba mea funes necti oportere: postremo me Chi bellum indixisse, & Cappa desideratis. Utinam Dii custodes hujus urbis id vobis duplex largiantur, quoniam civitates finitimas,

timas; quæ & Diis mecum serviunt, & sanctæ sunt, calumnia vexastis, quasi quæ in me composita sunt, ab illis profecta essent, quem (scio) magis amant, quam suos liberos: qui Deorum templa quamprimum restituerunt, sepulcra vero atheorum omnia signo a me nuper dato everterunt, ita elati & erecti animis, ut scelera eorum qui Deos violarunt, acrius etiam, quam mea ferebat voluntas, vindicarint. Quod vero ad vos attinet, plerique vestrum erectas olim aras everterunt, quos mea lenitas vix adhuc potuit ad sanitatem & quietem adducere. Postquam vero Daphnes mortuum remisimus, quidam e vobis paulo verecundiores erga Deos, iis, qui demortui reliquiis irati fuerant, templum Daphnæi Dei attribuerunt: alii vero sive imprudentia, sive non, templum inflammarunt, horrendumque exteris spectaculum, populo autem vestro perjucundum, Senatui usque in hunc diem neglectum, præbuerunt. Ac mihi quidem videtur Deus multo ante conflagrationem templo excessisse. Etenim primo statim introitu statua ipsa id mihi indicavit: atque hujus rei testem appello magnum Solem. Adversus eos vero qui nolint credere, alia mihi deinceps offensio commemoranda est: deinde me, quod adhuc feci, conviciis onerabo, deque ea me ipsum criminabor & vituperabo. Decimo fere mense, ut vos numeratis, (is, opinor, Lous a vobis nominatur) patrium festum est hujus Dei, & magno studio ad Daphnen concurritur. Ego igitur ab Jove Casio illuc advolavi, existimans me ibi maxime vestras opes & magnificentiam spectaturum: atque jam tacitus apud me magnificam aliquam pom-

A ἀναγκάσαντας ἐσυκοφαντήσατε πόλεως ἱερὰς καὶ ἀρχαίας, ὡς δὴ παρ' αὐτῶν ὄντα τὰ εἰς ἐμὲ ξυντεθέντα. ἃ οἶδ' ὅτι φιλοῦσιν ὑμῶν μᾶλλον ἢ τοὺς ἑαυτῶν υἱέας. οἳ τὰ μὲν τῶν θεῶν ἀνέστησαν αὐτίκα τεμένη, τοὺς τάφους δὲ τῶν ἀθέων ἀνέτρεψαν πάντας ὑπὸ τοῦ συνθήματος, ὃ δὴ δέδοται παρ' ἐμοῦ πρῴην, οὕτως ἐπαρθέντες τὸν νοῦν, καὶ μετέωροι γενόμενοι τὴν διάνοιαν, ὡς καὶ B πλέον ἐπεξελθεῖν τοῖς εἰς τοὺς θεοὺς πλημμελοῦσιν, ἢ βουλομένῳ μοι ἦν. Τὰ δ' ὑμέτερα· πολλοὶ μὲν ἐγειρομένους ἄρτι τοὺς βωμοὺς ἀνέτρεψαν, οὓς ἡ πρᾳότης ἡμῶν ἐδίδαξε μόλις ἡσυχάζειν. Ἐπεὶ δὲ ἀπεπεμψάμεθα τὸν νεκρὸν τῆς Δάφνης, οἱ μὲν ἀφοσιούμενοι τὰ πρὸς τοὺς θεοὺς ἐξ ὑμῶν, ἀντέδωκαν τοῖς ὑπὲρ τῶν λειψάνων ἠγανακτηκόσι τοῦ νεκροῦ, τὸ τέμενος τοῦ Δα- C φναίου θεοῦ· οἵδε εἴτε λαθόντες, εἴτε μή, τὸ πῦρ ἔδειξαν ἐκεῖνο· τοῖς μὲν ἐπιδημοῦσι τῶν ξένων φρικῶδες, ὑμῶν δὲ τῷ δήμῳ μὲν ἡδονὴν παρασχόν, ὑπὸ δὲ τῆς βουλῆς ἀμεληθὲν εἰσέτι καὶ ἀμελούμενον. Ἐμοὶ μὲν οὖν ἐδόκει, καὶ πρὸ τοῦ πυρὸς ἀπολελοιπέναι τὸν νεὼν ὁ θεός· ἐπεσήμηνε γὰρ εἰσελθόντι μοι πρῶτον τὸ ἄγαλμα· καὶ τούτου μάρτυρα καλῶ τὸν μέγαν Ἥλιον πρὸς τοὺς ἀπιστοῦντας δὲ ὑμᾶς, ὑπομνῆσαι βούλομαι καὶ ἄλλης ἀπεχθείας τῆς ἐμῆς. ἔπει- D τα· ὅπερ εἴωθα ποιεῖν· ἐπικακῶς ὀνειδίσαι ἐμαυτῷ καὶ ὑπὲρ ταύτης, καὶ κατηγορῆσαι καὶ μέμψασθαι. Δεκάτῳ γάρ που μηνὶ τῶν παρ' ὑμῖν ἀριθμουμένων Λῷον, οἶμαι, τοῦτον ὑμεῖς προσαγορεύετε· τοῦ θεοῦ τούτου πάτριός ἐστιν ἑορτὴ, καὶ ἔδει σπουδῇ πρὸς τὴν Δάφνην ἀπαντᾶν. ἐγὼ μὲν οὖν ἀπὸ τοῦ Κασίου Διὸς ἐπὶ τοῦτ' ἔδραμον, οἰόμενος ἐνταῦθα μάλιστα τοῦ πλούτου καὶ τῆς φιλοτιμίας ὑμῶν ἀπολαύσειν. ἀνέπλαττον παρ' ἐμαυτῷ πομπήν,

A ὥσπερ ὀνείρατα ὁρῶν, ἱερεῖα, καὶ σπονδάς, καὶ χορούς τῷ θεῷ, καὶ θυμιάματα, καὶ τοὺς ἐφήβους ἐκεῖ περὶ τὸ τέμενος, θεοπρεπέστατα μὲν τὰς ψυχὰς κατεσκευασμένους, λευκῇ δ' ἐσθῆτι καὶ μεγαλοπρεπεῖ κεκοσμημένους. Ὡς δὲ εἴσω παρῆλθον τοῦ τεμένους, οὔτε θυμιάματα κατέλαβον, οὔτε πόπανον, οὔτε ἱερεῖον. αὐτίκα μὲν οὖν ἐθαύμασα, καὶ ᾤμην ἔξω τοῦ τεμένους εἶναι, περιμένειν δ' ὑμᾶς ἐμὲ δῆθεν τιμῶντας ὡς B ἀρχιερέα τὸ σύνθημα παρ' ἐμοῦ. Ἐπεὶ δὲ ἠρόμην, τί μέλλει θύειν ἡ πόλις ἐνιαύσιον ἑορτὴν ἄγουσα τῷ θεῷ, ὁ ἱερεὺς εἶπεν· ἐγὼ μὲν ἥκω φέρων οἴκοθεν τῷ θεῷ χῆνα ἱερεῖον· ἡ πόλις δὲ τανῦν οὐδὲν ηὐτρέπισεν. Ἐνταῦθα, ὁ φιλαπεχθήμων ἐγώ, πρὸς τὴν βουλὴν ἀπρεπεῖς πάνυ διελέχθην λόγους, οὓς ἴσως οὐκ ἄτοπον καὶ νῦν μνημονεῦσαι. Δεινόν, ἔφην ἐγώ, τὴν τοσαύτην πόλιν ἧττον τῶν θεῶν ὀλιγωρίαν ἔχειν, ὡς οὐδεμία C παρῳκηκυῖα τὰς ἐσχατιὰς τοῦ Πόντου κώμη, μυρίους κλήρους γῆς ἰδίας κεκτημένην, τῷ πατρῴῳ θεῷ νῦν πρῶτον ἐπιστάσης ἑορτῆς ἐνιαυσίου, ἐπειδὴ διεσκέδασαν οἱ θεοὶ τῆς ἀθεότητος τὴν νεφέλην, ὄρνιν ὑπὲρ αὐτῆς οὐ προσάγειν, ἣν ἐχρῆν μάλιστα μὲν καὶ κατὰ φυλὰς βουθυτεῖν. Εἰ δὲ μὴ ῥᾴδιον, ἕνα κοινῇ πάσαν ὑπὲρ αὐτῆς προσφέρειν τῷ θεῷ ταῦρον. ὑμῶν δ' ἕκαστος, ἰδίᾳ μὲν ἐς τὰ δεῖπνα καὶ τὰς ἑορτὰς χαίρει δαπανώ- D μενος· καὶ εὖ οἶδα πολλοὺς ὑμῶν πλεῖστα ἐς τὰ δεῖπνα τῆς Μαιουμᾶ χρήματα ἀπολέσαντας· ὑπὲρ δ' ὑμῶν αὐτῶν καὶ τῆς σωτηρίας τῆς πόλεως οὐδεὶς θύει, οὔτε ἰδίᾳ τῶν πολιτῶν, οὔτε ἡ πόλις κοινῇ, μόνος δὲ ὁ ἱερεύς, ὃν, οἶμαι, δικαιότερον ἦν ἀπὸ τοῦ πλήθους τῶν προσφερομένων τῷ θεῷ παρ' ὑμῶν οἴκαδε μερίδας ἔχειν. Τοῖς μὲν γὰρ ἱερεῦσιν οἱ θεοὶ καλοκἀγαθίᾳ τιμᾶν αὐτούς, καὶ ἀρετῆς ἐπιμελουμένους προσ-

γρ. διακ.

Inf. ηὐτρέπισεν.

A pam fingebam, & quasi somniabam, victimas, libationes, choreas in Deum, thura, pueros in templo tum animis dignissime Deo compositos, tum veste candida elegantique illustres, intuebar. Ingressus autem in templum, neque thura, neque placentam, neque victimam ullam reperi. Itaque continuo miratus sum, vosque extra templum esse suspicabar, B sed honoris causa signum a me, tanquam Pontifice, expectare. Percontanti autem de sacerdote, quid esset civitas in solennibus illis feriis Deo sacrificatura? Ego, inquit ille, domo afferens anserem Deo affero: civitas enim nihil hoc tempore apparavit. Hic ego (o me pacis & gratiæ inimicum!) istum Senatum gravibus verbis expostulavi, quæ non sit forsasse incommodum hoc tempore referre. Grave profecto, inquam ego, videtur, tantam civitatem sic Deos contemnere, ut C ne in extremis quidem Ponti finibus vicus ullus faceret: & cum agrorum infinitum possideat, instantibus patrii Dei solennibus feriis, dissipata a Diis impietatis nebula, avem pro se minime attulisse, cum deceret eam in primis boves tribuum immolare. Quod si id difficile erat, at certe universa civitas debuit & potuit Deo taurum offerre. Unusquisque vestrum D privatim in convivia & festa libenter sumtus facit: sed & plerosque scio in convivia Maiumæ pecuniam effudisse, pro vobis autem ipsis & communi salute, neque privatim neque publice sacrificatis: solus sacerdos, qui, ut legitimum est, e multitudine vestrarum victimarum debuit auctus parte aliqua domum redire, sacrificavit. At Dii sacerdotibus quidem honestam ac virtuti consentaneam vitam præstare illos imperant, neque ut li-

cea

ea munera; ut decet, obirent; vestrum A autem erat, opinor, publice privatimque sacrificare. Nunc vero unusquisque vestrum permittit uxori, ut omnia Galilæis largiatur, quæ ubi pauperes facultatibus vestris aluerunt, egregium impietatis miraculum egentibus (quorum plena sunt omnia) ostentant. Vos autem primum, cum Dei cultum honoremque contemnitis, nihil offendere arbitramini. Nemo autem affert res ad sacra necessarias: quod, credo, non sit ei unde alatur. B Cum quispiam vestrum dat natalitia, magnificum apparat convivium, & amicos lautissimis mensis excipit, & tamen in feriis Deorum solennibus nemo oleum in Dei lampada, nemo libamentum, non thus, non victimam attulit. Ego vero quemadmodum hæc a bonis viris istic accipiantur, nescio: illud credo, Diis ea minime placere. Talia me tum dixisse commemini, C meamque orationem Deus testimonio suo confirmavit: quod utinam nunquam fecisset, neque suburbium tam multis annis servatum deseruisset; ac potius in illa tempestate ac procella mentes potentiorum avertisset, manusque cohibuisset. At ego vobis stulte succensui: tacere enim potius debui, sicut multi, opinor, eorum qui mecum ingressi sunt, neque curiose inquirere, aut objurgare. D Sed ego præcipiti temeritate & ridicula adulatione (non enim est existimandum, me amicitia adductum orationem eam apud vos habuisse, sed inani potius gloriæ cupiditate, quo religionis vestrique cupidus viderer, quæ, opinor, perridicula est adulatio) multa in vos temere effudi. Jure igitur reprehensionum illa-

A τάξιν, καὶ Ἀντιοχεῦσιν ἔδει τὰ τοιαῦτα πράττειν, οἶμαι, τῇ πόλει θύειν ἰδίᾳ καὶ δημοσίᾳ· νυνὶ δὲ ὑμῶν ἕκαστος ἐπιτρέπει μὲν τῇ γυναικὶ πάντα ἐκφέρειν ἔνδοθεν εἰς τοὺς Γαλιλαίους, καὶ τρέφουσαι ἀπὸ τῶν ὑμετέρων ἐκεῖναι τοὺς πένητας, πολὺ τῆς ἀθεότητος ἐργάζονται θαῦμα πρὸς τοὺς τῶν τοιούτων δεομένους· ἔστι δ᾽, οἶμαι, τοιοῦτον τὸ πλεῖστον τῶν ἀνθρώπων γένος· ὑμεῖς δ᾽ αὐτοὶ πρῶτον μὲν τῆς εἰς τοὺς θεοὺς τι- B μῆς ἀμελῶς ἔχοντες, πράττειν οὐδὲν ἄτοπον ὑπολαμβάνετε. Πρόσεισι δ᾽ οὐδεὶς τῶν δεομένων τοῖς ἱεροῖς. οὐ γὰρ ἔστιν, οἶμαι, πόθεν διατραφῇ. καὶ γενέθλια μέν τις ἑστιῶν, ἱκανῶς παρασκευάζει δεῖπνον καὶ ἄριστον, ἐπὶ πολυτελῆ τράπεζαν τοὺς φίλους παραλαμβάνων· ἐνιαυσίου δ᾽ ἑορτῆς οὔσης, οὐδεὶς ἐκόμισεν ἔλαιον εἰς λύχνον τῷ θεῷ, οὐδὲ σπονδήν, οὐδ᾽ ἱερεῖον, οὐδὲ λιβανωτόν. Ἐγὼ μὲν οὐκ οἶδα ὅπως ἄν τις ταῦτα ἀνὴρ ἀγαθὸς ὁρῶν παρ᾽ ὑ- C μῶν, ἀποδέξαιτο· νομίζω δ᾽ ἔγωγε μηδὲ τοῖς θεοῖς ἀρέσκειν. Τοιαῦτα εἰπὼν τότε μέμνημαι· καὶ ὁ μὲν θεὸς ἐμαρτύρησέ μοι τοῖς λόγοις, ὡς μήποτε ὤφελεν, ἐκλιπὼν τὸ προάστειον, ὃ πολὺν ἐτήρησε χρόνον, ἐν ἀνάγκῃ τῇ ζάλῃ τρέψας ἀλλαχοῦ τῶν κρατούντων τὴν διάνοιαν, καὶ τὰς χεῖρας βιασάμενος. Ὑμῖν δ᾽ ἀπηχθόμην ἐγώ, ὥσπερ ἂν ἀνόητος. ἐχρῆν γὰρ σιωπᾶν ὥσπερ, οἶμαι, πολλοὶ μὲν ἄλλοι τῶν D συνεισελθόντων ἐμοί, καὶ μὴ πολυπραγμονεῖν, μηδ᾽ ἐπιτιμᾶν. ἀλλ᾽ ὑπὸ προπετείας ἐγώ, καὶ τῆς καταγελάστου κολακείας· οὐ γὰρ δὴ νομιστέον ὑπ᾽ εὐνοίας ἐμοὶ τότε εἰρῆσθαι τοὺς πρὸς ὑμᾶς λόγους· ἀλλ᾽, οἶμαι, δόξαν θηρώμενος εὐλαβείας τε εἰς τοὺς θεούς, καὶ εἰς ὑμᾶς εὐνοίας ἀληθοῦς· τοῦτο δ᾽ ἐστίν, οἶμαι, παγγέλοιος κολακεία· πολλὰ ὑμῶν μάτην κατέχεα. Δίκαια τοίνυν

ἀπηχθόμην ἴσ. ἀπ.

ἐργάζεσθέ με τῶν ἐπιτιμηθέντων ἕνεκεν ἁμαρτημάτων, καὶ ἀναλαμβάνετε τὰ χωρία. ἐγὼ μὲν γὰρ ὑπὸ τῷ θεῷ, πρὸς τῷ βωμῷ καὶ τοῖς τοῦ ἀγάλματος ἴχνεσιν, ἐν ὀλίγοις ὑμῶν κατεμεμψάμην ὑμᾶς· ὑμεῖς δ' ἐπὶ τῆς ἀγορᾶς ἐν τῷ δήμῳ, διὰ τῶν ἱκανῶν τὰ τοιαῦτα χαριεντίζεσθαι πολιτῶν. Εὖ γὰρ ἴστε, πάντες οἱ λέγοντες κοινωνοῦσι πρὸς τοὺς ἀκούοντας τῶν λόγων· καὶ ὁ ξὺν ἡδονῇ τῶν βλασφημιῶν ἀκροασάμενος, μετέσχηκε τῆς ἴσης ἡδονῆς ἀπραγμονέστερον τοῦ λέγοντος, κοινωνός ἐστι τῆς αἰτίας. Εἴρηται μὲν οὖν ὑμῖν δι' ὅλης καὶ ἠκρόαται τῆς πόλεως, ὁπόσα εἰς τουτονὶ πέπαικται τὸν φαῦλον πώγωνα, καὶ τὸν οὐδὲν ἐπιδειξάμενον ὑμῖν καλόν, οὐδ' ἐπιδειξόμενον τρόπον· οὐ γὰρ ἐπιδείξει βίον ὑμῖν, ὁποῖον ὑμεῖς ἀεὶ μὲν ζῆτε, ποθεῖτε δὲ ὁρᾶν καὶ ἐν τοῖς ἄρχουσιν. Ὑπὲρ μὲν δὴ τῶν βλασφημιῶν, ἃς ἰδίᾳ τε καὶ δημοσίᾳ κατεχέατέ μου, παίζοντες ἐν τοῖς ἀναπαίστοις, ἐμαυτοῦ προσκατηγορήσας, ὑμῖν ἐπιτρέπω χρῆσθαι μετὰ μείζονος αὐτῷ παρρησίας· ὡς οὐδὲν ὑμᾶς ἐγὼ διὰ τοῦτο τῶν δεινῶν ἐργάσομαι, σφάττων, ἢ τύπτων, ἢ δεσμῶν, ἢ ἀποκλείων, ἢ κολάζων. Πῶς γάρ; ὅς ἐπείπερ ἐμαυτὸν ἐπιδείξας μετὰ τῶν φίλων σωφρονοῦντα, φαυλότατον ἰδεῖν ὑμῖν καὶ ἀηδέστατον, οὐδὲν δ' ἐπιδείξας καλὸν θέαμα, μεταστῆναι τὴν πόλιν ἔγνωκα καὶ ἀποχωρῆσαι, πεπεισμένος μὲν οὐδαμῶς, ὅτι πάντας ἐκείνους ἀρέσω, πρὸς οὓς πορεύομαι· κρίνων δ' αἱρετώτερον, εἰ διαμαρτάνοιμι τοῦ δόξαι γε ἐκείνοις καλὸς καὶ ἀγαθός, εἰς μέρος μεταδοῦναι πᾶσι τῆς ἀηδίας τῆς ἐμαυτοῦ, καὶ μὴ τὴν εὐδαίμονα ταύτην ἀποκναῖσαι πόλιν, ὥσπερ ὑπὸ δυσωδίας τῆς ἐμῆς μετριότητος, καὶ τῶν ἐμῶν ἐπιτηδείων τῆς σωφροσύνης. Ὑμῶν γὰρ οὐδεὶς ἀγρόν, οὐ-

rum iniurias nunc persequimini, soli etiam communicantis. Ego enim coram ipso Deo, ad aram & simulacri pedes, inter paucos vos reprehendi; vos in foro, inspectante populo, per idoneos cives, tales ludos facitis. Nam, mihi credite, qui dicunt, sermones cum audientibus communicant; qui vero libenter audit contumelias, cum minore periculo pari voluptate fruitur, atque is qui dicit, in eadem caussa est. Sunt igitur vobis per universam urbem dicta & audita, quæcunque in miseram hanc barbam lusa sunt, & in eum qui nullos unquam vobis bonos mores ostendit, neque ostendet. Non enim eam vitam vobis monstrabit, quam semper vivitis, & in principibus requiritis. Quod vero attinet ad contumelias, quas in me privatim & publice anapæstis ludentes iecistis, ego me præterea accuso, vobisque liberam eius rei facultatem permitto: nam nunquam vobis eo nomine periculum creabo iugulando, verberando, constringendo, custodiendo, puniendo. Quomodo enim? Nam postequam me apud vos, una cum amicis, moderatum atque temperantem, id est, importunissimum & ingratissimum ostendi, nullumque vobis pulchrum spectaculum exhibui, migrare ex hac urbe statui ac discedere: non quod existimem iucundiorem me ad alios venturum esse; sed quod melius fore arbitrer, si hac spe deiicior, pulchritudinem bonitatemque meam illis probandi, saltem omnibus meæ insuavitatis aliquid impertire, neque hanc beatam civitatem prorsus tanquam fœtore modestiæ meæ, meorumque familiarium temperantiæ, enecare. Nostrum enim nemo agrum, nemo bo-

num

tum apud vos coëmit, neque domum A ædificavit, neque uxorem a vobis duxit, aut dedit, neque ea quæ apud vos pulchra sunt amavimus; neque Assyrias opes expetivimus, neque præfecturas *distribuimus*, neque passi sumus *aliquos e primoribus apud vos nobiscum imperium partiri*, neque populo splendidorum conviviorum theatrorumve auctores fuimus: imo tantam ei immunitatem & ubertatem rerum omnium dedimus, ut liber ab inopiæ metu, B anapæstis luserit in eos, qui tantum bonorum ei largiti sunt. Non aurum imperavimus, non argentum exegimus, neque tributa amplificavimus; sed præter residuum nondum persolutum, quintam de consuetis vectigalibus partem remisimus. Nec vero satis esse putavi, me temperantem esse; procuratorem habeo præterea abstinentissimum, per Deos, ac moderatissimum, ut equidem mihi persuadeo; quem tamen vos acerbe accusastis, quod senex, & fronte sensim calvescens, tamen pro insita mentis duritie non erubescat, cum comam gestet in occipitio, sicuti Homerus facit Abantas. Neque illo deteriores duos tresve domi apud me habeo, imo quatuor: ac si quintum etiam vultis, is est avunculus meus, eodem mecum nomine, qui vobis præfuit æquissime, quamdiu ei Dii dederunt una nobiscum esse, remque publicam administrare; tametsi non magna prudentia civitatis res procuraverit. Ac nobis quidem præclara hæc videbantur, *conjuncta imperantium cum temperantia lenitas*: atque his rationibus pulchros nos satis visum iri vobis sperabamus. Verum posteaquam barbæ prolixitas, comæ neglectio, odium spectaculorum, studium gravitatis in templis conservandæ, *ac præ his omnibus* cura æquitatis in judiciis *vestris* tuendæ, summum avaritiæ foro pellendæ desiderium, vos in me tantopere commovet, ce-

A δὲ κῆπον ἐπρίατο παρ' ὑμῖν, οὐδὲ οἰκίαν ᾠκοδόμησεν, οὐδ' ἔγημε παρ' ὑμῶν, οὐδ' ἐξέδωκεν εἰς ὑμᾶς, οὐδὲ ἠράσθημεν τῶν παρ' ὑμῖν καλῶν, οὐδ' ἐζηλώσαμεν Ἀσσύριον πλοῦτον, οὐδ' ἐνεμησάμεθα τὰς προστασίας, οὐδὲ παραδυναστεύειν ἡμῖν ἠνεσχόμεθά τινας τῶν ἐν τέλει, οὐδ' ἐπείσαμεν τὸν δῆμον εἰς παρασκευὰς δείπνων ἢ θεάτρων, ὃν οὕτως ἐποιήσαμεν τρυφᾶν, ὥστε ἄγειν σχολὴν ἀπὸ ἐνδεί- B ας τῶν ἀναπαίστων εἰς τοὺς αἰτίους αὐτῷ τῆς εὐθηνίας ξυνέθηκεν. Οὐδ' ἐπεγράψαμεν χρυσίον, οὐδὲ ᾐτήσαμεν ἀργύριον, οὐδὲ ηὐξήσαμεν φόρους· ἀλλὰ πρὸς τοῖς ἐλλείμμασιν ἀνεῖται πᾶσι τῶν εἰθισμένων εἰσφορῶν τὸ πέμπτον. Οὐκ οἶμαι δ' ἐξαρκεῖν τὸ σωφρονεῖν ἐμέ, μέτριον ἔχων μὰ Δία καὶ θεούς, ὡς ἐμαυτὸν πείθω, τὸν ἐπαγγελέα, καλῶς ὑφ' ὑμῶν ἐπιτιμηθέντα, διότι γέρων ὢν καὶ φαλακρὸς ἠρέμα τὰ πρόσω, διὰ δυσ- C τροπίαν οὐκ αἰσχύνεται, κομᾶν τὰ ἐξόπισθεν, ὥσπερ Ὅμηρος ἐποίησε τοὺς Ἄβαντας. Οὐδὲν ἐκείνου φαυλοτέρους ἔχω ἄνδρας οἴκοι παρ' ἐμαυτῷ δύο καὶ τρεῖς, ἀλλὰ καὶ τέτταρας εἰ βούλεσθε ἤδη καὶ πέμπτον, ὁ δὲ μοι θεῖος καὶ ὁμώνυμος, ὃς ἐπεστάτει μὲν ὑμῶν πρῴην, μέχρις εἴασαν οἱ θεοὶ ξυνεῖναι ἡμῖν αὐτὸν καὶ συμπράττειν, ἐν προμηθείᾳ δὲ πάσας ἐπεξῆλθε τὰς οἰκονομίας τῆς πόλεως. Ἡμῖν μὲν οὖν ἐδόκει ταῦτα D καλά, πρᾳότης ἀρχόντων μετὰ σωφροσύνης· ᾠόμεθά τε ἡμῖν ἱκανῶς διὰ τούτων καλοὶ φανεῖσθαι τῶν ἐπιτηδευμάτων. Ἐπεὶ δὲ ὑμᾶς ἥ τε βαθύτης ἀπαρέσκει τοῦ γενείου, καὶ τὸ ἀτημέλητον τῶν τριχῶν, καὶ τὸ μὴ παραβάλλειν τοῖς θεάτροις, καὶ τὸ ἀξιοῦν ἐν τοῖς ἱεροῖς εἶναι σεμνούς, καὶ πρὸ τούτων ἁπάντων ἡ περὶ τὰς κρίσεις ἡμῶν ἀσχολία, καὶ τὸ τῆς ἀγορᾶς εἴργειν τὴν πλεονεξίαν, ἑκόντες ὑμῖν

ὄπιθεν κομόωντες. Iliad. β. v. 542.

ἐξοισόμεθα τῆς πόλεως. Οὐ γάρ, οἶμαι, ῥᾴδιον ἐν γήρᾳ μεταθεμένῳ διαφυγεῖν τὸν λεγόμενον ὑπὲρ τοῦ ἰκτῖνος μῦθον. λέγεται γάρ τοι καὶ τὸν ἰκτῖνα, φωνὴν ἔχοντα παραπλησίαν τοῖς ἄλλοις ὄρνισιν, ἐπιθέσθαι τῷ χρεμετίζειν ὥσπερ οἱ γενναῖοι τῶν ἵππων, εἶτα τοῦ μὲν ἐκλαθόμενον, τὸ δὲ μὴ δυνηθέντα ἐλθεῖν ἱκανῶς, ἀμφοῖν στερηθῆναι, καὶ φαυλοτέραν τῶν ἄλλων ὀρνίθων εἶναι τὴν φωνήν. Ὃ δὴ καὶ αὐτὸς εὐλαβοῦμαι παθεῖν, ἀγροικίας τε ἅμα καὶ δεξιότητος ἀμοιρεῖν. ἤδη γάρ, ὡς καὶ ὑμεῖς αὐτοὶ συνορᾶτε, πλησίον ἐσμέν, ἐθελόντων θεῶν,

Εὖτέ μοι λευκαὶ μελαίναις ἀναμεμίξονται τρίχες,

ὁ Τήϊος ἔφη ποιητής. Εἶεν, ἀλλὰ τῆς ἀχαριστίας, πρὸς θεῶν καὶ Διὸς ἀγοραίου καὶ πολιούχου, ὑπόσχετε λόγον· ἠδίκησθέ τι παρ' ἐμοῦ κοινῇ πώποτε καὶ ἰδίᾳ, καὶ δίκην ὑπὲρ τούτου **λαβεῖν** οὐ δυνάμενοι φανερῶς, διὰ τῶν ἀναπαίστων ἡμᾶς, ὥσπερ οἱ κωμῳδοὶ τὸν Ἡρακλέα καὶ τὸν Διόνυσον, ἕλκετε καὶ περιφέρετε· οὕτω δὲ καὶ ὑμεῖς ἐν ταῖς ἀγοραῖς ἐπιφθέγγεσθε λοιδορούμενοι; Ἢ τοῦ μὲν ποιεῖν τι χαλεπὸν εἰς ὑμᾶς ἀπεσχόμην, τοῦ λέγειν δὲ ὑμᾶς κακῶς οὐκ ἀπεσχόμην, ἵνα με καὶ ὑμεῖς [ἐξελαύνητε] διὰ τῶν αὐτῶν ὥσπερ ἀμύνησθε; Τίς οὖν ὑμῖν ἐστιν αἰτία τοῦ πρὸς ἡμᾶς προσκρούσματος καὶ τῆς ἀπεχθείας; ἐγὼ γὰρ εὖ οἶδα, δεινὸν οὐδένα ὑμῶν οὐδὲ ἀνήκεστον ἐργασάμενος, οὔτε ἰδίᾳ τοὺς ἄνδρας, οὔτε κοινῇ τὴν πόλιν, οὔτ' εἰπὼν οὐδὲν φλαῦρον· ἀλλὰ καὶ ἐπαινέσας, ὡς ἐδόκει μοι προσήκειν, καὶ μεταδοὺς χρηστοῦ τινος, ὅσον εἰκὸς ἦν τὸν ἐπιθυμοῦντα μὲν, οὐ δυνατὸν δὲ πολλοὺς εὖ ποιεῖν ἀνθρώπους. Ἀδύνατον δ' εἶναι καὶ τοῖς εἰσφέρουσι

dam urbe pellitenus. Neque enim esset facile, si in senectute mores commutarem, fabulam de milvo tritam effugere. Aiunt enim milvum, cum vocem similem haberet caeteris avibus, hinnitum instar equorum nobilium appetisse; postea cum illam amisisset, neque hunc satis consequi posset, utroque excidisse, atque omnium avium postremam in canendo extitisse. Quod ne mihi accidat, valde vereor, nempe ut ab rusticitate & urbanitate simul aberrem. Jam enim, sicut ipsi videtis, ad id tempus pervenimus, Diis volentibus,

Quo mihi cani capilli sociabuntur cum nigris,

ut ait Teius Poeta. Verumenimvero, per Deos immortales, per Jovem fori praesidem, atque hujus urbis custodem, quaenam tam ingrati, tamque offensi in nos animi caussa est? an injuria aliqua publice aut privatim a me unquam affecti estis, quam cum aperte ulcisci non possitis, anapaestis in nos, sicut Comici Dionysium & Heraclem ferunt aguntque, sic, inquam, vos in foro conviciis assidue in nos debacchamini? An vero me continui quidem, ne quid mali vobis facerem: a maledicto vero non continui, ut & vos iisdem me modis ulcisceremini? Quaenam est igitur caussa vestrae in nos offensionis atque invidiae? Ego enim certo scio, nihil a me in vos commissum esse durius aut gravius, neque privatim in singulos, neque publice in universos, ullo genere maledicti: imo & laude affeci, quantum visum est convenire, & boni aliquid contuli, quantum erat aequum ei, qui pro viribus cupit de multis bene mereri. Fieri autem non potest, mihi credite, ut & iis qui

qui vectigalia pendunt, omnia condonentur; & qui accipere consueverunt, dentur omnia. Cum igitur videar publicas largitiones, quas regius sumtus facere consuevit, nihil imminuisse, tributa autem vobis non pauca remisisse; nonne res admirabilis atque ænigmati similis videatur? Sed quæ fuerint nostra in omnes cives merita, nihil attinet hoc tempore referre, ut ne videar tanquam de industria meas laudes ore proprio commemorare, cum præsertim contumelias & probra in me conjicere statuerim. At quæ temere & imprudenter erga vos gessi, quanquam odio vestro, ut arbitror, digna non erant, tamen non alienum fuerit proferre; quod probra mea sint, tantoque superioribus, squalorem vultus dico, & Veneris odium, majora, quanto veriora sunt, animumque attingunt. Ac primum vos laudabam, quoad poteram cupide & vehementer, cum neque periculum vestri fecissem, neque quemadmodum inter nos convenire posset, cogitassem; sola hac fretus opinione, quod & vos genere Græci essetis, ego vero etsi Thrax origine, attamen vita & factis Græcus essem. Itaque suspicabar fore, ut inter nos amaremus. Ergo hoc unum temeritatis meæ vitium esto. Deinde, cum legatos ad me omnium postremi misissetis, etiam Alexandrinorum, qui sunt ad Ægyptum; tamen multum vobis auri & argenti, multa vectigalia peculiari beneficio præter alias civitates remisi: præterea senatorum numerum ad ducentos auxi, neque ulli rei peperci: id enim unum spectabam, ut majorem potentioremque civitatem vestram redderem. Itaque dedi vobis ex iis qui thesauros meos procurave-

A συγχωρεῖν ἅπαντα, καὶ διδόναι πάντα τοῖς εἰωθόσι λαμβάνειν. ὅταν οὖν φανῶ μηδὲν ἐλαττώσας τῆς δημοσίας συντάξεως, ὅσα ἄνωθεν ἡ βασιλικὴ νόμιμος δαπάνη, ὑμῖν δ' ἀνεὶς τῶν εἰσφορῶν οὐκ ὀλίγα, ἆρ' οὐκ αἰνίγματι τὸ πρᾶγμα ἔοικεν; Ἀλλ' ὅσα μὲν κοινῇ πρὸς πάντας πεποίηκα τοὺς ἀρχομένους ὑπ' ἐμοῦ, πρέποι ἂν σιωπᾶν, ἵνα μὴ δοκοίην, ὥσπερ ἐξεπίτηδες, B αὐτοπρόσωπος ἐπαίνους ᾄδειν ἐμαυτοῦ, καὶ ταῦτα ἐπαγγειλάμενος πολλὰς καὶ ἀπαλγούσας ὕβρεις καταχέαι. Τὰ δὲ ἴδια μοι πρὸς ὑμᾶς πεπραγμένα προπετῶς μὲν καὶ ἀνοήτως, ἥκιστα μὴν ὑφ' ὑμῶν ἄξια ἀχαριστηθῆναι, πρέποι δ' ἂν οἶμαι προφέρειν, ὥσπερ τινὰ ἐμὰ ὀνείδη τοσούτῳ τῶν ἔμπροσθεν χαλεπώτερα, τοῦ τε αὐχμοῦ τοῦ περὶ τὸ πρόσωπον, καὶ τῆς ἀναφροδισίας, ὅσῳ καὶ ἀληθέστερα ὄντα τῇ ψυχῇ μάλιστα προσήκει. Καὶ C δὴ πρότερον ἐπῄειν ὑμᾶς, ὡς ἀνεδέχετό μοι φιλοτίμως, οὐκ ἀναμείνας τὴν πεῖραν, οὐδ' ὅπως ἕξομεν πρὸς ἀλλήλους ἐνθυμηθείς, ἀλλὰ νομίσας ὑμᾶς μὲν Ἑλλήνων παῖδας, ἐμαυτὸν δὲ, εἰ καὶ γένος μοί ἐστι Θρᾴκιον, Ἕλληνα τοῖς ἐπιτηδεύμασιν· ὑπελάμβανον ὅτι μάλιστα ἀλλήλους ἀγαπήσομεν. Ἓν μὲν δὴ τοῦτ' ἔστω μοι τῆς προπετείας ὄνειδος. Ἔπειτα πρεσβευσαμένοις ὑμῖν παρ' ἐμὲ, καὶ ἀφικομένοις ὑστέροις οὐ τῶν ἄλλων μόνον, D ἀλλὰ καὶ Ἀλεξανδρέων τῶν ἐπ' Αἰγύπτῳ, πολὺ μὲν ἀνῆκα χρυσίον, πολὺ δ' ἀργύριον, φόρους δὲ παμπληθεῖς ἰδίᾳ παρὰ τὰς ἄλλας πόλεις, ἔπειτα τοῦ βουλευτηρίου τὸν κατάλογον διακοσίοις βουλευταῖς ἀνεπλήρωσα, φειδόμενος οὐδενός· ἐσκόπουν γὰρ, ὅπως ἡ πόλις ὑμῶν ἔσοιτο μείζων καὶ δυνατωτέρα. Δέδωκα οὖν ὑμῖν καὶ ἀπὸ τῶν ἐπιτροπευσάντων τοὺς θησαυροὺς τοὺς ἐμοὺς,

γρ. ἐπῄνουν

ὑμᾶς, καὶ ἀπὸ τῶν ἐργαστηρίων τὸ κτῆμα τῆς πλουσιωτάτης ἀξιωθέντας ἔχειν. ὑμεῖς δ' ἐκείνους μὲν οὐ τοὺς δυναμένους εἵλεσθε, λαβόμενοι δὲ τῆς ἀφορμῆς, εἰργάσασθε παραπλήσια, πολὺ μὲν αἰσχίονα, προσήκοντα δ' ὑμῖν. ἀλλ' ἐᾶτε τὸν τρόπον· βούλομαι δὲ ὑμᾶς ὑπομνῆσαι. Βουλευτὴν ὀνομάσαντες, πρὸ τῆς ἀναγραφῆς τοῦ καταλόγου, μετέχειν τῆς δίκης ἀξιώσαντες, ἐνεβάλλετε λειτουργίᾳ τὸν ἄνθρωπον. ἄλλον ἐκ τῆς ἀγορᾶς εἱλκύσατε πένητα, καὶ ἐκ τῶν ἁπανταχοῦ μὲν ἀπολελυμένων, παρ' ὑμῖν δὲ διὰ περιττὴν φροντίδα ἀφικνουμένων πρὸς χρυσίον συμβαλεῖν ἀπορῶντα, μετρίας οὐσίας εἵλεσθε κοινωνόν. πολλὰ τοιαῦτα περὶ τὰς ὀνομασίας κακουργεῖται ὑμῖν, ἐπειδὴ μὴ πρὸς ἅπαντας συνεχωρήσαμεν, ὧν τε εὖ εἰργασάμεθα τὴν χάριν ἀπεστερήθημεν, καὶ ὧν ἀπεσχόμεθα σὺν δίκῃ, παρ' ὑμῶν δυσχεραινόμεθα. Καὶ ταῦτα μὲν ἦν τῶν μικρῶν πάνυ, καὶ οὔπω δυνάμενα τὴν πόλιν ἐκπολεμῶσαι. Τὸ δὲ μέγιστον, ἐξ οὗ τὸ μέγα ἤρθη μῖσος· ἀφικόμενόν με πρὸς ὑμᾶς, ὁ δῆμος ἐν τῷ θεάτρῳ πιεζόμενος ὑπὸ τῶν πλουσίων, ἀφῆκε φωνὴν πρῶτον ταύτην· Πάντα γέμει, πάντα πολλοῦ. τῇ ἐπιούσῃ διελέχθην ἐγὼ τοῖς δυνατοῖς ὑμῶν, ἐγχειρῶν πείθειν, ὅτι κρεῖττόν ἐστιν ὑπεριδόντας ἀδίκων κερδῶν εὖ ποιεῖν τούς τε πολίτας καὶ ξένους. οἱ δὲ ἐπαγγειλάμενοι τοῦ πράγματος ἐπιμελήσεσθαι, μηνῶν ἐξῆς τριῶν ὑπεριδόντος μου καὶ περιμείναντος, οὕτως ὠλιγώρησαν τοῦ πράγματος, ὡς οὐδεὶς ἂν ἤλπισεν. Ἐπεὶ δὲ εἶδον ἀληθῆ τὴν τοῦ δήμου φωνήν, καὶ τὴν ἀγορὰν οὐχ ὑπ' ἐνδείας, ἀλλ' ὑπ' ἀπληστίας τῶν κεκτημένων στενοχωρουμένην, ἔταξα μέτριον ἑκάστῳ

A tant, & qui aurariam facerent, locupletissimos, et ea exemptos. At vos non eos, qui poterant, accepistis; sed occasione capta ea fecistis, quae neque a mea lenitate civitate, neque a vestris moribus aliena erant. Vobis autem ea in memoriam revocem: Cum Senatorem quendam nominavissetis, antequam numero adscriberetur, caussa adhuc dubia, eum *ad obeundum munus adegistis; alium e foro pauperculum pertraxistis, & ex eorum faece, qui ubique quidem praeteriri solent, a vobis vero per singularem prudentiam auro tenui permittuntur*, & communis fortunae hominem vobis socium adjunxistis. Atque ejusmodi alia multa in nominando cum peccaretis, neque omnia vobis concederemus, tum superiorum beneficiorum gratiam perdidimus, tum ob ea, *a quibus jure abstinuimus*, irati nobis estis. Verum haec

C & parva erant, & ad civitatem in nos concitandam non satis virium habere videbantur. Hoc autem maximum fuit, & magnae invidiae argumentum: Cum ego ad vos venissem, populus in theatro a divitibus oppressus, vocem primam illam edidit: Omnia plena sunt, omnia magno constant. Postero die cum vestris divitibus collocutus sum, & magnopere eis persuadere conatus, ut spreto iniquo

D quaestu, civibus atque externis consulere vellent. Illi vero se curaturos polliciti, cum ego supersedissem eo labore, temporisque mensium expectassem, adeo negligentes fuerunt, ut nullus id sperare potuisset. At ego cum viderem populi vocem veram esse, neque forum inopia, sed locupletum avaritia premi, moderatum rei cuique pretium constitui, atque id omnibus

bus notum feci. Cumque cæterarum rerum magna esset copia, (erat enim vinum, oleum, cæteraque omnia) frumenti autem inopia; propterea quod superior anni tempestas paulo aridior, magnam agrorum sterilitatem effecerat; mittendum in Chalcidem, Hierapolin, cæterasque finitimas urbes putavi. Inde vobis mensurarum quadringenta millia intuli: quo consumto numero, primum quinque millia, deinde septem millia, postremo nunc decem millia modiûm, ut vos jam nominare consuevistis, quod omne triticum ex Ægypto allatum ad me fuerat, domo mea eductum civitati donavi, neque pro decem mensuris sed pro quindecim tantum argenti, quantū antea pro decem accipi solebat, exegi. Quod si tot mensuræ nomismate apud vos jam tum in æstate constabant, quid sperandum erat fore tum, cum (ut ait Bœotius Poeta) fames sæva est in ædibus? Nonne quinque mensuras vix & perlibenter accepissetis, tanta præsertim hyeme, quanta deinceps consecuta est? Cur igitur vestri divites frumentum, quod in agris habebant, clam *pluris* vendebant, Rempublicam autem suis sumtibus vexabant? Neque vero civitas tantùm, sed etiam plebs ex agris undique confluit ad panem, cujus unius magna est & copia & vilitas, coemendum. Quanquam quis unquam vestrum, abundanti etiam copiosaque civitate, meminit quindecim tritici mensuras aureo vænire? Hanc ob caussam ego vobis eram invisus, quod non sum passus vinum, olera, & fructus autumnales auro vendi, neque frumentum a divitibus in horrea conclusum,

A τίμημα, καὶ δῆλον ἐποίησα πᾶσιν. ἐπεὶ δ' ἦν τὰ μὲν ἄλλα πολλὰ παρ' αὐτοῖς πάνυ· καὶ γὰρ ἦν οἶνος καὶ ἔλαιον, καὶ τὰ λοιπὰ πάντα· σίτου δ' ἐνδεῶς εἶχον, ἀφορίας δεινῆς ὑπὸ τῶν ἔμπροσθεν αὐχμῶν γενομένης, ἔδοξέ μοι πέμπειν εἰς Χαλκίδα, καὶ Ἱεράπολιν, καὶ πόλεις τὰς πέριξ. Ἔνθεν εἰσήγαγον ὑμῖν μέτρων τετταράκοντα μυριάδας. ὡς δ' ἀνάλωτο καὶ τοῦτο, πρότερον μὲν πεντάκις B χιλίους, ἑπτάκις χιλίους δ' ὕστερον, εἶτα νῦν μυρίους, οὓς ἐπιχώριόν ἐστι λοιπὸν ὀνομάζειν μοδίους, πάντα σῖτον οἴκοθεν ἔχων ἀπὸ τῆς Αἰγύπτου κομισθέντα μοι σῖτον, ἔδωκα τῇ πόλει, πραττόμενος ἀργύριον οὐ κατὰ δέκα μέτρα, ἀλλὰ πεντεκαίδεκα τοσοῦτον, ὅσον ἐπὶ τῶν δέκα πρότερον. εἰ δὲ τοσαῦτα μέτρα θέρους ἦν παρ' ὑμῖν τοῦ νομίσματος, τί προσδοκᾶν ἔδει C τηνικαῦτα, ἡνίκα· Φησὶν ὁ Βοιώτιος ποιητὴς· χαλεπὸν γίγνεσθαι τὸν λιμὸν ἐπὶ δώματι; ἆρ' οὐ πέντε μόγις καὶ ἀγαπητῶς, ἄλλως τε καὶ τηλικούτου χειμῶνος ἐπιγενομένου; τί οὖν ὑμῶν οἱ πλούσιοι; τὸν μὲν ἐπὶ τῶν ἀγρῶν σῖτον λάθρα ἀπέδοντο πλείονος, ἐβάρυναν δὲ τὸ κοινὸν τοῖς ἰδίοις ἀναλώμασι; καὶ οὐχ ἡ πόλις μόνον ἐπὶ τοῦτο συρρεῖ, D οἱ πλεῖστοι δὲ καὶ ἐκ τῶν ἀγρῶν συντρέχουσιν, ὃ μόνον ἐστὶν εὑρεῖν πολὺ καὶ εὔωνον, ἄρτους ὠνούμενοι. Καίτοι τίς μέμνηται παρ' ὑμῖν εὐθηνουμένης τῆς πόλεως πεντεκαίδεκα μέτρα σίτου πραθέντα τοῦ χρυσοῦ; Ταύτης ἕνεκεν ὑμῖν ἀπηχθόμην ἐγὼ τῆς πράξεως, ὅτι τὸν οἶνον ὑμῖν οὐκ ἐπέτρεψα, καὶ τὰ λάχανα, καὶ τὰς ὀπώρας ἀποδίδοσθαι χρυσοῦ, καὶ τὸν ὑπὸ τῶν πλουσίων ἀποκεκλεισμένον ἐν ταῖς ἀποθήκαις

 σῖτον,

σῖτον, ἀργύριον αὐτοῖς καὶ χρυσίον ἐξέφηνε παρ' ὑμῶν γενόμενον. ἐκεῖνοι μὲν γὰρ αὐτὰ ἔξω τῆς πόλεως ἀπέδοντο καλῶς, ἐργασάμενοι τοῖς ἀνθρώποις λιμοῦ ἀλγεινότερα, ὥσπερ εἶπεν, ὡς ὁ Θεὸς ἔφη, τοὺς ταῦτα ἐπιτηδεύοντας ἐξελέγχων. ἡ πόλις δ' ἐν ἀφθονίᾳ γέγονεν ἄρτων ἴσως μόνον, ἄλλων δ' οὐδενός. Τοῦτο συνῄδειν μὲν ἐν ᾧ τότε ταῦτα ἐποίουν, ὅτι μὴ πᾶσιν ἀρέσκοιμι, πλὴν ἔμελεν οὐδὲν ἐμοί. τῷ γὰρ ἀδικουμένῳ πλήθει βοηθεῖν ᾤμην χρῆναι, καὶ τοῖς ἀφικνουμένοις ξένοις, ἐμοῦ τε ἕνεκα, καὶ τῶν συνόντων ἡμῖν ἀρχόντων. Ἐπεὶ δ' οἶμαι, συμβέβηκε τοὺς μὲν ἀπιέναι, τὴν πόλιν δ' εἶναι τὰ πρὸς ἐμὲ γνώμης μιᾶς· οἱ μὲν γὰρ μισοῦσιν, οἱ δ' ὑπ' ἐμοῦ τραφέντες ἀχαριστοῦσιν, ἀδραστείᾳ πάντα ἐπιτρέψας, ὡς ἄλλο ἔθνος οἰχήσομαι, καὶ δῆμον ἕτερον, οὐδὲν ὑμᾶς ὑπομνήσας, ὧν ἑαυτοῖς ἔμπροσθεν ὄντα, δίκαια δρῶντες, εἰς ἀλλήλους εἰργάσασθε. Ἐφέρετο μὲν ὁ δῆμος ἐπὶ τὰς οἰκίας τῶν δυνατῶν σὺν βοῇ τὴν φλόγα, καὶ ἀπεκτίννυε τὸν ἄρχοντα. δίκην δ' ὕστερον ἀπέδωκεν ὑπὲρ τούτων, ὧν ὀργιζόμενος δικαίως ἔπραξεν, οὐκ ἔτι μετρίας. Ὑπὲρ τίνος δὲ πρὸς θεῶν ἀχαριστούμεθα; ὅτι τρέφομεν ὑμᾶς οἴκοθεν, ἄχρι σήμερον ἐπέτρεψεν οὐδεμιᾷ πόλει, καὶ τρέφομεν οὕτω λαμπρῶς; ὅτι τὸν κατάλογον ὑμῶν ηὐξήσαμεν; ὅτι κλέπτοντας ἑλόντες, ἀφήκαμεν; Ἵνα δὲ βούλεσθε ὑμᾶς ὑπομνήσω, μή τις ὑπολάβῃ σχῆμα καὶ ῥητορείαν εἶναι καὶ προσποίησιν τὸ πρᾶγμα; Γῆς κλήρους οἶμαι τρισχιλίους ἔφατε ἀργοὺς εἶναι, καὶ ᾐτήσασθε λαβεῖν· λαβόντες δὲ διενείμασθε πάντες οἱ μὴ δεόμενοι. τοῦτο ἐξετασθὲν ἀνεφάνη σαφῶς. ἀφελόμενος δὲ αὐτοὺς ἐγὼ τῶν ἐχόντων οὐ δικαίως, καὶ πολυπραγμονοῦντας ἀδιάτελε τῶν ἔμπροσθεν ἀνεισφόρους

A repente illis in argentum & aurum conversa. Illi enim pulchre id extra urbem vendiderunt, & hominibus graviore fame vexarunt eum mortalium, ut Deus dixit, hujus generis homines arguens: at civitas pane quidem abundabat, praeterea nihil habebat. Atque id equidem jam tum, cum illas res agerem, prospiciebam, non nullis me parum gratum fore; verum nihil ea res mihi curae erat, quod in animo B haberem plebi oppressae, & externis qui mecum venerant, tum mea caussa, tum magistratuum qui mecum erant, opem ferre. Verum quando ita usu venit, ut & illi abierint, & civitas in me tota consentiat (alii siquidem odio, alii a me nutriti, ingrato animo me prosequuntur) fato omnia committens, ad aliam gentem & populum me confero; nihil vobis commemoratus eorum, quae ante annos decem juste in vos ipsi perpetrastis, cum populus in C locupletum domos cum clamore flammas inferret, magistratum necaret, vicissimque ob haec ipsa, quae irata juste sed immoderate gesserat, poenas subiperet. Quam tandem igitur ob caussam tantopere nobis infensi estis? An quia vos domo nostra alimus, quod civitati adhuc contigit nemini, & alimus tam liberaliter ac magnifice? An quod numerum ve-D strum auximus? An quod fures quos deprehenderamus, missos fecimus? Vultis unum aut alterum commemorem, ne quis forte rhetoricum colorem fictionemque esse arbitretur? Agri jugerum tria millia infructuosa esse dixistis, vobisque concedi postulastis: cum vero id obtinuissetis, diviserunt sibi ceteris fraudatis ea usurpastis. Hoc a me inquisitum, plane compertum est. Ego autem illos agros injustis possessoribus ereptos, nihilque de superiore immunitate requirens, eorum quos

quos vectigales maxime esse oportebat, gravissimis civitatis rebus administrandis attribui. Et nunc qui apud vos quotannis equos alunt, habent immunia tria prope millia jugerum, partim patrui & cognominis mei prudentia ac diligentia, partim meo beneficio; qui furibus atque impostoribus sic castigatis, jure vobis mundum videor evertere. Nam lenitas in istos & clementia, mihi credite, hominum improbitatem alit & corroborat.

Quamobrem ad idipsum quod volebam, jam redit oratio mea. Omnium etenim malorum ipse mihi auctor sum, cum in animos ingratos beneficia mea contulerim. Meae igitur stultitiae, non vestrae libertati, hoc attribuendum est. Quapropter ego deinceps apud vos prudentior cautiorque esse nitar: vobis vero pro honore & benevolentia, quam mihi publice tribuistis, Dii parem gratiam retribuant.

A λῶς, ὡς μάλιστα ἐχρῆν ὑποτελεῖς εἶναι, ταῖς βαρυτάταις ἔνειμα λειτουργίαις αὐτοὺς τῆς πόλεως. Καὶ νῦν ἀτελεῖς ἔχουσιν οἱ καθ' ἕκαστον ὑμῶν ἐνιαυτὸν ἱπποτροφοῦντες, γῆς κλήρους ἐγγὺς τρισχιλίους, ἐπινοίᾳ μὲν καὶ οἰκονομίᾳ τοῦ θείου τοῦ μοῦ καὶ ὁμωνύμου, χάριτι δ' ἐμῇ, ὃς δὴ τοὺς πανούργους καὶ κλέπτας οὕτω κολάζων, εἰκότως ὑμῖν φαίνομαι τὸν κόσμον ἀνατρέπειν.
B εὖ γὰρ ἴστε, ὅτι ἡ πρὸς τοὺς τοιούτους πρᾳότης αὔξει καὶ τρέφει τὴν ἐν τοῖς ἀνθρώποις κακίαν. Ὁ λόγος οὖν μοι καὶ ἐνταῦθα περιίσταται πάλιν εἰς ὅπερ βούλομαι. Πάντων γὰρ τῶν κακῶν ἐμαυτῷ γίνομαι αἴτιος, εἰς ἀχάριστα καταθέμενος ἤθη τὰς χάριτας. ἀνοίας οὖν ἐστι τῆς ἐμῆς τοῦτο, καὶ οὐ τῆς ὑμετέρας ἐλευθερίας. Ἐγὼ μέντοι τὰ πρὸς ὑμᾶς ἔσαι πειράσομαι τοῦ λοιποῦ συνετώτερος· ὑμῖν δὲ οἱ θεοὶ
C τῆς εἰς ἡμᾶς εὐνοίας καὶ τιμῆς, ἣν ἐτιμήσατε δημοσίᾳ, τὰς ἀμοιβὰς ἀποδοῖεν.

ΙΟΥΛΙΑΝΟΥ
ΑΥΤΟΚΡΑΤΟΡΟΣ
ΕΠΙΣΤΟΛΑΙ.

JULIANI IMP.
EPISTOLÆ.

Interprete PETRO MARTINIO.

α.

ΕΓΩ μὲν ᾤμην σε τὸν Νεῖλον πάλαι καταλαβεῖν, καὶ πολλάκις εἰς μνήμην λαμβάνων τῶν δὴ τὸ σύνηθές ἐμοὶ, ὡς εὐδαίμονες, ἔλεγον, τῶν Αἰγυπτίων οἱ παῖδες, πάλαι μὲν τὸν Νεῖλον ἔχοντες χορηγὸν τῶν ὅσα φέρειν οἶδεν ἐκεῖνος, νυνὶ δὲ καὶ τὴν σὴν μοῦσαν προσειληφότες οὐδὲν ἀτιμοτέραν τοῦ Νείλου, παρ' ἐμοὶ δὲ κριτῇ, τάχα καὶ μείζω. ὁ μὲν γὰρ τὴν χώραν αὐτοῖς ἐπιῤῥέων πλουτεῖν ἐπιτρέπει· σὺ δὲ ταῖς νέων ψυχαῖς τὴν γλῶτταν ἐπαφιεὶς, ἐπὶ τὸν τῆς ἐπιστήμης πλοῦτον ἐθίζεις, οὐδὲν ἔλαττον ἢ πάλαι Πυθαγόρας αὐτοῖς ἐπιδημῶν, καὶ μετ' ἐκεῖνον Πλάτων. Ταῦτα μὲν ἐλογιζόμην· σὺ δὲ οὐ μακρὰν ἀπέχων ἐλάνθανες. ὡς δὲ ἧκεν ὁ τὴν ἐπιστολὴν ἐπιδοὺς, τὸ μὲν πρῶτον θαυμάζων, ἀπάτην ἡγούμην τὸ πρᾶγμα, καὶ οὐκ ἐπειθόμην τοῖς ὀφθαλμοῖς. ὡς δὲ τοῖς γεγραμμένοις ἐνέτυχον, ἐπείσθην μὴ ἂν ἄλλου τὰς χάριτας, ἔπαθον πῶς δοκεῖς; ἐγγυτέρας γὰρ αὐτὰς ἐμοὶ τοῦ σε πάλιν ἰδεῖν ἡγούμην ἐλπίδας, καὶ συνέχαιρον εἰκότως, εἰ τὴν σὴν πατρίδα ζηλωτὴν

I.

A ERGO te jamdudum ad Nilum venisse arbitrabar. Atque illud persæpe memoria repetens, quod dicere consuevi: O fortunatos Ægyptios, ajebam, qui Nilum habeant jampridem omnium rerum præbitorem, quas is afferre solet; sed nunc multo beatiores, qui Musis tuis praeterea fruantur, nihil inferioribus Nilo, vel (ut ego sentio) fortassis etiam majoribus. Ille enim
B terram eorum irrigando divites eos efficit; tu vero lingua tua mentes adolescentum excitando, ad veras opes sapientiæ dirigis, non minus quam olim Pythagoras, cum ad eos se contulit, & post eum Plato. Ergo hæc mecum tacitus disserebam, cum tu interea non longe absens nos lateres. Itaque ut mihi allatæ sunt literæ tuæ, primum mirabar, dolumque esse suspicabar, neque satis meis oculis credebam: postea vero cum literas
C perlegissem, tantamque suavitatem orationis non posse ab alio quam te prodire intelligerem, quanta me affectum lætitia fuisse putas? Videbam enim spem tui adventus appropinquare, saneque pro eo, ac debe-

ac debebam, lætabar: quod patriam tuam ad tempus certe aliquod *felicem* velles ostendere. Quam tu quidem ludens mihi videris accusare. Quamvis enim negare non possim, cælum tale esse quale prædicas, & aquam bibentibus maritimam videri, & panes fere hordeaceos eo afferri; (quæ tu omnia, charitate patriæ impeditus, verbis non exaggerasti) attamen, heus vir optime, gratia est habenda huic, quæ tuum animum ad Philosophiam excoluit. Vide ut aliquando Ægyptiorum delicias contemnere videare. Sapientem illum Ulyssem, cum parvam, & asperam, denique Ithacam insulam incoleret, tamen neque Calypso, neque melioris naturæ commutatio inducere potuit, ut Ithacam hisce omnibus non anteponeret. Sed neque Spartiates ille, opinor, cum domesticum victum recordaretur, Spartam accusavit. Verum scio quæ te res ad accusandum incitet. Pecuniæ cupidus es, o bone, cumque tantillum a lucro abes, heu, heu, exclamas, & Nilum opesque illinc manantes requiris. Hæc res te, sicuti ais, hospitem facit, & ut corpore sis nihilo elegantiore quam Chærephon. Credo autem te a Nympha quapiam amica detineri, tandemque ægre, quantas vires amor habeat, sentire. Sed hæc, sicuti Veneri libitum fuerit, ita sunto. Tu interea valebis; atque utinam brevi te, & quidem prolis patrem, salutemus.

A μικρὸν γῦν ἀπέφηνας χρόνον. Σὺ δέ μοι δοκεῖς αὐτῆς παίζων κατηγορεῖν. ὅτι μὲν γὰρ τὸν ὑπὲρ κεφαλῆς αἴρα οἷον ἔφης εἶναι συμβαίνει, καὶ ὡς τὸ ὕδωρ πίνοντας εἰς μνήμην ἄγει θαλάττης, καὶ ἄρτος ὑμῶν ἐκ κριθῆς ἥκει μεμιγμένος, ἐκ ἀρνηθείην· καὶ ἔλαττον ἐτραγῴδηταί σοι ταῦτα φειδοῖ τῆς πατρίδος· ἀλλ' ὅμως, ὦ βέλτιστε, χάριν ἐχρῆν εἰδέναι ταύτῃ πρὸς B φιλοσοφίαν ἀσκήσῃ τὴν γνώμην. ὅπως ἂν εἰδείης ποτὲ τρυφῆς Αἰγυπτίας ὑπερορᾶν. Ὀδυσσέα δὲ τὸν σοφὸν, νῆσον οἰκοῦντα μικρὰν ὁμοῦ καὶ τραχεῖαν· καὶ τί γὰρ ἄλλο ἢ τὴν Ἰθάκην; οὔτε Καλυψὼ πέπεικεν, οὔτε φύσεως ἐπὶ τὸ κρεῖττον μεταβολὴ, τὸ μὴ τὴν Ἰθάκην ἀντὶ τούτων αἱρεῖσθαι· ἀλλ' οὐδὲ Σπαρτιάτης, οἶμαι, τὴν οἴκοι δίαιταν ἐννοῶν, τὴν Σπάρτην ἐμέμψατο. Ἀλλ' οἶδα πόθεν ποτὲ κατηγορεῖν ἐπῄρθης. Φιλοχρημάτως C ἔχεις, ὦ λῷστε, εἶτα βραχύ τι τοῦ λήμματος ἀποστὰς, ἰοὺ ἰοὺ βοᾷς, καὶ τὸν Νεῖλον πολλάκις, καὶ τὸν ἐκεῖθεν πλοῦτον ἀνακαλεῖς. τοῦτό που σε ξένον, ὡς αὐτὸς ἔφης, ποιεῖ, καὶ τὸ σῶμα τοῦ Χαιρεφῶντος οὐδὲν ἀστειότερον ἔχειν. Οἶμαι δέ σε καὶ νύμφης ἐρωτικῆς περιέχεσθαι· καὶ πειρᾶσθαι μόλις ὁπόσα δύναται πόθος. ἀλλὰ γένοιτο ταῦθ' οὕτως, ὅπως Ἀφροδίτῃ φίλον. Ἔρρωσό τε καὶ ἔρρωσο, καί σε θᾶττον D προσείποιμι, καὶ παίδων πατέρα.

PROHÆRESIO.

II.

Cur ego Prohæresium optimum virum non salutabo? hominem ita in dicendo copiosum & abundantem, ut flumina, cum in patentes campos influunt: hominem *amulantem eloquentia Periclem*, nisi quod Græciam non permi-

Προαιρεσίῳ.

β.

Τί δὲ οὐκ ἔμελλον ἐγὼ Προαιρέσιον τὸν καλὸν προσαγορεύειν; ἄνδρα ἐφιέντα τοῖς λόγοις, ὥσπερ οἱ ποταμοὶ τοῖς πεδίοις ἐπαφιᾶσι τὰ ῥεύματα; καὶ ζηλοῦντα τὸν Περικλέα κατὰ τοὺς λόγους, ἔξω τοῦ συνταράτ-

 τειν

την, καὶ συγκινεῖν τὴν Ἑλλάδα. Θαυμάζειν δ' οὐ χρή, τὴν Λακωνικὴν εἰ πρός σε βραχυλογίαν μεμιμήμεθα. ὑμῖν γὰρ πρέπει τοῖς σοφοῖς μακροὺς καὶ μεγάλους ποιεῖσθαι λόγους· ἡμῖν δὲ ἀρκεῖ καὶ τὰ βραχέα πρὸς ὑμᾶς. Ἴσθι δ' ὅτι μοι πολλὰ πανταχόθεν κινεῖται πράγματα ἐν ταὐτῷ. τῆς καθόδου τὰς αἰτίας, εἰ μὲν ἱστορίαν γράφεις, ἀκριβέστατα ἀπαγγέλλω σοι, δοὺς τὰς ἐπιστολὰς ἀποδείξεις ἐγγράφους. εἰ δ' ἔγνωκας τὰς μελέτας, καὶ τοῖς γυμνάσμασιν εἰς τέλος ἄχρι γήρως προσκαρτερεῖν, οὐδὲ ἴσως μου τὴν σιωπὴν μέμψῃ.

A ſpet. Noli autem mirari, quod Laconicæ orationis brevitatem erga te imitatus fuerim. Vos enim magnos & ſapientes homines decet copioſa & magnifica oratione uti; nobis ſatis eſt, ſi pauca ad vos ſcribamus. Scito igitur, res noſtras in magna varietate ac viciſſitudine verſari. reditus cauſſas, ſi quidem hiſtoriam cogitas, accuratiſſime tibi exprimo, cum epiſtolas, tanquam demonſtrationes ſcriptas, B ad te mitto. Sin autem te orationis ſtudiis & exercitationibus ad extremum uſque ſenectutem conſumere ſtatuis, nihil fortaſſe meum ſilentium accuſabis.

Λιβανίῳ.

γ.

Ἐπειδὴ τῆς ὑποσχέσεως ἐπελάθου· τρίτη γὰρ νῦν ἐστὶ σήμερον, καὶ ὁ φιλόσοφος Πρίσκος αὐτὸς μὲν οὐχ ἧκε, γράμματα δ' ἀπέστειλεν ὡς ἔτι χρονίσων· ὑπομιμνήσκω σε τὸ χρέος ἀπαιτῶν. Ὄφλημα δὲ ἐστίν, ὡς οἶσθα, σοὶ μὲν ἀποδοῦναι ῥᾴδιον, ἐμοὶ δὲ ἥδιστον κομίσασθαι. πέμπε δὴ τὸν λόγον, καὶ τὴν ἱερὰν συμβουλήν, ἀλλὰ, πρὸς Ἑρμοῦ καὶ Μουσῶν, ταχέως· ἀλλὰ καὶ τούτων με τῶν τριῶν ἡμερῶν ἴσθι συντρίψαι, εἴπερ ἀληθῆ φησιν ὁ Σικελιώτης ποιητής, ἐν ἤματι φάσκων τοὺς ποθοῦντας γηράσκειν. εἰ δὲ ταῦτα ἐστίν, ὥσπερ οὖν ἐστί, τὸ γῆρας ἡμῶν ἐτριπλασίασας, ὦ γενναῖε. Ταῦτα μεταξὺ τῶν πραγμάτων ὑπηγόρευσά σοι. γράφειν γὰρ οὐχ οἷός τε ἦμην, ἀργοτέραν ἔχων τῆς γλώττης τὴν χεῖρα. καίτοι μοι καὶ τὴν γλῶτταν εἶναι συμβέβηκεν ὑπὸ τῆς ἀμελετησίας ἀργοτέραν καὶ ἀναρθροτέραν. Ἔρρωσό μοι, ἀδελφὲ ποθεινότατε καὶ προσφιλέστατε.

Theocr. Idyll. XII. init.

LIBANIO.

III.

QUandoquidem promiſſi tui oblitus es, (tertius enim hic dies eſt, neque C Priſcus Philoſophus venit, ſed literas miſit tanquam adhuc moraturus) revoco tibi in memoriam debitum flagitando. Eſt autem, ut ſcis, ejuſmodi, ut & tibi facile ſit perſolvere, & mihi perjucundum accipere. Mitte itaque orationem illam, atque ſacrum illud conſilium, ſed per Mercurium & Muſas, mature celeriter. Sed & me ſcito tribus his diebus valde abs te confectum eſſe; ſi D quidem vere ait Poeta Siculus, uno die amantes conſeneſcere. Quod ſi ita eſt, ut certe eſt, ſenectutem jam nobis, vir egregie, triplicaſti. Hæc ad te dictavi occupatus. Scribere enim ipſe non poteram, quod manum lingua tardiorem habebam. Quin & lingua ipſa tardior jam eſt, quod eam jam diu non exercuerim. Vale, frater ſuaviſſime & chariſſime.

ARISTO-

ARISTOMENI *Philosopho.*

IV.

AN vero expectandum est, dum vocere? an priorem officio atque amicitia certare, prorsus jam extinctum est? Vide ne iniquam legem in amicitiam inducamus; si ab amicis eadem expectare conveniat, quæ vulgo a quibuslibet familiaribus expectantur. Quæret aliquis, quemadmodum amici simus, cum ne de facie quidem inter nos noverimus? At ego vicissim quæro, qui fit ut eos qui mille annos, immo etiam bis millenos antea fuerunt, diligamus? Nempe quia boni viri erant. Et nos sane tales esse volumus. Ac tametsi quod ad me attinet, multum ab eo absumus, ut tales simus, voluntate certe proxime accedimus. Verum quid pluribus tempus consumo? Si invocatum venire oportet, venies: sin vocem expectas, habes adhortationem meam. Quocirca per Jovem hospitalem te oro, ut ad nos quamprimum venias, hominemque inter Cappadocas vere, Græcum, *hoc est*, *Gentilem*, ostendas. Nam adhuc quidem invitos nonnullos, volentes paucos, sed inscientes, sacrificare video.

* Ἀριστομένει Φιλοσόφῳ.

δ.

* r.f. Ἀριστοξένῳ.

ἌΡά γε χρὴ περιμένειν κλῆσιν; καὶ τὸ ἀεὶ προτιμᾶν μηδαμῶς; ἀλλ' ὅρα μὴ χαλεπὴν ταύτην εἰσαγάγωμεν τὴν νομοθεσίαν, εἰ ταῦτα χρὴ παρὰ τῶν φίλων περιμένειν, ὅσα καὶ παρὰ τῶν ἁπλῶς, καὶ ὡς ἔτυχε, γνωρίμων. Ἀπορήσει τις ἐνταῦθα· πῶς δὲ οὐκ εἰδότες ἀλλήλους, ἐσμὲν φίλοι; πῶς δὲ τοῖς πρὸ χιλίων ἐτῶν γεγονόσι, καὶ ναὶ μὰ Δία δισχιλίων; ὅτι σπουδαῖοι πάντες ἦσαν καὶ τὸν τρόπον καλοί τε κἀγαθοί. Ἐπιθυμοῦμεν δὲ καὶ ἡμεῖς εἶναι τοιοῦτοι εἰ καὶ τοῦ εἶναι, τό γε εἰς ἐμέ, παμπληθὲς ἀπολειπόμεθα. πλὴν ἀλλ' ἥ γε ἐπιθυμία τάττει πως ἡμᾶς εἰς τὴν αὐτὴν ἐκείνοις μερίδα. Καὶ τί τοιαῦτα ἐγὼ ληρῶ μακρότερον; εἴτε γὰρ ἄκλητον εἶναι χρή, ἥξεις δήπουθεν· εἴτε καὶ κλῆσιν περιμένεις, ἰδού σοι καὶ παράκλησις ἥκει παρ' ἡμῶν. Ἔντυχε οὖν ἡμῖν περὶ τὰ τοιαῦτα πρὸς Διὸς " ξενίου. δεῖξον ἡμῖν ἄνδρα ἐν Καππαδόκαις καθαρῶς Ἕλληνα. τέως γὰρ τοὺς μὲν οὐ βουλομένους, ὀλίγους δέ τινας ἐθέλοντας μέν, οὐκ εἰδότας δέ, θύειν ὁρῶ.

" r.f. φιλίου.

JULIANUS THEODORÆ *plurimum observandæ.*

V.

Libros omnes, quos ad me misisti, cum epistolis perlibenter accepi, a Mygdonio viro optimo mihi redditos. Et cum otii vix quicquam haberem, (Dii enim sciunt nihil me verbis mentiri) hæc ad te rescripsi. Tu vero da operam ut valeas, & semper ad nos tales literas mittas.

Ἰουλιανὸς Θεοδώρᾳ τῇ αἰδεσιμωτάτῃ.

ε.

ΤΑ πεμφθέντα παρά σου βιβλία πάντα ὑπεδεξάμην, καὶ τὰς ἐπιστολὰς ἄσμενος διὰ τοῦ βελτίστου Μυγδονίου. καὶ μόγις ἄγων σχολήν, ὡς ἴσασιν οἱ θεοί, οὐ κακιζομένην λόγῳ· ταῦτα ἀντέγραψα πρός σε. Σὺ δὲ εὖ πράττοις, καὶ γράφοις ἀεὶ τοιαῦτα.

Ἐκδικίῳ

Ἐκδικίῳ, ἐπάρχῳ Αἰγύπτου. A

ς.

Εἰ καὶ περὶ τῶν ἄλλων ἕνεκα μὴ γράφεις ἡμῖν, ἀλλ' ὑπέρ γε τοῦ τοῖς θεοῖς ἐχθροῦ ἐχρῆν σε γράφειν Ἀθανασίου, καὶ ταῦτα πρὸ πολλοῦ ἤδη χρόνου τὰ καλῶς ἡμῖν ἐγνωσμένα πεπυσμένον. Ὄμνυμι δὲ τὸν μέγαν Σάραπιν, ὡς εἰ μὴ πρὸ τῶν Δεκεμβρίων Καλανδῶν ὁ θεοῖς ἐχθρὸς Ἀθανάσιος ἐξέλθοι ἐκείνης, μᾶλλον δὲ καὶ πάσης τῆς Αἰγύπτου, τῇ ὑπακουούσῃ σοι τάξει προστιμήσομαι χρυσοῦ λίτρας ἑκατόν. Οἶσθα δὲ πῶς εἰμὶ, βραδὺς μὲν εἰς τὸ καταγνῶναι, πολλῷ δὲ ἔτι βραδύτερος εἰς τὸ ἅπαξ καταγνοὺς ἀνεῖναι. Καὶ τῇ αὐτοῦ χειρί· πάνυ με λυπεῖ τὸ καταφρονεῖσθαι τοὺς θεοὺς πάντας. Οὐδὲν οὕτως ἴδοιμι, μᾶλλον δὲ ἀκούσαιμι μηδενὸς παρὰ σοῦ πραχθέντος, ὡς Ἀθανάσιον ἐξεληλαμένον τῶν τῆς Αἰγύπτου τόπων, τὸν μιαρόν, ὃς ἐτόλμησεν Ἑλληνίδας ἐπ' ἐμοῦ γυναῖκας τῶν ἐπισήμων βαπτίσαι, διώκεσθαι.

Ecdicio Praefecto Aegypti.

VI.

Etsi nihil de ceteris scribis, attamen de illo Deorum hoste Athanasio scribere certe debuisti, praesertim cum praeclara nostra decreta multo ante audivisses. Testor magnum Sarapin: nisi ante Calendas Decembres inimicus Deorum Athanasius ex ea urbe, vel potius ex universa Aegypto discesserit, centum auri pondo cohortem, quae tibi paret, multaturum iri. Scis autem quam sim lentus ad condemnandum, & quanto lentior, postquam condemnavi, ad ignoscendum. Per mihi molestum est, ejus opera Deos omnes contemni. Equidem ex tuis factis nullum libentius videro, imo audiero, quam Athanasium illum scelestum ex omnibus Aegypti locis pulsum esse: qui ausus est in meo regno feminas Graecorum (hoc est, Gentilium) illustres ad baptismum impellere.

Ἀρταβίῳ.

ζ.

Ἐγὼ νὴ τοὺς θεοὺς οὔτε κτείνεσθαι τοὺς Γαλιλαίους, οὔτε τύπτεσθαι παρὰ τὸ δίκαιον, οὔτε ἄλλο τι πάσχειν κακὸν βούλομαι· προτιμᾶσθαι μέντοι τοὺς θεοσεβεῖς, καὶ πάνυ φημὶ δεῖν. Διὰ γὰρ τὴν Γαλιλαίων μωρίαν, ὀλίγου δεῖν, ἅπαντα ἀνετράπη, διὰ δὲ τὴν τῶν θεῶν εὐμένειαν σῳζόμεθα πάντες. Διὸ χρὴ τιμᾶν τοὺς θεοὺς, καὶ τοὺς θεοσεβεῖς ἄνδρας τε καὶ πόλεις.

Artabio.

VII.

Ego per Deos, neque interfici Galilaeos, neque caedi praeter jus & aequum, neque molestiae quicquam perpeti volo: sed tamen iis pios & studiosos praeferendos esse vel maxime censeo. Etenim Galilaeorum amentia propemodum omnia afflicta ac perdita, cum Deorum benevolentia omnes salvi simus. Quare tum Deos colere, tum pios & viros & populos honorare debemus.

Γεωργίῳ.

η.

Ἦλθες Τηλέμαχε, φησὶ τὸ ἔπος· ἐγὼ δέ σε καὶ εἶδον ἤδη

Georgio.

VIII.

In versu illo sola esse, Venisti, mi Telemache. At ego te & vidi jam in literis, litteris, & tuæ divinæ mentis imaginem, quasi magni cujusdam signi effigiem, parvo sigillo expressi. Licet enim multa in te parva ostendere. Sapiens ille Phidias non ex ea solum, imagine, quæ in Olympiis est aut Athenis, notus erat, verum etiam quod in exigua sculptura magnæ artis opus incluserat. Talem ajunt ejus cicadam & apem fuisse, ac, si vis, muscam: quorum unumquodque licet natura æreum finxit, ars tamen vita atque anima ornavit. Verum in iis parvitas fortasse animantium artis industriæ speciem veritatis contulit. At tu, si placet, Alexandrum ex equo venantem intuere, cujus magnitudo digiti in manu unguem non superat, & tamen adeo mirabili est artificio expressus, ut Alexander quidem & beluam feriat, & spectatori terrorem vultu incutiat: equus vero in extrema pedum basi consistere recusans, dum motionis sensum tanquam surripit, arte tamen moveatur. Hoc ipsum tu, vir egregie, paullo ante apud nos fecisti. Nam ut in Mercurii facundi stadiis toties jam victor coronatus, mirabilem in paucis his scriptis virtutem tuam demonstras: vereque Homericum Ulyssem imitaris, qui *vel tantum dicendo quisnam esset*, Phæacas perterruit ac conturbavit. Quamobrem si nostra amicitia tibi usui esse possit, præsto ea tibi erit cum voles. Omnino amicitiam quoque infimorum utilem esse docet mus, qui leoni mercedis loco salutem attulit.

A γράμμασι, καὶ τῆς ἱερᾶς σου ψυχῆς τὴν εἰκόνα, καθάπερ ὀλίγῃ σφραγῖδι μεγάλου χαρακτῆρος τύπον ἀπομαξάμενον. Ἔστι γὰρ ἐν ὀλίγῳ πολλὰ δειχθῆναι. ἐπεὶ καὶ Φειδίας ὁ σοφὸς οὐκ ἐκ τῆς Ὀλυμπίασι μόνον ἢ Ἀθήνησιν εἰκόνος ἐγνωρίζετο, ἀλλ᾽ ἤδη καὶ μικρῷ γλύμματι μεγάλης τέχνης ἔργον ἐγκλεῖσαι· οἷον δὴ τὸν τέττιγά φασιν αὐτοῦ, καὶ τὴν μέλιτταν· εἰ
B δὲ βούλει, καὶ τὴν μυῖαν εἶναι. ὧν ἕκαστον εἰ καὶ τῇ φύσει σμικρὸν κεχάλκευται, τῇ τέχνῃ ἐψύχωται. Ἀλλ᾽ ἐν ἐκείνοις μὲν ἴσως αὐτῷ καὶ ἡ σμικρότης τῶν ζώων, εἰς τὴν κατὰ λόγον τέχνην τὸ εἰκὸς ἐχαρίζετο. σὺ δ᾽ ἀλλὰ τὸν ἐφ᾽ ἵππου θηρῶντα Ἀλέξανδρον, εἰ δοκεῖ, σκόπει, οὗ τὸ μέτρον ἐστὶ πᾶν, ὄνυχος δακτύλου χειρὸς οὐ μεῖζον. οὕτω δὲ ἐφ᾽ ἑκάστου τὸ θαῦμα τῆς τέχνης ἔχεται, ὥστε ὁ μὲν Ἀλέξανδρος ἤδη τὸ θηρίον βάλλει, καὶ τὸν
C θεατὴν φοβεῖ, δι᾽ ὅλου δυσωποῦν τοῦ σχήματος, ὁ δὲ ἵππος ἐν ἄκρᾳ τῶν ποδῶν τῇ βάσει τὴν στάσιν φεύγων, ἐν τῇ τῆς ἐνεργείας κλοπῇ, τῇ τέχνῃ κινεῖται. Ὃ δὴ καὶ αὐτὸς ἡμῖν, ὦ γενναῖε, ἐποίησας. ὥσπερ γὰρ ἐν Ἑρμοῦ λογίου σταδίοις ἄθλου πολλάκις τοῦ δρόμου στεφανωθεὶς ἤδη, δι᾽ ὧν ἐν ὀλίγοις γράφεις, τῆς ἀρετῆς τὸ ἄκρον ἐμφαίνεις· καὶ τῷ ὄντι τὸν Ὀδυσσέα τὸν Ὁμήρου
D ζηλοῖς, ὃς καὶ μόνον εἰπὼν ὅστις ἦν, ἤρκεσε τοὺς Φαίακας ἐκπλῆξαι. εἰ δή τι καὶ παρ᾽ ἡμῶν τοῦ κατά σε φιλικοῦ καπνοῦ δεῖ, φθόνος οὐδείς. πάντως που καὶ παρὰ τῶν ἐλαττόνων εἶναί τι χρηστὸν, ὁ μῦς τὸν λέοντα τοῦ μισθοῦ σώσας, ἀρκούντως διδάσκει.

γρ. ἀλλὰ τῇ τέχνῃ ἐνεψύχωται.

Dresd. τὸ θαῦμα μέντι. Cod. Voss. ἄρχεται.

ECDICIO Præfecto Ægypti.

IX.

Quidam equis, alii avibus, nonnulli feris delectantur: ego vero inde

Ἐκδικίῳ ὑπάρχῳ Αἰγύπτου.

θ.

Ἄλλοι μὲν ἵππων, ἄλλοι δὲ ὀρνέων, ἄλλοι θηρίων ἐρῶσιν. ἐμοὶ δὲ βι-

βλίων

ὧν ἐκ παιδαρίου δεινὸς ἐντέτηκε πόθος. Ἄτοπον οὖν, εἰ ταῦτα περιίδοιμι σφετερισαμένους ἀνθρώπους, οἷς οὐκ ἀρκεῖ τὸ χρυσίον μόνον ἀναπλῆσαι τὸν πολὺν ἔρωτα τοῦ πλούτου· πρὸς δὲ καὶ ταῦτα ὑφαιρεῖσθαι ῥᾳδίως ἐνθυμουμένους. Ταύτην οὖν ἰδιωτικήν μοι δὸς τὴν χάριν, ὅπως ἂν εὑρεθῇ πάντα τὰ Γεωργίου βιβλία. Πολλὰ μὲν γὰρ ἦν φιλόσοφα παρ' αὐτῷ, πολλὰ δὲ ῥητορικά, πολλὰ δὲ ἦν καὶ τῆς τῶν δυσσεβῶν Γαλιλαίων διδασκαλίας· ἃ βουλοίμην μὲν ἠφανίσθαι πάντη, τοῦ δὲ μὴ σὺν τούτοις ἀφανισθῆναι τὰ χρησιμώτερα, ζητείσθω κἀκεῖνα μετ' ἀκριβείας ἅπαντα. Ἡγεμὼν δέ σοι τῆς ζητήσεως ἔστω ταύτης ὁ Νοτάριος Γεωργίου, ὃς εἰ μὲν πιστῶς ἀναζητήσας αὐτά, γέρως ἴστω τευξόμενος ἐλευθερίας· εἰ δ' ἄλλως πως γένοιτο κακοῦργος περὶ τὸ πρᾶγμα, βασάνοις εἰς πεῖραν ἥξων. Ἐπίσταμαι δ' ἐγὼ τὰ Γεωργίου βιβλία, εἰ καὶ μὴ πάντα, πολλὰ μέντοι· μετέδωκε γάρ μοι περὶ τὴν Καππαδοκίαν ὄντι πρὸς μεταγραφήν τινα, καὶ ταῦτα ἔλαβε πάλιν.

Αὐτοκράτωρ Καῖσαρ Ἰουλιανὸς, μέγιστος, σεβαστὸς, Ἀλεξανδρέων τῷ δήμῳ.

ι'.

Εἰ καὶ μὴ τὸν Ἀλέξανδρον τὸν οἰκιστὴν ὑμῶν, καὶ πρό γε τούτου τὸν θεὸν μέγαν τὸν ἁγιώτατον Σάραπιν αἰδεῖσθε, τὸ κοινὸν γοῦν ὑμᾶς καὶ ἀνθρώπινον, καὶ πρέπον πῶς οὐκ εἰσῆλθε λόγος οὐδείς; προσθήσω δ' ἔτι καὶ ἡμᾶς, οὓς οἱ θεοὶ πάντες, ἐν πρώτοις δὲ ὁ μέγας Σάραπις, ἄρχειν ἐδικαίωσαν τῆς οἰκουμένης· οἷς πρέπον ἦν τὴν ὑπὲρ τῶν ἠδικηκότων ὑμᾶς φυλάξαι διάγνωσιν. Ἀλλ' ὀργὴ τυχὸν ἴσως ὑμᾶς ἐξηπάτησε καὶ θυμός, ὅσπερ εἴωθε τὰ δεινὰ πράττειν, τὰς φρένας μετοικίσας· εἶτα τῆς ὁρμῆς ἀναστείλαντες τοῖς παραχρῆμα βεβουλευμένοις

A usque a pueritia librorum cupiditate arsi. Quare absurdum est, has opes in relinquere, quorum avaritia neque auro expleri, praesertim cum facile videat eas illis posse detrahere. Quocirca hoc mihi privatim beneficium dabis, ut Georgii scripta omnia reperienda cures. Multa erant apud illum Philosophica, Rhetorica, multa de impiorum Galilaeorum
B doctrina: quae velim penitus extincta esse; sed, ne cum his illa quoque pereant, omnia diligenter exquiri volo. Dux autem tibi esto ad inquirendum librarius ipsius Georgii: qui si fideliter in eam curam incubuerit, praemium sibi libertatem esse sciat; sin autem malitiose & astute rem gesserit, quaestionem de se habitum iri. Georgii porro libros ego novi: mihi enim, cum in Cappadocia
C essem, etsi non omnes, at quosdam describendos dedit, quos ad eum postea remisi.

IMPERATOR CAESAR JULIANUS, MAXIMUS, AUGUSTUS, POPULO ALEXANDRINO.

X.

SI nihil vos Alexander conditor, ac potius Deus ille magnus sanctissimus
D Sarapis, commoveret; attamen patriae, humanitatis, officii ratio nonne debuit ac potuit commovere? addo etiam nostri; quos enim Di omnes, cum vero in primis magnus Sarapis, totius orbis imperio praefecerunt: quorum intererat de injuria vobis facta cognoscere. Verum iracundia vos fortasse decepit & furor, qui atrocissima quaeque solet committere, ubi mentem dominio suo occupavit; deinde repressi impetu,

petu, iis quæ subito a vobis recte consulta erant, iniquum postea facinus subiecistis. Neque veriti estis, cum plebs essetis, eadem committere, quæ in illis merito reprehendebatis. Etenim, per Sarapin, dicite mihi, quæ tandem Georgii crimina vos in illum incitarunt? Respondebitis, arbitror, quoniam in vos Constantium accenderit: deinde exercitum in sacram urbem adduxerit: cum *præfectus Ægypti* sanctissimum Dei templum ceperit, statuas, & donaria, & ornatum omnem diripuerit: cumque vos merito irasceremini, & Deo, vel Dei potius opibus succurreretis, ille summa iniquitate, scelere, impietateque usus, armatos immiserit, magis fortasse Georgium quam Constantium veritus, si seipsum erga vos modeste ac civiliter gereret, neque tyrannidem *ab initio* exerceret. His itaque caussis irati, Deorum inimico Georgio iterum sacram urbem scelere polluistis, cum liceret eum sententiis judicum permittere. Sic enim non cædes, non scelus ullum fuisset, jus & æquitas adhibita esset, quæ & vos penitus conservaret, & impietatis auctorem puniret, & cæteros comprimeret, qui Deos contemnunt, qui urbes istas & florentes populos pro nihilo ducunt, qui crudelitatem erga illos existimant potentiæ suæ additamentum. Conferte itaque meam illam epistolam, quam ad vos paulo ante misi, cum hac ipsa, & quantum intersit, considerate, quantisque laudibus vos illic affecerim: quas cum hoc tempore vobis tribuere deberem, propter scelus vestrum medius fidius non possum. Ausus est po-

A καλῶς, ὕστερον ἐπήγαγέ τε τὴν παρανομίαν. οὐδὲ ᾐσχύνθητε δῆμος ὄντες τολμήσαι ταῦτα, ἐφ' οἷς ἐκείνους ἐμισήσατε δικαίως. Εἴπατε γάρ μοι πρὸς τοῦ Σαράπιδος, ὑπὲρ ποίων ἀδικημάτων ἐχαλεπήνατε Γεωργίῳ; τὸν μακαριώτατον Κωνστάντιον ἐρεῖτε δήπουθεν, ὅτι καθ' ὑμῶν παρώξυνεν, εἶτα εἰσήγαγεν εἰς τὴν ἱερὰν πόλιν στρατόπεδον, καὶ κατέλαβεν ὁ στρατηγὸς τῆς Αἰγύπτου τὸ ἁγιώτατον
B τοῦ Θεοῦ τέμενος, ἀποσυλήσας ἐκεῖθεν εἰκόνας, καὶ ἀναθήματα, καὶ τὸν ἐν τοῖς ἱεροῖς κόσμον. Ὑμῶν δὲ ἀγανακτούντων εἰκότως, καὶ πειρωμένων ἀμύνειν τῷ Θεῷ, μᾶλλον, δὲ τοῖς τοῦ Θεοῦ κτήμασιν· ὁ δ' ἐτόλμησεν ὑμῖν ἐπιπέμψαι τοὺς ὁπλίτας, ἀδίκως, καὶ παρανόμως, καὶ ἀσεβῶς· ἴσως Γεώργιον μᾶλλον, ἢ τὸν Κωνστάντιον δεδοικώς, ἑαυτὸν παρεφύλαττεν, εἰ μετριώτερον ὑμῖν καὶ πολιτικώτερον, ἀλλὰ μὴ τυραννικώτερον
C πόρρωθεν προσεφέρετο. Τούτων οὖν ἕνεκεν ὀργιζόμενοι τῷ θεοῖς ἐχθρῷ Γεωργίῳ, τὴν ἱερὰν αὖθις ἐμιάνατε πόλιν, ἐξὸν ὑποβαλεῖν αὐτὸν ταῖς τῶν δικαστῶν ψήφοις· οὕτω γὰρ ἐγίνετο ἂν οὐ φόνος, οὐδὲ παρανομία τὸ πρᾶγμα. δίκη δὲ ἐμμελής, ὑμᾶς μὲν ἀθῴους πάντη φυλάττουσα, τιμωρουμένη * μὲν τὸν ἀνίατα δυσσεβήσαντα. γρ. δ
σωφρονίζουσα δὲ τοὺς ἄλλους πάντας, ὅσοι τῶν θεῶν ὀλιγωροῦσι, καὶ προσ-
D έτι τὰς τοιαύτας πόλεις, καὶ τοὺς ἀνθοῦντας δήμους ἐν οὐδενὶ τίθενται, τῆς ἑαυτῶν δὲ ποιοῦνται πάρεργον δυναστείας τὴν κατ' ἐκείνων ὠμότητα. Παραβάλλετε τοίνυν ταύτῃ μου τὴν ἐπιστολήν, * ἣν μικρῷ πρώην ἐπέστειλα, γρ. ἣ
καὶ τὸ διάφορον καταμάθετε, πόσους μὲν ὑμῶν ἐπαίνους ἔγραφον τότε. νυνὶ δὲ μὰ τοὺς θεοὺς ὀφείλων ὑμᾶς ἐπαινεῖν, οὐ δύναμαι διὰ τὴν παρανομίαν. Τολμᾷ δῆμος, ὥσπερ οἱ κύ-

 νες,

ας, ἄνθρωπον σπαράττειν, εἶτα οὐκ αἰσχύνεσθαι, καὶ φυλάττειν καθαρὰς τὰς χεῖρας ὡς προσάγειν πρὸς τοὺς θεοὺς, αἵματος καθαρευούσας. Ἀλλὰ Γεώργιος ἄξιος ἦν τοιαῦτα παθεῖν. Καὶ τούτων ἴσως ἐγὼ φαίην ἂν χείρονα καὶ πικρότερα. Καὶ δι' ὑμᾶς ἐρεῖτε. συμφημὶ καὶ αὐτός· παρ' ὑμῶν δὲ εἰ λέγοιτε, τοῦτ' οὐκ ἔτι συγχωρῶ. Νόμοι γὰρ ὑμῖν εἰσιν, οὓς χρὴ τιμᾶσθαι μάλιστα μὲν ὑπὸ πάντων ἰδίᾳ καὶ στέργεσθαι. πλὴν ἐπειδὴ συμβαίνει τῶν καθ' ἕκαστον τινὰς παρανομεῖν, ἀλλὰ τά κοινά γε νῦν εὐνομεῖσθαι χρὴ, καὶ πειθαρχεῖν τοῖς νόμοις ὑμᾶς, καὶ μὴ παραβαίνειν, ὅσαπερ ἐξ ἀρχῆς ἐνομίσθη καλῶς. Εὐτύχημα γέγονεν ὑμῖν, ἄνδρες Ἀλεξανδρεῖς, ἐπ' ἐμοῦ πλημμελῆσαι τοιοῦτό τι ὑμᾶς, ὃς αἰδοῖ τῇ πρὸς τὸν θεὸν, καὶ διὰ τὸν θεῖον τὸν ἐμὸν καὶ ὁμώνυμον, ὃς ἦρξεν αὐτῆς τε Αἰγύπτου, καὶ τῆς ὑμετέρας πόλεως, ἀδελφικὴν εὔνοιαν ὑμῖν ἀποσώζω. Τὸ γὰρ τῆς ἐξουσίας ἀκαταφρόνητον, καὶ τὸ ἀπηνέστερον καὶ καθαρὸν τῆς ἀρχῆς, οὔποτε ἂν δήμου περιίδοι τόλμημα, μὴ οὐχὶ καθάπερ νόσημα χαλεπὸν πικροτέρῳ διακαθᾶραι φαρμάκῳ. Προσφέρω δ' ἐγὼ ὑμῖν, δι' ἅσπερ ἔναγχος ἔφην αἰτίας, τὸ πρᾳότατον παραίνεσιν καὶ λόγους, ὑφ' ὧν εὖ οἶδα ὅτι πείσεσθε μᾶλλον, εἴπερ ἐστὲ, καθάπερ ἀκούω, τό τε ἀρχαῖον Ἕλληνες, καὶ νῦν ἔτι, τῆς εὐγενείας ἐκείνης ὕπεστιν ὑμῶν ἀξιόλογος καὶ γενναῖος ἐν τῇ διανοίᾳ καὶ τοῖς ἐπιτηδεύμασιν ὁ χαρακτήρ. Προτεθήτω δὲ τοῖς ἐμοῖς πολίταις Ἀλεξανδρεῦσιν.

ἄλ. φυλάττειν

A pulos, ut canes, hominem discerpere: neque pudore affici: neque manus puras se sanguine vacuas servare, ad Deos offerendum. At enim dignus erat Georgius, qui talia pateretur. Immo longe fortasse graviora, inquam, & acerbiora. At vestro nomine. Fateor, sed a vobis, non concedo. Sunt enim leges, quas observare omnes & colere debebatis: ac si

B privatim a nonnullis violaretur, publice quidem certe rem bene administrari, legibus obtemperari, institutaque majorum sancta & sacra haberi, conveniebat. Praeclare est vobiscum actum, viri Alexandrini, quod me regnante talia commisistis, qui partim verecundia in Deum, partim avunculi mihi cognominis, qui tum ipsi Ægypto, tum vestrae civitati praefuit, recordatione, fraternam erga vos caritatem conservo. Certe in bono

C & severo imperio, cujus auctoritas non contemnatur, facinus insolens populi ferri non solet, sed tanquam gravis morbus asperiore medicina sanatur. At ego propter eas caussas, quas modo commemoravi, remedium lenius adhibeo, orationem nimirum atque admonitionem: quibus (ut spero) eo libentius parebitis, quod & antiqua origi-

D ne Graeci estis, & nunc illustres ac praeclaras nobilitatis illius notas animo vitaque retinetis. *Proponatur autem*, quia mei Alexandrini cives estis.

Ἰουλιανὸς Βυζαντίοις.

ια.

Τοὺς βουλευτὰς πάντας ὑμῖν ἀποδεδώκαμεν, καὶ τοὺς συνδίκους, εἴ τε τῇ Γαλιλαίων ἐκστάντες ἢ δεισιθρησκείᾳ, εἴ τε ἄλλως ἄλλως

JULIANUS BYZANTIIS.

XI.

Senatores omnes vobis reddidimus, & Decuriones *patronos*, sive in Galilaeorum religionem se dederint, sive aliud quidvis

quidvis gesserint, ut Curiam effugiant, A extra eos qui in urbe primaria publico muneri præfuerunt.

BASILIO.

XII.

NOn bellum denuncias, ait vetus verbum. At ego addam etiam illud Comœdiæ veteris: O nuncium aureorum verborum! Age igitur, istud reipsa ostende, & ad nos quamprimum advola: certe amicus ad amicum venies. *Publica & assidua cura Reipublicæ molesta est iis,* qui negligentius in ea versantur. At qui diligentia & industria utuntur, æqui sunt, mea quidem sententia, & prudentes, omninoque ad omnia idonei. Quare ipse mihi opportunitatem hanc comparavi, ut sine ulla Reipublicæ negligentia, nonnihil quoque spatii ad relaxationem animi sumam. Etenim adhuc ita vivimus, ut aulicæ simulationis nihil fere retineamus: (quam quidem tu fortasse adhuc expertus fuisti qua qui laudant, majore odio; prosequuntur, quam inimicissimos) sed honesta moderataque libertate, cum opus est, nos mutuo accusamus & reprehendimus, neque tamen propterea minus inter nos amamus, quam qui maxime amici sunt. Ex eo accidit (quod sine invidia dicere liceat) ut dum relaxamur, seria agamus, & dum hæc agimus, minime cruciemur, & secure dormiamus: quoniam cum vigilarem, non tam pro meipso, quam pro cæteris omnibus, ut par erat, vigilavi. Hæc forsitan apud te nugatus sum, levitate quadam animi & insolentia: meipsum namque, sicut Astydamas, collaudavi. Veruntamen, ut intelligeres multo magis tuum conspectum, sapientis videlicet hominis, nobis profuturum, quam impedimenti allaturum, hæc scripsi. Propera igitur, ut dixi, & pu-

Βασιλείῳ.

ιϛ.

Η μὲν παροιμία φησὶν, Οὐ πόλεμον ἀγγέλλεις. ἐγὼ δὲ προσθείην ἐκ τῆς κωμῳδίας, ὦ χρυσὸν ἀγγείλας ἐπῶν. ἴθι οὖν, ἔργοις αὐτὸ δεῖξον, καὶ σπεῦδε παρ᾽ ἡμᾶς· ἀφί-
B ξῃ γὰρ φίλος παρὰ φίλον. ἡ δὲ περὶ τὰ πράγματα κοινὴ καὶ συνεχὴς ἀσχολία δοκεῖ μὲν εἶναί τοις τοῖς πάρεργον αὐτὸ ποιοῦσιν ἐπαχθής· οἱ δὲ τῆς ἐπιμελείας κοινωνοῦντες, ἐπιεικεῖς, ὡς ἐμαυτὸν πείθω· καὶ συνετοὶ, καὶ πάντως ἱκανοὶ πρὸς πάντα. Δίδωμι οὖν μοι ῥαστώνην, ὥστε ἐξεῖναι μηδὲν ὀλιγωροῦντι καὶ ἀναπαύεσθαι. Σύνεσμεν γὰρ ἀλλήλοις οὐ μετὰ τῆς αὐλικῆς ὑποκρίσεως μόνης· ἧς, οἶμαι, σὲ μέχρι τοῦ
C δεῦρο πεπειρᾶσθαι· καθ᾽ ἣν ἐπαινοῦντες, μισοῦσι τηλικοῦτον μῖσος, ἡλίκον οὐδὲ τοὺς πολεμιωτάτους· ἀλλὰ μετὰ τῆς προσηκούσης ἀλλήλοις ἐλευθερίας, ἐξελέγχοντές τε ὅταν δέῃ καὶ ἐπιτιμῶντες, οὐκ ἔλαττον φιλοῦμεν ἀλλήλους τῶν σφόδρα ἑταίρων. Ἔνθεν ἔξεστιν ἡμῖν· ἀπείη δὲ φθόνος· ἀνειμένοις τε σπουδάζειν, καὶ σπουδάζουσι μὴ ταλαιπωρεῖσθαι, καθεύδειν δὲ ἀδεῶς. ἐπεὶ καὶ ἐγρη-
D γορὼς, οὐχ ὑπὲρ ἑαυτοῦ μᾶλλον, ἢ καὶ ὑπὲρ τῶν ἄλλων ἁπάντων, ὡς εἰκὸς, ἐγρήγορα. Ταῦτα ἴσως καταδολεσχῆσαί σου καὶ καταλελήρηκα, παθών τι βλακῶδες. ἐπῄνεσα γὰρ ἐμαυτὸν ὥσπερ Ἀστυδάμας. ἀλλ᾽ ἵνα σε πείσω προὔργου τι μᾶλλον ἡμῖν τὴν σὴν παρουσίαν, ἅτε ἀνδρὸς ἔμφρονος, ποιήσειν, ἢ παραιρήσεσθαί τι τοῦ καιροῦ, ταῦτα ἐπέσταλκα. Σπεῦδε

 οὖν, ὅπερ

ἄν, ὅπερ ἔφην, δημοσίῳ χρησάμενος δρόμῳ· συνδιατρίψας δὲ ἡμῖν ὅσον σοι φίλον, ὅποι ἂν θέλῃς ὑφ' ἡμῶν πεμπόμενος, ὡς πρέπον ἐστί, βαδιῇ.

A blicis equis utere: cumque apud nos, quantum tibi videbitur, fueris, tum a nobis honeste & ut decet dimissus, quo voles, proficisceris.

Ἰουλιανὸς Ἰουλιανῷ θείῳ.

ιγ'.

Τρίτης ὥρας νυκτὸς ἀρχομένης, οὐκ ἔχων οὐδὲ τὸν ὑπογράφοντα, διὰ τὸ πάντας ἀσχόλους εἶναι, μόλις ἴσχυσα πρὸς σὲ ταῦτα γράψαι. Ζῶμεν διὰ τοὺς θεούς, ἐλευθερωθέντες τοῦ παθεῖν ἢ δρᾶσαι τὰ ἀνήκεστα. Μάρτυς δὲ ὁ Ἥλιος, ὃν μάλιστα πάντων ἱκέτευσα συναράσθαι μοι, καὶ ὁ βασιλεὺς Ζεύς, ὡς οὐ πώποτε ηὐξάμην ἀποκτεῖναι Κωνστάντιον, μᾶλλον δὲ ἀπευξάμην. Τί οὖν ἦλθον; ἐπειδήπερ μοι οἱ θεοὶ διαρρήδην ἐκέλευσαν, σωτηρίαν μὲν ἐπαγγελλόμενοι πειθομένῳ· μένοντι δέ, ὃ μηδεὶς θεῶν ποιήσειεν. Ἄλλως τε ὅτι καὶ πολέμιος ἀποδειχθείς, ᾤμην φοβήσας μόνον καὶ εἰς ὁμιλίας ἥξειν ἐπιεικεστέρας τὰ πράγματα· εἰ δὲ μάχῃ κριθείη, τῇ τύχῃ τὰ πάντα καὶ τοῖς θεοῖς ἐπιτρέψας, περιμένειν ὅπερ ἂν αὐτῶν τῇ φιλανθρωπίᾳ δόξῃ.

JULIANUS JULIANO Avunculo.

XIII.

AD tertiam horam noctis ineuntis, cum neminem, qui scriberet, haberem, B quod omnes occupati essent, vix potui hæc ad te scribere. Vivimus Deorum beneficio, liberati ab extremis malis patiendis, vel faciendis. Testis vero mihi est Sol, cujus auxilium opemque inprimis poposci: testis Jupiter Rex, quod Constantium occidere nunquam optaveram, immo magis, ut id accideret, exoptaveram. Cur igitur veni? quia videlicet Dii aperte hortabantur, salutem polliciti si parerem; sin C vero remanerem, id quod Dii prohibeant. Accedit, quod cum hostis jam appellatus essem, terrere eum duntaxat cogitabam, eoque pacto res ad colloquium aliquid lenius & mitius deventuras esse: aut si etiam bello decernendum foret, Fortunæ Diisque omnia permitterem, atque eventum, qualem ipsorum clementia afferret, expectarem.

Ἰουλιανὸς Λιβανίῳ.

ιδ'.

ΑΝέγνων χθὲς τὸν λόγον πρὸ ἀρίστου σχεδόν· ἀριστήσας δέ, πρὶν ἀναπαύσασθαι, τὸ λοιπὸν προσανέγνωκα· τῆς ἀναγνώσεως μακάριος εἶ λέγειν οὕτω, μᾶλλον δὲ φρονεῖν οὕτω δυνάμενος. ὢ λόγος, ὢ φρένες, ὢ σύνεσις, ὢ διαίρεσις, ὢ ἐπιχειρήματα, ὢ τάξις, ὢ ἀφορμαί, ὢ λέξις, ὢ ἁρμονία, ὢ συνθήκη.

JULIANUS LIBANIO.

D XIV.

LEgi hesterno die orationem tuam magna ex parte ante prandium: pransus vero, sine ulla intermissione, reliquam absolvi. O te felicem, qui ita possis dicere, aut scire potius! o orationem! o mentem! o prudentiam! o partitionem! o argumenta! o dispositionem! o [illegible] o varia! o numerum! o compositionem.

Ἰουλιανὸς

A

Julianus Maximo Philopho.

XV.

ALexandrum Macedonem ajunt Homeri carminibus indormire solitum, ut noctes diesque in bellicis ejus præceptis versaretur. At nos cum tuis epistolis, tanquam Pæoniis medicamentis dormimus, easque assidue tanquam recentes ac novas iteramus. Quare si tuarum literarum colloquium, id est, tuam imaginem nobis repræsentare vis, scribe, & assidue scribe; vel potius Diis juvantibus veni, tibique persuade, quamdiu absueris, nos vita frui non posse dicere, nisi eatenus, quoad literas tuas legimus.

Ἰουλιανὸς Μαξίμῳ φιλοσόφῳ.

ιε.

ΑΛέξανδρον μὲν τὸν Μακεδόνα τοῖς Ὁμήρου ποιήμασιν ἐφυπνώττειν λόγος, ἵνα δὴ καὶ νύκτωρ καὶ μεθ' ἡμέραν αὐτοῦ τοῖς πολεμικοῖς ὁμιλῇ συνθήμασιν· ἡμεῖς δὲ σου ταῖς ἐπιστολαῖς, ὥσπερ Παιωνίοις τισὶ φαρμάκοις συγκαθεύδομεν. καὶ οὐ διαλείπομεν ἐντυγχάνοντες ἀεὶ, καθάπερ νεαραῖς ἔτι καὶ πρῶτον εἰς χεῖρας ἡκούσαις. Εἴπερ οὖν ἐθέλεις ἡμῖν εἰκόνα τῆς σῆς παρουσίας τὴν ἐν τοῖς γράμμασιν ὁμιλίαν προξενεῖν, γράφε, καὶ μὴ λῆγε συνεχῶς τοῦτο πράττων. Μᾶλλον δὲ ἧκε σὺν θεοῖς, ἐνθυμούμενος ὡς ἡμῖν γ' ἕως ἂν ἀπῇς, οὐδ' ὅτι ζῶμεν εἰπεῖν ἐστὶν, ἢ ὅτε μόνοις τοῖς παρὰ σου γραφομένοις ἐντυχεῖν ἔξεστι.

B

C

Julianus Eidem.

XVI.

AQuilam fingunt fabulæ, cum veros fœtus explorare vult, implumes eos adhuc & teneros in cælum ferre, Solisque radiis objicere, tanquam Deo teste, verum patrem a falso atque adultero sejungat. At tibi nos tanquam Mercurio, eloquentiæ Deo, scripta nostra offerimus, ut si aures tuas sustinere possint, tu pro arbitrio tuo statuas, an in vulgus evolare debeant; sin minus, ea continuo projicias tanquam a Musis aliena, aut flumine obruas ut adulterina. Sic certe Gallis injuriam nullam facit Rhenus, qui spurios infantes undis abripit, tanquam impuri lecti vindex: quos autem ex puro semine ortos agnovit, in summa aqua suspendit, matrisque trementis manibus reddit, & quasi verum incorruptumque

Ἰουλιανὸς τῷ αὐτῷ.

ις.

ΟΜὲν μῦθος ποιεῖ τὸν ἀετὸν, ἐπειδὰν τὰ γνήσια τῶν κυημάτων βασανίζῃ, φέρειν ἄπτιλα πρὸς τὸν αἰθέρα, καὶ ταῖς ἡλίου προσάγειν ἀκτῖσιν, ὥσπερ ὑπὸ μάρτυρι τῷ Θεῷ, πατέρα τε ἀληθῶς νεοττῶν γινόμενον, καὶ νόθου γονῆς ἀλλοτριούμενον. Ἡμεῖς δέ σοι, καθάπερ Ἑρμῇ λογίῳ, τοὺς ἡμετέρους λόγους ἐγχειρίζομεν. κἂν μὲν ὑπομένωσι τὴν ἀκοὴν τὴν σὴν, ἐπὶ σοὶ τὸ κρῖναι περὶ αὐτῶν, εἰ καὶ πρὸς τοὺς ἄλλους εἰσὶ πτήσιμοι· εἰ δὲ μὴ, ῥίψον αὐτοὺς καθάπερ Μουσῶν ἀλλοτρίους, ἢ ποταμῷ κλύσον ὡς νόθους. Πάντως οὐδὲ ὁ Ῥῆνος ἀδικεῖ τοὺς Κελτοὺς, ὃς τὰ μὲν νόθα τῶν βρεφῶν ὑποβρύχια ταῖς δίναις πέμπει, καθάπερ ἀκολάστου λέχους τιμωρὸς πρέπων· ὅσα δ' ἂν ἐπιγνῷ καθαροῦ σπέρματος, ὑπεράνω τοῦ ὕδατος αἰωρεῖ, καὶ τῇ μητρὶ τρεμούσῃ πάλιν εἰς χεῖρας δίδωσιν, ὥσπερ ἀδέκαστόν

D

γρ. [illegible]

τινα

τίαν μαρτυρίαν αὐτῇ καθαρῶν καὶ ἀμέμπτων γάμων τὴν τοῦ παιδὸς σωτηρίαν ἀντιδωρούμενος.

A casti & laudabilis conjugii testimonium servato infante persolvit.

Ἰουλιανὸς Ὀρειβασίῳ.

ιζ.

Τῶν ὀνειράτων δύο πύλας εἶναι φησὶν ὁ θεῖος Ὅμηρος, καὶ διάφορον εἶναι αὐτοῖς καὶ τὴν ὑπὲρ τῶν ἀποβησομένων πίστιν. ἐγὼ δὲ νομίζω σε νῦν, εἴπερ ποτὲ καὶ ἄλλοτε, σαφῶς ἑωρακέναι περὶ τῶν μελλόντων. ἐθεασάμην γὰρ καὶ αὐτὸς τοιοῦτον σήμερον. δένδρον γὰρ ᾤμην ὑψηλὸν ἔν τινι τρικλίνῳ σφόδρα μεγάλῳ πεφυτευμένον, εἰς ἔδαφος ῥέπον, ἐν τῇ ῥίζῃ παραπεφυκότος ἑτέρου μικροῦ καὶ νεογενοῦς, ἀνθηροῦ λίαν. ἐγὼ δὲ περὶ τοῦ μικροῦ σφόδρα ἠγωνίων, μή τις αὐτὸ μετὰ τοῦ μεγάλου συναποσπάσῃ. καὶ τοίνυν ἐπελθὼν πλησίον ἐγενόμην, ὁρῶ τὸ μέγα μὲν, ἐπὶ τῆς γῆς ἐκτεταμένον, τὸ μικρὸν δὲ, ὀρθὸν μὲν, μετέωρον δὲ ἀπὸ γῆς. Ὡς οὖν εἶδον, ἀγωνιάσας ἔφην, Οἷον δένδρον, κινδυνός ἐστι μηδὲ τὴν παραφυάδα σωθῆναι. καί τις ἀγνὼς ἐμοὶ παντελῶς, ὅρα, ἔφησεν, ἀκριβῶς, καὶ θάρρει· τῆς ῥίζης γὰρ ἐν τῇ γῇ μενούσης, τὸ μικρότερον ἀβλαβὲς διαμενεῖ καὶ βεβαιότερον ἱδρυθήσεται. τὰ μὲν δὴ τῶν ὀνειράτων τοιαῦτα. Θεὸς δὲ οἶδεν εἰς ὅ, τι φέρει. Περὶ δὲ τοῦ μιαροῦ ἀνδρογύνου μάθοιμ' ἂν ἥδιστα ἐκεῖνο, πότε διελέχθη περὶ ἐμοῦ ταῦτα, πότερον πρὶν ἢ τοῦ συντυχεῖν ἐμοὶ, ἢ μετὰ ταῦτα, δηλώσεις ἡμῖν ὅ, τι ἂν οἷός τε ᾖς. ὑπὲρ δὲ τῶν πρὸς αὐτὸν, ἴσασιν οἱ θεοὶ, ὅτι πολλάκις αὐτοῦ τοὺς ἐπαρχιώτας ἀδικοῦντος, ἐσιώπησα, παρὰ τὸ πρέπον ἐμαυτῷ· τὰ μὲν οὐκ ἀκούων, τὰ δ' οὐ προσιέμενος, ἄλλοις δὲ ἀπιστῶν, ἔνια δὲ εἰς τοὺς συνόντας αὐτῷ τρέ-

Julianus Oribasio.

XVII.

Somniorum portas duas esse ait divinus Homerus, & variam iis esse fidem rerum futurarum. At ego te nunc, si unquam alias, certo futura vidisse arbi- B tror. Nam & ego hodie tale quiddam vidi. Arborem proceram in quodam triclinio peramplo & spatioso infixam putabam, quae in terram se inflecteret, atque arbusculam parvam & teneram, valdeque florentem ad radices agnatam habere. Angebat me autem vehementer metus de exigua illa arbore, ne a quopiam una cum magna avelleretur. Et cum propius accessissem, cerno ma- C gnam arborem humi postratam, parvam autem erectam quidem, sed a terra suspensam. Quod cum vidissem, aestuans ac laborans: Heu, inquam, quanta arbor, & tamen est periculum ne surculus etiam ei agnatus intereat! Hic quidam mihi ignotus omnino: Contemplare, ait, diligenter, & bono sis animo; radice enim humi manente, parvula illa arbor D permanebit, firmiorque haerebit. Ac somnium quidem tale est; quo autem pertineat, Deus scit. Verum de scelerato illo eunucho valde cupio scire, quando ista de me narraverit, utrum antequam mihi occurrit, an postea: tu, quod poteris, nobis indicabis. Quod vero ad ipsum attinet, scit me persaepe, si provinciales vexaret, tacuisse, contra quam dignitatem postularet: cum quaedam non audirem, alia non admitterem, nonnulla non crederem,

crederem, multa in ejus familiares & A domesticos converterem. Quod autem mihi talem maculam inurere voluit, missis libellis omni scelere & contumelia refertis, quid me facere oportuit? num tacere? an pugnare? illud stultum ac servile erat, Deoque ingratum: hoc justum quidem, & forte, & libero dignum; attamen per negotia, quibus tum implicati eramus, minime licitum. Quid igitur feci? multis præsentibus, quos ei relaturos intelligebam: Omni- B no certe, inquam, iste scripta sua emendabit: nam adhuc quidem valde est intemperans. Hoc ille audito, tantum abfuit ut ad sanitatem & modestiam rediret, ut ea fecerit, quæ nullus modestus tyrannus fecisset, præsertim cum tam prope ab eo abessem. Quid hic faciendum erat homini Platonis & Aristotelis studioso? utrum miseros homines in latronum potestatem dedere? an eos potius pro mea parte defendere, qui jam (ut arbitror) propter ne- C fariam istorum officinam cycneum carmen canunt? Mihi certe turpe videtur tribunos militares, *ubi ordinem deseruerint, condemnare*; quanquam mors eis ante oculos oppetenda esset, ac ne sepultura quidem dignos judicare: in miseris autem hominibus ab injuria vindicandis ordinem deserere, cum præsertim adversus tales latrones dimicandum sit, & quidem Deo nobis auxilium ferente, sicuti nos ad prælium in- D struxit. Quod si etiam perpetiendum sit aliquid, non parva consolatio est, cum recta & integra mentis conscientia proficisci. Utinam Dii Salustium virum probum nobis concedant. Ac si propterea successor forte nobis dabitur, nihil erit, ut spero, molestum. Etenim breve tempus, bene & innocenter actum, peccanti immortalitati anteponendum est. Peripa-

πων. Ὅτι δέ μοι μεταδοῦναι τῆς τοιαύτης ἠξίωσεν αἰσχύνης, ἀποστείλας τὰ μιαρὰ καὶ πάσης αἰσχύνης ἄξια ὑπομνήματα, τί με πράττειν ἐχρῆν; ἆρα σιωπᾶν, ἢ μάχεσθαι; τὸ μὲν οὖν πρῶτον εἶναι ἠλίθιον, καὶ δουλοπρεπὲς, καὶ θεομίσητον· τὸ δεύτερον δὲ, δίκαιον μὲν, καὶ ἀνδρεῖον, καὶ ἐλευθέριον, ὑπὸ δὲ τῶν ἐχόντων ἡμᾶς πραγμάτων οὐ συγχωρούμενον. Τί τοίνυν ἐποίησα; πολλῶν παρόντων, οὓς ᾔδειν ἀπαγγελοῦντας αὐτῷ, πάντη καὶ πάντως, εἶπον, διορθώσεται τὰ ὑπομνήματα οὗτος ὁ δεῖνα· ἐπεὶ σφόδρα νῦν ἀσχημονεῖ. Τοῦτ' ἐκεῖνος ἀκούσας, τοσοῦτον ἐδέησε τοῦ σωφρόνως τι πρᾶξαι, ὥστε πεποιηκέναι ὅσα νὴ τὸν θεὸν οὐδὲ εἷς μέτριος τύραννος, οὕτω μου πλησίον ὄντος. Ἐνταῦθα τί πράττειν ἐχρῆν ἄνδρα τῶν Πλάτωνος καὶ Ἀριστοτέλους ζηλωτὴν δογμάτων; ἆρα περιορᾶν ἀνθρώπους ἀθλίους ταῖς κλέπταις ἐκδιδομένους, ἢ κατὰ δύναμιν αὐτοῖς ἀμύνειν, οἶμαι, ὡς ἤδη τὸ κύκνειον ἐξᾴδουσι διὰ τὸ θεομισὲς ἐργαστήριον τῶν τοιούτων; Ἐμοὶ μὲν οὖν αἰσχρὸν εἶναι δοκεῖ τοὺς μὲν χιλιάρχους, ὅταν λείπωσι τὴν τάξιν, καταδικάζειν. καίτοι χρὴ ἱκανὰ τεθνάναι παραχρῆμα, καὶ μηδὲ ταφῆς ἀξιοῦσθαι· τὴν δὲ ὑπὲρ ἀθλίων ἀνθρώπων ὑπολείπειν τάξιν, ὅταν δέῃ πρὸς κλέπτας ἀγωνίζεσθαι τοιούτους. καὶ ταῦτα τοῦ θεοῦ συμμαχοῦντος ἡμῖν, ὥσπερ ἂν ἔταξεν. Εἰ δὲ καὶ παθεῖν τι συμβαίη, μετὰ καλοῦ τοῦ συνειδότος, οὐ μικρὰ παραμύθια πορευθῆναι. Τὸν δὲ χρηστὸν Σαλούστιον θεοὶ μέν μοι χαρίσαιντο. κἂν συμβαίη δέ τι διὰ τοῦτο τυγχάνειν διαδόχου, λυπήσει τυχὸν οὐδέν. ἄμεινον γὰρ ὀλίγον ὀρθῶς, ἢ πολὺν κακῶς πρᾶξαι χρόνον. Οὐκ ἔστιν, ὡς λέγουσί τινες, τὰ Περιπατητικὰ δόγματα τῶν Στωϊκῶν ἀγεννέστερα. ταῦτα δὲ μόνον ἀλλήλων, ὡς ἐγὼ κρίνω, διαφέρει· τὰ μὲν γάρ ἐστιν ἀεὶ θερμότερα καὶ ἀβουλότερα· τὰ δὲ φρονήσεως ἄξια, τοῖς ἐγνωσμένοις ἐμμένειν.

A tetica Philosophia non est, sicut quidam opinantur, ignavior Stoica. Hoc autem, mea sententia, inter utramque differt, quod altera sit calidior, magisque turbulenta; altera prudentior, nempe in sententia permanendum.

Ἰουλιανὸς Εὐγενίῳ φιλοσόφῳ.

ιη.

B Δαίδαλον μὲν Ἰκαρίῳ φασὶν ἐκ κηροῦ πτερὰ συμπλάσαντα, τολμῆσαι τὴν φύσιν βιάσασθαι τῇ τέχνῃ. ἐγὼ δὲ ἐκεῖνον μέν, εἰ καὶ τῆς τέχνης ἐπαινῶ, τῆς γνώμης οὐκ ἄγαμαι· μόνος γὰρ κηρῷ λυσίμῳ τοῦ παιδὸς ὑπέμεινε τὴν σωτηρίαν πιστεῦσαι. Εἰ δέ μοι θέμις ἦν, κατὰ τὸν Τήϊον ἐκεῖνον μελοποιόν, εὐχῇ τὴν τῶν ὀρνίθων ἀλλάξασθαι φύσιν, οὐκ ἂν δήπου πρὸς Ὄλυμπον, οὐδὲ ὑπὲρ μέμψεως ἐρωτικῆς, ἀλλ' εἰς αὐτοὺς ἂν τῶν ὑμετέρων ὀρῶν τοὺς πρόποδας C ἔπτην, ἵνα σέ, τὸ μέλημα τοὐμόν, ὥς φησιν ἡ Σαπφώ, περιπτύξωμαι. Ἐπεὶ δέ με ἀνθρωπίνου σώματος δεσμῷ καταπλείσασα ἡ φύσις, οὐκ ἐθέλει πρὸς τὸ μετέωρον ἁπλῶσαι τῶν λόγων, οἷς ἔχω σε πτεροῖς μετέρχομαι, καὶ γράφω, καὶ σύνειμι τὸν δυνατὸν τρόπον. πάντως που καὶ Ὅμηρος αὐτοὺς οὐκ ἄλλου τοῦ χάριν, ἢ τούτου, πτερόεντας ὀνομάζει, δι' ὅτι δύνανται πανταχοῦ D φοιτᾶν, ὥσπερ αἱ τάχισται τῶν ὀρνίθων, ᾗ ἂν ἐθέλωσιν, ἄττοντες. Γράφε δὲ καὶ αὐτός, ὦ φίλε. ἴση γὰρ δήπου σοὶ τῶν λόγων, εἰ μὴ καὶ μείζων ὑπάρχει ἡ πτέρωσις, ᾗ τοὺς ἑταίρους μεταθεῖναι δύνασαι, καὶ πανταχόθεν, ὡς παρών, εὐφραίνειν.

JULIANUS EUGENIO Philosopho.

XVIII.

Dædalum narrant pennas Icario e cera finxisse, arteque naturam vincere tentasse. At ego illius quidem artem laudo, prudentiam tamen requiro: quippe cum solus ex omni memoria sit ausus ceræ fluxæ ac fragili salutem filii committere: ego tamen, si mihi esset integrum juxta Teji illius Lyrici votum in avem mutari, non mehercule ad Olympum, neque ob amatorias aliquas querimonias, sed in ipsa montium vestrorum cacumina volarem, quo te meam (ut ait Sappho) curam amplecterer. Quoniam igitur natura me in hoc ergastulum corporis inclusit, neque in sublime verba mea explicare concedit, quibus possum alis te sequor, & scribo, &, quo licet modo, tecum sum. Homerus certe non alia ex caussa dixit verba alata, nisi quia omnem in partem ire possunt, ut velocissimæ aves, quocunque volunt, prosiliunt. Verumtamen tu quoque, amice, vicissim scribe. Nam & tibi par est, vel major, in dicendo alarum copia, qua & amicos potes commovere, & varie, tanquam præsens esses, delectare.

Ἰουλιανὸς Ἐκηβόλῳ.

ιθ.

Πινδάρῳ μὲν ἀργυρέας εἶναι δοκεῖ τὰς Μούσας, οἱονεὶ τὸ ἔκδηλον

JULIANUS HECEBOLO.

XIX.

Pindarus argenteas Musas esse vult: quasi artis illarum claritatem & splendorem

dorem cum clarissima rerum omnium A
materia conferat. Homerus ille sapiens
argentum illustre, & aquam argenteam
appellat, quod ipsa speciei suæ hilaritate
& nitore non secus atque Solis radiis collu-
ceat. Pulchra Sappho Lunam nominat argenteam, ob eamque caussam cæterorum siderum aspectum ait ab ea obscurari. Quare Diis argentum potius quam aurum
congruere, conjectari possit aliquis. Nam
quod hominibus ad usum aptius & melius sit argentum quam aurum, quod- B
que magis eis adsit, neque ut aurum in
terra occultetur, aut eorum oculos vitet,
sed & aspectu jucundum sit, & ad vitam
commodius, non mea sed veterum oratio est. Quod si nos etiam aureum nummum abs te missum, argento remunera-
ri voluimus, ne putes ideo leviore te affectum esse munere: neque, ut Glauco in
armorum commutatione, sic tibi in hac C
referenda gratia, existimes accidisse: neque enim Diomedes ipse forsitan argen-
tea arma pro aureis dedit, quippe cum
longe his utiliora illa essent, & ad retun-
dendas instar plumbi acies aptiora. Hæc
tecum jocati sumus, ex iis, quæ ipse
scribis, occasionem nacti liberius in te
dicendi. Tu si pretiosiora auro munera
nobis largiri vis, scribe, assidueque id D
facito. Mihi namque quamvis parva abs
te epistola, tamen maximis etiam bonis
anteponetur.

A αὐτῶν, καὶ περιφανὲς τῆς τέχνης, εἰς
τὸ τῆς ὕλης λαμπρότερον ἀπεικάζοντι.
Ὅμηρος δὲ ὁ σοφὸς, τόν τε ἄργυρον αἰγλήεντα λέγει, καὶ τὸ ὕδωρ
ἀργύρεον ὀνομάζει, καθάπερ Ἡλίου
καθαραῖς ἀκτῖσιν αὐτῷ τῷ τῆς εἰκόνος φαιδρῷ μαρμαρύσσον. Σαπφὼ ἡ καλὴ τὴν Σελήνην ἀργυρέαν
φησὶ, καὶ διὰ τοῦτο τῶν ἄλλων ἀστέρων ἀποκρύπτειν τὴν ὄψιν. Οὕτω καὶ
θεοῖς τὸν ἄργυρον μᾶλλον, ἢ τὸν χρυ-
B σὸν εἰκάσειεν ἄν τις πρέπειν. ἀνθρώποις γε μὴν, ὅτι πρὸς τὴν χρείαν ἐστὶν
ὁ ἄργυρος τοῦ χρυσοῦ τιμιώτερος,
καὶ σύνεστι μᾶλλον αὐτοῖς οὐχ ὥσπερ ὁ
χρυσὸς ἐπὶ γῆς κρυπτόμενος, ἢ φεύγων αὐτῶν τὴν ὄψιν, ἀλλὰ καὶ ἀφθῆ-
ναι καλὸς, καὶ ἐν διαιτήμασι κρείττων, οὐκ ἐμὸς ἴδιος, ἀλλὰ παλαιῶν
ἀνδρῶν ὁ λόγος ἐστίν. Εἰ δὲ καὶ σοὶ
τοῦ πεμφθέντος ὑπὸ σοῦ χρυσοῦ νο-
C μίσματος, εἰς τὸ ἴσον τῆς τιμῆς ἕτερον, ἀργύρεον ἀντιδίδομεν, μὴ κρίνῃς
ἥττω τὴν χάριν, μηδὲ ὥσπερ τῷ Γλαύ-
κῳ πρὸς τὸ ἔλαττον οἰηθῇς εἶναι τῶν
ὅπλων τὴν ἀντίδοσιν· ἐπεὶ μηδὲ ὁ
Διομήδης ἴσως ἀργυρᾶ χρυσῶν ἀντ-
έδωκεν, ἅτε δὴ πολλῷ τῶν ἑτέρων ὄντα χρησιμώτερα, καὶ τὰς αἰχμὰς
οἷον μολύβδου δίκην ἐντρέπειν εἰδότα.
Ταῦτά σοι προσπαίζομεν, ἀφ' ὧν
αὐτὸς γράφεις, τὸ ἐνδόσιμον εἰς σὲ
D τῆς παρρησίας λαμβάνοντες. σὺ δὲ
εἰ τῷ ὄντι χρυσοῦ τιμιώτερα ἡμῖν δῶρα ἐθέλεις ἐκπέμπειν, γράφε, καὶ
μὴ λῆγε συνεχῶς τοῦτο πράττων.
ἐμοὶ γὰρ καὶ γράμμα παρά σου
μικρὸν, ὅτου περ ἂν εἴπῃ τις ἀγαθοῦ
κάλλιον ἂν εἶναι κρίνεται.

JULIANUS EUSTOCHIO.

XX.

HEsiodus ille sapiens vicinos ad convivia vocandos esse censet,

Ἰουλιανὸς Εὐστοχίῳ.

κ.

ΗΣίοδος μὲν δοκεῖ τοῖ σοφῷ καλεῖν ἐπὶ τὰς ἑορτὰς τοὺς γείτο-

νας,

A νας, ὡς συμπαθησομένας, ἐπειδὴ καὶ συναλγοῦσι, καὶ συναγωνιῶσιν, ὅταν τις ἀπροσδόκητος ἐμπέσῃ ταραχή. Φημὶ δὲ τοὺς φίλους δεῖν καλεῖν, οὐ τοὺς γείτονας· τὸ αἴτιον δὲ, ὅτι γείτονα μὲν ἔνεστιν ἐχθρὸν ἔχειν· φίλον δὲ, οὐ μᾶλλον, ἢ τὸ λευκὸν μέλαν εἶναι, καὶ τὸ θερμὸν ψυχρόν. Ὅτι δὲ ἡμῖν οὐ μόνον νῦν, ἀλλὰ καὶ πάλαι φίλος εἶ, καὶ διετέλεσας εὐνοϊκῶς ἔχων, εἰ καὶ μηδὲν ὑπῆρχεν ἄλλο τεκμήριον, ἀλλὰ
B τό γε ἡμᾶς οὕτω διατεθεῖσθαι καὶ διακεῖσθαι περὶ σε, μέγα ἂν εἴη τούτου σημεῖον. Ἧκε τοίνυν μεθέξων τῆς ὑπατείας αὐτός. ἄξει δέ σε ὁ δημόσιος δρόμος, ὀχήματι χρώμενον ἑνὶ καὶ παρίππῳ· εἰ δὲ χρή τι καὶ ἐπεύξασθαι, τὴν Ἐνοδίαν εὐμενῆ σοι, καὶ τὸν Ἐνόδιον παρακεκλήκαμεν.

A ut communiter gaudeant, quandoquidem cum perturbatio casusque aliquis inopinatus incidit, communem dolorem perferunt. At ego amicos, non vicinos, vocandos existimo. Quamobrem? quia vicinus potest aliquando esse inimicus; at amicus non magis id esse potest, quam quod album est nigrum, aut quod calidum frigidum. Te vero non solum hoc tempore, sed etiam multo ante, amicum fuisse, & deinde semper eadem voluntate nos prosecutum esse, si nihil aliud, certe hoc testificatur, quod tam vehementer te amamus. Veni igitur, ut Consulatus honore fungaris. Ducet autem te publicus cursus uno vehiculo, & parhippo. Quod si est praeterea oprandum aliquid, Enodiam tibi amicam, Enodiumque accersivimus.

Ἰουλιανὸς Καλλιξείνῃ.

C

κα.

Χρόνος δίκαιον ἄνδρα δείκνυσι μόνος· ὡς παρὰ τῶν ἔμπροσθεν ἔγνωμεν. ἐγὼ δὲ φαίην, ὅτι καὶ τὸν εὐσεβῆ, καὶ τὸν φιλόθεον. ἀλλ' ἐμαρτυρήθη, φησὶ, καὶ ἡ Πηνελόπη φίλανδρος. εἶτα μετὰ τοῦ φιλάνδρου, τὸ φιλόθεον τίς ἐν γυναικὶ δεύτερον τίθησι, καὶ οὐ φανεῖται πολὺν πάνυ τῆς μανδραγόρας ἂν ἐκπεπωκώς; Εἰ δὲ καὶ τοὺς καιρούς τις ἐν νῷ λάβοι,
D καὶ τὴν Πηνελόπην ἐπαινουμένην σχεδὸν ὑπὸ πάντων ἐπὶ τῇ φιλανδρίᾳ, κινδυνευούσας δὲ τὰς εὐσεβεῖς ὀλίγῳ πρότερον γυναῖκας, καὶ προσθήκη δὲ τῶν κακῶν, ὅτι καὶ διπλάσιος ὁ χρόνος, ἆρ' ἔστι σοὶ τὴν Πηνελόπην ἀξίως παραβάλλειν; Ἀλλὰ μὴ μικροὺς ποιοῦ τοὺς ἐπαίνους· ἀνθ' ὧν ἀμείψονται μέν σε πάντες οἱ θεοί. καὶ τὰ παρ' ἡμῶν

Julianus Callixenæ.

XXI.

Justum virum longa arguit solum dies. Sic sane veteres. At ego addam, etiam pium & religiosum virum tempore argui. At enim, inquies, Penelopes etiam amor & fides erga virum tempore cognita est. Et quis tandem, inquiam, in muliere amorem conjugis sui religioni ac pietati anteponet, quin continuo mandragorae multum bibisse judicetur? Quod si quis etiam tempora consideret, & Penelopen ab omnibus prope de viri amore laudatam, cum mulieribus ante paucos dies ob pietatem de vita dimicantibus, quodque ad mala haec accedit, temporis duplum conferat: an jure poterit Penelopen tecum comparare? Tu vero noli parvas eas laudes ducere; pro quibus & Dii

Dii omnes tibi meritas gratias relaturi A sunt, & nos pro parte nostra te duplici sacerdotio ornamus, atque ad illud quod antea habebas, cum Cereris sanctissimæ, tum magnæ matris Phrygiæ Deæ in sacra Pisinunte, sacerdotium adjungimus.

διπλῆ σε τιμήσομεν τῇ ἱερωσύνῃ πρὸς ᾗ πρότερον εἶχες τῆς ἁγιωτάτης Θεοῦ Δήμητρος, καὶ τῆς μεγίστης Μητρὸς Θεᾶς τῆς Φρυγίας ἐν τῇ θεοφιλεῖ Πισινοῦντι τὴν ἱερωσύνην ἐπιτρέπομέν σοι.

JULIANUS LEONTIO.

XXII.

B ILle scriptor historiæ Thurius aures dixit esse hominibus minus fideles, quam oculos. Atego in te contra sentio, magisque auribus, quam oculis, credo. Nunquam enim, ne si decies quidem te vidissem, tantum fidei oculis, quantum nunc auribus, tribuissem: quippe cum ab homine minime mendaci te, cum semper virum esse intellexerim, tum in agendo, pedibus manibusque (ut ait Homerus) ita contendere, ut teipsum superare videaris. C Quare armorum usum tibi permittimus, armaque universa mittimus, quibus adhuc pedites utuntur, (sunt autem hæc equestribus armis leviora) teque domesticorum numero adscribimus, qui ex iis delecti sunt, qui arma gestarunt, bellisque interfuerunt.

Ἰουλιανὸς Λεοντίῳ.

κβ.

Ὁ Λογοποιὸς ὁ Θούριος ὦτα εἶπεν ἀνθρώποις ὀφθαλμῶν ἀπιστότερα· τούτῳ ἐπὶ σοῦ ἐναντίαν ἔχω γνώμην ἐγώ. πιστότερα γάρ ἐστί μοι τὰ ὦτα τῶν ὀφθαλμῶν. οὐ γὰρ εἰ ποτε εἶδον σε δεκάκις, οὕτως ἂν ἐπίστευσα τοῖς ὀφθαλμοῖς, ὡς νῦν ταῖς ἀκοαῖς πιστεύω ταῖς ἐμαυτοῦ, παρ' ἀνδρὸς οὐδαμῶς οἵου τε ψεύδεσθαι δεδιδαγμένος, ὅτι πάντα ἀνὴρ ὤν, αὐτὸς ἑαυτοῦ κρείττων εἶ περὶ τὸ ῥέξαι φησὶν Ὅμηρος· χερσί τε καὶ ποσίν. Ἐπιτρέψαντες οὖν σοι τὴν τῶν ὅπλων χρῆσιν, ἀπεστείλαμέν τε πανοπλίαν, ᾗ τέως τοῖς πεζοῖς ἁρμόττει· κουφοτέρα δέ ἐστιν αὕτη τῆς τῶν ἱππέων· ἐγκατελέξαμεν δέ σε τῷ τῶν οἰκείων συντάγματι· γίνονται δὲ ἀπὸ τῶν ὁπλοφορησάντων ἤτοι καὶ στρατευσαμένων. γρ. ὁπλοφορησάντων.

HERMOGENI EXPRÆFECTO Ægypti.

D

XXIII.

PErmitte mihi juxta Poëtas dicere O me præter spem servatum! o nuntium præter expectationem allatum, quod evaserim! mehercule hydram multorum capitum, non fratrem dico Constantium (fuit enim is, qualis fuit) sed belluas ipsius comites; quæ oculis unumquemque petebant, quæque illum reddebant atro-

Ἑρμογένει Ἀφοπάρχῳ Αἰγύπτου.

κγ.

Δός μοι κατὰ τοὺς μελικοὺς εἰπεῖν· ὢ παρ' ἐλπίδα σεσωσμένος ἐγώ, ὢ παρ' ἐλπίδας ἀκηκοὼς, ὅτι δ' ἀπέφυγον, ὅτι μὰ Δία τὴν πολυκέφαλον ὕδραν, οὐ τὸν ἀδελφόν φημι Κωνστάντιον· ἀλλ' ἐκεῖνος μὲν ἦν, οἷος ἦν· ἀλλὰ τὰ περὶ αὐτὸν θηρία. πᾶσιν ἐποφθαλμιῶντα, ἃ κἀκεῖνον ἐποίει χαλεπώτερον, γρ. μελιτίας. Vel. διαπεφευγέναι δ' οὖ. πολυκέφαλον λεπτότερον, οὐδὲ τὸ καθ' ἑαυτὸν ὄντα πᾶσι πρᾷον, εἰ καὶ ἐδόκει πολλοῖς τοιοῦτος. Ἐκείνῳ μὲν οὖν, ἐπειδὴ μακαρίτης ἐγένετο, κούφη γῆ καθάπερ ὁ λόγος· τούτους δὲ ἀδίκως τι παθεῖν οὐκ ἂν ἐθέλοιμι· ἴστω Ζεύς· ἐπειδὴ δὲ αὐτοῖς ἐπανέστησαν πολλοὶ κατήγοροι, δικαστήριον ἀποκεκλήρωται. Σὺ δὲ, ὦ φίλε, παρεὶς εἰ, καὶ παρὰ δύναμιν ἐπειχθῆναι. θεάσασθαι γάρ σε πάλαι τε ηὐχόμην νὴ τοὺς θεούς. καὶ νῦν εὐμενέστατα, ὅτι διεσώθης ἀκηκοώς, ἥκειν παρακελεύομαι.

Γρ. λέγεται

A ciorem, qui per se non admodum clemens erat, licet multis esse videretur. Verum illi, quandoquidem e vita jam excessit, terra (ut ajunt) sit levis: istos autem injuste pati quippiam nolim, (scit Jupiter) sed quia accusatores nacti sunt multos, judicium iis datum est. Tu vero, amice, cum praesens sis, vel supra vires festinans, advola: videre enim te *olim*, medius fidius B *optavi*, & nunc, cum te salvum esse libentissime audierim, venire jubeo.

Ἰουλιανὸς Σαραπίωνι τῷ λαμπροτάτῳ.

κδ.

Ἄλλοι μὲν ἄλλοις τὰς πανηγύρεις νομίζουσιν· ἐγὼ δέ σοι ἡδύ σοι γλυκείας ἑορτῆς σύνθημα, τῶν ἐπιχωρίων ἰσχάδων τὰς μακρονίτας ἑκατὸν ἐκπέμπω· τῷ μὲν τοῦ δώρου μεγέθει μικρὰν, τῷ κάλλει δὲ ἴσως ἀρκοῦσαν ἡδονὴν μνηστεύων. Ἀριστοφάνει μὲν οὖν δοκεῖ εἶναι πλὴν μέλιτος τῶν ἄλλων γλυκύτερον τὰς ἰσχάδας. καὶ οὐδὲ τοῦτ' ἀνέχεται τῶν ἰσχάδων εἶναι γλυκύτερον, ὡς αὐτὸς ἐπικρίνας λέγει. Ἡροδότῳ δὲ ἄρα τῷ συγγραφεῖ πρὸς ἐπίδειξιν ἐρημίας ἀληθοῦς ἤρκεσεν εἰπόντι, παρ' οἷς οὔτε σῦκά ἐστιν, οὔτε ἄλλο ἀγαθὸν οὐδέν. ὥσπερ οὔτε ἄλλου τινὸς ἐν καρποῖς ἀγαθοῦ προτέρου τῶν σύκων ὄντος, οὔτε ἔτι παντελῶς ἀγαθοῦ δέοντος, παρ' οἷς ἂν τὸ σῦκον. Ὅμηρος δὲ ὁ σοφὸς τὰ μὲν ἄλλα τῶν καρπῶν εἰς μέγεθος, ἢ χρόαν, ἢ κάλλος ἐπαινεῖ· μόνῳ δὲ τῷ σύκῳ τὴν τῆς γλυκύτητος ἐπωνυμίαν συγχωρεῖ. καὶ τὸ μὲν μάλι χλωρὸν καλεῖ, δεδιὼς μὴ λάθῃ γλυκὺ προσειπὼν, ὃ καὶ πικρὸν εἶναι πολλαχοῦ συμβαίνει· τῷ

JULIANUS SARAPIONI clarissimo.

XXIV.

Alii aliis laudationes mittere solent: at ego tibi caricas nostrates oblongas centum mitto, quas tanquam signum jucundum suavium epularum accipies. C In quo voluptatem quidem, si ad muneris magnitudinem spectas, non magnam; sin autem ad pulchritudinem, satis magnam forsasse percipies. Aristophanes ait, excepto melle, nihil dulcius esse caricis: immo ne hoc quidem ipsum dulcedine praeponendum illis esse postea judicat. Herodotus scriptor, ad veram solitudinem ostendendum, satis habuit ita dicere: A- D pud eos neque fici sunt, neque aliud bonum ullum: tanquam ex omni fructuum genere nullum melius, majusve ficis inveniatur, neque ubi ficus sit, boni quippiam desideretur. Homerus ille sapiens caeteros fructus partim ob magnitudinem, partim ob colorem pulchritudinemve laudat: soli ficō dulcedinis nomen attribuit. Meleriam flavū vocat, veritus ne imprudens dulce id appellet, quod amarum persaepe esse solet: at uni

uni certe fico proprie hanc appellationem tribuit, ut nectari, quod ficus sola ex omnibus dulcis sit. Hippocrates ait mel sensu dulce, *ad digestionem vero omnino* amarum esse; neque ei repugno: quia omnium consensu bilem procreat, & humores in contrarium saporem convertit: quæ res magis ipsum natura amarum esse demonstrat. Nunquam enim in amaram naturam mutaretur, nisi id illi fuisset ab initio, ex quo in diversum commigravit. At ficus non solum sensu est dulcis, verum etiam *digestione* antecellit. Jam adeo utilis hominibus est, ut præsidium ad quævis venena salutare Aristoteli videatur: ac mensis etiam inchoandis & claudendis non ob aliam caussam adhiberi, tanquam hoc unum pro omnibus sacrum remedium adversus ciborum injurias exhibeatur. Enimvero Diis ficum consecrari, omnibusque aris adhiberi, & quovis thure ad odores aptiorem esse, non mea est oratio, sed quisquis usum ejus didicit, a sapiente aliquo homine, sacrorumque antistite, manasse intelligit. Theophrastus ille vir egregius in iis, quæ de agricultura scripsit, cum de arborum, quæ in aliis inseri possunt, natura mutuaque insitione disserit, præcipue ficum commendat, quod variorum generum arbores admittat, & una ex omnibus facile aliarum stirpem ferat, si quis ejus singulos ramos amputet, & in eorum quemque diffissum, aliarum arborum sobolem inserat: ut persæpe hujus unius aspectus pro horto integro esse pos-

A σύκῳ δὲ ἄρα μόνῳ ἀποδίδωσι τὴν οἰκείαν εὐφημίαν, ὥσπερ τῷ νέκταρι, διότι καὶ μόνον γλυκὺ τῶν ἄλλων ἐστί. Καὶ μέλι μὲν Ἱπποκράτης φησὶ καὶ γλυκὺ τὴν αἴσθησιν, καὶ πικρὸν εἶναι πάντως τὴν ἀνάδοσιν, καὶ οὐκ ἀπιστῶ τῷ λόγῳ· χολῆς γὰρ αὐτὸ ποιητικὸν εἶναι σύμπαντες ὁμολογοῦσι, καὶ τρέπειν τοὺς χυμοὺς εἰς τὴν ἐναντίαν τῆς γεύσεως. ὃ δὴ καὶ μᾶλλον τῆς ἐκ φύσεως αὐτοῦ πικρότητος κατηγορεῖ τὴν B γένεσιν. οὐ γὰρ ἂν εἰς τοῦτο μετέβαλλεν ὃ πικρόν ἐστιν, εἰ μὴ καὶ πάντως αὐτῷ προσῆν ἐξ ἀρχῆς τοῦτο, ἀφ' οὗ πρὸς τὸ ἕτερον μετέπεσε. Σῦκον δὲ οὐκ αἰσθήσει μόνον ἡδύ, ἀλλὰ καὶ ἀναδόσει κρεῖττόν ἐστιν. οὕτω δέ ἐστιν ἀνθρώποις ὠφέλιμον, ὥστε καὶ ἀλεξιφάρμακον αὐτὸ παντὸς ὀλεθρίου φαρμάκου φησὶν Ἀριστοτέλης εἶναι, καὶ τοῖς δείπνοις οὐκ ἄλλου τινός, ἢ τούτου χάριν τῶν ἐδεσμάτων προτίθεσθαί τε καὶ ἐπιτραγηματίζεσθαι. Καθάπερ ἀντ' ἄλλης C τινὸς ἀλεξήσεως ἱερᾶς ταῖς τῶν βρωμάτων ἀδικίαις περιπλευσόμενον. Καὶ μὴν ὅτι θεοῖς τὸ σῦκον ἀνάκειται, καὶ θυσίας ἐστὶν ἁπάσης ἐμβώμιον, καὶ ὅτι παντὸς λιβανωτοῦ κρεῖττον εἰς θυμιάματος σκευασίαν ἐστίν, οὐκ ἐμὸς ἴδιος οὗτος ὁ λόγος, ἀλλ' ὅστις τὴν χρείαν αὐτοῦ ἔμαθεν, οἶδεν ὡς ἀνδρὸς σοφοῦ καὶ ἱεροφάντου λόγος ἐστί. Θεόφραστος δὲ ὁ καλὸς ἐν γεωργίας παραγγέλμασι, τὰς τῶν ἑτεροφύτων δένδρων γενέσεις ἐνιθείς, καὶ ὅσαι ἀλλήλοις D ἐγκεντρίσεσιν εἴκουσι, πάντων, οἶμαι, τῶν φυτῶν μᾶλλον ἐπαινεῖ τῆς συκῆς τὸ δένδρον, ὡς ἄν τι ποικίλης καὶ διαφόρου γενέσεως δεκτικόν, καὶ μόνον τῶν ἄλλων εὔκολον παντοίου γένους ἐνεγκεῖν βλάστην, εἴ τις αὐτοῦ τῶν κλάδων ἐκτεμὼν ἕκαστον, εἶτα ἐκρήξας, ἄλλην ἐς ἄλλο τῶν πρέμνων ἐμφυτῇ γονὴν ἐναρμόσειεν, ὡς ἀγρὸν ἤδη πολλάκις αὐτό,

καὶ

καὶ αὐτὸ ὁλοκλήρῳ κήπῳ τὴν ὄψιν, οἷον ἐν λειμῶνι χαριεστάτῳ ποικίλην τινὰ καὶ πολυειδῆ τῶν καρπῶν ἀφ' ἑαυτοῦ τὴν ἀγλαΐαν ἀποπεπομφότος. Καὶ τὰ μὲν ἄλλα τῶν ἀκροδρύων ἐστὶν ὀλιγοχρόνια, καὶ τὴν μονὴν οὐκ ἀνέχεται· μόνῳ δὲ τῷ σύκῳ, καὶ ὑπερενιαυτίζειν ἔξεστι, καὶ τῇ τοῦ μέλλοντος καρποῦ γενέσει συνεπιχθῆναι. ὥστε φησὶ καὶ Ὅμηρος ἐν Ἀλκινόου κήπῳ, τοὺς καρποὺς ἀλλήλοις ἐπιγηράσκειν. Ἐπὶ μὲν ἐν τῶν ἄλλων ἴσως ἂν μῦθος ποιητικὸς εἶναι δόξειε· μόνῳ δὲ τῷ σύκῳ πρὸς τὸ τῆς ἀληθείας ἐναργὲς ἂν συμφωνοῖ, διότι καὶ μόνος τῶν ἄλλων καρπῶν ἐστι " μονιμώτερον. Τοιαύτην δὲ ἔχον, οἶμαι, τὸ σῦκον τὴν φύσιν, πολλῷ κρεῖττόν ἐστι παρ' ἡμῖν τὴν γένεσιν· ὡς εἶναι τῶν μὲν ἄλλων φυτῶν αὐτὸ τιμιώτερον, αὐτοῦ δὲ τοῦ σύκου τὸ παρ' ἡμῖν θαυμασιώτερον· καὶ νικᾶν μὲν αὐτὸ τῶν ἄλλων τὴν γένεσιν, αὖθις δ' ὑπ' αὐτοῦ τοῦ παρ' ἡμῖν ἡττᾶσθαι, καὶ τῇ πρὸς ἑκάτερον ἐγκρίσει πάλιν σώζεσθαι, κρατοῦν μὲν, ὡς εἰκὸς, οἷς δ' ἂν κρατεῖσθαι δοκεῖ, πάλιν ἐς τὸ καθόλου " νικῶν. Καὶ τοῦτ' οὐκ ἀπεικότως παρ' ἡμῖν μόνοις συμβαίνει. ἔδει γὰρ, οἶμαι, τὴν Διὸς πόλιν ἀληθῶς, καὶ τὸν τῆς ἑῴας ἁπάσης ὀφθαλμόν· τὴν ἱερὰν καὶ μεγίστην Δαμασκὸν λέγω· τοῖς τε ἄλλοις σύμπασιν, οἷον ἱερῶν κάλλει, καὶ νεῶν μεγέθει, καὶ ὡρῶν εὐκαιρίᾳ, καὶ πηγῶν ἀγλαΐᾳ, καὶ ποταμῶν πλήθει, καὶ γῆς εὐφορίᾳ νικῶσαν, μόνην ἄρα καὶ τῷ τοιούτῳ φυτῷ πρὸς τὴν τοῦ θαύματος ὑπεροχὴν ἀρκέσαι. Οὐδὲν οὖν ἀνέχεται τῆς μεταβολῆς τὸ δένδρον, οὐδὲ ὑπερβαίνει τοὺς ἐπιχωρίους ὅρους τῆς βλάστης, ἀλλ' ὥσπερ αὐτόχθονος φυτοῦ νόμῳ τὴν ἐξ ἀποικίας γένεσιν ἀρνεῖται. Καὶ χρυσὸς μὲν, οἶμαι, καὶ ἄργυρος ὁ αὐτὸς πολλαχοῦ φύεται· μόνη δὲ ἡ παρ' ἡμῖν χώρα τίκτει φυτὸν ἀλλαχοῦ φῦναι μὴ δυνάμενον. Ὥσπερ τὰ ἐξ

γρ. τιμιώτερον.

γρ. νικῶντι.

A sit; quod ut in prato amœnissimo, sic ipsa varium ac multiplicem omnis generis fructuum splendorem a sese mittat. Et cum cæterarum arborum poma exigui temporis sint, neque ætatem ferant; sola ficus ultra annum vivit, & sequentis fructus ortum comitatur. Itaque Homerus in horto Alcinoi ait, fructus alios super aliis senescere. Quod in cæ- B teris fortasse poetica fabula videri potest: in fico certe cum veritate consentiens oratio est, quia hic fructus omnium maxime ad diuturnitatem servatur. Ac cum ea sit ficus, ut opinor, natura, tamen apud nos longe præstantior nascitur: ut aliis quidem plantis collata facile præstet omnibus, ipsi vero ficui omnino nostra antecellat, & reliquas omnes genere vincat, a nostra vincatur, & hac cum utrisque collatione rursus ser- C vetur: tum quia cæteris, ut par est, excellit, tum quia ea parte, qua vincitur, rursus in universo genere vincit. Nec sane immerito nobis solis istud accidit. Etenim æquum erat, opinor, veram Jovis urbem, totiusque Orientis oculum, (sacram & amplissimam Damascum dico) cum omnibus aliis rebus, ut sacrorum elegantia, templorum magnitudine, temporum anni opportunitate, fontium nito- D re, fluviorum multitudine, terræ ubertate vinceret; solam etiam plantæ istius nobilitate miraculum de se majus commovere. Quocirca hæc arbor mutationem omnem soli respuit, neque patrios fines egreditur, sed velut indigena planta ortum ex colonia aspernatur. Aurum atque argentum, sicuti arbitror, idem multifariam nascitur; at sola hæc nostra regio fere plantam, quæ alibi nasci non potest. Ut

merces

merces Indicæ, ut Persici seres, quæve in Æthiopum terra nascuntur, & prædicantur, hac mercatoria lege in omnes orbis partes distrahuntur; sic nostra hæc ficus nusquam alibi nascitur, & a nobis in omnem locum dimittitur: neque civitas ulla est, aut insula, in quam voluptatis suæ admiratione non perveniat. Quin & regales mensas ornat, atque ad omnium conviviorum ornatum adhibetur: neque intritum, aut scriblita, aut panis dulciarius, aut denique aliud condimenti genus pari suavitate unquam reperietur: adeo est mirabilis iste cibus præ aliis omnibus. Ac cæteræ quidem fici autumno fere eduntur, aut ad usum similem insolantur: at nostræ duntaxat utrumque usum præstant, & valent in arbore, & præstantiores sunt in sole paratæ. Quod si pulchritudinem istarum in arbore consideres, & quemadmodum a singulis ramis pendeant longioribus pediculis instar calycum; aut quo pacto arbor fructum in orbem circumdet, multiplicem interea speciem rotunditate illa exhibens, dixeris sane quasi in torque colli, esse eius appendices ex arboribus. Præterea in arte, quæ ad istas ficus servandas adhibetur, non minus est studii, quam in usu voluptatis. Non enim, sicut cæteræ ficus in unum locum conjiciuntur, neque acervatim confuseve in sole siccantur; sed ex arbore primum sensim decerpuntur, deinde ex arbustis ramisve aculeatis in muro suspenduntur: partim ut assiduo puri solis usu albescant, partim ut ab insidiis animantium & avicularum tutæ permaneant, aculeorum præsidio tanquam satellitum comitatu circumseptæ. Ac de ca-

A Ἰνδῶν ἀγώγιμα, καὶ οἱ Περσικοὶ σῆρες, ἢ ὅσα ἐν τῇ Αἰθιόπων γῇ τίκτεται μὲν καὶ λέγεται, τῷ δὲ τῆς ἐμπορίας νόμῳ πανταχοῦ διαβαίνει· οὕτω δὴ καὶ τὸ παρ' ἡμῖν σῦκον ἀλλαχοῦ τῆς γῆς οὐ γινόμενον, πανταχοῦ παρ' ἡμῶν στέλλεται, καὶ οὔτε πόλις, οὔτε νῆσός ἐστιν, ἣν οὐκ ἐπέρχεται τοῦ τῆς ἡδονῆς θαύματι· ἀλλὰ καὶ τραπέζας βασιλικὴν κοσμεῖ, καὶ παντὸς δείπνου σεμνόν ἐστιν ἐγκαλλώ-
B πισμα· καὶ οὔτε ἔνθρυπτον, οὔτε στρεπτὸν οὔτε πήλαιον, οὔτε ἄλλο καρυκείας γένος οὐδὲν ἔσται ἥδυσμα ἴσον, ἢ ἀφίκοιτο τοσοῦτον αὐτῷ τῶν τε ἄλλων ἐδεσμάτων, καὶ δὴ καὶ τῶν ἑκασταχοῦ παρίστι τοῦ θαύματος. Καὶ τὰ μὲν ἄλλα τῶν σύκων, ἢ ὀπώραν ἔχει τὴν βρῶσιν, ἢ ταρσαινόμενα εἰς τὸ ὅμοιον ἔρχεται· τὸ δὲ παρ' ἡμῖν μόνον ἀμφοτερίζει τῇ χρείᾳ, καὶ καλὸν μὲν ἐστιν ἐπιδένδριον, πολλῷ δὲ κάλλιον, εἰ ἐς ταρσίαν ἔλθοι. Εἰ δὲ καὶ τὴν ὥραν
C αὐτοῦ τὴν ἐν τοῖς δένδροις ὀφθαλμοῖς λάβοις, καὶ ὅπως ἑκάστου τῶν πρέμνων ἐπιμήκεσι τοῖς κέντροις, οἱονεὶ καλύκων δίκην ἀπήρτηται, ἢ ὅπως ἐν κύκλῳ περιθεῖ τῷ καρπῷ τὸ δένδρον, ἄλλας μετ' ἄλλας ἐν ″ στοίχῳ παμφερεῖ πολυειδεῖς ἀγλαΐας μηχανώμενον. Φαίης ἂν αὐτῷ, καθάπερ ὅρμοι ″ δέρης, τὰς τῶν δένδρων ἐξαιρέσεις αὐτοῦ. Καὶ ἡ πρὸς χρονίαν μονὴν ἐπιτέχνησις, οὐκ
D ἐλάττονα τῆς εἰς τὴν χρείαν ἡδονῆς ἔχει τὴν φιλοτιμίαν. οὐ γὰρ ὥσπερ τὰ ἄλλα τῶν σύκων ὁμοῦ καὶ κατὰ ταὐτὸν ἔρριπται, οὐδὲ καθάπερ σωρηδὸν ἢ χύδην ἡλίῳ ταρσαίνεται· ἀλλὰ πρῶτον μὲν ἠρέμα τῶν δένδρων αὐτὸ ταῖς χερσὶν ἀποδρέπουσιν, ἔπειτα ὀρπηξὶν ἢ ῥάβδοις ἀκανθώδεσι τῶν τοίχων ἀπαρτῶσιν, ἵνα λευκαίνηται μὲν ἡλίου καθαροῦ προσομιλοῦντα, μένῃ δ' ἀνεπιβούλευτα τῶν ζώων τε καὶ ὀρνιθίων, οἱονεὶ τῶν κέντρων τῇ ἀλεξήσει δορυφορούμενα. Καὶ ὑ-

Vel. τοίχῳ
Vel. δέρης

περὶ μὲν γενέσεως αὐτῶν, καὶ γλυκύτητος, καὶ ὥρας, καὶ ποιότητος, καὶ χρείας, ταῦτά σοι παρ' ἡμῶν ἡ ἐπιστολὴ προσπαίζει. Ὅτι γε μὴν ὁ ἑκατὸν ἀριθμὸς, ὡς ἔστι τῶν ἄλλων τιμιώτερος, καὶ τὸ τέλειον ἐν αὐτῷ τῶν ἀριθμῶν περιγέγραφεν, μάθοι ἄν τις θεωρῶν τῇδε. καὶ οὐκ" ἀγνοῶ μὲν, ὡς παλαιῶν καὶ σοφῶν ἀνδρῶν ὁ λόγος, τοῦ ἀρτίου τὸν περιττὸν προκεῖσθαι, οὐδὲ ὡς ἀρχήν φασιν αὐξήσεως εἶναι τὸ μὴ συνδυάζον. τὸ γὰρ ὅμοιον θατέρῳ, μένειν ὁποῖον καὶ τὸ ἕτερον. δυοῖν δὲ γενομένοιν, τὸ τρίτον εἶναι τὴν περιττότητα. Ἐγὼ δὲ, εἰ καὶ τολμηρότερος ὁ λόγος ἐστὶ, φαίην ὅμως. ἀρχῆς μὲν εἶσιν οἱ ἀριθμοὶ πάντες ἐξηρτημένοι· καὶ τὸ προσεχὲς τῆς αὐξήσεως διὰ παντὸς κομίζονται. πολλῷ γε μὴν εἶναι δικαιότερον τῷ ἀρτίῳ μᾶλλον ἢ τῷ περιττῷ τὴν τῆς αὐξήσεως αἰτίαν προσκεῖσθαι. Ὁ μὲν γὰρ εἷς ἀριθμὸς οὐκ ἂν εἴη περιττὸς, οὐκ ἔχων ὅτῳ περιττὸς γένοιτο. ἡ δὲ τῆς δυάδος συζυγία τίκτει διπλῆν τὴν περιττότητα, καὶ ἐκ τῶν δυοῖν ἀριθμῶν ὁ τρίτος εἰκότως εἰς αὔξησιν ἔρχεται. πάλιν τε ἐν τῇ τῆς ἑτέρας δυάδος μίξει, τὸ τετράδος τὴν ὑπεροχὴν λαμβάνει, καὶ ὅλως ἡ πρὸς ἄλληλα κοινωνία, τὴν ἐξ ἑκατέρου περιττότητα φαίνουσα, καὶ εἰς τὸν τῆς δυάδος ἀριθμὸν περικλείεται. Δεδομένου δὴ τούτου, φαίην ἄν, οἶμαι, τῆς πρώτης δεκάδος τὴν εἰς αὐτὸ περιφέρειαν ἀνακυκλούσης, εἰς τὸν τῆς ἑκατοντάδος ἀριθμὸν τὸ ὅλον διαβαίνειν· ὡς τῷ μὲν ἐπὶ τὴν αὔξησιν εἰς δέκα συντείνειν· πάλιν δ' αὖ τὴν δεκάδα δι' αὐτῆς ἀνιοῦσαν εἰς τὸν ἑκατὸν ἀριθμὸν συντελεῖσθαι. κἀντεῦθεν αὖ πάλιν ἐξ ἑκατοντάδων τὸ ὅλον τῶν ἀριθμῶν τὴν δύναμιν καρποῦσθαι, μήτε τοῦ ἑνὸς ἠρεμοῦντος, εἰ μή τι τῆς δυάδος ἐν τῇ μίξει τὸ περιττὸν ἀεὶ τικτούσης τε καὶ εἰς ἑαυτὴν αὖθις ἀνακαλουμένης, ἄχρις ἂν ἑτέρα πάλιν ἑκατοντὰς τῶν ἀριθμῶν τὸ συναγόμενον καταλκλείσῃ, καὶ τὸ τέλειον αὐτῷ προσάπτουσα πάλιν ἐξ αὐτοῦ

" ἴσ. ἀγνοῶν

A rum ortu, dulcedine, specie, confectione, utilitate, nostra epistola adhuc lusit. Deinceps numerum centenarium aliis omnibus numeris nobiliorem esse, omniumque perfectionem numerorum eo contineri, doceamus. Equidem non sum nescius, veteres eosdemque sapientes homines imparem numerum pari præposuisse, atque amplificationis fon-
B tem putavisse illum, quod non copulatur. Quod enim alteri simile est, tale semper manere, quale sit alterum: cum vero duo numeri sunt, tertium esse imparilitatem; at ego dicam fortasse audacius, dicam tamen. Numeri omnes ex uno principio apti sunt, & possunt per quemvis numerum omnino augeri: præstat tamen amplificationis caussam pari numero potius quam impari tribuere. Etenim
C unum non erit impar, si non habeat cum quo impariter conferri possit; at binarii copulatio duplicem imparilitatem procreat, atque e duobus numeris tertius ad incrementum jure accedit: & rursum cum binarius alter adjungitur, fit quaternarii amplificatio: omninoque eorum inter se conjunctio, inæqualitatem ex utrisque ortam ostendens, in binarii numerum concluditur. Hoc posito dicam: primo denario in seipsum circumducto,
D centenarium totum effici, ut ex uno quidem decem, ex his autem in se redeuntibus, centum procreentur: hinc item e centenariis, numerorum summa universa vires sumat, unitate interea minime feriante, nisi cum binarii commistio inæqualitatem creat, & in seipsam iterum revocatur, dum rursus in centenarium alterum totius numeri summa concludatur, atque hoc absoluto & perfecto, ad alterum ex eo procedat, & centenario·

centenariorum appellationibus perpetuo summam in infinitum producat. Homerus mihi quidem videtur non leviter, non semel, neque sine caussa in poëmate suo clypeum e centum loris Jovi tribuisse: verum magna aliqua & abdita ratione istud dicendo involvit, quoniam videlicet perfectissimo Deo perfectissimum numerum accommodabat, eumque numerum, quo maxime exornari posset: aut quia mundum universum, quem clypei forma propter rotunditatem comprehendit, non alius numerus describit, quam centenarius, circuli centenario accommodat intelligentiam ejus, qui in universo intelligitur. Eadem ratione centimanus Briareus juxta ipsum Jovem collocatur, & cum patre certat, quasi perfectum ejus robur perfecto numero exprimatur. Quin & Pindarus Thebanus cum Typhoëi cædem in illo triumphali carmine celebrat, & maximi hujus gigantis robur maximo Deorum regi attribuit, non alio nomine eum magnifice adeo commendat, quam quod gigantem centeno capite horrendum uno ictu afflixerit atque prostraverit: tanquam nullus alius gigas manum cum Jove conserere potuerit, nisi quem solum mater centum capitibus armarat, neque ullus Deus, præter Jovem, tanta victoria dignus esset. Simonides Poëta Lyricus, magnæ laudis loco Apollinem Ἑκατὸν appellat, & quasi hac una sacra nota ejus cognomen exornat, quod Pythonem serpentem centum sagittis, ut ait, confecerit: immo

A εἰς τὸ ἕτερον ἑρπύσῃ, ταῖς τῶν ἑκατοντάδων ἐπηγορίαις ἀεὶ τὸ ὅλον εἰς τὸ τῆς καταλήψεως ἄπειρον ἀναφέρουσα. Δοκεῖ δέ μοι καὶ Ὅμηρος οὐχ ἁπλῶς, οὐδὲ ἀργῶς, ἐν τοῖς ἔπεσι τὴν ἑκατοντάθυσανον αἰγίδα τῷ Διῒ περιθεῖναι, ἀλλά τινι κρείττονι καὶ ἀπορρήτῳ λόγῳ τοῦτ' αἰνίττεται λέγων, ὡς ἄρα τῷ τελειοτάτῳ Θεῷ τὸ τέλειον τῶν ἀριθμῶν περιάψειε, καὶ ᾧ μόνῳ B παρὰ τοὺς ἄλλους ἂν δικαιότερον κοσμοῖτο· ἢ ὅτι τὸν ξύμπαντα κόσμον, ὃν εἰς αἰγίδος σχῆμα τῷ τῆς εἰκόνος περιφερεῖ ξυνείληφεν, οὐκ ἄλλος πως, ἢ ὁ τῶν ἑκατὸν ἀριθμὸς περιγράφει, τῇ κατὰ κύκλον ἑκατοντάδι τὴν εἰς τὸ ὅλον τοῦ παντὸς κατανόησιν ἐφαρμόττων. Ὁ δ' αὐτὸς λόγος οὗτος καὶ τὸν ἑκατοντάχειρα τὸν Βριάρεων καθίζει πάρεδρον τῷ Διῒ, καὶ πρὸς τὴν τοῦ πα- C τρὸς ἁμιλλᾶσθαι συγχωρεῖ δύναμιν, οἷον ἐν τῷ τοῦ ἀριθμοῦ τελείῳ τὸ τέλειον αὐτῷ τῆς ἰσχύος ἀποδιδούς. καὶ μὴν καὶ Πίνδαρος ὁ Θηβαῖος τὴν ἀναίρεσιν τοῦ Τυφῶνος ἐν ἐπινικίοις κηρύττων, καὶ τοῦ μεγίστου τούτου γίγαντος κράτος τῷ μεγίστῳ βασιλεῖ τῶν θεῶν περιτιθεὶς, οὐχ ἑτέρωθεν αὐτῷ τῆς εὐφημίας κρατύνει τὴν ὑπερβολὴν, ἢ ὅτι τὸν γίγαντα τὸν ἑκατοντακέφαλον ἐνὶ βλήματι καθελὼν ἤρεισεν· ὡς οὔτε τινὸς ἄλλου εἰς χεῖρα τοῦ Διὸς ἐλθεῖν ἀντιμάχου γί- D γαντος νομισθέντος, ἢ ὃν ἡ μήτηρ μόνον τῶν ἄλλων ἑκατὸν κεφαλαῖς ὥπλισεν, οὔτε ἑτέρου τινὸς θεοῦ ἢ μόνου Διὸς ἀξιομαχωτέρου πρὸς ταύτην τοσούτου γίγαντος καθαίρεσιν ὄντος. Σιμωνίδῃ δὲ ἄρα τῷ μελικῷ πρὸς τὴν Ἀπόλλωνος εὐφημίαν ἀρκεῖ τὸν θεὸν Ἑκατὸν προσειπόντι, καὶ καθάπερ ἀντ' ἄλλου τινὸς ἱεροῦ γνωρίσματος αὐτοῦ τὴν ἐπωνυμίαν κοσμῆσαι, διότι τὸν Πύθωνα τὸν δράκοντα βέλεσιν ἑκατὸν, ὥς φησιν, ἐχειρώσατο· καὶ μᾶλλον αὐτὸν

Ἑκατὸν, ἢ Πύθιον χαίρει προσαγορευόμενος, οἷον κλήρου τινὸς ἐπωνυμίας συμβόλῳ προσφωνούμενος. Ἥγε μὴν τὸν Δία θρεψαμένη νῆσος ἡ Κρήτη, καθάπερ τροφεῖα τῆς Διὸς ὑποδοχῆς ἀντιλαβοῦσα, τῷ ἑκατὸν πόλεων ἀριθμῷ τετίμηται. καὶ Θήβας δὲ ἄρα τὰς ἑκατοντα πύλους, οὐκ ἄλλου τινὸς ἢ τούτου χάριν ἐπαινεῖ Ὅμηρος, διότι ταῖς πύλαις ταῖς ἑκατὸν κάλλος ἦν θαυμαστόν. Καὶ σιωπῶ θεῶν ἑκατόμβας, καὶ ναοὺς ἑκατοντα πέδους, καὶ βωμοὺς ἑκατοντα κρήπιδας, καὶ τοὺς ἑκατονταδόχους ἀνδρῶνας, καὶ τὰς ἀρούρας δὲ τὰς ἑκατοντα πλέθρους, καὶ ὅσα ἄλλα θεῖά τε καὶ ἀνθρώπινα τῇ τοῦ ἀριθμοῦ τοῦδε προσηγορίᾳ συνείληπται. Ὅγε μὴν ἀριθμὸς οὗτος οἶδε καὶ στρατιωτικὴν ὁμοῦ καὶ εἰρηνικὴν τάξιν κοσμῆσαι, καὶ φαιδρύνει τὴν ἑκατόνταρχον λοχαγίαν· τιμᾷ δὲ ἤδε καὶ δικαστῶν ἐς τὸ ἴσον ἥκουσαν ἐπωνυμίαν. Καί με καὶ πλείω τούτων ἔχοντα λέγειν, ὁ τῆς ἐπιστολῆς ἐπιστρέφει νόμος. σὺ δὲ ἀλλὰ συγγνώμην ἔχειν τοῦ λόγου, διότι καὶ ταῦτα πλείω τῶν ἱκανῶν εἴρηται. καὶ εἰ μὲν ἔχει μέτριον ὑπὸ σοὶ κριτῇ, καλὸν τὸ ἐγχείρημα πάντως καὶ πρὸς τοὺς ἄλλους ἐκφοιτᾶν ἔσται, τὴν παρὰ σοῦ ψῆφον τὴν μαρτυρίαν δεξάμενον· εἰ δὲ χειρὸς ἑτέρας προσδεῖται πρὸς τὸ τοῦ σκοποῦ συμπλήρωμα, τίς ἂν σοῦ καλλίων εἴη, τὴν γραφὴν εἰς κάλλος ἀκριβώσαντος, πρὸς τὴν τῆς θέας ἡδονὴν ἀπολαῦσαι;

magis ac sæpius se Ἑκατὸν, quam Pythium, appellari gaudet, quod illo cognomine tanquam hæreditatis alicujus titulo exornetur. Jam illa ipsa Jovis nutrix Creta, quasi Jovis educati & suscepti mercede, centum urbium numero ornata est. Thebas etiam ἑκατοντα πύλους nominat Homerus, propterea quod centum portis maxima esset dignitas ac pulchritudo. Taceo Deorum hecatombas, templa hecatompeda, aras centena basi, centenarios andronas, centijugera arva, & cætera divina aut humana, quæ hujus numeri appellatione continentur. Iste ipse numerus & belli & pacis ordines decorat, centurias militares exhilarat, judicum appellationem, quæ pari ratione continetur, honorat. Ac me quidem, cum plura possem dicere, lex epistolæ prohibet. Tu interea ignosces, quod plura etiam, quam satis est, diximus. Quod si judice te mediocritatem assecuta erit, bene est, ad alios etiam exire poterit, tui judicii testimonio freta; sin alterius manum desiderat, ut quod vult assequatur, quis te uno aptior fuerit ad eam ita exornandam, ut hominum oculis fruatur?

Ἰουλιανὸς Ἰουδαίων τῷ Κοινῷ.

JULIANUS JUDÆORUM NATIONI

κε.

XXV.

Πάνυ ὑμῖν φορτικώτεροι γεγένηνται ἐπὶ τῶν παρῳχηκότων καιρῶν, τῆς ζυγῶν τῆς δουλείας, τὸ δὴ διαγραφαῖς ἀκηρύκτοις ὑποτάττεσθαι ὑμᾶς, καὶ χρυσίου πλῆθος ἄφατον εἰσκομίζειν τοῖς τοῦ ταμείου λόγοις· ὧν

γρ. περιτ-τεῦθαι.

SUperiora tempora non tam vobis ob servitutem molesta fuere, quam quod tabulis injussu Principis emissis obnoxii essetis, immensumque aurum in ærarium inferretis. Quam rem ego magna

magna ex parte meis vidi oculis, tum multo magis ex ipsis tabellis, quæ contra vos asservabantur, perspexi. Quin & paratum jam iterum contra vos vectigal prohibui, & impietatem hanc detestabilem compressi, tabulasque incendi, quæ in meis scriniis ad vos opprimendos custodiebantur: ut nemini liceat deinceps tantæ impietatis rumorem in vos spargere. Neque sane harum injuriarum caussa Constantio fratri, viro memorabili, potius tribuenda videatur, quam nonnullis animo barbaris, & mente impiis, qui ejus mensa utebantur: quos ego manibus meis arreptos, atque in foveam conjectos perdidi, ut ne memoria quidem ulla de eorum interitu apud nos supersit. Ego vero cum longe majoribus beneficiis vos ornare vellem, fratrem Iulum, Patriarcham omni observantia dignum, hortatus sum, ut & tributum, quod *Apostolatus apud vos dicitur*, prohibeat, & nemini in posterum liceat vectigalia ejusmodi a vobis exigere: quo summa vobis securitas & otium sit in meo regno, & majore studio pro meo regno vota faciatis Deo optimo, & opifici, qui mihi dignatus est suis purissimis manibus coronam imponere. Solent namque qui solicitudine aliqua premuntur, mente constringi, neque tam confidenter manus ad Deum orandum tollere; at qui cura penitus vacui sunt, tota mente gaudent, & pro regno supplices manus ad Deum maximum porrigunt: in quo situm est, ut regnum nostrum in optimo statu versetur, sicut optamus. Id vos inprimis curare atque contendere debetis, quo & ipse Persico bello ex animi sententia

A ὧν πολλὰ μὲν αὐτοψεὶ ἐθεώρουν, πλείονα δὲ τούτων ἔμαθον, εὑρὼν τὰ βρέβια τὰ καθ' ὑμῶν φυλαττόμενα· ἔτι δὲ καὶ μέλλουσαν πάλιν εἰσφορὰν καθ' ὑμῶν προστάττεσθαι, εἶρξα, καὶ τὸ τῆς τοιαύτης δυσφημίας ἀσέβημα ἐνταῦθα ἐβιασάμην στῆσαι, καὶ πυρὶ παρέδωκα τὰ βρέβια τὰ καθ' ὑμῶν ἐν τοῖς ἐμοῖς σκρινίοις ἀποκείμενα· ὡς μηκέτι δύνασθαι καθ' ὑμῶν τινὰ
B τοιαύτην ἀκοντίζειν ἀσεβείας φήμην. Καὶ τούτων μὲν ὑμῖν οὐ τοσοῦτον αἴτιος καθέστη ὁ τῆς μνήμης ἄξιος Κωνστάντιος ὁ ἀδελφὸς, ὅσον οἱ τὴν γνώμην βάρβαροι, καὶ τὴν ψυχὴν ἄθεοι, οἱ τὴν τούτου τράπεζαν ἑστιώμενοι· οὓς μὲν ἐγὼ ἐν χερσὶν ἐμαῖς λαβόμενος, εἰς βόθρον ὤσας ὤλεσα, ὡς μήτε μνήμην ἔτι φέρεσθαι ἢ εἶναι παρ' ἡμῖν τῆς αὐτῶν ἀπωλείας. Ἐπὶ πλεῖον δὲ ὑμᾶς εὐωχεῖσθαι βουλόμενος, τὸν ἀδελ-
C φὸν Ἴουλον τὸν αἰδεσιμώτατον Πατριάρχην παρῄνεσα, καὶ τὴν λεγομένην εἶναι παρ' ὑμῖν ἀποστολὴν κωλυθῆναι, καὶ μηκέτι δύνασθαι τὰ πλήθη ὑμῶν τινὰ ἀδικεῖν τοιαύταις φόρων εἰσπράξεσιν, ὡς πανταχόθεν ὑμῖν τὸ ἀμέριμνον ὑπάρχειν τῆς ἐμῆς βασιλείας· ἵνα ἀπολαύοντες, ἔτι μείζονας εὐχὰς ποιῆτε τῆς ἐμῆς βασιλείας τῷ πάντων κρείττονι καὶ δημιουργῷ Θεῷ τῷ καταξιώσαντι στέψαι με τῇ ἀχράντῳ
D αὐτοῦ δεξιᾷ. Πέφυκε γὰρ τοὺς ἔν τινι μερίμνῃ ἐξεταζομένους πεπεδῆσθαι τὴν διάνοιαν, καὶ μὴ τοσοῦτον εἰς τὴν προσευχὴν τὰς χεῖρας ἀνατείνειν τολμᾶν· τοὺς δὲ πανταχόθεν ἔχοντας τὸ ἀμέριμνον, ὁλοκλήρῳ ψυχῇ χαίροντας, ὑπὲρ τοῦ βασιλείου ἱκετηρίους λατρείας ποιεῖσθαι τῷ μείζονι, τῷ δυναμένῳ κατευθῦναι τὴν βασιλείαν ἐπὶ τὰ κάλλιστα, καθάπερ προαιρούμεθα. Ὅπερ χρὴ ποιεῖν ὑμᾶς, ἵνα κἀγὼ τὸν τῶν Περσῶν πόλεμον διορθωσάμενος,

τὴν ἐκ πολλῶν ἐτῶν ἐπιθυμουμένην παρ᾽ ὑμῶν ἰδεῖν οἰκουμένην πόλιν ἁγίαν Ἱερουσαλὴμ, ἐμοῖς καμάτοις ἀνοικοδομήσας οἰκήσω, καὶ ἐν αὐτῇ δόξαν δώσω μεθ᾽ ὑμῶν τῷ κρείττονι.

A gesto, sanctam urbem Hierusalem, quam multos jam annos habitatam, videre desideratis, meis laboribus refectam incolam, & una vobiscum in ea optimo Deo gratias agam.

Ἰουλιανοῦ νόμος περὶ τῶν ἰατρῶν.

Τὴν ἰατρικὴν ἐπιστήμην σωτηριώδη τοῖς ἀνθρώποις τυγχάνειν, τὸ ἐναργὲς τῆς χρείας μαρτυρεῖ. διὸ καὶ ταύτην ἐξ οὐρανοῦ πεφοιτηκέναι δικαίως φιλοσόφων παῖδες κηρύττουσι. Τὸ γὰρ ἀσθενὲς τῆς ἡμετέρας φύσεως, καὶ τὰ τῶν ἐπισυμβαινόντων ἀρρωστημάτων ἐπανορθοῦται διὰ ταύτης. καὶ γὰρ κατὰ τὸν τοῦ δικαίου λογισμὸν, συνῳδὰ τοῖς ἄνωθεν βασιλεῦσι θεσπίζοντες, ἡμετέρᾳ φιλανθρωπίᾳ κελεύομεν, τῶν βουλευτικῶν λειτουργημάτων ἀνενοχλήτους ὑμᾶς τοὺς λοιποὺς χρόνους διάγειν.

Vel f. τὰ δὲ ἀρρωστήματα ἐπανορθοῦνται

JULIANI LEX DE MEDICIS.

B Artem medicam hominibus salutarem esse, usus ipse demonstrat. Quare eam e cœlo delapsam non immerito Philosophi prædicant. Etenim naturæ nostræ infirmitas, & valetudinis offensiones, quæ quotidie incidunt, per hanc corriguntur. Quamobrem sicut æquitatis ratio postulat, nos superiorum Regum auctoritatem & vocem secuti, pro nostra humanitate jubemus vos senatoriis muneribus liberos in posterum vivere.

C

Ἀλεξανδρεῦσι διάταγμα.

κϛ.

Ἐχρῆν τὸν ἐξελαθέντα βασιλικοῖς πολλοῖς πάνυ, καὶ πολλῶν αὐτοκρατόρων προστάγμασιν, ἓν γοῦν ἐπίταγμα περιμεῖναι βασιλικὸν, εἶθ᾽ οὕτως εἰς τὴν ἑαυτοῦ κατιέναι, ἀλλὰ μὴ τόλμῃ μηδ᾽ ἀπονοίᾳ χρησάμενον, ὥσπερ οὐκ ὄντων ἐνυβρίζειν τοῖς νόμοις. Ἐπεί τοι καὶ τὸ νῦν ὑφ᾽ ἡμῶν τοῖς Γαλιλαίοις τοῖς φυγαδευθεῖσιν ὑπὸ τοῦ μακαρίτου Κωνσταντίου, οὐ κάθοδον εἰς τὰς ἐκκλησίας αὐτῶν, ἀλλ᾽ εἰς τὰς πατρίδας συνεχωρήσαμεν. Ἀθανάσιον δὲ πυνθάνομαι τὸν τολμηρότατον ὑπὸ τοῦ συνήθους ἐπαρθέντα θράσους, ἀντιλαβέσθαι τοῦ λεγομένου παρ᾽ αὐτοῖς ἐπισκοπῆς θρόνου. τοῦτο δὲ εἶναι καὶ τῷ θεοσεβεῖ τῶν Ἀλεξανδρέων δήμῳ οὐ

Vel f. οὐχ ὡς. Vel f. Κωνσταντίου. Vel f. ἀλλ᾽ εἰ τὰς ἑαυτῶν

EDICTUM AD ALEXANDRINOS.

XXVI.

Æquum erat, eum, qui regiis & imperatoriis edictis compluribus ejectus fuerat, unum saltem edictum regium expectare, ac tum denique domum suam redire; non autem singulari audacia atque amentia fretum, legibus tanquam omnino extinctis ac perditis illudere. D Etenim nunc quoque nos Galilæis a Constantio ejectis, non reditum ad suas Ecclesias, sed in patriam cuique suam concessimus. Audio Athanasium, hominem audacissimum, solita audacia elatum, Episcopatus sedem, ut ipsi appellant, iterum usurpare: id vero non mediocriter Alexandrino populo displicere.

cere. A Quare cum jubemus urbe excedere, eo ipso die quo humanitatis nostræ litteras acceperit. Quod si in urbe manserit, longe majores gravioresque ei pœnas denunciamus.

μετρίοις ἀηδές. Ὅθεν αὐτῷ προαγορεύομεν ἀπιέναι τῆς πόλεως, ἐξ ἧς ἂν ἡμέρας τὰ τῆς ἡμετέρας ἡμερότητος γράμματα δέξηται παραχρῆμα· μένοντι δ' αὐτῷ τῆς πόλεως εἴσω, μείζους πολὺ καὶ χαλεπωτέρας προαγορεύομεν τιμωρίας.

JULIANUS LIBANIO, SOPHISTÆ & Quæstori.

B

XXVII.

AD Litarbos veni, (quod oppidum est in Chalcide) & casu incidi in viam quandam, quæ reliquias adhuc Antiochensium hybernorum habebat. Erat autem, sicut opinor, illius pars una palus, altera mons, tota certe aspera: ad paludem erant lapides, tanquam de industria disjecti, nulla arte compositi, quo- C modo in cæteris urbibus viæ tanquam ædificari solent, loco pulveris multo limo ac lapidibus, sicut in pariete, collocatis. Hoc itineris spatio confecto, vix tandem ad primum diversorium pervenimus: (quod fuit hora fere nona) cum ecce Senatus vestri maxima pars ad nos venit. Ac ibi quæ simus inter nos collocuti, forsasse accepisti: & ex nobis ipsis aliquando, si Diis placuerit, cognosces. Litarbis D deinde ad Berrhœam veni: & Juppiter, clarissimo ostento, læta omnia denunciavit. Commoratus autem ibi diem unum, arcem invisi, & Jovi, regio more, taurum candidum sacrificavi. Cum Senatu autem pauca de religione disserui. Et laudarunt quidem omnes orationem meam; pauci vero admodum assensere: atque isti ipsi erant, quos ante meam orationem sanos esse arbitrabar; postea ta-

Ἰουλιανὸς Λιβανίῳ, Σοφιστῇ καὶ Κοιαίστωρι.

κζ.

ΜΕχρι τῶν Λιτάρβων ἦλθον· ἔστι δὲ ἡ κώμη Χαλκίδος· καὶ ἐνέτυχον ὁδῷ λείψανα ἐχούσῃ χειμαδίων Ἀντιοχικῶν. ἦν δὲ αὐτῆς, οἶμαι, τὸ μὲν τέλμα, τὸ δὲ ὄρος, τραχεῖα δὲ πᾶσα· καὶ ἐνέκειντο τῷ τέλματι λίθοι, ὥσπερ ἐπίτηδες ἐῤῥιμμένοις ἐοικότες, ὑπ' οὐδεμιᾷ τέχνῃ συγκείμενοι, ὃν τρόπον εἰώθασιν ἐν ταῖς ἄλλαις πόλεσι τὰς λεωφόρους οἱ ἐξοικοδομοῦντες ποιεῖν, ἀντὶ μὲν τῆς κονίας πολλὴν τὸν χοῦν ἐποικοδομοῦντες, πυκνοὺς δὲ ὥσπερ ἐν τοίχῳ τιθέντες τοὺς λίθους. Ἐπεὶ δὲ διαβὰς μόλις ἦλθον εἰς τὸν πρῶτον σταθμόν· ἐννάτη που σχεδὸν ἦσαν ὧραι· καὶ ἐδεξάμην εἴσω τῆς αὐλῆς τὸ πλεῖστον τῆς παρ' ὑμῖν βουλῆς. ἃ δὲ διελέχθημεν πρὸς ἀλλήλους, ἴσως ἐπύθου. μάθοις δ' ἂν καὶ ὑμῶν ἀκούσας, εἰ θεοὶ θέλοιεν. Ἀπὸ τῶν Λιτάρβων εἰς τὴν Βέῤῥοιαν ἐπορευόμην, καὶ ὁ Ζεὺς αἴσια πάντα ἐσήμηνεν, ἐναργῆ δείξας τὴν διοσημείαν. ἐπιμείνας δὲ ἡμέραν ἐκεῖ, τὴν ἀκρόπολιν εἶδον, καὶ ἔθυσα τῷ Διῒ βασιλικῶς ταῦρον λευκόν. Διελέχθην δὲ ὀλίγα τῇ βουλῇ περὶ θεοσεβείας. ἀλλὰ τοὺς λόγους ἐπῄνουν μὲν ἅπαντες· ἐπείσθησαν δὲ αὐτοῖς ὀλίγοι πάνυ. καὶ οὗτοι, οἳ καὶ πρὸ τῶν ἐμῶν λόγων ἐδόκουν ἔχειν ὑγιῶς· ἔλαβον δὲ δὲ ὥσπερ παρρησίας ἀποξύρασθαι τὴν αἰδῶ καὶ ἀποθέσθαι. Περίεστι γάρ, ὦ θεοί, τοῖς ἀνθρώποις ἐπὶ μὲν τοῖς καλοῖς ἐρυθριᾷν, ἀνδρείᾳ ψυχῆς καὶ εὐσεβείᾳ, καλλωπίζεσθαι δὲ ὥσπερ τοῖς χειρίστοις ἱεροσυλίᾳ, καὶ μαλακίᾳ γνώμης καὶ σώματος. Ἔνθεν ὑποδέχονταί με Βάτναι, χωρίον οἷον παρ' ὑμῖν οὐκ εἶδον ἔξω τῆς Δάφνης, ἣ νῦν ἔοικε ταῖς Βάτναις· ὡς τάγε πρὸ μικροῦ, σωζομένου τοῦ νεὼ καὶ τοῦ ἀγάλματος, Ὄσσῃ, καὶ Πηλίῳ, καὶ ταῖς Ὀλύμπου κορυφαῖς, καὶ τοῖς Θετταλικοῖς Τέμπεσιν ἄγαν ἐπίσης, ἢ καὶ προτιμῶν ἁπάντων ὁμοῦ τὴν Δάφνην οὐκ ᾐσχυνόμην. ἱερὸν Διὸς Ὀλυμπίου, καὶ Ἀπόλλωνος Πυθίου τὸ χωρίον. Ἀλλ' ἐπὶ μὲν τῇ Δάφνῃ γέγραπταί σοι λόγος, ὁποῖον ἄλλος οὐδὲ εἷς τῶν οἷοι νῦν βροτοί εἰσι, καὶ μάλα ἐπιχειρήσας ἂν καμών, ἐργάσαιτο· νομίζω δὲ καὶ τῶν ἔμπροσθεν οὐ πολλοὺς πάνυ. τί οὖν ἐγὼ νῦν ἐπιχειρῶ περὶ αὐτῆς γράφειν, οὕτω λαμπρᾶς ἐπ' αὐτῇ συγγεγραμμένης; ὡς μήποτε ὤφελε τοῦτον. Αἵγε μὲν Βάτναι· βαρβαρικὸν ὄνομα τοῦτο, χωρίον ἐστὶν Ἑλληνικόν· πρῶτον μὲν ὅτι δι' ἁπάσης τῆς πέριξ χώρας ἀτμοὶ λιβανωτοῦ πανταχόθεν ἦσαν, ἱερεῖά τε ἐβλέπομεν εὐτρεπῆ πανταχοῦ. τοῦτο μὲν οὖν εἰ καὶ λίαν εὔφρανέ με, θερμότερον ὅμως ἐδόκει, καὶ τῆς εἰς τοὺς θεοὺς εὐσεβείας ἀλλότριον. Ἐκτὸς πάτου γὰρ εἶναι χρή, καὶ δρᾶσθαι καθ' ἡσυχίαν ἐπ' αὐτὸ τοῦτο πορευομένων, οὐκ ἐπ' ἄλλο τι βαδιζόντων τὰ πρὸς τοὺς θεοὺς ἱερεῖά τε καὶ ὅσια. τοῦτο μὲν οὖν ἴσως τεύξεται τῆς ἁρμοζούσης ἐπιμελείας αὐτίκα. τὰς Βάτνας δὲ ἑώρων πεδίον λάσιον, ἄλση κυπαρίττων ἔχον νέων. καὶ ἦν ἐν ταύταις οὐδὲν γεράνδρυον, οὐδὲ σαπρόν, ἀλλὰ ἐξ ἴσης ἅπαντα θάλλοντα τῇ κόμῃ. καὶ τὰ βασίλεια πο-

A men quasi licentia arrepta, omnem pudorem excusserunt ac deposuerunt. Erubescunt enim homines vehementer (o Dii immortales!) in rebus honestis, ut fortitudine animi ac pietate; in turpissimis exultant, ut in sacrilegio & corporis animique ignavia. Inde me Batnæ excipiunt, locus qualem nullum unquam vidi extra Daphnem, quæ nunc Batnis
B consertur, cum antea salvis templo & simulacro, non solum Ossæ, Pelio, Olympo, & Thessalicis vallibus eam æquare, verum etiam anteferre omnibus non vererer: ergo locus, quem dixi, Jovi Olympio, & Pythio Apollini sacer est. Sed de Daphne scripta est a te oratio, qualem nemo alius eorum, qui nunc vivunt, hominum, quamvis maxime contenderet, possit perficere: veterum autem non multos perfecturos
C fuisse existimo. Quid igitur ego de ea nunc scribam, cum tua tam luculenta extet oratio? Absit ut quicquam tale cogitem. Igitur Batnæ (nomen est istud barbarum, *locus autem Græcus*) primum quod thuris odor ex omni parte regionis circumspirabat, & victimas in omnibus locis apparatas cernebamus: id, inquam, etsi multum mihi voluptatis afferebat, tamen calidius videbatur, & a religione alienum. Etenim procul a tumultu &
D strepitu sacra fieri debent, neque aliud quippiam quærendum, nisi ut victimæ & sacra Diis apportentur. Verum istud fortasse brevi corrigetur. Batnas vero videbam esse agrum sylvosum, nemoribus tenerarum cupressorum ornatum. Et in his nulla erat arbor annosa, nulla putris, sed omnes pariter coma florebant. Regia domus non

erat

A erat sumtuosa: e luto enim & lignis tantum erat, nullam ornatus varietatem habebat. Hortus illo Alcinoi pauperior, similis Laërtio: nemus erat in eo perexiguum, cupressis refertum: juxta murum plurimæ arbores ordine ac deinceps insitæ: in medio areæ, & in his olera, atque arbores, quæ omnis generis fructus afferrent. Quid tum illic? sacrificavi vesperi, & postridie summo mane,
B quod studiose singulis diebus facere consuevi. Cumque læta ac præclara essent sacra, ad urbem contendimus. Ibi nobis a civibus itum est obviam, & nos domum suam excepit amicus quidam, quem tum primum fere videramus, sed multo ante tempore amabamus. Caussam quidem notam tibi esse scio, tamen non est mihi molestum explicare: nectar enim mihi est, de illis semper & audire & dicere. Jamblichi divinissimi alumnus fuit So-
C pater, hujus affinis cum vixit. Mihi enim res illorum virorum omnes non amare, scelus omnium maximum videtur. Sed est alia quoque major caussa. Hic cum persæpe patruelem meum & fratrem germanum hospitio accepisset, & ab iis magnopere, ut par fuit, solicitaretur, ut a Diis deficeret; nunquam tamen (quod grave & magnum est) in eum morbum lapsus est. Hæc habui, quæ ex Hierapoli
D ad te de rebus meis scriberem. Quod ad bellicas & civiles res attinet, ipse tu præsens de iis debes cognoscere: major enim res est, quam ut epistola comprehendi possit, immo ne tribus quidem epistolis, si accurate perscribatur. Veruntamen narrabo tibi, idque breviter. Legatos misi ad Saracenos, & ut veniant, si velint, commonefacio. Hoc primum caput est. Alterum,

A λυτελῆ μὲν ἥκιστα· πηλὸς γὰρ ἦν μόνον καὶ ξύλον, οὐδὲν ποικίλον ἔχοντα. κῆπον δὲ τοῦ μὲν Ἀλκινόου καταδεέστερον, παραπλήσιον δὲ τῷ Λαέρτου· καὶ ἐν αὐτῷ μικρὸν ἄλσος πάνυ, κισαρίττων* μεστόν. καὶ τῷ τοίχῳ δὲ πολλὰ τοιαῦτα παραπεφυτευμένα δένδρα στίχῳ, καὶ ἐφεξῆς. εἶτα τὸ μέσον πρασιαί, καὶ ἐν ταύταις λάχανα, καὶ δένδρα παντοίας ὀπώρας φέροντα.
B Τί οὖν ἐνταῦθα; ἔθυσα δείλης, εἶτ' ὄρθρου βαθέος, ὅπερ εἴωθα ποιεῖν ἐπιεικῶς ἑκάστης ἡμέρας. Ἐπεὶ δὲ ἦν καλὰ τὰ ἱερά, τῆς πόλεως εἰχόμεθα, καὶ ὑπαντῶσιν ἡμῖν οἱ πολῖται, καὶ ὑποδέχεταί με ξένος, ὀφθεὶς μὲν ἄρτι, φιλούμενος δὲ ὑπ' ἐμοῦ πάλαι. τὴν δὲ αἰτίαν, αὐτὸς μὲν οἶδα ὅτι συνειδὼς, ἐμοὶ δὲ ἡδὺ καὶ ἄλλως φράσαι. τὸ γὰρ ἀεὶ περὶ αὐτῶν ἀκούειν καὶ λέγειν, ἐστί μοι νέκταρ. Ἰαμβλίχου τοῦ θειοτάτου τὸ θρέμμα Σώπατρος, τού-
C του κηδεστὴς ἐξ ὅσου· ἐμοὶ γὰρ τὸ μὴ πάντα ἐκείνων τῶν ἀνδρῶν ἀγαπᾶν, ἀδικημάτων οὐδὲν οὕτω φαυλότατον εἶναι δοκεῖ. πρόσεστι ταύτης αἰτία μείζων. ὑποδεξάμενος γὰρ πολλάκις τόν τε ἀνεψιὸν τὸν ἐμὸν, καὶ τὸν ὁμοπάτριον ἀδελφὸν, καὶ προτραπεὶς ὑπ' αὐτῶν, οἷα εἰκὸς, πολλάκις ἀποστῆναι τῆς εἰς θεοὺς εὐσεβείας, ὃ χαλεπόν ἐστιν, οὐκ ἐλήφθη τῇ νόσῳ. Ταῦτα εἶχον ἀπὸ τῆς Ἱεραπόλεώς σοι γράφειν, ὑπὲρ τῶν
D ἐμαυτοῦ. τὰς δὲ στρατιωτικὰς ἢ πολιτικὰς οἰκονομίας, αὐτὸν ἐχρῆν, οἶμαι, παρόντα ἐφορᾶν καὶ ἐπιμελεῖσθαι. μεῖζον γάρ ἐστιν ἢ κατ' ἐπιστολὴν, ἵν' εἰδῇς, καὶ τοσοῦτον ὅσον οὐ ῥᾴδιον οὐδὲ τριπλάσια τούτου περιλαβεῖν, σκοποῦντι τ' ἀκριβές. ἐπεὶ καὶ φαίην δέ σοι, καὶ ταῦτα φράσω δι' ὀλίγων. Πρὸς τοὺς Σαρακηνοὺς ἔπεμψα πρέσβεις, ὑπομνήσοντας αὐτοὺς ἥκειν, εἰ βούλοιντο. ἓν μὲν δὴ τοιοῦτο. ἕτερον δὲ,

* γρ. [illegible]

λίαν ἐγρηγορότας, ὡς ἐνεδέχετο, τοὺς παραφυλάξοντας ἐξέπεμψα, μήτις ἐνθένδε πρὸς τοὺς πολεμίους ἐξέλθῃ λαθὼν, ἐσόμενος αὐτοῖς ὡς κεκινήμεθα μηνυτής. ἐκεῖθεν ἐδίκασα δίκην στρατιωτικὴν, ὡς ἐμαυτὸν πείθω, πρᾳότατα καὶ δικαιότατα. ἵππους περιττοὺς καὶ ἡμιόνους παρεσκεύασα, τὸ στρατόπεδον εἰς ταυτὸ συναγαγών· ναῦς πληροῦνται ποταμίαι πυροῦ, μᾶλλον δὲ ἄρτων ξηρῶν καὶ ὄξους. καὶ τούτων ἕκαστον ὅπως ἐπράχθη, καὶ τίνες ἐφ' ἑκάστῳ γεγόνασι λόγοι, πόσου μήκους ἐστὶ συγγραφὴ, ἐννοεῖς. ἐπιστολαῖς δὲ ὅσαις ὑπέγραψα, καὶ βίβλοις ἑπόμενα ὥσπερ αἴσιά μοι· καὶ ταῦτα συμπεριπορεύεται πανταχοῦ· τί δεῖ νῦν πράγματα ἔχειν ἀπαριθμούμενον;

exploratores misi, quoad licuit, vigilantissimos, ne quis hinc tacitus ad eos veniat, certioresque faciat nos commoveri. Inde controversiam militarem, ut mihi persuadeo, summa lenitate æquitateque disceptavi: equos eximios & mulos comparavi: copias in unum coëgi: naves fluviatiles implentur frumento, vel potius pane cocto atque aceto: quorum unumquodque quomodo gestum fuerit, qui sermones habiti sint, exponere, quam longæ sit epistolæ, non ignoras. Quam vero multis & litteris & libris mandarim ea, quæ mihi tanquam læta auspicia eveniunt, (circumferuntur autem nobiscum) quid opus est fastidiose ac moleste recensere?

Ἰουλιανὸς Γρηγορίῳ ἡγεμόνι.

κη.

Ἐμοὶ καὶ γράμμα παρά σου μικρὸν, ἀρκεῖ μεγάλης ἡδονῆς πρόφασιν μνηστεῦσαι. καὶ τοίνυν οἷς ἔγραψας λίαν ἡσθεὶς, ἀντιδίδωμι καὶ αὐτὸς τὴν ἴσην· οὐ τῷ τῶν ἐπιστολῶν μήκει μᾶλλον, ἢ τῷ τῆς εὐνοίας μεγέθει τὰς τῶν ἑταίρων φιλίας αὔξεσθαι δεῖν κρίνων.

Forf. ἄγαν

Forf. ἑταίρων

JULIANUS GREGORIO Duci.

XXVIII.

Mihi sane vel exigua abs te epistola sufficit ad magnæ voluptatis occasionem capiendam. Ego vero iis, quæ scripsisti, plurimum lætatus, parem gratiam refero: neque tam epistolæ prolixitate, quam benevolentiæ magnitudine, amicorum charitatem amplificandam esse judico.

Ἰουλιανὸς Ἀλυπίῳ ἀδελφῷ Καισαρίου.

κθ.

Herodot. Lib. III. cap. 140.

Ὁ Συλοσῶν ἀπῆλθε, φησὶ, παρὰ τὸν Δαρεῖον, καὶ ὑπέμνησεν αὐτὸν τῆς χλανίδος, καὶ ᾔτησεν ἀντ' ἐκείνης παρ' αὐτοῦ τὴν Σάμον· εἶτα ἐπὶ τούτῳ Δαρεῖος μὲν ἐμεγαλοφρόνει, μεγάλα ἀντὶ μικρῶν νομίζων ἀποδεδωκέναι· Συλοσῶν δὲ λυπηρὰν ἐλάμβανε χάριν. σκόπει δὴ τὰ ἡμέτερα νῦν

JULIANUS ALYPIO Cæsarii fratri.

XXIX.

Syloson (ait ille) ad Darium venit, ac pallium ei commemoravit, & petiit pro eo Samum: postea Darius magnopere sibi placebat, putans se magna pro parvis retulisse: Syloson tamen triste beneficium accepit. Confer nunc nostra cum

cum illis. Primum quidem una in te nos multo melius: quandoquidem non expectavimus, dum ab altero admoneremur; sed in tanto tempore amicitiam erga te perpetuam sanctamque servavimus: deinde cum primum nobis oblata est a Deo facultas, non inter secundos, sed inter primos te amicos appellavi. Ergo hoc primum. De futuris autem dasne mihi ut auguren? (sum enim augur) longe melius expecto, modo sit propitia Adrastia. Neque enim tibi opus est rege, qui te in evertenda urbe aliqua suis viribus juvet: & mihi multis sane opus est, qui me adjuvent ad ea restituenda, quæ male ceciderе. Hæc tecum Musa Gallica & barbara jocatur. Tu vero interea Diis ducibus venies: ad manum tibi erit præda hœdorum & ovium, quæ in hybernis venatio est. Veni ad amicum, qui te jam tum, antequam nossem quantus esses, tamen complexus sum.

A πρὸς ἐκεῖνα. ἓν μὲν δὴ τὸ πρῶτον οἶμαι κρεῖττον ἔργον ἡμέτερον· οὐ γὰρ ὑπεμείναμεν ὑπομνησθῆναι παρ' ἄλλου. τοσούτῳ δὲ χρόνῳ τὴν μνήμην τῆς τῆς φιλίας διαφυλάξαντες ἀκέραιον, ἐπειδὴ πρῶτον ἡμῖν ἔδωκεν ὁ θεός, οὐκ ἐν δευτέροις, ἀλλ' ἐν τοῖς πρώτοις σε μετεκάλεσα. Τὰ μὲν οὖν πρῶτα τοιαῦτα. Περὶ δὲ τῶν μελλόντων, ἀρά μοι δώσεις τι (καὶ γὰρ εἰμὶ μαντικός) προαγορεῦσαι; μακρῷ νομίζω B κρεῖττον ἐκείνων. Ἀδράστεια δ' εὐμενὴς εἴη. Σοί τε γὰρ οὐδὲν δεῖ συγκαταστρεφομένου τὴν πόλιν βασιλέως· ἐγώ τε πολλῶν δέομαι τῶν συνεπανορθούντων μοι τὰ πεπτωκότα κακῶς. Ταῦτά σοι Γαλλικὴ καὶ βάρβαρος Μοῦσα προσπαίζει. σὺ δὲ ὑπὸ τῇ τῶν θεῶν πομπῇ χαίρων ἀφίκοιο. καὶ τῇ αὐτῇ χειρὶ λαγὼς ἐρίφων, καὶ τῆς ἐν τοῖς χειμαδίοις θήρας τῶν προβατίων· ἧκε πρὸς τὸν φίλον, ὅς σε τότε καίπερ οὔπω γινώσκων ὅσος εἶ δυνάμεως, ὅμως C περιεῖχον.

Julianus Eidem.

XXX.

JAM eram morbo liberatus, cum Geographiam misisti; non tamen propterea minus grata mihi fuit tabella abs te missa: sunt enim in ea tum descriptiones prioribus meliores, tum jambi, quibus eam exornasti: non illi quidem bellum sonantes Bupalium, ut ait Poëta Cyrenæus, sed quales pulchra Sappho solet hymnis suis intexere. Denique munus tuum est ejusmodi, ut & te fortasse sit dignum, & mihi sane quam gratissimum. De republicæ autem administratione, quod diligenter atque humaniter transigere omnia studes, gratum

Ἰυλιανὸς τῷ αὐτῷ.

λ.

Ἤδη μὲν ἐτύγχανον ἀνειμένος τῆς νόσου, τὴν γεωγραφίαν ὅτε ἀπέστειλας. οὐ μὴν ἔλαττον διὰ τοῦτο ἡδέως ἐδεξάμην τὸ παρὰ σοῦ πινάκιον ἀποσταλέν. ἔχει γὰρ καὶ τὰ διαγράμ- D ματα τῶν πρόσθεν βελτίω, καὶ κατεμούσωσας αὐτό, προσθεὶς τοὺς ἰάμβους, οὐ μάχην ἀείδοντας τὴν Βουπάλειον, κατὰ τὸν Κυρηναῖον ποιητήν, ἀλλ' οἵους ἡ καλὴ Σαπφὼ βούλεται τοῖς ὕμνοις ἁρμόττειν. καὶ τὸ μὲν δῶρον τοιοῦτόν ἐστιν, ὁποῖον ἴσως σοί τε ἔπρεπε δοῦναι, ἐμοί τε ἥδιστον δέξασθαι. Περὶ δὲ τὴν διοίκησιν τῶν πραγμάτων, ὅτι δραστηρίως ἅμα καὶ πράως ἅπαντα περαίνειν προθυμῇ, συνηδόμεθα.

 μίξαι

μῖξαι γὰρ πρᾳότητα καὶ σωφροσύνην ἀνδρείᾳ καὶ ῥώμῃ, καὶ τῇ μὲν χρῆσθαι πρὸς τοὺς ἐπιεικεστάτους, τῇ δὲ ἐπὶ τῶν πονηρῶν ἀπαραιτήτως πρὸς ἐπανόρθωσιν, οὐ μικρᾶς ἐστι φύσεως, οὐδ' ἀρετῆς ἔργον, ὡς ἐμαυτὸν πείθω. Τούτων εὐχόμεθά σε τῶν σκοπῶν ἐχόμενον, ἄμφω πρὸς ἓν τὸ καλὸν αὐτοὺς συναρμόσαι. τοῦτο γὰρ ἁπάσας προκεῖσθαι ταῖς ἀρεταῖς τέλος, οὐκ εἰκῆ τῶν παλαιῶν ἐπίστευον οἱ λογιώτατοι. Ἐρρωμένος καὶ εὐδαιμονῶν διατελοίης ἐπὶ μήκιστον, ἀδελφὲ ποθεινότατε καὶ φιλικώτατε.

Vel. χρῆσθαι

A est. Etenim lenitatem ac moderationem cum fortitudine & robore ita temperare, ut illa erga bonos viros utare, hanc ad pravos severe corrigendos adhibeas, non mediocris ingenii ac virtutis rem esse arbitror. Hos fines tibi propositos esse, & ad honestatem unicam referri cupio. Extremum siquidem virtutum omnium illud esse, non sine caussa veterum sapientissimi crediderunt. B Vale, & quam longissime beatus vive, frater suavissime & charissime.

Ἰουλιανὸς Ἀετίῳ Ἐπισκόπῳ.

λα.

ΛΟιποῖς μὲν ἅπασι τοῖς ὁπωσοῦν ὑπὸ τοῦ μακαρίτου Κωνσταντίου πεφυγαδευμένοις ἕνεκεν τῆς τῶν Γαλιλαίων ἀπονοίας, ἀνῆκα τὴν φυγήν· σὲ δὲ οὐκ ἀνίημι μόνον, ἀλλὰ γὰρ καὶ παλαιᾶς γνώσεώς τε καὶ συνηθείας μεμνημένος, ἀφικέσθαι προτρέπω μέχρις ἡμῶν. χρήσῃ δὲ ὀχήματι δημοσίῳ μέχρι τοῦ στρατοπέδου τοῦ ἐμοῦ, καὶ ἑνὶ παρίππῳ.

JULIANUS AETIO EPISCOPO.

XXXI.

CÆteris omnibus, qui a Constantio vita defuncto ejecti patria fuerant, C propter amentiam Galilæorum, exilium condonavi: te autem non solum ea pœna libero, verum etiam memor pristinæ *consuetudinis* atque amicitiæ nostræ, hortor ut ad nos venias. Uteris autem vehiculo publico usque ad nostram cohortem, & uno parhippo.

Ἰουλιανὸς Λουκιανῷ σοφιστῇ.

λβ.

Vel. καὶ γράφω.

ΓΡάφω, καὶ ἀντιτυχεῖν ἀξιῶ τῶν ἴσων. εἰ δὲ ἀδικῶ συνεχῶς ἐπιστέλλων, ἀνταδικηθῆναι δέομαι τῶν ὁμοίων παθῶν.

JULIANUS LUCIANO SOPHISTÆ.

XXXII.

D SCribo, & litteras vicissim expecto. Quod si tam crebris litteris tibi injuriam facio, tu mihi vicissim parem injuriam reponito.

Ἰουλιανὸς Δοσιθέῳ.

λγ.

Rom. ἐκφέρειν

ΜΙκροῦ μοι ἐπῆλθε δακρῦσαι· καί τοιγε ἐχρῆν ἐφ' ἡμῶν τοὔνομα

JULIANUS DOSITHEO.

XXXIII.

VIx potui lacrymas continere; & merito, cum apud nos tuum nomen

men appellari audivissem. Commovebat A enim mihi memoriam nobilis illius & omnibus modis admirandi patris nostri: quem si imitari voles, & ipse felix eris, & vitam tuam, sicut ille, amabilem efficies; sin ignavus fueris, tum mihi dolorem affectes, tum te tibi detrimento fuisse in perpetuum dolebis.

τὸ σὸν φθεγγόμενον. ἀνεμνήσθην γὰρ τοῦ γενναίου, καὶ πάντα θαυμασίου πατρὸς ἡμῶν· ὃν εἰ μὲν ζηλώσεις, καὶ αὐτός τε εὐδαίμων ἔσῃ, καὶ τῷ βίῳ δώσεις, ὥσπερ ἐκεῖνος, ἐφ' ὅτῳ φιλοτιμήσεται. ῥαθυμήσας δὲ, λυπήσεις ἐμὲ, σαυτῷ δὲ" ὅτι μηδὲν ὄφελος, μέμψῃ. Bon. ἐπὶ

JULIANUS JAMBLICHO Philosopho.

Ἰουλιανὸς Ἰαμβλίχῳ Φιλοσόφῳ.

B

XXXIV.

λδ.

ULyssi satis fuit ad filii de ipso opinionem coercendum dicere:

Non sum de superis: quid me immortalibus aequas?

At ego ne hominem quidem esse me dicere ausim, ut est in proverbio, quamdiu absum ab Jamblicho: veruntamen ejus studiosum cupidumque esse me concedam, sicut ille pater Telemachi. Quamvis enim indignum me aliquis forasse dixerit, attamen non propterea me a tui amore abstrahet. Nam & multos egregiarum statuarum amatores fuisse audio, qui non solum artificis laudi nihil obfuerint, verum etiam suo erga illas amore veram vivamque voluptatem operi addiderint. Quod autem me veteribus illis sapientibus ludens adscribis, tantum me ab iis abesse sentio, quantum *te ipsum eorum esse consortem, certus sum.* Tu vero non solum Pindarum, aut Democritum, aut Orpheum illum antiquissimum, sed omnes omnino Græciæ philosophos, qui in eo genere floruisse memorantur, tanquam in lyræ variis e sonis concentu ad perfectam musicam conjunxisti. Atque

ὈΔυσσεῖ μὲν ἐξήρκει τοῦ παιδὸς τὴν ἐφ' αὐτῷ φαντασίαν ἀναστέλλοντι, λέγειν,

Οὔτις τοι θεός εἰμι· τί μ' ἀθανάτοισιν ἐΐσκεις; Odyss. π. v. 187.

Ἐγὼ δὲ οὐδ'," ἂν ἄνθρωπον εἶναι φαίην ἂν, ὡς ὁ λόγος, ἕως ἂν Ἰαμβλίχῳ μὴ συνῶ. ἀλλ' ἐραστής μὲν" εἶναι ὁμολογῶ, καθάπερ ἐκεῖνος τοῦ Τηλεμάχου" πατήρ. κἂν γὰρ ἀνάξιόν με λέγῃ τις, οὐδὲ οὕτω τοῦ πόθου ἀφαιρήσεται. ἐπεὶ καὶ ἀγαλμάτων καλῶν ἀκούω πολλοὺς ἐραστὰς γενέσθαι, μὴ μόνον τοῦ δημιουργοῦ τὴν τέχνην μὴ βλάψαντας, ἀλλὰ καὶ τῷ περὶ αὐτὰ πάθει τὴν ἔμψυχον ἡδονὴν τῷ ἔργῳ προστιθέντας. Τῶν γε μὴν παλαιῶν καὶ σοφῶν ἀνδρῶν, οἷς ἡμᾶς ἐγκρίνειν ἐθέλεις παίζων, τοσοῦτον ἀπέχειν φαίην, ὁπόσον αὐτῷ σοι τῶν αὐτῶν μετεῖναι πιστεύω. Καίτοι σύ γε οὐ Πίνδαρον μόνον, οὐδὲ Δημόκριτον, ἢ Ὀρφέα τὸν παλαιότατον, ἀλλὰ καὶ ξύμπαν ὁμοῦ τὸ Ἑλληνικὸν, ὁπόσον εἰς ἄκρον φιλοσοφίας ἐλθεῖν μνημονεύεται, καθάπερ ἐν λύρας ποικίλων φθόγγων ἐναρμονίῳ συστάσει, πρὸς τὸ ἐντελὲς τῆς μουσικῆς κέρας ἔχεις· καὶ ὥσπερ Ἄργον

Bon. In ἀνθρώπων φαίην ἂν ἄλλοις, ἕως ἂν [illegible] [illegible] εἰς [illegible] τῷ [illegible]

C

D

τὸν φύλακα τῆς Ἰοῦς οἱ μῦθοι πρόνοιαν ἔχοντα τῶν Διὸς παιδικῶν, ἀκοιμήτοις πάντοθεν ὀφθαλμῶν βολαῖς περιφράττουσιν. οὕτω καί σε γνήσιον ἀρετῆς φύλακα, "καθαροῖς παιδεύσεως ὀφθαλμοῖς ὁ λόγος φωτίζει. Πρωτέα μὲν δὴ τὸν Αἰγύπτιόν φασι ποικίλαις μορφαῖς ἑαυτὸν ἐξαλλάττειν, ὥσπερ δεδιότα, μὴ λάθῃ τοῖς δεομένοις, ὡς ἦν σοφός, ἐκφήνας. ἐγὼ δὲ εἴπερ ἦν ὄντως σοφὸς Πρωτεύς, καὶ οἷος πολλὰ τῶν ὄντων γινώσκειν, ὡς Ὅμηρος λέγει, τῆς μὲν ἂν ἤδη φύσεως αὐτὸν ἐπαινῶ, τῆς γνώμης δὲ οὐκ ἄγαμαι, διότι μὴ φιλανθρώπου τινός, ἀλλὰ ἀπατεῶνος ἔργον ἐποίει κρύπτων ἑαυτόν, ἵνα μὴ χρήσιμος ἀνθρώποις ᾖ. Σὲ δέ, ὦ γενναῖε, τίς οὐκ ἂν ἀληθῶς θαυμάσειεν, ὡς οὐδέν τι τοῦ Πρωτέως τοῦ σοφοῦ μείων εἶ, καὶ μὴ μᾶλλον εἰς ἀρετὴν ἄκραν τελεσθείς, ὧν ἔχεις καλῶν, οὐ φθονεῖς ἀνθρώποις· ἀλλ' ὥσπερ ἡλίου καθαροῦ δίκην, "ἀκτῖνάς σου ἀκραιφνεῖς ἐπὶ πάντας ἄγεις, οὐ μόνον τοῖς παροῦσι τὰ εἰκότα ξυνὼν ἀλλὰ καὶ ἀπόντας, ἐφ' ὅσον ἔξεστι, τοῖς παρὰ σαυτοῦ σεμνύνων. Νικᾷς δ' ἂν οὕτω καὶ τὸν Ὀρφέα τὸν καλόν, οἷς πράττεις· εἴγε ὁ μὲν τὴν οἰκείαν μουσικὴν εἰς τὰς τῶν θηρίων "ἀγωγὰς κατανάλισκε· σὺ δὲ ὥσπερ ἐπὶ σωτηρίᾳ τοῦ κοινοῦ τῶν ἀνθρώπων γένους "ταχθείς, Ἀσκληπιοῦ χεῖρα πανταχοῦ ζηλῶν ἅπαντα ἐπέρχῃ λογίῳ τε καὶ σωτηρίῳ νεύματι. ὥστε μοίγε δοκεῖ καὶ Ὅμηρος εἰ ἀνεβίω, πολλῷ δικαιότερον ἂν ἐπὶ σοὶ ἐκεῖνο τὸ ἔπος αἰνίξασθαι, τό.

Margin: Bonav. μυρίοις — Bonav. ἀκτῖνας σοφίας — γρ. ἀκοάς — γρ. τεθείς

Odyss. Δ. v. 498. Εἷς δ' ἔτι που ζωὸς "κατερύκεται εὐρεῖ κόσμῳ.

Τῷ γὰρ ὄντι τοῦ παλαιοῦ κόμματος, ἡμῖν οἱονεὶ σπινθήρ τις ἱερὸς ἀληθοῦς καὶ γονίμου παιδεύσεως, ὑπὸ σοῦ μόνου ζωπυρεῖται· καὶ "εἴη γε Ζεῦ σῶ-

Margin: Ref. ὄντι

A ut Argum illum, qui Io delicias Jovis custodiebat, pervigilibus oculis undique Poetæ obsepiunt: sic te, virtutis verum & germanum custodem, puris doctrinæ luminibus illustrat eloquentia. Ajunt, Proteum illum Ægyptium se in varias formas commutasse; quasi veritum, ne imprudens hominibus requirentibus sapientem B se esse demonstraret. Ego vero, siquidem sapiens fuit reipsa Proteus, & is qui multas res cognosceret, (sicut vult Homerus) de scientia eum laudo, de ingenio non laudo: non enim viri boni & liberalis, sed impostoris improbi officio fungebatur, cum eo se occultaret, ne hominibus prodesset. At te, vir clarissime, quis non jure admiretur, cum C quod Proteo sapientiæ laude non cedis, tum multo magis quod *consummatam virtutem adeptus, ea, quibus abundas, bona* nemini invides, sed instar nitidi solis, tuos illustres radios in omnes emittis; non modo præsentes docendo, sed etiam absentes, quoad licet, scriptis tuis ornando. In quo sane Orpheum illum nobilem superas. Ille siquidem musicam suam in belluis demulcendis consumebat: tu tanquam ad salutem humani generis in hoc mundo collocatus, D omnibus locis Æsculapii manum imitatus, voceque ista facunda & salutari omnes orbis partes perlustras. Quocirca mihi videtur Homerus, si reviviscerct, multo justius illud de te usurpare posse:

Unus adhuc vivus late versatur in orbe.

Nam *ei qui est antiqui moris*, nobis, *inquam*, tanquam scintilla quædam sacra veræ atque uberis doctrinæ, a te uno *denuo accenditur*. Atque utinam (o ser-

vator

vator Jupiter, & sancte Mercurii, contingat Jamblichum optimum, id est, commune orbis terrarum commodum, longissima vita frui. Certe cum veteres pro Homero, Platone, Socrate, & si quis alius in orbem hunc incidit, justa vota feliciter atque ex animi sententia fecerint, vitamque illorum hoc modo produxerint; non erit incommodum, hominem nostra ætate viris illis & vita & oratione parem, similibus votis ad summam senectutem cum omnium felicitate transmittere.

A τερ, καὶ Ἑρμῆ ἄγιε, τὸ κοινὸν ἁπάσης τῆς οἰκουμένης ὄφελος, Ἰάμβλιχον τὸν καλὸν ἐπὶ μήκιστον χρόνον τηρηθῆναι. Πάντως που καὶ ἐφ᾽ Ὁμήρῳ, καὶ Πλάτωνι, καὶ εἴ τις ἄλλος ἄξιος τοῦ χοροῦ τούτου, δικαίας εὐχῆς ἐπίτευγμα τοῖς πρότερον εὐτυχηθὲν, οὕτω τοὺς ἐκείνων καιροὺς ἐπὶ μεῖζον ηὔξησεν· οὐδὲν δὴ κωλύει καὶ ἐφ᾽ ἡμῶν ἄνδρα καὶ λόγῳ καὶ βίῳ τῶν ἀνδρῶν
B ἐκείνων ἀντάξιον, ὑφ᾽ ὁμοίαις εὐχαῖς ἐς τὸ ἀκρότατον βίου γῆρας, ἐπ᾽ εὐδαιμονίᾳ τῶν ὅλων παραπεμφθῆναι.

Epistola sine titulo, pro Argivis.

XXXV.

MUlta sunt, quæ de Argivorum civitate dici possunt, si quis velit eorum res veteres & novas prædicare. Nam rerum ad Trojam gestarum gloria, sicut Atheniensibus & Lacedæmoniis postea, sic illis maxima ex parte tribuenda est. Etsi enim ambo illa communiter ab universa Græcia gesta sunt; attamen ut laborum & molestiarum, sic laudum præcipua pars esse debet imperatorum. Verum ista sunt vetera. Deinceps vero Heraclidarum reversio, honos creptus natu maximo, inde in Macedoniam colonia, & a Lacedæmoniis vicinis liberæ civitatis perpetua defensio conservatioque, non exiguæ neque vulgaris virtutis fuit. Quin etiam similia Macedonum in Persas facinora, civitati huic attribui posse videntur: hæc siquidem ultimorum avorum Philippi & Alexandri patria erat. Posteris autem temporibus paruit

Ἀνεπίγραφος, ὑπὲρ Ἀργείων.

γρ. Ἰουλιανὸς Ἀργείοις.

λε.

ΥΠὲρ τῆς Ἀργείων πόλεως πολλὰ μὲν ἄν τις εἰπεῖν ἔχοι, σεμνύνειν αὐτῆς ἐθέλων παλαιὰ καὶ νέα πράγματα. Τοῦ τε γὰρ Τρωικοῦ, καθά-
C περ ὕστερον Ἀθηναίοις καὶ Λακεδαιμονίοις, οὕτω προσήκει τὸ πλέον ἐκείνοις ἔργου. δοκεῖ μὲν γὰρ ἄμφω κοινῇ πραχθῆναι παρὰ τῆς Ἑλλάδος· ἄξιον δὲ ὥσπερ τῶν ἔργων καὶ τῆς φροντίδος, οὕτως καὶ τῶν ἐπαίνων τοὺς ἡγεμόνας τὸ πλέον μετέχειν. Ἀλλὰ ταῦτα μὲν ἀρχαῖά πως εἶναι δοκεῖ· τὰ δὲ ἐπὶ τούτοις, ἥ τε Ἡρακλειδῶν κάθοδος, καὶ ὡς τῷ πρεσβυτάτῳ γέ-
D ρας ἐξῃρέθη· ἥ τε εἰς Μακεδονίαν ἐκεῖθεν ἀποικία· καὶ τὸ Λακεδαιμονίους οὕτω πλησίον παροικοῦντας, ἀδούλωτον ἀεὶ καὶ ἐλεύθερον φυλάξαι τὴν πόλιν, οὐ μικρᾶς οὐδὲ τῆς τυχούσης ἀνδρείας ἦν. ἀλλὰ δὴ καὶ τὰ τοιαῦτα περὶ τοὺς Πέρσας ὑπὸ τῶν Μακεδόνων γενόμενα, ταύτῃ προσήκειν τῇ πόλει δικαίως ἄν τις ὑπολάβοι. Φιλίππου τε γὰρ καὶ Ἀλεξάνδρου τῶν πάνυ προγόνων πατρὶς ἦν αὕτη. Ῥωμαίοις δὲ

γρ. τοῦτο

δὲ ὕστερον οὐχ ἁλοῦσα μᾶλλον, ἢ κατὰ ξυμμαχίαν ὑπήκουσε· καὶ ὥσπερ οἶμαι, μετεῖχε καὶ αὐτή, καθάπερ αἱ λοιπαί, τῆς ἐλευθερίας, καὶ τῶν ἄλλων δικαίων, ὅσα νέμουσι ταῖς περὶ τὴν Ἑλλάδα πόλεσιν οἱ κρατοῦντες ἀεί. Κορίνθιοι δὲ νῦν αὐτὴν προσγενομένην αὐτοῖς· οὕτω γὰρ εἰπεῖν εὐπρεπέστερον· ἀπὸ τῆς βασιλευούσης πόλεως, εἰς κακίαν ἐπαρθέντες συντελεῖν αὐτοῖς ἀναγκάζουσι· καὶ ταύτης ἦρξαν, ὥς φασι, τῆς καινοτομίας, ἕβδομος οὗτος ἐνιαυτός, οὔτε τὴν Δελφῶν, οὔτε τὴν Ἠλείων ἀτέλειαν, ἧς ἠξιώθησαν, ἐπὶ τῷ διατιθέναι τοὺς παρὰ σφίσιν ἱεροὺς ἀγῶνας, αἰδεσθέντες. Τεττάρων γὰρ ὄντων, ὡς ἴσμεν, τῶν μεγίστων καὶ λαμπροτάτων ἀγώνων περὶ τὴν Ἑλλάδα, Ἠλεῖοι μὲν Ὀλύμπια, Δελφοὶ δὲ Πύθια, καὶ τὰ ἐν Ἰσθμῷ Κορίνθιοι, Ἀργεῖοι δὲ τὴν τῶν Νεμέων συγκροτοῦσι πανήγυριν. Πῶς οὖν εὔλογον ἐκείνοις μὲν ὑπάρχειν τὴν ἀτέλειαν τὴν πάλαι δοθεῖσαν· τοὺς δὲ ἐπὶ ὁμοίοις δαπανήμασιν ἀφεθέντας πάλαι, τυχὸν δὲ οὐδὲ τὴν ἀρχὴν ὑπαχθέντας νῦν ἀφῃρῆσθαι τὴν προνομίαν, ἧς ἠξιώθησαν; πρὸς δὲ τούτοις Ἠλεῖοι μὲν καὶ Δελφοί, διὰ τῆς πολυθρυλλήτου πενταετηρίδος, ἅπαξ ἐπιτελεῖν εἰώθασι· διπλᾶ δέ ἐστι Νέμεα παρὰ τοῖς Ἀργείοις, καθάπερ Ἴσθμια παρὰ Κορινθίοις. ἐν μέντοι τούτῳ τῷ χρόνῳ καὶ δύο πρόσκεινται παρὰ τοῖς Ἀργείοις ἀγῶνες ἕτεροι οἶδε, ὥστε εἶναι τέσσαρας πάντας ἐνιαυτοῖς τέσσαρσι. Πῶς οὖν εἰκὸς ἐκείνους μὲν ἀπράγμονας εἶναι λειτουργοῦντας ἅπαξ, τούτους δὲ ὑπάγεσθαι καὶ πρὸς ἑτέρων συντέλειαν, ἐπὶ τετραπλασίοις τοῖς οἴκοι λειτουργήμασιν· ἄλλως τε οὐδὲ πρὸς Ἑλληνικήν, οὐδὲ παλαιὰν πανήγυριν; Οὐδὲ γὰρ ἐς χορήγησιν ἀγώνων γυμνικῶν ἢ μουσικῶν οἱ Κορίνθιοι τῶν πολλῶν δέονται χρημάτων· ἐπὶ δὲ τὰ κυνηγέσια τὰ πολλά-

ἴσ. αὐτῆς

A Romanis, non tam victa, quam in societatem fœdusque adhibita: atque, ut opinor, & libertatis & juris omnis particeps fuit, quo reliquæ Græciæ civitates utuntur, concessu ac munere Imperatorum. Atque hæc cum ita sint, tamen eam civitatem Corinthii, quæ adjuncta est eis, (sic enim dicere est honestius) ab urbe regnante, elati atque audaces ad scelus, B *tributariam* sibi esse cogunt, & hujus incepti septimo jam anno sunt auctores; neque Delphorum atque Eleorum tributum, sibi ad sacros ludos celebrandos condonatum, verentur. Cum enim sint quatuor (ut scimus) maxima & clarissima certamina in Græcia; Elei Olympia, Delphi Pythia, Corinthii Isthmia, Argivi Nemea conficiunt & curant. Quæ igi- C tur æquitas est, manere illis immunitatem olim concessam, hos autem ob similes sumtus olim immunes, immo fortassis ne initio quidem obnoxios, privari nunc privilegio eo quod obtinuerant? Præterea Elei & Delphi propter nobiles illos *Quinquennales agones* semel duntaxat pecunias conferre solent: at duplicia *interea* sunt Nemea apud Argivos, sicut & Isthmia apud Corinthios. Quin & D hoc tempore duo præterea certamina hæc Argivis sunt adjecta, ut quaterni omnino ludi annis quaternis fiant. Quamobrem quo tandem jure illi semel exhibito certamine liberantur; hi, domi quaternis ludis editis, tamen aliis præterea tribuere coguntur, præsertim cum neque veteres sint, neque in Græcia solennes? Non enim ad gymnicos musicosve ludos magna pecunia Corinthiis opus est, sed ad venationes, quæ sæpe in thea-

tris

tris exhibentur, ursas & panthetas emunt: quæ quidem ipsi facile ferunt propter opum, & sumtuum magnitudinem: & multis quidem civitatibus, ut par est, pecunias conferentibus, ipsi *oblectationem sui illius instituti redimunt.* At Argivi, & a pecuniis inopes, & externo spectaculo, & apud exteros homines servire coacti, nonne injustas & iniquas res, ac civitatis veteri potentia & gloria indignas patientur? At cum hi sint illis vicini, eoque nomine cariores esse debuissent, si modo locum haberet illud, Ne bos quidem perierit, nisi ob scelus vicini: tamen Argivi videntur, non de bove uno solliciti, Corinthios accusare; sed de multis & magnis sumtibus, quibus præter jus & æquum obstringuntur. Quanquam hoc etiam in Corinthios addi potest: utrum malint jura veteris Græciæ sequi, an ea quæ *deinceps* a principe civitate acceperunt. Nam si in sanctis veterum legibus stare volunt, non magis decet Argivos Corinthiis, quam Argivis Corinthios conferre: sin autem recentes leges amplectuntur, & quoniam in Romanam coloniam redacti sint, idcirco civitatem istam sibi attribui contendunt, modeste ab iis deprecabimur, ne altiores spiritus gerant suis patribus, neque præclara instituta, quæ ab illis relicta sunt Græciæ, in perniciem propinquorum civium evertant ac mutent, recenti *scilicet tam in rem* judicio confisi: *& ex ejus, qui Argivorum caussam agebat, imperitia cupiditatis suæ lucrum facientes.* Nam si

A κας ἐν τοῖς θεάτροις ἐπιτελούμενα, ἄρκτους καὶ παρδάλεις ὠνοῦνται. ἅπερ αὐτοὶ μὲν εἰκότως φέρουσι διὰ τὸ πλοῦτον, καὶ τῶν ἀναλωμάτων τὸ μέγεθος, ἄλλως τε καὶ πολλῶν πόλεων, ὡς εἰκός, αὐτοῖς εἰς τοῦτο συναιρομένων, ὠνοῦνται τὴν τέρψιν τοῦ φρονήματος. Ἀργεῖοι δὲ χρημάτων τε ἔχοντες ἐνδεέστερον, καὶ ξενικῇ θέᾳ, καὶ παρ' ἄλλοις ἐπιδουλεύειν ἀναγκαζόμενοι, πῶς οὐκ ἄδικα μὲν καὶ παρά-
B νομα, τῆς δὲ περὶ τὴν πόλιν ἀρχαίας δυνάμεώς τε καὶ δόξης ἀνάξια πείσονται; ὄντες γὰρ αὐτοῖς καὶ αὐτοὶ γείτονες, ὡς προσῆκον ἦν ἀγαπᾶσθαι μᾶλλον, εἴπερ ὀρθῶς οὐχὶ τὰ οὐδ' ἂν βοῦς ἀπόλοιτ', εἰ μὴ διὰ κακίαν γειτόνων. Ἀργεῖοι δὲ ἐοίκασιν οὐχ ὑπὲρ ἑνὸς πολυπραγμονούμενοι βοιδίου, ταῦτα τοὺς Κορινθίους αἰτιᾶσθαι, ἀλλ' ὑπὲρ πολλῶν καὶ μεγάλων ἀναλωμάτων,
C οἷς οὐ δικαίως εἰσὶν ὑπεύθυνοι. Καίτοι πρὸς τοὺς Κορινθίους εἰκότως ἄν τις καὶ τοῦτο προσθείη· πότερον αὐτοῖς δοκεῖ καλῶς ἔχειν τοῖς τῆς παλαιᾶς Ἑλλάδος ἕπεσθαι νομίμοις, ἢ μᾶλλον οἷς ἔναγχος δοκοῦσι παρὰ τῆς βασιλευούσης προσειληφέναι πόλεως. Εἰ μὲν γὰρ τὴν τῶν παλαιῶν νομίμων ἀγαπῶσι σεμνότητα, οὐκ Ἀργείους μᾶλλον εἰς Κόρινθον, ἢ Κορινθίους εἰς Ἄργος συντελεῖν προσήκει· εἰ δὲ τοῖς νῦν ὑπάρ-
D ξασι, τὴν πόλιν, ἐπειδὴ τὴν Ῥωμαϊκὴν ἀποικίαν ἐδέξαντο, ἰσχυριζόμενοι πλέον ἔχειν ἀξιοῦσι, παραιτησόμεθα μετρίως αὐτοὺς μὴ τῶν πατέρων φρονεῖν μείζονα, μηδὲ ὅσα καλῶς ἐκεῖνοι κρίναντες, τὰς περὶ τὴν Ἑλλάδα διεφύλαξαν πόλεσιν ἔθιμα, ταῦτα καταλύειν καὶ καινοτομεῖν ἐπὶ βλάβῃ καὶ λύμῃ τῶν ἀστυγειτόνων, ἄλλως τε καὶ νεωτέρᾳ χρωμένους τῇ ψήφῳ, καὶ τὴν ἀπραγμοσύνην ὑπὲρ τῆς Ἀργείων πόλεως τὴν δίκην εἰσελθεῖν, ἕρμαιον ἔχοντας τῆς πλεονεξίας. εἰ γὰρ

l. τελῶν χάριν

ἂν ἐφῆκεν ἔξω τῆς Ἑλλάδος ἀπάγειν τὴν δίκην, οἱ Κορίνθιοι ἔλαττόν τε ἰσχύειν ἔμελλον, καὶ τὸ δίκαιον ἐξεταζόμενον καλῶς φαίνεσθαι πρὸς τῶν πολλῶν καὶ γενναίων τούτων συνηγόρων· ὑφ' ὧν εἰκός ἐστι τὸν δικαστήν, προστεθειμένου καὶ περὶ τοῦ κατὰ τὴν πόλιν ἀξιώματος δυσωπούμενον, ταύτην τὴν ψῆφον ἐξενεγκεῖν. Ἀλλὰ τὰ μὲν ὑπὲρ τῆς πόλεως δίκαια καὶ τῶν ῥητόρων, εἰ μόνον ἀκούειν ἐθέλοις, καὶ λέγειν αὐτοῖς ἐπιτραπείη, τὴν B δίκην ἀπ' ἀρχῆς πεύσῃ, καὶ τὸ παραστὰν ἐκ τῶν λεγομένων ὀρθῶς κεθήσεται. Ὅτι δὲ χρὴ καὶ τοῖς πρεσβείαν ταύτην προσάγουσι δι' ἡμῶν πεισθῆναι, μικρὰ προσθεῖναι χρὴ περὶ αὐτῶν. Διογένης μέντοι καὶ Λαμπρίας φιλοσοφοῦσι μὲν εἴπερ τις ἄλλος τῶν καθ' ἡμᾶς· τῆς πολιτείας δὲ τὰ μὲν ἔννομα καὶ κερδαλέα διαπεφεύγασι τῇ πατρίδι δὲ ἐπαρκεῖν ἀεὶ κατὰ δύναμιν προθυμούμενοι, ὅταν ἡ πόλις ἐν χρείᾳ μεγάλῃ γένηται, τότε ῥητορεύουσι, καὶ πολιτεύονται, καὶ πρεσβεύουσι, καὶ C δαπανῶσιν ἐκ τῶν ὑπαρχόντων προθύμως, ἔργοις ἀπολογούμενοι τὰ φιλοσοφίας ἐπειδή, καὶ τὸ δοκεῖν ἀχρήστους εἶναι ταῖς πόλεσι τοὺς μετιόντας φιλοσοφίαν, ψεῦδος ἐλέγχοντες. Χρῶνται γὰρ αὐτοῖς ἥτε πατρὶς εἰς ταῦτα, καὶ πειρῶνται βοηθεῖν αὐτῇ τοῦ δικαίου δι' ἡμῶν, ἡμεῖς δ' αὖθις διὰ σοῦ. Τοῦτο γὰρ καὶ μόνον λείπεται τοῖς ἀδικουμένοις εἰς τὸ σωθῆναι, τὸ τυχεῖν δικαστοῦ κρίνειν τε ἐθέλοντος καὶ δυναμένου καλῶς. ὁπότερον γὰρ ἂν ἀπῇ τούτων, ἐξαπα- D τηθέντος ἢ καταπροδόντος αὐτοῦ, τὸ δίκαιον οἴχεσθαι πάντως ἀνάγκη. Ἀλλ' ἐπειδὴ νῦν ἡμῖν τὰ μὲν τῶν δικαστῶν ὑπάρχει κατ' εὐχάς, λέγειν δ' οὐκ ἦν μὴ τότε ἐφέντας, ἀξιοῦσι τοῦτο πρῶτον αὐτοῖς ἀνεθῆναι· καὶ μὴ τὴν ἀπραγμοσύνην αὐτοῦ τότε συμπεσόντος τῇ πόλει, καὶ τὴν δίκην ἐπιτροπεύσαντος, αἰτίαν αὐτοῖς γενέσθαι εἰς τὸν ἔπειτα αἰῶνα βλάβης τοσαύτης. Ἀτο-

A quis caussam hanc extra Græciam evocasset, minus certe virium Corinthii habuissent, & juris æquitas a multis & egregiis istis patronis diligenter exquisita, magis apparuisset: a quibus & judicem proposita civitatis dignitate veritum, verisimile est talem sententiam tulisse. Verum de civitatis jure, & oratoribus, si audire voles, ipsisque dicendi potestas fiat, caussam a principio audies, & de tota summa recte ex eorum oratione statuetur. Quod vero iis, qui legati huc venerunt, credere oporteat, pauca addenda sunt. Diogenes & Lamprias, si quis alius hoc tempore, philosophantur. Atqui hi reipublicæ munera & quæstus aspernantur: attamen si patria eorum operam desideret, ei pro viribus serviunt: tum caussas agunt, rempublicam administrant, legationes suscipiunt, & pecunias liberaliter impendunt; denique re ac factis philosophiæ crimina refutant, &, quod vulgo creditur, philosophos patriæ inutiles esse, falsum demonstrant. Utitur enim illis ad res istas patria, & justitiæ caussam defendere conantur nostro auxilio usi, nos vero tuo. Hoc enim reliquum est iis, qui afficiuntur injuria, quo se tueantur ac servent, judicem aum nancisci, qui recte judicare & velit, & possit: utrumvis defuerit istorum, ut judex fallatur, aut prævaricetur, æquitatem perire est necesse. Verum quando judex est, qualem optamus, dicendi autem potestas non est *iis, qui tum non appellaverunt*, *hoc primum sibi concedi postulant*; neque illius inertiam, qui tum civitatis caussam agebat, tantæ fraudi sibi in posterum esse. Neque vero absurdum

absurdum debet videri; quod judicium revocetur: utile est enim populo commoda & opportunitates paululum negligere, ut in posterum pacem atque otium redimat. Cum enim exiguis regionibus ejus vita terminetur, jucundum est exiguo saltem tempore tranquille & quiete vivere: horribile autem & periculosum, in ipso fori conspectu caussam perire, & ad posteros non definitam transmitti; ut melius esse videatur, boni quocunque modo dimidium obtinere, quam de toto dimicantes perire. At urbes istas immortales, nisi quis integre judicabit, omnemque controversiam dirimet, sempiternas inimicitias gerere necesse est. Grave autem odium esse solet, quod temporis longinquitas confirmavit. Dixi, ut ajunt Rhetores: nunc de caussa, ut æquum erit, statuito.

A πον δὲ οὐ χρὴ νομίζειν, τὸ, τὴν δίκην αὖθις ἀνάδικον ποιεῖν. τοῖς μὲν γὰρ ἰδιώταις συμφέρει τὸ κρεῖττον καὶ λυσιτελέστερον ὀλίγον παριδεῖν, τὴν εἰς τὸν ἔπειτα χρόνον ἀσφάλειαν ὠνουμένοις. ὀλίγος γὰρ αὐτοῖς ὁ βίος, ἡδὺ μὲν καὶ τὸ μετ' ὀλίγον ἡσυχίαν ἀπολαῦσαι· φοβερὸν δὲ καὶ πρὸ τῶν δικαστηρίων ἀπολέσθαι κρινόμενον, καὶ παραπέμψαι τὴν δίκην ἀτελῆ. ὥστε
B κερδαντικὸν κρεῖσσον εἶναι τὸ καλὸν ὁπωσοῦν προσλαβεῖν ἥμισυ, ἢ περὶ τοῦ παντὸς ἀγωνιζόμενον ἀποθανεῖν. Τὰς πόλεις δὲ ἀθανάτους οὔσας, εἰ μή τις δικαίως κρίνας, τῆς πρὸς ἀλλήλας φιλονεικίας ἀπαλλάξει, ἀθάνατον ἔχειν τὴν δύσνοιαν πάντως ἀναγκαῖον. καὶ τὸ μῖσος δὲ ἰσχυρὸν τῷ χρόνῳ κρατυνόμενον. Εἴρηται, φασὶν οἱ Ῥήτορες, οὑμὸς λόγος· κρίνοις δ' ἂν αὐτὸς τὰ δέοντα.

C

JULIANUS IMPERATOR
Porphyrio Salutem.

XXXVI.

GEorgii magna sane & copiosa bibliotheca fuit, & Philosophorum & Historicorum omni genere referta: sed de Galilæorum maxime doctrina permulti & varii commentarii extabant. Quare totam eam bibliothecam perquire, & Antiochiam mitte. Scito autem te quoque gravissimas pœnas esse daturum, nisi omnem diligentiam in quærendo adhibueris; & quos suspicio erit quacunque ratione libros aliquos intervertisse, tum argumentis omnibus, tum jurejurando multiplici, tum magis servorum quæstione, nisi queas convincere, saltem vi cogas eos in medium proferre.

Ἰουλιανὸς αὐτοκράτωρ Πορφυρίῳ χαίρειν.

λς'.

ΠΟλλή τις ἦν πάνυ καὶ μεγάλη βιβλιοθήκη Γεωργίου, παντοδαπῶν μὲν φιλοσόφων. πολλῶν δὲ ὑπομνηματογράφων, οὐκ ἐλάχιστα δ' ἐν αὐτοῖς, καὶ τὰ τῶν Γαλιλαίων πολ-
D λὰ καὶ παντοδαπὰ βιβλία. Πᾶσαν οὖν ἀθρόως ταύτην τὴν βιβλιοθήκην ἀναζητήσας, φρόντισον εἰς Ἀντιόχειαν ἀποστεῖλαι, γινώσκων ὅτι μεγίστῃ δὴ καὶ αὐτὸς περιβληθήσῃ ζημίᾳ, εἰ μὴ μετὰ πάσης ἐπιμελείας ἀνιχνεύσειας, καὶ τοὺς ὁπωσοῦν ὑπόνοιαν ἔχοντας ὑφῃρῆσθαι τῶν βιβλίων, πᾶσι μὲν ἐλέγχοις, παντοδαποῖς δὲ ὅρκοις, πλείοσι δὲ τῶν οἰκετῶν βασάνοις, πείθων εἰ μὴ δύναιο, καταναγκάσειας εἰς μέσον πάντα προκομίσαι.

A

Ἀμερίῳ.

AMERIO.

λζ.

XXXVII.

Barocc. Ἀμερίῳ Βυζαντίῳ Αἰγυπτίῳ ἐπὶ τῇ γυναικί

ΟΤι ἀδακρυτί σοι τὴν ἐπιστολὴν ἀνέγνων, ἣν ἐπὶ τῷ τῆς συνοικούσης θανάτῳ πεποίησαι, τοῦ πάθους τὴν ὑπερβολὴν ἀγγείλας. Πρὸς γὰρ τῷ καὶ καθ' ἑαυτὸ λύπης τὸ ξυμβὰν ἄξιον εἶναι, γυναῖκα νέαν, καὶ σώφρονα, καὶ θυμήρη τῷ γήμαντι, πρὸς δὲ καὶ παίδων ἱερῶν μητέρα, πρὸ ὥρας ἀναρπασθῆναι· καθάπερ δᾷδα ἡμμένην, εἶτα ἐν ὀλίγῳ καταβαλοῦσαν τὴν φλόγα, ἔτι καὶ τὸ τοῦ πάθους εἰς σὲ τεῖνον, οὐχ ἧττόν μοι δοκεῖ λυπηρὸν εἶναι. Ἥκιστα γὰρ δὴ πάντων ἄξιος ἦν ὁ καλὸς ἡμῶν Ἀμέριος, ἀλγεινοῦ τινος εἰς πεῖραν ἐλθεῖν, ἀνὴρ καὶ λόγῳ χρηστὸς, καὶ ἡμῖν εἰς τὰ μάλιστα τῶν φίλων ὁ ποθεινότατος. Οὐ μὴν ἀλλ' εἰ μὲν ἕτερος ἦν, ᾧ γράφειν ἐπὶ τούτων ἐχρῆν, πάντως ἂν ἔδει μοι πλειόνων εἰς τοῦτο λόγων, τό, τε συμβὰν ὡς ἀνθρώπινον, καὶ τὸ φέρειν ὡς ἀναγκαῖον, καὶ τὸ μηδὲν ἐκ τοῦ μᾶλλον ἀλγεῖν, ἔχειν πλέον εὑρεῖν, καὶ πάντα ὅσα ἐδόκει πρὸς τὴν τοῦ πάθους παραμυθίαν ἁρμόττειν, ὡς ἀγνοοῦντα διδάσκοντι. Ἐπεὶ δὲ αἴσχιον ἡγοῦμαι πρὸς ἄνδρα τοὺς ἄλλους νουθετοῦντα ποιεῖσθαι λόγους, οἷς χρὴ τοὺς μὴ εἰδότας σωφρονεῖν καὶ παιδεύειν, φέρε σοι τὰ ἄλλα παρεὶς, ἀνδρὸς εἴπω σοφοῦ μῦθον, εἴτε δὴ λόγον ἀληθῆ, σοὶ μὲν ἴσως οὐ ξένον, τοῖς πλείοσι δὲ, ὡς εἰκὸς, ἄγνωστον, ᾧ δὴ καὶ μόνῳ χρησάμενος ὥσπερ φαρμάκῳ νηπενθεῖ, λύσιν ἂν εὕροις τοῦ πάθους, οὐκ ἐλάττω τῆς κύλικος, ἣν ἡ Λάκαινα τῷ Τηλεμάχῳ πρὸς τὸ ἴσον τῆς χρείας ὀρέξασθαι

Barocc. λαμπρῶν ἡμμένην. — Barocc. περὶ τούτων. — Barocc. νουθετοῦντα. — Barocc. οὓς χρὴ. — Barocc. ὀρέξαι.

Legi tuam epistolam non sine lacrymis, in qua de uxoris tuæ obitu scribis, casusque acerbitatem exponis. Nam cum res per se luctuosa sit, uxorem adolescentulam, & castam, & viro suo jucundam, præterea que liberorum B præstantium matrem, ante tempus ereptam esse, tanquam facem accensam, & paulo post extinctam: tum vero ad te dolorem eum pertinere, per mihi molestum est. Etenim indignissimus erat omnium noster Amerius, qui molestiam doloremque aliquem gustaret, vir & oratione optimus, & nobiscum conjunctissimus. Verumenimvero si ad C alium scriberem, omnino longiore mihi oratione opus esset, qua & humanum esse eum casum docerem, & ferre necessarium, & in luctu graviore solatium majus non esse: denique omnia remedia quæ ad dolorem leniendum apta viderentur, tanquam eorum imperito, adhiberem. Nunc vero quoniam turpe videtur ad eum, qui cæteros docet, ea uti oratione, qua indoctos lenire ac D erudire consuevimus: age, cæteris rebus omissis, referam tibi fabulam, vel potius verum sermonem sapientis cujusdam viri, non quidem illum tibi fortasse inauditum, attamen multis, ut opinor, ignotum; quo vel unico, tanquam Lætitiæ pharmaco usus, ægritudinis remedium invenies, non minus quam illo poculo, quod Telemacho in re simili Lacæna dedisse dixisse creditur. Ajunt enim Democritum Abderiten, cum nullo modo posset Darium, cui paulo ante uxor pulcherrima e vita excesserat, consolari, se illi mortuam resuscitaturum dixisse, si vellet res ad hoc negotium necessarias suppeditare: cumque Rex eum juberet, nulla sumtus ratione habita, quidquid opus esset, accipere, promissaque præstare: tum paulisper cunctatum dixisse, cætera quidem sibi abunde suppetere, unum deesse, neque id quemadmodum haberi posset se intelligere; Darium tamen, quod totius Asiæ Rex esset, facile forrasse consecuturum. Hic cum rogaret ille, quid tandem tam magnum esset, quod soli regi fas esset scire? tum Democritum respondisse ajunt: Si tumulo uxoris inscriberet nomina trium, quas nemo luxisset, sic demum illam ab inferis esse redituram: fore enim ut ejus mortis consuetudine erubesceret. Tum Darius cum hæreret, neminemque reperiret, cui triste aliquid non accidisset; Democritus pro sua consuetudine ridens: Et tu, inquit, ineptissime omnium, non vereris lugere; quasi unus tanti mali particeps, cum neminem eorum qui unquam fuerunt, sine privato aliquo dolore vixisse reperias? Verum ista quidem Darium audire conveniebat, hominem barbarum & indoctum, voluptati ac dolori obsequentem; at te & Græcum, & veræ doctrinæ studiosum, a teipso habere decet, ut tibi imperes. Etenim turpe fuerit rationi, non posse impetrare, quod imperatura est dies.

A πιστεύσαι. Φασὶ καὶ Δημόκριτον τὸν Ἀβδηρίτην, ἐπειδὴ Δαρείου γυναικὸς καλῆς ἀλγοῦντι θάνατον οὐκ εἶχεν ὅ, τι ἂν εἰπὼν εἰς παραμυθίαν ἀρκέσειεν, ὑποσχέσθαι οἱ τὴν ἀπελθοῦσαν εἰς φῶς ἀνάξειν, ἢν ἐθελήσῃ τῶν εἰς τὴν χρείαν ἡκόντων ὑποστῆναι τὴν χορηγίαν. κελεύσαντος δ' ἐκείνου μὴ φείσασθαι, ὅ, τι δ' ἂν ἐξῇ λαβόντα τὴν ὑπόσχεσιν ἐμπεδῶσαι, μικρὸν ἐπισχόντα χρόνον εἰ-
B πεῖν, ὅ τι τὰ μὲν ἄλλα αὐτῷ πρὸς τὴν τοῦ ἔργου πρᾶξιν συμπεπορίσθαι, μόνου δὲ ἑνὸς προσδέοιτο, ὃ δὴ αὐτὸν μὲν οὐκ ἔχειν ὅπως ἂν λάβοι· Δαρεῖον δὲ ὡς βασιλέα ὅλης τῆς Ἀσίας, οὐ χαλεπῶς ἂν ἴσως εὑρεῖν. ἐρομένου δ' ἐκείνου τί ἂν εἴη τοσοῦτον, ὃ μόνῳ βασιλεῖ γνωσθῆναι συγχωρεῖται; ὑπολαβόντα φασὶ τὸν Δημόκριτον, εἰ τριῶν ἀπενθήτων ὀνόματα τῷ τάφῳ τῆς γυναικὸς ἐπιγράψειεν, εὐθὺς αὐτὴν ἀνα-
C βιώσεσθαι, τῷ τῆς τελευτῆς νόμῳ δυσωπουμένην. Ἀπορήσαντος δὲ τοῦ Δαρείου, καὶ μηδένα ἄνδρα δυνηθέντος εὑρεῖν, ὅτῳ μὴ καὶ παθεῖν λυπηρόν τι συνηνέχθη, γελάσαντα συνήθως τὸν Δημόκριτον εἰπεῖν· Ἔτι, ὦ πάντων ἀτοπώτατε θρηνεῖς ἀνέδην, ὡς μόνος ἀλγεινῷ τοσούτῳ συμπλακείς, ὃ μηδὲ ἕνα τῶν πώποτε γεγονότων ἄμοιρον οἰκείου πάθους ἔχων εὑρεῖν; Ἀλλὰ ταῦτα μὲν
D ἀκούειν ἐδεῖτο Δαρεῖος, ἀνὴρ βάρβαρος καὶ ἀπαίδευτος, ἔκδοτος ἡδονῇ καὶ πάθει· σὲ δὲ, ἄνδρα Ἕλληνα καὶ παιδείαν ἀληθῆ πρεσβεύοντα, καὶ παρὰ σαυτοῦ τὸ εἰκὸς ἔχειν ἄρχειν· ἐπεὶ καὶ ἄλλως αἰσχύνη τοῦ λογισμοῦ γένοιτ' ἂν, εἰ μὴ ταυτὸν δύναιτο τῷ χρόνῳ.

A

Μαξίμῳ Φιλοσόφῳ.

λη.

Πάντα ἀθρόα ἐπεισί μοι, καὶ ἀποκλείει τὴν φωνὴν, ἄλλο ἄλλῳ προελθεῖν οὐ συγχωροῦν τῶν ἐμῶν διανοημάτων, εἴτε ψυχρὸν τὸ πάθος, εἴτε ὅπως φίλον κατονομάζειν τὰ τοιαῦτα. ἀλλ' ἀποδῶμεν αὐτοῖς, ἣν ὁ χρόνος ἀπέδωκε τάξιν, εὐχαριστήσαντες τοῖς πάντα ἀγαθοῖς θεοῖς, οἳ τέως μὲν γράφειν ἐμοὶ συνεχώρησαν, ἴσως δὲ ἡμῖν καὶ ἀλλήλους ἰδεῖν συγχωρήσουσιν. Ὡς πρῶτον Αὐτοκράτωρ ἄκων ἐγενόμην, ὡς ἴσασιν οἱ θεοὶ, καὶ τοῦτ' αὐτοῖς καταφανὲς, ὃν ἐνεδέχετο τρόπον, ἐποίησα· στρατεύσας ἐπὶ τοὺς Βαρβάρους, ἐκείνης μοι γενομένης τριμήνου στρατείας, ἐπανιὼν εἰς τὰς Γαλατικὰς, ἐπεσκόπουν, καὶ τῶν ἐκεῖθεν ἡκόντων ἀνεπυνθανόμην, μή τις Φιλόσοφος, μή τις σχολαστικὸς, ἢ τριβώνιον, ἢ χλανίδιον φορῶν κατῆρεν. Ἐπεὶ δὲ περὶ τὴν Βικεντίωνα· πολίχνιον δὲ νῦν ἐστιν ἀνειλημμένον, πάλαι δὲ μεγάλη τε ἦν, καὶ πολυτελέσιν ἱεροῖς ἐκεκόσμητο, τείχει καρτερῷ, καὶ προσέτι τῇ φύσει τοῦ χωρίου, περιθεῖ γὰρ αὐτὸ ὁ Δοῦβις ποταμὸς, ἡ δὲ ὥσπερ ἐν θαλάττῃ πετρώδης ἄκρα ἀνέστηκεν, ἄβατος ὀλίγου δέω φάναι καὶ αὐτοῖς ὄρνισι, πλὴν ὅσα ὁ ποταμὸς αὐτὴν περιῤῥέων, ὥσπερ τινὰς αἰγιαλοὺς ἔχει προκειμένους. ταύτης πλησίον τῆς πόλεως ἀπήντησε Κυνικός τις ἀνὴρ, ἔχων τρίβωνα καὶ βακτηρίαν. Τοῦτον πόῤῥωθεν θεασάμενος, οὐδὲν ἄλλο ὑπέλαβον ἢ σέ. πλησίον δὲ ἤδη προσιὼν, παρὰ σοῦ πάντως ἥκειν αὐτὸν ἐνόμιζον. Οὗτος δ' ἀνὴρ φίλος μὲν, ἥττων δὲ τῆς προσδοκωμένης ἐλπίδος. Ἓν μὲν δὴ τοιοῦτον ὄναρ ἐγένετό μοι. μετὰ τοῦτο δὲ ᾤμην σε πολυπρα-

B C D

MAXIMO Philosopho.

XXXVIII.

OMnes uno tempore cogitationes meæ sese mihi offerunt, vocemque intercludunt, dum nulla aliam præire patitur: sive est ineptus & frigidus quidam affectus, sive aliud quodcunque voles nominare. Sed demus iis locum, quem tempus tribuit, Diisque optimis gratias agamus, qui adhuc facultatem scribendi nobis concessere, ac visendi mutuo fortassis etiam concedent. Cum primum Imperator invitus creatus sum, (cujus rei conscii sunt Dii, & quantum in me situm fuit, ipsis declaravi) bellum gerens in Barbaros, & trimestri spatio in ea militia consumto, ad Gallos revertens, circumspiciebam, & percontabar de omnibus qui illinc venirent, num quis philosophus, num quis scholasticus, aut pallio penulave indutus, eo appulisset. Cum autem Vesontionem appropinquarem (est autem oppidulum nunc refectum, magnum tamen olim, & magnificis templis ornatum, mœnibus firmissimis, & loci natura munitum, propterea quod cingitur *Dubi*: estque, ut in mari, rupes excelsa, propemodum ipsis avibus inaccessa, nisi qua flumen ambiens tanquam littora quædam habet projecta) cum, inquam, prope abessem ab hac urbe, vir quidam Cynicus cum pera & baculo mihi occurrit. Eum ego cum eminus aspexissem, teipsum esse putavi: cum accessi propius, a te omnino illum venire suspicatus sum. Est autem mihi quidem ille amicus, multum tamen infra expectationem meam. Ergo hoc unum nobis commodum attulit. Postea existimabam

mabam te de rebus meis sollicitum, nusquam e Græcia pedem extulisse. Testis est Jupiter, testis magnus Sol, testis Minerva, testes Dii Deæque omnes, quanto in timore tua caussa fuerim, cum ad Illyrios a Gallis venirem. Et quidem sciscitabar Deos, non ego ipse, (neque enim præsens spectare audireve potuissem, quis tum status esse posset rerum tuarum) sed aliis negotium committebam. At Dii manifeste ostendebant, perturbationes aliquas tibi fore; nihil tamen terribile, aut opportunum sceleratis consiliis denunciabant. Sed vides me multas & magnas res præterire. Illud maxime te audire convenit, & quemadmodum uno tempore præsens auxilium Deorum sensimus, nemine occiso, aut spoliato, sed iis tantum custodiæ traditis, qui in scelere ipso deprehensi erant. Atque hæc quidem forasse melius erat dicere, quam scribere: puto tamen abs te libentissimo animo auditum iri. Deos publice & palam colimus, & totus meus exercitus pietatem amat. Nos aperte boves immolamus. Diis gratias egimus multis hecatombis. Me jubent Dii pure & caste, quoad potero, vivere. Ego vero iis pareo, & quidem libenti animo. Magnos fructus laborum pollicentur, nisi segniter agamus. Venit ad nos Evagrius.

A γμονήσαντα τὰ καθ' ἐμέ, τῆς Ἑλλάδος ἐκτὸς οὐδαμῶς εὑρεθῆναι. Ἴστω Ζεύς, ἴστω μέγας Ἥλιος, ἴστω Ἀθηνᾶς κράτος, καὶ πάντες θεοὶ καὶ πᾶσαι, πῶς κατιὼν ἐπὶ τοὺς Ἰλλυριοὺς ἀπὸ τῶν Κελτῶν, ἔτρεμον ὑπὲρ σοῦ. καὶ ἐπυνθανόμην τῶν θεῶν, αὐτὸς μὲν οὐ τολμῶν· οὐ γὰρ ὑπέμενον οὔτε ἰδεῖν τοιοῦτον, ἔτι ἀκοῦσαι οὐδέν, οἷον ἄν τις ὑπέλαβε δύνασθαι B τηνικαῦτα περί σε γίνεσθαι· ἐπέτρεπον δὲ ἄλλοις. Οἱ θεοὶ δὲ ταραχὰς μέν τινας ἔσεσθαι περί σε περιφανῶς ἐδήλουν, οὐδὲν μέν τοι δεινόν, οὐδὲ εἰς ἔργον τῶν ἀθέσμων βουλευμάτων. Ἀλλ' ὁρᾷς ὅτι μεγάλα καὶ πολλὰ παρέδραμον. μάλιστά σε πυθέσθαι ἄξιον, πῶς μὲν ἀθρόως τῆς ἐπιφανείας ᾐσθόμεθα τῶν θεῶν· τίνα δὲ τρόπον τὸ τοσοῦτον τῶν ἐπιβούλων πλῆθος διαπεφεύγαμεν, κτείναντες οὐδένα, χρήματα οὐδενὸς ἀφε-C λόμενοι, φυλαξάμενοι δὲ μόνον οὓς ἐλαμβάνομεν ἐπ' αὐτοφώρῳ. Ταῦτα μὲν οὖν ἴσως οὐ γράφειν, ἀλλὰ φράζειν χρῆν· οἶμαι δέ σε καὶ μάλα ἡδέως πεύσεσθαι. Θρησκεύομεν τοὺς θεοὺς ἀναφανδόν, καὶ τὸ πλῆθος τοῦ συγκατελθόντος μοι στρατοπέδου θεοσεβές ἐστιν. ἡμεῖς φανερῶς βουθυτοῦμεν. ἀποδεδώκαμεν τοῖς θεοῖς χαριστήρια, ἑκατόμβας πολλάς. ἐμὲ κελεύουσιν οἱ θεοὶ τὰ πάντα ἁγνεύειν D εἰς δύναμιν. καὶ πείθομαί γε καὶ προθύμως αὐτοῖς. μεγάλους καρποὺς τῶν πόνων ἀποδώσειν φασίν, ἢν μὴ ῥᾳθυμῶμεν. ἦλθε πρὸς ἡμᾶς Εὐάγριος.

EIDEM.

XXXIX.

Dum tecum est hospes, colito; dimitte volentem.

Τῷ αὐτῷ.

λθ.

Χρὴ ξεῖνον παρεόντα φιλεῖν, ἐθέλοντα δὲ πέμπειν.

Ὅμηρος.

Odyss. α. v. 74. Ὅμηρος ὁ σοφὸς ἐνομοθέτησεν. ἡμῖν δὲ ὑπάρχει πρὸς ἀλλήλους ξενικῆς φιλίας ἀμείνων, ἥτε διὰ τῆς ἐνδεχομένης παιδείας, καὶ ἡ περὶ τοὺς θεοὺς εὐσεβείας. Ὥστε οὐκ ἄν μέ τις ἐγράψατο δικαίως τὸν Ὁμήρου παραβαίνοντα νόμον, εἰ καὶ ἐπὶ πλεῖόν σε μένειν παρ' ἡμῖν ἀξιώσαιμι. ἀλλά σοι τὸ σωμάτιον ἰδὼν ἐπιμελείας πλείονος δεόμενον, ἐπέτρεψα βαδίζειν εἰς τὴν πατρίδα, καὶ ῥᾳστώνης ἐπεμελήθην τῆς πορείας. ὀχήματι γοῦν ἔξεστί σοι δημοσίῳ χρήσασθαι. πορεύοιεν δέ σε σὺν Ἀσκληπιῷ πάντες οἱ θεοί, καὶ πάλιν ἡμῖν συντυχεῖν δοῖεν.

A sic lex Homeri præcipit. At nobis amicitia est longe major, quam illa hospitii, nempe hæc, quam doctrina, quæcunque est, ac religio conciliat. Quare nemo me jure accusasset, quasi Homericam legem violarem, si te apud nos diutius manere voluissem. Sed cum viderem corpusculum tuum curationis ac solatii majoris indigere, permisi tibi ut B ires in patriam, & de commoditate itineris providi: usum siquidem publici vehiculi tibi concessi. Æsculapius & Dii omnes te deducant, atque iterum ad nos adducant.

Ἰαμβλίχῳ.

μ.

Αἰσθάνομαί σου τῆς ἐν τῇ μέμψει γλυκύτητος, καὶ ὡς ἑκάτερον ἐξ C ἴσου πράττεις, καὶ οἷς γράφεις τιμῶν, καὶ οἷς ἐγκαλεῖς παιδεύων. Ἐγὼ δὲ εἰ μέν τι συνῄδειν ἐμαυτῷ τοῦ πρὸς σὲ γιγνομένου, καὶ κατὰ μικρὸν ἐλλείψαντι, πάντως ἢ τὰς προφάσεις εὐλόγους εἰπὼν, πειρῴμην, ὡς εἰπεῖν, τὴν μέμψιν ἐκκλίνειν, ἢ συγγνώμην ἁμαρτὼν αἰτεῖν οὐκ ἠρνούμην. ἐπεὶ μηδὲ ἄλλως ἀσυγγνώμονα οἶδά σε πρὸς τοὺς ὅτι τῶν πρὸς σὲ φιλικῶν ἐξήμαρ- D τον ἄκοντες. Νῦν δέ· οὐ γὰρ ἦν ὅτε παροφθῆναι θέμις, ὅτε ἡμᾶς ἀμελεῖν, ἵνα τύχοιμεν ὧν ἀεὶ ζητοῦντες ποθοῦμεν· φέρε σοι καθάπερ ἐν δίκῃ γραφῆς ἀπολογήσομαι, καὶ δείξω μηδὲν ἐμαυτὸν ὧν ἐχρῆν, εἰς σὲ παριδόντα, ἀλλὰ μηδὲ μελλῆσαι τολμήσαντα. Ἦλθον ἐκ Παιονίας ἤδη τρίτον ἔτος τουτί, μόλις ἀφ' ὧν

JAMBLICHO.

XL.

Sentio tuam in reprehendendo dulcedinem, & quemadmodum utrumque pariter efficias, ut & nos scribendo ornes, & reprehendendo erudias. Ego vero si mihi essem conscius, vel tantillum officio erga te meo defuisse, certe aliqua probabili ratione crimen conarer effugere, quantum possem, aut delicti veniam petere non recusarem: præsertim cum te sciam non esse tuis implacabilem, si quid per imprudentiam in amicitia offenderint. Nunc autem (neque enim cunctationem aut inertiam res ferebat, si modo assequi aliquando volumus, quæ semper optavimus) constitui tibi, tanquam coram judice res esset, caussam dicere, nihilque a me secus quam oporteret, vel negligentia vel tarditate commissum esse, probare. E Pannonia veni tertio ab hinc anno, vix ex illis periculis

riculis & laboribus, quos tu minime ignoras, ereptus. Cum autem fretum Chalcedonium trajecissem, & ad urbem Nicomedis appropinquassem, tibi primo quasi patrio Deo prima pro salute mea vota persolvi, cum ad te signum adventus mei, quasi donarium aliquod sacrum, salutationem misi. Litteras autem ferebat unus e regiis satellitibus, nomine Julianus, Bacchyli filius, genere Apameus; cui propterea libentius epistolam tradidi, quod & istuc ire, & te optime nosse ajebat. Postea vero mihi abs te, tanquam ab Apolline, sacra epistola allata est, qua te libenter de meo adventu cognovisse declarabas. Fuit vero mihi tanquam lætum omen, & initium bene sperandi, sapiens ille Jamblichus, & Jamblichi litteræ. Quid hic commemorem, quantopere lætatus fuerim, aut quemadmodum legendis tuis litteris affectus? Si enim de hac re litteras nostras accepisti, (quas tabellario cuidam ex iis, qui ad nos istinc veniunt, dedimus ad te perferendas) certe quantam ex iis voluptatem ceperim, e nostris verbis intelligis. Iterum autem cum domum rediret educator meorum liberorum, alteras ad te litteras misi; quibus & tibi de prioribus tuis litteris gratias agebam, & simul in posterum mutuas a te litteras flagitabam. Postea venit ad nos legatus clarus vir Sopater: utque hominem agnovi, continuo exsilui, cumque complexus, flevi præ gaudio, quod nihil nisi te ac tuas litteras augurarer. Quas ut accepi, osculatus sum, & ad oculos admovi, mordicusque tenui, quasi veritus ne inter legendum imago vultus tui ex oculis meis

A ἆθλα κινδύνων καὶ πόνων συνθείς. ὑπερβὰς δὲ τὸν Χαλκηδόνιον πορθμόν, καὶ ἐπιστὰς τῇ Νικομήδους πόλει, σοὶ πρώτῳ καθάπερ πατρίῳ Θεῷ τὰ πρωτόλεια τῶν ἐμαυτοῦ σωτηρίων ἀπέδωκα, σύμβολον τῆς ἀφίξεως τῆς ἐμῆς, οἷον ἀντ' ἀναθήματος ἱεροῦ τὴν εἰς σὲ πρόρρησιν ἐκπέμπων. καὶ ἦν ὁ κομίζων τὰ γράμματα τῶν βασιλείων ὑπασπιστῶν εἷς, Ἰουλιανὸς ὄνομα,

B Βακχύλου παῖς, Ἀπαμεὺς τὸ γένος, ᾧ διὰ τοῦτ μάλιστα τὴν ἐπιστολὴν ἐνεχείριζον, ὅτι καὶ πρὸς ὑμᾶς ἥξειν, καί σε ἀκριβῶς εἰδέναι καθυπισχνεῖτο. Μετὰ ταῦτά μοι καθάπερ ἐξ Ἀπόλλωνος ἱερὸν ἐφοίτα παρά σου γράμμα, τὴν ἄφιξιν τὴν ἡμετέραν ἀσμένως ἀκηκοέναι δηλοῦντος. ἦν τε τοῦτ' ἐμοὶ δεξιὸν οἰώνισμα, καὶ χρηστῶν ἐλπίδων ἀρχή, Ἰάμβλιχος ὁ σοφὸς, καὶ τὰ Ἰαμ-

C βλίχου γράμματα, τί με δεῖ λέγειν ὅπως ηὐφράνθην, ἢ ὅ περὶ τὴν ἐπιστολὴν ἔπαθον σημαίνειν; Εἰ γὰρ ἐδέξω τὰ παρ' [illegible] τοῦ γραφέντα· ἣν δὲ [illegible] τῶν ἐκεῖθεν ἡκόντων ὡς σὲ [illegible] πάντως [illegible] Πάλιν [illegible] τοῦ τροφέως τῶν ἐμαυτοῦ παίδων, ἑτέρων ἦρχον πρὸς σὲ γραμμάτων, ἅμα καὶ τὴν

D ἐπὶ τοῖς φθάσασι χάριν ὁμολογῶν, καὶ πρὸς τὸ ἑξῆς ἐν ἴσῳ παρά σου τὴν ἀντίδοσιν αἰτῶν. Μετὰ ταῦτα ἐπρέσβευσεν ὡς ἡμᾶς ὁ καλὸς Σώπατρος· ἐγὼ δὲ ὡς ἔγνων, εὐθὺς ἀναπηδήσας ἧξα, καὶ περιπλακεὶς ἐδάκρυον ὑφ' ἡδονῆς, οὐδὲν ἄλλο ἢ σὲ καὶ τὰ παρά σου πρὸς ἡμᾶς ὀνειροπολῶν γράμματα. ὡς δὲ ἔλαβον, ἐφίλουν, καὶ τοῖς ὀφθαλμοῖς προσῆγον, καὶ ἀπρὶξ εἰχόμην, ὥσπερ δεδιὼς μὴ λάθῃ με ἀποπτὰν ἐν τῇ τῶν γραμμάτων ἀναγνώσει τὸ τῆς σῆς A εἰκόνος ἴνδαλμα. καὶ δὴ καὶ ἀντέγραφον εὐθὺς, οὐ πρός σε μόνον, ἀλλὰ καὶ πρὸς τὸν ἱερὸν Σώπατρον τὸν ἐκείνου παῖδα, καθάπερ θρυπτόμενος, ὅτι τὸν κοινὸν ἑταῖρον ἐκ τῆς Ἀπαμείας οἷον ἐνέχυρον τῆς ὑμετέρας ἀπουσίας ἀντειληφότες εἴημεν. Ἐξ ἐκείνου ταύτην ἤδη πρός σε γεγραφὼς, αὐτὸς, οὐδεμίαν ἄλλην, ἢ τὴν ἐν ᾗ μέμφεσθαι δοκεῖς, ἐπιστολὴν ἐδεξάμην. Εἰ μὲν δὴ B διὰ τοῦτ' ἐγκαλεῖς, ἵνα τῷ τῆς αἰτίας σχήματι πλείονας ἡμῖν ἀφορμὰς τοῦ γράφειν προξενῇς, δέχομαι τὴν μέμψιν ἄσμενος πάντων, καὶ ἐν οἷς λαμβάνω, τὸ πᾶν τῆς χάριτος εἰς ἐμαυτὸν οἰκειοῦμαι. εἰ δὲ ὡς ἀληθῶς ἐλλείψαντά τι τοῦ πρός σε καθήκοντος αἰτιᾷ, τίς ἂν ἐμοῦ γένοιτ' ἂν ἀθλιώτερος, διὰ γραμματοφόρων ἀδικίαν ἢ ῥᾳθυμίαν, πάντων ἥκιστα τοιοῦτος τυγχάνοντος; καίτοι ἐγὼ μὲν κἂν μὴ πλεονάκις γράφω, C δίκαιος εἶναι συγγνώμης παρὰ σοῦ τυγχάνειν, οὐ τῆς ἀσχολίας, ἣν ἐν χερσὶν ἔχω, φαίην ἄν. μὴ γὰρ οὕτω τραφείημεν κακῶς, ὡς μὴ πρὸ ἀσχολίας ἁπάσης, καθά φησι Πίνδαρος, τὸ κατὰ σὲ κρεῖττον ἡγεῖσθαι· ἀλλ' ὅτι πρὸς ἄνδρα τηλικοῦτον, οὗ καὶ μνησθῆναι φόβος, ὁ καὶ γράφειν κατοκνῶν, τοῦ πλέον ἢ προσῆκε θαρροῦντος ἐστὶ σωφρονέστερος. Ὥσπερ γὰρ οἱ ταῖς ἡλίου μαρμαρυγαῖς ἀν- D τιβλέπειν συνεχῶς τολμῶντες, ἂν μὴ θεῖοί τινες ὦσι, καὶ τὴν ἀκτῖνα αὐτοῦ καθάπερ οἱ τῶν ἀετῶν γνήσιοι καθορῶσιν, οὔτε ἃ μὴ θέμις ὀφθῆναι, θεωρεῖν ἔχουσι, καὶ ὅσῳπερ μᾶλλον φιλονεικοῦσι, τοσούτῳ πλέον οὐκ ἐφικέσθαι τυχεῖν ἀναφαίνονται, οὕτως ὁ πρὸς σὲ γράφειν τολμῶν, ὅσῳπερ ἂν μᾶλλον θαῤῥῇ, τοσούτῳ μᾶλλον, ὅτι χρὴ δεδιέναι, καθάπερ δείκνυσι. Σοὶ γε μὴν, ὦ γενναῖε, πρὸς

A sensim evolaret. Et quidem statim rescripsi, non ad te solum, sed etiam ad illius filium Sopatrum clarissimum; quasi ludens, quod communem amicum ex Apamea tanquam obsidem pro vobis absentibus accepissemus. Ex eo tempore cum hanc ad te scripserim, nullam abs te epistolam accepi, præter istam qua me videris accusare. Ac si ob id nos B accusas, ut hac specie accusationis majorem nobis occasionem scribendi præbeas, accipio libenti animo totam accusationem tuam, atque ex his ipsis litteris, quas abs te accipio, omnem gratiam & suavitatem decerpo. Sin autem omnino peccatum aliquod meum erga te accusas; quis me miserior, qui per tabellariorum injuriam, aut negligentiam, tibi satisfacere officio non possim? Quanquam ego certe, licet non per- C sæpe scriberem, attamen jure possem a te veniam obtinere: non propter negotium, quod in manibus habeo, (absit enim ut adeo sim miser, ut te meis rebus omnibus, sicut Pindarus ait, non anteponam) sed quod ad te, tantum virum, cujus vel meminisse sine timore non licet, qui scribere etiam cunctatur, sapientior est meo judicio, quam is qui nimis audet. Nam sicut qui in D solem assidue suspicere audent, nisi diviniore quadam natura præditi sint, ejusque radios tanquam aquilarum veri fœtus intueantur, neque ea, quæ nefas est videre, possunt cernere, & quo magis contendunt, eo magis se id assequi non posse ostendunt: sic qui ad te audet scribere, quo plus audere nititur, eo magis timendum esse liquido demonstrat. Tibi vero, vir *generose*, qui ad *Gentilita-*

tem

tem totam servandam, ut ita dicam, constitutus es, consentaneum erat & ad nos crebras litteras mittere, & nostram desidiam inertiamque, quantum posses, coërcere. Nam quemadmodum Sol (ut iterum ex eodem Deo ad te similitudinem mea ducat oratio) ut, inquam, Sol cum purus totus ac lucidus radiis collucet, non dispiciens an quod lumini occurrit sit consentaneum, suum munus perficit: sic te oportebat liberaliter bona tua, tanquam lucem, in *universos Gentiles* effundere, neque eo desistere, quod aliquis metu aut verecundia erga te impeditus, respondere tibi scribendo non audeat. Neque enim Æsculapius mercedis spe homines curat, sed humanitatem suam, tanquam disciplinam aliquam, in omnes homines explicat. Idem te facere oportuit, cum sis animorum studiosorum medicus; & omnibus in rebus virtutis praeceptum servare; ut bonus sagittarius, qui tametsi adversarium non habeat, tamen semper manum exercet, ut opportuno tempore ea utatur. Nam neque scopus utrique nostrum idem est, ut nos videlicet tuis eruditis scriptis fruamur, & tu nostra legas. Sed nos quamvis millies scribamus, similiter ut Homerici pueri ludimus, qui juxta littora, quicquid e luto finxerunt, arena obrui sinunt: cum interim tua, licet parva, epistola cuivis fertili fluvio anteponenda sit. Ac sane epistolam unam Jamblichi malim, quam *omne* Lydium aurum possidere. Quod si amatorum tuorum ulla tibi cura est, (est autem aliqua, nisi fallor) ne nos quasi pullos negligas, qui cibo tuo magnopere egemus: sed scribe assidue, neque tuis bonis pascere nos desine. Quod si forte officio defue-

A τοῖς, ὡς εἰπεῖν, τῷ Ἑλληνικῷ σωτῆρι καθεστῶτι, πρέπον ἦν ἀφθόνως τε ἡμῖν γράφειν, καὶ τὸν παρ' ἡμῶν ὄκνον, ἐφ' ὅσον ἐξῆν, καταστέλλειν. ὥσπερ γὰρ ὁ Ἥλιος· ἵνα δὴ πάλιν ἐκ τοῦ θεοῦ πρός σε τὴν εἰκόνα λάβῃ ὁ λόγος· ὁ δ' οὖν Ἥλιος, ὥσπερ ὅταν ἀκτῖσι καθαρθεὶς ὅλος λάμπῃ, οὐδὲ ἀποκρίνῃ τοῦ πρὸς τὴν αἴγλην ἐλθόντος, ὃ μὴ τὸ οἰκεῖον, ἐργάζεται· οὕτω δὴ καί σε χρῆν ἀφθόνως
B τῶν παρά σου καλῶν, οἷον φωτὸς, τὸ Ἑλληνικὸν ἐπαρδεύοντα, μὴ ἀποκνεῖν, εἴ τις ἢ αἰδοῖ ἢ δέους ἕνεκα τῆς πρός σε, τὴν ἀντίδοσιν δυσωπεῖται. Οὐδὲ γὰρ ὁ Ἀσκληπιὸς ἐπ' ἀμοιβῆς ἐλπίδι τοὺς ἀνθρώπους ἰᾶται, ἀλλὰ τὸ οἰκεῖον αὐτοῦ φιλανθρώπευμα, καθάπερ μάθημα, πανταχοῦ πληροῖ. ὃ δὴ καί σε χρῆν ὥσπερεὶ ψυχῶν ἐλλογίμων ἰατρὸν ὄντα ποιεῖν, καὶ τὸ τῆς ἀρετῆς παράγγελμα διὰ παντὸς σώζειν. οἷον ἀγαθὸν τοξότην,
C ὃς κἂν μὴ τὸν ἀντίπαλον ἔχῃ, πάντως ἐς τὸ καίριον ἀεὶ τὴν χεῖρα γυμνάζει. ἐπεὶ μηδὲ ὁ σκοπὸς ἑκατέροις ὁ αὐτὸς, ἡμῖν τε τῶν παρά σου δεξιῶν τυχεῖν, καί σε τοῖς παρ' ἡμῶν διδομένοις ἐντυχεῖν. Ἀλλ' ἡμεῖς κἂν μυριάκις γράφωμεν, ἴσα τοῖς Ὁμηρικοῖς παισὶ παίζομεν, οἳ παρὰ τὰς θῖνας, ὅτι ἂν ἐκ πηλοῦ πλάσωσιν, ἀφιᾶσι τῷ αἰγιαλῷ κλύζεσθαι. παρά σου δὲ καὶ μικρὸν γράμμα παντὸς
D ἐστι γονίμου ῥεύματος κρεῖττον. Καὶ δεξαίμην ἂν ἔγωγε Ἰαμβλίχου μᾶλλον ἐπιστολὴν μίαν, ἢ τὸν ἐκ Λυδίας χρυσὸν κεκτῆσθαι. Εἰ δὲ μέλει τί σοι τῶν ἐραστῶν τῶν σῶν· μέλει δὲ, εἰ μὴ σφάλλομαι· μὴ περιίδῃς ὥσπερ νεοττοὺς ἡμᾶς ἀεὶ τῶν παρά σου τροφῶν ἐν χρείᾳ τυγχάνοντας· ἀλλὰ καὶ γράφε συνεχῶς, καὶ τοῖς παρὰ σαυτοῦ καλοῖς ἑστιᾶν μὴ κατόκνει. κἂν ἐλ-

λίπωμεν. αὐτὸς ἐπαλλάξῃ τὴν χρείαν οἰκείαν, καὶ ὧν δίδως, καὶ ὧν ἀνθ' ἡμῶν τὸ ἴσον προσεπιτείνεις. Πρέπει δὲ Ἑρμοῦ λογίου μαθητήν, εἰ δὲ βούλει τρόφιμον ὄντα σε, ἐκείνου ῥάβδον οὐκ ἐν τῷ καθεύδειν ποιεῖν, ἀλλ' ἐν τῷ κινεῖν καὶ διεγείρειν μᾶλλον ἐθέλειν μιμεῖσθαι.

A rimus, ipse utrumque munus praestato, tum ad nos, tum pro nobis vicissim scribendo. Etenim Mercurii facundi discipulum, aut etiam alumnum, qualis tu es, virga uti decet; non ad somnum inducendum, sed ad movendum & excitandum; atque hac ex parte maxime illum imitari.

B

Τῷ αὐτῷ.

μα.

Ἐχρῆν μὲν ἡμᾶς, τῷ γράμματι πειθομένους τῷ Δελφικῷ, γινώσκειν ἑαυτούς, καὶ μὴ τολμᾶν ἀνδρὸς ἀκοῇ τοσούτῳ καταθαρρεῖν, ᾧ καὶ ὀφθέντι μόνον ἀντιβλέψαι δυσχερές, ἢ που τὴν πάνσοφον ἁρμονίαν κινοῦντι πρὸς τὸ ἴσον ἐλθεῖν. Ἐπεὶ καὶ Πανὶ μέλος λιγυρὸν ἠχοῦντι, πᾶς ὅτις ἐκστάς, κἂν Ἀρισταῖος ᾖ, καὶ Ἀπόλλωνι πρὸς κιθάραν ψάλλοντι, πᾶς ὅτις ἠρεμεῖ, κἂν τὴν Ὀρφέως μαντικὴν ἔχῃ. Τὸ γὰρ ἧττον τοῦ κρείττονος, καθόσον ἧττόν ἐστιν, εἴκειν δίκαιον, εἰ μέλλοι τά, τε οἰκεῖα, καὶ τὰ μή, τί ἐστι γινώσκειν. Ὅτῳ δ' ἀνθρωπίνη μουσικὴ θείᾳ συγκρίνεσθαι μέλλει, οὐκ ἔμαθε τὸ τοῦ Μαρσύου τοῦ Φρυγὸς πάθος· οὐδὲ τὸν ὁμώνυμον ἐκείνου ποταμόν, ὃς μανέντος αὐλητοῦ τιμωρίαν ῥεῖ. ἀλλ' οὐδὲ τὴν Θαμύριδος τοῦ Θρᾳκὸς τελευτὴν ἤκουσεν, ὃς ταῖς Μούσαις οὐκ εὐτυχῶς ἀντεφθέγξατο. Τί γὰρ δεῖ τὰς Σειρῆνας λέγειν, ἂν ἔτι τὸ πτερὸν ἐπὶ τοῦ μετώπου φέρουσιν αἱ νικήσασαι; Ἀλλ' ἐκείνων μὲν ἕκαστος ἀμέτρου τόλμης ἀρκοῦσαν ἔτι, καὶ νῦν ἐκτίνει, τῇ μνήμῃ δίκην· ἡμᾶς δὲ ἔδει μέν, ὡς ἔφην, εἴσω τῶν οἰκείων ὅρων ἑστάναι, καὶ τῆς ὑπό σου μουσικῆς

Ἴσως. ἀκοῇ

Ἴσως. ᾄσεται

Ἴσως. ἠρεμεῖ

Ἴσως. ἐκθειάζει. Ἴσως. θειοτέρᾳ μουσικῇ

Ἴσως. Θαμύριδος

C D

Eidem.

XLI.

Oportebat sane, juxta Delphicum oraculum, nos ipsos nosse, neque tanti viri auribus obstrepere: quem vel aspicientem respicere difficile est, nedum concentum omnis sapientiae moventi velle par referre. Nam & Pani dulce carmen canenti quilibet concesserit, quamvis sit Aristaeus: & Apolline ad citharam canente, unusquisque tacet. Quod enim minus est, hoc ipso quod est minus, cedere debet majori, si modo vult & sua ipsius bona, & aliena meliora cognoscere. Quisquis autem cum divina musica humanam vult componere, nunquam Marsyae Phrygis casum didicit, neque nominis ejusdem fluvium, qui tibicinis insani supplicio manat: immo neque Thamyrae Thracis mortem audivit, qui infeliciter cum Musis de cantu certavit. Quid enim Sirenas memorem, quarum ex quo cantu vicerunt, alam in fronte adhuc gestant? Verumenimvero illi stultae audaciae poenas satis magnas nunc etiam posteritati persolvunt. Nos autem, sicut ante dixi, oportebat sane nostris finibus contentos esse, & tua musica satiatos quiescere,

A quiescere; ut qui Apollinis oracula e sacris adytis cum silentio excipiunt. Verum, quando tu nobis ad canendum praeis, & tanquam Mercurii virga, *tua oratione* nos moves atque excitas dormientes; ecce ipsi quoque, sicut qui Baccho thyasum pulsanti cum choreis *lymphati* occurrunt, sic ad plectrum tuum respondemus: perinde ut qui praesultorem ad numeri provocationem sequuntur.

B Accipies igitur primum, quando ita vis, orationes, quas nuper Imperatoris jussu in nobilem illam freti conjunctionem elaboravi. Parvum certe munusculum, si cum tuo conferatur, omninoque æs pro auro reddimus: sed tamen quo possumus munere nostrum Mercurium prosequimur. Theseus quidem certe mensam Hecales, licet tenuem, non est aspernatus:

C sed necessitati obsecutus, exiguo contentus fuit. Pan ille Nomius non erubuit, cum pueri bubulci fistulam suis labris admovit. Quare tu quoque librum nostrum amico animo accipe, neque te pœniteat exiguo carmini magnam aurem præbere: sed si quid erit boni, & liber felix est, & ejus auctor, ut cui Minerva ipsa testimonium laudis dederit; sin extremam manum, quo perficiatur, desi-

D derat, ne sit tibi grave, quod deest, addere. Sic olim sagittario invocanti Deus affuit, & telum una direxit: sic citharœdo Orthium canenti, cum nervus deficeret, Apollo ipse cicadæ specie respondit.

A ἐμφορουμένης ἠρεμεῖν, ὥσπερ αἳ τὴν Ἀπόλλωνος μαντείαν ἐξ ἀδύτων ἱερῶν προσιοῦσαι ἡσυχῇ δέχονται. Ἐπεὶ δ' αὐτὸς ἡμῖν τοῦ μέλους τὸ ἐνδόσιμον μνηστεύεις, καὶ οἷον Ἑρμοῦ ῥάβδῳ τῷ παρὰ σαυτοῦ λόγῳ κινεῖς καὶ διεγείρεις καθεύδοντας, φέρε σοι, καθάπερ οἱ τῷ Διονύσῳ τὸν θίασον κρούσαντι πρὸς τὴν χορείαν ἄνετοι φέρονται· οὕτω καὶ ἡμεῖς ὑπὸ τῷ σῷ πλήκτρῳ τὸ εἰκὸς (Bas. Συγκρούσαντι)

B ἀντηχήσομεν. ὥσπερ οἱ τῷ χοροστάτῃ πρὸς τὸ ἀνάκλημα τοῦ ῥυθμοῦ συνομαρτοῦντες. Καὶ πρῶτόν σοι τῶν λόγων, οὓς βασιλεῖ κελεύσαντι, πρὸς τὴν ἀοίδιμον τοῦ πορθμοῦ ζεῦξιν ἔναγχος ἐξειργασάμεθα, ἐπειδὴ τοῦτό ἐστι δοκοῦν ἀπαρξόμεθα, μικρὰ μὲν ἀντὶ μεγάλων τῶν παρὰ σοῦ, καὶ τῷ ὄντι χαλκὸν χρυσοῦ ἀντιδιδόντες· οἷς δὲ ἔχομεν ξενίοις τὸν Ἑρμῆν τὸν ἡμέτερον ἑστιῶντες. Πάντως οὐδὲ τῆς Ἑκάλης ὁ Θησεὺς τοῦ δείπνου τὸ (Bas. τὸ [illegible]) (Bas. χαλκὸν χρυσῶ)

C λιτὸν ἀπηξίωσεν. ἀλλ' ἤδει καὶ μικροῖς ἐς τὸ ἀναγκαῖον ἀρκεῖσθαι. ὁ Πὰν δὲ ὁ Νόμιος τοῦ παιδὸς τοῦ βουκόλου τὴν σύριγγα προσαρμόσαι τοῖς χείλεσιν οὐκ ἐπῃσχύνθη. Καὶ σὺ δ' ἂν καὶ [illegible] ἀποφήναις ὀλίγου μέλους μεγάλην ἀκοὴν ἐνδοῦναι· ἀλλ' ἐὰν μέν τι ἔχῃ τι δεξιόν, αὐτός τε ὁ λόγος εὐδαίμων, καὶ ὁ ποιητὴς αὐτοῦ, τῆς παρὰ τῆς Ἀθηνᾶς ψῆφον τὴν μαρτυρίαν προσλαβών. εἰ

D δ' ἔτι χρεῖος ἐνελλιπὲς εἰς τὸ τοῦ ὅλου πλήρωμα προσδεῖται, μὴ ἀπαξιώσῃς αὐτὸς τὸ ἐνδέον προσθεῖναι. Ἤδη ποτὲ καὶ ἀνδρὶ τοξότῃ κληθεὶς ὁ Θεὸς παρέστη, καὶ συνεφήψατο τοῦ βέλους, καὶ κιθαρῳδῷ τὸν Ὄρθιον ᾄδοντι, πρὸς τὸ ἐλλεῖπον τῆς χορδῆς, ὑπὸ τοῦ τέττιγος ἴσον ὁ Πύθιος ἀντεφθέγξατο.

A

μβ.

Παιδείαν ὀρθὴν εἶναι νομίζομεν, οὐ τὴν ἐν τοῖς ῥήμασιν, οὐδὲ τῇ γλώττῃ πολυτελῆ εὐρυθμίαν· ἀλλὰ διάθεσιν ὑγιῆ νοῦν ἐχούσης διανοίας, καὶ ἀληθεῖς δόξας ὑπέρ τε ἀγαθῶν τε καὶ κακῶν, καλῶν τε καὶ αἰσχρῶν. Ὅστις ἂν ἕτερα μὲν φρονεῖ, διδάσκῃ δὲ ἕτερα τοὺς πλησιάζοντας, αὐτὸς ἀπολελεῖφθαι δοκεῖ τοσούτῳ παιδείας, ὅσῳ καὶ τοῦ χρηστὸς ἀνὴρ εἶναι. Καὶ εἰ μὲν ἐπὶ σμικροῖς εἴη τὸ διάφορον τῆς γνώμης πρὸς τὴν γλῶτταν, κακὸς μὲν εἰς τόδε, ὅμως τῷ τοσῷ γίνεται. εἰ δὲ ἐν τοῖς μεγίστοις ἄλλο μὲν φρονοίη τις, ἐπ' ἐναντίον δὲ ὧν φρονεῖ διδάσκει, πῶς οὐ τοῦτ' ἐκείνων καπήλων ἐστὶν, οὔ τι χρηστῶν, ἀλλὰ παμπονήρων βίος ἀνθρώπων; οἳ μάλιστα παιδεύουσιν, ἃ μάλιστα φαῦλα νομίζουσιν, ἐξαπατῶντες καὶ δελεάζοντες τοῖς ἐπαίνοις, εἰς οὓς μετατιθέναι τὰ σφέτερα ἐθέλουσιν, οἶμαι, κακά. Πάντας μὲν οὖν χρὴ τοὺς καὶ ὁτιοῦν διδάσκειν ἐπαγγελλομένους, εἶναι τὸν τρόπον ἐπιεικεῖς, καὶ μὴ μαχόμενα τοῖς δημοσίᾳ μεταχαρακτηρίζοντας, τὰ ἐν τῇ ψυχῇ φέρειν δοξάσματα· πολὺ δὲ πλέον ἁπάντων οἶμαι δεῖν εἶναι τοιούτους ὅσοι ἐπὶ λόγοις τοῖς νέοις συγγίνονται, τῶν παλαιῶν ἐξηγηταὶ γενόμενοι συγγραμμάτων, εἴτε ῥήτορες, εἴτε γραμματικοὶ, καὶ ἔτι πλέον οἱ σοφισταί. Βούλονται γὰρ πρὸς τοῖς ἄλλοις οὐ λέξεων μόνον, ἠθῶν δὲ εἶναι διδάσκαλοι. καὶ τὸ κατὰ σφᾶς εἶναί φασι τὴν πολιτικὴν φιλοσοφίαν. Εἰ μὲν οὖν ἀληθὲς ἢ μὴ, τοῦτ' ἀφείσθω νῦν. ἐπαινῶν δὲ αὐτοὺς οὕτως ἐπαγγελμάτων καλῶν ὀρεγομένους, ἐπαινέσαιμ' ἂν ἔτι πλέον, εἰ μὴ ψεύδοιντο, μηδ' ἐξελέγχοιεν αὐτοὺς, ἕτερα μὲν φρονοῦντες, διδάσκοντες δὲ τοὺς πλησιάζοντας ἕτερα. Τί οὖν; Ὁμήρῳ μέν τοι, καὶ Ἡ-

XLII.

Doctrinam rectam esse arbitramur; non verborum linguæve magnificum & exquisitum sonum, sed mentis bene constitutæ sanam affectionem, & veras certasque de bonis & malis, honestis & turpibus, sententias. Quare quisquis aliud sentit, aliud suos discipulos docet, is tantum videtur a scientia, quantum a probitate abesse. B Ac si de parva re sit linguæ animique dissensio, in hoc ipso etiam est improbus, tametsi modum non excedat sceleris magnitudo: sin vero in maximis rebus aliud sentit, contraque ac sentit docet, nonne hæc cauponum, non dico bonorum, sed nequissimorum, vita est? quippe cum C id maxime doceant, quod maxime malum existimant, fallentes atque inescantes eos laudibus, quibuscum sua, ut arbitror, mala commutare volunt. Quamobrem omnes, qui quidvis docere profitentur, bonis moribus esse debent, neque opiniones novas & a sensu populari abhorrentes afferre; sed inprimis tales esse debent, qui adolescentes in veterum scriptis instituunt, sive sint Rhetores, sive Grammatici, & præcipue D Sophistæ, qui non solum verborum, sed etiam morum magistros se esse volunt, & ad se philosophiam de administrandis rebuspublicis pertinere contendunt. Hoc verum sit, necne, in præsentia omitto: laudo eos, quod doctrinam tam præstantem expetant; plus certe laudarem, si non mentirentur, neque seipsi refellerent, dum aliud sentiunt, aliud discipulis tradunt. Quid? Homerus, Hesiodus,

siodus, Demosthenes, Herodotus, Thucydides, Isocrates, Lysias, Deos habent doctrinæ suæ duces & auctores. Nonne eorum alii Mercurio, alii Musis, sacros se esse arbitrabantur? Quare absurdum est, qui horum libros exponunt, Deos vituperare, quos illi coluerunt. Neque tamen, quia id absurdum puto, idcirco eos discipulorum caussa sententiam mutare jubeo: verum do optionem, ut ne doceant quæ non bona esse censent; sin docere malunt, doceant re ipsa primum & persuadeant discipulis, neque Homerum, neque Hesiodum, neque quemquam eorum, quos interpretati sunt, quosque impietatis, amentiæ, & erroris erga Deos condemnarunt, talem esse. Nam alioqui cum ex illorum scriptis alantur, mercedemque capiant; avarissimos plane & sordidissimos se fatentur, si paucis drachmis id facere sustineant. Atque hactenus quidem multa erant, quæ eos templorum aditu prohiberent: & timor undique impendens excusabat, quo minus verissimæ de Diis sententiæ explicarentur. Nunc autem cum Deorum munere atque concessu libertate potiamur, absurdum mihi videtur ea homines docere, quæ non bona esse arbitrentur. Quod si in iis quæ docent, & quorum quasi interpretes sedent, sapientiam esse ullam arbitrantur, studeant primum illorum in Deos pietatem imitari. Sin in Deos sanctissimos putant ab illis auctoribus peccatum esse, eant in Galilæorum Ecclesias, ibique Matthæum & Lucam interpretentur: quibus vos obtemperantes, a sacris abstinere jubetis. Cupio ego & aures, & linguam vestram (sicut vos loquemini) renasci in iis rebus, quarum utinam & ego sim semper particeps, & omnes qui me diligunt. Doctoribus quidem

A σιόδῳ, καὶ Δημοσθένει μέντοι καὶ Ἡροδότῳ, καὶ Θουκυδίδῃ, καὶ Ἰσοκράτει, καὶ Λυσίᾳ θεοὶ πάσης ἡγοῦνται παιδείας. οὐχ οἱ μὲν Ἑρμοῦ σφᾶς ἱερούς, οἱ δὲ Μουσῶν ἐνόμιζον; ἄτοπον μὲν οἶμαι τοὺς ἐξηγουμένους τὰ τούτων, ἀτιμάζειν τοὺς ὑπ' αὐτῶν τιμηθέντας θεούς. Οὐ μὴν ἐπειδὴ τοῦτ' ἄτοπον οἶμαι, φημὶ δεῖν αὐτοὺς μεταθεμένους τοῖς νέοις· συνδίδωμι δὲ αἵρεσιν, μὴ B διδάσκειν ἃ μὴ νομίζουσι σπουδαῖα· βουλομένους δὲ, διδάσκειν ἔργῳ πρῶτον, καὶ πείθειν τοὺς μαθητὰς, ὡς οὔτε Ὅμηρος, οὔτε Ἡσίοδος, οὔτε τούτων τις, ὃς ἐξηγοῦνται καὶ κατεγνωκότες εἰσὶν ἀσέβειαν, ἄνοιάν τε, καὶ πλάνην εἰς τοὺς θεοὺς, τοιοῦτός ἐστι. ἐπεὶ δ' ἐκεῖνοι ἐξ ὧν γεγράφασι παρατρέφονται μισθαρνοῦντες, εἶναι ὁμολογοῦσιν αἰσχροκερδέστατοι, καὶ δραχμῶν ὀλίγων ἕνεκα πάντας ὑπομένειν. Ἕως μὲν οὖν τούτου πολλὰ ἦν τὰ C αἴτια τοῦ μὴ φοιτᾶν εἰς τὰ ἱερὰ, καὶ ὁ πανταχόθεν ἐπικρεμάμενος φόβος ἐδίδου συγγνώμην ἀποκρύπτεσθαι τὰς ἀληθεστάτας ὑπὲρ τῶν θεῶν δόξας. Ἐπειδὴ δὲ ἡμῖν οἱ θεοὶ τὴν ἐλευθερίαν ἔδοσαν, ἄτοπον εἶναί μοι φαίνεται διδάσκειν ἐκεῖνα τοὺς ἀνθρώπους, ὅσα μὴ νομίζουσιν εὖ ἔχειν. ἀλλ' εἰ μὲν οἴονται σοφὰ ὧν εἰσιν ἐξηγηταὶ, καὶ ὧν ὥσπερ προφῆται κά- D θηνται, ζηλούτωσαν αὐτῶν πρῶτον τὴν εἰς τοὺς θεοὺς εὐσέβειαν· εἰ δὲ εἰς τοὺς τιμιωτάτους ὑπολαμβάνουσι πεπλανῆσθαι, βαδιζόντων εἰς τὰς τῶν Γαλιλαίων ἐκκλησίας, ἐξηγησόμενοι Ματθαῖον καὶ Λουκᾶν· οἷς πεισθέντες, ἱερείων ὑμεῖς ἀπέχεσθαι νομοθετεῖτε. Βούλομαι ὑμῶν ἐγὼ καὶ τὰς ἀκοὰς, ὡς ἂν ὑμεῖς εἴποιτε, καὶ τὴν γλῶτταν ἐξαναγεννηθῆναι τούτων, ὧν ἔμοιγε εἴη μετέχειν ἀεὶ, καὶ ὅστις ἐμοὶ φίλα νοεῖ τε καὶ πράττει· τοῖς μὲν καθηγεμόσι καὶ διδασκάλοις οὑτωσὶ κοινὸς

κοινὸς κεῖται νόμος. ὁ βουλόμενος γὰρ τῶν νέων φοιτᾶν, οὐκ ἀποκέκλεισται. οὐδὲ γὰρ οὐδὲ εὔλογον ἀγνοοῦντας ἔτι τοὺς παῖδας ἐφ' ὅ, τι τρέπωνται, τῆς βελτίστης ἀποκλείειν ὁδοῦ, φόβῳ δὲ καὶ ἄκοντας ἄξειν ἐπὶ τὰ πάτρια. Καίτοι δίκαιον ἦν, ὥσπερ τοὺς φρενιτίζοντας, οὕτω καὶ τούτους ἄκοντας ἰᾶσθαι. πλὴν ἀλλὰ συγγνώμην ὑπάρχειν ἅπασι τῆς τοιαύτης νόσου. καὶ γάρ, οἶμαι, διδάσκειν, ἀλλ' οὐχὶ κολάζειν χρὴ τοὺς ἀνοήτους.

A & praeceptoribus communis haec lex statuatur. Adolescentes enim qui ire volent, minime prohibentur. Iniquum siquidem fuerit, pueros adhuc ignaros quo se vertant, ab optima via rejicere, ac metu coactos ad patria instituta deducere. Quanquam autem verum erat istos tanquam impotentes & insanos, etiam B invitos ac repugnantes, curare: attamen liceat omnibus per nos isto morbo detineri. Docere enim amentes, non punire, oportet.

Ἐκηβόλῳ.

μγ.

Ἐγὼ μὲν κέκρικα τοῖς Γαλιλαίοις ἅπασιν οὕτω πρᾴως καὶ φιλανθρώπως, ὥστε μηδένα μηδαμοῦ βίαν ὑπομένειν, μηδὲ εἰς ἱερὸν ἕλκεσθαι, μηδ' εἰς ἄλλο τι τοιοῦτον ἐπηρεάζεσθαι παρὰ τὴν οἰκείαν πρόθεσιν. Οἱ δὲ τῆς Ἀρειανικῆς ἐκκλησίας ὑπὸ τοῦ πλούτου τρυφῶντες, ἐπεχείρησαν τοῖς ἀπὸ τοῦ Οὐαλεντίνου, καὶ τετολμήκασι τοσαῦτα κατὰ τὴν Ἔδεσσαν, ὅσα οὐδέποτε ἐν εὐνομουμένῃ πόλει γένοιτ' ἄν. Οὐκοῦν ἐπειδὴ αὐτοῖς ὑπὸ τοῦ θαυμασιωτάτου νόμου προείρηται, ἵν' εἰς τὴν βασιλείαν τῶν οὐρανῶν εὐοδώτερον πορευθῶσι, πρὸς τοῦτο συναγωνιζόμενοι τοῖς ἀνθρώποις, αὐτῶν τὰ χρήματα τῆς Ἐδεσσηνῶν ἐκκλησίας ἅπαντα ἐκελεύσαμεν ἀναληφθῆναι, δοθησόμενα τοῖς στρατιώταις, καὶ τὰ κτήματα τοῖς ἡμετέροις προστεθῆναι πριβάτοις· ἵνα πενόμενοι σωφρονῶσι, καὶ μὴ στερηθῶσιν, ἧς ἔτι ἐλπίζουσιν, οὐρανίου βασιλείας. Τοῖς

Hecebolo.

XLIII.

C Equidem de Galilaeis omnibus adeo clementer & humaniter statui, ut nemini vis inferatur, neque in templum trahantur, neque alia de re ulla praeter voluntatem suam contumelia afficiatur. At qui sunt de Ecclesia Arianorum, luxuriantes opibus, in Valentinianos invaserunt, eaque apud Edessam perpetraverunt, quae numquam in civitate bene D instituta accidissent. Quare quod ipsis a lege admirabili imperatum est, quo facilius in regnum caelorum veniant, nos ad id hominibus opem tulimus, eorumque pecunias omnes ab Edessenorum Ecclesia tolli jussimus, ut militi dividantur, & facultates, ut nostris privatis attribuantur: quo illi pauperes facti sapiant, neque regno caelesti, quod nunc etiam sperant, priventur. Iis autem qui Edessam

Iam incolunt, edicimus, ut seditione pugnaque omni abstineant; ne, si nostram humanitatem commoverint, vos ipsi pro communi omnium intemperie ac insolentia pœnas luatis, gladio, exilio, igne mulctati.

οἰκοῦσι δὲ τὴν Ἔδεσσαν προαγορεύομεν ἀπέχεσθαι πάσης στάσεως καὶ φιλονεικίας, ἵνα μὴ τὴν ἡμετέραν φιλανθρωπίαν κινήσαντες, καθ' ὑμῶν αὐτῶν ὑπὲρ τῆς τῶν κοινῶν ἀταξίας δίκην τίσητε, ξίφει, καὶ φυγῇ, καὶ πυρὶ ζημιωθέντες.

LIBANIO.

XLIV.

NUper cum e gravissimo atque acerrimo morbo, Numinis providentia, recreatus essem, vestras accepi litteras, quo die primum balneum intravi. Quas cum vesperi legissem, dici non potest, quam sim confirmatus perspecta tua sincera puraque benevolentia: qua utinam dignus essem, ne dedecori sim amicitiæ tuæ. Igitur statim litteras vestras legi, quamvis id facere non admodum possem: quas autem Antonius ad Alexandrum mittebat, in posterum diem reservavi. Inde ad te septimo die hæc scripsi, cum mihi, Dei providentia, valetudo e sententia procederet. Vale, mihi optatissime & carissime frater, *a Deo, qui omnia respicit; videam te, meum bonum; & propria manu, ita per salutem tuam ac meam, per omnia respicientem Deum, ut sentio, scripsi. O optime, quando te videbo & complectar? nunc enim & nomen tuum, sicut infelices in amore solent, diligo.*

Λιβανίῳ.

μδ.

ΑΡτι μοι παυσαμένῳ τῆς χαλεπῆς πάνυ καὶ ταχείας νόσου, τῇ τοῦ πάντα ἐφορῶντος προνοίᾳ, γράμματα εἰς χεῖρας ἦλθεν ὑμέτερα, καθ' ἣν ἡμέραν πρῶτον ἐλουσάμην. δείλης ἤδη ταῦτα ἀναγνούς, οὐκ ἂν εἴποις ῥᾳδίως ὅπως ἐρρωσάμην, αἰσθανόμενος τῆς σῆς ἀκραιφνοῦς καὶ καθαρᾶς εὐνοίας. ἧς εἴθε γενοίμην ἄξιος, ὡς ἂν μὴ καταισχύναιμι τὴν σὴν φιλίαν. Τὰς μὲν οὖν ὑμετέρας ἐπιστολὰς εὐθὺς ἀνέγνων, καίπερ οὐ σφόδρα τοῦτο ποιεῖν δυνάμενος. τὰς δὲ τοῦ Ἀντωνίου πρὸς τὸν Ἀλέξανδρον, εἰς τὴν ὑστεραίαν ἐταμιευσάμην. Ἐκεῖθεν ἑβδόμῃ σοι ταῦτα ἔγραφον ἡμέρᾳ, κατὰ λόγον μοι τῆς ῥώσεως προχωρούσης διὰ τὴν τοῦ Θεοῦ προμήθειαν. σώζοιό μοι, ποθεινότατε καὶ φιλικώτατε ἀδελφὲ [ὑπὸ τοῦ τὰ πάντα ἐφορῶντος Θεοῦ· ἴδοιμί σε ἐμὸν ἀγαθόν· καὶ ἰδίᾳ χειρί· νὴ τὴν σωτηρίαν καὶ τὴν ἐμὴν· νὴ τὸν πάντα ἐφορῶντα Θεὸν· ὡς φρονῶ, γέγραφα. ἀγαθώτατε πότε σε ἴδω, καὶ περιλάβωμαι; νῦν γάρ σου καὶ τοὔνομα, καθάπερ οἱ δυσέρωτες, φιλῶ.] hæc adduntur in Barocc. MS.

A

Bon. ἀρχιάτρῳ.

Ζήνωνι.

ZENONI.

με.

XLV.

ΠΟλλὰ μὲν καὶ ἄλλα σοι μαρτυρεῖ, καὶ τῆς ἰατρικῆς τέχνης εἰς τὰ πρῶτα ἀνήκειν, καὶ ἤθους καὶ ἐπιεικείας, καὶ βίου σωφροσύνης συμφώνους πρὸς τὴν τέχνην ἔχειν· νῦν δὲ προσῆλθε τὸ κεφάλαιον τῆς μαρτυρίας· τὴν τῶν Ἀλεξανδρέων B πόλιν ἀπιὼν ἐπιστρέψας εἰς σεαυτὸν τοσοῦτον αὐτῇ κέντρον, ὥσπερ μέλιττα, καταλέλοιπας. εἰκότως· καλῶς γὰρ εἰρῆσθαι καὶ Ὁμήρῳ δοκεῖ,

Bon. σώφρονος

Iliad. λ. v. 514.

Εἷς ἰητρὸς ἀνὴρ πολλῶν ἀντάξιος ἄλλων.

Σὺ δὲ εἶ ἰατρὸς ἁπλῶς, ἀλλὰ καὶ διδάσκαλος τοῖς βουλομένοις τῆς τέχνης· ὥστε σχεδὸν ὃ πρὸς τοὺς πολλοὺς εἰσὶν οἱ ἰατροί, τοῦτ' ἐκείνοις σύ. Λύει C δέ σοι τὴν φυγὴν καὶ ἡ πρόφασις αὐτή, καὶ μάλα λαμπρῶς. εἰ γὰρ διὰ Γεωργίας μετέστης τῆς Ἀλεξανδρείας, οὐ δικαίως μετέστης· καὶ δικαιότατα ἂν ὀπίσω κατέλθοις. Κάτελθε τοίνυν ἐπίτιμος, καὶ τὸ πρότερον ἔχων ἀξίωμα· καὶ ἡμῖν κοινὴ πρὸς ἀμφοτέρους χάρις ἀνακείσθω, Ἀλεξανδρεῦσι μὲν Ζήνωνα, σοὶ δ' ἀποδοῦσι τὴν Ἀλεξάνδρειαν.

Cum multæ aliæ res testificantur te ad summum medicæ artis gradum pervenisse, eique paretn, morum ac vitæ temperantiam adjunxisse: tum vero hoc tempore maximum omnium testimonium accessit, quod Alexandriam absens universam in te convertis: tantum ei tuo decessu aculeum tanquam apis reliquisti. Nec sane immerito: præclare enim Homerus,

Vir medicus par est multorum millibus unus.

Tu vero non tantum medicus es, verum etiam magister omnibus, qui ejus artis studio ducuntur: ut propemodum quod medici sunt populo, hoc ipse sis medicis. Hæc autem caussa te liberat exsilio, & quidem magnifice. Nam si propter Georgianam factionem Alexandria excessisti, non jure eccessisti: justissime autem reverti potes. Redi igitur cum honore & dignitate pristina: nobis autem gratia sit apud utrumque, & quia Zenonem Alexandrinis, & quia Zenoni Alexandriam restituimus.

D

μϛ.

XLVI.

ΟΥ κτησείδιον μικρὸν ἀγρῶν τεττάρων δοκούντων λαβὼν παρὰ τῆς τήθης ἐν τῇ Βιθυνίᾳ, τῇ σῇ διαθέσει δῶρον δίδωμι. ἔλαττον μὲν ἢ ὥστε ἄνδρα εἰς περιουσίαν ἐποιῆσαί τι μέγα

Acceperam ab avia mea prædium in Bithynia non parvum, cum in eo prædia quatuor esse videantur; idque tuo in me amori dono. Munus est profecto levius, quam ut eo quispiam possit vel de de opum abundantia gloriari, vel beatum se prædicare: munus tamen non omnino injucundum, si tibi cuncta ejus bona sigillatim recenseam. Nec sane absurdum sit, tecum, qui elegantiæ atque amœnitatis plenus es, jocari. Abest a mari stadia non amplius viginti, neque mercator aut nauta loquax & petulans loco illi obstrepit. Sed tamen non propterea Nerei gratiam amittit: habet enim perpetuo piscem recentem & palpitantem; & si domo in tumulum terræ aliquem prodieris, videbis mare Proponticum, atque insulas & urbem nobilissimi Regis nomine appellatam: neque interim in algulis & musco, aut rebus aliis injucundis, quæ in littus atque arenas ejiciuntur, & fere non nominantur, versabere; sed in smilace, & thymo, & herbis fragrantibus. Cum vero magna attentione in librum incubueris, & oculos multa lectione defatigatos reficere voles, gratissimus erit maris & navium adspectus. Mihi quidem adolescentulo *locus* hic videbatur gratissimus, quia fontes habet non contemnendos, & balneum non invenustum, præterea hortum & arbores: cumque vir jam essem, eadem loci illius cupiditate tenebar. Itaque persæpe illuc veni, neque mihi præter rem fuit loci congressus. Est etiam illic agriculturæ meæ monumentum exiguum, parva quædam vinea, quæ vinum fert suave & odoriferum, neque temporis diuturnitate vitii quicquam assumit: denique Bacchum & Gratias videbis. Jam uva & cum in vite adhuc pendet, & cum in torculario premitur, odorem edit rosarum: mustum vero in doliis, jam nectaris

A καὶ ἀποφῆναι ὄλβιον. ἔχον δὲ οὐκ Forte. ἔχον δὲ
ἐν παντάπασιν ἀτερπῆ τὴν δόσιν, εἴ
σοι τὰ καθ' ἕκαστα περὶ αὐτοῦ διέλθοιμι. παίζειν δὲ οὐδὲν κωλύει πρὸς
σὲ χαρίτων γέμοντα καὶ εὐμουσίας.
Ἀπῴκισαι μὲν τῆς θαλάσσης σαδί-
ους οὐ πλέον εἴκοσι, καὶ οὔτε ἔμπο-
ρος, οὔτε ναύτης ἐνοχλεῖ λάλος,
καὶ ὑβριστὴς τῷ χωρίῳ. οὐ μὴν ἀφῄ-
ρηται τὰς παρὰ Νηρέως χάριτας
παντελῶς· ἔχει δὲ ἰχθὺν πρόσφα-
B τον ἀεὶ καὶ ἀσπαίροντα, καὶ ἐπί τινος ἀπὸ τῶν δωμάτων προελθὼν
γηλόφου, ὄψει τὴν θάλατταν τὴν
προποντίδα, καὶ τὰς νήσους, τήν τε
ἐπώνυμον πόλιν τοῦ γενναίου βασιλέ-
ως· οὐ φυκίοις ἐφεστὼς καὶ βρύοις,
οὐδὲ διοχλούμενος ὑπὸ τῶν ἐκβαλλο-
μένων εἰς τοὺς αἰγιαλοὺς, καὶ εἰς τὰς
ψάμμους ἀτερπῶν πάνυ, καὶ οὐδὲ
ὀνομαζομένων ἐπὶ μικρόν· ἀλλ' ἐ- Mſ. Reg. ὀνομάζεσθαι ἐπιτηδείων λυμάτων
πὶ σμίλακος, καὶ θύμου, καὶ πόας
εὐώδους. Ἡσυχία δὲ πολλὴ κατα-
C κλινομένῳ εἰς τὸ βιβλίον ἀφορῶντι,
εἶτα διαναπαύοντι τὴν ὄψιν, ἥδιστον ἐπ-
ιδεῖν εἰς τὰς ναῦς καὶ τὴν θάλατταν. τοῦτ' ἐμοὶ μειρακίῳ κομιδῇ νέῳ
παιδίον ἐδόκει φίλτατον· ἔχει γὰρ καὶ
πηγὰς οὐ φαύλας, καὶ λουτρὸν οὐκ
ἀναφρόδιτον, καὶ κῆπον, καὶ δένδρα·
ἀνὴρ δ' ὢν ἤδη, τὴν παλαιὰν ἐπόθουν
ἐκείνην δίαιταν, καὶ ἦλθον πολλά-
κις, καὶ γέγονεν ἡμῖν οὐκ ἔξω λό- Mſ. Reg. λόγων
D γου ἡ σύνοδος. Ἔστι δ' ἐνταῦθα καὶ
γεωργίας ἐμῆς μικρὸν ὑπόμνημα,
φυταλιὰ βραχεῖα, φέρουσα οἶνον εὐ-
ώδη καὶ ἡδὺν, οὐκ ἀναμένοντά τι
παρὰ τοῦ χρόνου προσλαβεῖν· τὸν
Διόνυσον ὄψει, καὶ τὰς χάριτας. ὁ
βότρυς δὲ ἐπὶ τῆς ἀμπέλου, καὶ ἐπὶ
τῆς ληνοῦ θλιβόμενος, ἀπόζει τῶν
ῥόδων. τὸ γλεῦκος δὲ ἐν τοῖς πί-
θοις ἤδη τοῦ νέκταρός ἐστιν ἀπόρροιξ

A Ὁμήρῳ πιστεύοντι. Τί δῆτα οὐ πολὺ γέγονεν, οὐδ᾽ ἐστὶ πλέθρα πάνυ πολλὰ τούτων ἀμπέλων; τυχὸν δὲ οὐδὲ ἐγὼ γεωργὸς γέγονα πρόθυμος· ἀλλὰ ἐπεὶ ἐμοὶ νηφάλιος ὁ τοῦ Διονύσου κρατήρ, καὶ ἐπὶ πολὺ τῶν νυμφῶν δεῖ ἔσω, ὅσον εἰς ἐμαυτὸν καὶ τοὺς φίλους· ὀλίγον δέ ἐστι τὸ χρῆμα τῶν ἀνδρῶν· παρεσκευασάμην. B Νῦν δέ σοι δῶρον αὐ, φίλη κεφαλή, δίδωμι μικρὸν μὲν ὅπερ ἐστί· χαρίεν δὲ φίλῳ παρὰ φίλου, οἴκοθεν οἴκαδε, κατὰ τὸν σοφὸν ποιητὴν Πίνδαρον. Τὴν ἐπιστολὴν ἐπισύρων πρὸς λύχνον γέγραφα· ὥστε εἴ τι ἡμάρτηται, μὴ πικρῶς ἐξέταζε, μηδ᾽ ὡς ῥήτωρ ῥήτορα.

est liquor, si Homero credimus. Quæres fortasse, quamobrem, cum tales essent vites, non tamen multo plura jugera eodem genere conseverim? Quoniam, inquam, neque ipse fortasse valde diligens agricola fui: deinde cum sobrius sit mihi dilutusque Bacchi calix, multumque illic esset Nympharum, tantum vini comparavi, quantum mihi & amicis (quorum exiguus solet esse numerus) satis esse videretur. Nunc autem illud tibi, o carum caput, dono: exiguum certe, quicquid est; sed tamen gratum amico ab amico, domum domo, ut ait sapiens poeta Pindarus. Epistolam hanc raptim ad lucernam conscripsi. Quare si quid peccatum erit, ne severe neque ut rhetor in rhetorem inquiras.

C μζ.

Βασιλεῖ μὲν πρὸς κέρδος ὁρῶντι χαλεπὸν ἂν ὑμῶν ἐφάνη τὸ αἴτημα, καὶ οὐκ ἂν ᾠήθη δεῖν τὴν δημοσίαν εὐπορίαν βλάπτειν τῇ πρός τινας ἰδίᾳ χάριτι. Ἐπεὶ δὲ ἡμεῖς οὐχ ὅτι πλεῖστα παρὰ τῶν ὑπηκόων ἀθροίζειν πεποιήμεθα σκοπόν, ἀλλ᾽ ὅτι πλείστων ἀγαθῶν αὐτοῖς αἴτιοι γίγνεσθαι, τοῦτο καὶ ὑμῖν ἀπολύσει τὰ ὀφλήματα. Ἀπολύσει δὲ οὐχ ἁπλῶς ἅπαντα, ἀλλὰ μερισθήσεται τὸ πρᾶ- D γμα, τὸ μὲν εἰς ὑμᾶς, τὸ δὲ εἰς τὴν τῶν στρατιωτῶν χρείαν· ἐξ ἧς οὐκ ἐλάχιστα καὶ αὐτοὶ δήπου φέρεσθε, τὴν εἰρήνην καὶ τὴν ἀσφάλειαν. Τοιγαροῦν μέχρι μὲν τῆς τρίτης ἐπινεμήσεως ἀφίεμεν ὑμῖν πάντα, ὅσα ἐκ τοῦ φθάνοντος ἐλλείπετε χρόνου· μετὰ ταῦτα δὲ εἰσοίσετε κατὰ τὸ ἔθος. Ὑμῖν τε γὰρ ἀφιέμενα χάρις ἱκανή· καὶ ἡμῖν τῶν κοινῶν οὐκ ἀμελητέον. Περὶ τούτου καὶ τοῖς

XLVII.

IMperatori ad lucrum spectanti difficilis vestra postulatio videretur, neque unquam paucorum gratia publicis vectigalibus detrimentum afferri is pateretur. Verum quia consilium est nostrum, non quamplurima e subditis colligere, sed quamplurimum eis prodesse: idcirco vobis debita condonamus. Neque tamen omnia, sed pars una vobis, altera militibus cedet: quæ quidem & ipsa maxima ex parte vestra erit, cum præsertim pacis & securitatis vestræ caussa impendatur. Quare usque ad tertiam indictionem vobis remittimus quicquid e præterito tempore desideratur: deinceps autem solvetis, sicut consuetudo postulat. Nam & quæ vobis dedimus, satis multa sunt: neque nobis reipublicæ rationes sunt negligendæ. Hac de re ad præfectos scripsi, ut ut beneficium vobis verbo datum re persolvatur. [*Valentes vos Dii per omne tempus servent.*]

ἐπάρχοις ἐπέσταλκα, ἵν' ἡ χάρις ὑμῖν εἰς ἔργον προχωρήσῃ. [ἐῤῥωμένους ὑμᾶς οἱ θεοὶ σώζοιεν τὸν ἅπαντα χρόνον.]

Bavar. addit, ut alif.

XLVIII.

Cum omnibus de caussis mihi corpus est in mediocri statu valetudinis: tum vero animus recte se habet. Hoc procemio melius nullum esse potest epistolæ ab amico ad amicum missæ. Quid est igitur in hoc procemio? Petitio, ut opinor. Cujus tandem rei? Epistolarum mutuarum: quæ utinam sententiam habeant cum meis congruentem, nobisque de te læta ac prospera omnia renuntient.

μη.

Πάντων μὲν ἕνεκά μοι τὸ σῶμα διάκειται μετρίως. οὐ μὴν ἀλλὰ καὶ τὰ τῆς γνώμης ἔχει καλῶς. Οἶμαι δ' ἐγὼ τούτου προοιμίου εἶναι μηδὲν κρεῖττον ἐπιστολῇ φίλου παρὰ φίλον πεμπομένῃ. Τίνος οὖν ἐστι τὸ προοίμιον; αἰτήσεως οἶμαι. τίς δὲ ἡ αἴτησις; ἐπιστολῶν ἀμοιβαίων ἅς γε καὶ κατὰ διάνοιαν ὁμολογούσας ταῖς ἐμαῖς, ἄξια παρά σου ταῦτα πρὸς ἡμᾶς ἐξαγγελλούσας.

JULIANI IMPERATORIS EPISTOLA ad Arsacium Pontificem Galatiæ scripta. XLIX.

Quod quidem nondum religio Gentilium ex nostra procedat sententia, impedimento sunt hi qui eam profitentur. Quæ autem a Diis nobis donata sunt, ea splendida sunt, magna sunt, excellentiora sunt, quam quæ omnino vel optari vel sperari poterant. Nam in tam exiguo temporis spatio (sit quidem Nemesis nostris verbis propitia) tantam ac talem rerum mutationem paulo ante ne optare quidem quisquam audebat. Sed quid est caussæ, cur in hisce, perinde ac si nihil amplius opus esset, conquiescamus, ac non potius convertamus oculos ad ea, quibus impia Christianorum religio creverit, id est, ad benignitatem in peregrinos, ad curam ab illis in mortuis sepeliendis positam, & ad sanctimoniam vitæ, quam simulant? Quorum singula a nobis vere exe-

Ἀρσακίῳ ἀρχιερεῖ Γαλατίας ἐπιστολὴ Ἰουλιανοῦ βασιλέως. μθ.

Ἑλληνισμὸς οὔπω πράττει κατὰ λόγον ἡμῶν, ἕνεκα τῶν μετιόντων αὐτόν. τὰ γὰρ θεῶν λαμπρὰ καὶ μεγάλα, κρείττονα πάσης μὲν εὐχῆς, πάσης δὲ ἐλπίδος. Ἵλεως δὲ ἔστω τοῖς λόγοις ἡμῶν Ἀδράστεια. Τίς γὰρ ἐν ὀλίγῳ τοσαύτην καὶ τηλικαύτην μεταβολὴν ὀλίγῳ πρότερον ἐτόλμα; τί οὖν ἡμεῖς οἰόμεθα ταῦτα ἀρκεῖν, οὐδὲ ἀποβλέπομεν ὃ μάλιστα τὴν ἀθεότητα συνηύξησεν, ἡ περὶ τοὺς ξένους φιλανθρωπία, καὶ ἡ περὶ τὰς ταφὰς τῶν νεκρῶν προμήθεια, καὶ ἡ πεπλασμένη σεμνότης κατὰ τὸν βίον, ὧν ἕκαστον οἴομαι χρῆναι παρ'

A παρ' ἡμῶν ἀληθῶς ἐπιτηδεύεσθαι. καὶ οὐκ ἀπόχρη τὸ σεμνὸν εἶναι τοιοῦτον. ἀλλὰ πάντας ἁπαξαπλῶς οἳ περὶ τὴν Γαλατίαν εἰσὶν ἱερεῖς. οὓς ἢ δυσώπησον, ἢ πεῖσον εἶναι σπουδαίους, ἢ τῆς ἱερατικῆς λειτουργίας ἀπόστησον, εἰ μὴ προσέχοιντο μετὰ γυναικῶν, καὶ παίδων, καὶ θεραπόντων, τοῖς θεοῖς, ἀλλὰ ἀνέχοιντο τῶν οἰκετῶν, ἢ υἱέων, ἢ τῶν Γαλιλαίων γαμετῶν, ἀσεβούντων μὲν εἰς τοὺς
B θεοὺς, ἀθεότητα δὲ θεοσεβείας προτιμώντων. Ἔπειτα παραίνεσον ἱερέα, μήτε θεάτρῳ παραβάλλειν, μήτε ἐν καπηλείῳ πίνειν, ἢ τέχνης τινὸς καὶ ἐργασίας αἰσχρᾶς καὶ ἐπονειδίστου προΐστασθαι. καὶ τοὺς μὲν πειθομένους τίμα, τοὺς δὲ ἀπειθοῦντας ἔξωθει. Ξενοδοχεῖα καθ' ἑκάστην πόλιν κατάστησον πυκνὰ, ἵν' ἀπολαύσωσιν οἱ ξένοι τῆς παρ' ἡμῶν φιλανθρωπίας, οὐ
C τῶν ἡμετέρων μόνον, ἀλλὰ καὶ ἄλλων ὅστις ἂν δεηθῇ χρημάτων. Ὅθεν δὲ εὐπορήσεις, ἐπινενόηταί μοι τέως. ἑκάστου γὰρ ἐνιαυτοῦ τρισμυρίους μοδίους, κατὰ πᾶσαν τὴν Γαλατίαν, ἐκέλευσα δοθῆναι σίτου τοῖς ἱερεῦσιν ὑπηρετουμένους, ἀναλίσκεσθαι φημὶ χρῆναι. τὰ δὲ ἄλλα τοῖς ξένοις, καὶ τοῖς μεταιτοῦσιν ἐπινέμεσθαι παρ' ἡμῶν. αἰσχρὸν γὰρ εἰ τῶν μὲν Ἰουδαίων οὐδεὶς μεται-
D τεῖ· τρέφουσι δὲ οἱ δυσσεβεῖς Γαλιλαῖοι πρὸς τοὺς ἑαυτῶν καὶ τοὺς ἡμετέρους, οἱ δὲ ἡμέτεροι τῆς παρ' ἡμῶν ἐπικουρίας ἐνδεεῖς φαίνονται. Δίδασκε δὲ καὶ συνεισφέρειν τοὺς Ἑλληνικοὺς εἰς τὰς τοιαύτας λειτουργίας, καὶ τὰς Ἑλληνικὰς κώμας ἀπάρχεσθαι τοῖς

quenda esse censeo. Neque satis est istud solum institutum sancte observari: sed velim omnes nostros sacerdotes omnino, qui Galatiam incolunt, vel minis impellas, vel ratione persuadeas, ut sint honesti: vel sacerdotali ministerio abdices, si non una cum uxoribus, liberis, & famulis, Diis colendis sedulo animos attendant: & ne patiantur servos, aut filios, aut conjuges Galilæorum, impie in Deos se gerere, & impietatem pietati præponere. Deinde sacerdotem quemque hortare, ne accedat ad spectacula, neve in taberna bibat, neu artem aliquam aut opificium turpe infamieve exerceat. Et qui tibi in his rebus morem gerunt, eis honorem tribuito; qui autem resistunt, expellito. Porro xenodochia multa in singulis civitatibus extruito, ut peregrini nostra benignitate fruantur: neque solum hi, qui nostram colunt religionem, sed alii quoque, si qui pecuniarum indigeant. At ratio, qua res tibi ad hoc institutum necessariæ abunde suppetant, a me interim excogitata est. Nam triginta millia modiorum tritici in tota Galatia, & sexaginta millia sextariorum vini in singulos annos dari jussi: quorum quintam partem in pauperes, qui sacerdotibus inserviunt, insumendam esse mando; quod reliquum est, peregrinis & mendicantibus sublevandis distribuendum. Nam turpe profecto est, cum nemo ex Judæis mendicet, & impii Galilæi non suos modo, sed nostros quoque alant; ut nostri auxilio, quod a nobis ferri ipsis debeat, destituti videantur. Quare doceto gentiles in ejusmodi ministeria pecuniam conferre, & pagos gentilium ex fructibus Diis offerre primitias, as, & ejusmodi beneficentiæ officiis assuefacito, planumque illis facito hoc nostrum olim munus fuisse. Nam Homerus Eumæum sic loquentem facit:

Hospes si nostris succederes advena tectis
Vilior, acceperem placide. Sunt dives, egensque,
A Jove: parvum hoc est, (fateor) sed munus amicum.

Neque igitur permittamus, alios nostrorum imitatione bonorum nobis laudem præripere, ut ipsi propter socordiam turpitudine & infamia afficiamur: immo potius, ne pietatem erga Deos penitus prodere videamur. Quod si te ista sedulo obire accepero, maxima sane lætitia gestiam. Præsides domi raro invisas: sed scribas ad eos literas sæpissime. Ingredientibus illis in urbem nemo sacerdos obviam prodeat: nisi quando ad templa Deorum accedunt, solum intra vestibula. Eos intrantes nullus miles præcedat: sequatur autem, qui vult. Nam simul ut ingreditur limen delubri, privati personam induit: siquidem ipse, ut nosti, his qui intus sunt præes, propterea quod divina lex istud postulat. Et qui tibi parent, sunt revera pii: qui autem præ arrogantia resistunt, ostentatores sunt, & inanis gloriæ appetentes. Pessinunti opem ferre paratus sum, dummodo matrem Deorum sibi propitiam reddant. At si eam contemnant, non modo culpæ affines erunt, verum etiam, quod dictu acerbius est, in gravissimam apud nos offensionem incurrent;

A θεοῖς τῶν καρπῶν. καὶ τοὺς Ἑλληνικοὺς ταῖς τοιαύταις εὐποιΐαις προσέθιζε, διδάσκων αὐτοὺς ὡς τοῦτο πάλαι ἦν ἡμέτερον ἔργον. Ὅμηρος γοῦν αὐτὸ πεποίηκεν Εὔμαιον λέγοντα·

Ξεῖν' οὔ μοι θέμις ἔς', οὔτ' εἰ κακίων σέθεν ἔλθοι, (Odyss. ξ. v. 56. &c.)
B Ξεῖνον ἀτιμῆσαι· πρὸς γὰρ Διός εἰσιν ἅπαντες,
Ξεῖνοί τε, πτωχοί τε. δόσις δ' ὀλίγη τε φίλη τε.

Μὴ δὲ τὰ παρ' ἡμῖν ἀγαθὰ παραζηλοῦν ἄλλοις συγχωροῦντες, αὐτοὶ τῇ ῥᾳθυμίᾳ καταισχύνοιμεν, μᾶλλον δὲ καταπροδοίμεθα τὴν εἰς τοὺς θεοὺς εὐλάβειαν. Εἰ ταῦτα πυθοίμην ἐγώ σε πράττοντα, μεστὸς εὐ- C φροσύνης ἔσομαι. Τοὺς ἡγεμόνας ὀλιγάκις ἐπὶ τῆς οἰκίας ὅρα· τὰ πλεῖστα δὲ αὐτοῖς ἐπίστελλε. εἰσιοῦσι δὲ εἰς τὴν πόλιν ὑπαντάτω μηδεὶς αὐτοῖς ἱερέων. ἀλλ' ὅταν εἰς τὰ ἱερὰ φοιτῶσι τῶν θεῶν, εἴσω τῶν προθύρων. Ἡγείσθω δὲ μηδεὶς αὐτῶν εἴσω στρατιώτης. ἑπέσθω δὲ ὁ βουλόμενος. ἅμα γὰρ εἰς τὸν οὐδὸν ἦλθε τοῦ τεμένους, καὶ γέγονεν ἰδιώτης. ἄρχεις γὰρ αὐτός, ὡς οἶσθα, τῶν ἔνδον· ἐπεὶ καὶ ὁ θεῖος ταῦτα D ἀπαιτεῖ θεσμός. Καὶ οἱ μὲν πειθόμενοι κατὰ ἀλήθειαν εἰσὶ θεοσεβεῖς· οἱ δὲ ἀντεχόμενοι τοῦ τύφου, δοξοκόποι εἰσὶ καὶ κενόδοξοι. Τῇ Πεσσινοῦντι βοηθεῖν ἕτοιμός εἰμι, εἰ τὴν Μητέρα τῶν θεῶν ἵλεων καταστήσουσιν ἑαυτοῖς. ἀμελοῦντες δὲ αὐτῆς, οὐκ ἄμεμπτοι μόνον, ἀλλὰ πικρὸν εἰπεῖν μὴ καὶ τῆς παρ' ἡμῶν ἀπολαύσωσι δυσμενείας,

Οὐ

A

Vid. Odyss. κ. v. 73. sqq.

Οὐ γάρ μοι θέμις ἐστὶ κομιζέμεν, ἢ ἐλεαίρειν
Ἄνδρας, οἳ καὶ θεοῖσιν ἀπέχθωντ' ἀθανάτοισιν.

Nam scelus infandum est dextram praestare benignam
Illis, qui superis indicunt bella beatis.

Πεῖθε τοίνυν αὐτούς, εἰ τῆς παρ' ἐμοῦ κηδεμονίας ἀντέχονται, πανδημεὶ τῆς Μητρὸς τῶν θεῶν ἱκέτας γενέσθαι.

Persuade igitur illis, ut si a me curam de se suscipi cupiant, omnes una se Deorum matri supplices praebeant.

B

Ἰουλιανὸς Ἐκδικίῳ ἐπάρχῳ Αἰγύπτου.

ν΄.

Ἡ μὲν παροιμία φησίν· ἐμοὶ σὺ διηγῇ τἀμὸν ὄναρ. ἐγὼ δὲ ἔοικά σοι τὸ σὸν ὕπαρ ἀφηγεῖσθαι. Πολύς φησιν, ὁ Νεῖλος ἀρθεὶς μετέωρος τοῖς πήχεσιν, ἐπλήρωσε πᾶσαν τὴν Αἴγυπτον. εἰ δὲ καὶ τὸν ἀριθμὸν ἀκοῦσαι ποθεῖς, εἰς τὴν εἰκάδα τοῦ σεπτεμβρίου τρεῖς πέντε. μηνύει δὲ ταῦτα Θεόφιλος ὁ στρατοπεδάρχης. Εἰ τοίνυν ἠγνόησας αὐτό, παρ' ἡμῶν ἀκούων, εὐφραίνου.

C

JULIANUS ECDICIO Praefecto Aegypti.

L.

Meum tu mihi somnium narras; ait proverbium. At ego verum tibi visum nunc narraturus videor. Nilus, ut ferunt, multis in altum cubitis elatus in universam exundavit Aegyptum. Ac si cubitorum quoque numerum audire vis, A. D. XII. Cal. Oct. quindecim deprehensi sunt. Significavit hoc Theophilus castrorum praefectus. Quamobrem si id nescisti hactenus, a nobis audiens gaudeto.

Ἰουλιανὸς Ἀλεξανδρεῦσιν.

να΄.

Εἰ μέν τις τῶν ἄλλων ἦν ὑμῶν οἰκιστής, οἳ τὸν ἑαυτῶν παραβάντες νόμον, ἀπέτισαν ὁποίας ἦν εἰκὸς δίκας, ἑλόμενοι μὲν ζῆν παρανόμως, εἰσαγαγόντες δὲ κήρυγμα, καὶ διδασκαλίαν καινήν, λόγον εἶχεν οὐδ' ὡς Ἀθανάσιον ὑφ' ὑμῶν ἐπιζητεῖσθαι. Νυνὶ δὲ κτίστου μὲν ὄντος Ἀλεξάνδρου τῆς πόλεως· ὑπάρχοντος δὲ ὑμῖν πολιούχου θεοῦ τοῦ βασιλέως

D

κ. ἀπέτισαν

JULIANUS ALEXANDRINIS.

LI.

Etsi alius quispiam vestrae conditor urbis esset ex iis, qui suas ipsi leges transgressi meritas poenas eo ipso persolverunt, quod & nefariam vitam sponte sua delegerunt, & novum dogmatis doctrinaeque genus invexerunt; ne tum quidem desiderari a vobis aequum esset Athanasium. Nunc cum & urbis vestrae conditorem habeatis Alexandrum, & tutelaris vobis praesesque sit Deus ille rex ter Sarapis, una cum assestrice puella, & A totius Ægypti regina Iside, * * * * minime sanam civitatem imitantes. Verum male affecta pars audet civitatis nomen assumere. Equidem pudore, per Deos, haud mediocri teneor, Alexandrini, quod ullus apud vos Galilæum se esse fateri audeat. Hebræorum quondam verorum parentes Ægyptiis serviebant: at vos, Alexandrini modo, qui Ægyptum subegistis, B (hanc enim conditor vester sibi subjecit) patriorum dogmatum contemtoribus servire sponte contra antiqua jura sustinetis: neque priscæ illius felicitatis recordamini, quæ tum suppetebat, cum & communionem cum Diis Ægyptus habebat omnis, & in multa bonorum abundantia viveremus. At illi, qui novam hanc vobis religionem invehunt, cujus tandem auctores boni civitati fuerint vestræ, dicite. Conditor vo- C bis obtigit pius erga Deos vir Alexander Macedo; non istorum utique similis, neque Hebræorum omnium, qui longe illis antecelluerunt. Iisdem porro Lagi quoque filius Ptolemæus præstitit. Nam Alexander Romanos ipsos, si cum iis certasset, in discrimen adduxisset. Quid deinde post conditorem vestrum Ptolemæi? Vestram illi nempe civitatem, velut germanam filiam, a primis annis educantes, non Jesu D sermonibus ad incrementum evexerunt: neque invisorum Galilæorum doctrina tantam hanc, quæ beatam nunc illam facit, administrationem rerum copiamque pepererunt. Tertio, postquam nos Romani compotes illius urbis fuimus, quam Ptolemæis haud recte imperantibus eripuimus, Augustus ad eam veniens, & ad vestros cives verba faciens:

A Σαράπιδος, ἅμα τῇ παρέδρῳ κόρῃ καὶ τῇ βασιλίδι τῆς Αἰγύπτου πάσης Ἴσιδι, τὴν ὑγιαίνουσαν οὐ ζηλοῦντες πόλιν· ἀλλὰ τὸ νοσοῦν μέρος ἐπιφημίζειν ἑαυτῷ τολμᾷ τὸ τῆς πόλεως ὄνομα. Λίαν αἰσχύνομαι νὴ τοὺς θεούς, ἄνδρες Ἀλεξανδρεῖς, εἴ τις ὅλως Ἀλεξανδρέων ὁμολογεῖ Γαλιλαῖος εἶναι. Τῶν ὡς ἀληθῶς Ἑβραίων * οἱ πατέρες Αἰγυπτίοις ἐδούλευον πάλαι· νυνὶ δὲ ὑμεῖς ἄνδρες [illegible] B Ἀλεξανδρεῖς Αἰγυπτίων κρατήσαντες· ἐκράτησε γὰρ ὁ κτίστης ὑμῶν τῆς Αἰγύπτου· τοῖς καταλιγωρηκόσι τῶν πατρίων δογμάτων δουλείαν ἐθελούσιον, ἄντικρυς τῶν παλαιῶν θεσμῶν ὑφίστασθε. καὶ οὐκ εἰσέρχεται μνήμη τῆς παλαιᾶς ὑμᾶς ἐκείνης εὐδαιμονίας, ἡνίκα ἦν κοινωνία μὲν πρὸς θεοὺς Αἰγύπτῳ τῇ πάσῃ, πολλῶν δὲ ἀπελαύομεν ἀγαθῶν. Ἀλλ' οἱ νῦν εἰσαγαγόντες ὑμῖν τὸ καινὸν τοῦτο κή- C ρυγμα, τίνος αἴτιοι γεγόνασιν ἀγαθοῦ τῇ πόλει; Φράσατέ μοι. Κτίστης ὑμῶν ἦν ἀνὴρ θεοσεβὴς Ἀλέξανδρος ὁ Μακεδών, οὔτι μὰ Δία κατά τινα τούτων ὤν· οὐδὲ κατὰ πάντας Ἑβραίους μακρῷ γεγονότας αὐτῶν κρείττονας. ἐκείνων μὲν τοῦν καὶ ὁ τοῦ Λάγου Πτολεμαῖος ἦν ἀμείνων. Ἀλέξανδρος δὲ καὶ Ῥωμαίοις ἐπὶ ἅμιλλαν ἰών, ἀγῶνα παρέσχεν. Τί δὲ μετὰ τὸν κτίστην οἱ Πτολεμαῖοι; τὴν πόλιν D ὑμῶν, ὥσπερ γνησίαν θυγατέρα, παιδοτροφήσαντες, οὔτι τοῖς Ἰησοῦ λόγοις ηὔξησαν αὐτήν· οὐδὲ τῇ τῶν ἐχθίστων Γαλιλαίων διδασκαλίᾳ, τὴν οἰκονομίαν αὐτῇ ταύτην, ὑφ' ἧς νῦν ἐστιν εὐδαίμων, ἐξειργάσαντο. Τρίτον, ἐπειδὴ Ῥωμαῖοι κύριοι γεγόναμεν αὐτῆς, ἀφελόμενοι τοὺς Πτολεμαίους οὐ καλῶς ἄρχοντας· ὁ Σεβαστὸς δὲ ἐπιδημήσας ὑμῶν τῇ πόλει, καὶ πρὸς τοὺς ὑμετέρους πολίτας

 διαλεχθείς·

A διαλεχθείς· Ἄνδρες, εἶπεν, Ἀλεξανδρεῖς, ἀφίημι τὴν πόλιν αἰτίας πάσης, αἰδοῖ τοῦ μεγάλου θεοῦ Σαράπιδος, αὐτοῦ τε ἕνεκα τοῦ δήμου, καὶ τοῦ μεγέθους τῆς πόλεως. αἰτία δέ μοι τρίτη τῆς πρὸς ὑμᾶς εὐνοίας ἐστὶ καὶ ὁ ἑταῖρος Ἄρειος. ἦν δὲ ὁ Ἄρειος οὗτος πολίτης μὲν ὑμέτερος, Καίσαρος δὲ τοῦ Σεβαστοῦ συμβιωτής, ἀνὴρ φιλόσοφος. B Τὰ μὲν οὖν ἰδίᾳ περὶ τὴν πόλιν ὑμῶν ὑπάρξαντα παρὰ τῶν Ὀλυμπίων θεῶν, ὡς ἐν βραχεῖ φράσαι, τοιαῦτα. Σιωπῶ δὲ διὰ τὸ μῆκος ταῦτα τὰ πολλά. τὰ δὲ κοινῇ καθ᾽ ἡμέραν οὐκ ἀνθρώποις ὀλίγοις, οὐδὲ ἑνὶ γένει, οὐδὲ μιᾷ πόλει, παντὶ δὲ ὁμοῦ τῷ κόσμῳ παρὰ τῶν ἐπιφανῶν θεῶν διδόμενα, πῶς ὑμεῖς οὐκ ἴστε; Μόνοι τῆς ἐξ ἡλίου κατιούσης αὐγῆς ἀναισθήτως ἔχετε; μόνοι θέρος εἶναι ἴστε καὶ χειμῶνα παρ᾽ αὐτοῦ γινόμενον; C μόνοι ζωογονούμενα καὶ φυόμενα παρ᾽ αὐτοῦ τὰ πάντα; τὴν δὲ ἐξ αὐτοῦ, καὶ παρ᾽ αὐτοῦ δημιουργὸν τῶν ὅλων σελήνην οὖσαν οὐκ αἰσθάνεσθε πόσων ἀγαθῶν αἰτία τῇ πόλει γίνεται; καὶ τούτων μὲν τῶν θεῶν οὐδένα προσκυνεῖν τολμᾶτε· ὃν δὲ οὔτε ὑμεῖς, οὔτε οἱ πατέρες ὑμῶν ἑωράκασιν Ἰησοῦν οἴεσθε χρῆναι θεὸν λόγον ὑπάρχειν. ὃν δὲ ἐξ αἰῶνος ἅπαν ὁρᾷ τὸ τῶν ἀνθρώπων γένος, καὶ βλέπει, καὶ σέβεται, καὶ σεβόμενον εὖ πράττει· τὸν μέγαν Ἥλι- D ον λέγω, τὸ ζῶν ἄγαλμα, καὶ ἔμψυχον, καὶ ἔννουν, καὶ ἀγαθοεργὸν τοῦ νοητοῦ πατρός," εἴ τι μοι πείθεσθε παραινοῦντι, καὶ μικρὰ ὑμᾶς αὐτοὺς ἐπαναγάγετε πρὸς τὴν ἀλήθειαν. Οὐχ ἁμαρτήσεσθε παρὰ ὀρθῆς ὁδοῦ πειθόμενοι τῷ πορευθέντι κἀκείνην τὴν ὁδὸν ἄχρις ἐτῶν εἴκοσι, καὶ ταύτην ἤδη σὺν θεοῖς πορευομένῳ δωδε-

Deest aliquid.

o cives, inquit, Alexandrini! urbi vestræ culpam omnem remitto, cum ob magni Dei Sarapidis reverentiam, tum propter populum ipsum, ac civitatis amplitudinem. Accedit meæ erga vos benevolentiæ tertia mihi caussa, amicus meus Arius. Erat autem Arius iste civis vester, & Augusti Cæsaris contubernalis, professione Philosophus. Quæ privatim igitur in civitatem vestram cœlestium Deorum beneficio commoda redundarunt, ejusmodi fere, ut paucis eloquar, fuerunt. Nam id genus pleraque, ne sim longior, omitto. Quæ autem communiter quotidie, non in paucos homines, nec in unum aliquod genus, unamque civitatem; sed in mundum universum ab illustribus Diis bona proficiscuntur, qui tandem non agnoscitis? An soli splendoris illius a Sole manantis sensum nullum habetis? soli æstatem & hiemem ab illo fieri nescitis? soli, vegetari ab eo producique penitus universa? Jam illam, ab eodem ac per eundem, molitricem omnium Lunam non videtis quantas commoditates afferat civitati? Atqui nullum istorum audetis adorare numinum. Hunc vero, quem neque vos, neque patres vestri videre, Jesum Deum esse Verbum creditis oportere. Quem autem ex æterno genus omne videt atque intuetur hominum, & veneratur, ac venerando feliciter degit; magnum dico Solem illum; vivum, & anima menteque præditum, ac beneficum simulacrum intelligibilis patris; si quid hortanti mihi creditis * * * & vos paululum ipsos ad veritatem reflectite. Non enim a recto tramite aberrabitis, si ei fidem habeatis, qui ad annum usque vicesimum ætatis illa via progressus est; & hanc alteram modo duodecimum jam

jam insistit annum. Vos igitur, si monenti mihi obtemperare vultis, majorem lætitiam afferetis. Sin est ut in illa superstitione & callidorum hominum institutione perseverare malitis; at mutuam inter vos concordiam retinete; neque Athanasium desiderate. Sunt enim ex ejus discipulis utique complures, qui prurientibus auribus vestris abunde satisfaciant. Utinam enim Athanasio solo sacrilegæ ipsius scholæ circumscripta esset improbitas! Sed est in vobis ejusmodi non ignobilis multitudo. Ac ne id quidem est difficile factu. Nam quicumque tandem e populo delectus erit a vobis, quod ad Scripturarum enarrationem pertinet, nihilo est eo, qui optatur a vobis, deterior. Sin, quod reliqua vos Athanasii solertia delectat, (veteratorem enim esse hominum illum audio) idcirco mihi pro eo supplicastis: scitote hac ipsa de caussa urbe illum ejectum fuisse. Etenim parum commoda per sese res est, vir populo præsidens, ac multiplicium rerum novandarum cupidus. Quod si ne ille quidem vir est, sed contemtus homuncio: qualis iste est, qui de capite periclitari magnum esse aliquid existimat: hoc vero publicæ perturbationis initium est. Quamobrem ne quid simile apud vos contingat, cedere illum pridem civitate jussimus: nunc vero Ægypto etiam universa.

Proponatur civibus nostris Alexandrinis.

A κατὸν ἔτος. Εἰ μὲν οὖν φίλον ὑμῖν πείθεσθαι, μειζόνως εὐφρανεῖτε. τῇ δεισιδαιμονίᾳ δὲ καὶ κατηχήσει τῶν πανούργων ἀνθρώπων ἐμμένειν εἴπερ ἐθέλοιτε· τὰ πρὸς ἀλλήλους ὁμονοεῖτε, καὶ τὸν Ἀθανάσιον μὴ ποθεῖτε. πολλοὶ πάντως εἰσὶ τῶν αὐτοῦ μαθητῶν δυνάμενοι τὰς ἀκοὰς ὑμῶν κνηθιώσας καὶ δεομένας ἀσεβῶν ῥημάτων ἱκανῶς παραμυθήσασθαι. Ὤφελε γὰρ Ἀθανασίῳ μόνῳ ἡ τῆς B δυσσεβοῦς αὐτοῦ διδασκαλείου κατακεκλεῖσθαι μοχθηρία. νῦν δέ ἐστι πλῆθος ὑμῶν οὐκ ἀγεννές· καὶ πρᾶγμά τε οὐδέν. Ὃν γὰρ ἂν ἕλησθε τοῦ πλήθους, ὅσα γε εἰς τὴν τῶν γραφῶν διδασκαλίαν ἥκει, χείρων οὐδέν ἐστι τοῦ παρ' ὑμῶν ποθουμένου. εἰ δὲ τῆς ἄλλης ἐντρεχείας ἐρῶντες Ἀθανασίου· πανοῦργον γὰρ εἶναι τὸν ἄνδρα πυνθάνο-C μαι· ταύτας ἐποιήσασθε τὰς δεήσεις· ἴστε, διὰ τοῦτ' αὐτὸν ἀπεληλαμένον τῆς πόλεως. Ἀνεπιτήδειος γὰρ φύσει προστατεύειν δήμου πολυπράγμων ἀνήρ. εἰ δὲ μηδὲ ἀνήρ, ἀλλ' ἀνθρωπίσκος εὐτελής· καθάπερ οὗτος ὁ μέγας οἰόμενος περὶ τῆς κεφαλῆς κινδυνεύειν· τοῦτο δὲ δίδωσιν ἀταξίας ἀρχήν. Ὅθεν οὖν ἵνα μὴ γένηται τοιοῦτο πρὸς ὑμᾶς μηδέν, ἀπελθεῖν αὐτῷ προηγορεύσαμεν D τῆς πόλεως πάλαι· νυνὶ δὲ καὶ Αἰγύπτου πάσης.

Προτεθήτω τοῖς ἡμετέροις πολίταις Ἀλεξανδρεῦσι.

JULIANUS BOSTRENIS.

LII.

EQuidem Galilæorum præsules majorem mihi gratiam, quam ei,

Ἰουλιανὸς Βοστρηνοῖς.

νβ.

ὨΜμην ἐγὼ τοὺς τῶν Γαλιλαίων προστάτας ἕξειν μοι μείζονα χάριν, ρῳ, ἢ τῷ φθάσαντι πρὸ ἐμοῦ τὴν ἀρχὴν ἐπιτροπεῦσαι. Ἐπειδὴ γὰρ ἐπὶ μὲν ἐκείνου τοὺς πολλοὺς αὐτῶν καὶ φυγαδευθῆναι, καὶ διωχθῆναι, καὶ δεσμευθῆναι· πολλὰ δὲ ἤδη καὶ σφαγῆναι πλήθη τῶν λεγομένων αἱρετικῶν· ὡς ἐν Σαμοσάτοις, καὶ Κυζίκῳ, καὶ Παφλαγονίᾳ, καὶ Βιθυνίᾳ, καὶ Γαλατίᾳ, καὶ πολλοῖς ἄλλοις ἔθνεσιν, ἄρδην ἀνατραπῆναι πορθηθείσας κώμας. Ἐπ' ἐμοῦ δὲ τοὐναντίον. οἵ τε γὰρ ἐξορισθέντες ἀφείθησαν· καὶ οἱ δημευθέντες ἀπολαμβάνειν τὰ σφέτερα ἅπαντα νόμῳ παρ' ἡμῶν ἔλαβον. Οἱ δ' εἰς τοσοῦτον λυσσομανίας ἥκουσι καὶ ἀπονοίας, ὥστε ὅτι μὴ τυραννεῖν ἔξεστιν αὐτοῖς, μηδὲ ἅ ποτε ἔπραττον μετ' ἀλλήλων, ἔπειτα καὶ ἡμᾶς τοὺς θεοσεβεῖς εἰργάζοντο, διατιθέναι, παροξυνόμενοι πάντα κινοῦσι λίθον, καὶ συνταράττειν τολμῶσι τὰ πλήθη, καὶ στασιάζειν· ἀσεβοῦντες μὲν εἰς τοὺς θεούς, ἀπειθοῦντες δὲ τοῖς ἡμετέροις προστάγμασι, καίπερ ὄντως οὖσι φιλανθρώποις. Οὐδένα γοῦν αὐτῶν ἄκοντα πρὸς βωμοὺς ἐῶμεν ἕλκεσθαι. διαῤῥήδην δὲ αὐτοῖς προσαγορεύομεν, εἴ τις ἑκὼν χερνίβων καὶ σπονδῶν ἡμῖν ἐθέλει κοινωνεῖν, καθάρσια προσφέρεσθαι πρῶτον, καὶ τοὺς ἀποτροπαίους ἱκετεύειν θεούς. Οὕτω πόῤῥω τυγχάνομεν τοῦ διά τινα τῶν δυσσεβῶν ἐθελῆσαί ποτε, ἢ διανοηθῆναι τῶν παρ' ἡμῖν ἁγιωτάτων μετασχεῖν θυσιῶν, πρὶν τὴν μὲν ψυχὴν ταῖς λιτανείαις πρὸς τοὺς θεούς, τὸ δὲ σῶμα τοῖς νομίμοις καθαρσίοις καθήρασθαι. Τὰ γοῦν πλήθη τὰ παρὰ τῶν λεγομένων Κληρικῶν ἐξηπατημένα πρόδηλον ὅτι ταύτης ἀφαιρεθείσης στασιάζει τῆς ἀδείας. Οἱ γὰρ εἰς τοῦτο τετυραννηκότες,

Γρ. ἐπὶ

Γρ. τυγχάνομεν

A qui ante me imperio præfuit, habiturus putabam. Nam imperante illo plerique ex iis relegati, ac fugati, vinctique sunt: tum eorum, quos hæreticos vocant, turbæ quamplurimæ jugulatæ sunt: adeo ut Samosatis, & in Cyzico, Paphlagonia, Bithynia, & Galatia, aliisque gentibus, integri pagi vastati sint ac funditus eversi. Me vero rerum potiente contra accidit. Nam & relegatis permissus est reditus: & B quorum bona publicata fuerant, edicto nostro omnia sua recuperarunt. At illi eo furoris ac vecordiæ venerunt, ut, quia tyrannice grassari iis amplius non licet; nec ea, quæ in se primum invicem, tum in nos quoque pios numinum cultores moliebantur, perpetrare possunt: ob id iracundia perciti nullum non lapidem moveant, neque miscere tumultu populos & ad seditionem incitare vereantur. In quo & adversus Deos impii sunt, & adversus C edicta nostra, quamlibet humanitatis plena, contumaces. Sane neminem istorum trahi ad aras nostras invitum patimur. Quin iis aperte denunciamus: si quis sponte lustrationum libationumque particeps esse nobiscum velit, adhibere piacula primum oportere, & averruncos exorare Deos. Tantum ab eo absumus, ut privatim sacrilegorum quempiam velimus unquam, aut vel levissime cogitemus, in sacrorum illorum, quæ penes nos sunt re- D ligiosissima, communionem recipere, priusquam & animam supplicationibus ad Deos, & corpus legitimis purgationibus expiatum habeat. Vulgus igitur ab iis, qui Clerici vocantur, in errorem inductum illa ipsa, quam dixi, impunitate ac licentia ei detracta perspicue tumultus excitat. Nam qui ad id usque tempus tyrannidem

rannidem gesserunt, non hoc ipso contenti sunt, quod præteritorum criminum pœnas nullas luant: sed prioris dominationis cupidi, quoniam neque jus dicere amplius illis permittitur, neque testamenta scribere, aut alienas hæreditates intervertere, & ad sese omnia transferre; omnes, ut ita dicam, petulantiæ rudentes explicant, &, quod est in proverbio, ignem in ignem derivare, ac priora mala majoribus cumulare non dubitant, dum civitatum populos seditionibus invicem committunt. Quocirca populis omnibus præsenti edicto denunciare ac notum facere voluimus: ne cum Clericis una seditiones faciant, neque ab ipsis induci se sinant, ut vel lapides tollant, vel magistratibus non obtemperent; sed ut conventus quidem suos frequentent, quoad illis videbitur, & quas habent constitutas pro se preces obeant; sin iidem suapte caussa ad seditiones illos vocent, minime iis assentiantur, ne pœnis subjaceant. Hæc porro Bostrenorum civitati privatim denunciare volui, quod Episcopus Titus, & Clerici in libellis, quos obtulerunt, in populum, qui apud se est, crimen omne contulerunt: tanquam se frustra cives a seditione revocantibus, ii nihilominus ad turbas ac tumultus decurrerint. Sane verba ipsa, quæ in oblatis libellis inserere ausus est Episcopus, præsenti edicto subjeci: Cum tamen Christiani gentilibus haud inferiores numero essent; sed hortatu nostro continerentur, ne quis uspiam tumultuari vellet. Hæc enim de vobis verba sunt Episcopi. Videte quemadmodum modestiam vestram non ex animi vestri proposito venisse dicat: utpote qui inviti, ut ait ipse, cohortatione sua repressi a seditione

A οὐκ ἀγαπῶσιν, ὅτι μὴ τίνουσι δίκην ὑπὲρ ὧν ἔπραξαν κακῶς· ποθοῦντες δὲ τὴν προτέραν δυναστείαν, ὅτι μὴ δικάζειν ἔξεστιν αὐτοῖς, καὶ γράφειν διαθήκας, καὶ ἀλλοτρίους σφετερίζεσθαι κλήρους, καὶ τὸ πάντα ἑαυτοῖς προσνέμειν, πάντα κινοῦσιν ἀκοσμίας κάλων· καί, τὸ λεγόμενον, πῦρ ἐπὶ πῦρ ὀχετεύουσι· καὶ τοῖς προτέροις κακοῖς μείζονα ἐπιθεῖναι τολμῶσιν, εἰς διάστασιν ἄγοντες τὰ πλήθη.
B Ἔδοξεν οὖν μοι πᾶσι τοῖς δήμοις προσαγορεῦσαι διὰ τοῦδε διατάγματος, καὶ φανερὸν καταστῆσαι, μὴ συστασιάζειν τοῖς Κληρικοῖς, μηδὲ ἀναπείθεσθαι παρ' αὐτῶν λίθους αἴρειν, μήτε ἀπειθεῖν τοῖς ἄρχουσιν· ἀλλὰ συνιέναι μὲν ἕως ἂν ἐθέλωσιν, εὔχεσθαι δὲ ἃς νομίζουσιν εὐχὰς περὶ ἑαυτῶν. εἰ δὲ ἀναπείθουσιν ὑπὲρ ἑαυτῶν στασιάζειν, μηκέτι συνᾴδειν· ἵνα μὴ δίκην δῶσι. Ταῦτα δέ μοι παρέστη τῇ Βοστρηνῶν
C ἰδίᾳ προσαγορεῦσαι πόλει· διὰ τὸ τὸν ἐπίσκοπον Τίτον, καὶ τοὺς Κληρικοὺς ἐξ ὧν ἐπέδωσαν βιβλίων, τοῦ μετὰ σφῶν πλήθους κατηγορηκέναι, τῶν μὲν παραινούντων τῷ πλήθει μὴ στασιάζειν, ὁρμωμένου δὲ τοῦ πλήθους πρὸς ἀταξίαν. Ἐν γοῦν τοῖς βιβλίοις καὶ αὐτὴν ἣν ἐτόλμησεν ἐγγράψαι τὴν φωνήν, ὑπέταξά μοι τῷδε τῷ διατάγματι. καίτοι Χριστιανῶν
D ὄντων ἐφαμίλλων τῷ πλήθει τῶν Ἑλλήνων, κατεχομένων δὲ τῇ ἡμετέρᾳ παραινέσει μηδένα μηδαμοῦ ἀτακτεῖν. ταῦτα γάρ ἐστιν ὑπὲρ ὑμῶν τοῦ Ἐπισκόπου τὰ ῥήματα· Ὁρᾶτε ὅπως τὴν ὑμετέραν εὐταξίαν οὐκ ἀπὸ τῆς ὑμετέρας εἶναί φησι γνώμης· οἵ γε ἄκοντες, ὥς γε εἶπε, κατέχεσθε διὰ τὰς αὐτοῦ παραινέσεις.

στεις. Ὡς οὖν κατήγορον ὑμῶν ἑκόντες τῆς πόλεως διώξατε· τὰ πλήθη δὲ ὁμονοεῖτε πρὸς ἀλλήλους. καὶ μηδεὶς ἐναντιούσθω, μηδὲ ἀδικείτω· μήθ' οἱ πεπλανημένοι τοὺς ὀρθῶς καὶ δικαίως τοὺς θεοὺς θεραπεύουσι κατὰ τὰ ἐξ αἰῶνος ἡμῖν παραδεδομένα· μήθ' οἱ θεραπευταὶ τῶν θεῶν λυμαίνεσθε τὰς οἰκίας, ἢ διαρπάζετε τῶν ἀγνοίᾳ μᾶλλον ἢ γνώμῃ πεπλανημένων. λόγῳ δὲ πείθεσθαι χρὴ καὶ διδάσκεσθαι τοὺς ἀνθρώπους, οὐ πληγαῖς, οὐδὲ ὕβρεσιν, οὐδὲ αἰκισμῷ τοῦ σώματος. Αὖθίς τε καὶ πολλάκις παραινῶ τοῖς ἐπὶ τὴν ἀληθῆ θεοσέβειαν ὁρμωμένοις, μηδὲν ἀδικεῖν τῶν Γαλιλαίων τὰ πλήθη, μηδὲ ἐπιτίθεσθαι, μηδὲ ὑβρίζειν εἰς αὐτούς. ἐλεεῖν δὲ χρὴ μᾶλλον, ἢ μισεῖν τοὺς ἐπὶ τοῖς μεγίστοις πράττοντας κακῶς. Μέγιστον γὰρ τῶν καλῶν ὡς ἀληθῶς, ἡ θεοσέβεια· καὶ τοὐναντίον τῶν κακῶν, ἡ δυσσέβεια. συμβαίνει δὲ τοὺς ἀπὸ θεῶν ἐπὶ τοὺς νεκροὺς καὶ τὰ λείψανα μετατετραμμένους, ταύτην ἀποτίσαι τὴν ζημίαν. ὡς τοῖς μὲν ἐνεχομένοις τισὶ συναλγοῦμεν· τοῖς δὲ * ἀπολυομένοις καὶ ἀφειμένοις ὑπὸ τῶν θεῶν συνηδόμεθα. Ἐδόθη τῇ τῶν καλάνδων Αὐγούστων ἐν Ἀντιοχίᾳ.

* γρ. ἀπολελυμένοις

A temperetis. Quamobrem vos illum, tanquam accusatorem, vestrum, e civitate sponte pellite: cives autem concordiam mutuo retinete: ita ut nemo adversetur, aut injuriam faciat alteri: neque vos qui in errore estis, aliis, qui Deos recte justeque venerantur iis ritibus, qui nobis ab omni æternitate traditi sunt: neque Deorum cultores illorum ædibus, qui ignorantia magis, quam animi consilio in errore B versantur, vim inferte, aut eas diripite. Quippe oratione persuaderi docerique satius est homines, quam verberibus, ac contumeliis, corporumque suppliciis. Ergo iterum ac sæpius eos admoneo, qui in veram religionem voluntate sua feruntur, ne qua injuria Galilæos afficiant, aut contumeliis vexent. Etenim misericordia potius illi, quam odio digni sunt, qui maximis in rebus calamitatem patiuntur. C Est autem ut bonorum omnium revera maximum pietas, ac religio; sic contra maximum malorum, impietas. Cujusmodi sibi damnum inferunt qui a Diis immortalibus ad mortuos & eorum reliquias sese transferunt. Ac qui in malo aliquo versantur, eorum vicem dolemus: de iis vero, qui liberati, & a Diis exempti sunt, plurimum gratulamur. Datum Cal. Aug. Antiochiæ.

D

Ἰαμβλίχῳ Φιλοσόφῳ.

JAMBLICHO PHILOSOPHO.

νγʹ.

LIII.

Ὦ Ζεῦ, πῶς ἔχει καλῶς, ἡμᾶς μὲν ἐν Θρᾴκῃ διάγειν μέσῃ, καὶ τοῖς ἐνταῦθα σιροῖς ἐγχειμάζειν· παρ' Ἰαμβλίχου δὲ τοῦ καλοῦ· καθάπερ ἑῴου τινὸς ἔαρος ἡμῖν τὰς ἐπιστολὰς

O Jupiter! qui tandem verum illud est, nos in Thracia media vivere, & in ejus crypis hiemare: dum a præclaro interim Jamblicho, tanquam orientali quodam vere, hirundinum ad nos loco literæ litteræ mittuntur: adeo ut neque ad illum nobis hucusque venire, nec ad nos illi proficisci licitum fuerit? Quis hæc, nisi Thrax, & Tereo dignus, æquo tandem animo patiatur?

A ἀντὶ χελιδόνων πέμπεσθαι· καὶ μήτε ἡμῖν ἐξεῖναι μηδέπω παρ' αὐτὸν ἐλθεῖν· μήτ' αὐτῷ παρ' ἡμᾶς ἥκειν ἐξεῖναι. Τίς ἂν ἑκὼν εἶναι ταῦτα δέξαιτο· ἐὰν μὴ Θρᾷξ τις ᾖ, καὶ Τηρέως ἀντάξιος;

Juppiter rex! age libera e Thracia Achivos,
Induc vero serenitatem: da oculis intueri

Ζεῦ ἄνα· ἀλλὰ σὺ ῥῦσαι ἀπὸ Θρήκηθεν Ἀχαιούς·
Ποίησον δ' αἴθρην· δὸς δ' ὀφθαλμοῖσιν ἰδέσθαι

Homer. Iliad. ρ. v. 645.

B

aliquando Mercurium nostrum, atque & illius adyta salutare, & simulacra complecti: quemadmodum Ulyssem fecisse narrant, cum post diuturnos errores Ithacam revisit. Quanquam Phæaces illo, cum adhuc dormiret, e navi mercis instar exposito, discesserunt. Nos somnum non videmus omnino, donec ingens orbis terrarum commodum sua sit adspicere. Tu vero jocari etiam voluisti, cum diceres, me, & sodalem meum Sopatrum transportasse Orientem in Thraciam. Atqui, si quod res est fateri convenit, quamdiu abest Jamblichus, Cimmeriæ tenebræ nobis obversari videntur. Porro tu duorum alterum postulas; ut vel ad te nos eamus, vel tu ad nos ipse venias. Quorum alterum, ut ad te redeamus, ac bonis tuis perfruamur, optandum nobis est, atque utile; alterum voto omni præstantius est. Sed quoniam facere illud non potes, neque rationibus tuis expedit; tu domi te quidem contine, ac bene vale, & quam habes quietem obtine: nos quicquid divinitus nobis acciderit, forti animo perferemus. Nam proborum virorum hoc

ποτὲ τὸν ἡμέτερον Ἑρμῆν· καὶ τά τε ἀνάκτορα αὐτοῦ προσειπεῖν, καὶ τοῖς ἕδεσιν ἐμφῦναι· καθάπερ τὸν Ὀδυσσέα φασὶν, ὅτε ἐκ τῆς ἄλης τὴν Ἰθάκην εἶδεν. ἀλλ' ἐκεῖνον μὲν οἱ Φαίακες ἔτι καθεύδοντα, ὥσπερ τι φορτίον, ἐκθέμενοι, τῆς νεὼς ᾤχοντο. ἡμᾶς δὲ οὐδὲ ὕπνος αἱρεῖ, μέχρις ἂν εἰς τὸ μέγα τῆς οἰκουμένης ὄφελος ἰδεῖν ἐγγένηται. Καί τοι σὺ μὲν, C τὴν ἑῴαν ὅλην ἐμέ τε, καὶ τὸν ἑταῖρον Σώπατρον, εἰς τὴν Θρᾴκην μετῳκηκέναι, προσπαίζεις. Ἡμῖν δὲ, εἰ χρὴ τἀληθὲς εἰπεῖν, ἕως ἂν Ἰάμβλιχος μὴ παρῇ, Κιμμερίων ἀχλὺς συνοικεῖ. καὶ σὺ δυοῖν θάτερον αἰτεῖς· ἢ ἡμᾶς μὲν παρὰ σὲ ἥκειν· ἢ αὐτόν σε παρ' ἡμᾶς [ἀραμένους ἔχειν.] Ἡμῖν δὲ τὸ μὲν ἕτερον εὐκταῖόν τε ὁμοῦ, καὶ σύμφορον, D αὐτοὺς ἐπανελθεῖν ὡς σὲ, καὶ τῶν παρὰ σοὶ καλῶν ἀπολαῦσαι· τὸ δὲ ἕτερον, εὐχῆς μὲν ἁπάσης κρεῖττον. Ἐπεὶ δὲ ἀδύνατόν σοί γε καὶ ἀξύμφορόν ἐστι· σὺ μὲν οἴκοι μένειν, καὶ χαίρειν, καὶ τὴν ἡσυχίαν, ἣν ἔχεις, σώζειν· ἡμεῖς δὲ ὅ,τι ἂν θεὸς διδῷ, γενναίως οἴσομεν. Ἀνδρῶν γὰρ ἀγαθῶν εἶναί

εἶναί φασι τὸ μὲν εὔελπι κεκτῆσθαι, καὶ τὰ δέοντα πράττειν· ἕπεσθαι δὲ τοῖς ἀναγκαίοις τοῦ δαίμονος.

A dicitur, bona ſpe præditum eſſe; atque officium ſuum facere: ad ea vero, quæ fatalis neceſſitas impoſuerit, accommodare ſeſe.

Γεωργίῳ Καθολικῷ.

νδʹ.

Ἠχὼ μὲν ἡ θεὸς ἔστω κατὰ σέ, καὶ λάλος· εἰ δὲ βούλει, καὶ Πανὸς σύζυγος. οὐ γὰρ διοίσομαι. κἂν γὰρ ἐθέλῃ με διδάσκειν ἡ φύσις, ὅτι ἐστὶν ἠχὼ φωνῆς εἰς ἀέρος πλῆξιν ἀντίτυπος ἦχος, πρὸς τύμπανον τῆς ἀκοῆς ἀντανακλωμένη· ὅμως παλαιῶν ἀνδρῶν ἔτι καὶ νέων, οὐκ ἔλαττον ἢ τῷ σῷ πειθόμενος λόγῳ, θεὸν εἶναι τὴν ἠχὼ δυσωποῦμαι. Τί γοῦν ἂν εἴη τοῦτο πρὸς ἡμᾶς, εἰ πολλῷ τῷ μέτρῳ τοῖς πρὸς σὲ φιλικοῖς τὴν ἠχὼ νικῶμεν; ἡ μὲν γὰρ οὐ πρὸς ἅπαντα, ὅ, τι ἂν ἀκούσῃ, μᾶλλον ἢ πρὸς τὰ ἔσχατα τῆς φωνῆς ἀντιφθέγγεται· καθάπερ ἐρωμένη φειδωλὸς ἄκροις ἀντιφιλοῦσα τὸν ἐραστὴν τοῖς χείλεσιν. Ἡμεῖς δὲ καὶ τῶν πρὸς σὲ κατάρχομεν ἡδέως· καὶ αὖθις εἰς τὴν παρὰ σοῦ πρόσκλησιν, οἱονεὶ σφαίρας δίκην, τὸ ἴσον ἀντιπέμπομεν. Ὥστε οὐκ ἂν φθάνοις αὐτὸς ἔνοχος ὢν οἷς γράφεις· καὶ σαυτόν, ἀφ' ὧν πλεῖον λαμβάνων, ἐλάχιστον ἀντιδίδως, οὐχ ἡμᾶς, ἐν οἷς ἐπ' ἄμφω πλεονεκτεῖν σπεύδομεν, εἰς τὸ ὅμοιον τῆς εἰκόνος ἐγκρίνων. Πλὴν ἄν τε ἴσῳ τῷ μέτρῳ διδῷς ὅπερ ἂν λάβῃς· ἄν τε μή· ἡμῖν ὅ, τι ἂν ἐξῇ

Georgio Catholico.

LIV.

B Eſto vero, ita ut dicis, Dea quædam, & loquax Echo: ac Panos adeo, ſi placet, conjux. Non enim repugnem. Nam tametſi natura nos ipſos docere conetur, Echo nihil aliud eſſe, niſi vocis ex aëris percuſſione reſpondentem ac reſonantem imaginem, quæ aurium ex adverſo reciprocatur ac refringitur; tamen eandem illam Echo deam eſſe, non magis tuo, C quam veterum ac recentiorum omnium, ſermone ac ſententia, adducor ut credam. Sed quid noſtra illud intereſt, ſi in amore erga te longo a nobis Echo intervallo ſuperatur? Hæc enim, quicquid audierit, non ad omnia potius, quam ad vocis extrema reſpondet: ſic tanquam præparca quædam amicula, quæ amatorem ſuum ſummis tantummodo labris oſculatur. Nos vero cum libenter hoc tibi genere officii præimus; tum abs te ipſo provocati, velut in pilæ ludo, par viciſſim remitti- D mus. Quocirca nunquam effugies, quin tutemet in iis, quæ ſcribis, reus atque obnoxius tenearis: ac teipſum, quatenus plura idem accipis, & quam minimum reddis; non utique nos, qui in ambobus ſuperiores eſſe ſtudemus; in illius imaginis ſimilitudine reponas. Veruntamen ſive eadem menſura reddis quod acceperis, ſive non reddis; quicquid eſt, quod a te licet

cet accipere, mihi hoc gratissimum est, & in solidum sufficere persuasum habeo.

A παρὰ σοῦ λαβεῖν, ἡδὺ, καὶ πρὸς τὸ ὅλον ἀρκεῖν πεπίστευται.

EUMENIO & PHARIANO.

LV.

SI quis est, qui id vobis persuaserit, jucundius aliquid & utilius hominibus esse, quam in otio ac secure philosophari, falsæ hic opinione vos fallit. Sin pristina in vobis adhuc alacritas perseverat; neque confestim, emicantis flammæ instar, extincta est; equidem felices vos esse judico. Quartus jam annus abiit, ac tertius fere præterea mensis, ex quo ab invicem sejuncti sumus. Quantum igitur toto illo interjecto tempore progressum habueritis, libenter inspexerim. Nam quod ad me attinet, mirum est si vel Græce loqui possim: tantam ex regionibus istis barbariem contraximus. At vos neque oratorium studium contemnite: neque rhetoricam aut poëtarum lectionem negligite; sed ita tamen, ut in disciplinas ipsas vehementius incumbatis. Itaque labor omnis vester in Aristotelicorum Platonicorumque dogmatum scientia versetur. Vestrum hoc opus sit: hoc crepido, fundamentum, ædificium, tectum: reliqua sint accessionis instar: quæ majore tamen a vobis studio, quam legitima opera ab nonnullis, elaborentur. Ego vero, per divinum jus fasque, vos tanquam fratres diligens, id vobis consilii dedi: utpote condiscipulis olim meis, & amicitia conjunctissimis. Quod si mihi hac in re parueritis, ego vos majori quodam amore complectar; sin minus responderitis, equidem res dolebo. Porro continuus dolor quem tandem exitum habeat, melioris ominis caussa, tacere malo.

Εὐμενίῳ καὶ Φαριανῷ.

νε'.

ΕἼ τις ὑμᾶς πέπεικεν, ὅτι τοῦ φιλοσοφεῖν ἐπὶ σχολῆς ἀπραγμόνως ἐστὶν ἥδιον, ἢ λυσιτελέστερόν τι τοῖς ἀνθρώποις, ἠπατημένος ἐξαπατᾷ. B Εἰ δὲ μένει παρ' ὑμῖν ἡ πάλαι προθυμία, καὶ μὴ, καθάπερ φλὸξ λαμπρὰ, ταχέως ἀπέσβη, μακαρίους ἔγωγε ὑμᾶς ὑπολαμβάνω. Τέταρτος ἐνιαυτὸς ἤδη παρελήλυθε, καὶ μὴν οὑτοσὶ τρίτος ἐπ' αὐτῷ σχεδὸν, ἐξότε κεχωρίσμεθα ἡμεῖς ἀλλήλων. ἡδέως δ' ἂν ἐσκεψάμην, ἐν τούτῳ πόσον τι προεληλύθατε. Τὰ δὲ ἐμὰ, εἰ καὶ φθεγγοίμην Ἑλληνιστὶ, θαυμάζειν ἄξιον· C οὕτως ἐσμὲν ἐκβεβαρβαρωμένοι διὰ τὰ χωρία. Μὴ καταφρονεῖτε τῶν λογιδίων μηδὲ ἀμελεῖτε τῆς ῥητορικῆς· μηδὲ τοῦ ποιήμασιν ὁμιλεῖν. ἔστω δὲ τῶν μαθημάτων ἐπιμέλεια πλείων. ὁ δὲ πᾶς πόνος, τῶν Ἀριστοτέλους καὶ Πλάτωνος δογμάτων ἐπιστήμη. τοῦτο ἔργον ἔστω· τοῦτο κρηπὶς, θεμέλιος, οἰκοδομία, στέγη· τἆλλα δὲ πάρεργα, μετὰ μείζονος σπουδῆς παρ' ὑμῶν ἐπιτελούμενα, ἢ παρά τισι τὰ ἀληθῶς D ἔργα. Ἐγὼ, νὴ τὴν θείαν δίκην, ὑμᾶς ὡς ἀδελφοὺς φιλῶν, ταῦτα ὑμῖν συμβουλεύω. γεγόνατε γάρ μοι συμφοιτηταὶ, καὶ πάνυ φίλοι. εἰ μὲν οὖν πεισθείητε, πλέον στέρξω· ἀπειθοῦντας δὲ ὁρῶν λυπήσομαι. λύπη δὲ συνεχὴς εἰς ὅ ποτε τελευτᾷν εἴωθεν, εἰπεῖν παραιτοῦμαι οἰωνοῦ κρείττονος ἕνεκα.

A

Ἐκδικίῳ.

νζ.

Ἄξιόν ἐστιν, εἴπερ ἄλλου τινὸς, καὶ τῆς ἱερᾶς ἐπιμεληθῆναι μουσικῆς. ἐπιλεξάμενος οὖν ἐκ τοῦ δήμου τῶν Ἀλεξανδρέων εὖ γεγονότας μειρακίσκους, ἀρτάβας ἑκάστῳ κέλευσον δύο τοῦ μηνὸς χορηγεῖσθαι· ἔλαιόν τε ἐπ' αὐτῷ, καὶ σῖτον, καὶ οἶνον· ἐσθῆτα δὲ παρέξουσιν οἱ τοῦ ταμιείου προεστῶτες. οὗτοι δὲ τέως ἐκ φωνῆς καταλεγέσθωσαν. Εἰ δέ τινες δύναιντο καὶ τῆς ἐπιστήμης αὐτῆς εἰς ἄκρον μετασχεῖν· ἴστωσαν ἀποκείμενα πάνυ μεγάλα τοῦ πόνου τὰ ἔπαθλα καὶ παρ' ἡμῶν. Ὅτι γὰρ πρὸ ἡμῶν αὐτοὶ τὰς ψυχὰς ἀπὸ τῆς θείας μουσικῆς καθαρθέντες ὀνήσονται, πιστευτέον τοῖς ἀποφαινομένοις ὀρθῶς ὑπὲρ τούτων. ὑπὲρ μὲν οὖν τῶν παίδων τοσαῦτα. Τοὺς δὲ νῦν ἀκροωμένους τοῦ μουσικοῦ Διοσκόρου, προτρέπου ἀντιλαβέσθαι τῆς τέχνης προθυμότερον. ὡς ἡμῶν ἑτοίμων, ἐπὶ ὅπερ ἂν ἐθέλωσιν, αὐτοῖς συναίρεσθαι.

ECDICIO.

LVI.

Si qua res est studio nostro curaque digna, ejusmodi esse sacra musica videtur. Tu igitur ex Alexandrinorum populo delectis bonæ indolis adolescentulis, menstruas in singulos artabas duas erogari præcipe: nec non oleum, frumentum, &
B vinum: vestem porro præbebunt ærarii præfecti. Atque illi quidem interim ex voce conscribantur. Quod si aliqui perfecte artem illam consequi potuerint, sciant haud mediocria sibi laboris illius præmia etiam a nobis esse constituta. Nam quod, citra nostra illa præmia, non mediocrem fructum divinæ ope musicæ ex animorum suorum purgatione percepturi sint, persuadent illi qui recte hac de re statue-
C runt. De pueris igitur ita præcipimus. Jam vero quod ad musici Dioscori discipulos attinet, fac ut artem illam studiosius addiscant. Nos enim ad illos, quacunque in re voluerint, juvandos parati sumus.

Ἐλπιδίῳ Φιλοσόφῳ

νϛ'.

Ἔστι καὶ μικροῦ γράμματος ἡδονὴ μείζων, ὅταν ἡ τοῦ γράψαντος εὔνοια, μὴ τῇ τῆς ἐπιστολῆς σμικρότητι μᾶλλον, ἢ τῷ τῆς ψυχῆς μεγέθει στερῆται. Εἰ δὲ δὴ νῦν βραχέα τὰ τῆς ψυχῆς προσρήσεως ὑφ' ἡμῶν γένηται, μὴ οὕτω τὸν ἐπ' αὐτοῖς πόθον τεκμηριώσῃ. ἀλλ' εἰδὼς ἐφ' ὅσον ὁ παρ' ἡμῶν ἔρως ἐπὶ σοὶ τέταται, τῇ μὲν τοῦ γράμματος βραχύτητι συγγνώμην νέμε· τοῖς ἴσοις δὲ

ELPIDIO PHILOSOPHO.

LVII.

D Affert & epistola parva voluptatem majorem, cum ejus, qui scripsit, benevolentia, non parvitate potius epistolæ, quam animi magnitudine, *confirmatur*. Quamobrem si hæc *animi* salutatio paulo a nobis brevior instituatur, noli de nostro in te studio conjecturam ex ea te facere. Immo vero cum meus amor in te quam vehemens sit, optime noris, literarum brevitati sic ignoscas velim, ut sine ulla

cuncta-

cunctatione vicissim rescribas. Quicquid enim a te in nos profectum fuerit, id, etsi parvum est, boni speciminis ominis apud nos obtinet.

A ἡμᾶς ἀμείβεσθαι μὴ κατόκνει. Πᾶν γὰρ ὅ, τι ἂν διδῷς, κἂν μικρὸν ᾖ, παντὸς ἀγαθοῦ γνώρισμα παρ' ἡμῖν σώζει.

JULIANUS ALEXANDRINIS.

LVIII.

OBeliscum apud vos esse audio lapideum justæ altitudinis; despici tamen, & ut quid vile, jacere in littore. Eum Divus Constantius instructo navigio Constantinopolim, patriam meam, advehi præceperat. Sed quandoquidem ille, Diis ita volentibus, fatalem istinc ad plures migrationem migravit, exigit a me eadem civitas donarium: quum ipsa mihi sit patria, adeoque majore mihi quam illi necessitudine conjuncta. Ille namque eam ut sororem quidem, at ego ut matrem amo: in ejus enim solo primum fleti in lucem editus, illic alitus educatusque sum: nec fieri ulla ratione potest, ut in illam ingratus unquam videar.

Ἰουλιανὸς Ἀλεξανδρεῦσι.

νη'.

ΟΒελὸν εἶναι παρ' ὑμῖν ἀκούω λίθινον εἰς ὕψος ἱκανὸν, ἠρμένον B ἐπὶ τῆς ἠϊόνος, ὥσπερ ἄλλο τι τῶν ἀτιμοτάτων ἐρριμμένον. ἐπὶ τούτῳ ἐναυπήγησε σκάφος ὁ μακαρίτης Κωνστάντιος, ὡς μετάξων αὐτὸν εἰς τὴν ἐμὴν πατρίδα Κωνσταντίνου πόλιν. Ἐπεὶ δὲ ἐκείνῳ συνέβη, θεῶν ἐθελόντων, ἐνθένδε ἐκεῖσε πορευθῆναι τὴν εἱμαρμένην πορείαν, ἡ πόλις ἀπαιτεῖ παρ' ἐμοῦ τὸ ἀνάθημα· πατρίς οὖσά μου, καὶ προσήκουσα πλέον ἤπερ ἐκείνῳ. Ὁ μὲν γὰρ αὐτὴν ὡς ἀδελφὴν, ἐγὼ δὲ ὡς μητέρα φιλῶ· καὶ C γὰρ ἐγενόμην παρ' αὐτῇ, καὶ ἐτράφην ἐκεῖσε, καὶ οὐ δύναμαι περὶ αὐτὴν ἀγνωμονῆσαι.

DIONYSIO.

LIX.

*   *   *

Quid igitur? neque enim ulla tunc afficiebaris injuria: etsi ita tibi fortasse videbatur, quod me tuis amicis adsimilem esse existimas: quorum utrique tu te invocatum dedisti, maxime autem priori invocatum, alteri vero tantum annuenti tuam sibi gratam fore operam, obedientissime paruisti. Cæterum, an ego sim Constanti an Magnentio similis, res ipsa olim, quod ajunt, indicabit. Tu vero, ut est apud Comicum, teipsum laudas, velut Asty-

Διονυσίῳ.

νθ'.

*   *   *

Τί οὖν; οὐ γὰρ ἐλοιδόρου τότε· καί τοι διανοούμενος ἴσως αὐτὸ, καὶ βλασφημίαν D νομίζων, ὅτι με τοῖς σεαυτοῦ φίλοις ὑπέλαβες εἶναι προσόμοιον. ὧν ἑκατέρῳ δέδωκας σεαυτὸν ἄκλητον, μᾶλλον δὲ τὸ μὲν ἄκλητον τῷ προτέρῳ, τῷ δευτέρῳ δὲ ἐνδειξαμένῳ μόνον, ὅτι σε συνεργὸν ἐθέλει προσλαβεῖν, ὑπήκουσας. Ἀλλ' εἰ μὲν ἐγὼ προσόμοιός εἰμι Κώνσταντι καὶ Μαγνεντίῳ, τὸ πρᾶγμα αὐτὸ, φασὶ, δείξει. Σὺ δ' ὅτι κατὰ τὸν κωμικὸν, σαυτὸν ἐπαινεῖς, ὥσπερ Ἀστυ-

δάμας,

δάμας, γύναι· πρόδηλόν ἐστιν ἐξ ὧν ἐπέστειλας. ἡ γὰρ ἀφοβία, καὶ τὸ μέγα θράσος, καὶ τό, εἴθ' ἐμὲ γνοίης, οἷός εἰμι· καὶ πάντα ἁπλῶς τὰ τοιαῦτα, βαβαί, πηλίκου κτύπου καὶ κόμπου ῥημάτων εἰσίν· ἀλλὰ καὶ πρὸς τῶν Χαρίτων, καὶ τῆς Ἀφροδίτης, εἰ καὶ τολμηρὸς οὕτω, καὶ γενναῖος * * * ἢ τοῦτο νομίζεις ὑπὲρ τῶν παλαιῶν ἁμαρτημάτων ἀπολογεῖσθαι πρὸς ἅπαντας, καὶ τῆς πάλαι ποτὲ μαλακίας παραπέτασμα τὴν νῦν ἀνδρείαν ἔσεσθαί σοι. Τὸν μῦθον ἀκήκοας· γαλῆ ποτ' ἀνδρὸς εὐπρεποῦς ἐρασθεῖσα· τὰ δὲ ἄλλα ἐκ τοῦ βιβλίου μάνθανε. Πολλὰ εἰπὼν οὐδένα ἂν πείσῃς ἀνθρώπων, ὡς οὐ γέγονας ὅπερ οὖν γέγονας, καὶ οἷον οἱ πολλοὶ πάλαι σε ἠπίσταντο. τὴν νῦν δὲ ἀμαθίαν, καὶ τὸ θράσος, οὐ φιλοσοφία, μὰ τοὺς θεούς, ἐνεποίησέ σοι· τοὐναντίον δὲ ἡ διπλῆ κατὰ Πλάτωνα ἄγνοια. κινδυνεύων γὰρ εἰδέναι μηδέν, ὡς οὐδὲ ἡμεῖς, οἴῃ πάντων εἶναι σοφώτερος, οὐ τῶν νῦν ὄντων, ἀλλὰ καὶ τῶν γεγονότων, ἴσως δὲ καὶ ἐσομένων· οὕτω σοι πρὸς ὑπερβολὴν ἀμαθίας τὰ τῆς οἰήσεως ἐπιδέδωκε. ἀλλὰ σοῦ μὲν ἕνεκα, καὶ ταῦτα ἱκανῶς εἴρηταί σοι. Πλείω δὴ ἴσως ἀπολογήσασθαι διὰ σὲ καὶ τοῖς ἄλλοις, ὅτι προχείρως ἐπὶ κοινωνίαν σε παρεκάλεσα πραγμάτων. οὐ πρῶτος, οὐδὲ μόνος ἔπαθον, ὦ Διονύσιε. ἐξηπάτησε καὶ Πλάτωνα ὁ σὸς ὁμώνυμος· καὶ τί δὴ χρὴ λέγειν ὑπὲρ τούτου, ὅπως καὶ τῶν Ἀσκληπιαδῶν ὁ κράτιστος Ἱπποκράτης· "ἔσφηλαν δέ με τὴν γνώμην αἱ περὶ τὴν κεφαλὴν ῥαφαί. Εἶτ' ἐκεῖνοι μὲν ὑπὲρ ὧν ᾔδεσαν ἐξηπατῶντο, καὶ τὸ τεχνικὸν ἐλάνθανε τὸν ἰατρὸν θεώρημα. θαυμαστὸν δέ, εἴπερ Ἰουλιανὸς ἀκούσας ἐξαίφνης ἀνδρίζεσθαι τὸν Νειλῷον τὸν Διονύσιον, ἐξηπατήθη; ἀκούεις ἐκεῖνον τὸν Ἠλεῖον Φαίδωνα,

add. τὴν γαλῆν Anon.

add. ἔτι Anon.

A damas, mulier. Atque id ex iis quæ scripsisti liquet: omnia enim illa, imperterrita mens, & ingens audacia; itemque illud, Utinam me nosses qualis sum; & cætera deinceps ejusmodi, papæ! ut personantia sunt, & tumida, turgidaque. Sed Gratias testor & Venerem, si & audax sic & generosus * * * An id putas, quæcunque a te pridem sunt peccata, facile apud omnes excusari purgarique, & nupera B fortitudine umbram mollitiei pristinæ obduci? Fabulam audivisti. Mustela quondam amore capta viri formosi: cætera e libro disce. Quamvis multa dicas, nemini tamen persuadebis unquam, te cum non fuisse qui fueris, & qualem te permulti jampridem norunt. Nunc autem inscitiam tibi ac temeritatem, non philosophia, nec id Dii velint, attulit, sed potius duplex, ut ait Plato, ignorantia. Quum C enim expertus scire potueris te nihil scire, quod & nos de nobis ipsi fatemur; autumas te sapientissimum omnium qui sunt, qui fuerunt, quique futuri sunt posthac: tantum in te stoliditatis de tua opinione exuberat. Sed hæc tibi quidem propter te dicta plus satis. Verum mihi pluribus fortean apud alios agendum est, quod tam simpliciter te ad rerum gerendarum societatem vocavi. Nec primus ego, nec solus D indigna sum passus, Dionysi. Decepit & Platonem cognominis tibi Dionysius. Et quid hic moror? nonne & medicorum præstantissimus Hippocrates dixit: opinionem meam suturæ capitis fefellerunt. At illi quidem in iis, quæ nosse apprime debuerant, decepti sunt, medicumque latuit artis suæ consideratio: mirum vero, si & Julianus, audiens Nilotem aut Dionysium de subito virum extitisse, deceptus est? Audis Eleum illum Phædonem, & historiam nosti

nosti. Sin secus, accuratius cogita: nec enim dicam. Putabat ille, neminem esse tam prave affectum, quem Philosophia non curaret; omnesque illius ope libidines, cupiditates, affectus, atque, ut uno semel verbo dicam, cuncta hujuscemodi, tolli facillime posse. Nam si bene & feliciter natis hoc solum sufficit, quod bene & feliciter sunt nati, quid mirum, si accedente Philosophia hæc etiam consilent? Nec enim, opinor, sponte lubenterque B turpi mendacio incumbet, qui suapte natura vera dicere consuevit. Sed tuam confidentiam audaciamque puta quatuor obolis, quod vulgo dicitur, dignam. Enimvero non magnum est facinus aliis obloqui, sed cum se præstare, quem nemo jure suggillet. Tu si is sis, fac nos, amabo te, ut videamus. Illud strenui prudentisque viri non est, cordatissime Dionysi, discedere principibus invisum insensumque. At tum demum bonus merito prædicaberis, quum tua consuetudine & familiaritate homines nobis reddideris sapientiores. Sed hoc tibi nunquam, neque aliis mille tui similibus, continget. Etenim saxa saxis si confligant, & lapides lapidibus si collidantur, nihil sibi invicem prosunt, sed mollior a duriore facile teritur. Nempe hæc non Laconice, aut concise: ego enim arbitror me tua caussa loquaciorem Attica cicada videri. Pro tuis autem in me contumeliis conviciisque saxo pœnas mihi luas, ut par erit, annuentibus Diis dominaque Adrastea. Quonam pacto, ais? & quidnam præcipue conabor, quum verbo & opere peccare sit proclive? Obstruam quantum in me erit, pervicaci & maledicæ tuæ linguæ ac futilitati rimas. Etsi nescius non sim, Veneris ipsius soleam Momi dicteria

A καὶ τὴν ἱστορίαν ἐπίστασαι· εἰ δὲ ἀγνοεῖς, ἐπιμελέστερον πολυπραγμόνησον, ἐγὼ δὲ οὐκ ἐρῶ, τοῦτο. Ἐκεῖνος ἐνόμιζεν, ἀνίατον οὐδένα τῇ Φιλοσοφίᾳ· πάντας δὲ ἐκ πάντων ὑπ' αὐτῆς καθαίρεσθαι βίων, ἐπιτηδευμάτων, ἐπιθυμιῶν, πάντων τῶν ἁπαξαπλῶς τοιούτων. εἰ γὰρ τοῖς εὖ πεφυκόσι καὶ καλῶς τεθραμμένοις ἐπήρκει μόνον, οὐδὲν ἦν θαυμαστὸν τὸ κατ' αὐτήν. πέπεισμαι γὰρ ὅτι οὐ ποτ' B ἂν ἑκὼν ψεύσαιτο, τὰ πάντα ἀληθίζεσθαι πεφυκώς. Ἀλλὰ τὴν παρρησίαν τὴν σὴν αὐτὴν τεττάρων εἶναι ὀβολῶν, τὸ λεγόμενον, ἀξίαν. πλὴν οὐ μέγα ἔργον ἐστὶν ἐπιτιμᾶν ἄλλοις, αὑτὸν δὲ ἀνεπιτίμητον παρασχεῖν. εἰ δέ σοι ταύτης μέτεστι τῆς μερίδος, ἐπίδειξον ἡμῖν. Οὐ τούτου ἐστὶν, ὦ συνετώτατε Διονύσιε, σπουδαίου καὶ σώφρονος ἀνδρὸς, ἀπεχθόμενον ἀπελθεῖν τοῖς κρατοῦσιν. ἦσθα δὲ ἂν βελτίων, C εἰ τοὺς ἀνθρώπους ἐκ τῆς πρὸς ἑαυτὸν συνουσίας ἀπέφηνας ἡμῖν μετριωτέρους. Ἀλλὰ τοῦτο μὲν οὐ κατὰ σέ, μὰ τοὺς θεοὺς, οὐδὲ κατὰ μυρίους ἄλλους, ὅσοι ζηλοῦσι τὸν σὸν τρόπον. πέτραι γὰρ πέτραις, καὶ λίθοι λίθοις προσαραττόμενοι, οὐκ ὠφελοῦσι μὲν ἀλλήλους, ὁ δὲ ἰσχυρότερος συντρίβει τὸν ἥττονα εὐχερῶς. Ἆρα μὴ λακωνικῶς ταῦτα καὶ συντόμως. ἐγὼ μὲν, οἶμαι, λαλίστερος διά σε καὶ τῶν Ἀττικῶν D ἀποπεφάνθαι τεττίγων. Ὑπὲρ δὲ ὧν εἰς ἐμὲ πεπαρῴνηκας, ἐπιθήσω σοὶ δίκην τὴν πρέπουσαν, ἐθελόντων θεῶν καὶ τῆς δεσποίνης Ἀδραστείας. Τίς οὖν ἡ δίκη; καὶ τί μάλιστα πειράσομαι, διά τε τῶν λόγων καὶ τῶν ἔργων ἐξαμαρτάν; μὴ παρασχέσθαι σοῦ τῇ κατηγόρῳ γλώττῃ πολλὴν φλυαρίαν. Καί τοι με οὐ λέληθεν, ὅτι καὶ τὸ Ἀφροδίτης φασὶν ὑπὸ τοῦ Μώμου ἐσκῶφθαι τὸ σάνδαλον.

 ἀλλ'

ἀλλ᾽ ὁρᾷς ὅτι πολλὰ καὶ ὁ Μῶμος ἐῤῥήγνυτο, καὶ μόλις ἐλάμβανε τοῦ σανδάλου. Εἴη δὲ καί σε περὶ ταῦτα τριβόμενον καταγηράσαι, καὶ τοῦ Τιθωνοῦ βαρύτερόν τε, καὶ τοῦ Κινύρου πλουσιώτερον, καὶ τοῦ Σαρδαναπάλου τρυφερώτερον· ὅπως καὶ τὸ τῆς παροιμίας ἐπὶ σοῦ πληρωθῇ, δὶς παῖδες οἱ γέροντες. Τὸ γὰρ φροῦδον, οὐδεὶς εἶπε τῶν ἀρχαίων, ἐπὶ τοῦ προφανοῦς, ὥσπερ σὺ νῦν ἐπὶ ταῖς ἄλλαις σου τῆς ἐπιστολῆς ἁμαρτίαις. οὐδεὶς ἂν ἐξελθεῖν ἐν μακρῷ πάνυ κύκλῳ δυνηθείη, καὶ τὸ μαστροπὸν ἐκεῖνο καὶ βδελυρὸν ἦθος, ὑφ᾽ οὗ σεαυτὸν προαγωγεύεις. Οὐ γὰρ τοὺς ἐξ ἑτοίμου * * φηλοῖς ἥκοντας, * * οὐδὲ τοὺς ἐφεδρεύοντας ταῖς ἀρχαῖς, ἀλλὰ τοὺς βεβαίᾳ κρίσει χρωμένους, καὶ ∴ δὴ τοῦτο τὸ δέον αἱρουμένους.

[Margin: Ἴσως. φῆς] [Margin: Ἴσως. κατὰ τ.]

A non evasisse. Sed vides ut idem ille Momus, ob reliquum Veneris decorem invidia rumpebatur, & vix reperit quod in solea carperet? Hoc igitur optaverim, ut circa hujusmodi livore districtus consenescas, & Tithono gravior, & Cinyra opulentior, & Sardanapalo mollior; ut de te verissime dicatur, Bis pueri senes. Nec enim antiquorum ullus τὸ Φροῦδον, ut rem manifestam significaret, usurpavit; B quod tu nunc facis inter cæteros epistolæ tuæ lapsus. Nemo denique, sermone quamvis longo, lenonios & impuros tuos mores queat explicare. Stas enim velut prostibulum, nec eos modo, qui te ultro adeunt, ductando captas * * * * nec eos solum, qui magistratus aucupantur; sed & eos qui firmo utuntur judicio, & per hoc rectum colunt. * * *

C

Ἰαμβλίχῳ.

ξ'.

Ἦλθες, καὶ ἐποίησας· ἦλθες γὰρ δὴ καὶ ἀπὼν, οἷς γράφεις· ἐγὼ δέ σε μὰ ἐμὰν ἂν δ᾽ ἐφύλαξας, ἐμὰν φρένα καιομέναν πόθῳ, οὐχ ὅπως οὐδὲ ἀρνοῦμαι τὸ φίλτρον, οὐδὲ ἀπολείπω σε καθ᾽ οὐδέν· ἀλλὰ καὶ ὡς παρόντα τῇ ψυχῇ θεωρῶ, καὶ ἀπόντι σύνειμι· καὶ οὐδὲν ἱκανόν ἐστί μοι πρὸς κόρον ἀρκέσαι. καίτοι σύ, γε οὐκ ἀνίης καὶ παρόντας εὖ ποιῶν ἀεὶ, καὶ ἀπόντας οὐκ εὐφραίνων μόνον οἷς γράφεις, ἀλλὰ καὶ σώζων. Ὅτε γοῦν ἀπήγγειλέ μοί τις ἔναγχος, ὡς παρὰ σοῦ γράμματα κομίσας ἑταῖρος ἥκοι, ἐτύγχανον μὲν ἐν ἀηδίᾳ τοῦ στομάχου τριταῖος ἤδη καθεστώς· καίτοι καὶ περιαλγῶς ἔχων τοῦ σώματος, ὡς μηδὲ ἔξω πυρετοῦ μένειν· σημανθὲν δὲ, ὡς ἔφην, ὅτι μοι πρὸς ταῖς

JAMBLICHO.

LX.

Venisti, & fecisti. Nam & absens per eas, quas scribis, litteras venisti. Ego vero te, per meam, quam tu servasti, meam, inquam, mentem ardentem desiderio, nec amorem inficior, nec te ulla re desero; sed tanquam præsentem contemplor animo, & cum absente versor: nec est quicquam quod me plene satiare D possit. Verum tu neque de præsentibus bene merendi finem facis; nec absentes cum oblectare scriptis tuis, tum salutem iis afferre desinis. Cum igitur mihi nuper nunciasset aliquis, advenisse sodalem, qui a te litteras afferret: quamvis tertium jam diem stomacho laborarem, & affecta essem valetudine, ut nec extra febrem consisterem; sed cum mihi, ut dixi, significatum esset, adesse præ foribus, qui a te litteras

teras haberet; statim velut impotens mei, & furore quodam instinctus, exiliensque, nec ministris expectatis, obviam erupi. Ut autem epistolam in manus tantummodo sumsi, (Deos ipsos, & illud meum, quo in te sum inflammatus, desiderium testor) repente fugisse dolores omnes, ac me febrim reliquisse, velut manifesta salutaris cujusdam numinis præsentia pudefactam. Postquam vero resignatam legere cœpi; quo me tandem animo fuisse tunc existimas, aut quantam cepisse voluptatem, cum amicissimum, ut ais, meum, & ad amores reipsa factum, ac rerum præclararum administrum, impense collaudarem, ac merito diligerem; quod perferendis ad me litteris tuis operam navaverat, easque more volucris ad nos secundo ac prospero vento direxerat: quæ mihi non solum oblectationem attulerunt, quod ex ipsis in illo, quem par erat, statu res tuas esse cognovi: sed ægrotanti quoque salutem ac sospitatem reddiderunt? Jam quod ad cætera spectat; quis animi mei affectus fuerit, cum primum epistolam illam legi, qua tandem oratione consequar? aut quemadmodum amorem meum idoneis verbis explicem? Quoties me ad initium a fine revocavi? quoties veritus sum, ne imprudens totam legendo percurrerem? quoties, velut in circulo quodam ac strophæ ambitu, finem & clausulam ad principium retraxi; sic tanquam in musico cantu idipsum, a quo carmen exordium ceperat, modulationis in fine repeterem? Vel illa, quæ deinde consecuta sunt? quoties ad os meum epistolam admovi, sicut matres filiolos suos exosculantur? quoties ad idem meum os adhæsit, tanquam suavissimam meam amasiam complecterer? quoties inscriptionem ipsam, quam velut manifesto sigillo, tuapte manu obsignaveras, blande com-

A θύρας ὁ τὰ γράμματα ἔχων εἴη· ἐγὼ μὲν, ὥσπερ τις ἀκρατὴς ἐμαυτοῦ καὶ κάτοχος, ἀναπηδήσας ᾖξα πρὶν ὅτι δέοι παρεῖναι. Ἐπεὶ δὲ καὶ ἔλαβον εἰς χεῖρας τὴν ἐπιστολὴν μόνον, ὀμνύω τοὺς θεοὺς αὐτοὺς, καὶ τὸν ἐπὶ σοί με ἀνάψαντα πόθον, ὡς ἅμα τε ἔφυγον οἱ πόνοι, καί με καὶ ὁ πυρετὸς ἀνῆκεν εὐθὺς, ὥσπερ τινὸς τοῦ σωτῆρος ἐναργεῖ παρουσίᾳ δυσωπούμενος. B Ὡς δὲ καὶ λύσας ἀνέγνων, τίνα με ἡγῇ ψυχὴν ἐσχηκέναι τότε, ἢ πόσης ἡδονῆς ἀνάπλεων γεγενῆσθαι τὸν φίλτατον, ὡς φῂς, ἂν ἐμὸν, τὸν ἐρωτικὸν ἀληθῶς, τὸν διάκονον τῶν καλῶν, ὑπερεπαινοῦντά τε, καὶ φιλοῦντα δικαίως, ὅτι μοι τῶν παρὰ σοῦ γραμμάτων ὑπηρέτης γέγονεν· οἱονεὶ πτηνοῦ δίκην ἡμῖν τὴν ἐπιστολὴν διευθύνας, οὐρίῳ τε καὶ πομπίμῳ πνεύματι· C δι' ἧς οὐ μόνον ὑπῆρξεν ἡσθῆναί μοι τὰ εἰκότα περὶ σοῦ γνόντι, ἀλλὰ καὶ αὐτῷ κάμνοντι παρὰ σοῦ σωθῆναι; Τά γε μὴν ἄλλα, πῶς ἂν πρῶτον πρὸς τὴν ἐπιστολὴν ἔπαθον εἴποιμ' ἂν, ἢ πῶς ἂν ἀρκούντως ἐμαυτοῦ τὸν ἔρωτα καταμηνύσαιμι; ποσάκις ἂν ἔδραμον εἰς ἀρχὴν ἐκ μέσου; ποσάκις ἔδεισα μὴ πληρώσας λάθω; ποσάκις, ὥσπερ ἐν κύκλῳ τινὶ, καὶ στροφῆς περιόδῳ, τοῦ συμπεράσματος τὸ πλήρωμα πρὸς τὴν ἀρ- D χὴν ἀνέλκων, οἷον ἐν ᾄσματι μουσικῷ, ταὐτὸν τοῦ ῥυθμοῦ τῷ τέλει, τὸ πρὸς τὴν ἀρχὴν ἡγούμενον μέλος ἀντιδιδούς. ἢ καὶ, νὴ Δία, τὰ ἑξῆς τούτων· ὁσάκις μὲν τῷ στόματι τὴν ἐπιστολὴν προσήγαγον· ὥσπερ αἱ μητέρες τὰ παιδία προσπλέκονται. ὁσάκις δὲ ἐνεφύη τῷ στόματι, καθάπερ ἐρωμένην ἐμαυτοῦ φιλτάτην ἀσπαζομένου· ὁσάκις δὲ τὴν ἐπιγραφὴν αὐτὴν, ἣ χειρὶ σῇ, καθάπερ ἐναργεῖ σφραγῖδι, σεσήμαντο, προσειπών, πῶν καὶ φιλήσας· εἶτα ἐπέβαλον τοῖς ὀφθαλμοῖς, οἱονεὶ τοῖς τῆς ἱερᾶς ἐκείνης δεξιᾶς δακτύλοις, ἐν τῷ τῶν γραμμάτων ἴχνει προσπεφυκώς· χαῖρε δὲ καὶ αὐτὸς ἡμῖν πολλά· καθάπερ ἡ καλὴ Σαπφώ φησι· καὶ οὐκ ἰσάριθμα μόνον τῷ χρόνῳ, ὃν ἀλλήλων ἀπελείφθημεν, ἀλλὰ γὰρ καὶ ἀεὶ χαῖρε, καὶ γράφε, καὶ μέμνησο ἡμῶν τὰ εἰκότα. Ὡς ἡμᾶς γε οὐκ ἐπιλείψει χρόνος, ἐν ᾧ σε μὴ πάντα, καὶ ἐν παντὶ καιρῷ, καὶ λόγῳ διὰ μνήμης ἕξομεν. ἀλλήλων δέ ποθι Ζεὺς δοίη ἱκέσθαι ἐς πατρίδα γαῖαν, καί σου τὴν ἱερὰν ἐκείνην ἑστίαν αὖθις ὑπέλθοιμεν, μὴ φείσῃ λοιπὸν, ὡς φυγάδος· ἀλλὰ δῆσον, εἰ δοκεῖ, πρὸς τοῖς ἑαυτοῦ θώκοις τοῖς φιλτάτοις, ὥσπερ τινὰ Μουσῶν λειποτάκτην ἑλών· εἶτα τοῖς εἰς τιμωρίαν ἀρκοῦσι παίδευσον. Πάντως οὐκ ἄκων ὑποστήσομαι τὴν δίκην· ἀλλ' ἑκὼν δὴ, καὶ χαίρων. ὥσπερ ἀγαθοῦ πατρὸς ἐπανόρθωσιν προμηθῆ καὶ σωτήριον· εἰ δή μοι καὶ κατ' ἐμαυτοῦ τὴν κρίσιν ἐθέλοις πιστεῦσαι, καὶ δίδως ἐπενεγκεῖν ἣν βούλομαι, ἐμαυτὸν, ὦ γενναῖε, τῷ σῷ χιτωνίσκῳ προσάψαιμι ἂν ἡδέως· ἵνα σου κατὰ μηδὲν ἀπολειποίμην· ἀλλὰ συνείην ἀεὶ, καὶ πανταχῇ προσφεροίμην· ὥσπερ οὓς οἱ μῦθοι διφυεῖς ἀνθρώπους πλάττουσιν. εἰ μὴ κἀκεῖνο οἱ μῦθοι λέγουσι μὲν ὡς παίζοντες, αἰνίττονται δὲ εἰς τὸ τῆς φιλίας ἐξαίρετον, ἐν τῷ τῆς κοινωνίας δεσμῷ, τὸ δι' ἑκατέρου τῆς ψυχῆς ὁμογενὲς ἐμφαίνοντες.

A pellavi, suaviatusque sum? cum oculis imposui, quasi sacræ illius dextræ digitis in istis litterarum vestigiis affixus. Tu vero nobis & ipse plurimum salve; (ut egregia illa Sappho loquitur) nec pro ratione modo temporis ejus, quo invicem abjuncti sumus, sed perpetuo salve ac scribe, &, quantum par est, memento nostri. Nam quod ad me attinet, nullum tempus erit, quo non tui penitus, & in occasione omni B ac sermone meminerim. Quod si unquam Jupiter dederit contingere patriam terram, ac tuos illos sacros penates subire liceat; nob, tanquam fugitivo, deinceps parcere, sed ad jucundissima tua subsubsellia, non secus ac desertorem Musarum a fuga retractum, si videtur, alliga: tum pro ejus merito castigatum admone. Equidem ultro, ac gaudens, nedum invitus, pœnas istas, tanquam ab optimo patre, providam ac salutarem emendationem C excipiam. Sin est ut mihi de me, qualemcunque velim, sententiam ferre permittas: hoc mihi, præstantissime vir, libenter imponam, ut ad tuniculam tuam adhærescam, nec a te ullo tempore divellar: sed una tecum assidue verser, & ubique sim applicitus: cujusmodi sunt, quos biformes fingunt fabulæ. Nisi id istæ ludentes fortasse prædicant, quod singularis cujusdam amicitiæ significationem habeat: ut in communionis illius vinculo naturæ in am- D borum animis consensionem exprimant.

Τῷ αὐτῷ.

ξά.

Ἱκανὴν ὁμολογῶ τῆς σῆς ἀπολείψεως ἐκτετικέναι δίκην· οὐ μόνον ὅσα παρὰ τὴν ἀποδημίαν ἀνιαρὰ συνηνέχθη· ἀλλὰ γὰρ καὶ αὐτῷ τούτῳ

Eidem.

LXI.

Satis magnas pœnas abjunctionis abs te tuæ dedisse me fateor: non ob eas molestias solum, quas in peregrinatione ista sum expertus; sed hujus unius rei maxime

xime caussa, quod tanto abs te sum tempore divulsus. Quanquam & multis & variis fortunæ casibus ubique conflictatus fuerim, sic ut nullius non periculum facerem. Verum cum & bellorum tumultus ac strepitus, & obsidionis necessitatem, & errores fugæ, & varios metus, & asperas ac rigidas hyemes, & morborum pericula, & innumerabiles ac diversas calamitates, quæ me a superiore Pannonia ad freti Calchedonii trajectum usque comitatæ sunt, hactenus exhauserim; nihil tamen peræque mihi acerbum ac triste contigisse dixerim, atque illud unum, quod ab Oriente digressus Græcorum te commune bonum tam longo tempore non vidi. Noli itaque mirari, si nescio quam caliginem adhuc offusam esse meis oculis, & densissimam nubem obductam dixerim. Tunc enim profecto & aër mihi serenus, & lux sole ipso splendidior, & velut formosissimum ver quoddam vitæ restituetur; cum te magnum terrarum orbis simulacrum complecti potero: ac, quemadmodum bono parenti germanus filius, e bello marisve fluctibus præter spem conspectus, quæcunque sum perpessus, ac quibus perfunctus periculis, exponens, & quasi in sacra ancora stans, idoneum solatium calamitatum mearum reperiam. Habet enim in acerbitatum communione ipsa consolationis aliquid, & ad mitigandas ærumnas pertinet, cum ea, quæ perpessus est aliquis, in aliorum effundit aures, & laborum suorum notitiam impertitur. Ego vero quibus possum te officiis interim prosequor, nec unquam ad te scribere, ac tempus hoc totum, quo a te absum, epistolarum illa veluti tessera compensare desinam. Quod si parem de te gratiam impetrare potuero, nonnihil se dolor meus remittet, cum literas tuas tanquam salutare quoddam omen adhibuero. Tu vero fac ut & meas benevole & humaniter accipias; & ad

A πλέον, ὅτι σοῦ τοσοῦτον ἀπελείφθην χρόνον· καίτοι πολλαῖς καὶ ποικίλαις πανταχοῦ χρησάμενος τύχαις ὡς μηδ' ἀπείρατον καταλιπεῖν. Ἀλλὰ καὶ πολέμων θορύβους, καὶ πολιορκίας ἀνάγκην, καὶ φυγῆς πλάνην, καὶ φόβους παντοίους ἔτι δὲ χειμώνων ὑπερβολάς, καὶ νόσων κινδύνους, καὶ τὰς ἐκ Παννονίας τῆς ἄνω μέχρι τοῦ κατὰ τὸν Καλχηδόνος πορθμὸν διάπλου, μυρίας δὴ καὶ πολυτρόπους συμφορὰς ὑπομείνας, οὐδὲν
B οὕτω λυπηρὸν, οὐδὲ δυσχερὲς ἐμαυτῷ συμβεβηκέναι φαίην ἄν, ἢ ὅτι σε τὸ κοινὸν τῶν Ἑλλήνων ἀγαθὸν ἐπὶ τοσούτῳ χρόνῳ τὴν ἑῴαν ἀπολείπων οὐκ εἶδον· ὥστ' εἴπερ ἀχλύν τινα τοῖς ἐμοῖς ὀφθαλμοῖς ἔτι, καὶ νέφος πολὺ περικεῖσθαι λέγοιμι, μὴ θαυμάσῃς. Τότε γὰρ δή μοι καὶ ἀὴρ εὔδιος, καὶ φέγγος ἡλίου λαμπρότερον, καὶ οἷον ἔαρ ἀληθῶς τοῦ βίου περιέσται κάλλιστον, ὅταν σε τὸ μέγα τῆς οἰκουμένης, ἄγαλμα περιπτύξωμαι, καὶ κα-
C θάπερ ἀγαθῷ πατρὶ παῖς γνήσιος ἐκ πολέμου τινὸς, ἢ διαποντίου κλύδωνος ἀνελπίστως ὀφθεὶς, εἶτα ὅσα ἔπαθον, καὶ δι' ὅσων ἦλθον κινδύνων εἰπὼν, καὶ οἷον ἐπ' ἀγκύρας ἱερᾶς ὁρμιζόμενος, ἀρκοῦσαν ἤδη παραψυχὴν τῶν ἀλγεινῶν εὕρωμαι. Παραμυθεῖται γὰρ, ὡς εἰκὸς, καὶ ἐπικουφίζει τὰς συμφορὰς, ὅταν τις ἃ πέπονθεν εἰς τοὺς ἄλλους ἔκφορα καθιστὰς, διανέμῃ τοῦ πάθους τὴν γνῶσιν, ἐν τῇ κοινωνίᾳ
D τοῦ πάθους· τέως γε μὴν οἷς ἔχω σε κατὰ δύναμιν τὴν ἐμὴν μέτειμι, καὶ γράφων οὐ παύσομαι, καὶ τὸν ἐν μέσῳ ἀπολείψεως χρόνον ἐν τῷ τῶν γραμμάτων θεραπεύων συνθήματι. Εἰ δὲ δὴ καὶ ἀντιτύχοιμι παρὰ σοῦ τῶν ἴσων, ὑφήσει τι καὶ μικρὸν, οἷον ἀντὶ σωτηρίου τινὸς συμβόλου τοῖς σοῖς ὁμιλῶν γράμμασι· σὺ δὲ δέχοιο μὲν εὐμενῶς τὰ παρ' ἡμῶν, καὶ

παρέχοις δὲ καὶ σεαυτὸν εἰς ἀμοιβὴν εὐμενέστερον· ὡς ὅ τι ἂν σημαίνῃς καλὸν, ἢ γράφῃς, τοῦτ᾽ ἀντὶ τῆς Ἑρμοῦ λογίου φωνῆς, ἢ τῆς Ἀσκληπιοῦ χειρὸς παρ᾽ ἡμῶν κρίνεται.

A mutui officii consuetudinem humaniorem te praebeas. Quicquid enim boni ac praeclari significaris, aut scripseris, id ego velut Mercurii doctrinarum praesidis vocem, vel Aesculapii manum, esse judico.

FRAGMENTUM EPISTOLAE

ξϐ.

* * * *

Τοῦθ᾽ ὅπερ ὑπάρχει τοῖς ξύλοις, οὐκ ἄξιόν ἐστι νέμειν ἀνθρώποις; ὑποκείσθω γὰρ ἄνθρωπος ἱερωσύνης ἀντειλῆφθαι, τυχὸν οὐκ ἄξιος· οὐ χρὴ φείδεσθαι μέχρι τοσούτου, μέχρις ἂν ἐπιγνόντες ὡς πονηρός ἐστι, καὶ τῆς λειτουργίας αὐτὸν εἴρξαντες, τὸ προπετῶς ἴσως προστεθὲν ὄνομα τοῦ ἱερέως ὑπαίθυνον ἀποδείξωμεν ὕβρει, καὶ κολάσει, καὶ ζημίᾳ; Ταῦτα εἰ μὲν ἀγνοεῖς, οὐδὲ τῶν ἄλλων ἔοικας εἰδέναι τι τῶν μετρίων· ἐπεὶ σοί που μέτεστιν ἐμπειρίας ὅλως τῶν δικαίων, ὅς οὐκ οἶσθα τί μὲν ἱερεὺς, τί δὲ ἰδιώτης; πῶς δέ σοι μέτεστι σωφροσύνης, ὅν περ ἠκίσω τοῦτον, ᾧ καὶ θᾶκον ἐχρῆν ἐξανίστασθαι; τὸ αἴσχιον ἁπάντων. καί σοι μάλιστα μήτε πρὸς θεοὺς, μήτε πρὸς ἀνθρώπους ἔχον καλῶς. Οἱ μὲν τῶν Γαλιλαίων ἴσως ἐπίσκοποι καὶ πρεσβύτεροι συγκαθίζουσί σοι· καὶ εἰ μὴ δημοσίως δι᾽ ἐμὲ, λάθρα, καὶ ἐν τῷ οἴκῳ· διά σε τέτυπται δὲ ὁ ἱερεύς. οὐ γὰρ ἂν ἦλθεν ἐπὶ ταύτην ὁ παρ᾽ ὑμῖν ἀρχιερεὺς τὴν διὰ τὴν δέησιν. Ἀλλ᾽ ἐπειδή σοι πέφηνε μυθώδη τὰ παρ᾽ Ὁμήρῳ· τῶν τοῦ Διδυμαίου δεσπότου χρησμῶν ἐπάκουσον, εἴ σοι φανείη πάλαι μὲν ἔργῳ νουθετήσας καλῶς τοὺς Ἕλληνας, ὕστερον δὲ τοὺς σωφρονοῦντας διδάσκων τοῖς λόγοις:

LXII.

* * * *

B Hoc ipsum, quod lignis tribuitur, nonne hominibus concedere oportet? Etenim cogitemus hominem, qui sacerdotio potitus sit forsitan indignus: nonne tantisper ei parcendum est, dum ipsius improbitate comperta, primum a sacra functione removeatur; tum deinde nomen ipsum Sacerdotis temere huic impositum contumeliae, supplicio, poenaeque subjiciatur? Haec si non intelligis, ne rem quidem ullam caeterarum tenes, etiam mediocrium. Quam C enim juris atque aequi peritiam obtines, qui nondum scis quid sacerdos sit, quid privatus? Quam tu vero moderationem habes animi, si eum male mulctaveris, cui te vel decebat assurgere, ac loco cedere? Est id ex omnibus longe turpissimum; neque tibi praesertim, vel Deorum, vel hominum caussa satis decorum. Ac Galilaeorum quidem Episcopi & Presbyteri tibi forsassis assident: idque D ut non publice propter me, at clanculum domique per te impune faciunt. Interim Sacerdos vapulat. Nam nisi ita res haberet, non sic vester ille Pontifex mihi supplicasset. Et quoniam Homerica illa fabulosa tibi videntur, audi Apollinis oracula Didymaei; ac vide num recte olim quidem reipsa Graecos admonuerit, postea vero frugi ac moderatos homines sermone docuerit:

Quicunque

Quicunque in sacerdotes, superbia mentis, A
Deorum immortalium, stolida perpetrant, & honoribus
Contraria consulunt contemtricibus Deum cogitationibus;
Non jam illi totum vitæ conficiunt iter,
Quicunque beata contumeliis affecerunt numina, B
Quorum isti religiosum susceperunt cultum & honorem.

Hic nimirum Deus non eos, qui sacerdotes pulsant, aut contumeliose tractant, sed qui debitis illos honoribus privant, Deorum inimicos esse pronunciat. Quare qui verberat, merito sacrilegus habeatur. Ego itaque, quoniam patriorum sacrorum maximus sum Pontifex, & oraculi Didymæi præfecturam modo sum sortitus; C edico tibi, ne quid eorum, quæ ad sacerdotem pertinent, tribus totis mensibus attingas. Quod si intra hoc spatium dignus esse videbere, postquam a civitatis antistite super ea re literas accepero, utrum sis admittendus, cum Diis postea deliberabo. Hanc tibi pœnam tuæ temeritatis impono. Ad ea quondam veteres Deorum execrationes solebant verbis ac scriptis adjungere. D Hoc tamen ego nequaquam recte habere judico: quippe nunquam a Diis ipsis factum videtur. Et alioqui precum esse nostrarum administros *sacerdotes, quandoquidem novi*; tua id gratia tecum a Diis postulo, ut cum assiduus in iis exorandis fueris, eorum veniam impetres, quæ perperam admisisti.

Ὅσσοι ἐς ἀρητῆρας ἀτασθαλίῃσι νόοιο
Ἀθανάτων ῥέζουσ' ἀποφώλια,· καὶ γεράεσσιν
Ἀντία βουλεύουσιν ἀδεισιθέοισι λογισμοῖς,
Οὐκέθ' ὅλην βιότοιο διεκπερόωσιν ἀταρπόν·
Ὅσσοι περ μακάρεσσιν ἐλωβήσαντο θεοῖσιν,
Ὧν κεῖνοι θεόσεπτον ἕλον θεραπηΐδα τιμήν.

ὁ μὲν οὖν θεός, οὐ τοὺς τύπτοντας, οὐδὲ ὑβρίζοντας, ἀλλὰ τοὺς ἀποστεροῦντας τῶν τιμῶν, εἶναι [φησὶ] τοῖς θεοῖς ἐχθρούς· ὁ δὲ τυπτήσας, ἱερόσυλος ἂν ἔτι. Ἐγὼ τοίνυν ἐπειδή περ εἰμι κατὰ μὲν τὰ πάτρια μέγας ἀρχιερεύς· ἔλαχον δὲ νῦν καὶ τοῦ Διδυμαίου προφητεύειν, ἀπαγορεύω σοι τρεῖς περιόδους σελήνης μήτοι τῶν εἰς ἱερέα μηδὲν ἐνοχλεῖν· εἰ δὲ ἐν τούτῳ τῷ χρόνῳ φανείης ἄξιος, ἐπιστείλαντός μοι τοῦ τῆς πόλεως ἀρχιερέως, εἰ παραδεκτὸς εἴης ἡμῖν, ἐσαῦθις μετὰ τῶν θεῶν βουλεύσομαι, ταύτην ἐγώ σοι τῆς προπετείας ἐπιτίθημι ζημίαν. Τὰς δὲ ἐκ τῶν θεῶν ἀράς, πάλαι μὲν εἰώθεσαν οἱ παλαιοὶ λέγειν καὶ γράφειν· οὐ μὴν ἔμοι γε φαίνεται καλῶς ἔχειν· οὐδαμοῦ γὰρ αὐτὸ πεποιηκότες οἱ θεοὶ φαίνονται. καὶ ἄλλως εὐχῶν εἶναι διακόνους ἡμῶν [τοὺς ἱερέας] ὅθεν οἶμαι, καὶ συνεύχομαί σοι πολλὰ λιπαρήσαντι τοὺς θεούς, ἀδείας τυχεῖν ὧν ἐπλημμέλησας.

Ἰουλιανὸς Καῖσαρ Θεοδώρῳ ἀρχιερεῖ.

ξγ.

Ἐμοὶ πρός σε πεποίηται παρὰ τοὺς ἄλλους ἰδιαίτερον ἐπιστολῆς εἶδος, ὅτι σοι καὶ πλέον μέτεστι τῆς πρὸς ἐμὲ φιλίας, ἤπερ οἶμαι τοῖς ἄλλοις. Ἔστι γὰρ ἡμῖν ὁ κοινὸς καθηγεμὼν οὐ μικρὰ καὶ μέμνησαι δήπου. Χρόνος δὲ οὐ βραχύς, ὅτε διατρίβων ἔτι ἐς τὴν ἑσπέραν, ἐπειδή σε λίαν ἀρέσκειν ἐπυθόμην αὐτῷ, φίλον ἐνόμισα· καίτοι συμβαίνειν εἶχεν ἐκεῖνο καλῶς εἴωθεν ἐμοὶ διὰ περιττὴν εὐλάβειαν τό· σοῦ γὰρ εἶδος οὐδὲ εἶδον· καὶ ὡς ἡγεῖσθαι χρὴ φιλίας μέν, γνῶσιν, γνώσεως δέ, πεῖραν. ἀλλ' ἦν τις, ὡς ἴσαμεν, οὐκ ἐλάχιστος παρ' ἐμοὶ λόγος, καὶ τοῦτο αὐτὸς ἔφης. διόπερ ἐγὼ καὶ τότε σε τοῖς γνωρίμοις ᾤμην δεῖν ἐγκαταλέγειν· καὶ νῦν ἐπιτρέπω πρᾶγμα, ἐμοὶ μὲν φίλον, ἀνθρώποις δὲ πᾶσι πανταχοῦ λυσιτελέστατον. Σὺ δὲ καλῶς, ὥσπερ ἦν ἄξιον ἐλπίζειν, αὐτὸ μεταχειρίσαιο, πολλὴν μὲν εὐφροσύνην ἐνταῦθα παρέξων· ἐλπίδα δὲ ἀγαθὴν μείζονα τὴν εἰς τὸ μέλλον. Οὐ γὰρ δὴ καὶ ἡμεῖς ἐσμεν τῶν πεπεισμένων, τὰς ψυχὰς ἤτοι προαπόλλυσθαι τῶν σωμάτων, ἢ συναπόλλυσθαι. πειθόμεθα δὲ τῶν μὲν ἀνθρώπων οὐδενί· τοῖς θεοῖς δὲ μόνον, οὓς καὶ μάλιστα ταῦτα εἰκὸς εἰδέναι μόνους, εἴ γε χρὴ καλεῖν εἰκὸς τὸ ἀναγκαῖον· ὡς τοῖς μὲν ἀνθρώποις ἁρμόζει, περὶ τοιούτων εἰκάζειν, ἐπίστασθαι δὲ αὐτὰ τοὺς θεοὺς, ἀνάγκη. Τί ποτ' οὖν ἐστιν ὅ φημί σοι νῦν ἐπιτρέπειν; ἄρχειν τῶν περὶ τὴν Ἀσίαν ἱερῶν ἁπάντων, ἀρχόμενος τῆς χώρας καὶ τῶν πόλεων ἱερέων, καὶ ἀπονέμων τι τὸ πρέπον ἑκάστῳ. Ἐπιείκεια μὲν πρῶτον

A JULIANUS CÆSAR THEODORO PONTIFICI.

LXIII.

Mihi ad te specialius quoddam, quam ad alios, conscriptum est epistolæ genus; & ideo quidem, quod tibi mecum, ut arbitror, major quam cum aliis amicitiæ usus intercedit. Neque parum est, quod nobis communis sit doctor, & cujus rei memineris utique. B Non diu vero est, quod ad vesperam usque cum eo versari, quandoquidem te valde ei gratum esse intellexi, mihi apprime fuit jucundum. Et ut illud mihi contingeret, optimum mihi visum est propter majorem cautelam. Tuum enim vultum haud equidem vidi; amicitiam autem præcedere debet cognitio, cognitionem vero probatio. Sed fuit ejus haud exiguus apud me sermo, & qualem tu ipse proferre visus es. C Quapropter ego & inter notos referre te continuo debere censui: & nunc tibi rem committo, mihi quidem jucundam, omnibus vero hominibus futuram utique utilissimam. Tu autem præclare, prout id sperare decet, illud suscipe; multam quidem inde voluptatem, majorem vero in futurum spem fovens. Neque enim sumus ex eorum numero, qui animas vel ante corpora, aut cum corporibus, interire statuunt. D Nulli vero inter homines de hisce fidem habemus, solum autem Diis; quos & solos apprime par est hæc scire, & si par est, licet vocare, quod est necessarium: nam hominibus quidem convenit, de iis rebus conjicere; scire autem illa Deos, est necesse. Quid ergo illud est, quod dico me velle nunc tibi committere? ut omnibus nempe Asiæ sacris præsis, regionis & urbium sacerdotibus imperes, ac distribuas unicuique id quod ei convenit. Moderatio ante omnia antistiti sacrorum

sacrorum, benignitas vero insuper & humanitas ergo eos adsit, qui merentur iis frui. Qui vero injuste se erga homines gerit, iniquus est erga Deos: temerarius vero in omnes, aut libere monendus est, aut graviter puniendus. Qualia vero oporteat de sacris omnibus in commune convenientissime decernere, quamprimum ea cum aliis deprehenduntur; pauca vero interea volo hic tibi proponere, idoneus autem tu es qui de iis mihi fidem habeas. Neque enim plura id genus, ut omnes Dii norunt, temere effutio; sed, si quis alius, circumspecte in iis versor, & novitatem quidem in omnibus, ut dici solet, fugio, in iis vero speciatim, quæ Deos respiciunt: illud ratus, debere nos ante omnia patrias observare leges, quas certum est nobis a Diis datas. Neque enim existerent adeo præclara, si ab hominibus forent simpliciter profecta. Contigit vero illas negligi & corrumpi, divitiis ac luxu prævalentibus, unde arbitror oportere tanquam a laribus [h. e. ab initio] earum curam geri. Quum enim viderem magnam nobis circa Deorum cultum negligentiam, omnem autem erga superos reverentiam, impuris delitiis profligatam, semper ego equidem hæc apud me deplorabam. Eos enim, qui in impiorum secta eminent, fervidos adeo esse, ut eligant quidem pro ea mortem obire, omnemque inopiam & famem ferre, ne suillis, aut suffocato, aut etiam morticinio vescantur: nos autem adeo segniter erga Deos adfici, ut patriarum etiam legum obliviscamur, ignoremus præterea, si unquam tale quid fuerit præscriptum. Sed illi quidem impii, ex parte Dei cultores existunt, quandoquidem illum colunt, qui re-

A ἄρχοντι, ἡ χρηστότης τε ἐπ' αὐτῇ καὶ
φιλανθρωπία πρὸς τοὺς ἀξίους αὐτῶν
τυγχάνειν. Ὡς ὅστις γε ἀδικεῖ μὲν
ἀνθρώπους, ἄνομός ἐστι πρὸς θεοὺς,
θρασὺς δὲ πρὸς πάντας, ἢ διδακτέ-
ος μετὰ παῤῥησίας ἐστὶν, ἢ μετ' ἐμ-
βριθείας κολαστέος. Ὅσα μὲν οὖν
χρὴ κοινῇ συντάξαι περὶ τῶν ἱερῶν
ἁπάντων ἐντελέστερον, αὐτίκα μάλα
σὺν τοῖς ἄλλοις εἰσί· μικρὰ δὲ τέως
B ὑποθέσθαι σοι βούλομαι, δίκαιος δὲ
εἶ πείθεσθαί μοι τὰ τοιαῦτα. Καὶ
γὰρ οὐδὲ ἀποσχεδιάζω τὰ πολλὰ τῶν
τοιούτων, ὡς ἴσασιν οἱ θεοὶ πάντες·
ἀλλ', εἴπερ τις ἄλλος, εὐλαβής εἰμι, καὶ φεύγω τὴν καινοτομίαν ἐν
ἅπασι μὲν, ὡς ἔπος εἰπεῖν, ἰδίᾳ δὲ
ἐν τοῖς πρὸς τοὺς θεοὺς οἰόμενος χρῆναι ἂν πατρίους ἐξ ἀρχῆς φυλάττε-
σθαι νόμους, οὓς ὅτι μὲν ἔδοσαν οἱ θεοὶ,
φανερόν. οὐ γὰρ ἦσαν οὕτω καλοὶ,
C παρὰ ἀνθρώπων ἁπλῶς γενόμενοι.
συμβὰν δὲ αὐτοὺς ἀμεληθῆναι καὶ δια-
φθαρῆναι πλούτου καὶ τρυφῆς ἐπικρα-
τησάντων, οἶμαι δεῖν ὥσπερ ἀφ' ἑστίας ἐπιμεληθῆναι τῶν τοιούτων· ὁρῶν
οὖν πολλὴν μὲν ὀλιγωρίαν οὖσαν ἡμῖν
πρὸς τοὺς θεοὺς, πᾶσαν δὲ εὐλάβειαν τὴν εἰς τοὺς κρείττονας ἀπεληλα-
μένην ὑπὸ τῆς ἀκαθάρτου τρυφῆς;
ἀεὶ μὲν ὠδυράμην ἐγὼ κατ' ἐμαυτὸν τὰ τοιαῦτα. Τοὺς μὲν δυσσεβείας
D σχολῇ προσέχοντας οὕτω διαπύρους,
ὡς αἱρεῖσθαι μὲν ὑπὲρ αὐτῆς ἀποθνήσκειν, ἀνέχεσθαι δὲ πᾶσαν ἔνδειαν
καὶ λιμὸν, ὑείων ὅπως μὴ γεύσαιντο,
μηδὲ πνικτοῦ, μήτ' ἄρα τοῦ ἀποθλιβέντος. Ἡμᾶς δὲ οὕτω ῥαθύμως τὰ
πρὸς τοὺς θεοὺς διακειμένους, ὥστε ἐπιλε-
λῆσθαι μὲν τῶν πατρίων· ἀγνοεῖν δὲ
λοιπὸν, εἰ καὶ ἐτάχθη πώποτέ τι τοιοῦτον. Ἀλλ' οὗτοι μὲν ἐν μέρει θεοσεβεῖς ὄντες, ἐπείπερ ὃν τιμῶσιν * ἀλλ'
ἀληθῶς ὄντα δυνατώτατον καὶ ἀγα-

 θώτατον,

φοίτατον, ὃς ἐπιτροπεύει τὸν αἰσθητὸν κόσμον. ὅνπερ εὖ οἶδ' ὅτι καὶ ἡμεῖς ἄλλοις θεραπεύομεν ὀνόμασιν· εἰκότα μοι δοκοῦσι ποιεῖν, τοὺς νόμους μὴ παραβαίνοντες, ἐκεῖνο μόνον ἁμαρτάνειν, ὅτι μὴ καὶ τοὺς ἄλλους θεοὺς ἀρέσκοντες, αὐτῷ μάλιστα τῷ θεῷ θεραπεύουσιν· ἀλλ' ἡμῖν οἴονται τοῖς ἔθνεσιν ἀποκεκλῆσθαι μόνοις, αὐτοὺς, ἀλαζονικῇ βαρβαρικῇ πρὸς ταυτηνὶ τὴν ἀπόνοιαν ἐπαρθέντες. ὡς ἐκ τῆς Γαλιλαίας δυσσεβείας, ὥσπερ τι νόσημα τοῦ βίου τὴν ἑαυτῶν

A *vera sit potentissimus & optimus, quique sensibilem mundum regit; qui equidem, ut optime novi, a nobis etiam aliis colitur nominibus. Unde consentanea videntur mihi facere, qui leges non transgrediuntur; in eo autem solum errare, quod & spreto aliorum Deorum cultu, ei maxime Deo inserviunt; nobis vero putant gentilibus so-*
B *lis eum occultari, seipsos barbara illa ostentatione ad hanc vesaniam efferentes. Quod impii Galilæi, tanquam quendam vitæ morbum*

Desunt cætera in Græcis Juliani manuscriptis.

ΓΑΛΛΟΣ ΚΑΙΣΑΡ
Ἰουλιανῷ ἀδελφῷ χαίρειν.

Ἡ Γειτνίασις τῆς χώρας, λέγω δὲ τῆς Ἰωνίας, πλεῖστον ὅσον εἰς κέρδος ἡμᾶς ἤνεγκεν. ἀνιωμένους γὰρ ἡμᾶς, καὶ δυσχεραίνοντας ἐπὶ ταῖς πρώταις φήμαις παρεμυθήσατο. τί δέ ἐστιν ὃ λέγω, γνώσῃ. Ἧκεν εἰς ἡμετέρας ἀκοὰς ἀποστῆναι μέν σε τῆς προτέρας θρησκείας τῆς ἐκ προγόνων παραδοθείσης, ἐπὶ δὲ τὴν μάταιον δεισιδαιμονίαν ἐληλακέναι, οἴστρῳ τινὶ κακῷ συμβούλῳ εἰς τοῦτο ἐλαθέντα. Καὶ τί οὐκ ἔμελλον πάσχειν δυσχεραίνων; ὡς εἰ μέν τι τῶν ἐν σοὶ καλῶν διαβοώμενον γνοίην, κέρδος οἰκεῖον ἡγοῦμαι· εἰ δέ τι τῶν δυσχερῶν, ὅπερ οὐκ οἴομαι, ἐξίσης ζημίωμα μᾶλλον ἐμὸν νομίζω. Ἐπὶ τούτοις οὖν ἀνιώμενόν με ἡ παρουσία τοῦ πατρὸς ἡμῶν Ἀετίου εὔφρανεν, ἀπαγγέλλοντος μὲν ἐναντία, ἡμῖν δὲ εὐκταῖα. καὶ γὰρ σπουδάζειν σε ἔφη εἰς οἴκους εὐχῶν, καὶ μὴ πόῤῥω τῆς μνήμης τῶν ἀθλητῶν ἀνδρῶν ἀποσπᾶσθαι, ὅλως δὲ ἔχεσθαι διαβεβαιοῦτο τῆς θεοσεβείας τῆς ἡμετέρας. Ἐγὼ δέ σοι τοῦτ' ἂν

GALLUS CÆSAR
JULIANO *fratri S. D.*

C Ioniæ provinciæ vicinitas maximum mihi lucrum attulit, quippe quem priore de te fama dolentem mœrentemque recreaverit. Quæ vero illa, quam dico, fama sit, audi. Ad aures meas pervenit, te, abdicata prima religione, quam a majoribus accepisti, ad inanem superstitionem deflexisse, impetu quodam pravoque consilio abreptum. Quid non mihi accidisse putas, cum tuam vicem dolerem? Nam sicut meum esse commodum
D reor, cum tua bona prædicari audio; ita mala, quæ Deus avertat, meum apprime damnum arbitror. Me igitur in eo mœrore jacentem communis pater Aëtius adveniens erexit; qui & plane contraria narravit, & mihi optatissima: te in domibus studiose versari: a memoriis martyrum nunquam divelli, sed omnino Dei cultui addictum esse affirmavit. Ego tibi Homeri illam vocem ingero: *sic jaculare.*

jaculare. Perge, inquam, ut cœpisti, atque hanc eis rependе voluptatem, qui te omni benevolentia complectuntur; illudque memoria retine, nihil religioni præferendum esse: nam virtus quo est perfectior, monet ut mendacii detestemur fallacias, veritatem autem 'consectemur: quod præcipue in pietate erga Deum curandum esse apparet. Multitudo dissidii origo, & perpetuitatis est labes: quod vero solum unumque est, atque potentia præditum, rerum omnium tenet imperium. Non, ut Saturni filii, sorte aut partitione; sed quia suapte natura principium est, & omnia potentia continet, non vi acquisita: nam ipsum ante omnia est. Hic proculdubio est Deus; quem debito cultu venerari oportet. Vale.

A εἴποιμι κατὰ τὸ Ὁμηρικὸν, Βάλλ' οὕτως· καὶ ἐπὶ τοιαύταις μνείαις εὔφραινε τοὺς ἀγαπῶντας, μεμνημένος ὡς οὐκ ἔστι τι θεοσεβείας αἰνώτερον. ἡ γὰρ εἰς ἄκρον ἀρετὴ παιδεύει τὸ μὲν ψεῦδος ὡς ἀπατηλὸν μισεῖν, τοῦ δὲ ἀληθοῦς ἔχεσθαι. ὅπερ μάλιστα ἐν τῇ περὶ τὸ θεῖον φαίνεται θρησκείᾳ. Ὄχλος γὰρ πάντως φιλόνεικον καὶ ἄστατον· τὸ δὲ μόνον σὺν ἑνὶ ὑπερ-B γὸν ὂν, βασιλεύει τοῦ παντός. οὐκ ἐκ δασμοῦ καὶ κλήρου, καθάπερ οἱ Κρόνου παῖδες· ἀλλ' αὐτοαρχὴ ὂν, καὶ κρατοῦν τῶν ἁπάντων, οὐδὲ δεξάμενον βίᾳ ἕτερον, ἀλλὰ πρὸ πάντων ὄν. τοῦτο ὄντως θεός. ὃν περ σὺν τῷ ὀφειλομένῳ σεβάσματι προσκυνεῖν χρή. ἔρρωσο.

Iliad. θ v. 282

FINIS OPERUM JULIANI.

www.ingramcontent.com/pod-product-compliance
Lightning Source LLC
Chambersburg PA
CBHW022128020426
42334CB00015B/812
9783741156755